赵昌平文存

上册

中 华 书 局

图书在版编目（CIP）数据

赵昌平文存/赵昌平著. —北京：中华书局，2021.5
ISBN 978-7-101-15164-0

Ⅰ.赵… Ⅱ.赵… Ⅲ.出版工作-中国-文集
Ⅳ.G239.2-53

中国版本图书馆 CIP 数据核字（2021）第 067917 号

书　　名	赵昌平文存（全二册）	
著　　者	赵昌平	
题　　签	王镇远	
责任编辑	罗华彤	
出版发行	中华书局	
	（北京市丰台区太平桥西里 38 号　100073）	
	http://www.zhbc.com.cn	
	E-mail：zhbc@zhbc.com.cn	
印　　刷	北京瑞古冠中印刷厂	
版　　次	2021 年 5 月北京第 1 版	
	2021 年 5 月北京第 1 次印刷	
规　　格	开本/920×1250 毫米　1/32	
	印张 38¼　插页 4　字数 900 千字	
国际书号	ISBN 978-7-101-15164-0	
定　　价	260.00 元	

作者照片

序 一

葛晓音

2018 年 5 月 21 日上午，接到陈尚君兄电话，听到他急急问我知不知道昌平兄 20 日逝世的消息，我完全懵了，只是连连地说不可能、绝不可能！因为 19 日我还收到他很长的微信，谈起正构思关于韵律研究的问题，如能成文，来年 4 月可赴香港中大的会议邀约。怎么会一天之间，人就没了呢？查看手机，才看见教研室、朋友圈都转发了上海古籍出版社的讣闻，学术圈里已经一片哀悼声。顿时心如刀绞，忍不住泪如泉涌。

我与昌平学兄相识于五十七年前。1963 年夏，我们同时考取北大中文系本科。开学前，因为河北发大水，京沪铁路中断。北大派一位处长专程来上海，组织当年的新生以及滞留在上海的南方同学计一千余人，一起北上。路上五天五夜，乘坐过火车、轮船、公交车等各种交通工具。在烟台往塘沽的轮船甲板上，我们初次交谈，才知都是同系新生。到了北大，上海来的几位同学都分到文学专业。赵昌平在 2 班，我在 3 班。除了小班开会以外，大课都在一起上，这才渐渐熟悉起来。

大学一二年级时，我们常常坐在一起听课，下课后就互相对笔记。有时在阅览室自习，也会互相留座位。我素来不善于主动和人交往，与同班同学很生疏，只跟赵昌平在学习上还比较谈得来。但三年级参加"四清"运动，几乎一年不见。"文革"开始后我们都成了挨批的"白专苗子"。之后两年大家都迷失在"文革"的巨浪中,找不见对方了。到1968年底,全年级同学作鸟兽散,他去了内蒙,我去了新疆,以后的十年间没有通过音讯。

再次联系时是1979年,我考上了北大古典文学专业的硕士研究生。昌平兄考上了华东师大施蛰存先生的研究生,到九十年代时,他已经成为颇有建树的唐诗研究学者。我曾向系里建议将昌平兄调进北大,教研室和系里已经表示了赞同的意向。可惜昌平兄后来自己犹豫了,我觉得他的根已经扎在上海拔不动了。不然北大就会多一位杰出的教授。虽然他在上海同样做出了卓越的贡献,但我知道昌平的北大情结是很深的。他曾和我说过,离校十年后重回北大考研究生时,他刚走到未名湖边,便泪流满面。无论我们在北大度过的五年留下了什么样的记忆,他对母校的怀念始终不变。

近四十年里,我和昌平兄因为地隔南北,平时没有交谈的机会。八九十年代,主要是在各种学术会议上见面,有事才书信往来。电邮流行以后,他一直不会用,我则懒于写信,通信就更稀了。但我家在上海,每年探望父母时,一定会到上古社去看望他,他有时也到我家来聊天。本世纪初以来,我们又有一段时间都担任唐代文学学会的副会长和《文学遗产》的编委,见面的机会便有所增多。

2003年后我因父母去世,回沪的次数减少。但此后的十年间,每年都能在全国"两会"上遇见昌平兄。2003年到2008年,我在第十届全国人大北京团,他在第十届全国政协新闻出版界别。2008年以后我转到第十一届全国政协教育界别,他也在政协,有时在同一所饭店驻会。加上他为《中华文史论丛》聘请了一批清华、北大的编委,有李学勤、李伯重、张国刚、陈来、阎步克、罗志田、秦晖、荣新江、陈平原、李零等等著名学者,我也忝为编委之一。每年他都会利用"两会"进京的机会,请国刚兄张罗,在清华附近的餐馆召集一次编委座谈会,和《论丛》的责任编辑一起,请大家看前几期和下期的目录,为刊物提意见和建议。有时还有一些赠书。每年一次的聚会,不但加深了学者们对上古社的了解,文史哲不同专业的教授之间也得以相互熟识并有所交流。如今这些都已经成为难以忘怀的回忆了。

有机会见面时,我们谈得最多的是当前学术研究的动态。三十多年来,社会风云变幻,学风趋于浮躁,有时确能动摇人的心志。我们有一致的坚持和理念,彼此相互支持,能真切地感受到在学术大道上有知交同路而行的愉悦和信心。而在昌平兄,和我聊天还有一层了解北方高校学界信息,启发他策划出版选题的用意。谈得高兴时,就会笑着说:"其实我觉得自己还是更适合做出版。"我也觉得他对出版事业的投入是超过学术研究的。从这本文存中收入的关于出版方面的论文不难看出,他从事出版业,既有审定具体书稿的丰富实践,同时又有高屋建瓴的理论思考,而且顾及大局的意识非常强烈,眼光也远远超出了自家出版社的利益。给我印象最深的是无论在何种形势下,他始终将专业出版社的学术良心放在首位。在前二三十年传统文化书籍出版和销售的困境中,这样的坚守是何等可贵。作为同行,我当然遗憾他为出版耽误了太多的研究时间,否则他的学术成果将会更加丰硕。但也许对他来说,学术成绩只是个人的事,出版却关乎社里的声誉和发展,"还有这么多人的饭碗",后面这句话我不止一次听他说起。至于他个人在出版界获得的多种荣誉,他却从来不提,我还是从上古社的讣告里得知的。

近几年,昌平兄渐渐从总编的岗位上退下来,但继续担任上海版协理事长。每逢上海举办夏季书市,他都会协助版协邀请各专业的学者来上海图书馆举办文化讲座。这些讲座极受市民的欢迎,经常是一票难求。2014年夏,他也邀请我赴沪,和他一起在上图为普通听众讲《古典诗歌的文化意蕴》,这是一场愉快的对谈。

直到我返京时,他仍然意犹未尽,在机场收到他好几封短信,反复和我商榷王维的"中岁颇好道"究竟指什么"道"。前年他已经从版协退休,却还为上海的文化传播工程"中华创世神话"写完了四十万字的学术文本,以致病倒住院。次年2月,又帮助上海书画社的"中国书画文献基本丛书"寻找顾问。总之,他的心里始终放不下出版界的工作,只要有事找他,总会全力以赴。

昌平兄的主要精力都用在出版工作上,自己的学术研究则依靠下班回家以后到半夜这段时间。这种工作习惯严重损害了他的健康,加上抽烟太多,很早就患有冠心病。尽管如此,他一直没有放松学术研究,无论是对于自己的方向还是古典文学研究的趋势,都有很深入的思考,也常在不同场合发表。他主张宏观和微观研究的汇通,力求从更广阔的历史文化背景中深寻文学现象更深层的内涵,一点点地从中抽绎出诗史演进的轨迹。他又特别重视对诗歌的感悟力,强调文学的内在规律研究,形成自己的研究个性。这两点我深为赞同,也一直在与他遥相呼应。而他最独到的思考则是将文学史研究中的体悟和古典文论中的理念结合起来,形成自己对古典文学研究本质的理论认识。尤其是关于《文赋》《文心雕龙》《诗式》理论体系的思考,几十年来未曾中断,想法也越来越清晰。他不但贯通了《文心雕龙》各章理论概念之间的逻辑联系,而且还将刘勰的理论体系活用到当前的古典文学研究的理论建构之中。在2013年《文学遗产》编委会会议的笔谈中,他将文献、文化和文学之间三维一体的关系完全打通,透彻地解释了三者的定位和契合点,从根本上讲清楚为什么文学研究的核心命题是意、言、象的道理,并进一步提出刘勰、皎然等人的理论体系实为"中古文章学"。由此分析了以文章为文学本位,必然对文化、文献学提出更高要求的原因。这就超出当前三者研究厚此薄彼、互相轻视的局限,可说是古典文学研究圈内少有的高姿态。他本人也运用这种思考,从更高的理论层面上来认识唐诗,提出过贯通"意兴、意脉、意象"的观点。六年前我在完成《先秦汉魏六朝诗歌体式研究》一书后,请他在序中谈谈对这种实验性研究的看法,他又结合刘勰的理论,提出了"集意势声象于一体"的研究目标。像这样高屋建瓴的通透见解,在当今学界是极为罕见的。

昌平兄同时也用自己的唐诗研究实践了上述的理念。古典文学研究的方法多样,但能够全面掌握的学者并不多。昌平兄则既能做作家年谱考证以及别集注释等文献整理工作,又能对作家的思想性格作深入精辟的分析。这部文存中关于顾况、秦系、皎然、戴叔伦、郑谷等中晚唐作家的生平行迹、作品真伪和系年的考订思维极其缜密,几乎细不容发。尤其追溯李白思想和创作源头的一系列论文,分析之深切精辟,在相关研究中也可说是独树一帜的。如《李白性格及其历史文化内涵》和《鲁仲连、赵蕤和李白》两篇论文,看起来所用的思想资料与以往李白思想溯源的论文大致相同,但能结合庄子和孟子思想的两极表现,令人信服地论证了李白"王者师"的大志及其"英特越逸之气"的由来。赵蕤的《长短经》在八九十年代被研究李白的学者认为是李白纵横家思想的主要来源,而昌平兄则指出鲁仲连为儒家中的另类,赵蕤的学术源流则是杂学兼收而以尊孔尚管子为主,从而进一步为解释李白的个性和行为方式找到了切合历史事实的原因,这些论文思维的精深和观点的辩证之所以为同类研究所不可及,显然是因为他对先秦思想文化资料本身的理解独具只眼,善于从诸子文本中发现各家思想之间的内在联系。而非如多数文学研究者那样,仅仅停留在对儒家、道家、纵横家等先秦诸子的浮泛印象和一般认识之上。

在深入研究作家思想艺术的基础上,昌平兄尤善于对宏观的文学现象加以总结归纳,从中提炼出规律性的问题。他曾告诉我,他的硕士论文《"吴中诗派"与中唐诗歌》在答辩时曾经有争议,但马茂元先生极力称赞,并推荐他修改后寄到《中国社会科学》发表。多少年后回过头来再看,这篇论文在当时确实开出了一种新路:即通过细读第一手文本,从中发现文献和前人研究中从未提及的文学现象。"吴中诗派"不是一个现成的文学史概念,是他首次提出的,这种深层次的问题隐藏在文本背后,需要研究者独特的敏悟才能发现。直到现在,我仍然认为这种研究是难度最大的一种境界。

此外,他在研究唐诗繁荣的原因时,善于将诗歌发展的内因和外因有机结合、相互渗透,由此开拓出多种不同的研究思路。例如《盛唐北地士风与崔颢李颀王昌龄三家诗》,是较早从某一地域的士风来考察某一时段诗歌态势的论文。当时几乎没有学者从北地豪侠型诗人群体这个角度,把崔颢、李颀和王昌龄这三位诗人联系起来认识。他从三者共同的行为和心理来解释其诗中的天真狂侠之气以及对七言诗的开拓,便将历史文化的背景与诗歌创作变化的内在机制自然地融合在一起。又如《开元十五年前后》是引用率极高的一篇名作,角度也很新颖。他因殷璠《河岳英灵集》中"开元十五年后,声律风骨始备矣"这句话,引起关于盛唐诗分期问题的思考,并运用考据式的做法,对开元十五年前后诗人群体的新陈代谢、著名诗人在长安登第的情况、社会状况和朝政的变化、诗人地位学问风气与心态的转向,作了辩证的分析,由此指出盛唐诗人大致可分三期,当时存在朝野两种诗史的走向并相互影响,这是盛唐诗秀朗浑成、兴象玲珑之格调形成的主要成因。我后来撰写《论开元诗坛》一文时,虽然重在解释殷璠这句话中"声律风骨始备"的内涵,但其中注意到开元二十三年前后另一批著名文人进士登第与文儒的关系,实是受昌平兄此文的启发。这篇论文中以兴象、气脉论诗的观念,以及重视初盛唐朝廷诗风影响的思路,同样体现在他的另一篇名作《上官体及其历史承担》中。"上官体"向来被视为初唐四杰文学革新的对立面,几乎没有人关注其诗歌创作。昌平兄联系龙朔年间对上官体的不同评价,注意到小谢体受到重视的现象,认为当时朝廷诗坛实际上面临着如何用六朝声辞来表现新朝气象的问题,上官体正是适应了这种需要。并结合高宗朝文化氛围由儒向文的转变,根据上官仪编撰《笔札华梁》中提出的"六对""八对"和"六志",重新解读了其诗"绮错婉媚"的内涵。接着文章顺流而下,通过分析上官婉儿对沈、宋诗的评判,指出从上官仪到婉儿,朝廷雅体这一脉如何吸取六朝诗特别是小谢体的精髓,直接影响到盛唐诗的演进。这些论文观察问题视角独特、思考周密、论述有力,屡屡受到日本著名唐诗专家松浦友久先生的称赏,也常被本段研究生的学位论文所引用。

在研究唐诗发展的内在规律方面,昌平兄也是开风气之先的。他在《从初、盛唐七古的演进看唐诗发展的内在规律》一文中指出:"对于唐诗繁荣的原因及其规律性的研究,实际上往往有以外部因素,即以对当时经济、政治、文化的研究,代替对更为重要、更为复杂的诗歌演进内在规律的研究之倾向。抽象的、宏观的探索,应当以具体的、微观的分析为基础。"这一见解至今仍有现实意义。他在该文中提出初盛唐七古有三个先后相生、不可分割的发展阶段。在分析这三个阶段的不同特色时,他着重从赋对初唐七古的影响、盛唐七古句式声调的骈散相间、意象的体物探象、布局取势的纵横驰骋等方面总结出唐诗发展的一些规律。我后来也写过《初盛唐七言歌行的发展》一文,正是在他研究的基础上,进一步探讨七古歌行的源起,以及歌行和七古体式的构成原理,可与他的论文相互补充。他又写过《初唐七律的成熟及其风格溯源》一文,最早指出七律的形成与初唐应制唱和风气的关系,成熟于中宗景龙年间的背景,蜕化于骈俪化的歌行的风格渊源。我后来在写《论杜甫七律"变格"的原理和意义》时,就在他的结论基础上论述了七律"正宗"与乐府歌行和应制诗在声韵和格调方面的关系。

我与昌平兄的专业方向都是汉魏六朝隋唐文学,又都侧重在六朝到初盛唐这一段,学术理念一致,研究思路相近,共同语言很多。我们都很关注文学史中一些较为深层的呈阶段性发展的创作现象,偏重于在微观的基础上进行"中观"的研究,对于具体作家的研究则较少。但我们也都从不同角度研究过李白、王维等大家的若干问题，兴趣和话题始终保持一致。当然偶尔也有争论，不过决不会伤和气，反而更加重视对方的不同看法。九十年代末他在策划《新世纪古典文学经典读本》这套丛书时，还特地来信建议由我写《杜甫诗选评》，他写《李白诗选评》，藉以纪念我们的学术友谊。我欣然同意。这本小书也促使我后来继续探索杜诗艺术和辨体的关系，写了一本新的专著。可惜我再也听不到他对这本书的意见了！

昌平兄是一个有至情至性的人，是那种责任心极强的、非常老派的上海绅士。上至父母、师长，下至朋友、晚辈，都能竭诚相待。对于老师，昌平兄总是一心想着帮他们做点事，回报他们的知遇之恩。他和马茂元先生合作《唐诗选》的故事，已为学界所熟知。林庚先生九十大寿时，他帮助重版了林先生早年备受批判的《诗人李白》，并以上海古籍出版社的名义写了一篇热情洋溢的《新版说明》，高度评价了林先生在此书中提出的著名论点，林先生非常高兴。他还屡次对我说，一直很想为施蛰存先生做点什么，但施先生从来不让学生帮忙，为此一直觉得遗憾。我的导师陈贻焮先生去世时，他特意以上海古籍出版社的名义订了一个鲜花做的小花篮，嘱咐我一定要放在陈先生身边。其实，陈先生在上古社出版《杜甫评传》，主要是由陈邦炎先生负责，和昌平兄并不熟，但昌平兄认为自己既为总编，就要尽到向师辈作者致敬的心意。

对待一般关系的作者，他的认真负责更是令人佩服。我在香港浸会大学任教期间，文学院长曾提出邀请两位身兼出版家和著名学者双重身份的内地专家来系工作两周，帮助教师们提高科研能力，昌平兄是其中之一。他到任后，不但认真审阅老师们提交的每篇论文，还提出了许多具体的修改意见，每份批语至少在两三页以上。我说他太过认真，他却说既然请他来，当然要对得起人才行。况且已经形成习惯，在社里看稿时常常如此，最多的一次修改意见长达一万多字，相当于自己写一篇论文了。我建议他把这些审稿文字收集起来，将来成书出版，也是很有益于学界的。这部文存中收了少数几篇这方面的文字，虽是一鳞半爪，也可以从中看出他审稿的认真和学养的深厚。

我和昌平兄的夫人包国芳也早就熟识，深知他们伉俪情深，老而弥笃。2017年8月，突然接到昌平兄的短信，告知国芳已经因肺栓塞猝然离世！国芳是典型的贤妻良母，陪伴昌平兄五十八年之久，无论是长久的别离，还是生活的煎熬，都从无怨言。好不容易等昌平退休，可以安稳地共享晚年了，却撒手而去，昌平兄的极度悲痛是可以想见的，朋友们都为他担心。当年12月，我利用到复旦大学开会的机会去看望昌平兄。我们在他那间陈旧的客厅里，长谈了七个小时。为了让他缓解悲哀，我努力把话题转到学术上来，告辞时我觉得他已经可以控制自己的心情。回到复旦宾馆后，还向焦急等待消息的尚君兄报告了探访经过，大家都稍觉放心。又怎能料到才几个月，他就匆匆随夫人离去！告别会前夕，上海连降暴雨，想必是老天也在为他痛哭吧？

昌平兄未完成的唐诗史，已成绝笔。但他的学术理念会与他的传世之作一起，继续影响后起的学人。他的音容笑貌，也会永远鲜活地留存在知交们的记忆之中。

2021年2月24日

序 二

陈尚君

2018 年 5 月 20 日晚,依例在研究室校唐诗。那晚将影宋蜀刻本柳宗元诗与大抵写定的新定唐诗中的柳诗对校,宋本与电脑文本对读,口中读出声来。校到过半,柳诗中的寂寞悲凉,强烈地冲击着我,悲从心起,呜咽成泣,情难自已,泪下如注。第二天早晨,得悉昌平兄遽然辞世,且就在我悲动五内之际。我不相信灵异,当时的一切感觉都仅因柳宗元,但昌平说柳诗"有时他的抒情,则以奔迸出之,长歌当哭,发为凄厉激越的变徵之音"(见《唐诗三百首新编》柳宗元小传),以前读时有印象,这一晚深切体会到了。

昌平长我七岁,读研晚我一年,因以平辈视我,我对他也皆直呼其名。虽读书皆在上海,那时并无来往。先闻其名,再识其人。第一次听到他,是 1984 年 11 月在龙柏饭店举办中日《文心雕龙》会间,我管会务,偶有机缘听到华东师大徐中玉先生与上海古籍出版社总编钱伯城先生的谈话。钱先生感谢师大将赵昌平这优秀的学生交给古籍出版社,且说社里会重点培养,希望今后可以担起责任;徐先生则说师大也很希望赵留校工作,人才难得,分配时遇到具体困难,赵是上海人,为让有家庭负担的外地女生留校,主动放弃,愿意到出版社工作。徐先生是我论文答辩的座师,钱先生与本师来往密切,他们的谈话并不避我,我因此而知道了昌平学问之优异、为人之大度。

　　具体认识并有来往,应该是第二年在出版社经李梦生兄介绍,以后就越来越密切。经常共同参加会议,阅读彼此的论文,交流对各种问题的看法,私人间的来往也很多。记得到他在老城区的家中多次,迁居卢湾后也去过,复旦这边有会议或论文答辩,也经常请他来。他是重友情、讲原则的人,坚守朋友间友谊归友谊,学问归学问,区隔得很清楚。他在出版社很忙,且随着地位提升,在社里得到普遍尊重。我们这边的事,凡有所求,绝不推辞,会议准备充分,答辩一丝不苟。学位论文请到他,都看得很认真,在提交结论意见外,还会附上大量发现问题的具体记录,提供学生修改。对好的学位论文,也从不掩饰喜悦之意。他是入世而重生活情调的人,每次有朋友来或他建议聚餐,对到哪里吃和吃什么,都特别地讲究。曾有好几次陪他在香港逛街购物,更惊叹于他的时尚讲求。我与他都参与中国唐代文学学会,逐渐成为学会的核心成员,他的识见大器在圈内有口皆碑。去年读到薛天纬兄的一篇短文,说2008年学会换届,许多人建议昌平来接会长,他丢下狠话,硬要我接,我就退出学会。这样责任落到我身上,他的理由是陈尚君年轻,日常辛苦的事情可以多做一些。学术共同体的责任是提供平台,倡导学术,引领变化,协调人事。唐代文学学会以前也曾有过风波,我从傅璇琮先生手上接任会长,是跳过了一代人的,所幸彼此信任,一切正常,风气得以延续,我想是与昌平及其同一代人的恢廓胸襟有关的。

　　与昌平交往频繁,可以写的内容很多,翻阅《文存》,更感到他的成就与人生是立体而多元的,我之所知,仅是他经常展示的一个方面,即便有了解知会者,我也无力传神地写出。我想仅选取一个方面来写,即昌平的唐诗研究成就及其唐诗史写作构想,因为这是他留给当代学术的最宝贵财富。

　　就昌平本人的求学经历来说,有三段特别应该说起。一是他在北京大学的本科经历,至少有两年完整的修读经历,那时恰是北

大中文历史上最强的时期,这段学习奠定他一生的学业基础。二
是在华东师大随施蛰存先生攻读文学硕士学位。施先生是新文学
名家,中年后治学涉猎金石、诗词诸多领域,视野阔通,见解精辟,
在文学阐述中每能以特殊的文献和精密之考订而独张新帜。昌平
从学期间,完成学位论文《"吴中诗派"与中唐诗歌》,不久在《中国
社会科学》发表,引起学界广泛的广注。他从纵、横两个不同视角,
揭示盛唐到中唐两个顶峰时期之间,以皎然、顾况为首的一批吴中
诗人,在汲取民间谣曲滋养和承变南朝诗体基础上,开始新变的努
力。他认为,这些新变既带有大历时代的痕迹,又显示元和诗风的
种种先兆,是两大高峰间诗风转变的枢纽。吴中诗派是一个全新
的提法,他从地域时代、性格地位及团体活动加以论证,揭出核心
成员七人,从对皎然《诗式》的考察,揭示此一诗派复古通变的理论
立场,以及不主故常、惊世骇俗、以谐谑为奇崛的诗格追求,进而从
题材、音节、风格及俗体联句四方面,论述此派之诗歌成就,确认其
具有上承鲍谢、下启元和诗变的历史地位。我在此论文发表初就
曾阅读,理解在当时学术环境中,文学史研究要摆脱作家作品论与
思想艺术分析已成为共识,但方向在哪里,大多很迷茫,回归传统
不免拘泥细节,追求新方法又不免空疏肤浅,此文当时真给人耳目
一新的感觉。

　　1980 年前后,国内唐代文学研究风气丕变,其中一路重视文学
与社会、政治关系之研究,尤以傅璇琮先生《唐代诗人丛考》之兼取
法国社会学派之研究立场,而融会陈寅恪、岑仲勉之唐史研究方
法,对诗人生平与诗歌真伪本事展开探索,成就突出。昌平也参与
了与此相关的大量工作,本书所收"诗人考论"部分多数论文,都是
在此期间所作。除与同学合作之郑谷研究,他的重心仍在吴中诸
诗人生平真相之追究。

　　然而昌平的主体研究,并不局限于此。他在八十年代最重要
而有影响的论文,是《从初、盛唐七古的演进看唐诗发展的内在规

律》、《初唐七律的成熟及其风格溯源》、《从王维到皎然——贞元前后诗风演变与禅风转化的关系》等一批力作。因为这些论文,到1990年前后,他虽然还没有专著,已被国内前辈学者推许为唐诗研究最具前途的青年学者。

1990年11月,在参加南京大学主办的唐代文学研讨会期间,江苏古籍出版社两位主事者为约他撰写分体断代文学史系列著作中的《唐诗史》一书,特在夫子庙奎星阁设宴与他确定选题,邀我与董乃斌兄作陪。席间,得机缘听昌平对《唐诗史》写作的设想作了比较详尽的叙述。虽然当时没有记录,原话也大多不易想起,有些印象是非常明确。他不赞成以时序叙述唐诗发展过程的框架,更不赞成写成作家作品论,也不赞同写成文学社会史,坚定地认为唐诗发展有它的内在逻辑,个人命运、社会变动及作者取径虽有各自的不同,决定因素是诗歌本身的生命力。他特别强调体式、气韵、意象、意脉等诗歌内在因素所能展示的唐诗发展史。他的说法当时就给我以截断众流、独辟康庄的印象,非常希望他能尽快完成全书,每见面时多有询问。在他公开发表的文章,如1990年悼念马茂元先生文、2016年悼念傅璇琮先生文,都说到要完成此书,以不负二位前辈的嘱托,偶也说到已经成文若干万字,但在公私困扰下,最终没有完成这部学界期盼甚殷的著作,实在是非常地遗憾。

虽然构想中的《唐诗史》没有完成,但就我之认识,收入本书中的系列论文,已经具备了唐诗史的基本框架,而他自著及协助马茂元先生完成的多种唐诗选本,也具备此一方面的意义。在此要特别说到他的第三段晋学经历,即他与马先生遇合、从师到担任助手,合作新著、整理遗著的过程。

昌平早年读过马先生的几种选本,心存感佩。1982年论文答辩始有机缘拜识,此后到1989年末马先生辞世的七年多时间内,他几乎每周都去马家问学请教,师生之谊超越了学籍与同事的名**分。详尽过程,本书所收长文《我心目中的马茂元先生》有**记录。

马先生是清季桐城文章大师马通伯之孙，早承家学，尤重诗文记诵，在记诵中理解诗文的技巧、音节与理脉，在广泛记诵中增加诗歌艺术的体味。马著《唐诗选》初版甫出，即传赞学林，其后历经世变，马先生一直希望写出一部唐诗史，且希望在会通与识见方面都达到很高水平。所谓会通，不仅是对唐诗的全面阅读与理解，还应包括唐前唐后各代诗歌之体认，对唐诗成就有清晰定位；综括历代对唐诗之评论，从而认识唐诗精妙卓越之所在。他将唐诗史的写作，视为包含作家考订、文本研究和理论阐发三者结合的系统工程。如果岁月平好，马先生的工作可以有序展开。他的起始工作是两《唐书·文苑传》和《唐才子传》笺订，已经完成数十万字，但风波遽起，文稿、札记均告焚劫，从少数遗稿看，他的理路与八十年代以后傅璇琮先生倡导的工作，精神是相通的。昌平向马先生请教期间，马先生身体已经大不如前，以往的目标已经很难实现。就昌平的记录看，师生间谈得最多的是马著《唐诗选》的增订，以及《唐诗三百首新编》之选目，其间大量涉及唐代具体诗人的评价与诗作之分析。昌平概述马先生治唐诗的理论体系，用了"通变与不囿"一语，将文学史看成"文律"辩证发展的生动过程，将重情志、主气势、明章法作为个人治学的特色。

昌平为马先生身后遗著的整理出版作了大量常人难以设想的艰苦工作。最主要的著作是《唐诗选》。此书初版于1960年，到1985年后修订时，涉及入选诗人与具体篇目的调整、诗人小传的修订与增写、注释补订、增加总评部分，昌平协助完成全部工作。其中每诗后之总评，皆由昌平执笔，得到马先生认可。诗人小传，则吸取了八十年代以来的新成果。篇目调整，则马先生初定四百多篇，昌平再提出百多篇，得到马先生认可。2018年春，我在为此书作介绍时说到："本书最后定稿于马先生缠绵病榻之时，赵昌平亲承遗意，投入很大精力完成遗著的写定，最后出版时退逊而不署名。据我所知，此书可以视为两代唐诗学者的学术结晶，也可以见

到老辈学统和道德的继承发扬。"昌平回应:"评价得体,马本主要
还是先生之力。"这是我收到他的最后一则短讯。

《唐诗三百首新编》初版于1992年,署马、赵选注。昌平曾回
忆,他始协助工作时,马先生已经选定二百五六十首,其余七八十
首,则历时两月,经十数次讨论方定。清孙洙《唐诗三百首》是影响
巨大的选本,但取径较窄,以课蒙为主,从现代学术视野看,显然有
许多不足。马、赵《新编》的目标是"既要易诵易记,又要拓宽门径
为初学者提供窥测唐诗发展概况之窗口"。马的选目,是从几万首
唐诗中反复删汰遴选的结晶。昌平的工作,则对孙洙生平、《三百
篇》成书与取资,作过充分考察。《新编》在时代、体裁、作者及诗艺
诸方面,皆称当代选本之典范。更可贵的是,除注释简明准确,有
关作者小传及诗风总评,及具体篇章的点评来说,都有很独到专诣
的见解。如称刘长卿"意境往往流于枯寂,风格也少变化",说柳宗
元诗"从幽峭掩抑的意境中,表现沉着深挚的感情,像巉岩峻谷中
凛冽的潭水,冲沙激石,百折千回,流入绝涧,渟潴到彻底的澄清",
这些见解,披卷纷呈,非沉潜多年、反复吟诵者不办。虽然我推测,
《新编》的注评几乎全部为昌平所执笔,马先生增订本《唐诗选》中
的总评为昌平写出,但更合适的理解是马先生的晚年见解,由昌平
整理写定,这部分可以看为唐诗研究马赵学派的共同成果,主要见
解来自马先生,若非昌平之长期协助写定,这些见解很可能最终绝
传。前述两书中有关诗人及名篇的解说,恰可作为师生二人接力
而终未完成的唐诗史来阅读体会。

当然,昌平设想中的唐诗史与他记述马先生构想的唐诗史肯
定会有很大不同。八十年代国内唐诗研究风气的转变,他曾经历
参与;那一时期兴起的西学新潮,及因此而引起的新方法、新思潮
讨论,也是他所极度关心的。他努力试图在传统与新潮之间开拓
一条新的道路。就我所知,新方法讨论最热闹的时期,他并没有发
表多少见解,而是踏踏实实地做唐诗研究个案的论述。前引《从

初、盛唐七古的演进看唐诗发展的内在规律》一文，考察重点是从四杰到李杜的近百年间七言古体歌行内在的变化史，从与赋之关系、诗骚传续、骈散变化、任气排纂，进而从句式声调、诗歌意象、布局取势诸方面揭示盛唐七古的巨大成就。《初唐七律的成熟及其风格溯源》则从《全唐诗》所存全部唐前期七律的统计与考证着手，对所有诗皆作系年与分析声律的基础上，说明从太宗至中宗间九次群体参与的七律唱和，逐渐合辙是随着时间推移的群体选择，而认为七律蜕化于骈俪化的歌行，也足成一家之言。而《从王维到皎然——贞元前后诗风演变与禅风转化的关系》一篇，则可说是他论述"吴中诗派"的前传，其中有关南禅洪州宗兴起的分析，是此一课题较早的论述。

1990 年以后，昌平仍有一系列重要论文刊布，在这里可以提到的有《开元十五年前后——论盛唐诗的形成与分期》《盛唐北地士风与崔颢李颀王昌龄三家诗》《韦柳异同与元和诗变》，以及有关王维、李白及郑谷的系列论文。在新方法讨论热潮过后，昌平则发表多篇论文，试图从理论上阐述传统学术在当代应努力追求的变化。其中最重要的，有关唐诗者有《唐诗演进规律性刍议——"线点面综合效应开放性演进"构想》《意兴、意象、意脉——兼论唐诗研究中现代语言学批评的得失》，有关文章学者则有《文章学的思辨形态与理论架构——从〈文心雕龙〉到〈诗式〉》。上述诸文，在学术研讨会上，在私下交谈中，都曾听昌平作过详尽论列，熟悉的朋友间无论赞同与否，都曾有过热烈讨论与激烈交锋。他所展开的见解是如此丰富而深邃，在此一下子也不知道如何概括，还是让细心的读者自己体会吧。

认识昌平逾三十三年，许多方面都承他如大哥般照顾、提携，当我有疏失时，他也会在私下悄悄地给以提醒，恕我在此无法一一细说。十年前，我因新编全唐诗遭遇不快，心存块垒，昌平嘱我不要过多计较人事的是非，鼓励我在精力尚可时，可以独立做出来。

我记得很清楚,2012年春与他同在京参加古籍规划会议,我让他看笔记本电脑中的工作进展情况,他当即表示可以接受出版。其后复就样稿讨论数次,他也两度来复旦参加课题论证,使这一重大选题在校内与出版社两方面得到落实。在他去世两年半后,我终于完成全书初稿,交到古籍社,很可惜他已经看不到了。我知道他很看重拙编,因为这是他写出高水平《唐诗史》的基础工作。知音再无,是我特别伤感的。

本书最初为昌平先生生前中华书局约稿,惜因撰写《开天辟地》书稿,未及展开。书局主事徐俊先生参加告别会后,重申维持约稿,希望葛晓音教授与我能予以张罗。无奈晓音年事渐增,我则近年事繁,频有微恙,征得各方友人与家属同意后,将编纂《文存》的责任委托给海南大学海滨教授。海滨教授晋学于西北,转职于海南,曾来复旦访学于我,于昌平先生之治学尤心追力想,曾多次在沪及与会期间造访问学,虽近私淑,志存赓续,发愿弘传,于已刊文本搜罗颇备。为本书校订,做了大量细致而认真的工作,《文存》能有目前规模,为功甚巨。不过也应说明,昌平先生在海内外发表论著数量巨大,目前还没有完整的目录,他逝世后的存书与遗稿,至今仍未清理完成。他的诗作生前曾多在友朋间流传,也不知今后有无机会结集。凡此皆希望熟悉的朋友提供线索,补充遗逸,期待今后有增补的机会。

谨述所知如上。

辛丑元月于沪寓

目　录

序　一 ……………………………………………… 葛晓音　1
序　二 ……………………………………………… 陈尚君　11

中古诗学

建安诗歌与《古诗十九首》 ……………………………………… 1

八代自然崇尚和骈俪体诗文的关系 …………………………… 17

谢灵运与山水诗起源 …………………………………………… 45

回归文章学

　　——兼谈《文心雕龙》的文章学架构 ……………………… 71

"中古文章学"发微

　　——《文心雕龙》的架构与学理 ………………………… 85

"意匠"说与中国诗学"形式"批评的特点

　　——兼论《文赋》《文心雕龙》下篇的义脉 …………… 91

文章学的思辨形态和理论架构

　　——从《文心雕龙》到《诗式》 …………………………… 101

"文章且须放荡"辨 ……………………………………………… 145

唐诗史论

唐诗演进规律性刍议

　　——"线点面综合效应开放性演进"构想 ………………… 153

意兴、意象、意脉
  ——兼论唐诗研究中现代语言学批评的得失 ……… 179
初唐七律的成熟及其风格溯源 ……… 215
从初、盛唐七古的演进看唐诗发展的内在规律 ……… 239
上官体及其历史承担 ……… 267
开元十五年前后
  ——论盛唐诗的形成与分期 ……… 289
盛唐北地士风与崔颢李颀王昌龄三家诗 ……… 317
王维与山水诗由主玄趣向主禅趣的转化 ……… 347
从王维到皎然
  ——贞元前后诗风演变与禅风转化的关系 ……… 371
“吴中诗派”与中唐诗歌 ……… 395
韦柳异同与元和诗变 ……… 429
从郑谷及其周围诗人看唐末至宋初诗风动向 ……… 449
唐五代诗概述 ……… 467

李白研究
李白性格及其历史文化内涵
  ——李白新探之一 ……… 481
李白的“相如情结”
  ——李白新探之二 ……… 497
李白与选体及玉台体 ……… 509
鲁仲连、赵蕤与李白
  ——兼论古代文化史、文学史研究的若干问题 ……… 527
《李白诗选评》导言 ……… 557
《李白诗选评》李白小传 ……… 561

诗人考论

关于顾况生平的几个问题
　　——与傅璇琮先生商榷 ·················· 587

秦系考 ·················· 599

《张志和生卒年考》质疑 ·················· 615

读皎然《赠包中丞书》札记
　　——灵澈、皇甫曾、严维、刘长卿有关资料补正 ·················· 625

戴叔伦作品真伪及有关行事商榷 ·················· 629

郑谷年谱 ·················· 637

关于郑谷的佚诗 ·················· 673

唐才子传·顾况传笺证 ·················· 677

唐才子传·皎然传笺证 ·················· 691

唐才子传·郑谷传笺证 ·················· 709

治学门径

史料·视角·方法
　　——关于二十世纪唐代文学研究的对话 ·················· 725

文献、文化、文学之契合 ·················· 753

研究唐诗应有的思维 ·················· 761

书序书评

评程千帆、吴新雷先生的《两宋文学史》
　　——兼谈文学史编写的若干问题 ·················· 763

马茂元选注《唐诗选》序 ·················· 781

谈古代文学研究中的文化意识
　　——由《唐音佛教辨思录》所想起的 ·················· 789

节律与体式的探索
　　——葛晓音《先秦汉魏六朝诗歌体式研究》序 ·················· 807

林继中《文化建构文学史纲》序 ……………………………… 813

《赵昌平自选集》自序 …………………………………………… 821

关于孙洙《唐诗三百首》及其编选的指导思想

　　——《唐诗三百首新编》前言 …………………………… 831

《唐诗三百首全解（海外版）》序 ……………………………… 845

《唐诗三百首全解（大陆版）》序 ……………………………… 857

士不可以不弘毅

　　——《守望丹青：从沈周到黄胄，笔墨肖像一百人》代序 …… 859

《孔门七十二贤像传》序 ………………………………………… 863

庄智象《外语出版研究》序 …………………………………… 867

赵昌平评批王安忆《天香传》 ………………………………… 883

赵昌平谈《天香》：天香·史感·诗境 ……………………… 893

超越纪念碑的和平饭店 ………………………………………… 901

我读《鄞变1852》 ……………………………………………… 913

《千首唐人绝句》专家推荐意见 ……………………………… 917

轻灵之中的沉厚

　　——兼说公众性文化读物 ………………………………… 919

神话研究

《开天辟地：中华创世神话考述》导论 ……………………… 923

《中华创世纪》：瑰丽重构中国神话谱系 …………………… 927

出版专题

编辑策划原理与要领 …………………………………………… 931

高校评估应重视古籍整理工作 ………………………………… 947

加强古籍整理的研究品格 ……………………………………… 949

需要的是理性 …………………………………………………… 955

出版业集团化面临的三个问题 ………………………………… 959

古籍类图书的选题策划 ……………………………… 963

重振上海出版业雄风思考断片 ………………………… 975

上海出版的问题与对策 ………………………………… 979

书展会址之我见 ………………………………………… 983

传统文化与当代出版 …………………………………… 987

《北京大学藏西汉竹书》（《老子》卷）的价值 ………… 999

《中国古籍总目》：传承与创新 ………………………… 1003

决策、思考与建议

　　——评《中国家谱总目》 …………………………… 1007

给世间新人的别样礼物 ………………………………… 1011

"花非花"丛书的意义 …………………………………… 1013

禁毁之谜

　　——读《中国禁毁小说百话》 ……………………… 1019

杂谈及其他

让儿童读点中华名著 …………………………………… 1021

怎样读唐诗 ……………………………………………… 1023

外文绮交，内义脉注

　　——诗词解读要领 ………………………………… 1025

抽"诗"剥茧，读出不一样的意境 ……………………… 1041

古诗谭艺二题 …………………………………………… 1047

诗佛·诗仙·诗圣 ……………………………………… 1057

诗佛的苦闷

　　——由玄境到禅境 ………………………………… 1061

爱莲·伤梅 ……………………………………………… 1071

《与宋元思书》导读 …………………………………… 1079

从《功德意供养塔生天因缘变》谈起

　　——"变"文疑义新探 …………………………… 1083

东西文化交流与上海城市文化的发展 ·················· 1097

怀人忆旧

春节碎忆 ································· 1113

我心目中的马茂元先生 ····················· 1119

寒夜忆璇琮师 ··························· 1135

我的中学情结 ··························· 1139

《文学遗产》六十周年寿庆 ··················· 1143

悼亡六首附小识 ························· 1145

留　芳 ······························ 1149

读庞坚、世美诸兄诗,无绪奉酬,聊拈四韵以报之 ·········· 1151

附　录

我的出版三传 ··························· 1153

赵昌平小传 ····························· 1171

为了成长的纪念

　　——追忆我的父亲 ·················· 赵晔炯　1175

夜深沉,四更水明楼

　　——《文存》整理编辑始末 ··············· 海　滨　1183

建安诗歌与《古诗十九首》

谈到建安诗歌的传承,各种文学史著作都只谈汉乐府的影响。一九五六年,马茂元先生在其《古诗十九首探索》序言中提出:《古诗十九首》是"慷慨以任气,磊落以使才"的建安诗风的前奏。然而这一富于启发性的观点,却一直未引起学术界应有的重视。其实这并非是"标新立异"的见解,而是总结了历代诗论家上百次指出过的一个文学史现象。兹略举数例以证之:

(古诗)《去者日以疏》四十五首,……旧疑是建安中曹王所制。又论刘桢云:其源出于古诗。仗气爱奇,动多振绝。(梁钟嵘《诗品》)

《十九首》辞精义炳,婉而成章,始见作用之功。(中略)邺中七子……不拘对属,偶或有之,语与兴驱,势逐情起,不由作意,气格自高,与《十九首》其流一也。(唐皎然《诗式》)

读《古诗十九首》及曹子建"明月入我牖,流光正徘徊"之类,皆思深远而有余意,言有尽而意无穷。(宋吕本中《童蒙诗训》)

子桓之《杂诗》二首,子建之《杂诗》六首,可入十九首,不能辨也。(明胡应麟《诗薮》)

建安、黄初之诗,因于苏、李与《十九首》者也。(清叶燮《原诗》)

(《十九首》)比建安黄初略先一期而紧相衔接,所以风格

和建安体格相近。（近代梁启超《中国之美文及其历史》）

以上不同时代、不同流派的诗评家都指出《十九首》与建安诗一脉相承之联系。仅此一点，就足以引起我们的深思。

《十九首》与建安诗的联系除大家注意到的五言诗形式外，可以皎然所论：《十九首》"辞精义炳，婉而成章，始见作用之功"；邺中七子"语与兴驱，势逐情起，不由作意，气格自高，与《十九首》其流一也"二语来概括。此评道出了两点联系：（一）主情任气，尤重感兴：二者都继承了国风至汉乐府"感于哀乐，缘事而发"的传统。（二）始见作用之功，婉丽而不失自然之致：二者在古典诗歌表现手法方面构成一个有特殊地位的阶段。这二点也就是本文论述的主旨。

一

无视《十九首》与建安诗的联系，其理论根源首先是囿于这样一个公式：先对现实主义作极片面的理解，然后以此为界把文学史分成现实主义与反现实主义两个阵营，两军对垒，一线单传，把复杂的文学现象简单化了。某些同志一方面贬低《十九首》，甚至加以唯美主义的帽子，将它向右推；一方面则对建安风骨作片面的理解，抬到不适当的高度，将它向左拉：于是血肉相联的二者被生拉硬扯地割裂开来了。

列宁说："历史唯物主义，是历史唯物主义，而不是历史唯物主义；辩证唯物主义，是辩证唯物主义，而不是辩证唯物主义。"可见离开了"历史"，离开对史实的全面占有分析；离开了辩证法，离开一切存在均处于流动变化中的观点，那么"唯物主义"就不是"彻底的"。要弄清《十九首》与建安诗的联系，首先要破除对那种似是而非的"唯物主义"的敬畏,切实把握建安诗的特质。

答案可说是现成的,"慷慨以任气,磊落以使才",这是每一部文学史著作都引用的;答案又是远未解决的,因为文学史在引述刘勰的论断时又都掐头去尾曲解了本意。对于这种做法,王运熙先生曾提出过批评[1],这里从另一角度作申论,以与王先生所论互参。刘勰曾云:

> 古诗佳丽(中略),观其结体散文,直而不野,婉转附物,怊怅切情,实五言之冠冕也。(中略)暨建安之初,五言腾踊,(中略)并怜风月,狎池苑,述恩荣,叙酣宴,慷慨以任气,磊落以使才。造怀指事,不求纤密之巧,驱辞逐貌,唯取昭晰之能:此其所同也。(《文心雕龙·明诗》)

> (三曹七子)傲雅觞豆之前,雍容衽席之上,洒笔以成酣歌,和墨以藉谈笑。观其时文,雅好慷慨。良由世积乱离,风衰俗怨,并志深而笔长,故梗概而多气也。(同上《时序》)

> 至于魏之三祖,气爽才丽,宰割辞调,音靡节平。观其"北上"众引,"秋风"列篇,或述酣宴,或伤羁戍:志不出于淫荡,辞不离于哀思。虽三调之正声,实《韶》《夏》之郑曲也。(同上《乐府》)

细按彦和所论,建安诗的特质实包含以下几点:

首先是成因:汉末"世积乱离,风衰俗怨"的现实是建安诗歌高潮形成的社会原因;诗歌,特别是五言诗发展的历史经验则是其内部原因。缺少任何一方面,这一高潮都不可能出现,故彦和论建安五言诗首先就上溯到古诗。

其次,在上述背景下,建安诗人"慷慨以任气,磊落以使才",气与才,是建安诗之所以可贵的两个不可分割的侧面。

---

[1] 《从〈文心雕龙·风骨〉谈到建安风骨》,原载于《文史》1980年第九辑。

所谓"慷慨以任气",主要是指建安诗人表现于诗中的气质——宽广的胸襟与昂扬的气魄。这种气质,"或述酣宴,或伤羁戍",甚至"怜风月,狎池苑","洒笔""和墨"间,都可以得到表现。显然这是传统的"充实论""文气论"的发展;而非如今人常理解的只指反映社会动乱,歌唱雄心壮志。这些并非刘勰一家之论,而反映了我国抒情诗的传统。试看几位以风骨见称的唐代诗人的见解。高适《答侯少府诗》云:"性灵出万象,风骨超常伦。"在他看来诗具真性情就可风骨超伦。皮日休在《郢州孟亭记》中将孟浩然与李杜并称为"大得建安体",而其理由是孟诗"涵涵然有平大之风"。元结云:"诸公尝欲变时俗之淫靡,为后生之规范,今夕岂不能道达情性,成一时之美乎!"这段话一直被视作"现实主义"诗论,然而它却偏偏出于一首宴筵诗——《刘侍御月夜宴会诗》的小序中。可见,谈建安风骨,只局限于《苦寒》《蒿里》等二三十章,而置数百首其他内容的诗作于不顾,实乃"题材决定论"在古典诗歌研究中的反映。

刘勰所谓"磊落以使才",又指出了建安诗另一特质:它已不尽同于先此诗作之"天予真性,发言自高",而已开始注意"才"了。不过它又没有晋宋后诗人任才而伤气的通病,而是"语与兴驱,势逐情起,不由作意,气格自高"。

"慷慨以任气,磊落以使才"二者结合,表现于风格上,就是刘勰所说的"气爽才丽"(《乐府》),"造怀指事,不求纤密之巧;驱辞逐貌,唯取昭晰之能"(《明诗》);就是钟嵘所称的"骨气奇高,辞采华茂,情兼雅怨,体被文质"(《诗品·曹植》)。总之,气才并重,以气驭才,以才达气,气爽才丽,是建安诗歌的总体特点。下面举曹植一首"怜风月""叙酣宴"的诗歌来略作分析。

> 公子敬爱客,终宴不知疲。清夜游西园,飞盖相追随。明月澄清景,列宿正参差。秋兰被长坂,朱华冒绿池。潜鱼跃清波,好鸟鸣高枝。神飙接丹毂,轻辇随风移。飘摇放志意,千

秋长若斯。(《公宴》)

诗称曹丕为公子,则武帝尚在。时曹氏之文治武功蒸蒸日上,内部矛盾尚未激化,故虽写宴筵而绝无以后齐梁同类诗作之淫靡情调。全诗以"公子敬爱客,终宴不知疲"起,以"飘摇放志意,千秋长若斯"结,中以高华的笔触描绘了初秋清夜万物竞腾的景象,从而情景交融地表现了曹氏集团当时广阔的胸襟与奋亢的进取精神。首尾四句实乃曹操慷慨任气的豪歌"周公吐哺,天下归心"(《短歌行》)的另一种方式的表达。此诗艺术表现上丽而不弱,宋范晞文评云"皆直写其事,今人虽毕力竭思不能到也"[1]。正指出其具有"磊落以使才"的建安诗的一般特点。我们不妨从发展无产阶级新文艺的角度给曹操《苦寒》《蒿里》更高的评价;却不能因题材不那么重大,而斥《公宴》类作品为糟粕,因为它们实乃同一精神在不同题材、不同场合的反映。弄清了建安诗"慷慨以任气,磊落以使才"的确切内含,它对《十九首》的继承关系就清楚了。

二

《十九首》首先在"慷慨以任气"方面为建安诗人前奏。这是汉末一组富于现实意义的怨歌。刘勰评曹氏父子"志不出于淫荡,辞不离于哀思",移以评《十九首》亦很洽切。从《十九首》的怨歌到建安诗人之高歌,是当时寒族地主阶级及其知识分子从痛苦中挣扎、奋斗而终于崛起的历史过程在文学上的曲折反映。而其消极面也同时"遗传"给了建安诗人。

否认《十九首》与建安诗的思想联系的主要依据是它受玄学影

---

[1] 《对床夜语》卷一。

响，表现出任诞倾向。论者多是以下述三段式进行推理的。

大前提：汉末玄学是统治阶级维护其统治地位的唯心主义思想工具；其任诞倾向正是没落阶级人生观的反映。

小前提：《十九首》正表现了这种思想。

结论：因此它应当否定，至少在这一点上应当否定。为支持这一三段论，人们又往往引用恩格斯一八九〇年十月二十七日《致康·施米特》信中的一段话，"每一个时代的哲学作为分工的一个特定的领域，都具有由它的先驱者传给它而它便由此出发的特定的思想材料作为前提"。根据这一论述，又因玄学及其前身道家思想历来被视作没落阶级人生观，于是人们就按前举三段式"顺理成章"地推出了上述结论；而很少去想受玄学影响的《十九首》会与"慷慨以任气"的建安诗有什么思想联系。

然而，恩格斯在这段话后又写道："（但是）经济发展对这些领域也具有最终的至上权力，这在我看来是确定无疑的"，"这种作用就是各种经济影响，对先驱所提供的现有哲学材料发生的作用。经济在这里并不创造出任何东西，但是它决定着现有思想材料的改变和进一步发展的方式。"[1]这里，恩格斯指出了一种传统的思想材料，由于经济的支配作用（往往通过政治），其发展方向总是在发生改变的。因此，对于历史上任何一种思想形态，我们都应当按辩证逻辑的观点，在流动中研究它在不同时期、不同阶层的人手中产生了怎样的变化；而不能仅据形式逻辑的三段式作简单推理。对于《十九首》所表现的玄学影响及其颓放倾向，也必须作如是观。

玄学在汉末魏初的兴起具有两重性。它反映了人们对传统儒学伦理准则与思辨方式的怀疑。这种怀疑可以导致醉生梦死的人生观，也可以被用作反对传统思想束缚，批判现存制度的思想武器。我们不妨承认汉魏世族的玄风是没落阶级人生观的反映，然

---

〔1〕　见《马克思恩格斯选集》（第四卷），人民出版社1995年版，第703—704页。

而这只是玄学思想在这一阶层中的反映，是一个分支；而决不能不加分析地将凡受玄学影响的各阶层与个人一概指作具有没落阶级的人生观。因为归根到底，经济（往往通过政治）是会改变这一思想的"发展的方式"的。

《十九首》的作者是一群游子，是争取走上政治舞台一展抱负的寒族地主阶级知识分子的缩影。汉代外戚、宦官、官僚三大势力在角逐中利用了他们，又抛弃了他们。然而其从政的企望已被唤醒而再也不可能被压制。成千上万的士子拥向州郡京城，可是"邪夫显进，直士幽藏"[1]，于是转而对现存秩序产生怀疑。他们并非真抛弃了儒家"兼济"与"独善"的传统，而是痛感于儒道之崩坏，故转而吸取玄学解经中解放的一面，以放达排遣块垒。如将《十九首》联系起来考察，可清楚地感到其思想感情有三个特点：颓放中寄寓着对社会的隐忧；感愤中透露着对世态的嘲讽；羁愁中寄托着心田处真诚的情愫。

《青青陵上柏》的作者看来是斗酒驽马，游戏宛洛，而清人陈沆则别具只眼地看到他是"以斗酒之足乐，反刺富贵者之无所厌求。故推之冠带，又推之王侯，又推之两宫、双阙"[2]。既然整个上层社会直至帝王均安坐火山"极宴娱心意"，我又"戚戚何所迫"呢？诗的结语是沉痛的，故前人评曰："结语强作旷达，正是戚戚之极者。"[3]正因为如此，他们在颓放之中又往往深自反省。"荡涤放情志，何为自结束？"《东城高且长》的作者无法排遣愤懑，正企图在声色的追求中聊以自适，这时听到了歌女的一支清曲，深自震动，于是他"驰情整中带，沉吟聊踯躅"。"整中带"的细节与"何为自结束"的颓语相映照，表明作者心中严肃的情感被感召，于是终于产生"愿为双飞燕，衔泥巢君屋"的渴望正常生活的遐想（这种企望在

---

〔1〕 赵壹《刺世疾邪赋》。
〔2〕 《诗比兴笺》卷一。
〔3〕 黄节旧藏《古诗赏析》眉批。

《十九首》抒写恋情的篇章中表现尤切)。《十九首》作者的强烈怨
愤往往难以压抑,而迸发为渴求进取的呼唤:"清商随风发,中曲正
徘徊,一弹再三叹,慷慨有余哀。不惜歌者苦,但伤知音稀。愿为
双鸿鹄,奋翅起高飞。""鸿鹄远飞,一举千里","慷慨有余哀"的弦
歌声终于激发出诗歌高亢的尾音,这是对当路者的抗争,也是对自
身颓放思想的自我批判。在这压抑中破空而去的歌声中,已可听
到"慷慨以任气"的建安诗的前奏了。因此《十九首》作者的放达任
诞思想虽有其消极面,然而与统治者的醉生梦死不能等量齐观。
他们的颓放从一个侧面表现了汉末社会的深刻矛盾:世族统治者
与寒族地主阶级知识分子崛起与反崛起、压抑与反压抑的矛盾;汉
代思想史中进步因素与其局限性的矛盾;知识分子愤于现实,却脱
离人民看不到出路的矛盾。鲁迅先生在《魏晋风度及文章与药及
酒之关系》中指出嵇康阮籍等否定名教,实因名教被糟蹋得不成样
子了,在骨子里他们倒是尊重名教的。以嵇阮为代表的正始诗风
是建安诗风的直接延续,因此我们完全有理由说《十九首》的放达
的怨歌是建安诗人慷慨悲歌的先声。

必须指出,慷慨一词并非一定指豪言壮语。《说文》:"忼(慷)
慨,壮士不得志于心也。"司马相如《长门赋》:"贯历览其中操兮,意
慷慨而自卬。"武帝陈皇后的宫怨也是一种慷慨。可见慷慨是指一
种感于哀乐的或悲或喜的奋亢的精神状态。《十九首》之所以是
"慷慨以任气"的,就是因作者从自身的被压抑中,激发出对黑暗现
实的强烈不满而形于歌唱,从而继承了《诗经》、汉乐府"饥者歌其
食,劳者歌其事","感于哀乐,缘事而发"的传统。它们与建安的高
歌是汉末"世积乱离,风衰俗怨"的社会现实在不同阶段的反映。
随着寒族地主阶层的壮大和胜利,怨歌自然就转化为高歌;而高歌
者在地位沉降时也会怨歌哀婉。建安诗人的绝大部分篇章不正与
《十九首》表达着同一主题、同一情感吗? 因此从发展变化的观点
来分析史实,而不是对史实任意取舍或停留于现象的机械类比上,

就必能看到建安诗与《十九首》有着不可分割的血缘联系。

三

　　《十九首》更在"磊落以使才"方面为建安诗人之先声。皎然《诗式》曾对由汉至晋宋的诗风演变作过如下概括：西汉苏李诗是"天予真性，发言自高，未有作用"；东汉《十九首》是"辞精义炳，婉而成章，始见作用之功"；魏诗《邺中集》是"不拘对属，偶或有之，语与兴驱，势逐情起，不由作意，气格自高，与《十九首》其流一也"；晋宋间谢灵运诗是"真于情性，尚于作用，不顾词彩，而风流自然"（均见《诗式》卷一）。

　　从这一分析可见，从《十九首》至建安诗歌，正形成诗歌从前古的"天予真性"，"未有作用"，至中古"尚于作用"的过渡阶段。其特点是"始见作用之功"。对于《十九首》与建安诗艺术上的联系，必须从这一高度来考察。

　　所谓"始见作用之功"，即"磊落以使才"，是说在"天予真性，发言自高"的基础上，已开始注意艺术构思，而表达真挚的情感，始终是这一时期艺术构思的中心。《十九首》首先具备这一特点，与其渊源有关。

　　按今存汉乐府诗与古诗，篇目与语句大量雷同。乐府中如《白头吟》《怨歌行》之属，体裁与《十九首》无异；今题"古诗"者如《十五从军征》《上山采蘼芜》等，又与乐府民歌同辙。因可见乐府诗与无名氏古诗必为时期相近、性质相通之作品。入乐则称乐府，未入乐或虽入乐却失其调名则为古诗。舍去音乐因素，这批诗作实可分为二类：一类劳动人民所作；一类下层文士所为。二类血脉相通而风格稍异。随着诗歌创作的发展，分道扬镳；至《昭明文选》取其中抒情性文学性特强之十九首立为一类，题作"古诗"，二者分野始判。

古诗与汉乐府歌辞性质之异同决定了它们风格之异同：(a)感兴：二者均一事一诗，情事交融；而民歌较多铺叙，叙事以见情，古诗则重在抒情，以情融事。(b)结构：二者均结构浑成，无斧凿之迹；而民歌多以事情之自然顺序为线索，古诗则按感情的起伏节奏驱遣裁剪事实。(c)语言：二者均自然天成，富于感染力；而民歌如胡应麟所称"质而不鄙，浅而能深"[1]，古诗则如谢榛所云，是"秀才说家常话"[2]，故又如胡应麟所称"随语成韵，随韵成趣"[3]。(d)境界：由以上三点决定，二者均风格浑厚，境界深远；而其中民歌"遒深劲绝"[4]，其境深远，古诗则"怊怅切情"[5]，其境旷远。

这种异同遂形成了马茂元先生曾论述过的一个"分流"与一个"结合"，即东汉末年叙事诗与抒情诗分流的明朗化；东汉末年，分离了三四百年之久的民间文学语言与文人创作语言在《古诗十九首》中的重新结合。于是产生了《十九首》那样"惊心动魄，一字千金"的抒情短诗。它与乐府民歌一起直接成为"慷慨以任气，磊落以使才"的建安诗的前奏。下面从抒情诗艺术的几个要素：结构、意象、音节，来就此略作考察。

(1)"势逐情起"——结构。

古典诗论以情意为上，意立得势，形成决定诗体开合的气脉；而气势无形质，又须通过一定的结构来传达。随着抒情诗的发展，结构问题愈益被重视；因抒情诗不像叙事诗那样有情节作结构的主干，它以抒发无定质的感情为主，必须在结构上多费一番"作用"

---

〔1〕《诗薮·内编》。

〔2〕《四溟诗话》。

〔3〕《诗薮·内编》。

〔4〕《师友诗传录》王渔洋语。

〔5〕刘勰语，见前引。

的功夫。前人屡屡指出，建安诗气势充盈，颇得力于布局成功。如方东树《昭昧詹言》卷二评曹植《杂诗》，"文法高妙，宋以后人不知此矣，此与《十九首》、阮公同其神化"。此评不仅指出曹诗"文法高妙"，亦即结构有匠心而自然浑成，且点明这一特点肇始于《十九首》，而与正始诗共同构成区别于刘宋后作品的诗史中的特定阶段。现特以古诗《明月何皎皎》与曹丕、曹睿各一诗作比较，以明演进之迹。

　　明月何皎皎，照我罗床帏。忧愁不能寐，揽衣起徘徊。客行虽云乐，不如早旋归。出户独彷徨，愁思当告谁。引领还入房，泪下沾裳衣。（《明月何皎皎》）
　　漫漫秋夜长，烈烈北风凉。展转不能寐，披衣起彷徨。彷徨忽已久，白露沾我裳。俯视清水波，仰看明月光，天汉回西流，三五正纵横。草虫鸣何悲，孤雁独南翔。郁郁多悲思，绵绵思故乡。愿飞安得翼，欲济河无梁。向风长叹息，断绝我中肠。（曹丕《杂诗一》）
　　昭昭素明月，辉光烛我床。忧人不能寐，耿耿夜何长。微风吹闺闼，罗帷自飘扬。揽衣曳长带，屣履下高堂。东西安所之，徘徊以彷徨。春鸟向南飞，翩翩独翱翔。悲声命俦匹，哀鸣伤我肠。感物怀所思，泣涕忽沾裳。伫立吐高吟，舒愤诉穹巷。（曹睿《昭昭素明月》）

《明月何皎皎》和《十九首》其他篇章一样，与乐府诗血缘最近，故保存了较多的叙事成分。它们在结构上一般均以一个抒情主旋律为中心，来组织某一生活片断中的若干细节，构成抒情境界。《明月》诗表现的是月夜乡思，粗看仅写了乡思驱遣下的几个下意识的动作；细味则其结构已初见匠心。"客行虽云乐，不如早旋归"是中心句，它置于"揽衣起徘徊"后，这样"客行"句就承上点明了不寐之因；又因"客行"故生"早旋归"之想，则又自然勾出以下出户彷徨,引领遥望的无端寻觅。这二句抒情的中心句,既是情之所至的自然心声,又是全诗开合的关锁,由此形成诗势的起伏。加上取材上着重于一出一入,起兴处笼罩全篇的皎皎月色,真是"始见作用"。

曹丕《杂诗一》结构如吴淇《六朝选诗定论》所指出:"从古诗两《明月》篇来","总以多悲思为骨,以思乡为筋"。然而它又突破了连续动作的限制。长夜北风,不眠而起,前四句起法与《明月》诗同辙。接着"彷徨忽已久,白露沾我裳"却别开生面。"已久"是说在外时间很长了,而其间诗人干了什么却一字不着,仅以"白露沾裳"点出其愁思似梦之情态,既逼真,更避免了与下文的重复。露沾衣裳而由"梦"中惊醒,又插入清秋寒夜,星月参横,虫鸣鸿飞的大段景物描写,以增强抒情气氛。复以"郁郁多愁思"一句由景入情,收束上文,引出欲归无途的呼号。末以向风长叹与首句长夜北风呼应作结。全诗结构比起《明月》诗来同样浑成而更见"作用"之功。

曹睿《昭昭素明月》的结构,更结合了上二诗的特点。它将主人公的动作与景物穿插交织,渐次将感情推向高峰。吴淇评云:"此首从《明月何皎皎》翻出,古诗俱是寐而复起,俱以'明月'作引,俱有'徘徊''彷徨'字。但彼于户内写'徘徊',户外写'彷徨',态在出户入房上;此首'徘徊''彷徨'俱在户外,中却于离床以后,下阶以前,先写出一段态来:各极其妙。'东西安所之',莫我知也夫;'舒愤诉穹苍',知我其天乎!"此评正道出了魏明帝此诗结构上对《明月》诗的继承和进一步发展。

以上三诗结构都如皎然所论有势逐情起,即诗势随感情节奏开合之特点,又都见出一定的剪裁组织功夫;而后一首学习前一首,一首精细于一首,可见在结构上"磊落以使才",《十九首》已肇其始,而建安诗人又有了发展。

(2)"语与兴驱"——意象。

《十九首》善于通过自然而明丽,凝炼而富于暗示,工整而善于变化的语言指事写怀,构成富于意蕴的诗歌意象,显示出熔民歌与文人语言精华于一炉的高度成就[1],这一点亦为建安诗人所继承发展。

建安诗人在意象构成上借用或化用《十九首》句意者颇多。上举《明月何皎皎》等三诗可见一斑,兹更举二例:

曹丕《于清河见挽船士新婚与妻别》诗云:

> 与君结新婚,宿昔当别离。凉风动秋草,蟋蟀鸣相随。冽冽寒蝉吟,蝉吟抱枯枝。枯枝时飞扬,身体忽迁移。不悲身迁移,但惜岁月驰。岁月无穷极,会合安可知。愿为双黄鹄,比翼戏清池。

此诗开头"与君"二句化用古诗《冉冉孤生竹》中"与君为新婚"与《行行重行行》中"与君生别离"二句。"凉风"二句又取古诗"凛凛岁云暮,蟋蟀夕鸣悲"的故辙。"寒蝉"二句更从古诗《明月皎夜光》"秋蝉鸣树间"蜕出。"枯枝时飞扬"至"会合安可知"六句,与《冉冉孤生竹》中"思君令人老,轩车来何迟。伤彼蕙兰花,含英扬光辉,过时而不采,将随秋草萎"意同,实即皎然所说"偷意"诗例。结末二句则是古诗《西北有高楼》末"愿为双鸿鹄,奋翅起高飞"的改造。此诗实可谓借化《十九首》之集大成者。

又如古诗《西北有高楼》发端"西北有高楼,上与浮云齐"二句,以萧瑟的西北方的齐云高楼起兴,造成笼罩全诗的抒情气氛;而建安诗人借化这一意象的不下十例。如:

> 西山亦何高,高高殊无极。(曹丕《折杨柳行》)
> 遥遥山上亭,皎皎云间星。(曹丕《于明津作》)
> 明月照高楼,流光正徘徊。(曹植《七哀》)
> 高台多悲风,朝日照北林。(曹植《杂诗六首》之一)

---

[1] 参马茂元先生《古诗十九首探索》序。

西北有织妇，绮缟何缤纷。（曹植《杂诗六首》之三）

飞观百余尺，临牖御棂轩。（曹植《杂诗六首》之六）

文昌郁云兴，迎风高中天。（曹植《赠徐幹》）

高殿郁崇崇，广厦凄泠泠。（徐幹《情诗》）

临川多悲风，秋日苦清凉。（阮瑀《杂诗二首》之一）

朝雁鸣云中，音响一何哀。（应瑒《建章台诗》）

从这一组例子不仅可见建安诗人在诗歌意象上多借化《十九首》，更说明两个重要问题。一是在抒情诗意境构成中极重要的发端问题上，《十九首》的历史地位。《诗经》中的起兴，除个别篇章（如《蒹葭》）外，尚处于"先言他物，引起所咏之物"的较原始的阶段。通过发端，造成笼罩全诗的抒情气氛，产生贯注全体的诗歌气脉，这种手法至《十九首》才作为群体而成熟。这是抒情诗发展到成熟期的必然现象。《十九首》中他如《青青河畔草》《明月皎夜光》《迢迢牵牛星》《东城高且长》《凛凛岁云暮》《行行重行行》《孟冬寒气至》等，发端均称警绝。评家每称建安诗人工于发端，其实正是对《十九首》的发展。二是建安诗人学习《十九首》又非刻板模仿，而总是根据诗意加以变化。或取其意，或熔其辞；或旖旎，或劲遒，其语言又均比《十九首》更多文人意味。许学夷《诗源辨体》说：魏诗较汉诗同者三，异者七。同者皆"情兴所至，以不意得之"，"委婉"而有"天成之妙"；异者则更见"作用之迹"，"此汉人潜流而为建安，乃五言之初变也"。这正是对在意象上，由《十九首》至建安诗人，"作用"之迹渐显的科学总结。

（3）"清浊通流，口吻调利"（《诗品》语）——音节。

建安诗中已有不少句子暗合后世律调，《四溟诗话》曾衰录多则，评曰"以上虽为律句，而全篇高古，及灵运古律相半，至谢朓全为律矣"。我们并不认为建安诗人已有声律说的概念，然而他们在实践中如刘勰所称"宰割辞调"，令其和谐动听，却也是无法否认之事实。而这也正由《十九首》启其渐。

　　费滋衡《汉诗总说》称"古诗唯《十九首》音调最圆"。梁启超甚至说："《十九首》虽不讲究声病,然而格律音节略有定程。大率四句为一解,每一解转一意。其用字平仄相间,按诸王渔洋《古诗声调谱》,殆十有九不可移易。试拿来和当时的歌谣乐府比较,虽名之为汉代的律诗亦无不可。此种诗格,盖自西汉末五言萌芽之后,经历多少年,才到这纯熟谐美的境界。后此五言诗虽内容实质屡变,而格调形式总不能出其范围。"[1]按梁氏所论古诗平仄虽不无夸大,然论点却极可注意。他指出了《十九首》虽不讲声病而较之当时民歌,和谐纯熟,可称为"汉代的律诗",且为后世五古所沿袭。这就点明了建安乃至嗣后诗人对《十九首》在音节上"始见作用"的继承发展。

　　梁氏所论《十九首》音调有二端:从全篇观,大率四句一解,一解转一意。今按:这也是建安五古的特征,它本于汉乐府相和歌,也成为后世五古最通常的组织形式。

　　梁氏又指出《十九首》多平仄相间,亦为事实。后世五律音节规律首要即在二四字的平仄相反上,清人声调谱论五古亦以此为重要特点。今按《十九首》共有句236,其中二四字平仄相反者约140例,达百分之六十;加上暗合后世拗救句法者,达百分之七十以上,真所谓是"蜂腰鹤膝,闾里已具"(钟嵘《诗品序》)。

　　《十九首》这种合于后世声调说的现象,并非有绳墨规定,而是在实践中自发调节的。最能说明问题的是叠字的连用。连用叠字,是民歌常用手法,《十九首》多借用而常平仄互间。《青青陵上柏》首二句"青青""磊磊"一平一仄。《迢迢牵牛星》凡十句,六句用叠,均二二平仄相对(迢迢对皎皎,纤纤对札札,盈盈对脉脉)。《青青河畔草》首六句用叠字,前四句"青青"对"郁郁","盈盈"对"皎皎"均一平一仄;五六句"娥娥"对"纤纤",虽为同平,却一清一浊。

----

〔1〕《中国之美文及其历史》。

此诗共十句,又有八句,每句二四字平仄相间。这样在民歌化的句法中,参以平仄清浊的自发调配,读来真是珠润玉圆,一片宫商。《十九首》在音节上"始见作用"却又口吻调利、清浊通流;执建安诗多合律调之先鞭,在此得到了充分体现。

上面就结构、意象、音节——诗歌艺术三个要素方面探讨了建安诗人对《古诗十九首》的继承与发展。可见在"慷慨以任气"的基础上,从《十九首》到建安诗人都已"始见作用之功",越益重视诗歌的才情。以气运才,以才达气,"磊落以使才"与"慷慨以任气",是它们的共同特征。建安时期诗歌创作的高潮,是诗人们对汉代后期血缘相亲的两类作品——汉乐府民歌和以《十九首》为代表的古诗,创作精神与艺术成就的发扬光大,它们共同构成了"汉魏风骨"这一古典诗歌的优秀传统。而《十九首》在这一历程中还占有某种特殊地位:即从《十九首》到建安诗,完成了诗史上从抒情言志的不自觉的文学作品到自觉的抒情言志的文学作品的过渡。诗史上"重文"的时代,由此渐渐揭开了序幕。

(本文原载于《江淮论坛》1984 年第 3 期)

八代自然崇尚和骈俪体诗文的关系

　　魏晋南北朝是崇尚自然、个性的时代,而偏偏在这一时期,两种从今人看来,最有乖于自然、最束缚个性的文体——骈体文与永明体诗成立了。对于这种看似矛盾的现象,今行文学通史、断代史、专史都未见有所解释,而只是从文体自身演进与士族有闲生活角度论说骈体诗文形成原因(这当然是必要的,有意义的),于是对骈体诗文,尤其对骈文,常有所谓形式主义、唯美主义之类的恶称,即使不这么提,也总习惯将它与"自然""个性"对立。1982 年王运熙先生《文心雕龙·原道和玄学思想的关系》一文,首次别具只眼地指出,刘勰在《原道》等篇,不仅认为"文学创作是自然之道的表现","甚至认为当时盛行的讲究形式整齐美丽的骈文,也是合于自然之道的",而"这种说法正是玄学思想影响下的产物"。刘勰"原道心以敷章"的文艺思想,正是王弼、郭象名教出于自然,名教即自然之说的翻版,是"物无非天也,天也者自然者也"(《庄子·大宗师》)的哲学思想在文学思想上的反映。[1] 也许因为王先生主要从《文心雕龙》研究着眼,所作又如先生谦称是一"短文",不暇深入展开,所以这一见解似尚未引起应有的重视。笔者认为刘勰上述思想并非孤立的现象,而是对六朝骈俪化美文学之理论总结。因此拟在王先生的基础上,从进一步阐述骈俪体诗文的文体特征与

---

〔1〕　见《文心雕龙探索》第 55—57 页。

玄学自然崇尚之间的种种相应关系及二者联系的契机着手,对骈体诗文作为一种文学样式作再认识再评价,同时也对《文心雕龙》的思辨形式作再探讨,以期有利于对魏晋南北朝八代文学史的清理及某些重要文论概念的深入理解。

一、骈俪体诗文特征辨说

　　关于骈俪体诗文的特征,古人,尤其是清代骈文家有过不少出色的阐述,然而近数十年来,这方面的研究甚少进展,甚至退步了,原因在于上千年来人们习惯于以古文与骈文两军对垒,申古抑骈,所以论到骈体特征,都注意其外在表现,而对内在的气机很少述及。第一个敢于"反潮流"而动,在古文盛行的时代为骈文"平反"的是唐人裴度,他在《寄李翱书》中说:"观弟近日制作,大旨常以时世之文多偶对俪句,属缀风云,羁束声韵,为文之病甚矣,故以雄词远致,一以矫之,则是以文字为意也,且文者,圣人假之以达其心,达则已,理穷则已,非故高之、下之、详之、略之也……昔人有见小人之违道者,耻与之同形貌、共衣服,遂思倒置眉目、反易冠带以异也。不知其倒之反之之非也,虽非于小人,亦异于君子矣。故文之异,在气格之高下,思致之深浅,不在碟裂章句,隳废声韵也;人之异,在风神之清浊,心志之通塞,不在于倒置眉目,反易冠带也……"裴度所论可注意者有三:其一,他指出骈文中那些专以偶对俪句,属缀风云,羁束声韵为能事的"为文之病",只是小人之违道者的低劣之作,而非骈文文体本身之病。这个道理其实在古文中也一样,比如樊宗师、皇甫湜等的古文以艰涩为能事,叫人难以卒读,但不能说这是古文文体之病。其二,裴度指出了作为骈文根本的是气格、思致。能穷理达心,则气格高,思致深;如此则章句偶,声韵谐就并非文病,相反他认为比起那些磔裂章句、隳废声韵的作品来更为雅正。其三,因此只以偶对、声韵异于古文来指摘骈文,是"以文字为意"的皮相之谈,而非探本之论,一味反骈偶声韵,则更是"倒置眉目、反易冠带"的反常之举,而非达者之行。裴度所论,为历代骈文家多所发挥,如清人李兆洛《骈体文钞序目》就指出骈文与古文有体格之别,而无义理之殊,不能因句式奇偶判而为二,强分轩轾。不仅如此,清人还进一步总结了骈文的本质特征,如李兆洛论其中的缘情托兴之作云"往往托思于言表,潜神于旨里,引情于趣外",就其褊者而言"亦润理内苞,秀采外溢,不徒以镂绘为工,逋峭取致而已"。

今人讲骈文,往往举出"四大特征":以四六为主的偶对,声律化,丽辞藻绘,多用典故。[1] 这都不错,然而借用清代古文家刘大櫆的话来说,这些只是"文之粗者";骈文之"文之精者",是骈文家所说的"骈偶之体,亦当以生气为上"(方宗诚《徐庾文选序》),生气,是骈文的第一生命。骈文内在的生气与外观的四大特征,是矛盾的统一体,遂构成骈文的总体特征:这就是不同于古文气体之雄劲发越;骈文则要以偶对、调声、丽句、使典所构成的和谐典雅之美,来形象地表达生气。做到李兆洛所云"托思于言表,潜神于旨里,引情于趣外"的高超境界。

气、神这些古代文论概念,常使今人感到不可捉摸,骈文讲究"潜神于旨里",也就更使人感到玄虚,因此尽管这一骈文的本质特征为前人一再揭橥,却仍为今人一再忽视。其实正如生人必有神、气,方可显出肌理之美一样,骈文潜在的神理气韵,也是客观存在。为了说明问题不妨以大家熟悉的吴均《与宋元思书》为例来说明。此文历来为人激赏,但只是作为山水描写的杰构来叹美,而忽略了其中的生气神理与人格。

---

[1] 如王力《古代汉语》、新《辞源》、《辞海》有关条目。

《世说新语·赏誉篇》记孙绰讽卫永说："此子神情都不关山水,而能作文?"可见当时认为作山水文学的先决条件是,要有和山水同调的神情人格,当然作品中山水的形象也就反过来寓寄着作者的神情人格。吴均生性奇倔不偶,曾以不顾忌讳修史,直书萧梁代齐内幕,而为梁武帝忌恨,甚至当时有"吴均不均"之恶意攻讦。《与宋元思书》通篇贯串的就是他的落拓不偶的奇倔之气以及由此而生的皈依自然的真率理趣,不过这些都含而不露地潜藏在对山水的出色描写中,和谐美焕的偶对声韵中,这就是所谓"潜神于旨里"。文不长,全录于次:

> 风烟俱净,天山共色,从流飘荡,任意东西,自富阳至桐庐,一百许里,奇山异水,天下独绝。水皆缥碧,千丈见底;游鱼细石,直视无碍。急湍甚箭,猛浪若奔。夹峰高山,皆生寒树,负势竞上,互相轩邈;争高直指,千百成峰。泉水激石,泠泠作响;好鸟相鸣,嘤嘤成韵。蝉则千转不穷,猿则百叫无绝。鸢飞戾天者,望峰息心;经纶世务者,窥谷忘返。横柯上蔽,在昼犹昏;疏条交映,有时见日。

本文的起结乍看之下都有些奇特,起笔先不写此行行程,而写"风烟"四句;文末"鸢飞""经纶"二联抒情后似已可结束,却又生出"横柯"四句。其实全文寓意正在这一起一结与中间"奇山异水,天下独绝"一转之中。起四句其实是发兴。风烟天山"俱""共"一色澄净的浙东山水,使作者产生了从流、任意,不问东西南北的兴致,这种兴致中实包含了由万法无别、道通为一的宇宙观而引起的随缘任运的人生态度。这一发兴是全文总纲,所谓"生气"均原于此,所以下文由人到景,在着力描写山水生气蓬勃,自然竞荣的形象后,发为"鸢飞""经纶"二联的感叹,这就又由景到人,在对山水的礼赞中,表示自己在与山水晤对中进而达到了"息心""忘返"的精神升华、人格解放。结末四句"横柯上蔽,在昼犹昏;疏条交映,有时见日"，又由人入景，这并非赘笔，而是含蕴了深一层的哲理。唐人王维《鹿柴》诗历来认为是入禅之作，将有助于我们对吴均这四句的理解。诗云："空山不见人，但闻人语响。返景入深林，复照青苔上。"王维以一线人语，反衬空山亘古的寂静，用一束返照，映衬深林久远的昏冥。这就隐隐浮现出佛氏所说"众动复归于静，众有复归于无"，与老子所说"归根曰静""有生于无"的哲理。吴均"横柯"四句正同于此，那穿过枝隙，时或投射到古木荫蔽一片昏冥中的日影，不正启迪着人们思考：为何要"任意"，因甚要"息心"嘛？

可见《与宋元思书》作为一篇优秀骈文，首要的还不是对山水描写的细致真切，而是潜隐于山水形象中的气格神理。这种气格神理即潜转于文章的结构中，决定着开合顿束，更渗透到用词遣句中，使笔下的山水都人格化而显得虎虎有生气。试以"负势竞上"为例说明之。这里的"势"注家都注为"地势"，谓为群山依地势之高下竞相上指。此注既悖于理——因地势既有高下，下者又怎能以此不利的地势为竞上的依凭呢？又黯于文，未明优秀骈文的字句研练，无不潜含着作者的"生气"。"负势"字法同于今语之"负气"。"负势竞上"是说群山依恃着自身内含的势能，即活力，竞向上腾。山水本身其实并无所谓活力势能，吴均是以自己追求自由的生气赋予了山峰，用现代文论的术语来说，就是"主观移情作用"。德人立普斯《空间美学》说，在观察希腊道芮式石柱时会感到它们都似乎要挣破横向的重力作用而表现出一种"耸立上腾的充满力量的姿态"，发挥出"一种内在的生气"；而所以会有这种感觉，立普斯说，除了石柱的造型本身外，主要是一种"人格化的解释"。"负势竞上"正同于此。可见，吴均之所以用"奇山异水，天下独绝"为顿束，总领浙东山水之神髓，正是他自己奇异独绝人格的外化。因此无论从布局谋篇与具体描写中，此文都是以"潜神于旨里"为主要特征的。

有了"生气"，则骈偶声韵，丽辞使典，不仅不成为累赘，反也可能成为优点,本文有一半左右的句子是平仄合调的。铿锵历落的音节,和多形式的四六偶对为主,过接处则以散句贯通的,整齐中见错综的句式,造成了生动活泼的音乐感,正足以传达作者崇尚自然的兴致。本文设色虽不浓艳,却于清丽中极见研炼之功(上举"负势"句即一例),而这种研炼中又融化无迹地铸入了大量成句典实(具体可参《六朝文絜》有关注释),起到言约意丰、促发联想的良好效果。这样,吴均将发自心腑的生气,融铸于谐和婉丽的骈俪形式中,这就是"托思于言表,潜神于旨里,引情于趣外"的艺术境界。以之与柳宗元的山水古文相比,只有文体的不同,而无气格、神理的高下(永明体诗道理一样,不再赘析)。

　　我们不厌其烦地在本章中分析吴均此文,这是因为,"潜神于旨里,引情于趣外"是骈体研究中长期被忽视甚至遗忘的问题。骈体所以被认为与自然格格不入,首先就因为这一点;其次在于,我们对"自然"的看法,一直为儒、道思想所束缚。如果明了了优秀骈体的上述本质特点,与当时人们对"自然"的理解,问题也就迎刃而解了。以下三章我们将从三方面探讨八代玄学的自然观与骈体的同一性。

二、玄学本体论自然观的启迪

　　诗文骈偶化,固然根因于汉字一音一义的特点,但是骈体诗文作为一种自觉的文学样式,其发生、形成,却必须有一种适合的学术空气与思维形式。大家知道,偶对,在两汉以来的诗文中,呈与日俱增的趋势;笔者还想指出,调声在汉代诗文中也日渐明显。据统计,《古诗十九首》共 236 句,其中二、四字平仄相对的 140 例,占百分之六十;加上暗合后世拗救句法者,达百分之七十左右。尽管如此,在汉以前的学术空气中,偶对、调声,只能停留在自发的状态中,因为当时对文学影响最著的两种哲学思想:道家与儒家,从不同方面扼制了文学的独立性。道家崇本黜末,否定一切礼乐声文的相对独立性,由老子而庄子,变本加厉地提倡大象无形、大音希声,当然不可能启发人对文学表现手法的理性探索。儒家尚有,虽然不废礼乐声文,但是以文学为经学附庸,以创作为圣贤之道的自然表现,以道概文,也窒息了文学创作的自觉性。汉以前文学创作中偶对、调声情况的自发状态,正是与儒道两家思想相对应的。如果没有魏晋后玄学的昌盛,文学创作中的这种自发状态,可能会长久持续下去。

玄学以道参儒,又融入了名理之辨,从而在哲学史上开创了本体论讨论的新时代。儒道所提倡的自然(含义不同)虽然仍是玄学思想的核心,但其内含却发生了深刻的变化。

魏晋玄学的开创者之一王弼,既归结老子思想为"崇本黜末"(《老子指略》),又发展而为"崇本举末"的新说。因此一方面反对"舍其母而用其子,弃其本而适其末",另一方面又指出应当"守母以存其子,崇本以举其末,则形名俱有而邪不生"。(《老子注》三十八章)崇本举末是对崇本黜末的发挥与补充,使老子那无形的道,有迹可按。本末与有无统一起来,即所谓"体用如一""本末不二"。王弼说:"道不违自然,乃得其性,法自然也。法自然者,在方而法方,在圆而法圆,于自然无所违也。"(《老子注》二十五章)这样王弼就第一次接触到了这样一个真理,即万物有依乎自然之理的自性,所谓"在方而法方,在圆而法圆"就是得其性而通于道。这种哲学思维运用到社会伦理上,即"名教出于自然说"。运用到文艺上,则启发人们从具体的艺术存在去把握自然之理。《老子指略》说:

> 形必有所分,声必有所属,故象而形者非大象也,音而声者非大音也。然则四象不形则大象无以畅,五音不声则大音无以至。四象形而物无所主焉,则大象畅矣;五音声而心无所

适焉,则大音至矣。

这就是说万物的本体"无",就存在于万物之中,声与形按自然之理组成具体的声象、形象。因此,一方面要把握自然之理,须通过具体的声象、形象,另一方面对具体的声象、形象又不可拘执,以至弃本逐末,背于自然之理。王弼对本末有无关系的这种主从关系的阐发,不仅从哲学思辨上为人们去对具体对象(包括文艺)作研究提供了理论基础,而且无疑对人们处理自然与具体的物质构成因素——对于文艺而言主要是情与声、形的配置组合,应取何种态度,也不无有益的启示。

王弼的上述思想经过后继者的发挥至东晋郭象那里又有了新的突破。郭象调和玄学中崇无、尚有二派,提出了两个极有启发性的命题。

一是"自生""独化"的观念,他发展了王弼上述学说,认为"物各自造,而无所待"(《齐物论注》),因此万物各有自性,自生自灭,于是所谓"自然"就含有"物任其性""事称其能""各当其分"(《逍遥游注》)的意思。虽然郭象常常认为"物各自然,不知其所以然而然",颇有点不可知论的意思,但是他承认了"自性"对于道的相对独立性,就给人们加强对各别事物的探讨提供了比王弼更进一步的理论依据。

其二郭象对老庄"无为"思想作出了新的发挥。老庄之"无为"就是"任物之性""无以人灭天",认为一切人为的干预都会丧失自然之性。郭象则提出"任物之性而使之"的命题。汤一介先生在《郭象与魏晋玄学》中举了两个十分生动的例子说明郭象的这一思想。一是庄子在《马蹄》篇中认为将马放之天然之所,就是天性自然,郭象注却说马的天性是供骑能行,因此放而不乘不仅不是"任性",反而是"伤性",只有依其本性,"尽其所以能行",才是任性。二是庄子在《秋水》篇中说:"牛马四足,是谓天;落马首,穿牛鼻,是谓人。"郭象注却说:"人之生也,可不服牛乘马乎?服牛乘马可不穿落之乎？牛马不辞穿落者，天命之固当也。苟当乎天命，则虽寄之人事，而本在乎天也。"汤先生所举的这两个例子，说明郭象玄学思想中的自然观，已具有肯定人对外物自性作能动的探究把握的成分。笔者想要补充一点的是，郭象"任物之性而使之"的思想又是含有辩证因素的。他虽肯定"任物之性而使之"，却又认为使之不能过当，不能违天伤性。所以在《马蹄》《秋水》二注中，郭象又强调指出："尽能在于自任；而乃走作驰步，求其过能之用，故（焉）有不堪而多死焉。""穿落之可也，若乃走作过分，驱步失节，则天理灭矣。"这样郭象的自然观，就表现出这样的思想萌芽：物各有自性，顺应其自然之性即无为，而无为不是无所作为，人对物性的合理把握，合理使用，就是顺应了天理自然。这就又将王弼体用如一思想推进了一大步。

　　本末有无问题是魏晋以降玄学的核心问题。看来它似乎与骈体诗文的关系不大，但实际上这一问题讨论的深化正是骈体诗文得以产生的哲学基础。因为其一，众所周知，骈体诗文是一种较之过去的一切文体更多美文性质的体裁，只有在把文学当作一种有相对独立性的艺术部类的学术气氛中才有可能来加以自觉的探究。如前指出，这在汉之前的学术环境中是根本无法想象的。玄学的兴起，在中国哲学史上第一次承认了有与本体"道"相对独立的物自体的存在，这就使将文学作为相对独立的研究对象有了可能。其二，玄学对本末有无关系的富于辩证性的思考，对解决骈体诗文之讲究声色藻绘与自然天成的棘手矛盾提供了极其有益的启示。从王弼到郭象，实际上告诉人们，无形的天成自然，首先应当从有形的声色藻绘中去寻求，其次对有形的声色藻绘的使用应当能动地去把握其特性，做到充分使用之而不过能、过当。后文我们将会看到，后来刘勰对骈体诗文艺术诸因素的解析，正与玄学的这一辩证思辨合若符契。

三、玄学以和谐为天理自然的观念
是骈体诗文产生的美学基础

在第一章对骈文文体特征的分析中我们已看到骈体诗文之偶对调声、设色用典都是为了以尽可能和谐的艺术美来形象地显示潜隐的生气,和谐可以说是骈体文美的原则,而和谐又正是魏晋玄学的重要观念,被认为是天理自然的表现。

玄学的中心议题既已由汉前的宇宙构成论转为本体论,既已将老庄的崇本息末发展为崇本举末;那末必然要回答本末如何构成自然和社会的整体。王弼在《周易略例·明象》中用一、多关系来解说:"故众之所以得咸存者,主必致一也;动之所以得咸运者,原必无二也。物无妄然,必由其理;统之有宗,会之有元:故繁而不乱,众而不惑。"这就是说,道统万物,一以和之,而万物各依其理,繁而不乱,秩序谐然地汇合为统一体。这种一与众之间的和谐关系,固然是王弼名教出于自然说的又一依据,而对于文艺问题的思考,无疑也是富有启发性的。与王弼相先后的阮籍,在其《乐论》中,首先就音乐问题作了发挥:

> 夫乐者,天地之体,万物之性也。合其体,得其性,则和;离其体,失其性,则乖。昔者圣人之作乐也,将以顺天地之性,体万物之生也。故定天地八方之音,以迎阴阳八风之声;均黄钟中和之律,开群生万物之情气:故律吕协,则阴阳和;音声适,而万物类……

可见阮籍认为音乐之美,首先在于顺乎天地之性,自然之理。也就是要执一。那么如何合于天地之性呢? 又必须能执一驭众,有律吕音声的协调（谐）。所以说"故律吕协，则阴阳和；音声适，而万物类"，这就在文艺问题上提出了以和谐为美的原则。

必须指出，阮籍《乐论》是调和儒、道，折中无有，且旨在以音乐之和谐论证社会秩序的合理，所以他在和谐问题上强调的是"和"，于是《乐论》所论与《礼记·乐记》及《左传》（如昭公二十年，晏子论和与同异）、《国语》（如《国语》单穆公论政象乐、乐从和），表现出明显的一致性，这也就限制了他在以和谐为美问题上的见解。因为强调和的本质是和合于儒教所说合于天理的大道，因此对于"律吕协"，他只能提出这一抽象原则，如同《尚书·舜典》虽提出"八音克谐，无相夺伦"，而目的只是在体现儒教"直而温，宽而栗，刚而无虐，简而无傲"的道德原则一样，不可能对律吕如何协，八音如何谐，作进一步的探究。因为如果这样做，就是舍本逐末，弃母求子的了。可以说阮籍在自然与名教问题上的折衷态度，也限制了他在"和谐为美"上的美学思想的深度。

对和谐为美观念作出重大发展的是嵇康的《声无哀乐论》，首先嵇康认为声之好恶既与人心之哀乐无关，又与社会之治乱无涉，而在于音声本身的自然之谐和，如云：

> 声音自当以善恶（指美丑）为主，则无关于哀乐，哀乐自当以情感，则无系于声音。
>
> 至乐虽待圣人而作，不必圣人自执也。何者，音声有自然之和，而无系于人情；克谐之音，成于金石；至和之声，得于管弦也。

其次，嵇康认为探求音声本身的和谐，是人的自然愿望，他说：

> 音声之作，其犹臭味在于天地之间，其善与不善，虽遭遇浊乱，其体自若而不变也。岂以爱憎易操，哀乐改度哉？及宫商集化，声音克谐，此人心至愿，情欲之所钟。

再次，嵇康一反"乐由心生"之传统观念，认为乐曲的和谐有激动人心的感染力,并初步抉示了调和五音构成乐曲的一些要素。

> 夫曲用不同,亦犹殊器之音耳……然皆以单复、高埤、善
> 恶为体,而人情以躁静专散为应……五味万殊,而大同于美;
> 曲变虽众,亦大同于和。

虽然嵇康的观点有其种种局限性,但是从文艺学角度看,较之王弼、阮籍的和谐观念有了本质性的突破。他摆脱了长期以来音乐的美好与否以是否合乎道义为准的传统观念,而把它作为一个独立的部类来考察,指出了音乐之和有其自身的自然之理,而这种"和",又必须通过具体的艺术因素,如单复、高低、迟疾等等的调谐来体现,能由谐见和则为美(善),反之则为丑(恶),因此他甚至认为郑声是"音声之至妙",并且在一定程度上肯定了追求音乐本身和谐之美的合理性。这就开了对文艺各部类作深入探讨,寻求各文艺部类本身艺术上的和谐之先河。值得注意的有二事。一是在嵇康同时与以后,出现了一批专状文艺的辞赋,虽然这种风气可以远溯到东汉马融的《长笛赋》、王褒的《洞箫赋》,但成为风气,则无可置疑的是在嵇康以后。这些赋都曲尽物理,描写入微,正显示了对文艺各部类进行较深入探索的动向。《昭明文选》选其尤著者单编为二卷,魏晋后的有嵇康《琴赋》、潘岳《笙赋》,成公绥《啸赋》等,而以陆机《文赋》居二卷之首。从中我们可以看出魏晋到齐梁间,对文艺专门研究的深入。其二,《世说新语·文学》篇载:"王丞相(导)过江左,止道声无哀乐,养生,言尽意三理而已。"按王导以丞相高位而为东晋名士之首,他所说的三理正是嵇康的《声无哀乐》《养生》《言不尽意》三论。可见嵇康思想对东晋以后哲学与文艺学影响的重大。了解了嵇康对文艺有自身的和谐之美的观念,结合上章所说郭象对顺应物性,使之而不过当的哲学建树,我们就会明白,以刻意追求声辞和谐之美以显示生气的骈文发生形成于这一时期,就决非偶然或孤立的事件了。同样的,在下文对《文心雕龙》

有关论述的分析中，我们可以看到其中的一致性。

四、玄学才性自然的讨论及名士 才性对骈俪体的影响

如果说玄学本体论中的自然观念与以和谐为自然，以谐求和的观念，分别为六朝美文提供了哲学美学基础，那末其有关才性问题的自然观念及当时名士的才性则更进一步促使美文向骈俪方向发展。

曹操用人唯才的政策，促使汉末魏晋人对才性问题讨论的深入，比起先秦哲学以"性"为论题来，可以见出对才的重视。魏代刘劭《人物志》把人的才性分成若干种类，认为才出于性情。这虽不离汉人看法，但至少已显露出在才性问题上已开始重视个性的倾向。魏晋时钟会有《四本论》，提到了当时有"才性同""才性异""才性合""才性离"四说，傅嘏、李丰、钟会、王广各执一说。虽然《四本论》及傅、李、王的有关论著都已遗佚，今天来探讨这一问题有很大困难，但是从《世说新语》及其他一些著作的某些记述中，还是可以寻觅到一些发人深思的迹象。

其一，才性问题的讨论，尤其是钟会的学说在晋宋之交仍引起人们广泛的注意。《世说新语》中多次记及才性论与《四本论》，其中《文学篇》第三十四条记："殷中军（浩）虽思虑通长，然于'才性'偏精，忽言及《四本》，便若汤池铁城，无可攻之势。"

结合"四本论"是辩难才性四说的集大成著作来看，可以推断，钟会"才性合"说当是晋时之胜理。"才性合"究竟何意，虽无直接资料可证，但从"同""异""合""离"四说分峙来看，才性合，当是有别于汉人以才性为同一的新说。合，无论训契合、融合、结合，都须

两事,因此"才性合"说当是指才性两者有别又相融合——下文我们将进一步证实这一点;至少可以肯定,在"才性合"说中,"才"有了相对独立的地位,结合《世说新语》及晋、宋、齐、梁、陈各史传记称人多用俊才、逸才、高才、妙才,谢灵运称天下才共一石,曹子建独得八斗,己得斗半,天下人共分半斗来看,当时重才之风当可无疑。

其二,玄学谈性,总与自然联系,如向秀谓人之性乃"天理自然",嵇康称"本之自然之性"等等。谈到自然,今人总等之于素朴无华,不加人为的因素。其实魏晋六朝时期的理解并不如此。最有启发性的是《世说新语·德行篇》的一则轶事:"王平子,胡毋彦国诸人,皆以任放为达,或有裸体者,乐广笑曰:'名教中自有乐地,何为乃尔也。'"刘孝标注引王隐《晋书》指出王、胡毋之属均祖阮籍,以裸裎为"得大道(自然)之本",王隐批评他们说,这种放达形"同禽兽",《竹林七贤论》也论及此事,说这种行为并"非玄心,徒利其纵恣而已"。可见白纸一张在当时看来不一定是自然。

魏晋玄学在人性之自然观上占主导地位的,实际上就是本文二章所举郭象说的,依其本性、尽其所能。人为的作用,只要不过能过当悖乎本性,"则虽寄之人事,而本乎天也"。从《世说新语》所载看,可以见到人性的自然,至少是与以下两个重要方面不矛盾的。

首先是人性的自然与才藻不相矛盾。某人的本性(含才)趋于简淡,则文章自也简淡;某人的本性(同上)本来赡丽,则文章不妨赡丽。《文学篇》第三十六则记:"孙兴公谓王(逸少)曰:'支道林拔新领异,胸怀所及乃自佳,卿欲见不?'……后孙与支共载往王许……因论《庄子·逍遥游》,支作数千言,才藻新奇,花烂映发,王遂披襟解带,留连不能已。"此条记支道林既云"胸怀所及乃自佳",又云"才藻新奇,花烂映发"。可见发自心胸的才藻,也为自然,并且颇为当时所重。类似的记载,在《世说》中可举出多例。这类记载与"将无同"之类以清简为胜的故事,并存于《世说新语》之中,看来矛盾,其实正反映了当时人并不简单地以淡与丽分判高下,而唯以自然与否为崇尚。其理与狐白、花豹素艳有异,而均为美质相同。明乎此,我们就会理解,谢灵运诗在今人看来颇有雕镂之嫌,而在当时却被视作"如初日芙蓉,自然可爱"(《宋史·颜延之传》引鲍照语),"吐言天拔,出于自然"(萧纲《与湘东王书》),其原因正由于当时认为才藻只要出于胸怀,就完全可与本性自然合二为一。[1]

其次天性自然又与积学不矛盾。《世说新语·文学篇》记:"殷仲文天才宏赡(注:仲文雅有才藻,著文数十篇),而读书不甚广,博(傅)亮叹曰:'若使殷仲文读书半袁豹,才不减班固。'"可见当时认为读书学习,不仅不与天才相背违,且有益于人的才性。这种观念,在玄学与佛学、道教结合后,更有了理论上的发展。《文学篇》四十四则记:"佛经以为祛练神明,则圣人可致。简文云:'不知便可登峰造极不?然陶练之功,尚不可诬。'"这是说要明了见性,皈于大道,不能无修养的功夫。其实我们看《世说新语》中那些以简淡称的言语,又何尝不以精深的学养为根底呢?谢灵运《辨宗论》对这一点作了精辟的阐发。当时在成佛问题上有渐悟、顿悟两说,灵运折衷二说,倡"积学顿悟"之说,意谓见性成道,是一瞬间的顿悟,但先此当有积学的功夫。这样见性与积学就沟通为一了。与灵运同时稍前的道教宗师葛洪在《抱朴子·勖学》篇中说:"虽云色白,匪染弗丽;虽云味甘,匪和弗美。故瑶华不琢,则耀夜之景不发;丹青不治,则纯钩之劲不就。火则不钻不生,不扇不炽;水则不决不流,不积不深。故质虽在我,而成之由彼也。"葛洪用一连串的比喻说明了一个真理:学习而取资外物,不仅不与自然相矛盾,相反是使自然之质(自性)焕发出内在的光华的必要条件。这就不仅

---

[1] 参见拙文《谢灵运与山水诗的起源》,载《中国社会科学》1990年第4期。

从哲学上对郭象的"任物之性而使之"说作出了重大发挥,且把这一思想引入了美学与文艺学的领域。

从以上所析可见,人的自然本质可与才藻统一,又可以并必须与学习统一,是魏晋六朝玄学才性论上自然观的一个重要特征。这一思想更深入到人们,至少是知识层的日常生活、言谈、创作之中,成为一种普遍的心态。积学以富才,才性融合,才就成为人自然本性的一个有机组成部分。《世说新语·文学篇》中有一个十分生动的例子可以说明这一点:"郑玄家奴婢皆读书。尝使一婢,不称旨,将挞之,方自陈说,玄怒,使人曳著泥中。须臾,复有一婢来,问曰:'胡为乎泥中?'(《卫风·式微》语)答曰:'薄言往诉,逢彼之怒。'(《邶风·柏舟》语)"二婢一问一答,出口均用《毛诗》之典,而且用得如此自然贴切诙谐,简省而富于表现力,这不正说明积学而得的才能已水乳交融般溶入二婢的素质中,成为其自然本性的组成部分了吗?虽然这是汉人的例子,然而刘义庆将它记入《世说新语》,正说明了刘宋时代人们的上述心态。奴婢尚如此,士人就更不用说了,所以一部记载名士清谈,以自然风流为特色的《世说新语》中,无论是应答辩难,品鉴描述,其语言都具有自然而典雅的特色。细心点的读者还一定能发现:偶对多而工,词藻清而丽,声调谐而和,用典不啻自口出,妙趣横生,随机应发,是《世说新语》语言的重要特色。在这种社会风气中,骈俪体诗文的形成不正是最自然不过的事情了吗?今人看来作骈文、今体诗十分困难,但在当时却应用于一切场合,与士人的生活浑然一体,不仅作得多,而且作得快。晋与南朝各史,经常有记载,限定在极短的时间内作诗赋数韵甚至数十韵,如《南史·王僧孺传》载,竟陵王子良夜集学士,刻烛一刻,令成诗四韵八句,学士虞羲等五人,都按时完成,"皆可观览"。《梁书·文学传》记到沈三刻内成诗二百字(二十韵),"其文甚美",《梁书·王规传》记规"援笔立奏(五十韵),其文又美"。这种捷才,除了才学已融入其素质之中,可以随心应手,呼之即出外,是根本无法解释的。如果对比唐人试八韵一赋，六韵一诗，大多须整个白天，加上夜间燃尽三条烛，方可成功，这一点就更清楚了。

五、《文心雕龙》的有关总结

以上关于玄学思辨三个方面的讨论，可以归结为如下形态。以自然为核心：

1. 玄学本末有无关系讨论中承认有与道相依而又具相对独立性的外物存在的思辨，提供了将文作为相对独立的部类作研究的学术气氛，而其任物之性而使之又不过当过能的思想，更为处理文学相对独立后必然显得尖锐起来的文与质，自然与修饰的矛盾，提供了总的方向；

2. 玄学关于和谐之美为天理自然，及通过具体艺术手段（因素）之谐，达到整体之和的思辨，提供了魏晋六朝文艺的总的审美原则和达到这一审美原则的不同于前此时代的基本途径；

3. 玄学关于才性问题自然观的思辨，尤其是积学富才，不仅不有背于人的自然质性，相反能磨练自然质性使之闪发光华的思想——可以不无理由地认为这当是"才性合"说的主要精神——将才学与自然有机统一起来，从而促使以才学求自然谐和的风气形成，如《世说新语》所反映然。

这样在玄学的学术气氛中人们虽然也讲"自然"，但这个自然与先秦儒、道两家的自然观，有了明显的精、粗之分与质的不同。道家要求人与自然的契合，是一种浑沌状态的契合，至少在理论上对文学持取消主义的立场。儒家也要求人与自然的契合，实际上却是要人性服从于儒家教理，以文学附庸于经学。玄学还是要求人与自然的契合，虽然它不可避免地烙有其母体儒、道二家思想的印记,特别在社会伦理学上尤其明显,但是思辨方式本身的容量,永远大于其现实的社会目的,玄学富于辩证意味的精细思辨,远非儒、道二家所可比拟,因此它就提供了人与自然契合的更为精细的理性形态。一方面,它要求从礼教束缚下摆脱出来(即使名教出于自然说,在深层中仍含有这一倾向),使真正的自然人格与天道自然契合;另一方面它所说的人的自然本性既是才性学融合的自然本性,它所说的天道自然就已非浑沌一片,而是在个别之谐的配合中显示出整体之和,它又强调人应合理而不过当地去役使物理,变"无为"为以"有为"求"无为"。这样反映于文艺上就必然表现为这样的形态——

富于才学的自然人,放神游心于文艺诸因素、手段中,寻求心神与文艺因素之物理的契合,以心神来调合众理,由个别而整体,达到才性合的人与天理自然的更高层次的更精细的契合无际,抒发出自己的自然人格。这就是魏晋六朝美文发生、发展的玄学背景。

这种观念,并非是笔者的纯粹推理,而是为当时的文论家们在相当自觉的程度上所感知并应用。《文心雕龙》的集大成的总结,在后文将专门论析,这里先举陆机与沈约二段话来印证。

陆机《文赋》全篇写的是作家心骛神游于四海八极,通过精细的艺术构思来表现物我融一的情态之过程。在末章总结道:

> 伊兹文之为用,固众理之所因。恢万里而无阂,通亿载而为津。俯贻则于来叶,仰观象乎古人。济文武于将坠,宣风声于不泯。途无远而不弥,理无微而不纶。配沾润于云雨,象变化乎鬼神。被金石而德广,流管弦而日新。

这个总结中虽仍保留了济文武、宣风声等传统的说教,但其中所归结的创作思想,实与文武之道,风雅之什大大异趣。陆机指出文之为用,其恢万里,通亿载的效果,恰恰是作文者考察运用众理所化成的效果。《文选》五臣注注首两句云"惟此文之为用,固乃考众妙之理所因而成"深得其谛。我们知道,"众"是对于"一"而言的,一为道体,众为万有。结合《文赋》前文详论各种文学构思与技巧来看,这个总结中之"众理",是指或者说至少包括诸艺术手段的自然之理,这些"理",陆机已以其精细的分析说明,并非不可寻迹的,而是有工拙之数可具体考求的。所以又说"途无远而不弥,理无微而不纶",那弥盖天地的《易》道,亦即自然之道,与无微不至的众理,相反而又相成。这种观念,如无玄学思辨的促进,显然是不可能发生的。

又沈约《谢灵运传论》说:

> 若夫敷衽论心,商榷前藻,工拙之数,如有可言。夫五色相宣,八音协畅,由乎玄黄律吕,各适物宜。欲使宫羽相变,低昂互节,若前有浮声,则后须切响,一简之内,音韵尽殊;两句之中,轻重悉异。妙达此旨,始可言文。……自灵均以来,多历年代,虽文体稍精,而此秘未睹。至于高言妙句,音韵天成,皆暗与理合,匪由思至。张、蔡、曹、王,曾无先觉;潘、陆、谢、颜,去之弥远。世之知音者,有以得之,此言非谬。

这段话为论者经常引用,所注意的却只是其中所说的调声方法,而忽略了沈约的思辨形式。按沈约所说一切调声术的总原则"各适物宜",也就是合乎自然之理,达到音色相宜协畅,亦即和谐的自然美。这与《尚书》《乐记》所论是相通的。不同的是他发展了嵇康之说,认为这个和谐的自然之理,不是混沌不可循的,而有"工拙之数"在焉,这个"数"他认为是为文之"妙"处、"秘"处。这里,他实际上吸取了《易经》的思想,《系辞》上说"知变化之道者,其知神之所为乎……参伍以变,错综其数;通其变,遂成天下之文;极其数,遂定天下之象"。因此数与理是相合的。然而《易经》所说的数,只有所谓圣人方可顺天感知,所以实际上是神秘不测的东西,沈约则认为可以用人力来参校工拙，总结出一套规律，这就可以看出玄学"任物之性而使之"以有为求无为的思想影响来。不仅如此，他认为这个数在前代，即使富于才情的代表作家也只是与理暗合，而此秘未睹，而他却第一次掌握了这自然之理的精妙之数，显然他是以古今才人中的才人自居的，从中又可见出当时才性融合观念的影响。要之，在沈约看来，声韵之学，声病之说，是他以自己的才性神游于语言——这一文学的要素中，探得了自然之理的精微术数而总结出来的，借助于此，可以创作出由谐而和的自然之音来。声病说这一为后人诟病最多，认为拘束最甚的文学手段，沈约却认为是最得自然的精微，这又是玄学思辨在文艺学中的一个典型反映。

对于六朝美文作出更全面的理论总结的是《文心雕龙》。《文心雕龙》的主导思想是儒、是道、是玄，为学术界长期争论的问题，本文不能全面论述；然而刘勰在对骈俪体诗文艺术特征诸要素的分析中，接受了玄学思辨形式，在我看来是确定无疑的事实。可以说刘勰正是以玄学思辨论证了骈俪体存在的合理性，抉示了它的创作要领与文体特征。

《原道》第一，高揭三才之一的人文为"自然之道也"。是为刘勰论文的根本。如何体现自然呢，他说要"原道心以敷章，研神理而设教"。以上这些议论均采自《易经》，《易》为儒家五经之首，又为玄学三玄之一，所以仅据这些尚不能看出其思辨方式的归属。而《原道》又说原道心、研神理者为伏羲乃至孔子那些玄圣素王（也沿《易》说），下二篇又为《征圣》《宗经》，看来一开始纲领性的三篇就摆明了为儒学张目的立场。然而问题在于尽管《文心》全书，时时可见类似的说教，但是当他转入具体的创作论阐述时，却把玄圣素王抛到了一边，而换上了一副才人的面目；又将易道虚无缥缈的道心、神理，变成了通过具体艺术因素的详尽探究，来体现自然之理，从而明显地表现出玄学思维的辩证性来。

《神思》二十六是讲"驭文之首术，谋篇之大端"的，是创作论的总纲，也最鲜明地体现了其玄学思辨的特征，文云：

> 故思理为妙，神与物游。神居胸臆，而志气统其关键，物沿耳目，而辞令管其枢机。枢机方通，则物无隐貌；关键将塞，则神有遁心。是以陶钧文思，贵在虚静；疏瀹五藏，澡雪精神。积学以储宝，酌理以富才，研阅以穷照，驯致以怿辞；然后使玄解之宰，寻声律而定墨，独照之匠，窥意象而运斤。此盖驭文之首术，谋篇之大端。

剖析这段论述，大体有三个方面主次相关的意思。

其一，守虚静，实志气，以使清明之思神与外物宛转相合。这主要源于道家（《庄子·知北游》，《荀子》有貌同质异的说法，实有取于道家），也为玄学所接受。就"原道心以敷章"而言这是"一"。

其二，"积学以储宝"以下四句，是说要广泛地参研前人著作，积学以富才，这包括明理与文字素材等多方面（参王运熙先生《读〈文心雕龙·神思〉札记》）。显然这里的作者已非只有赤子之心性的道家中人，而是才性融合的玄学中的自然的人了。

其三，要对声律、意象的配置运用作一番寻究、窥探的工夫，而其主宰是心神（玄解）——据上一点，当然是才性合一的心神，心神通过寻究窥探，得运声造形之精微，为文就可如同大匠运斤一般。显然，这又是玄学任物之性而使之的思想的反映。

后两点就"原道心以敷章"来说是"众"，执一以驭众，以富于才情的心性与诸艺术因素的妙理契合，并会归众妙于一体，就是刘勰所说的"自然之道"的人文。这显非儒、道二家所能概，而是玄学思辨中的自然之文了。

那么对于声律、意象等艺术因素的精微之理，应如何探求并把握呢？《神思》以下诸篇有总有分地进行了阐述，而明显地有这样一个共同点：刘勰认为他所说的种种文章术数都是自然之文的表现,而关键在于执一驭众,以情性为本,深究众理之微,又用众不过当,从而由谐求和,表现出合乎自然之理的美感来。试就与骈体关系尤大的数篇略析之。

《章句篇》中论及四六句式。起首云:"夫设情有宅,置言有位,宅情曰章,位言曰句。"这是说情与言,在文章组织上体现为章与句,情有宅为主,言有位为次,其井然有序的关系,是"振本而末从,知一而万毕矣",正是执一驭众,通过组织以见自然之情的思想。在此总纲下,本篇又一一列述了文章章句安排的一些共同技巧,如起结送迎等等。所要达到的标准则是"外文绮交,内义脉注;跗萼相衔,首尾一体"的和谐美,所要避忌的毛病则是搜句颠倒,裁章失序等过当之病。再分论各体句式,于"笔"则曰:"若夫笔句无常,而字有条数。四字密而不促,六字格而非缓;或变之以三五,盖应机之权节也。"这是说四六相配最得密疏相间,促徐互节之理,而时参三、五加以调节,这就合乎"机"——自然之精微了。可见四六在他看来,是"笔"体句式节奏调谐的自然要求以及工拙之数,是"无常"与"条数"的统一。虽然他的标准不免偏颇,古文也有工拙之数,自然之精微;但其思辨形态的玄学化却是无可否认的事实。

《丽辞》论偶对:起云"造化赋形、支体必双;神理为用,事不孤立。夫心生文辞,运裁百虑,高下相须,自然成对",这就先肯定了偶对是符合自然,深得语言之神理的。《丽辞》篇又详细讨论了四种对法的优劣与偶对的一般原则,然后指出"若气无奇类,文乏异采、碌碌俪辞,则昏睡耳目"——这是要避免的过当之病。反之"理圆事密,联璧其章,迭用奇偶,节以杂佩,乃其贵耳"。这是说偶对必须理事交融,对句相称,以相辉耀,同时参以奇句,以为调节疏通,这样才能有赞词中所说的"炳烁联华,镜静含态;玉润双流,如彼珩佩"的和谐美。总之"契机者入巧,浮假者无功",偶对也必须妙切自然之精妙,而不可徒在形式上虚耗功夫而致过当之病。

《声律》篇:起笔说"夫音律所始,本于人声者也,声含宫商,肇自血气";赞曰"吹律胸臆,调钟唇吻",这就肯定了声律是合乎自然之理的。本篇又论述了与沈约声病说大致相近的调声规则与禁忌,而其总的原则是"异音相从谓之和,同声相应谓之韵",以达到"玲玲如振玉""累累如贯珠""势如转圜"的和谐之美,而切不可一味"好诡""逐新",徒使"喉唇纠纷",成为"文家之吃也"。

《情采》篇:一开始就肯定如同一切自然物都有合于质性的文采一样,综述性灵,敷写器象的人文之有彪炳的文采,是自然的体现。又云:"五色杂而成黼黻,五音比而成韶夏,五情发而为辞章,神理之数也。"杂、比均协调之意,因此设色调声(具体的工拙之数分见《声律》《炼字》篇,不赘),只要以情理为经,以辞采为纬(情者,文之经;辞者,理之纬),就是合乎"神理之数"的,可以形成如"雕琢其章,彬彬君子"般的和谐之美。运用辞采又忌过当,不可"为文造情",以致"淫丽烦滥"。关于形文问题,《物色》篇亦有论及,可参看。

《事类》篇:此篇谈用典。刘勰说:"夫姜桂因地,辛在本性;文章由学,能在天资;才自内发,学以外成。有学饱而才馁,有才富而学贫。学贫者,迍邅于事义;才馁者,劬劳于辞情:此内外之殊分也。是以属意立文,心与笔谋,才为盟主,学为辅佐。主佐合德,文采必霸;才学褊狭,虽美少功。"这段话正可以为当时才性问题的自然观作注,前四句说,如同姜桂藉地而生,其能辛则在于其本性;文章要由学而成,但能否、工拙则在于人的天资。五六句又对天资作了发挥,"才自内发,学以外成"。这与《抱朴子·勖学》所云"故质虽在我,而成之由彼(学)也"合若符契。由此可见刘勰所说的性,一方面是与内才合一的,即《才略篇》所云"才难然乎,性各异禀"之意。另一方面则又由外学为之增色。性统才学,这就是刘勰所说的性。此说可由两点证之。其一从《体性》篇可知,刘勰认为性是为文之根本,情性不同,决定文体有异;而上引一节中前六句后讲到为文云"才为盟主,学为辅佐,主佐合德,文采必霸",却不言性,足证刘勰认为才学统于性。其二《体性》篇说"然才有庸俊,气有刚柔,学有浅深,习有雅郑,并情性所铄,陶染所凝",可见性中既熔融了内在的才、气;又凝结了外染的学、习。所以又说:"故辞理庸俊,莫能翻其才,风趣刚柔,宁或改其气;事义浅深,未闻乖其学;体式雅郑,鲜有反其习:各师成心,其异如面。"这里性统才气学习四者,正与《事类》所论合。可见刘勰的性说一承前论当时玄学的才性学合一说。既然才学是性之有机组成部分,那么使典用事,就可以是性之流露,可以且应当做到"凡用旧合机,不啻自其口出""用人若己",完全融合到自己的语言中去。然而又不能过当,使"引事乖谬,虽千载而为瑕"。当与不当间的关键则在于"综学在博,取事贵约,校练务精,捃理须核",从而造成"众美辐辏,表里发挥"的和谐美。

从以上对《章句》《丽辞》《声律》《情采》《事类》各篇的简析中,可见到,四六、偶对、声病、藻辞、用典这些骈体的主要艺术因素,虽在今人看来都与"自然"格格不入,但刘勰却认为都可能成为天理自然的表现。而其究竟是否合乎自然,则在于能否以情性为本,执一驭众,深究众理而会通于一,尽其精微而不过当。不能如此,则是为文造情,背乎自然;能如此,以才学富足的自然的性,融通众理中自然精微的数,就可以创作出既个性丰富又有高度和谐的自然美的骈体诗文来。可见本文第一章以吴均《与宋元思书》为例所分析的骈文文体特征,已由刘勰作了理论的总结,后代骈文家所论,盖出于此。

总之,刘勰以玄学思辨的自然观及时为当时发展形成的骈俪体诗文的合理性作了论证,并为之总结了一整套创作原则。明乎此也就不难理解,何以以"自然"为总纲的《文心雕龙》却以骈体写成;也不难理解,何以这部伟大的著作,只能产生在这一时代,而不是更前与更后。

六、骈体诗文的形成与再评价

以上我们结合具体作品,分析了骈体诗文在八代发展形成的哲学、美学、文艺学背景,从而论证了它的自然性及这一自然性的内含。正如不少论著已指出的骈体诗文之形成还有其文体演进的内在趋势,关于这方面不再赘述,只想就这两方面之与第三个因素"人"的相互关系作一简述,并从中引出一些新的评价,以及对文学史演进形态的某些再思考:

1.从先秦两汉以来,诗文的发展,存在有偶对、调声等艺术因素日渐增强的纵向趋势,但由于儒道二家哲学的影响,当时的美学、文艺学思想实处于一种较为原始的混沌的形态中,因此上述趋势只能处于自发状态,但这种趋势仍是骈体形成的种子。魏晋玄学的发生发达引起了哲学乃至美学、文艺学思想的重大变革。正是其空前精细的,富于辩证意味的自然观,促使文学自觉时代的到来,也促使了上述趋势由自发到自觉的转化。从传说的曹植闻鱼山神唱,到谢灵运第一次在《十四音训叙》中总结出汉字一音一义的特征,到沈约、谢朓等从创作到实践完成了声病说,这种对具体艺术因素日益增强的精细研究,正是自觉性的最好说明。由此也可看出作家与作家群,正是站在纵向的趋势与横向的影响之交点上,融合二者,以其理论与创作建树,将骈体推向成熟的最活跃的因素。

2.作家的活动虽是个人的精神活动,但是又同时受到纵、横双方的制约,三者表现出复杂的相互选择的逆反作用,从而形成一定的时代风气,形成一定的社会心态。作家的活动说到底是人群的活动。最有启发性的是后来被推到极其崇高地位的陶渊明,在当时却不为所重,地位远低于颜延之、谢灵运。对此后人常感到不解与不平。然而明确了当时自然观之特征,问题就清楚了。因为陶潜的哲学思想与创作风格虽"自然",但更合乎道家的朴素的自然观。而当时在玄学主导下,不仅是诗文,其他各文艺部类也无不向精深与自然结合方向发展,各部类出现了一批有相当深度的理论著作。八代四百多年文学、书、画方面的理论建树为过去上千年所无法比拟。不仅如此,玄学及其美学观念还如此深入地渗透到人们的日常生活中,如《世说新语》所表现然。这些共同构成了时代风气与社会心态,所以由精细返之自然的谢灵运,比所谓"纯任"自然的陶渊明更为时代所重,就是十分"自然"的事情了。有人以陶谢社会地位的高低来解释,恐还是皮相的看法。一个有力的证据是,当时又认为颜延之逊于谢灵运,而颜、谢均当时最风光的族姓。颜不及谢,只是因他的"雕缋满目",是"过当""过能";不如谢的如"初日芙蓉",虽精丽却"自然可爱",恰符"自然"之理。由此可见陶、谢、颜的高下左右不在门第,而是时代的审美标准。也可见作家再有才能,如果不合符时代风气,也是不能对当时史的发展发生直接影响的——尽管在以后会以改变了的形态发挥潜在影响,表现出螺旋上升的形态——因此更确切的说法是:共同倾向的作家所造成的风气,才是诗文风气演变的最活跃的因素。

3. 对于在八代特定的自然观影响下形成的骈文,当作两面观。必须指出自由并不是随意,真正的自由是对客观规律的认识、把握与运用。在玄学自然观指导下形成的骈体诗文,反映了人要求在更自觉的高度实现自身的价值与掌握客体的规律,并确实使诗文发展的自发趋势,以某种形式得以自觉地实现;所以骈体诗文产生是文学史上的一种合情合理的演进。从理论来看,以刘勰为代表的文论家对文学的内在特点规律作了超越前人的探究,体现了更高层次的审美要求;从实践观之,骈体诗文中也产生了许多足以媲美古体诗文的作品。所以扬古抑骈实是为儒学、道家传统观念所束缚的偏见。这是评价八代骈体时应看到的一个方面。但另一方面,任何存在都只有相对的合理性:其一,骈体的审美原则的合理性本身就是相对的,也有很大的局限性。八代人探求艺术手段自然之理的努力,所以会向骈俪化发展,可说是机缘的巧合。秦汉以来诗文偶对成分,自然合律成分的增长,特别是文字音韵学的发展,对汉字一字一音一义特点的初步认识,都促使人们向偶对、声律方向去探讨艺术形式的自然之理,这里有收获,也付出了代价。因为诗文的由谐求和的和谐美,本身可以有多种表现方式,对骈俪技巧研究的成果,是以对其他艺术手段的忽略为代价的,所以不能因说骈体在八代是合理的存在,而反过来称古体是停滞落后的。应当说,骈体作者对艺术手段自然之理、工拙之数的认识,尚是初步的,也有一定的机械性,因此,骈体、古体虽同有存在的价值,但就更接近自然形态更具实用性来说,骈文为古文代替也是势之必然;相反在更文学化人工化的诗中,骈俪的用武之地也更大些,因此近体诗才有超越古体诗的前景;即使如此,诗人仍以古体特点参入之,以纠其偏。也正因此扬谢抑陶在当时是自然合理的,而后人以更客观的眼光来看就必然提出异议。其二,人对规律的掌握总不能是恰如其分的,得自然之机妙,在理论上的提出并不等于在实践上的解决,于是就必然有任物之性使之却过当的现象发生,特别由于大多数作者士族生活的限制,情志为本云云,往往架空,这种现象愈益发展,造成了刘勰所指斥的竞新逐异,采丽竞繁的不良风气。这些作品,不妨说是形式主义的,但这丝毫不妨害骈体在当时是有进步意义的美文体;正如古文中也不乏形式主义的作品(如北宋一味仿古的太学体之艰涩文风),但不能说古文是形式主义的一样。

4. 骈体形成史可以引起我们对某些理论问题的进一步思考:

其一,思辨形式的容量,永远大于其现实政治目的。玄学是士族的哲学,其主流是为现存秩序的合理辩护,这些都无庸讳言。但八代玄学的思辨方式的辩证性、精微性,远远超过过去的一切哲学流派,这是它能促使文学进步的原因所在。哲学与文学,阶级性与思想成果,有相顺的一面,又有矛盾的一面,其间有许多复杂的情况,只有在具体分析中方能作出判断。以哲学的倾向性、阶级性等同文学的研究,是最省力却又是最无出息的做法。这些,马克思主义经典著作中屡有论述——《费尔巴哈论》即是一个范例,而骈文的形成史,又提供了一个生动的例子。

其二,"自然"与"人为"的对立,文学史研究沿用既久。由此使文学史与文学批评史上有些问题长期得不到合理解释,或者难以自圆其说:前一种情况如本文已谈到的陶谢评价;《文心雕龙》倡自然又尚雕龙;《文心雕龙》之后为什么不能再产生这样的文论著作等;更有唐代文学史上如初唐四杰何以高标骨气而大写骈体尤重辞彩等等问题。后一种情况如,我们常说盛唐诗自然而少人工经营,所以为佳;然而事实上怎能设想高岑王孟那些优美的作品能不经过艰苦的艺术构思就写出来呢? 这些问题在笔者也曾同样存在,然而在考察了骈文与自然崇尚的同一性,对"自然"的含义,至少不再局限于习惯上那种与不加修饰等同的理解后,上述问题,就可以有较为合理的解释。未知对读者能否有所启发。

其三,文学史研究中,人们常常习惯于以今人的趣味与概念,或者以一种较后也较高的文学样式、文学风气去评价框架前此的文学现象,这造成了对不少文学现象的片面理解,骈文问题就是一例。因此笔者认为,历史地分析文学内在趋势、时代风气、作者三者的交互关系、综合作用,是推进文学史研究中亟待加强的当务之急。

（本文原载于《中华文史论丛》总第四十七期）

谢灵运与山水诗起源

山水诗由谢灵运确立,这是公认的事实。因而欲明山水诗的起源,前提就是对谢诗之传承、体势、演进轨迹的切实把握。但通行文学史的叙述似把二者关系倒了过来:先由刘勰"庄老告退,而山水方滋"二语得出山水诗源于玄言诗的观念,从而认定谢诗先天地有"玄言尾巴",每有象意分离,有句无篇之病;再反过来以所谓"玄言尾巴"证明山水源于玄言。这不能不说是一种循环论证。王世贞云:"余始读谢灵运诗,初甚不能入;既入而渐爱之,以至于不能释手。"[1]于是对难入而多争议的谢诗作"入里"的再研究,就是对山水诗起源再探讨的必循之途。

一

笔者无意否认玄风对谢诗的影响,且充分肯定玄风曾启迪了魏晋后人对自然的崇尚,然而这与山水诗起源于玄言诗说不侔。文艺之受影响于哲学,并非总是直接的反映,否则一切作品都成了思想的图解。韦勒克、沃伦在《文学理论》一书中要求研究者注意

---

[1] 《书谢灵运集后》。

"思想在实际上是怎样进入文学的",并认为思想只有与文学作品的肌理真正交织在一起时,于文学方有意义。此论对本题的研究颇有启发。

哲学之影响于文学,必须通过一系列中间环节,其中最主要的是,哲学首先要转化为一定的、人各有异的生活观念或情趣,积淀于作者的心态中,再通过创作,进入各各有别的文体内。因此,同一思想对不同人、不同文体的影响势必不同;否则百歌千咏,各种文体又将归为一律。这一点对研究特重体势的中国古典诗歌尤为重要。体势即"因情立体,即体成势"[1],说的是文各有体,作者情致不同,应选取不同的文体,既循文体之格局,又变化而达其意,才能产生自然的文势。所以说"循体而成势,随变而立功"[2]。因此要切实研究山水诗之起源,必须抓住两个要点:其情主何,其体孰承。

山水诗起源于玄言诗之说,在这两点上都遇到难以逾越的障碍。玄言诗是现代人诗史研究中出现的极笼统含糊的概念。玄风被及一代,当然会影响众多的诗人、诗体。如果把一切带有玄言成分的诗都划入玄言诗——姑且假设这一界定成立——则所谓谢客山水诗渊源于玄言诗,就是一个空泛而毫无实际意义的命题,因它既根本回答不了山水诗主要由当时哪一体诗蜕出的问题,更无助于深究其自身的体势。因此,必须仔细考察玄风进入诗歌不同的实际情况。魏晋以降,诗歌受玄风影响,有两种情况。一种情况是,玄风通过玄学家[3]主理的个性进入当时各体诗中,以谈玄的方式作诗;这是玄风在诗歌中的"自惩"。其失有二。一是诗各有

---

〔1〕 《文心雕龙・定势》。

〔2〕 《文心雕龙・定势》,参见范文澜注。

〔3〕 所谓玄学家及下文所说的诗人是相对而言的,魏晋后人往往一身而二兼之,这个区分是指作者在具体写作时的思维方式,主要是玄学式的抽象,还是诗人式的形象。

体,谈玄在各体诗中的滥用,必然"离体立势","使体束于势,势虽若奇,而体因之弊";[1]二是玄风本来启迪了人与自然的接近,但由于一味"崇盛亡机之谈",而"嗤笑徇务之志",反使诗作脱离生活的自然,遂使间或出现的片断山水也"虽各有雕采,而辞趣一揆",[2]成为理念的附庸,因而将哲理诗连同山水描写也带入了死胡同。今存许询、孙绰等人绝大部分诗作,"皆平典似道德论",虽间有山水,也"淡乎寡味",其因盖出于此。然而思想材料的作用往往大于材料本身。玄风在"自惩"的同时,又在另一种情况下得以"自赎"。其最突出的功绩是玄学思辨通过诗人主情主美的个性,进入诗作,从而促使事物景物观察的深化,促进各体诗在六朝向富于理趣的方向发展。

　　要之,玄风使六朝各体诗表现出两种走向:其一是因玄风直接的粗暴的介入,各体中都有许多篇什抽象谈玄,因而乖离、破坏了其原有体势,连本以说理为主的哲理诗,也被扭曲为玄言化的哲理诗,亦即玄言诗。玄言诗不是另起炉灶的新诗体,而是鸠占鹊巢地附着于传统各体(如赠答、咏怀等)上的赘疣。故此六朝的诗体分类根本无玄言一目。另一走向是各体诗中仍有许多诗作保持着其原有的体势,玄风只是对它们产生若干影响,却往往能有机地成为其肌理中的一分子,使理语化为理趣。它们不是玄风的必然产物,而是传统体格在六朝的循体而能变。这类诗作当然不能划入玄言诗范畴,否则必将导致阮籍《咏怀》诗后(特别是东晋)只有玄言诗,连谢朓乃至唐代王孟的诗都是玄言诗的论断,似乎玄言诗中断了传统诗体发展达二百年。这是与史实不符的。因此研究山水诗渊源又必须明辨两点:首先是它发生于何种传统诗体,其次是发生于这种诗体中的何种走向。为此须先对东晋玄言诗发生前各体诗中

〔1〕 黄侃:《文心雕龙札记·定势》。
〔2〕 《文心雕龙·明诗》。

的山水成分作切实的分析。

　　玄言诗发生前各体诗中都已有山水成分，其中宴游、行旅（兼及行旅性的赠别杂诗）两类以行游为特征的诗更已达到了较高水准。宴游写景建安时就较发达，如曹植《公宴》：

> 公子敬爱客，终宴不知疲。清夜游西园，飞盖相追随。明月澄清影，列宿正参差。秋兰被长坂，朱华冒绿池。潜鱼跃清波，好鸟鸣高枝。神飙接丹毂，轻辇随风移。飘摇放志意，千秋长若斯。

　　这类宴游诗，其实已执历来被认为是山水先驱的晋宋间人殷仲文《南州桓公九井作诗》和谢混《游西池诗》之先鞭。殷诗为从桓玄游九井所作。谢诗《文选》注引《宋书》云："西池，丹阳西池，混思与友朋相与为乐也。"《新唐书·艺文志》更有颜延之《西园宴游诗集》，此诗当在其中，可知均为宴游，而宴游亦为可独立的诗体。试看谢诗：

> 悟彼蟋蟀唱，信此劳者歌。有来岂不疾，良游常蹉跎。逍遥越城肆，愿言屡经过，回阡被陵阙，高台眺飞霞。惠风荡繁囿，白云屯曾阿。景昃鸣禽集，水木湛清华。褰裳顺兰沚，徙倚引芳柯。美人愆岁月，迟暮独如何，无为牵所思，南荣诚其多。

　　其与曹植诗都先述事因，中段写景，结以抒情。二者传承，无庸置疑。

　　较宴游诗写景更出色的是行旅诗，由建安而至晋代潘、陆诸家愈益精细，试看潘岳《河阳县作诗二首》其一：

> 微身轻蝉翼，弱冠忝嘉招……长啸归东山，拥耒耨时苗。幽谷茂纤葛，峻岩敷荣条。落英陨林趾，飞茎秀陵乔，卑高亦何常，升降在一朝。徒恨良时泰，小人道遂消，譬如野田蓬，斡

流随风飘。昔倦都邑游,今掌河朔谣。登城眷南顾,凯风扬微绡。洪流何浩荡,修芒郁岧峣。谁谓晋京远,室迩身实辽。谁谓邑宰轻,令名患不劭……福谦在纯约,害盈犹矜骄。虽无君人德,视民庶不恌。

此诗在潘岳行旅诗中是写景成分较少而议论成分较多的一首,但其格局深可注意:首述事因,结以抒情二点一同于前引二诗;而中间部分则写景叙事交叉,所写景物分为二层。这种格局在晋诗中极少见,但它正是谢灵运山水诗的最典型的体式。

宴游、行旅诗中写景成分的发展决非偶然。诗人游行于园林山水之中,取为诗资以表情达意的媒介当然是自然,且因身临其境,感受真切,从中发展出山水来,顺理成章。今以谢客创作历程概略证之。

今存谢诗,除乐府(很少写景)外,大多可确定大体作时。永初三年(422)前存诗唯《九日从宋公戏马台集送孔令》及《三月三日侍宴西池》二首宴游诗稍涉景物;然而自永嘉之贬后山水成分多了起来。首可注意者是赴任途中的行旅诗:《永初三年七月十六日之郡初发都》《邻里相送至方山》《初往新安桐庐口》《富春渚》《七里濑》《过始宁墅》等。一些公认的山水名句如"白云抱幽石,绿筱媚清涟"(《过始宁墅》);"定山缅云雾,赤亭无淹薄;溯流触惊急,临圻阻参错"(《富春渚》);"石浅水潺湲,日落山照耀;荒林纷沃若,哀禽相叫啸"(《七里濑》)等已出现。此后谢客写了大量模写山水之作,一为游览,一为行旅,交相影响,日益精进,如景平元年初去永嘉之"野旷沙岸净,天高秋月明。憩石挹飞泉,攀林搴落英"(《初去郡》);元嘉七年自京往临川之"乘月听哀狖,浥露馥芳荪。春晚绿野秀,岩高白云屯"(《入彭蠡湖口》),都是谢客代表作。永嘉之贬是谢客仕途中的转折点,却又是诗歌创作新境界出现的转捩处。谢客作为中国山水诗鼻祖的地位,显然是由其宴游诗,特别是行旅游览诗奠定的。这一初步结论可由《文选》验之。

　　《文选》大抵依题材分诗为22类，独无玄言与山水二类。有关山水之作包括谢客山水诗主要收入"游览"与"行旅"两类，[1]其他如"公宴""赠答""杂诗""祖饯"等类中某些篇章也有较多的山水描写，而不少或可视为以上二类之附类（公宴、祖饯）；或其中山水之作大体与行旅或游览相关（赠答、杂诗）。所以要理清今人所说"山水诗"的来由，主要应考察"游览""行旅"二类。

　　先可注意者，为"游览"诗中宴游与独游之杂陈。此类首列曹丕《游芙蓉池》诗，曹植有同题和作，无疑为宴游诗。以下即殷仲文《南州桓公九井作诗》及谢混《游西池诗》二宴游诗。他如颜延年《车驾幸京口侍游蒜山作》，沈约《钟山诗应西阳王教》等性质均同。而于谢客山水名篇者首列宴游诗《从游京口北固应诏》，更列《晚出西射堂》《登池上楼》《游赤石进帆海》等独游名篇。整个"游览"类中宴游诗占4/10，且前期之作均为宴游，可见群体而游的宴游诗实乃独游诗之一种先导，独游诗至谢客才发展成熟，故在南朝人心目中并无本质区别，而今天正可从中看出山水诗与宴游诗的血缘关系。

　　其次是游览诗与行旅诗的交叉。《文选》行旅类中如潘岳《迎大驾》、陆机《吴王郎中时从梁陈作》其实是宴游诗。而如谢灵运《登江中孤屿》《入彭蠡湖口》《入华子岗是麻源第三谷》，或为独游作，或为行旅中游览之篇。尤其是《登江中孤屿》，本与"游览"类之《游赤石进帆海》是一次游程中的两首诗。这说明行旅与游览二类其实很难区分。行旅应为独游的又一先导。因为行旅途中本不妨于一地作游览。而较长的游程本身就有行旅性质。谢客更每于谪放的行旅中借登临山水一泻块垒，又独创为百里之上以山水为目的的远游，于是在他身上就明显地体现了山水诗逐步形成的轨迹。他在早年的宴游诗中初步锻炼了写景才能，在永嘉之贬的行旅诗

---

[1]　山水诗一词，晚至唐白居易诗中方初见，见后引。

中提高了山水成分与质量,然后在永嘉后的行旅式的远游中将山水诗发展成熟,也反过来使他的行旅诗同样具备游览山水的性质。此后在归隐始宁,征召赴京,二度归隐,外放临川时,行旅与游览更成为难以分割的模写山水的两种基本形式。至此谢客山水诗由宴游,特别是行旅诗中蜕出当无可疑。

二

　　那么谢客又继承了原有以行旅为主的诗体中何种走向呢?这要从建安诗内涵的重大突破谈起。从建安起,诗歌中情与事的关系起了重大变化。从《诗经》的"饥者歌其食,劳者歌其事",到汉乐府的"感于哀乐,缘事而发",都是即具体之事而发具体之情。即使抒情性极强的《古诗十九首》也多如此,如《青青河畔草》为思妇感春,《驱车上东门》为哀叹无常等等。唯楚辞时或突破这种框架,如《涉江》,所抒之情,非涉江事件可牢笼,而包容了屈原深广的爱国之思,但这种感情仍与去国流放相关,情对事的超越还不充分。虽如此,楚辞之体近五百年中也基本未获发展。"慷慨以任气,磊落以使才"的建安诗人开创了诗歌个性化的时代,其大量篇章中情对于事已有了明显升华,诗情不仅仅是即事生情的具体之情,而多借事(物)引发,抒写积郁的情思乃至理念,充分展示一己个性,亦即作者潜在的意识,特定的心态,独异的气质。建安后出现的大量咏物、咏史、咏怀诗及所谓"不拘流例,遇物即言"〔1〕的杂诗,就是与这种创作方法相应的新诗体。如曹植《杂诗六首》之五:"仆夫早严驾,吾行将远游。远游欲何之,吴国为我仇。将骋万里途,东路安

―――――――――
〔1〕 《文选》卷二九王粲《杂诗》,李善题注。

足由。江介多悲风,淮泗驰急流。愿欲一轻济,惜哉无方舟。闲居非吾志,甘心赴国忧。"诗中之事是由洛阳东归雍丘封藩,但于行程却无多笔墨,所抒之情更非旅途观感;而将现实的远游与理想中的平吴远游糅合在一起,在矛盾痛苦中写出骨肉相煎之憾,壮志难酬之悲,情已完全超越了事件本身的含义。

这种创作方法也影响到其他如赠别、行旅、宴游之作中,如前举子建《公宴》诗,清秋澄明的夜空之下,"秋兰被长坂,朱华冒绿池"的景象,潜在地表现了邺下文人开阔的心态,高昂的意气。而公宴本身已并非所要歌咏的了。对照《小雅·宾之初筵》之极写宴饮之状,区别显而易见。《文心雕龙·明诗》云:建安诗人"并怜风月,狎池苑,述恩荣,叙酣宴,慷慨以任气,磊落以使才",正说出风月宴游之事,只是诗人任气使才(才性)的触媒而已。

情对事的升华,是建安诗人对诗史最重大的贡献,它既说明个性的自觉,使诗境由质实向疏朗高迈发展;也必要求创作技巧的更新。因在这种情况下,抒情已不再能凭事件为线索,诗人必须以个性诗化外物,使不必相关的情事融成整体,这就须对事物作更深细的观察,提炼出与个性合若符契的成分;要求以更大的组织才能去谋篇布局,将散珠片玉糅合为一。可以说建安诗史的一切进境,都是以情对事的超越升华为出发点的。这样,建安后的宴游、行旅诗,实质上多已成为以景物描写为媒介的咏怀诗,特别是行旅性诗因最得江山之助,故自曹丕《于玄武陂作》、曹植《赠白马王彪》后,西晋潘陆张昆仲等,虽间融玄语而体势一贯,踵事增华,刻画亦精(如前引潘诗);但晋室南渡后,因玄风更炽而分化渐明。一类如桓玄《登荆山》:"理不孤湛,影比有津。曾是名岳,明秀超邻。器栖荒外,命契响神,我之怀矣,巾驾飞轮";庾阐《衡山诗》:"北眺衡山首,南睨五岭末,寂坐挹虚恬,运目情四豁。翔虬凌九霄,陆鳞困濡沫。未体江湖悠,安识南溟阔",均将孙绰答许询式的哲理诗体强纳入游览体,全乖体势,故其山水描写被窒息为"翔虬""陆鳞"句那样肤廓非现实的寡淡东西。较之潘陆等明显倒退,也使情对事的超越走向其反面,变成附赘性的玄言诗。

这里还应补充分析常与玄言连言的郭璞《游仙》。郭诗气体才丽逸荡,较之平典的玄言诗显然富于情致个性。然观其景物却多为以绿萝、清波、丹霞、云梯类词组成的笼统意象。故读郭诗,一篇甚佳,而全组并看,顿觉雷同。这是因为"凡游仙之篇,皆所以滓秽尘网,锱铢缨绂,餐霞倒景,饵玉玄都"[1],其体势本就是主理超世而象征性的。郭璞之功在"文多自叙,虽志狭中区,而辞无俗累"[2],以其卓拔之性情及出色的诗才将源于楚骚、成乎何劭的传统游仙诗推向新境。但终为游仙"志狭中区"的象征性体势所囿,故其山水性质必然笼统。试问,有谁能真切地观察摹写仙境呢?《文选》单列游仙一类,绝不与行旅、游览类相互交叉,正可见其体势与入世主情,深于体察的行游、游览不同。应当说郭璞对谢客有所影响,这主要在于风调之才丽逸荡上,而非山水意象构成的取径上。今存谢诗无纯然游仙之篇,却每于行旅游览中参以游仙笔调;《文选》亦绝不将此类谢诗收入"游仙",正可见其主次。因此,郭璞《游仙》可说是对山水诗形成起了辅助作用,只是并非辅助于赘生的玄言诗,而是辅助于传统的宴游行旅诗体。

玄言、游仙外,南渡后承传统宴游、行旅体势的作品依然存在。如李颙《涉湖》:"旋经义兴境,顿棹石兰渚,震泽为何在,今唯太湖浦。圆径紊五百,盱目渺无睹,高天森若岸,长津杂如缕。窈窕寻湾漪,迢递望峦屿,惊飙扬飞湍,浮霄薄悬岨。轻禽翔云汉,游鳞憩中浒。黯蔼天时阴,峣岩舟航舞。凭河安可殉,静观戒征旅。"又如兰亭游宴诗中部分佳作,如孙统诗:"地主观山水,仰寻幽人踪,回沼激中逵,疏竹间修桐。因流转轻觞,冷风飘落松。时禽吟长涧,

---

[1] 《文选》卷二一郭璞《游仙诗七首》李善题注。
[2] 《文选》卷二一郭璞《游仙诗七首》李善题注。

万籁吹连峰。"二诗均顺建安以来借景物写情明志的传统体势，且景物成分增多，观察描写加细，唯情致略微有别。后诗更多庄玄情趣，笔法也较疏朗，因此与玄言诗的区别更为微妙。关于这一点，徐复观先生在《中国艺术精神》一书中指出："庾阐诸人"的诗是"玄学的概念性的诗。凡属概念性的诗，必是抽象的、恶劣的诗"，是"浅薄的"，"仅有思辨而未能落实于人生之上的"。又认为陶谢诗才将老庄思想"反映在文学作品上"，是"为了满足美的要求"，尤其陶诗更将庄子思想化为恬适自然的生活情趣云云。这个区划很重要，可借以观察桓、庾二诗与李、孙二诗在写作思维上的本质区别。但徐说似尚有可商榷之处。首先，这种区别并非尽是由庾阐等人到陶谢，依时间先后从概念性到文学性。庾、桓与李颙、孙统本属同一时代。可见前析玄风实际进入诗歌，分化为抽象的、反文学的与有机的、文学的两种相反形态，在南渡后并非先后而是同时并存的。其次，写作方法对文学的这种向与背，必然落实到诗歌体势的离与合。只有明辨体势传承，方能理清发展序列。对传统的行旅、游览诗来说，桓、庾二诗既背体离势，阻遏了山水成分的进展，因而作为"卓越的艺术作品"的谢客山水诗，必不能产生于庾、桓那种玄言诗的贫瘠土壤上；而理当上承曹陆潘张乃至李颙、孙统、谢混一系，并兼参郭璞游仙之逸荡才丽气调。这是大的走向上的区划。

　　刘熙载云："陶谢用理语，各有胜境。钟嵘《诗品》称'孙绰、许询、桓、庾诸公诗皆平典似道德论'，此由乏理趣耳，夫岂尚理之过哉！"[1]陶谢与孙绰等所循大走向相反，故品格迥异；陶谢之大走向同，均使理语融于景入乎情顺乎体，故能化理语为理趣。而又各有胜境，则因虽能循体而变，但内含情致有异，亦引起创作手法之别，诗歌境界之异。陶且不论，今更从谢客诗体势以及演进过程的具体分析来进一步确证上文关于山水诗起源的辨析。

----

[1]　《艺概·诗概》。

三

不妨先来分析一下一些常见的最早评论：

> 颜延之尝问鲍照己与灵运优劣，照曰："谢五言如初发芙蓉，自然可爱，君诗若铺锦列绣，亦雕缋满眼。"[1]

> 康乐放荡，作体不辨有首尾。[2]

> 灵运之兴会标举，延年之体裁明密，并方轨前秀，垂范后昆。[3]

> 宋临川太守谢灵运，其源出于陈思，杂有景阳之体，故尚巧似，而逸荡过之，颇以繁富为累。嵘谓若人兴多才高，寓目辄书，内无乏思，外无遗物，其繁富，宜哉。然名章迥句，处处间起，丽典新声，络绎奔会。譬犹青松之拔灌木，白玉之映尘沙，未足贬其高洁也。[4]

现将上述各条有关要点分列如下：(1)指出谢诗源于曹植，即以建安体为骨格；(2)指出谢诗兼取张协，能"巧构形似之言"[5]；(3)指出谢诗"兴多才高""兴会标举"，这与论建安诗人之任气使才有所不同；(4)认为谢诗之美是一种自然美；(5)认为谢诗有"逸荡"之气；(6)认为谢诗时有繁芜或体格放荡，不辨有首尾之病。六点中一至三尤为重要，指出了谢诗的渊源与创作方法上的重要特征，

---

〔1〕 《南史·颜延之传》。
〔2〕 《南齐书·武陵昭王晔传》高帝语。
〔3〕 《宋书·谢灵运传论》。
〔4〕 钟嵘：《诗品》。
〔5〕 《诗品》评张协语。

试论之。

谢诗既承曹植之"骨气奇高,词采华茂"[1],故其山水当为抒发意气的媒介。但另一方面,谢诗又将宴游、行旅中的山水成分,发展成游览性的山水诗,这必然使他取熔"巧构形似之言"的张协等的太康诗风,而更注重对山水形相的精细刻画。如果说建安以来的宴游、行旅之作,是以情意为明显主线来驱遣片断之景物的单线结构;那么到谢灵运的山水诗,则经由景物成分的逐渐增加,而逐渐发展成以游程中所见景物为明线,而以情志所生的感情为时隐时现于景物之下的暗线的双线结构。其格局较前人远为复杂。这一点,唐代一些大诗人其实已有所觉察。杜甫《岳麓山道林二寺行》:"久为谢客寻幽惯,细学周颙免兴孤,一重一掩吾肺腑,山鸟山花吾友于。"白居易《读谢灵运诗》:"谢公才廓落,与世不相遇。壮志郁不用,须有所泄处。泄为山水诗,逸韵谐奇趣。大必笼天海,细不遗草树,岂惟玩景物,亦欲摅心素。"二人皆拈出了谢诗在重重掩掩的山水草木中潜伏着的以幽愤为主要特征的感情线。细咏之,能于其中领略到与常作不同的逸韵与奇趣。

景物的明线(山水)与情志的暗线(咏怀)如何统一起来呢?这就要靠"兴会",亦即情景泊然相会而勃然以兴的创作冲动。因"兴会标举",故"名章迥句,处处间起;丽典新声,络绎奔会"。万物奔凑于笔底,而借"才高"来一一活现之,这就形成了谢诗"逸荡"的气势,也带来了某些篇章"繁芜"的毛病。此体固非习惯于宫体轻浅的齐高帝所能领略,故有所谓"作体不辨有首尾"之讥。

对今人来说,最难理解的恰恰是鲍照及汤惠休评谢诗"如初日芙蓉,自然可爱"二语。但若明确了谢诗的体势特征,再参以南朝人的自然观,就十分了然了。

玄学兴起,使两晋后人的自然观,较之先秦两汉儒道两家的素

---

[1]　《诗品》评曹植语。

朴自然观,有了重大进展。这一问题颇为复杂,笔者另有专文详论,这里仅挈其要点如次:

玄学自然观,首先变老庄崇本黜末观念而为崇本举末,这就为打破大音希声的传统观念,重视万事万物的具体规律,提供了哲学基础。反映于美学,玄学自然观继承了先秦儒道以和谐为美的思想,却从原来片面强调整体的和而小视局部的谐,转而形成执一驭众,由局部之谐返于整体之和的思想。在这里郭象有关任物之性以使之而不过当的观念尤其重要。在庄子看来,对外物的一切人为干预,都会损害物的自然本性,譬如穿牛络马等等,均为反道之举。但郭象却认为,牛马之本性就是以能载善跑而可供役使,一味放之于野,非但不是全其本性,相反却是埋没了自然之材,因此穿牛络马使之拉车驱驰,才是任物之性。唯其不能过当;能跑八百里的马,不要让它跑八百零一里也就是了。[1] 魏晋后大量研讨艺术风格、方法的音乐、绘画、书法、文学"工拙之数"[2]的论著正是产生于这种自然观念之下。如刘勰《文心雕龙》以"自然"为纲,但全书谈的则是各文体的演变史及各种文学手段。在刘勰看来,只要深明这些艺术手段的工拙之数,精微之理,得其中而不侈,就能达到自然之美。应当说,这是一种更高层次的自然美。以上是玄学自然观影响创作方法在客体方面的主要体现。

再就创作主体看,玄学才性观的更新影响尤著。老庄眼中的自然人是原始状态的,因此,七窍凿而混沌死。汉末三国,才性讨论兴起,而均以才性同一不二,[3]无形中否定了积学富才与自然本性统一的可能。晋代以降,很多迹象说明才性观念有了进展。葛洪《抱朴子·勖学》说:"虽云色白,匪染弗丽;虽云味甘,匪和弗美。故瑶华不琢,则耀夜之景不发;丹青不治,则纯钩之劲不就。

---

[1] 参见《庄子·马蹄》郭注。
[2] 沈约:《宋书·谢灵运传论》。
[3] 参见汤一介《郭象与魏晋玄学》第一章第二节。

火则不钻不生,不扇不炽;水则不决不流,不积不深。故质虽在我,而成之由彼也。"意谓人的自然本质只有通过刻苦学习,反复磨练,方能焕发出内在的美来。这与庄子的说法大异。此种才性观影响了六朝文论,而集大成者则是《文心雕龙》。《体性》云:"然才有庸俊,气有刚柔,学有浅深,习有雅郑;并情性所铄,陶染所凝。是以笔区云谲,文苑波诡者矣。"人的才、气、学、习四者,均因天资的差别及外界的陶染而异,却一并凝聚到各自的情性中来,又为"情性所炼"而融和为人人各异的才性。这样"情动而言形","因内而符外"。"各师成心,其异如面",方有文坛的云谲波诡。可见刘勰的情性观明显地具有重视陶染与才学的特色。在他看来,凡合才、学、性为一体的人,都是"自然之恒资"[1]。可见六朝人心目中的自然人也同样是更高层次的自然人。

主体和客体合而观之,六朝时新的自然美观就是:合才学与情性而为一的自然人,精研各艺术部类手段精微的自然之理、工拙之数,而后以情性为本,执一驭众,任物之性以使之而不过当,从而由谐求和,达到高层次的自然美。玄学自然美的本质精神对文艺的启迪意义,即在于此。

刘勰虽晚于谢客数十年,但其《文心雕龙》一书却是晋宋以来各种思想成果的结晶。而一部《世说新语》,以自然为尚,记言叙事无不英华焕发,往往高下相须,自然成对,正说明这种观念在晋宋时已化为士人的生活情趣。谢客在此之前,已得风气之先。他在《辨宗论》中发挥竺道生的顿悟见性说为"积学顿悟"说,使积学与明性相统一,堪称才性学合一思想的先声。他崇尚建安诗人,作有《拟魏太子邺中集诗八首》,从他对前代诗人"罗缕岂阙辞,窈窕究天人""众宾悉精妙,清辞洒兰藻"的向往中,又可见他以建安风力与罗缕之辞,即美文清音相统一的观念。至此,鲍照"谢颜高下"之

---

[1] 《文心雕龙·体性》。

论的含义就不难理解了。

谢诗既以幽愤为骨格,以情与景契的兴会为发端,将其饱学多才的个性融注到山水之中,"泄为山水诗,逸韵谐奇趣",当然被认为"如初日芙蓉"之清丽而"自然可爱",即使间有繁芜之病也无损其"青松""白玉"之自然品格。至于颜诗之"铺绣列锦",显为缺少谢诗之内在真气、用文过当所致,所以"雕缋满眼",只能等而下之。

要之,谢客继承了建安诗任气使才的传统,以幽愤为内核,又兼取晋诗之工于造型,并顺应晋宋间新的自然观,一以高才博学的个性出之,创造了远较前人复杂的诗歌格局,也引起艺术手法的一系列创新,形成前所未见的诗歌境界。这是诗史上又一次重大新变,其主要表现是:

诗体——由建安偏重于情的行旅、宴游等作发展而为情景并重泊然相凑的山水诗(主要为行旅、游览)。

立意——变建安诗之任气为主而为"兴会标举",使言志抒情向兴趣转化,遂使玄风之影响化为理趣。

结构——变建安诗之以情驭景、景以衬情的单线结构而为情景双线、明暗交相为用、曲折多层次的复杂结构,也引起了诗作章句位置上一系列艺术手法的创新。

意象——变建安诗多基于印象的、情意显豁的粗线条的景物描写而为基于细致体察的、情意深蕴的多层次的工笔写景造型。刘勰所说的"隐秀",实由谢诗发轫。

语言——变建安诗之清健自然为由钻砺而返之自然,从而也引起遣词造句、使典用事技巧的一系列新变。

风格——变建安诗之磊落慷慨、清刚发越为潜气内转、密丽深秀。韩愈以"清奥"评谢诗,[1]可谓一语破的。

风格是以上诸艺术因素的总和,由建安诗之清刚到谢灵运诗

---

[1] 《荐士》:"中间数鲍谢,比近最清奥。"

之"清奥",体现了诗史演进上一个有趣的循环上升的过程。建安诗中情对事的超越升华,加以语言的明健,遂使格局向疏朗发展,于是清刚之气便洋溢于字里行间。谢客依游程顺序摅写幽愤的诗作,看来情与事重归合一,加以刻画精工,格局遂向密致演变(这个苗头在晋诗中已可见出);但是这并非简单的回归。因为作为其内核的幽愤,渗透并左右着每个诗歌形象,又婉转于每一结构环节中,成为伏波潜流般的诗歌内脉。所以谢诗的精髓实在于能密中见疏、奥中见清,从典丽精工中见出幽愤之气、逸荡之势与悠远情韵来。对此,王夫之《姜斋诗话》卷二中的一段评论最为形象:"把定一题、一人、一事、一物,于其上求形模,求比似,求词采,求故实,如钝斧子劈栎楂,皮屑纷霏,何尝动得一丝纹理? 以意为主,势次之。势者,意中之神理也。唯谢康乐为能取势,宛转屈伸以求尽其意;意已尽则止,殆无剩语;夭矫连蜷,烟云缭绕,乃真龙,非画龙也。"这是读谢诗的正法眼藏。唯有把握得住谢诗意中之神理,即感情线,方可见其一切形模、比似、词采、故实,无一而非神龙喷吐的缭绕烟云;反之必将为其密丽的外观闪射得目迷心茫。诸如谢诗"不辨首尾""有句无篇""有景无人""玄言尾巴"等等苛评,盖起于此。以上论析,在更具体地探索谢诗源于建安而不同建安的新格局形成过程后,将更为明确。

四

谢集中山水诗外,给人印象最深的是他曾广泛拟古,达 22% 强。且尤多效建安体。其《拟魏太子邺中集八首·王粲》序云:"遭乱流寓,自伤情多",《陈琳》序云:"述丧乱事多",《应玚》序云:"流离世故,颇有飘薄之叹";《平原侯植》序云:"公子不及世事,但美邀游，然颇有忧生之嗟"；总序(兼序《魏太子》)云"岁月如流，零落将尽，撰文怀人，感往增怆"等，所论实启《文心雕龙》先声，可见其于建安精神领会之深。尤其论曹植一条，可视作谢客遨游以抒幽愤的夫子自道。不过，由于两晋诗风熏染，谢客拟汉魏诸作体格一般较建安诸子更增华彩，稍多刻炼。由此而观谢客与山水有关诸诗，就可见其演进之迹。大体分四期。

永嘉之贬前为萌生时期(永初三年，422前)：此期虽无典型的山水诗，然于宴游、赠别(与行旅相关)诗中已可初见写景才能及寓孤愤于景象的特点。《九日从宋公戏马台集送孔令》即此期的代表作：

> 季秋边朔苦，旅雁违霜雪。凄凄阳卉腓，皎皎寒潭洁。良辰感圣心，云旗兴暮节。鸣葭戾朱宫，兰卮献时哲。饯宴光有孚，和乐隆所缺。在宥天下理，吹万群方悦。归客遂海隅，脱冠谢朝列。弭棹薄枉渚，指景待乐阕。河流有急澜，浮骖无缓辙。岂伊川途念，宿心愧将别。彼美丘园道，喟焉伤薄劣。

此诗谢瞻有同题作。瞻诗起写节序时景，继写祖饯，末写别孔相惜之意。工稳丰茸，却平弱无深意，是典型的晋人饯送诗。当时被推为首唱，然而后人均以为远逊谢客。[1]

灵运诗前半脉络大体同瞻。至"弭棹"二句写行人于斜光余乐中走向舣舟处，惜别之意弥满，本可作结；但"河流"二句又另起波澜，悬拟孔令去舟水程与己送人后陆归景象。"有急澜""无缓辙"，感情激荡之际，又以"岂伊"反问，折入"宿心"有愧古人，托出未能如孔令归隐以遂素志之旨。原来当时刘裕篡晋之意已显，谢客家世受晋恩，更素亲裕之政敌刘毅；对未来的大变故，他不能不忧心忡忡，遂将应酬之作变为微显不平的抒怀之诗。明此，方可见起处

---

[1] 参见方东树《昭昧詹言》卷五。

语已为下文伏线：秋日凄凄，百卉病黄，寒潭清冽，皎洁可鉴，正暗寓时势动摇，去者孤洁；而旅雁违霜之暗射去祸，其意也在不言之中，这就是势——意中之神理。可见谢客早期诗已于晋人风华中寓卓然拔萃的建安风力。而永嘉之贬后终于发展成了自己的体格。

永嘉之贬（422 秋—423 秋），可视为谢客山水诗的形成期。此期山水诗已由行旅诗中脱胎而出。其景物描写一变晋人之丽而欠融，也不尽同建安之浑而欠秀；而善以缜密的观察，刻炼的笔墨，描画出多层次的、秀句卓特却一体融和的景物，在密丽中见出幽峭之致。同时典实运用也更纯熟灵活，多用《庄》《骚》《易》语而能融洽于景物。不过，这一时期谢客的山水诗，即使是游览之作，写景成分同抒情成分在比例上也不占优势，因此章法较单纯，带有明显的从行旅性咏怀诗中蜕出的痕迹。如《过始宁墅》诗中"白云抱幽石，绿筱媚清涟"一联传诵为秀句，其实佳处更在于它在篇中的地位与意蕴。诗分三层，前八句反复剀陈二纪仕途有违初志，末四句则写告别乡亲，期以三载归隐之想，中间一层则为景语。诗人帆沧海，过旧山，感叹万千，又山行溪涉，历经叠山环涯，重重掩抑，步步盘曲。正在山重水复疑无路之际，忽然清景顿开：洁白的云絮，抱护着向壁空立的幽峭山岩；而山下清波涟漪，翠筱飘拂，照镜自媚。这景象正隐隐遥接前段抒情"拙疾相倚薄，还得静者便"之意，遂在明丽清净中透出一种孤傲不群的气韵来，反映出诗人面对代表勋业彪炳与归隐明智两重意义的先祖故宅时，那复杂的心态，故自然转入下文归隐之想，且暗用《左传》"枌榗"（棺木之材）典以表现出内在的孤愤。全诗幽愤之思鼓荡而下，复潜注于精美的景物描写中，再由景中浮现出来，形成显——隐——显的感情线曲折。全篇结构虽大体承建安以来行旅诗的线索，但景语增加、形象趋实，表明谢客在结构技巧上开始了新的探索，因而景物实而不滞，起到了渟蕴感情的作用。谢客诗与建安诗任气使才特点的联系，及行旅诗向山水诗过渡之迹于此明显可见。

　　永嘉之贬后谢客绝大部分诗作均取这种显——隐——显的深化感情的形式,诸名篇中如《登池上楼》之"池塘生春草,园柳变鸣禽",《过白岸亭》之"近涧涓密石,远山映疏木",《游赤石进帆海》之"扬帆采石华,挂席拾海月",《登江中孤屿》之"乱流趋正绝,孤屿媚中川。云日相辉映,空水共澄鲜"等等,均当合全篇通看,方可悟其佳处非特为句秀而已。《过始宁墅》与《登池上楼》结构笔法大体相同,一为行旅,一为游览,正可见山水诗之从行旅到游览转化的轨迹。谢客山水诗至此可说确然成立。

　　永嘉时期尤可注意的是《晚出西射堂》《游南亭》两诗,其造型与结构方式已初逗后一期特征,试举后者为例:

　　　　时竟夕澄霁,云归日西驰。密林含余清,远峰隐半规。久病昏垫苦,旅馆眺郊歧。泽兰渐被径,芙蓉始发池。未厌青春好,已睹朱明移。戚戚感物叹,星星白发垂。药饵情所止,衰疾忽在斯。逝将候秋水,息景偃旧崖。我志谁与亮,赏心惟良知。

　　起笔先写春晚雨后清景,复以"久病""旅馆"二句逆笔补出观景前谪宦羁旅又逢久雨阴霾,如同陷溺般的昏沉心境。起处清景是偶一临眺所见,但逆笔写来便觉不群。诗人为清景引动而漫步"郊歧",自然折入第二层景:泽畔,雨前方生方长的兰草已繁茂向老;而当时一望绿叶的池荷,也已朵蕾初绽。这在他人或许是赏心悦目的美景,但在谢客却足以牵动幽愤的潜意识,于是由"物移"而触发"人老"之叹,而本望借自然灏气澡雪精神的郊游,也转而为后半万事皆虚,归隐旧山的浩叹。在这里情景的关系已变为景——情——景——情,二隐二显(有时为二显二隐)的结构。因此过接的技巧也相应复杂。起处"时竟"(春竟),中腰"朱明移"(夏来),结末"秋水",诗脉依时令为序展开;而"久病""戚戚"二联,一逆,一顺作顿束收放,使思绪曲屈变化,将二景二情打成一片。更巧妙的是

"泽兰"以下四句均化用楚辞《招魂》《大招》语,遂于层层写景中隐含"目极千里兮伤春心,魂兮归来哀江南"之意,遥逗篇末"乘秋水"之想,由《骚》入《庄》,既以屈子之放自比,又以玄道解脱为依皈,情思复杂,正可见儒理性抒情向玄理性抒情转化之迹。恐难任"尾巴"之讥,否则建安诗之儒理结尾岂非亦成"儒言尾巴"?

《游南亭》的写景笔法也更精致,起四句各五字,前二句各含两个层次:时竟,夕澄霁;云归,日西驰。字凝句炼,构成复杂而富于动态美的大背景。三、四句"含余清""隐半规"分接一、二"夕澄霁""日西驰",又拈入"密林""远峰"二物,组成新的层次;近处是密林清霭,远处是青山半日,与大背景共成三个层次而一体融和的景物群。再缀以一个"含"字,一个"隐"字,遂在季节交替、晴雨变化、昼夜叠代的动景中酝酿出清澄恬美的远韵来,也隐现诗人由"昏垫"中苏生的复杂心态。如对比陶潜《杂诗十二首》其二起处"白日沦西阿,素月出东岭。遥遥万里辉,荡荡空中景"之简素宽远,可悟谢诗由刻炼返之自然之特征。这种高超的造型技巧及融贯多重层次景物、情景交叠、屈曲以达意的格局,不仅在前代绝无仅有,即在谢客永嘉诗中也不多见,然而这正是极可注意的雏形。

始隐始宁(景平元年423秋)至再隐始宁(元嘉五年428—七年430)约八年左右,是谢客山水诗高度发展时期。特点是:游览诗中多层次的景物群与情景隐显交替的多重结构,由前一期之偶见,发展为主要模式,形成典型的以游程为明线而奇景叠出,以感情变化为伏线而屈曲潜注的格局。同时其行旅诗也反过来受游览诗影响,终于也完全具备了山水诗的品格。此期,诗中景象更形繁密,意脉也更深隐,与建安诗之发越疏朗,神虽通而貌迥异,最能体现谢诗的个性。这当然要求有更精巧的构思。其诸多佳作,诚如王世贞所评"天质奇丽,运思精凿"[1],典型地体现了六朝自然美观

─────────

〔1〕《艺苑卮言》卷四。

念,但也时或用之过当,而有滞累之病。

　　情景交替的格局,至此期出现了三重以上的交替,如《石门新营所住四面高山回溪石濑茂林修竹》《田南树园激流植楥》《还旧园作见颜范二中书》《登临海峤初发疆中作与从弟惠连可见羊何共和之》诸作均是。后者取法曹植《赠白马王彪》,但一变子建之摅写骨肉相残,宗臣去国之思,景物仅为情志烘托的单纯格局;而并写远游佳兴与离别悲恨外贬牢愁。因此结构上以游兴和离愁并起双收,中间则用侧注、收放等技巧使每一景物都成为两种情思转换的环节,在深曲中见出慷慨之情,最见开合擒纵之功。这一点,充分显示了谢客诗法建安而变之的特性。

　　此期由情景交替又发展出新的以描画和叙述交替的体式。篇中不用情语,只以叙述性的记游将几个含蕴不同的景物群连缀成整体。叙述既是游程的环节,又是心情转化的过渡,只是这感情已完全隐注于景物的更叠之下,至篇末才发扬出来。如《从斤竹涧越岭溪行》,起笔"猿鸣诚知曙,谷幽光未显。岩下云方合,花上露犹泫",先刻画了晨初幽微中渐显明丽的景物,萌动游兴,接着以叙述法先写越岭,再写缘溪,排比而下。峰回溪转后,忽见"苹萍泛沉深,菰蒲冒清浅",别一番清秀开朗景象。于是佳兴飞动,遐想驰骋,"企石挹飞泉,攀林摘叶卷。想见山阿人,薜萝若在眼",但传说中的山鬼——现实中的知音终不可见,于是深感唯自然美景为我真赏,世事万物均为外累,终于超升到庄生所云同物我、遣是非的境界。诗至结尾方可悟出起笔那幽微中渐见明丽的佳景,其实隐蕴着出游前迷惘而渴欲冲破迷惘的心境,这种心境几经高扬后终于归为篇末玄气氤氲中的灵明一点,真所谓"夭矫连蜷,烟云缭绕,乃真龙,非画龙也"。

　　最能见出谢客此期布局结构技巧进境的是《登石门最高顶》:

　　　晨策寻绝壁,夕息在山栖。疏峰抗高馆,对岭临回溪。长林罗户穴,积石拥阶基。连岩觉路塞,密竹使径迷。来人忘新术，去子惑故蹊。活活夕流驶，噭噭夜猿啼。沉冥岂别理，守道自不携。心契九秋干，目玩三春荑。居常以待终，处顺故安排。惜无同怀客，共登青云梯。

此诗不是顺登山顺序节节铺写，而是到山顶后，以绝顶高馆为中心一一回溯来路景物，起笔先得峻拔之势，中间以"来人""去子"应接，篇末则以"惜无同怀客，共登青云梯"照应。遂使茫惘夜景，朦胧山色中浮现出一种狷介傲兀之气。是谢客以结构之险驱遣多种景物以见逸荡之势、拗峭之致的范例。

临川之贬后（元嘉八年 431—元嘉九年 432），可视为谢客山水诗的第四阶段。这一时期留存作品不多，但可以看出一种由整密向疏荡回归的趋势，更多地预示了后来杜甫、韩愈诗的特征，是谢诗的胜境。如《入彭蠡湖口》：

客游倦水宿，风潮难具论。洲岛骤回合，圻岸屡崩奔。乘月听哀狖，浥露馥芳荪。春晚绿野秀，岩高白云屯。千念集日夜，万感盈朝昏。攀崖照石镜，牵叶入松门。三江事多往，九派理空存。灵物吝珍怪，异人秘精魂。金膏灭明光，水碧辍流温。徒作千里曲，弦绝念弥敦。

诗以"倦""难"二字双起立一篇纲目。"洲岛"两句从"难具论"生发，总写洞庭水势之凶险浩荡，隐隐见出诗人烦扰心潮。然第五句起笔势陡转，二句一组勾出一夜一朝两幅恬美的静景。但静景其实不静，"千念"二句打转，方知于寥夜清晨的秀静中，诗人仍在苦苦参悟那"难具论"的冥冥之理。但月夜朝昏，百思千虑，似乎仍只是个"难具论"，于是诗人再不耐静思默想。他攀登悬崖登上庐山之东的石镜山；更牵枝扳藤穿过四十里夹路青松，进入湖中三百里的松门山顶，登高远望，企望灵迹仙踪能照彻心中的疑难。但往事已矣，其理难究，"天地闭，贤人隐"，对于这莫可理究的一切，诗人再也"倦"于理会，于是江天之中他奏起了《千里别鹤》的古琴曲。

然而断弦一声,万籁俱寂,唯有那无尽的愁思在江天回荡……

　　本诗较前此诸作第一个明显进展是边幅趋于广远,它打破了游程的格局,以二十句之数总揽入洞庭后三百里内景物,以少总多,气势磅礴。且词气飞动,格局也较前疏越。

　　其次是笔致趋于跳荡,虽仍保持着谢诗密致的思理,但开合甚大,转换间泯去了针痕线踪。前析朝夜静景,全由空间运神,更深得张弛、浓淡相间之理。

　　其三是情景理的进一步融洽,全诗所要表现的是由难究的自然之理而生的对人生的厌倦与愤懑。却以“三江”“九派”一联作中峰回互,将旅途实见与往古传闻,组成叠出层现的景象,情思如伏涧潜注,百折千转;最后以铮然断弦结束全篇,有无穷的象外之意,弦外之音。

　　表现出这些倾向的尚有《入华子岗是麻源第三谷》诗。可惜一年多后,谢客就因故被诛,新进境刚开始也就结束了。尽管如此也足令后人觅迹寻踪,总结出谢、鲍、杜(甫)、韩(愈)、黄(庭坚)这一诗史上以奇险深曲之体抒奇崛不平之思的重要诗歌流派来。[1]

　　至此,山水诗起源于建安以来以行旅为主的传统诗体可以无疑;并可对谢诗历史地位及陶谢高下说作新的评价了。

五

　　陶谢同时,因环境、性情相异,分别开创了田园诗与山水诗;后者主要从宴游、行旅诗而来,前者主要从杂诗蜕变。

---

〔1〕　参见方东树《昭昧詹言》卷五。

陶谢都受玄风影响，但其诗既植根生活而以咏怀为内核；所以也都继承了建安诗重意气与个性的特点。由任气到重兴，化玄风为理趣，虽体貌迥异而神理与共。他们继建安以来情对事超越的丕变，从不同角度完成了诗史上又一次创新。

"自然"是陶谢的共同目标。但渊明多承先秦道家，故复古通变，以古淡淳清矫时世采丽之弊；谢客得力新兴玄学，故激浊扬清，以精研探微疗当时肤廓之疾。

陶之归隐是彻悟，加以田园之景多素淡，故宜于静观默照；谢之退居是牢愁，加以山水之景多宏阔，故宜于探胜放浪。陶诗之景多片断，体气静穆宜短制；谢诗之景多游程，体气磅礴宜大篇；陶诗单纯，一气舒展，如风行水上；谢诗深复，夭矫连蜷，似神龙驱云。陶诗是深入浅出，疏中有密；谢诗是深入深出，密中见疏。陶诗之味如清茶，淡而后醇；谢诗之味似陈曲，辛而后甘。

陶谢又分启后世不同的创作倾向，学者各以性之所近而得绍箕裘。迹近山野者，如王绩、孟浩然、李白、储光羲多承陶；心仪世系者，如杜甫、韩愈、柳宗元、黄庭坚多法谢。又有出此入彼、折衷以自成一体者，前有谢朓，后有王维。其间世变文移，风气迭代，而倚轻倚重，参互交取则为三派兴衰之又一参数。加上前此之汉魏风骨，后此之梁陈宫体，凡五种体格，为唐以后诗人主要取法对象。虽然文苑波诡，各逞其能；但细心探究，实万变不离其宗。

陶诗之佳，多赖天才；谢诗之美，更倚人力。故陶之空灵之境，谢不能到。然而天才难踪，后世学陶成风，却难得其三、五；人工有迹，故谢客开山，反启后人无数法门。试以柳宗元《南涧中题》并谢客《游南亭》对读，杜甫《咏怀五百字》与灵运《过始宁墅》对看，前者虽变化有加，篇制更巨，然青蓝之承，历历可循。故若以对后世诗体变迁及技巧发展之影响而论，谢诗其实更甚于陶。如果说陶谢有所高下，亦仅于此二节各执一左券而已。陶谢在晋宋之交，正如李杜在盛中唐之际,均未可以高下论之,这也许正是诗史演进中又一个有趣的循环。

（本文原载于《中国社会科学》1990 年第 4 期）

回归文章学

——兼谈《文心雕龙》的文章学架构

一、一种值得注意的倾向

去年冬,京都大学川合康三教授在交谈中问我:当前文学史教学和研究中存在的最大问题是什么? 我毫无犹疑地回答:忽视并缺乏文章学的基本训练与素养[1],不善甚至不会读诗析文,这在学生与部分青年学者中尤甚。川合先生当即表示有同感。

我的即时回答,其实是近十数年来,我在研究与编辑工作中,阅读或审处大量已发表的论著、来稿与研究生毕业论文的总体印象。这样说,绝对无意否定二十年来研究视角的拓展所带来的学术进展,更无意小视年青一辈学者已取得的成果。因为我一直认为中西文化交流所引发的视角与方法论上的变化,不仅是 20 世纪学术新成果的主要推动力,也将是 21 世纪学术界的主要趋向,而青年学人因其前所未有的研究条件,特别是外语水平的总体大幅度提高,已逐渐在这一主流趋势中担纲主角,新一代的学术大师也许将出现在他们中间。事实上我已相当看好活跃于文史哲研究中

---

[1] 文章,在这里是广义的,指一切文体的"文章",文章学在诗即为诗学,在词即为词学,而要归于"文章"本身。

的十数位中青年学者,他们具备这样的潜质。我之所以有以上的感喟,其实是痛感于这样一种现实,当文学史研究打破了以文学为社会学附庸的怪圈后,似乎又渐渐滑向了以文学作为文化学附庸的定式。这使得不少企望对文学作文化学透析的论著,结果却功亏一篑。固然,文学史研究与哲学史等其他学科的研究一样,必须关注它发生发展的历史文化背景,但不同的是文学研究最终毕竟要落脚到文章上。而由于缺乏文章学修养所致成的文本误读,使得前此看来头头是道的文化透析,在最后一环上变成了空中楼阁而可憾地轰然倒塌。同类的情况也发生在文学史的考据研究中,重视内证是二十多年来考据工作的新进境,但由于文本误读而导致的考据结论不可信,在我的编辑生涯中,是最常见的可叹现象。误读,诚然是与"观念先行"密切相关的;然而任何研究,到要著作成文阶段,不可能没有趋向性的先行观念;问题在于,在文学史研究中,你能否以大量的准确的文本解读来验证或修正这先行的观念。可憾的是不少研究者并非如此,他们更愿意将文本纳入其先行的观念而不惜削足适履将它肢解,而文章学功底的欠缺,更使他们在这样做时心安理得。建立在深厚文章学修养上的正确的文本解读,在我看来,是任何一种文学研究(社会学的、文化学的、心理学的、考据学的,等等)的基石,回归文章学,决非复古倒退,而是文学史研究的最本质的题中之义;舍此,所谓"回到文本""回到文学"便几近空话。下面我想结合《文心雕龙》有关文章学的观念与架构,来进一步作出阐述。

二、文学自觉与文章学

当我们说着魏晋以后文学进入了它的自觉时代时,通常主要指文学已由言志进入了主情。情志、情性或说个性化似乎成了文学自觉的本质性的标志。然而只须举一些简单的例子，就可知此说欠全面。比如长啸是八代文人抒发性情的一种有时代特点的形式，以致有著名的"苏门啸"典故，然而长啸显然并非文学。又如王充《论衡》愤世嫉俗，极其有个性，但《文选》不录，因为它充其量是汉以前观念中的文学，而非八代观念中的文学。《文选序》在解释不录子书的道理时说"盖以立意为宗，不以能文为本"，"能文"方是八代文学自觉的本质性标准。怎样才算能文？是否就止于"绮縠纷披，情灵摇荡"，或者就只是"精骛八极，心游万仞"的神思？这些是，但也只是文学自觉的一些方面或环节，就总体而言，所谓文学自觉，是八代人真正开始将文学作为具备一定形式的语言艺术来加以体认，而主于情性，将物我相接的主客体关系转化为意辞征实形虚而相互含摄的内在的文学思维，并且综理会术，即体成势，将它贯串于由触物起兴到成篇定章的全过程中，便是这种体认的要髓。关于这一点，拙著《"意匠"说与中国诗学"形式"批评的特点》(《中华文史论丛》总第69辑)已以《文赋》与《文心雕龙》为主要对象，作了较详细的论述。这里我要进一步阐明的是这种体认，实质上也就是文章学的体认。《文心雕龙》上篇二十五篇为文体论，下篇《序志》以外的二十四篇为创作论(上下篇均可再细分)。首先应当注意的是上下篇两大部分的关系，这可以从下篇各篇的内在关系悟得。

　　下篇开首《神思》以下七篇是刘勰创作论的综论，为核心部分，可称之为"论文要"；以下由《声律》到《指瑕》九篇分论具体的文术、文病；再以下《养气》《附会》《总术》三篇更由分返综，是前九篇所论文术的总括，归要于养气基础上的综理会术，并呼应且补充开首《神思》以下"论文要"七篇。最后《时序》以下五篇，以"时"的观念为贯串红线，对前十九篇所论的创作的恒常情景，进一步作多角度的历时性评述。下篇二十四篇的以上内在关系在上述拙著中已有论证，不再一一重复。这里仅从最为关键的前七篇《神思》、《体性》

与《风骨》、《通变》与《定势》、《情采》与《熔裁》来略作探讨。

《神思》篇为创作论总纲,首揭心物相接、神与物游时思理为妙的创作思维形态,所谓"神居胸臆,志气统其关键;物沿耳目,辞令管其枢机",是说心物对应在创作中转化为志气(即意气、情志)与辞令的关系,而"关键""枢机"的同义互文,更指明了意与辞二者以"心君"为主体而互摄,在创作中起到关键作用。此时作者心处虚静,调畅才学,然后"玄解之宰,寻声律而定墨;独照之匠,窥意象而运斤"。这两句又互文见义,是说心君如大匠运斤般定墨运斤,在寻绎声辞的过程中,使意在呈象的过程中得以文学的表现。这种意辞主从互摄,征实形虚(意翻空而易奇,辞征实而难巧)归于心性一元的思维活动,刘勰称之为"盖驭文之首术,谋篇之大端也"。所以在他创作论的各篇中,意辞的这一关系成为贯串始终的红线,而先秦以来以意为本的文学观,经由陆机等先行至刘勰手中便发展为主意尚辞(据下文尚有重术会理)的新观念,这与《文选序》不取"以立意为宗,不以能文为本"的子书的观念正相契合,而成为六朝文学自觉的核心观念。

《神思》所揭示的文学思维形态,又如何进一步转化为文章呢?以下《体性》与《风骨》就创作主体言。"神用象通,情变所孕",神思具体到各别作者,具有不同的表现,其根因则是才性各异的作者的"情变",换言之,神思根因于各异的才性(体性之性),通过意辞的个性表现生成风格(体性之体),故《神思》之下即设《体性》。唯"才性异区,文体繁诡",故须由异及同,以摄其要领,这就是"辞为肌肤,志实骨髓"(《体性》赞),遂进一步就辞肌志骨生发详论骨彩风辞的相互含摄为风格的总体要求,从而有《风骨》篇。可见《体性》《风骨》,均直承《神思》,就创作主体申论,前者抉其异,后者撮其同,一宣一节,相辅相成。

才性通过神思作用于意辞所形成的骨彩风辞,最终须由一定的文体作承载,即所谓"情与气偕,辞共体(文体)并"。故又继设

《通变》《定势》二篇，就文体申论。首先上承《体性》《风骨》，论虽然"设文之体有常"，但因才性人异，风骨各擅，使"变文之数无方"，故作为《通变》篇。然而"文律运周，日新其业"固然是必然趋势，但"望今制奇"，尚须"参古定法"（《通变》赞），故《通变》下再设《定势》篇，就如何望今参古，发为"因情立体，即体成势"，"循体而成势，随变而立功"之论。可见《通变》《定势》又一宣一节，论情变乃至文变必通过具体文体以成体势，这样神思通过创作主体才性对意辞的作用就归结到其载体，即文体的传承演进之上。

以下《情采》篇与《熔裁》篇，在《文心雕龙》创作论中起到前七节论文要，后九节论文术文病之间的腰节作用，许多研究者常将《情采》与《风骨》相提并论。其实从刘勰的文脉来看，《风骨》与《体性》相对应，是就才性作用于意辞的内在关系与总体要求而言的；《情采》则上承《通变》《定势》，是就骨彩风辞凝于一定的文体而呈现为情经辞纬的文章所包孕的情志风采而言的。《定势》末的赞语"渊回似规，矢激如绳，因利骋节，情采自凝（于文体）"，《情采》篇起首又云"圣贤书辞，总称文章"，二语衔接，已挑明了情采的这种属性。故与之相对应的《熔裁》篇起首即云"情理设位，文采行乎其中（文体中）；刚柔以立本，变通以趋时"，篇末赞语又云"万趣会文，不离辞情，……非夫熔裁，何以行之乎"。二语既打通《熔裁》与《情采》的关系，又呼应合拢以上五篇，从而构成《文心雕龙》创作论的核心部分。今以图表将以上七篇的关系勾勒如下：

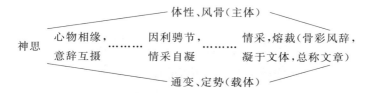

由以上疏通可见，刘勰创作论的核心可大体归结为：以会今参古的思辨，揭示物我相接时，创作如何根于情性，主于神思，发为意

辞,结于文体而凝为即体成势的文章。其中情性为根本,意辞为枢机,以一定文体为承载的文章则是归结。由此我们可以进而明白《文心雕龙》上下篇的关系。正由于创作中复杂的思维活动,最终要归结于一定文体的文章,"因性以练才",最终要由是否能"循体而成势"来验证其是恰当还是失当,因此他要以二十五篇之巨,一一详论各种文体的体势要领及传承因革,并置于上篇的地位。更于下篇之前七篇,以上述布局与之相应。因此完全可以认为《文心雕龙》是一部以文体的辨体探源为落脚点的文章学著作(王运熙先生《文心雕龙译注序》认为其"宗旨是指导写作","是一部文章作法",已近于此意,但似尚相隔一间)。

刘勰的文章学思想与构架,恰恰与八代文学总集的集大成之作《文选》的编例桴鼓相应。《文选》以"事出于沉思,义归乎翰藻"与"以立意为宗,不以能文为本"相对待,隐隐透现出以事义(意)与藻翰(辞)互摄而归于心体之"沉思"的文学观,其选篇也明显有以建安(曹植为主)、正始(阮籍为主)、太康(陆机为主)、元嘉(谢客为主)、永明(谢朓为主)为标格的文学发展观念(参傅刚先生《文选研究》),但其编例,却有惩于"众制锋起,源流间出",而一承挚虞《文章流别集》以降八代总集的主流倾向,以文体为类,类下又分小类,只是于各类中再以时代为序以见各体流变。因此可见刘勰的文章学思想与架构,是一种时代性的对文学本质特征的体认,是八代文学自觉的集中反映。

三、从刘勰"成心"说看文学的内部研究与外部研究

今天研究者对于形式与内容,文学外部因素与内部因素的关

系等等的困惑,在中国古代文章学中是完全不成为问题的。关于这一点,刘勰的"成心"说已给出了富于民族特色的圆满解答。

紧接《神思》,《体性》篇起首在略论创作是一种情动言形,理发文现,沿隐至显,因内符外的意辞基于心性的互摄活动后,更论曰:

> 然才有庸俊,气有刚柔,学有浅深,习有雅郑:并情性所铄,陶染所凝。是以笔区云谲,文苑波诡者矣。

> 故辞理庸俊,莫能翻其才;风趣刚柔,宁或改其气;事义浅深,未闻乖其学;体式雅郑,鲜有反其习:各师成心,其异如面。

这段话先顺说,后逆说,说明了刘勰对创作主体心性的认识。刘勰以出于《庄子》的"成心"一词将心性形象化。所谓成心,据文意,即指每人凝铄了先天的才、气与后天的学、习所成的具有特定性情的心体。心与成心(性情)的区别,说明刘勰认识到心性虽为一体,但心体之能思能照,是人人之共相;而性则因才气学习的不同而为因人而别的异相,文章风格(体)的不同,底因在于"各师成心,其异如面"。也因此可见,刘勰文章学的落脚点虽然是文体,而引发文体会通因革的最活跃能动的因素则是成心;从中既可见他并不把文体看作是封闭的系统,又可见宣心达性,对作者主体精神的强调是其文章学的主要倾向(虽然这种主观宣达受到后文将论及的一些规范的制约),这是"成心"说的第一个重大意义。

不仅如此,"成心"说更在中国文学批评史上第一次明确地以理论形态,将后天因素——学与习,纳入创作主体心性的范畴。学习所染与先天禀赋的才气镕铄在一起为有机的整体"成心",则"成心"自然而然成为文学的外部因素转化为内部因素的中介。也因此可见,当心物泊然凑合,兴发意生之际,一切外部因素,已并非以其原初形态介入作品,它一方面已经因心物相应而物化,另一方面则经过个人禀赋才气而个性化,从而已成为兴发之时产生人人各异的直觉印象的内在因素,更经过意辞互摄的枢机作用,成为文章内在的相互渗透的有机成分。这是"成心"说又一重大意义。

　　成心虽是能动的创作主体，但其神思又并非可以全然天马行空。从《文心雕龙》的架构与义脉看，它是与以下四个方面互动又互相制约的，而从中，我们可以窥见外部因素转化为内部内素的具体形态。

　　首先，成心与文体互约互动。这从上一节的分析中已可见出。要言之，成心这位创作的大匠（意匠），通过互摄的意辞，对物我相接的直觉印象进行定墨运斤的加工，最终在一定的文体上呈象见意。因此成心要依靠文体来表现自己，这就是所谓循体以成势，而反过来它又使文体产生会今通古的个性化的因革乃至嬗变，也就在这一过程中，成心本身也经由了一次焠砺而得以丰富。

　　其次，成心与文理、文术互约互动。前已述及《文心雕龙》在论文要七篇、论文术文病九篇后，又以《养气》《附会》《总术》三篇作总括。《养气》多应《神思》《体性》《风骨》，是根本；《附会》《总术》两篇以《养气》为本一，前者论"命篇之经略"，注重于理，多应《通变》《定势》《情采》《熔裁》四篇而归要于文理之综理；后者则总论文术，多应《声律》以下论文术文病九篇而归要于众术之通研。要之在养气基础上理术相须，综理会术，因时顺机地使意辞臻于征实形虚的妙合，从而呈象见意于一定的文体，这样的文章才能"譬三十之辐，共成一毂"，成为一个完美的语言结构系统。因此成心的活动既受理术制约，又使理术运用得以个性的发展，从而也推动了文体的发展。

　　再次，成心与民族语言规范互动互约。《文心雕龙》意辞互摄，归于成心一元的创作观念是一个小系统，它又与全书中两个更大的系统相关联。前与作为全书总纲的《原道》《征圣》《宗经》相关，后与下篇最后《时序》以下五篇的"时"的意识相联。先说前者。《原道》以下三篇，将作为语言艺术的各体文章的本源归于道、圣、经的三位一体，并以此作为文学语言形式的规范，这无疑是有局限性的。然而如果将这三篇的思维形态抽象出来，作为汉语言文学的民族性规范来理解，则可以悟到，成心对文学语言的个性化创造，是与民族语言规范互约互动的，它既必须遵从其基本规范，又因人而异地将其性情（个性）化，从而变不失正，甚至反常合道地丰富推动了民族语言。又由于一定文体的文章是一种语言结构，因此，成心与民族语言规范的互约互动，是推动文体因革的主要因素。

最后，成心又与前述《时序》以下五篇贯串始终的"时"的系统互约互动。成心作为大匠在一定规范内进行个性化的创作中，"时"作为一种参互因素起着重要的作用。所谓时，既有《时序》所说"歌谣文理，与世推移"的时世（社会氛围），又有《才略》所说"嗟夫，此古人所以贵乎时也"的文坛时尚，而最重要的是《物色》所云具体创作的即时情境。关于《物色》篇，论者每以为编次错失，其实不然。其末云"古来辞人，异代接武，莫不参伍以相变，因革以为功，物色尽而情有余者，晓会通也"。这段话说明，如果说，由才气学习凝铄于心体而成的"成心"，在心物相接时，以意辞互摄为枢机而呈象见意于一定的文体，是创作恒常的一般形态（共时性）；那么，各异的成心在"岁有其物，物有其容"的即时性的具体语境中的创作活动，便呈现为一种异代接武，参互因革的历时性的具体变化，从而取得景物有尽而情韵无穷的功效。换言之，传统的语言规范、时代风气、文坛风尚等文本的外部因素，转化为文本的内涵，须经由两个层次，首先是通过学习转化为创作主体成心的有机成分而个性化，但这时还只是作为一种积淀素养，具备有转化为文本内部因素的潜在可能；而只有在具体的物色情境（具体语境）中，因心物相击而兴发意生，然后经由成心意辞互摄的能动活动，方使潜在可能随着浑沦的情志表达而转化为文本，亦即一定文体的文章的实际内涵。这是一种直觉印象式的自然而然的转化，所谓"情往似赠，兴来如答"，《物色》赞结束二语，是对这种自然而然的情状的最形象的描述；也是对强分内外，以文化因素直接代入文本做法的最好针砭。

从"成心"说的意义及其与以上四个方面的关系中，结合上节所论《文心雕龙》的文章学架构,我们可以归纳出《文心雕龙》文章学的基本观念了。

四、《文心雕龙》文章学的基本观念和文学史研究的要点及思维形态

综上,《文心雕龙》文章学的基本观念可归结如下:

以与一定的外物相对待的"成心"为根本出发点,以宣志抒情为主要倾向,以意辞的主从互摄,征实形虚为呈象见意的枢机,而以文体的因革演变(体势)为最终落脚点的,会理综术的创造性的语言艺术活动。它所最终形成的一定体裁的文章——文本,本身是自足的,颇接近于当代语言学批评所说的"含意味的形式",然而这种自足是相对的,它更与民族语言规范及"时"的系统相关联[1]。

从《文心雕龙》上述文章学思想及前述架构,可以引出我们从事文学史研究的一些要点以及应当注意的思维形态。

1.文学史研究的最终落脚点是文体及其因革会通。因此,明辨文体善于探源析流基础上的文本解读,是任何一个文学史研究者必须具备的基本功,也是任何一种视角的文学史研究的结论能否成立的最终的试金石。可以说不具备良好的文体知识功底,视角、理念再新,也是无法真正进入研究层次的。重视文体研究,是中国古典文章学的一贯传统。八代以后,唐五代的诗格类著作,宋

---

[1] 中国古代没有独立存在的美学,在文学方面,美学乃至哲学观念,是含摄于文章学之中的。细心的读者会发现,《文心雕龙》上述文章学观念与架构,已涉及现当代西方美学,诸如心理学美学、形式主义、新批评、结构主义美学等所讨论的重要命题,尽管它有所不足,却已对西方美学中聚讼不已的基本命题,给出了中国式的解答。也因此,文章学,并不仅仅是文章作法。

人的文章作法类著作及许多诗论,都是以文体为本的文章学作品,延至于明清更出现了如《文体明辨》《诗薮》《诗源辨体》《原诗》等注重辨体析流的集成性著作。尽管它们有所不足,然而只须明白当时人就是由这些著作入门开始进行文学创作的,就可知其作用绝非一句"形式主义"所能否定得了的。整理传统的文章学资料,梳理出中国古典文章学的架构,应当是当前文学史研究中一项极有意义的基础工程。

2.古典文章学并不把文体研究作为一个封闭的系统。由于"成心"的活动是文体因革的最活跃的因素,因此作家研究自然应当纳入文章学的范畴,但这种研究应当以文体因革为要归。文体与作家的关系大体呈现为这样一种形态:每一种文体都有其发生发展的历时性过程,也都有其表现力的潜能与极限。各具成心的作家固然是文体因革乃至嬗变的最活跃的因素,却又是文体发展链索中的一个点。他总是在一定的情境下选取性之所近又最适宜于表达即时情志的文体来进行创作,因而他的每一次创作产生的文本,是对此一文体的承继,同时又以其成心积渐地改变着这种文体。通过"古来辞人,异代接武"的积渐努力,往往在大作家手中由积渐而产生突变。因此,论文学家的创造力,不仅仅要看他对文学语言风格的创新,更重要的是要看他能否将语言创新循体成势,化为对文体的综理会术的推进。文学语言研究与文体研究是一个问题的两个方面,因为文章其实是以一定文体为依托的语言结构,离开了文体研究,所谓语言风格的创新,就会堕入黑格尔《美学》所痛斥的"作风",而非真正意义上的风格。而黑格尔对于"风格"与"作风"的区分,其实与《文心雕龙》之《神思》《体性》《风骨》《通变》《定势》《附会》《总术》所论是相通的。当前文学史研究中,很多学者满足于文学语言、文学意象的分析比较,然而当明白了上述原理后,便会知道"循体成势"的势亦即流注于以一定文体出现的文本中的意脉的梳理把握是更重要的。意脉(势)既主导着文体开合,又使语言所呈现的物象获得意象的品格，从而在"循体而成势"的同时，"随变而立功"，推动了文体的演变。

3. 在作家研究中，《体性》所云"夫才有天资，学慎始习"二语尤其值得重视。因为"摹体以定习，因性以练才"，作家之初学既与先天禀赋往往相应，更有着"斫梓染丝，功在初化；器成彩定，难可翻移"的重大作用，初学所习染，极可能使先天禀赋定向发展，或至少是打下难以磨灭的印记。在这里让·皮亚杰的发生认识论可以作为思辨方式的参证。皮亚杰的研究指出，儿童在七八岁时形成最初的认识图式，并开始在活动中以此一原初的图式去"同化"客观世界，而同时又"顺应"客观世界所反馈的信息，对原初的认识图式作出修正。这种认识图式在活动中的"同化"与"顺应"的双向过程，不断地循环往复，人的认识图式也就不断地处于活动建构之中，人的认识也就不断深化。因此，人的认识是一种不间断的发生发展的过程，是解构与建构同步发生的延续过程。作家的创作活动同样如此。始学阶段的习染凝铄于他的天资，会形成其最初的创作模式，以后学习与创作活动的延续，也就是以其最初创作模式为发生源的不断的解构与重新建构。比如杨万里自称始学江西诸君子，继学后山，又学半山，晚乃学唐人绝句，最后更尽弃前学，自创诚斋体；然而熟悉他所举的这些学习对象的研究者不难发现，诚斋体的活脱通透，其实是对他前学诸体的解构与重新建构，因而在在处处有着前学各家非此即彼的影迹。如果一味相信诚斋的夫子自道，专从与前学诸体的"异"来研究诚斋体而无视其"同"的一面，恐怕是要步入迷宫的。

由此再顺便说一下，如果问我作家研究的基本方法是什么，我的回答是"异同比较"。以其始学阶段的祈向为基点对此后的创作作异同比较，清理出他对自己的创作模式不断解构又建构的过程。推而广之，个人的认识史本是人类认识史的缩影（皮亚杰语），因此异同比较，前后左右的异同比较，也是清理文学史发展轨迹的基本方法。这也许是笨办法,但也是最切实可靠的方法。

　　4.文章学研究绝不排斥文学的外部研究。这首先因为文学史研究本身就应包括两个层面。第一个是"然"的层面,即文体本身的演进,它原初是怎样的,在某作家手中又演变成怎样。第二个更高的层面是"所以然"的层面,即研究何以会发生这种演变,尤其是在这一层面上,外部研究是必不可少的,关键在于第二层面的研究必须以第一层面的研究为坚实基础。其次,局囿于第一层面的文学史研究,不仅是表层的,而且往往会连文本本身也解读不清(我在《"意匠"说与中国诗学"形式"批评的特点》一文中曾以王安石七绝《泊船瓜洲》的解读来说明这一点,可参看)。其原因即在于前述文本的小系统与其外围若干更大的系统相关联。文本是自足的,却非封闭的,它的自足只有相对的意义。所谓思表纤旨,文外曲致,其实正是"外文绮交,内义脉注"的文本小系统与其他大系统间若即若离的联系。因此文章学研究尽管以文本的准确解读为落脚点,但是在明白了外部因素如何经由成心的即时中介进入文本内部后,就可知内、外研究也是一个问题的两个方面。

　　在具体的方法上,应对"观念先行"问题作一辨析,而黑格尔《小逻辑》中所述感性——知性——理性的思辨方式最具启发性。所谓知性认识,是一种不完全的不可靠的浮浅的知觉认识。前已述及,研究不可能没有先行的观念。研究者感到对象的某种文化倾向(比如最近十分热门的佛学影响),一般也都是由阅读某些作品中得出的,然而研究其始的这种认识只是知性认识,必须再经由从"抽象"返回到"具体"的过程,即以更大量的准确的文本解读来验证或修正这一认识,这样反复多次方可臻于相对全面的理性认识。所谓观念先行,在思维形态上是错将知性作理性,并进而反客为主来曲解文本。观念、视角与文本解读在研究中是循环互动的过程,而文章学修养则是避免知性认识片面性的最可靠的屏障。

　　最后想简单地说一下中西学结合的问题与运用现代化研究手

段的问题。

关于中西学结合，尽管曾出过一些偏向，但如本文开头所云是必须的。由于这一问题的论述已多，不再展开，只是想说明一点，我十分同意王元化先生的观点，不能以西学作为中学的坐标，但应当将它作为中学的参照系。

现代化研究手段中，现在最普遍采用的是利用电脑软件的索引，这无疑是必须的，它丰富了研究手段，也提高了研究速率。但是必须严重地指出，目前存在着一种过分依赖电脑的危险倾向。汉语词汇存在着极其复杂的现象，一词多义、一义多词、指代、隐喻等等语言现象，往往使以词条索引作统计的研究面临一种危险的陷阱，因为不能要求软件编制者都是语言学专家。更当注意的是，文章是一个三十辐共一毂的言语结构系统；个别字词或文学形象的意蕴，只有在这种结构中方得以个性化呈现，形象也方得以获得意象的品格。也因此，文章的意蕴、意脉乃至文外旨、言外意，只有在仔细的章句解析与讽诵背复中方能体味。这种功夫绝不是电脑所能代替，放弃了这些文章学研究的传统功夫，将会使人脑成为电脑的附庸。这样只能成为缺乏文学感悟能力的文学的统计学者，而不是真正的文学研究者。因此，"回归文章学"，也是对研究手段的迫切要求。

（本文原载于《文学遗产》2003 年第 6 期）

"中古文章学"发微

——《文心雕龙》的架构与学理

中古文章学,是以文章为研究本位的文学理论体系。其发生、发展经历了由汉魏以迄中唐约 600 年,而《文心雕龙》则集前代之大成,开唐人之法门,堪为其典范之作。本文拟由是书之总体架构与学理着手,阐明"文章学"并无待当世学者去重新建构,而是早在一千五六百年前业已完成了具有语言批评性质的、体大思深的民族性文学理论体系。

"圣贤书辞,总称文章"(《情采》),可见以"文章学"指称刘彦和的体系是合其本意的。一般认为是书上篇二十五篇为文体论,下篇二十五篇为创作论,却鲜有对其上下篇及各子篇相互关系的论析。值得注意的是后序性质的《序志》对全书架构的提示。

《序志》称上篇为"纲领",下篇为"毛目"。纲举目张,可知下篇所论创作思维与为文"要术"(文要、文术)一系于上篇所论以《原道》《征圣》《宗经》为渊薮,以《正纬》《辨骚》为正变枢纽的二十二类文体之流变。这与挚虞《文章流别集》及《序》、昭明《文选》之文体分类,表现出一致的时代倾向。由此,一个初步的判断是:此书是一种合文体流别史与文章学原理于一体的大著作,而绝不只是"写作指南"之属。最能说明这一性质的是与《原道》等三篇遥应的《时序》《物色》二篇的性质与位置。所谓"创作论",其实止于下篇自《神思》至《总术》一十九篇。《时序》领《物色》,紧接其后,是关合下篇创作论与上篇文体流别论的"接榫"。这可由创作论十九篇各自的理论要点及内在联系悟得。

《神思》居下篇之首,为创作总论,不仅揭示了文学创作"神与物游"的思维特征,更重要的是以"神思"——心神之作用为关键,发展了传统文论"言、象、意"关系这一核心命题。所谓"心总要术","神居胸臆,而志气统其关键;物沿耳目,而辞令管其枢机","意翻空而易奇,言征实而难巧",说的是心居主位将引发创作冲动的心、物之主客对待,转化为主体内在的志气与辞令的虚实互摄。这一点成为贯穿创作论以下各篇的红线,故是篇总结"驭文之首术,谋篇之大端"谓:在积学、酌理、研阅、驯致基础上,"使玄解之宰,寻声律而定墨;独照之匠,窥意象而运斤"——文学创作的实质就是心体这位大匠,以其玄解、独照的功夫,妙用兼具声象的言辞以呈象达意的"密则无间"之过程。《神思》赞云"神用象通,情变所孕。物以貌求,心以理应。刻镂声律,萌芽比兴。结虑司契,垂帷制胜",正是对以上理路的概括。

心为主体虽同,但文章风格各异,故以《体性》置《神思》后加以阐发,其最重要的理论创获是对庄子"成心"概念的改造。彦和所谓"成心",是指区别于人人皆有的"心"体(共相),而因人以异的性情化的性心(异相),它由各人先天的禀赋"才"(智质)、"气"(气质)与后天的"学"(文化传承)、"习"(时风熏陶)结合而成;文章虽风格有别(八体),而究其实,无非是"各师成心(性),其异如面"。这就将普遍性的"神思",提升至个性化创作的境地,是对传统的"言为心声"说的重大发展。《序志》以"摛神性"来提挈二篇关系,其中实包含了彦和新论的两个最重要的理论支点:个性化与对语言形式的重视。

八体有殊,然其通则是"会通合数,得其环中",以下《风骨》篇即论此义。"结言端直,则文骨成焉;意气骏爽,则文风清焉","练于骨者,析辞必精;深乎风者,述情必显。捶字坚而难移,结响凝而不滞,此风骨之力也",可见风骨固以"务盈守气"为本,然而气又必待端直准确的言语方能得到骏爽的抒发。"风清"与"骨峻"上承"意"与"辞"关系而深化之,同样是虚实互摄的一个问题之两个方面。

风格之体又必须附丽于一定的文体方能呈现,故复次之以《通变》《定势》,将风格之体关合于文体之体,从而由创作主体的维度,打通了创作思维(目)与文体流变(纲)的关系。"设文之体有常,变文之数无方",因此能文者虽或"总群势,通奇正","随时而适用",但"熔范所拟,各有司匠,虽无严郛,难得逾越",所以作者的每一次创作,一方面是"因情立体,即体成势",另一方面则在"循体而成势"的同时"凭情以会通,负气以适变",即主于成心的即时作用"随变而立功"。故《定势》赞以"因利骋节,情采自凝"来概括之;而《序志》在"摛神性"后,继云"图风势,苞会通",更提挈了以上各篇关系。

特定的"情采"自凝于某一文体,即生成具体文章(今称文本),以下《情采》《熔裁》即承上申论这一"櫽括情理,矫揉文采"的过程,而其"蹊要所司,职在熔裁"。"规范本体谓之熔,剪截浮词谓之裁。"此本体,注家多谓指思想内容,然上文云"情理设位,文采行乎其中。刚柔以立本,变通以趋时。立本有体,意或偏长。趋时无方,辞或繁杂",可知本指情理(情之理路),体指文体。虽云"因情立体",但本与体未必丝丝入扣,故须"变通以趋时",通于传统而变于当时,且由成心之妙用"熔"情入"范"(文体),按部就班,是为"情理设位"。这一过程同样是通过"文采行乎其中"并加以剪裁呈现的。由此彦和将传统的"言志"说,提升为"情经辞纬"说,去纬无以言经,故在反对"为文造情"的同时,充分强调"文采所以饰言"而"辩丽本于情性",可见文本之情理与辞彩的关系是意辞互摄的创作活动的最终体现。

以上自《神思》至《熔裁》七篇即"心总要术"之要(文要),术系于要,故《熔裁》又下启《声律》至《指瑕》九篇,以"望今制奇"而"参古定法"为要旨,论各种文术之运用务必得中合度而体要,是即《序志》所谓"阅声字";更以《养气》《附会》《总术》三篇总束之以呼应论文要七篇。如此总而分,分而合,系统地阐释了文学创作以成心为主体,将心物对待的创作冲动(直觉)转化为个性化的意辞互摄以呈象见意的语言活动,并终于产生"三十辐共一毂"、情采彪炳的文本这一内在理路。这一文本因此似"骥足虽骏,纆牵忌长,以万分一累,且废千里",是一个牵一发动全身而苞情含风的语言组织,这不能不令人想起英国人贝尔关于作品是一个"有意味的形式"的命题。20世纪中叶,境内学界受苏联清算形式主义的影响,普遍以"形式主义"贬称六朝文学,可称是"歪打正着"。

然而彦和心目中意辞互摄的文章,虽具有相对的自足性,却更在两个维度上具有开放性,从而体现出中古文章学语言形式批评的民族性格。《序志》将作者"割情析采,笼圈条贯"的功夫归纳为"摛神性,图风势,苞会通,阅声字"后,即接云"崇替于《时序》",而《时序》领《物色》,二篇正居创作论十九篇后。这样就呼应上篇,将作者以成心为主体的语言活动置于纵向的文体(文风落实于文体)崇替与横向的时代风会之交汇点上(《物色》下《才略》《知音》《程器》三篇为有感而发的余论,性质近乎批评论,此不赘)。《时序》称"文变染乎世情,兴废系乎时序",说的是文章十代九变,因于世情之变化(时变)而呈现为一种演进序列,而《物色》更进一步发明作者"情往似赠,兴来如答"之特定情境下的个性化创作,正是"文变""崇替"的原动力。所谓"异代接武,莫不参伍以相变,因革以为功,物色尽而情有余者,晓会通也",揭明了一种事实:无论自觉与否,主于成心的作者的创作活动,都是对文体的因乎时、染乎世的承中有革,这是彦和文学史观的核心。而参以《体性》所说"才有天资,学慎始习,斫梓染丝,功在初化"观之,就认识论而言,实与当代发生认识论暗合。作者童年时的习学会影响其最初的创作倾向(认识图式),它一方面对其一生有不可磨灭的影响,另一方面,因其处于传统与时风的交汇点上,而在情境化的创作中,自觉不自觉地参与了会通古今,异代接武,参伍因革的文学之世变,自然也积渐地改变着原初的创作倾向。这种观念,不仅为我们提供了考察作家文风演变的着眼点,更为解答学术界聚讼既久的"外部因素如何转化为文本内涵"问题提供了答案。这种转化的中介,就是"成心"。作者通过学、习,将诸多外部因素(可总称为一时之文化)融入其先天禀赋的才(智质)、气(气质),使之化为成心的有机成分——已被才气个性化的有机成分,是为前创作阶段的潜识与潜能;一旦物我相击,某种潜识被外物唤醒,潜能则通过意辞互摄,个性化情境化的语言活动做成文章:这样外部文化诸因素便自然转化为作品个性化的内涵了。

以上无论是"语言形式批评""发生认识论",都用了"暗合"一词,这是说研读《文心雕龙》可以二者为参照,而彦和以上新论的切实的学理背景是对传统学术的"通变"。兼为儒家五经、道家三玄之首的《易》学,是汉魏以降的显学,而王弼注《易》,更开启了《易》学由重象数向重义理的转化。笔者认为以《系辞传》为代表的易学的思辨形态可以用这样一组范畴来概括:中(道)——时——势——经权与通变。人对于不可言喻的中道的把握,其实是因时审势而得其度,从而执经用权,通于古而变于今,是为通变。《文心雕龙》通贯全书的"望今制奇"而"参古定法"红线,无疑是《易传》思维形态的文学表现。

与此相应,魏晋以降,何晏崇本举末说代替"崇本黜末"说成为本体论的主流认识,而郭象驭物得中合度而不过当即为顺物之天性说,葛洪学习有以砥砺人的天性说等等,则又对《易传》人可参与天地造化及道与术数之关系的思想作出了重大发挥,从而在以上思维形态的基础上形成了一种新的自然观:万物分殊理一,所谓顺应自然,并非绝圣去知,而是各具成心的具体的人的心之理与具体的物之理的密合无际。《神思》篇以"积学以储宝,酌理以富才,研阅以穷照,驯致以绎辞"冠于心匠意辞互摄的创作语言活动之前,正是以上时代性儒道互补的新思维的反映。而当时各文化部类的细分化研究,尤其是文字学、音韵学、文体学的长足发展,更为以上新自然观率先在文学领域催生《文心雕龙》这样划时代的理论著作作出了铺垫。

至此可悟,被视为全书总纲的《原道》《征圣》《宗经》三篇,并不能说明彦和一禀儒家立场。细读文本,三篇并非对儒家教义的阐发,而只是视六经为二十二类文体之渊源,并标示一种雅丽的语言传统,作为"望今制奇"而"参古定法"之典范,三篇下接《正纬》《辨骚》为文章枢纽,正可见以上理路。

(本文原载于《光明日报》2017 年 8 月 21 日)

"意匠"说与中国诗学"形式"批评的特点

——兼论《文赋》《文心雕龙》下篇的义脉

一、《文赋》"辞程才以效伎,意司契而为匠"解读(略)

二、《文心雕龙》"玄解之宰,寻声律而定墨;独照之匠,窥意象而运斤"解读(略)

三、《文赋》《文心雕龙》理论的哲学文艺学品格与中国诗学"形式"批评的特点

《文赋》《文心雕龙》对源于心性的意辞关系的详尽描述与理论解析,是汉以前一切诗学理论中从未发生过的现象,这种现象与创作经验的累积与对汉字性质认识的深化有关,已为学界所稔知,故这里仅补充一个简单却极富启发的事实。按开创性的辞书的编纂,总是一定时期人们对语言文字性质认识深化的总结,而耐人寻味的是,文学的有关认识总是与之同步。今存最早的汉字辞书《尔雅》以义类相从,而以《诗经》为代表的周前诗歌,人们着重的"兴、观、群、怨","饥者歌其食,劳者歌其事"也是诗义;汉代出现《说文》等注重字形,以部首编排的辞书,汉赋中也出现了大量以同一部首组成的句子;至六朝,以韵分部的辞书《切韵》等出现,文学中讲究音律的骈文与永明体诗也同步产生,以至直到唐代,人们还常以"声律"指代辞令。文学与辞书编纂这种由义及形,由形及音同步发展的现象,充分说明人们已不满足文学传统的社会交际功能,而企望由汉语言文字本质属性的开掘来实现文学特有的审美功能。因此八代文学创作愈益注重语言形式,文学批评也随之集中于语言形式的探讨而具有"形式"批评的气质,也就势所必然。

然而正如汉以后社会生活各方面的踵事增华——从满足基本的生理需求到满足心体的自我扩张,与传统的重俭尚德相矛盾一样,文学对语言形式的日益追求与传统的重意尚质(儒)、自然为尚(道)也有着深刻矛盾。这一切都呼唤着观念上的根本转变,于是而有八代玄学的产生。

《文心雕龙》接受玄学思辨的影响不但是无疑的,而且是有决定性意义的。明乎此,就可以悟得《文心雕龙》的原道、征圣、宗经框架与梦孔故事,只是说明刘勰的思维形态比较接近于玄学自王弼至郭象"名教出于自然"一派。一切对前代思想资料的继承都同时包含着思维者因特定情境与个性的扭曲,玄学对儒、道的关系即是如此,而刘勰正是在对汉语言文字性质的认识日益深化的情境下,针对文学中重视语言形式之现状与传统的重意尚质观念的矛盾,以直接关乎文学的玄学言意问题的探讨为中心,结合本末有无与才性二论的思考,并参取古来有关术数的观念,展开了自己的文学思辨。

道是中国哲学的核心问题,要论证重视语言形式的合理性,首先必须面对这是否合道的问题。对此,刘勰从传统中国哲学各流派尽管解说不一,却共同承认的天人合一观出发,而以《易经》的观念为契入点,将儒家以现存一切人文、社会秩序都是道(仁)的体现的观念,与道家以从心适意为合道的观念糅合起来,以宣心为祈向,以语言秩序为节制,是《文心雕龙》思维形态的基本特征,而《文心雕龙》的全部文学理论可以概括为:描述并分析心体通过意辞的枢机作用,在汉语言的秩序中神游以臻于心物融一的形态,并证明这种思维活动是自然合道的。

　　为此,他必须要解决以下两个问题:首先要证明,探究语言秩序的文学创作是可以自然合道的;其次还要证明,经过学习的凝铄有知识的心体也是自然的,因为能掌握那些语言秩序的心体,绝不可能是老庄所说的白纸一张的赤子之心。

　　对第一个问题,刘勰的回答是"乘一总万,举要治繁;思无定契,理有恒存",这显然本于王弼"崇本举末"思想。王弼既变老庄之崇本黜末为崇本举末,又云"物无妄然,必由其理"既承认了万物对于道本体的相对独立,而且认为本末(一万)关系似母子相依,而理恰似脐带般使母子相通。也因此他认为名教(末)出于自然(本)。刘勰尚自然而称《原道》《征圣》《宗经》,一同于此;刘勰在论文术各篇中贯穿始终的一个思维原则,就是掌握并运用汉语汉字内在的各种性质特点(理),合理使用而不过偏失当,这样注重语言形式,也就是"虽寄之人事,而本在乎天也。"

　　对于第二个问题,刘勰的回答是前述将才、气、学、习四者都归之于"情性所铄,陶染所凝",此论发挥葛洪《抱朴子·勖学》"……火则不钻不生,不扇不炽;水则不决不流,不积不深;故质虽在我,而成之由彼也"之说,而成为今存当时关于才性问题的最详明的理论阐述。尤其重要的是刘勰既将这种"情性"与"成心"相等同,明确了文学创作中心体作用的个性性质;又将成心的神思作用与理术相对待,明确了成心的合理的创造性与弃术任心的区别。这就将心之理与道之理统一起来,完成了他文学上天人合一的理论架构。

　　综上两点,刘勰的自然观对庄子"以天合天"的两个"天"都作出了重大修正,可归结为:合先天禀赋与后天学习于一心的"自然"人,以其"成心"放神游邀于文学诸因素中,执一驭万,驱役会通同样体现天道的神理术数而不过当,从而会众归一,达到才性合的人心与文学精微术数的统一。显然,这是一种玄学背景下的高层次的自然观,这种自然观使他的诗学理论具备了哲学文艺学的品格。

　　刘勰及其前驱陆机，正是这一类在知识超饱和时代进行思索的才智之士。他们综合了当时空前也几乎是绝后的思辨哲学与语言文字学的成果，即他们对语言形式运用的描述和研究，表现出了与当代形式主义、新批评、结构主义等文学的语言学批评某些暗合的共性。

　　第一，刘、陆关于意辞主从互摄而归于心性（才性、成心）一元的意识，应当可与当代"语言的自足性"的观点互参。

　　第二，《文赋》《文心雕龙》在意辞并举之后，均侧注于语言形式探讨，而不再设专节专篇来谈如何立意，这一论说构架，我认为隐含着与当代关于"含意味的形式"同一趋向的语言意识。

　　第三，由陆机到刘勰"主意——崇术——尚辞"的观念中，尤其是从刘勰以《附会》、《总术》、综理会术，呼应《神思》的构架义脉中，可以看出，在他们的意识中，作为"含意味的形式"的文学作品，其实更是一个具有结构性的语言系统。

　　以上所举与当代文学的语言批评的共性的例子，其实根因于陆机、刘勰与前者一样将文学研究的关注点集中于文学语言本身，并且都意识到语言的意辞互摄关系，然而因着中国诗学特殊的文化哲学背景，刘勰他们的观念，却不能与任何一种西方的文学语言批评的理论体系对号入座。基于此，中国诗学形式批评形成了自身完整的鲜明个性，而这一个性恰恰也发生于对意辞关系的具体认识上，而集中表现于意辞主从互摄而归于成心（心性、才性）一元的意匠（心匠）观上。

　　1. 语言自足观念的相对性——开放性。

　　由于"成心"是所谓"才自内发，学以外成"铄凝而成的，因此，纵向的传统因素（在刘勰是以原道、征圣、宗经的系列来表达的），横向的时代因素（在刘勰是以"时"的观念来表达的），都经由诗人的始学素习而内化为成心的有机成分，因此，发自成心的意辞互摄的语言，以至它所构成的形式、结构性系统，其自足性便都只是相对的意义,而带来有某种程度的开放性。

2. 与规范相对的主体性与创造性。

尽管有原道、征圣、宗经和时序这纵横两方面的规范与影响,然而陆机、刘勰所心注的依然是才性——成心的独照作用。这更集中体现在刘勰"才为盟主,学为辅佐,主佐合德,文采必霸"(《事类》)的观念中。中国哲学的核心命题天人合一是一种充满主体精神的对造化的参与(详参笔者主编《二千年前的哲言》序),因此取则经典的独出机杼的变化创新,才是《易》道的真精神。也因此,中国诗学中不存在任何"非个人化"的意识。恒常的理,于美文必须通过个性的情来表现,传统的规范,又必须通过个性化的创造来延续且更新。这也就是《文心雕龙》要反复述说"情变"与"文变"的原因。

3. 源自中国哲学特质的混沌性。

虽然我借用了"形式"这一外来词语,然而实际上,在中国古典诗学理论中从来没有内容与形式的刻意区判。意辞互摄既然是课无责有,征实形虚,那么有无相须,虚实相成,本与末早就为道打通而浑然一体。也因此中国诗学的"形式"批评,从来不具有以语词为单位的"独立意象"的概念,更不刻意去寻找若干具有原型性质的语言单位来搭建成篇,因为离开了成心本体创造性的任何语词与语言单位,即使再"炼"(多欲炼字),也因末离其本而成为不具备任何意义的浮词。中国诗学形式批评为构成语言系统结构给出的质料,仅仅是附辞会义的一般原理与由此派生的若干大体的操作方式(术),甚至这些方式与原理也不具备独立意义,而必有待于成心悬解独照的个性运用。而那种不可言诘,也不能强致的"思表纤旨""文外曲致",成为中国诗学所追求的最高境界。

4. 心象与幻象。

这是由以上三个特点所产生的结果——中国诗歌意象的特质。首先它是成心这位"意匠"即时的具体的心象,而同时它也是时代的与传统的某些因素的幻象,心象与幻想的浑然同一,也许便是中国诗歌上述"思表纤旨""文外曲致"的底蕴。

四、余论——一句唐诗、一首宋诗

陆机、刘勰文学思想的影响,并不因唐以后重振的主导性意识形态儒学的压抑而消亡,兹通过一句唐诗的演绎与一首宋诗的解读来说明他们的诗学思想,不仅是八代的,而且是中国的。

在《意兴、意脉、意象——兼论唐诗研究中现代语言学批评的得失》一文中,我曾归结唐人的创作思维为:以"取境"为中枢,意兴、意象、意脉三位一体。今按杜甫诗"意匠惨淡经营中"(《丹青引》)其实已总摄了这种思维形态。略析如次。

"取境"说见于僧皎然《诗式》,意谓触物起兴后,通过凝心观照,以心击物(独照),将直觉印象转化成诗歌的"意"。因此取境可称因象起意,实即意匠经营的第一步——创作的内思阶段。而佛语"境"的引入,则有以见唐人观念的深化。"心缘于物所生者"为境,为一具有场域意义的概念,不仅表现了心物的融一,更揭示了与这种融一相反相成的心物之间的张力,正是这种张力使诗歌的"意"具有意旨性与朦胧性相统一的场域性质。也因此,诗歌的意不同于逻辑语言的思想。"夫诗人之思初发,取境偏高,则一首举体便高;取境偏逸,则一首举体便逸"(《诗式》),高、逸等"一十九字",便是皎然所说的意——意兴。

从取境的高逸,到一首举体的高逸,即由内思到外化,是意匠经营的第二步。皎然是通过"势"与"作用"的概念来表达的。他把意高屋建瓴的流注称作势(意为气充,气动为势),因此势实为意势(后王夫之释曰:"势者,意中之神理也"),即刘勰所称之义脉,亦即意脉。"作用"是"本"作用于"末"。心意本体通过意脉的作用流注于言辞所指称的物象,物象因之而升格为语词。语词经由势(意脉)主导的文体开合(结构)不仅已个性化意指化,且已整合为一个含意味的系统。这就是皎然所说的"风律外彰,体德内蕴","括文章德体风味尽矣"的高逸等一十九体。体,其实就是一个意辞主从互摄的语言系统。处于这一系统中的若干相互联系而由意总摄由辞组合而成的片断物象(景象、事象),方是唐诗所说的意象。

《诗式·取境》曰:"又云不要苦思,苦思则丧自然之质,此亦不然。夫不入虎穴,焉得虎子。取境之时,须至难至险,始见奇句;成篇之后,观其气貌,有似等闲。"其《总序》更云:"放意须险,定句须难,虽取由我衷,而得若神表。"可见皎然认为,意、句(辞构成)均出于"我衷",亦即"成心"一元。"我衷"得若神表亦即"风流自然""不思而得"的创作思维(即神思),是意与辞(句由辞成)虽云会机入巧,却又既险且难的主从互摄的过程。而这种诗学意识,杜甫先已用"意匠惨淡经营中"一语作了简括而中肯的表述。

我们知道,杜诗得力于他"诗是吾家事"的家学传统与"熟精文选理"的刻苦学习(《宗武生日》)。他论作诗情状更云:"应手看捶钩,清心听鸣镝。精微穿溟涬,飞动摧霹雳。陶谢不枝梧,风骚共推激。"(《夜听许十一诵诗爱而有作》)意谓得心(意)应用(辞)的创作,如同众矢(辞)随响箭(意)集飞。精神穿透鸿溟而叩"意",辞则以摧压雷霆的飞动之势将意传达。正是在这种一同于陆机所云"课虚无以责有,叩寂寞而求音"的创作过程中,陶谢乃至风骚的传统得以承传因革。而"新诗改罢自长吟","晚节渐于诗律细","好诗时时改,何妨悦性情",杜诗中这些自咏又说明,上述过程虽是悬解独照的"意匠"之"惨淡经营",却又"何妨悦性情"——是一个苦思而不伤自然之质的过程。于是"意匠惨淡经营中",将陆机,刘勰也不免囿于传统而未曾显言的"苦思"作用"合法"地提到了前台,也足以使我们解悟,所谓自然浑成的唐诗,本质上是诗人们通过对语言形式合理应术的苦心追求所营造的含意味的结构系统。唐诗如此,宋诗及以后的中国古典诗歌同样如此。兹以一首大家熟知的宋诗的文本解读来为本文作结。王安石《泊船瓜洲》:

　　　京口瓜洲一水间,钟山只隔数重山。
　　　春风又绿江南岸,明月何时照我还。

　　历来评说本诗都称赏"绿"字用得好。确实将概念性的名词
"绿"作动词用,使春归江南化作一种鲜明的视觉印象,相当传神。
然而我们知道,"绿"字的这种用法,唐诗中已屡见,比如丘为《题农
父庐舍》"东风何时至,已绿湖上山"即是好例。那么本诗的"绿"字
又何以享誉千古呢?原来诗人尽管可能借鉴了唐人的用法,却意
匠独运,使"绿"字在全诗的语言结构中意蕴一新。诗的前二句写
三地(瓜洲、京口、钟山指代的江宁)一水相连,青山已隔数重;最后
一句写明月照临去之我。全诗流动的意脉是一种依依回望的去
思。春风句承上启下,以"绿"字为诗眼,这"绿"字便不仅为春归江
南传神,更因与前后景象的意脉(肌质)联系,而似乎收摄了江南
山、水、明月中已为诗人意指化了的空茫而怅惘的意韵。它依然是
新鲜的,但已不复丘为诗中那种冬去春归的愉悦,而似乎同时在诉
说着诗人的缭乱心绪。

　　至此,我们首先可看到如下语言现象:其一,虚而无形的依依
去思,正是通过诗中若干有肌质联系的由语词指称的景象而征实。
其二,在这一语言结构之中,任何一个语词,都只有在结构所形成
的语境中方有意义,即使作为诗眼的"绿"字也不例外。换一个语
境,比如丘为诗中的"绿"字,便是另一种意蕴。由此也可悟到,当
代语言学批评所说的"肌质联系",其实就是中国诗学所说的意脉。
而意脉比肌质联系更为确切。不妨仍以丘、王二诗来比较说明。
丘诗表景的名词,比王诗只是少了个明月,其他如春风、湖(水)、山
都相同。不妨补足丘诗所缺再作比较,比如再续二句变成:"东风
何时至,已绿湖上山。明月来相照,邀我尽余杯。"这样,与前面拟
改的王诗的表景名词全同,且亦无意旨性的词语。然而我们仍可
感到其中完全不同于王诗的那种欣悦之意。因为意虽居虚位,却
是贯注且抟合各种景象,构成全诗意象的主脑。由此必然的结论

是:意辞是互摄的,又是主从的。"成心"之"意"确是一位独照悬宰的大匠,主从并不妨言语言形式意辞互摄的自足性。意脉之所以较肌质联系更确切,也正由于此。其三,由"绿"字在王、丘二诗中的不同意蕴可知,所谓中国诗歌中名词及其词组"性质趋向"的观念,其准确性是极其有限的。一个语词因传统积淀而形成的性质趋向有多方面,过分强调名词的性质趋向,恐与中国诗的"性质"甚不相合。

以上我们是由语言形式(结构)的自足性角度来解读上诗,从中可见中西方诗歌在基本倾向上是共同的。中国诗同样是一个完足的含意味的语言形式。然而问题又不尽于此。我们会提出这样两个问题:其一,王安石为什么在"绿"字前要加上个"又"字,它在诗的结构中起什么作用?其二,王安石是江西临川人,又何以对江宁(今江苏南京)如此去思依依?第一个问题是文本解读本身必须解决的,后一个问题是文本之外的,但二者又都是纯文本的解读同样无法解决的。

如以尊重文本的结构系统,顺循意脉来参考文本外资料来解读该诗,就完全不同了。王诗作于熙宁八年(1075),上年春,他变法受阻自疏罢相,知江宁府,本年春他奉诏复相,由江宁舟行至京口(镇江)渡江到扬州附近的瓜洲。我们因此明白了文本中的"又"字是与去春罢相来,今春复相去相关的,那么,以"又"字强调"绿"字,是否多少有点暗示人事的意识呢?然而为什么诗人接着想到的是要回归暂居的江宁呢?于是我们会感到这绿字的意蕴真是丰富到难以言诠。也许他有着政治上再起的心理暗示,然而更多的却似乎是对前路风险的怅惘。它应当是在为春到江南传神的同时,暗示了诗人微感慰安(或兴奋),却满怀不安的即时即地的复杂心态。而事实上又过一年,诗人再度罢相,他真是敏感得可以啊。这些也就是刘勰所说的"思表纤旨""文外曲致",也就是皎然所说的"多重意"境界。

如果承认上述解读是合理的,那么又可悟得以下二事。其一,诗歌的语言结构(文本)的自足性是相对的。说它是自足的,是就诗人而言,即使是上析言外之意也已包蕴于文本之中。说它是相对的二层意思:就文本言,纤旨、曲致毕竟是文外的,是在与特定背景,即一个更大的结构系统的联系中方会显现的;就语言学批评最注重的读者言,如果把文本看作一个绝对封闭的结构系统,那么不仅不可能解读出那言外的曲致纤旨,甚至可能连文本本身,比如那个"又"字,也难以完全解读。因此第一个结论是:必须细读文本,由玩味意象而寻绎意脉从而把握意兴,在这一前提下,不妨多了解与文本相关的外部因素,这不仅不会损伤,甚至会有助于文本细读。其二,让我们再回到韦勒克、沃伦在《文学理论》中所提到的"思想资料如何进行入文学作品内部"这个极有意味的问题。从上析可见,它是通过诗人成心即时即地的活动(心态),由"意匠惨淡经营"而织入作品成为自足的文本的构成因素的,而正是在这一过程中,诗人不仅折射了思想及其背后的传统与时代,也同时使他所接受的文学传统,比如上述"绿"字的用法得到了更新。

这个实例,也许能形象地说明前述中国诗学"形式"批评的特点:语言形式的相对自足性,主体性与创造性,混沌性,心象与幻象;也或许能对如何看待当代西方语言学批评的一此分歧,提供参助。

(本文原载于《中华文史论丛》总第 69 辑)

文章学的思辨形态和理论架构

——从《文心雕龙》到《诗式》

　　汉魏至中唐,是史学界所称的中古时期,这一时期,尤其是由晋代到中唐,也是中国诗学观念发生重大转变的时期。以陆机《文赋》、刘勰《文心雕龙》为代表的八代诗学,实际上已完成了中国诗学语言批评体系——中国诗学文章学的建构,有关这方面的阐述,大略见于笔者《"意匠"说与中国诗学"形式"批评的特点》《回归文章学》,以及《八代自然崇尚与骈俪体诗文的关系》等系列论文中[1]。本文将据近期研究心得,重新组织,挈其大要,而将重点放在阐述唐人对八代诗学的承革上,并进而论证文章学是整个中古诗学一以贯之的红线,尽管有时表现为似断而续,似反而承。诗学文章学其实不限于中古时期,它萌芽于先秦两汉,完成于中古时期,并深刻影响着嗣后中国诗学的发展,中古后期起,尊道、重质、倡性灵的各诗学流派,也以各种变化的形态,无可避免地接受着它的遗传因素,因而研究唐人诗学对八代诗学文章学于反拨中的继承发展,又将为我们考察嗣后的中国诗学复杂现象,提供方法论上的启示,从而有助于整个中国民族性诗学体系的梳理与建构。这些就是本文的宗旨。

―――――――――――

[1]　三文分别刊于《中华文史论丛》总第 69 辑、《文学遗产》2003 年第 6 期、《中华文史论丛》总第 47 辑。

在进入论述前需要加以说明的尚有三事：

其一，何谓文章学。按"文章"一词的语源，是文论界的常识，不烦细溯。需要指出的是，文章研究在中古时期已成为一种专学。挚虞有《文章流别集》并序，昭明《文选》实为"文章之选"。《文心雕龙》开宗明义的《原道》篇论人文有云："形立则章成矣，声发则文生矣。"〔1〕《征圣》篇云："体要与微辞偕通，正言共精义并用，圣人之文章，亦可见也。"《宗经》篇论经典云："致化归一，分教斯五。性灵熔匠，文章奥府。渊哉铄乎，群言之祖。"而有后序意味的《序志》篇更为《文心雕龙》解题云："夫文心者，言为文之用心也，昔涓子琴心，王孙巧心，心哉美矣，故用之焉！古来文章，以雕缛成体，岂取驺奭之群言雕龙也。"又云："唯文章之用，实经典枝条。"因可知刘勰已十分自觉地将他这一著作的研究对象确定为"文章"。下及唐代，皎然《诗式》作为唐人诗歌的代表作，特设《文章宗旨》一节，可见，其诗学亦是将诗歌作为"文章"来研讨的。至于宋代以后，以"文章"命名的诗学著作更不胜枚举。因此所谓文章学，即是以文章本身为研究对象与体系架构基点的专门之学。它既渊源有自，又确切地反映了中国诗学（诗可指一切美文）不是由既定的哲学美学构架出发，而是以组织成章的文本为本位而立论的民族特点。

其二，本文的研究主线。中国诗学乃至文论，其实有一个一以贯之的基本命题，即《易经》所抉示的意、象、言三者的关系，所谓文与道、文与质的关系，也是由这一基本命题派生的。以意为主、为本，是中国文论的基本原则，而对于言的自觉性，则是中古文学与重视作者个性之生命活力相辅相成的，有别于前代的文学自觉之最明显的特征，这也是诗学文章学得以建立的根源，由对"言"的自觉，引发了中古诗学对于言、象、意关系的新认识。大抵而言，八代

---

〔1〕 本文所引《文心雕龙》文句，均依黄叔琳等《增订文心雕龙校注》，北京：中华书局，2000 年 8 月，第一版，以下不一一。

诗学由言意关系而及于象,唐人(主要是盛唐后)则由意象关系而及于言。要之,在对于意、象、言三维关系的新认识中探讨一系列诗学的根本问题,是中古诗学文章学的总体特征,而上述侧重点的不同,则显示了八代与唐不同的时代特点与演进轨迹。

其三,本文的研究方法。王元化先生曾说过:研究中国文化不能以西学为坐标,但必须以西学为参照系[1]。由于中古诗学对于语言形式的前所未有的重视,笔者理所当然地吸收现当代西方语言形式批评的一些思维成果,然而约十年以来,对此一问题研究的基础,却是对中古诗学著作文本不嫌苛细的解读与本人对诗歌史研究的长期体悟。以下所论中古诗学文章学的架构,是从文本的内在联系中演绎而来的,所说对西学的参照,亦仅限于在比照中加深对文本内含的理解。

现在,可以言归正传了。

一、八代诗学文章学基本原理概述
——唐人诗学的出发点

要深刻理解唐人诗学的要义,必须先对八代诗学文章学的基本原理有一总体了解,为此先勾勒后者之要义如次。

八代诗学文章学并非简单的文章作法,而是以八代玄学思辨为背景,以对中国诗史的系统考察与对创作情状的真切体验为基础的,包含本体论、创作论、批评论等诸多要素在内的系统的诗学语言批评体系。尽管它在诗学范畴的界义上,不如西方诗学那样严密,然而基于实践性、浑沦性之上的思辨性,是它的特出优点。

---

[1] 《思辨录·甲辑》,上海:上海古籍出版社,2004年4月,第一版,第17页。

也因此,它在实际上回答了某些西方诗学至今争论不休的基本问题。在前此诸文中,笔者已通过对《文赋》《文心雕龙》各章各节的内在联系寻绎其基本原理,今结合近期心得,以《文心雕龙》下篇各篇之内在肌理为主干,联系《序志》篇"摛神性,图风势,苞会通"之夫子自道,再行组织深化,归要如下:

1.强调创作主体的成心说。成心是相对于原初心体而言的,镕铄先天的才(智质)、气(气质),与后天的学(传承)、习(习染)于一体的个性化的心体,文各有体(风格),然而"各师成心,其异如面",故成心为创作主体;又由于它兼铄传统与习染,故适成为文学之外部因素转化为文本内涵的中介(详后,以上主要见于《体性》篇)。

2.意辞互摄的神思说。神思是美文创作的主要思维形态。神思的实质是:成心作为创作的大匠,通过其"枢机""关键"作用,将创作初始发兴阶段的物我对待,转化为意辞对待。意与辞主从互摄,征实形虚,贯穿于整个创作过程(内思与外化中),并因成心的个性特点,形成不同的体(体性之体)——风格。按,在《文心雕龙》的整个理论思维中有相互关联的两点最值得重视,一是所谓"摛神性",刘勰认为神思与性(成心)密不可分,神思的主体是不同(个)性的心体(成心);二是将神性为主宰的意辞关系贯穿创作的全过程。成心妙用意(虚)辞(实),而呈象见意,即所谓"玄解之宰,寻声律而定墨;独照之匠,窥意象而运斤",刘勰认为这是"驭文之首术,谋篇之大端"。笔者认为刘勰的文学批评具有语言批评的特质,主要依据即在于此(以上主要见于《神思》《体性》)。

3.主于"文明以健"的风骨说。对于风骨的解说,众说纷纭,其实《风骨》上应《体性》篇,一宣一节。由于"才性异区,文体(风格之体)繁诡",故对于各体风格提出了"风骨"这一总体标准。有云"结言端直,则文骨成焉";又云"故练于骨者,析辞必精;深乎风者,述情必显。捶字坚而难移,结响凝而不滞,此风骨之力也"。因可知骨虽有"志"义,然必藉思周辞切的言语运用方得呈现,换言之,骨与瘠义肥辞相对,炼意必与析辞相辅相成。骨即意与辞的会机入巧,亦即"文明以健"之"文明";如此的文章方有感染人的风力,亦即"文明以健"之"健"。明此则可知所云"沉吟铺辞,莫先于骨",非谓先有骨后有辞,乃指措辞造句必以意旨呈现为先。可见刘勰风骨说的理论意义,不仅在于提出了一种风骨标准,更重要的是,他是由意辞的虚实互摄、会机入巧立论的,从而显示了风骨与体性、神思一以贯之的语言批评性质与内在联系(以上主要见于《风骨》篇)。

4. 二位一体的体势说与会通说。这里的体指文体。风格之体即便意辞妙合,苞情含风,也必须凭依一定的文体方能显现。换言之,作者为表抒一定情志(意),使用一定文体进行创作的过程,也就是使由言辞(含意)的个性化运用所体现的一定的风格之体,附丽于一定的文体之体,从而形成一定的文本的过程。至此,不同个性(体性之性)的风格(体性之体)经过意辞妙合,便转化为文本的具有风骨的个性化的情采。这一过程便是所谓"因情立体(文体),即体成势"。刘勰体势说的深刻处在于它不但上联体性与风骨,更与《通变》相对待。这就是《序志》篇在提挈下篇创作论大要时所说的"摛神性,图风势,苞会通"。会通——通变的实现,苞蕴在基于性心(成心)的神思,依凭一定文体对意辞妙合的创造性运用之中。这里,一方面是"因情立体",个性化的言辞妙合的风格,最终要落脚到文体上;另一方面,在此同时,语言风格又借一定文体自成其势,而这本身就是一个"凭情以会通,负气以适变""循体而成势,随变而立功",亦即会古通今的通变过程。这里的"势",是一个久未得到确解的文论概念,下文论唐人诗学时,还会细论,这里先就刘勰所述,揭其大要。按势与形相对,故《孙子》兵法于《形篇》下接以《势篇》,是即所谓"形势"的语源,形显势隐,故必诸形相待而生势。势,即是诸形相待而生成的一种虽不能睹却实际可感的合力。刘勰所谓"即体成势""循体而成势",即包含了这种意思,作者内苞情意,外彰风力的文学语言与一定的文体相对待,便形成文势、诗势。因而论文章之势,必须在情意、言辞、文体三维相待中进行考察。打个比方,文体有大体的规范,如同河床,制约着情志表达的大体走势;由言辞体现的苞风含气的情志如同具有冲激力的流水,它在循河床奔流的同时,也冲刷并积渐地改变着河床的形态。同样,诗人的每一次创作,都是对某一有大体规范的文体的继承,而同时又是对此一文体的积渐的改造。这便是"凭情以会通,负气以适变","循体而成势,随变而立功"的大体含义(以上主要见于《通变》《定势》)。

刘勰二位一体的体势说与会通说的又一重要意义,在于体现了中古诗学文章学以文体沿革作为文学史演变轨迹的最终落脚点的、民族性的理论架构。《文心雕龙》上篇以文体论为主,而下篇以创作论为主,《序志》篇又称上篇为纲领,下篇为毛目,其原因正在于此。

5. 构成言语统系的会理综术说。如上所述,风格之体附丽于文体之体形成文体的过程,是一个以言语组文而呈象见意的过程。在《养气》《总术》《附会》三篇中,刘勰更重点揭示了这是一个在清心畅气、洞明精神基础上,会理综术的过程。言语组织要有一定的术(声律、丽辞等),术的运用又须合乎内在的理,理术相须,综合运用于文章组织,遂形成"三十辐共一毂",思周辞切的完美文本,反之便会犯各种文病,从而"一物携贰,莫不解体","万分一累,且废千里"。可见在刘勰心目中完美的文本是一个严密的、有机的言语系统。这一言语系统又如前述,本身内含有作志的情意。因此可以毫不夸张地认为,刘勰的这一观念,已开了现当代语言批评"有意味的形式"观念的先河。

6. 开放言语统系的原道说与时变说。在域外语言批评中对于文本的言语系统有自足的与开放的两种观点。刘勰的观念与后者暗合,这是因为"成心"由于"学"而与以原道为核心的文化文学传统相连(原道的本质意义是一种雅正的民族语言规范),又由于"习"与时代的风会相接,传统与风习不断地积渐地改变着诗人成心由"初学""始习"所形成的有机构成,而反过来,诗人之成心也因其个性特点,对传统与风习作出自己的改变并体现于文章创作中。也就是说,诗人总是在纵向的文化文学传统与横向的时代风气的交汇点上,以自己的成心,应物斯感,进行创作,也因此其文本的言语系统虽然自足,但只是一种相对的自足。《文心雕龙》在文体论、创作论两大板块之前冠以《原道》等三篇,之后殿以贯彻"时"之观念的《时序》等三篇(这三篇主要是批评论),其道理正在于此。由此可见中古诗学的语言批评,体现了中国传统文论知人论世的重大影响,因而虽云自足,但这种自足只是相对的。

7.引申观念——成心中介原理。改革开放以来,文论界、文学史界有一个长期讨论的焦点问题,即韦勒克、沃伦在《文学理论》中提出来的"文学的外部因素是如何转化为文本内含的",其实由上述各节可见,刘勰早就给出了中国诗学的回答。成心之作用,是内外的真正中介。可分两个层次:

(1)前期创作阶段(潜移默化阶段):成心将学习所得的文化传承与时代风习等外部因素与先天的才气禀赋融铄,此时作者所感知的诸外部因素,已不复为其原初状态,而是因融铄而被个体化地转化为作者独有的潜识与潜能。

(2)创作阶段(临景结构阶段):当物我交会时,"情往似赠,兴来如答"(《物色》),诗人兴发意生,也就是某种潜识被某外物唤醒,而化为某种创作冲动之时,此时驱驭言语文字的各种潜能通过个性化的意辞互摄,征实形虚的功夫,将体现潜识的朦胧冲动——兴,意旨化、具象化、统系化,故称兴意或意兴,此时外部因素便转化为藉某种文体显现的文本的特定意象。

8.哲学基础:刘勰的上述文学思辨的背景是魏晋以来高度发

展的玄学思辨,包括本体论中的崇本举末观,才性论中的有关讨论,言意论中的言尽意与言不尽意的折中等。详见拙作《八代新自然崇尚与骈俪体诗文的关系》,此不赘。

综上,可将以刘勰为集大成者的中古诗学文章学(前期)体系归结如下:中古诗学文章学是一种以文章本身为研究本位而生发的民族性的诗学理论体系。它以先天的禀赋与后天的学习镕铄而成的"成心",作为创作的能动主体(意匠);以成心转化创作伊始物我的主客对待(意兴)为贯彻创作全过程的内在的意辞虚实对待,作为考察的一以贯之的红线;而以会理综术,辞意密附,体现成心个性风格的文学构想,凭藉一定文体呈象见意(意脉与意象),形成情采相符的文本为考察的落脚点,从而也建构了以文体沿革为主线的诗(美文)史观,揭示了作为语言艺术的文学创作会物与我、言与意与象于一心,被称为"神思"的创造性的语言思维活动的本质特征。中古诗学文章学形成的背景,是当时隆盛的美文创作,与高度发达的玄学思辨,以及语言学、文字学、音韵学、书画音乐等相关艺术部类的杰出成就。它在首度以文学的语言思维活动为考察重点与主线的同时,也承继了传统诗学重意主情、知人论世的传统,从而形成了一种富于民族特点的中国诗学语言批评的理论体系。

二、初唐诗学对于八代诗学的沿革

唐人对于八代诗学的前述观念,总体上表现为在反拨中传承的形态。而在初唐、盛中唐、中唐以后有不同的体现。中唐后诗论主要是贞元前诗论的延续,无多创新,而在时段上可划出中古,故本文存而不论,而主要研讨初唐、盛中唐两个时段。

就前举中国诗学的核心命题言、象、意三者关系而言,初唐诗学虽有看似对立的表现,但大抵延续了八代诗学由言意而及于象的思路;而盛中唐诗学则以当时盛行的佛学思辨与诗坛趋势、成就为主要背景,开始了由意、象关系而及于言的思路调整,从而更鲜明地体现了从反拨中传承创新的特征。表面看来,诸如"真于情性,尚于作用,不顾词彩,而风流自然"(《诗式·文章宗旨》)的提出,是向汉以前传统诗学理念的回归,而实际上,却因八代到初唐的铺垫与思维形态的不同,已与传统诗学有质的不同,如果说是"回归",那么是翻个筋斗的回归,或称正反合、"螺旋形上升"。关于这些,且留待后文详析,兹先讨论具有铺垫作用的初唐诗学的背景与情状。

任何时代的诗学都与此时代的创作情状相联系,而任何时代的创作情状,又都自觉或不自觉地与当时诗坛所面临的主要问题相关联。

公元六一八年有唐立国,诗坛面临的基本问题有二。其一,如何养成一种与皇唐气象相应的诗歌格调;其二,齐梁新体产生之后,音律问题成为诗坛面临的新问题,《文心雕龙》论文术诸篇以《声律》为首,初唐成就最高的诗学著作元兢《诗髓脑》,同样以"调声"为首节,正反映了这一时代性的关注焦点。意格与声律的对待,促使了诗体的分化,而由古体、新体之辨,到古诗、律诗之判,遂成为又一基本问题。

以上两个问题在领袖诗坛的中朝的交叉,便是可否利用齐梁以来声辞研究的成果来为恢宏的皇唐气象造势,也从而表抒新朝气象鼓舞下的君臣们的情怀。关于这一点,唐初诗坛的实际领袖——太宗之二事颇可说明问题。其一,太宗有《帝京篇》十首[1],主要抒达统一九州的意气,表现帝京宏丽的气象。其中有

[1]《全唐诗·太宗皇帝》,上海:上海古籍出版社,1986年,第一版,第21页上栏。

暗合后来律诗的一首（秦川雄帝宅），其他均为古律混杂的选体。其风格，则均以齐梁声辞写皇唐气象，然而意格与声辞颇多射格。其二《贞观政要·礼乐》载太宗论声有无哀乐一节，正可为其诗风作注。针对御史大夫杜淹以《玉树》《后庭花》诸乐为亡国之音，不宜新朝，太宗答云："音声岂能感人……悲悦在于人心，非由乐也……今《玉树》《伴侣》之曲，其声俱存，朕能为公奏之，知公必不悲耳！"[1]对于太宗这番议论，以直谏著称的一代名臣魏徵也表示同意。按，"声无哀乐"还是"声有哀乐"是魏晋以来玄学的主要命题之一，嵇康《声无哀乐论》强调声无哀乐而有一定的理数，实际上是对于"乐教"传统观念的反拨，而揭示了各艺术部类自有其相对独立的内在规律。《文心雕龙》意辞互摄、理数相须的理念，其实吸取了后一方面的思辨成果；而对于"音声生于人心"的传统观念，刘勰又取肯定的态度，这反映了刘勰在玄学重名教、任自然两派中的调和态度，这种态度同样反映在他对于言尽意、言不尽意的调和之上。这可能也是论者不恰当地将刘勰的思想归为儒家的原因所在。贞观君相的上述观念，正与他们在诗学上企图调和气格与声辞的努力桴鼓相应。

中枢的观念，必然影响太宗朝的一代诗风。其间虽有许敬宗、李义府一脉辞格相乖、偏尚声辞以致板滞生涩的偏向，然而一种清新的、初见融洽之功的气象已在虞世南、李百药、杨师道等唐初宫廷诗人的创作中浮现，而上官仪及其上官体更作为这一路诗风的殿最，领袖诗坛数十年，其作风与祈向，更由元兢在《古今诗人秀句集序》中作出了总结[2]。此序以小谢为祈向，而以上官仪为殿军，提出了"以情绪为先，直置为本；以物色留后，绮错为末；助之以质气，润之以流华；穷之以形似，开之以振跃；或事理俱惬，词调双举"

---

〔1〕　《贞观政要》，上海：上海古籍出版社，1999 年 7 月，第一版 5 次。
〔2〕　参拙文《上官体及其历史承担》，《跨世纪学者文丛·赵昌平自选集》，桂林：广西师范大学出版社，1997 年 9 月，第一版，第 44—63 页。

的纲领性主张。按此序骈体,上引前四句隔句为义,而互文见意。再四句两两相对,末二句各举二事而相形见义:共提出了情绪与物色,直置与绮错,质气与流华,形似与振跃,事与理,词与调,计六对均体现崇本举末、相辅相成意识的诗学概念,足见与八代诗学的一脉相承。而从后文将论及的盛中唐诗学来看,其中"事(事相,详后文)理俱惬,词调(格调)双举"则作为文本的要求,提出事相与理念,声辞与格调的统一;这和"形似"与"振跃"亦即写形与传神,正透露了唐人诗学一以贯之的关注焦点,而为盛中唐有关境界、取势等新观念萌蘖。

历来关于初唐诗贬抑甚多,多缘于对《新唐书·上官仪传》称其诗"绮错婉媚"的误解。其实对照先此《文心雕龙·明诗》所云"婉转附物,怊怅切情",后此王昌龄《诗格》所称"语不用合帖,须直道天真,宛媚为上",便可知所谓"绮错婉媚",实与元兢所云并无二致,其意实为天真而能缘情婉转,媚美而能直书即目,大致与刘勰"隐秀"之义相承。以小谢为祈向的上官仪诗风影响直及高宗、武后、中宗三朝,此间,由《笔札华梁》起,关于对法的研究业已成熟,同时由元兢《诗髓脑》所揭示的拈二、换头诸法,实际上已解决了粘对的关键问题,而成为齐梁新体到唐人律诗转化的枢机[1]。

四杰与陈子昂相继而起,历来多认为是唐人对齐梁至唐初的反动,其实却是由反拨中继承的开始。今按王勃《杨炯集序》,虽力诋龙朔以后诗,又称秦汉诗文已亏失于雅颂风骚,然继云"僶俛大猷,未忝前载",又云"经籍为心,得王何于逸契;风云入思,叶张左于神交"。卢照邻《南阳公集序》更称"游夏之门,时有荀卿孟子;屈宋之后,直至贾谊相如。两班叙事,得丘明之风骨;二陆裁诗,含公干之奇伟。邺中新体,共许音韵天成;江左诸人,咸好瑰姿艳发"。因可知,四杰所倡,虽以风骚为标格,实则以晋宋为师承,这是唐人

---

[1]　参拙文《上官体及其历史承担》。

诗史观的重要特点。由元兢、上官之推奖小谢，到四杰之上窥晋宋以前，看似相反，其实却有两点极可注意的共通点：其一，他们反对的是"龙朔以降，文场体变"，而对齐梁诗风未加评议；其二，就诗学理念而言，虽力倡风骨，而所云"经籍为心""风云入思""音韵天成""瑰姿艳发"，均由刘勰有关诗学观念蜕出。

陈子昂继起，其《修竹篇序》进一步高倡"汉魏风骨，晋宋莫传"，则更由晋宋上窥汉魏，然所云"骨气端翔，音情顿挫，光英朗练，有金石声"，则明确要求声辞与气格的契合，大抵与刘勰所说风骨、情采无异，而于当时最为敏感的声律问题，则也不全然废弃。按《全唐诗》存陈子昂诗二卷，其第二卷均为律调（含微拗者），尤可注意者，子昂出蜀与沈宋当红时间相先后，然前者出蜀诗二首：《度荆门》全篇合律，《晚次乐游乡》仅一处失粘，联系今传唐世蜀中官学，李峤《咏物诗》百二十首注本，则可知子昂之初学阶段，必亦深受初唐宫廷体影响，"学慎始习"，故虽然后来标举汉魏风骨，然无论创作与主张，都不可能全然背离刘勰以来诗学发展的基本趋势。

从上述对初唐诗坛诗学的概略回顾可以发现有二事尤可重视：

其一，当时虽有崇小谢、推晋宋、崇汉魏之别，但对于八代诗学的核心观念：成心为主体、意辞主从互摄，却均取为同调。追求意与辞和格与调的一致正是他们的共同取向，即使有明显复古倾向的陈子昂亦不能外。而在对于不同前辈的推崇的同时，对同时或近古诗的攻讦，尤其是四杰与子昂，虽有一定的合理性——由小谢到上官，因以朝体为主，视野狭窄，不免气颓——然而又均与不能突破刘勰诗文代讹史观的笼牢及由四杰、子昂开始的唐世才士高自标置的时代性格有关。这种复杂的诗史现象，是不能仅以二元对立来区分的，而当由诗人对八代业已形成的理想诗境的多角度的探索来理解。

其二，历来论初唐诗多取南北交融之说，其实南北交融是含摄于更为重要的朝野对待与交融之中的,而至少在初唐,朝体处于中心与主流的位置,给予野体极其重要的影响,也因此在野诗人(包括偶涉中朝者)的诗学主张,虽常高自位置,摆出一副决绝于朝体的姿态,但是继承八代的中朝诗学观念,仍给予在野诗人以不可忽视的重要影响;当然,后者在反拨中继承的取向,也成为盛中唐诗歌创作与诗学发展的先兆精光。

三、盛中唐(贞元前)诗学发展的文化文学背景

所说的盛中唐,是姑且借用惯用的"四唐说"的说法,具体而言,此指玄宗开元至德宗贞元之间,即大体为"三唐说"(初中晚)的中唐阶段,就诗歌理论而言,私以为三唐说较四唐说更合乎实际情状。

约当开元十五年前后数十年间,诗坛风气及所面临的时代性的问题,已上继四杰、子昂与苏李、沈宋之后发生了重大的变化,在通常的经济政治背景之外,有以下数事尤堪注意:

1.诗史承担者的变化。科举发展,乡贡进士及其中式者,较之初唐时期大量增加,因而由各地仕子中产生了一批以出入两京为中心,北走幽并、南下吴越为行为方式的才俊之士,其中多为寒士或士族家道中落者。与下述一点相关,他们逐渐取代了沈宋一类的侍从文臣,成为诗史的主要承担者。

2.中枢结构与风气的变换。虽然宫廷与中朝仍然是诗坛的实际领袖,但中枢的风气与结构已发生了重大变化。开元风流天子李隆基的性格开放包容,其酷爱羯鼓,推之为八音之首;厌弃古琴,鄙之为垢物恶音,即形象地预示了盛唐诗的相应走势。开元朝先后实际主文场坛坫之二相张说、张九龄,均进士出身而非豪门,更

迭经陟黜,出入朝野,其宅第幕府集结了大批才士。九龄后中朝虽无寒门宰相,然天宝初李邕、韦坚等虽为士族而均善文好士,作风一同二张。才士得以崛起,与此密切相关。

3. 巨贾养士与"五陵少年"现象。养士这一旧时王公贵族的特权,在盛唐时却出现于市井。长安巨贾王元宝、杨宗义等富逾王公,广延举子,被后者称之为"豪友"。同时以"五陵少年"为标志的少年尚侠之风大盛而为一时风气。

4. 三教竞盛,心地法门大畅。通常都称唐时三教合一,然真正能竞盛同昌的时期大抵在盛中唐。其中佛教心地法门诸派的兴盛更引人注目,而开元时南宗禅渐占优势更影响重大,至大历贞元年,洪州禅崛起,狂禅作风开始出现,而诗僧,作为一个群体也在此期形成。

5. 士风的转变。以上情况,加以盛世气象的鼓舞,士风开始转变。狂狷以至清狂成为"这一群"的时代性格,以儒家传统的兼济独善为核心价值观,而出入三教九流,崇尚进取,推尊"儒门经济"(赵蕤《长短经》卷首)成一时风尚。然仕路的开启与实际上的依然狭窄,使"这一群"常处于希望与失望交织的心态之中。大抵以开元末张九龄罢相外放、不久谢世,天宝初李邕、韦坚、裴敦复集团被李林甫诛灭为标志,这种心态由希望之中的怅惘,转化为失望之中的犹存希望;而安史乱后,士人虽普遍处于一种休憩欲之中,但狂狷之气尤其于在野诗人中并不因此消歇。"清狂"——清中狂外,渐由一时的散淡之中逗露。

在以上风会的影响下,盛中唐诗人所面临的诗坛基本问题,相对于初唐也起了重要变化:

1. 初唐时对皇唐气象的刻意歌颂,已经四杰、陈子昂等的启迪,为个性化的意气抒发所代替,成为诗坛的主要祈向。无论是盛唐诗人对报国建功之志与偈傺不平之气的抒发,还是中唐前期诗人在乱后恬淡安宁的向往,其实都体现了这一时代动向。这甚至反过来影响盛中唐的宫廷诗，使之也每多个性的色彩。如果说唐玄宗所云"英特越逸之气"是盛唐一代诗人的颇具愤青色彩的总体性格，那么中唐诗人则更多由"越逸"开展，而造就了这一时期的"逸士"性格。因此就刘勰所揭示的诗歌的主体性而言，二者并无本质的不同。强调个性，贬斥一切非个性的倾向，成为诗史的内在要求。这是后文将要论到的盛中唐诗学尤重立意变化的重要背景。

2. 由于古律分判业已完成，上述诗人主意尚气临景即体的抒发，实际上已成为开掘各种诗体与诗歌技法之潜能的源源不绝的动力。也就是说，如何创造性地运用各类诗体各种技法表情达意，已成为这一时期一种集体无意识，甚至是"个体有意识"。殷璠《河岳英灵集》叙论称"开元十五年后，声律风骨始备矣"，正反映了这一时代性探讨的目标。其中尤可注意的是对于新兴的律体的再评价、再认识。这又有两方面看似相反的表现。其一是声律知识的广泛普及，王昌龄《诗格》与成于贞元时期的日僧空海辑纂中土诗论的《文镜秘府论》，均将调声放在首论的位置，正反映了这一时风；其二是由努力就律到破律，甚至有意破律（如杜甫吴体）的转化。后人所谓拗体实际上只是盛中唐以后的诗歌现象（沈宋之前其实无所谓拗，而是选体或者失律）；就笔者逐首统计的大历十子，大历、贞元间吴中诗派七子与杜甫的律诗声律情况看，后所谓拗救的技法，在此一时段已经大备。也因此可以悟到，对于声律的两种看似相反的倾向，其实共同反映了古律分判后，诗人们对诗歌音乐性的更深入的探求，这与自初唐起的各诗格作品如《笔札华梁》《本朝新定诗格》等，对对法的愈益强调却愈益宽松的情况正相一致，都是在纯熟掌握声律、偶对这两个律体要素后的进一步求变。如前所述，风格实乃成心作用下的个性化的声辞运用特色，风格之体落脚于文体之体，同时会引起文体的积渐的改变；也因此，盛中唐人的上述努力，也引发了古今各体的"随变以立功"，比如同是七古，取王维、李白、杜甫三篇放在一起，稍具训练者，一眼就可区别。更进一步，各体之间也因诗人的专长不同而开始相互影响，出现了所谓"以古入律"，古绝、律绝之分等种种现象。更有创体现象之发生，如杜甫新乐府体，以及稍后以宽松的律调驾驭歌行体的长庆体等等。

3.诗风趋向与前贤崇尚的变化：英、逸之气的高扬与诗歌创作的竞长，使意多才高、纵逸多姿成为普遍的诗风祈向，因而对前贤的推崇转到了自梁陈至唐初几被打入冷宫的大谢身上，这不仅见诸李杜以至稍后白居易等的直接歌咏，而且在后文我们还会见到，盛中唐的诗格著作对此作了理论的阐发。同时陶潜也身价渐长，至盛中唐之际已与大谢并列为取法的最重要的方向，"陶谢"一称，即见于杜甫的吟唱。李肇《国史补》称，"天宝之风尚党，大历之风尚浮，贞元之风尚荡"，大抵正确地描述了天宝到贞元诗坛风尚的变化，倜傥、逸荡是这一时段的主要趋势，并下启"元和之风尚怪"。

4.对诗学核心命题侧重的转变：由于主意尚气而重逸荡，此一时期在言、象、意三维的关系上，已从八代到初唐之偏重由言意关系的探讨而及于象，逐渐转化为由象意关系而及于言。无论是主选盛唐诗的《河岳英灵集》所说的"既多兴象，复备风骨"，还是主选中唐前期诗的《中兴间气集》所说的"体状风雅，理致清新"，实际上都体现了象意关系渐成为集中的关注点。这不仅推进了对八代诗学已成熟的意象观念的深化——其中"兴象"一词的频繁出现，是此种转化的重要标志——更使刘勰等尚处于初始阶段的境界、势等诗学观念发展到高度成熟的阶段。上述中国诗学核心命题上的重要转化，是我们考虑盛中唐诗格类著作品性的关键，从后文我们将会看到，这些作诗指南类的著作是如何逐渐深化，而终于构筑成唐人于反拨中继承八代诗学所形成的自身体系的。

唐人诗格类著作最重要的，初唐为前文已提到的元兢《诗髓脑》，盛中唐则不能不推王昌龄《诗格》与皎然《诗式》。因为今存王昌龄《诗格》可靠者主要由《文镜秘府论》辑得，现在难以从其文本的内在联系中探讨其体系，因此，下文我们将以保存较完整的皎然《诗式》为中心，结合王昌龄《诗格》及其他有关诗格理论，来对盛中唐诗学的体系建构作解析。

四、盛中唐佛学氛围的转变
与皎然的"世上禅"作风

一个有趣的现象值得注意：《文心雕龙》的作者刘勰曾入佛门，其玄学化的思辨中也显有佛学的影子（当时佛学在文人间本作为玄学的附庸）；而盛唐至五代今存（包括辑佚所得）二十种诗格类作品题作僧人所撰者就有八种，加上传称曾入空门的题作贾岛所作的《二南密旨》就是九种[1]，几近一半；中土诗论传入日本，也是由日僧空海《文镜秘府论》集其大成，此书已成为研究中古诗学，尤其是唐人诗学的最重要的著作。《文镜秘府论》序开宗明义更云："夫大仙利物，名教为基；君子济时，文章是本也。故能空中尘中，开本有之字；龟上龙上，演自然之文。"又云："然则一为名始，文则教源，以名教为宗，则文章为纪纲之要也。"[2]显然仿《文心雕龙·原道》而拈入佛氏名相，更与皎然《诗式》卷一序并《中序》相仿佛；至其明确标示以文章为济时之本、名教之纲，则彰显了其对"诗学文章学"的体认，借石攻玉，从这位域外高僧对中土诗学的悉心钻研就可悟唐人佛学思维与诗学思维必有内在联系。《文镜秘府论》之"镜"字

---

[1] 参张伯伟《全唐五代诗格校考》目录，西安：陕西人民教育出版社，1996年7月，第一版。

[2] 卢盛江《文镜秘府论汇校汇考·序》，北京：中华书局，2006年4月，第一版，第1页。

当取于佛教镜喻(参卢盛江《文镜秘府论汇校汇考·序》注一),更画龙点睛地揭示了这层关系。

盛中唐诗学的主体,无疑是对先秦以来传统诗学的继承,而非纯为佛学思维的产物;然而佛学思维促使了唐人对传统诗学之解构与重新建构,却是不争的事实。

在日常的诗歌创作与交游中,诗与佛氏之相互渗透,至晚在六朝期间已相当明显,唐人诗作这方面的一个重要发展,即在创作思维中有意无意地参取了佛学的思维形态,比如杜甫就多次使用"冥搜"一词,著皎然先鞭,而王维的《辋川绝句》更使禅思与诗思的融洽到了密合无间的境地。体现于盛唐诗学著作中,王昌龄《诗格》最大的创获"境说"之各环节,无疑得力于佛氏的思辨形态(详后),这与他后期诗多谈禅之作显然有关。而作为盛中唐诗学集大成者的皎然《诗式》,更是自觉地运用禅学思辨对传统诗学进行重构。其卷一《文章宗旨》云:"康乐公早岁能文,性颖神彻,及通内典,心地更精,故所作诗,发皆造极,得非空王之道助耶?"已明确认为佛学心地法门有助于诗歌创作,而后文将要论到的其论诗的一系列核心概念如"作用"等,多为援佛入诗而自成体系者。因此,在进入对《诗式》及相关唐人诗学的解析之前,先须对皎然的禅学思想及生活形态的基本倾向有一概略的了解,囿于篇幅,不妨由他的几首诗作引起,略加展开[1]。

> 正论禅寂忽狂歌,莫是尘心颠倒多。白足行花曾不染,黄囊贮酒欲如何。(《酬秦系山人戏赠》)

诗中"白足行花"用南朝白足和尚释昙始足白涉泥水不沾故事,白足行于花中而不沾染,与下句"黄囊贮酒"云云,均言只要自心清净,则尘事与禅悦正可两不相妨。

---

[1]　所引皎然诗均见《全唐诗·皎然》,诗卷六、卷七。

> 空何妨色在,妙岂废身存。寂灭本非寂,喧哗曾未喧。嗟
> 嗟世上禅,不共智者论。(《禅思》)

此诗可视作上诗的理论提升,意谓说空而不妨色有,说妙(此指不
可思议之妙心)也不妨身存。寂灭的涅槃之境本不枯寂,喧哗之处
原来本清净。可叹啊可叹,我这世间禅法,是不对所谓"智者"言说
的啊。要之,空与有,心与身,静与动,本无区别。

> 乐禅心似荡,吾道不相妨。独悟歌还笑,谁言老更狂。
> (《偶然五首》之一)

诗言禅悟本不枯寂,而是一种乐事——禅悦,当独自顿悟此理时,
不禁放声大笑,虽老而更狂荡矣。

> 本师不得已,强为我著书。知尽百虑遣,名存万象拘。如
> 何工言子,终日论虚无。伊人独冥冥,时人以为愚。(《哀教》)

此论言不可尽意,一切名言尽是万象的桎梏,本师所传经书,均不
得已而为之耳,以此,我不如少言寡语而似愚。类似的禅诗,皎然
《杼山集》中还很多,上引数首,已可见其禅学祈向的大概。

我们知道,禅宗成立,尤其是开元年间南北宗分立,佛学才开
始真正地中土化,至大历中期,马祖道一之洪州禅起,禅门北宗、南
宗荷泽系、南宗洪州系与先于南北宗的禅门别派牛头系(牛头,山
名,在今南京附近)都足具影响。而洪州禅兼融通于庄子的牛头
禅,更是当时的重要现象。至此禅学与庄学,在比六朝更高的层次
上,真正打通。

就笔者对皎然诗的研究,开元至大历前期,皎然虽以南宗为主
而兼通南北,故其诗以"清壮"为主。上述一类以逸荡轻狂见长的
篇什都作于大历后期与贞元年间,即所谓"老更狂"者。这无疑与

洪州禅的兴起密切相关〔1〕。北宗、南宗荷泽系、洪州系三者的区别，可由圭峰宗密《中华传心地禅门师资承袭图》卷三的一个系列比喻来概略了解。禅宗都认为佛在自心，即所谓"即心即佛"。宗密将佛心比作象征智慧的摩尼珠，谓北宗认为珠体圆明，但时时为客尘所蒙蔽，故须"时时勤拂拭，莫使惹尘埃"。这种禅法可称之为"去妄存真"。南宗荷泽系也认为珠体本来净明，而只要一朝顿悟，心佛便能知一切色相、一切哀怒喜乐爱恶尽是虚妄，故不须揩拭，而心体常明，即所谓"本来无一物，何处惹尘埃"，顿悟的心体可以即于诸色相处，但见莹净圆明；行住坐卧，无处不是佛性体现，是所谓"一行三昧"。此一禅法可称之为"处妄存真"，已向禅宗的世俗化进了一步。洪州禅则更进一步，虽然作为南宗的一个派别，马祖亦云"一念返照，圣心全体"，也强调顿悟，但又认为"即此黑暗便是明珠，明珠之体，永不可见。欲得识者，即黑便是明珠，乃至即青黄种种（皆是明珠）"。也因此更倡言"造善造恶，受乐受苦，此皆是佛性"，"而不必起心断恶，亦不起心修道，不断不修，任运自在，名为解脱人，但任心为修也"。这种禅法，可以称之为"即妄见真"〔2〕，与《庄子·养身》篇所云"为善无近名，为恶无近刑，缘督以为经"神理相通。不难发现，马祖道一的说法与前二者的根本区别就是前二者把心与诸色相视作相离的二事，而洪州系则将二者，包括心与身，与人的各种情感看作一事，混不可分。于是可见，皎然"白足行花""空何妨色"等数诗可说是对"即妄见真"禅法的最好解说。又其《支公诗》云："道家诸子论自然，此公唯许逍遥篇。山阴诗友喧四座，佳句纵横不废禅。"《杂寓兴》云："至乐亨爰居，惭贻达者尤。冥冥光尘内，机丧成海沤（鸥）。"更兼用庄、列二典，又正可为洪州

〔1〕 参拙著《"吴中诗派"与中唐诗歌》，《中国社会科学》，1984年，第4期。
〔2〕 参见《中国佛教思想资料选编》，北京：中华书局，1983年1月，第一版，第二卷，第二册，第459—471页所录宗密《中华传心地禅门师资承袭图》。

禅通于庄学作佐证。

　　皎然的主要活动时期与洪州禅兴起大体一致，因此可以说，一如王维《能禅师碑》是研究前期南宗禅的珍贵文献，皎然的这一类诗文则是研究前期洪州系的重要资料。这集中体现于他关于"世上禅"的提法，它点破了前期洪州系在践行中的最主要的特点，及其能迅速崛起，终于取代菏泽系成为中唐后禅宗最大支派的原因所在。世上禅，略同于今天的"人间佛教"，指由身心不二观自然引申而来的与实际生活密切相关的禅法，可称"方便法门"中的"最便法门"。虽然由贞元中起引发了偏颇的"狂禅"现象，以至怀海不得不订出《百丈清规》来纠偏救弊；但在大历至贞元初皎然作《诗式》之时，大抵恪守马祖道一"一念返照，全体圣心"的观念，而在皎然则因早年出入儒墨又曾学仙，后习律宗，又兼修南北的学术经历，更能身体力行，表现为一种贴近生活，放任逸荡而不及于乱的行为方式，用他自己的话来说也就是意谓"清中而狂外"的"清狂"。如云：

　　　　吾道本无我，未曾嫌世人。如今到城市，弥觉此心真。
（《寓言》）

　　　　乞我百万金，封我异姓王。不如独悟时，大笑放清狂。
（《戏作》）

又，皎然有一女性诗友，即兼为名妓的女冠李季兰，其《答李季兰》诗云：

　　　　天女来相试，将花欲染衣。禅心竟不起，还捧旧花归。

　　由上三诗可见，在皎然看来，只要顿悟而达禅宗"无我"之境，则城市与山林，初无二致；甚至交游外道名妓，亦并无竹碍。也因此，他歌颂以歌妓为"禅伴"的湖州刺史李洪，拟之为东山再起的谢安，以为"于中不废学无生"，因为李洪心有"道情"（道，此指佛），而与"轻身重色"因绿珠而败亡的石崇出发点不同（《观李中丞洪二美人唱歌轧筝歌》》),只是一种清中狂外的行为而已。

上面结合皎然诗作分析了皎然禅学思想的基本祈向,之所以不吝笔墨,是因为这对于理解《诗式》的观念,至关重要。

首先,正是由于即妄见真,尤其是世上禅的观念,这位深通佛理,亦明知"不立文字"宗法的高僧,能将人间事作诗与潜心诗学联系起来而圆融无碍。

其次,如同刘勰是在玄学思维的背景下完成了《文心雕龙》的创作,皎然则是在禅学思维的背景下完成《诗式》创作的。如果说《文心雕龙》是对汉魏前传统诗学的解构与重新建构,那么《诗式》则是对《文心雕龙》诗学思想的解构与重新建构。又如果说刘勰沿革前代诗学的内在脉理,是他基本倾向于玄学中儒道兼容的名教即自然说;那么前期洪州禅兼融庄学的禅悦观念,正是《诗式》于反拨中传承《文心雕龙》思想的内在理路。这些又都说明诗学的演进,必与一时代的风会以及治学者的个性特点有关。

最后,之所以要结合诗作来论析皎然的禅学祈向,是想提示这样一个问题。诗学可以汲取哲学的思维形态,但决非以哲学代入诗学可以济事。诗学有其相对独立于哲学的内在理路,而皎然正是承担此任的最佳人选。这不仅在于他诗人兼僧人的诗僧身份,也不仅在于他是谢灵运十世孙,有悠长的家学渊源;而更在于他出生兼以为活动中心的湖州地区历来是一个人文荟萃之地。南朝时(当时湖州称为吴兴),沈约、丘迟、吴均、沈炯等著名诗人与诗学家均为吴兴人;谢瞻、柳恽、萧子显则曾作守于此,同时,这里又是南朝教学歌舞处,是南方诸艺术交汇与雅俗交会的一个中心地区。而包括湖州的三吴地区,在唐代更是诗人辈出。初盛之交有"吴中四士",开元间有《丹阳集》作者群,与此集同时也是《河岳英灵集》编者的诗学家殷璠,而大诗人王昌龄又曾作丞于邻近的江宁,其诗学名著《诗格》当作成于此,因而赢得"诗家夫子"之美称;大历年又有略前于皎然的李嘉祐、严维、两皇甫等;大历、贞元间右文能诗的颜真卿、李洪、于頔先后为湖州刺史,上面还有同样右文能诗的浙西观察使鲍防等。他们与文士、诗僧经常结社联诗,遂有以"湖州诗会"为标志的大历、贞元间的吴中诗人群,笔者名之为"吴中诗派",其中皎然、灵澈是诗僧,张志和、秦系、朱放是道流或近道的山人,顾况由儒而道,颜真卿等自是以儒家为本位,遂形成一个三教共处相长的诗学氛围。其明显有异于略前李嘉祐等的群体风格,可以从洪州禅上述宗风得到解释,这些均是皎然以诗学为本位、参融禅学思维有关观念的重要背景。

五、从架构理路看《诗式》对《诗品》《文心雕龙》的沿革

　　本节与下节,将以《诗式》为中心,略论唐人诗学相对于八代诗学的新进境。皎然另有《诗议》一卷,就相当于贞元年始成的《文镜秘府论》录《诗议》而不及《诗式》观之,当成书于《诗式》前,故与盛中唐其他诗论一并作为参照,以见演进之迹。

　　如同要读懂一首诗,必须由各句联的关系理清其意脉一样,解读一部理论著作,首要的是要由架构中理清其理路,否则便不免散碎,甚至断章取义。幸好《诗式》是唐人诗学著作中存真度最高的一种,虽或有佚缺,但从其五卷本各种版本的比较来看,虽有异文与顺序略异处,然大体一致;而以一卷本与五卷本第一卷比读,亦无重大差异,这就使架构及理路梳理有了可能。今以张伯伟教授之力作《全唐五代诗格校考》所录《诗式》整理本为蓝本,试作论析。

　　《诗式》总序为一书纲要,是解读之钥匙,文不长,今分段逐录如次,并略加点评,以清纲领。

　　　夫诗者,众妙之华实,六经之菁英;虽非圣功,妙均于圣。

按：首节开宗明义，摄儒于佛，可见皎然以禅学思维改造传统诗学的思辨特征。前此之《诗议》亦以中道论诗，云："其犹空门证性有中道乎！"盛唐其他类似表现，已略见前文。

> 彼天地日月，元（玄）化之渊奥，鬼神之微冥，精思一搜，万象不能藏其巧。其作用也，放意须险，定句须难，虽取由我衷，而得若神授。至如天真挺拔之句，与造化争衡，可以意冥，难以言状，非作者不能知也。

按：此节为创作论总挈，内含与后文五格与三逸格呼应的两种创作情状。《中序》前各节所论要义已提挈于此，是全书重心也是本文论析重心所在，详后文。

> 洎西汉以来，文体四变，将恐风雅寖泯，辄欲商较以正其源。今从两汉以降，至于我唐，名篇丽句，凡若干人，命曰《诗式》，使无天机者坐致天机。若君子见之，庶有益于诗教矣。

按："命曰《诗式》"以下数语可注意，点明其论诗史演变，品名篇丽句，均为提示作诗法式。因知全书创作论是核心，论史、品诗为辅翼，亦即：以论带史，以论带品；复以论史、品诗明诗论。是为全书架构之主线。又"天机"一词可注意，说"诗教"而重"天机"，则已初非汉人经解式之诗教矣，两句合篇首"众妙"，点破本书之"天机"所在。

以此序为纲，细研五卷，便足以改变历来以《诗式》为散碎之陈见，而可见其秩序井然。今就三方面观之：

1.块面之结构理路。

按《诗式》解读中，最令人困惑的是《中序》之设置，而恰恰是这一点，最能见出全书之架构与重心所在。《诗式》以五格十九体品诗，总序以下、《中序》以上凡二十七节，均为标格式的诗歌创作要领。其中《李少卿并古诗十九首》《邺中集》《文章宗旨》三节，虽兼史论，然而更是就全书的核心概念"作用"而提出的诗学标格。《中序》后即为不用事第一格,而二、三、四、五凡四卷,又正分别品评第二格至第五格,因可见《中序》是对第一卷两部分内容的隔断。前此是创作论,其要义则于总序提挈;后此主要是以五格十九体论诗的品评部分,《中序》正相当于五格品诗的前序,故内容也主要为陈述作书五卷之缘起,不涉理论。如现代人来安排,则会将《中序》前作为上篇,《中序》后作为下篇。由于《诗式》之"式"均在第一卷,是全书精髓,故后世会有节取性的一卷本出现。

2.纵向线索的理路。

以上所析是《诗式》的块面结构,显示了《诗式》以论带品的一面。此外尚有一条纵向的以论带史的线索贯穿五卷。按五格在品诗前都有一节或数节文字,除诠释每卷所属"格"之含义之外,更重要的是对重要的诗史现象作评议,这类评议也时或出现于有代表性的诗例评析中。评议往往与解格的文字相参融,且以《中序》前的创作论为指南,着重于皎然所理解的复古通变之道,而不完全按诗史顺序,却以论议的内在理路联系来安排先后,足见以论带史之特色。

3.核心部分——创作论的架构与理路。

断章短语式的表述,是解析《诗式·中序》前包括总序的二十七节文字之最大难点。因此历来论皎然《诗式》多称之为"论创作",而以为此书仅仅是作诗指导;然而如细研文本,便会发现,这一部分其实有着隐然的内在联系,只是因为作者那禅宗"不立文字"而又不得不用文字的观念,故以断章短句来表达。发明此中的内在联系,便可知《诗式》其实具有包含本体论、批评论、批评赏鉴论在内的"诗学"品格。兹简要提挈如下,至于具体阐述则留待下节。

这二十七节可分前后相承的八个层次。

(1)前四节总序、明势、明作用、明四声是创作论的核心部分,以"作用"为关键,论妙(道)、意、象(句)、声的对待关系,从中凸显有关"势"的重要概念。在这里理解"作用"一词的确切含义是理解这一部分乃至全书的前提(详后)。

(2)以下从《诗有四不》到《诗有五格》九节。前八节就上面四节的创作论核心部分生发,申论把握各种对待关键的要领,而以摆落两边的佛氏中道观为思辨特色。第九节《诗有五格》则承上启下,收束前八节,归结为以"作用"与"事"相对待的五格(内含后文的十九体)论诗的品评骨架。在这里确切把握"格"与"事"的含义,又是理解这一部分的关键(详后)。

(3)以下为前举《李少卿并古诗十九首》《邺中集》《文章宗旨》三节。举汉、魏、晋宋代表作家,殿末的《文章宗旨》实论刘宋谢灵运,最能显出这三节之用意是以史立论,揭示诗歌作为"文章"的宗旨所在——"真于情性,尚于作用,不顾词彩,而风流自然",并为五格论诗之关键"作用"举例诗史上的标格,从而为下文分论五格作铺垫。在这里确切理解"不顾词彩"之含义,又是关键。

(4)以下为《用事》《义似用事义非用事》二节,是上节《文章宗旨》的补充与引申。其中所论"比兴"新意是理解"用事"与"作用事"的关键。

(5)再下《取境》《重意诗例》二节一主一辅,呼应总序"其作用也"云云,说明"作用事"之关键在于发端之"取境",效果见于文本之"重意"。其中关于"取境"与"苦思"的理解是关键,又按以上(3)、(4)、(5)部分共七节均围绕《诗有五格》生论。

(6)以下《跌宕格二品》《侦没格一品》《调笑格一品》三节,凡三格四品,是相对于以上常规的五格(内含十九体)而言的逸格。可视为以上论说主线的一个插叙,相对独立,以补五格论诗之不足。与以上论五格构成常逸相对的关系,而呼应总序之两种创作情状。最有以见皎然后期受南宗洪州系影响的印痕,可与前章所举皎然各逸荡体诗互参,其中对诸格名的理解是关键。

(7)以下《对句不对句》《三不同语意势》《品藻》三节,由插叙回到论列主线，就取境发兴后的句对，论"作用"与"势"的关键作用，关合《文章宗旨》，并申论句对亦以取势为要，更举典范之作，以"悬衡于众制之表"。

（8）《中序》前最后一节《辨体有一十九字》是全部诗之"法式"的归结点：即由前论取境、取势等，落实于诗歌之文本显现。其中的理路为上联取境，中合七德（体德），下说风味，并包蕴比兴。它们的相互关系是理解的难点。

就以上分析，可见《诗式》论创作这二十七节的论列理路，可借助《明作用》中的二句话来表述，即"似断而续""草蛇灰线"，在断章短语中有着一以贯之的思想统系，而无疑得力于皎然的禅家证悟式的思辨形态。就文章而言，可称文体与文思（讲究冥合、神会）匹合圆融，也由此不但可以断言皎然论创作是系统的创作论，更可为今存皎然《诗式》五卷整体可信且基本完整，提供最有说服力的内证。

如果我们将《诗式》的以上架构和内在理路与齐梁时《文心雕龙》《诗品》两大诗学著作对照，就会发现一些有重要意义的异同。今将发展而相异处留待下节，而先说其同，同中先论理路，再说架构。

就理路言，首先，皎然诗论一同于刘、钟二氏，都以创作的实际情境与诗史演变事实为立论的根基，而其《文章宗旨》的提法也一同于刘、钟（刘已见前述，钟谓"昔曹刘殆文章之圣，陆谢为体贰之才"），是将诗学作为文章学来看待研究的。

其次，三者虽都标举雅颂风骚，但其论列重点，都在"五言"诗发生后的汉魏以后，并均直至各自所处的今代；从而可见他们都以汉末建安为诗史的一个丕变时期，并都以之为今代诗歌的椎轮，从而表现出在总体趋向上相承的诗史观。

再次，也因此，三者实际上都摆落了汉儒对《诗》的"王政之化"的诠释，而尤其强调独具性情的诗人之心为创作本位，这一倾向，依时代先后,刘、钟、皎三者越演越强。

最后,尽管侧重点不同,但都在承继传统诗论重意观念的同时,又都从意象辞三者关系立论,且尤其重视诗人以意为主导,以语句显象的匠心特征,从而从不同角度体现了中古诗学对言象意关系的自觉体认,也都显示了语言批评的特点。打个比方,刘勰的系统多暗合于贝克的形式主义批评(见前),皎然的系统则多暗合于朗格的符号论美学(详后),西方由形式主义到符号论的发展理路,正近似于从《文心雕龙》到《诗式》的发展,而二者同为语言批评,当然,它们又多与作者生命力的表现互动融一。

以上皎然与刘、钟理路上的一致性是笔者将他们划为一个诗学时段并以文章学——中古诗学的语言批评来命名的主要依据。

以下再看架构:

论者已指出《诗式》之《中序》设置,以论带品等架构,有取于钟嵘《诗品》,然而就其主体部分创作论的理论架构而言,却又与《文心雕龙》下篇创作论的架构大体接近。

《文心雕龙》下篇创作论前七节(《神思》到《熔裁》),笔者称之为"论文要",即论创作之根本,其主要思想即前论"摛神性,图风势,苞会通",而归结为《情采》《熔裁》二篇之文本显现,即所谓"心术既形,英华乃赡"。

皎然《诗式》第一卷前四节——亦总论创作中意、势、象、声等综合关系,而其理论归结点为《中序》前理论部分的最后一节《辨体有一十九字》之论"风律外彰,体德内蕴"的文本显现。这些架构的大体相同,显示了二者在关于创作情境的研究上思路大体一致。

在上述思路中同中有异的一点是:《诗式》总论四节径接的《四不》至《七德》论标格八节,其作用同于《文心雕龙》由《声律》至《指瑕》论文术文病九篇。虽皎然着重于从象意关系立论,刘勰着重于从立意关系立论,但均为在正反相对中指示达到各自总论"文要"的途径。唯在结构上,刘勰此一部分放在论文本显现的《情采》《熔裁》二篇后，皎然此一部分内容则放在同样论文本显现的《辨体有一十九字》前。这是因为刘勰论辞意关系，着重技术性要领，较繁细，前置会有损前面论文要的一贯性，其补救办法是在论文术文病后再设《养气》《附会》《总术》三篇，回应《情采》《熔裁》二篇，并予以深化。皎然论象意关系，以体悟性的标格为主，文简意赅，故可在总论后径接标格。

　　两者架构之最大不同是，《诗式》从《诗有五格》以后、《辨体有一十九字》之前环绕五格设置的各节为《文心雕龙》所无，这是由于二书的担当不同。《文心雕龙》无有品鉴的任务，而皎然显然吸取了《诗品》以三品论诗的架构，并于其间细化深化总论部分的理论要素，这是兼取钟、刘两家架构的一种体制创新。

　　由以上架构分析可见，尽管因文化背景不同，诗学思维形态有异，但在总论研究方式上，皎然是兼取钟、刘而据自身表述的需要有所变化。而这些不同与变化处，正尤其显示出此种架构之下，诗学内涵的沿革创新。

六、以《诗式》为代表的盛中唐诗学的体系

　　由上节所析《诗式》的架构理路可见，其作为"式"的诗学理论集中于卷一《中序》前的二十七节，以及各卷所论格前的诗史评议，而以卷五末之《立意总评》为殿最。它们相互联系，却有主有从。大体而言，以总论为纲，引发出四条线索，内含四个中心论旨。本节将参以堪称先行的王昌龄《诗格》、皎然早于《诗式》的《诗议》，并旁及其他，重点阐发《诗式》的四个中心论旨，与贯串于全书的本体观念与思维形态。兹先依《诗式》文本的内在联系，开列此四条线索四个中心论旨于下，以清眉目。

　　1.总序论创作一节与紧接的《明势》《明作用》《明四声》三节为第一条线索的主体;以下《诗有四不》至《诗有七德》为此线辅翼。中心论旨为以"作用"与"势"为关键,论作诗诸因素相互关系,因可称作创作总论。比照笔者过去归结的"意兴——意脉——意象"诗作三要素之中〔1〕,这一线索侧重论意脉(意脉,《文心雕龙》称"义脉",义、意同。晚唐《炙毂子诗格》《雅道机要》称"血脉",《诗式》之"体势"内含同此)。

　　2.总序同上一节与《诗有五格》以下至《中序》前《辨体有一十九字》,凡十五节,为第二条线索,构建以五格十九体品诗的诗学评价体系,其重点仍以"作用"与"势"为主导论思与象、意与句的关系。其中起结的《五格》与《辨体有一十九字》,以及中腰的《文章宗旨》、《取境》、《用事》(含比兴)是重点,其他十节为辅翼,在诗作三要素中重点论意象。

　　3.总序同上一节,与五卷末《立意总评》节首尾呼应,高揭一部《诗式》重在"诗人意立变化无有倚傍"的独创精神,"作用"仍是其隐在的核心。在诗作三要素中,着重于说意兴。

　　4.总序"自西汉以来,文体四变"一节与各卷各格前论史各节为第四条线索,中心论旨是"体变未必道丧"的新诗史观,其重变精神与创作论桴鼓相应。

　　在上述四个中心论旨外,总序本身尚含有两个渗透全书的基本观念:以禅摄儒的本体观念与诗学思维形态,合起来凡六个方面,构成《诗式》的诗学体系。由于总序论创作一节与所有中心论旨相关,为便读者,不惮重复,再引于次,并先对其中通贯全体的关键字"作用"略作诠释,文曰:

　　　　夫诗者,众妙之华实,六经之菁英,虽非圣功,妙均于圣。彼天地日月,元(玄)化之渊奥,鬼神之微冥,精思一搜,万象不

――――――――――

〔1〕　参拙著《意兴、意象、意脉》,《唐代文学研究》,1992年,第3期。

能藏其巧。其作用也，放意须险，定句须难，虽取由我衷，而得若神授。至如天真挺拔之句，与造化争衡，可以意冥，难以言状，非作者不知也。

按："作用"一词，是研究者通常忽视而偏偏在皎然诗学体系的创新中一个关键的、来源于佛学的诗学新概念。作用义近"神变"，如《禅源诸诠集都序》卷四即云"神变作用"，又与作意相关，为便于理解，此举简明的《实用佛学词典》"作意"条的解释来说明。"作意（术语），心所名，相应于一切之心而起者，具使心惊觉，而趣所缘之境之作用也。"据此，作意的主体是心，在诗学上即诗人之成心；作有起义，作意即因心惊觉而起意，在诗学上即心物相击，兴发意生。心体作意之用即"作用"——使惊觉之心趋向所缘之境。我们知道佛氏所谓境，指心所游履攀缘者（同书"境"条），因此作意之用——作用，便是使心缘于境这一般的心物相缘的过程，趋向特定的意旨化，也就是"神变"（神内变外）所指的"神境通"。运用于诗学便是由心物相击，到意象密合的心之能动作用的全过程。明此，则对以下六方面的解析理解会容易得多：

（一）以禅摄儒的心佛本体观

总序起首说诗为"众妙之华实，六经之菁英"而接以"圣功"云云，显为借取《文心雕龙》起始《原道》《征圣》《宗经》的模式，然而形徒相似，味实不同。按下文论创作情境中，以"精思"与"万象"相对，而归结为"取由我衷"，则显以我心为创作能动本体。由此便能知开首虽众妙、六经并提，其实已侧重于"众妙"。按"众妙"语本出《老子》"玄之又玄，众妙之门"，佛氏借用以指诸玄妙之法门，如至相、贤首所称"十玄门"，诸法门总称佛法，因知诗为"众妙之华实"，即言诗为佛法所结出的花果，而就皎然信奉之心地法门，联系"取由我衷"云云，则可知他实以"我心"为创作本体，"六经之菁英"云云,即使不是虚设,亦由我心来"取"——裁夺。故皎然的诗学本体论其实上承刘勰"成心论",然而因下述思维形态有异,内涵已有所变化。

(二)易"辞"为"句",强调直觉的诗学思辨

总序云:"精思一搜,万象不能藏其巧。其作用也,放意须险,定句须难。"这里改变刘勰论神思以心、物对待转化为意、辞对待的思维形态,而易以意与句的对待。一字之别,体现了诗学思维形态的重要转变。按《文章宗旨》节云"真于情性,尚于作用,不顾词彩,而风流自然",这是轻辞的皎然之夫子自道,然而象以辞呈,非辞又何以呈象?这便是"不立文字",又不能不借文字的南宗禅难以自圆其说的一种困境。皎然以"句"代"辞"便是企图借助诗学思维的特殊性(近于常说的形象思维),摆脱这种困境。因为难说缀辞成句,但辞只能指称单个对象(如桌、椅等),而句则能呈现相互联系的图像(如草木大地构成的景象)。皎然跳过"缀辞"而以"句"与"意"对待且和"象"与"思"的对待形成对应,便强调了精思搜于万象时事象投射给诗人的直觉印象。按卷五序云:"夫诗人造极之旨,必在神诣。得之者妙无二门,失之者邈若千里,岂名言之所知乎。"这是他以句代言重现直觉印象的最好诠释。按"神诣"与《立意总评》中的"神会"义近。神会,王昌龄《诗格·取思》已率先用之曰"搜求于象,心入于境;神会于物,因心而得",此说显为《诗式》以上引文的先行(杜甫诗,"精微穿溟涬,飞动摧霹雳"[《夜听许十一诵诗爱而有作》]亦同趣)。这种心神直接作用于物时的"心得",显有直觉印象含义,而易"辞"为"句",便进一步从思维形态提升了这种直觉性"心得"之诗学映呈。《诗议》曾论因才识不同而诗歌百态时云"可以神会,不可言得",并援"空门证性有中道"而称之为"诗家之中道"。这就进一步证明神会之"心得"不可言说的直觉性。

按佛氏中道观主张摆落空有两边，而《诗式》越"辞"而以句、意对待，正是摆落"设文字""不设文字"，"立言""不立言"两边的佛氏中道观之诗学运用。真正确立南宗禅地位的七祖，法名即取"神会"，这应当可为以上阐述作一旁证。又上引《总序》文中又有"意冥"一说，"意冥"当即"神会"，更可说明神会的直觉性。对于以上阐述，最好的证明，还是皎然的夫子自道。其《宿易上人房论涅槃经义》云"诗情缘境发，法性寄筌空"，正是神诣"岂名言之所知"的最好注脚。也因此，他认为"如何万象自心出，而心淡然无所营"（《奉应颜尚书真卿观玄真子置酒张乐舞破阵画洞庭三山歌》），甚至认为"苟能下笔合神造（神诣），误点一点亦为道"（《周长史昉画毗沙门天王歌》），画理通于诗理，这是他以句易辞的绝佳说明。顺便要指出，"兴"字六朝人虽已常用，但"兴象"一语是唐人诗论所拈出。以"兴象"代刘勰等常用的"意象"，正是唐诗重直觉的集中体现，也是皎然以上思想之时代基础。

以上二点为总序创作论所体现的皎然诗学渗透全书的本体意识与诗学思维形态，明此，则其他方面的论旨便较容易把握了。

（三）主于立意，尚于作用的体势观——兼说"意脉"

总序下三节连用三个"明"字而设相互关联的"明势""明作用""明四声"三节（以下简称"三明"），其他各节题均不见用"明"字，足见"三明"在皎然诗学意识上的重要性，因为"三明"上联总论，实为其创作总论回答了当时诗坛在律诗形成后对于声律与风骨关系的时代性思考。在总序初及"意""句"二概念后，"三明"又拈出相关的、当时普遍讨论的"声"的问题。在如何处理意、句（实际还是由辞缀成）、声等诗作诸要素的关系上，皎然尤其看重的是心体"作用"（释义见前）下的"势"，这是"三明"前后次序安排的内在联系。按《明势》有云：

　　高手述作，如登衡、巫，觌三湘、鄂、郢山川之盛，萦回盘礴，千变万态（文体开阖作用之势）。或极天高峙，举焉不群，气腾势飞，合杳相属（奇势在工）；或修江耿耿，万里无波，淡出高深重复之状（奇势雅发）。古今逸格，皆造其极妙矣。

这段比喻性的描绘，上联总序"放意""定句"而及于"势"，并因"作用"而下及于"声"。其间关系可由"文体开阖作用之势"的句下注，及《明作用》之"作者措意，虽有声律，不妨作用"句悟得。"文体开阖作用之势"当句读作"文体开阖，作用之势"，以之上联"放意""定句"，则意谓立意高则得气（气为志之所趋，志同意，见《孟子》），气动则生势（气腾势飞），然而这种势在诗学中又有两个特征，一是与"文体"相关，一是与"作用"——心惊觉而起的"作意之用"，即诗学上所谓"发兴"相关（王昌龄《诗格》"兴发意生"）。于是可悟"三明"上联总序所论意句二要素，说明了大抵如下的创作要领：当心体的精思搜于万象兴发意生时，其作用（作意之用）驭句呈意，这一过程既借一定文体来呈现，同时又主导着文体之开阖，这时伴随着意而生的气，在文体开阖中的流动，便生成种种形态的势——亦即流贯全诗的意脉，而古今超卓的好诗都具超群的奇势，这是由懂得这种性质的诗学之势的奥微而生成的。由于诗中体势的这种重要性，故作者"措意"，声律虽不可不讲，但不妨"作用之势"，切不可因声害势而妨"措意"——意的表达（据笔者统计，吴中诗派七子今存近体诗约 530 首，其中用拗体者约 107 首，近 20%，这个比例是大历十才子的三倍，比善用拗体的杜甫诗之 12% 也高出五分之二，这一现象正是上述理论的体现），这也就是《诗式》总序及"三明"诸节的主要意思。按，作为上四节辅翼的《诗有四深》曰"气象氲氲，由深于体势；意度盘礴，由深于作用；用律不滞，由深于声对；用事不直，由深于义类"，正可为上述归纳参证。综上，皎然的上述观念可称之为主于立意、尚于作用的体势观。由于体势是在文体中流贯全诗的意脉；含声的句所呈现的象，只有在意脉流贯时方获得意象的品格：故这一部分可视为《诗式》的创作总论。

不难看出，皎然上述体势观，有承于刘勰所论"因情立体，即体成势"，"循体而成势，随变而立功"，从以下《品藻》节所举三例子来看，也肯定受到王昌龄《诗格》十七势的启示。皎然所论应视作对前贤势之观念的发展与理论提升。这主要是，他以作用与势为关键，将诗作诸因素融为一体，并打破了当时以联论诗的通病，在更高层次上恢复了刘勰以"势"通贯全篇的体势观念，从而揭示了"势"在诗歌创作由发兴到即体成篇的全过程中的重要作用，也将"作用"主导下的意势提升到前所未有的重要地位。这也可以用《诗议》的一段话来参证，有云："夫诗工创心，以情为地，以兴为经，然后清音韵其风律，丽句增其文彩，如杨林积翠之下，翘楚幽花，时时间发，乃知斯文，味益深矣。"按：所论已揭示了基于"情"的兴意的流动（即势）是全诗的经脉——意脉，可视作《诗式》上述观念的萌蘖。

（四）以"取境"为关键的格体融一的意象观——兼说"意象"

《诗式》创作总论四节及其辅翼八节后，由《诗有五格》到《中序》前的《辨体有一十九字》共十五节，在结构上是补叙总论中未及详析的意句关系，也就是在论意脉后复评说意象。其间有多个未见确解而又富于新义的概念，是理解这一部分精微的关键。今顺序拈出以诠释带论析，则本部分内涵即可明白。

格：格也是王昌龄《诗格》的常用术语，如谓"意是格，声是律，意高则格高，声辨则律清，格律全，然后始有调"。可见所谓"格律全"，与殷璠所云"声律风骨始备矣"之意差似，是盛中唐起诗坛的普遍祈向。《诗式》五格之格，亦有"意"义，然而有一个重大发展，即与"用事"（事为万象，详下）之高下相联系，从而使五格所含之"意"，成为由事象映现的诗"意"，富于诗学品格，这从以下一组新义可进一步看出。

　　事、用事、作用事、比兴新义：这一系列概念，关键是由作用而来的"作用事"，《用事》节云："评曰：诗人皆以征古为用事，不必尽然也。今且于六义之中，略论比兴。取象曰比，取义曰兴，义即象下之意。凡禽鱼、草木、人物、名数，万象之中义类同者，尽入比兴，《关雎》即其义也。"这里皎然所说"事"也是借用佛学术语入诗学。佛学以理事二者相须，理指凡离一切因缘之无为法，亦即真如佛心。事指因缘所生之一切有为法，亦即万象、诸色相。故用事不是我们今天所说的征古用典，而是指诗中运用一切物色乃至情意、名数等等。唯用事有高下之分，"直用事"即一切表面的、无深意的运用物色等事，即便意思不错，但意味单一，也只能列为第三格；"作用事"则是以意作用于万象的理事相惬、意象密合，也因此，它往往具有"两重"乃至"多重意"，故用事格以"作用事"为尚，通常列为第二格，其上乘者则可升等至"不用事"第一格，与纯任天真、"未见作用"、"始见作用"的汉诗佳品如《十九首》等并列。这些就是以《文章宗旨》为中心的前后数节之大意。就《文章宗旨》的标题与以谢灵运为标格来看，皎然其实认为汉魏诗虽佳，但时代变迁，文运周流，已不可复制。所以今代作诗论诗，"作用事"不可避免。只要"真于情性"而不专任"文彩"，则尽可"尚于作用"，达到神似汉魏佳作的境地——"风流自然"。这也就是今代"文章"的宗旨所在。上引《用事》节又曰："取象曰比，取义曰兴，义即象下之意"，这种对于比兴的新解，不仅不同于王昌龄《诗格》所说之大抵沿袭旧义，也不同于他前此《诗议》沿袭昌龄的说法，最能见出他晚年诗学思想的演进。从"义即象下之意"可知，《诗式》所说之比兴，是将"取象曰比，取义曰兴"融一，比中有兴，以"尚于作用"之功因事象而达义。因此可悟，比兴在皎然，只是"所用事"的又一种说法。其意乃在为"尚于作用"之用事找到传统诗学的依据。也因此在以下析五格十九体论诗的骨架中又云："其比兴等六义，本乎情思，亦蕴乎十九字中,无复别出矣。"这是因为"体"与"用事格"相兼,体由用事格显(详下),用事格之高下,除不用事外,就是"作用"之高下,而比兴即作用事的另一种说法,自然就不必复出了。

再看"取境":境说也是王昌龄《诗格》就刘勰等有关"境"的初始观念发展而成熟的唐人诗学新义,是王氏最大的诗学贡献,此为治文论史者之常识,不烦细述。应当说昌龄所论较皎然细密,然皎然亦有进一步发展,这首先就是"取境"的"取",融入了"作用事"的新义。故《取境》节安排在论用事的三节之后,以说明"作用事"之所以关键,在于"诗思初发"(《十九体》)即"兴发意生"(王昌龄语)时的重要作用,也就是说,取境就是诗思初发阶段的"作用事"。我们知道,境是心所攀援处,即心攀于物而生境,这是境的一般内含;然而所生之境究竟为何种形态,则在于攀境之心的"性"质,境界就是不同心性即时即地攀援于物时所显现的不同的境。境界实为"取境"之生成者。因为"取"即心惊觉,作意而起时的作用,作意之用使发兴时朦胧的直觉感受趋向意旨化,化为诗"意",并伴随物色而显现为诗歌义含象下的意象,这意与象的张力所形成的场域,便成境界。

皎然取境的又一贡献是将从杜甫起已萌生的"苦思"(所谓"意匠惨淡经营中")意识理论化,从而真诚地揭破了诗歌创作可以单凭灵感,一挥而就的神话。《取境》有云:"取境之时,须至难至险,始见奇句;成篇之后,观其气貌,有似等闲,不思而得。"这是对总序所云"其作用也,放意须险,定句须难。虽取由我衷,而得若神表"的发挥,又与《文章宗旨》所说"尚于作用"而能"风流自然"相应,揭示了以用事五格论诗尚于"作用事"的宗旨所在。又云:"有时意静神王,佳句纵横,若不可遏,宛如神助。不然,盖由先积精思,因神王而得乎?"这又是对总序所云"至如天真挺拔之句,与造化争衡,可以意冥,难以言状,非作者不能知也"一节的发挥,而与五格之外的可称逸格的"跌宕"等三格四品相应,指示了又一种创作形态,而

"先积精思,因神王而得",又揭示了这种似乎纯凭灵感的创作形态,在本质上与以苦思为常格的形态并无二致,是以长期沉思之淀积作为根本的顿悟式的触物起兴。皎然的这种观念当与其祖先谢灵运的积学顿悟说有关,故他虽受早期洪州禅影响,却仍兼修南北而不忘"一念返照,全体圣心",也由此其说主奇、主险、主逸,但决不至浮薄轻狂。

以上用事、作用事、比兴、取境等一系列新义,虽均源于六朝至唐初的"理事相惬"(《古今诗人秀句集序》),但由于以"作用事"为核心的新的禅化思维形态,遂形成了皎然由兴发意生到放意定句的有关诗歌意象的新概念,并丰富了王昌龄的境说,是对唐人诗学体系建构的又一贡献。这更可从这一部分的最后一个重要概念关于"体"的新义看出。

体:体在传统文论中主要有三义,风格之体、文体之体与唐人论诗中常用的指某种形态、技法的体,如《诗格·常用体十四》之藏锋体、曲存体等。这些在《诗式》亦时有运用,然而《诗式》更有一种极其重要的"体"之新义,即《辨体有一十九字》之"体"。这个体亦源于佛学。佛学之体为梵语"驮那"之意译,又称"界""性"等。"体"与"相"相待,为各差别能依分支(相)所依之根本。对此,佛教各宗有不同解释,此不赘述。大抵而言,皎然所言此"体",吸取了禅宗也信奉的《大乘起信论》有关"体相用"的观念,而加以禅宗化。所谓体相用,是说真如为"体",真如本体所内蕴的智慧、慈悲等无量功德为"相",合称"体相",此体相不固定,应缘随机活动是为"用"。因知"体相用"和单言"真如"(一)与"诸法"(万)对待的"体用"对待有所不同。盖真如为无相之实相,必因内蕴的智慧、慈悲等随缘活动为用。故体相用,是体相互摄为用。体相关系略同于儒门之心性,道家之道德,而皎然用于诗学,则为"体德内蕴"之"体德"。这里的"德"即《诗有五格》前一节《诗有七德》之"德",为说理、高古、典丽、风流、精神、质干、体裁等。以意为内核的体,必与说理、高古等德互摄方可成为由事象之下感觉得到的高、逸等"意度"。又所谓真如之体,《起信论》认为即众生本心,禅宗洪州系由于其即黑处便是明珠的观念,而于众生本心,尤强调心性之性。北宗与菏泽宗认为的心性同一的莹明澄净如珠的真如本心,在洪州系那里变成了心性混一的,无论白黑青黄均是的个性化的各自本性。因知,《诗式》此"体"义,即是禅家"体相用"观念富于洪州系特色的诗学运用。试看《辨体有一十九字》节云:

> 评曰:夫诗人之思初发,取境偏高,则一首举体便高;取境偏逸,则一首举体便逸。才、性等字亦然。体有所长,故各归功一字。偏高、偏逸之例,直于诗体篇目风貌,不妨一字之下,风律外彰,体德内蕴,如车之有毂,众辐归焉。其一十九字,括文章德体风味尽矣,如《易》之有《象辞》焉。今但注于前卷中,后卷不复备举。其比兴等六义本乎情思,亦蕴乎十九字中,无复别出矣。

这一段文字,揭示了诗作各别的内含的体(体德),源自"诗思初发"的"取境",亦即心物相击时心性对于事的作用事,作用事使朦胧的发兴趋向化为一种由句呈现的伴随物象的意旨,意旨挟气在诗体中流动为势,即意脉,它贯通诸事象使之成为"如车之有毂,众辐归焉"的诗歌由文本呈现的有肌质联系的诸意象。体德便是这种由意脉贯通的意象有机组合中,内含的个性化的意旨,故又称德体,即神变为有差别之相的"体"。又因为这体德(意旨之个性化)与随缘活动的象、势、声等相关,故"体德内蕴"而"风律外彰",风律即风力声律,也即"声律风骨始备矣"之意。因此,可以一字概括的体,是对始自"取境"的诗歌创作最终生成的文本品格的总体描述。由于这整个是一连串的"作用事"的过程,故义同作用事的"比兴"不复别出。又由于"作用事"是体德生成的必要条件,故除天予真性,发言自高不见作用之功的汉魏古诗外,凡用事之诗,唯作用事可入第二格或升入第一格，并于归属一、二格的同时，下注"高也""逸也"等字，以明体格融一。至直用事第三格后，因无比兴等象下之义就等而下之，不标体名了。

（五）高扬"独创""变化无复依傍"的
重意主旨——兼说意兴

虽然从陆机、刘勰到王昌龄、皎然，整个中古诗学，已对汉以前传统诗学作出了质的转变。但是对于后者以意（思、志、情）为主的基本观念却依然继承（这在后代诗学各派也少有例外）。然而这个意，却因基于不同文化文学背景的对"言意""句意"关系的逐渐深刻的理解，已悄然发生改变，深化为以"作用"为中心的体格相摄的充分显示诗学特征的意，这些已具见前文。

对意的认识深化，自然就引发了对个性化的"独创"精神的高扬。五卷末，也是全书之末的《立意总评》节，便遥应总序之"取由我衷，而得若神表"（按神表即意表，得若神表，则《取境》所云"似不思而得"），曲终奏雅，着重揭示了作为《全书》根本的独创精神。"独创"字虽未见于《诗式》，却见于《诗议》，有云：

> 凡诗者，唯以敌古为上，不以写古为能。立意于众人之先，放词于群才之表，独创虽取，使耳目不接，终患倚傍之手。或引全章，或插一句，以古人相粘二字、三字为力，厕丽玉于瓦石，殖芳芷于败兰，纵善，亦他人之眉目，非己之功也，况不善乎？[1]

这段话可为《诗式·立意总评》"前无古人独生我，思驱江鲍何柳为后辈""诗人意立，变化无有倚傍"等高扬独创精神的警句作注。重

---

[1]　张伯伟《全唐五代诗格校考·诗议》，第183页。

要的是"独创虽取",虽可贵,但"使耳目不接,终患倚傍之手"。因此可见,皎然主张的"独创"精神,不是肤廓的意气,而必与耳目接于外物时,心之作用联系,是对王昌龄《诗格》所论好诗须物色与意兼说的进一步发挥。从文章章法而言,《立意总评》在全书呼应总序,在本卷,则呼应卷五第一节的序,此卷序云:"夫诗人造极之旨,必在神诣,得之者妙无二门,失之者邈若千里,岂名言之所知乎?"神诣即以心之神思叩击于物,皎然称,这是诗人"造极"之必须。此与《立意总评》映照,便可见皎然重意主旨所重者,在于取境之际,诗人之心即时即地的个性化、情境化的兴意。这种兴意或说意兴的"神变作用",方是独创的真谛所在,也因此这一点又是其新诗史观的思理基础。

（六）"体变未必道丧"的新诗史观

总序"取由我衷,而得若神表"云云下启各卷首或卷中诗史评议:主要是卷二首节、卷三首节《论卢藏用〈陈子昂集序〉》、卷四卷首《齐梁诗》、卷五卷首一节紧接的《复古通变体》,以及卷一的《文章宗旨》等三节,卷二的《律诗》等等,这条线索共同体现了皎然独具慧识的新诗史观。

皎然时代的诗歌创作,在富于创新的同时,也存在两种偏向:一种是元结与《箧中集》诸子将陈子昂的复古意识发展到袭古的倾向;一种是大历十才子在追求"体状风雅,理致清新"的同时,产生了偏重清新秀丽乃至浮薄因袭的倾向[1]。二者均可说是正中有偏。皎然就是在批判这"古俗"与"时俗"两种倾向中,展开他的新诗史观的。由于这一点笔者《"吴中诗派"与中唐诗歌》一文已有详论,此不赘述,只提挈其宗旨是基于心体的独创观念。他品诗的原

---

〔1〕　参拙著《"吴中诗派"与中唐诗歌》。

则是论人论体而不全然拘代,从而有"体变未必道丧"之论;论史的倾向是于复古通变中,重变而不拘于复。这就在相当程度上打破了直至王昌龄《诗格》仍袭沿的诗文代讹的传统观念。

　　需要补充的两点是,一是他关于律诗的看法,有趣的是在《明四声》中他力斥同乡先贤沈约的"酷裁八病,碎用四声",而在卷二亦即第二格的《律诗》节中,却以完成律体的沈宋为律诗之高手,比之于诗家之"射雕手",并称即使曹操、刘桢辈来作律诗,与沈宋也"未知孰胜"。这更证明,在声律问题上他并非一味追随周颙、陆厥等的观点,而对于合理应用声律规则予以肯定。他对于律诗评判的标准"但在矢不虚发、情多、兴远、语丽为上,不问用事格之高下",则表现了盛中唐律诗新兴不久时,对律体特征与功能的看法,也初启后代在诗学上辨体的端倪。

　　二是在卷五具有为其诗史观作结意义的《复古通变体》中有云:"又复变二门,复忌太过。诗人呼为膏肓之疾,安可治也? 如释氏顿教,学者有沉性之失,殊不知性起之法,万象皆真。夫变若造微,不忌太过。苟不失正,亦何咎哉!"此说点出了他重"变"的新史观,是与其重"性"的创作论相表里的,而顿教的以心地发明为根本的中道观,则是二者的哲理基础。

归要与总结

　　上节所论《诗式》的六个论旨,体现于上析《诗式》的内在架构之中,它们相互联系构成了皎然《诗式》的诗学体系,今归要并结论本文要旨如次:

　　以《诗式》为代表的盛中唐的诗学体系,是对八代以刘勰为代表的以语言批评为特征的诗学体系的复变。它以汉魏到今代的诗史,与盛中唐间的诗歌创作及焦点问题为土壤,援禅学思维入诗学思维,在继承刘勰以个性化的心性为创作之本的同时,进一步高扬诗性的独创精神,且以个性化的心体对事象的"作用"为贯通全部理论的主线,既赋予传统诗论的重意观念以新意,更在中国诗学之核心命题:言、象、意关系问题上,转变刘勰由言意对待而及于象的玄化的思辨形态为由象意关系及于言的禅化思辨形态,并由这一核心问题的转变,引发出以直觉体验为发端,以"取境"为枢机,以"作用"为红线,以文本之"体德风味"融一之境界为归要的一系列诗学新义,也以"作用之势",进一步贯通了意兴、意脉、意象三者的关系,从而丰富了刘勰为代表的八代诗学的研究成果,构成了富于时代气息与民族特点的唐人诗学新体系。皎然在上述中国诗学核心问题上对刘勰观念的反拨,实际上是同样由文章角度,对言象意关系的进一步深刻体认,在理论上与刘勰所说有互补作用,而同样属于富有语言批评特色的诗学文章学范畴。刘勰体系至皎然体系的进程,颇类于现代语言学批评形式主义批评到符号论的进程,因而应可以其鲜明的民族特性,成为世界文学诗学理论宝库中的瑰宝。二者的成就,又都有先贤与同时代其他诗歌创作经验与诗学理论为铺垫,因此其异同可视为中古诗学文章学发展的两个阶段,而与汉以前传统诗论构成正反合的关系,对于嗣后的中国诗学发展,具有不可磨灭的重大影响。大抵说来,刘勰体系对后世"文以明道"一路影响更著;皎然体系对后世性情、性灵一路更具启发。然后世无论"文以明道",还是注重性灵,实际上都已离不开对于诗歌作为"文章"的观念的体认,与以主体精神对诗歌语言的不断重视与创新。这些只能留待以后讨论了。

（本文原载于《诗书画》2012 年第 4 期）

"文章且须放荡"辨

梁简文帝萧纲《诫当阳公大心书》有云:"立身之道与文章异:'立身先须谨重,文章且须放荡。'"此语常为论者引作齐梁"淫靡"诗风的理论表现。[1] 齐梁诗风能否径以"淫靡"一词概之,且作别论;这里想先就萧纲此论作一辨析。

一

"放荡"一词,今人常解作淫佚浮荡,然古人理解,却不限于此。如:

《汉书·东方朔传》云:

> 其(朔)言专商鞅韩非之语也,指意放荡,颇复诙谐……

《三国志·魏书·武帝纪》:

> (武帝)少机警,有权数而任侠放荡,不治行业。

《三国志·魏书·王粲传》:

---

[1] 如游国恩《中国文学史》第二编第五章、刘大杰《文学史》第十章第一节。

阮（瑀）子籍，才藻艳逸而倜傥放荡。

《南齐书·武陵昭王纪》：

康乐放荡，作体不辨有首尾。（齐高帝语）

以上四例自汉至齐，由人而文，所云放荡，均非关淫佚浮荡。《论语·阳货》篇："其蔽也荡"，孔疏："荡，无所适守。"此正可为放荡一词作注；放荡者，不主故常，不拘成法之谓也。

放荡此义，至唐犹然，杜诗云："放荡齐赵间，裘马颇清狂。"此处，放荡有不拘礼法、豪逸不羁之义。李肇《国史补》论唐世诗风云："大抵天宝之风尚党，大历之风尚浮，贞元之风尚荡，元和之风尚怪。"按："诗到元和体变新"，相对于盛唐诗风则为"怪"，而其先机已孕蕴在"贞元之风尚荡"之中了。

放荡之意既明，则萧纲所论，语意不难寻绎。《诫当阳公大心书》，原书已佚，仅有断简存《艺文类聚》卷二十三《鉴诫》部中，严可均辑以入《全梁文》卷十一[1]，文不长，全引如下：

汝年时尚幼，所阙者学。可久可大，其唯学欤？所以孔丘言："吾尝终日不食，终夜不寝，以思，无益，不如学也。"若使墙面而立，沐猴而冠，吾所不取。立身之道与文章异：立身先须谨重，文章且须放荡。

此简主旨在于诫当阳公力学以立身，很难设想至文末反劝之以文章为淫佚靡荡。这里深可玩味的是一个"且"字。萧纲不说"文章惟须放荡"，而说"且须放荡"。《诗·卫风·氓》疏"且者，兼二事也"。故知"立身先须谨重，文章且须放荡"二句相互关联而不可分割。立身先须以谨重为根本，至文章则当在此基础上而兼有放荡之意态。这里，放荡之意正与《三国志·王粲传》称阮籍文风

---

[1]　严氏注此文引自《艺文类聚》卷二十五，误。

"才藻艳逸而倜傥放荡"同。明张溥《汉魏六朝百三家集题辞·梁简文集》评萧纲云:"《诫当阳书》:'立身须谨重,文章须放荡',是则其生平所处也。"又云:"颇厌时人效谢康乐、裴鸿胪,余谓帝诗文适在谢后裴前耳。"此二语颇有助于我们对萧纲文学观的理解:按钟嵘《诗品》评谢灵运诗云:"其源出于陈思,杂有景阳(张协)之体,故尚巧似而逸荡过之。"张溥以萧纲诗文承谢灵运之后,正说明"文章且须放荡"语并非专指淫佚浮荡,而是说诗文创作当不拘成法,且须风流倜傥。这一点可以从萧纲其他几篇重要的论文著作中得到印证。

<h2 style="text-align:center">二</h2>

萧纲在《答张缵谢示集书》中写到,诗文既可写"春庭落景,转蕙承风,秋雨且晴,檐梧初下"时的"乡思凄然",又可写"胡雾连天,征旗拂日,时闻坞笛,遥听塞笳"时的"雄心愤薄",而这些又必须是"寓目写心,因事而作"[1];其《昭明太子集序》又称文章须"近逐情深,言随手变,丽而不淫"[2],可见萧纲虽为梁陈宫体诗的鼻祖,但是其文论——无论就内容还是就形式而言——初意并非专在提倡"轻艳""淫靡"文风。这一点在其《与湘东王书》中更得到了集中反映。其云:

> 比见京师文体,懦钝殊常,竞学浮疏,争为阐缓,……既殊比兴,正背风骚。若夫六典三礼,所施则有地;吉凶嘉宾,用之则有所。未闻吟咏情性,反拟《内则》之篇;操笔写志,更

---

[1] 《全梁文》卷十一。
[2] 《全梁文》卷十二。

摹《酒诰》之作。迟迟春日,翻学《归藏》;湛湛江水,遂同《大传》。

又云:

> 是以握瑜怀玉之士,瞻郑邦而知退;章甫翠履之人,望闽乡而叹息。诗既若此,笔又如之。徒以烟墨不言,受其驱染;纸札无情,任其摇襞。甚矣哉,文之横流,一至于此。[1]

从这两段话中可看出,萧纲论文正以"比兴""风骚""吟咏情性"为主旨:一方面反对"驱染烟墨","摇襞纸札",华而不实;另一方面又反对"拟《内则》","同《大传》",作抽象说教,使"文章殆同书抄"。这里可以看出萧纲将"文章"与力学以立身相区别的思想。但是有区别并非对立,怀玉握瑜与章甫适越二典用意尤深,正可与"立身先须谨重,文章且须放荡"互证。怀玉握瑜用屈原《怀沙》典,意谓修德立身先须谨重如玉,故能不涉淫靡,"瞻郑邦而知退"。章甫翠履反用《庄子·逍遥游》典,以指只要内德修立,文含比兴,则辞章尽可华美,风韵正当倜傥,而不必因"断发文身"的"闽越间人"而自愧。二典一从立身言,一从文章言,句序相续,语意互补,适成为"立身先须谨重,文章且须放荡"二语的确切自注。

《与湘东王书》更列举了萧纲深所膺服的古今诗文家。其中"古之才人,远则扬、马、曹、王;近则潘、陆、颜、谢"。至今世"文章之冠冕",则举谢朓、沈约、任昉、陆倕。这些人,都是汉魏以迄齐梁,顺运应时,在文章新变中卓有成效的大家。从这一系列中可以看出萧纲并非专尚"淫佚浮荡",而要在于文章代新,不拘成法,以美文更自由地抒写性情。至此,"立身先须谨重,文章且须放荡"的前述基本含义,差可无疑。

---

[1]　《全梁文》卷十一。

三

从某种意义上看,把"立身先须谨重,文章且须放荡"视作梁代诗文的理论表现倒是恰当的。因为它充分表现了梁代文学的得失功过。

由于对"文章且须放荡"一语诠解不确,论者常认为昭明太子萧统,与简文帝萧纲的文学观有原则区别。其实不然。梁季三萧(统、纲与湘东王绎)"引纳文学之士,赏接无倦,恒讨论篇籍,继以文章"[1],形成了一个自觉的文学团体。昭明谢世,简文为其集序,称颂其有德十四。三萧中湘东为季,昭明、简文均有与湘东王论文书,昭明《书》云:"观汝诸文,殊与意会,至于此书,弥见其美。"又有《答晋安王书》(按晋安王为萧纲当时封号)赞简文文章"首尾裁净,可为佳作,吟玩反覆,欲罢不能"。检《玉台新咏》《全梁诗》《全梁文》,三萧书札往来不绝,尤多同题唱和,无论就内容抑或形式观,均无本质区别。张溥《题辞》云"昭明、简文,同母令德,文学友于,曹子桓兄弟弗如也"(《梁昭明集》),又云"(简文)兼以昭明为兄,湘东为弟,文辞竞美,增荣棠棣"(《梁简文集》)。正道出了三萧之文学趋尚基本相同。事实上简文所云"立身先须谨重,文章且须放荡",正与昭明《文选序》所论"事出于沉思,义归乎翰藻"互为补充。反映了晋宋以来文学发展的历史趋向。

按:萧统评陶渊明:

> 其文章不群,辞彩精拔,跌荡昭章,独超众类。(《陶渊明集序》)

---

[1]《梁书》卷五《简文帝纪》。

钟嵘评谢灵运：

> 其源出于陈思，杂有景阳之体，故尚巧似而逸荡过之。
> （《诗品》）

又评鲍照：

> 得景阳之淑诡，含茂先之靡嫚，骨节强于谢混，驱迈疾于
> 颜延。（《诗品》）

梁代诗评家论晋宋际诗风转变的三位巨匠，除指出他们辞彩精拔的特点外，又分别许以"跌荡""逸荡""驱迈"与"疾"等字样，这充分说明相对于古朴厚重的汉魏诗，晋宋后诗歌表现出"放荡"的时代特征。明代复古主义的诗评家何景明称"古诗之法亦亡于谢（灵运）"，正从反面说明了这一特征。晋宋后诗风趋荡，我以为表现在两个方面：首先是由汉魏诗的重情志到晋宋后诗的重情兴——真情郁积基础上的勃发的灵动意兴。王子猷雪夜访戴安道，乘兴而往，兴尽而归的著名故事，最能说明晋宋后文人特别重视飙来倏至的意兴以及由此而产生的诗文作品意态的飘逸、风神的逸荡。性情的解放是晋宋后诗歌趋荡的一大表现。其次是文学形式的解放，晋宋后诗人大胆采用了汉魏诗人未曾采用过的种种表现手段与形式，既讲究音、形的谐美，更重视文体的开合。不仅五言被视作"众作之有滋味者"，而改变了长期以来"四言"为尊的局面；而且过去一些不登大雅之堂的诗体形式：七言、杂言，乃至当代的俚曲谣辞，均在"高雅"的诗国，名正言顺地占据了一席之地。正因为晋宋后诗歌在内涵与形式上的这种趋尚，"清新"中见"俊逸"成为当时优秀诗歌的显著特点，而昭明与简文的文学理论正是这种时代特点从不同角度的反映。

昭明所云"事出于沉思，义归乎翰藻"，意谓为文当沉思以钩取事物的义理，更通过绮丽的辞翰加以表现。似主要就创作方法角度立论。简文所说"文章且须放荡"，则着重就文章的体貌而言，它

既指诗文音、形的谐美流荡,更包含文体结构的开阖排荡、诗人气质的卓拔逸荡,而这一切又总体反映为诗文风貌韵度的"倜傥放荡"。二者所论互为补充,对晋宋后文学的发展作了总结。一部《文选》正是这种文学思想付诸实践的结晶。这是问题的一个方面。

另一方面,"立身先须谨重,文章且须放荡"二语又集中地反映了梁代文学的消极面。由于贵族阶级本性与宫廷生活的限制,这一理论的革新精神又往往被窒息。三萧,尤其是纲、绎二人在创作实践中,往往强调了"文章且须放荡",而背离了"立身先须谨重"的根本。于是"放荡"就下而流为"靡荡",遂有梁陈以迄初唐宫体诗的泛滥。而提出"立身先须谨重,文章且须放荡"这一富于革新意味理论的简文帝,本身更成了"淫靡"诗风的始作俑者。这也是后世人们往往对"立身且须放荡"一语的本来意义作片面理解的原因所在。

对于"立身先须谨重,文章且须放荡"的上述二重性,当以历史的、发展的眼光来考察与理解。萧纲,作为一个具有相当深厚的文化艺术修养的文论家[1],他能敏锐地看到并把握住了文学发展的历史趋势,因此他的文学理论富于革新性;他所奉为龟鉴的诗文家,也都是文学史上敢于创新,并卓有成效的大家。但是由于阶级本性的局限,他却未能身体力行这些正确主张,他从正确的基点出发,行程中却不能自已地旁逸邪出,终于堕入了泥淖。然而思想文化史上的任何一种新成果,是不会因其倡导者个人的失足而随着丧失其固有的生命力的。它必将为后来者自觉或不自觉地扬弃,其合理内核终将摆脱外壳上的污垢而在新的高度上发出更为绚丽的光彩。王安石评李白诗云"豪宕(荡)飘逸,人固不及",又评杜诗

―――――――――――

[1]　参见《梁书》卷五《简文帝纪》。

云"疾徐纵横,无施不可"[1]。曾为萧统所抉示的晋宋后诗歌发展的历史潮流,又经过百多年的反激、回旋,至此终于浩乎沛然,蔚为大江。

（本文原载于《古代文学理论研究》第九辑）

---

[1] 《杜诗详注》卷之一。

唐诗演进规律刍议

——"线点面综合效应开放性演进"构想

古代文学史发展有什么规律性？研究中应取何种方法？特别当前新理论纷来沓至，又应如何看待它与传统方法的关系？这些互为因果，具有总体性的、高度抽象的问题已成为文学史界最敏感的问题。本文试图略述自己在唐诗史学习研究中萌生的粗浅看法。

一、几种有影响的模式的回顾

先对唐诗史研究影响最大的原有模式作简略回顾。

1. 社会学模式——由面到点的观念：

有两种形态。

建国以来，占主导地位的观点是，把诗歌——上层建筑的一个部类，作为经济基础的反映，认为诗歌是以经济为终极原因的社会生活在诗人头脑中的反映，或说是能动反映。结合诗歌形象思维的特点，研究者多从经济及其集中表现政治背景中考察每一时代作家的风格。其哲学基础是辩证唯物论的反映论——而对这一理论的理解与运用却多有偏差。

　　近几年,许多学者又转向在民族文化的大系统中来考察唐诗的演进,对佛、道文化的研究,对民俗学及区域文化的研究,以及新引入的"民族文化的深层结构论"等等都使唐诗研究进一步深入,不过这些也并不能说是新方法。丹纳的"民族性格""地理环境""社会环境"说是其理论基础,"五四"后,胡适、郑振铎、陈寅恪先生等都曾在这方面有所建树。

　　这两种形态,尽管侧重点有所不同,但都着重于从社会原因解释诗歌演进,所以总称之为社会学模式。

　　2. 人学模式——由点到面的观念:

　　"文学是人学"的口号,现已为研究者普遍接受,也有两种形态:

　　"保守"一点的,沿用高尔基的观念,这依然以反映论为基础,不过更强调了个性化。

　　"激进"一点的则沿用亚里士多德的"求知是人类本性"说、文艺复兴时代的人本主义、克罗齐的直觉说、弗洛伊德的精神分析说等等,这一系列历来被归入唯心论范畴,现可公开谈论,是开放的表现。

　　3. 形而上学模式——双线与双面观念:

　　这与上述两种模式有非此即彼的联系,表现很多,共同特点是以对立的线或面的矛盾斗争来解释诗史演进,如现实主义与浪漫主义,现实主义与反现实主义、儒法斗争、教化与反教化的矛盾、雅与俗的矛盾等等,这些是双线性的;又如文与道的矛盾、情与理的矛盾等等,这些是对立面性的。因为它们都把规律性理解为两个固定观念的衍化,笔者认为是形而上学的。

　　以上三种模式,在唐诗史研究上各有建树,都从某一侧面接触到一些本质问题;但是也都各有缺憾。双线或双面观念使诗史能显示出"史"的轨迹,却把丰富的诗史现象纳入狭窄的框子中去。比如现实主义和浪漫主义的模式,就无法分析诗史上风格众多的作家，就唐诗言，如顾况被归之于现实主义作家行列，所据只是它他的《囝》《采蜡》等少数作品，而一部《顾华阳集》却大多如皇甫湜在《顾况集序》中所说"往往若穿天心，出月胁，意外惊人语，非寻常所能及，最为快也。李白杜甫已死，非君将谁与哉"！李白据说是浪漫主义的，杜甫则是现实主义的，顾况究竟应当站在哪一边呢？像这种支解作家来给他排座次的例子，在以双线观解释诗史的著作中举不胜举。文与道的矛盾说在双面观中较为合理，优点是试图从文学作品的构成因素本身来解释文学演进，但是它却难以解释各种诗体、文体的演变，它可用于每一文学部类，却又都不能确切解释任一文学部类。

　　社会学与人学模式，虽然侧重点不同，都从创作主客体的关系来研究文学，是其长处，但有两个缺憾。其一，哲学、伦理学、美学、绘画、雕塑等，都可由这两个模式，或其结合形态来解释，然而文学，文学中的诗学的个性又如何体现呢？做得较好的，或能兼顾文学、诗歌的特征，但却避免不了第二个缺憾，即它能解释单个的文学作品，个别作家的风格，或某一时期文学总的特点，然而却难以把这些连成"史"。

　　上述情况并非是唐诗史、甚至并非是汉文学史研究中的特殊困惑，也是世界各民族文学史研究中的普遍现象。雷·韦勒克和奥·沃伦的《文学理论·文学史》章中介绍了英法等国文学史著作，以为主要有两类，一类以文学为"社会变化的一种副产品"：结果把文学史写成"图解民族史或社会史的文献"。另一类则"写了一系列互不连接的讨论个别作家的文章"，只是"对按编年顺序排列的作家和他们的某些作品作了一系列的批评性的议论罢了"。这两类，作者认为，前者不是"艺术"史，后者则不是艺术"史"。为此他们提出了一个卓越的思想："作为一种艺术来探索文学史，就要把文学史与它的社会史、作家传记以及对个别作品的鉴赏，加以比较和区分。"这是说要把文学史写成文学的"艺术史"〔1〕。具体到唐诗来说,当写成一部唐诗的"艺术史"。这种认识在我国,其实古已有之,这就是:

4.旧诗学模式——封闭性、线性与封闭性线点面观念:

明、清两代的唐诗研究出现了高潮。如胡应麟《诗薮》、许学夷《诗源辨体》、胡震亨《唐音癸签》、叶燮《原诗》下篇、方东树《昭昧詹言》等,实际上都是诗史著作,它们不仅精要地剖析了诗人各自的风格,而且强调其传承,具有相当的系统性。但又有共同的不足,其一,门户之见,宗唐尚宋,势若水火,这不能不影响视野;其二,就诗论诗,虽每能阐明诗风演革而切中肯要,却不能说明何以会产生这些演革。所以可视为封闭性线性诗学模式。

刘勰《文心雕龙》又给我们以极宝贵的启示。从文学史角度看,《文心雕龙》前二十五篇文体论,可看作二十五篇具体而微的分体"文学的艺术史"。二十六至三十五篇以艺术思维与作家个性相结合,在阐述文学创作总规律的同时,透露了作为文学史链索上的个人如何发展文学史的思想闪光,其联系大抵如下:首先,在深刻观照的基础上,因才运思,以显情达意,是创作的总规律(《神思》二十六)。其次,因才性不同,而风格有异,因此作者务必"学慎始习……功在初化",以"雅制"为准的。(《体性》二十七)。于是因性练才虽各各异区,然均当以情志为本,风骨为先(《风骨》二十八)。这样就可以"名理有常,体必资于故实;通变无方,数必酌于新声";"骋无穷之路,饮不竭之源"。不断演出文学史的新篇章(《通变》二十九)。通变之施行于文学各体,又须得各体之势,所谓"循体而成势,随变而立功者也"(《定势》三十)。这样,这五篇联系上二十五篇文体史,就以作家的才性为发端,以通变为枢纽,为人们提供了文学演进的深刻启示。《文心雕龙》三十一至四十四篇有分有总地

---

〔1〕　艺术,并非单指艺术手段,参《文学理论》一、二章。

论述了创作的各种艺术构思和技巧后,第四十五篇《时序》又论述了时代风气对诗文风格演变的决定作用,这样刘勰就朦胧地表现了线(文学的艺术史),点(作者)、面(时代)相互作用的模式。

刘勰思想,也有重大缺憾,原道、征圣、宗经的体系,相当程度窒息了其生命力,许多在他看来不合风雅,而其实往往是充满了活力的文学现象被忽视了,因此可称之为封闭式的线、点、面观念。

二、新诗学观念——"线点面综合效应 开放性演进"总释

在唐诗学习研究的实际中,笔者逐渐感到,打破刘勰原道、征圣、宗经的封闭性,在现代科学所揭示的有关人的思维规律的基础上,对他的体系加以根本性的改造或许可行。为了表述方便,姑将自己的粗陋想法称为"线点面综合效应开放性演进构想"。

所谓线,是指每一文学类型作为艺术的发展链索。具体到唐诗,就有五古、七古、五律、七律、五绝、七绝等多条线,因此,线,确切地说,应称之为"索",多条线的扭结,合成唐诗发展的线索。

所谓点,是指处于线索上的不同个性的作者或不同风格的作者群,正是这些点,将扭结的线索不断延展下去。

所谓面,是指影响这些点把线索向何种方向延展的时代因素,包括经济、政治、思想、其他艺术部类等等,共同汇成时代精神。

所谓综合效应,主要有以下几层含义:

首先,有别于机械唯物论,而认为线、点、面各个都充满着活力,线、点、面之间,线、点、面各自的各个构成部分之间(如线索上的各个单线间,点上的人与人之间、流派与流派之间,面的各个侧面间)都处于不断的逆反作用之中。

其次，有别于先验论和形而上学之为诗史演进先确定一种固有的理念或模式，而认为诗史如同其他艺术部类，乃至意识形态的各部类一样，它的演进只是上述诸因素互相作用的综合结果。

所谓开放性演进，是综合效应的必然结果。综合效应使诗史演进虽有自身的发展系列，但既不为其自身所封闭，更不为任何外在的模式所封闭。

要之，"线点面综合效应开放性演进构想"，是笔者从唐诗研究实践中逐渐感到的，应将诗史作为"艺术史"来研究的一种设想。它以线为研究的主要对象，以点——各具个性的人为延展诗歌艺术的线索的最活跃的因素；以面——时代精神，作为重要的参数；以解析它们的综合效应从而描出诗史演进轨迹为研究的结果。轨迹产生于研究之末，而非其先，亦即韦勒克所说"我们必须从历史本身抽取这一体系，即我们必须从实际存在的事物中发现它"（《文学理论》第 306 页）。

因此下文所要论述的有关内容，决不能为任何人，包括笔者自己提供一套研究、撰写诗史的具体公式，而可能提供某些观察问题的角度；决不可能形成严格的规则，而可能显示某些隐约可感的规律。规律决不同于规则，规则是死板的、凝固的；规律则是活跃的辩证过程，是蕴含在现象之下的运动形态。

或许根本就不存在一种可以包罗无比丰富、活跃的文学现象的公式或规则；谁想把诗史演进规律规定得越具体可循，就越将画地为牢，陷入不可解脱的困境。至少在可以预计的将来，决不可能有一种一统天下的唐诗史（更无庸说唐代文学史、汉文学史）著作，研究者都可能接触到问题的某些实质方面，而不可能是全部。一部较好的、能大体显示唐诗演进主要轨迹的唐诗史，只有通过无数研究者各具个性的研究，在无数正确与谬误、碰撞与冲突中，才有可能在较遥远的将来出现。同样"线、点、面综合效应开放性演进构想"之在总体上被人们遗忘，也不会使笔者感到意外和痛惜，而如果其中有一枝半节能对人们有所启发,在我看来,就是"大功告成"了。

三、不规则线性演进的几项规律

二年多前笔者所撰《从初、盛唐七古演进看唐诗发展的内在规律》一文(简称《七古》文,《中国社会科学》一九八六年六期)中,曾粗略提到几点有关唐诗演进规律的意见。大意如下:

恩格斯 1890 年 10 月 27 日《致康·施米特》的信中曾提到经济虽然对哲学、文学等分工的特殊领域具有"最终的支配作用",但是这些领域"都具有由它的先驱者传给它而它便由此出发的特定的思想材料作为前提","经济在这里并不重新创造出任何东西,但是它决定着现有思想材料的改变和进一步发展的方式"。据此,结合初盛唐七古演进轨迹的分析,认为诗歌艺术作为文学分工的一个特定领域,其演进,总是后一代诗人对前代诗人积累、创造的诗歌艺术遗产,在新的历史条件、趋势下,进行改革的结果。因此,决不能以经济、政治及其他外部原因的研究,代替对诗歌艺术、各类诗体形式内部演进规律的研究。由此,又提出了唐诗演进的五点具有某种规律性的看法。两年后,原来的断想已有了较大的进展,首先是不规则线性演进的四对八点规律:

1.连续性和隐显性:

唐诗各体各流派,都有其前后相继,不可间断的发展系列。后一时期的某一诗体、某一流派,都是这一诗体、这一流派前此各时期,尤其是相邻时期的演进结果。这种连续性有时之所以为人们忽视,则是因诗史的延续,有隐性与显性的不同。隐显交替,其实体现了质量互变的规律。诗史上两个特色明显的高峰,看似区别巨大,然而必有一个过渡时期相连接。就一种诗体言,如初唐四杰和盛唐高、岑、王、李乃至李白、杜甫的歌行,风格区别甚大,过去把它们视为今、古两体,然而两者正由初盛唐之交李峤、张说、刘希夷、张若虚等诗人相联系,研究这些诗人的七古,就会发现,盛唐诗人雄远恢宏、开荡排阖、踔厉风发的七古,正以初唐四杰整密高华而血脉动荡、篇制宏大的骈赋化歌行为其前驱(参《七古》文)。就某一流派而言,如盛唐王、孟和元和时的柳宗元都是山水田园诗的代表作家,但是风格明显有"清淡"和"清峻"之分,而其演变的轨迹,却正是由贞元时提倡"苦思"得"奇"的皎然等人的此类诗作所体现[1]。至于唐诗各时代的隐显中见连续的规律将在后文举例。

2. 螺旋上升性与旁参演进性:

为了形成自己独特的风格,超胜前人,诗人们又总是在接受相邻时期诗歌遗产的同时,融以新的艺术因素,一般表现为两种形态:

一是综合本诗体,本流派更前阶段的艺术因素,对相邻时期的诗体、风格加以改造。如七古演进史上,盛唐七古,尤其是李、杜七古,向汉魏七古作循环,进行新变,但又吸取了齐梁至初唐新体歌行的藻绘声调、布局取势、诗歌形象方面的艺术因素,因此,不尽同于汉魏七古的槎梧质素,而在扪峭中见圆润之美,奇崛中有瑰丽之态,与其说这是一种古体七古,毋宁说是一种更新形态的七言古诗。这样循环性就以连续性为前提,表现为螺旋上升的形态。文学史上不断出现的"复古通变"的口号,就是这种螺旋上升性的反映。

二是或旁取其他诗体甚至相邻艺术部类的艺术因素;或因时制宜旁取当代民歌进行新变。前者如初唐四杰在齐梁诗人努力的

―――――――――――
〔1〕 参拙著《"吴中诗派"与中唐诗歌》(《中国社会科学》八四年四期),《韦柳异同与元和诗变》《中国古典文学论丛》八六年四期)。以下简称《吴中》文,《韦柳》文。

基础上，旁取骈赋表现手段融入七古，韩愈于七古中融入古文章法、字法等。后者则可以新乐府诗为例说明。以杜甫《三吏》《三别》《兵车行》《丽人行》等诗与王梵志诗对比，即可见杜诗中不少句子、句式都与梵志诗合若符契。梵志诗实为佛氏偈赞，多取里巷之体，实际上反映了唐前期中原民歌的某些特点[1]。白居易新乐府精神上受杜甫启示，但诗体上却大量吸取唐代南方民歌三、三、七的句式（《吴中》文三章）。新乐府，原意为唐世新歌，初唐就有，如谢偃乐府新曲等等，然都为模写歌儿舞女，杜甫、白居易承之而转取民间歌曲形态，又在内容上进行革新，从而谱写了乐府诗史上崭新的一页。至于大历贞元时期，吴中地区诗人吸取当代"吴体"诗特点改进律、绝，为元和刘禹锡、白居易以坦易流利称的律绝之先声（同上）；晚唐的大型七绝组诗的成批出现，肯定受到当时僧俗说唱文学的影响（将另文阐述）。都是旁取演进状态的有力证据。

　　螺旋上升性与旁取演进性，二者经常是结合在一起的。如称作"千字律诗"的元、白长庆体歌行，是对四杰骈赋化歌行的一个循环，然而又明显受到当时传奇文学尤其是佛教变文从内容到形式上的影响[2]。又如柳宗元所以能以"清峻"发展王维、孟浩然、韦应物的清淡，一方面是从此派鼻祖之一谢灵运之为前人很少注意的奇险深曲一面开拓，另一方面，则深受他的友人韩愈诗风的影响，更得力于他的古文造诣（参《韦柳》文）。在观察某一诗歌流派的演变时，尤其要注意这种螺旋上升性与旁取演进性的结合。诗人的风格中包含多种侧面，后人对前人的发展，往往就其某一方面开拓，而究竟选取哪一侧面，则多视后人所处时代的风气如何，当代有何种艺术因素可同时结合而定，因此旁取性，往往又决定着螺旋性的具体形态。

---

〔1〕　参拙文《三吏三别与王梵志诗》，收入四川文艺出版社所编《唐宋诗今话》。

〔2〕　参陈寅恪先生《元白诗笺证稿·长恨歌》及拙《七古》文二章。

　　螺旋上升性与旁取演进性及其结合形态,可以说是连续性的具体表现形式,诗史生生不息的活力正在于此。有连续而无螺旋上升与旁取演进,或者有循环、旁取却忽视了连续,都不利于诗史发展。盛中唐之交的元结和《箧中集》作者,是忽视连续的典型。元结在安史之乱前后的作品与选辑几乎是清一色的仿古,《二风诗》十首拟《诗经》,《补乐歌》十首仿三代前歌诗,《演兴》四首仿楚辞,《系乐府》十一首仿汉乐府,所选《箧中集》二十七首又均为汉魏五古体格。可见他所提出的反对"喜尚形似,拘限声病"的主张,是与他复古主义的创作实践分不开的。反对新变到了极端就走向了反面,虽然他们以雅正为标榜,《系乐府》中也间有感人之篇,但总体而言却质木无文,因此鲜有继起者,宜乎皎然《诗式》称这类诗为燕石鼠璞。元结的诗作,在任道州刺史后方有起色,这是因为他承李白之绪旁取了南国民歌的特色,其佳篇如《欸乃曲》、石鱼湖诸作,均作于此后,这一变化过程有力地说明了循环之不可脱离连续。稍后于元结的大历十才子等诗人则是有连续而少循环与旁取的作者群,他们一承王孟之淘洗清空,路子越走越窄,高仲武《中兴间气集》评刘长卿为"思锐才窄",其实问题主要还不在才之宽狭,因为雷同,是大历诗人的通病,皎然《诗议》称之为"句句同区,篇篇共辙",并点明其原因是"习俗师弱弊之过也"(参《韦柳》文)。正深刻地说明,连续不可无循环或旁取之新变。

　　无论是有连续无新变,还是有循环而忽视连续,都是诗史发展中的惰性的表现。"存在即合理",同时"存在即不合理"。惰性在持续一段后,必为蕴积的冲力所突破。所以李白、杜甫诗中的新变因素,经贞元诗人的努力,至元和时大放光彩,出现了唐诗的又一高潮期——元和诗变(参《吴中》文)。这又是连续性与螺旋上升性及旁取演进性的规律,通过隐显规律而终于获得表现的胜利。

　　因此,也可以说连续性与隐显性,螺旋性与旁取性,又综合表示为诗史上惰性与冲力矛盾的演进形态。

3.分化性与综合性：

诗史上时隐时显的连续性通过螺旋上升或旁取演进来展现，又必然导致分化与综合交织的形态，因为旁取与循环就是参融，亦即综合。综合的具体情况又会因人、因时、因地而异，于是又产生它的对立面——分化。初唐七言诗的发展是诗体分合的有趣例子。梁陈至初唐，七古要有所新变，就参取了骈赋的因素，这是合的过程。骈赋化歌行在初唐四杰手中发展到完全成熟的程度，而分化也随之而来。这一诗体中的八句体，四句体，前者受南朝以来以为八句四韵最合乎中庸之美观念的影响，后者受民歌与联句句式影响，独立出来，至武后、中宗时期，唐人七律与今体七绝，分别发展成熟[1]，而骈赋化歌行的主体，却如前所述，发展为盛唐人七古。流派的分合也如此。元白新乐府，与张、王古乐府，都从杜甫乐府诗延展，而前者多旁取，后者多循环，成为中唐讽谕性乐府诗的两个大宗。至于一个时代的分合交织，将在下一点再举例说明。

4.时代倾向性与多样参差性：

各种诗体、各个流派及诗人个体在诗史的长河中都通过螺旋上升或旁取演进，分分合合。这错综复杂的关系，形成了它们各自或隐或显的发展系列，这样在每一时代就会呈现出参差不齐、缤纷多样的状态；然而由于时代精神的影响，它们又会"风动于上、波振于下"，显示出某些共同倾向。所以时代倾向性与多样参差性的关系是一个时代诗歌的共性与个性的关系，但是笔者所说的时代倾向与多样参差的关系，与过去简单地以一个时代的政治、经济原因解释当时的文学现象的理论有重大的区别。

因为，诗歌的艺术史既为主要线索与研究对象，这条线上不同个性的人既为延续史的最活跃因素，就决不能像过去那样把诗史

---

〔1〕 参拙文《初唐七律的形成及风格溯源》(《中华文史论丛》八六年四期)，以下称《七律》文。

艺术的研究,变成政治经济的图解。

不同个性习染的诗人,将成为时代倾向与多样参差性矛盾统一的关键因素,因为只有通过诗人及其作品的研究、分析、比较,才能使诗歌艺术的演进史具体可循。在这里多层次的异中同、同中异将成为研究的重要课题。我们不妨以元和诗变的一些主要反映来说明:

首先不同流派会有共同的时代倾向:元和时期存在有以通俗称的元白与以险怪称的韩孟两大诗派。通俗在今天看来是平易,然而在六朝至唐传统的以雅正为标格的风气下,却被视为"险诨语"(沈约评吴均),"怪以怒"(王通评吴均)。险诨,犹云打油(《通雅·释诂》),可见通俗在当时也被视作失于典裁。因此李肇《国史补》论元和诗风时列举韩孟、元白、张籍等多人的不同风格,总称之为"元和之风尚怪",而"元和之风尚怪",正是"贞元之风尚荡"的顺理顺章的延续。以放荡清狂为特征的贞元诗人——主要是江浙诗人的创作中已经包含了通俏与险峻两种倾向的苗头。至元和时分由元白、韩孟二派推向极诣。在这种分分合合的演变中,正表现出时代倾向性与多样性的同中异与异中同(《吴中》文末章)。

其次同一流派的诗人又有多样参差性。过去许多论者认为贾,姚与韩孟不同,甚至认为韩、孟本身也难以并列。这是未能从上述综合关系来看待流派的倾向性与多样性的矛盾。韩愈雄肆、孟郊矫激、贾姚清奇,这在很大程度上因为三人所擅长的诗体不同。韩愈最擅七古,七古本以雄放为体势,而韩愈以硬语、险韵及盘曲的结构,从肆恣方面开拓。孟郊最擅五古,它原较古雅,孟郊变格入矫,因于古朴中见激切槎枒之态。贾岛最擅五律,原以清隽为体势,而贾岛则变格入僻,专从苦思巉刻,意象深曲发展,"流星透疏木,走月逆行云。绝顶人来少,高松鹤不群",字炼句斟,而迥深挺特,这种清奇的诗句在大历十才子的作品中很难见到,却是贾岛的主要特色。韩、孟、贾在尚怪的元和时代,同以险刻为标格,在不同的诗体上作出其独特的贡献,这就是同一时代、同一流派的不同诗人的多样性,这种多样性又体现了不同诗体各自的发展轨迹。古诗发展史已很长,传统体制的活力已较衰弱,律体发展史短,传统体制尚有较强的活力,因此韩孟较之贾姚变革更大,所以表现出参差性。如果这还不足以说明问题,可换一个角度,把他们同一体裁的诗作一起较读,就会发现虽有高下之分,但体格却大体是一致的。考察一个流派,只有在这些综合因素(还有下章所析个人因素)中来比较分析,才能差得其实。

再次,主要流派外的诗人也与主要流派有异异同同,元和时刘禹锡、柳宗元有别于元白、韩孟两大诗派,二人相对二派,更多对盛唐传统体格的继承,这是参差性的表现。然而刘禹锡的近体诗与白居易同以流丽轻快称,史称"刘白",则明显表现出时代倾向性。柳宗元的诗风格最多变。代表其主要风格的五古,承王孟之清淡而又受韩派影响而演为"清峻"。而其《寄韦珩》等七古,一韵到底,押险韵,造险语,则与韩愈《八月十五夜答张功曹》如出一辙,只是词气稍敛。由他的七古看五古,其在继续盛唐体格的同时又表现出元和的时代倾向,就显而易见了。柳宗元的近体诗,王世贞讥为"卑凡尤不足道"。这些诗作实与刘、白七言律绝表现出某些共同的时代特征,但又为其主体的峻深格调支配。试对比"惊风乱飐芙蓉水,密雨斜侵薜荔墙""鹅毛御腊缝山罽,鸡骨占年拜水神"(柳)与"几处早莺争暖树,谁家新燕啄春泥""卢橘子低山雨重,栟榈叶战水风凉"(白):就可见柳诗在流丽轻快中仍含有刻炼之致。而流丽轻快一面,则因大历后期至贞元期间七言律绝受吴体诗影响,受南禅宗宗风影响向"荡"发展,元和诗人不同程度都受此延续性的支配。无怪乎盛唐诗的宗奉者王世贞要斥之为卑凡。

从以上分析,可以看出,诗人或诗人群,总是处于纵向的各体诗传统(相邻及更前的时期)的影响下,又受到横向的时代倾向的多种表现的冲击之下,而他们则各依自己性之所近,在这纵横的多样影响中取舍、综分,能动地形成自己的有主有从的特色,这种综合效应不仅形成每一时代诗歌的时代倾向性与多样参差性的矛盾统一,也延展了丰富的活生生的诗史。可以说诗史线性演进诸规律,是由诗人综合体现的,这又为什么呢?

四、点面效应的原理及规律性

瑞士生物学、心理学家,让·皮亚杰以"活动建构图式"为中心的"发生认识论"将有助于我们解开上述之谜。皮氏对传统的先验论与反映论两大流派的得失进行了扬弃,虽有某些不足处,但哲学界普遍认为他对马克思主义认识论作出了发展。其要点如次:

①初生儿处于"自身中心化状态",不能区别主体与客体。②二岁左右开始了主客体的分化,但"自身中心状态"尚未完全结束。③七、八岁时,主客体分化已较明确,而这时人前此处于混沌或半混沌状态的各种活动已在头脑中建构成了一定的认识图式。后此一切活动中的信息输入,都要经过这一认识图式的筛滤,才被接受、储存。④人的认识图式不是固定不变的,图式同化客体,又顺应客体。同化与顺应的交互作用,一方面是对客体认识的不断深化,另一方面则又不断改变着原有的认识图式,进行着认识图式的新的建构,因此说是"活动建构图式"。⑤主客体这种相互作用的中介是人的一切活动,包括实物活动与认识活动。通过活动,主体外部的物质性动作转化为主体内部大脑的知识结构(动作内化),而主体内部原有的认识图式又组织建立起关于客体的新的知识结构,并借以转变客体(图式外化)。动作内化与图式外化交织进行,双重建构,不断发展,从而使顺应与同化平衡。这个过程又是无限的,因而人对客体的认识也同样是无限的。⑥个人认识发生与发

展的过程,是人类认识过程的一个缩影。人类的认识史也同样有其发生与发展的过程[1]。

下面以皮亚杰所揭示的这一认识原理,来检验上述唐诗发展的内在规律。

唐代诗人的创作活动一般都像"七龄思即壮"的杜甫,在儿童或少年时期就开始了。《文心雕龙·体性》篇说"夫才有天资,学慎始习;斫梓染丝,功在初化;器成彩定,难可翻移。"少年时代的习作会给诗人整个创作活动造成不可磨灭的影响。诗人在儿童、少年时代所接触习取的诗作,除个别有家学渊源等特殊原因者外,一般都是当时当地最有影响的体格,这更因唐人以诗赋取士而加强,因为主试者多是上辈人,应考者的诗作必须符合前辈的思想与审美要求。这样诗人的少作必然表现出对相邻阶段的连续性,诗人早期的创作方法可称之为最初建立的"创作图式"(或称"观照形态"),随着年龄、阅历、交游、知识的增长,诗人逐渐从幼年时由上一辈人,或说由时代给他划定的学诗规范中走出,接触到更多的诗体、流派,就会在创作活动中不断建构新的创作图式,逐步形成自己的风格,于是诗史就会有所演进。然而这重新建构,由于始学之影响重大,必不能割弃原来的"图式",所以演进中必有连续。个别诗人创作"图式"的演变,对于诗史演变,是一种累积,他所形成的风格往往更多带有前代的痕迹,而后起者又会在他的基础上再经历早期建构与新的建构的反复过程,这样在诗史的长河上,演变就会由隐而显,终于在某些大诗人手中,在适当的时代条件的推动下,形成量变基础上的突变。前面所举贞元诗人为开、天与元和之中介的例子,正反映了这个过程。因此,诗史演进连续性与隐显性的统一,说到底是诗人们创作"图式"不断的活动建构的累积反映。

---

〔1〕 以上见皮氏《儿童心理学》"发生认识论"。《中国社会科学》八六年六期王玉梁先生《评皮亚杰对认识主客体的研究》一文有精要介绍评述,可参。

　　螺旋上升性与旁取演进性，也同样可由活动建构图式的原理得到证明，而这与中国古代诗人两种相反相通的心理特征有密切关系，就是好古与竞新。如《文心雕龙·知音》篇说"夫古来知音，多贱同而思古，所谓日进前而不御，遥闻声而相思也"，《明诗篇》又说"情必极貌以写物，辞必穷力而追新，此近世之所竞也"。好古与竞今，虽取径不同，其实都是对相邻的前阶段的反动，而反映了人所必有的创造精神，但如前所析，连续性是由始学决定不可避免，因此，好古所体现的循环，竞今所体现的旁取，都是在始学所得的与相邻时期密切相关的诗人早期创作图式的基础上进行新的建构，这样就使循环与旁取体现为螺旋上升与旁取演进的形态。循环与旁取脱离连续性的情况极罕见，只有在某些特殊环境中的诗人身上才会出现，如元结前期的一味复古，正是由于他从小为其兄长，儒学大师元德秀养育，深受乃兄复古主义熏陶，而与整个时代风气有所隔绝。这只要看一看元德秀的《于𫍯歌》这类朴拙之甚的诗作就可以明白。当然这种创作是不会有广阔发展前途的。诗史中诗人循环与旁取，所形成的新风格之不可能摆脱早期影响，并且必然与早期影响融洽的例子举不胜举，即以元结而言，他后期诗作仍不能离开"朴拙"二字——虽然他旁取了南国歌谣而有所新变。又如晚唐重要诗人郑谷，他弱冠入长安应试后，先后曾从学于复古派诗人曹邺，以稳丽整密称的薛能等，也曾广泛研习前代诗作，特别对专选盛唐诗的《河岳英灵集》及陶潜诗推崇备至，尽管他立志以盛唐诗、以风雅改变晚唐诗之积弱，但在他不断变化的诗风中却始终可看到，主体是他幼学时的两种风格，一是他蒙学其间所受贾姚后劲却向清丽自然演变的马戴的影响，这一影响又在他入长安后曾师学李频而加强；一是他七岁后随父往永州后在荆楚一带度过十几年时，所受南国民歌及风行南方的𫍯体影响。贾姚体与白体是晚唐后期最为盛行的两种诗风，郑谷王是以融洽此二家风格为主，并在接触上述其他诗派的过程中不断进行新的建构，从而形成其"辞意清婉明白，不俚不野"的新格局，并对唐末五代至宋初诗风起了重要影响。郑谷之心向盛唐作循环，却不能尽似盛唐，反下开五代宋初，正体现了"创作图式"建构中不以主观意志为转移的同化与顺应的交互作用，这使他的创作能符合连续与循环或旁取的统一而表示出螺旋上升的形态[1]。为了使论说更具有普遍意义，不妨举一个唐诗以外的例子。宋杨万里创"诚斋体"诗，自矜独得，他说："予之诗，始学江西诸君子，既又学后山五字律，既又学半山老人七字绝句，晚乃学绝句于唐人……戊戌三朝时节，赐告少公事。是日即作诗，忽若有悟，于是辞谢唐人，及王、陈、江西诸君子皆不敢学，而后欣如也。"今行文学史著作以诚斋此语为其抛弃江西派的主据。然而作为诚斋体核心的那种活法，不正是黄庭坚等江西诸君子以禅理为基础的机趣吗？而他所以能避免北宋江西派诗人的槎枒生涩之弊，又怎能不得力于唐人绝句，主要是晚唐绝句的流荡空灵呢？因此忽若有悟的"诚斋体"诗并非灵机一动的产物，而是诚斋创作思想的活动建构的胜利，而反映在诗史这条线上就是连续性与循环性的胜利。当然还有旁取性——诚斋对南宋口语的学习等——与连续性结合的胜利。是这些因素在诚斋身上的综合效应。因此，明清的论者都不客气地把诚斋体归入以江西派为主流的宋调诗中。

连续性与隐显性，螺旋上升性与旁取演进性是前论八种四对诗歌艺术史内在规律的主要的四点两对，至于分化性和综合性、时代倾向性和参差多样性，则由此派生，它们也同样体现了"活动建构图式"的规律。同派诗人在连续性的支配下，开始具有大体相同的创作图式，以后在各自的活动中，汲取不同的新因素，通过同化与顺应进行新的建构，对于各人来看这种新建构就是一种综合。

---

[1] 参拙文《从郑谷及其周围诗人看唐末至宋初诗风动向》(《文学遗产》八七年三期)。

而新建构因人而有所不同，表现出差异，这个过程不断延续，差异的累积在一定时期就形成分化。分化本身有参差多样的形态，因人、因地、因不同的诗体而异，而在同一时代又会在众多的差异中，表现出同一时代倾向，这是因为诗人在活动建构中的中介物"活动"，总是在具体特定的时代（这一时代又总是上一时代的连续）进行的。限于篇幅，不再举例说明，仅略析原理于此。

由于诗史演进的各项规律都必须通过诗人的思维认识规律起作用，因此诗史研究虽以诗的艺术史为主要考察对象，却又无疑应以诗人为最活跃的因素。诗史与诗人处于顺应与对抗，选择与反选择的综合作用中，从而嬗变出各时代的绚丽诗风，衍化为滚滚向前的诗史长河，这种综合效应只有在对人性这一最复杂的事物研究的不断深化中，才能逐渐明朗，而永远不能穷尽；不过纷纭变化中还是有某些规律可感到，这是：

（一）传承性与创造力的矛盾综合：

处于诗史发展系列中的诗人的种种性格冲突中，最重要的是传承性与创造力的矛盾。传承既造成了诗人的今天，又成为他的惰性；创造力使诗人努力摆脱传承的惰性，而创造力又不能离开传承的基础而白手起家。对这种关系韦勒克和沃伦有一段十分精彩的论说：

> 当我们的比较，真正集中于两个整体的时候，我们就能得出一个关于文学史的基本问题的结论，这一基本问题就是独创性问题。在我们这个时代，往往把独创性误认为是对传统的背离，或者是仅仅在艺术作品的题材或它的传统情节，因袭的结构等作品构架中寻找独创性，这就找错了地方……纯粹独创性的情节或题材的艺术价值是很小的。……在一个特定的传统内进行创作，并采用它的种种技巧，这并不会妨碍创作作品的感性力量和艺术价值。只有当我们的研究工作达到了衡量和比较的阶段、达到显示一个艺术家是如何利用另一个

艺术家的成就的阶段,而且只有当我们因此看到了艺术家那种改造传统的能力的时候,我们才能谈得上接触到了这类研究中的真正批判性的问题。(《文学理论》第 298 页)

这段话说出了诗人在诗史活动中的最重要的特征。在诗史中占有一席之地的诗人,总是传承既富,创造力又强的诗人。而大家巨匠的出现,总可以在他身上看到这种传承与创造的矛盾所形成的张力已达到饱和的状态,终于迸发为天才性的创造。所以传承性与创造力,也就是诗史演进上惰性与冲力矛盾的底蕴。

(二)个性与使命的矛盾综合:

处在诗史系列每一点上的诗人或诗人群,总是自觉或不自觉地担当着延续诗史的历史使命。诗史总是选择那些最具有个性的诗人,从而使延续光景常新;反过来有个性的诗人又总是以自己的个性对诗史艺术作选择沙汰,抛弃那些陈腐的因素,改造那些具有生命力的因素,对思想到种种艺术形式注入当代的新生命。因此诗史进展的使命总是在最有个性的诗人身上最终得到实现。

又,诗史线索中又包含着各个部类,诗人的个性则千差万别,总是选择适宜于自己个性的诗体、风格来驰骋才能,所以各种诗体发展呈现参差性,只有通才出现时才会促成各种诗体的普遍高涨。

个性与使命的矛盾综合又是在诗人的活动建构中自然地体现的,诗人如果不是在活动中,而是在理念上设想一种使命,就会在实践中碰壁。诗史上许多单纯复古流派的飚起烟消就是明证,元结与《箧中集》作者如此,晚唐的曹邺、于濆、邵谒、苏拯所组成的复古派如此,明代前后七子也如此。因为他们先验地为自己规定了背离延续性的复古使命。同样,一味以标新立异为使命的诗人也必然失败,唐诗史上胡钉铰、张打油之类就是好例。因此个性只有在诗史艺术自身延续的使命中方能充分展现,也因此只有那些传承既富,创造性又强的诗人——尽管他们对诗史演进使命的感应或许还是不自觉的——才是诗史演进意义上最富个性的诗人。

（三）天才与中、小诗人的矛盾综合：

处于诗史发展系列每个点上的诗人与诗人群，又总是与其前后左右的诗人相联系，无数点连成线，因此转变诗坛风气的天才的出现总是由无数中小诗人作先行；而天才一经出现，又迟早会领导风气。这个过程循环往复就形成诗史发展中首要的连续性与隐显性的规律。诗史要求天才，而天才可遇而不可求。因此诗史上隐微发展阶段的长短，分化与综合的强弱程度，在相当大程度上决定于天才诗人的何时出现。诗史意义上的天才具有两重性：一方面作为个人他具有独特天赋、经历、素养；另一方面作为线上的一个点，他是无数中小诗人不断更新的"创作图式"的集大成者。他前后左右诗人传承性与创造性张力的累积，终于借助于他卓异禀赋的喷薄而被突破，于是诗史实现了自身的前进。

综观以上诗人身上的矛盾综合，可见传承性与创造力的矛盾综合是首要的，是它通过了代代累积的形态造成了富于个性的天才诗人，产生了诗史的突变。不妨以杜甫为例作一简析。杜甫是唐代最富于创新精神的诗人，他一身而兼负盛唐诗顶巅与中晚唐诗开创者的两重任务。值得深思的是杜甫与元结同时代，何以这种任务元结不能负荷而杜甫却能承担呢？如论经历、人民性与识见，作为杰出政治家的元结丝毫不比杜甫为差，其《舂陵行》《贼退示官吏》，甚至杜甫也推崇为"两章对秋月，一字偕华星"。原来在杜甫身上最值得注意的是他的传承性与创造性的高度统一。在弥漫初盛唐的对六朝诗的一片否定声中，他卓识独具地以"精熟文选理"为创作的基础。日本学者吉川幸次郎的研究证明，杜诗的用语，大多能在《文选》等前代总集中找到依据，杜甫甚至熟悉《文选》的所有注释，又偏能运用得如此不落痕迹，创造出崭新的意象。笔者想要补充的是杜甫不仅熟悉《文选》的语言，更精研《文选》所录六朝优秀诗作的体势。当着初盛唐诗人主要在文道或者情文关系上高下六朝诗时，他却能透过词章——文之粗者，看到六朝诗人的精神、神理——文之精者。所以他对六朝诗人的评论总是一语破的。"清新庾开府,俊逸鲍参军"的抉示在当时已属卓识,而对谢灵运的评价更是石破天惊:"精微穿溟涬,飞动摧霹雳。陶谢不枝梧,风骚共推激"(《听许十一诵诗》);"久为谢客寻幽惯,细学周颙免兴孤"(《岳麓山道林二寺行》);"熟知二谢将能事,颇学阴何苦用心"(《解闷》七)。在唐诗史上,谢灵运在杜甫笔下第一次得到与陶潜并列的地位。这是因为他"熟知"谢诗,看到其诗作的核心是一种"孤愤",所以决不有违于"风骚"。谢诗之佳处,正在"精微"与"飞动"之统一。鉴于这种认识,他又在普遍以"自然"反对"雕镌"的声浪中,独倡精思细改,"新诗改罢自长吟"。苦思与性情在杜甫那儿已不再是矛盾的了。吉川幸次郎曾指出"致密"与"超越"的统一是杜甫诗凌驾他人的胜境,这是从诗歌意象而言的。笔者以为就创作观念看,杜甫的超胜处,实见于他这样四句诗:"晚节渐于诗律细,谁家数去酒杯宽,惟君最爱清狂客,百遍相过意未阑。"(《遣闷戏赠路十九曹长》)这"清狂"与"律细"的统一正是杜甫独特的创作观念。创作的诸种规律,他细细深入,均能运用自如变化入神,为抒达清狂气质服务。如果清狂是盛唐人的气质重要内涵,则"律细"是杜甫的个性。而"律细",又是对六朝至初唐诗的循环。杜甫所以能率先作此循环并螺旋上升,又多赖其有杜审言这样一位以精丽沉博称、又为近体诗奠基者之一的先祖。如将"精熟《文选》理"与"诗是吾家事"对看,可以悟出选学正是杜甫的家学。《文选》是唐人所必读,但精熟其理则不能不说是杜氏的独诣,所以致密与超越在唐人,如王昌龄、王维等诗中可以时时感到,然而成为一种主要的"创作图式"的构成部分,则由杜甫集其成。于是在杜甫这样一位个性鲜明的天才诗人身上,我们正看到了传承性与创造力之张力由累积而盈满迸发,正看到了诗史由隐而显的延续过程如何在天才诗人身上经由中小诗人的实现。元稹评杜甫曰"尽得古今之体势,而兼人人之所独专矣"二语,在上述分析之后,今天当有更新的解会。

五、面与线及点的逆反效应规律
——线点面综合效应

至此，那种把风格只看成每一时代经济政治因素反映的庸俗唯物论观念的谬误就显而易见了。因为时代在这里遇到了两个同样要顽强表现自己的因素：诗史连续性的演进趋势和各具个性的人。时代、诗史、人，这三类因素间；三类因素各侧面间的碰撞、渗透、融洽，构成了每个时代参差多变而具有某种同一性的诗歌风貌。这种极其生动复杂的综合效应，人的有限思维难以穷尽，这里也只能提出几点最一般的规律。为此先须对前述恩格斯所提出的经济对先驱者所提供的哲学、文学资料起"最终支配作用"这一命题略作分析。

恩格斯在此用了"最终"二字，就是说经济作用于哲学、文学有其中间形态，这中间形态或"多半是政治"，但在以抒情诗为主的中国诗史中究竟表现为什么形态呢？

中国古典诗歌及其理论有一个重要特征，即从不把内容与形式作绝然的区分，可以称之为"情兴本位"（其前身是"情志本位"，后身是"情性本位"）式的诗歌艺术。《礼记·乐记》说"和顺积中、英华外发"，《孟子·尽心》云"充实之谓美"；《庄子·天下》篇则说"其书虽瑰玮，而连犿无伤也；其辞虽参差，而諔诡可观。彼其充实不可以已，上与造物者游，而下与外死生，无终始者为友"，《渔父》篇又云"真在内者，神动于外"。作为古代美学发生的两大源头儒家与道家，虽然出发点有所不同，然而同以"充实"为"美"的第一要义。后世虽有种种变态，却出此入彼，万变不离其宗。表现于唐诗创作与理论中,可以皎然《诗式》所说的"体"来说明。《诗式》列举诗之高、逸等十九体,云:"不妨一字之下,风律外彰,体德内蕴";"其一十九字括文章德体风味尽矣"。可见这可用一字来表达的"体"是诗歌内容与形式多层次的融合。在这里,时代的一切因素都是作为诗歌艺术的构成因素之一被组入作品中去的,这一过程要之如下:在特定情境中的有特定情性的诗人,因象起意(取境),意立生气,气动成势,因势驱句,从而使特定的精神状态(情境与情性的结合),与句词融一为体德风味合一的诗歌兴象(详参《吴中》文"诗式"节)。

上述过程如以发生认识论来解析,即,既然在认识过程中,主客体的中介是人的一切活动(实物活动与认识活动)及其两种交互形态:动作内化与图式外化;那末首先由动作内化角度看,政治也罢,经济也罢,其他文化部类也罢,时代的一切因素,都要在创作活动中经原有图式的筛滤而化为新认识图式的构成因素,也就是都要综合化、观念化,那末时代一切因素对诗人的作用就必然综合为一种时代的观照形态,或是黑格尔所说的时代精神,而不全是政治,这在以抒情诗为主的中国古典诗歌中尤为明显。其次从图式外化角度看,时代精神中经济虽起最终支配作用,然而因为图式外化,这种以经济为终极原因的时代精神在化为诗歌内含时,又受到了多得自传承的原有图式的又一次支配。这样在诗歌与时代的关系中起最终决定作用的还是诗人创作图式的活动建构。《文心雕龙·神思》篇云:"故思理为妙,神与物游。神居胸臆,而志气统其关键;物沿耳目,而辞令管其枢机。"说的就是这个道理。刘勰的天才思想在此得到了现代科学的依据。

这样,时代于诗人、诗史,就有以下相互关系:

1.诗人个性与时代精神的逆反选择效应。

时代精神作用于诗人既必须通过诗人的活动建构,那末诗人个性与它就处于逆反选择效应之中,在总倾向下就会有明显差异。

如宏大的盛唐气象作为一种时代精神表现于诗仙李白身上,就是狂放的以自我同化一切的观照方式;而李白诗中那跳跃的节奏,又是那一时代的繁荣与潜伏危机在诗人心弦上的个性化反响。在诗圣杜甫那里,又表现为沉挚精深的思索,形成致密与超越,律细与清狂的高度统一。对盛唐气象分析中人们最感困惑的是王孟诗派,他们清淡的风格又如何与宏大浑厚的盛唐气象相联系呢?然而只要认真读一下诗佛王维的作品,即使是《鹿柴》《辛夷坞》等入禅之作,都会感到清淡中有着对无际无垠的时空生命的广阔背景的深沉思索,而决无中晚唐诗人的寒蹇相,可见盛唐气象反映在王维身上是一种肃穆深邃的观照。李、杜、王三大家之所取有偏重道、儒、佛三家之分,但盛唐时代精神使三者都具有博大的形态。这正是诗人个性与时代精神逆反选择效应所形成的时代倾向性与参差多样性的统一。

2.诗史演进与时代精神嬗变的逆反选择效应。

所谓时代精神,其实是民族精神在各时代的延续嬗变,这与诗史演进也处于逆反选择关系中,从而衍成诗史中一些极为有趣的现象,试举一例:

以充实为美的民族审美观在盛唐表现为宏大。经过安史之乱的剧烈震荡,普遍的失落感与休憩欲使人们多向山林地园去寻求慰安与探索人生的隐谛,充实为美,就由宏大而嬗变为以虚空为不空的静穆美,王维理所当然被嬗变了的时代精神选为"天下文宗",他的诗风也选择了这一时代,衍为笼罩一时的大历诗风。相对而言动荡开阖的李、杜诗风就受到了冷遇。至贞元元和后,长期的积弱,又使人们从静穆中要求动荡。于是化为两种形态:一是一度冷落的李、杜诗风选择了这一时代精神中元和中兴所要求的魄力,得以扩展,终于成为元和诗变的标格;这在以力大思雄称的韩愈诗中表现尤著。二是曾经为王维一脉思想核心的南宗禅的宗风也在嬗变,南宗禅在王维前后尚是积学顿悟,较为严肃;至贞元元和时,借助禅家不讲止行,只重观门的方便,顺应尚"荡"的时代精神,而初逗狂禅作风,贞元元和间怀海在新吴大雄山重立"百丈清规",就是狂禅风气的反面说明,这样由大历十才子一流分离而出的皎然、顾况等就选择了时代精神嬗变的这一侧面,创为清中狂外的诗风,成为"贞元之风尚荡"的主要表现,而终于演为元和之白体诗[1]。由此可见诗史演进与时代精神嬗变的逆反选择,是形成诗史螺旋上升性与旁取演进性,分化性与综合性的重要原因。

3.诗史演进以诗人为中枢与时代精神的综合效应——线、点、面综合效应开放性演进。

综上可见,诗人实处于纵向的诗史演进趋势与横向的时代精神嬗变的冲击之中,并以自己个性化观照形态的活动建构,去同化并同时顺应纵横的冲击,既使时代精神得以个性的体现,又使诗史在传承与创造的张力中逐步推进,从而演衍出诗史不断新变的历史长河。这就是线点面综合效应的实质。它是上述各章所述诸规律的综合结果,即用排列组合来作最简单的估算,已可演变为千万种具体形态。所以线点面综合效应是开放性演进式的。也许它什么也不能给读者,因为它绝无具体模式可循;也许它包容很多,因为它所提供的一些观察角度,或许能给读者通过自己的活动建构图式解析唐诗史现象以某种启发。

(本文原载于《文学遗产》1987年第6期)

---

[1] 详参拙文《从王维到皎然——贞元前后诗风演变与禅风转化的关系》,《中华文史论丛》一九八七年二、三期合刊)。

意兴、意象、意脉

——兼论唐诗研究中现代语言学批评的得失

  现代语言学批评[1]，是近十年来影响国内唐诗研究的诸种新思潮中颇引人注目的一种，单单是它与传统诗论的关系问题，就足以引起人们深思。本文的目的就在于论证现代语言学批评与传统诗论的某些内在一致性，以促进对这一新方法的借鉴；探讨唐诗创作的传承与特殊情状，剔抉其创作思维的主要形态、作品的内在组织，以说明传统诗论何以不能为新论所代替。总之，希望在传统与借鉴的关系问题上作些新的探讨，以促进传统诗论的进一步明晰化、理论化。这是件浩大的工程，本文只能先就意兴、意象、意脉三者及有关的中间环节作阐述与清理，因为这正是唐诗艺术思维的核心。做好这一工作，其他就不难迎刃而解。

  需要说明的是，对于体大思精的现代语言学，笔者谈不上深研，因此本文只是就其在唐诗研究中的反映略陈管见，却无意对这一学科本身妄加评论。即使在这一范围内，囿于篇幅，也只能主要就高友工、梅祖麟二教授《唐诗的魅力》（以下简称《魅力》）一书中的主要理论构架展开自己的浅识。因为我感到《魅力》是一部旧学与新学擅胜的智者的精深著作，之所以要就此聊陈愚见，既因为在

---

〔1〕 这里所谓语言学批评兼括现代形式主义、结构主义、后结构主义以及新批评派中有关语言形式、结构等某些共通性的理论，为避免过多的概念，权以"语言学批评"一词总括。

某些方面可为二教授辅翼；而某些商榷，并不在传统诗学根底的本身，而是两种文化背景中两种理论必有的凿枘，这些在同类著作中，恰恰又很有代表性。而这正是最值得探讨的问题。

一、先唐语言形式批评思想的哲学表现与民族特色

《魅力》一书的优点之一是较重视语言学批评与中国文化传统的结合、印证，在其中第三篇论文《唐诗的语意、隐喻和典故》（简称《魅力》三）中表示希望提出"一种以中国文化传统为前提的诗性结构的分析方法"，《魅力》所论各具体问题的评述且留待后文，这里先想补充，在更为重要的哲学思维方面，传统文化中就存在有语言形式批评的思想萌芽。

"形式主义的气质正是许多在知识超饱和时代进行思索的才智之士共同具有的一种敏感性。"（苏珊·朗格：《写作本身：论罗兰·巴尔特》）这种敏感性，在六朝——中国文学的自觉期，其实已以富有民族特征的形态获得了充分的表现。它表现于对文学文字结构的关注上——这是语言学批评的首要标准；又与中国传统的基本审美标准"自然"相结合。企图将对形式美的苦心追求与自然美统一起来，是六朝哲学美学思辨的重要命题，也正因此，最注重形式美的骈文与近体诗成熟或胎息于最崇尚自然的六朝玄学哲学的氛围中。

传统的自然观，有其鲜明的民族特色，建安曹魏之前，儒、道二家虽然立论不同，但在这最基本的观念上却惊人地相似。

首先可注意的是"充实"的观念，《孟子·尽心》上："充实之谓美，充实而有光辉之谓大，大而化之之谓圣，圣而不可知之之谓

神。"《庄子·天下》篇则谓:"其书虽瑰玮而连犿无伤也,其辞虽参差而諔诡可观,彼其充实不可以已,上与造物者游,而下与外死生无终始者为友。"充实是二家将天道自然观引入文艺创作的最关键的一步。虽然儒家以仁义道德为天道,故孟子有集义而生浩然之气之说(《告子》);道家以得自然之元气为自然,故庄子有"入山林,观天性""以天合天"(《达生》)之论,但以自然之道充实内心为美之首义,却是一致的。

由此而有气、神两个观念。充实即气之充体。孟子云:"夫志,气之帅也;气,体之充也。夫志至焉,气次焉,故曰持其志,无暴其气。"(《告子》)庄子则云:"是纯气之守也……壹其性,养其气,合其德,以通乎物之所造。"(《达生》)体气充实,自然外发,则为神。儒家除《孟子》上引"充实"一节外,又如《礼记·乐记》云:"是故情深而文明,气盛而化神,和顺积中,而英华发外。"《庄子·渔父》则云:"真者,精诚之至也,不精不诚,不能动人……真在内者,神动于外,是所以贵真也。"这里所谓真,与天、自然、充实相通,故又云:"真者所以受于天也,自然不可易也,故圣人法天贵真,不拘于俗。"(同上)

由中充外发、气盛化神又引出言不尽意、尚简重质的观念。这是因为二家既以天道自然为本体,故以为万物之形相(末)虽可描摹,而本体难以言诘,以后来成为二家共同经典的《易经》的话来说就是"阴阳不测之谓神"(《系辞上》)。对这精微难测之神,儒家深叹"书不尽言,言不尽意"(同上),故为文虽须文采,亦如虎豹之文、草木之花,是自然之文,所以文采的要归是"辞达而已矣"(《论语·卫灵公》);道家更以为"信言不美,美言不信","大音希声",方为至美(《老子》八十一章、四十一章)。这至美唯有无聪无明的罔两方能仿佛得之。真是难以言传!

综上可知,虽然儒家因以仁义为天道自然,主情志之勃动,道家因以元气为天道自然,主性心之虚静;二者演而为后世两种基本创作倾向，但作为共同的美学标准则是以大道充实内心，气志饱满，中充外发，神采焕然。其道理大致同于一个身心健康、气血饱满之人，必有焕发的容光。这种大抵反对过分雕凿的素朴的自然美观念，既为对中国文人有支配性影响的儒道两家所共同，就必然对后世产生深远影响，这是在考察语言形式批评之先唐表现时应充分重视的民族特点。

正因为如此，兼取儒道，以三玄（《易经》《老子》《庄子》）为经典的魏晋玄学兴起，仍以"自然"为标榜，并形成贯串八代四百年的自然崇尚风气，但此时所说的自然观念已有了质的变化。

王弼、何晏注《易》《老》，变老子之崇本黜末而为崇本举末，执一驭众，是自然观在哲学思辨上的重大突破，开启了对物之个性予以重视的时代。东晋郭象继起，在《庄子·马蹄》注中，一反庄生所云穿牛络马是丧其自然本性之说，而云牛马之本性是为人服驭的，故穿牛络马而驱役之，正是遂其本性。唯不可过当，能行八百里的马，不可使之行八百零一里。这种执一驭众，遂物之性驱役之，得其中而不过当，即为自然的思想，正是六朝文艺各部类艺术规律探讨深入的哲学基础。

首先脱颖而出的是嵇康的《声无哀乐论》，它首标音声无关乎哀乐，不系于时序的心声二元说。既云"夫五色有好丑，五声有善恶，此物之自然也"，"姣弄之音，挹众声之美""皆以单复、高埤、善恶为体"，指出音声之美恶有其内在的工拙之数，"纤毫自有形可察"；又云"宫商集化，声音克谐，此人心至愿，情欲之所钟"，指出调和五音发为美声，是情欲的需要。这些论述不能不使人想到罗兰·巴尔特在《法兰西学院文学符号学讲座就职讲演》中的一段话：

> （作者）专注于语言的现实本身，他认识到语言是由含义、效果、回响、曲折、返回、分阶等组成的三大光晕……语言不再被虚幻地看作一种简单的工具，语言字词是被作为投射、爆

发、震动、机件趣味而表达的,写作使知识成为一种欢乐。

不难发现,当代结构主义、符号学大师这段话的基本意思,在一千七百年前中国狂士嵇康身上业已萌发。

嵇康而后,对于各文艺部类的具体规律技巧的研究日益发展,由文学而言,从陆机《文赋》到沈约《谢灵运传论》到刘勰《文心雕龙》,显示了以自然为本,愈益精细地探求"工拙之数"(沈约语)的倾向。《文心雕龙》开宗明义的《原道》篇虽标举"心生而言立,言立而文明,自然之道也",而全书论述的重点则在各种文体、技法的术数神理,并在在表现了这种探求是符合天道自然的论析,与得其中而不过当的思辨。所以书名取为《文心雕龙》,意谓要将"天地之心"的文心与语言的"雕龙术"统一起来。这就既在追求形式美方面与语言学批评注重文学的结构表现出第一个契合部,又鲜明地体现了先秦以来儒道美学思想的传统观念。

执一驭众遂物之性驱役之,得其中而不过当,在理论上是严密的,但在写作实践中却很难恰如其分。所以天地之心与雕龙之术的统一存在着内在的矛盾。刘勰用以克服传统观念与"新思维"矛盾的办法是从创作主体着眼的。《体性》篇云:"夫情动而言形,理发而文见,盖沿隐以至显,因内而符外者也,然才有庸俊,气有刚柔,学有浅深,习有雅郑,并情性所铄,陶染所凝,是以笔区云谲,文苑波诡者矣。"才、气是内在的禀赋,学、习是外在的陶染,后二者在庄老之学中是与自然格格不入的,但刘勰却以情性将四者统一起来。学、习可以为情性所融,成为情的有机组成部分,也就是化为人的自然本性。按葛洪《抱朴子·勖学》以玉之雕琢,剑之淬火等喻学习,认为"质虽在我,而成之由彼(学)也",谢灵运《辨宗论》则有"积学顿悟"之论,认为悟性虽为一朝开启,却又有待于常日之学习修养。不难看出,刘勰所论正基于佛道两家这种受玄风影响的哲学思辨上。于是玄学自然观对庄子"以天合天"中的两个"天"作出了重大修正:即合禀赋与学习所得为一体之"自然"人,执一驭众,深研众物之神理术数,驱役用之而得其中,从而由谐求和,返之于自然。六朝形式主义倾向极重的骈俪化诗文,所以能与崇尚自然之风气并行不悖,其底因概在于此。在今人看来雕镂满目的谢客诗在当时却有"如芙蓉出水"之誉,其原因亦正在此。

综上所论,可以得出两点结论:(一)自觉地注重语言形式的尽可能的完美,在先唐时期,已因玄学思辨的发展而有了相当充分的表现,因此借鉴现代语言学批评的方法对于研究唐诗来说,是完全应该而且可能的。当代思辨的精深,必能有助于进一步发掘"唐诗的魅力"。(二)先唐形式美的追求,因先秦以来传统美学思想的影响,总是与"自然""充中外发"这一最高审美标准相联系。六朝人所云自然有两方面的含义:一是就创作主体而言的,它要求将才学融铸到情性中去,使才学的发挥成为个性的自然流露;二是就创作的语言形式而言的,它要求精妙,却始终反对违反语言内在规律的故弄玄虚。这种可说是高层次的"以天合天"思想,是六朝人留给唐人的一份最可贵的遗产。因此诸如海德格尔所云"写诗是一种游戏,一无羁绊的"之类观念,在中国古典诗论中并没有反映;在中国古典诗歌的创作中,也只有在所谓异体诗(回文、宝塔、药名等)中方有一定表现。只有充分意识到传统文论的这一民族特点,方能避免在借鉴语言学批评方法时走向极端。

二、中外意象概念的初步比较

六朝的短命而亡与诗歌创作中确实存在的玩物丧志倾向,使唐人的诗歌创作面临一种矛盾的心理。至少在杜甫之前,很少有人敢于充分肯定六朝诗及诗论的成绩;但在实际创作中,六朝诗作的丰富经验与理论成果却几乎无处不在地发生深刻的影响。所谓盛唐诗自然少雕镂的习惯说法，其实是一种误解；但在这种误解中却正能看出，唐人诗致力于语言组织，却以归于自然、不露痕迹为至高境界。杜甫说"高岑殊缓步，沈鲍得同行。意惬关飞动，篇终接混茫"（《寄高三十五岑二十七三十韵》）；韩愈说"横空盘硬语，妥帖力排奡"（《荐士》）；可见两位以修饰著称的诗人，仍以"浑茫""妥帖"为归宿。这是研究唐人诗应首先注意的情状。唐人吸取了六朝诗论的优点，进一步发展了有关意兴、意脉、意象的思想。笔者认为，中国古典诗论的语言形式批评之所以不能与形式主义相提并论，正是因为这三位一体的观念始终占有重要的地位。

意象也是《魅力》语言批评的一个中心范畴，且是其理论构架的出发点。《魅力》十分正确地摒弃了费诺罗萨从汉字的象形性论汉字有单独构成意象能力的观念，而在传统诗论所说的句法、用字的具体语境中来谈唐诗的意象；然而所论仍与唐人的意象观异趣。而弄清这种区别又恰恰是探讨唐诗魅力的关键。为此有必要先了解一下《魅力》的意象观如下：

《魅力》分唐诗之意象为两大类，名词（名词词组）与简单意象、动词与动态意象。

名词或名词词组，通过独立句法（不连续、歧义、错置），成为简单意象的媒介，而近体诗的二音步节律与对句形式又助成了这一点。如"江汉思归客，乾坤一腐儒"，即各含两个简单意象。当句法关系如此松散时，肌质成了简单意象联系的纽带，通过对等关系（相似或相反）"常常产生了更深的关系"。

又谓唐诗中的简单意象类似马蒂斯与塞尚画中的色彩与几何图形，有一种倾向于性质而非事物的强烈倾向。这同样是因为句法关系的极端松散。唐诗的语言独具个性，那些罗列细节或指明关系的语法手段，要么在汉语中根本没有，要么在从普通语言向诗歌语言的转化过程中被忽略了。当句法关系薄弱时，肌质就成为主要因素，在各种肌质关系中，相似或相反对于简单意象有特殊的重要性。这些,使唐诗表现出维姆萨特所说的那种"模糊的抽象性","弥漫的朦胧"。这就是"性质的诗意作用"。要之,"构成意象"是唐诗的第一个重要因素。

《魅力》又指出一首仅仅由名词意象组成的诗必然是不连续和静止的,尽管引申用法与新颖的观察能使之带上动态,但相当微弱,因此作者又予"那些明指或暗示生命和感觉的动词或副词"以充分的强调,并借用传统术语"诗眼",谓"诗歌语言的精彩主要取决于动词的卓越使用上"。"摹拟动作"是唐诗的第二个重要因素。

名词性简单意象与动词(或副词)性动态意象合称为唐诗中的意象语言(隐喻语言),它们一般存在于诗的前三联(有些地方说中二联),它与一般存在于第四联的推论语言(分析语言)形成全诗的总体构架。后者以其推演的效果使具有片断、不连续特征的意象语言重新统一起来(其中常有的过渡阶段则是及物动词句中的力的转移)。推演衔接是唐诗魅力第三个重要因素。

以上即《魅力》理论体系的主干。

关于构架问题,下章再谈,现先就意象问题作些讨论。以上理论体系鲜明地表示了语言学批评重视读者的直觉感受与文体的语言结构两个特色。如果笔者理解得不错,《魅力》是企图从语言结构引起的读者的直觉印象来阐述唐诗的魅力的,其中采自燕卜逊的有关"肌质"的理论尤其精彩,它避免了国内某些研究者简单地以名词代替意象的做法;离开了肌质关系来谈所谓"名词意象",在我看来难有借鉴作用可言。但是尽管如此,它仍有可商榷处:其中最关键的是名词通过独立句法是否就可称意象;唐诗的意象是否偏重性质而弱于具体这两位一体的问题。不妨先来看一下《魅力》三所引的一组诗例。

　　　　明月松间照,清泉石上流。　　(王维《山居秋暝》)
　　　　泉声咽危石,日色冷青松。　　(王维《过香积寺》)
　　　　绽衣秋日里,洗钵古松间。　　(王维《同崔兴宗送衡岳瑗公南
　　归》)

《魅力》三分析三诗均由四个分类范畴构成：

类别	第一首	第二首	第三首
天	明月	阳光	秋日
植物	松	青松	古松
地1	石	危石	
地2（水）	清泉	泉声	洗钵（隐含水）

　　然后作者又引入"深林人不知，明月来相照"（《竹里馆》）；"返景入深林，复照青苔上"（《鹿柴》）二例，谓与例（1）（2）主题相同，并云："当一系列的分类范畴以其各自的成员为代表出现时，我们所得到的，就是一个从原型角度观察到的世界。"

　　这里首先有一个问题，即这五联尽管由相同的分类范畴构成，但所表现的主旨是否尽同？五诗均名篇，不须全引。其中例（3），作者似已注意到未把它放入主题相同之中，这一联表现的是一位清中狂外的禅僧形象，相近的例子可举出刘长卿《赠灵澈》的名句："身随敝屦经残雪，手绽寒衣入旧山。"此与例（3）对读，可证不尽相同的分类范畴（衣、屦等）可以表达同一主旨。又例（1）也显与（2）（4）（5）主旨不同，"明月松间照，清泉石上流"是状写秋山之清幽宜人，生趣盎然。例（2）（4）（5）则均是寂灭出世间的幽冷境界，可见分类范畴相同的名词组合，其主旨又颇可不同。

　　《魅力》常论温庭筠之"鸡声茅店月，人迹板桥霜"（《商山早行》），我们又可举出顾况的"板桥人渡泉声，茅檐日午鸡鸣"（《过山农家》）为比较。二诗中这二联用词酷似，但情景主题迥异：后者表现乡村之清新生气，前者则表现了旅况的寂寞可怜。

　　再以《魅力》二作为主例的《江汉》来看。"江汉思归客，乾坤一腐儒"，诚如作者所言表现了两条浩瀚的河流与一个渺小的人影之对比；然而同样在浩渺的时空背景下置一个渺小的个人，有时也会有全然不同的效果。"前不见古人,后不见来者,念天地之悠悠,独怆然而涕下。"陈子昂的《登幽州台歌》中的个人不仅不渺小,相反,是一个与时空相通的大我。

以上三组诗例说明,名词(名词词组)如果说是意象,这只是西方文论的概念,在中国传统诗论中名词只指示物象,表示一个事物,而无诗学的"意"的含义。《诗式·用事》:"取象曰比,取义曰兴,义即象下之意。"这象下之意已非名词固有的语意,它总与"兴"相联系,已是作者注入物象的情意、兴意。所以意象又称兴象。兴象,中国诗论中意象的别称,最能体现意象之中国含义与西洋含义的本质区别,而这又正是理解中国诗的关键。下章我们再深入一步来分析这一核心问题。

三、意兴——取境——兴(意)象,
唐人对六朝兴会说的重大发展

意兴、兴、兴会的观念本也起于六朝,这是一个使抒情诗摆脱狭隘的诗教观念的重要进展。六朝人认为"立身先须谨重,文章且须放荡"。放荡并非淫放,而是不拘成规之意(《三国志·王粲传》评阮籍"才藻艳逸而倜傥放荡"),"文章且须放荡"之前一句是"立身先须谨重","且"字之义为兼,故二句之意并不与汉前充实自然之说、抒情言志之论矛盾;而是以诗人的内在修养、内心充实为前提,指出了文学创作的特殊思维形态,乃是一种以美文更自由地抒写独特情感并获得愉悦的活动。

然而情志与倜傥放荡又如何统一呢?这就是兴。沈约《谢灵运传论》称灵运诗"兴会标举",兴会一词最能体现兴的含义。会者,合也。兴会即诗人情志(或说心态)与外物泊然凑合而勃然兴起的创作冲动，钟嵘《诗品》论谢灵运又最能体现兴来之时诗人的创作情状："嵘谓若人兴多才高，寓目辄书，内无乏思，外无遗物……名章迥句，处处间起，丽典新声，络绎奔会。"这里，兴将内思（意）与外物统一在刹那之间，催动诗人以名章迥句、丽典新声把这感应表现出来。因此兴实包含表层与深层两重含义。就表层而言，它是一时一地的心态与外物的泊然凑合；就深层而言，则是诗人长期以来积郁的情感意志，或说潜在意识的被突然引动，所以论兴必与意相关。这一点至唐代的诗论，因佛学思辨的影响就更加明确了。《文镜秘府论·论文意》引王昌龄《诗格》："兴发意生，精神清爽，了了明白，皆须身在意中"；又云"凡诗，物色兼意下为好，若有物色无意兴，虽巧亦无处用之"。皎然《诗式》更用佛家"悟"的观念，揭示了其思维规律："有时意静神王，佳句纵横，若不可遏，宛如神助。不然，盖由先积精思，因神王而得乎。"（《诗式·取境》）所谓神王，正是兴会到来时的精神状态，它具有突发性；而其底蕴，则是"先积精思"，一种积郁的心态、情态。

兴（意兴）的观念决非仅仅是诗论家的臆想，而是唐代诗人的共识。王昌龄、皎然本身即著名诗人，而披阅唐人，尤其是盛唐诗人集子，触目尽是兴字，今随举孟浩然集中数则为例：

> 涧竹生幽兴，林风入管弦。　　（《岘山送萧员外之荆州》）
>
> 聊题一时兴，因寄卢徵君。　　（《行至汝坟寄卢徵君》）
>
> 愁因薄暮起，兴是清秋发。　　（《秋登万山寄张五》）
>
> 清晓因兴来，乘流越江岘。　　（《登鹿门山》）
>
> 风俗因时见，湖山发兴多。　　（《九日龙沙作寄刘大》）

兴又常与意、思互换，如：

> 逸思高秋发，欢情落景催。　　（《和贾主簿弁九日登岘山》）
>
> 云雨从兹别，林端意渺然。　　（《送王大校书》）
>
> 秋入诗人意，巴歌和者稀。　　（《同曹三御史行泛湖归越》）

唐人诗中更相当形象地描写了这种意兴发生的过程,如高适《酬岑二十主簿秋夜见赠之作》:"舍下蛩乱鸣,居然自萧索。缅怀高秋兴,忽枉清夜作。……"《同吕判官从哥舒大夫破洪济城回登积石军多福七级浮图》:"塞口连浊河,辕门对山寺。宁知鞍马上,独有登临事。七级凌太清,千崖列苍翠。飘摇方寓目,想像见深意。高兴殊未平,凉风飒然至。……"凡此均显示了意兴由积郁的情思心态中触物而起的性质。

意兴的观念是可与高层次的自然观并列的。六朝文学思想中最可贵的核心性的创获,是将内心充实的自然观与"倜傥放荡"的新观念联系起来的契合部。正因此,它为唐人所普遍接受而大力发展。比起原先的比兴、兴寄观念来,其区别主要在于:后者是一种与诗教说相表里的意旨性明确的观念;而意兴则对之扬弃,它虽以情意为内核,却着眼于触物而起的瞬间感发,因此它的意旨就必带上一定的朦胧的色彩。兴意,通过文饰具象后的结果就必是"隐秀"的,是言有尽而意无穷。《文镜秘府论·论文意》引《诗格》:"夫诗工创心,以情为地,以兴为经;然后清音韵其风律,丽句增其文彩,如杨林积翠之下,翘楚幽花,时时开发,乃知斯文,味益深矣。"这是对意兴与情意关系及其艺术效果的极好概括。正是在这一点上,唐诗在一定程度上确有语言学批评所说的直觉性与朦胧感。

可是唐诗的意象(兴象)观念与语言学批评所强调的拒斥理性思维的直觉性及近于原始思维的朦胧性又有重大区别,这首先是因为先秦以来自然充实、言志抒情的观念,在六朝乃至唐代,不但未被抛弃,而且被吸取到有关的"新思维"中,形成中古后诗歌意象的民族特色。《河岳英灵集》所云"既多兴象,复备风骨",正体现了这种扬弃与结合。意与兴的并举所组成的"意兴"一词,正说明所云直觉、朦胧在唐诗意象中只有相对的意义。兴与意、朦胧与意旨的结合,才是唐诗意象的魅力所在。这一点在由兴发到构成诗歌意象的艺术思维过程中可以悟见：

　　陆机《文赋》："辞呈才以效伎，意司契而为匠。"

　　刘勰《文心雕龙·神思》："独照之匠，窥意象而运斤。"

　　王昌龄《诗格》："夫作文章，但多立意，令左穿右穴，苦心竭智；必须忘身，不可拘束。思若不来，即须放情却宽之，令境生，然后以境照之，思则便来，来即作文。如其境思不来，不可作也。"

　　又云："夫置意作诗，即须凝心，目击其物，便以心击之，深穿其境，如登高山绝顶，下临万象，如在掌中，以此见象，心中了见。"

　　又云："夫文章兴作，先动气，气生乎心，心发乎言，闻于耳，见于目，录于纸，意须出万人之境，望古人于格下，攒天海于方寸，诗人用心，当于此也。"

　　皎然《诗式》又云："不要苦思，苦思则丧自然之质，此亦不然，夫不入虎穴，焉得虎子？取境之时，须至难至险，始见奇句，成篇之后，观其气貌，有似等闲，不思而得，此高手也。"又《辨体有一十九字》节："夫诗人之思初发，取境偏高，则一首举体便高；取境偏逸，则一首举体便逸……不妨一字之下，风律外彰，体德内蕴……其一十九字括文章德体风味尽矣。"

　　由以上各条可见，使原初兴会中潜在的朦胧的意念趋向化的关键是"取境"。境本佛语，谓心缘于物所生者。在诗论中借以指心物相谐，物理融于思理的情状。取境又是一种"独照"的功夫，此又用佛语，指通过澄心观照，证悟心意。所以，取境又同时包含着物我双方。原先因外物所引起的创作冲动（兴会），通过"独照"，逐渐明晰起来，使诗人确定他要从何种角度来再现物象，以使传神写心能契合无间。这样诗境就趋向于或高或逸，或思或壮等等。所以，"取境"也就是因象立意的过程。取境立意又是一个"至难至险"的"苦思"的营构。其所以要苦思,一是要使思清而不杂,思清方能景清,即"置意作诗,凝心击物,如登高山,下临万象,如在掌中,以此见象,心中了见";二是要戛戛独造,"意须出万人之境,望古人于格下"。这种"兴发意生","精炼意魄"(《文镜·论文意》)所得的诗之立意,再通过"巧运言词"(同上)来写形传神,使之具象,从而得到"风律外彰,体德内蕴"的诗歌意象,这意象才"如杨林积翠之下,翘楚幽花","斯有味也"。于是我们便可见到唐人的意象、兴象观与语言学批评意象观的异同,以及用后者阐释唐诗之魅力的得失了。今试以"鸡声茅店月,人迹板桥霜"与"板桥人渡泉声,茅檐日午鸡鸣"为主例来作比较。

1. 关于意象的概念:唐诗中的意象,不是指单个的名词或名词词组,而是指一种整体性的,经过诗人取舍整合的内蕴情志的境象。单个的名词或词组,如"鸡声""板桥"就诗歌的意义来说,什么也不表示。西方文论的意象概念,对唐诗来说基本上是无意义的,独立句法亦然。如前举二句中各名词相近,又句法松散,相对独立,但意境全异。因可见唐诗中的名词及其所代表的物象,不是要强调其独立,而永远是在意兴支配下的内在的统一。应当指出《魅力》注意到了中外意象概念的这种区别,所以在《魅力》二首章的理论总结中说到"中国人很少把单个名词称作意象",但为了便于向英语世界读者介绍,故移用了西方的术语。这可理解。然而应当指出,在西方文论传入中国之前,传统诗论中不是很少,而是绝对不以单个名词为意象。所以这不仅仅是一个概念的差别,而是两种文化背景下艺术思维的重大差异的反映。语言学批评对唐诗研究有促进,但也甚多隔膜,其底因,概在于此。

2. 关于唐诗意象与语词、句法的关系:唐诗中完整的意象,当然是由语词构成的。《魅力》企图从语词的结构中去分析逆探诗人心态,有充分的合理性。然而《魅力》未能予唐人作诗构成意象的前提"意兴",及最关键的环节"取境立意"以充分重视,这是其常有碎散感的主要原因。如上析,在唐诗的艺术思维中,先于语词的营构,有一个取境立意——即以意为主,对芜杂的外物取舍组合的过程。它使原始印象形成一定的,有立体性间架的景象。中国诗中景物成分增长与山水画的发展呈同步形态,一幅景象中应取哪些景物,如何经营位置,永远是中国画也是中国诗的最重要的课题。间架确定了,然后才考虑如何运笔设色或遣词造句。这就是所谓"意在笔先","成竹在胸"。陆机《文赋》"其致也,情瞳昽而弥鲜,物昭晰而互进……于是沉辞怫悦,若游鱼衔钩而出重渊之深;浮藻联翩,若翰鸟缨缴而坠层云之峻",正说出了这一艺术思维的进程。语言学批评中曾有关于叙述有无参照层的论争。就中国诗而言,那经过取舍整合的立体性间架,就是语言表现的参照层。即使从巴尔特否定参照层的语言自我意识与自我反映原理来看,那也必承认了诗歌语言中有主观因素。而这主观因素,在中国诗中,决不停留在情绪的原初萌动上,却因意兴,通过取境立意,使这主观性在朦胧性的同时带上了知性。《魅力》三引用罗曼·雅各布森的话:"诗的作用是把对等原则从选择过程带入组合过程。"笔者十分同意由选择到组合这一构思过程,却难以苟同把选择到组合完全归之于依对等原则所进行的语言行为。选择和组合,首先是印象的选择组合,在创作思维的这一层次,主要不是语言的组合,而是通过观照,凸现诸多印象中最切合意兴的部分加以立体性的经营位置。同时起作用的主要是思理(画理、乐理、哲理等),在这一点上作诗与作画是相同的,这正可证明,此时语言行为并非主要。其次才是选择语词,对业已凸现的意念性的印象作尽可能传神的描述。要之,这是个从朦胧的深层感觉的筛选整合,到表层的语词选择配置的过程。如"鸡声茅店月"句,就印象与语词的关系上看,诗人首先是从"商山早行"时凄清的感兴着眼,在周围景物中筛取鸡鸣声、驿店、晓月三个形象(而非鸭、山、星),然后才是在五言律句许可的范围内,于"鸡声""鸡唱""鸡啼""早鸡""鸡"等语词中选择了"鸡声"一词。"茅店""月"的择定可类推。再就印象的间架与语言结构的关系来看,则首先是依画理形成大体是以茅店为中心,有声无形的鸡鸣声,在茅店上方有影无声的晓月之光中回荡的境象,因为这一境象最能以虚写实(画理)构成凄清而迷惘的氛围;然后再写成"鸡声茅店月"这样句法的句子。在这里三个词的选择配置显现了语言技巧,但是这技巧受意兴与画面构架制约甚明。

至此,我们又面临这样一个问题,"鸡声茅店月"这一句诗就语言构成而言,又是否仅仅依据对等(相似或相反)原则构成的肌质联系呢? 它的序列又是否全是对普通语言句法的有意破坏、扭曲呢? 如果是,这句诗不是也可以写成"茅店鸡声月",或"茅店月鸡声""月鸡声茅店"吗? 但是,显然第一句至少是减弱了诗意;第二、三句则不成其句,虽然它对普通语言的规则破坏得更彻底。笔者承认在这三个词中存在着肌质联系,但是又认为更有着一种决定其为何种肌质联系的主导性联系,即意兴及其派生的思理的联系;笔者也承认近体诗的句法有其特殊性,却很难同意把这种特殊性强调到与普通语言对立的地步,而认为它仍遵循着普通语言的最基本的规律的约束。以上两点是一个问题的两个方面。为说明这一点,须简单回顾一下近体诗的肇始。

《魅力》将近体诗的语言结构孤立起来研究,恐怕是不符合近体诗产生的历史的。事实上在唐初数十年中,古体、近体与永明体的界限是混杂的。唐太宗《帝京篇》十首,即同时并存着这三种诗体,句数也不一致。这种混杂情况在绝句中延续更长,如王维的组诗《辋川绝句》《题皇甫岳云溪别业》均古律混杂,但这些组诗的句法习惯则是一致的。可见近体诗语言本与古体有血肉相连的关系。近体定型后迫使诗人在有限的句数、严格的格律限制下作诗,但诗歌抒情达意、状物传神的基本内含并不变。于是产生两种状况:一种是为就字数、声律而迫不得已的省略、错置,诗人在可能的情况下仍依较正常的语序作诗;所以在今、古分判尚未明的初唐近体诗中,省略尤其是错置的情况就较少。即使有,也很少见到对诗意表达有明显作用的好例。另一种是将就句适韵与写形传神、表情达意相统一的有意识的省略、错置等。这种状况至杜甫后才较多起来。但是如果作一统计,必可发现,无论哪一时期,哪位诗人的近体诗,省略,因字数限制虽不乏存在——这在古体中亦然;而错置的比例却极小。即使以《魅力》专文分析的《秋兴》八首六十四句言,真正算得上诗歌性质之语言错置的仅仅是"云移雉尾开宫扇","香稻啄余鹦鹉粒,碧梧栖老凤凰枝"三句。而这些错置,也是在思理与语法基本规则可以允许的范围之内。它们不能写成"鹦鹉粒啄余香稻"之类。至于省略也是在同样原则下方能运用,如"昆明池水汉时功",省去系词"是",这在古诗与古代散文中也是常见状况,对汉语世界的读者决不会产生歧义,它决不可扭曲成"池水汉时功昆明"。可见论近体诗语词之肌质联系及其对普通语言改造时,绝不可撇开意兴不论,以与思理、语法相对立。肌质的联系只有在以思理与最基本的语法规范为基础时才能构成诗歌意象。"鸡声茅店月"之所以不会写成"茅店鸡声月",是因为作者分明感到了清晨商山驿中早鸡的鸣声与清晓的残月相应能产生凄清迷惘的听觉效果,也必看到了茅店与月的空间位置,——大抵应是晓月西沉,斜悬在茅店上方的静态的无声的视觉印象。诗人将这有声无形的听觉印象与有形无声的视觉印象依画理进行组合,写成"鸡声茅店月",其中实隐含着大抵是"鸡鸣声回应着茅店上方无言的月色"的思理与隐然的句法联系。这种联系最能传达早行的凄清之感。如写成"茅店鸡声月",则割裂了茅店月的空间位置,形象支离;也使鸡声与月过于接近,难有空灵之美。所以这句诗看来似乎是三个并列的词组,但至少汉语世界有一定修养的读者,能十分自然地补出其大体的画理构架,并以符合汉语语法的方式去寻味理解其大体的意蕴。从中也可见语言学批评的肌质联系、对等关系等范畴,在相当程度上有助于理解中国古典诗歌的意蕴,但如舍意兴、思理而与基本语法规范截然对立，则会由合理而走向荒谬。

3.唐诗意象的趋向性、朦胧性与思维形态：由意兴感发，经取境立意，以意驭句所成型的唐诗意象，既是心神与物理契合的完整境象，因此必然是具体的，是写形；同时又是传神写心的，又必含有形而上的倾向。传统诗论中充满了对两种倾向的批评。一是反对泛，所写景象放到何处都可用却无具体特色，而与泛相对的标准就是要切。二是反对机械摹写，虽形似却了无生气，而与此相反的标准就是传神、气韵生动。王维《为画人谢赐表》"传神写照，虽非巧心，审象求形，或皆暗识"，最生动地体现了唐诗要求形神皆备，主客融一，贴切而又空灵的艺术境界。于是可见《魅力》所举中国诗意象有偏重性质而弱于具体的倾向，就总体而言，与传统诗论的标准不相符合。所举主要理论依据"近体诗中缺少罗列细节或指明关系的语法手段"（如无冠词等）颇可商榷。

诚然四句八句的律绝由于句、字的限制，不可能像《魅力》所举英语诗华兹华斯之《水仙》那样罗列大量细节，但近体诗决非缺少罗列细节的手段与诗例。唐诗中的景象有两类。《魅力》二作为主例的杜甫《江汉》一诗，属于总写生平，重在主体抒情而非主于外物描写的述怀诗，这类诗不必罗列细节，而不是近体诗难以罗列细节。唐代近体诗中更多的是即景起兴，以景寄情的诗作，如山水、田园、行游、登临、咏物、边塞、悼亡等体，其细节描写的功能决不比英语诗相同篇幅的为弱，如李商隐悼亡性的《正月崇让宅》：

密锁重关掩绿苔，廊深阁迥此徘徊。
先知风起月含晕，尚自露寒花未开。
蝙拂帘旌终展转，鼠翻窗网小惊猜。
背灯独共余香语，不觉犹歌起夜来。

对于"崇让宅"这一主体，列举了诸多细节以表现其荒芜之神，以与悼亡之意相契,这些细节都可作为对崇让宅这一主体的后置修饰。

指示词的问题应当更不成其为问题。古汉语中有指示词此、彼之属,近体诗虽较古体少用,但并不如《魅力》所云只在尾联用。相反,用于前联者极多,如"花近高楼伤客心,万方多难此登临","此地曾经翠辇过,浮云流水竟如何"。即使不用此彼,则又经常在诗题中或首联就明确标示所写主体,如《商山早行》八句诗均可视为对商山驿的后置修饰,使这一驿店在近、远景物的映衬下,十分具体。细节描述在中晚唐诗中越趋细密,这是唐诗发展的趋向。但即使盛唐诗中也大量存在。比如杜甫的小诗《江畔寻花七绝句》之一:"黄四娘家花满溪,千朵万朵压枝低。流连戏蝶时时舞,自在娇莺恰恰啼。"诗中的花,位置在黄四娘家前的浣花溪上,花朵繁荣盛茂,花丛中有戏蝶穿梭,流莺娇唱,在十分具体特指的景物中表现了诗人喜春的意兴。所以《魅力》所举论证唐诗意象性质趋向的主要论据,对绝大多数唐诗来说恐难以成立。唐诗绝大多数与象征派诗有别。

不过《魅力》有关汉语名词词组的性质趋向的提法仍可借鉴。因为名词单独存在时所指的表象本有多种性质,反过来也就是说多种性质的集合构成了这个名词所指称的某一事物。即使加上一个修饰性形容词使其某方面的性质凸现,但在主意兴的唐诗中仍可对它作出种种同中有别甚至了不相干的意会,以用来强调某些更具体的性质,并通过上下文的联系凸现之。如"明月"一词组,在王维的"明月松间照,清泉石上流"中,着眼于它的清澄幽恬,与"清泉"联系,更突出了这一意蕴;在徐凝"天下三分明月夜,二分无赖是扬州"(《忆扬州》)中强调的是它的清亮而旖旎可喜,与"无赖""扬州"联系而凸现了这一意蕴。在王昌龄"秦时明月汉时关,万里长征人未还"中强调的是它的亘古清光长照的时间意义,与秦、汉等词联系而凸现之,又与"万里"等词的空间意义共同构成全诗的时空意识。由此可得到一个二律背反：唐诗意象是注重性质的，唐诗意象是注重具体的。以上各例都注重明月的性质特征可证前一半命题；以上各例又各个注重其性质的某一更微细的侧面，则可证唐诗中的"明月"并不简单是一种特定性质的象征（如《魅力》三所说是明亮的、圆的），在具体的情境中它又是具体的。前一半命题可以帮助我们理解通过性质的强调与诸多事物某一共同性质的肌质联系来传神，是主意的唐诗的一个重要技法；后一个命题则又使我们充分注意到传统诗论强调"切"的思想。正反两个命题相合，结论仍是唐诗的意象是具体与性质的结合，性质通过具体体现。总之，唐诗是以意兴为主导的写形传神的诗作。

对于《江汉》一类不是以景物为主的唐诗，名词的性质作用，体现得更为强烈，《魅力》所云更可借鉴，但是意兴的主导作用仍不可忽略。如《江汉》中的"落日"（落日心犹壮）带有萧瑟的性质与隐喻，但同样是杜甫的"落日照大旗，马鸣风萧萧"，落日的性质却是悲壮的。

由以上分析可见，无论是何种情况，《魅力》所指出的唐诗中名词的性质趋向都有可借鉴的积极意义。但是它将名词及其词组称为意蕴大体固定的且偏于性质的意象，则不符合实际。这可借用罗兰·巴尔特的一句话："记号应当最好被看作是空的。"对于这些记号在具体情境中的以意为主的选择组合，是唐诗之魅力的重要因素。

与唐诗意象之具体性与性质性之关系相联系的，是唐诗意象的朦胧性与意旨性的关系。人们常将唐诗与朦胧诗相提并论，其实二者并不相同。唐诗有近乎朦胧的意境——其成因下文再论——但是又有较明确的意旨性。六朝以降的诗歌固然在实际上摆脱了诗教说的牢笼，但是玄学、佛学思维的本身是强调凝心专注的证悟。兴发时的感触固然是朦胧的，但诗人并不急于将这朦胧的骚动倾泻出来，而是要通过观照、苦思、取境立意使诗中所要表达的感受与这一感受的载体——外物明晰起来,在"心中了见"。并且在实际写作时,绝大多数场合要将主旨用"推论语言"揭示出来(不一定在第四联),如《商山早行》首联即云"晨起动征铎,客行悲故乡",其主旨悲故乡与早行的情境相当明确,因此论唐诗的朦胧性在绝大多数场合下应以意旨性为前提。诸如苏珊·朗格在《谈诗的创造》中所举史文明《阿塔兰塔》那样表现一种"情绪萌动的幻想的动态意象"的作品,在唐诗中如果有,也是绝无仅有。因此照搬"原始思维"一类的西洋术语于中国诗,解析就必难切合。西洋印象派诗是否主要凭直觉而类似原始思维,我不敢评论;然而中国古典诗歌的思维形态,虽多以直觉为起点,却总是进而要求"了见于心",这无疑发轫于先秦儒道都论到的"虚一而静"(《荀子·解蔽》),而更由六朝至唐佛学的"独照""了悟"所大力发展,而与原始思维多有不同。

唐诗,尤其是近体的境界有一定的朦胧性,但这朦胧与原始思维的朦胧性质不同。唐诗的朦胧是意旨性与朦胧性、具体性与性质趋向相统一的朦胧。比如《商山早行》:一方面意旨明确为悲故乡,另一方面何以思乡?程度、性质如何?都不确定;一方面有具体的商山之晨的情景,比如"鸡声茅店月",前已分析其大体构架之不可移易,然而这店与月的距离多少?鸡鸣是一鸡还是群鸡?又均不明确。相信画家音乐家可以据此画出谱出大体相近而妙处不一的图画乐章。笔者以为由直观经取境立意而了然于心,更返之于象下之意的整体意象的创作思维及其所构成的意旨与朦胧统一,具体与性质统一的境界,才是唐诗的品格与魅力所在。

《魅力》所论动词及动态意象与名词意象密切相关,所论似较论名词更接近传统诗论的要义,囿于篇幅不再详论,只略作评述。《魅力》这一节以"这些诗话的作者或许会同意我们的观点,诗歌语言的精彩主要取决于动词的卓越运用上"。在很多场合下,笔者同意这一结论,也同意《魅力》有关唐诗中有动词与名词共同强调性质的情况的出色分析。但是对于将此归结到唐诗"倾向于性质"的结论仍难以苟同。在通常情况下,动词运用得愈是出色的句子,于景物的表现,就越是切近而且传神,具体与传神,在这里是成正比例的而非相反。所以前人评论有"切而能远""近而能远"之说。比如"星垂平野阔,月涌大江流",这只能是峡中远望的景象。正因江峡狭窄方会有涌的感觉(如换一种心境而在长江下游,可能就是"唯见江心秋月白"(《琵琶行》),"涌"字既切江峡,为江峡水势传神,且又以见诗人当时幽愤的心态。因此问题仍归结到唐诗意象,是以意兴为主的具体与性质,意旨与朦胧的统一。意兴仍是动词选择使用的决定性因素。动词的卓越应用仍是第二义的。又,所以说在"许多场合下"能同意,也就是说在另外一些情况下并非如此,比如"鸡声茅店月,人迹板桥霜",尽管没有动词,其意象仍是完整的而非不连贯的,并且从这静景中能想象到诗人早行的动态甚至其神情。"颊上三毛"添加的不是动作,中国山水画往往是静景,却仍可气韵生动,传神毫颠,凡此均可说明意兴对无论是静态还是动态的意象的决定作用。

《魅力》二最后归结"唐诗的语言"为"构成意象"(名词意象)"摹拟动作"(动态意象)"推演衔接"(推论语言)三步,我以为不仅第一点可商,摹拟动作也可商。唐诗中的动作,从写形而言可称摹拟,从传神写心而言,摹拟远不能尽其妙趣。中国抒情诗既非象征派诗、朦胧诗,也非写实主义、自然主义可比拟;而且我们已经看到即使不用显示生动形态的动词,也完全可构成灵动的境界。以上就《魅力》所论三种唐诗语言的前二种进行了讨论。至此便可进入对所谓"推演衔接"语言的讨论,于是本文标题中被冷落已久的"意脉"一词将成为我们注意的中心。

四、意脉——"势"与"文体开合"的辩证关系

如果说意兴是唐诗的主脑,意象是唐诗的肌体,那末意脉(或称义脉)就是贯通全诗的血脉。"外文绮交,内义脉注",《文心雕龙·章句》这句话是意脉最简括的定义。意脉是意兴的流动轨迹,浅言之即诗的感情线。个别句联的景象,唯有意脉流贯方成为意象,并因而使意兴具象,其道理正如肢体必有血脉流贯方不是一块死肉,而气血饱满之人必容光焕发。意脉是意兴化为意象的关键,所以解读唐诗必须深究意脉。然而人们虽高谈意象,却偏偏常常忽略了诗的意脉。《魅力》同样忽略了意脉,因而对唐诗作品何以成为一个整体提出了一个与实际不符的构架。

《魅力》谓:律诗前三联是意象语言,是不连续的、片断的,尾联是推论语言,是连续的、统一的,后者将前三联从绝对时空带到相对时空,使全诗统一起来。此论是否确切,可从两种情况悟入。王维《观猎》:"风劲角弓鸣,将军猎渭城。草枯鹰眼疾,雪尽马蹄轻。忽过新丰市,还归细柳营。回看射雕处,千里暮云平。"此诗尾联仍是意象语言,全诗无一所谓推论语言,是否它们就只是片断的、不连续的呢?又推论语言的位置,在唐诗中并不局限于尾联,比如首联即标明全诗主旨与情景的近体诗数量极多,以《唐诗别裁集》卷十三录杜甫七律三十一首为例,首句明指的,从严格的标准来看也至少有十例以上,如"老去悲秋强自宽,兴来今日尽君欢"(《九日蓝田崔氏庄》),"花近高楼伤客心,万方多难此登临"(《登楼》),"使君高义驱今古,寥落三年坐剑州"(《将赴荆南寄别李剑州》)等等均是显例,在这种情况下,又何能设想以下的所谓意象语言不贯串着首联的主旨与情景呢?对唐诗中大量存在的这两种情况《魅力》不涉

及,这决非作者不知道这一情况,作者在此书中显示的功力足可佩服——而是因为,如果承认第一种情况,就必使唐诗意象语言是片断的不连贯的论断动摇;承认第二种情况又必使唐诗"意象是直观的论断"难以成立;而两种情况,又共同使前举《魅力》有关唐诗构架的理论难以使人信服。事实上唐诗的构架千变万化,起主导作用的就是由意兴的流动而形成的意脉,它在唐人的诗论中又具体化为"势"与"作用"的矛盾关系,《诗式》总序论"精思一搜,万象不能藏其巧",而全书末又设《立意总评》一节,谓"诗人意立,变化无复依傍"。可见全书以意(思)为贯串,为首义,而总序下即列《明势》节云:

> 高手述作,如登衡巫觌三湘鄢郢山川之盛。萦回盘礴,千变万态(文体开阖作用之势),或极天高峙,崒焉不群,气腾势飞,合杳相属;或修江耿耿,万里无波,淡出高深重复之状。

《明势》下《作用》节又云:

> 作者措意,虽有声律,不妨作用。如壶公瓢中,自有天地日月,时时抛针掷线,似断而复续。

合二节以观之,皎然乃以登高远眺为喻,指出创作首先要立意超群脱俗,高瞻远瞩,内心充实,以至于志气溢满流动,这样诗作才会有"萦回盘礴,千变万态"的气势。此八字下"文体开阖作用之势"的自注很重要,一方面是说由意而生的势是文体开阖作用,即布局这一艺术构思的主导;另一方面则是说意、势无形质,须借作用来具象体现,文体开阖作用须似"壶公瓢中,自有天地日月",极尽变化之能事,虽然看似不续,其实却如"抛针引线",气势不断,"似断复续"。总之:一方面是意立气生,气动为势,势主作用;另一方面反过来又借作用(布局)以显示气势,于萦回盘礴之中明作者之"措意"。这就是立意、取势、作用(布局)三者的辩证关系。这种关系,后来王夫之《姜斋诗话》发挥云:

> 无论诗歌与长行文字,俱以意为主,意犹帅也。无帅之兵谓之乌合……把定一题、一人、一事、一物,于其上求形模,求比似,求词采,求故实,如钝斧子劈栎柞,皮屑纷霏,何尝动得一丝纹理?以意为主,势次之。势者,意中之神理也,唯谢康乐为能取势,宛转屈伸,以求尽其意,意已尽则止,殆无剩语,夭矫连蜷,烟云缭绕,乃真龙,非画龙也。

这段话进一步指出了以比似、词采、故实所组成的诗歌景象,必须有意中之神理——势贯串之,运掉之,方能成为烟云缭绕的意象。也就是说诗中的物象看来是片断的不连续的,而其实在其深层有意脉(势,意中之神理)潜流着,将片断贯穿起来。正是这种时显(在推论语言中)时隐(在意象语言中)的意脉,使诗歌汇成一个似断复续、烟云萦绕的整体。而诗脉隐微的景象部分,往往就是情意升华的一个自然的过渡。欲明此理,须稍稍拓开,就人们常云有句无篇,而恰恰是对唐诗影响最深的刘宋谢灵运诗稍作分析:

> 时竟夕澄霁,云归日西驰,
> 密林含余清,远峰隐半规。
> 久痗昏垫苦,旅馆眺郊歧,
> 泽兰渐被径,芙蓉始发池。
> 未厌青春好,已睹朱明移。
> 戚戚感物叹,星星白发垂。
> 药饵情所止,衰疾忽在斯。
> 逝将候秋水,息景偃旧崖,
> 我志谁与亮,赏心惟良知。(《游南亭》)

这首谢诗的前十句有两组景象,而以"久痗"二句隔作前后两层。前四句状写的是春末黄昏,雨过天晴、云日鲜妍、山林清秀的景象。从诗题《游南亭》可知是初贬永嘉时作,从五六句可知这是诗人在久为疾病淫雨所苦后,偶一眺望郊野所得的新鲜感受。于是他更远追佳景,七八句又成一幅景象:淫雨之前方生方长的泽兰,现已丰茂披径;池中的青荷也开出了红红白白的荷花。这景象是美丽的,但却显示了春去夏来的迹象,由这自然的新陈代谢中,他更感到了人生之易老,于是发为后半篇追伤往事,决随秋水归隐的浩歌。审度当时情景,两幅景象都是他久雨初止时所见,但在作法上却有意分作两层,虽然都是春末夏初之景,但意象却各有偏重,起笔不明写旅贬,而径从景语起,充分突出了季春初晴之清气似乎一下子拂去了他身心荫翳的心理感受。五六句以"推论语言"反挑前意,"眺郊歧"三字更显示了诗人渴欲借自然清气进一步摆脱压抑的心愿。但是事与愿违,为继而见到的那幅偏重于夏意的景色引动,他反跌入了更深的人生易老的愁苦之中。如果明了"泽兰"以下四句全化用《楚辞》中《招魂》与《大招》之语,就更可明白,这景象中所含的主观的牢愁,其意早已直透结末所用《庄子·秋水》之典。由此可悟三事:

1. 由同时同地所摄取的两幅景象侧重与寄意不同可悟,中国诗中的意象并非完全是直觉的印象,而是潜注了作者的主观意识在内的。

2. 意象的转换往往表现了心态的转换,每一意象都具相对的独立性,却又是全诗一个承上启下的组成部分。如此诗,从想象中的时间看包含春末——夏初——秋季这一线索,这是外现的景象;由内含看,则有贬谪——楚骚——庄达的内在脉络,这就是内在的意脉,正是这内在的意脉使外在的"景象"化为诗歌的"意象"。

3. 诗人的意兴、意脉要借作者布局来显示。"久痾"一联的顿束,用后来唐人论势的术语说是"先树四句,五六句入作势"。如此取势并非偶然,是为了通过布局的收放,形成诗歌节律的跌宕,以显示感情之起伏变化。如果起笔先写五六句则平弱无奇了。从中可知意兴与取势、作用的辩证关系。熟悉谢诗者必会明了,情景二

线显隐交叠，辗转入深，是他最重要的艺术特点。[1] 对于谢诗的
这种特点，唐人心领神会。杜甫说："精微穿溟涬，飞动摧霹雳，陶
谢不枝梧，风骚共推激"（《夜听许十一诵诗爱而有作》）；"久为谢客
寻幽惯，细学周颙免兴孤。一重一掩吾肺腑，山鸟山花吾友于"
（《岳麓山道林二寺行》）。白居易更云："谢公才廓落，与世不相遇。
壮志郁不用，须有所泄处。泄为山水诗，逸韵谐奇趣。"二公所论都
谓谢诗意象中有幽愤流贯，这是唐人的共识。因此从谢诗中可以
看到唐诗的真精神。必须再一次指出，过分强调唐人近体诗与古
诗的区别乃至将二体割裂开来，对于研读唐诗是不利的。近体形
成只是使唐人诗歌的意脉更隐微，技巧更复杂，因而也更带象外之
意，但古、近体诗在基本的美学标准上、思维形态上是一致的，唐人
乃至后代诗论家都一致指出好的律诗要能以气运律，以古入律。
比如上举《游南亭》诗，我们可以稍经增删变成一首七言八句诗，而
基本意兴、意象、意脉不变（如果需要甚至连平仄也可调得完全合
律，但为说明问题，仍用原句）：

> 夕霁密林含余清，三春远峰隐半规。
> 久痗更逢昏垫苦，旅馆一眺远郊歧。
> 苍苍泽兰渐被径，艳艳芙蓉始发池。
> 青春未厌朱明睹，遽将秋水偃旧崖。

对于这首仅数字不协的七言八句诗，我们仍可很顺当地分析
出其意脉和意象转换的关系，从而品味出它的意兴。而且熟悉杜
诗的人很容易会想起，杜律中有很多诗是以顿束逆挽之法取势转
换意象，曲屈抒情的，如《九日》：

> 重阳独酌杯中酒，抱病起登江上台。

---

[1] 有关谢灵运诗可参见拙著《谢灵运诗辨体溯源——山水诗起源新探》，
载《中国社会科学》1990年第4期。

竹叶于人既无分，菊花从此不须开。

殊方日落玄猿哭，旧国霜前白雁来。

弟妹萧条各何在，干戈衰谢两相催。

诗人重九兴致感发，抱病登高，却因"竹叶无分"顿生悲感，于是眼前触目尽是催人泪下的资料，不烦详析可见其与谢诗意脉的内在一致性。

由此及彼，由古及今，更不难看出律诗中某些看似非常突兀的景联中，实有内在流动的意脉。如杜甫《九日蓝田崔氏庄》：

老去悲秋强自宽，兴来今日尽君欢。

羞将短发还吹帽，笑倩旁人为正冠。

蓝水远从千涧落，玉山高并两峰寒。

明年此会知谁健，醉把茱萸仔细看。

"蓝水""玉山"一联初看非常突兀，但仔细分析文本，它在全诗的意脉流动中却又十分自然而传神。诗以人"老"、"秋"与"强自宽"对起，逼出"兴"字，知此兴乃是佳节为君——朋友而强自振起的，故欢兴中已先见一丝悲凉之意（这应当是推论语言）。颔联承"老"字写欢兴，翻用桓温九日龙山宴孟嘉落帽风故事，写自己虽短发茸茸、垂垂老矣，但仍不愿服老，而"笑倩旁人为正冠"，得风流时且风流，伸足"强自宽"之意兴。颈联意脉则既承"悲秋"而来，又反二联之"人老"，写山水之不老，蓝水奔泻，落自千涧，玉山双峰，拔地穿空，"蓝""玉"相映，"远""高""寒"三字点染生色，写出由崔氏庄远望所见周围具体景色，不仅深切秋令，更可从其动势之中，感到自然之无穷生命力，于是对比之下，诗人由"强自宽"之欢兴又转入了"老"境将至的"悲秋"之感，"醉"字上挑"尽君欢"，发为醉中之语："明年此日，还有几人能如山水之健在？茱萸啊茱萸，你能告诉我吗？"可见突兀而起的"蓝水""玉山"一联，正是诗人由强自宽回跌到伤老悲秋之意的过渡，这就是唐诗景象中潜在的意脉，正是这意脉使这一"景象"的品位上升为"意象"。

　　只要能在文本分析中把握住诗歌的意脉,那末即使全无推论语言的唐诗,也可发现它是一个浑然的整体,而决非片断的不连贯的。如前举王维《观猎》:先以劲风鸣弓起,二句反插入题点明"出猎",作一拘勒,非但发端陡拔,且由一勒蓄势,再具体写逐猎事,便有奔腾飞动之势。这以《文镜》的术语说就是"先树一句、二句入作势"。"草枯"两句,以春初鹰马之矫捷,影借将军之风神。"忽过"二句用二典:新丰、细柳均是实地,前句又暗用高祖建新丰歌《大风》之典,使人想起"安得猛士守四方"之意,后句则暗用周亚夫细柳营事,隐借将军之良才。二典串连,既是"猎渭城"之伸展,又微见将军之内德。故中二联看似不续,其意思则有递进,由写风神进而写德威,决互易不得。这四句中"疾""轻""忽""还"四字又一气串下,诗势剽急,故七句"回看"既承"忽过""还归",明写将军勒马,亦暗中勒住诗势作一顿,再放眼大漠,千里云平,宏阔旷远之景中仍以汉事"射雕"回应"新丰""细柳"二汉典,正可味见将军无涯心志。全诗二句一组景象,却一气贯注,意脉潜通,二、七两处收放,更有意在流荡中取拗健之势,正不必用任何推论语言,已将将军之充中外发的威武传写入神。"草枯"二句是名句,但所以为佳,不仅因意象构成本身,还因其在全诗意脉中的地位,如无第二句一勒,而在"风劲"句下直接此二句,就会冲淡其神采。由此更可知唐诗的意象语言,只有在全诗的意脉流动中方能最充分地显示其艺术魅力。以笔者研学唐诗的经验看,景象的佳妙,是较容易体味的,而意脉之精妙却较难分析。但要真正读透唐诗,真正使"景象"有"意象"之感,掌握意脉更为关键。舍意脉论意象,必如王夫之所云"如钝斧子劈栎柞,皮屑纷霏,何尝动得一丝纹理"!

　　应当说《魅力》关于唐诗构架的理论仍有可以借鉴之处,主要有二。

　　所云唐诗意象语言是片断的、不连贯、直观的,虽有偏颇,但却可以启示我们将皎然所云"抛针引线，似断复续"这类模糊性的论说理论化。《魅力》又指出唐诗的对句有一种阻遏诗势前趋的作用，这一点至少在不以虚词勾连的诗中相当准确。对句的意象相对具足，故自成片断；而潜在的意脉又将相对具足的片断"景象"连贯起来，使之成为"意象"，这就是唐诗结构的似断复续，读者正是由这似断复续中，可以更充分发挥想象，由玩味语言技巧到追踪诗意。这是唐诗魅力的又一因素。

这里想顺便谈谈近体诗的声律情况，由笔者研究观之，由永明体到律体，单句的平仄协调只是隔一层纸而已，而粘对规律则纯为唐人之新发明，其产生亦当与意脉有关。对句的相对自足性，阻遏了诗势的前趋，形成"断"的感觉，而上联下句与下联上句之粘，又使"似断"的二联有相连的音乐形象，这十分有利于似断复续的意脉暗示，从而使唐诗的音义相合，浑然一体。

《魅力》三在论构架时又与肌质相联系，在"作为组织原则的对等原则"一节中，论述了全诗肌质联系对全诗意境营造的作用。就我的体会而言，这是全书最精彩的一节。下章试引其中论述李白《玉阶怨》一诗来说明之并为全文作结。

五、代结论

玉阶生白露，夜久侵罗袜，却下水精帘，玲珑望秋月。

（李白《玉阶怨》）

《魅力》论云：

这首容易使人误认为简单的小诗，首先是按照时间连续的原则组织的：一个女子在玉阶伫立遥望，夜深人静，白露渐生,浸湿了她的罗袜,她步入闺房,落下水精窗帷,但仍在凝望着秋空上的一轮明月。另一个起作用的原则就是对等:玉阶和白露是白色的、冷的和半透明的,同样,罗袜、水精帘、秋月也是如此,可以说,诗中所有的词都有相同的特征,而且所有的名词和充当修饰语的形容词都把人们的注意力引向这些特征。如果有一个词能囊括这些特征——白、冷、半透明——那就是玲珑。据《说文解字》解释,玲珑是玉的声音,另一常见意义是"雕镂的样子",但有时也用玲珑来描绘姑娘的美貌,像"小巧玲珑"。在本诗的语境中"玲珑"是描绘透过水精帘所看见的月亮,还是指望月的女主人公,似乎难以确定,但毫无疑问,玲珑一词,使那些弥漫全诗的特征得到强调。

国内学者以类似的方式分析此诗的不少,但在传达本诗的氛围上,却以上析为最佳,这无疑是有关肌质联系的理论的作用。然而即使在如此精彩的论析中仍可发现唐诗中语言学批评的固有局限性。所以不妨借此诗的进一步的文本分析为本文作理论总结。

1.意兴是唐诗的主脑,它决定了肌质联系之性质。《魅力》所析,可商的第一个问题是,这白、冷、半透明的氛围是否仅仅是朦胧的印象,这些词语是否仅仅靠对等原则形成肌质联系? 这可从与顾况《宫词》的对读中悟出:

> 玉楼天半起笙歌,风送宫嫔笑语和。
> 月殿影开闻夜漏,水精帘卷近秋河。

这首诗中的名词与上诗十分接近。玉楼、(秋)风、月殿、秋河,还有一字不易的"水精帘",这些也都依对等原则(相似或相反)产生肌质联系,共同显示了白的、半透明的性质特征,但二诗的氛围却截然不同。为什么呢? 无疑在于意兴不同。李白《玉阶怨》中,怨的意兴使这些词语在全诗的联系中都获得了幽冷的色调。而顾况《宫词》宫中行乐之意兴使全诗所有白色、半透明的词共同构成了高爽清朗的而非幽怨的色调。[1] 可见肌质联系表现出何种色调、性质,全由意兴决定。意兴可使相同或相近的词产生不同的肌质联系,这种微妙的区别,远非"相似或相反"的对等原则所能完全解释。

2. 意脉是血脉,它主导语词所代表的景象"使之成为按部就位和谐一体的诗歌"意象,也使肌质联系获得千变万化的具体形态。《魅力》指出了《玉阶怨》有一条时间的线索。又,可以发现它的四句都是意象语言,因此这里首先就否定了意象语言都"是片断的不连贯"的论断。然而这还不是唐诗的意脉,而只是景象的表层联系。深一层的问题是,何以诗人在长夜之中只择取了这样几个情节而不是别的情节,以有效地表现了"怨"的意旨? 不难发现,这首小诗的机杼脱胎于《古诗十九首·明月何皎皎》:"明月何皎皎,照我罗床帏,忧愁不能寐,揽衣起徘徊。客行虽云乐,不如早旋归,出户独彷徨,愁思当告谁。引领还入房,泪下沾裳衣。"由这首古诗再观《玉阶怨》,可更明显地见其潜在的意脉:夜久还在玉阶久伫,隐在的女主人公必有所怨,必有所望,前二句造成了一种悬念。待到凉露侵袜,她无奈回房下帘,然而从"玲珑望秋月"中可知她的心仍未归来,"隔千里兮共明月",秋月在此是别离的隐喻,至此方知她是在盼望着不得见的他。全诗四句之中流贯着怨的意脉,出而复入,隔而还见,由悬念至反挑的布局结构,又使这意脉的展开委婉曲折。在这一意脉的轨迹中,所有的语词都有其前后不可移易的序列地位,遂在最有效地凸现相思的女主人公心态的同时,汇为幽冷的色调。肌质联系至此才获得了其特定形态而并非是可适用于一切诗。因而使可以通用于一切诗,却不能具体说明什么的相似

---

[1] 吴匠珂《唐诗笺要后集》评本诗:"宫词多作怨望,此独不然,是遹翁特地出脱处。"按本题组诗五首,一时作,其余四首皆宫中行乐事,知吴说不误。殆略近于李白《清平调》三首之属,为遹翁为官中朝期间宫中宴乐所作。

或相反关系获得了灵魂。这一点,"玲珑"一词最有启发。

"玲珑"一词孤立看,似确有前引的歧义。但在全诗的意脉中看,其意义可以确定。全诗的女主人公始终是隐在的,只以二句的"罗袜"来暗示。玲珑如再指女子,则不但与罗袜犯重,且使主人公凸现到幕前,可谓大煞风景。这首小诗是四句串连而下的,末句承第三句"却下水精帘"而来,所以玲珑乃是隔水精帘望月的感觉,是由"雕镂的样子"派生出来的,由房中隔着晶莹而有隙的水晶帘望明月,即有亮的感受,又因似隔非隔而有一种似真似幻的感觉。所以"玲珑"一字,已远远超出其辞典意义,在写望月之感的同时也在最后集中地表现了女主人公恍惚若梦思的心态。《魅力》所以认为玲珑一词也可能指女子,正是因舍意脉论意象所致。如果能把握意脉,那末《魅力》一书中所说的"歧义"现象大部分可以解决。

3. 意象因意脉流贯而内含意兴(象下之意),唐诗意象的获得不在于语词的独立,而恰恰在于以意为主的总体联系;意象的优劣不取决于句法是否特殊,而主要在于取境立意,布局取势的高下。应当注意,《玉阶怨》中,除"玲珑望秋月"句尚可说句法有所特殊外,其他三句均为普通句法。可见近体诗中固然有破坏正常语法关系而佳的例,也同样可以近于普通的语法,若不经意的语词创造出常人所不能及的优美篇章来。换句现代的话来说,也就是选择最佳的视角,截取典型的片断,选择生动的语词,着力凸现之。这也就是皎然所说"取境之时,须至难至险,成篇之后,观其气貌,有似等闲,若不思而得"。诸如"空山不见人,但闻人语响。返景入深林,复照青苔上";"少小离家老大回,乡音无改鬓毛衰。儿童相见不相识,笑问客从何处来",这些传诵的名篇又有什么对正常语序**的刻意扭曲呢?即使以善炼著称的杜甫,其《闻官军收河南河北》《登高》《客至》等名篇,又有什么出乎常人的句法呢?唐诗中炼意与谋篇的重要性总是在炼句锤字之上,因为中国诗总是最注重整体意境的营造。其次,炼句炼字不是不重要,而是句词只有在超乎**

常人的意兴,气势流动的意脉的作用之下,才能生动而有含蕴地写物传神,道得他人之所未道,才能称佳。现在我们应当说"无边落木萧萧下,不尽长江滚滚来"与"香稻啄余鹦鹉粒,碧梧栖老凤凰枝",有同样不朽的艺术价值,而在传统诗论中,则更认为前者胜于后者。如果杜甫一味写"香稻""碧梧"式的句子,可以断定他决不会被中国人奉为"诗圣",因为自然的美学标准在古典诗歌中是第一义的。如果一定要用画来比喻唐诗,那么唐诗除极少数的例外,都不像马蒂斯与塞尚的画,而是像土生土长的中国画。"淡妆浓抹总相宜",只要能写出西子般的天然丽质便是好诗。因此若问什么是唐诗的语言,就是写形传神,声情并擅的语言,它决不拘于一格。当然唐人在语言、结构、技巧上积累了许多成功的经验,这些已非本文所能展开。《魅力》在《唐诗的语言隐喻和典故》中有不少很好的见解,本文也不可能一一评介了。然而万变不离其宗,唐诗的一切语言技巧只有在意兴、意脉、意象的整体联系中来考察,方能充分表现其魅力。

4.探究意兴、意脉、意象,是唐诗文本赏析的中心。唐代诗人从其创作情状观之,如前所论——除极少数有难言之隐者外,都企图在诗中表现一定的情状和意旨,而且在绝大多数诗作中,或通过诗题,或通过可以出现在各联中的明确的"推论语言",指示作诗的情状与意旨(如《玉阶怨》的"怨",《商山早行》的"悲故乡")。这些本身就是唐诗文本的组成部分。语言学批评重视读者的感受,重视文本的文字结构,是完全正确的。但由于两个内在的矛盾,有时效果往往适得其反。首先由于唐诗文本的以上特点,语言学批评将直觉与理性过分对立的观念,恰恰妨害了批评者真正客观地对唐诗文本作分析。不少有关论著,包括《魅力》,其实是对唐诗文本中的意旨性、推论性语言,尤其是在诗的开头、中间出现的这类语言,采取视而不见的态度,而总是将一句一联孤立起来分析,于是把本来并不如何复杂的诗句结构分析得十分繁琐。对于唐诗这样主于空灵、重于意会的抒情诗,却企图像治化学那样,对语词作类似于剂量分析的赏析,这本身就会使赏析活动变得枯索无味、琐碎难通,也使作者丰富的艺术活动被种种过于狭窄的原则所肢解了。这些正是语言学批评的唐诗研究常有碎琐之感的原因。其次重视文本分析,本是为防止读者将文本外的理念强植到文本中去的主观偏向,但当这种做法把文本中明确指示的意旨、情状也置于不顾,把唐诗的艺术传统置于不顾,把唐诗实际上从未达到西方所说的纯文学的那种纯度——唐诗中 80％以上的篇章是与交际、言志、记事、论政等实用活动联系在一起的——的情况置于不顾时,也就必会产生另一种偏向,即因批评者自身的主观意识、自身的言语个性,而导致对文本的主观性的曲解。实际上根本不存在绝对不带主观性的文本分析,所应做到的是尽可能客观些。

于是就产生了一个问题:究竟应如何来读唐诗。据我所师承的老先生的教诲与我自身的经验看,可以概括为两句极简单的话:诗要一字字、一句句读;诗又要将它作为一个整体来读。语言学批评所谓阅读过程是一个个字进入视点、反映于脑中的说法,其实只有理论上的正确性。在实际阅读过程中,总是以相对完足的语意或境象为单位进行分析的,然后再是将若干个单位联系起来进行全盘的领会。中国人读诗都有循环往复的过程,总是先把一首诗读完,领会其大体情状与意旨,然后再重读。重读的过程既是以初读中大体把握的意旨情状为主脑去细细领会一字字、一句句及其所成意象的深意妙诣,又是对初读印象的检验。如遇印象与字句扞格时,就须校正初读的印象,再三读以验之。在这种循环过程中,把握意脉尤其重要。一旦意脉不能贯通——除少数情况是诗作本身之病外——就应意识到自己初读的领会有问题,就应在疏通意脉的过程中修正认识。只有当意脉豁然由隐而明时,对诗作的意旨情状方谈得上真正是大体把握了,才能真正领会一字字、一句句、一种种语言技巧好在何处,不足在何处,才能使诗中的一幅幅景象真正在读者方面也成为意象。

由于唐诗的意旨性与朦胧性、具体性与性质化并存，唐诗的文本阅读必是一种审美观照与理解意旨并存的活动，决不会因承认意兴、意脉对意象的主导作用而变得没有想象余地。寻索意兴、意脉，正是为防止"天马行空"的随意想象。所以意兴、意脉、意象三者不仅是作者创作过程中艺术思维的主体部分，也是读者更好地对唐诗作文本赏析时必须把握的核心部分。其区别只是在于，大体而言，由作者来说是由意兴——意脉——意象；而从读者来说，则常常是由意象(构成意象的文字)寻索意脉，逆探意兴。这同时也是一个语言形式的结构分析、赏玩过程，王因为如此，本文要以"意兴、意脉、意象"为题，而论述重点又在意兴，特别是常为人们忽视的意脉之上。

(本文原载于《唐代文学研究》1992 年第 3 期)

初唐七律的成熟及其风格溯源

七律滥觞于庾信《乌夜啼》，成熟于初唐，是学界一致的认识。然初唐历时近百年，七律究竟成熟于哪一阶段？有何种背景？经何种道路？其渊源为何？于其体格又有何影响？对这些问题，至今似尚未见有深入明确的论证。因此于七律的形成史，可说仍处于若明若暗的状态中。今拟在对初唐七律作考证统计的基础上，进一步梳理探源，以抛砖引玉。

一、对初唐九次重要"七律"应制唱和的考定

检《文苑英华》及《全唐诗》，今存初唐及由初入盛诗人符合或接近后世七律规矩之作（七言八句，双句押同韵，一般中二联对仗。以下为方便计，姑称"七律"），凡一百四十首左右，去其重叠复出者，剔其盛唐时所作者，尚得约一百一十二首（有二首难定初、盛），而其中九十一首则集中于九次同题唱和或应制活动中。因此考定这九组诗的写作时间，分析其格律情况，就成为理清初唐"七律"演进历史的关键。这样做比一一就单个作家来分析科学得多。因为一则群体的倾向总是比个人的活动更能说明某一时期的风会；二则初唐时间不足百年，而作家寿命多有高达七八十岁者，所存七律

最多之人亦只十六首，如果单个分析，有一二首诗不能考出或误考，就会影响统计的可靠性。相反，只要对这九组九十一首诗的考证把握无误，其他散见作品的确定，即使有个别二三首的失差也不会影响统计的全局。现先逐一考证这九次活动的时间，其散见的二十一首，亦曾经考证，然为节约篇幅不再一一说明，仅将结果附于相应各阶段中：

其一，《七夕赋咏成篇》。今存陆敬、沈叔安、何仲宣（均见《全唐诗》卷三三）、许敬宗（同书卷三五）四作。前三人两唐书无传，《唐诗纪事》卷三记，何仲暄（宣）"武德、贞观间人"；沈叔安，"《南部新书》云：武德七年，遣刑部尚书沈叔安携天尊像赐高丽，后为潭州都督，图形凌烟阁"；陆敬，"有集十四卷，高祖时人也"。许敬宗《旧唐书》卷八二本传记其"（高宗咸亨）三年（672）薨，年八十一"，逆推之，生于隋文帝开皇十二年（592），本传又记其曾为太宗秦府学士，贞观八年（634），召除著作郎。据以上资料可以推定，这一组诗至迟不得晚于太宗贞观年间。

其二，《饯中书侍郎来济》诗。《全唐诗》卷一载唐太宗此诗，卷三五载许敬宗奉和诗。太宗诗又重见于同书卷五二宋之问名下。今按《旧唐书》列传卷三〇《来济传》记其"永徽二年，拜中书侍郎，兼弘文馆学士，监修国史。四年，同中书门下三品。五年，加银青光禄大夫，以修国史功封南阳县男，赐物七百段。六年，迁中书令、检校吏部尚书"。《资治通鉴》（以下简称《通鉴》）卷一九九载，永徽三年"九月，守中书侍郎来济同中书门下三品"；六年六月"壬辰，以……来济为中书令"。较《旧唐书》所载，来济为中书门下三品之时间虽小有出入，但距离不大。据此组诗题，此二诗当作于永徽二、三年间（651—652），至迟在六年六月壬辰前。此时太宗已薨，而宋之问年尚不足十岁（宋约生于656年，是学界定论），均不可能作此诗，而诗题无"奉和""应制"字，则疑为高宗李治原唱，敬宗奉和矣。

其三,《石淙诗》。《全唐诗》卷四六狄仁杰《奉和圣制夏日游石淙山》诗题注:"石淙山,在今河南登封县东南三十里。有天后及群臣侍宴诗并序刻北崖上。其序云:'石淙者,即平乐涧,其诗天后自制七言一首,侍游应制,皇太子显、右奉裕率兼检校安北大都护相王旦、太子宾客上柱国梁王三思、内史狄仁杰、奉宸令张易之、麟台监中山县开国男张昌宗、鸾台侍郎李峤、凤阁侍郎苏味道、夏官侍郎姚元崇、给事中阎朝隐、凤阁舍人崔融、奉宸大夫汾阴县开国男薛曜、守给事中徐彦伯、右玉钤卫郎将左奉宸内供奉杨敬述、司封员外于季子、通事舍人沈佺期各七言一首。薛曜奉敕正书刻石,时久视元年五月十九日也。'按此事新、旧唐书俱未之载,世所传诗,亦缺而不全。今从碑刻补入各集中。"按武则天久视元年为公元700年,以上所述17人诗,今俱存于《全唐诗》中。

中宗时期"七律"应制今存诗较集中者有六题,多可从《唐诗纪事》卷九"李适"条所载修文馆学士侍从应制情况中考得:

> 初,中宗景龙二年,始于修文馆置大学士四员,学士八员,直学士十二员,象四时、八节、十二月。于是李峤、宗楚客、赵彦昭、韦嗣立为大学士;(李)适、刘宪、崔湜、郑愔、卢藏用、李乂、岑羲、刘子玄为学士;薛稷、马怀素、宋之问、武平一、杜审言、沈佺期、阎朝隐、韦安石为直学士;又召徐坚、韦元旦、徐彦伯、刘允济等,满员。其后被选者不一。凡天子飨会游豫,唯宰相、直学士得从。春幸梨园并渭水被除,则赐柳圈辟疠;夏宴蒲萄园,赐朱樱;秋登慈恩浮图,献菊花酒称寿;冬幸新丰,历白鹿观,上骊山,赐浴汤池,给香粉兰泽。从行给翔麟马、品官黄衣各一。帝有所感即赋诗,学士皆属和,当时人所钦慕,然皆狎猥佻佞,忘君臣礼法,惟以文华取幸。若韦元旦、刘允济、沈佺期、宋之问、阎朝隐等,无他称。景龙二年七夕,御两仪殿赋诗,李峤献诗云:"谁言七襄咏,流入五弦歌。"(是日李行言唱《步虚歌》)九月,幸慈恩寺塔,上官氏献诗,群臣并赋。

闰九月,幸总持,登浮图,李峤等献诗。十月三日,幸三会寺。十一月十五日,中宗诞辰,内殿联句为柏梁体。二十一日,安乐公主出降武延秀。是月以婕好上官为昭容。十二月六日,上幸荐福寺,郑愔诗先成("旧邸三乘辟"是也),宋之问后进("驾象法王归"是也)。立春侍宴赋诗。二十一日幸临渭亭,李峤等应制。三十日,幸长安故城。十二月晦,诸学士入阁守岁,以皇后乳母戏适御史大夫窦从一(往来其家,遂有"国爹"之号)。三年人日,清晖阁登高遇雪,宗楚客诗云"蓬莱雪作山"是也。因赐金彩人胜。李峤等七言诗("千钟圣酒御筵披"是也)。是日甚欢,上令学士递起屡舞,至沈佺期赋《回波》,有"齿录""牙绯"之语。晦日,幸昆明池,宋之问诗"自有夜珠来"之句,至今传之。二月八日,送沙门玄奘等归荆州,李峤等赋诗。十一日,幸太平公主南庄。七月,幸望春宫,送朔方节度使张仁亶赴军。八月三日,幸安乐公主西庄。九月九日,幸临渭亭,分韵赋诗(韦安石先成)。十一月一日,安乐公主入新宅,赋诗。十五日,中宗诞辰,长宁公主满月,李峤诗"龙神见像日,仙凤养雏年"是也。二十三日,南郊,徐彦伯上《南郊赋》。十二月十二日,幸温泉宫,敕蒲州刺史徐彦伯入仗,同学士例,因与武平一等五人献诗。上官昭容献七言绝句三首。十四日,幸韦嗣立庄,拜嗣立逍遥公,名其居曰清虚源、幽栖谷。十五日,幸白鹿观。十八日,幸秦始皇陵。四年正月朔,赐群臣柏树。五日,蓬莱宫宴吐蕃使,因为柏梁体(吐蕃舍人亦赋)。七日,重宴大明殿,赐彩镂人胜。又观打球。八日立春,赐彩花。二十九日晦,幸泸水。二月一日,送金城公主。三日,幸司农少卿王光辅庄。是夕岑羲设茗饮,讨论经史,武平一论《春秋》,崔日用请北面。日用赠平一歌曰"彼名流兮《左氏》癖,意玄远兮冠今昔"。二十一日,张仁亶至自朔方,宴于桃花园,赋七言诗。明日,宴承庆殿,李峤《桃花园》词,因号

《桃花行》。三月一日清明,幸梨园,命侍臣为拔河之戏。三日上巳,祓禊于渭滨,赋七言诗,赐细柳圈。八日,令学士寻胜,同宴于礼部尚书窦希玠亭,赋诗,张说为之序。十一日,宴于昭容之别院。二十七日,李峤入都,祔庙,徐彦伯等饯之,赋诗。四月一日,幸长宁公主庄。六日,幸兴庆池观竞渡之戏,其日过希玠宅,学士赋诗。二十九日御宴,祝钦明为《八风舞》,诸学士曰:祝公斯举,五经扫地尽矣!

据上引可考得所云九次应制唱和中之四、五、六、七、九,五次时间。

其四,《立春日游苑迎春》。中宗原唱(《全唐诗》卷二)。奉和者今存七诗:崔日用(同书卷四六)、阎朝隐、韦元旦(卷六九)、李适(卷七〇)、卢藏用、马怀素(卷九三)、沈佺期(卷九六)。此七人均为景龙二年始于修文馆所置各级学士中人。知为此后作也。上引立春事有二,景龙二年十二月"立春侍宴赋诗"(开三年之春),四年"正月八日立春,内殿赐彩花"。至四年"六月壬午,帝遇毒,崩于神龙殿"(《旧唐书》卷七《中宗本纪》),故本题只能作于上二次立春之一;而景龙四年立春日内殿赐彩花,见有刘宪、武平一等《立春日内出彩花树应制》诗存(《全唐诗》卷七一、卷一〇二)。故本题必为景龙二年(708)十二月立春日所作。

其五,《奉和初春幸太平公主南庄应制》:上引记景龙三年(709)二月"十一日,幸太平公主南庄"。本题李峤诗下注"景龙二年二月十一日",知必为是日作矣。中宗原唱已佚,《文苑英华》卷一七六录奉和者八人:李峤、苏颋、沈佺期、宋之问、李乂、韦嗣立、李邕(《英华》作"宋"邕,据《全唐诗》卷一一五李邕诗,参《旧唐书》卷一九〇《李邕传》是正)、邵昇。又《全唐诗》卷一〇三又录赵彦昭本题一首,实即韦嗣立诗,当删。

其六,《侍宴幸安乐公主南庄应制》:《文苑英华》卷一七六载李峤、赵彦昭、宗楚客、卢藏用、苏颋、萧至忠、岑羲、李乂、马怀素、韦元旦、李迥秀(原作"李回秀",据《旧唐书》卷六二本传及《全唐诗》

一〇四是正)、李适、薛稷、沈佺期、刘宪十五作,又均见《全唐诗》各人名下。上引《纪事》李适条记景龙三年(709)"八月三日,幸安乐公主西庄"。《旧唐书·中宗纪》载景龙三年八月"乙巳,幸安乐公主山亭,宴侍臣、学士、赐缯帛有差"。《英华》本题李峤诗见《全唐诗》卷六一"李峤"五,题作《太平公主山亭侍宴应制》,下注"景龙三年八月十三日"。今按史书及上引《纪事》李适条均未有是年八月幸太平公主山庄记载,李峤此诗注时间又正与幸安乐公主山庄月份相合,《英华》此题又以李峤为首,《全唐诗》李峤卷五更已于本诗上有《奉和初春幸太平公主南庄》诗,因知李峤此诗题当从《英华》为"幸安乐公主庄",而其所注时间虽与上述材料所云"八月三日""八月乙巳"小有出入,但本题作于景龙三年八月当无问题。

《英华》所录本题尚有数人当作辨析。李乂此作,《英华》题下注"集作兴庆寺侍宴应制"。今按李诗有"向晚平阳歌舞合"句,知必为主家作,本题不误。沈佺期此作,《全唐诗》卷九六《沈佺期》卷二题作《侍宴安乐公主新宅应制》,按安乐公主有原宅、新宅二处,题意不同。今检《英华》卷一七六亦有《侍宴安乐公主新宅应制》题,录武平一等三人诗,为五律,而沈此诗为七律,则知此诗仍当从《英华》,《全唐诗》误矣。又《英华》此题在《全唐诗》各人名下,除上述李峤、沈佺期二诗已辨外,他作除李适外,"侍宴"字均作"奉和","庄"前有"山"字。其义无本质区别,下文均统一为《英华》所题。

其七,《人日重宴大明宫恩赐彩缕人胜应制》:《英华》卷一七二录此题("胜"字原夺,从《全唐诗》各人诗补),有李峤、赵彦昭、刘宪、崔日用("日"原误作"月",据《旧唐书》卷九九本传是正)、韦元旦、马怀素、苏颋、李乂、郑愔、李适、阎朝隐、沈佺期十二作。其中阎朝隐诗,《全唐诗》卷六九题作《奉和圣制春日幸望春宫》,然诗中有"彩胜年年逢七日"句,知仍当从《英华》。刘宪诗《全唐诗》卷七一题作《奉和立春日内出彩花树应制》,下注"一作人日大明宫应制"。今按此诗有句"禁苑韶年(一作华,又作光)此日归",则当为立春日作。《全唐诗》题是。前引《纪事》李适条记，景龙四年正月"七日，重宴大明宫，赐彩镂人胜。又观打球。八日立春，赐彩花"，知景龙四年(710)人日之次日即为立春日；因此刘宪此诗姑附于此题后统计。又《全唐诗》卷一〇二武平一亦有《奉和立春内出彩花树应制》诗，然据考实为《奉和春日幸望春宫应制》(详见后考)，故不附。则此题为十一首，又附一首。本诗题目《英华》题中"重"字下注"杂咏作侍"，《全唐诗》此题各人诗亦间有作"侍"者，事琐，不一一枚举，下文统从《英华》作"重"。

第八次活动之时间须从其他材料考索，为论述方便，暂置，先考第九次。

其九，《兴庆池侍宴应制》：《英华》卷一七六存徐彦伯、李适(原阙作者名，据《全唐诗》卷七〇补)、武平一、刘宪、苏颋、沈佺期各一作，韦元旦二首，凡八诗。今按韦元旦之二(神池泛滥水盈科)实为李乂诗，见《全唐诗》卷九二、《唐诗纪事》卷一〇"李乂"条。《英华》本题苏颋诗下注"集作隆庆池侍宴"。按兴庆池原名隆庆池，玄宗李隆基即位后，为避嫌名讳，改兴庆，事见宋敏求《长安志》卷九《兴庆坊》，故苏诗仍当保留。同理《英华》本题后有《侍宴隆庆池》一题，收张说一诗(亦见《全唐诗》卷八七"张说"三)，亦当并入此题。又《全唐诗》卷四六、卷九三苏瓌、马怀素亦有《兴庆池侍宴应制》诗，《英华》失收，亦当补入。故本题共存十一诗。前引《纪事》李适条记：景龙四年四月"六日，幸兴庆池观竞渡之戏，其日过希玠宅，学士赋诗"。观《英华》本题所收各诗均有竞渡之句，其中李适、徐彦伯诸作在《全唐诗》诸人诗中即题作《帝幸兴庆池戏竞渡应制》《奉和兴庆池戏竞渡应制》等。《唐诗纪事》卷九"李适"条、"徐彦伯"条所录则题《中宗幸兴庆池戏竞渡应制》，则知《英华》本题为省称也，其作于景龙四年(710)四月六日则可无疑。

以上据《纪事》李适条考得九次活动中四、五、六、七、九次时间。现更考第八次。

其八,《奉和春日幸望春宫》:《英华》卷一七四本题录岑羲、崔湜、张说、武平一、刘宪、苏颋、郑愔、薛稷、韦元旦、崔日用、马怀素、李适、李乂、沈佺期十四作。亦均见于《全唐诗》各人名下。其中武平一诗,《全唐诗》卷一〇二题作《奉和立春内出彩花树应制》。按诗并无内出彩花树内容,而首联有云:"銮辂清旆下帝台,东郊上苑望春来。"知《全唐诗》题误。崔湜诗《英华》下注"集作望春宫迎春内出彩花树应制"。今按崔诗亦无彩花树内容,而首联云:"澹荡春光满晓空,逍遥御辇入离宫",亦正为幸台景象,而非内出光景,又《全唐诗》卷五四崔湜下亦题同《英华》正题。故武、崔二诗均当保留于本题内。按陈祖言《张说年谱》(香港中文大学出版社 1984 年初版)系说此诗在睿宗景云元年(710)春三月,是。唯景龙四年六月壬午中宗崩,甲申皇太后临朝改元唐隆,七月己巳册平王为皇太子,大赦天下,改元景云(见《旧唐书》中宗、睿宗二纪),则春三月尚为中宗景龙四年也。此题《全唐诗》所录以上诸人诗,末均有"应制"字,知原唱当为中宗而非时尚为平王之睿宗。是题尚在《兴庆池侍宴应制》前,故为第八。

以上九次活动(凡十题)之时间及与者既明,则可进而以此九十一诗为主线,旁及其他,寻绎唐人七律的发展成熟情况了。

二、七律成熟于中宗景龙年间

现以时间为序分析以上九次活动九十一诗格律情况。凡《全唐诗》与《英华》有异文者,或有"一作"者,均从合律之字。

1. 太宗贞观年(贞观末年 649)前一题《七夕赋咏成篇》,存四诗。

作者	声律	对偶
陆敬	三、五、七句不律,故后三联不成粘对	前三联对偶(《全》卷三三)
沈叔安	一、四、五、八句不律,故不成粘对	四联均对偶(同上)
何仲宣	第五句不律,颈联不粘不对,尾联不粘	四联均对偶(同上)
许敬宗	二、五、八句不律,首、颈、尾联不成粘对,颔联对而不粘	前三联对偶(《全》卷三五)

2.高宗永徽二、三年(651—652)一题《饯中书侍郎来济》原唱一,奉和一。

高宗(原作太宗)	颈联、尾联均不粘	四联均对偶(《全》卷一)
许敬宗	五、六、七、八句不律,颔联不粘、颈、尾联不成粘对	四联均对偶(《全》卷三五)

小结:

(1)以上二题六诗凡四十八句,不律者达十五句,无全诗合乎律调者,仅何仲宣《七夕》及高宗《饯来济》上半首合律。从对偶看四诗四联全对偶,二首前三联对偶。

(2)这一时期尚存"七律"三首:杨师道《咏马》(《全唐诗》卷三四),两句不律,二处失对,二处失粘,前三联对偶。陈子良《于塞北春日思归》(《全唐诗》卷三九),二处失粘,二处失对,前三联对偶。上官仪《咏画障》(《全唐诗》卷四〇),一句不律,二处失对,二处失粘,四联均对偶。[1]

(3)综上可知高祖、太宗、高宗时期之"七律",就声律观,不律

---

[1] 王绩集五卷本卷三尚有七言八句体诗二首《解六合县丞还》《过程处士率尔成咏》,亦均不律。《诗话总龟》所录中瘳《赠王仙古》诗,显为神仙家言,不可据信,今不取。

之句尚多;同联平仄相对已占优势,而上、下联相粘尚未具规制。就对偶看,四联均偶为夥,前三联偶次之,未见仅中二联对偶者。故此一时期为"七律"之酝酿阶段。

3.武后久视元年(700)《石淙》诗一题十七诗。

武则天	颈、尾联失粘,前半首合律	前三联对偶(《全》卷五)
李显	全诗不粘,颔联失对	四联均对偶(《全》卷二)
李旦	第三句不律,颔联失对,颔联、末联不粘	四联均对偶(同上)
武三思	首句不律,首联失对,全诗不粘	中二联对偶(《全》卷八〇)
狄仁杰	第七句不律,尾联失粘对,前六句合律	四联均对偶(《全》卷四六)
张易之	颈联失粘,尾联失对,前半首合律	前三联对偶(《全》卷八〇)
张昌宗	颔、颈联失粘,前半首合律	四联均对偶(同上)
姚元崇	颈联失粘,前、后半首各自合律	前三联对偶(《全》卷六四)
阎朝隐	第七句不律,尾联失对,颈、尾失粘,前半合律	前三联对偶(《全》卷六九)
徐彦伯	颔联失粘,后半首合律	中二联对偶(《全》卷七六)
杨敬述	颔、颈失粘,前半合律	中二联对偶(《全》卷八〇)
于季子	尾联失粘,前六句合律	前三联对偶(同上)
李峤	全诗合律	四联均对偶(《全》卷六一)
苏味道	全诗合律	前三联对偶(《全》卷六七)
崔融	全诗合律	后三联对偶(《全》卷六八)
薛曜	全诗合律	前三联对偶(《全》卷八〇)
沈佺期	全诗合律	四联均对偶(《全》卷九六)

小结:

(1)本题凡十七首,计一百三十六句,失律仅四句,同联失对六处,上下联失粘十九处,平均每首 1.1 次。有九首(十组)半首或六句合律调。五首全部合律,占 29%。对偶情况:四联均对偶六首,前三联对偶七首,后三联对偶一首,中二联对偶三首。

(2)本题距上题近半个世纪,相比之下可见,七言八句诗的格律化虽然是一个缓慢的过程,但至此已有了较大进展,单句失律、同联失对已从很多与较多变为个别的现象,上下联失粘亦大大减少,尤其是在半首、六句合格律的基数上已出现了全部合律的作品,但仍是少数。这说明七律一体已从酝酿中脱颖而出,但尚不成熟。

(3)久视元年是武后代唐的第十七年,下距中宗复辟则为五年。本题外,可以考定为武后或至晚在武后中宗之交的"七律"作品尚有杜审言三诗:《大酺》(《全》卷六二),合律,四联对偶。《春日京中有怀》(同上),颔联、尾联失粘,中二联对偶。《守岁侍宴应制》(同上),尾联失粘,四联对偶。于季子《早春洛阳答杜审言》(《全》卷八〇),首联失对,颔、颈、尾联均失粘,四联均对偶。沈佺期《守岁应制》(《全》卷九六),似与杜同题,颔、颈联失粘,前三联对偶。《古意呈补阙乔知之》(同上),合律,中二联对偶。宋之问《三阳宫侍宴应制得幽字》(《全》卷五二),颔联失粘,后三联对偶。郭震《寄刘校书》(《全》卷六六),末联失粘,中二联对偶。上八诗失对一,失粘八,无不律句。全合律二首,占 28.5%。四联偶者三,三联偶者一,中二联偶者三。除中二偶对比例较高外,余各项均与《石淙》十七诗相应。因此可以认为,整个武周时期,是"七律"的颖脱而未成熟阶段。

4.中宗景龙二年(708)十二月立春一题《立春日游苑迎春》,存八诗(中宗李显原唱一,奉和七)。

李显	首联失对,后六句合律	前三联对偶(《全》卷二)
阎朝隐	尾联失粘,前六句合律	中二联对偶(《全》卷六九)

卢藏用	颔、颈失粘	后三联对偶（《全》卷九三）
马怀素	尾联失粘，前六句合律	前三联对偶（同上）
崔日用	全诗合律	中二联对偶（《全》卷四六）
韦元旦	全诗合律	前三联对偶（《全》卷六九）
李适	全诗合律	前三联对偶（《全》卷七〇）
沈佺期	全诗合律	前三联对偶（《全》卷九六）

　　以上八诗六十四句无失律句，失对一处，失粘四处，平均每诗
0.5 次。有四诗全合律调，达 50%。第一次达到半数，不尽合律者
四首，亦有三首六句合律调。对偶情况，由过去四联全对为主转为
前三联对为主（五首）。

　　5. 中宗景龙三年(709)二月十一日一题《奉和初春幸太平公主
南庄应制》，存八诗（均见《文苑英华》卷一七六）。

韦嗣立	颔、尾失粘	四联均对偶（《全》卷九一）
李峤	全诗合律	后三联对偶（《全》卷六一）
苏颋	全诗合律	后三联对偶（《全》卷七三）
沈佺期	全诗合律	前三联对偶（《全》卷九六）
宋之问	全诗合律	后三联对偶（《全》卷五二）
李乂	全诗合律	四联均对偶（《全》卷九二）
李邕	全诗合律	中二联对偶（《全》卷一〇五）
邵升	全诗合律	后三联对偶（《全》卷六九）

　　上题八诗无失律句，仅一诗二处失粘，余七诗合律调，对偶方
面，前、后三联对偶者亦超过四联均对者。

　　6. 中宗景龙三年(709)八月一题《侍宴安乐公主(山)庄应制》，
存十五诗（均见于《英华》卷一七六）。

刘宪	首联失对,颔联失粘	中二联对偶(《全》卷七一)
岑羲	五、七句失律,颈、尾失对,尾联失粘	前三联对偶(《全》卷九三)
薛稷	第五句不律,首、颔、颈联失对,颔、尾联失粘	四联均对偶(《全》卷九三)
萧至忠	第七句不律,故颈联失粘,尾联失对(实一字不合律)	前三联对偶(《全》卷一○四)
李迥秀	第七句不律,故尾联不对,全诗失粘	中二联对偶(《全》卷一○四)
李峤	全诗合律	中二联对偶(《全》卷六一)
赵彦昭	全诗合律	前三联对偶(《全》卷一○三)
宗楚客	全诗合律	四联均对偶(《全》卷四六)
卢藏用	全诗合律	后三联对偶(《全》卷九三)
苏颋	全诗合律	中二联对偶(《全》卷七三)
李乂	全诗合律	前三联对偶(《全》卷九二)
马怀素	全诗合律	中二联对偶(《全》卷九三)
韦元旦	全诗合律	中二联对偶(《全》卷六九)
李适	全诗合律	前三联对偶(《全》卷七○)
沈佺期	全诗合律	后三联对偶(《全》卷九六)

此题十五诗,五诗失律,其中四诗较严重。十诗合律,占 67%。对偶方面,四联均对偶二首,前后三联对偶七首,中二联对偶六首。三联对者仍占优势,但中二联对者已明显上升。与上次比较,失律比例增加许多,出现起伏现象。然可注意的是,失律五人均是第一次出现在这种七言八句的奉和应制活动中的,而在景龙二年二月十一日《立春日游苑迎春应制》中失律的马怀素、卢藏用,这次已合律。

7.中宗景龙四年(710)正月人日(七日)一题《人日侍宴大明宫

恩赐彩缕人胜应制》十一诗,附正月八日《立春日内出彩花树应制》
一诗。

赵彦昭	尾联失粘	前三联对偶(《全》卷一〇三)
马怀素	尾联失粘	中二联对偶(《全》卷九三)
李峤	全诗合律	四联均对偶(《全》卷六一)
崔日用	全诗合律	中二联对偶(《全》卷四六)
韦元旦	全诗合律	前三联对偶(《全》卷六九)
苏颋	全诗合律	前三联对偶(《全》卷七三)
李乂	全诗合律	后三联对偶(《全》卷九二)
郑愔	全诗合律	前三联对偶(《全》卷一〇六)
李适	全诗合律	前三联对偶(《全》卷七〇)
阎朝隐	全诗合律	中二联对偶(《全》卷六九)
沈佺期	全诗合律	中二联对偶(《全》卷九六)
[附]刘宪	首联失粘	中二联对偶(《全》卷七一)

此题十一诗仅二诗各失粘一处,合律率为 82%,如算上附诗,
亦达 75%,比上题有显著回升。对偶方面,四联全对仅一首,三联
对六首,中二联对五首已将近一半。上题合律的赵彦昭、马怀素,
这次有一处失粘。而久视元年《石淙》应制与景龙二年《立春日游
苑应制》中均失律的阎朝隐,这次亦合律了(阎《石淙》严重失律,
《游苑》失粘一处)。

8.景龙四年(710)三月一题《奉和春日幸望春宫》,存十四诗
(《英华》卷一七四)。

崔湜	尾联失粘	前三联对偶(《全》卷五四)
刘宪	均不粘	中二联对偶(《全》卷七一)

续表

岑羲	全诗合律	前三联对偶（《全》卷九三）
张说	全诗合律	前三联对偶（《全》卷八七）
武平一	全诗合律	前三律对偶（《全》卷一〇二）
苏颋	全诗合律	中二联对偶（《全》卷七三）
郑愔	全诗合律	四联均对偶（《全》卷一〇六）
薛稷	全诗合律	前三联对偶（《全》卷九三）
韦元旦	全诗合律	中二联对偶（《全》卷六九）
崔日用	全诗合律	中二联对偶（《全》卷四六）
马怀素	全诗合律	后三联对偶（《全》卷九三）
李适	全诗合律	中二联对偶（《全》卷七〇）
李乂	全诗合律	四联均对偶（《全》卷九二）
沈佺期	全诗合律	中二联对偶（《全》卷九六）

本题十四诗仅二诗失粘，合律者为86％。合律率又恢复到接近上年二月一日《奉和初春幸太平公主山庄》的水平（87％）。对偶情况：四联对偶二首，三联对偶六首，中二联对偶亦六首，已与三联对者相同。可注意的是马怀素又合律了。岑羲、薛稷亦由上年八月《侍宴安乐公主山庄应制》的严重失律而"进步"合律了。

9. 景龙四年（710）四月六日一题《兴庆池侍宴应制》，存十一诗（《英华》卷一七六）。

刘宪	一、三不律，后半合律	中二联对偶（《全》卷七一）
苏瓌	颔、尾失粘	后三联对偶（《全》卷四六）
徐彦伯	全诗合律	中二联对偶（《全》卷七六）
李适	全诗合律	前三联对偶（《全》卷七〇）
武平一	全诗合律	中二联对偶（《全》卷一〇二）

苏颋	全诗合律	中二联对偶（《全》卷七三）
沈佺期	全诗合律	四联均对偶（《全》卷九六）
韦元旦	全诗合律	中二联对偶（《全》卷六九）
李乂	全诗合律	中二联对偶（《全》卷九二）
张说	全诗合律	前三联对偶（《全》卷八七）
马怀素	全诗合律	中二联对偶（《全》卷九三）

本题十一诗九首合律，为 82％，虽略低于上次，但保持在 80％以上，与本年正月《人日》诗同，不全合律二人，刘宪是一贯不合，苏瓌是第一次出现。合律者中仍应注意的是马怀素，已保持了稳定，在对偶方面，四联均对偶一首，三联对偶三首，中二联对偶七首，第一次超过三联对偶者，达 64％。

小结：

中宗景龙年间的七律创作，进入了新阶段。景龙二年（708）《立春日游苑迎春》八诗，合律率第一次达到 50％。以后五次虽有所升降，但最低一次亦达 67％，五次平均合律率达 78％（六次平均则为 75％），这一比例已与盛唐七律不相上下了。

从对偶看，过去的四联均对为主已逐渐转到三联对偶为主，更转到中二联对偶为主。此后的七律即是以中二联对为最夥，三次对偶次之，四联均对为偶然现象。

这一时期散见作品的格律情况亦与应制唱和大体相应，可以确定为中宗年间（神龙、景龙）的七律，尚有《全》卷九六沈佺期的《从幸香山寺应制》《和上巳连寒食有怀京洛》《遥同杜员外审言过岭》《红楼院应制》《再入道场纪事应制》（二诗又作僧广宣诗，后一诗亦可能下及睿宗景云年）五诗；《全》卷七三苏颋的《景龙观送裴士曹》《春晚紫微省直寄内》；《全》卷五三宋之问的《和赵员外桂阳桥遇佳人》。以上八诗均合律。宗楚客的《奉和圣制喜雪应制》

（《全》卷四六），颈联失粘对，宋之问的《函谷关》（《全》卷五三），第四句三平调。这二诗尚难断定是武后时还是中宗时作，即使算入中宗时，亦仅二诗。合上八诗一起计，合律率仍达80％。再往下延伸，就三位由初唐入盛唐七律创作最多的诗人看，沈佺期十六首（《陪幸太平公主南庄》诗与苏颋重出，不计；《龙池篇》开元初作，计入沈总数，但不归入初唐七律总数），仅二诗略不合律；苏颋十二律（其中六首入盛唐后作，未计入初唐总数），均合律；张说十二诗（十首先天、开元作，未计入初唐总数），仅二诗微不合律。

根据以上考证统计可以有确切把握地说，中宗景龙年间唐人七律已成熟。七律的形成史可以大体归纳为以下过程。从梁陈间的庾信开始至初唐高宗时期为滥觞酝酿时期，这一阶段将近一个半世纪。武周时期，为七律的颖脱而未成熟时期，这一阶段约二十年时间。中宗时期由颖脱而成熟，景龙年间是确立时期，这一阶段共六年余，而最终确立，仅景龙二年至四年约二年时间。

成熟的标志有：

（1）数量多，活动频繁。以上九次活动，中宗时期占了六次（从史料看尚有数次七言应制，但无存诗，未知是七律还是七绝）。六次共六十八诗，加散见十首为七十八首，也就是说占了今存全部初唐"七律"约一百十二首的69.4％，即2/3强。

（2）合律率高，将近80％。

（3）进展快，呈突变形态。以上整个"七律"演进过程为一百七八十年，而最后成熟不到七年，最终确立仅二年余。"七律"演进的过程竟如此惊人地体现出从量变到质变的规律。酝酿期极长，颖脱期较短，从颖脱到成熟确立则真可称"飞跃"。

"七律"的成熟有其特定背景，这就是武后、中宗时期频繁的应制唱和活动。特别是中宗景龙二年四月修文馆学士的设置，最后促成了"七律"的突变，使初唐"七律"上的引号终于可以去掉而成为定型的七律。因为这一建置集中了当时最优秀的诗人，造成了实践、探讨、切磋、学习的良好条件。景龙年间六次活动的合律率的起伏，一方面固然是成熟初期的必然状况，另一方面则说明了这一建置的重大作用，因为如前所析，景龙中各次应制中不合律者几乎都是初次参预这一种活动的，而随着参加次数的增加也多由不合律至合律。此外全部初唐"七律"的 90% 左右为应制、唱和诗，也说明了七律形成的这一背景（散见诗中亦有应制六首）。

由七律形成的这一背景，我们可进而思考文学史上的一个规律性的现象，即一种新的文体、诗体的形成往往是由某一文人集团为触媒的（虽然它的渊源又往往是民间文学）。诗史上，楚辞的最终确立同屈原为代表的楚王宫中文人集团的努力是分不开的。五言古诗由乐府分离，最终是由邺下文人集团完成的。七言歌行则是在梁代君臣中确立的。七言绝句之从七言歌行中分离而成一独立诗体，亦是由梁简文帝萧纲、昭明太子萧统及萧子显的《春别诗》四首、《乌栖曲》三首唱和为显明标志的（这时的七绝尚未完全合律）。而七律的形成又一次证明了这一规律。

七律的形成又有其领袖人物。《唐诗纪事》卷十一有云："魏建安后讫江左，诗律屡变，至沈约、庾信，以音韵相婉附，属对精密。及（宋）之问、沈佺期，又加靡丽，回忌声病，约句准篇，如锦绣成文。学者宗之，号为沈宋。语曰：'苏、李居前，沈、宋比肩。'谓苏武、李陵也。"从七律形成史来看，这段话并不很确切。沈佺期为七律形成之中坚是无疑问的。宋之问今存"七律"四首，仅二首全合律，而稍前于沈、宋的文章四友：杜审言、崔融、李峤、苏味道，都在武后时期已有完全合律的七律（杜《大酺》，后三人《石淙》）。宋之问虽未见于《石淙》应制诸人中，然《旧唐书·张行成传》附《张易之传》《张昌宗传》云："易之、昌宗皆粗能属文，如应诏和诗，则宋之问、阎朝隐为之代作。"《石淙》应制中二张之作均多失粘对，时宋为二张门下人，亦多从游，则知二张中当有一作为宋所代捉矣。因此"苏、李在前，沈、宋比肩"诚是，然非苏武、李陵，而乃苏味道、李峤。因此文章四友实为七律先驱，沈、宋与之比肩，其中佺期尤为中坚。此外如韦元旦、李适（均存五作全合律）、李乂（存六作全合律）、马怀素（存五作四合律）、郑愔（存二作全合律）、苏颋、张说等由中唐而入盛唐的诗人在七律史上也都起了重要作用，或可称为四友、沈宋之辅翼。

明确了七律在初唐发展的这一历史，我们就能对七律的来源及初唐七律的风格有些新的认识。

三、七律蜕化于骈俪化的歌行

杨慎《升庵诗话》卷一《六朝七言律》条，举梁简文帝《情曲》、后魏温子升《捣衣》、陈后主《听筝》、隋王无功（绩）《北山》四诗为"七言律祖"[1]。明胡应麟《诗薮·内编》卷五论之曰：杨氏所举四作，"而中皆杂五言，体殊不合。余遍阅六朝，得庾子山'促柱调弦'（按《乌夜啼》），陈子良'我家吴会'（按陈由隋入唐，贞观六年卒，此为其《于塞北春日思归》诗）二首，虽音节未甚谐，体实七言律也，而杨不及收"。又自注："隋炀帝《江都乐》前一首尤近，杨亦未收。"至今论"七律"起始均本胡氏之说。诚然，胡氏之说，颇有见地，然对于这一诗体的渊源仍未涉及。今按，六朝诗中近后世七律者，除胡氏所举三作（陈子良作姑且算隋），尚有与庾信同时之萧纲《乌夜啼》与较炀帝稍前之江总《芳树》（二诗见逯钦立编《先秦汉魏南北朝诗》之《梁诗》二十、《陈诗》七。下称《逯》）及炀帝之《泛龙舟》（《逯·隋》三），三诗合律程度均不及胡氏所举者。从庾信和萧纲至江总与隋炀帝中间约三四十年，其间竟无近七律之诗产生（《乌

---

[1] 杨慎:《千里面谈》。

夜啼》西曲，又与萧纲同题，当为庾信在昭明东宫时作）。又庾、萧、杨诸作均为乐府，合以上观之，这些七言八句诗实乃当时句数不等的乐府短歌中之一种。梁陈隋时有很多四句、六句、十句、十二句，双句押同韵的乐府诗与由此转化的七言诗（可通称七言歌行，详下）。最早有齐王融的《努力门诗》《回向门诗》（《逯·齐》二）各十二句，间有律句。继有萧纲、萧统、萧子显的《乌栖曲》各三首，均四句，《春别诗》各四首，1、3、4 四句，2 为六句，已大体合律调（《逯·梁》二○、二○、一九）。又有梁朱超《独栖乌》十句，八句合律，三联对仗。以上均与庾信同时或稍前。又同时稍后者复有陈张正见《赋得阶前嫩竹》六句（《逯·陈》三），均律句相对，并有一处相粘，前二联对仗。陈后主《玉树后庭花》六句（《逯·陈》四），平仄对偶同张诗。江总《闺怨篇》十句（《逯·陈》八），前八句律句，一处相粘，五联均对仗。此外尚有多篇，不枚举。后三作合律情况均不下庾信《乌夜啼》、隋炀帝《江都宫乐歌》（前者二句不律，故二联失对，又一处失粘；后者前四句失粘对）。由此可见，庾信《乌夜啼》实非有意为之，而为众多的七言歌行短章之一。而这些短歌又实为当时发展起来的长篇转韵歌行（长者达三十余句，最多一首四十句）中的一韵之截取。

这些歌行短章中有乐府题者（乐府）与称诗者（姑称七言）实际同出一源。如同为张正见，《赋得阶前嫩竹》如前述一韵到底，而同卷《赋得佳期不归诗》却十四句三转韵，平仄互递，全为律句，且仅一处失粘。陈代诗中这种称诗而用乐府转韵法者可举出不少。由此可知当时之七言乐府与七言古诗的关系，正同汉末五言乐府与五古之关系一样，就诗句言并无区别，入乐或用乐府题则为乐府，反之则可视为诗，而二者可合称为七言歌行体。

值得注意的是陈时这类"赋得"七言歌行虽多，但转韵不转韵、句数多寡却无一定之规，但沿而至唐初却出现了一个重要信号，这就是前述陆敬、沈叔安、何仲宣、许敬宗的四首《七夕赋咏成篇》，这是第一次以群体面目出现的七言八句、粗具"七律"规制的诗篇,而以后,我们已看到这种诗体就逐渐大量产生。这是"七律"从歌行体蜕化而将自成一体的前期标志,其于七律形成史上的意义决不小于庾信《乌夜啼》。至武周久视元年《石淙》应制十七作中有五首合于律调,则是第二个重要信号。因此我们虽将武周前分为七律的酝酿期与颖脱期,但其重要性并不低于成熟期,因为正是在这两个时期中完成了七律从七言歌行中蜕化出来的历史过程。七律虽从乐府歌行中蜕出了,但其与母体仍有血缘关系,唐人多以七绝、七律入乐的历史原因,当从此窥入。至开元初之《龙池篇》十章(属郊庙歌辞),十人作,则更以七律笔法写乐府诗,故多有全歌合律者。这更是子体对母体的反馈了。此外崔颢《黄鹤楼》、李白《登金陵凤凰台》之有乐府意,渊源亦在于此。

不仅七言八句、双句同韵的格式是由歌行而来,七律的平仄粘对及对偶规则也是由歌行而来的。

梁陈时,歌行体与骈赋之间发生了一种极重要的交互影响关系。笔者另有专文论述,此仅举其大要。即骈赋吸取了歌行的七言句式,出现了七言化的骈赋。如徐陵《鸳鸯赋》、江总《南越木槿赋》、刘缓《照镜赋》、沈炯《幽庭赋》、陈后主《枣赋》等等。而庾信尤为突出。其《春赋》《荡子赋》《对烛赋》《镜赋》《鸳鸯赋》等均大量用七言。《庾子山集注》卷一《春赋》题下倪璠注考定此赋为子山在萧统东宫作,并云:"《梁简文帝集》中有《晚春赋》,《元帝集》中有《春赋》,赋中多有类七言诗者,唐王勃、骆宾王亦尝为之(笔者按,初唐时甚多),云'效庾体',明是梁朝宫中庾子山创为此体也。"可见这种七言化的骈赋在梁时已很风行。它反过来又影响于七言歌行,使曹丕、鲍照以来不讲究平仄粘对与对偶的七言歌行骈赋化,如前举张正见二诗然。这种倾向至初唐愈益发展,以致往往难分其为歌行还是赋体,如骆宾王《荡子从军赋》、王勃《春思赋》等全为歌行体,故后人将前作改为歌行。而杨升庵以为"七言律祖"之一的王绩《北山诗》其实截取自他的《游北山赋》。这样骈赋化的歌行终于为后来七律的格律提供了雏形。此举骆宾王一赋、卢照邻一诗来说明之(引文平声用○，仄声用△)。

《荡子从军赋》前十二句(按此赋近百句见骆集卷一)

胡兵十万起妖氛，汉骑[1]三千扫阵云。隐隐地中鸣战鼓，
○○△△△○○ △△ ○○△△○ △△△△○△

迢迢天上出将军。边沙远离[2]风尘气，塞草长萎霜露文。荡
○○○△△○○ ○○△ △○ ○○△ △△○○△○ △

子辛苦十年行，回首关山万里情。远天横剑气，边地聚笳声。
△○△△△○○ ○△○○△△○ △○○△△ ○△△○○

铁骑朝常警，铜焦夜不鸣。
△△○○△ ○○△△○

前八句除七句不律外皆为律句，如将此句稍作调正即是一首完全符合粘对规则的七律。七言后缀五言四句(全合律调)则又是升庵所举七言律祖的格局。十二句六联均对仗，更使我们可悟出何以初唐"七律"以四联均对为最夥。

《长安古意》前十六句(此诗共八十句，见卢集卷二)

长安大道连狭斜，青牛白马七香车。玉辇纵横过主第，金
○○△△○○○ ○○△△△○○ △△△○△△ ○

鞭络绎向侯家。龙衔宝盖承朝日，凤吐流苏带晚霞。百丈游丝
○○△△△○○ ○○△△○○△ △△○○△△○ △△○○

争绕树，一群娇鸟共啼花。啼花戏蝶千门侧，碧树银台万种色。
○○△ △○○△△○ ○○△△○○△ △△○○△△△

---

[1] 骑,此为名词,去声。
[2] 离,此通附丽之丽,去声。

将前后八句分开，则为略有声病的平韵、仄韵七律各一首。上八句首联不对（首句在六朝初唐歌行中也是一种固定的平仄句式，后之七律不经常用，也可姑算不合律），其后六句律调，粘联均合。下八句将五、七两句改粘对即合律。上八句只首联不对偶，下八句只末联似对非对。这又是前期七律亦多用前、后三联对偶的渊源所致。

初唐四杰早于文章四友与沈宋。在他们的时代还找不出哪一首七言八句体诗比上二例更接近律格。这不但说明了七律的格律脱自骈赋化的歌行，也说明，四杰虽无七言八句，双句押同韵之诗，但在七律形成史上亦自有其不可磨灭的功勋。他们之所以无近"七律"诗，也是当时七律尚未完全从歌行蜕出的历史状况的反映，即他们正巧未创作（或已失佚）七言八句的同韵歌行。

过去一提初唐七律，每谓其专重工丽，有形式主义之病；但在了解了初唐七律的渊源及形成背景后，就会发现这一评价是有片面性的。初唐七律固然内容狭窄，但这是由它的形成背景决定的：它刚成熟于宫廷文人集团中，诗人们尚未熟练地掌握它以表现更广阔的内容。工丽本身不能视为弊病，这是由它的骈赋化的歌行这一母体决定的。古人认为文各有体，"即体成势"（《文心雕龙·定势》），各种不同的文体、诗体有其大体一致的而与其他文体、诗体不同的体势，七律并不像有些人说的是五律每句加二字而来的。骈化的歌行讲究工丽中见流转之致，七律蜕化之初就必然具有这一特点而与五律不同。当然体势是可以演变进化的。但要求初唐七律像当时五律一样多变化，其可笑正与要求儿童像青年般机灵敏捷一样。当七律更为成熟，并走出宫廷的圈子后，工丽适可为表达壮美的感情服务了。这是经由盛唐诗人努力，由杜甫在《秋兴八首》等诗作中来完成的。历代诗评家盛推《秋兴八首》，也正是由七律的体势着眼的。这已是后话了。

（本文原载于《中华文史论丛》1986 年第 4 辑）

从初、盛唐七古的演进看
唐诗发展的内在规律

　　唐诗繁荣的原因何在？唐诗的发展有何种规律性？这是唐诗学中曾经反复讨论的问题。一般认为，这是"当时经济、政治、文化等特定条件所促成，也是诗歌自身传统发展的结果"[1]。这样说，当然是不错的。然而，上述两个方面的关系究竟如何；所谓"自身传统"，包含了何种因素；它又是如何"发展"的。对这样一些问题，论者较少，有深度、有说服力的辨析更不多见。因此，对于唐诗繁荣的原因及其规律性的研究，实际上往往有以外部因素，即以对当时经济、政治、文化的研究，代替对更为重要、更为复杂的诗歌演进内在规律的研究之倾向。抽象的、宏观的探索，应当以具体的、微观的分析为基础。为此，本文拟就初、盛唐七言古诗（包括七言乐府，下同）发展的历史轨迹进行具体的分析，然后对唐诗发展的原因及其规律提出一些看法，以就正于专家与同行。

　　初、盛唐七言古诗的演进，在我看来，具有一种历史的趋势，经历了三个先后相生、不可分割的发展阶段。所谓一种趋势，即顺应大唐帝国蒸蒸日上的恢宏气象与知识分子奋发向上的阔大胸襟，七古也同于当时其他诗体，呈现出一种要求摆脱南朝，尤其是梁、陈七言乐府的纤弱绮靡诗风，创造适应时代精神的一代唐音的趋

---

〔1〕　中国社会科学院文学研究所编《唐诗选》前言。

向。这种趋向也就是当时经济、政治、文化诸条件的总和。所谓三个阶段,是指七古这一特定诗体自身演进变化的具体历程。它固然由上述趋势所催生,同时,它又促使这种趋势得以具体地实现。这三个阶段的划分是:从唐初至高宗、武后时期为第一阶段。这一阶段,以初唐"四杰"为代表。[1] 诗人们在汉、魏、六朝(特别是梁、陈)以来七古与赋(尤其是骈赋)交互影响、同步共进的诗史条件下,在歌行中大量糅合了赋体的特点,同时,较自觉地继承了汉、魏以来诗歌重气的优秀传统,以适应宏阔气象的抒达,从而创制出一种虽然整密高华,然而血脉动荡、气势宏大的长篇歌行,成为盛唐七古的当之无愧的先行。"四杰"之后至玄宗开元初是第二阶段。这是七古由初唐入盛唐的一个过渡阶段。其代表人物有李峤、宋之问、刘希夷、张若虚、张说等。他们的七古创作,基本的骨架、脉络仍保留"四杰"骈赋化歌行的特点;同时顺应当时愈益强烈的淘洗六朝铅华的要求,汰繁就简,由密趋疏,墨气精光,得以从藻绘之中更鲜明、生动地显示。较之前一阶段表现出一种疏宕发越、劲炼开朗的特色,为盛唐歌行的高度发展作了直接的铺垫。开元初至天宝末为第三阶段。在高(适)、岑(参)、王(维)、李(颀)诸名家的辅翼中,李(白)、杜(甫)两颗巨星在诗国升起。他们综合了前两阶段歌行创作的成功经验,更广泛地汲取了晋宋汉魏七古与楚骚的表现手法,以及唐代民间七言诗创作的成就,复古通变,转益多师,熔众长于一炉,从而创造出以雄远恢宏、开荡排阖、踔厉风发为总体特点的一代新诗。上一阶段的疏宕发越特色得到了进一步的发展,而"体物写志"的赋体特点,在更多的时候,已不再成为主要的表现形式,而退居为飙来倏至的兴会、淋漓酣畅的抒情的陪衬,"四杰"歌行尚气的特点至此得到更充分的发扬,他们所开创的诗体形

---

〔1〕 今存杨炯诗中无七古,但历来谈初唐七古均四杰并称,为行文方便,此仍之。

式则被作为艺术因素熔铸于更新的体式之中,这也是这一阶段歌行虽多向汉魏之前取法,而又完全不同于汉魏七古的原因所在。唐人七古至此达到了高峰。下面我们就来对这三个阶段作具体的论证与分析。

一

对于第一阶段以"四杰"为代表的歌行体诗,前代评家有两种不同的评价。李于鳞《唐诗选》序云:"七言古诗,唯杜子美不失初唐气格,而纵横有之。太白纵横,往往强弩之末,间杂长语,英雄欺人耳。"何景明《明月篇序》称:"初唐四子之作,往往可歌,反在少陵之上。"[1]然李、何之论,在当时与后世均少有同调。明王世贞《艺苑卮言》对李说已有微辞。清人王士禛《古诗选》凡例,更引何说后评曰:"说者以为有功于风雅,韪矣。然遂以此概七言之正变,则非也。二十年来,学诗者束书不观,但取王杨卢骆数篇转相仿效,肤词剩语,一唱百和,岂何氏之旨哉?"故王选七古尽略"四杰"之作,而"取李峤以下,气格颇高者,得四篇,以见六朝入唐源流之概"。施补华《岘佣说诗》则云:"王、杨、卢、骆四家体,词意婉丽,音节铿锵,然犹沿六朝遗派,苍深浑厚之气,固未有也。何景明欲以此种易李、杜,宜不免渔洋刀圭误人之诮矣。"[2]今按,李、何之说固未可取;而王、施所论亦未为是。他们都未能从七古发展史的链索中来对"四杰"长篇歌行作出恰如其分的评价。

---

[1] 《诗薮·内编》卷三。

[2] 《清诗话》,上海古籍出版社1978年版,第984页。

乍一观之,"四杰"的长篇歌行在七古史上是一个非常突兀的现象。遍检汉、魏、六朝七古,萧齐之前,鲍照而外,他人仅偶一为之,而鲍照七古超过二十句的,仅《行路难》(春禽啧啧旦暮鸣)一首,其余均在十句左右。梁、陈后,作者渐多,篇制渐宽,但如何逊、阴铿等名家均无七古之作,而这一时期七古超过三十句者,唯萧纲之《伤离新体诗》(四十句)、江总的《宛转歌》(三十八句);然而在"四杰"的七古诗中,王勃的《采莲曲》《临高台》均在四十句上下,卢照邻的《长安古意》六十八句,其余四十句左右的有多首,骆宾王的《艳情代郭氏答卢照邻》《代女道士王灵妃赠道士李荣》均在百句上下,而《帝京篇》《畴昔篇》竟达二百句左右。

七古长篇在梁、陈时开始出现,至初唐"四杰"时迅猛发展,并以流派的面貌出现,这是与当时最盛行的骈赋的发展变化紧密相关的。赋是一种介于诗、文之间的文学体裁,诗赋的相互影响最早可以上溯到楚辞、汉赋与汉代骚体诗的关系;[1]而在影响唐诗最著的汉、魏、六朝文学中,诗赋相通的第一个明显例证,是曹丕《燕歌行》与曹植《秋思赋》之间的惊人相似处。《燕歌行》为大家所熟知,兹录《秋思赋》以为比较:

> 四节更王兮愁气悲,遥思惆怅兮尚有遗。原野萧条兮烟无依,云高气静兮露凝衣。野草变色兮茎叶稀,鸣蜩抱木兮雁南飞。归室解裳兮步庭前,月光照怀兮星依天。居一世兮芳景迁,松乔难慕兮谁能仙。长短命也兮独何您?[2]

以之与曹丕《燕歌行》相比,则可见两者皆写秋思,同是逐句押平声韵,同样的有一奇句,《秋思赋》除"居一世"句外,只要去掉句

---

〔1〕 楚辞又称辞赋(辞者,词也),兼后世歌词与赋之特点,参徐师曾《文体明辨》,"楚辞"与"赋"二节。

〔2〕 《曹集诠评》卷一。按,一本"鸣蜩"句下有"西风凄唳兮朝夕臻,扇箧屏弃兮绨绤损"二句。

中的"兮"字,完全可以把它作为又一首《燕歌行》来读。所不同者,只是《秋思赋》以体状景物为主要成分,抒情言志者较《燕歌行》少些,这也就是它题为赋的道理吧!

与上例相反相成,在南朝的七言歌行中,也有不少篇章参用了一般所说的赋的句式,如梁张嵊的《田饮引》:

> 卜田宇兮京之阳,面清洛兮背修邙。属风林之萧瑟,值寒野之苍茫。鹏纷纷而聚散,鸿冥冥而远翔。酒沉兮俱发,云沸兮波扬。岂味薄于东鲁,鄙蜜甜于南湘。于是客有不速,朋自远方。临清池而涤器,辟山牖而飞觞。促膝兮道故,久要兮不忘。闲谈希夷之理,或赋连翩之章。[1]

七古与赋的这种相互影响的关系,在梁、陈、隋三朝愈益密切,其中最引人注目的,是当时骈赋中七言句的大量出现。如刘缓的《照镜赋》、沈炯的《幽庭赋》、陈后主的《枣赋》、徐陵的《鸳鸯赋》、江总的《南越木槿赋》等,都有较多的或成段的七言句。[2] 而当时运用七言句最多又最纯熟的,是对初唐诗人影响最大的庾信。庾信名篇《春赋》以七言八句接五言二句起,以七言六句间五言四句结。此外,《对烛赋》《鸳鸯赋》《荡子赋》等都大段参用七言。如《对烛赋》起云:

> 龙沙雁塞甲应寒,天山月没客衣单。灯前桁衣疑不亮,月下穿针觉最难。刺取灯花持桂烛,还却灯檠下烛盘……[3]

全诗三十二句,三言、四言各六句,五言八句,七言十二句,已与杂言歌行相当接近了。

这种情况在唐代进一步发展。如王绩《游北山赋》《元正赋》

---

〔1〕 《先秦汉魏南北朝诗·梁诗》卷十七,第1860页。
〔2〕 均见严可均编《全上古三代秦汉三国六朝文》全梁文与全陈文各人卷。
〔3〕 均见《庾子山集注》卷一。

《三月三日赋》《燕赋》,[1]唐太宗《小山赋》,徐贤妃《奉和御制小山赋》,李峤《楚望赋》,宋之问《峡山赋》等,都在不同程度上参用七言。[2] 这在"四杰"赋中发展得尤其充分。如王勃《春思赋》长达二百多句,中用歌行句式者占 80% 左右。骆宾王《荡子从军赋》则起首一段全用七言:

> 胡兵十万起妖氛,汉骑三千扫阵云。隐隐地中鸣战鼓,迢迢天上出将军。边沙远离风尘气,塞草长萎霜露文。荡子辛苦十年行,回首关山万里情……

其中片亦以七言为主,而结末则云:

> 荡子别来年月久,贱妾空闺更难守。凤凰楼上罢吹箫,鹦鹉杯中临劝酒。同道书来一雁飞,此时缄怨下鸣机。裁鸳帖夜被,薰麝染春衣。屏风宛转莲花帐,窗月玲珑翡翠帷。个日新妆始复罢,只应含笑待君归。[3]

从以上简单的回顾中,可看出当时七言歌行体制的扩大与赋中参用七言或杂言句的增多呈同步共进形态。它说明,"四杰"长篇歌行的产生,与赋体尤其是骈赋有着极其密切的关系。这里尤可注意的有以下三个证据。

其一:《全唐诗》王绩卷有《北山》诗,其诗七言六句,五言二句。经对照,正是王绩《游北山赋》中七言句的节录。[4] 而骆宾王的《荡子从军赋》,明人李献吉曾将它改作歌行。甚至晚至刘希夷,其《死马赋》三十二句,竟全用七言,平仄韵互换,完全与当时典型的七言歌行一样。可见,初唐时七言化的骈赋与七言歌行是相通

---

[1] 朱筥河藏《王绩集》五卷本卷一。
[2] 均见《全唐文》各人卷。
[3] 《骆宾王文集》卷一。
[4] 仅易数字,疑为后人改作。

的。[1] 前人对此已有觉察。如《艺苑卮言》卷四称:"《荡子从军》,献吉改为歌行,遂成雅什。子安诸赋,皆歌行也,为歌行则佳,为赋则丑。"冯定远《钝吟杂录》"记歌行与叶祖德"条云:"于时(按:指梁、陈、隋)南北诗集,卢思道有《从军行》,江总持有《杂曲文》,皆纯七言。似唐人歌行之体矣。徐庾诸赋,其体亦大略相近,诗赋七言,自此盛也。迨及唐初,卢骆王杨大篇诗赋,其文视陈隋有加矣。"可见这两种文体的界线已颇难分。

其二:从形式上看,"四杰"这类长篇歌行与骈赋是一致的。表现为:一、以赋写铺陈为主,多在末章加抒情议论结束,犹如赋体的"结末寓讽"。二、多用合律的骈句,以骈为主,以散行骈。即在主体的赋写部分都用对句,声调多合律,在转折与起结处,参以散句(转处且多用蝉联句式),以带动全诗,表现出潜气内转的特色。这种句型,正是骈赋的典型句型。三、词彩瑰奇,形象壮美。这也是骈赋的词句特色。四、平仄韵互转。全篇四句、六句或八句一转韵,大多平仄相间,这正是骈赋的韵法。五、篇制恢宏。与刘宋前短小的七古不同,而同于赋体。这些特点,我们将在后文通过具体例证说明,此先总挈于前。

其三:《艺文类聚》卷二九,录梁简文帝《伤离新体诗》一首,四十句,是唐以前篇制最大的杂言歌行。此诗既不用骚体或赋体句式,亦不用前代与当时乐府诗题,句式则用俳而多赋。发人深思的是题为"新体诗"。顾名思义,当由于这种诗体不同于传统的七古,如汉魏、晋宋乐府,柏梁体诗、骚体诗;也不同于梁代新曲(由题作"诗"可见),而是当时的一种新的尝试。以其运用不广,初发于硎,故特标"新体"字样。

---

[1] 刘赋见敦煌写卷伯三六一九号,王重民先生《补全唐诗》录入,见中华书局《全唐诗外编》第13页。

历史的事实当是,骈赋吸取歌行的七言句式,产生了七言化的骈赋,又反过来以其骈偶、藻绘、韵法、结构诸特点影响于七古,于是产生了骈赋化的七古。这一过程起于齐梁,大于陈隋,而在"四杰"手中发展到完美的地步(参下章)。

"四杰"对歌行形式的革新,不取其他途径而糅合赋(尤其是骈赋)体特点,是有其必然性的。首先因为表现皇唐气象与庶族知识分子的宏阔胸襟,必须要有一种体制宏大的诗体形式。就七古一体的发展来看,汉魏以至梁陈乐府的边幅均嫌狭小,而从相邻的艺术部类中能够取以为用的,只有楚骚与赋两种形式。然而骚体在六朝时期已不绝如缕,更无与当时诗体融洽的成功经验,于是,可以取资的就只有长期以来与歌行密切相关的赋之一体。而以骈体表达蓬勃激情、宏阔场面的已有从鲍照《芜城赋》至庾信《哀江南赋》等许多优秀典范。

其次,从当时的艺术思潮看,普遍的意见是,情意的表达应当在对外物的逼真模写中来体现。初唐以前的画论,充分说明了这一点。这也自然促使他们注意糅合善于体物写志的赋体特点来对七古进行改造。

其三,文学史的演进,并非由某些心造的模式所规定,而是与具体的、历史的、活生生的人相关。"四杰"对歌行的改革,在很大程度上取决于他们的积学素养。梁、陈以来,骈赋、骈文高度发展,使"四杰"毫不例外地成为骈赋、骈文高手。因此,以赋体改造歌行,对他们来说,就是驾轻就熟、最自然不过的事了。于是,由梁代滥觞的对七古形式的改造,经由"四杰"之手推向了纯熟的境地。

当然,作为诗歌的革新,体式只是其中的一个方面。与此同时,"四杰"又对七古的气格也作了一番革新,从而创造出与梁简文帝、江总等同体诗作格调迥异的杰构。关于这一方面,就需要联系他们的文艺思想对其作品作具体分析了。

二

初唐"四杰"在诗歌理论方面较自觉地继承了诗骚与汉魏诗重气骨的优良传统,而对此后诗歌渐尚词采华艳的趋向也并非一概否定。要理解这一点,先须对杨炯《王勃集序》与王勃《上吏部裴侍郎启》中的两段话作一辨析。

《王勃集序》有云:"逮秦氏燔书,斯文天丧;汉皇改运,此道不还。贾、马蔚兴,已亏于《雅》《颂》,曹、王杰起,更失于《风》《骚》,僄佅大猷,未忝前载。"[1]说者多略此段后二句而谓"四杰"对建安风骨缺乏认识。其实,杨炯说的是贾、马、曹、王,离《雅》《颂》《风》《骚》虽有距离,然而,他们在大节上尚不忝于前辈。这种观点实源于刘勰的《文心雕龙》。《文心雕龙·宗经》云:"楚艳汉侈,流弊不还;正末归本,不其懿欤!"意谓后世浮艳文风,溯其本源在于楚辞、汉赋。然其《辨骚》篇又在摘取楚辞同乎及异乎经典各四事之后,称楚辞虽为"《雅》《颂》之博徒",然实乃"词赋之英杰也","观其骨鲠所树,肌肤所附,虽取熔经意,亦自铸伟辞"。在《诠赋》《明诗》诸篇中,刘勰又对汉赋,特别是建安诗给予较高的评价。刘勰的观点实际上颇含辩证因素:他一方面看到辞赋在主要成分上承继了经典之意;另一方面也认为,其文体华艳甚至"夸诞",已预伏下后世浮艳文风之先机。所以他主张:"凭轼以倚《雅》《颂》,悬辔以驭楚篇,酌奇而不失其真,玩华而不坠其实。"其宗经思想固有局限,但这种尚真实而不废华彩的原则,无疑是正确的,而对楚辞、汉赋后文学的评价也显非简单否定。杨炯《王勃集序》所论正同于此,也

---

[1] 《杨盈川集》卷三。

是说贾、马、曹、王所作，固启后世浮艳之先机，而其本身虽丽，尚未可以浮艳目之。故后文又赞王勃云："经籍为心，得王、何于逸契；风云入思，叶张、左于神交。"不仅所举王弼、何晏、张华、左思均汉末魏晋之人，并明确提出文质并重的创作观。再后，又以刘勰所赞建安文学的"骨气"作为自己的旗帜。因此，说此序在理论上对建安风骨缺乏认识，似有断章取义之弊。

　　王勃《上吏部裴侍郎启》所论，本质上与杨炯《王勃集序》相似，[1]而其中更有一段隐情在。《旧唐书·王勃传》曾载吏部侍郎裴行俭典选，品评四杰有云："士之致远，先器识而后文艺。勃等虽有文才，而浮躁浅露，岂享爵禄之器耶！杨子沉静，应至令长，余得令终为幸。"可知行俭对文艺先有不满，对以"文章见称"[2]的王勃等亦有成见。而王勃上裴启乃干进性质，自不能不投裴之所好而避其所嫌，故于文中力倡周孔之道而多诋屈宋后文。加之唐人好为高言大语之积习，及王勃个人的偏激处，处于这种特殊情况下的某些提法，是否就能代表王勃、甚至"四杰"的全部观点，这是应当联系他们在通常情况下的言论来综合考察的。今按王勃《感兴奉送王少府序》有云："一谈经史，亚比孔先生；再读词章，何如曹子建。"[3]《上许左丞启》云："敛迹仙台，同卫玠之虚羸；谈非正始，愧刘桢之逸气。"[4]类似的提法，在其《上九成宫颂表》《守岁序》等文章中都有明确表现。卢照邻《南阳公集序》则云："自获麟绝笔，一千三、四百年。游、夏之门，时有荀卿、孟子；屈、宋之后，直至贾谊、相如。两班叙事，得丘明之风骨；二陆裁诗，含公干之奇伟。邺中新体，共许音韵天成；江左诸人，咸好瑰姿艳发。"[5]骆宾王《和道

〔1〕　参见《王子安集》卷八本文。

〔2〕　《旧唐书·裴行俭传》。

〔3〕　《王子安集》卷七。

〔4〕　《王子安集》卷八。

〔5〕　《幽忧子集》卷六，《四部丛刊》影印张氏刻本。

士闺情诗启》更云:"李都尉'鸳鸯'之辞,缠绵巧妙;班婕好'霜雪'之句,发越清回(疑为迥之误)。平子'桂林',理在文外;伯喈《翠鸟》,意尽行间。河朔词人,王、刘为称首;洛阳才子,潘、左为先觉。若乃子建之牢笼群彦,士衡之籍甚当时,并文苑之羽仪,诗人之龟镜。"[1]可见,在通常情况下,"四杰"对屈、宋、贾、马及建安诗人实可称心向往之。细按起来,"四杰"之间的观点虽微有区别,如王勃受其祖父王通影响,多一点宗经成分,骆宾王阅历最广,识见较为开阔,但在根本点上,他们是一致的。他们所反对的只是南朝,尤其是梁、陈以来的卑靡诗风,对建安以前都有较高的评价。他们也并不反对辞采,而要求文为质用,尤其是把握了建安诗人正确处理气与才关系的成功经验,这是他们在建安之后文质矛盾日渐尖锐,诗人、评家往往顾此失彼的情况下能够卓然名家的关键所在,试析之。

刘勰总结建安诗风的特点为:"慷慨以任气,磊落以使才。"[2]说的是建安诗人以气为主,以气驭才,以才达气,故虽多丽辞而不伤气格。"四杰"的文论中处处表现了这种观点。杨炯《王勃集序》云:"六合殊材,并推心于意匠;八方好事,咸受气于文枢。"卢照邻诗云:"形骸寄文墨,意气托神仙。"[3]这种思想在王勃的《春思赋》并序中得到了更充分而又形象的体现。序云:

> 咸亨二年,余春秋二十有二,旅寓巴蜀,浮游岁序。殷忧明时,坎壈圣代。九陇县令河东太守柳太易,英达君子也。仆从游焉。高谈胸怀,颇泄愤懑。于时春也,风光依然。古人云:"风景不殊,举目有山河之异。"不其悲乎!仆不才,耿介之士也。窃禀宇宙独用之心,受天地不平之气。虽弱植一介,穷

---

[1]　《骆宾王文集》卷六。

[2]　刘勰:《文心雕龙·明诗》。

[3]　卢照邻:《于时春也,慨然有江湖之思》,《幽忧子集》卷一。

途千里；未尝下情于公侯，屈色于流俗。凛然以金石自匹，犹
不能忘情于春。则知春之所及远矣，春之所感深矣。此仆所
以抚穷贱而惜光阴，怀功名而悲岁月也；岂徒幽宫狭路，陌上
桑间而已哉？屈平有言，"目极千里伤春心"，因作《春思赋》，
庶几乎以极春之所至，析心之去就云尔。[1]

　　从此序可见，"四杰"既是胸怀"不平之气"的志士，又是"不能
忘情于春"的才士。不平之气受春景（外物）的感发，而郁勃不可掩
抑，遂迸发为屈子那样的悲慨唱叹。唯其有气，故虽极写春景春
情，剪裁风云，驱驭光景，亦能不同于陌上桑间的卑靡之音。因此
这篇二百余句的长赋，虽然通篇偶对，节节铺叙，音调婉转，辞藻艳
丽，由蜀中而长安，而漠北，而洛阳，而江南，然而，它以游子思妇的
怨愤为贯串始终的线索，从而使两京的繁华与漠北的荒凉，情人的
遥念与志士的壮心相映衬，形成磅礴全篇的悲愤气势，最终河九折
而归海，发为"长卿未达终希达，曲逆长贫岂剩贫，年年送春应未
尽，一旦逢春自有人"的高亢之音。这篇与歌行酷似的《春思赋》并
序，正是"四杰"从理论到实践继承建安诗人"慷慨以任气，磊落以
使才"优良传统的证明。

　　从《春思赋》并序更可看到，虽然骈赋这种文学体裁特重形式
的谐美，虽然长期以来它多被用作流连光景的工具，但只要行之以
气，以气驭才，则完全可以用来表现开阔的场景与壮伟的情操，而
"四杰"在这方面已经完全运用自如。所以，他们在重气的前提下，
以骈赋的表现形式改革七古，目的正是要借赋体格局宽大的特点，
创造一种"飞驰倏忽，倜傥纷纶，鼓动包四海之名，变化成一家之
体"[2]的新型歌行。而"四杰"的长篇歌行无例外地都以极事铺
陈、鼓荡气势为特点，也正好说明了这一点。试举卢照邻《长安古

---

〔1〕　《王子安集》卷一。
〔2〕　杨炯《王勃集序》，《杨盈川集》卷三，《四部丛刊》影印本。

意》为例略加分析。

《长安古意》六十八句。"节物风光"前六十句层层铺叙长安繁华。先总写,再分写妖童娼妇、游侠剑客、金吾千骑、将相豪华。看似一个个不相连续的片断,其实却如聚光镜一般,由面到点,渐次集中到自以为能千载相传的权贵身上。然后以"节物风光"四句陡然转折,另开出"扬子孤居,桂花皎洁"的清肃景象。唯其前六十句铺得开,写得尽,篇终一转方分外有力,顿显出一种举世皆醉我独醒,轻王侯、傲将相的崒兀意态来。所以,尽管全诗华艳瑰丽,除起、结、转外,均二二骈偶,且大多为律句;但诵读之间明显地感到一种郁勃之气充行其间。文研所《唐诗选》评其末四句,感到对权贵的批判未免软弱无力。然而,试将此诗与王勃《春思赋》对比之后,我们就不难明白,《长安古意》的写法正是从《春思赋》一类赋体作品中蜕出。而赋体的传统结构,正是前面大段铺陈而结末婉然寓讽。《长安古意》的结尾,恰是承赋体传统水到渠成的点睛之笔,正不需要作任何落于言诠的"深刻"批判的。总之,《长安古意》等诗,正是"四杰"承建安诗人重气的传统,以骈赋特点改造歌行体诗,实现诗体革新的一个范例。

至此,我们可以就上章所举前人对"四杰"长篇歌行的批评作一个再批评了。骈偶,整密,铺陈,艳丽等后人举以为"四杰"歌行弊病的某些特征,其实正是"四杰"以骈赋改造歌行所必然形成的特征。正如明陆时雍所云:"调入初唐,时带六朝锦色。"[1]实则是最自然不过的东西。"四杰"既以建安诗人的"气骨"来主导、驱驭这些特征,使之为表现奋发恢宏的时代精神服务,那么采用这些形式上的特点,非但不足为病,而且是当时的诗史条件下所能作出的最切实、合理的选择。"四杰"长篇歌行所表现的宏大气魄、倜傥风神,是唐人七古的基本素质。尽管后人欲斥之于正格之外,但是历

------

[1]　《诗镜总论》。

史的事实是，若无"四杰"的开创，就决无更为成熟的、所谓"正格"的盛唐歌行。

三

《艺概·诗概》有云："七古可命为古、近二体：近体曰骈、曰谐、曰丽、曰绵；古体曰单、曰拗、曰瘦、曰劲。一尚风容，一尚筋骨。此齐梁、汉魏之分，即初、盛唐之所以别也。"此论初、盛唐七古的不同风格，就总体观之是正确的。然而初、盛唐七古的这种变化，并非突变，中间存在有一个过渡阶段。这就是"四杰"后至开元初这一时期。在这一时期中，可以举李峤的《汾阴行》、刘希夷的《代悲白头吟》、张若虚的《春江花月夜》、张说的《邺都行》诸名作为代表。虽其风格有别，而共同的特征是顺应当时诗坛鄙弃六朝诗风的趋向，在"四杰"歌行的基础上进一步发扬其踔厉不平之气，而淘洗其艳丽重饰，因而疏宕的气势由内转而外现，然在谋篇布局、着重铺叙上，都明显地带有前一时期的特征。

《春江花月夜》沿用南朝乐府旧题，是最接近梁、陈以至初唐"四杰"歌行的篇章。此诗起乎写景，点题春江、花、月和夜，为总写。"白云一片去悠悠"后更以思妇之遥想为线索，随时间的推移层层写景寓情。这一基本骨架，与前举王勃《春思赋》是一致的，也是"四杰"歌行的最常见的布局方法。由于用旧题，在句式上偶对的成分减少了，而较多采用蝉联相生的句式，仍是"四杰"歌行的常用手法；而在音调上，此诗大部分为律句，故沈德潜评云："犹是王、杨、卢、骆之体。"[1]但此诗较之"四杰"歌行又多演进。运词遣句

---

[1]　《唐诗别裁集》卷五。

清丽有远韵,虽仍铺写却较简约有搏。尤为成功的是,于篇中插入"江畔何人初见月?江月何年初照人?人生代代无穷已,江月年年只相似。不知江月待何人,但见长江送流水"一节哲理性的抒情议论。它与水月澄明、夜天空阔交融一体,使全诗较"四杰"之作有一种清新疏宕之感。刘希夷的《代悲白头吟》是《春江花月夜》的同类型作品,然刘作较张作骈偶成分更重,类似情况也反映在他的另一些七古名作中,如《公子行》等。沈德潜评云:"对仗工丽,上下蝉联。"[1]当因刘之时代略早于张,于中可见演进之迹。《代悲白头吟》中有云:"今年花落颜色改,明年花开复谁在。已见松柏摧为薪,更闻桑田变成海。"与张作"江上"数句机杼相近,而韵味稍逊,纯熟不如。这却正为我们提供了这种表现手法从"四杰"到张若虚的中间环节。

　　其实,在铺写中结合哲理性的议论,在"四杰"骈赋及歌行中已时有表现,亦多如刘、张那样用蝉联的句式以为转折。不过一般用于末章。可注意的是骆宾王的《代女道士王灵妃赠道士李荣》和《帝京篇》。《帝京篇》上半赋写后接云:"且论三万六千是,宁知四十九年非。古来荣利若浮云,人生倚伏信难分。"[2]这虽是发论的开始,但由于此诗议论多至全诗三分之一有加,故这段蝉联式的哲理性议论实处于全诗中间而起到关锁的作用。《代女道士王灵妃赠道士李荣》诗则更进一步。篇中云:"漫道烧丹止七飞,空传化石曾三转。寄语天上弄机人,寄语河边值槎客。乍可匆匆共百年,谁能遥遥期七夕。想知人意自相寻,果得深心共一心。一心一意无穷已,投漆投胶非足拟。"[3]而在这段蝉联式的抒情议论前后,均为大段赋写。已显然是刘希夷、张若虚的先行。可见,刘、张对"四杰"歌行的改革也并非从天而降,而有着循序渐进、逐步完善的

―――――――――

〔1〕《唐诗别裁集》,《公子行》评。
〔2〕《骆宾王文集》卷九。
〔3〕《骆宾王文集》卷二。

过程。

由于诗人的经历、个性不同,故处于同一阶段的诗人对前代诗体的改造,也会表现出方向一致而风格有异的现象。与落拓不得意的刘、张相比,处于贵盛地位的李峤与张说,在发展和改造"四杰"歌行上,表现出更接近于后来盛唐歌行的特色。李峤的《汾阴行》,[1]四十六句。先总写汉武汾阴后土之祠。"汉家五叶才且雄"句作一顿束,然后逐次铺陈驾幸河东、祭祀、泛河、欢宴等场面。"自从天子"句笔锋陡转,写汉武佞神而终不免一死,再转而发为篇末之议论。全诗文辞高华,除起、结与三处转折处用散句以外,均二二对仗。这一点,与逐节铺陈的写法,显然还是"四杰"歌行之遗脉,然而分总离合、顿束转接之处,棱角分明,劲气薄人,已与"四杰"歌行往往一线抽绎,篇末转折,寓劲气于柔婉的格调有所不同,表现了脱颖而出的趋势。这一趋势,至睿、玄之间郭震《古剑篇》、张说《邺都行》时得到进一步发展;赋写更为简老,而开阖亦见动荡。故沈德潜《唐诗别裁》评《汾阴行》云:"尔时风格乍开,故句调未能全合。"[2]评《邺都行》云:"声调渐响,去王杨卢骆体远矣",并把这些作品都归入"初唐入盛之渐"[3]的范畴之中。沈氏的这些看法,与其选目上先录"四杰"歌行,继取刘希夷、李峤、张若虚、张说诸篇及宋之问《龙门应制》《明河篇》等更接近"四杰"歌行的篇章,似都表现出在七古演进史上较渔洋客观、且较为科学的观念。

要之,唐人七古演进史上这一过渡时期,表现出一种从"四杰"歌行逐步蜕变的形态。经过30年左右之期,终于启迪了盛唐诸大家"极尽变态"的七古创作的兴旺局面。入盛唐以后,"四杰"体式的七古虽然在某些作家的部分作品中以改进了的形态出现,如王维的《桃源行》,崔颢的《邯郸宫人怨》等等;而就总体说来,它存留

---

〔1〕 《唐诗别裁集》卷五。
〔2〕 《唐诗别裁集》卷五评述。
〔3〕 《唐诗别裁集》卷五评述。

在盛唐人作品中的，主要是其以气驭才的精神与某些诗歌表现的艺术因素。然而诗史的发展总是表现出一种螺旋上升的形态。越盛唐至中唐元和、长庆之际，元稹、白居易等又在当时具体条件下，借取"四杰"长篇歌行体式，以新的语言形式，结合传奇文学的特点，创造了"长庆体"歌行。这是"四杰"歌行的升华。因这已超出本文论述的主旨，故仅录高棅《唐诗品汇》"七言古诗叙目"所论，以志流变之迹。高氏云：

> 歌行长篇，唐初独骆宾王有《帝京篇》《畴昔篇》（本文笔者按，非仅二篇），文极富丽，至盛唐绝少，李杜间有数首，其词亦不甚敷蔓，大率与常制相类，已混收从汇，不复摘去。迨元和后，元稹、白居易，始相尚此制，世号"元白体"。其词欲赡欲达，去离务近，明露肝胆。乐天每有所作，令老妪能解则录之，故格调扁而不高。然道情叙事，悲欢穷泰，如写出人胸臆中语，亦古歌谣之遗意也。岂涉猎浅才者所能到耶？姑略骆宾王一首，元白各一首，附于此集之后，以备一体，为学者之助云。[1]

高氏所论虽尚嫌肤浅，亦不无偏失，然抉出"四杰"体与"元白体"之相承关系，亦可称别具慧眼矣！

四

盛唐七古的部分篇章承"四杰"之体与南朝西曲外，大多表现出《艺概·诗概》所指出的向汉魏古诗取法的倾向，然而这种取法并非抛开初唐以来唐人七古的传统体式单纯复古，而是继过渡阶段诸名家对初唐歌行改革的趋势，作进一步的扬弃。事实上，被评

---

[1]　《唐诗品汇》卷二五前。

家们定为七古"正格"以与"四杰"歌行相对举的盛唐歌行，在许多方面有机地融入了"四杰"歌行的成功经验，因此，虽然盛唐七古向汉魏学习，其作品却表现出与汉魏七古完全不同的风貌。这里又呈现出一种螺旋形上升的辩证法则。限于篇幅，我们不能对纷如繁花的盛唐歌行各体一一备述，仅就其总体趋向谈谈它与前两阶段的承革关系，再略述李、杜之于七古的进一步的创造。要言之，盛唐七古对初唐的承革，体现于三个方面。

其一，由骈中间散，以散行骈；到散中间骈，以骈凝散——句式声调。

骈的含义，梁、陈以来实包含两个方面：一是字面上的虚实俪偶，二是声调上的平仄相间。后一点发展到初唐，由于律诗的接近完成，更常表现为上下句互对（粘对之对）。前已论到，"四杰"歌行在句式上大抵起、结、转处用散句，其他多用骈句（包括字面、音调都对，或只对其一）。散句的间用，起了带动大段骈句使之流动而不板滞的作用（当然，亦有起、结、转不全用散句者）。故可归结为"骈中间散，以散行骈"。其骈句的比重一般都在十之八九。试举卢照邻《长安古意》第一小节：（平用○代，仄用△代）

　　　长安大道连狭斜，青牛白马七香车；玉辇纵横过主第，金
　　　○○△△○△○　○○△△△○○　△△△○△△△
鞭络绎向侯家。龙衔宝盖承朝日，凤吐流苏带晚霞。百丈游
○○△△○○　○○△△○○△　△△○○△△○　△△○
丝争绕树，一群娇鸟共啼花。啼花戏蝶千门侧，碧树银台万种
○○△△　△○○△△○○　○○△△○○△　△△○○△△
色。复道交窗作合欢，双阙连甍垂凤翼。梁家画阁天中起，汉
△　△△○○△△○　○△○○○△△　○○△△○○△　△
帝金茎云外直。楼前相望[1]不相知，陌上相逢讵相识！[2]
△○○○△△　○○○△[1]△○○　△△○○△△○△[2]

----

〔1〕　"望"字可平可仄。
〔2〕　《幽忧子集》卷二。

　　第一联起，字面不偶，平仄不对，仅第二句合律。末一联是此段小结，并启下段，句式重叠，不能作俪句看，而平仄亦略拗，中间十二句全为律句，字面二二相对，且二、三、四、五联联中相对，上下联相粘。六、七联亦联中相对。几近乎两首七律（一平韵，一仄韵）。又如骆宾王《帝京篇》前十句为一小段。起四句宛然平韵五言律绝。中四句却似仄韵七言律绝。九、十两句转折，一句合律，一句古调。

　　发展至过渡阶段，这种可称严格的骈偶规律已有所解破，但偶对与谐调的比重仍很大。张说的《邺都行》是去"四杰"体较远的篇章，但十二句中合律的句子尚有九句，字面偶对有六句，其名句"昼携壮士破坚阵，夜接词人赋华屋"，上下句平仄亦调，这种情况延续到盛唐，在高、岑、王、李很大部分作品以及李、杜的一部分作品中依然存在。如高适名作《燕歌行》，从字面看，二十八句中首尾十句用散句，中间十八句均用俪偶。从声调看，首尾四句不谐（亦不俪），中间二十四句竟有二十一句合律或微拗（后五字平平仄平仄），且多上下句相对者。《燕歌行》素以风格遒劲称，但仍在句式、声调上表现出如此明显的初唐歌行的特点，这充分说明盛唐之于初唐的相承关系。沈德潜评此诗云："七言古中时带整句，局势方不散漫。若李杜风雨纷飞，鱼龙百变，又不可以一格论。"此评颇有见地。它指出了高、岑、王、李七古中有不少的一部分，如高适《燕歌行》这类作品，由于散句的增多，更由于其气势的排宕，可能产生散漫无当的毛病，因此，间以整句，起到收敛聚结的作用，这样，他们虽用的是齐、梁至"四杰"以来的句格，而在作用上却已经有了新的变化。

　　从《燕歌行》这类作品发展开去，盛唐诗人七古中又产生一类离"四杰"体更远的作品，我们姑称之为"散中间骈，以骈凝散"。同样可以高适的《封丘作》作为代表。此诗十六句，四句一韵，平仄互转成四节。字面偶对或基本偶对的三联，分置于前三节的后二句，而其中字面既对、平仄又调的两联,分置于一、三两节后,即"乍可狂歌草泽中,宁堪作吏风尘下","生事应须南亩田,世情付与东流水",这正是表现归隐意向的两联警句。它们在整体用散的全局中起了"立片言以居要,乃一篇之警策"的聚凝作用。这种形式至李、杜手中发展得更为纯熟。如杜甫《洗兵马》,起首八句为一节,仅"只残邺城"二句字面对,而一句合律,余均用散句不调平仄。接着四句是转接:"已喜皇威清海岱,常思仙仗过崆峒。三年笛里关山月,万国兵前草木风。"全用律体。再下又转入以散为主的形式。这四个律句以流畅的声调出色地完成了纽带作用。《筱园诗话》有云:"唐人七古,高、岑、王、李诸公规格最正,笔最雅炼。散行中时作对偶警拔之句,以为上下关键,非惟于散漫中求整齐,平正中求警策,而一篇之骨,即树于此。"[1]此评精辟地说明了盛唐人此类歌行散中间骈、以骈凝散的特点。从以上《长安古意》《邺都行》《燕歌行》至《封丘作》《洗兵马》句格的分析,我们可以清楚地看到,由"四杰"歌行的句格到盛唐歌行的句格所经历的蜕变过程。

其二,从"体物成章",写情以见志;到得意乘兴,探象于冥搜——诗歌意象。

前已论"四杰"歌行总是在大段的铺写中,潜气内转,以表现其情志。骆宾王《上吏部侍郎帝京篇启》中的"体物成章,必寓情于《小雅》",可为其理论表现。这是"四杰"歌行与简古的汉魏七古最明显的区别。顺应过渡阶段诸大家在写物上由繁渐简的趋势,也接受了当时书画理论中重"兴"、重"风神"的观念,[2]盛唐七古在诗歌意象的构成上更有了新的进展。就诗歌理论观之,诗人普遍地重视飚举的意兴。高适《同薛司直诸公秋霁曲江俯见南山作》有云:"我心寄青霞,世事惭白鸥。得意在乘兴,忘怀非外求。"[3]其

---

〔1〕 《清诗话续编》第 2384 页。

〔2〕 参见张怀瓘《书断》中《议书》。

〔3〕 《全唐诗·高适》卷二。

《东平旅游奉赠薛太守二十四韵》有云："高兴陪登陟,嘉言忝献酬。观棋知战胜,探象会冥搜。"可见,他们总是通过冥搜之功,使外物之精微与作者即时的意兴合若符契。这样在他们七古创作的意象构成上就表现出二重性。相对于简古的汉魏七古而言,他们的七古继承了"四杰"善于铺写以见其情的特点;而相对于"四杰"歌行,又以汉魏七古简古、遒劲的特点改造之,从而表现出华而不缛,于瑰丽壮伟中见俊逸之气的特色。如果说,"四杰"歌行的铺写多承赋体夸饰的传统,多凭想象,虽然壮伟,却时有类同之感;那末,盛唐人七古即情即物的歌唱,更显得戛戛独造,壮伟而不肤廓,表现出奇丽的时代特征。这在岑参的歌行中表现得尤其突出。岑参歌行于盛唐最丽,最善赋写,但"岑参兄弟皆好奇"。虽然同是写边塞题材,而《热海行》与《白雪歌》固不相混;即使同是奉送出师之作,《轮台歌奉送封大夫出师西征》与《走马川行奉送出师西征》亦各具声色。"上将拥旄西出征,平明吹笛大军行,四边伐鼓雪海涌,三军大呼阴山动"[1],重在出师之声威夺人。"轮台九月风夜吼,一川碎石大如斗,随风满地石乱走",则意在以环境之险恶反衬军行途中一往无前的精神。时、地的细微区分在形象表现中的不同,是十分清楚的。《热海行》以促柱繁弦之声极写其热,而其中间入"中有鲤鱼长且肥""岸傍青草常不歇"二句,在热海之中透出一股活泼泼的清新生意。这与其说是由于妙手偶得,无宁说是基于对物象入微的观察。这种赋写也正充分说明了盛唐七古在意象构成上兼融古今独自名家的特点。

其三,从宛委曲折,潜气内转;到廉角钩折,驰骋合度——布局取势。

前面我们已说明了"四杰"歌行宛委曲折,潜气内转的特点,而过渡阶段的《汾阴行》《春江花月夜》等向疏宕发越演进,但大体保

---

[1]《全唐诗·岑参》卷一九九。

留了"四杰"歌行一线抽绎的特点。演进而至盛唐，七古的气势更为动荡、开阖，在结构上虽尚有较明确的线索可循，但步骤驰骋间已渐见断续相生之妙。这一点加上上述句式、音调、诗歌意象等方面的改进，使盛唐歌行显得格力遒劲，气势浑雄。沈德潜云：七古"至王李高岑四家，驰骋有余，安详合度，为一体"[1]。刘熙载云："唐初七古，节次多而清韵婉，咏叹取之；盛唐七古，节次少而魄力雄，铺陈尚之。"[2]二论从不同角度揭示了盛唐七古在布局取势上对初唐的沿革。李颀的七古尤善取势，如其《送陈章甫》，凡三节，首尾均于写景中寄惜别之意，中间插入"陈侯"八句，赋写陈之外貌、性格，前后均无过渡句相衔接。看似不续。然而，在写陈的形象中突出的是陈的豪放磊落，怀才不遇，从而望中景物亦从首段"四月南风大麦黄，枣花未落桐阴长"的首夏丽景，转为三段"长河浪头连天黑，津口停舟渡不得"的险恶景象，结末遂发为同病相怜的浩叹。这三节中的联系，全在意脉暗接、气势鼓荡之中，从而显示出廉角钩折、驰骋合度的结构特色来。

　　盛唐歌行在组织上对初唐的这种沿革，尚有一点极好的证明。晋、宋以前的歌行，用韵是没有一定规律的，且多一韵到底。如曹丕《燕歌行》的一、三节。鲍照《行路难》十八首，时用转韵，但往往平转平，仄转仄。齐、梁以后歌行逐渐形成平、仄韵相间，或四句、或六句、或八句一转的体式，而诗意的转折一般都在转韵之处。"四杰"歌行都用这一体式而规模加大，形式更趋稳定。这种转韵法，实际上就是齐、梁后骈赋的韵法。其作用在于以平仄的调节造成流转的情韵。这种韵法不仅为过渡阶段所袭用，且表现在盛唐高、岑、王、李的绝大部分七古作品中（内岑参常参秦汉铭文韵法演为三句一转），以及李、杜的相当一部分作品中。盛唐人歌行虽然

[1]　《唐诗别裁集》凡例。
[2]　《艺概·诗概》。

纵横驰骋,开阖很大,但在拗峭陡健中均寓有一种圆润之美,从音乐形象上帮助了意脉气势的转折,而绝不像某些汉魏歌行那样读来令人感到槎枒枯硬,其中重要原因,就在于继承了梁、陈至"四杰"时形成的这种组织形式。

综上对盛唐七古句式声调、诗歌意象、布局取势三方面的辨析,可以见出,虽乍然读来,盛唐歌行与"四杰"歌行风格迥异,但事实上却是中经过渡阶段对"四杰"歌行的进一步改革。作一个不甚确切的比喻,如果把"四杰"歌行比作母体,那么,过渡阶段歌行就是母体中的胚胎,盛唐歌行则是子体。子体与母体虽然面目往往不同,但在血肉精神上却与母体息息相通。在过去的研究中,由于对"四杰"歌行与盛唐歌行的构成诸要素的分析失之笼统,也由于对过渡阶段未予足够的重视,人们往往将盛唐歌行与"四杰"歌行割裂开来,将"四杰"体置于唐人歌行正格之外,今天看来,这是完全没有道理的。

事物的发展总是不平衡的。当一种新的形式占据主导地位时,旧的形式尚会被在一定程度上袭用,而更新的诗体形式又在酝酿产生。《诗薮·内编》卷三云:"(唐七言歌行)高、岑、王、李,音节鲜明,情致委折,浓纤修短,得衷合度,畅乎,然而未大也。太白、少陵,大而化矣。"沈德潜《唐诗别裁集·凡例》于述高、岑、王、李后又云:"李供奉鞭挞海岳,驱走风霆,非人力可及,为一体;杜工部沉雄激壮,奔放险幻,如万宝杂陈,千军竞逐,天地浑奥之气,至此尽泄,为一体。"关于李、杜七古,研究的专论较多,此处囿于篇幅,兹不再具体展开,仅就其在七古史上前后相承的关系略加辨析。

如胡应麟、沈德潜所云,李杜七古气势奔腾、光怪陆离,不可端倪,达于化境。这正是"四杰"以后诸名家在句式音调、诗歌意象、布局结构上由骈趋散,由密趋疏的必然发展。李杜七古中有许多篇章,其实大同于高、岑、王、李体格,甚至保有"四杰"歌行的模式,如李白《捣衣曲》《百啭歌》《白头吟》,杜甫《丽人行》《哀江头》《锦树

行》诸作,均"脉络分明,句调婉畅"。[1] 他们那些"不可端倪"之
作,正是在这类作品上的大而化之,其实也都是有意脉可循的。不
过变化更大,不落程式。前举李于麟讥太白为"英雄欺人",何仲默
贬杜甫为"调失流转",而二人并推初唐,实则均为另一极端、不明
流变的拘墟之论,宜乎多为后人所讥抨。

　　李杜七古,诸体备陈,笼罩百代,而其最富创造性,对七古的进
一步发展影响最著的,我以为有三类:一为李白《蜀道难》《梦游天
姥吟留别》《宣州谢朓楼饯别校书叔云》《将进酒》一类作品,即刘熙
载所说取法于《庄》《骚》者,[2] 均具有俊逸飞动、飙来倏至、随形屈
折、变化自如的特点。此体至中唐为李贺结合齐梁体浓艳特点与
韩诗险怪特色加以发展,自成一体。二为杜甫《观公孙大娘弟子舞
〈剑器〉行》《丹青引》《李潮八分歌》《冬狩行》《桃竹杖行》《戏题王宰
画山水图歌》《瘦马行》《醉时歌》等,即刘熙载所说取法乎《史
记》,[3] 方东树所云"似左氏、公羊、太史公文法者"[4]。这些作品
在句式上完全突破骈散界限;在形象上以峭奇瘦硬著称;其韵法则
不拘平仄互转规矩,或一韵到底,或末章方转;其布局则拗折顿挫、
具有以文法入诗的特点:这些共同构成了力大思雄,排奡飞腾的格
调,为元和时韩愈七古之先声。第三类为李、杜二人的新体乐府
诗。杜甫之"即事命篇,无复依傍";李白之杂言,尤其是三、三、七
句式:至中唐则由白居易等综合发展为新乐府运动。这三类诗相
对于高、岑、王、李的共同特点是,取法乎上(新乐府学习当代民歌,
实乃从本质上效学汉乐府),其复古通变的精神最鲜明地反映了唐
人七古生生不息的活力。它们与前述由"四杰"歌行中经王维《桃

---

〔1〕　关于这些作品的结构脉络,大都在笔者协助马茂元先生所编《唐诗三百
　　　 首新编》评述中论到,可参看。此因篇幅关系从略。下举各诗同。

〔2〕　《艺概·诗概》。

〔3〕　《艺概·诗概》。

〔4〕　《昭昧詹言》卷十二。

源行》、崔颢《邯郸宫人怨》等演变而成的元白"长庆体"歌行一起，成为中唐四种最有活力的新体七古，汇成了唐人七古的又一高潮。尊唐调者或以高、岑、王、李七古排斥中唐诸体，或以杜、韩一线贬低其余各格，其实均非探本溯源之论。

五

　　以上我们对初、盛唐七古演进的轨迹及其至中唐的流变作了具体分析。这个轨迹中实包含有某种规律性的东西。

　　1890年10月27日恩格斯在《致康·施米特》的信中论道：

　　　　每一个时代的哲学作为分工的一个特定的领域，都具有由它的先驱传给它而它便由此出发的特定的思想材料作为前提……哲学和那个时代的普遍的学术繁荣一样，也是经济高涨的结果。经济发展对这些领域也具有最终的至上权力，这在我看来是确定无疑的，但是这种至上权力是发生在各该领域本身所规定的那些条件的范围内：例如在哲学中，它是发生在这样一种作用所限定的条件的范围内，这种作用就是各种经济影响（这些经济影响多半又只是在它的政治等等的外衣下起作用）对先驱所提供的现有哲学材料发生的作用。经济在这里并不重新创造出任何东西，但是它决定着现有思想材料的改变和进一步发展的方式。[1]

　　恩格斯所说的经济及其政治外衣的作用，也就是我们在唐诗研究中所说的特定的经济、政治等条件。虽然它有最终的决定作

---

〔1〕《马克思恩格斯选集》第4卷，人民出版社1995年版，第703—704页。

用,我们前面称之为一种历史的趋势;但是它本身不能创造出新的诗体,不能代替诗史的演进。诗歌艺术作为文学分工的一个特定的领域,其演进,总是后一代诗人对前代诗人积累、创造的诗歌艺术遗产,在新的历史条件、趋势下进行改革的结果。因此,片面强调经济、政治及其他外部原因,而忽视对诗歌艺术、各类诗体形式内部演进规律的研究,实际上必然堕入马克思、恩格斯所反复批判过的把唯物主义当标签贴的庸俗唯物论泥淖。

根据恩格斯的论断,结合前面对初、盛唐七古发展历程的分析。我认为唐诗发展具有以下规律性。

1. 连续性:唐诗各体,都有其前后相继、不可间断的发展系列,后一时期的某一诗体都是这一诗体前此各时期,尤其是相邻时期的演进结果——尽管其轨迹有明暗显晦之不同。初、盛唐七古演进三个阶段的情况便是一个例证。

2. 螺旋上升性:后一时期的某一诗体形式的具体表现形式,虽是前一阶段的延续,然而同时,诗人又往往综合了更前阶段的某些艺术因素,对相邻阶段的此体诗歌进行改造,这样,诗史的演进又体现出某种螺旋形上升性。文学史上经常出现的"复古"口号,即是这种螺旋形上升性的表现。然而,螺旋上升是以连续性为前提的。抛开相邻阶段单纯复古,必然堕入复古主义的泥淖,而复古通变,借取前代经验对相邻时代的诗体进行改革,方能表现出向上的形态。盛唐七古的高度繁荣的原因即在于此。一部唐诗史生生不息的活力即在此。

3. 多样性与参差性:在螺旋形上升的共同规律支配中,诗人又总是根据自身的经历、个性调节着持续与循环的比重,并同时从不同角度借取相邻的诗体形式或其他艺术部类的因素形成自己的独特风格,从而呈现出多样性。如七古史上的刘希夷、张若虚之于李峤、张说然,如李白之于杜甫然。由于多样性,在一个时代的总风格外,总有部分作品更多地保留前一时代的特征,又有部分作品预示了下一时代的先声,形成参差性。

4. 时代性:各种诗体形式的发展都受上述三种特性的制约,形成自己的发展史。而在一定历史阶段,由于政治、经济的最终支配作用与其他艺术门类的影响,又会表现出共同的演进趋势,从而构成这一阶段诗歌的时代风格。

5. 隐显性,或称峰谷性。诗史螺旋上升的历程,受量变到质变规律的制约,表现为隐显交迭的形式,两个高峰之间必有一个带有前阶段遗痕,显示新阶段征兆的过渡阶段。重视过渡阶段中、小作家的研究,是理清诗史发展链索的关键所在。

这些就是我对唐诗演进规律的认识。

（本文原载于《中国社会科学》1986 年第 6 期）

上官体及其历史承担

　　在诗史研究中,存在一种很难摆脱的思维定式。研究者一般总是由某些集名篇于一帙的选本开始接触诗歌,涵咏讽诵,久而久之,便形成某代诗应是如某某选本中所录那样的成见,并以之为标准来评价其他诗作。对于唐诗研究来说,由于诗必盛唐说的源远流长,由此入手的研究者,便往往以王孟、高岑、李杜的标准来框架前此的诗人。这样做,于一般的欣赏而言,未可厚非,但就诗史研究来说,就往往反因为果,难以作出公允的反映历史真实的评判,对于上官体的由来已久的种种非议便是一例。诚然上官仪诗对于盛唐诸大家来说,可称小巫见大巫,但如果把习惯的思维定式倒过来,从诗人的历史承担来观察上官体,便会发现,它尽管有着本身固有的弱点,却恰恰是李唐开国以来三四十年间,中朝诗人苦苦探求唐诗发展新路的第一阶段的成就的结晶。在太宗、高宗两朝寻求南北诗风融合,以创造足以表现大唐气象的诗歌风格的不同方向的努力中,上官体代表着顺应诗史内在趋势的一派。唐初,因反对六朝绮靡之习而被忽略了的小谢体的精髓及其所代表的齐梁时代对诗歌艺术的深刻认识,至上官体方得到足够的重视与发扬。上官仪上承虞世南、李百药、杨师道而卓然名家,又下开四友、沈宋一脉,即使反对上官体的四杰,究其创作实际,实也受到上官体的深刻影响。至盛唐,上官体虽已过时,但其艺术因素依然对唐诗发展起着重要影响,可以说盛唐诗既是对上官体的反拨,又有着对它的不可或缺的继承，没有上官体的成就及其后继者的开拓，盛唐诗恐怕至多只是对汉魏诗的简单回归而已。上官体不仅是一个作者的诗歌创作，而且是一种复杂的文学现象，是唐诗发展的一个重要的足印。因此本文的题目取为《上官体及其历史承担》。

一、龙朔时期对上官仪的不同
评价与小谢体之被重视

论者都引用杨炯《王勃集序》中的一段话为上官体盖棺论定："尝以龙朔初载，文场变体，争构纤微，竞为雕刻……骨气都尽，刚健不闻。"[1]杨炯从四杰抒发穷士不平之气的角度对龙朔时期包括上官体的中朝诗风猛烈抨击，但是同时元兢的《古今诗人秀句序》却透出了另一种信息。序云：

> 余以龙朔元年，为周王府参军……常与诸学士览小谢诗……美哉玄晖，何思之若是也……余于是以情绪为先，直置为本，以物色留后，绮错为末，助之以质气，润之以流华，穷之以形似，开之以振跃，或事理俱惬，词调双举，有一于此，罔或子遗。时历十代，人将四百，自古诗为始，至上官仪为终。刊定已详，缮写斯毕……[2]

元兢所论，以古诗为权舆，以小谢体为祈向，以上官仪为殿军，而"情绪为先"一节则是其选录总纲。既可从中窥见元兢实以上官仪接武小谢，又可为上官体"绮错婉媚"特点作一注解。序所示时间尤可注意，《秀句序》约作于高宗总章初，而称龙朔元年时中朝诗

---

〔1〕《杨炯集》卷三，《卢照邻集杨炯集》，中华书局1984年版，第36页。
〔2〕转引自《中国历代文论选》第一册，第322页。

人对小谢体尤为关注,从今存唐诗资料看,这是首次出现的对小谢体的集中叹美。由此更可见出,上官体的盛行与小谢体的被重视呈同步状态,从以后的分析将可见到,此二者实互为因果,上官体的成立,包含着唐人对小谢体深层内涵认识的加深。这就不能不回溯一下小谢体所代表的风尚。

齐梁间小谢体的产生,实由对笼罩当时的大谢体的继承与反思而来。钟嵘《诗品》对大谢诗"兴多才高""名章迥句,处处间起;丽典新声,络绎奔会"的高度肯定及对其"逸荡过之""颇以繁芜为累"的批评;[1]萧纲既称大谢"吐言天拔,出于自然",又以之为"时有不拘,是其糟粕",更称时人学谢者"不届其精华,但得其冗长",[2]甚至采丽竞繁,愈新愈讹。这些对于谢诗短处中肯的反思,使梁人转而对短小简淡的陶诗逐渐关注。钟嵘列陶诗为中品,固为时风所围,但称其"辞兴婉惬",又时见"风华清靡",为"古今隐逸诗人"之宗,[3]评价亦自不低,而萧统为陶集序,极尽叹美,爱之不能释手,萧纲则置陶诗于几案间,动辄讽咏,均可见对陶诗的评价因时推移而逐渐为高。因此至晚在梁代,诗歌创作虽仍在大谢体的影响之下,但已开始出现兼融陶谢,并取吴歌西曲的走势。杨明先生在《萧纲的文学创作和文学理论批评》一文中对此有很精彩的分析,[4]要之,主要表现是《诗品·序》所说的尚"直致""直寻",即能即目会心,写物见意,而不由经史;能曲写纤毫,而又似不加雕饰;更崇尚"吐言天拔",音节浏亮,所谓"好诗圆美流转如弹丸",而忌滞涩与冗长。因以上诸点,更主张"自然会妙","思合自逢"而崇尚"天才",重视"天机"。发自天才,委于天机的创作,方能以诗心

〔1〕《诗品》卷上,《历代诗话》上册,中华书局1981年版,第9页。

〔2〕《全梁文》卷十一简文帝《与湘东王书》,《全上古三代秦汉三国六朝文》,中华书局影印版,第3011页。

〔3〕《诗品》卷中,《历代诗话》上册,第13页。

〔4〕参见王运熙、杨明《论萧纲的文学思想》,《文学评论》1991年第2期。

会得物之妙理,达到曲写纤毫与自然若不思而得的统一。这种思想的基础是晋宋以来的玄学自然观,而核心则在寻求一种当时已认识到的"诗赋欲丽"之本质与传统的以充实为自然的至高原则相统一的境界。这也就是一些过去从未出现过的文论概念如情采、隐秀、物色等等出现的背景。小谢体正是这一时代思潮的结晶。对于小谢体特征的描绘,日人兴膳宏先生《谢朓诗的抒情》一文最为出色,试引如下:

> 可以说谢朓经常巧妙地运用的手法是:通过摄影机,宏观绵亘于远方的自然景色,然后通过可变焦距镜头撷取其中一点进行拍摄,而且这还不仅仅用于收缩空间,诗人往往把感情集中在时间长河的某一点上,然后尽量进行收敛。
>
> 谢朓咏自然诗的另一个特征是善于把自己移入景中……自然便带有心理状态之趣而出现在我们眼前……谢朓是一位对物色之动异常敏感的诗人,因此能通过山林皋壤的千姿百态把心情的变化微妙地表现出来……谢朓由于深入自然的怀抱,因此经常在其间发现和追求某种无限的意义,这不是强烈地向外扩展的离心力,而是集中在一点上的向心力[1]。

以上论述除以"将对自然的憧憬"与"将自己投入自然"作为大小谢诗的区判一点颇可商榷外,其他可称允当,而尤以指出小谢诗渐次收敛于一点,以诗人对物色特有的敏感曲尽纤毫,写景传神,最是慧眼独具。

上述齐梁间诗歌审美观的走向与小谢体情绪与物色兼美的特质与前引元兢序"以情绪为先,直置为本,以物色留后,绮错为末(注意末是本末之末,连上下文观之,是崇本举末),助之以质气,润之以流华,穷之以形似,开之以振跃,或事理俱惬,词调双举"之总

---

〔1〕 兴膳宏《谢朓诗的抒情》,见其《六朝文学论稿》,彭恩华译,岳麓书社1986年版,第85—87页。

纲,合若符契。足证对小谢体的奥窔,至龙朔初已有充分认识,为前此唐人著作中所未曾见。唐人论诗,开天之前,或尽诋汉魏后诗,或上溯而至陆机、张协、大谢,齐梁以后无论。唯此序盛赞小谢且有相当理性之审视,从中便不难窥见上官体在龙朔前后的产生与小谢体被重视的同步形态与相互作用。这种现象之出现实与高宗朝之与太宗朝文化氛围的微妙转换及中朝诗不同走向之消长有关,下章试析后一点。

二、唐初中朝诗的根本问题与诗坛的不同走向

唐初中朝诗坛面临的根本问题,其实并非为质与文,明道与六朝声辞的对立;而恰恰是如何南北融合,更好地吸取六朝声辞之美,来表现李唐新朝气象的问题。是使原为轻艳、纤弱之体服务的六朝声辞转换到用以表现雅正恢弘气象的轨道上来,[1]在这方面,八代诗的任何一种体式,都难以与之完全适应。不唯宫体之轻艳冶丽、大谢体之郁怒逸荡、陶体之清淡萧散与之格格不入,即使建安体太冲体的遒健劲朴,于皇唐气象而言也显得过于质素。至于小谢体,清秀便美,固其所长,然事物有一得便有一失,它消削了大谢体之繁芜,但也失去了谢客诗开阔恢弘的气势,因而于唐初气象来讲,便显得过于纤弱。因此唐初君臣南北诗风融合的尝试,便因特定的需要,而未有某种可以现成取效的体式,所以大都只能是一种初步的结合。加以掌文柄者大多为儒学之臣,因此其眼光主要在为颂功纪德的需要而较表面地配合六朝声辞,其对八代诗各

---

〔1〕 参见拙著《开元十五年前后》,《中国文化》第二辑,香港中华书局 1990年版。

家中发兴、体察、取势、布局、具象等精微之处，就难能有较深入的研讨。就企图以皇唐气象来扭转齐梁以降包括小谢体的较秀弱的体格来说，唐初宫廷诗不失为一种进步，而就诗艺之全局而言，则毋宁说更多退步。除少数特富诗人气质者外，总体而言，就声律而言，多延续齐梁以后成就，遂产生了唐初诗非古非律的局面；就藻辞而言，也沿用拾掇为多，往往与所拟表现的气调不融；就布局言，往往沿袭建安以降事因、铺展、抒情的三段式而对大谢体的成就，少有深究；就气格而言，则更多是向建安晋宋间诗的并不高明、仅得形似的复归。《旧唐书·文苑传序》颇能说明问题。序先以孔子作经，"实以淳朴之时伤质，民俗之语不经，故饰以文言，考之弦诵，然后致远不泥，永代作程"为例，说明"是古非今，未为通论"。继云：

> 近代唯沈隐侯斟酌二南，剖陈三变，摅云、渊之抑郁，振潘、陆之风徽，俾律吕和谐、宫商辑洽，不独子建总建安之霸，客儿擅江左之雄。爰及我朝，挺生贤俊。文皇帝解戎衣而开学校，饰贲帛而礼儒生。门罗吐凤之才，人擅握蛇之价。靡不发言为论，下笔成文，足以纬俗经邦，岂止雕章缛句。韵谐金奏，词炳丹青。[1]

从"爰及我朝"语可知这段话当是援引唐代史官旧文。其中心是要求诗歌内容从属于诗教，有经邦纬国之效，而形式则不能是古非今，要当折中于上古之质素与梁陈后之绮丽，以达"韵谐金奏，词炳丹青"的境地。于是其眼光只有瞄准建安以降，尤其是潘陆、谢客为代表的晋宋间诗的气调，而小谢、阴、何以降的进步因素，反因各朝沉溺声色，短命而亡的"殷鉴不远"，而被忽视了。

诗歌的声辞作为肌肤，本与体势气格有密切联系，相互适应，

〔1〕《旧唐书·文苑传序》，中华书局1987年版，第4982页。

当唐初君臣大多不能深究体势而企图取法六朝声辞以表现新的气象之时,南北诗风融合之合而不融的弊端便是不可避免的了。太宗朝中朝诗风实可分为三类。一是魏徵等为礼乐需要所作的歌辞,法《诗经》而踵步增华,假古董味道尤浓。其二是太宗大部分诗作生吞活剥,合而未融的倾向,这一倾向更为许敬宗、李义府等人发展到板滞生涩的地步。三是虞世南、李百药、杨师道为代表的,初见融合之功的作品。前二类可称文皇与儒臣型作品,后一类则可称文人型作品。假古董式的礼乐类作品于唐以后诗风几无影响,可存而不论。这里先看第二类。如太宗的《咏风》:

> 萧条起关塞,摇飏下蓬瀛。拂林花乱彩,响谷鸟分声。披云罗影散,泛水织文生。劳歌大风曲,威加四海清。

此诗显然取效刘邦《大风歌》,以汉高自拟,起结四句不失质直劲健,而中间二联却不伦不类地拟法齐梁后咏物诗体格,不唯掇拾陈词以成联,纤弱不振,而且句法类同,了无生气。一加一的结果非但不大于二,而且更小于原来两个一了。作为宏才大略的君主,太宗意气所至也曾作有若干好诗,如《经破薛举战地》,但即使在这类佳作中也仍有明显的合而未融之弊,限于篇幅不能详论,读者不妨取此诗诵之,至"浪霞穿水净,峰雾抱莲昏"一联,其合而未融之病不难自明。

应当说,许敬宗诗遣词运句的技巧较太宗来得熟练,他的存诗中倒不常有太宗《咏风》这样的明显拼合之作,但既无太宗之气魄,也无天才诗人的创造力,便只能一味于掇拾成词,连缀常典、经语方面用功,形成肤廓板滞,以至生涩累重的格调,其《奉和经破薛举战地》诗,就比太宗原唱蹩脚得多,诗云:

> 混元分大象,长策挫修鲸。于斯建宸极,由此创鸿名。一戎乾宇泰,千祀德流清。垂衣凝庶绩,端拱铸群生。复整瑶池驾,还临官渡营。周游寻曩迹,旷望动天情。帷宫面丹浦,帐

殿瞩宛城。庤场栖九穗，前歌被六英。战地甘泉涌，阵处景云
生。普天沾凯泽，相携欣颂平。

全诗均以陈词经语敷衍成文，"于斯""由此""垂衣""端拱""帷
宫""帐殿""战地""阵处"各联均合掌。初看诚然工稳，细味几同嚼
蜡，可以放在任何开国君主的旧战地而无可无不可。《全唐诗》录
许氏二十七诗大抵同此诗。太宗朝南北诗风融合的尝试在以上两
个系列中可以说失败了。然而在虞世南、李百药、杨师道一系中却
取得了可喜的成就。

虞世南虽亦多奉和应制之作，但不同于许敬宗之堆砌陈词经
语典实，而每能于实际中深于体察，自铸新词以状即目，在纯熟的
诗歌技巧中表现出一种纡远正大的气象与娴雅明丽的艺术个性
来。其《侍宴应诏赋韵得前字》诗云：

> 芬芳禁林晚，容与桂舟前。横空一鸟渡，照水百花燃。绿
> 野明斜日，青山淡晚烟。滥陪终宴赏，握管类窥天。

无可否认，此诗起结为应制诗俗套，这是狭窄的定向化的创作
环境下难以避免的弱点，然而中二联的构图却突破了狭隘的外壳，
表现出谙熟六朝诗艺的诗人之艺术个性来。二联近景，以鸟横长
空，山映百花的高下位置与"一""百"的单复变化，表现出一片生
气；三联远景，则以绿野斜日、青山晚烟的明暗变化展开了富于意
蕴的宽远背影，"明"与"淡"的光影对比，更含思婉转。二联既构成
有机的联系，相互移易不得，又见出总领全诗的"容与"闲豫的意态
来，使此二字也与一般之虚设不同。不难看出虞氏颇得二谢尤其
是小谢以下六朝佳篇的要髓。

不以模拟为能事的诗人必有彼此不同的艺术个性。兼为政治
家的李百药较之文士班首的虞世南来，虽雅丽秀朗相类，而沉厚中
有飞动之气，则又不同于世南之以豫怡优雅见长，《谭宾录》称其
"藻思沉郁"，得之。如其《奉和初春出游应令》，诗云：

鸣筇出望苑,飞盖下芝田。水光浮落照,霞彩淡轻烟。柳色迎三月,梅花隔二年。日斜归骑动,余兴满山川。

发唱警挺,得小谢体之长,而落句含思,却无小谢"落句每踬"之弊。中二联明丽而有跳荡之致。颈联尤佳,"柳色迎三月"点明时令为二三月之交,梅花隔二年,则反挑上句,借梅花隔年而香,补出冬去春来之意,扩大了时间内涵。灵动的对法,既承首联而来,又使尾联之余兴有回肠荡气之致。全诗虽不能完全摆脱宫廷诗事因、写景、抒情三步式的布局,但意脉自然,俊爽明快是学小谢体而能略形得神者,虽与虞世南上诗题材相近,气度却自异。

初非干才又以亡隋宗室入唐的杨师道,心灵深处自与新朝有一定距离,《旧唐书》本传称其"性周慎谨密,未尝漏泄内事。亲友或问禁中之言,乃更对以他语"[1]。其《应诏咏巢鸟诗》云:

……背风藏密叶,向日逐疏枝。仰德还能哺,依仁遂可窥。惊鸣雕辇侧,王吉自相知。

借栖托禁林的巢鸟自比,正是自己身份与危殆心态的写照。较之虞世南(作于隋时)的《蝉》诗(垂绥饮清露)之自得雍容,固已不同,如与幼病体弱却奇倔多气的李百药《蝉》诗(清心自饮露,哀响乍吟风。未上华冠侧,先惊翳叶中)的凄激而有远志对较,则更见三家咏物虽同而身份自异,个性鲜明。杨师道虽常怀凛冽之心,但太宗颇礼遇之,"见师道所制,必吟讽嗟赏之",拜官至中书令并尚以桂阳公主,故师道诗又由谨慎而专志于闲适,其笔下景观便别具一种复杂的意趣。"雁声风处断,树影月中寒。爽气长空净,高吟觉思宽"(《初秋夜坐应诏》);"日落横峰影,云归起夕凉。雕轩动流吹,羽盖息回塘"(《奉和夏日晚景应诏》):均于秀丽中见闲淡之韵,不唯与百药之俊爽飞动不类,且与世南之闲雅豫怡,宽裕蕴藉

<hr />

[1]《旧唐书·杨恭仁附杨师道传》,第2383页。

有异。

虞、李、杨三家诗中又各有工于用典之作,但亦与许敬宗之肤廓不同,因篇幅关系,不再例举,读者不妨取虞世南之《赋得吴都》与李百药之《赋得魏都》对读,便可见不仅各切其题且可见不同气质个性,与二家咏蝉诗之区别略同。总之,三家诗秀朗而个性各异的成就已初步表现出与许敬宗等不同的创作方向,他们既学习小谢体的技法,而格局气调又均比小谢来得宽远,显示了唐初融铸六朝声辞以表现皇唐气象的初步业绩。上官体正是在这种诗史演进趋势中,在高宗朝对于太宗朝文化氛围的逐渐转变中,以其独特的诗人气质,集前辈之长却避其所短而终于形成的。

三、高宗朝文化氛围的转化及"绮错婉媚"辨

《旧唐书·儒学传》称:

> 高宗嗣位,政教渐衰,薄于儒术,尤重文史。于是醇醲日去,华竞日彰,犹火销膏而莫之觉也。及则天称制……至于博士、助教,唯有学官之名,多非儒雅之实。[1]

这段论述虽从正统儒学的立场出发对儒雅向文采的转化不无叹息,然而其指出起于则天称制后的儒学化向文学化的转变,在高宗朝已显露端倪,却是不争的事实。

这一由儒向文的转变,首先是与太宗旧臣尤其是儒学之臣的相继凋谢有关的,至贞观末年,大儒如高士廉、颜师古、姚思廉、孔颖达、陆德明、盖文达均已不存,经学化的名臣如魏徵、褚亮、房玄

─────────

[1]《旧唐书·儒学传》,第4942页。

龄、杜如晦等亦已谢世。诗教说的主要鼓吹者十不存一,贞观学士以诗名者至高宗朝尚健在的主要就是许敬宗、李义府与后起之秀的上官仪。与此同时,大规模的制礼作乐在《唐律疏议》于永徽初完成后已近尾声,而类书、总集的编纂、整理却在蓬勃发展,举其大者,仅龙朔前后就有许敬宗等修《文馆词林》一千卷(显庆二年,657)、李善上《文选注》六十卷(三年,658)、许敬宗上《累璧》六百三十卷(龙朔元年,661)、皇太子李弘进《瑶山玉彩》五百卷,等等。大规模的类书与总集编纂整理,其意义有正负两个方面。它们在一味模仿的诗人手中,不过是增加了补苴牵衲的资料,鼓励其往堆累的方向发展;而在创造性的诗人手中便可成为研究前人创作经验的资料,促使诗艺向精微发展。这两种情况在高宗朝都是存在的。

许敬宗、李义府的诗风至高宗朝一无进展,如许氏《奉和喜雪应制》诗,堆砌有关雪的华藻与典实,较前引太宗朝诗,更觉雕缋满目而难以卒读。由于许氏在高宗朝权倾一时,其风格颇具影响,不仅有附入朝士诸作的《翰林学士集》,盛称一时,且影响于中下层官吏及文士。即四杰中,如骆宾王及卢照邻的某些五言诗,尤其是长篇,往往艰涩滞重,大类许氏。

上官仪则代表着后一倾向,早在太宗朝时,他在弘文馆、秘书省任职时,即与虞世南等交往,因此而成为虞、李、杨一系诗风在高宗朝最自然不过的承继者。唯有在上述文化及诗坛背景中,方能对上官体作出历史的评价。

上官仪并不满足于掇拾类书的陈辞旧藻,他可以说是唐代第一个重视诗艺研究的诗人。上官仪有题为《笔札华梁》的诗学著作,据台湾王梦鸥教授考证,见存于《吟窗杂录》中的《魏文帝诗格》疑即此书,而《文镜秘府论》所引"笔札",也应即指此。[1] 诗格类

---

[1] 王梦鸥《古典文学论新探》所收《有关唐代新体诗成立的两种残书》一节,台北正中书局 1984 年版,第 243—244 页。

著作为今人诟病甚烈，因此至今未引起研究者的重视。而笔者则越来越感到，要想将唐诗研究推向深入，必须重视这部分著作。道理很简单，其一，虽然成熟后的诗人必不按图索骥，但唐人学诗却多从此类著作中入门，因此后人在研究中就不能因其难读而简单摒斥。其二，诗格类著作讲述的其实是诗歌的语言结构，从结构主义语言学的观念来看，语言本身集音形义于一身，有着自足性。语言的结构问题，诗歌语言不同于日常语言的特殊结构研究，是诗学的中心问题。这种观念是否全然合理，可以讨论，但不从诗人语言结构的特殊性去研究甲乙异同，诗歌研究必然浮泛，在我看来是可以肯定的。这是题外话，姑识于此。

上官仪《笔札华梁》的本来面貌如何虽尚待证实，但有些片断却可信为真实无疑的，首先是《诗人玉屑》所记其六种对、八种对之说，从这零星资料来看，他对前人所论已有所推进。王梦鸥教授论云：

> 如果要说他对于"丽辞"的构造有什么创见，应该是他不专在一些"正对""反对""事对""言对"等笼统的语式上用功，而更进一层着眼于构成各种偶句的每一个字的音和义的对称的效果，并即根据那不同的效果来区分各种偶句的形式……上官仪之偶句分类法，却具有相当的启发作用。因为继他而起的，如元兢（按：有《诗脑髓》）、崔融（按：有《唐朝新定诗体》）都依循这同一的方法在前人作品中找出了更多的偶句形式。[1]

这里所云上官仪由音义之对称效果来区分偶句形式，相当精辟。从六对与八对中可以看出上官仪由对汉语音义的敏锐感受出发，扩大了六朝以来偶对理论的内涵，他的着眼点已从一般的词性

---

〔1〕　王梦鸥《古典文学论新探》所收《有关唐代新体诗成立的两种残书》一节，台北正中书局 1984 年版，第 243—244 页。

字音研究,扩展到联句的整体意象的配置。其中八对从第五以下四种:联绵、双拟、回文、隔句尤可注意,其诗意都一贯而下,如联绵对例"残河若带,初月如眉",与后来所谓流水对颇相近,上下句意象密不可分。隔句对例:"相思复相忆,夜夜泪沾衣;空叹复空泣,朝朝君未归。"四句自成一管,都有利于突破对法工严而造成的板滞之感。又四对中除联绵外,所举诗例均为吴歌西曲体,或文人拟作,则又见上官仪无论自觉与否,已在运用民歌清丽婉转的特点纠当时生涩滞重之风。

六对、八对之外,《文镜秘府论》所录"六志",下注《笔札》同,也可确信为《笔札华梁》原文。六志为直言志、比附志、寄怀志、起赋志、贬毁志、赞誉志,均为写情言志的手段。试举比附志为例:

> 比附志者,谓论体写状,寄物方形,意托斯间,流言彼处。即假作《赠别》诗云:"离情弦上急,别曲雁边嘶。低云百种郁,垂露几行啼。"
>
> 释曰:无方叙意,寄急状于弦中;有意论情,附嘶声于雁侧,上见低云之郁,托愁气以合词;下瞩垂露悬珠,寄啼行而奋笔……传形在去,类体在来,意涉斯言,方称比附。[1]

显然,上官仪所云比附已从刘勰之"比者,附也,……附理者切类以指事"进展为善状物色,体貌写形,寄意言外的新境界。以上官仪论对与论志合看,可以认为他并非一味于语言技巧下功夫,而颇专注于通过技法的改进更好地表情达意。因此在他为数不多的存诗中,可以见到不少通过精妙的对法以传神达意的好例。如《酬薛舍人万年宫晚景寓直怀友》起四句云:

> 奕奕九成台,窈窕绝尘埃。苍苍万年树,玲珑下冥雾。

这是隔句对参用双声、叠韵与连珠(叠词)对的好例。四句一

---

〔1〕《文镜秘府论校注》,中国社会科学出版社1983年版,第171页。

管,描画了万年宫黄昏清肃而又缈远的境象。九成台的高耸绝尘与万年宫树的连绵远去,借着昏雾的掩映,构图本已不俗,而"奕奕"与"苍苍"、"窈窕"与"玲珑"四句又构成了抑扬起伏而连绵不绝的音乐形象,似乎是电影中,黄昏宫禁画面外配上的一曲清幽悠扬的古乐曲。这幅音像俱茂的图景自然起笔就为"寓直怀友"的主题渲染了气氛。

《谢都督挽歌》的起四句云:

> 漠漠佳城幽,苍苍松槚暮。鲁幕飘欲卷,宛驷悲还顾。

这是连珠对与联绵对配合。不难看出,在渲染哀挽气氛上做得相当成功。

初唐诗沿梁陈之习,对句极密,往往通首比对,对法范围的扩大与形式的多变,无疑对全诗的流转婉畅大有助益,这是上官体"绮错婉媚"体格的重要因素。至此,我们可以进而对这一被论者诟病已久的四字考语作一重新认识了。"绮错婉媚"一贯被理解为镂金错彩,软媚无骨之意:这其实是未明"婉媚"二字之义所致。今以元兢序有关内容,结合其他资料试论之。元兢序有云:

> 至如王中书"霜气下孟津"及"游禽暮知返",前篇则使气飞动,后篇则缘情婉密,可谓五言之警策,六义之眉首。[1]

《文镜秘府论·调声》引王昌龄《诗格》云:

> 语不用合帖(任学良注:谓须开展也),须直道天真,婉媚为上(任学良注:语贵自然,婉而成章,乃云妙也)。[2]

又《文心雕龙·比兴》:

> 观夫兴之托喻,婉而成章,称名也小,取类也大。

---

〔1〕《中国历代文论选》第一册,第322页。
〔2〕《文镜秘府论校注》,第36页。

《物色篇》：

> 写气图貌，既随物以婉转，属采附声，亦与心而徘徊……吟咏所发，志惟深远，体物为妙，功在密附。

《明诗篇》：

> 婉转附物，怊怅切情。

按元兢以"缘情婉密"与"使气飞动"对举，可见二者体格虽不同，但有同等的存在价值。婉密与缘情相关，便可为"六义之眉首"者。"六义之眉首"颇费解，就词论词，当为六义之有眉有首者，亦即形象化的六义，又颇疑"首"为"美"之讹误，眉美即媚美，眉媚通。无论如何，其意为美文化的六义当不至有误。这里婉密与眉首（或媚美）相对，与昌龄既云"直道天真"，又云"婉媚为上"，其义正同，直道天真并非一味质素，冲口而出，天真是真情真景之谓，诗能写真情景，而以婉媚出之为上品。

又"婉密"一语与刘勰所论"婉而成章"，"随物以婉转"，"婉转附物"，"体物为妙，功在密附"比参，可知婉密即婉转附物而密合无间之意，附物当有主体，这主体便是情。所以称"缘情婉密"，情婉转以缘附于物而能密合无间，这样的作品便为"六义之眉首"者也。因此上官体"绮错婉媚"之义，应当是：绮错成文而能缘情婉密而得天真媚美之致（天真如前云非一味素朴，而是不假故实直寻即目之意）。这正与元兢序总纲"以情绪为先，直置为本，以物色留后，绮错为末"合若符契。也与前举上官仪六志之比附志所述相呼应。于是不难明白元兢何以以上官仪为小谢体之殿军了。

元兢序又在批评褚亮辑小谢诗取舍不当时云"褚公，文章之士也，虽未连衡两谢（大、小谢），实所结驷二虞（世基、世南）"。可见他以虞世南兄弟为小谢延脉，而又以上官仪为殿军，正勾出小谢体在初唐前朝之传承轨迹，下面我们就以上官仪贞观前后的诗作分析来进一步论证这一关系。

四、上官体的新进境

> 步辇出披香,清歌临太液。晓树流莺满,春堤芳草积。风光翻露文,雪华上空碧。花蝶来未已,山光暖将夕。

这首《早春桂林殿应制》有陈叔达同题作。叔达卒于贞观九年,则知上官仪此诗亦贞观前期所作。此诗有明显的六朝锦色,但淹雅舒徐的气质则颇近虞世南。"风光""雪华"一联传为名句,表现出诗人特有的细致观察力与善于营构虚实相间的诗境的技能。露珠在风光中闪耀,着以"翻"字便化静为动;"雪华"由空中而降,着以"上"字,是视觉的心理"错乱"。这样,灵动明秀的风物之中就透现出贞观朝臣开朗向上的心怀。又可注意者是尾联,它摆脱了当时应制的惯例化的抒情颂圣结法,仍以景物出之,暖暖岚光中的几羽彩蝶,似乎蕴含着诗人对美好前景的祝愿。可见上官仪贞观前期诗就已表现出与许敬宗等堆垛习惯相反的倾向,而与虞、李、杨相接近。也正因此,他成了继虞世南后太宗的又一位诗学老师。

贞观十九年太宗征辽,有《辽东山夜临秋》诗,上官仪和之,《初学记》录太宗四句,上官八句,以为楷式。全诗过长(太宗诗又与左思诗混接),兹录《初学记》所引者。

> 烟生遥岸隐,月落半崖阴。连山惊鸟乱,隔岫断猿吟。
>
> （太宗）

> 殿帐清炎气,辇道含秋阴。凄风移汉筑,流水入虞琴。云飞送断雁,月上净疏林。滴沥露枝响,空濛烟壑深。
>
> （上官仪）

从景物可知均拂晓时作。太宗前二句写落月烟生,半明半晦景象,上句尚可,下句拙甚,且下三字合掌。后二句写山声之凄清,但"惊鸟乱","断猿吟",只是写出了实景,却嘈杂不融,可见太宗在极力效法六朝以来用声光影色来构成诗境的笔法,虽较前期作品有所进步,但仍颇稚嫩。上官仪八句则不然。一、二句写夜风驱炎,秋阴薄薄,三、四"凄风""流水",伸足"秋阴","移汉筑""入虞琴",分用汉高祖击筑歌《大风》与虞舜操琴歌《南风》之典,既承上"殿帐""辇道"切帝王身份而含"临秋"之意,又分颂太宗武功威边而文德在先。这一联融典故于即目之景,联绵而下,流动浑成,由风声水音复蕴蘖出五、六清迥景象:淡云夜空,雁阵横断;月上疏林,净明空彻。这景象虽不无征人"凄"意的渗入,却似乎更在启人远思。于是诗人久久聆听着白露滴枝点点"滴沥"之声,由沉思中举目远眺,唯见四野辽东的深山大壑,一片"空濛"……这深远杳邈的境界,借着叠韵对"滴沥"至"空濛",声调上的由敛而放的变化,更显得深沉空旷。

以此诗与前引《早春桂林殿应制》较读,可见上官仪至贞观后期已能进一步洗削六朝锦色,而更着重于意境的提炼;八句中后三联构成了辽东山夜具体而富于层次感的夜景。每一联景象中都含有前后相联系的意蕴,而成为意脉。其中"云飞""月上"一联是最用力处,也是前后二联意蕴转换的中枢。这种组织多重景物,既意脉潜通,又集笔力于一点的写法,正是小谢体的精髓所在。因而此诗虽笔法精细却浑成有含,在清迥的景象中透现出一段宽远而深沉的意度来。既与太宗《过破薛举战地》之以直抒胸臆为主(景语未融见前论)不同,又较小谢诗来得骨力稍雄。

《入朝洛堤步月》从诗题可知为657年定洛阳为东都后作。

> 脉脉广川流,驱马历长洲。鹊飞山月曙,蝉噪野风秋。

早朝之前,诗人按辔于洛水长堤上。起笔未用月字,却先见月色。"脉脉"形容洛水续续不断而寂寂无声,唯有粼粼波光,在朦胧中闪烁延伸。晨气中,水面似乎分外地宽"广",河堤也似乎分外绵"长"。"脉脉""广""长"三词,既写出了拂晓特有的朦胧感、景深感,也隐隐得见诗人恬静而宽远的心境。时光渐逝,晓月堕西,远影忡忡的伊阙山头,曙光唤起了山林中第一群鸟鹊,平野上吹过秋日又一个黎明的凉风,送来了秋蝉在新的一天里的第一阵鸣唱。这景象依然宽远,但朦胧渐去,晨的清新,晨的活力在前夜的静谧中蕴生了,而读者也似乎能体味到经拂晓清气洗涤的诗人,由恬适中油然而起的迎接新一天朝务的清朗明远的心境。《隋唐嘉话》记:"高宗承贞观之后,天下无事,上官侍郎仪独持国政,尝凌晨入朝,巡洛水堤,步月徐辔,咏诗云:'脉脉……'音韵清亮,群公望之,犹神仙焉。"[1]确实,在将李唐王朝初期朝臣朗远的心态、淹雅的风神艺术化地表现出来这一点上,不能不推上官此诗为第一。

综上可见,在唐初南北诗风融合的大潮流(共识)中,实存在有这样的异识:一种是简单地掇拾六朝声辞与新朝气象调合;另一种则是逐步深入六朝诗,尤其是小谢体的精髓,在"缘情婉密",以心志融铸物色,从总体上构成情隐其中,秀发于外的诗歌境界上下功夫,以此为本,对六朝声辞作洗汰取舍,并进而自铸新词,自成体段。前者的结果是一加一往往小于二甚至小于各一,而后者方能一融一大于二。上官仪与虞世南、李百药、杨师道同时而稍后,代表了后一种方向,并继三家之努力,于贞观末至高宗时期在理论与创作实际中都作出了重大的开拓,从而完成了使南北诗风合而能融,以表现李唐新气象的历史承担。尽管由于宫廷狭隘范围的制约,他的诗作缺少四杰以降中下层诗人的雄杰之气;但如果要求上官仪也作不平鸣,岂非让他无病呻吟? 也正因此,尽管四杰从其寒士立场非难包括上官体为代表的龙朔诗风——这种非难有合理性,也有片面性——但初唐中朝诗,却仍是沿着上官仪所代表的方

〔1〕《隋唐嘉话》,程毅中点校本,中华书局1979年版。

向在发展。

五、从上官仪到上官婉儿——上官体的影响

上官体对后来四友、沈宋等一脉的影响,不烦详论,仅从其孙女上官婉儿的地位即可看出。

因曾为高宗草废武后诏,上官仪终于麟德初为武后诛杀,但诗人个体的消灭,并不妨其经验的传承——只要这经验是符合诗史前进趋势的。婉儿年方十四即为武后宠幸而掌诏命,复为中宗昭仪,是中宗一朝之诗坛权衡。婉儿诗风清丽,大得乃祖嫡传而因女性气质稍复娴雅。如《游长宁公主流杯池》二十五首之十四云"攀藤招逸客,偃桂协幽情。水中看树影,风里听松声",直寻自然,含兴景色之中,正从乃祖《入朝洛堤步月》一路而来。这种趣尚,正是传为诗坛佳话的沈宋高下故事的底蕴。婉儿论沈宋《奉和昆明池应制》诗云:沈诗结句"微臣雕朽质,羞睹豫章材",盖词气已竭;宋诗云:"不愁明月尽,自有夜珠来",犹涉健举,时以为确论。此评含义仍当从宋诗全篇组织中悟解。诗云:

> 春豫灵池会,沧波帐殿开。舟凌石鲸度,槎拂斗牛回。节晦蓂全落,春迟柳暗催。象溟看浴景,烧劫辨沉灰。镐饮周文乐,汾歌汉武才。不愁明月尽,自有夜珠来。

昆明池乃汉武为征南粤操练水师所凿。全诗紧扣这一历史背景,一笔写两面,深切奉和应制之体而得不即不离之妙。每二联为一层,凡三层意。各层中"春""节晦""明月尽""夜珠来",递进以分点节令为春季、晦日,并隐含晦后新月更始之意,此为实赋中宗晦日游池。首层又隐含汉武凿昆明、造楼船、建石鲸、立甲帐诸事;二

层则含汉武开池见劫灰与东方朔对答之事;诗势至此,由扬而抑,已颇能婉转,然而三层又巧含汉武曾救一大鱼,后于昆明池得大鱼所赠夜光珠一对事,并暗用"夜光谓之月"之典,微见晦日后新月自会更生之意。这一层中又关合周王饮群臣于镐京、汉武祭后土横汾歌《秋风》二事,以周衬汉而实写唐,遂含咏游及赋昆明两线于一,以颂中宗承周汉贤君之文治武功,故能于武周"劫灰"中再兴大唐,如新月之中天。唯其有"镐饮"二句之开宕振拔,才使"夜光"之典境界一新,有健举恢朗之不尽余意。全诗之颂圣主旨虽无多可取,但用事使典之浑成,结构组织之精严,寄意象中之蕴藉,均与前举上官仪《辽东山夜临秋》一脉相承,而结句之摆落俗套,秀朗远扬又分明由前举李百药《奉和初春出游应令》、上官仪《早春桂林殿应制》等诗开其先河。值得一提的是上官仪存诗虽不多,但结句佳者正复不少。长篇如《酬薛舍人万年宫晚景寓直怀友》之"别有青山路,策杖访王孙";《奉和秋日即目应制》之"归路乘明月,千门开未央";《安德山池宴集》之"方惜流筋满,夕鸟已城闉"都是好例。可以认为在突破唐初结句直接抒情的呆板格局中,他已作了有意识的努力。这种结式,后为王昌龄《诗格·十七势》总结为"含思落句势"[1]。而婉儿高下沈宋诗尤重落句,正有以见上官体的艺术技巧经婉儿一代诗人,对盛唐人的影响。

应当承认,上官祖孙有少数作品不能免俗,靡丽空泛,这是宫廷文学侍从难以完全避免的。但其精华正由凡俗中蜕出,而这精华部分正显示了唐音由取法六朝而终于自成高唱的艰难的第一步。上官体之精微处由掌中宗一朝文衡的婉儿而继续得到发展,沈宋之属后来居上,经张说、张九龄而影响于王湾、卢象以至王维一脉,更下开大历诗风。这一系,直到晚唐都是唐诗发展史上的雅体。虽然,盛唐之后,中下层诗人崛起,纯粹的雅体成就相应不彰,

---

〔1〕《文镜秘府论校注》,第 129 页。

雅体诗人唯有在吸取在野诗人的成就加以融合时才能卓然名家（如王维），但同样的，中下层文人包括在野诗人，如果拒绝雅体的经验，尤其是他们自觉运用诗歌语言结构，营构兴隐象中的诗境方面的经验，那么至多成为《箧中集》作者那样的一偏之才。雅野二体的交互影响以种种不同的形态出现，在唐诗发展史中始终存在，对唐诗的演进有着不可低估的作用。正是在这个意义上，笔者以为如果没有上官体及其后进的努力，那么盛唐诗至多也只能是对汉魏诗的简单回归。

（本文原载于《文学史》1994年第1辑）

开元十五年前后

—— 论盛唐诗的形成与分期

　　古典诗国中被耕耘得最为细密的土地，无疑当是盛唐诗。然而盛唐之音究竟形成于何时，又何以形成于此时而非其他时期，它的底蕴是什么，它的传承、分期又如何，这些问题似尚未见有较深入的探讨。殷璠《河岳英灵集》叙论云："武德初，微波尚在；贞观末，标格渐高；景云中，颇通远调；开元十五年后，声律风骨始备矣。"这段话虽为研究者所广泛引用，然却未充分重视其中几个时间标示。今按初唐暂不详论，所云"开元十五年"前后，确是盛唐之音形成的关键时刻。这是唐代诗人结构转变的重要时期，是玄宗朝社会文化风尚转变的微妙时期，微妙的时代对新的诗人群体的心理素质产生了微妙的影响，他们以新的气质对唐诗的演进作出了必然是这样的，而非其他的抉择与推动。盛唐之音的形成是诗史、时代与诗人素质三者的泊然凑合，是特定的文化背景的产物。只有弄清这些问题，方能对盛唐之音的素质传承及分期有新的认识。

一、开元十五年前后诗人结构的新转变

　　长安是唐王朝政治、经济、文化艺术的中心，唐诗之趋尚，尤其

在安史之乱"多士奔吴"前,均以长安为转移,各地诗人要想产生影响,都必须先在长安一显身手,尤其是进士得第,往往成为脱颖而出的阶梯。今存唐人各家诗,登第或入长安前留存既少,其行事亦晦,此后则相反,原因即在于此。

开元十五年前后,第一个引人注目的现象是长安诗人群体的新陈代谢。武后中宗时期,作为初唐诗主流的珠英学士、景龙学士两个诗人群,经过李唐武周之争、韦后事件、太平公主事件,至先天年开元初已冰消瓦解。不仅上官仪、上官婉儿祖孙、文章四友、沈宋等名家或赐死,或卒于贬所,即如李适、薛稷、三崔兄弟、郑愔、卢藏用、武平一等二、三流角色,也于开元初,或贬死,或隐遁。硕果仅存,包括蹶而复起者,如李乂、赵彦昭至迟卒于开元四年,马怀素卒于开元六年,苏颋卒于开元十五年。仅张说稍晚至开元十八年卒,而其数贬与屡为方镇的经历,使其诗与诸学士有重大区别,适成为盛、中唐诗风之重要中介(详后)。宫廷诗人外,有实迹者,名家如四杰、陈子昂、刘希夷早卒于开元前,郭元振开元二年因事遭贬不久去世。[1]他们的潜在影响,要迟至开元十五年前后方显示出重要性。

由于景龙学士十不存一,玄宗开元前期学士院颇为凋零,从开元五年(717)玄宗召马怀素领修四部群书,六年置丽正院起,学士院开始复兴,至十三年改为集贤院,才兴旺起来。学士院的重振一方面显示了开元十年之后对文教之事的重视,另一方面,它已不复具有武后、中宗朝时那种领导诗坛的力量。其原因,一方面是时代风气的转变与诗史自身规律之作用(详后),另一方面也由于其间缺乏上官祖孙、四友、沈宋这样地位稳定足以领袖群彦的杰出诗人。马怀素于六年即去世。张说则在开元十三年(725)主集贤院事,至十四年秋为宇文融等挤排,十五年致仕;后虽复起,但十八年

---

〔1〕　以上生卒年均参见《通鉴·唐纪》卷二十三至二十六及两《唐书》各传。

正月即去世。因此张说领袖当时诗坛的作用主要已非经由学士院。马、张之外，开元十五年前丽正院、集贤院学士以能诗名者仅贺知章一人（开元十五年入院），此外，王翰、王湾曾一度任正字、校书等职，较之太宗、高宗、武后、中宗时期学士院诗人群集，持续兴盛达数十年之久的盛况来，丽正院、集贤院就诗歌而言，可谓过后黄花，萧索之甚。

　　然而与学士院诗才凋零情况相反，院外一个新的诗人群体在崛起，中宗、玄宗之交贺知章、包融、张旭、张若虚以吴中四士之目，首先为长安诗坛吹来一阵清风，继而张九龄、王湾、王翰先后由地方步入朝端[1]，开元十年左右以张说为核心，一度活跃于长安诗坛的主要就是这几家。但是虽然佳作时见，毕竟势力单薄，人们习惯以开元天宝为唐诗极盛期，实际上开元之前十年却处于青黄不接颇为寂寥的时期。然而，至开元十五年前后转机终于来临。顾况《监察御史储公集序》：

　　　　开元十四年（726），严黄门（挺之）知考功，以鲁国储公（光羲）进士高第，与崔国辅员外，綦毋潜著作同时。其明年（开元十五年 727），擢第常建少府、王龙标昌龄。此数人，皆当时之秀。

　　又据《登科记考》卷七可知。十四年登第以诗名著称者尚有孙逖、尹畅，十五年制科"高才沉沦草泽自举科及第者"有王维之弟当时诗名颇盛的王缙。稍前登进士及第者，开元十一年有崔颢、刘慎虚，十二年有祖咏及《丹阳集》作者之一丁仙芝，稍后十六年登第有贺兰进明，十八年有殷璠称为"既多兴象，复备风骨"之陶翰，十九年有殷氏称为"骨鲠有气魄"之薛据，二十一年有中唐人以与杜甫并称的卢象，二十三年有名动一时之崔曙。

―――――――――
〔1〕　参见《唐才子传笺证》诸传。

又开元十五年时，九年登第之王维由济州贬所回到长安，与此相先后，孟浩然由鹿门隐所至长安求仕，开始了王孟交游的一段佳话，李颀虽登第稍晚，而从其《寄綦毋三》诗贺綦毋潜授宜寿尉可知，开元十五年前后已厕列举选，活动于二京，初露头角。王泠然开元五年登第后，十一年方授校书郎，王之涣在开元十一年后数年间亦以诗名动长安，以上加上早已成名的在学士院之贺知章、包融、王湾及张九龄、张说，开元十五年前后十数年间，以长安为中心活跃在诗坛的著名诗人达三十名左右。除李白、杜甫、岑参、高适四人外，一般所称盛唐名家均在其列。而四人中，李白开元十五年出蜀，已于十八年初游长安，高适开元十一年初游长安，至迟至开元二十六年作《燕歌行》时诗名已著，均已于十五年前后初露头角。杜甫开元十五年年十六，至十九年开始其壮游；岑参时年十五，至二十二年始献书阙下。盛唐名家，唯此二人在十五年前后稍稚嫩。由此可知，在开元十五年前后十数年中代表长安诗风的，主要是以张说、张九龄、王湾、王翰、贺知章等为前驱，以王维、孟浩然、王昌龄、储光羲、常建、綦毋潜、李颀、王之涣、崔国辅等为杰出代表的三十位左右诗人。试以《河岳英灵集》对照，此集共录二十三家诗，以上三十来人占了十九人。诗人是诗史兴衰的直接承担者，只须从这诗人更迭的情况看，已可以大体划分盛唐诗为三期，第一期为先天年至开元十年前后，为准备期，第二期从以开元十五年前后为中心，约从十年左右至开元二十五年前后为形成期，约于开元末天宝初以李杜高岑之成名为标志至天宝末为第三期，为大盛期。

二、开元十五年前后社会状态的转变

这群新诗人，何以不重步四友、沈宋故辙而自成一代新风呢？

先当从社会状况寻绎。

一般认为盛唐社会状况的转变以开元二十四五年张九龄罢相外放为枢纽。而其实转化的先机起于开元十五年前后十余年间，这十余年是盛唐史中最微妙的时期，也是产生浑成开朗的典型盛唐之音之最合适土壤，可从以下诸方面考察。

首先是侈豪之风的开始萌芽。武后开始至玄宗初年的权力之争所造成的社会创伤，经过十年左右的休养生息，至开元十五年前后已全面复苏，并超过了贞观之治。然而同时，玄宗初政十年中那种较为清淳的风气至此已发生转变。自开元元年纳严挺之谏，中辍大酺后，十年中玄宗颇能自律，二年七月因风俗奢靡，制令销毁珠玉锦绣，罢两京织锦坊。四年纳杨范臣谏拒胡人往南海求珠玉之议，七年恶卫士弃余食于复道，欲加严刑等均是。正如司马光云"明皇之始欲为治，能自刻厉节俭如此"[1]。

未克有终的最初信号是于开元十年后置花鸟使采择天下丽姝入充后宫。[2]开元十三年二月送源光裕等出守，百官"饯于洛滨，供张甚盛"。十一月有东封泰山之举，"数十里中人畜被野，有司辇载供具之物，数百里不绝"，治道供张极盛，唯"怀州刺史王丘，饩牵之外，一无他献，魏州刺史崔沔供张无锦绣"。史臣特标王崔二人，可见侈豪之风已由宫廷广及地方，不循俗者已为罕见。开元十七年，玄宗生日宴百官于花萼楼，定每年"八月五日为千秋节，布于天下，咸令宴乐"[3]，史臣又特为标出之云"圣节锡宴自此始"。至二十三年赦天下，都城酺三日，《明皇杂录》记其盛况云：

> 命三百里县令，刺史率其声乐来赴阙者，或谓令较其胜负而赏罚焉。时河内郡守令乐工数百人于车上，皆衣以锦绣，伏

〔1〕《通鉴·唐纪》卷二十七。
〔2〕《旧唐书·吕向传》。
〔3〕《通鉴·唐纪》卷二十九。

厢之牛,蒙以虎皮,及为犀象形状……每赐宴设酺会,则上御勤政楼。金吾及四军兵士未明陈仗,盛列旗帜,皆被黄金甲,衣短后绣袍,太常陈乐,卫尉张幕后,击雷鼓为《破阵乐》《太平乐》《上元乐》。工引大象犀牛入场,或拜舞,动中音律,每正月望夜,又御勤政楼,观作乐。贵臣戚里官设看楼,夜阑,即遣宫女于楼前歌舞以娱之。

这些发生在开元十五年前后十数年的事,与开元十年前的绝珠玉锦绣、惩丢弃余食之举适成鲜明对照。

宫廷官场侈豪之风,很快波于民间。《开元天宝遗事·开元》"鹦鹉告事"条:"长安城中有豪民杨崇义者,家富数世,服玩之属,僭于王公。"又"豪友"条:"长安富民王元宝、杨崇义、郭万金等,国中巨豪也,各以延纳四方多士,竞于供送,朝之名僚,往往出于门下,每科场,文士集于数家,时人目之为豪友。"后条尤可注意,说明寒俊之士与富民之交往,及时人以侈荡为豪举之观念。

与经济生活中这种极盛而侈的情况相应,军事上亦因极盛而启开边之渐。两唐书与《通鉴》备载开元十五至二十五年间唐朝对周边各族的军事政治胜利。其中尤为重要者,十四年置黑水都护府,屡败奚、契丹,至二十年以幽州节度使兼河北采访制置使,领卫相等十六州及安东都护府。屡败吐蕃,至十七年拔石堡城,立振武军;十三年大败漠州蛮,十七年又大破西南蛮,为稍后二十六年南诏内附创造了条件。这些胜利实为天宝元年十节度奠基。胜利的军事形势也使玄宗好大喜功的性格得以膨胀。《通鉴·唐纪》二十九载开元十五年春正月辛丑,玄宗东封回,怒吐蕃辞旨悖慢,有启兵之意,张说疏谏,谓连兵十余年,虽师屡捷,所得不偿所亡,愿听其款服,以纾边人。其议颇确,而玄宗谋之于王君㚟,终于用兵,大肆杀戮,君㚟因封左羽林大将军,拜其父寿为少府监致仕。史臣就此评云"上由是益事边功"。

开元十五年前后,玄宗朝内政亦起了微妙的变化。《通鉴·唐纪》三十于开元二十四年张九龄罢相事后评云:"上即位以来,所用之相,姚崇尚通,宋璟尚法,张嘉贞尚吏,张说尚文,李元纮、杜暹尚俭,韩休、张九龄尚直,各其所长也。九龄既得罪,自是朝廷之士,皆容身保位,无复直言。"其实张九龄罢相只是开元十五年前后一系列事件的高潮。

宦官用事的形成是一方面。玄宗起事时除东宫臣属、中朝大臣外,尤倚北军王毛仲、内官高力士,开元十八年末,力士借毛仲妻产子庆礼过僭事一举倾之,从此独擅。史臣又评云:"自是宦官势益盛,高力士尤为上所宠信,常曰'力士上直,吾寝则安',故力士多留禁中,稀至外第。四方表奏,皆先呈力士,然后奏御。小者力士即决之,势倾内外。"

又任用聚敛之臣亦启端倪。开元九年宇文融上言请括天下逃户,议而未决,此事本有益,然宇文融弄权,亦颇成弊端:"融乘驿周流天下,事无大小,诸州先牒上劝农使,后申中书,省司亦待融指挥,然后处决,时上将大攘四夷,急于用度,州县畏融,多张虚数,凡得客户八十余万,田亦称是。岁终增缗钱数百万,悉进入宫;由是有宠,议者多言烦扰,不利百姓,上亦令集百僚于尚书省议之,公卿已下,畏融恩势,不敢立异。惟户部侍郎杨玚独抗议……未几,玚出为华州刺史。"[1]也就是这位宇文融,与初被重用的李林甫,挟私报复的崔隐甫结党排斥了文臣之首张说。《通鉴·唐纪》二十九:"说有才智而好贿,百官白事有不合者,好面折之,至于斥骂。恶御史中丞宇文融之为人,且患其权重,融所建白,多抑之,中书舍人张九龄言于说曰:'宇文融承恩用事,辩给多权数,不可不备。'说曰:'鼠辈何能为?'"夏四月壬子(崔)隐甫、融及御史中丞李林甫共奏弹说:"引术士占星,徇私僭侈,受纳贿赂。"结果张说被罢中书令,按张说其人私德确有可以非议处,然于文武大政特多建树。此

---

〔1〕《通鉴·唐纪》卷二十八。

处拈出其事,不在张说是否应受惩戒,而在于这是玄宗朝宵小结党挟私排斥文学之臣之先例,二十五年后朝臣"皆容身保位,无复直言",实肇端于此时。

繁盛之下的弊政并非没有先例,但开元十五年前后的情况有其特殊的意味。首先,既不同于太宗朝之繁荣,因开辟之初,社会状况较淳朴;也不同于武后、中宗朝时期之繁荣包孕有显而易见的权力危机,还不同于开元二十五年以后弊端丛生,危机感日益迫切。十五年前后之隐患尚是风起于青萍之末。建立在稳固强大基础上的高度繁荣既为诗歌创作提供了宏大的背景,有以激发奋亢向上的精神;方生未艾的隐忧一方面尚不足以在诗人心头投下明显的阴影,而另一方面又荡漾于社会生活的深层,使诗人的心灵自觉不自觉地感受其波动,从而使宏大的背景中回旋有一股回荡的漩流,使诗人奋亢的精神中感受到一种朦胧的骚动,有时使他们隐隐感到不安,有时豪侈之风反启发其浪漫之想象,滋味醇厚难以句诠的盛唐诗不产生于较为清俭的开元十年前,而形成于开元十五年前后的十五年时间中,实与这种繁荣而朦胧不安的社会状况有虽非直接却至为重要的关系。

其次,经济、政治因素,对文艺的作用,经常并非是直接的。因为作家的心态不同会对即便是相类似的社会因素的投影反射出不同的折光。而这种折光形于诗歌又必受到当时学问风气及诗歌发展趋势的制约或对之产生反拨。下章我们先就诗人地位学问风气与心态的问题作论析。

三、开元十五年前后诗人地位学问风气与心态的变化

诗人社会地位与学问风气的变化,本身也属于社会状况的范

畴,因其于诗歌创作影响更为直接,故专章论之。

首先可以看到开元十五年前后寒俊之士尤其是乡贡进士入仕机会增多与实际实现之依然困难之间的矛盾。

关于唐代统治层成分之升降,陈寅恪先生《唐代政治史述论稿·统治阶级之氏族及其升降》发微探隐,勾勒了其大体线索,大意谓武后为创业垂统,破坏"关中本位政策"。反映于科举"大崇文章之选、破格用人,于是进士之科为全国干进者竞趋之鹄的。当时山东、江左人民之中,有虽工于为文,但以不预关中团体之故致遭屏抑者,亦因此政治变革之际会,得以上升朝列。而西魏、北周、杨隋及唐初将相旧家之政权尊位,遂不得不为此新兴阶级所攘夺替代"。又云:"自武则天专政破格用人后,外廷之显贵多为以文学特见拔擢之人,而玄宗御宇,开元为极盛之世,其名臣大抵为武后所奖用者……"陈先生所论极有指导意义,确实,开元名臣而主文坛者,前期如李乂、马怀素,中后期如张说、张九龄,均武后、中宗时进士。然而陈先生是就政治论述,勾勒主线,对其中有关诗史之细节,未遑也不必详论。今检索资料,可见开元十五年前后较高宗武后中宗时期,进士、明经构成成分,有了重大变化。据《唐摭言》及《登科记考》,高宗武后时进士以两监生徒为主。如高宗咸亨五年复试十一人,乡贡仅张守贞一人,余皆生徒;开耀二年及第五十一人,乡贡亦仅雍思泰一人;永淳二年及第五十五人,又仅元求仁一人乡贡;武后光宅元年及第十六人,乡贡仍唐廷芝一人,长安四年及第四十一人,乡贡还是李温玉一人。故《唐摭言》云:"开元以前,进士不由两监者,深以为耻。"然而,开元后情况起了变化,十七年国子祭酒杨玚疏论科试极可注意:

> 伏闻承前之例,监司每年应举者尝有千数,简试取其尤精,上者不过二三百人。省司重试,但经明行修,即与擢第,不限其数。自数年以来,省司定限,天下明经进士及第,每年不过百人,两监惟得一二十人,若常以此数而取,臣恐三千学徒,

> 虚縻官廪;两监博士,滥糜天禄。臣窃见流外入仕,诸色出身,
> 每岁尚二千余人……若以出身人多,应须诸色都减,岂在独抑
> 明经进士也。

此云明经、进士及第每年不过百人,两监惟得一二十人,则乡贡中式者当为两监生之五至十倍。又云事在十七年前"数年以来",则此种逆转正在开元十五年或稍前。按两监即东西二京国子监,其生徒必须为勋贵及在京高官子弟,[1]故此前虽科举渐隆,扭转了门荫为重的局面,但仍改变不了势家贵族子弟尤其是在京者入仕的重大优势。唯有以乡贡进士为主要中式对象后,才为四方寒俊之士打开了入仕通道。而此转变恰在开元十五年前后。

与此同时文学之士的社会地位亦更提高。《大唐新语》卷一记,开元中(按十一年)陆坚为中书舍人,以丽正学士供奉过丰,无益于用,议置之。"张说谓诸宰相曰:'学士院即是圣主礼乐之司,永代规模,不易之道,所费为细,所益为大。陆子之言,未为达也。'玄宗然之,陆坚恩眄,从此而减。"同书卷二一载贺知章自少常少卿迁礼部侍郎兼集贤院学士,源乾曜问张说二职何者为荣,张说对曰:

> 侍郎,自皇朝以来,为衣冠之华选,自非望实具美,无以居
> 之;虽然,终是具员之英,又非往贤所慕。学士者,怀先王之
> 道,为缙绅轨仪,蕴扬班之词彩,兼游夏之文学,始可处之无
> 愧。二美之中,此为最矣。

按贺知章此迁在开元十三年,张说所论尤诋以族望入仕之子弟,盛赞文学进身之英才。这两条材料与《新唐书·裴行俭传》所载李敬玄向行俭盛称四杰之才,而行俭非之事适成对照。行俭曰:

> 士之致远,先器识,后文艺,如勃等虽有才,而浮躁衒露,

------

[1] 参见《新唐书·选举志》。

岂享爵禄者哉？炯颇沉嘿，可至令长，余皆不得其死。

行俭为高宗武后朝实权人物，有识士之誉，其与张说在玄宗朝地位相仿，而二人对才俊之士评价迥异，颇说明高宗武后时虽崇进士科，但才士地位之实际提高要晚至开元中，究其原因有二。首先才俊之士之被引进，到实际掌权，以其观念影响一代风气，必有一时间差。其次，武后重士有极现实之政治目的。武氏家族飙起，地位最不稳固，故虽隆进士科，但秉枢要者均为武氏家族及能员酷吏，而仅以诗文见长而为学士者，不过是点缀升平。即使偶有入相者如苏味道也只能"模棱"而已，其等而下之如沈宋之属，均便佞孱弱，实无异于弄臣。但是表面的重士经过二三十年的酝酿发展，终于在开元中成熟。不但张说有如上之论，且自上而下扩展为社会普遍心态。如《摭言》卷三记曲江宴云：

> 曲江游赏，虽云自神龙以来，然盛于开元之末，何以知之？案实录，天宝元年，敕以太子太师萧嵩私庙逼近曲江，因上表请移他处……敕批云：卿立庙之时，此地闲僻，今傍江修筑，举国胜游，与卿思之，深避喧杂。

此言曲江宴盛于开元末，以至举国胜游，贵为太子少师，亦只得移其私庙。按事必由渐而盛，参以张说贵才人学士之说在开元十三年，则曲江宴始盛于开元中当为情理中事。前引《开元天宝遗事·开元》云长安富户竞引举子，备极供给，被目为"豪客"事，正当是此种社会风尚之反映。

与以上相应，开元十五年前后，又恰当唐代学问风气自武后中宗时期开始的由学术型为主向文艺型为主转变之深化时期。这与玄宗本身有异于有唐先此帝王之特殊气质关系尤密。

玄宗其人实具两重性格。他诚然是位雄才大略的英主，而骨子里却始终带有文人才士气质。从上章所举史实看，开元十五年前后，浮浪显已代替精进，占据了主要地位，但尚未发展到天宝后之放荡乃至昏庸的地步。

玄宗的早年生活与历史承担与其先祖不同,他既承继了唐太宗的宏大气魄,却又从小生活在武后、中宗朝的浮华环境中。他承担了反周兴唐的历史重任,却又与太宗定鼎后的背景有异。太宗为与中原、江左士族争夺正统地位,必须通过制礼作乐,确立其在文化上的统制地位,故太宗、高宗二朝之公私大型类书和《文馆词林》的修撰及《文选》注,也均有着强烈的学术意味。玄宗则不同,武周革命既改变了旧有士族与寒族的地位,先此贞观、显庆二礼及孔颖达、颜师古注经又业已完成关陇集团吸取中原江左学术以形成一统思想的进程,因此玄宗可说适逢其会,是有唐第一位有机会充分发扬个性繁荣文艺的君主。虽然作为帝王他必须在学术上有所表示,但如果说开元十年前四部群书的校录尚与其精进一面相应,不失为学术盛举;那末十五年前后的《开元礼》已不过是折衷贞观、显庆二礼而已,而《唐六典》更如陈寅恪先生所论,为"文饰太平,帝王一时兴到之举"[1]。不仅如此,在一些有实际意义的变革上,他反而时时起着瓦解传统礼乐的作用。早在开元二年,即以"太常礼乐之司,不应典倡优杂伎"之冠冕堂皇的理由,另设梨园教俗乐,自称"皇帝梨园子弟"。最妙的是当袁艺高疏谏:"上春秋鼎盛,宜崇经术,迹端士,尚朴素,深以悦郑声、好游猎为戒"时,这位本性风流的帝王"虽不能用",却"嘉赏之"。由于中兴之初面临更严肃的政务,十年前这类越轨举动还只能在深宫中小打小闹,然而十五年政通人和后,就如上章所举,演为昭彰天下的大规模的侈豪活动了。

玄宗这种日益加强的非学术化倾向,促使了开元十五年前后诗文文艺化的趋向更为加速,迹象甚多,最可瞩目的有二事。一是

---

[1] 以上所论参见陈寅恪先生《隋唐制度渊源略论稿》、闻一多先生《类书和诗》。

命徐坚编纂"以类相从，务取省便"的《初学记》以代替初唐《御览》《艺文类聚》等大中型类书。这透露了诗文藻辞向简净发展的走向。其二是翰林学士张怀瓘《书断》等著作的问世，其所论"因象以瞳眬"，到"冲漠以立形"，遂"齐万殊而一贯"；"意与灵通，笔与冥运，神将化合，变出无方"；"若精意玄鉴，则物无遗照"的艺术思维过程，"以风神骨气者居上，妍美功用者居下"，重"丈夫气"，轻"女郎才"等审美标准，及一系列细致的技法，既吸取了陆机《文赋》要义，又标示了意象、境界说的萌芽和以技法与风神气骨相统一的美学思想。更可注意《全唐文》卷四三二张氏《文字论》记与王湾论书文事，湾曰："如陆平原《文赋》，实为名作，若不造极境，无由伏后世人心。不知书之深意与文若为差别，虽未穷其精微，粗欲知其梗概。"则知当时书艺已通于文论。以上二事实已显示了一代盛唐之音的精要。这些也正在开元十五年前后。

玄宗的豪荡气质，又是登用文学之士的趋势在开元中得以实现的重要条件。开元前期任用年二十尚于泮中以呼鹰逐兔为乐的姚崇及与玄宗一样尤善羯鼓的宋璟已是先声；但姚宋均不以诗称，必待开元十五年前后，张说、张九龄相继为相，这种文艺化深化的趋势方能在中朝终于成为主流（详后）。《唐语林》卷五载玄宗言："夫帝王之相，且须有英特越逸之气，不然须有深沉包育之度。若花奴，但英秀过人，悉无此状，故无猜也，而又举止淹雅，当更得公卿间令誉耳。"这种以英特越逸之气为取才第一标准的思想，无疑为盛唐之音作了引导并成为其重要内涵。

才俊之士因上述种种在开元十五年前后有了更多颖脱的机会，但仍存在着一些困难。《通鉴·唐纪》二九记开元十八年四月"（裴）光庭始奏用循资格，各以罢官若干选而集（注：谓罢官之后，经选凡几，各以多少为次而集于吏部）。官高者选少，卑者选多，无问能否，选满即注，限年蹑级，毋得逾越，非负谴者，皆有升无降。其庸愚沉滞者皆喜，谓之圣书，而才俊之士，无不怨叹。宋璟争之不能得"。至二十一年，虽有制可便宜以进有才业操行者，"而有司以循资格便于己，犹踵行之（注：史言裴光庭之弊法，后人循袭，莫之能革）。是时官自三师以下一万七千六百八十六员，吏自佐史以上五万七千四百一十六员。而入仕之途甚多，不可胜记"。这种状况使英特越逸的诗人们处于希望和失望交叉的境地，而与极盛而隐伏危机的社会状况适相凑合，遂形成一代有别于初唐的诗人，主要特点有三：

1. 由密集的侍从型集团，向松散的才士型诗人群转化。

太宗学士多有深厚的士族文化渊源，武后、中宗学士多由两监生英年入宫禁，均密集于君主周围为文学侍从，故集中十之八九为奉和应制唱酬，其于诗史作用且待后详，然题材窄狭，诗风相近，却无可讳言。开元十五年前后这批诗人则不同，他们多由四方乡贡汇集京师，来时无不抱有"天生贤材，必有圣代用之"[1]的抱负，也多于仕途中迈出了第一步。但"长安居，大不易"，科举本身的剧烈竞争，特别是十八年后循资格的实行，使他们大多无幸进入宫廷。顺利如王维，九年及第为大乐丞仅一年，即以事外贬。王昌龄、崔国辅、常建、储光羲、綦毋潜等及第后都长期作地方官甚至久在远服。有的更如孟浩然那样，乘兴而来，败兴而归。两京成了他们的聚散枢纽，学士院则通过张说等与他们保持若即若离的联系。相聚则酬唱宴游，过后又旅程东西，在各地与故友邂逅后，演出了一出出志士不遇的悲喜剧。如孟浩然，早年在襄阳家乡与张子容等游。开元十五年前受知于张说，有《望洞庭湖》诗，因游二京，与王维、张九龄等游。十七年赋诗秘省，以"微云淡河汉，疏雨滴梧桐"一联名动京师。又与十五年登第时为校书郎之王昌龄游，"数年同笔砚"；与包融游，有《宴包二融宅》诗；与綦毋潜游，有《至李十四庄贻綦毋校书》诗。十八年后出京，有《留别王侍御维》《初出关旅亭

---

〔1〕 王昌龄：《上李侍郎书》。

怀王大校书》诗,至东京有《东京留别诸公》诗。南下吴越,与十四年及第时为山阴少府之崔国辅游,有《与崔二十一游镜湖寄包贺两公》诗,且与张子容重逢唱酬,归襄阳有忆在京同好数作。二十五年入张九龄荆州幕,酬和尤多。旅返襄阳,逢王昌龄遭谤南贬,有《送王大校书赴岭南》诗。二十八年昌龄北归,重聚襄阳欢饮,浩然食鲜疾动而卒。可见三十余年闭关不出的孟浩然,以开元十五年(一说十六年)北游两京为契机而展开了与群彦交游的网络。这在当时诗坛是普遍现象。松散的才士型诗人群较之初唐密集型文学侍从群,既摆脱了宫廷与程式的限制,虽声同气应,相互切磋,却更多保持了个性与真愫,又促使了朝野、南北诗风的交融。唐初史家的南北文风交流说至此方获得充分条件。这是盛唐诗高潮到来的十分重要的条件。

2. 从褊狭孱弱转化为英特越逸之气。

狭隘的生活必产生狭隘的胸襟。玄宗前中朝宫廷诗人中不乏性气刚傲之人。如杜审言自称:"吾文章当得屈宋作衙官,吾笔当得王羲之北面。"但这种刚傲因生活狭窄,往往畸型发展为同列之诋排倾轧。如杜审言谕苏味道:"彼见吾判,即自当羞死耳。"《太平广记》录此入"轻薄门",正见其格调之低。这些诗人诗艺均不凡,但人格委琐,绝少例外。沈宋之主试纳贿,党附二张,其中之问更参与出首冒险藏匿他的东道主等,均使读史者扼腕叹息。但是开元中这批诗人则不同,他们既无太宗学士学术背景之牵绊,也不必如武后学士般身处危地,朝警夕惕。他们来自四方,又有幸躬逢一个昂扬的文艺化的时代,一个玄宗这样以英特越逸之气为尚的君主,上行下效,因此心境较健全开展,有较强烈的自我意识。所谓唐诗的任侠精神也只有在开元十五年前后的社会风尚与诗人的心态条件下,才表现得最为充分。由这一高度再来审视散见的诗人逸事,就会发现其中实贯串有同一的时代精神。

如果说开元前期王翰"窃定海内文士百有余人,分作九等,高自标置,与张说、李邕并居第一,自余皆被排斥"[1],开诗人不羁风气之先,那末到十五年前后,就成为一种群体性的狂放气质。崔颢"好蒲博嗜酒,娶妻择美者",稍不惬即弃之;王昌龄不护细行,终致摈放;祖咏省试仅二韵即罢谓意尽无庸再续;王泠然上《张说书》直斥说"温服甲第,饱食庙堂",自称"仆则天地之一生人,亦同人而怨相公"(张说为相十五年前后);孟浩然更高吟"不才明主弃,多病故人疏";常建"放浪琴酒,往来太白、紫阁诸峰";李颀则"性疏简,厌薄世务,慕神仙,服饵丹砂";连最温雅的王维也有一段《郁轮袍》的佳话和几章《陇头吟》式的放歌。[2]

3.由歌颂升平到朦胧隐忧的转化。

太宗学士不可能有忧患意识,武后、中宗学士不敢也不容表现这种意识,玄宗开元十五年前后的诗人们则不同,他们不复有宫廷的安逸环境,亦无歌颂升平的义务。有幸及第或成名而仕途不达,是其普遍特征。《河岳英灵集》论常建曰"高才而无贵士……今常建亦沦于一尉,悲夫";论李颀曰"止于黄绶";论薛据曰"骨鲠有气魄,其文亦尔,自伤不早达";论孟浩然云"才名日高,天下籍甚,竟沦落明代,终于布衣,悲夫";论王昌龄云"再历遐荒,使知音者叹惜"。足见时人之怅伤。考前举近三十家行事,除前辈张说、张九龄、贺知章等数家与卢象、孙逖外,开元十年至二十五年间这批诗人均久屈下僚,仕隐更迭。诗话每谓后来贵显之高适为"诗人之达者",正反见开元中诗人才而能达,实属罕例。这不仅与初唐不同,也与元和中韩白等有异。故最可注意。

不达亦嗣后不少诗人之遭遇,但在开元十五年前后对心态影响有特殊性。这是一个空前宏盛稳定的时代,对诗人们来说是科举向寒士开放以希望为主的时代。因此不会去理性地观察宏盛中

---

〔1〕 《封氏闻见记》。
〔2〕 以上均参见《唐诗纪事》《唐才子传》有关记载。

隐伏的危机，而只是因自身遭际，开始曲折地感受到时代那方兴未艾的骚动，于是在他们的英特越逸之气中缠裹着一种朦朦的不平与不安。这是充满希望的不安，豪迈进取的不平；味宏盛，易于肤廓；忧患深重，必趋消沉；而开元十五年前后宏盛中的隐忧，投射到诗人心头本不强烈，而由于这希望，这进取，就更为淡化，故隐忧决不化为杜甫式的深刻剖视，也不致衍为中晚唐诗人之内向与凄冷或愤激与尖刻。可以说，英特越逸，个性展开一格外，宏盛中的一线忧患先兆，在不达而以希望为主的诗人心上的曲折反射，是构成开元十五年前后盛唐诗既高朗开阔，又有一定深度，故滋味醇厚的又一格之最主要的社会与心理因素。前此与嗣后，均不可能有此种内含。微妙的时代与诗人微妙的心理两种特殊性的拍合，又适逢诗史演进的特定趋势，遂机缘相得地产生了典型的盛唐之音。下章再就后一点作论析。

四、开元十五年前后诗史两种走向的交互影响

　　欲明盛唐诗特质，先须消除对初唐诗史的两种误解。

　　第一种误解与史料学有关。今存初唐诗，其别集除王绩、骆宾王二家外均后人所辑，初非原貌；而辑集的主要依据是留存的唐宫廷诗总集，有其一定选录标准，故《全唐诗》所录初唐诗是否可反映当时情况之大概，本身先是一大问题；而由于研究者心中多先入地横亘着初唐承梁陈猗靡余习的观念，故忽视了吉光片羽般留存于《全唐诗》中非宫廷体的初唐作品，于是就更产生了王绩诗、魏徵《咏怀》在当时是孤立现象的看法。《河岳英灵集》叙论云："夫文有神来、气来、情来；有雅体、野体、鄙体、俗体。"所谓神来、气来、情来当指作诗之感兴形态。所举四体是诗成后之体格。以四体比较思

之,雅体为正声,当指中朝典雅之体;野既有别有鄙、俗,应指在野一般之体;鄙、俗对举,知俗为里巷之体,鄙殆为边鄙之音。二者非大宗,而明辨朝野二体,实于研究初盛唐诗史至关重要。

第二种对唐初宫廷体性质的误解是:或认为是承齐梁猗靡之余,或认为它一味雅致而与复古主义完全对立。今按唐初宫廷诗的性质可从太宗论诗乐的两段话窥入。其《帝京篇序》云:

> 予追踪百王之末,驰心千载之下,慷慨怀古,想彼哲人。庶以尧舜之风,荡秦汉之弊;用《咸英》之曲,变烂熳之音……皆节之于中和,不系之于淫放。

又《贞观政要·礼乐》记太宗驳祖孝孙齐、陈乐为亡国之音:

> 夫音声岂能感人? 欢者闻之则悦,哀者听之则悲。悲悦在于人心,非由乐也……今《玉树》《伴侣》之曲其声具存,朕能为公奏之,知公必不悲耳。尚书右丞魏徵进曰,……乐在人和,不由音调。

这两段话初看极为矛盾,其实反映出太宗调和传统诗教说与齐梁新声之矛盾,以建立唐代诗教体系的努力。唐初宫廷之作内容主要分为三类:庙堂乐辞、追忆武功、宫廷山庄之宴游咏物之作,而一以贯之的格调是歌颂升平,显示新朝气象,其性质与汉初大赋、建安魏初三曹七子大量的宴游诗相通。我们不必把唐初中朝宫廷之作拔高与建安诗比并,然其气调之开朗宏轩一变梁陈之柔靡却是事实。又朝廷之作总是追求典雅雍丽的格调,汉初之取赋体,建安之用五言,均表现出对新体成果的吸取。唐太宗作为北来的统治者,当其接触到南朝绚丽的诗歌遗产时,不如隋文帝一味排斥,又不如炀帝后来之堕于淫放;与其在礼教上吸取江左士族文化相应,他一眼觑定齐梁体形式之谐和焕美,以之为载体来表达大唐建始的恢廓气象。前人常说初唐诗典丽高华,究其底蕴,实在此种结合,而其理论解释:"音声岂能感人","乐在人和,不由音调",实本于嵇康《声无哀乐论》，以儒家诗教说与玄学声无哀乐论相结合的太宗朝诗歌理论与实践，虽然还较粗糙，却包含了初唐史家所云南北文化交流的合理内核；只是因其前提既是初唐礼乐建设的一部分，其范围又是宫廷的特殊环境，因此一开始就带有定向性与封闭性。这样，初唐中朝诗人的创作就在合理内核与其过分狭窄的外廓之深刻矛盾之中苦闷地艰难地前进着，而产生了其一系列的功与过。

在定向封闭的中朝宫廷体外，初唐诗实存在着另一种创作倾向，所幸王绩诗与魏徵《述怀》外，《全唐诗》中尚留存着少数中朝以外诗人与虽为中朝诗人却非在宫廷范围中所创作的，亦即不受定向性封闭性限制的作品。即以留存较少的太宗朝论，亦有王珪《咏汉高祖》《咏淮阴侯》，陈叔达《听邻人琵琶》《自君之出矣》二首，袁朗《秋夜独坐》，长孙无忌《灞桥待李将军》，魏徵又一作《暮秋言怀》，刘孝孙《咏笛》，陆敬《巫山高》，杨师道《还山宅》，郑世翼《过严君平古井》《巫山高》，孔绍安《结客少年场行》，杜之松《和卫尉寺柳》，崔善为《答王无功》等三首，朱仲晦《答王无功九日》，陈子良《于塞北春日思归》，马周《凌朝浮江旅思》，来济《出玉关》，李百药《晚秋登古城》《晚渡江津》《送别》等近三十作。均近于王绩诗或魏徵《述怀》，大抵沿建安、江左名家如曹植、阮籍、陶谢、小谢等体格，重意气情思而不废清词丽句，即以王绩论，亦显见南朝声词影响，著名的《野望》即一例。《周氏涉笔》评王绩诗"盖渊明古体蟠屈入八句（指五律）中"，可见非宫廷性作品中，亦表现出传统的言志抒情与齐梁声辞相结合的自然趋势，若非宫廷体之人为介入，唐诗将沿此自然趋势慢慢演为另一种面貌。然而宫廷诗人主当时坛坫，有标示风气作用，且尽管有弊病，而在南北交融的历史趋势中较在野体更为积极，故必成为初唐诗主流。初唐诗坛朝野两种并非决然对立的倾向之交互影响，是推动创作进步的最可重视的现象，而其完成正是因开元十五年这批新诗人。试寻绎其演进轨迹。

　　一般指出初唐宫廷诗完成了律体之功绩，确实，群彦荟萃，强化了声辞研究，唐初古律混杂，至武后时五律大体成熟，中宗景龙间七律亦已蜕出，[1]为盛唐高潮作了诗体准备，但宫廷诗成绩不止于此，它更奠定了初盛诗高朗的基调与促进了诗坛学术化向文艺化的转换。

　　太宗廷臣多为新朝功臣，其胜利喜悦较在野诗人更为直接，故初盛诗高朗的特点，不是首先萌发于王绩等在野诗人，而恰恰发生于宫廷中。然太宗朝之高朗既为定向、封闭性所囿，趋向学术化，故既压抑了个性，又对南朝诗艺精要，如体察、隐秀、流美等认识亦浅。用语多《文选》而少己出，笔法多赋写而寡兴寄，章句布局整密而欠灵动变化，是其普遍特征。唐初宫廷诗之高朗扭转了齐梁名家亦不免失之清弱的趋向，而同时也一度将南朝诗人对诗歌艺术的探索导入了狭窄的道路。

　　武后中宗朝宫廷诗人之主体己由前此名儒勋臣转为文学之士，也促使宫廷诗技法之进展，除前有骆宾王，后有徐彦伯之越趋艰涩外，自上官仪至沈宋、四友，可见宫廷体由因袭向创新，由密丽到疏隽，由滞重到清灵，因而较见个性之趋势。诸如"落叶飘蝉影，平流泻雁行"（上官仪）；"祖帐连河阙，军麾动洛城"（杜审言）；"晓云连幕卷，夜火杂星回"（宋之问）；"汉家城阙疑天上，秦地山川似镜中"（沈佺期）：均深察善炼，于精丽缜密中见自然宽远之致，深得六朝名家精髓，唯因其狭窄外廓限制，诗人之个性与创造力，终不能充分发挥。

　　问题已集中到这样一点，中朝诗人如带着新的艺术成就而像在野诗人那样自由抒写，情况又将如何？先于沈宋等，初唐四杰已在交游、外放中率先作了尝试。闻一多先生曾云，四杰使宫体由宫

---

〔1〕　参见王运熙先生《寒山子诗歌的创作年代》一文中有关五律的论述及拙文《初唐七律的成熟及其风格溯源》。

廷走向市井,使五律从台阁走向大漠;但是明确了唐始即存在朝、野两体时,这一论断似应修正为:四杰实为将中朝宫廷体成就率先运用到传统体格中去的诗人群,从而最早透现了盛唐之音的先兆。四友、沈宋、张说承其绪,愈益精熟,终于直启盛唐。如五律,四杰宫廷体外有两种格调:一类如骆宾王《在狱咏蝉》、杨炯《从军行》等用典遣词精丽典雅而骨气内敛,显受宫廷技巧影响;又一类如王勃《送杜少府之任蜀川》《秋日别薛昇华》、杨炯《刘生》等,骨力轩举,洗削铅华,大抵沿建安以下杂诗体格。可见在将宫廷体成就运用于传统体格上,四杰尚未能圆融。而如以沈佺期"可怜闺里月,长照汉家营"与杨炯《从军行》对读,以宋之问"故乡临桂水,今夜渺星河"与王勃《秋日别薛昇华》比较,均可见体察细微之宫廷诗特点更融洽地融入了传统体格,而表现出清丽有含的新境界。《唐诗纪事》记张说曾云:"沈三兄诗清丽,须让居第一",可见审美标准由典丽高华向清丽转化,是初唐中朝诗发展到初盛之交的主要趋势。清丽非一味秀丽,张说于集贤院对徐坚论文,以李峤、崔融、薛稷、宋之问为良金美玉,又评后进云:"韩休之文,有如太羹玄酒,虽雅有典则,而薄于滋味。许景先之文,有如丰肌腻体,虽秾华可爱,而乏风骨。张九龄之文,有如轻缣素练,虽济时适用,而窘于边幅。王翰之文,有如琼林玉斝,虽烂然可珍,而多有玷缺,若能箴其所阙,济其所长,亦一时之秀也。"榷其所论,知所谓清丽,当指风清而不杂,辞丽而不淫,边幅宽远,风力内含之格调。张说时主文坛,开元名家得其提携及从其游者仅见于史载及诗集者,即有贺知章、包融、王翰、王湾、张九龄、王维、孟浩然、王冷然、孙逖、崔颢等。张说去世,被其誉为"后来文士之首"的张九龄嗣主文坛,故初唐中朝诗风的转变以二张为中介,对盛唐诗高潮之到来,实具第一等影响。这种联系,其实在明清诗话中时有论及,但因其语焉未详,更未明辨初盛诗朝野两种走向及交互影响;又由于数十年来每以骨力与声辞对立,内容凌驾于体式的观念:故通行文学史均以陈子昂直启

盛唐之音,其叙述不免有断了一截之感,也引起了对盛唐诗特点的
一系列偏颇认识。

　　其实开元诗体承子昂者盖寡。原因在子昂于风骨振起固有伟
力,但复古多变革少,于朝野、南北诗风融合的主流趋向多有未合;
而其高标特立的思辨识见与忧患意识,于开元昂扬开朗的时代气
氛中,亦不易为人所识。故子昂诗至开元时仅是作为主流外的野
体以其豪宕之气参与了两种趋势的融合,直至开元末天宝时,方在
危机日显的时代条件下为高适、杜甫等更多注重,故论开元诗体特
点,必须首先溯于初唐主流的四杰、沈宋、四友、二张一脉,并旁及
子昂。

五、开元十五年前后的诗风特点

　　初唐中朝诗人突破宫廷体狭隘外壳,而以其历经曲折所取得
的艺术经验运用于传统体格所创造的新境界,虽为盛唐诗高潮到
来准备了条件,但其本身的气质尚不足以产生一代新诗。经过开
元初十年的酝酿,至十五年前后,在稳定隆盛而微孕骚动的时代
中,在学术化的谨重向文艺化的英特越逸转化的文化氛围中,在古
律分判,朝野渐近的诗坛趋势下,经由充满希望而微寓不安的诗人
心态——恰恰机缘凑巧,这时同时涌现了一批天赋极高的诗
人——终于迎来了唐诗的高潮。先看一下人们习见而未予深究的
早期的评论,对于正本清源,辨体溯流将深有帮助。

　　《河岳英灵集》评常建云:建诗似初发通庄,却寻野径于百里之
外,方归大道。所以其旨远,其兴僻,佳句辄来,唯论意表。属思既
苦,词亦警绝。

　　评王维云:词秀调雅,意新理惬。在泉为珠,着壁成绘。一句

一字,皆出常境。(按:泉珠喻冥搜之功)

评刘慎虚云:情幽兴远,思苦语奇。忽有所得,便惊众听。

评李颀云:发调既清,修辞亦秀,杂歌咸善,玄理最长。

评孟浩然:文彩丰茸,经纬绵密,半遵雅调,全削凡体。

评储光羲:格高调逸,趣远情深,削尽常言,挟风雅之迹,浩然之气。

评祖咏:剪刻省净,用思尤苦,气虽不高,调颇凌俗。

评王昌龄:元嘉以还,四百年内,曹刘陆谢,风骨顿尽。顷有太原王昌龄,鲁国储光羲,颇从厥迹。且两贤气同体别,而王稍声峻。……惊耳骇目。

又《新唐书·王昌龄传》评云:昌龄工诗,绪密而思清。

独孤及《皇甫公集序》论云:"沈宋既没,而崔司勋颢、王右丞维复崛起于开元天宝之间。"《唐才子传·崔颢传》:"颢苦吟咏,当病起清虚,友人戏之曰:'非子病如此,乃苦吟诗瘦耳。'遂为口实。"

近现代人每论盛唐诗自然浑成,然以上评论颇不同。先就各条所论诸家相近特点观之,有以下四点可注意:

1.谓盛唐诗人多"苦思",洗削。

2.谓盛唐诗多秀、雅,绪密思清,即使人们认为最自然平淡不过的孟浩然诗也是"文彩丰茸,经纬绵密"。

3.谓盛唐诗不仅有骨力,且重兴象,尚奇气,由平大而入野径,力求独创,故境界宽远。

4.谓盛唐诗上承沈宋,而远溯曹刘陆谢,即建安江左。凡此正说明,初唐以降朝体之精思善炼,秀雅工致,与野体之注重个性骨力,由这些新诗人之英特越逸之气融而贯之,遂形成绪密思清而英气发越,浑成秀朗而滋味醇厚的艺术境界,殷璠论陶翰云"既多兴象,复备风骨",移以论开元诗差得其实。盛唐诗决非一味自然,只是英越之气使之善炼而不伤气,秀丽而不孱弱。今试以马周、张说、孟浩然同类三诗较读以明传承:

　　天晴上初日，春水送孤舟。山远疑无树，潮平似不流。岸花开且落，江鸟没还浮。羁望伤千里，长歌遣四愁。（马周《凌朝浮江旅思》）

　　旅宿青山夜，荒庭白露秋。洞房悬月影，高枕听江流。猿响寒岩树，萤飞古驿楼。他乡对摇落，并觉起离忧。（张说《深渡驿》）

　　山暝听猿愁，沧江急夜流。风鸣两岸叶，月照一孤舟。建德非吾土，维扬忆旧游。还将两行泪，遥寄海西头。（孟浩然《宿桐庐江寄广陵旧游》）

　　马周诗一作武后时韦承庆作，要之是初唐前期为数不多的非宫廷题材诗中颇佳的一篇，故以为例。首联点题，中二联赋写寄意，尾联抒情，均工对，是初唐典型章法。"山远""潮平"一联颇见孤舟江行心境，为名句，而甚素朴，妙在自然。

　　张说诗首联旅夜与露秋双起，颔联由旅夜生发，三联则申足露秋，四联上句"他乡对摇落"，双应旅夜与露秋，下句"并"字绾结，见交相为煎之意，章法细密熨帖。遣词造景又最精婉，洞房应青山带出"高枕听江流"，由山及水，婉切深渡驿，且以月影映带江声，由视觉而听觉，杳远空灵中引出下联，复由听觉而视觉，且以"寒""古"二字相应，尤为凄婉传神，且暗含几多古贤、寒旅消磨之思。与上官仪"落叶飘蝉影，平流泻雁行"等句对读，可见其巧思善炼、层次丰富、针法细密一脉相承而境界宽远过之，对比马周诗，则显见宫廷诗体格融入传统体格之新进境。《唐诗纪事》评张说"谪岳州后诗益凄婉，人谓得江山之助"，则从相反角度道出了江山之气使宫廷诗技巧获得了更广阔的发展天地。

　　孟浩然诗作于开元十八年去京经维扬后南下浙西时。起笔不像前二诗那样先写旅程，而径由景物起。由江外之山暝猿愁，到江水之夜流湍急，到近江两岸之木叶萧瑟，由远而近聚光于皓月朗照下的一叶孤舟，至此方点题"宿江"于清肃中见出傲兀意态来。更由孤舟荡开抒情，"建德非吾土，维扬忆旧游"，分别点题面"桐庐江"与"维扬旧游"。然"维扬"亦本非故土，更隐见乡思浩荡，故逼出尾联寄泪之奇想。由起联之"愁""江"，到尾联之"泪""海"，思绪自然而"经纬绵密"，景情相生而词气疏荡。如果说马周诗作法为单，张说诗为复，则孟诗似单而复：景语似单而意境实复，结构似单而意脉实复。至此朝体之技巧已融化无迹地渗入了传统体格。

开元十五年前后唐诗气格有声气相通之二类。一类如王维《观猎》、王昌龄《从军行》（大漠风尘）、王之涣《登鹳雀楼》等，音调高朗而词气跳脱，无初唐之肤廓，而个性鲜明，气魄宏大，充分显示出玄宗朝之英特越逸之气。另一类即如浩然此诗，其内含实是出京时"不才明主弃，多病故人疏"的牢愁。这牢愁不同于天宝后杜甫那与家国之恨相结合的忧愤，甚至不同于李白之跳跃腾踔的激愤。这是希望中的失望，自信中的萧瑟。希望与自信，使他们在贬谪中的眼前景亦如"天寒远山净，日暮长河急"（王维）那样清肃而俊快；状战败状亦如"战余落日黄，军败鼓声死"（常建）之悲凉而宏壮；写边愁则如"秦时明月汉时关"之时空浩纱；甚至写隐逸亦如"日隐桑柘外，河明闾井间""荒城临古渡，落日满秋山"（王维）之恬淡而宽远明快。对比天宝后王维《辋川绝句》之空寂，显见时代精神之不同影响。这就是盛唐诗兴象玲珑、滋味醇厚的内质所在。

英特越逸的气质，也使得这批诗人在吸取初唐诗技法时能避免过多的繁积，而从本质上把握其体察取境之精微。从而引起诗作景物层次与结构由密向疏，似单而复的变革。所云王昌龄诗"绪密而思清"一语，实为当时普遍特征。前析孟诗已见一斑，今更申论之。传世有王昌龄《诗格》一卷。论者每因盛唐诗自然而否定其可靠性。然从前引殷璠所云神来、气来、情来，及论诸家之多称兴象，尤重奇趣；特别从王翰与张怀瓘论书文相通来看，《诗格》之境说产生于盛唐，不仅有可能，而且绝非偶然，昌龄诗本身即说明这一点，试看《从军行》：

　　大漠风尘日色昏,红旗半卷出辕门。前军夜战洮河北,已
报生擒吐谷浑。

　　诗以状写一战之捷(象),以见唐军声威及当时书生赴边报国
慷慨之情(意)。战况纷繁,如何以象达意呢? 诗人从迅捷一点切
入。"前军夜战洮河北,已报生擒吐谷浑。""已"字最可玩味,刚夜
战,已报捷,则知首句之"昏"字必为黄昏,黄昏出师,夜战而已捷报
飞来,方见速胜。可见这首以跳脱空灵为特色的名作,诗绪相当细
密。状景亦然,飞沙走石,日色昏黄中,一杆红旗,如火如荼,本已
壮观;而"半卷"二字更活描出顶风挺进的红旗桀骜不驯之神,非身
历其境必不能提炼如此精奇,《书断》云"若精意玄鉴则物无遗照";
《诗格》云"神之于心,处身于境,视境于心,莹然掌中,然后用思,了
然境象,故得形似"。所论意旨相通,证以这首空灵跳脱而绪密思
清的名作,足见《文镜秘府》已录之《诗格》不必为伪,亦见盛唐诗实
以立意取境为根本,而驭布局取势,炼词传神,以臻兴象玲珑,秀朗
浑成的艺术境界之特点。这正是初唐以来朝野两体特点之完美结
合。说盛唐诗一味自然浑成,是对中朝宫廷体之反拨等等,不能不
说是皮相之谈。

六、小结

　　本文要点如次:

　　1.盛唐诗大抵可分三期:开元前十年为酝酿期;以十五年为中
心,十年前后至二十五年前后为成熟期;开元末天宝初至天宝末为
大盛期。

　　2.开元十五年前后是盛唐诗形成的关键时期,其作品最能反
映盛唐气象。其特点可以"英特越逸,秀朗浑成,兴象玲珑"来概

括。这个浑成既非一味自然而得，又非与初唐之典丽雅致对立，而恰恰是对初唐并非截然相反的朝野两种诗体发展趋势的完美融合。盛唐诗人以兴、象相合为中心的艺术境界的营构，应当说比初唐诗人来得更艰难，是对初唐诗艺的去芜存精。唯其以英逸之气为主脉，以炼意取境为根本，故虽声辞均炼，却能结体浑成，不露针迹。以偏重于感觉而较少理性审视的英特越逸之气为内含，以"精意玄鉴，物无遗照"为营构的主要手段，是这一时期诗作秀朗浑成，兴象玲珑之格调的主要成因。

3. 盛唐之音的形成过程又一次说明，一个时代（社会、文化氛围）诗风的形成是时代、诗人、诗史三者不可缺一的机缘凑合。社会文化氛围的投影，必通过诗人特定心态的折射为中介，而成为诗歌构成的有机成分，参与到诗歌体势的演进之中。因而诗史研究应对三者关系作立体的考察。

（本文原载于《中国文化》1990 年第 2 期）

盛唐北地士风与崔颢
李颀王昌龄三家诗

本文试图以崔颢、李颀、王昌龄三位跨越开、天二期的诗人为典型,从盛唐时期才俊之士地位的升降与诗史有别于初唐时期的演进态势中,结合考订,探讨当时发轫于王翰、王泠然诸人的,北地豪侠型诗人群的行为特征与心理历程,以及三家在此一历史文化氛围中,因经历性格之同异,对七言各体不同方向的推进。相对于《中国文化》第二期所刊拙作《开元十五年前后》来说,前文是共相,本文是异相;前文详于开元时期,本文则侧重于天宝时期。因此对于前文已论述的一些观点,本文不再详加论证,而仅作简要提掣。

一、盛唐诗史演进态势与才俊之士
地位浮沉的历史内涵

开元十五年前后,诗坛最易见的现象,便是松散的才士型诗人群,代替了初唐密集的侍从型文人集团,成为诗史的主要承担者[1],他们既上承后者变唐初诗坛学术倾向为文艺倾向的努力,

---

[1]　参见《开元十五年前后》(一)。

却又面临着颇不相同的具体问题。

初唐诗坛的总趋势是:以南北诗风交融为契合点的,创建表现新朝气象的新风格与完成古、今诗体分化,这二位一体的努力[1]。诗人的个性发抒,无不受到这一总趋势的制约,即使在野诗人也不免。这只要举出两个人们未予注意的事实就不难明白:王绩,这位隐逸诗人,就其诗体而言,偏偏是唐初主要诗人中合律程度最高的一位;陈子昂,这位唐人中最早标举汉魏风骨的复古诗人,其早于沈宋的出蜀诸作却多以后来所称的律体写成,其潜在影响,在刻意复古之《修竹篇》,甚至《感遇》组诗中均可看出,而从二者之间又可见出寻求不同于汉魏的唐人古诗体式的努力。前辈研究者经常指出,盛唐诗注重个性发抒,这无疑是正确的;然而当我们从盛唐诗相对于初唐诗上述态势的异同点来考察,便会对此获得更新更深的感受。

当古今体的分化基本完成之后,各种诗体,都必然内含有充分发挥其体势之长的潜在要求,这种要求不同于新体创立前更注重技术的定型需要,这有待于众多诗人向同一目标的共同努力;而更注重于定型之后的变化创造,它更有待于诗人们在同一大势中的个性化的创造。各体的潜能,唯有通过个性,方能向各个方面充分释放,形成同一体格中的诸多别体与不同风格,而恰恰盛唐时代为之提供了最好的条件。

从武后朝起,重视登用才俊之士的趋势,至开元十五年前后,以张说、张九龄这二位文学之士的先后大用,州学生开始被准予进入四门学,科举中式者中乡贡进士成分大幅度增长以至远远超过两监生为显著标志,而前所未有地加强[2],开元时期,思想文化乃至社会习俗的种种远较前代开放的局面,其实无不与这一根本性

---

〔1〕 参见《开元十五年前后》(三)。
〔2〕 参见《开元十五年前后》(二)。

的变化相关。因此,当时才俊之士个性的发抒,本身就是时代精神的主要体现。如果说诗人的心态,往往是时代精神进入诗歌体势并引起后者演进的中介,那么盛唐诗史,因着时代趋势与诗史趋势的泊然凑合,而体现得尤其充分(而恰恰在这时又有一批天分尤高的诗人步入了诗坛)。如果说四杰、子昂、神龙逐臣们色调不同的骚怨(这三者是初唐中朝体与在野体融合的三个主要方面),在初唐尚是诗坛的和声,那末经由张说、张九龄的努力与组织,盛唐寒俊之士在谱写自己的心史的同时,也就从各个方面使各体诗的潜能,转化为多姿多彩的现实。初唐时期南北交融的走势,至此其实并未停止,而是改变了前者自上而下贯彻的形态;而以诗人们的行为活动为自然纽带,在更广阔也更深刻的层面继续。所以研究盛唐诗史的演进,不能不尤其重视各个诗人及诗人群的行为特征、心理历程及其底蕴。

　　从开元中到天宝中后期,才俊之士的地位与心理状态有着相承却又相异的重大转变。开元中自以为能一鸣冲天的"风鹏"们,除少数幸运者,至开天之际已大都断翅折翼,天宝中能身居高位的重要诗人仅仅是高适、岑参、王维等可数的几人。天宝五载,李林甫声称"野无遗贤",致使一代诗圣杜甫也铩羽而去,并非是一幕孤立的闹剧。它其实是开天政治局势变化链索中的一环。综观开天政治,李隆基其实是希望在新兴的主要以科举进身的文学之臣与重新崛起的主要以门荫、吏才进身的旧士族之间,求得某种形态的平衡。在才俊之士前景最光辉炫目的时候,其实已投下了阴影。而由于姚崇、宋璟、张说先后去世后,旧士族在行政方面的经验实际超过以张九龄为代表的文学之臣,以及前者在政治活动中的权诈残忍和后者气质上的某些弱点,玄宗所希望取得的平衡,越来越被打破。

　　开元九年关中士族宇文融任括地使,是旧士族崛起的第一个信号,此后李唐的财政大权几乎一直为士族所掌握,宇文融之后有亡隋宗室的杨慎矜，与太原王氏的王鉷，这二人都与李唐宗室的李林甫始而狼狈为奸，终而勾心斗角。

开元十四年，张说为宇文融、李林甫、崔隐甫联合排挤去相位，是文学之臣的第一次重大挫折。同年诏修《开元谱》不依高宗武后时期的《姓氏录》，而以贞观《氏族志》为基础，更是在宗法上排挤文学之臣而为士族重新确定地位的重要信号，它后来便发展为天宝八年由李林甫主修的《天下郡望氏族谱》。

虽然开元十六年张说入主集贤院事，次年复为右丞相（迁左丞相），张九龄也同时迁升并于开元二十一年入相；开元二十一年又淮州学生入四门学就读，这些保持了文学之士在中央政权中的持续性及仕进之途的相对敞开；但由于十八年张说去世，二十一年宋璟退隐，其力量已大为削弱。而同时，旧士族的势力却在相对扩大。十七年士族宇文融、萧嵩、裴光庭同时入相秉中枢，尤其是十八年裴光庭推行循资格，二十二年李林甫这个文士的宿敌拜相，无异于在文士的仕进制度上设置了最大的障碍。裴光庭去世后，"循资格"虽在名义上被废除，但实际上"有司以循资格便于己，犹踵行"。以至冗吏充斥，"入仕之途甚多，不可胜纪"（《通鉴·唐纪》）。

开元二十二年至二十四年，张九龄在举人、返都长安等一系列重大政治问题上与李林甫的对抗中经常处于劣势，这便注定了他二十四年的罢相。文学之士失去了在中枢的最后一位代表。

开元二十五年张九龄去世后，直至天宝十四年安史之乱爆发，是李林甫、杨国忠先后专权的时期。才俊之士的地位本已不复先前的光明，而由于以下两个因素，更越来越显得晦暗。

首先是，从开元前期起由王晙、萧嵩入相开始的节镇边将入秉中枢的现象至开元后期牛仙客拜相起，已转化为终天宝之世的中央借重节镇力量控制政要的局面，当才士们天真地远走边陲，企望从另一途径谋取出身时，其实仕路却对他们绝大部分人进一步闭锁。

　　更为影响深重的是天宝初至天宝五年李适之、韦坚、皇甫惟明、李邕、裴敦复集团与李林甫集团的士族内部之争。前一集团的骨干大多本身是诗人墨客,既与寒俊之士有着天然的联系,也有意利用寒士为本身羽翼。李适之是"饮中八仙"之一,皇甫惟明之子皇甫岳与王昌龄、王维等均为诗友,李邕与裴敦复之好客延士为人们所熟知,韦坚与韦陟兄弟同族,后者的周围集聚着崔颢、卢象、王维、李颀等一批诗人而为当时传为美谈。这两个集团斗争的结果,是以李适之、韦坚集团被李林甫勾结酷吏罗希奭、吉温等血腥诛杀而告终(李林甫从开元中期起就逐渐控制了御史台),韦陟兄弟也坐累贬官,后虽一度复起,至天宝末又为杨国忠所挤排,才俊之士失去了在中央的最后依托。明白了这一背景,就不难理解王维后期何以如此锐气尽消诚惶诚恐;更可以理解,李白诗"君不见李北海(邕),英风豪气今何在? 君不见裴尚书,土坟三尺蒿棘居。少年早欲五湖去,见此弥将钟鼎疏",并不仅仅是个人的友情与牢骚,而更是一代寒士,作为群体而言,希望破灭的哀歌[1]。

　　当后人冷静地审视这段历史之时,可以对之作出理性的梳理;然而当时身处于漩涡之中的诗人们,却未必能立即清醒地识得庐山真面目,他们的感受是生动的,却又是朦胧的。由于这一点,也由于开元末至安史之乱爆发前,虽然伏脉于开元中的弊政苗头(如奢侈、节镇用事、宦官参政等)越益昭显发展,然而帝国的社会经济却因着较有成效的行政管理而保持着上升的势头,而对四边的和战,在天宝十年前,也比开元前中期卓有成效。因此,当张九龄失势后,才士们虽感受到风雨欲来,却仍不致意气尽馁,开天之际诗人们大致都保持着开元十五年前后那种"英特越逸"之气,不过前中期那种希望之中的朦胧的不安在逐渐加深[2],而显得焦躁不

────────────

〔1〕　以上所述,部分参取《剑桥中国隋唐史》玄宗章。
〔2〕　参见《开元十五年前后》(二)、(三)。

安。诗人们更深切地感到时代的阴影,倒是在天宝五载的那场大屠杀与更后杨氏家族的倒行逆施后。至天宝中,诗人们的英特越逸之气或者余势鼓荡,表现为郁怒的强项不甘;或者深沉积蕴,转化为一种富于时空意味的空茫以至寂灭,后者开始主要体现在南国以轻清狷介为特征的诗人群中,却由北地中朝诗人王维集其大成,完成了中国山水诗自晋宋以下主玄趣到天宝中期主禅趣的重大转变,这是南北交融的又一重要成绩,笔者将另文详论。而这里主要论述以北地豪侠型诗人群为主要体现者的前一种倾向。

二、北地豪侠型诗人群的行为、心理、诗体特征

> 洛阳三月梨花飞,秦地行人春忆归。扬鞭走马秦川陌,朝逢驿使城南客。驿使前日发章台,传道长安春早来。棠梨宫中燕初至,葡萄馆里花正开。念此使人归更早,三月便达长安道。长安道上春可怜,摇风荡日曲江边。万户楼台临渭水,五陵花柳满秦川。秦川寒食盛繁华,游子春来不见家。斗鸡下杜尘初合,走马章台日半斜。章台帝城称贵里,青楼日晚歌钟起。贵里豪家白马骄,五陵年少不相饶。双双挟弹来金市,两两鸣鞭上渭桥。渭城桥头酒新熟,金鞍白马谁家宿。可怜锦瑟与琵琶,玉壶清酒就倡家。小妇春来不解羞,娇歌一曲杨柳花。

这是崔颢开元十一年登第前的早作《渭城少年行》。《旧唐书》本传称颢"有俊才,无士行,好蒱博饮酒,及游京师,娶妻择有貌者,稍不惬意即去之,前后数四",看来不为无据;然而"无士行"的考语则颇可商。以上诗与卢照邻《长安古意》对读,可见在以丽辞骈语铺叙京都繁华上显然一脉相承,但命意颇不同。卢诗之京城繁华

是作为闭户著书的扬子(照邻自喻)之对立面存在的,但崔颢却在迫切希望介入这种繁华中表现了对贵里豪家的平等要求,这种心态在短古《长安道》中以更激烈的形态表现出来:"莫言炙手手可热,须臾火尽灰亦灭。莫言贫贱即可欺,人生富贵自有时。一朝天子赐颜色,世上悠悠君始知。"这不能不使人联想起项羽观秦王出游之慨叹——彼可取而代也!

崔颢在开元十年前后的这种心态决非孤立的现象。稍前太原王翰豪荡不羁,纵酒畜妓,自比王侯,更窃定海内文士,高自标置,与张说、李邕并居第一;山东王泠然气质豪爽,上书张说直斥其"温服甲第,饱食庙堂";太原王昌龄高歌"儒有轻王侯,脱略当世务"(《郑县宿陶大公馆》);连温文的王维也曾有"百人会中身不预,五侯门前心不能"(《不遇咏》)的吟唱,等等,无不表现出企求由科举进身的北地才士之共同特征。而稍后开元二十三年及第的东川人李颀之《缓歌行》更从另一面反映了这种心态:

> 小来托身攀贵游,倾财破产无所忧。暮拟经过石渠署,朝将出入铜龙楼。结交杜陵轻薄子,谓言可生复可死。一沉一浮会有时,弃我翻然如脱屣。男儿立身须自强,十年闭户颍水阳。业就功成见明主,击钟鼎食坐华堂。二八蛾眉梳堕马,美酒清歌曲房下。文昌宫中赐锦衣,长安陌上退朝归。五陵宾从莫敢视,三省官僚揖者稀。早知今日读书是,悔作从前任侠非。

诗当是及第后任中朝校书郎一类微职时作,李颀官止一尉,从未真正荣达,但在此诗中他却将初仕的"尊荣"夸张得无以复加,因而虽以悔侠出之,却更见天真的狂侠之气。

在今人,甚至古时的儒雅之士看来,他们的这种歌唱不免庸俗与轻狂,然而在明白了上章所述的时代背景后,却不难从这轻狂背后看出其深层的历史内含。开元前中期是社会最为康泰繁荣,才俊之士前途最为光明,心情最为开朗的时期,崔颢等人对荣名的赤裸裸的追求及种种狂放行径,典型地表现了这一群体跻身过去为豪家垄断的政治舞台的热切要求与对旧秩序的逆反心理。只是他们一时还找不到一种合理的宣泄方式,便以模仿为超越,以比王公贵人更王公贵人的气派(实际的或意想的),结合在北地有悠久传统的"幽并游侠儿"的意气来表达。当我们了解到当时长安富民尤多"豪客"[1],便可明白此种风气深广的社会背景。他们与初唐四杰在不平之气上有相承之处,但是因时代氛围的不同,故虽不免浮躁,却既无王勃、杨炯那种褊狭,也无卢照邻那种病态的忧郁,甚至与骆宾王之经常自叹贫病而锋锐内藏也不同,因着侠气,在他们的不免浅浮之中,始终有着极其开朗的心情与豪健的力度,也正因此,他们在诗体及风格上也表现出对四杰的承革。

不同于当时有淹雅蕴藉传统的中朝文人之擅长精丽的五律与律化五古,也不同于当时南国轻清狷介型文人群之多用沿南朝以降自然走势的,笔致散野而不甚精严的五律与律化五古,他们的诗体从王翰以降均以七言为长,又多以四杰以降宜于挥斥驰骤的骈俪化七古为发轫,甚至尤多仿效卢骆及初唐中朝七古中的艳歌一格;但是意气所使,已由秾丽而趋向明丽,铺排成分减少而自述成分增加,因而节次虽加多而每一节的句数减少,既表现出初盛之际朝野二体结合后洗汰繁缛的共同走势,又表现出其豪俊明快的群体特点。他们此时的作品无宁说尚是幼稚的,远未达到同时或稍前历世既深又受过中朝体严格训练的李峤《汾阴行》、张说《邺都行》的水准,但是开朗的气体与明快的节奏中又分明可见出他们种种"无士行"的狂侠行为背后那种横绝一世,骏发踔厉的气概。殷璠《河岳英灵集》评崔颢诗云:"颢年少为诗,名陷轻薄,晚节忽变常体,风骨凛然,一窥塞垣,说尽戎旅。"其实,他早年"轻薄"背后的俊

---

[1] 参见《开元十五年前后》(二)。

爽意气,已经埋下了后来"风骨凛然"的种子,而后期作品中也仍可以见到早年明丽艳发的不可磨灭的印记。

然而期望着一举取代豪右的这群诗人未免过于天真,旧传记崔颢以"十五嫁王昌"诗谒李邕而被斥"小子无礼"的故事虽未必可信,却反映了这样一种矛盾:一方面敢以艳诗为干仕之具,正说明了他们无视传统规范,以放荡为骨气的心态,另一方面也预示了他们在虽然开放,但旧传统非但未曾消灭反而在日渐加强的时代下,不可避免地要走上一段艰难的人生历程,甚至遭谗远谪终身坎坷。于是在初度或数度的挫跌之后,这一群体又表现出第二个行为特征:在狂侠之气的驱使下,在当时边镇将吏与州郡胥吏入仕多门的态势影响下,开始了北走幽燕(河陇),南游吴越(荆楚)的历程(时参以二京附近的短期隐逸)。南北诗风交融的趋势经由他们的浪游向更深层次发展,他们的狂侠之气也由此而得到洗炼:荣名与报国,放荡与自我价值的实现,北地雄阔苍茫之气的激励与南朝兴衰陈迹及幽玄传统的启示,通过他们希望与失望交织的心态,形成一种复杂的张力,时代的种种文化部类的影响也因此获得了具体而各别的形态。于是人生途上的失意却促成了他们对诗艺的种种开拓。年辈较长的崔颢,在三人中体现开元前中期这批诗人的特征最为典型。

三、崔颢的南游北行及其对七古、七律的开拓

崔颢以七律《黄鹤楼》垂誉后世;又《诗薮》已提到其《邯郸宫人怨》为元白歌行先声(今人却注意不足)。今按此二事洵为崔颢诗最大创获,而其成因、内含及诗史意义,更当从其南游与盛唐七言诗演进态势中去进一步认识。

　　崔集南游各诗依路线有《赠怀一上人》(举荆河口,知至今湖北监利近大江处),《黄鹤楼》(至今湖北武昌),《江畔老人愁》(举青溪、历阳、新林,知至淮南),以下有《维扬送友还苏州》、《川上女》(言横塘)、《长干曲》、《登天竺寺》、《发锦沙村》(在今浙江建德)、《入若耶溪》、《舟行入剡》、《题沈隐侯八咏楼》(在浙江金华)等,可知当由汉水入湖北东折沿江入淮南,更沿运河入吴越。又《晚入汴水》云:"昨晚南行楚,今朝北溯河……长淮亦已尽,宁复畏潮波。"知其北归乃沿运河入淮溯汴返汴州故居。

　　按闻一多先生《唐诗大系》定崔颢生于长安四年(704),当从《江畔老人愁》推出。诗起言"江南少年十八九",从诗意观只能是自指。亦如其客居长安而游洛阳,便以"秦地行人""渭城少年"自称一般。诗又言老人一百五十岁,而陈亡时(589)为少年,从老人言"君今少壮我已衰,我昔少年君不睹"推之[1],可以假设为十八岁左右。至遇诗人时已历132年,则崔颢南游当为开元九年(721)或略前(是时"十八九",生于704年前后即十一年登第之前)。此游最可注意者是《黄鹤楼》与上举《江畔老人愁》二诗。

　　《黄鹤楼》诗之主旨与意脉,似素来未得确解。按诗人失意东南行,在《赠怀一上人》中已透露出奉道修佛之想,《黄鹤楼》正是在此一心态下作成的,而非仅是怀乡之作。诗的前半言鹤飞仙去,后半却落入深重乡思,二者之关捩处实在"鹦鹉洲"一典。此洲是汉末狂生祢衡为黄祖所杀葬身处,并因其曾于洲上作《鹦鹉赋》而得名。诗人横放杰出,却罹轻薄之名,触目起兴,遂引五百年前的狂生为同调。而今汉阳江畔,晴空远树依然,而一代名士的风华却早已湮没于萋萋芳草之中,怎不使游子顿起世事似神仙飘缈,白云悠悠,一切皆"空"之想,而有不如归去之叹呢?这种奇倔之气中的空

---

〔1〕　谭优学先生《崔颢年表》亦从此诗推算,却算错十年而定南游为二十八九岁,与首句悖。

茫之感在七古《江畔老人愁》中又以另一种体调重复出现。

此诗借南朝遗老之口叙梁陈世代簪缨之家在隋唐的没落,对比见意而结云:"君今少壮我已衰,我昔少年君不睹。人生贵贱各有时,莫见羸老相轻欺,感君相问为君说,说罢不觉令人悲。"诗中显贵不可久的意思虽与前举《长安道》诗相承,但当初那"彼可取而代也"的意气已转化为不胜沧桑之感。诗人仿佛从老人少年时的形象照见了自己的影子,而痛感到不仅豪家不可恃,自己的少年心事也未必可恃。

《黄鹤楼》之一气磅礴的狂生气质与《江畔老人愁》中叙老人早年荣华的俊快笔调,都可见出崔颢一贯的豪快俊丽特色,但江南史迹与道玄之气显然已将这狂气俊才砥砺得深沉多多。这种变化也促成了崔颢对七古、七律二体的推进。先论七古。

按《江畔老人愁》承前引《渭城少年行》之较卢骆歌行肤廓的铺叙成分减少,而自述成分增多之势,而衍化为一个完整的沧桑兴衰故事,其辞藻也更由华丽趋于清丽。这种转化与王翰由早年的艳体歌行至北游后《饮马长城窟》中的问答体的转变方向一致,却更为故事化。不过这些诗篇仍保持了卢骆体的某些特征:相当的铺排成分,于铺叙后发感叹,大量参用律句,等等,可以见出诗人因浪游所感已开始将卢骆体与乐府体结合以创造新一代的叙事诗之努力,这是前者演变为后来元白长庆体歌行的最早信号,而崔颢北归后的《邯郸宫人怨》,则是转化的枢纽。

《邯郸宫人怨》亦是自创之新题乐府,从诗中"暮行逢见一妇人""一旦放归旧乡里"等句可知,当为诗人在邯郸遇见被出宫人之即事名篇之作。邯郸近相州,则诗当作于崔颢及第后在相州任职(参傅璇琮先生《崔颢考》)时。前半段写少女五岁至十五岁,写城南使君、夫婿侍中,显受《孔雀东南飞》《陌上桑》影响。接下去铺叙入宫景象云:

　　　建章宫殿不知数,万户千门深且长。百堵涂椒接青琐,九华阁道连洞房。水晶帘箔云母扇,琉璃窗牖玳瑁床。岁岁年年奉欢宴,娇贵荣华谁不羡。恩情莫比陈皇后,宠爱全胜赵飞燕。瑶房侍寝世莫知,金屋更衣人不见。谁言一朝复一日,君王弃世市朝变……

虽然此诗仍保留感慨性结尾,古今结合亦欠圆融,但显然已是《长恨》先声。按卢骆之后艳体歌行可以乔知之《绿珠篇》与宋之问《明河篇》为代表,初见由铺排向叙事与抒情二端演化的趋向,但《绿珠篇》仅十二句,且以绿珠自写心怀形态出之,尚非典型的叙事体,而《明河篇》保留卢骆体形态尤多。直至崔颢方与王翰相先后将乔、宋二种倾向结合起来,在卢骆体向长庆体发展的历程中作出重大推进,而南游为其中极重要的一环。

从上析可见南游之《江畔老人愁》适为《渭城少年行》与《邯郸宫人怨》中介。这一方面由于诗人既从六朝兴亡故事对早先的豪矜之气作反思,必使《渭城少年行》中不同于卢骆体之叙述成分加多;另一方面则受到当时江南较北地散野清楚的诗风,尤其是东南新兴民歌的影响。笔者以为当时以金陵一带为中心,西至湖襄,东达越中,以《小长干曲》《长干曲》《横江词》《江南曲》为代表的民歌颇不同于六朝旧体,虽民间之作无存,但文人拟作可见端倪。《丹阳集》作者张潮、丁仙芝、储光羲均有此类作品,而北地、西南诗人如崔颢、李白、崔国辅(早年居海、沂,后入吴)亦纷起效尤,一时成为热点。其短章变南朝民歌之明丽婉转的纯抒情诗而为清浅活泼、常以对答体出之的连章体情节性的抒情诗[1];由此又发展为张潮、李白的《长干行》《江南行》等五言长篇叙事诗,这些叙事诗都明显有糅合汉乐府叙事诗的倾向,相信是文人在短歌连章体基础上的创造,而崔颢《江畔》《邯郸》二行正表现出共同趋向。

不过崔颢之效学南歌作创造,不同于张潮、李白者,是并非单

---

〔1〕 参见《中华活页文选》十期,拙著《储光羲诗选·长干曲四首》注译。

纯作情诗,而仍然以寄托豪宕不平之气为底蕴,《邯郸宫人怨》中极可注意者是突出"同时侍女见谗毁,后来新人莫敢言"为宫人被出之主因,这当与他在相州期间又一首七古《孟门行》(孟门在辉县,近相州)对看,诗云:

> 黄雀衔黄花,翩翩傍檐隙。本拟报君恩,如何反弹射。金罍美酒满座春,平原爱才多众宾。满堂尽是忠义士,何意得有谗诔人。谗言反复那可道,能令君心不自保。北园新栽桃李枝,根株未固何转移。成阴结实君自取,若问旁人那得知。

此诗透露出崔颢在相州也有一段鲜为人知的遭谗经历,更可窥《邯郸宫人怨》之突出谗妒,即非有意寄托,亦当有相应的心理基础。崔颢从卢骆体开始的对叙事性歌行的开拓,实是不遇浪游的感情砥砺与诗学磨练的共同结果。《邯郸宫人怨》与《孟门行》实体现了初盛之际唐人七古朝野二体结合总趋势中的两种趋向。前者以卢骆体吸取古今乐府民歌营养向叙事方向发展,后者则由卢骆体向鲍照《行路难》以上七言短古回归。前者以今参古,以骈俪为主,叙事主情,骈宕绵密,多长篇,可称为中朝体(或今体)七古;后者以古融今,破骈趋散,抒情尚气,开宕顿挫,多短章,可称为野体(或古体)七古。崔颢性尚华奢,故以前者为主,《孟门行》一类短歌仅存此篇与前举《长安道》二章。但可注意者是相对于《长安道》之一气泻注,《孟门行》已表现出鲍照式的跳宕顿挫之势,这既是南北往来的经历对狂生性气的砥砺所致,又促成了崔颢七律的杰出成就。

崔颢七律虽仅存三章,但不唯在盛唐诗人中时间最早,且体势可玩。三作中唯作于不遇而出入二京时之《行经华阴》全合律,开元十年之《黄鹤楼》与二十一年后任职河东军幕时的《雁门胡人歌》都以拗句起;而后者本为新题乐府,前者颇仿沈佺期新题乐府《龙池篇》。参以盛唐前中期中朝以外诗人极少七律,可知七律虽定型于景龙文馆学士中[1]，但一二十年间，于非中朝诗人尚是一种尝试未久的新鲜形式，故即使声调能谐，却大多以七古句法行之。崔颢的成就在于率先以其狂侠气质，在七律体势虽判却尚不精微的态势下，于不严守律格中，偏偏对其体势的进一步分判作出了重大贡献。

按七律虽溯源于骈俪化歌行，但却因声谐句对，而内蕴有一种各联相对自足而联间相对断裂的体势。如何做到似断而能续，是七律在四韵的限制下，扩展内涵，也使长句流转的声调不致流荡无止，以造成疏宕空灵境界的关键所在。这在景龙学士，因草创之始及风会所至，主要通过炼句琢对，形成不同于歌行的，语法相对隐微而意象密集的句法来被动地体现，却也因此而形成了与声律谐合的律体句法。唯因情兴单一，宴游中的事与意的内在一致，故难以产生多重意境，律体意脉断续的体势也不易充分发掘。当盛唐才士以其不平之气倾注于七律时，本身已有了进一步释放七律体势特点的可能，但实践却并非尽如人意。如王昌龄所存《九日登高》《万岁楼》二律，《诗薮》评云"拙弱可笑"，究其原因，实在将七律当成声律谐合的歌行短章行之，这样在八句之中既不能发挥今体歌行骈宕摇曳的体势，又丧失了律体的优势。崔颢《黄鹤楼》题材寄意本与昌龄《万岁楼》相近。也借用歌行体调，但又以其七言短章主气顿挫的趋向与中朝体律句的成就融而为一。"晴川""芳草"一联工切整炼的对仗，使前四句一气盘下的流走之势得以顿挫，而"鹦鹉洲"又以其暗示作用使前后隐然贯通。这在诗人其实是即目所见而非刻意用典，但因短古体势之断续相生而不挑明其意，遂形成了超妙无尽的诗境。大抵崔颢三律均起联高迥而时参拗调；中联揽大景物（一或二联），工切之中意气磅礴，从而油然溢为尾联之唱叹，虽然这是歌行结法，但因中联崒兀隐秀，余势鼓荡，而不致有一

---

[1] 参见拙著《初唐七律的成熟及其风格溯源》，原载《中华文史论丛》1986年第 4 期，今亦收入本书。

览无余之弊。这种格局在他尚是借旧法行新调,但却开了后来杜甫以古入律救中朝七律积弊的基本法门,可称是一种大巧若拙的境界。

崔颢三律中《雁门胡人歌》的心态颇可注意。诗从对燕代旷野景物与归胡剽悍中见安逸的生活描绘中转出结句"闻道辽西无斗战,时时醉向酒家眠",这固然因为当时北边确实平宁,但如参以同时期五古《结定襄郡狱效陶体》之自矜干练,得色怡怡,便可知他作幕河东,颇有素志得偿之感,于是狂生意气换了一种形态。正因为此,他此时五古边塞名篇如《赠王威古》《古游侠呈军中诸将》等均着意于从鲜袍明甲、豪饮群猎的描写中显露一种豪宕俊逸之气。后者更从少年游侠写起,结到如今"腰间带两绶,转盼生光辉。顾谓今日战,何如随建威",无异于对过往生活的形象总结,足见其边塞诸作,实与前期游侠冶荡,从意气到诗艺的不可分割的联系。

应当说崔颢的作品缺乏后来李颀、王昌龄、高适那种深度,这既因他本质上是位才子而非干才,也因为开元中后期时代的阴影尚不深重,诗人虽有不平,心境仍较开朗。天宝初他步入中朝后再无佳作留存。这恐怕不能不归因于作为北地豪侠型才士的典型,他已脱离了根本,个性少有发挥的余地,而他未曾写完的这一群体的心史,将由李颀、王昌龄来继续完成。

四、李颀的南游北行及其七古个性风格的形成

《河岳英灵集》论李颀诗云:"发调既清,修辞亦秀,杂歌咸善,玄理最长……足可歔欷,震荡心神。"其实这应是李颀后期诗的特点。他的前期诗大多似前举《缓歌行》一样,较之王翰、崔颢等虽不陷轻艳,但体势并无重大区别,即以玄理而言,尽管李颀家居近嵩,早年即受道玄影响,但是前期《赠张果先生》等作也不过是慕神仙

之轻举，看不到玄理与诗境融浑一体的联系。要理解李颀诗风如何形成，必须先明了研究者尚未发明的北游与南行，而其《欲之新乡答崔颢綦毋潜》诗实为关键。

> 数年作吏家屡空，谁道黑头成老翁。男儿在世无产业，行子出门如转蓬。吾属交欢此何夕，南家捣衣动归客。铜炉将炙相欢饮，星宿纵横露华白。寒风卷叶度滹沱，飞雪布地悲峨峨。孤城日落见栖鸟，马上时闻渔者歌。明朝东路把君手，腊日辞君期岁首。自知寂寞无去思，敢望县人致牛酒。

起言数年作吏，中言归客，末言无恩而民人不会有去思，则知诗并非作于赴新乡尉时，而为弃官之作，诗题"之"必为"去"之误。又李颀家乡东川（今河南登封）在新乡西南，而诗言"明朝东路把君手"，则知其去官与归隐间有东游之举。李颀开元二十三年及第后一度任中朝校书郎一类微职（《缓歌行》），其任新乡尉当在二十四年或略后，未满秩去官，则其东游当在开元二十五年或稍后。李颀又有二游江南，其《送皇甫曾游襄阳山水兼谒韦太守》诗中云："旧国欲兹别，轻舟眇未央。百花亭漫漫，一柱观苍苍（均在荆州）。按俗荆南牧，持衡吏部郎。逢君立五马，应醉习家塘。"从所指路线可知必为在江南送皇甫曾经荆州向襄阳。韦太守为韦陟，天宝四载任[1]，则知天宝四载李颀又在江南。由此又可大致确定他北游时间。李颀有《古塞下曲》云："行人朝走马，直指蓟城旁。蓟城通漠北，万里别吾乡。"知曾北游幽燕。按《缓歌行》未及北游事，却云"十年闭户颍水阳"，《放歌行答从弟墨卿》又云"小来好文耻学武"，可知北游不会在未第前。又据傅璇琮先生《李颀考》，他开元二十九年在东京，天宝六载后在西京。上考天宝四载在江南，而天宝十二载前已卒。因此他北游幽燕一定在初次南游之后，时当开元二

---

〔1〕 参见《唐刺史考·襄阳郡》。

十六年至二十八年间。以上开元二十五年至天宝四载十年间二次南游与一次北行,正是李颀诗风转变的重要时期。

从前引《欲去新乡》诗中已可见,当时其诗风因意气不平已较《缓歌行》有长足之进展,"星宿纵横"以下四句写景为全诗中峰,不唯意象苍茫,且初见他后期诗结构跳荡之致。也可见李颀七古虽同崔颢都从卢骆体起步,却主要是向崔颢《孟门行》一类短、中篇抒情诗方向发展。这应当与其较早悔侠,不陷轻艳与道玄意识有关;而南游名篇《杂兴》更标示了他后来诗风的新方向。

> 沉沉牛渚矶,旧说多灵怪。行人夜秉生犀烛,洞照洪深辟滂湃。乘车驾马往复旋,赤绂朱冠何伟然。波惊海若潜幽石,龙抱胡髯卧黑泉。水滨丈人曾有语,物或恶之当害汝。武昌妖梦果为灾,百代英威埋鬼府。青青兰艾本殊香,察见泉鱼固不祥。济水自清河自浊,周公大圣接舆狂。千年魑魅逢华表,九日茱萸作佩囊。善恶死生齐一贯,只应斗酒任苍苍。

诗人行经当涂牛渚,感晋名臣温峤燃犀烛怪,至武昌应梦而卒故事而作此诗,结出主旨:清者自清,浊者自浊;圣者自圣,狂者自狂;唯有齐生死,等善恶,斗酒任运而已。此诗可注意者有二:

首先是李颀早接道玄,也时或说些"浪迹希夷际""应物云无心"(《谒张果先生》)之类的话头,但从《缓歌行》可见,他早年颇愿做位贤者,然而本诗中所表现的心情是,即使贤能如温峤也不免鬼神之灾,则圣自圣,狂自狂中,他无疑转以狂者自许。这实在是一种无望的解悟。早年的接慕道玄,因着《欲去新乡》后的愤懑,由南国灵怪故事所引发,而开始逗露出他后期诗对含有幽玄意味的奇怪事物尤其倾心,并进而对一些并非奇怪的事物也常以幽奇的意象状绘之的倾向,而因着其固有的豪侠心性与后来北游中大漠犷悍之气的砥砺,这幽奇总同时伴随着一种雄浑拗健的力度。空山中的灵怪,幽黑底色中的姹紫嫣红,黄云中的惨淡白日等等成为他后期诗中常常出现的反差强烈的意象。阴、黑、昏、黄、枯、老等，也成为用得尤多的字眼，而这些一以硬笔快毫出之，读之似可扪摸到他极度压抑的阴冷心理下那不甘失败的潜意识。他游到云间（松江），作《魏仓曹东堂栌树》云"长头拂石带烟雨，独立空山人莫知。攒青蓄翠阴满屋，紫穗红英曾断目"；他北游幽燕，一无所成，所以边塞诗中绝无崔颢那种鲜亮色调，而总以"黄云陇底白云飞，未得报恩不得归"（《古意》）、"野云万里无城廓，雨雪纷纷连大漠。胡雁哀鸣夜夜飞，胡儿眼泪双双落"出之。当我们读到他天宝五载那首著名的《听董大弹胡笳》时，固然为他描状音乐的技巧所倾倒，却又感到，胡笳声固然是悲的，但听者竟集中了如此众多的幽奇以至酸苦的意象来表现那种渴欲冲破却冲也冲不破的悲感，就不能不说这听者的心态太过酸楚也太过倔强；更不难看出这诗中的意象，实已将南国的幽玄与北地的苍凉成功地融合到了一起；而如果将它与王泠然的《夜光篇》对看，更可悟，尚奇虽是豪侠型诗人的固有倾向，但王之雄奇与李之幽奇，实反映了开元与天宝这一类型诗人的不同心理特征。

《杂兴》诗又可注意者是意脉与结构，在《欲去新乡》诗中业已有所表现的那种跳宕性，已进而成为像断脉连转接奇横的格局，这既因为集笔力于幽奇景象之刻画而形成了景象的块状性，也因为诗人心情的激越起伏所致。在南游过程中，李颀诗这种结构特点已显得相当圆熟。如短古《送刘昱》："八月寒苇花，秋江浪头白。北风吹五两，谁是浔阳客。鸬鹚山头微雨晴，扬州郭里暮潮生。行人夜宿金陵渚，试听沙边有雁声。"此诗一反送别诗常例，至第四句方承别绪点出行人去向"浔阳"，五六句逆笔补出始发扬州，七八句顺势设想夜宿金陵景象便戛然而止。盛唐七古转接奇兀的章法特点至此已确然成立。

以苍黯倔奇的意象与跳荡回互的结构，在似断若续中表现狂生末路的郁勃之气，是李颀后期七古最重要的特征，其结合最佳者除《听董大》等音乐诗与下文要论到的送人诗外，当推《爱敬寺古藤歌》。

> 古藤池水盘树根，左攫右拏龙虎蹲。横空直上相陵突，丰
> 茸离缅若无骨。风雷霹雳连黑枝，人言其下藏妖魃。空庭落叶
> 乍开合，十月苦寒常倒垂。忆昨花飞满空殿，密叶吹香饭僧
> 遍。南阶双桐一百尺，相与年年老霜霰。

遭受雷殛的池边枯藤，虽已不复原先龙盘虎踞，丰茸离缅的英姿，然而它强项的生命力未曾衰竭。十月苦寒中疏叶开落，使人不禁忆起昔日飞花满殿，密叶荫僧的盛景。处于中心位置的枯藤，因数个黝暗灵怪的意象叠合有一种出世间的幽玄之气，而前一幅雷殛前的强悍景象既与之对照又为之蓄势，这幽玄中便见出一种郁勃之气。而后一幅的旖旎风光更足以引动对前面对照的反思，至此诗意已足，却又再起波澜：南阶下那百尺双桐与它年年在霜霰中默对，似乎象征着它焦枯的外形中一点不死的灵明。全诗实以同一幅景物的意象叠加与各幅景象之对照写出，在强烈的反差与跳宕盘互的气势中，似可以见出诗人跌踬后的强项、绝望中的希望、凄切中的郁怒的心理张力，北地诗人的豪宕与南国幽玄之趣在此有了完美的结合，玄理也才有了诗境的体现。虽然本诗未标明作时，但从技法与心态看，定为开元后期至天宝间诗可以无疑。

李颀诗最负盛名的是那些为才士写照的送行诗，这些作品为研究者所熟知，不烦细析。所要着重指出的是这些诗基本上都作于天宝后，且其中有一个反复出现的原型。试比较以下几组形象。

> 露顶据胡床，长叫三五声，……左手持蟹螯，右手执丹经，
> 瞪目视霄汉，不知醉与醒。(《赠张旭》)
> 手持莲花经，目送飞鸟余。(《送綦毋三谒房给事》。按房琯天
> 宝五载任给事中)
> 朝持手版望飞鸟，暮颂楞伽对空室。(《送刘四赴夏县》。天

宝中作,见傅璇琮考)

　　腹中贮书一万卷,不肯低头在草莽。……醉卧不知白日暮,有时空望孤云高。(《送陈章甫》。天宝中作[1])

　　朝朝饮酒黄公垆,脱帽露顶争叫呼。(《别梁锽》。梁锽天宝中人)

　　可见先辈吴中草圣张颠(旭)的形象给了李颀极深刻的印象。如果说嵇康"手挥五弦,目送飞鸿"的意态是宅心幽玄的容与,那么在李颀笔下已化为一种幽玄意味的苦闷的象征,诗人似乎总是在大醉之后手执经卷、瞪目云汉。虽说是众人皆醉我独醒,却又对人生之谜苦无真正的解答;传统的以山水散愁的表现方法似乎已不足以驱遣这种苦闷,于是转而用才士形象的表现来对失落的自我作肯定。北地狂侠倔强的影子依然存在,但再已不复初时那种彼可取而代之的企望,甚至"大道本无我,青春长与君"的解慰也显得空茫。当我们明白了天宝五载前后那场大屠杀的前因后果及李颀与韦陟等人的关系后,也就可以憬悟,陈章甫等人的形象,实是一代狂侠型才士在天宝中失落苦闷的典型写照;当我们将李颀后期这种种玄气的诗化表现与同时同样融化玄佛之理的王维诗之寂灭清空比较时,又必能明白,不同个性不同经历的诗人如何将同类的文化影响转化为不同的诗歌体势与风格。李颀续写了崔颢未及写完的心史,而他那意气孤特郁怒,意象苍黝幽奇,意脉跳宕回互的七古,却为同时稍后的李白、杜甫向不同方向开拓,并遥遥指向了中唐之末的李贺。

　　李颀七律存六作,亦可观。早作《寄綦毋三》以粗毫大笔挥洒,也同崔颢以短古法行之,由此可窥名篇《送魏万之京》之成功原因。他如"片石孤峰窥色相,清池皓月照禅心"(《题璇公山池》,当作于

---

[1]　诗末言"罢官",当在章甫"一卧松丘,二十余载"后,章甫天宝九载为亳州纠曹,有壁记,终官太常博士。数事参看,此罢官应在天宝中。

南游经庐山时)、"窗前绿竹生空地,门外青山似旧时"(《题卢五旧居》),则气调句法亦律化,体现了七古七律体势的进一步分化,而开中唐七律先声。李颀后期七古句中意象加密,似与其七律及五律修为有关,可见七言各体之相互影响促进关系,限于篇幅,不赘,姑识于此。

五、王昌龄的双重气质和西行 南贬及其对七绝的开拓

王昌龄的气质与经历,颇有与崔、李相同处。从早作《邯郸少年行》《少年行》等可见其亦曾慕侠尚气,而入仕后也因"不护细行,屡见贬斥"。昌龄开元中追从张九龄,天宝中与李邕、皇甫惟明之子皇甫岳交好,均有交往诗,则其不达固宜,而"不护细行"应是向他开刀的理由。因此经历,昌龄开、天间心境由锐进开朗到凄婉迷惘,诗风由雄浑俊丽到幽远朦胧,这从其早年北游的边塞诗与南贬的行旅送别诗的比较中可以清楚看到。前者为人们熟知,试举后一方面数作。

> 孤舟微月对枫林,分付鸣筝与客心。岭色千重万重雨,断弦收与泪痕深。(《听流人水调子》。开元二十五年贬岭南)

> 摇枻巴陵洲渚分,清江传语便风闻。山长不见秋城色,日暮蒹葭空水云。(《巴陵送李十二》。开元二十七年由岭南赦回)

> 寒雨连江夜入吴,平明送客楚山孤。洛阳亲友如相问,一片冰心在玉壶。(《芙蓉楼送辛渐》。开元二十八年后为江宁丞)

> 丹阳城南秋海阴,丹阳城北楚云深。高楼送客不能醉,寂寂寒江明月心。(同上之二)

> 冬夜筋离在五溪,青鱼雪落鲙橙齑。武冈前路看斜月,片

片舟中云向西。(《送程六》。天宝中贬龙标)

将这些篇章集中在一起看,楚云、吴雨、寒江、秋阴、岭色、海雾等等频频出现,叠加组成了一种深重迷惘的愁苦氛围,而经常又有一轮孤月从愁云中升起,似乎是诗人心地深处不灭的一点灵明。可见从心理的总趋向上(开元末至天宝中)昌龄与李颀表现出一致性,但是在色调上却有明显区别,李颀多表现为郁勃拗怒中的清峭,昌龄则表现为迷惘凄惋中的清怨;昌龄这类意象倒是与南人常建诗有相近处,常建天宝中诗反复出现的意象是清江琴(筝)音,孤舟明月。所不同者是常建之清在清远以至清寂,而少有昌龄那种阴郁的底色。从以上比较中,特别是从"月"这一佛家以作心性清明象征的意象的反复出现中,可以悟解出王昌龄诗作的特殊性来,而这种特殊性其实已深藏于他前期诗作中,并因西游南贬的锤洗,日益成熟。

研究者都注意到昌龄早年的边塞诗有一种矛盾性格,一方面是对边功的热烈追求,另一方面又有种深长的愁思。而如果深入一下探究,便可见这种矛盾原基于昌龄有别于崔李的双重气质与西游河陇的特殊时机。

昌龄虽亦豪侠,但从一开始起就较崔李有深度,其《咏史》以荷畚洛阳,终为名相的王猛为祈向,盛赞其"长策寄临终,东南不可吞"的卓识,结到王猛贫贱时见嵩山老故事,可知是早年未达时所作,而少小远志亦隐然可见。昌龄这一特点,首先当与他"久于贫贱,是以多知危苦之事"的家境有关,他实际上也缺乏可供挥霍的物质条件;也因此他早年接受道玄影响也不表现为李颀早年那种慕神仙之轻举,开元十一年初游并州时的《悲哉行》,就已从登高观云中体现出一种对物各自然,盈缩有期的自然的解悟,一种宽远气象中的清虚之韵。所以他开元十五年春登进士第,九月又登"草泽

有文武高才科"〔1〕,一朝释褐,也并不像崔、李那样矜夸自得(参
《灞上闲居》诗),二度贬谪也不极度地激愤绝望,不仅以"盈缩理无
余,今往何必忧"自解,更常怀着"明时无弃才,谪去随孤舟。鸷鸟
立寒木,丈夫佩吴钩。何当报君恩,却系单于头"(《九江口作》)式
的执著希望与自信。孤寒与玄学解悟,使他常有一种忧患意识,一
种形而上的趋向,他不仅有北地豪侠少年体现得尤其充分的时代
性的"英特越逸之气",且兼备一般侠少所缺乏的"深沉包育之度"
(均玄宗语),这样一种特殊的双重气质,又恰在一个特殊的时机西
游河陇,使昌龄的边塞诗一开始即不同凡响。

　　谭优学先生据昌龄《代扶风主人答》诗中"天子初封禅"句定其
西游归来为开元十三年,虽论证尚有未赅,但结论大抵可信,唯十
三年十一月东封,而诗首言"杀气凝不流,风悲日彩寒",《吕氏春
秋·仲秋》"杀气浸盛,阳气日衰",知此诗至早当为十四年秋作(初
封禅,未必指当年)。按开元十三年至十五年是玄宗不纳张说之
谏,用王君㚟西征吐蕃,先胜后败,君㚟被杀,"河陇震骇"之时。这
是开元时期唐师最惨重的一次失败,也是玄宗好尚边功的开始
(《通鉴》卷二十九史臣评),而其致败的征兆早有显露。《通鉴》开
元十四年记自长寿元年起安西常"以唐兵三万戍之,百姓苦其役",
为都护有善政者唯田扬名等数人,同书十年又记府兵"自成丁从
军,六十而免,其家又不免杂徭,浸以贫弱,逃亡略尽,百姓苦之",
而"将帅苟以自卫及役使营私而已",故张说奏改府兵为募兵。但
"养兵之弊",又从此而始(史臣评)。对于以上久戍、将帅不得其人
等弊端,人们不难从昌龄诗中看出对应关系,而更可注意者是《塞
下曲》之三云:"纷纷几万人,去者无全生。臣愿节宫厩,分以赐边
城。"按《通鉴》开元十三年记,当时厩马由开元初之二十四万匹增

----

〔1〕　十五年正月诏试此科,九月玄宗亲试,从昌龄《放歌行》可知他曾应此科
　　　及第。

至四十三万，"上之东封，以牧马数万匹从，色别为群，望之如云锦"。因此"节宫厩"实针对当时唐人诗中从无反映的马政之弊而言。足见昌龄对边事的独有的敏感，他不同于崔李之主要从个人成败写从军意气，而一开始便以一种深沉的，甚至有历史时空意味（"秦时明月汉时关"）的态度来观察边事。明了这一点，不仅有助于对其边塞诗内含的理解，更有助于从这位诗人的气质中去领会他诗歌创作的总体特征"绪微而思清"（《旧唐书》本传，《新唐书》作"绪密而思清"），且何以以七绝成就为最高。

　　两唐书所论之含义，可从《文镜秘府论》所引录《王氏论文》之主要思想领悟，此挈其要。"王氏论文"头绪繁多，实则均从"但多立意"与"文章是景，物色是本"，即立意与取象两造之关系生发，而其枢纽环节在于"意发兴生"。诗人感情郁积，触物起兴而有创作冲动，然后"即须凝心，目击其物，便以心击之，深穿其境，如登高山绝顶，下临万象，如在掌中"，然后在"巧运言词，精练意魄"的过程中完成诗境的构筑，所以又说"夫诗工创心，以情为地，以兴为经，然后清音韵其风律，丽句增其文彩，如杨林积翠之下，翘楚幽花，时时间发，乃知斯文，味益深矣"（引文均录自《文镜秘府论·论文意》）。由此可悟，所谓绪密（微）而思清，亦即密勿要妙的意象与清而不杂的思理之统一，密与疏，繁与一，总笼万物与精炼意格在诗人心地的统一。"王氏论文"应是昌龄任江宁丞时以教后学的讲述，所谓"诗家夫子王江宁"的称誉，实已揭示了这一谜底。不过理论总是实践的总结。这种创作倾向在王昌龄前期的边塞七绝中已有表现，而在南贬之后愈益发展。为说明这点须简要返顾唐人七绝发展的历史状况。

　　七绝源于七言短歌，齐梁至唐初受永明声律论影响，其句律（文之粗者）进展甚快，但气调（文之精者）多禀承前代，受西曲影响尤重。佳作如隋炀帝《垂柳》，王勃《蜀中九日》乃至杜审言《送苏绾》等，皆意象单纯，意脉明显，不事刻画，纯以清便婉转取胜。也因此以七绝写边塞题材甚少,至武后时仅存二首。如太宗《破阵乐》:"秋来四面足风沙,塞外征人暂别家。千里不辞行路远,时光早晚到天涯。"句律虽谐,调仍西曲,可视为近古一体。

不过在初唐宫廷中,因普遍追求雍容典丽的风气与五七言律诗完成的影响,七绝开始向重妆点刻画方向发展,作品不少,如元万顷《春日》:"凤辇迎风乘紫阁,鸾车避日转彤闱。中堂促管淹春望,后殿清歌开夜扉。"意象加密,意脉渐隐,七绝遂有体调亦今体化的又一体(故称为近今一体),唯以题材狭窄,索莫乏气,转趋滞重。

因此新一代唐人七绝的发展趋向,必然是这两种体格的互补结合,而曦光初露的第一首,应推上官仪与元万顷同题的《春日》诗:"花轻蝶乱仙人杏,叶密莺啼帝女桑。飞云阁上春应至,明月楼中夜未央。"此诗虽设色艳丽,却于巧用典故与律对精切中见出翛然远意,可以视为王昌龄《宫词》之先声。将上官仪的成就引入边塞诗的,自当推王翰与王之涣的《凉州词》。从王翰艳体七绝《观蛮童为伎之作》(长裙锦带还留客)与其"葡萄美酒夜光杯"的对比中,不难看出这位北地豪侠型诗人的先行者,是如何以雄豪之气运律体句法与秾丽之辞,开出朝野七绝二体兼融的新境界的。

王昌龄七绝《从军行》在句法开始律化方面与二王同时先后而趋向相近甚明,诸如"黄昏独上海风秋""日暮云沙古战场""青海长云暗雪山""大漠风尘日色昏""胡瓶落膊紫薄汗"等句,更可看出单句意象加密的趋势。唯昌龄气质雄俊中见精细,对边事观察之细更使之理致深刻,故于二王又有所推进。大抵而言区别有二:就单篇言,二王情气得兼,而王翰主气,之涣尚情,意脉均较单纯,保留七言短古体势较多;而昌龄以意为主,兼情与气,故单句意象开始加密,意脉也开始显得曲折开宕。这只要对比王之涣"黄河远上白云间"与昌龄"青海长云暗雪山"二绝不难看出。至如"大漠风尘"一绝之针线密匆而意脉疏宕,"胡瓶落膊"一首之至第三句"明敕星驰封宝剑"逆挽作跌宕，"玉门山嶂"一首之结句含思，都初见昌龄七绝较二王更重结构安排。"王氏论文"有十七势，由此已可见端倪。王昌龄七绝之俊爽中见蕴藉之致，其实是其意兴不群、意象隐秀、意脉疏宕曲折的总体表现。

从本章开始所引五首南贬中七绝可见，昌龄后期诗又发展了《从军行》的以上特点，这些诗的共同特征是由《从军行》虽意象加密，但基本上仍是以情驱景，发展到以情隐景中为主，句中往往并列数个名词意象而不用动词、虚词。句间又经常无明显的接续关系。即有情语亦只轻轻一点。而如"孤舟明月""摇枻巴陵"等首则全由空间运神，诗旨全隐景中而富于朦胧之感。这种变化当与他任校书郎，进一步接受中朝近今七绝风格影响有关（详后），也更有得于南贬的经历。后一方面可以明显见出的是南国风物的清秀凄迷对贬中诗人心境的影响，而不易见出的则是禅宗思维形态的介入，其最好的例证仍是"王氏论文"。从上举凝心穿境的论述中已可见心地法门实为"王氏论文"思维形态之主脑，而所论"无兴即任睡……眠足之后，固多清景，江山满怀，合而生兴"，更显为南宗禅顿悟与一行三昧说之诗学表现。昌龄从开元二十五年贬岭南起，后来赴江宁，贬龙标，十数年中均在南宗禅盛行地区生活，后期诗亦尤多谈禅之作，故在诗学中参融禅论，形于创作便有主于心证、重于朦胧感觉之趋向，是为前述后期诗境之深层原因。

昌龄于七绝之又一创获是对多首连章组诗之发展，细味《从军行》七诗，实有首尾贯串的内在联系，今姑以《唐人万首绝句》所录顺序试绎之。组诗以边愁起，"烽火城西""琵琶起舞"二首，反复咏叹，而以"换新声"勾连二诗，小结于"高高秋月照长城"的深长愁思中。第三首（青海长云）是关捩。因愁思深长而"孤城遥望玉门关"，玉关遮断，悲愤中反生确斗无前之气，遂有"不破楼兰终不归"之誓。第四首"胡瓶落膊"承上之"不破楼兰"，而回想初征时"誓君一夜取楼兰"之英概，顺势又有五首（玉门山峰）之依戍看火，时刻警望。二诗盘马弯弓，蓄势已足，便有六首"大漠风尘"之出师速决，捷报飞来。如此忠勇，如此长愁，对照之下，发为末章（关城榆叶）之俯仰古今，表请回军，末句"莫教战士哭龙荒"，遥应首章，意味尤深长。《从军行》七首，他本或少一二首，或后数首排列略异，但均可以串连下去。这其实反映了昌龄与崔、李诗体上的异同。

昌龄豪俊，亦以七言为长，但思致深刻，尤讲究作法，则宜短章而不宜长篇，故少作多七言短古，又转而攻七绝，开创了前述新境界。而当他需要表现更复杂的意蕴时，便以多首连章形式对同一问题作多棱面的表现。退一步言，上七诗，即使诗人当时并不一定如上析那样作精心的安排，但既围绕同一中心，便形成了各章间的内在联系，从而起到了近于长篇却更灵活的效果。七绝连章虽不起于昌龄，但以多首连章咏边事这样复杂的题材，则不能不说是他的重大拓展。七绝源于七古，连章源于乐府之分解，从中则又可见昌龄与崔、李在诗体形式上的异中之同来。

连章七绝在昌龄七绝又一重要方面——宫词中也有杰出表现，即《长信秋词》五首。据唐宋总集收录情况，颇疑第三首"奉帚平明"为题作"长信宫"的独立作品（或为组诗末章）。其他四首则以"夜来霜""霜深""梦""白露沾草"四个暗示时间的意象前后贯串相续，写长夜怨思的全过程。"金井梧桐"一首写夜来霜下，宫人无赖，卧听滴漏。第二首写秋霜更浓，夜已向深，寒砧声中，她仍不能不忆及那绝情的君王，于是银灯之下，拈针缝衣，痴望一点心曲，尚能上达圣主。第三首写（裁缝已罢），她已安歇，竟然梦见了君王；遥照二首结句"还向金城明主看"。但当西宫夜宴的灯火喧声将她惊醒时，一切又成空幻，眼前他人专宠的景象，徒然勾起了她当初承恩的记忆，于是只能久久寻思红颜薄命这千古如一的悲剧。至此又折入末章，"白露沾草"，已是后夜近明时分（应"梦"醒），一切已成过去，连秋月之下细草丛中的点点屐迹也已依稀，于是她只有"红罗帐里不胜情"，独自久久地品尝着人生的苦酒……（"奉帚平明"若为末章,则夜尽朝来,又开始新的一天的愁思)。可见这一组诗较《从军行》更有精心结构的痕迹,称之为艳体叙事歌行的变体,当无不可。

　　昌龄艳情宫词类七绝,除《闺怨》《青楼曲》二首疏朗明快外,《春宫曲》《西宫春怨》《西宫秋怨》《长信秋词》五首,共八章,均意象尤密,意脉依微,极力于朦胧幽怨境界的营造,从意格笔法看,都与前举南贬后五绝相类。其间关系有两种可能。可以肯定的一点是,这八章显为上官仪《春日》一类宫廷作品的发展,这与他任校书郎时期所受中朝体熏陶分不开,这种熏陶,也自然融入南贬后的作品之中。因此昌龄七绝尤其是后期作品实为盛唐朝野、南北诗风通过诗人活动自然交融的卓异成果。也许这八首即作于在中朝时而直接影响于后期作品,然而笔者更倾向于八诗是南贬后别有兴寄的作品。理由有三:其一,唐人深讳宫帏中事,很难设想昌龄敢于在朝连作八诗显暴之或讽喻之;其二,自《河岳》集后,唐人选集除专选中唐之《中兴》《御览》与别有宗旨的《箧中》《极玄》外,均录昌龄宫词,偏偏天宝三年成集,亦多收艳诗的《国秀集》未录上八首之任何一首(收昌龄五古艳诗《古意》);其三,八诗一而再,再而三,反复以抒怨愁望君之意以至凄凉欲绝,这与昌龄南贬诗之极尽凄伤又反复以言"明时无弃才""天泽俱从此路还"等等正相一致,甚至连多用明月与凄迷景象映称亦同。所以无论从心态与技法来看,都以南贬后作可能为大。如果这一推论是正确的,那末正可见出与崔颢《邯郸宫人怨》的异中之同来。

　　综上所论,崔、李、王三诗人,同时而前后相续谱写了盛唐北地豪侠型诗人从满怀希望,到焦虑不安,到深重失望的心史,从中也隐隐映现了开天时期政治风云的变幻,由于与中枢人物的关系密切,他们在这一方面较南方诗人来得更为敏感,也更有典型性。他们在类似的背景下,气质、行为、经历、心理上的共同趋向,促使他们在诗艺诗体上表现出某种同一性,代表了唐人七言诗发展史上的一个重要阶段。然而以上方面种种微妙的区别，又造成了他们高度个性化的风格与不尽相同的诗史成就。由这种同异观之，诗史研究固当以历史文化背景为依托，以诗歌的体势、风格演进为最后的落脚点，然而重视诗人及诗人群体的行为、活动、心理研究，也许是使上二方面的研究不致成为简单的代入关系，而能成为活的诗史的不可缺少的方面。

（本文原载于《唐代文学研究》1994 年第 5 期）

王维与山水诗由主玄趣向
主禅趣的转化

　　首先当引起注意的是这样一个颇为特殊的现象：盛唐才俊之士的创作盛期，大都是在步入朝端，仕途顺畅之前。一旦前程通亨，便似乎失却了不平则鸣的丰厚土壤，而归于岑寂。通亨而又能保持诗歌创作活力的，只有高适、岑参、王维三家。高、岑较易理解，他们仍有较长时间的外放远州的经历。其后期仍屡有佳作，其实已开中唐元和后大诗人往往兼政治家的先声。唯独王维，终官最显，天宝后几乎不出二京，军政方面无所建树，却别开新境，成为一代文宗。王维的这种特殊性，其实说明，他与高、岑一样，创作的立足点已经移位，而指示着与开元精神相承相变的新方向。他以不同于高、岑的内心世界的尤其深刻而痛苦为创作更新的曲蘖，从而与孟浩然前后相继，同中有异地完成了山水诗创作史上的第二次升华——由晋宋后主玄趣到盛唐主禅趣的转化。这便是本文所要论述的主旨。1980 年 4 月陈允吉先生在《论王维山水诗中的禅宗思想》一文中曾就诗与禅在王维身上的关系，作出过超越前人的论证。本文的重点则在于通过对玄禅之辨及王维禅宗思想的时代与个性特点的讨论，进一步阐发禅宗意识转化为王维诗内质的必然性与具体形态，从而进一步梳理陶谢以降至王孟前后山水诗发展演进的轨迹，对于陈文发挥较透彻的问题则不再详论。对于有异于陈文的一些观点，也随文作一些必要的辨析。

一、后期王维的心理特征、处世
哲学及其历史文化内涵

天宝后，王维的生活经历实在不少可为后人非议处。以立身处世为创作根本的评论家们，最不满于他的还不是安史之乱中的被迫从逆，这还有一首《凝碧池》诗可为之譬解；他们抨击最烈的是天宝元年诗人那首对权奸李林甫谀美有加的《和仆射晋公扈从温汤》诗，以及后来又与林甫党从苑咸等唱和频仍。王维前期师事张说、张九龄，二张作为一代才俊之士的领袖，与文士的死敌李林甫的斗争，贯穿了开元中后期的历史。而当师友去后，诗人似乎转向了对此负有重大责任的敌方，这人格不是太成问题了么？然而仔细地审视一下当时诗人的处境与行为，就又不能不对他产生同情。张九龄死后，李林甫专权，其实是标志着武后朝开始的登用文学之士的趋势受到了决定性的阻滞，而天宝初年李林甫、杨慎矜等勾结酷吏吉温、罗希奭等对李适之、韦坚、皇甫惟明、李邕、裴敦复集团的争斗，又开始了一个血腥的时期。争斗的结果是以李适之集团的彻底失败，纷纷被贬诛杀结束，而偏偏这一集团与才俊之士有着极深的联系，他们可以说是开天才士之最后一重依托，而王维与这一集团中人的交谊尤深。《旧唐书·韦安石传》附子陟、斌传记，开元中"才名之士王维、崔颢、卢象等，常与陟唱和游处"、韦斌对"徐安贞、王维、崔颢，当代辞人，特为推挹"。这韦氏兄弟便是韦坚族人，曾为张九龄识拔，天宝五年韦坚败死后双双坐累贬官。皇甫惟明之子皇甫岳，即是王维有名的五绝组诗《题皇甫岳云溪别业》中的那位主人。至于饮中八仙之一的李适之，与李邕、裴敦复均以延纳才士，声高当时。与二张及可以视为二张后继的李、韦集团有着如此深刻渊源的王维,在天宝初李林甫势焰甚嚣尘上的氛围下,处境微妙,如履薄冰是可以想见的。明此,再来读其《与魏居士书》便可获得一些新的感受。此书论及许由以下隐士之不智,有云:

> 降及嵇康,亦云顿缨狂顾,逾思长林而忆丰草。顿缨狂顾,岂与俯受维絷有异乎? 长林丰草,岂与官署门阑有异乎?……近有陶潜,不肯把板屈腰见督邮,解印绶弃官去,后贫,《乞食》诗云:叩门拙言辞。是屡乞而多惭也,尝一见督邮,安食公田数顷;一惭之不忍,而终身惭乎?

此书自云"仆年且六十",又云"又属圣主搜扬仄陋,束帛加璧;被于岩穴;相国急贤,以副旁求"。按天宝元年诏:"前资官及白身人有儒学博通,文辞秀逸及军谋武艺者,所在具以名荐。"据拙考王维享年当七十左右,[1]则书当作于天宝元年或稍后。因可知王维周旋于李林甫及其党从之间,实是身处窘境而奉行这种忍一惭以免终身惭处世哲学的表现。正如他安史之乱中被迫受伪职,而在《凝碧池》诗中表现了不胜悲慨之情一般。他对李林甫的谀美,内心亦未必轻松,韦陟坐累遭贬后,他有《奉寄韦太守陟》诗,颇见真情:

> 荒城自萧索,万里山河空。天高秋日迥,嘹唳闻归鸿。寒塘映衰草,高馆落疏桐。临此岁方晏,顾景咏悲翁。故人不可见,寂寞平林东。

此诗结末暗用汉乐府典:咏悲翁暗用《思悲翁》,主意在"思悲翁,唐思,夺我美人侵以遇";平林东,则使人想起《平陵东》,是为汉翟义门人悲义举兵讨王莽遇害所作。两典相应,实仍以韦氏门人自居而悲其不幸。全诗气调萧索悲怆,与颂美林甫、酬答苑咸诸作

---

〔1〕 参见拙著《王维生卒年补正》,《中华文史论丛》1987 年第 1 期,如依旧说享年六十二,则书作于天宝中期,于下述结论仍无扞格。

之肤廓委蛇实未可同日而语。确实,忍一惭处世哲学,虽然保护了王维,使他能在步步坎井的天宝官场上全身免祸,但却是以人格的严重分裂为代价换得的,于是为替自知其非的行为寻找合理解释,以使失衡的心理暂时取得平衡,他不能不以空门尤其是前期南禅宗作为遁逃薮。《与魏居士书》本身就说明了"忍一惭"哲学的佛理基础:

> 虽方丈盈前,而蔬食菜羹;虽高门甲第,而毕竟空寂。人莫不相爱,而观身如聚沫;人莫不自厚,而视财若浮云:于足下实何有哉? 圣人知身不足有也,故曰欲洁其身而乱大伦;知名无所着也,故曰欲使如来名声普闻:故离身而返屈其身,知名空而返不避其名也。(以下论许由而评云)耳非驻声之地,声无染耳之迹,恶外者垢内,病物者自我,此尚不能至于旷士,岂入道者之门欤?(以下论嵇康而评云)异见起而正性隐,色事碍而慧用微,岂等同虚空,无所不遍,光明遍照,知见独存之旨邪?(以下论陶潜而评云)此亦人我攻中,忘大守小,不□其后之累也,孔宣父云:我则异于是,无可无不可。可者适意,不可者不适意也。君子以布仁施义,活国济人为适意,纵其道不行,亦无意为不适意也。苟身心相离,理事俱如,则何往而不适也。

以上对古来高士的批评及所总结的身心相离,理事俱如的观念,虽有唐人普遍的三教融一的色彩,但显然是将儒道思想合入于佛家之中,而且是相当典型的南宗禅的"常观身空寂","内外通明,入于法界,未曾有碍","妄念本空,不待消灭","但行直心",便可"一行三昧"的思想。由此,可以得到一个初步结论。南宗禅的方便法门较其他佛教宗派教义,尤能为王维后期的生活提供心理的平衡。

然而作为观念形态的哲学思想之演续发展,总是要通过具体的人来实现的,而各人的处境、个性修养区别所形成的认识图式,也就必然导致对思想资料的独特理解，可以说哲学思想的发展，正是基于无数独特性的推动与累积。王维从南宗禅思想中抽绎出这种"忍一惭"处世哲学，正体现了他的独特性。

王维有《能禅师碑》，其中相当突出的是抉示慧能"乃教人以忍曰：忍者无生，方得无我，始成于初发心，以为教首"，结末之赞辞又云"教忍断嗔，修慈舍猎"。按，忍的思想，在禅宗早期数祖的有关说教中都有所表现，五祖法名弘忍，便可见一斑。但是如对照与王维同时的七祖神会的语录与《坛经》，便能发现，虽然语录与《坛经》中都可散在地见到忍的观念，却均无有以忍为教首的提法。如《坛经》直接用到"忍"字的（言忍大师者不算）仅末章言授法之人需"遇苦能忍"一处，而《神会语录》近六十则，未有一条专论"忍"法。与此相映成趣的是，对于《坛经》《语录》作为核心论倒最多，开后来狂禅之渐的顿悟与一行三昧，在王维《能禅师碑》中既未曾作为核心来阐述，而涉及处又始终与植德、保任联系在一起，从而使前期南宗与北宗在相当程度上得以调和。[1] 这倒并非说是王维歪曲了慧能的思想，而是说明了禅宗"忍"的观念，对后期王维来说尤其切肤关心：如履薄冰不得不对政敌曲意逢迎的处境，促使他对"忍"有独特解悟，而这种解悟反过来又使它抽绎出"忍一惭而免终身惭"的处世哲学。由此，我们再来读两唐书本传有关王维后期生活的描述：妻丧不娶，素衣淡食，绳床茶药，禅诵独处等等，实在带有以"忍"既为违心之行，找到心理支点，同时又对此作自我忏悔的苦涩意味。因为唯有这种苦行式的忍，才能使他感到自己是在植德保任，虽混踪狼虎群中，"常行直心"，唯有这种苦行式的忍，才能减轻他心中不能不存在的羞辱感甚至罪恶感。对照王维前后期对种种人事的态度，这种意味就尤其明显。

---

[1] 有关这一点，参见拙文《从王维到皎然》，《中华文史论丛》1987 年 2、3 期合刊。

开元十年他初贬济州,后隐于淇上,虽是人生途中一大挫跌,但是在《偶然作》中歌楚狂,赞五柳,而今却非嵇康、笑陶潜。当时他对未成年的弟妹表示出深笃的友爱之情,而今却在《山中示弟等》中云:"山林吾丧我,冠带尔成人。莫学嵇康懒,且安原宪贫。……缘合妄相有,性空无所亲。安知广成子,不是老夫身。"不但自己,而且要诸弟也奉行他的忍一惭的哲学。在这里非但已看不到高吟"百人会中身不预,五侯门前心不能"(《不遇咏》)的少年英俊的气魄,甚至张九龄死后,他出使河陇时,在"大漠孤烟直,长河落日圆"中所表现的萧瑟中的悲慨孤兀之气,也荡然无存。至此我们再重读他那两句有名的诗句"一生几许伤心事,不向空门何处消"(《叹白发》),便可感到它的分量有多重。诗人在不堪重负的心理压力下所吟下的这两句诗,其实是宣告了以才俊之士为主体,以"英特越逸"之气[1]为特点的盛唐之音的结束。而这种重压也正是诗人后期创作杰出成就的心理机制。论王维诗,都强调其在诗、画、音乐方面的杰出禀赋与造诣,这些确实都是不容忽视的,然而必须注意的是王维诗最具有诗史意义的部分是后期作品。可以认为前期王维诗确实为陶谢以来的山水田园诗添加了极有光彩的一笔,而后期王维诗却完成了山水田园诗由主玄趣到主禅趣的转变,完成了它的第二次升华。诗人诗画音乐方面的种种才能,唯有在他后期的独特心境及这种心境下对禅学的个性化的解悟中,方能融和为前期所不具备的特色,要弄清这一点,必须对玄禅异同作一分析。

二、玄禅之辨——玄禅自然观辨

有这样一种流行了数百年的看法,谓陶诗与王诗之品味有别:

---

[1] 参见拙著《开元十五年前后》。

唯陶之归隐是真隐，故最得自然真趣，后人无法企及；王维诗清丽有以过之，但既亦官亦隐，在得自然之真趣上便不如陶。其实问题并非如此简单，亦官亦隐在王维，是上述那种处境与精神状态下的必然的生活形态。正如完全山林幽居，也可以心向魏阙一样，反过来，亦居亦隐亦可以不妨其为情真。只是这种真与陶潜之真不侔。陶、王诗品味之别不在于真与非真，而在于陶诗主玄，王诗由前期主玄而转化为后期主禅。玄禅之辨在山水田园诗研究中是应当引起充分注意的问题。

一般而言，可以同意中国禅是佛学与中国庄玄之学结合的产物，玄学与禅学在许多名相上确也表现出类似性，如都讲心性之虚静，湛然常寂；都讲以心证道；都讲随缘任运等等。但是禅学作为一种体大思深的哲学体系，自有其与玄学不同的本质特点。

最根本的区别是本体论的不同，《神会语录》第 32 则记相州别驾马择向神会问法：

> 马别驾遂问："天下应帝廷僧唯说因缘，即不言自然；天下应帝廷道士唯说自然，即不言因缘。"（和尚）答："僧唯独立因缘，不言自然者，是僧之愚过。道士唯独立自然，不言因缘者，道士愚过。"马别驾言："僧家因缘可知，何者即是僧家自然？若是道家自然可知，者何即是道家因缘？"和尚答："僧家自然者，众生本性也，又经文所说：'众生有自然智无师智。'此是自然义。道士家因缘者，道得称自然者，道生一，一生二，二生三，三生万物。从道以下，并属因缘。若其无，一从何生？"

上引马择所言当时道士唯论自然不言因缘，而僧家唯论因缘不言自然者极可注意。按僧家其初也并非绝对不论自然，魏晋、晋宋之际，佛教西来未久，为弘法求食需要，不可避免地受当时支配性的哲学玄学影响，加以用格义之法译释佛典，遂借玄学本末有无概念释佛氏之空有观念。概念的借用进一步助长了佛学的玄学化,因此当时高僧论佛义虽以空寂灭异想为要义,但常常借庄玄思想发挥之,而其生活形态亦颇近名士风度,唯不流于放荡。中国佛学逐渐从玄学的浓重影响下独立出来,实从鸠摩罗什与其门下僧肇等弘扬大乘龙树中观论,提出万物自虚,不真即空,立处即真之说起,至菩提达摩东来倡心性之说方较明显,而至隋唐佛教尤重心境,方有确然判别。其中早期禅宗尤其有重要意义。这是因为从义理而言,罗什、僧肇等人离有无两边以说空,而一归于自性之空寂,这就从理论上堵塞了与"道生一,一生二,二生三"的道玄之自然观在本质上混淆的可能。这一点恰恰是隋唐诸心地法门的核心教义,而南宗禅以"本来无一物,何处惹尘埃"的观念将其发挥到极至。从风气而言,早期禅宗生活上重苦行力作,自食其力,实为一种平民化的佛教;这就从根本上有减少积久的玄学家生活形态影响的可能。马择所云当时应帝廷僧不言自然、唯论因缘的现象,正说明了隋唐佛教尤其是禅宗的时代特点,而神会的解答更说明了当时禅家已从原来的以玄释禅而反过来以禅融玄的历史移位,因而不同于六朝佛教。禅宗至马祖以后,又表现出较多的庄学色彩,渐向清狂放荡,但因上述移位,已与魏晋六朝玄学名士化的佛教"形徒相似,其实味不同也"。至此,对于一般所论中国禅是庄禅结合的产物的说法,应当有所修正:禅宗先是承罗什以下之势完成了由禅附庸于庄玄至独立于庄玄的历史进程;然后方是以禅融庄创造了中国化的佛教。如果没有前一过程,也就不会有什么中国化的佛教,而只能是庄玄之学的附庸——带点禅味的玄学支派。这一点是山水诗由主玄向主禅转化的深刻的思想文化背景。

三、玄禅之辨二——玄禅山林意识辨

由于以上区别,隋唐佛教尤其是禅宗之主心境,去来无住,生灭等观,虽从表面上看来似仍与庄玄相似,然而其归趣,绝不表现为庄生之不睥睨万物的逍遥游,而指向绝对的空寂;因此山林禅虽与禅宗关系尤密切,但是又既不表现为谢灵运式的遨游山水以散愁,也不表现为陶渊明式的自身与自然的悠然相合。禅宗的山林意识,从本质上说没有陶、谢以下那种归依自然的意识。山林自然,只是他们静修的处所或悟证心佛(空)的参照物。禅宗初祖达摩面壁十年的功夫,最先显示了这种区别,至唐,北宗的"凝心入定,住心看净,起心外照,摄心内证"便是其理论总结:入定之前,万物皆闭,发慧之后,一切皆空。早期南宗禅,虽不强调坐禅,以一行三昧为方便法门,但其顿悟之前的植德准备,既悟之后不断保任,还是指向"心心取寂灭,念念入法流",其严肃程度和北宗殊途同归而与庄玄的狂放判然有别。[1] 这样禅宗眼中的山林便与玄学家眼中的山林大异其趣。试看与神会同时的南宗永嘉大师玄觉的《劝友人书第九》:

> 夫欲采妙探玄,实非容易;决择之处,如履薄冰。必须侧耳而奉玄音,肃情尘而赏幽致,忘言宴旨,濯累飧微。夕惕朝恂,不滥丝发。如是则乃可潜形山谷,寂累绝群哉。其或心径未通,瞩物成壅,而欲避喧求静者,尽世未有其方。况乎郁郁长林,峨峨耸峭,鸟兽鸣咽,松林竹梢;水石峥嵘,风枝萧索;藤罗萦绊,云雾氤氲;节物衰荣,晨昏眩晃;斯之种类,触途成滞耳。是以先须识道,后乃居山。若未识道而先居山者,但见其山,必忘其道,若未居山而先识道者,但见其道,必忘其山。忘山则道性怡神,忘道则山形眩目。是以见道忘山者,人间亦寂也;见山忘道者,山中乃喧也。必能了阴无我,无我谁住人间?

可见禅宗之山林幽致,乃是要屏绝山林的一切原初形态,而一

味以空寂之心来与空寂山林相参证。玄觉此书为答溪山朗禅师召游所作,实针对朗师来书中颇有玄味的山林美景的描述而作隐晦的批评,故又称入山林者"应当博问先知,伏膺诚恳,执掌屈膝,整仪端容。晓夜忘疲,始终虔仰。折挫身口,蠲矜怠慢,不顾形骸,专精至道者,可谓澄神方寸欤"。这就是前期南宗禅的植德与保任功夫,从中不难看出,两唐书所载王维后期生活形态,与之何其相似乃尔。

综上所析可见,山水诗之玄禅区别首先在于,庄玄之学以"道生一,一生二,二生三"之自然为最近于道之本体的有形体现,故以隐居山林田园为归依自然。归依自然是想找回在仕途宦海中失落的自我,是对自我价值的重新肯定,因此是以出世为入世,骨子里有着对人生的真正执著。禅学则不同,它没有道玄那种以自然物为实体的观念,山林隐居也就必非皈依自然,而是对业已失落的自我的更彻底的否定,体现了佛教以苦空为人生本质的原初观念。笔者很不同意一种流行的说法,即认为在陶、谢的山水诗中,山水才具有了摆落人为感情影响的独立审美形态。其实中国山水诗从未有过这种纯美的形态。谢灵运的山水诗大多由骚而入庄玄,以山水散愁的特点显而易见;即使更近于"无我"的陶潜的田园诗,也更多表现为一种归依自然的怡悦之情:二者均表现出对自然的深深的眷恋,与道玄之学本质上寻求生命的真谛,生活的快乐的渴望。如果不是断章摘句而从陶、谢各诗的全局去领会,这一点是不难明白的。禅趣的山水诗同样也非纯美,而只是所体现的人生的意趣已由庄玄之散愁怡情而转化为对清空寂灭的体认。

由此又引起了二者在意象与技法上的区别,主道玄之趣的山水诗,因其对自然实体的崇尚,必趋向于对山林田园的写实性的描摹,陶、谢二家虽有繁富清淡之明显区别,但在追摹自然形态之秀丽与生意,以见个人融合于自然的意趣上却并无二致。《世说新语·言语》:"王子敬云:从山阴道上行,山川自相映发,使人应接不暇。""顾长康从会稽还,人问山川之美,顾云:'千岩竞秀,万壑争流。'"便集中体现了玄学山水诗的这种趣尚。主禅的山水诗,既不以归依自然为宗旨,而以众生本性为自然,便必然对玄趣的山水诗产生主客关系的移位,王维《夏日过青龙寺谒操禅师》云:"山河天眼里,世界法身中。"便集中体现了他已变对山林田园之写实性的描摹,为以我之近于空明的心地在山林田园之中刹那的体验。因而在体势上又变玄趣山水诗之以动态的游行为主线的格局,而为静态的片断体认;在意象上也就必洗剥色相,努力排除言诠,专注于虽有实无,非有非无,空灵依稀的意境的营造,从而也就必然变对物象实体的取用,为更多地运用声、光、影、息等有虚幻倾向的意象。这些更表现在篇章上,便产生由大篇中篇向短碎小章的发展。这些就是山水诗之主禅与主玄之主要区别,而这种区别的确然体现,又经历了一个曲折的过程,而由后期王维继孟浩然从不同方向来完成。

四、王维前期诗的成就与转化的契机——兼论王孟异同

王维虽然家世奉佛,但是"中岁颇好道,晚家南山陲","少年不足言,识道年已长",其真正对禅学有深刻的体验是在后期。这既因为他接触南北二宗的时间在开元末与天宝初,更因为天宝以后其上述处境与心态,形成了他虔心礼佛的心理基础。这一点是盛唐其他诗人所不具备的。山水诗从玄趣到禅趣的转化虽有其时代的文化氛围,但由王维来完成,实有基于这种独特的心理和精深的佛学修养,以及他兼为画家、音乐家,对声光影息尤其敏感的艺术家素质。下面我们就来寻绎这种转化的轨迹。

　　王维前后期诗的区别不仅仅在于前期有《老将行》《少年行》《西施咏》一类骨气遒劲之作——这类作品一直延续到开元后期的《使至塞上》等——更因其山水田园作品虽以精微澄淡为一贯特色，但内含与韵味却有着微妙区别。他与孟浩然先后相继从不同方向开拓，在完成山水诗于盛唐的又一次升华中作出了贡献。

　　虽然王、孟并称，但王、孟诗体实有朝体与野体之分。孟浩然是南国在野诗人的杰出代表。这一派诗人虽亦从取法六朝山水田园诗开始其创作途程，但甚少受到初唐中朝诗那种为表现新朝气象的典雅雍容韵度的影响，也较少在封闭的环境中所进行的那种严格的声辞训练；相反，因着其在野地位与当时风行南国的颇带庄学意味的牛头禅影响，而向轻清狷介、散野疏隽方向发展；于诗律不严判古今体制，于句联亦不注重于形相的刻意雕镂，而注重于一种轻清狷介意气的抒达。这一系列，先有神龙中贺知章、万齐融、张旭等吴中六子（后演化为吴中四士），继有《丹阳集》十八作者，而由浩然集其大成，更演为贞元中皎然等吴中诗人之清狂风气。前期王维则不同，他承张说、张九龄、王湾之后，与卢象、孙逖诸家，代表着初唐中朝文章四友、沈宋以降的发展趋势而汰繁趋清，表现出澄淡精致的特色。盛唐山水田园诗的这朝野两个系列，可以溯源到齐梁小谢之与吴均，晋宋大谢之与陶潜的区别，是六朝道家自然观与玄学自然观影响下的山水田园诗两种体调在唐代的延续——虽然二者也相互影响。殷璠评孟云"文彩苇茸，经纬绵密，半遵雅调，全削凡体"；评王维则云"辞秀调雅，在泉成珠，着壁成绘"，正揭示了两家路数的区别。王维之所以能成为盛唐此派的代表，既因其出身名门太原王氏，早年即出入贵家子弟，荐为解头，较早入仕，走的是初唐以降世家子弟的通常的人生道路，更因为他的气质不同于孟浩然之散朗孤洁。他"妙年洁白，风姿都美"（《太平广记》引《集异记》），且有诗、画、音乐方面的多种修养，这一切决定了他诗作近雅的趋向。王维集中注明十五至二十一岁的作品主要为二

类,一类是承四杰之体的骈俪化七言歌行,一类是精严的五言律
诗、排律,而无一首五古留存,尤其是十八岁时所作排律《哭祖六自
虚》,长达三十二韵,字锤句炼而全首合律,足见少年王维接踪沈
宋、二张,驱遣声辞的卓越功力。这一点加以早年风华正茂,倾心
儒家,间涉道流(如《桃源行》)的思想倾向,使他的写景诗必然以二
谢至沈宋、二张以下体格为主,汰繁趋清,并间参渊明之气,而表现
出传统的主玄趣的山水诗的特点:每于对物色细微体察的基础上,
精练而返之自然,以细腻的笔触,清秀的辞藻,在再现自然之美中,
表达皈依自然的情怀。即在贬谪之中,所作也绝无后期诗那种寂
灭空无的印象性笔触,而总是表示出主玄山水诗散愁怡情的主旨
与华润秀朗的色调。试观以下数诗:

> 相逢方一笑,相送还成泣。祖帐已伤离,荒城复愁入。天
> 寒远山净,日暮长河急。解缆君已遥,望君犹伫立。(《齐州送
> 祖三》)

> 屏居淇水上,东野旷无山。日隐桑柘外,河明闾井间。牧
> 童望村去,猎犬随人还。静者亦何事,荆扉乘昼关。(《淇上即
> 事田园》)

> 清川带长薄,车马去闲闲。流水如有意,暮禽相与还。荒
> 城临古渡,落日满秋山。迢递嵩高下,归来且闭关。(《归嵩山
> 作》)

三诗中带点景联,最能体现王维前期写景的特色。初看这数
诗都澄淡清远,颇近陶潜、王绩,但细味之却更近二谢,尤近小谢。
按小谢诗相对于陶、谢二者而言,代表了山水诗中一个新的历程,
小谢既不同于陶潜之质中见腴,又变大谢之移步换形,络绎纷呈,
而为在一幅图景中集笔力于一联,从精致似绘的景象中隐见心境,
其铸语遣词,则以陶潜之清便融谢客之秀丽,以成清丽隐秀之诗
境。初唐宫廷诗八十余年的探索,其主流实是对小谢体的再认识

与更高程度的回归，[1]而王维前期诗，正体现了这一趋势的最高成就，如"天寒远山净，日暮长河急"，看似简淡，实则利用天寒、日暮与远山、长河的反差，并以"净""急"二字画龙点睛，隐隐体现了诗人谪中与友生乍逢还别时空茫而略见骚怨的特殊心境，适为前后二层意作过渡，遂成由精心结撰而成的丽而不缛、淡中见远的多重意诗境。如果我们再以王绩的"树树皆秋色，山山唯落晖"与上引王维之"日隐桑柘外，河明闾井间"；以陶潜之"暧暧远人村，依依墟里烟"与王维之"渡头余落日，墟里上孤烟"对看，更能看出王维诗虽有陶潜影响，但质素之淡与精微之淡显然不同。总而言之，前期王维诗以其诗人兼画师的卓异禀赋，承小谢之后将刘宋以降、兼熔陶谢的趋向，推进到新的境地，从而使传统的体现了玄学自然观与玄趣的山水诗[2]达到了炉火纯青的地步，然而这种进展仍然是对旧有诗格的推进，而与别开新境尚相去一间。

如同晋宋时玄风开始影响前此的传统诗体一样，当后期王维及其周围诗人要将一种新的以禅悟为肌理的感兴融入诗歌创作时，必经历借用旧体到另创新格的过程。开元之际，如綦毋潜、常建、裴迪、王缙、卢象诸家作品中极明显的一个迹象是直接描写禅寺的诗作大量增加，如綦毋潜所存二十七作中，以禅寺山僧为题材者达十二首。这些作品的共同特点是沿用传统的山水诗的意象组合方法而对所取意象稍作变化，着意营造一种空澄孤清的境界，如常建诗中，反复出现的意象是孤舟明月，空江琴音，从中表现了当时才俊之士失意落寞而希望于禅悟中找到解脱的心态。在此类意象中又常常掺以佛语，颇近于玄趣山水诗之玄言结尾。此外更有通篇谈禅而可称为"禅言诗"的创作。后一种倾向在王维本人尤其

---

〔1〕 参见拙著《上官体及其历史承担》，《文学史》第 1 辑，北京大学出版社1994 年版。

〔2〕 关于玄学自然观问题，参见拙著《六朝自然崇尚与骈俪体诗文的关系》，《中华文史论丛》总第 48 辑。

突出,如集中《胡居士卧病遗米》诸作即其例。前一种倾向终王维一生也始终存在,如《青龙寺昙壁上人兄院集》《与苏卢两员外期游方丈寺》诗都属于此类间参、多参佛语的作品。这些作品都可以视为初级的主禅的山水诗,并非上乘之作,甚至有着"非诗"的倾向,但却恰恰说明了山水诗新体势出现的诗坛背景与必由之路。

由于盛唐时期山水诗创作已有约三百余年的经验,当时诗坛,已完成由初唐中朝诗之着重镂刻错婉到当时注重总体意境提炼的背景转换;更由于禅的本质其实是非无非有,离空有二相,因而反对文字禅,在要求不落言诠上比玄学更为彻底,因此盛唐那些主禅的作品的主流并不流而为晋代那种玄言诗之一统天下的局面,而必然由对传统体式的借用走向更成熟的高度。王维的特殊心境,其对禅学的精深造诣及对无声诗——画、无形诗——音乐的深厚修养,使他适能担当起这一任务。如果说常建的孤舟明月、空江琴音仍较多地直接借用佛典中的意象来作了初步尝试;那末王维则进而做到了以即时即地的兴悟,透过对象的原初面貌,而构成不即不离,似有若无,难以言诠的空灵境界。这种新的体格,可以其开元末天宝初初入终南的《终南山》《终南别业》为开始,至较后《辋川绝句》的创作而臻于完成。先看前二诗:

> 太乙近天都,连山到海隅。白云回望合,青霭入看无。分野中峰变,阴晴众壑殊。欲投人处宿,隔水问樵夫。

《终南山》诗应与其开元十八年的《华岳》诗对读,虽然两诗都具有阔大的特点,但不同于《华岳》之专注于山势之劲健,以气势胜;《终南山》在阔大之中,更注重于大山的变化不可端倪之感,以意韵胜;灵山之高接天都,连山向海,不可名状;云气之出入之际,乍有若无;中峰之分野变化,阴晴奇幻;特别是篇末之隔水一问,空谷传响:均将大山之空沇表现得含意无尽。虽然它仍继承了二谢诗之移步换形的写法,但那种由骚入庄的主线不见了,那种对自然鲜新明丽的规摹已多用以虚写实的笔法代替。诗中终南山给人的并非是二谢那种写生式的具体图景，而是一种超越形相之外的清虚气韵。相似的情况，在《山居秋暝》中也有生动的体现。"明月松间照，清泉石上流。竹喧归浣女，莲动下渔舟。"——月色经松林的过滤而更显澄清，清泉因白石的映衬，而似见其清，似闻其声，浣女是由竹喧声而想见，渔舟则是因莲叶之动而似睹其形。诗中的景物不再是可以用画笔传达的凸现在读者眼前的景象，而主要是一种"空山新雨后"的氤氲。"随意春芳歇，王孙自可留"，春去秋来的景物尽可随意消歇，而不住的只是灵明之心与空山的若即若离的晤证。

如果说以上二诗近乎王昌龄《诗格·十七势》所称理入景势，那末《初入终南》则略似景入理势：

　　　　中岁颇好道，晚家南山陲，兴来每独往，胜事空自知。行到水穷处，坐看云起时，偶然值林叟，谈笑无还期。

诗人直赋其初至山中那种摆脱中边，无拘无束的心情，不难看出南宗"于一切时中，行住、坐卧，常行直心是"的理念。但这理念乃通过"行到水穷处，坐看云起时，偶然值林叟，谈笑无还期"的行游坐卧图来表现的，于是点染生色中见理事俱如、中心活泼的情兴。这种体格与孟浩然后期作品《晚泊浔阳望香炉峰》《舟中晓望》等颇为接近。

按王维初入终南开始亦官亦隐生活是在开元末或天宝初，虽然有对于时世宦途的失望，但尚未经历天宝五载那场血腥的屠杀；而初度摆落尘间烦扰也不免有陶潜中年归隐般的欣喜之感，因此《终南山》《初入终南》的气调仍较明朗宽大，而体格亦仍较多对前代的借鉴，然而在山水诗中表达禅趣的意向是明确的，因而在诗歌意象上表现出虽仍不废刻画，但却力图摆落对象的具体形相，多通过化实为虚的手法来使对象虚化的倾向。这类诗作可以视为由主玄的山水诗至主禅的山水诗之接合部。这是二诗的共同点。不过二诗仍有所不同。《终南山》诗之移步换形更近二谢至沈宋、二张；《初入终南》之点染见意更近陶潜至王绩、孟浩然。这是山水诗由玄趣至禅趣所表现出来的二种可能的趋向。二体的区别有二，从禅学言，所谓不生不灭，去来无往的理境具体到人的生活态度上，本身就可能表现为二种倾向，一种是主于苦空（它仍有所执，实未达到南宗禅的最高境界）；一种是由苦空而解脱超越（南宗禅的真谛实在于此，它在表现形态上与庄学较接近，但本质上，如前所云，并不相同）。与此相应，在诗学上，前者重于由物境的空寂悟解人生的苦空，因而仍较注重对物境的营构（虽然是别一种意蕴的境界），故其技法必指向为谢体乃至初唐中朝体；后者因为超越便注重无所拘系的意兴的表抒而不斤斤于物境的营构，故其技法必倾向于陶体至初唐野体。这两种倾向在王维后期诗中同时存在，本身便证明了它们本同末异的关系。然而由于王维的诗学传承本以前一倾向为主，而天宝后期浓重的时代阴影与诗人自身上述的处境，使他对禅的解悟必越来越由忍而倾向于苦空，这种倾向一直到大历时期仍是诗坛对禅悟的主要倾向，皎然《诗式·复古通变体》批评大历禅风云："如释氏顿教，学者有沈性之失，殊不知性起之法，万象皆真。"正点出了这一历史状况，因此《初入终南》一体在王维只能是兴之偶至的别体——如前所论，这一体由孟浩然在开元末首先做出引人注目的成绩，开拓了山水田园诗由玄向禅变化的另一途径，而至大历贞元间，由以皎然、秦系、顾况为代表的吴中诗派进一步发挥，向清狂方向演进。——王维天宝后期诗则主要由《终南山》诗所表现的由精微澄淡之笔写空沉清寂之感一体发展，并越来越多寂灭幽邃的色调，终于而有《辋川绝句》，做到了幽邃精微与空灵不著相统一的超妙境地。

五、《辋川集》——山水诗史上的又一次升华

　　《辋川集》的意义在于,它本身并非有意证道之作,而是一组游览诗,但它又是一组含蕴了诗人深刻的心理积淀、文化积淀,因而将业已转化为诗人才性的禅的讲究刹那体验的思维形态,融入了即时即地心境的游览诗。也就是说,在诗人心物相缘的创作过程中,禅的意识,已不再是诗歌的外围成分,而已成为诗心的内含成分,并熔炼了诗人的种种艺术素质,随时随处地表现出来。这种表现又引起了对山水诗诗体形式的新要求,从而又促进了五绝体势的发展。在《辋川集》的解读中,存在着许多相左的意见。譬如陈允吉先生认为这组诗由幽峭空寂中体现了禅的寂灭的意味,但又有论者拈出其中《临湖亭》《栾家濑》《白石滩》等倾向鲜活愉悦的篇章,以对组诗的禅的倾向表示怀疑。甚至对同一首作品,譬如《木兰柴》,陈先生如上解说,但不少人认为此诗体现了一种欣然生意。笔者以为陈先生对《辋川集》的总体理解是准确的,但因在文中未及前面所论盛唐时南宗禅本身含有的两种可能倾向,未充分注意到玄禅之间的复杂关系,因而未能对组诗中的复杂情况作出合理解释;而我们明确了以上所论历史文化背景与王维的特殊心理,自也不难对《木兰柴》等篇的歧解作出判断。

　　《辋川集》作为组诗,不是组织精严、内在联系密切的那一类,但在这些即景即时的感兴之作中,又有着才性与心理上的内在的一致性。论《辋川集》,人们较少注意首尾四诗,但它们恰恰是深刻理解全组诗的关键。前二首云:

　　　　新家孟城口,古木余衰柳。来者复为谁,空悲昔人有。

　　　　　　　　　　　　　　　　　　　　　　——《孟城坳》

飞鸟去不穷,连山复秋色。上下华子冈,惆怅情何极。

——《华子冈》

诗人在宋之问旧业上营建了辋川别业,首先感受到的不是欣喜,而是由古木衰柳所引起的抚今追昔的悲慨,这悲慨随着连山秋色中的一点飞鸟远展,竟至于到了绵长无尽的境地。可见王维此游之始,倒并未将永嘉大师所云"未居山而先识道"横亘心胸而来一味证道;他也似乎不再有初隐终南时"行到水穷处,坐看云起时"的不拘情怀,而表现出一种超乎个体的富于时空感的无可奈何的怅惘,其深层处仍然是佛家对去住生死问题的不尽探求。这正是天宝后期至大历时期学禅宗者普遍趋向苦空的表现。初看,组诗由悲怅起,与主玄的山水诗之散愁遣怀相近,但由于禅的观照之心理积淀,其归宿及全组诗的基调,却既不同于谢客式的由骚入庄的清狂,亦不同陶潜式的冥合自然的怡悦。结末二诗云:

古人非傲吏,自阙经世务。偶寄一微官,婆娑数株树。

——之十九《漆园》

桂尊迎帝子,杜若赠佳人。椒浆奠瑶席,欲下云中君。

——之二十《椒园》

这是二首颇有"翻案"色彩的诗作,接郭璞《游仙》称"漆园有傲吏",并以庄子与京华游侠、朱门荣华相对待。这是六朝玄者眼中的庄子。但王维却特为指出庄生"非傲吏",他之为漆园小吏既不感到有亏初志,亦非有意却朝堂之聘。而只是"偶寄"而已,与聚沫浮云并无二致。因此,他亦吏亦隐、婆娑树影之下,"离身而返屈其身"。显然王维在此以禅融庄,用改变了的庄子形象来自写。第二十首可玩味的是"欲下"二字。按《云中君》王逸注:"屈原见云一动千里,周遍四海,想得随从,观望西方。"而王维则反其意而用之,椒浆酌请云中君来下同饮。因为在他看来"顿缨狂顾"与"俯受维絷"本无以异,即心即地即时便是圣境,正不必因骚怨而远游寻索。这

样他又以禅融儒对屈子的愤词作了禅悦的改造。按出骚入庄从谢
客起便是传统山水诗的常见主题，王维在组诗末二首对庄骚的禅
悦性改造，实是组诗整体心境的必然结穴。《辋川集》中虽有《临湖
亭》《栾家濑》《白石滩》三首倾向明快，表现了性起之法、触目成真
之意趣的作品，但整组诗的基调是幽峭而空茫的。即使是色调较
为明净的《宫槐陌》《柳浪》二诗，也与主玄山水诗之尚明朗清秀，花
烂映发异趣：

> 仄径荫宫槐，幽阴多绿苔。应门但迎扫，畏有山僧来。
> ——《宫槐陌》
> 分行接绮树，倒影入清漪。不学御沟上，春风伤别离。
> ——《柳浪》

宫禁中的槐树，御沟上的垂柳，一经移入山中，便洗去了它们
一切有漏之相。或只于清清池水中照见其本然的面貌，或只于幽
仄的径路上独与居士山僧相接。它们只是在山中自生自灭，保任
着一点灵明。这种理趣——在《辋川集》其他篇章中更多地以一种
明灭不定，幽清冷寂的形态出现。

> 不知栋里云，去作人间雨。（《文杏馆》）
> 暗入商山路，樵人不可知。（《斤竹岭》）
> 隔浦望人家，遥遥不相识。（《南垞》）
> 湖上一回首，山青卷白云。（《敧湖》）
> 逶迤南川水，明灭青林端。（《北垞》）
> 深林人不知，明月来相照。（《竹里馆》）

忽云忽雨的虚幻，似水似月的空澄，明暗倏忽、杳不可测的前
路来径，种种声光影息，在辋川山庄上构成了一种明幻不定、似有
若无的"空"的境界，而这种境界，在《木兰柴》《辛夷坞》《鹿柴》三诗
中得到了更集中而又形象的表现。

秋山敛余照，飞鸟逐前侣。彩翠时分明，夕岚无处所。

——《木兰柴》

秋山晚照中的双飞彩鸟是美丽的甚至是欢欣的。"彩翠时分明"，"时"字当细味，时分明，反过来也就是终不分明，终于，在夕岚升腾之中，那一点明丽也渐渐隐没到越来越深重的不可知与不可测之中。

木末芙蓉花，山中发红萼。涧户寂无人，纷纷开且落。

——《辛夷坞》

花红自发，又纷纷自坠，去住生灭，无非是一个"寂"字。也许诗人从中悟出了人生亦大抵如此而又写道：

空山不见人，但闻人语响。返景入深林，复照青苔上。

——《鹿柴》

若隐若现的人语声，反衬出深山的"空"。深林青苔上的一束返照，更显示出似乎亘古如一的静。这声响，这光景，是有，却不可执；是空，却浮动着诗人对生命时空苦苦探究的思神……从组诗的以上总体氛围之中，我们不难看到，诗人在最后二诗中以禅融庄融儒的心理机制，也不难明白，组诗中《临湖亭》等三诗之明快，作为南宗禅意识本同末异的又一表现形态，在具有王维这样心态的诗人身上，只能如同电光石火之一现，从而加深对皎然所论大历禅风的理解。总之，从中更可悟到盛唐末期的社会文化氛围，是如何通过诗人王维特殊的心理与禀赋，转化为山水诗的内在成分，从而促成了它由玄趣向禅趣的升华。

按，以五绝写山水初非始于王维，谢客已有《初发南城》等数首，但均非佳作，论谢诗者极少提及。如其《入彭蠡诗》"平明发凤穴，投宿憩雪巘。初时当薄暮，迄今草已尊"，笔止意尽，甚少余味。梁陈以降，五绝佳篇大都为写人情（旅情、闺情等），而玄趣的山水诗中绝无名章,其原因在于主玄山水诗的体势是游行山水,通过对目不暇接的山水意象的刻画来表现归依自然的欣欣生意,它的活力在于以山水群体的景象转换来表达情怀。五绝的短小篇章在此既不敷铺展之需;而其趋于轻缓的节奏,更不宜于愤然之气的抒达。当王维以禅悦的心境与山水对晤,希望表现刹那的憬悟,以营造非有非无、近虚近幻的诗境时,首先,其画家、音乐家对声光影息的特殊敏感,便不仅如他人那样仅作为一种营构诗境的技能,而已同时成为心境缘于物境的最好媒介,从而转化为诗歌的内质。也就是说,这些禀赋,已成为主于禅境的山水诗之内在需要,因而得以最充分的发挥。这时,长篇的铺展必成为累赘,而五绝的短小篇章与轻缓的节奏,甚至较律诗更能收到卓异的效果。就王维而言,他为主禅趣的山水诗找到了五绝这一分外有效的载体;而就五绝而言,通过王维这样一位禀赋与心境独异的诗人,其宜于以虚写实,创造味外之味的潜能得以充分释放并累积了许多成功的经验。这些经验,以后不仅限于五绝山水诗中应用,也衍化为其他题材的五绝作品的经见的表现手法,以至成为它的诗体特征。夷考五绝史,直至王、孟,尤其是王维以后作者方盛,佳作方多,其原因当在于此。这与王昌龄、李白为代表的在七绝方面的创获一起,成为盛唐后绝句崛起的里程碑。

王维诗体尚有一个值得注意的现象。王维也是七绝妙手,但他的山水诗却绝少用七绝(七律也远远少于五律),这是因为七绝体势与五绝不同。七绝长句,音调流转,对于主于闲静又偏于苦空的王维后期山水诗来显然不及五绝相宜。王维以七绝写山水游览唯二作:《戏题辋川别业》《戏题磐石》。试举后者:

可怜磐石临泉水,复有垂杨拂酒杯。若道春风不解意,何因吹送落花来。

诗用春风落花来惹,暗示磐石本性不移。其意与后来皎然《答李季兰》"天女来相试,将花欲染衣,禅心竟不起,还捧旧花归"相近,故题曰"戏"。这便是由空寂中求得彻底解脱的境地,亦即皎然所云"不知性起之法,万象皆真"。它与前举《初入终南》及《辋川绝句》中的《临湖亭》等虽只是王维主寂禅境中难得一见的闪光,却预示了后来吴中诗人融马祖禅入诗,多以七绝抒写的演变方向。从中可悟盛中唐之交,禅学思想的不同对诗体及其风格的不同影响。有关这个问题,笔者在《从王维到皎然》一文已有详论。此不赘。

（本文原载于《学人》1994 年第 4 辑）

从王维到皎然

—— 贞元前后诗风演变与禅风转化的关系

《文艺论丛》1980 年第 10 期陈允吉先生《论王维山水诗中的禅宗思想》一文，从哲学、美学、生活与人生观诸方面，全面地、研擘入里地分析了王维诗与禅宗思想的密切关系。时隔七年，重读这篇文章，仍深受启发。本文试图继陈先生这一研究，对贞元前后南宗禅宗风的变化与这一时期的诗风演进的某些关系作一些探讨。不过，由于自己的佛学、诗学修养，远远不能与陈先生相比，恐不免续貂之讥。敬请指正。

一、从两首诗的比较谈起

王维《青溪》诗有云：

言入黄花川，每逐青溪水。随山将万转，趣途无百里。声喧乱石中，色静深松里。漾漾泛菱荇，澄澄映葭苇。我心素已闲，清川澹如此。

大历贞元间江南诗僧皎然有《渡前溪》诗云：

不意入前溪，爱溪从错落。清清鉴不足，非是深难度。

　　这两首诗题材相近，均写山溪中行；立意相类，都是以溪水之清形心境之清，且显然含有禅家"佛性常清净"[1]之意。然而细咏二诗，会感到两诗表现手法不同，诗的韵味也迥然有别。王维诗对青溪周遭的景色观察得十分细致，他通过山路曲折、乱石深松、菱荇兼苇的掩映陪衬，着重表现青溪声喧而色静、流动而澹泊的神韵。陈允吉先生在对王维《鹿柴》《鸟鸣涧》等诗的分析中，曾引僧肇《物不迁论》"必求静于诸动，故虽动而常静。不释动以求静，故虽静而不离动"数语说明这些诗中的禅理，归根到底是"寂灭思想而已"[2]，《青溪》诗最后结到"我心素已闲，清川澹如此"。可见王维又一次在自然景物中印证了自己这种寂灭的心境。

　　皎然诗不同于王维的地方，首先在于不是对自然景物作细致刻画，而是只以"错落""清清"二词轻轻带过，这与"声喧乱石中，色静深松里"一类细微的观察提炼显然异趣。这诗的佳处是"清清鉴不足，非是深难度"这一充满活泼生活情趣的场景。虽然它不离清净佛心，然而却以"爱溪"作为全诗之眼。"爱"心原为佛氏所深戒，有趣的是，清净与爱竟能在他的诗中调和起来。

　　王维《青溪》诗与皎然《渡前溪》这种表现手法及诗歌韵味的同中之异，并非是孤立的现象；它反映了前后相续的两个诗人集团创作风气的微妙变化，这就是开、天间王孟诗派及其流裔大历十才子，与大历贞元间江浙一带以皎然、顾况等为代表的南方诗人集团的联系及区别。后者脱胎于前者，却又不尽同于前者，不妨更举数例：

　　同样是写落花，王维《辛夷坞》有云：

　　　　木末芙蓉花，山中发红萼。涧户寂无人，纷纷开且落。

　　皎然则云：

────────────

〔1〕　敦煌本《坛经》，郭朋《坛经校释》八。
〔2〕　《文艺论丛》1980 年第 10 期，第 294 页。

满院竹声堪愈急,乱床花片足忘情。(《题秦系山人丽句亭》)

何处羽人长洗药,残花无数逐流泉。(《赤松涧》)

含桃风起花狼藉,正是仙翁棋散时。(《送顾道士游洞庭山》)

顾况又云:

野客漱流时,杯粘落花片。(《石窦泉》)

可见,这两组诗中细致与自在、寂灭与活泼的区别,正同于前举《青溪》之于《渡前溪》。这种体格的差别甚至不限于两派表现禅理的诗作。譬如王维的诗友及追随者、大历十才子之首的钱起于《九日宴浙江西亭》中写道:

渔浦浪花摇素壁,西陵树色入秋窗。木奴向熟悬金实,桑落新开泻玉缸。

皎然的诗友秦系却写道:

门前山色能深浅,壁上湖光自动摇。闲花散落填书帙,戏鸟低飞碍柳条。(《题章野人山居》)

钱诗之精工高华,秦诗之散野飘逸,其区别在本质上同于前举诗例——虽然他们所摄取的景物几乎是同一性质的。

从以上比较中可以悟出,尽管皎然一派诗人脱胎于王孟与大历十才子,他们的部分作品中仍保有与后者相近的格调,但是在更多的诗中却表现出一种新的动向,即由王孟之流的清丽、清空,演变为清逸、清狂[1]。

---

[1]　关于皎然一派的新风气,笔者在《"吴中诗派"与中唐诗歌》(刊《中国社会科学》1984年第4期)一文中有详细论证,可参阅。

二、两种创作观念的比较

看一下两派的诗画理论与时人及后人的记载、评述,将有助于我们进一步理解上述区别。

王维《为画人谢赐表》有云:

> 传神写照,虽非巧心;审象求形,或皆暗识。

这说明王维诗画确受到禅宗"心地法门"的影响,要求做到心神融于物理(暗识);然而他同时极重视通过对物象的细致观照(审象)和逼真描写(求形),从而达到"传神写照"——形似中见神似——的超妙境界。[1]值得注意的是此表中有句"伏惟皇帝陛下拨乱反正"一语,则知作于安史之乱后,至早当在乾元元年(758),王维的从逆罪已经赦免,责授太子中允之后;而这时下距其卒年上元二年(761)最多三年,所以上述四句可视作王维美学思想的集中表现。东坡题跋有云:"唐人王摩诘,李思训之流,画山川峰麓……虽萧然有出尘之姿,然颇以云物间之。"可见王维的画作与其画论是一致的,因此又曾引起善于写意的宋人米友仁的不满,谓:"王维画见之极多,皆似刻画不足学。"

"宿世谬词客,前身应画师",王维这两句诗说明他的诗理通于画理,遂形成《河岳英灵集》所评的总体风格:

> 维诗词秀调雅,意新理惬,在泉为珠,着壁成绘,一字一句,皆出常境。

---

[1] 有关王维画,葛晓音女士《王维·神韵说·南宗画》(《文学评论》1982年第1期)一文有精到论证,可参阅。

　　这是说王维诗之意新理惬，都通过泉珠、壁绘般的隐秀诗境来表现，秀雅，正是其清远神韵的外在表现，前举王维各诗，正是如此。这一诗风在大历十才子时就进而演为"体状风雅，理致清新"（《中兴间气集序》）的标格。

　　皎然、顾况一派诗人则不同。唐人封演的《封氏闻见记》卷五《图画》记顾况：

　　　　每画，先帖绢数十幅于地，乃研墨汁及调诸采色各贮一
　　器，使数十人吹角击鼓，百人齐声噉叫，顾子着锦袄锦缠头，饮
　　酒半酣，绕绢帖走十余匝，取墨汁摊写于绢上，次写诸色，乃以
　　长巾一，一头覆于所写之处，使人坐压，己执巾角而曳之，回环
　　既遍，然后以笔墨随势开决为峰峦岛屿之状。

　　无独有偶，皎、顾的另一诗友张志和作画时同样状若风魔，颜真卿《浪迹先生玄真子张志和碑》记云：

　　　　（志和）性好画山水，皆因酒酣乘兴，击鼓吹笛，或闭目、或
　　背面，舞笔飞墨，应节而成。

　　对于这种画风，皎然十分称许，他赞顾况云"性背时人高且逸，平生好古无俦匹。醉书在箧称绝伦，神画开厨怕飞出。"（《送顾处士歌》）又赞张志和云："道流迹异人共惊，寄向画中观道情。如何万象自心出，而心澹然无所营。手援毫，足蹈节，披缣洒墨称丽绝……眄睐方知造境难，象忘神遇非笔端……赏君狂画忘远游，不出轩墀坐苍翠。"（《奉应颜尚书真卿观玄真子置酒张乐舞破阵画洞庭三山歌》），对志和之作画时且饮且舞的狂态推崇备至。同样的创作思想在其《张伯英草书歌》《陈氏童子草书歌》《答韦山人隐起龙文药瓢歌》《郑容全成蛟形木机歌》《周长史昉画毗沙门天王歌》（均见集卷七）等歌咏诗画雕刻作品的歌诗中，均有鲜明表现，而尤以《周长史昉画毗沙门天王歌》中所咏最有启发，诗云：

长史画神独感神,高步区中无两人。雅而逸,高且真,形
生虚无忽可亲……吾知真象本非色,此中妙用君心得。苟能
下笔合神造,误点一点亦为道。

从上引可见,皎然等诗画及其理论,与王维相比,首先可看到
其同一性。"寄向画中观道情",道情,即佛理是其理论之哲学基
础;而他们的道情,又与王维一样以禅家的"心地"为本。《坛经》有
云:"性含万法是大,万法尽是自性。"又云:"我此法门,从上已来,
顿渐皆立无念为宗、无相为体、无住为本。"〔1〕皎然所云"如何万象
由心出,而心澹然无所营",前句正应所引《坛经》上一段;后句正合
下一段,而"万法皆心"与"无相""无住",又正是六祖慧能思想的核
心所在(按"无念"为神会一系所加,详后)。

然而与王维所论大不相同的是,皎然等又认为"苟能下笔合神
造,误点一点亦为道",并不规矩于"审象求形",于是在画则不同于
王维之"刻画",而演为"狂画";在诗则不同于王维之"词秀调雅",
而表现为"性背时人高且逸",表现为上节所论之清逸、清狂。

乐禅心似荡,吾道不相妨。独悟歌还笑,谁言老更狂。

皎然《偶然》之一(集卷六),尤其鲜明正表现出了这种以放荡、
清狂为特色的新禅风。而此诗皎然又引于兴元前后所作的《赠李
舍人使君书》(按李舍人使君为李纾,德宗因朱泚乱居奉天,纾以中
书舍人选为同州刺史。早年与皎然交厚)中,并引伸有云:"昔谢太
傅每赏支公喜标宗要,若九方堙之相马,略其玄黄,而取骏逸。"这
里更可以看出两个问题:其一,皎然等不拘形相的新诗风,正与其
"乐禅心似荡""大笑放清狂"的新禅风密切相关;其二,至迟在兴元
至贞元初,他们已自觉地以受到这种新禅风影响的新诗风作为自
己创作的标格。因此,有必要再深入考察一下,从王维到皎然时禅

---

〔1〕 见《坛经校释》第 26、27 两节。

呱呱坠地,婴儿长大则要通过乳养,故一朝顿悟,复须保任。

其三是"无念"的观念。吕澂先生指出,"无念"的观念不见于王维《能禅师碑》,王维只提到"无相、无着",而《坛经》则云"以无念为宗,无相为体,无住为本"(无住即无着)。所以可以推断"无念"的观念"是出于神会的思想"[1],此说甚是。所谓无念,并非一念皆无,而是说无妄念,"妄念本空,不待消灭",这是相对于北宗通过修行来消灭妄念而说的。而另一方面"无念即是一念,一念即是一切智,一切智即是甚深波若(般若)波罗蜜,般若波罗蜜即是如来禅"(《神会语录》四十二节)。合而言之,即"无者无有二法,念者唯念真如"(同上二十节)。那末怎样才能无念呢?神会说:"众生心中,具足贪爱无明宛然者,但遇真正善知识,一念相应,便成正觉……一念相应,实更不由阶渐,相应义也,谓见无念,见无念者,谓了自性……即如来禅。"(《神会语录》二十一节)又说:"其心念念不住,犹如灯焰焰相续,自然不断。亦非灯造焰,何以故?谓诸菩萨趣向菩提,念念相续。"(同上二十八节)这样无念的思想就归结为一朝遇善知识——导人为善的贤者启发,一念相应,顿悟见性,且要"念念相续""心心取寂灭,念念入法流"(同上二十八节),保持自性灵知,这样就能"心空寂,更无余念","放大智慧光,照无余世界"(《神会语录》二十一节)。神会一系把这种观念作为宗旨(无念为宗),后文我们将看到这正是他们与其他宗派相区别,也因此造成对诗歌不同影响的重要原因。

从以上对"忍"、"植德顿悟"与"悟后保任"、无念三组观念的简单分析中可见,慧能至神会的南宗禅与北宗区别主要在两点,一是北宗主由定入慧,而他们主定慧等修,定中见慧,慧中见定,而不必专门打坐入定;二是北宗主悟有阶渐,他们主悟无阶次,一念相应,便成正觉。然而因为以忍为教首,以植德与保任为顿悟之准备与

────────────

[1] 《中国佛学源流略讲》第 225 页。

延展，以清净空寂、更无余念的灵知为本体，所以他们所说的顿悟，并非说悟就悟，而是一种相当严肃的思想，它实际上不能废去修行。《坛经》就说，要"除妄不起心"，"一念修行"〔1〕。也因此在当时顿渐之区分不是绝然对立的，所以他们又说"法即一种，见有迟疾，见迟即渐，见疾即顿"；又说："我此法门，从上以来，顿渐皆立无念为宗，无相为体，无住为本。"（《坛经》，见前引）这样从慧能到神会一系的南宗禅与北宗尽管主顿主渐有别，但在注重植德，追求内心的"湛然常寂"这一点上恰恰是相同的，反映于生活上，正如吕澂先生所指出的，他们"一切行为的动机，始终在向上一着，探求生死不染，去住自由的境界"，只是"不肯泛泛地去走迂回曲折的道路，而要直截了当把握成佛的根源"罢了。〔2〕具体而言则主要表现为山林静虑与苦行力作。譬如慧能与神会就拒绝帝王的召请，安居山林，较之三朝帝师的北宗更为严肃。不仅如此，慧能从弘忍学时"于碓房，踏碓八个余月"，为一方宗主后更与门徒混迹渔商劳侣积十六载（《能禅师碑》《坛经》）。

　　王维师事之的南宗禅师均如此生活清俭刻苦，而他又把这些事迹，写入碑铭，可见王维所接受的南宗禅思想之严肃性，这当然影响到他的生活并进而影响其创作观念。《旧唐书·王维传》记：

　　　　维弟兄俱奉佛，居常蔬食，不茹荤血。晚年长斋，不衣文彩。得宋之问蓝田别墅，在辋口，辋水周于舍下，别涨竹洲花坞。与道友裴迪，浮舟往来，弹琴赋诗，啸咏终日。尝聚其田园所为诗，号《辋川集》。在京师，日饭十数名僧，以玄谈为乐。斋中无所有，唯茶铛、药臼、经案、绳床而已。退朝之后，焚香独坐，以禅诵为事。妻亡，不再娶，三十年孤居一室，屏绝尘累。乾元二年七月卒。

────────────

〔1〕　见《坛经校释》第14、26节。
〔2〕　《中国佛学源流略讲》第376页。

类似的记载又见于《高僧传》《五灯会元》及王维自己的诗文著作中，可见，王维的生活至死都贯串着慧能及神会一系忍为教首、植德保任、无念为宗的哲学思想，而表现为极其清俭严肃。他与自然独晤，在清秀幽静的山水林木之中，体验、追索生命时空的义谛，而一归之于内心的清净空寂，这就形成了他静穆悠远的诗境。由于这种不断的体验、追索，无论是北宗的由定发慧，或慧能神会一系的"一念修行""念念相续"，都有助于集佛学家、画家、音乐家和诗人于一身的王维，以自己的卓异禀赋，通过对自然的静默观照，来表现上述心境。所谓"传神写照，虽非巧心；审象求形，或皆暗识"的创作宗旨，正是这种融北宗与慧能神会一系南宗禅思想于一炉的哲学思想与生活态度的产物。北宗与神会一系的南宗禅，在盛中唐之际，主要盛行于北方，王维是唐代宗推许的天下文宗，其弟王缙又是宰相，加以安史之乱后士大夫又普遍具有一种失落感与休憩欲，于是王维诗风就演为笼罩诗坛十数年的大历诗风。

在研究王维及其流裔的诗风与禅风的上述关系时，笔者以为还应当注意两个问题。

其一，由于王维基本上是平行地接受南、北二宗的影响，又由于他所接受的南宗一系的思想与北宗有许多共通之处，尤其是渐顿见道的过程，归根到底并无本质区别，所以在实际分析中，很难一一分辨他的诗哪一首体现北宗观念，哪一首体现南宗观念。譬如要判别《鸟鸣涧》中的悟境是渐是顿，恐怕是徒劳的，然而这诗中的对声色光影的细致观察，又与这一时期南北宗共有的重视修养的禅法相应。诗歌并非哲学观念的象喻，所以应把当时南北宗思想的共通之处作为时代的风气、精神来看待，这种风气、精神综合影响于诗人的观照形态、表现于文艺作品就形成开、天至大历前期"传神写照，虽非巧心，审象求形，或皆暗识"的共同特征。

其二，王维有《投道一师兰若宿》诗。赵殿成笺注谓道一为江西道一禅师，即洪州禅的实际创始人马祖道一（赵注本卷十一）。

诗有云"岂惟留暂宿,服事将穷年"。这样,似乎王维又受到洪州禅的影响。其实不然。因为此诗一开始即云:"一公栖太白,高顶出云烟。梵流诸壑遍,花雨一峰偏。迹为无心隐,名因立教传。"可知这位道一居于太白,即长安南的终南山,而当时已俨然"立教"。今按《高僧传三集·马祖传》《五灯会元·江西马祖道一禅师》等记载,马祖道一(709—788)开元中习禅定于衡岳山中,始遇南岳怀让,密受心印,十年后又从建阳佛迹岭,迁至江西临川,又至南康(今江西赣州)龚公山。大历中隶名于锺陵(南昌)开元寺,至此,"四方学者,云集座下",方为一方教主。这时王维去世已十年左右。而且有关马祖的所有资料,都未记他到过长安、居于太白。因此王维诗中的道一可以肯定不是马祖道一。马祖道一对王维的佛学思想没有影响,因而对其诗歌创作也没有影响。

马祖道一的洪州禅兴起于大历中,在整个中晚唐期间不断发展,以其独特的禅风对诗风的转化起了重大影响,而首当其冲的正是贞元前后皎然、顾况、秦系等一批南方诗人,下面我们就此来作分析。

四、洪州禅与皎然等南方诗人

马祖道一卒于贞元四年,僧传记其有"入室弟子一百三十九人,各为一方宗主,转化无穷"。中晚唐之交圭峰宗密大师所作《中华传心地禅门师资承袭图》(以下简称《师资图》)先列禅宗别支牛头宗与北宗、南宗,于南宗下再分列荷泽宗与洪州宗,而不列后来与洪州宗齐名的南岳石头一系。可见当时洪州宗影响至少已与神会的荷泽宗相抗衡。而在实际上荷泽宗在神会以后,二三十年间并无大师出现,贞元前后已有式微趋势,只是由中晚唐间宗密的弘扬才得以重振。而洪州宗在贞元前后则大师辈出，影响实际上已超过荷泽宗，尤其在江西、江南尤为盛行。宗密作《师资图》与《禅源诸诠集》，力辨荷泽一系是慧能嫡传，正从反面反映了洪州宗的兴盛，已足以威胁到作为南宗嫡派的荷泽宗的地位。

　　洪州宗与荷泽宗的主要区别在如何了见佛性上，宗密在《师资图》中作过一个很形象的比喻。他把佛氏所说摩尼珠比为灵知。说是在北宗看来，珠外常为黑暗所蔽，要见其净明之本性，就须"摩拭揩洗，去却黑暗，方得明相出现，始名亲见明珠"。显然，这也就是神秀偈所说"身是菩提树，心如明镜台，时时勤拂拭，莫使有尘埃"之意。在荷泽宗看来，珠体本来就是莹净圆明的，无论"黑色，乃至一切青黄色等，悉是虚妄"，因此要"即于诸色相处，一一但见莹净圆明，即于珠不惑"。他又解释说这是指"一切皆空，唯心不变……乃至哀乐喜怒爱恶，一一皆知。知元空寂，空寂而知，即于心性了然不惑"。显然这是慧能偈"菩提本非树，明镜亦非台。佛性常清净，何处着尘埃"，及神会所说"以无念为宗"之意。因此荷泽宗虽在见性的过程上不同北宗，但都以得清净佛性为见道的根本。然而洪州宗却不同。宗密比喻说他们认为"即此黑暗，便是明珠；明珠之体，永不可见，欲得识者，即黑便是明珠，乃至即青黄种种（皆是明珠）"。所以宗密批评他们"彼宗认虚妄为真性也"。

　　认"虚妄"为真性，确是洪州宗的特点，不过这里的"虚妄"，实际上是指人的一切生活言行。洪州禅就是认为一切言行无论善恶，都是佛性的体现。宗密说：

　　　　洪州意者，起心动念，弹指动目，所作所为，皆是佛性全体之用，更无别用，全体贪嗔痴，造善造恶，受乐受苦，此皆是佛性。

　　这话怎么说呢？原来他们认为人的骨肉躯体都不能自行言语、见闻动作，所以能如此，则必是佛性的作用；又都不解贪嗔烦

恼,"故知贪嗔烦恼并是佛性"。因此"佛性非圣非凡、非因非果,非善非恶"。这样人应当怎样悟道与生活呢?这就是:

> 既悟解之理,一切天真自然,故所修行理,宜顺此而不起心断恶,亦不起心修道。道即是心,不可将心还修于心;恶亦是心,不可将心还断于心。不断不造,任运自在,名为解脱人。无法可拘,无物可作,犹如虚空不增不减,何假添补。何以故?心性之外,更无一法可得故,故但任心即为修也。

(以上均见《师资图》第三)

按,上述思想与慧能及神会一系是有所联系的,慧能、神会因定慧等修,故讲一行三昧,这是禅宗的一个重要思想,由来已久,认为人的一切行住坐卧中都可体现佛性,不必静坐参禅。但是一行三昧要从无念着手,无念即般若,即清净心、即灵智,因此他们所说的一行三昧首先就破除了一切贪嗔烦恼,一切恶行,故《坛经》又云"一念恶,报却千年善亡;一念善,报却千年恶灭"。然而洪州禅则将这一切也都视为佛性的表现,可称是偷梁换柱而面目大变了。

应当指出,由于宗密奉荷泽宗为嫡传,所以在讲马祖道一的禅法时,可能有些绝对化。实际上马祖也讲"一念返照全体圣心"(《古尊宿语录·道一》)而宗密介绍中很少涉及这一点;然而马祖本人既言"著衣吃饭言谈祇对,六根运用一切施为,尽是法性"(同上),则自然为其后学的任心而行大开方便之门。所以宗密所说至少反映了马祖一、二传后洪州宗的禅风。一般以为洪州禅之变为放荡在元和后,主要在晚唐时;然而如果仔细地搜寻史料后,可以看出,这种风气在贞元时已相当盛行于南方。此举数例。

《高僧传三集》卷二十记江陵府释些师:

> 德宗朝于渚宫游,衣服零落,状极憨痴,而善歌《河满子》,纵肆所为,故无定检。

又卷二十记唐吴郡义师:

> 释义师，不知何许人也，状类风狂，语言倒乱，贞元初，巡吴苑乞丐。

又卷十九记贞元时扬州孝感寺广陵大师云：

> 释广陵大师者，维扬人也。不言法名，淮海之间，竞呼广陵大师也。形质寝陋，性多桀黠，真率之状，与屠沽辈相类，止沙门形异耳。好嗜酒啖肉，常衣繐裘，厚重可知，暑亦不暂脱，蚤虱聚其上。侨寓孝感寺，独一室，每夕阖扉而寝，率以为常。或狂悖性发，则屠犬彘，日聚老少斗殴。或醉卧道旁。扬民以是恶之。贞元中……有一耆年僧召大师教诫敕之曰……大师怒色对之曰："蝇蚋徒喋膻腥，尔安知鸿鹄之志乎？然则，我道非尔所知也。且我清中混外者，岂同尔龌龊无大度乎！"

这些疯僧、酒肉和尚的行径，正是洪州禅的必然结果，《古尊宿语录》所记马祖一事，最能说明问题：

> 洪州廉使问曰："吃酒肉即是，不吃酒肉即是？"师（马祖）曰："若吃是中丞禄，不吃是中丞福。"

这是一个机锋，意思是说，吃酒肉不吃酒肉，当随遇而安，既然如此，其后学之饮酒食肉，也就是顺理成章的事情了。

上举各例都在贞元时江浙赣鄂一带，尚有多则，这里不能一一枚举，只以两事作一总括性的说明。一是柳宗元有《送琛上人南游序》，有云："而今之言禅者，有流荡舛误，迭相师用，妄取空语，而脱略方便，颠倒真实，以陷乎己，而又陷乎人。"二是《高僧传三集》记马祖的一传弟子怀海在江西新吴大雄山重立"百丈清规"。按柳序作于元和初贬永州时，所言"流荡舛误"的禅风正当为贞元时风气的反映。怀海生于开元八年，卒于元和九年，其重订"百丈清规"之时间虽无明文，而以其生卒年推之，要当在贞元年间，至晚在元和初年，而他所以要一反马祖以来"好坏都无须思量"的宗旨，而以

"诸恶莫作,众善奉行"为清规总纲,正从反面说明类似上引贞元年间的狂禅作风,已到了不可不予以整顿的地步了。

贞元前后处于洪州禅放荡作风重大影响之下的诗人的风气,不可能不有所变化,这首先在诗僧中间表现出来。这里回忆一下笔者对这一问题的认识过程或许有一定的启发性。五年前笔者曾作《"吴中诗派"与中唐诗歌》一文(刊《中国社会科学》1984年第4期),其中以相当篇幅论证了大历贞元间南方诗人的放荡诗风与稍前大历时北方诗人清雅诗风的不同,也简略提到过南方诗人的放荡风气与南宗禅的弘扬有关。当时曾碰到一个问题,即南方诗人中如两皇甫、严维、李嘉祐、灵一等,其诗风与大历十才子区别不很大,区别大的是顾况、皎然、秦系、朱放、陆羽、张志和、灵澈诸人,尤其是他们的后期创作。对于这一问题,当时只是以前一组诗人的创作时间较早于后一群诗人来解答,显然这是不能尽惬人意的。也正是这一遗留问题促使笔者去更细致地了解、研究这一时期南禅宗风气的变化,于是问题的答案就比较清楚了。原来这与洪州禅兴起的时间及其宗风与神会一系不同密切相关。马祖道一在大历中方有较大影响,而上举前一批诗人的卒年都在永泰至建中、兴元间,大多正在大历中期。禅风影响诗风有一个过程,这样他们的主要创作就不会受到洪州禅的重大影响。而后一批诗人的卒年都在贞元后期至元和初,后半生正处于洪州禅影响的笼罩之下,正是由于这一点才使同一地区、时间相接的两群诗人,在创作中产生重大区别。以下仍以皎然为主,旁及他人稍作分析。

皎然"童年随法侣",大历初在杭州灵隐受具足戒,在此前后他的能考见年代的作品,尚不见明显的放荡之意,如大历四年春,他开始禅隐,有一首很有名的诗,《苕溪草堂自大历三年夏新营泊秋及春弥觉境胜因纪其事简潘丞述汤评事衡四十三韵》,此诗虽气格老成,较之大历诗人有一种"清壮"之气(于頔《皎然集序》),但其中所体现的禅理仍与王维他们相近。诗中记"自从东溪住,始与人群隔",

在山水之中悟道，有云：

> 外事非吾道，忘缘倦所历。中宵废耳目，形静神不役。色
> 天夜清迥，花漏时滴沥。东风吹杉梧，幽月到石壁。此中一悟
> 心，可与千载敌。

这是说在与山水对晤中，达到忘缘（无住）、废耳目（无我）的境地，于是神思（灵知）摆脱了一切羁绊，眼前顿时出现了夜月空明的迥远境界，这不正体现了慧能、神会一系的禅法吗？确实，皎然在大历中之前受到南宗禅及其他佛教宗派的广泛影响，集中有《能秀二祖赞》等，对南、北禅宗祖师均极推崇。这种影响也与王维一样终身不能磨灭，在他后期诗作中仍有相似格调的作品。然而在大历末时，转变的苗头开始出现了。大历十三年皎然在桐江请人仿房琯遗制，戛铜碗作龙吟声，作有《戛铜碗龙吟歌》，当时"缁人或有讥者，（答）曰：此达僧之事，可以嬉娱，尔曹无以琐行自拘"（集卷七）。这种回答与前举贞元时广陵大师所云"我道非尔所知也，且我清中混外者，岂同尔龌龊无大度者"如出一辙，正是洪州禅"任心即为修"，不断恶，不修道，"任运自在"，以"天真"为佛心的思想表现。

与此相先后，在大历九年至十二年颜真卿为湖州刺史时皎、颜等人的联句中有大语、远语、粗语、狂语、馋语、恼语等名目十余题，一反佛氏所戒六十四种恶口，大写特写粗、狂、馋、恼诸相，则更可见洪州禅风气已在诗僧文人中有广泛影响。

兴元元年（784）僧灵澈初从皎然学诗，可知皎然与灵澈酬答诗均作于此后，其中《山居示灵澈上人》诗有云："身闲始觉骤名是，心了方知苦行非。"早期南宗禅的苦行力作的宗风在他看来非但不需要，而且尽是违背天真之趣的错误行为。于是，贞元五年（789）李洪为湖州长史，皎然在与他的唱酬诗中写道：

> 山火照书卷，野风吹酒瓶。为谁留此物，意在眼中青……

主人非楚客，莫谩讥独醒。宿昔邢城功，道高心已冥。贪将到
处士，放醉乌家亭。

（《奉酬李中丞洪湖州西亭即事见寄
兼呈吴凭处士时中丞量移湖州长史》）

对于李洪随风送香的酒瓶，他早一眼觑定，因而鼓动他一起到
吴凭处士处放醉一场。

又在《观李中丞洪二美人唱歌轧筝歌》中写道：

> 每笑石崇无道情，轻身重色祸亦成。君有佳人当禅伴，于
> 中不废学无生……吴兴公舍幽且闲，何妨寄隐在其间。时议
> 名齐谢太傅，更有携妓似东山。

（《集》卷七）

李洪精于佛理，皎然亦向他"先问宗源，次及心印"（《诗式·中
序》），而他为这位道友设计的禅法是以佳人作禅伴，挟妓作东山之
游，因为在他看来，只要不像石崇那样重色轻身，而是有"道情"在
心，则美色与禅悦尽可两不相妨。

其实皎然自己与妓女也有交往，《集》卷七《答李季兰》诗云：

> 天女来相试，将花欲染衣。禅心竟不起，还捧旧花归。

虽然诗意不及于乱，然而调侃之味，仍溢于纸上。

> 正论禅寂忽狂歌，莫是尘心颠倒多。白足行花曾不染，黄
> 囊贮酒欲如何。（《酬秦系山人戏赠》）

> 乞我百万金，封我异姓王。不如独晤时，大笑放清狂。
> （《戏作》）

> 空何妨色在，妙岂废身存。寂灭本非寂，喧哗曾未喧。嗟
> 嗟世上禅，不共智者论。（《禅思》）

以这些诗作参以前引"乐禅心似荡，吾道不相妨，独悟歌还笑，
谁言老更狂"，可见在贞元前后，皎然的禅学思想与生活作风中，洪

州禅已成为主导因素。

诗僧介于诗人与僧人之间，通过皎然，再来看他周围的诗人群的生活与诗作，我们就会对李肇在《国史补》中所说的"贞元之风尚荡"有新的认识。这群诗人无论是僧是俗，生活作风都与皎然相近。篇幅所限，不能详列，仅以秦系一人为例说明。[1]

秦系自号"东海钓客"，深通佛、老，与皎然亦为道友，生性放达而至大历末后越演越烈，竟然在年近六十时，忽发奇想，与妻子谢氏离婚，六十五岁左右又"近作新婚镊白髯"，而据刘长卿诗可知，当时因此招来非议，可见是一段老少年的风流公案。而这时他自写形象是"终年常裸足，连日半蓬头。带月乘渔艇，迎寒绽鹿裘"（《山中崔大夫有书相问》），"昨日年催白发新，身如麋鹿不知贫。时时亦被群儿笑，赖有南山四老人"（《山中书怀寄张建封大夫》）。

受洪州禅任心、天真的宗风影响的贞元前后南方诗僧、诗人的适意放荡的生活作风，实际上已将南宗湛然常寂的知体架空，他们不再一味向上地寻求内心的空寂清净，而处处在生活中感受着活泼的情趣，不再讲究持之以恒的植德与保任，而是一任我心，即事成真。这样反映在创作中也必然由王维一派的重视观照得形中之神而变为坦荡写意，甚至"误点一点亦为道"，从静穆清空而演变为清逸、清狂。清狂依广陵大师所说，是"清中而狂（混）外"，这样在他们看来又并不有背教旨。"清中"与王维一派相承，而"狂外"则体现了这一时代的新变。

至此，我们可以得出结论，从荷泽宗到洪州宗宗风的转化，是以王维与皎然为代表的前后两个诗人集团诗风演进、同中见异的重要原因。

---

[1]　关于秦系事可参见拙著《秦系考》，《中华文史论丛》1984年第4辑。

五、余论:对三个问题的进一步思考

上述贞元前后禅风转化与诗风演进的关系中,似乎还有着某些规律性的现象,下面三个问题值得思考。

其一,何以在这二三十年中作为慧能嫡传的荷泽宗的发展及其对诗风演变的影响反而远远不及其旁支洪州宗来得大呢?这一问题似当从整个时代风气的趋向及二宗教理差异的关系来考察。如前所云,安史之乱后,整个时代风气带有一种失落感与休憩欲,这样荷泽宗的知体常寂,一味追求清净空明的思想及其苦行力作与山林禅的作风必然会在至德到大历时产生较大影响。然而这种远离人间世的生活与创作毕竟是不可能久长的,静必思动,所以洪州宗将禅理完全融入日常生活中去的禅风——这种禅风也可以皎然《禅思》诗中所说的"世上禅"来概括——就势必引起人们的兴趣。这一点又与诗歌创作的个性化紧密相关,因为荷泽宗只以清净性为唯一本体,而洪州宗管他是净是浊,是明是黑,触类是道,即事皆真,具有更强烈的个性化倾向。个性必然促进活动,关于这一点皎然在贞元中所作《诗式·复古通变体》节中有一句话最能说明问题,他以顿教喻通变,谓"如释氏顿教,学者有沉性之失,殊不知性起之法,万象皆真",从中可以看到,当时南宗学者多有因一味空寂而实际上掩埋了本性之病。所以,灵活得多的、无往而不适的洪州宗正可救其弊。佛学中这种由静向动演进的趋势,在当时是一种时代性的动向。几乎与洪州宗的兴盛同时,在儒学上也兴起了一个新的流派,即啖(助)赵(匡)之学,他们一改孔颖达、颜师古等的稽古之学而为用世之学,不守陈规而崇尚功利,成为稍后永贞革新的思想基础,在文学上,则对柳宗元、刘禹锡、吕温等人的诗文创作产生重大影响。洪州宗之于南宗,正如啖赵之学于传统的儒学,可说是旁门逸出。然而由于与生活的更密切的关系，其活泼的生气正适应了这个时代，所以二者对思想史以及文学史的影响在当时反而超出了正统者。宋人常说天下禅法坏于马祖，此言不虚。因为正是马祖开了禅宗放荡的风气，以至发展到晚唐时呵祖骂佛者屡见不鲜。然而，幸亏有这一切，禅宗才彻底中国化了，中唐贞元诗坛也因此开出了一个以"荡"为特征的新局面。

　　第二个问题是洪州禅的这种一任天真的宗风，何以不首先在北方，而在南方兴起？又何以必能对南方诗歌首先起重大影响？笔者认为这是与南方的民情风俗及诗歌传统有关的。大抵北俗厚重实际，南俗轻清虚无，[1]至南朝时上层有尚虚无的玄学、下层有任天真的南方天师道，而佛教梁陈间又有禅宗的别支，主"心性本空""忘情为修""快乐无忧"，与庄子思想相近的牛头宗（牛头，山名，在金陵，祖师法融，有懒融之称）。这三者在唐代南方仍颇有影响，因此唐代南方文人的性格，原来就较北方文人为放达，盛唐的贺知章、张旭，中唐的皎然、顾况等皆然。这就为洪州禅的产生并弘扬提供了最合适的土壤。而洪州禅一经产生，又以其简捷可行，更切合人生，而为更多的人所接受，并且影响其他教派，如大历贞元间牛头宗的主坛坫者法钦就受到马祖道一的启发（《五灯会元》卷二）。南方的民情风俗反映于诗歌，则有虽然密丽，却以逸荡为气体的南朝文人创作与明转出天然的吴歌西曲、多里巷之曲的佛氏偈赞。当大历诗风出现意象老化、格局陈旧，诗歌要求寻求新的出路时，南方诗僧文人遂趁着洪州禅的这股新风，由对南国传统诗体的借鉴取法中开出了新生面。因此，洪州禅之影响诗风，归根结蒂仍要通过诗体演变的自身规律方能起到作用。

　　这里又须注意诗风变化对洪州禅的反作用。事实上，马祖虽然以所云"六根运用一切施为，尽是法性"，开后世放荡任心之方便

----

〔1〕　参见刘师培《南北文学不同论》。

法门,而公然不避"恶行"的和尚,从文献记载看至贞元中方较多出现。而佛学史著作中一般都以放荡风气的形成开始于中晚唐之际。然而当我们旁参唐人诗、文著作后就会发现,事实上皎然等诗僧及其诗友在大历末贞元初已率先透露了这种放荡倾向,不唯付之于行动,且最早形之于禅理。这个道理其实很简单,因为诗僧及其诗友较之一般僧人更多世俗生活,也就必然对马祖的任心思想特别敏感。因此可以说洪州禅促成了南方诗风的变化,而诗风的变化又对洪州禅的弘扬与愈趋放荡反过来又起了推波助澜的作用。

　　这种相互促进不仅表现于诗歌内容、气格上,也表现于僧俗双方诗偈的形式变化中。贞元时期有一个引人注目的动向:一方面,僧人的赞偈日益诗化律化,演而至晚唐宋代,僧人就多用律绝体作偈;另一方面,传统诗歌的形式的解散化,表现之一是俗体诗的发展(参拙著《"吴中诗派"与中唐诗歌》),之二是正统律诗中偶对规律的松懈。杨升庵曾指出晚唐贾姚传人律诗颔联多松散,轻轻带过,认为这是晚唐律诗的特点,其实这种形式在皎然周围诗人的律诗中已十分普遍。《文镜秘府论》所引皎然的八种对,都相对于工对而以自由松散为特征,即是其理论表现。至于多用拗句,在这一批诗人中更是普遍(参《"吴中诗派"与中唐诗歌》)。这中间的道理也很简单,因为任运自在的思想感情,必须有与之相应的自由松动的诗歌形式。研究思潮与诗史演变的逆反作用,应是诗史研究的重要课题。

　　第三个问题是,长期以来在诗史研究界存在这样一种看法,认为禅风对诗风的影响,在宋诗中方有明显深刻的表现,而在唐诗中体现不明显,或者说较浮泛。这种看法笔者认为是大可商榷的。可以说宋诗中禅风的影响很明显,因为宋代禅宗中由于机锋的更大量的产生,形成了文字禅的风气,宋诗多受此影响。在某些大诗人如黄山谷、杨万里等手中,能将禅理与文字结合得很好,从而使诗作具有机趣;但是大部分的宋代诗人取法禅宗,只是在表面上搬弄移植一些机锋,弄成非诗非偈的东西,明显诚然明显,但却生硬、浮泛,是落于形迹的模仿。机锋的大量出现,也始于洪州宗,但在晚唐前,仍不是禅家印心的重要形式。唐人,无论是王维、皎然,还是更后来的贾姚,他们诗中所表现的禅理,更多的是当时禅家个别的理致及由此而来的观照方式、审美趣味,这从本文前举各例可以分明看出。由于他们不常在文字上落下禅理的痕迹,所以禅风的影响似乎不明显,其实,这是一种深入细致而并不浮泛粗浅的表现方式。有的日本学者认为,隋唐占主导地位的学术思想是佛学,宋代则是理学。[1] 认为唐代以佛学为主导这种说法当然可以商榷,然而佛学及其各阶段的演变,对唐代文学尤其是唐诗的演进具有不可忽视的重要影响,则是无可否认的事实。如果我们在佛学演变对唐代文人创作中观照形态、审美趣味的变化的关系上多下些细致的研究工夫,使研究带有时间性、空间性、历史性,就必然会对佛学于唐代文学的影响有新的认识。

(本文原载于《中华文史论丛》1987 年 2、3 期合刊)

---

[1]　参见日本早稻田大学稻畑耕一郎《关于四库全书》。

"吴中诗派"与中唐诗歌

    研究开、天与元和唐诗两个高潮间的关系演变，是文学史上一个重要课题。明高棅《唐诗品汇》大体以盛唐诗为正宗，开、天后至元和前为接武，元和诗为正变。遂从复变角度说明从开、天至元和，唐诗发展经历了一个由继承到变革的历程。然接武以承为要，正变以变为主，其间转换之枢纽是什么，高氏则语焉未详。嗣后如《诗薮》《唐音癸签》《原诗》等影响较大的论著，于此虽有所发展，但仍未能清楚地显示其间的脉络。究其原因，似均对贞元诗坛注意不足。

    李肇《国史补》曾对开、天至元和诗风的演变作过一个概括：大抵天宝之风尚党，大历之风尚浮，贞元之风尚荡，元和之风尚怪。此说语言简约，蕴而未申，然已给人以启示：荡可训为放荡、流荡、跌荡等，均有放任不拘之义，则贞元尚荡与元和尚怪之间必有联系。得此启示，我对大历至元和间有一定影响的诗人的创作、诗论及行事联系进行了比较分析，认为大历至贞元间，在吴中地区，有皎然、顾况等一批诗人极可注意。

    从纵向的发展来看，盛唐诗人在继初唐诸大家的努力后，进一步融通汉魏与六朝诗人的创作经验，予以新变。盛唐诗的标格可以殷璠《河岳英灵集》评陶翰时所云"既多兴象，复备风骨"八字来概括。在这一总标格下，盛唐诗就具体作家风格而言又可分为两个流派，这就是胡应麟在《诗薮·内编》中所归纳的：以王维、孟浩

然等为代表的"清淡益以风神"的一派和以岑参、高适等为代表的
"古雅益以气骨"的一派。而盛唐此二派虽各有偏诣,却又精神相
通。到了中唐前期,承盛唐"古雅益以气骨"者,有元结与《箧中集》
诸子,他们未能如岑、高那样以雅参丽,以古杂今,而是片面追崇汉
魏,故所作虽有气骨却乏兴象,甚至刻板模古陷入"古俗"。稍后的
大历十才子一派,则衍盛唐"清淡益以风神"之绪,然因品格不高,
所作多缺乏真情志,又为声律所缚,故往往遗风骨而求兴象,甚至
如皎然所批评的那样"句句同区,篇篇共辙"[1],从而往往涉于浮
薄,陷于时俗。中唐前期这两个诗派都从不同角度偏离了盛唐兴
象风骨兼备的标格;又都取"雅正"之途,于盛唐承袭多,新变少,故
路子愈走愈窄而分别陷于"古俗"与"时俗"。这说明诗至盛唐,旧
法变化已极,欲求唐诗之再盛,必须在坚持兴象风骨兼备的标格的
同时,又不落窠臼,勇于创新。而正在此时吴中地区以皎然、顾况
为首的一批诗人在汲取吴楚民间谣曲滋养,继承与变革南朝诗体
的基础上,开始了新变的探索,他们的诗作虽带有大历诗风的某些
形迹,却更显示了元和诗变的种种先兆,并对元和时某些重要诗人
有过直接影响,这派诗人是中唐诗歌承先启后过程中,由接武到正
变这一转换的枢纽。这就是本文的论旨。

一、自成一派的吴中诗人

在唐代文学史中从未提到过"吴中诗派"一称。为研究方便起
见,姑取此名。其活动时期是在大历、贞元年间,代表人物为皎然、

---

[1] 皎然:《诗议》。见《文镜秘府论·南卷·论文意》,人民文学出版社 1975
年版(以下所引均同此)。

顾况,此外尚有秦系、灵澈、朱放、陆羽、张志和诸人。

皎然,俗姓谢,字清昼,湖州长城人,谢灵运十世孙,约生于开元八年(720),卒于贞元末。早年治学出入儒墨道三家,性格豪逸,且有用世济时之志,然终以“吾道不行计亦拙”,而于中年后(安史之乱时)遁迹空门。皎然之终于禅隐与谗佞当道有关,然而禅定并不能消尽愤懑,他遂以放达任诞的南宗禅为皈依。大历八至十二年颜真卿刺湖州时他回到家乡,成为吴中地区文化活动的核心人物之一,并促成了吴中诗派活动的第一个高潮。他将南宗禅的“即心即佛”,道家的“至人无我”,儒家的“独善其身”糅合在一起,自号“号呶子”,以“谪仙俦”自居,甚至好奇尚异,不避妓乐。“乞我百万金,封我异姓王,不如独悟时,大笑放清狂。”兴元前后他在《赠李中丞书》中所引此诗[1],适可为其晚年精神之写照。贞元五年前后他结束了游访,居湖州杼山,此后与韦应物、丘丹及吴中派诸人唱和,并完成了《诗式》五卷的写作。八年,御书院征其文集十卷入京,可知当时已负盛名。此期为吴中诗派活动的第二个高潮。以后直至终年,一直居湖州。

顾况,吴中诗派另一代表人物,字逋翁,晚号华阳山人。约生于开元十五年(727),卒于元和十五年(820),况祖籍云阳,早年攻读于茅山玄阳观,三十岁前迁居苏州海盐横山,曾从其叔父虎丘僧七觉习佛典。至德二年李希言榜下进士及第。在此前后与皎然结识,贞元初年因知友柳浑、李泌之荐,入长安任校书郎,迁著作郎,此时诗名大振,五年李、柳去世,况因行事不能与权臣合,被贬饶州司户参军。贞元八年,况去官归隐,于茅山受道箓。《唐诗纪事》称:“应物性高洁,所在焚香扫地而坐。唯顾况、刘长卿、丘丹、秦系、皎然之俦得厕宾列”云云当在此期。此后况一直以海盐、茅山两故居为中心游于江浙皖,以至终年。仕途失意,壮志难酬,更使

---

〔1〕《皎然集》卷六:《戏作》,四部丛刊本。

顾况于放浪形骸中寻求寄托。他以孔丘、释迦、列子相提并论，又赞扬南宗祖师慧能。[1] 更以"白云依山，出入自得，飞鸟以灭，虚玄不碍，清明在躬，志气如神"[2]为最高的精神境界。可见皎、顾结局虽佛道异门，然师心自任以调合三教则归于一致，清人查世澐称况为"孔门之狂者"，颇为有见。

吴中派其余五人虽因诗文留存较少，事难详考，但从片段史料中仍可见到他们与皎、顾形迹相类。七位吴中诗人有以下共同特点：

（一）地域与时代：七人或世籍东吴，或早年即寓居吴会，其主要活动地区都在三吴两浙，有鲜明的地域性。他们的生年除灵澈在天宝八年外都在开元年间。卒年除朱放在贞元五年前之外，均在贞元末元和初。贞元诗坛上名声较显的诗人，除为盛唐遗脉的卢纶、李益、韦应物外，主要是吴中派七人。由于吴中特殊的文化传统的影响，他们更多地体现了奇变的特色。七人在贞元时代都享有较高声誉，并对刘禹锡、白居易、孟郊等后学诗人有直接影响，这是他们能开元和奇变之渐的重要条件。

（二）性格与社会地位：七人均未显宦，受过挫折，对现实有所不满，经历了从有志用世到遗世隐逸的历程，且多以南宗禅与南方天师道为精神归宿，而骨子里并不反对进取，反对礼义，只是以佯狂自高，啸傲人世，而于放荡不羁中时时露出奇倔不平之气。皎然《答灵澈上人七贤石诗》，用孙绰以七僧配竹林七贤之典自写襟怀，正透出了这批诗人的祈向所在。[3]

吴中派多从文友、道友的角度平视卿相，以至戏谑调侃在所不避，保持着独立的人格与骨气。这种奇倔不羁的气质，使他们的诗

---

〔1〕　参见《全唐诗》第8册，中华书局1960年版，第2938页，《丁行者诗》。
〔2〕　顾况：《阴阳不测之谓神论》，见《全唐文》乾隆刻本，卷五二九。
〔3〕　参见鲁迅《魏晋风度及文章与药及酒的关系》一文对嵇、阮的评论。《鲁迅全集》第3卷，第486页。

歌理论与创作都表现出重情性重气骨的特征。这是他们有别于大历十才子而自成一派的重要因素。

（三）团体：皎、顾等七人从大历至贞元一直保持着较密切的联系，尽管七人除皎然外，作品散佚极严重，但七人今仍存相互赠答唱和诗四十来首，赞一序二、联句九章，并常在诗文中互相引为同调。这中间有两点尤可注意：一是联句，就《全唐诗》联句卷看，吴中派以前的联句仅存李、杜各一篇。唐人联句之盛，实起于大历、贞元时期的吴中地区。皎然今存联句三十一篇，陆羽、顾况皆曾参与，此外颜真卿名下联句十来篇，皎、陆亦多在内。与联句相应的是"诗会"活动。《孟东野集》卷八《送陆畅归湖州因凭题故人皎然塔陆羽坟》云："昔游诗会满，今游诗会空。"又卷十有《逢江南故昼上人会中郑方回》诗。均作于元和初，可知大历、贞元期间吴中派活动的中心地区湖州曾有诗会组织。而皎、陆为其核心人物。联句殆为诗社的课题之一。

总之，相同的地域与活动年代，相近的社会地位与性格特征，密切的交往联系及文艺结社，是吴中派诗人成为大历、贞元时期较自觉的一个文学流派，迈出中唐诗正变第一步的重要条件。

二、《诗式》——吴中诗派的理论基础

以情性为基点，继承盛唐诗人兴象风骨兼备的标格，又力图摆落迳畦，戛戛独造，是吴中派诗论总的精神。吴中派诗人在继承中求创新的文艺思想集中地表现在皎然的《诗式》中。

《诗式》五卷初看似散漫不成篇章，其实是一部思力深刻、组织有序、系统的诗学论著。读《诗式》须把握总体联系，方能得其要义，现就与本文有关的几个问题阐述于下。

（一）论诗宗旨及体变未必道丧、
复古通变的诗史观

1.论诗宗旨：真于情性，尚于作用，不顾词彩，风流自然。

总序云："西汉以来文体四变，将恐风雅寖泯，辄欲商较以正其源。"对于"文体四变"，皎然不是简单地以代论诗，而要"商较以正其源"。在卷一《李少卿并古诗十九首》《邺中集》《文章宗旨》相连的三节中，他从述史始提出了"商较"的标准：

> 西汉苏李诗"天予真性，发言自高，未有作用"。
>
> 东汉《古诗十九首》"辞精义炳，婉而成章，始见作用"。
>
> 魏诗《邺中集》"不拘对属，偶或有之……气格自高，与十九首其流一也"。
>
> 晋宋间谢灵运诗"真于情性，尚于作用，不顾词彩，而风流自然"，故可"上蹑风骚，下超魏晋。建安制作，其椎轮乎"。

这样皎然指出了汉魏至刘宋，诗史发展经历了未有作用——始见作用——尚于作用的历程（据总序，作用指"精思"在创作中的能动发挥，即艺术构思）。值得深思的是皎然论谢诗时标题用"文章宗旨"四字。这是因为他认为晋宋前诗乃表现自然而生的真意，不重艺术构思，写诗并不作为文章之事，此后诗人始有意于艺术构思，于是诗为文章之性质乃显，真意与文章遂成矛盾。他认为解决这矛盾的关键是，应像谢灵运那样以"真于情性，尚于作用，不顾词彩，而风流自然"为文章宗旨。这样皎然阐明了两个重要问题：

首先，晋宋后诗"尚作用"是诗史发展的必然趋势。建安制作（始见作用）为谢诗之"椎轮"，故作用不可废。其次，作用不是单纯追求词彩，"尚于作用"当以"真于情性"为基础，才能臻于"风流自然"的境界。这是刘宋后诗作为文章不可或忘的宗旨所在。

2.体变未必道丧、复古通变的诗史观。

据上述宗旨,卷二序又云:"今所评不论时代远近,从国朝以降,其中无爵命有幽芳可采者,拔出于九泉之中,与两汉诸公并列。使攻言之子,体变道丧之谈于兹绝焉。"按诗渐尚作用是体变,但只要真于情性,则诗道未丧,故体变未可言道丧。接着卷三卷四代序,更从反对"体变道丧论"出发,针对时论作申发。

卷三代序《论卢藏用〈陈子昂集序〉》批评卢藏用以诗道复兴"五百之数,独归陈君"。所论主旨在于应如何看待六朝以来的诗史:一笔抹倒呢,还是批判继承?由此又及唐诗应走什么道路;蹈袭前人呢,还是复古通变?卷五《复古通变体》节云:"陈子昂复多而变少,沈宋复少而变多,今代作者不能尽举……后辈若乏天机,强效复古,反令思扰神沮。"可见皎然论陈,旨在为"今代作者"提供一个复变的借鉴。这无异于对当时《箧中集》派复古主义倾向的批判。

如果说卷三代序重在纠泥古之偏,卷四代序《齐梁诗》则对当时偏于工秀失去古意的倾向作了批评。此序先针对时论,举述齐梁名篇,指出其虽精工,然比诸建安,"可言体变,不可言道丧"。接着论云:"大历中词人多在江外……窃占青山白云、春风芳草以为己有,吾知诗道初丧,正在于此。"皎然批评大历诗人并不在乎他们写了"青山白云"等。故后文云,对晚年"诸公改辙",而引以赞许的朱放诗:"爱彼云外人,来取涧底泉",即是用了云泉的隐逸诗。"窃占青山白云"句,重点在"窃占"二字。诗用芳草白云是晋宋以降创作的一般特征,这是"体变";但如借青山白云抒发真性情,则体变而诗道未丧。朱放上诗正是以云外人取涧底泉的形象,表达了不甘流俗的高洁情志,故值得赞许。反之,诗写芳草白云,而无归隐真情,则虽精工却已体变而道丧,故称"窃占"。皎然对大历诗风的批评,是切中要害的。

卷五代序又承以上所论归结出"复古通变"的主张。这样就将复古通变论置于前述对诗史演变的精辟分析上,以"复古通变"与反对"体变道丧"相表里,故所论较之刘勰更强调新变,而云:"变若造微,不忌太过。"卷末《立意总评》节更称:"前无古人独生我,思驱江鲍何柳为后辈。""诗人意立,变化无有依傍。"可见其复古通变之要义,是在继承古人重意传统的前提下(复古),要"变化无有依傍"。

(二)精思结撰、状飞动之趣、写真奥之思的苦思格

卷一又就文体开阖与兴象构成两方面阐述了创作过程中情意与作用(艺术构思)的关系。共同构成精思结撰、状飞动之趣,写真奥之思的创作思想。

1. 情意与文体开阖。

总序下《明势》节云:"高手述作,如登衡、巫,觌三湘、鄢、郢山川之盛,萦回盘礴,千变万态(文体开阖作用之势)。或极天高峙,崒焉不群,气腾势飞,合沓相属;或修江耿耿,万里无波,欻出高深重复之状。"接着《明作用》节又云:"作者措意,虽有声律,不妨作用。如壶公瓢中,自有天地日月,时时抛针掷线,似断而复续。"这里皎然以登高远眺为喻,指出创作首先要立意超群,诗作才会有"萦回盘礴,千变万态"的气势。此八字下"文体开阖作用之势"的自注很重要,是说由意而生的势是文体开阖作用(即布局)的主导。然意势无形质,须借作用以显之,故又云"作者措意,虽有声律,不妨作用"。文体开阖作用须似"壶公瓢中,自有天地日月",极尽变化之能事;但势不能断,似断还须复续。总之,一方面意立得气,气动为势,势主作用:另一方面借作用以显势,于"萦回盘礴,千变万态"中明作者之"措意"。这样的诗作才能如峻峰修江,气腾势飞。这样就从文体开阖方面阐明了"真于情性,尚于作用,不顾词彩,而风流自然"的论诗宗旨。

2.情意与诗歌兴象的构成。

《诗式》一、二两格所引各诗俱下注某诗为十九体中某体(如"不用事第一格,班婕好《团扇》,情也"),《十九体》结末云:"今但注(十九体)于前卷中(一、二格),后卷不复备举,其比兴等六义,本乎情思,亦蕴乎十九字中,无复别出矣。"可见以五格与十九体相配是《诗式》论诗的主要体例。这是文章宗旨的思想在诗歌兴象构成方面的体现,试绎之:

诗有五格,不用事第一,作用事第二,直用事第三,有事无事第四,有事无事情格俱下第五。用事五格的含义是与此下五节紧密相关的。在《用事》节里,皎然又据上述宗旨对"用事"问题作了剖析。他举了两个例子。陆机《齐讴行》"是用事,非比也";谢灵运《还旧园作见颜范二中书》"是比,非用事也"。陆诗后卷录入直用事第三格,可知无比兴之意的用事为直用事;谢诗录入作用事第二格,可知,作用事是指诗人之精思作用于外物,进行取舍,不仅有取事物的表象,更须得象下之意。又因作用的基础是真于情性,故象下之意就是物理与诗人灵动情趣的融合,这正是皎然所推崇的。《十九体》末云"其比兴等六义,本乎情思,亦蕴乎十九字中,无复别出矣",可为此义作注。因此可知,五格虽以用事为名,而其深意实在强调"真于情性,尚于作用"的重要,情性通过精思作用于事象之精粗,得意之深浅,才是诗格上下的标准,其上者甚至可"蹑""超""天予真性,未有作用"的汉魏诗。故以不用事、作用事为上格,直用事居中,而有事无事情格稍下,俱下者为下格。

《用事》后《取境》节是上联"五格",下接"十九体"的枢纽。诗歌兴象的构成要通过比兴,而关键则在创作伊始的因象立意。取境即因象立意。皎然认为立意高下是决定诗歌之"体"的主因,故《取境》后各节在以实例说明如何立意与以意驭句以构成兴象后,结末《十九体》即收束上文云:

夫诗人之思初发,取境偏高,则一首举体便高,取境偏逸,则一首举体便逸……不妨一字之下风律外彰,体德内蕴……
其一十九字括文章德体风味尽矣。

这一段话不仅点明取境是"诗思初发"时的因象立意,且由取
境而及于体。取境偏高、偏逸,则一首举体便高、便逸。高、逸为十
九体之前两体,可见体由因象立意的取境所决定(由以意驭句所构
成的诗歌兴象所显示)。这样取境上接五格是使情性化为立意的
关键,下接十九体又是决定诗歌之"体"的主因。情性、立意、体三
者相生而不离形象,故皎然称这个体是"体德内蕴,风律外彰","体
德风味"融一的。这样,皎然就从两个方面对殷璠兴象风骨兼备论
的思想作出了重大发挥。

首先,皎然通过五格→取境→十九体三节构成了情性→取境
→体德风味(合作体)的三位一体的系列,遂将殷璠所论兴象风骨
兼备的标格发展为完整的创作思想。

其次,在这一系列中,皎然反复强调了"苦思"的作用。《取境》
节云:"又云不要苦思,苦思则丧自然之质,此亦不然,夫不入虎穴,
焉得虎子。取境之时须至难至险,始见奇句。成篇之后,观其气
貌,有似等闲。"又《诗议》云:"固须绎虑于险中,采奇于象外,状飞
动之趣,写真奥之思。"可见皎然在论诗歌兴象的构成上,与他论文
体开阖一样,十分强调"苦思""作用"的重要性。这表现在立意上
要有"真奥之思"(立意高),表现在形象上要能"状飞动之趣"(以情
趣融物象),加上前所论在文体开阖上要"气动势飞"、"千变万态"、
力避平弱。这样,皎然在继承兴象风骨兼备的传统的同时,提出了
在不失自然之致的前提下,通过精思结撰,由险得奇,力避陈熟的
诗格(以下简称为苦思格)。显然这种思想与杜甫所云"精微穿溟
涬,飞动摧霹雳"[1],"意惬关飞动,篇终接混茫"[2],在精神上是

---

〔1〕 杜甫:《夜听许十一诵诗爱而有作》,见《全唐诗》第 7 册,第 2263 页。
〔2〕 杜甫:《寄高适岑参三十韵》,见《全唐诗》第 7 册,第 2427 页。

一致的。

（三）不主故常、惊世骇俗、以谐俗为奇崛的逸格

苦思得奇而外，《取境》节还提出了另一种取境形态：

"有时意静神旺，佳句纵横，若不可遏，宛若神助，不然，盖由先积精思，因神旺而得乎。"

这种蓄积既久，得奇于天成的取境方式是与前文未论及的跌宕格二品（越俗、骇俗），湮没格一品（淡俗），调笑格一品（戏俗），即所谓三格四俗品相应的。

皎然既立五格十九体，又设三格四品，实受影响于当时的诗画理论。按初唐李嗣真《书后品》分书为上、中、下三品，三品外更置逸品。与皎然时代相近的朱景玄（亦吴人）论书，亦在神妙能三品外再设逸品。所谓逸品，李嗣真释为"自然之逸气，师心之独任"。朱景玄解作"格外有不拘常法者"。皎然释跌宕格曰"貌逸神旺，杳不可羁"，又所谓湮没格乃指如水之出没不主故常。其意均与书画逸品相通，调笑格更是兴之所至的诙谐诗，故知三格四品实为五格十九体外不拘常法之逸格。

从上举名称已可知三格四品是提倡一种跌宕不羁、惊世骇俗的风格。而更可注意的是三格四品所引的八个诗例，在体格与语言上都表现了向古今民歌俗曲学习，以俗为奇的特色。（如王梵志《道情》"无衣使我寒，无食使我饥，还你天公我，还我未生时"。）淡俗品云："此道如夏姬当炉，似荡而贞，采吴楚之风，虽俗而正。"可知所谓淡俗即用俗而能淡雅，所谓戏俗即用俗以调笑，所谓骇俗即用俗而能惊世，所谓越俗即用俗而能超逸。显然这是与李白诗及老杜入蜀后绝句的精神相一致的。

皎然所以有取于以上二格，实有感于当时诗坛上"古俗"与"时

俗"的两种倾向。《诗议》云:"顷作古诗者,不达其旨,效得庸音,竞壮其词……意熟语旧。"又云:"律家之流,拘而多忌,失于自然……句句同区,篇篇共辙……习俗师弱弊之过也。"此论正说明皎然创新二格的背景。前已论及《箧中集》诸子与十才子派均绪盛唐正宗诗风而各自走向片面。李杜诗在后人看来诚为盛唐双璧,然盛唐中唐间,除少数有识者外,对二人诗风却未为时论所重。而皎然标举苦思格、逸格,虽不一定直接受影响于李、杜,却有与李、杜相一致的倾向可循。

　　按《诗式》五格十九体以谢灵运诗为"文章宗旨",其中前二格录晋宋后诗又以鲍、谢为多,又三格四品中置鲍照诗于第一格第一品,可见其创新二格之龟鉴所在。鲍诗跌宕,素称俊逸,又多取俗体,下启李白,皎然之逸格与李白精神相通,固其宜也。至于谢诗,唐人从王维中经十才子以至韦应物,大抵取其典丽精工以合陶诗之清淡自然;然而谢诗实另有"力矫平熟、巉刻排奡"之一面(鲍照五言古近谢),盛唐诗人得谢客此体精神者唯杜甫一家。方东树云:"谢鲍杜韩造语皆极奇险深曲,却皆出以稳老不伤巧。"[1]又赞谢客精于"顿束离合、断续向背之法,乃知习之之所谓文法甚难非易,后惟韩(愈)最精细不苟"[2]。方氏所论点出谢、鲍古诗造语奇险深曲,章法开阖纵横,以文法入诗的特点及其对杜、韩的影响。皎然苦思格在文体开阖、兴象构成两方面都强调苦思得奇,以"状飞动之趣,写真奥之思",故与杜甫所论不谋而合,实非偶然。

　　诚然《诗式》是有弱点的,但在诗史上仍有不可磨灭的功绩。这就是,它以对汉魏以来诗史发展的独到分析为基础,继承并发展了盛唐诗人兴象风骨并重的传统,坚持复古通变,提出了由险得奇、化俗为奇两种旨在创新的诗格,为元和诗变作了理论准备。

---

〔1〕　方东树:《昭昧詹言》卷五。
〔2〕　方东树:《昭昧詹言》卷六。

三、吴体与吴中诗派

皎然关于三格四俗品的创新主张,在吴中派创作中得到了充分反映。首先应研讨吴中派与吴体的关系。为此,先分析一下唐代吴中俗体诗。唐代诗人从李、杜以来很注意吴吟、吴体。所谓吴吟,即取法吴歌,以吴中音调吟诗。吴体之称始见于杜甫《愁》诗题下自注"强戏为吴体",后皮、陆有吴体酬答诗八首。历来对"吴体"之称各说不一,最根本的分歧在于吴体究竟是吴中俗体还是"吴均体"[1],而诸家对"吴均体"都未作细致分析。

按李绅有《过梅里》七首[2],第一首《上家山》序云:"予顷居梅里……垂白重游,追感多思,因效吴均体。"可见唐人确有效学吴均体者,唯吴均体是否即吴体,尚未可遽定。下面就吴均体的性质作些具体分析。

> 文体清拔,有古气,好事者或效之,谓为吴均体。[3]
> 吴均、孔珪,古之狂者也。其文怪以怒。[4]
> 诗祖吴叔庠……文体多郢声。[5]
> 吴均颇劲,失于典裁。[6]

---

[1] 参见郭绍虞《论吴体》(《复旦学报》增刊《古典文学论丛》)及《关于七言律诗的音节》(《古代文学理论研究》第二辑)。
[2] 《全唐诗》第 15 册,第 5472 页。
[3] 《南史》,中华书局版,第 6 册,第 1780 页。
[4] (隋)王通:《中说·事君篇》。
[5] 皎然:《寄吴凭处士》,见《皎然集》卷一。
[6] 皎然:《讲古文联句》,见《全唐诗》第 22 册,第 8932 页。

昭明善赋短韵,吴均善押强韵。[1]

又宋以后亦有论及吴均诗体特征者,如:宋葛立方引吴均"绿竹可充食,女萝可代裙"句云:"今效此体为俚语小词,传于世者甚多,不足道也。"[2]明张溥引王通评吴均"其文怪以怒"语,并申论云"行以排(俳)调"[3],明方以智云:"吴均诗'秋风泷白水,雁足印黄沙',为沈约所笑,唐人以此为险诨语……犹云打油也。"[4]等等。

按上引皎然所赠之吴凭为吴均裔孙,为皎然密友,故皎然对吴均体必有切实了解。诗称均"文体多郢声",郢声即楚声,吴楚歌声虽有所区别,然自《汉书·艺文志》起皆归为同一系统,唐时张籍有《吴楚歌词》,皇甫冉《杂言迎神词序》又云:"吴楚之俗,与巴渝同风。……秉笔为迎神送神词,以应其声"[5],二条亦均以吴楚歌声并称。吴均为吴兴人,皎然实因调声所需而以郢代吴,则吴均体亦系吴调吟诗(皮日休称均"善押强韵"当为音节激讦之又一表现)。又前面各条所称怪以怒、俳调、失于典裁,险诨、俚语等均说明吴均体又有以俗为奇的特点。吴均体音节风格这两方面的特点,在李绅"效吴均体"的《上家山》[6]诗中得到了反映。

这样,我们可得到如下初步结论:无论吴体之吴是指吴中还是吴均,其根本性质为效学吴中俗体诗者,可以无疑。

下面进一步分析吴体的特点与形成。郭绍虞先生综合前人诸说指出吴体为民歌体的拗体,论吴体当从音节、风格两方面求之,这是很正确的。

---

〔1〕　皮日休:《杂体诗序》,见《全唐诗》第18册,第7101页。

〔2〕　(宋)葛立方:《韵语阳秋》卷三。

〔3〕　(明)张溥:《汉魏六朝百三名家集题辞·吴朝清集》。

〔4〕　(明)方以智:《通雅·释诂》。

〔5〕　《全唐诗》第8册,第2799页。

〔6〕　《全唐诗》第15册,第5472页。

关于音节,想补充一点,虽然杜甫与皮、陆吴体诗,都是平韵七律,但探其本源,实由吴楚七绝体民歌演变而来,兹先录《愁》诗如下(平·仄△)以析之:

> 江草日日唤愁生,巫峡泠泠非世情。盘涡鹭浴底心性,独树花发自分明。十年戎马暗南国,异域宾客老孤城。渭水秦山得见否,人今罢病虎纵横。

细绎《愁》诗声律,有明显特点:就句与句之间的关系看,多失粘对;就各句本身看又多不协平仄;可注意的是每句都拗在二、四字,或同平或同仄;而各句的后五字却都合五言律句平仄。这并非偶然。今检杜甫最得民歌风姿的《春水生二首》、《江畔寻花七绝句》、《夔州歌》十首、《漫兴九首》四组凡二十八绝,取这种拗法的达十二首。被称为“卒章激讦如吴声”,而有垂范后世之意的刘禹锡《竹枝九首》,竟有七首亦用这种音节形式,可见《愁》诗这种音节是唐人学习吴楚民歌体绝句的常见体式,是《竹枝》逐渐律化而终成词牌的中间形态。又高适有七言八句《渔父歌》一首[1],前四句仄韵拗体,后四句平韵拗体,显然是合二绝为一歌。张志和有拗七律《渔父歌》一首,全用平韵,拗法类《愁》诗[2],《渔父歌》原有七绝体者,则高、张二诗正提供了民歌七绝中经两绝合一歌,演化为民歌风七律的发展系列。根据以上二点,《愁》诗音节来自唐人效学吴楚七绝式民歌可以无疑。

然而从风格上分析,前引《愁》诗却与一般清丽明转的吴楚民歌异趣。吴体的风格,前人举出“苍秀”“用俗为奇”“槎枒离奇有古趣”诸点。[3] 其实苍秀是古诗特色,用俗为奇是民歌特点,二者融合即成槎枒离奇有古趣。而这些正是吴均体“怪以怒”风格的构成

---

[1]　《全唐诗》第 6 册,第 2224 页。
[2]　《全唐诗》第 10 册,第 3491 页。
[3]　参见郭绍虞《论吴体》。

因素。《杜诗镜铨》评《愁》诗云"公胸中有抑郁不平之气,每从拗体发之",可为此说参证。因此我认为吴体实为唐人学习吴中七绝民歌的音节与吴均体风格之糅合。吴体之吴当指吴中,但并非与吴均体绝然无关。这是关于吴体与吴均体关系的进一步结论。

吴体上述两方面因素的融合,又与当时吴声佛曲在吴中迅猛发展有关。唐代禅僧一般都有较高文化素养,为了表达逸荡不羁的个性与禅家玄深的机趣,遂以古诗之苍秀合民歌之谐趣为一体,形成一种槎枒离奇、奇崛不驯的别趣。[1]

由于盛中唐间禅宗势力的弘扬及文人僧道的密切交往,此风很快在贺知章到吴中派诗人的创作中得到了反映,在当时的吴中地区形成一股以"清狂"为特色不拘常律的新诗风。这就是民歌化的律、绝与吴均体怪以怒的风格自然融合为一。

下面我们分四个方面略析吴中诗派的吴中俗体诗。

(一)"采吴楚之风,虽俗而正"[2]——题材

取材吴越土风是吴中派学习吴中俗体的表现之一。

皎然《顾渚行送裴方舟》为我们留下了唐代贡茶产地顾渚的一幅民俗画。此诗格调显然受山歌影响。诗云:

> 鹧鸪鸣时芳草死,山家渐欲收茶子。伯劳飞日芳草滋,山僧又是采茶时。由来惯采无近远,阴岭长兮阳崖浅。大寒山下叶未生,小寒山中叶初卷。吴婉携笼上翠微,蒙蒙香刺罥春衣。迷山窄被落花乱,度水时惊啼鸟飞。……[3]

---

[1] 如拾得诗《一入双溪不计春》就是吴体拗七律,与皮、陆吴体尤为接近,
     见《全唐诗》第 23 册,第 9106 页。

[2] 《诗式·淡俗品》。

[3] 《皎然集》卷七。

顾况《杜秀才画立走水牛歌》则为水乡牧童作了生动写照：

> 昆仑儿,骑白象,时时锁著狮子项,吴奴跨马不搭鞍,立走水牛惊汉官。江村小儿好夸骋,脚踏牛头上牛领,浅草平田撩过时,大虫著钝几落井……[1]

民俗画配以民俗诗,妙合入化。喷发出水乡泽国浓郁的泥土馨香。从中表现了诗人"恋沧州"的高洁情趣。翁方纲曾评顾况歌行为"邪门外道"[2],殊不知这正是此派"采吴楚之风虽俗而正"的独特法门。

(二)楚奏铿訇,吴声浏亮——音节

皎然《玄真子画武城赞》用"楚奏铿訇,吴声浏亮"八字形容大历九年张志和游湖州时,吴中诗人的盛会情况。吴中派诗人以吴调吟诗,音节浏亮激讦的特点,唐人诗中屡有披示。如孟郊《送陆畅归湖州因凭题故人皎然塔陆羽坟》怀二人云:"江调(与下京尘相对,知指江东音调)难再得,京尘徒满躬";《云溪友议》下卷记顾况和贺知章吴声诙谐诗等,均是好例。

吴吟清激的声调,反映于吴中派的诗体主要有三种形式:

1. 拗句与拗体

吴中派七人今存近体诗约 530 首,其中用拗体者约 107 首,近20%,这个比例是大历十才子的 2.3 倍[3],比善于用拗的杜甫也高出许多[4]。

---

[1] 《全唐诗》第 8 册,第 2946 页。

[2] (清)翁方纲:《石洲诗话》卷二。

[3] 大历十才子诗中用拗体的主要是吴人钱起,他的拗体诗占全部十才子的拗体诗的一半。

[4] 杜甫拗体诗占全部诗作中 12%。

吴中派用拗最突出者,是作为七律吴体前身的俗体七绝。二、三不粘是唐人学吴声歌的常见形式(张籍《吴楚歌词》即是典型例子),吴中派亦多用之,如:

> 闻道幽深石涧寺,不逢流水亦难知。莫道山僧无伴侣,猕猴长在古松枝。[1]

> 缘岸蒙笼出见天,晴沙沥沥水溅溅。何处羽人长洗药,残花无数逐流泉。[2]

后诗,三句第二字如改用平声"来"字,亦通;而皎然偏反粘为对,用去声"处"字。试读一遍,会感到用"来"音节平缓无奇;用"处"字则与上句溅溅水声映照,形成了音节上的扬促变化,活泼得多,有效地传达了灵动焕发的意兴。

吴中派七绝又往往不止拗一字一句,如皎然《寓言》一、二、四句拗,《水亭夜集》则一、二拗而失对,音节历落清激。

吴中派七诗人七律留存极少,不足三十。其中有五首在不同程度上用拗,如张志和《渔父》。

民歌风的拗体诗亦反映在吴中派的五言律、绝中。如:

> 时菊凝晓露,露华滴秋湾。仙人酿酒熟,醉里飞空山。[3]

> 本师不得已,强为我著书。知尽百虑遣,名存万象拘。如何工言子,终日论虚无。伊人独冥冥,时人以为愚。[4]

后诗中二联合律,首尾四句皆拗,这类半首用拗的五律在皎然集中就有二十来首。我认为可称之为吴体五律。

---

[1] 朱放:《游石涧寺》,见《全唐诗》第10册,第3542页。
[2] 皎然:《赤松》,见《皎然集》卷六。
[3] 顾况:《黄菊湾》,见《全唐诗》第8册,第2961页。
[4] 皎然:《哀教》,见《皎然集》卷六。

2.仄韵七绝

仄韵七绝当为吴吟音节激讦在诗体上的又一表现。皮、陆杂体卷中有《齐梁怨别》各一首,均为民歌风的仄韵七绝。可见唐人以齐梁体中的仄韵七绝为音节风格不同于正宗诗歌的杂体诗。仄七绝在唐人集中很罕见,然吴中派约160首七绝中,仄韵凡十四出(加上用拗与易其中一句为三、三式者,他们的七绝在音节上不拘常律者达1/3强)。下举数例:

> 竿头五两风裏裏,水上云帆逐飞鸟。送君初出扬州时,霭霭曈曈江溢晓。[1]

> 古松古柏岩壁间,猿攀鹤巢古枝折。五月有霜六月寒,时见山翁来取雪。[2]

灵澈此诗用仄韵,又首句用拗,二、三失粘,再配以回环的句式,音声清激,意境奇峭,充分体现了吴体七绝槎枒离奇有古趣的特色(可与韦应物同题诗较读)。

3.杂言与三三七句式

杂言,尤其是三三七句是吴楚歌音节激讦的又一表现形式。回顾汉以前的《越人歌》《淮南王歌》《淮南民歌》均用三三七杂言,汉初《房中乐》多杂言,亦为楚声。与《诗经》相比较,杂言又是楚辞的重要特征。南朝清商曲辞中,如《上云乐》《江南弄》等都用三五、三七杂言。至唐,如皇甫冉吴歌体《杂言迎神词二首》[3]均为三三七杂言。陆龟蒙《吴俞儿舞歌》五首[4],均用杂言,犹多三三七句式。可见杂言尤其是三三七句式当为唐代吴楚民歌所常用。开元以至贞元,文人创作中李白、杜甫而外,杂言歌行几成绝响,而吴中

[1] 顾况:《五两歌送张夏》,见《全唐诗》第8册,第2965页。
[2] 灵澈:《简寂观》,见《全唐诗》第23册,第9132页。
[3] 《全唐诗》第8册,第2799页。
[4] 《全唐诗》第18册,第7151页。

诗派则异军突起。他们今存歌行体诗约 106 首,参用杂言者约 60 首,其中用三三七句式者一半余。其中长篇对元白《新乐府》,短篇对长短句词的形成,均有不可忽视的影响(还有域外音乐影响,略)。先析长篇。

皎然《风入松》:声断续,清我魂,波流坏陵安足论。美人夜坐月明里,含少商兮点清徵。风何凄兮飘飘,搅寒松兮又夜起。夜未央,曲何长,金徽更促声泱泱……

顾况《李供奉弹箜篌歌》:急弹好,迟亦好,宜远听,宜近听。左手低,右手举,易调移音天赐与……手头疾,腕头软,来来去去如风卷,声清泠泠鸣索索,垂珠碎玉空中落……

灵澈《听莺歌》:……飞去来,莫上高城头,莫下空园里,城头鸱乌拾膻腥,空园燕雀争泥滓。愿当结舌含白云,五月六月一声不可闻。

如以香山《新乐府》与这三诗较读,可见《秦吉了》句式绝似灵澈《听莺歌》,其他绝大部分篇章都用三三七句式,与皎、顾二诗酷肖。

吴中派另一部分短歌,则可视作长短句词的先声。

一片雨,山半晴,长风吹落西山上,满树萧萧心耳清,云鹤惊乱下,水香凝不然,风回雨定芭蕉湿,一滴时时入昼禅。[1]

黄鹤徘徊故人别,离壶酒尽清丝绝,绿屿没余烟,白沙连晓月。[2]

上二诗句式分别与后来的词牌:后唐庄宗之《一叶落》与《菩萨蛮》前半阕相近。从风格看,前者民歌气息较重,后者则清丽蕴藉,已逗露晚唐五代词的格调。不仅如此,吴中派尚有一些短歌已完全合乎后来的词牌。顾况《竹枝歌》,张志和《渔父歌》为大家所熟

---

〔1〕 皎然:《山雨》,见《皎然集》卷六。
〔2〕 顾况:《黄鹤楼歌送独孤助》。

知。又如皎然《诮士和别》[1]，顾况《送行歌》[2]平仄、句式均同白居易《花非花》。朱放、顾况的六言绝句，实为《江南三台》先声，皎然、陆羽的三言联句，则无异于后世之《三字令》。参以同时代另一吴中诗人戴叔伦的《转应曲》等，可见大历、贞元时期在吴中诗人中已形成一股学习民间杂言令曲的新风，从而直接启迪了与吴中文化有深刻渊源的刘禹锡、白居易等人长短句的创作。

（三）外示惊俗之貌，内藏达人之度——风格

吴中俗体诗的风格，在吴中派创作中除通常那样体现为清丽明转外，更多从吴均体之"怪以怒"到吴体的"槎枒离奇有古趣"一脉而来，《诗式》"洇没格，骇俗品"曰"外示惊俗之貌，内藏达人之度"正是此派诗人的夫子自道。

如顾况《古仙坛》："远山谁放烧，疑是坛边醮。仙人错下山，拍手坛边笑。"[3]陆羽《歌》："不羡黄金罍，不羡白玉杯，不羡朝入省，不羡暮入台。唯羡西江水，曾向金陵城下来。"[4]这类古调诗显然是从吴均"绿竹可充食，女萝可代裙"一类"俚语小词"而来的，然而更为大胆，更为"怪以怒"。这种风格同样表现于吴中派的近体诗中。前引用拗、仄韵诗例皆然，此再引数例平韵大体合律者。

> 正论禅寂忽狂歌，莫是尘心颠倒多。白足行花曾不染，黄囊贮酒欲如何。[5]

> 荷衣半破带莓苔，笑向陶潜酒瓮开。纵醉还须上山去，白

---

〔1〕《全唐诗》第23册，第9238页。

〔2〕《全唐诗》第8册，第2948页。

〔3〕《全唐诗》第8册，第2961页。

〔4〕《全唐诗》第10册，第3492页。

〔5〕皎然：《酬秦系山人戏赠》，见《全唐诗》第23册，第9196页。

云那肯下山来。〔1〕

少小为儒不自强,如今懒复见侯王。览镜已知身渐老,买山将作计偏长。荒凉鸟兽同三径,撩乱琴书共一床。犹有郎官来问疾,时人莫道我伴狂。〔2〕

这些篇章一反大历清秀的格调,以俚言口语入诗而意态奇倔。故虽不拗或仅拗一二字,仍当视作吴体律、绝,或深受吴体怪怒风格影响。

按皎然《玄真子歌》云"如何万象自心出,而心澹然无所营",《画毗沙门天王歌》又云:"苟能下笔合神造,误点一点亦为道。"二句道出了吴中派"怪以怒"风格与《诗式》"逸格"之联系,逸格取法民歌之自然见奇,故不像王维那样讲究"审象求形""传神写照"〔3〕,而是以"若不可遏"的逸气去点染外物,于是形成怪以怒的风格。如摩诘《辛夷坞》,将幽独之思深寓于一幅空山落花图中。而同是写落花,皎然则云"满院竹声堪愈疾,乱床花片足忘情"〔4〕,顾况则云"野客漱流时,杯粘落花片"〔5〕。纯任性情而不拘于物象的刻画,已是刘、白粗豪恣纵一类律绝的先声了。

(四)共说长句能,还得同笑谑
——吴中派的俗体联句

皎然、陆羽等《戏赠潘丞联句》云"共说长句能……还得同笑谑"。湖州诗会有大量的俗体联句,其中十余首七言(长句)四句、八句、十二句式的最可注意:按《容斋随笔》卷一记《大集经》载有佛

---

〔1〕 秦系:《山中赠诸暨丹邱明府》,见《全唐诗》第8册,第2901页。
〔2〕 秦系:《鲍防员外见寻因书情呈赠》,见《全唐诗》第8册,第2898页。
〔3〕 王维:《代画人谢赐表》,见《王右丞集笺注》卷一七。
〔4〕 《题秦系山人丽句亭》,《皎然集》卷三。
〔5〕 《石窦泉》,《全唐诗》第8册,第2961页。

氏所谓六十四种恶口,如大语、远语、粗语、狂语等,而皎然、陆羽、颜真卿等却偏以这些名目联句:

> 高歌阆风步瀛洲,燀鹏燖鲲餐未休。四方上下无外头,一啜顿涸沧溟流(皎、颜等《大言》,同大语)。[1]

> 家在炎州往朔方,岂知于阗望潇湘。曾经陇底复辽阳,更忆东去采扶桑。槎客三千路未央,烛龙之地日无光。将游莽苍穷大荒,车辙马足逐周王(皎、陆等《远意》,同远语)。[2]

皎、陆、颜等都奉南宗禅,显然,这些篇章实为以"狂语""粗语"来表示其无视戒律,游戏人世思想的谐谑之作。其诗体只要去掉奇句韵脚即是典型的吴体律、绝。拗法与《愁》诗如出一辙。又六十四种恶口中有"恼语"一目,愁、恼亦相通。皎、陆等这类联句均作在大历中,与《愁》诗相前后,可以不无理由地推想:杜甫偏偏在《愁》诗之下注明吴体,殆因这种诗体风行于吴中,正是大历前后。

以上我们从乡土性的题材,清激的音节,怪以怒的风格以及俗体联句等方面,剖析了吴中派学习吴中俗体,进行新变的努力。《诗式》所倡三格四俗品,正是他们这种努力的理论总结。如果说李、杜某些学习吴中俗体的作品还是个别作家的尝试,那么至吴中派,则已以集团面目出现,将这种尝试发扬光大并上升为理论。这是诗至中唐正体衰落时,必然会发生的历史现象。吴中派得天独厚,遂在这一转变中处于继往开来的地位。

四、上承鲍谢下启元和诗变

王夫之《姜斋诗话》曾云:"以意为主,势次之;势者,意中之神

---

〔1〕《全唐诗》第 22 册,第 8885 页。
〔2〕《全唐诗》第 22 册,第 8936 页。

理也。唯谢康乐为能取势，宛转屈伸，以求尽其意……夭矫连蜷，烟云缭绕，乃真龙，非画龙也。"此论与皎然《明势》所倡立意得势，势主作用，萦回盘礴，千变万态如出一辙，又王氏以谢客为诗史上最工于取势的诗人，则从中可窥见，皎然论文体开阖实得力于乃祖，下举二例。

皎然《妙喜寺高房期灵澈上人不至重招之》[1]：

> 晨起峰顶心，怀人望空碧。扫雪开寺门，洒水净僧席。言笑形外阻，风仪想中觌。驰心惊叶动，倾耳闻泉滴。岂虑咆虎逢，乍疑崩湍隔。前期或不顾，知尔隳常格。如今谁山下，秋霖步淅沥。吾亦聊自得，行禅荷轻策。松声畅幽情，山意导遐迹。举目无世人，题诗足奇石。贫山何所有，特此邀来客。

皎然此诗以"知尔隳常格"句中峰横断，作一诗之眼。上半篇通过扫雪、期待、误听、悬揣四环节，细针密纳，曲折以写怀友之情，而以"前期或不顾，知尔隳常格"二句作一顿束，再以下六句即从"隳常格"一点展开，写客、我二者脱俗自得之趣，有虚拟，有实写，先分后合，补足"隳常格"之意，复顺势导入结末"举目无世人"四句。既总结了遗世独立的诗旨，又回扣待客之题，一笔总绾，情意双收。全诗待客之主线"似断而复续"，"隳常格"的立意则"荦焉不群"，在顿束盘旋中充分显现了奇倔不羁的意态。

又如顾况《游子吟》[2]，全诗分四节。前三节顺次分写首途、夜思、泛游，而均结以"胡为不归欤"的浩叹。末节更作总写云："鸾飞戾霄汉，蝼蚁制鳣鲔。赫赫大圣朝，日月光照临。圣主虽启迪，奇人分湮沉。层城登云韶，王府锵球琳。鹿鸣志丰草，况复虞人箴。"分以"飞鸾"与"蝼蚁"、"圣主"与"奇人"、"王府球琳"与"鹿鸣丰草"两两相对，抒达了对帝王的不满，对权贵的愤恨。顾况此诗

---

〔1〕《全唐诗》第 23 册，第 9171 页。

〔2〕《全唐诗》第 8 册，第 2931 页。

虽用乐府旧题,但立意先高出一筹,愤激之情更使诗势似沧江波涛合沓相属,从而衍成回环复沓的布局,三十三韵的长篇。

《游子吟》在诗歌形象上亦力求峭拔。如游楚节云:"下有碧草洲,上有青橘林。引烛窥洞穴,凌波睥天琛。蒲荷影参差,凫鹤雏淋涔",深得鲍、谢奇险深曲之笔意,可见顾况并不像《箧中集》一派刻板效古。大抵皎诗更峻刻而近谢客,顾诗更恣纵而似鲍照,形虽略异而"崒焉不群""气腾势飞",继杜甫后,从鲍、谢五古深曲处拓展,下开韩、孟驱驾气势、妥帖排奡之诗格,却归于一致。

《诗式》论诗歌兴象构成提倡以真于情性为基础,苦思结撰,从险从难。其《总序》云:"放意须险,定句须难,虽取由我衷,而得若神表",正是这一思想的集中表现。但皎然所说险、难的本意,并非刻意追求字句险怪,故《取境》节又称"成篇之后,观其气貌,有似等闲"。《诗有六至》更云:"至险而不僻,至奇而不差……"

然而,"放意须险,定句须难","状飞动之趣,写真奥之思",本身又包含奇险乃至险怪的因素。一来是因为任诞放达的吴中派喜以奇险的事物来表达他们"隳常格"的意气,这本身需用奇险的语言去表达;二来,《诗有六至》是理论上的要求,实际创作中,要至险就很难不僻,要至奇就很难无差。往前看,鲍照评谢灵运诗"如初发芙蓉,自然可爱"[1],杜甫自称"意惬关飞动,篇终接混茫",而杜、谢诗中却已多巉刻奇峭的形象。其得者确具"飞动之趣",其失者则初见蹶张险怪。再往后看,韩愈云,"横空盘硬语,妥帖力排奡",孟郊云,"高意合天制,自然状无穷",可见韩孟论诗,虽主险硬,但仍以自然、妥帖为根本。皎然所论正处杜、韩之间,吴中派的创作特别是古诗与排律在奇险排奡方面也确可为杜、韩之中介。试看以下两组诗:

> 不远风物变,忽如寰宇殊。背云视层崖,别是登蓬壶。突

---

[1]《南史·颜延之传》引鲍语。

兀盘水府，参差杳天衢。回瞻平芜尽，洪流豁中区。〔1〕

扪险路块圠，临深闻潺湲。上有千岁树，下飞百丈泉。清谷长雷雨，丹青凝霜烟。遥将大壑近，阆与方壶连。白石颜色寒，老藤花叶鲜。〔2〕

蟾蜍同汉月，蟏蛸异秦桥。水豹横吹浪，花鹰迥拂霄。晨装凌莽渺，夜泊记招摇。几路通员峤，何山是沃焦。飓风晴汩起，阴火暝潜烧。〔3〕

这一组诗均能驱驾飞势，以劲峭生挺的语言参以恢怪夭杳的故实，组成飞动瑰奇的景象，格调与杜甫相近，权德舆《送灵澈序》评皎、澈诗时，指出其有夷易中见奇思的一面外，更云："其变也，如风松相韵，冰玉相扣，层峰千仞，下有金碧，耸鄙夫之目。初不敢眂，三复则淡然天和，晦于其中。"〔4〕此评点出了吴中派奇变处，正与老杜所云"意惬关飞动，篇终接混茫"的精神相通。再看第二组：

一如白云飞出壁，二如飞雨岩前滴，三如腾虎欲咆哮，四如懒龙遭霹雳。崄峭嵌空潭洞寒，小儿两手扶栏杆。〔5〕

诗写苔藓山。苔藓山实为区区一座假山，顾况却以险语、拙句、奇想、硬韵写得如腾龙游蛇，石破天惊。这种险怪倾向在皎然《戛铜碗龙吟歌》中表现得更为典型。此诗前有一段传奇性的序文。大意谓早岁房琯于终南山闻深渊龙吟，后得一隐僧之铜碗，叩之能作此声。皎然使儿童戛金效之，缁人或有讥者，答曰"此达僧之事，可以嬉娱"。因赋此诗。可见事本恢诞，而作者更有意猎奇而显放达之意，诗云：

〔1〕　皎然：《游太湖》，见《皎然集》卷三。
〔2〕　灵澈：《题仙岩瀑布》，见《全唐诗》第 25 册，第 10035 页。
〔3〕　顾况：《送从兄使新罗》，见《全唐诗》第 8 册，第 2957 页。
〔4〕　《全唐文》第四九三卷。
〔5〕　顾况：《苔藓山歌》，见《全唐诗》第 8 册，第 2943 页。

初戛徐徐声渐显，乐音不管何人辨。似出龙泉万丈底，乍怪声来近而远。未必全由戛者功，真生虚无非碗中。寥亮掩清笛，萦回凌细风。遥闻不断在烟杪，万籁无声天境空。乍向天台宿华顶，秋宵一吟更清迥。能令听者易常性，忧人忘忧躁人静。今日铿锽江上闻，蛟螭奔飞如得群。声过阴岭恐成雨，响驻晴天将起云。坐来吟尽空江碧，却寻向者听无迹。人生万事将此同，暮贱朝荣动还寂。[1]

此诗写铜碗初戛（敲击）时，"龙吟"声似从深渊传来，渐近渐清亮，又渐远渐夭杳，将听者导入"万籁无声天境空"的境界。再戛时则翻似群龙奔飞，过阴岭，驻晴空，伴云夹雨，铿锽噌吰，听者因之神驰魄动。待得收聪返听，则唯见秋江之上一片空碧。全诗又在对"龙吟"声藏首不见尾的描绘中贯串着从"真生虚无"到"朝荣暮贱"的哲理性的阐发。加以韵法多逐句韵，又常韵意不双转，句法上掺以大量拗句，从而构成古朴渊深中见光怪陆离的诗歌境象。这与后来韩愈的名篇如《山石》《听颖师弹琴》《石鼓歌》的格调已相当接近了。建中、贞元间，皎然《答权从事书》论灵澈诗独标"章挺瑰奇"四字，皇甫湜《顾况集序》称顾况"穿天心，出月胁，意外惊人语，非寻常所能及"。正说明了吴中派奇险恢怪处，已开韩、孟先声。钟惺在《唐诗归》中赞皎然《苕溪草堂》诗曰："长诗意象深而色味芳洁，法变气老，犹有盛唐人风蕴。"此评实可作为皎、顾等正格古诗的特点看，即：一方面他们兴象风骨并重，故能得盛唐人风蕴；另一方面是"法变气老"，由老成而开法变之渐。总之复鲍、谢元嘉体奇险深曲，排奡恣纵之古而与杜甫诗风相通，革十才子格调羸弱、窘于驰骋之弊而执韩、孟奇变之先鞭，是吴中派古体诗的重要特征。

上面分别就吴中派与吴中俗体诗，吴中派与鲍、谢元嘉体的关

---

[1] 《皎然集》卷七。

系探讨了皎、顾等人的创作特点及其渊源。这两个方面看似不同，其实有深刻的内在联系。从传统看，兼取吴中俗体以新变，正是谢、鲍后江左优秀诗人的特点。从诗体看二者都是以"放荡"为奇崛。俗体之奇崛放荡不烦详说。鲍、谢元嘉体主意重势，开阖排荡也是另一种形式的放荡。钟嵘评谢灵运诗云："源出陈思……而逸荡过之。"[1]齐高帝又批评云"康乐放荡，作体不辨有首尾"[2]，白居易则称谢客"泄为山水诗，逸韵谐奇趣"[3]，可见鲍、谢元嘉体的真精神在于"放荡"。所以吴中派上述两个方面的传承，正共同体现了李肇所谓"贞元之风尚荡"的特点。

　　吴中派发展了这两种以"放荡"为共同特征的诗格，是与他们诗作的思想内容密切相关的。吴中派七人皆郁郁不得志，性格奇倔，禅隐并不能消尽胸中之块磊，加上南宗禅与南方天师道放达任诞作风的影响，使其创作具有强烈的自我表现的色彩，所以既不满于元结一派所追崇的汉魏诗简古的格局，也不屑拘守王、孟与十才子以来清淡的家数，于是转而从上述两种以放荡为共同特点的诗格开拓。奇崛不平的内涵与放荡不羁的诗格使吴中派诗人的创作表现出皎然所说的"清狂"——"清中而狂外"——的特色。[4]

　　吴中派诗作清狂特点的形成，是有发展过程的。如皎然，安史之乱时期，其《南池杂咏》五首等风格清新，似王孟而稍峻；同时，《效古》（天宝十四年）、《从军行五首》等作，唱出过"战苦军犹乐，功高将不骄"这样的慷慨之音，格调近于高岑。学慎始习，皎然早期兼习盛唐二大诗派，对嗣后的创作产生了深刻影响。大历时因世风所渐，所作虽偏于清新，但是主情重意不求工秀，在清新中掉以逸荡之气，故骨力较胜。如选家常取的通首不用对句的《访陆鸿渐

〔1〕　钟嵘：《诗品》。

〔2〕　《南史·齐武陵王传》。

〔3〕　白居易：《读谢灵运诗》，见《白居易集》卷七。

〔4〕　参见《高僧传三集》卷一九《广陵大师传》。

不遇》《苕溪草堂》诗,是此期的代表作,表现出于頔所说的"清壮"的特色而初露变迹。[1] 大历末年后,因"了心地法门",性格更趋放旷,而诗作亦"法变气老",《龙吟歌》《期灵澈》《偶然作》等狂放类作品均成于此期,"清狂"的作风终于形成。从十才子的清新而涉于浮,到吴中派的由清壮(清而不浮弱)而清狂,正体现了李肇所云"大历之风尚浮,贞元之风尚荡"的转变,而成为"元和之风尚怪"的前奏。

我们现在再就吴中派对于元和两大诗派的影响作一分析。

元和韩孟派"高意合天制,自然状无穷","横空盘硬语,妥帖力排奡"的创作思想,正是皎然"放意须险,定句须难","状飞动之趣,写真奥之思"的发展。吴中派上接鲍谢以意势主导作用,讲究文体开阖之萦回盘礴,千变万态与兴象构成之出人意表,章挺瑰奇,不仅预示了韩孟派驱驾气势、力大思雄的特点,也初兆了他们奇奇怪怪流于险涩的端倪。后世论韩、孟险怪的典型例子,不少在吴中派诗中能找到先例。朱竹垞《批韩诗》云"昌黎诗大抵师谢客而加之俊快",王闿运《诗法一首示黄生》云顾况"推宕排阖,韩愈之所羡也。退之专尚诘诎,则近于戏矣"[2],此二条正说明诗史上奇险一脉从谢、鲍中经皎、顾等到韩、孟之流变。

吴中派对元和元白派风格的影响,主要体现在向俗体诗学习上。香山《新乐府》与长短句词的创作在形式上已有吴中派为其先行。香山《自吟拙作》云"上怪落声韵,下嫌拙言词",《白氏长庆集后序》又称"拙音狂句亦已多矣",二条与皎然三格四品所论正相一致。检元白二集,这种拙音狂句类的作品占大半,后世所谓白体即指此。《高僧传三集·皎然传》称其"好为五杂俎,用意奇险",张为《诗人主客图》以白居易为广大教化主,而以顾况为此派之升堂,二

[1]《皎然集序》。
[2] 转引自《韩昌黎诗系年集释》卷首《诸家诗话》。

条正可见吴中派在学习吴中俗体方面为元白之先声。

吴中派之形成与产生影响并非偶然。刘宋以后江左文人与民间诗的高度发展,及其所表现的持续的创新活力,清新中参以俊逸之气——又常演为清狂——的传统风格,是他们的历史渊源;安史乱后"多士奔吴为人海"[1],遂形成"吴中盛文史,群彦今汪洋"的局面,是他们的社会基础;贞元后天下"言禅皆本曹溪"[2],更为与南宗有密切联系的吴中派诗风的流播造成了适宜的气候。由于以上三点,吴中派七人在当时已享有盛名。皇甫湜《顾况集》序誉之为"李白杜甫已死,非君将谁与欤"。孟郊吊皎然、陆羽云"追吟当时说,来者实不穷。江调难再得,京尘徒满躬",正道出了后辈诗人对他们的钦羡,而吴中派对元和诗变的影响正是以孟郊等青年诗人为直接渠道的,下面我们就这个问题,略作分析。

1. 吴中派——孟郊——韩孟诗派:据考大历中与贞元中即吴中派活动的两个高潮期,孟郊都曾在吴中居留,并由湖州乡贡。孟郊不仅有与皎、陆唱和诗五首见存,且曾参与湖州诗会活动,皎然更以手札五十篇相赠,故郊以皎、陆后来者自称。郊亦受沈千运影响,但能不同于元结及《箧中集》诸子,而以今参古,自成一家,是与受皎然影响,走苦思得奇的路子有关的。华忱之《孟东野诗集》前言云:孟郊"愿以谢诗作为自己的创作准绳",其诗"思深意练,造语奇警,确是善于创造性地向谢灵运学习的"。又程泌跋《孟东野集》以皇甫湜评顾况语"穿天心,出月胁"许东野,二条正说明了东野与皎、顾的共同趋尚。

诗史上素有韩、孟间谁影响谁之争。按贞元七年孟郊应进士试,韩、孟初会,时郊已年四十一,愈则方二十四。检韩、孟二集,当时东野诗作甚富,峭激奇险之风格业已成熟;而昌黎此期诗作不仅

─────────

[1]　顾况:《遣兴五首》之四,见《杜诗镜铨》卷五。
[2]　柳宗元:《慧能碑》,见《柳河东集》卷六。

数量少,且风格稚嫩。二人初交时韩《赠孟郊诗》《孟生诗》,诚如蒋抱玄所云"意调大率浅露""颇不以险硬见能"。然同时孟郊《长安羁旅行》云"十日一理发,每梳飞旅尘",《长安旅情》云"尽说青云路,有足皆可至。我马亦四蹄,出门似无地"。较以韩诗,可知贞元十四年韩愈《醉留东野》诗比孟郊为龙,自己为云,确实表现了昌黎当时对孟诗奇峭风格的钦仰。故尽管韩诗以后之奇变远过于孟,更非吴中派可望其项背,但早期,吴中派通过孟郊对韩愈所起的影响,同样不容忽视。诗变总有一个发展渐进的过程,大家的形成总有许多中、小诗人的努力作铺垫,而并非灵机一动的产物。

2. 吴中派——白居易、李绅——元白诗派:元白诗派"拙音狂句"诗格之形成,亦非偶然。香山不仅垂老曾领苏、杭,且于十一岁时(建中三年)避难越中约十年,二十七岁又由宣州乡贡,可见其青少年时即与吴中文化有深刻渊源(当时正是吴中派第二个高潮期)。香山贞元五年春又以原上草诗谒顾况,其题《道宗上人十韵序》曾提及皎然等江东名僧诗[1],《读僧灵澈》诗又称"言句怪来还校别,看名知是老汤师"[2],更可知他受过吴中派直接影响。其《刘白唱和集解》云:"然江南士女语才子者多云元白,以子之故,使仆不得独步于吴越间。"[3]则香山虽祖籍太原,却颇有以吴越诗人自居之意。

吴中诗派影响元白诗派尚有另一些渠道,如与香山较接近的刘禹锡曾从灵澈学诗于湖州,此其一。更重要的是李绅。大历九年皎然、陆羽等与张志和盛会,有《乌程李明府水堂观玄真子画武城赞》[4],题中所称李明府即绅父李晤。绅大历七年生于湖州,后又"家于无锡四十载",正当吴中派全盛时。公垂诗受吴中俗体影

---

[1] 《白居易集》卷二一。
[2] 《白居易集》卷一六。
[3] 《白居易集》卷六九。
[4] 《皎然集》卷八。

响甚深,其《闾里谣效古歌》《过梅里》七首等均多用三三七句。香山《新乐府》乃受公垂《新乐府》廿首启发所作,李作虽不存,但极可能采用《闾里谣》一类形式,而香山袭其体调。此说虽无确证,然当在情理之中。联系香山《秦中吟》组诗均用五言,而《新乐府》多用三三七杂言。我以为《新乐府》之新,不仅在于写时事,亦在于它采用了吴中新起俗体歌行的形式。

3. 由荡而怪与韩白异同论:从吴中诗派与韩孟、元白等上述联系中,我们可以加深对元和时这两大诗派的理解。

前人论元和诗变有云,开天全盛、李杜高峰在前,故"白乐天思降为通俗"[1],韩昌黎"惟少陵奇险处尚有可推扩,故一眼觑定,欲从此辟山开道,自成一家"[2]。这些看法似当作如下修整:

(1)诗至中唐,旧法变化已极,欲争胜盛唐,必取奇变之途,此则由吴中派之诗论与创作为初发轫。

(2)开凿伊始,必多有前代遗痕,故吴中派变而未能至其极;又探胜于先,必多方投石,故吴中派于奇险、通俗二途均有所涉(通俗的本质乃是"奇险")。摆落常格,走奇变之路是"一风鼓群动",奇险与通俗乃"万籁各自鸣"。二者貌相异而神相通。

(3)贞元至元和,由荡而趋怪,元、白和韩、孟分于通俗、奇险二门大而扬之,变本加厉而各自名家,"正变"至此而臻于极,吴中派之得失亦更形显彰。故元白、韩孟实异中而见同,李肇以"怪"之一字兼称二派,颇为有见。

(4)李、杜之见尊于元和乃势之所渐。在《箧中集》诸子因袭汉魏,十才子一流专尚秀雅的时代,李杜纵逸之风,难为时世所重。必待贞元尚荡,诗体初变之后方显其长。吴中派新变的努力,正为李、杜之被推崇创造了适宜的气候。

---

[1] (清)毛奇龄:《西河合集·诗话》。

[2] (清)赵翼:《瓯北诗话》卷三。

　　明确了吴中派与元和两大诗派的上述关系,元和诗坛上许多过去未被充分注意的迹象就获得了新的含义:

　　如元白、韩孟虽各立门户,而两派诗人交游不绝。韩门险怪者莫过于樊宗师、皇甫湜,而香山却引以为知音;元稹更云"喜闻韩古调,兼爱近诗篇";张籍与元、白至交,亦为韩门高足。其诗风又恰恰介于二派之间。

　　又如韩集中《庭楸》《齿落》诸篇,绝类香山之通侻,而元、白序其长篇唱和诗却称"韵剧辞殚,瑰奇怪谲"[1]。

　　又如韩、白诗体虽异,却都以放纵为共同特征;二派共尊李、杜,又均有取于李、杜之"壮浪恣纵";而后来皮、陆唱和吴中又对韩、白并尊俱崇,宋代江西派,亦于二家兼收并蓄。

　　元和两大诗派这些异中之同,应从诗歌发展的历史过程中去寻找解答。而前述吴中派与这两大诗派的联系,是我们深入理解元、白和韩、孟异同关系,理解元和诗坛总体特点,弄清唐诗正变轨迹的一个重要因素。

　　朝日显,晨星隐,后代论唐诗奇变必溯元和,今天是否也应该给吴中派这颗中唐诗坛不起眼的小星以应有的历史地位呢?

（本文原载于《中国社会科学》1984 年第 4 期）

---

〔1〕　白居易:《和微之二十三首序》,见《白居易集》卷二二。

韦柳异同与元和诗变

一

苏轼《书黄子思诗集后》有云："李杜之后,诗人继作,虽间有远韵,而才不逮意,独韦应物、柳宗元,发纤秾于简古,寄至味于淡泊,非余子所及也。"自此论出,以韦柳并称,为中唐之世上承陶潜、王孟之清远一路诗人的代表,遂成为诗家的一般认识。至明高廷礼《唐诗品汇》完成初盛中晚四唐说,大体以正始、正宗、接武、正变,显示唐诗演进轨迹,然而其五古卷,却将元和之时的柳宗元单单挈出,上与韦应物相并于作为正宗附翼的名家之下,并论云:"乾元以后,刘、钱接迹,韦、柳光前,人各鸣其所长",于是就更进一步明确了韦、柳诗的大体历史地位。

然而苏、高之论,也仅仅就大体言,细究之,正如对于李、杜并称一样,历代于韦、柳虽相并,却颇有左右高下之议,由宋及清,聚讼纷纭。

即以苏轼而言,其《又论柳子厚诗》更云:"柳子厚诗在陶渊明下,韦苏州上……所贵于枯淡者,谓其外枯而中膏,似淡而实美,渊明、子厚之流也。"黄山谷《书柳子厚诗赠王观复》又云:"余友王观

复，作诗有古人态度，虽气格已超俗，但未能从容中玉佩之音，左准
绳右规矩尔。……故手书柳子厚诗数篇遗之，欲知柳子厚如此学
陶渊明，乃为能近之耳。"此说虽未于韦、柳显加抑扬，然以子厚最
能得陶诗精髓，一同于子瞻，其崇柳之倾向不难看出。其后朱熹弟
子问到韦比陶如何，朱子则曰："陶却是有力，但语健而意闲……韦
则自在，其诗直有做不著处便倒塌了底。"（《朱子语类》卷一四〇）
"作诗须从陶、柳门中来乃佳。不如是，无以发萧散冲淡之趣。"
（《陶渊明研究资料汇编》第七五页）

然而至明代，右韦之风浸盛。高廷礼虽以韦柳并称，然观其选
录，"五古下"，录韦、柳诗共二卷，其中柳诗仅半卷（三十首），韦诗
则占一卷又半（九十三首），为柳诗之三倍余，则其倾向自明。下及
王世贞《艺苑卮言》更沿波扬流评云："韦左司平淡和雅，为元和之
冠（按应物卒于贞元七年稍后，并未及元和之世）。……柳州刻削
虽工，去之稍远；近体卑凡，尤不足道。"而胡应麟《诗薮》更称："韦
左司大是六朝余韵，宋人目为流丽者得之；（柳）仪曹清峭有余，闲
婉全乏，自是唐人古体，大苏谓胜韦，非也。"

入清，王渔洋申王、胡之说，其《分甘余话》云"韦诗在陶彭泽
下，柳柳州上"。其《论诗绝句》更云："风怀澄淡推韦柳，佳处多从
五字求。解识无声弦指妙，柳州那得并苏州。"相反，贺裳《载酒园
诗话》则申大苏说而评云："东坡又谓柳在韦上，此言亦甚可思。柳
构思精严，韦出手稍易；学韦者易以藏拙，学柳者不能覆短也。"

综观上引诸家论，可见出两个特点。其一，诸家于韦、柳虽有
左右，却绝无对立，没有像论韩（愈）、柳诗时对韩诗那种或扬之于
天，或抑之于地的尖锐分歧；韦、柳左右论，其实还是以韦、柳相并
论为前提的。其二，凡右柳左韦者，如：苏、黄、朱、贺，均是后世所
谓"唐宋诗"之争中，被列入宋调诗的具有代表性的作家与评论家；
反之，凡右韦左柳者，如高、王、胡、王，却都是唐诗派的巨子。因而
韦柳左右论又是后世唐宋诗之争的产物，而且越是向后，随着唐宋

诗之争的愈趋激化,对韦柳抑扬的程度相对来说也越大。

结合唐宋诗之争的演进史来观察,以上二点又是统一的。因就复变角度言,唐宋诗之争中有一个明显特点,即凡宋诗派,并不反对唐人,尤其是盛唐人之诗,他们所反对的只是后世那种模拟盛唐的所谓"唐调诗",斥之为"瞎唐诗",其所以崇宋,在于他们认为宋人能不落唐人窠穴,自成体段风姿。然而唐诗派则大体以盛唐诗格为圭臬,斥宋人之变格为外道左门。唐宋诗之争在很大程度上是对诗史复变问题上的看法分歧。因此主唐者重韦而不尽废柳;主宋者,韦柳同称而更崇柳,其实质在于清淡的诗风,至柳宗元时,亦即元和前后,已于王孟家数的主体上,初逗宋调之特征。要深入了解这一变化,就必须从元和诗坛的时代风气,与清远诗派自身演进的规律,作横断与纵向二方面的探讨。

二

元和是继开元、天宝后唐诗发展的第二个高潮期,也是古典诗歌发展史上一个重要的突变时期。清代同光体代表人物陈衍和沈曾植对于诗风的突变有所谓"三元"说。陈谓盛唐之开元,一变也;中唐之元和,二变也;赵宋之元祐,三变也。而沈氏则去开元,易以刘宋之元嘉为一变,元和为二变,元祐为三变。可见宋诗派的同光体作者均以元和为宋元祐诗风的直接先行,其重视元和更甚于唐诗极盛期之开元。这是因为对于汉魏以来古典诗歌的传统格局,元和诗更多地表现出奇变的特色,故唐李肇《国史补》称"天宝之风尚党",而"元和之风尚怪"。元和之怪,固然主要表现为元白之浅切通俗,韩孟之奇险巉刻;然而"歌谣文理,与世推移,风动于上,而波振于下也"(《文心雕龙·时序》),柳宗元身处于元和之世,自不能不受此时代风气的影响。沈曾植云：

> 《唐语林》称："……李珏奏言，宪宗为诗，格合前古，当时轻薄之徒，摛章绘句，鏖牙崛奇，讥讽时事，尔后鼓扇声名，谓之元和体"云云。则元、白、张、王之讽刺，韩、孟、刘（禹锡）、柳之崛奇，实宪宗倡之。（《海日楼札丛·卷七》）

沈氏此以柳诗与韩孟诗派并称，以为是元和诗奇崛之风的表现之一，虽不无偏颇，然而却别具慧眼地道出了柳诗受当时奇崛诗风影响的事实。

以下不妨先就大家称引的宗元承陶王之绪的名作与韦应物诗作些对比。韦应物《观田家》：

> 微雨众卉新，一雷惊蛰始。田家几日闲，耕种从此起。丁壮俱在野，场圃亦就理。归来景常晏，饮犊西涧水。饥劬不自苦，膏泽且为喜。仓廪无宿储，徭役犹未已。方惭不耕者，禄食出闾里。

这诗以仲春清景起，接着顺序以写所见一日农耕之始末，自然地引出诗末之感慨，其遣句写景，淡笔轻染，似煦风徐来；文思诗脉，一线相绎，将随见所感，娓娓道出。故沈德潜评曰："韦诗至处，每在淡然无意，所谓天籁也。"（《唐诗别裁》卷三）。这正是陶、王以来的传统格局，试看陶潜《拟古》三：

> 仲春遘时雨，始雷发东隅。众蛰各潜骇，草木纵横舒。翩翩新来燕，双双入我庐。先巢固尚在，相将还旧居。自从分别来，门庭日荒芜。我心固非石，君情定何如？

王维《春中田园作》：

> 屋上春鸠鸣，村边杏花白。持斧伐远扬，荷锄觇泉脉。归燕识故巢，旧人看新历。临觞忽不御，惆怅远行客。

不难看出,韦诗固然在思想深度上超出陶王,然而从诗的格局来看,其起结脉络,韵度风神均可称陶王嫡传。

然而柳宗元《田家三首》却大不相同,试举其三:

> 古道饶蒺藜,萦回古城曲。蓼花被堤岸,陂水寒更绿。是时收获竟,落日多樵牧。风高榆柳疏,霜重梨枣熟。行人迷去住,野鸟竟栖宿。田翁笑相念,昏黑慎原陆。今年幸少丰,无厌饘与粥。

这诗的布局与遣句都极见锻炼之功。全诗写的是傍黑出城入乡的观感,却以"是时收获竟,落日多樵牧"二句为关锁,一方面将出城与入村隔作二重写,且点明秋(收获竟)晚(落日)的时候于中篇,使叙述写景有回旋拗峭之趣。另一方面,"多樵牧"字又暗度金针,下透后文"田翁"字,使结末"田翁"的出现,看似突兀,实则自然,有似断复续之妙。而在这种回互的布局中客主双方诚挚真朴的情意就流贯于篇章,洋溢于纸外了。这种拗折中见圆润的布局,与前举陶、王、韦三诗之单绪延引的方法有明显的不同。在遣句方面,"风高榆柳疏,霜重梨枣熟""高"与"疏","重"与"熟",锻炼极深而自然入神,"田翁"以下四句,则以生俗为奇倔,与王韦诗之淡然天和又大异其趣。

《南涧中题》是柳宗元又一首上承陶王的代表作:

> 秋气集南涧,独游亭午时。回风一萧瑟,林影久参差。始至若有得,稍深遂忘疲。羁禽响幽谷,寒藻舞沦漪。去国魂已游,怀人泪空垂。孤生易为感,失路少所宜。索寞竟何事,徘徊只自知。谁为后来者,当与此心期。

这诗看似平顺,实则伊郁盘结,意脉曲折。秋日出游是为遣愁,出游而见林中清景则由"有得"而"忘疲",看似忧尚可遣。入深,复见"羁禽""寒藻",不觉又勾起身世之感。这样由忧而忘忧,而又复于忧,一起一伏中更见出羁人排遣不得的愁怀。至此郁积不可抑掩，而发为后半之浩叹，长歌当哭、痛何其深！篇中"羁禽"二句，特炼"羁""寒"二字，接着以"去国""怀人"接应，诗脉的转折，步武规矩，均在气韵流转中见出，故此诗之清，实由刻炼中得见。我们如取应物之《南塘泛舟会元六昆季》《同德寺雨后》《春游南亭》《游溪》诸名作对比，可以明显见出，其题材虽一同于柳氏此诗，而脉络韵度之区别正如前举二人田园诗之不同。如《东郊》：

> 吏舍局终年，出郊旷清曙。杨柳散和风，青山淡吾虑。依丛适自憩，缘涧还复去。微雨霭芳原，春鸠鸣何处？乐幽心屡止，遵事迹犹遽。终罢斯结庐，慕陶真可庶。

此诗首二句极近王维之"新晴原野旷，极目无氛垢"（《新晴野望》）。"杨柳"句，似脱化自陶潜之"日暮天无云，春风扇微和"（《拟古》七）；"青山"句则分明是陶"采菊东篱下，悠然见南山"（《饮酒》）之意况。"缘涧"二句又与王维"行到水穷处，坐看云起时"（《终南别业》）相近。"微雨"二句自在之意较陶之"微雨从东来，好风与之俱"（《读山海经》）与王之"屋上春鸠鸣，村边杏花白"似更胜。而结末四句"慕陶"之意，"结庐"之想，更明为拟陶之"结庐在人境，而无车马喧"（《饮酒》）与"众鸟欣有托，吾亦爱吾庐"（《读山海经》）。此诗有陶、王之影响在，而通体浑融，一片清空，可见韦之学陶、王是何等地入神。

韦柳诗在风格上之这种区别，归纳起来，即上引诸家所云。论体格，韦诗出手稍易，"每在淡然无意，所谓天籁也"；而柳则"构思精严"，"左规矩而右步武"，极见锻炼之功。论风度，韦诗"平淡和雅"，以"闲婉"胜（韦另有流丽一格，与此貌异神同，论见第四节）；而柳则幽洁、峭削，以"清峻"胜。故渔洋以"无声弦指妙"许韦，而姚莹则以"高咏绝嶙峋"称柳（《论诗绝句》）。

按元遗山《论诗绝句》曾云："谢客风容映古今，发源谁似柳州深。"蔡绦《西清诗话》又云："子厚诗雄深简淡，迥拔流俗，至味自高,直揖陶、谢,然似入武库,但觉森严。"许学夷《诗源辨体》卷二三:"韦柳五言诗虽以萧散冲淡为主,然旧史称子厚精裁密致,宋景濂谓柳斟酌于陶谢之中,斯并得其实。故其长篇古、律用韵险绝,七言古锻炼刻深。"二评最能道出柳诗同韦应物及前此清远派诗人的风格区别,并点出了其原因所在:亦即在陶体中融入谢诗的刻炼之功。谢灵运是宋元嘉诗风的主要代表,沈曾植三元说称元嘉、元和、元祐,明确构出了宋调诗的发生、发展与形成的系列,柳诗多学谢体说明了它受影响于元和的时代风气的事实与其因何为宋诗派所重而为唐诗派略贬的原因。

三

　　元和韩、孟诗派极重谢诗,六朝以来学习谢诗而能得其精髓,实际上是由杜甫始而在韩、孟诗派中得以光大的,这在韩、孟自己的论述与后人的评论中均可明显看出。韩愈《荐士》诗云:

> 逶迤抵晋宋,气象日凋耗。中间数鲍谢,比近最清奥。齐梁及陈隋,众作等蝉噪。

孟郊《品松》诗云:

> 追悲谢灵运,不得殊常封。纵然孔与颜,亦莫及此松。此松天格高,耸异千万重。

　　这里孟郊将灵运比作品格高洁,耸异万重的青松,而韩愈则在贬斥六朝诗风时,独推鲍、谢,并抉出"清奥"一词为其标格,这与大历诗人多称谢诗为"清新"大不相同。清奥者,奥邃深屈中见清也。其含义又为以后诗家所进一步阐明。王夫之《古诗评选》卷五论谢诗之意象云:

谢诗有极易入目者而引之益无尽,有极不易寻取者而径遂正自显然。顾非其人,弗与察尔。言情则于往来动止,缥缈有无之中,得灵蚃而执之有象。取景则于击目经心、丝分缕合之际,貌固有而言之不欺。而且情不虚情,情皆可景;景非滞景,景总含情。神理流于两间,天地供其一目,大无外而细无垠;落笔之先,匠意之始,有不可知者存焉。

其《姜斋诗话》卷二论谢诗之开合结构又云:

以意为主,势次之,势者意中之神理也。唯谢康乐为能取势,宛转屈伸以求尽其意,意已尽则止,殆无剩语。夭矫连蜷,烟云缭绕,乃真龙,非画龙也。

这二段评论精辟地指出了谢诗在意象构成上有"极不易寻取而径遂正自显然",亦即苦思而得,非常人所能道的一面;在布局开合上则有"宛转屈伸","夭矫连蜷"亦即结构曲折有起伏的一面。然而二者又均归之于以意为主,意化作诗中之神理,贯穿于结构与取象这作诗的两个主要方面,所以虽然深曲,却矫捷有生气、宛如真龙一般。

以后方东树《昭昧詹言》更云:"谢鲍杜韩,造语皆极奇险深曲,却皆出以稳老,不伤巧。"(卷五)"细绎鲍诗,而交待章法,已远不逮谢公之明确,往往一片不分,无顿束离合、断续向背之法。乃知习之之所谓文法,甚难非易,后惟韩最精细不苟,愈看愈分明。"(卷六)此二论不仅明揭谢诗在造语、结构上之奇险深曲,且指出了从谢鲍,以至杜甫,以至韩愈,这诗史上奇险一派的源流。

王、方二家所论是深得韩诗本意的,韩愈所谓"横空盘硬语,妥帖力排奡",说的是造语要生新有神,而硬语则要通过"盘",亦即夭矫曲折的结构功夫加以组织,以达到妥帖的境地,这样的诗作才能有"横空"之姿、"排奡"之力。可见韩孟之创作及理论确实得力于谢客。韩孟诗派虽有过奇过险以至流于怪张的弊病,而其精髓则正在于通过炼意、取势、锻语,从而形成其骨相嶙峋,姿态奇倔的雄豪境界。而正是在这种锻炼刻削之功上我们可以看出柳宗元诗虽与韩孟诗异派,却具有共同的时代特征。

子厚没有留下系统的诗歌理论,但从其片断的诗文评述中我们仍可窥见这一倾向。其《同吴武陵赠李睦州诗序》云:

> 吴武陵,刚健士也,怀不能忍,于是踊跃其诚,铿锵其声,出而为之诗,然后慊于内。

其《杨评事文集后序》云:

> 若杨君者,少以篇什著声于时。其炳耀尤异之词,讽诵于文人,盈满于江湖,达于京师。晚节遍悟文体,尤邃叙述,学富识远,才涌未已,其雄杰老成之风与时增加。

其《复杜温夫书》有云:

> 吾虽少为文,不能自雕斫,引笔行墨,快意累累,意尽便止,亦何所师法?……但见生用助字,不当律令,唯以此奉答。所谓乎欤耶哉夫者,疑辞也;矣耳焉也者,决辞也。今生则一之。宜考前闻人所使用与吾言类且异,慎思之,则一益也。

其《答韦中立论师道书》云:

> 故吾每为文章,未尝敢以轻心掉之,惧其剽而不留也;未尝敢以怠心易之,惧其弛而不严也;未尝敢以昏气出之,惧其昧没而杂也;未尝敢以矜气作之,惧其偃蹇而骄也。抑之欲其奥,扬之欲其明,疏之欲其通,廉之欲其节,激而发之欲其清,固而存之欲其重:此吾所以羽翼夫道也。本之《书》以求其质,本之《诗》以求其恒,本之《礼》以求其宜,本之《春秋》以求其断,本之《易》以求其动:此吾所以取道之原也。参之《谷梁氏》以厉其气,参之《孟》《荀》以畅其支,参之《庄》《老》以肆其端,参之《国语》以博其趣,参之《离骚》以致其幽,参之《太史公》以

　　著其洁:此吾所以旁推交通而以为之文也。

　　上引虽不尽为论诗,然而诗文触类而可旁通,即子厚本身,亦以《诗》《骚》与各种文章并列兼取。而尤其是作为古文家的柳宗元,其作诗必受其文之影响,因此我们完全可以从中窥取其诗文创作的基本思想。

　　首先宗元极重学养,认为,本之经籍,旁参诸子百家,史书楚骚,这样才能做到"学富识远"。其次,他强调诗文创作要有气、有情意。所谓"怀不能忍,于是踊跃其诚……出而为之诗"。所谓"引笔行墨,快意累累,意尽便止"。再次,他十分重视创作前的清心养气。要去其轻心、怠心、昏气、矜气,防止剽疾、不严、芜杂、偃骄。最后他颇着力于文体结构与用词遣句的锻炼。要加以"扬""抑""疏""廉"的精心安排,使之"奥"而能"明","通"而有"节","清"而存"重"。而在词句上则力求创新,"炳耀尤异",甚至连"助词"的遣用亦要下一番琢磨推敲的功夫。

　　上述思想与韩愈是同中有异,异中有同的。重学养、重气、重意脉、重锻炼,都是韩愈的基本点,也正是在这些方面,下开宋诗一代风气。然而作为陶王韦的继起者,柳宗元又始终以"清""幽""洁"为本色,而不满于过度的纵肆蹶张,对于元和风气他不是照搬,而是消化,是要以清峭幽洁的本色去取融贯之,也就是通过养与炼,使清而能"重"、能"奥"、能"通"。从而不落清远一派传统格局之臼穴。这在他创作中有两种表现。

　　柳宗元相当一部分诗作,主要是许学夷所说的长篇五言古、律与七古,与韩愈相当接近。如七古一般体格是平仄韵互转以见跌宕流利之态,而宗元之七古长篇《寄韦珩》诗用豪韵一韵到底,正与韩愈之《谒衡岳庙遂宿岳寺题门楼》相近。诗中写南中景物有云"阴森野葛交蔽日,悬蛇结虺如蒲萄。到官数宿贼满野,缚壮杀老啼且号。饥行夜坐设方略,笼铜枹鼓手所操。奇疮钉骨状如箭,鬼手脱命争纤毫。今年噬毒得霍疾,支心搅腹戟与刀。逐来气少筋骨露,苍白潸泪盈颠毛",其形象奇绝,造语险刻亦可与韩诗比肩,同启宋人瘦硬之渐。韩愈五古长篇,每每铺叙数十上百韵,奇景叠出而韵脚愈出愈险,开宋人以才学为诗的一大法门。而宗元之《同刘二十八院长述旧言怀感时书事奉寄澧州张员外使君五十二韵之作因其韵增至八十通赠二君子》《弘农公以硕德伟材屈于诬枉左官三岁复为大僚天监昭明人心感悦宗元窜伏湘浦拜贺未由谨献诗五十韵以毕微志》等诗,非仅铺排与韩之《寄崔二十六立之》等大篇相类,而其中又多用僻字,也近似韩诗。此外如诗中掺杂议论等韩诗特点在柳诗中都有明显表现。

当然,以上所举在柳诗中为偏格,但是也必然要与其主体风格相互影响。一方面作为清远流派的诗人柳宗元,即使上举那些近韩之作,也都受到清远风格的影响,所以细诵之仍可见其区别。韩诗以浑浩流转,大气磅礴胜;柳诗则劲气内敛,以气象森严胜。韩诗力大;柳诗神峻。至于韩诗的那种破诗为文,怪诞之想,如《效玉川子月蚀诗》《陆浑山火歌》《嗟哉董生行》一类作品,在柳集中是见不到的。这是因为宗元虽以诗文交通,却仍从清远派的本色出发,主张诗文异科(参《杨评事文集后序》)。另一方面作为同时是古文家、又与韩愈是密友的清远诗人柳宗元,其主体风格的清远类作品也必然受到元和时代风气之影响,而于清远中见出锻削之功,峻峭以至崛奇之态。渐由清远而演变为清峻,于是前举之《田家》《南涧中题》等代表作就也与韦应物及前此诸家有了明显不同。

按韩愈曾概括宗元文风为"雄深雅健",而前引姚宽《西溪丛语》则评柳诗为"雄深简淡",二条正可为本节之所论作小结。其一,从二评中我们可以看出柳诗确实得力于其古文创作,古文相对于时文,有雄杰峻峭的特色,因此元和时期兴起的以韩柳为主将的唐代古文运动是韩柳诗风有相互沟通一面的重要媒介。其二所谓"雄深简淡",说的是柳宗元诗用笔简净,风神淡远的外观中实蕴有雄杰的思理,深屈的笔致。这样柳诗之于韦、韩诗就表现出各自的异同关系。作为清远流派的诗人他上承韦诗以简淡为主,但是又受元和时代风气之影响,以其雄深一面区别于韦诗。作为元和诗人特别是古文运动的主将,他与韩诗之雄放固有相同之处,但他毕竟是清远诗派在元和的代表,因此又以其简淡一面区别于韩诗。总之柳宗元是以元和时代的清远诗人,与前代之韦应物,同时之韩孟相区别的。明此,则后世崇唐者韦柳并称而右韦左柳,宗宋者韦柳并称而右柳左韦就不难理解了。

四

　　清远诗派在元和时期所以会受时风影响产生变化,根本上又是与这一诗派发展演进的自身规律有关的,元和风气只是促成这一转化的外因。只有理解这一点,我们才能跳出唐宋诗之争的门户之见,给韦应物与柳宗元以恰当的历史地位。这就须先对此派的两位先行陶渊明、谢灵运略作分析。

　　钟嵘《诗品》:

　　　　宋征士陶潜,其源出于应璩,又协左思风力,文体省净,殆无长语;笃意真古,辞兴婉惬,每观其文,想其人德。世叹其质直;至如"欢言酌春酒","日暮天无云",风华清靡,岂直为田家语耶? 古今隐逸诗人之宗也。

　　萧统《陶渊明集序》则云:

　　　　其文章不群,辞彩精拔,跌宕昭彰,独超众类,抑扬爽朗,莫之与京。横素波而傍流,干青云而直上;语时事则指而可想,论怀抱则旷而且真。

　　钟嵘又论灵运诗云:

宋临川太守谢灵运,其源出于陈思,杂有景阳之体,故尚巧似,而逸荡过之。颇以繁富为累。嵘谓若人兴多才高,寓目辄书,内无乏思,外无遗物,其繁富,宜哉。然名章迥句,处处间起,丽典新声,络绎奔会,譬犹青松之拔灌木,白玉之映尘沙,未足贬其高洁也。

沈约《谢灵运传论》则云:

　　爰逮宋氏,颜、谢腾声,灵运之兴会标举,延年之体裁明密,并方轨前秀,垂范后昆。

由上引可见,陶、谢诗虽体貌有异,然而在一些根本点上又有其共同特征:就传承言,陶、谢之所以卓然名家,在于他们本质上能上沿建安诸子,又出入二晋名家,“风力”是陶、谢诗内含不露的精髓。就体势言,二人外观虽有文质之分,淳华之别,然流溢于篇章之间者,有一种灵动的兴会,俊逸的体气,即所谓“跌宕昭彰”,“抑扬爽朗”,“逸荡”之气度越建安两晋。按史载渊明摘头巾以漉酒浆,灵运出游裸行山间,可见二人诗跌荡之姿实与晋宋之际愈益发展的纯任自然的风气有关。

陶、谢诗又有区别,陶潜虽不无风华清靡之作,然主体是“笃意真古”,“词句质素”,所谓“不烦绳削而自合”,谢诗则“颇尚巧似,逸荡过之”,故而“丽典新声,络绎奔会”,所谓是“真于情性,尚于作用(艺术构思),不顾词彩而风流自然”(皎然《诗式》卷一)。要之陶诗之清远是质而清,多由自然来;谢诗之清远在丽而清,在于锻炼来。

这样后世宗清远者必然面临两个问题:其一是骨力与清的关系问题,以骨力求清则清而能厚,清而能远,舍骨力而求清则必清而薄,清而浮。其二是具体的创作道路问题,是走陶潜的笃意真古以求清的道路,还是沿灵运苦思锻炼以求清之径辙。或者兼取二者,自成一格。第一个问题是根本问题,后一问题则是分支问题。后世这一派诗人对这两个问题的回答抉择总是见仁见智,出此入

彼,从而形成这一诗派的各种流变,清远诗派就在这一历史过程中
经历了各种曲折而不断前进,而其间起决定性作用的则是时代风
气,这是我们考察韦、柳异同的一个必须把握的基点。

　　大家都知道,整个六朝以至初盛唐,诗坛面临的主要问题是文
与质、自然与雕琢的矛盾。由于当时时代普遍的风气是刻镂形彩,
襞积细微,以雕镂求华彩而伤其真骨,因此一些有识见的诗家必然
举起风雅与汉魏风骨的旗帜,以自然对抗过分的刻炼,以淳简的
"雅道"来反对繁文缛彩。于是这一时期对陶谢,人们的认识经历
了一个曲折的过程。随着反对雕琢浮靡文风的深入,陶之"笃意真
古"越益被重视,而对于谢诗的去取主要集中在其外观的"繁富"
"丽典新声"之上,由一度的被片面发展而越来越取慎重折中甚至
排斥的态度。特别是对其通过结构与辞句的刻炼以达自然工美之
境界的精微处,钟嵘之后,更普遍缺乏认识,因为初盛唐之际人们
普遍认为锻刻必伤真而有背雅道,而未暇更深入地去探究:苦思锻
炼,不必与情真意切矛盾;奇险巉刻亦不必定与自然美矛盾(按艺
术作品的自然美不同于自然物之美,实际上是离不开提炼的)。这
种思辨只有在中唐后诗坛出现新的矛盾时才可能得到发展。这里
有两个历史现象是颇堪玩味的:一是鲍照与汤惠休称谢诗是"初日
芙蓉,自然可爱",后人对此评每有讥议,认为未得谢诗刻炼以见工
美的特色。其实鲍、汤之论正是当时既受谢客影响又对雕刻伤真,
将"丽典新声"发展到极端的时代风气不满的诗人们的折中之谈。
这一情况发展到初盛唐就形成了一种更为矛盾的形态,即许多大
诗人如初唐四杰,甚至李白等一方面从谢客以降六朝诗风中吸取
营养,另一方面在其论诗中却往往将刘宋诗一股脑儿包括在浮丽
诗风之中。遍检初盛唐人诗文,其中慕陶学陶者大有人在,言谢诗
清新清丽者亦时可见,而敢以倡言学习谢诗锻炼之功、由险得奇
的,似仅杜甫一人;而杜诗之不见重于当世,这也正是一个重要原
因。因此方东树在《昭昧詹言》中感叹云:"唐初诗人及盛唐人,于

唐以前诸名家皆尝深知而慕效之,其上者能变,次者犹或得其一节,惟大谢无嗣音。皎然之论,亦只空识其句法兴象而已,不得深究其作用措注之精微也。考谢公卒于宋元嘉十年癸酉,到今一千四百余年,中间除杜、韩二公外,竟未见一人有能知之者。"方氏此论虽有自矜独得而稍趋偏颇之嫌,但其论初盛际诗人绝少走谢诗"运思精凿"而得"天质奇丽"之路(王世贞语),却是事实。这实际上是对六朝时颜谢诗新丽一面畸形发展的一个必然的反动。

在这样的时代背景下,初盛唐走清远一路的诗人就必然表现为二种形态:一种是以王绩为代表的,专尚陶之冲淡;另一种是承南朝谢朓、何逊、柳恽等余绪的王、孟诸人,以陶诗之平淡自然为本,兼取谢诗之秀美,而略其繁芜,去其章法与形象上的排宕奇险,并从谢朓以降愈来愈趋向省净淡远。殷氏《河岳英灵集》上卷评王维诗云:

> 维诗词秀调雅,意新理惬,在泉为珠,着壁成绘,一句一字,皆出常境。

其下卷又评孟浩然诗云:

> 浩然诗文彩芊茸,经纬绵密,半遵雅调,全削凡体。

按《河岳英灵集》论有云"齐梁陈隋,下品实繁,专事拘忌,弥损厥道",其叙又批评南朝诗风为"都无兴象,但贵轻艳",可见他所说的"凡体"即指专事藻绣声律的齐梁之"下品",而与之相对的"雅调"则指导源于风雅的真淳诗风。正因为王、孟诗是以陶潜之"笃意真古"为本而参以谢诗之菁华而不涉繁芜奇险,所以殷氏认为他们虽然只是"半遵雅道"却又能"全削凡体",虽然"词秀"而不害其"调雅",从而构成泉珠、壁绘般秀美的艺术境界。王、孟诗的这一路子在当时无疑是更能顺应诗歌发展的内在规律的,于是终于形成了盛唐以王孟为中心的清远诗派的发展高潮,而且其影响笼罩整个中唐前期诗坛(乾元至贞元前期)。韦应物正是王孟家数的杰出继起者。

前人评应物诗或称其得"陶之冲淡"(沈德潜《唐诗别裁》序),以"闲婉和雅"胜(王世贞,引文见前),或称其"流丽","大是六朝余韵"(胡应麟,引见前)。这两种风格在韦诗中确是并存的,而且是并不矛盾的。所谓冲淡一格,实源于陶之"笃意真古"一体,中经王绩而应物顺应之。所谓流丽一格,则是源于钟嵘所指出的陶诗"风华清靡"的侧面,中经谢朓以至王、孟大力发展,而韦应物更糅以大历诗之轻利笔调加以融贯,而并非指剪花雕彩的六朝陋习。故贺贻孙《诗筏》称此格为"未尝拟陶,然欲不指为陶诗,不可得也"。总之,韦应物诗是王绩和王、孟后清远诗派的顺理成章的产物,而不论何种格调,在后来的唐诗派看来都是盛唐之音的延续,因为二格的根本点在于姿质天然,若不经意。韦应物《咏玉》诗有云:

> 乾坤有精物,至宝无文章,雕琢为世器,真性一朝伤。

其《咏珊瑚》又云:

> 绛树无花叶,非石亦非琼,世人何处得,蓬莱石上生。

二诗很形象地说明了韦应物的美学观点,即无论质素如白玉,美丽如珊瑚,都在于得之天然;而若加以雕琢之功,则必伤其真美。这与柳宗元诗文理论显然不同。明确了韦应物这种美学观点,我们对他流丽一格的诗作何以也称自然而与淡和一格并存,就不难理解了。这里试举其以流丽称的《滁州西涧》诗略作分析。

> 独怜幽草涧边生,上有黄鹂深树鸣。春潮带雨晚来急,野渡无人舟自横。

此诗结尾之"自"字是一诗之眼。涧边幽草是自生,叶底黄鹂是自鸣,春潮带雨是自来,野渡片舟是自横。诗人"独"行西涧,其所怜爱者正是自然界这种自生自荣的自然之美。过去诗家为此诗有无寄托争论不息,其实这诗意兴正在自在不拘,有意无意之间。

可见韦应物之流丽也纯出于自然而绝少雕镂,韦应物集中多《拟古》《效陶》之作,亦有《效何水部(逊)》等,但绝无"效谢"者,可见他对五言古的传统的温雅清和的格局是如何心向了。

韦应物的出现在清远诗派的发展过程中具有两重性。一方面他是王、孟之后清远诗派传统格局的唯一大家,他的作品置于王、孟之中可以毫无愧色。然而另一方面,同时出现了两种极可注意的倾向。首先是韦诗对于陶诗,王、孟继承多,变化少。在风格上韦应物与王、孟是有所不同的,主要是融有一种雍和宽远之致,略异于王维之清寂、孟浩然之淡远。然而这主要是诗人性格不同所致,而非创作手法的不同(参前章所引诗例)。其次,在盛唐时,清远诗派之名家是以群体的面目出现的,王、孟周围,有储光羲、常建、祖咏、綦毋潜等数十位成就卓著的诗人,这正说明了当时传统格局发展到了顶峰。而在韦应物时,除钱起、刘长卿差可附翼外,他人似皆不足与盛唐同派诗人媲美。诗家常评大历诗风浮弱,这一方面是由于这批诗人缺乏真性情,然而另一重要原因是常在王孟家数中讨生活,除才力尤其拔萃似应物然,就不能不由追求清新而结果落于浮薄,甚至雷同,即使钱刘亦不能免。以下试看钱集卷二数诗:

> 野径到门尽,山窗连竹阴。(《秋归终南山别业》)
> 慢水萦蓬户,闲云挂竹篱。(《过裴长官新亭》)
> 近窗云出洞,当户竹连山。(《过孙员外蓝田山居》)
> 水宿随渔火,山行到竹扉。(《送元评事归山居》)
> 夜月松江戍,秋风竹坞亭。(《送岑判官入岭》)

此外,同卷中易"竹篱"为"薜帷""桂篱"等而句法意境一同者尚有十余例。又如刘长卿集卷三凡七十七诗(多为五言六韵),其中用"孤帆""孤舟"字十三例,用"千里帆""扁舟"等二十余例,此外单用"孤""独"字者二十例,用沧波、沧洲、烟波等四十余例。高仲武《中兴间气集》卷下称长卿："大抵十首已上，语意稍同，于落句尤甚，思锐才窄也。"其实雷同是大历诸子之通病，而其根本原因还不在才窄，而是传统格局活力衰减的必然表现。皎然《诗议》说大历诗人"句句同区，篇篇共辙"，乃"习俗师弱弊之过也"，一针见血地点出了问题的关键。

　　要之，韦应物的成就与功绩在于在大历诗风普遍因片面追求"理致清新"（《中兴间气集》序）而渐趋浮薄之际，能度越流辈，直探陶潜与王、孟之阃域，并以其独特的个性，出众的才能使清远诗派的传统格局，发出又一次绚丽的光彩。而韦应物的创作手法未能超出王、孟家数，特别是其高标独秀却缺少众芳环拱的现实，又说明了清远诗派发展至此，再走盛唐人的传统路子就势必前途越益暗淡。清远诗派的变革已成必然之势。正在此时，从盛唐杜甫起，中经皎然《诗式》进一步阐发，然而未为时世所重的，对谢灵运诗锻炼以求精粹、苦思以求自然的特点的卓越认识[1]，至元和时由于韩、孟等人的弘扬而蔚为风气。于是柳宗元就顺应这一历史趋势在保存清远诗派从陶谢以来真于情性、中丰外淡的特点的前提下，由谢诗之上述过去未被重视的一面开拓，从而创造了清远诗派的新格局。如果说韦应物是清远诗派传统格局的卓越后劲，那末柳宗元则是这一流派新风貌的先行。韦、柳并称，今天应当从他们同是中唐时期此派诗人的最高成就的代表着眼。韦、柳有别，则应当是指出他们同中有异的创作特色，在诗歌史上占有各自不同的重要地位。至于历史上由唐宋诗分判而产生的倾向不同的韦、柳左右论，可以帮助我们对韦、柳之异同加深认识，然而我们正不必步前人之后尘，再来对韦、柳强分左右高下。

　　本文的目的一方面是想对韦、柳诗的不同特点及其历史地位

---

[1]　关于这一问题，请参见拙作《"吴中诗派"与中唐诗歌》二、四两章。《中国社会科学》1984年第4期。此篇亦收入本书。

作一些新的研究；另一方面则是企图通过这一研究，对诗歌流派的发展变化的规律性问题作一些初步的探索。韦、柳之区别，尚有其他一些因素，比如二人经历、个性的不同也是又一个比较重要的因素，但为了突出论旨，不复详论。囿于水平，无论在具体的分析，或者是理论的探讨方面，都必有不妥之处，敬请指正为感。

（本文原载于《中国古典文学论丛》1986 年第 4 期）

从郑谷及其周围诗人看
唐末至宋初诗风动向

郑谷是今行《文学史》很少叙及,然而在唐末至宋初产生过重大影响的诗人。研究郑谷及其周遭诗人的诗风与消息盛衰,对于理清唐末诗坛的趋尚,及其与五代宋初诗风的联系,不无意义;也有助于文学史研究方法论上的探讨。

一、郑谷诗在宋初的盛衰

诗话每称郑谷诗浅俗格卑,欧阳修《六一诗话》首开其渐,云:"郑谷诗名盛于唐末,号《云台编》,而世俗但称其官为'郑都官诗'。其诗极有意思,亦多佳句,但其格不甚高。以其易晓,人家多以教小儿,余为儿时犹诵之。"稍后,苏东坡的批评渐趋严厉,《洪驹父诗话》云:"东坡言郑谷诗'江上晚来堪画处,渔人披得一蓑归',此村学中诗也。"嗣后,宋人对谷诗之批评愈演愈烈,而所论又多集中在东坡所引雪诗上。周紫芝《竹坡诗话》称之为"气象之浅俗";叶梦得《石林诗话》评云"气格如此其卑"。晁公武《郡斋读书志》卷四则总论谷诗云"属思颇切于理,而格韵凡猥,语句浮俚,不为议者所多"。

越元而至明清,对谷诗的评论虽有升降,但格卑语俗的考语仍占主要地位,王世贞《艺苑卮言》卷四:"义山浪子,薄有才藻,遂工俪对,宋人慕之,号为'西昆',杨(亿)刘(筠)辈竭力驰骋,仅尔窥藩。许浑、郑谷,厌厌有就泉下意,浑差有思句,故胜之。"胡应麟《诗薮·内编》卷六:"(七绝)晚唐则李义山、温庭筠、杜牧、许浑、郑谷,然途轨纷出,渐入宋、元,多歧亡羊,信哉。"许学夷《诗源辨体》卷三二云谷诗除二三十篇外,"声尽轻浮,语尽纤巧","村陋不足录也"。《渔洋诗话》卷上更云郑谷雪诗"益俗下欲呕"。

从上引可见,宋以后有所谓唐宋诗之争,而郑谷诗则既不见称于宋调巨匠,亦不受知于唐风大家;但这里有两个问题:

其一,主盛唐者多将郑谷诗与许浑、薛能,甚至李义山、杜牧之相联系,作为晚唐诗的一分子来否定,显有世代递下的程式化观念。这是否尽然合理呢?

其二,欧阳修是宋代诗风改革的前驱,宋人对郑谷诗愈演愈烈的批评实与宋调诗的发生发展同步一致。尤可注目的是对很普通的雪诗,宋人又为何如此大加挞伐呢?欧氏时代离郑谷去世——约后梁开平四年(910)已百年左右,离宋开国亦已六十年上下。此前郑谷诗究竟在人们心目中占何地位呢?唐末五代的情况详后,先看宋初。

郑谷诗今存三百余首,而宋初大型类书《文苑英华》录谷诗一百四十七题,约占百分之四十。相比之下,录李白二百一十七题,为今存诗之百分之二十二,杜甫二百一十三题,为今存诗之百分之十四,高适仅五十一题,岑参五十八题,韦应物九十题,韩愈四十九题,柳宗元不录,杜牧八十一题,李商隐四十七题,皮日休十九题,陆龟蒙十七题,韩偓、吴融均不录。可见宋初对谷诗决非等闲视之。

欧阳修称宋初以谷诗教小儿,他亦曾习诵,祖无择《都官郑谷墓志铭》更云:"士大夫家暨委巷间,教儿童咸以公诗,与六甲相先后。盖取其辞意清婉明白,不俚不野故然。"幼学诗文读本是与时代趋尚紧密联系的,故祖表又云:"当时正人,咸称其善。"以下材料可窥一斑。

《吹剑录》三录记宋初陈尧佐代吕夷简为相,献《踏莎行》贺吕寿诞:"……翩翩又睹双飞燕。凤凰巢稳许为邻,潇湘烟暝来何晚。乱入红楼,低飞绿岸,画梁轻拂歌尘散……"此词显本郑谷《燕》诗:"年去年来来去忙,春寒烟暝渡潇湘。低飞绿岸和梅雨,乱入红楼拣杏梁。"晏殊的《浣溪沙》(一曲新词酒一杯)是宋初的名篇;郑谷《和知己秋日伤怀》诗云:"流水歌声共不回,去年天气旧亭台。梁尘寂寞燕归去,黄蜀葵花一朵开。"可知晏词不仅袭用谷诗之意,且全用其"去年"句。柳永《望远行》中云:"乱飘僧舍,密洒歌楼。迤逦渐迷鸳瓦。好是渔人,披得一蓑归去,江上晚来堪画。满长安高却,旗亭酒价。"末二句,化用郑谷《辇下冬暮咏怀》"雪满长安酒价高",前此则全用谷雪诗:"乱飘僧舍茶烟湿,密洒歌楼酒力微。江上晚来堪画处,渔人披得一蓑归。"苏轼《仇池笔记》卷一又记云:"黄州故县张憨子,行止如狂人,见人辄骂云'放火贼',稍知书,见纸辄书郑谷雪诗。"甚至稍后的宋哲宗,还"书郑谷雪诗为扇,赐近禁"(《晁氏客语》、《清波杂志》卷二)。从这些材料,不难看出宋初谷诗广泛流传于社会各阶层,而从苏轼起宋人对雪诗的交口攻击,实反映了此诗正为播于人口、影响极大的名篇。大苏等要矫"晚唐之弊",自必须"枪打出头鸟"了。

至此可见,宋前期,以庆历至元祐诗风丕变为契机,郑谷诗的流传实经历了由盛而衰的过程,其原因须从谷诗本身寻找。知人论世,先须对其生平时代作简单介绍。

二、郑谷的行事、交游及时代

郑谷,字守愚,袁州宜春(今江西宜春)人,约生于唐宣宗大中

五年（851），卒于后梁太祖开平四年（910）稍后，其一生大致可分为
五期。[1]

宣宗大中五年至懿宗咸通十二年（872）二十一岁为早年时期。
幼时其父郑史任国子监易学博士，谷随在长安。约五岁启蒙，以早
慧受知于马戴，"谓他日必垂名"。七岁随父赴永州刺史任，已能题
诗岳阳楼。十二岁时仍在永州。十八岁前后隐居荆门，咸通十二
年秋由袁州乡贡入京。

从咸通十二年（872）秋至僖宗广明元年（880）底为十年长安时
期。约咸通末迁居同州，不久又迁长安，并一度赴汝州为幕宾。虽
迁动频繁，然大致以长安应试为中心。他虽曾为当时最推利市的
同州解首荐，但终因门第"孤寒"，金榜无名。不过举场的失意，在
文场中得到了补偿。此期他曾受教、受知于复古派诗人曹邺、苦吟
派诗人李频与诗风工丽自视极高的薛能，更与许棠、张乔等被时人
称为咸通十哲。

从广明元年（880）冬至昭宗景福二年（893）秋冬约十三年为巴
蜀荆楚吴越飘泊时期。广明元年十二月黄巢入破长安，郑谷辗转
至成都。中和四年（884）黄巢被镇压，谷由西川至东川拟回长安，
却因东西二川杨师立、陈敬瑄交兵，直至光启元年（885）春僖宗返
长安时方得旋。然同年底，中官田令孜、邠宁朱玫、凤翔李昌符与
河中王重荣、河东李克用大战，克用进逼京师，僖宗奔兴元，谷又二
次奔亡巴蜀，拟取长江水路返荆门故居。又遇秦宗权之蔡军长围
荆州而淹迟峡中。直至三年初春，方得出峡沿汉江北上应试，竟然
得中，复折回蜀中，似拟搬取家小。但十六年凤愿虽一旦得偿，却
未能授官，更遇蜀中王建结东川顾彦朗同西川陈敬瑄及其兄田令
孜构兵。因再沿江下荆州。复游湘源，更于大顺初（890），东游吴
越。是时徐汴一带朱全忠、时溥连年大战。河中河东唐师讨李克

─────────────

[1]　以下所述郑谷生平，参见拙作《郑谷年谱》，《唐代文学论丛》第九辑。

用大败,道路阻绝。延至景福元年(892)方再返长安。次年春又四入蜀中,往探恩地柳批,同年秋返长安,不久释褐为京兆鄠县尉,然此时已"莺离寒谷七逢春"了(《结绶鄠郊》诗)。

从景福二年秋冬至天复二、三年(902、903)为仕宦时期。释褐次年(乾宁元年)春兼摄京兆府参军,同年以诗名拜右拾遗,至三年迁补阙。其秋,凤翔李茂贞犯阙,帝幸华州,谷亦出奔。于乾宁四年春方抵行在,以荐迁都官郎中。至光化元年(898)随驾返京。天复二年(902)朱全忠欲劫昭宗幸洛阳,十一月车驾西奔,谷复随行。约于本年或次年,见机隐退宜春仰山草堂。

从天复二、三年至后梁开平四年(910)为归隐时期,齐己、黄损、孙鲂等从之学诗,其时更蜚声诗坛。

三、郑谷诗的"悲凉"气局

历来批评郑谷诗,均称之"格卑",而与盛唐诗对举。可郑谷自己却一再表示了他对风骚、对盛唐诗的祈向。乾宁间他自编旧作为《云台编》三卷,有《卷末偶题》三首,为其诗论集中表现:

一卷疏芜一百篇,名成未敢暂忘筌。何如海日生残夜,一句能令万古传。(其一)

一第由来是出身,垂名俱为国风陈。此生若不知骚雅,孤宦如何作近臣。(其三)

又有《读前集二首》与上诗相先后:

殷璠裁鉴英灵集,颇觉同才得旨深。何事后来高仲武,品题间气未公心。

风骚如线不胜悲,国步多艰即此时。爱日满阶看古集,只应陶集是吾师。

　　参以《故少师从翁隐岩别墅》诗所云："丧乱时多变，追思事已陈，浮华重发作，雅正甚湮沦"等，可见他对《中兴间气集》为代表的大历后渐趋浇薄的诗风颇多不满，对晚唐部分诗人之"浮华"风气尤为反对。他反复强调诗骚传统，对陶潜至《河岳英灵集》为代表的盛唐诗"既多兴象，复备风骨"（殷语）的格调尤为推崇。这种创作思想，与其时代、经历密切相关。当时万方多难，仅帝王因战乱出奔即有六次（上述五次，又乾宁二年昭宗奔石门），后更历朱温劫驾，朱梁代唐。这些变乱以及不少地方性的战乱，郑谷都亲历其难。郑谷又出身孤寒，诗中以"孤寒""孤单"自称不下十余处。因此他"游于举场一十六年"，方博一第；入第七年，才授一尉。以后虽三转而至于郎曹，也曾给他以舒展抱负的希望。但最后仍只是"冷曹孤宦甘寥落，多谢携筇数访寻"（《寄题诗僧秀公》）。《唐摭言》卷二载大中七年京兆尹韦澳论当时科举云："近日已来，前规顿改，互争强弱，多务奔驰；定高卑于下第之初，决可否于差肩之日；曾非考核，尽系经营。奥学雄文，例舍于贞方寒素；增年矫貌，尽取于朋比群强。虽中选者曾不足云，而争名者益炽其事。"可见郑谷的遭遇正是当时争名益炽，请托公行，"奥学雄文，例舍于贞方寒素"的社会现象的反映，这使郑谷不可能有剪红刻翠的余裕，不致染上浮华习气。又，谷父史曾任易学博士，家风清素，谷《投时相十韵》即云"故旧寒门少，文章外族衰"；初举阶段，复古派诗人曹邺又对他"夏课每垂奖，雪天常见忧"。这样他之倾向风雅，推崇盛唐，也就在情理之中了。清费嘉树《六先生咏·郑守愚》，江为龙《郑守愚》诗，均以郑谷与李杜并论，谓为"一代风骚主"，这当然是过誉，但通观谷诗，必会发现，《云台编》三卷中贯串着一种寓时代苦难于一己不平的孤愤之气。薛雪《一瓢诗话》即别具只眼地指出："郑守愚声调悲凉，吟来可念。岂特为《鹧鸪》一首始享不朽之名。""悲凉"一词中肯地揭示了郑谷诗的特点之一。我们不必过分强调《感兴《贫女吟》等某些反映民生疾苦的诗作;也不必列举"谁知野性真天性,不扣权门扣道门"(《自遣》,卷三)等别具怀抱的警句,最值得注意的是《云台编》中占三分之一强的奔亡诗,虽然它们多从自身苦难角度落墨,但唐末重大的政治军事动乱几乎都能从郑谷漂流江湖的一叶破舟中直接或间接得到反映。如:黄巢攻破长安前,谷《渚宫乱后作》诗,反映了江陵两遭兵火的破败景象。初奔蜀中所作的《蜀江有吊》,抒发了对弹劾宦官而为田令孜所杀的孟昭度的哀思。《梓潼岁暮》诗,作于黄巢被镇压后,正反映了中和四年东西川杨、陈交兵,僖宗及从难臣民归途阻绝的史实。中和五年(三月改光启元年)《长安感兴》《渼陂》诸作所记"落日狐兔径,近年公相家"的景况,正可为史载乱后"荆棘满城,狐兔纵横"印证。本年底,李克用进逼京师,谷《巴江》诗,记载了唐末的第二次大动乱。稍后《奔避》《峡中寓止二首》诸作,留下了秦宗权军久围荆南的痕迹。《漂泊》诗,作于王建等与田令孜、陈敬瑄交兵,唐末蜀中第二次大骚乱时。大顺二年(891)的《送进士许彬》诗,在送人中表现了对徐泗朱、时交兵,河东唐师讨李克用失利的忧虑。乾宁二年(894)李克用击败韩建等三镇军,屯兵三桥,谷《摇落》诗云"日暮寒鼙急,边军在雍岐",表现了对新的动乱的隐忧。乾宁三年昭宗奔华州时,谷又有《顺动后蓝田偶作》《奔问三峰寓止近墅》诸作。乾宁五年(897)《回銮》诗表示了对中兴的向往憧憬。天复三年(902),朱全忠欲劫昭宗东迁,谷随驾出奔凤翔,有《壬戌西幸》诗。直至归隐后,其《黯然》诗,仍对朱全忠驱昭宗往洛阳途中群臣遭戮无尽神伤。郑谷两《唐书》无传,《唐诗纪事》《唐才子传》所记甚略多误,但今天仍可以他的诗对照史书,排出较详细的年谱来,这足以说明他的诗作与时代的紧密联系。

晚唐咏物诗大盛,郑谷所作思理深切,别有寄托,如《菊》诗云:"王孙莫把比荆蒿,九日枝枝近鬓毛。露湿秋香满池岸,由来不羡瓦松高。"又《十日菊》有云:"节去蜂愁蝶不知,晓庭还绕折残枝。

自缘今日人心别,未必秋香一夜衰。"前诗以依借凭托而高踞屋顶的瓦松反衬池边黄菊,"不羡"二字,表达了诗人位处"孤寒"而兀然不阿的心胸,后诗则以重阳次日黄菊顿遭冷落讽刺世态炎冷,惜花之中油然透出一种慷慨悲凉的气韵。因此陈知柔《休斋诗话》、吴旦生《历代诗话》均以此诗在王安石、苏东坡同题诗词之上。

许学夷《诗源辨体》卷三〇论许浑、郑谷云:"愚按晚唐诸子体格虽卑,然亦是一种精神所注。浑五七言律工巧衬贴,便是其精神所注也。若格虽初盛而庸浅无奇,则又奚取焉?孟子曰:'五谷者,种之美者也,苟为不熟,不如荑稗',以此论诗则有实得矣。"此论反映了盛唐诗派评诗的内在矛盾。许氏看到晚唐诸子自有不可抹杀处,"亦是一种精神所注",胜于赝鼎,是其超胜于李空同、王元美等处,然谓晚唐之比盛唐仍有谷、稗之分,则又不能自圆其说。因为歌谣文理,与世推移,一个阶段有一个阶段的社会形态,民情风俗,语言习惯,亦必有一个阶段的格调,如果强以盛唐句格律晚唐,则必不能别有"一种精神所注"。标榜"诗必盛唐",极诋晚唐诗的明代前后七子的创作充分证明了这一点。应当承认郑谷诗无复盛唐雄浑之气,但却未可言格卑。因为多难的时代、衰退的国运使晚唐诗必定带有一种萧瑟的情韵。触物缘情,诗以写怀,变盛唐之悲壮为唐季之悲凉,正是郑谷等唐季优秀诗人"别一种精神"的根本。至许氏所论表现手法因素,倒是第二位的。下文我们进而就这方面讨论郑谷诗对盛唐的承革。

四、郑谷诗风综合前人、自成一体的倾向

郑谷《读故许昌薛尚书诗集》有云:"篇篇高且真,真为国风陈。淡薄虽师古,纵横得意新。"唐人所云淡薄与华缛相对,指真朴而有

远意的格调。郑谷认为作诗必须力斥当时的浮华风气而以古人之淡薄为师，但又须"纵横得意新"，自成一家之体。诗至开、天而极盛，如何取法盛唐而又不落畦畛，杜甫以后各个诗派都在探索着自己的路子，郑谷亦然。

郑谷《自遣》诗有云："强健宦途何足谓，入微章句更难论。谁知野性真天性，不扣权门扣道门。"可见他极强调天性即自然之趣。但章句"入微"，表达自然之趣实难工易拙，因此他常说："属思看山眼，冥搜倚树身。"（《读故许昌薛尚书诗集》）"衰迟自喜添诗学，更把前题改数联。"（《中年》）颇强调讨论推敲与修订功夫。所谓"属兴同吟咏，成功更琢磨"（《予尝有雪景一绝》），就是他处理天性与推敲二者矛盾的观点。即创作伊始当以性情与外物的泊然相凑为契机，而不能先将笔墨工拙横于心胸；一旦成功，又当反复推敲，以求"入微"之妙。有两件事颇有助于对郑谷观点的理解。

前引《卷末偶题》诗之一，谷举王湾《江南意》"海日生残夜"句，叹为观止。殷璠《河岳英灵集》曾记此诗云："诗人已来，少有此句。张燕公手题政事堂，每示能文，令为楷式。"可见确为盛唐诗之典范，后句江南地暖，旧年未过，春意已萌的特定物候，因前句残夜中半轮冉冉而升的红日的衬映，弥觉清新而有远韵，"生""入"二动词尤其传神。郑谷所拳拳服膺的正是盛唐诗人上继"诗人"的这种言虽近切而韵味邃远，自然工妙的艺术境界。陶岳《五代史补》记郑谷在袁州评齐己《早梅》诗"前村深雪里，昨日数枝开"，曰"数枝非早也，未若一枝"，又潘若同《郡阁雅言》记齐己往袁州谒郑谷献诗有句"自封修药院，别下着僧床"，谷改"别下"为"别扫"。一字之改虽普通，但早梅之韵，待客之情，正从此传出。这二则"一字师"的故事，正典型地反映了郑谷上述深入浅出的艺术观点。因此宋以后唐宋二大诗派评谷诗为浅俗，实未为探本之论，谷诗浅切诚是，凡俗却未必，因为这浅切中实包含对物象的深刻体察，作者的深刻匠心。这一点即使对谷诗多所不满的诗评家也有所首肯，如欧阳修称谷"其诗极有意思,亦多佳句"(见前),贺裳《载酒园诗话·又编》称"郑谷诗以浅切而妙"。纪昀《四库全书总目提要》称谷"往往于风调中独饶思致,汰其肤浅,撷其菁华,固亦晚唐之巨擘矣"。而最能代表唐末至宋初人看法的则是祖无择《墓表》中所说的"辞意清婉明白,不俚不野"。其五言如:"潮来无别浦,木落见他山"(《登杭州城》);"碓喧春涧满,梯倚绿桑斜"(《张谷田舍》);"春阴妨柳絮,月黑见梨花"(《旅寓洛南村舍》);"极浦明残雨,长天急远鸿"(《夕阳》);"涨江垂蟷蜋,骤雨闹芭蕉"(《蜀中寓止夏日自贻》);"孤馆秋声树,寒江落照村"(《奔避》)等等,均浅而能远,清婉有韵。与前引写战乱之"十口飘零犹寄食,两川消息未休兵""宗党相亲乱离世,春秋闲论战争年"等七律异曲同工,均明白如话却凝炼堪味,非亲历其境不能言。

　　郑谷的这种风格,究竟上承何种流派呢?清李怀民《晚唐诗主客图》以贾岛为清真僻苦主,而以郑谷为及门。诚然郑谷与贾姚诗派后劲如马戴、方干、李频、李洞等都有较深关系,又不止一次地凭吊贾岛墓(《长江县经贾岛墓》);郑谷又广交诗僧,曾言"诗无僧字格还卑",从上引诗句中可以看出其深于体察,善于在刻画中见悠然情韵,均得力于贾姚诗派,然而明显不同的是,他绝无"僻苦"之态,险涩之句,却以浅切之辞、舒徐之致拔戟自成一队。这种变化是与贾姚诗的流变及郑谷的经历诗论有关的。

　　唐诗之尚刻划苦思,始自杜甫,贞元时皎然《诗式》曾予以理论总结曰:"又云,不要苦思,苦思则丧自然之质。此亦不然。夫不入虎穴,焉得虎子? 取境之时,须至难至险,始见奇句;成篇之后,观其气貌,有似等闲不思而得,此高手也。"贾姚诗派,实从此论开拓,每能于清丽中见峻拔之态,邃然远意。但又往往失之奇险,反走向寒涩。司空图《与李生论诗书》即云"贾浪仙诚有警句,视其全篇,意思殊馁,大抵附于寒涩,方可致才"。故此派后劲,较著者如马戴、顾非熊、刘得仁、李中等均有意识地纠贾姚之弊,取其幽微而去其艰涩，向清通方向发展。郑谷与贾姚同中有异，首先是与这一转化趋势相应的，而与其早年受影响于马戴当更有关系。

又谷自七岁起至二十二岁初举长安，及晚年隐居十年，均在湖南、江西度过。长安十年后又有十三年时间在巴蜀、荆楚、吴越漂流。这些地区在中晚唐时，僧俗诗人的俗体诗尤其发达，在《云台编》中不仅可从《鹧鸪》《侯家鹧鸪》《席上贻歌者》等篇章中看到郑谷如何醉心于这类俗体诗，更可见他大部分七言律、绝受到这方面始终一贯的影响。《浯溪》诗是今存谷诗中最早的一首，约十岁前后作于永州，诗云：

> 湛湛清江叠叠山，白云白鸟在其间。渔翁醉睡又醒睡，谁道皇天最惜闲。

此诗三用叠字句，造成流转的音声以表达闲逸之趣，实为中晚唐后受南方俗体诗影响的文人七绝的常见格调。这只要看一下杜甫《夔州歌》"中巴之东巴东山""瀼东瀼西一万家"诸作，看一下刘禹锡、白居易《竹枝词》中"东边日出西边雨，道是无晴却有晴""江上何人唱竹枝，前声断咽后声迟"等句即可明了。郑谷幼年浸淫南方俗体诗，给其一生创作带来不可磨灭的影响；而长期飘流南国的生活又不断加深这一特点。他今存七绝八十首，用叠字句者达二十七首。这又进一步影响其七律。葛立方《韵语阳秋》卷一云：

> 杜荀鹤、郑谷诗，皆一句内好用二字相叠……郑谷"那堪流落逢摇落，可得潸然是偶然"；"身为醉客思吟客，官自中丞拜右丞"；"初尘芸阁辞禅阁，却访支郎是老郎"；"谁知野性非天性，不扣权门扣道门"；皆用于对联也。

葛氏敏锐地看到杜、郑律诗中这一句式特点，却未能揭示它与二人绝句及南方民歌的关系（按杜为池州人）。必须注意到贞元元和后这种取法于南方俗体诗的风气已蔚为风气，而其杰出代表为长期生活作宦江南，每以吴越诗人自居的白居易。这种叠字格，在白集中俯拾皆是,如《寄韬光禅师》:"一山门作两山门,两寺原从一寺分。东涧水流西涧水,南山云起北山云。前台花发后台见,上界钟声下界闻。遥想吾师行道处,天香桂子落纷纷。"一律中用叠字多达三联。因此从"郑谷杜荀鹤句法"的简析中可见,郑谷诗"浅切"一面,正与中晚唐时白居易等取法南方俗体诗从通俗方向开拓的风气有密切关系。汪师韩《诗学纂闻》以"香山《长庆集》,必老妪可解;郑谷《云台编》,必小儿可教"相提并论,正透出其中消息。

郑谷诗虽然受到多种风格的影响,但就全体观之,以受贾姚体与白体这晚唐诗坛上最盛行的两种诗体影响为最著。粗粗看来其五言多近贾姚,七言每类香山,然而细究之又是相互渗透的。因有香山格调的影响,故其五律清远处虽同贾岛,却少贾诗之峻拔之气,亦无其寒涩之敝;因有贾姚一派的功底,其七言虽浅切可讽类香山,却少香山的豪宕之气,亦无其率尔粗俗之病。五言、七言虽体势不同,然其佳作均表现出祖无择所说的"清婉明白,不俚不野"、纪昀所说的"风调中独饶思致"的总体特点。五言已见前引,此更录七言律绝各一首以见一斑:

> 扬子江头杨柳春,杨花愁杀渡江人。数声风笛离亭晚,君向潇湘我向秦。(《淮上别友人》,卷二)

> 石门罗径与天邻,雨桧风篁远近闻。饮涧鹿喧双派水,上楼僧踏一梯云。孤烟薄暮关城没,远色初晴渭曲分。长欲然香来此宿,北林猿鹤旧同群。(《少华甘露寺》)

前诗贺贻孙《诗筏》评云:"盖题中正意,'君向潇湘我向秦'七字而已,若开头便说,便浅直无味,此却用作倒结,悠然情深,觉尚有数十句在后未竟者。"沈德潜《唐诗别裁》更称其与王昌龄、李白、李益、杜牧虽"气象稍殊,亦堪接武"。后诗题材与盛唐崔颢名作《行经华阴》略同。而崔诗以雄浑劲健擅胜,此则分明融入香山流利笔致,工秀中见跳脱之趣。李调元《雨村诗话》评云"神韵远也"。

二诗正可见郑谷诗因综合贾、白，去其僻涩与粗率，故虽浅切却浑成有远韵，自成一格，与盛唐诗自有貌异而神通之处。

郑谷诗中还明显受有许浑、薛能一派的影响，诗中亦屡称二人。许、薛诗以工丽绵密称。郑谷《雁》《燕》《鹧鸪》《海棠》等诗尤为近之。然相比之下谷诗较之二人显得疏宕轻灵。如写《鹧鸪》云："雨昏青草湖边过，花落黄陵庙里啼"；状雁云："石头城下波摇影，星子湾西云间行"；形燕云："低飞绿岸和梅雨，乱入红楼拣杏梁"。于三鸟均能略貌取神，从言外领取，互易不得。体物入微又流转生趣，分明融入贾姚、白傅笔致，而不尽同于许、薛之工丽了。

要之，郑谷以盛唐之自然浑成为根本，而顺应中晚唐人意必求新，词必己出的潮流，立足自身的经历习染，对前辈综合融会，转益多师，终于创造出自己深察浅出，悠然远韵的独特风格。这就是他对盛唐诗人的承革。孟宾于李中《碧云集序》论风骚传统，有云"乱后江南，郑都官、王贞白，用情创意，不共辙，不同途"，斯论得之。如从欣赏角度看他的诗或不及前辈名家，但从诗史演进的角度看，通变虽或稚弱，总胜于纸花赝鼎；因此不失为"晚唐之巨擘"（纪昀语），在唐末至宋初近百年内，能广为流传，请略探之。

五、郑谷体诗在唐末五代的盛行

郑谷不仅为咸通十哲之一，且因诗名得官。薛廷珪《授鄠县尉郑谷右拾遗制》云："闻尔谷之诗什，往往在人口而伸王泽；举贤劝善，允得厥中。"唐季诗人更以得其品评为荣。王贞白《寄郑谷》云"五百首新诗，缄封寄去时。只凭夫子鉴，不要俗人知"；齐己《往襄州谒郑谷献诗》更称其"高名喧省闼，雅颂出吾唐"。谷又有《光化戊午年举公见示省试春草碧色诗偶赋是题》《送下第诸公》等诗,可见他在举子心目中已为诗坛重镇。而盛传成典实的"一字师"故事,正是欧阳修所说"郑谷诗名盛于唐末"的产物。

郑谷诗在五代,尤其在南方诸国仍久传不衰。今存齐己《风雅旨格》、徐寅《雅道机要》、文彧《诗格》等十种唐末五代诗格类著作透出了重要信息。这些著作多大量引用郑谷及其流裔之诗,如徐衍《风骚要式·琢磨门》云:

> 夫用文字要清浊相半,言虽容易,理必求险。句忌凡俗,意便质厚。如郑谷《送友人诗》:"流年俱老大,失意自东西。"此君子离位也。郑谷《沙苑》诗:"日暮前心速,愁闻孤雁声。"此贤人他适也。齐己《落照》诗:"夕照背高台,残钟残角催。"右君昏而德音薄矣;郑谷《春晓书晴》:"莺春雁夜长如此,赖有幽居近酒家。"此失志而自销愁也;齐己《静院》诗:"浮生已向空王了,箭急光阴一任催。"此句凡君子思退也;郑谷《杭州城楼》诗:"岁穷归未得,心逐片帆还。"此君子舍此适彼也;李建勋:"偶寻云鼙重题石,欲下山门更倚松。"此忧国之情未废也;虚中《寄(司)空图》:"岂思为邻者,西南太岳清。"此未忘臣节也。今之词人循依此格则自然无古今矣。

此条引谷四诗,齐己二,虚中、李建勋各一,后三人均谷之流裔(详下)。所论"言虽容易,理必求险。句忌凡俗,意便质厚"云云亦与"清婉明白,不俚不野""浅切而妙"意同。此类例子在这十种诗格中极多。又《宋史·艺文志》《唐才子传·郑谷》记谷有《国风正诀》一书,分六门。后书与《十国春秋·楚·黄损传》又记黄与郑谷、齐己共定《今体诗格》"为湖海骚人所宗"。郑谷二书虽佚,然今存此期各诗格大多以"门"分章,且多同于齐己《风骚旨格》,则可推想,此类诗格多受郑谷、齐己三书影响。

郑谷诗在唐末五代的盛传,主要通过他周围两个诗人群。

先有咸通十哲凡十二人(见《唐诗纪事·张乔》)。这群诗人有以下特点。其一均出身寒微,久游举场,四方漂游,未为显宦。其二都广结僧人,有一段隐居经历。大多与马戴、方干、李频、李洞等贾姚后劲及薛能有较深渊源。其中最显之四人,张乔、许棠、张蠙及郑谷,都曾有人认为他们诗学贾岛,可见十子之于贾姚诗派有相近的一面。其三,十二人中吴罕、李栖远无存诗,籍贯无考,剧燕,山西蒲坂人,仅存诗一联,三人影响甚微。余九人,许棠宣州,张乔、周繇池州,喻坦之睦州,任涛筠州,郑谷袁州,均为江南东西道人。李昌符原籍亦未详,然其《旅游伤春》诗有"鸟思江村路"句,亦以江南人可能为大。温宪太原人,亦久在江南。唯清河张蠙为北人。十子之目得自长安,而其主体却为江南人。联系同时"江东三罗",皮陆江东唱和,可见南方诗人的活跃及其对北方诗坛之浸淫。十子诗风虽微别,而大抵以清婉明白见长,正是江南轻清之气糅合贾派诗风的结果。

谷晚年归居宜春后,又有南昌孙鲂(详见后)、长沙齐己及黄损(郡县不详)等从之学诗。后二人又与谷共定诗格,为湖海骚人所宗,又形成一诗人群。

这两个诗人群五代时尚存者及谷同乡杨夔、虚中等又各自广结诗友,成为郑谷诗风流播的直接媒介。据《十国春秋》《唐诗纪事》等记载可知,荆南与楚诗坛有齐己、虚中、谷诗友尚颜、推崇谷诗的孟宾于(见前)等与沈彬、廖匡图、刘昭禹、徐仲雅等唱和,为一时盛事。南汉,谷门人黄损,同年赵光裔为诗坛重镇。咸通十子之一的张蠙广明后入蜀,驰誉前蜀诗坛,后蜀韦縠《才调集》选谷诗多达十一首似与此有关。南闽徐寅诗名颇重,其《雅道机要》一仍齐己《风骚旨格》,吴越诗坛是罗隐的天下,而罗诗与谷浅切方面本甚相近。最突出的是五代人文最盛,对宋初文化影响最巨的吴与南唐(南唐代吴),今略加寻索:

《十国春秋·南唐·孙鲂传》记:"故唐末都官员外郎中郑谷避

乱江淮，魴从之游。尽得其诗歌体法。吴时，文雅之士骈集，魴遂与沈彬、李建勋为诗社……魴有《题金山寺》诗，与张祐诗前后并称，一时以为绝唱。"《沈彬传》又引《江南野史》云："彬与浮图辈虚中、齐己以诗名，互相吹嘘。"又张乔是咸通十哲中诗名仅次郑谷者。《文苑英华》录其诗一百零八首。《唐诗纪事》记黄巢起义后，张乔隐池州九华山，有伍乔等从焉。伍乔入南唐，"元宗大爱乔文，命勒石，以为永式"（《十国春秋》本传）。又杨夔为谷同乡兼密友，二人集中多有赠答，杜荀鹤与谷齐名，后人多以并称。他与殷文圭均为池州人，曾隐九华，与张乔当有交往。《十国春秋·吴·杨夔传》记"杨夔，有隽才，与殷文圭、杜荀鹤、康骈、夏侯淑、王希羽等同为宣州田頵上客"。后与殷同入吴，"当时争传其文"。可见通过孙魴、齐己、张乔、杨夔等，吴与南唐有一大批文人间接受到郑谷影响，并曾结有诗社。上述沈彬为吴吏部郎中。李建勋由吴入南唐为相。殷文圭为吴翰林学士。其子崇义为南唐宰相。这批人及由南唐入宋的著名诗人郑文宝、张泌、张洎、徐铉、杨徽之等诗风均清浅明白，大类郑谷。如《宋诗精华录》所载郑文宝名作《阙题》："亭亭画舸系寒潭，直到行人酒半酣。不管烟波与风雨，载将离恨过江南。"与前引谷《淮上别友人》同样清婉浅切，均于前三句蓄势，末句拨明，余韵不尽。《宋诗精华录》所载徐铉名作《送王四十五过东都》："海内兵方起，离筵泪易垂。怜君负米去，惜此落花时。想忆望来信，相宽指后期。殷勤手中柳，此是向南枝。"对照谷《久不得张乔消息》诗："天末去程孤，沿淮复向吴。乱离何处甚，安稳到家无？树尽云垂野，樯稀月满湖。伤心绕村落，应少旧耕夫。"可见均以语浅情深见长。徐铉为《文苑英华》主修之一，另一主修李昉诗亦清浅，且与推崇谷诗的孟宾于同年而交密。至此，本文首节所举，宋代梅、欧前，谷诗广为流传社会各阶层。为蒙学所习，《文苑英华》录谷诗一百四十七题（录张乔诗一百零八题），达其存诗之百分之四十，远远超过盛中唐许多大家，就不难理解了。

　　当然，宋初郑谷诗风盛行，尚有一定的社会背景。首先，北宋开国伊始即内多牵制，外多边患，国势较弱而无复汉唐恢弘气象。其次宋初承唐五代之绪，科举"崇尚词律，则诗赋之士曲尽其巧"，又取士扩大，为唐十倍，主试又多南方诸国入宋者。再次五代宋初，南宗禅进一步弘扬，门派繁多，大师辈出，"众满天下"，又多向机悟清淡方向发展。这样格局虽小，却不以为病，讲究"诗格"，"浅切而妙"的郑谷及其流裔的诗作及诗论作品广泛流传，也有了合适的土壤。

六、对唐末至宋初诗风演进的几点思考

　　对郑谷诗源流、风格及传播的分析，可促进我们对唐末至宋初诗风演进的再思考。

　　其一，郑谷诗对前人风格的综合融会，自成一家，并非孤立现象。如一般均以韩偓、吴融上承温李之艳丽；其实韩、吴较温李均为清通。尤其是吴融，其《禅月集序》严厉批评艳丽作风，盛推太白、香山。故吴融之清丽，实于温李体中参以二人风调。陆龟蒙正格律绝也表现出同样倾向，而他与皮日休的吴体诗则又合香山之俚俗与杜、韩之奇倔于一炉。二人诗论对这些前辈也均十分推崇，尽管今人一般认为香山与杜、韩是格格不入的。古今研究者都感到唐末诗坛纷杂，难以区分家数，甚至难于为某一作家下扼要的品评，这似与我们总习惯于以一线单传的方法来分划流派有关。我认为要理清唐末诗史线索，应多从分化流变与综合贯通的矛盾关系考虑问题。

　　其二，唐末诗坛的综合倾向中似仍有一个总趋势，这就是向轻清细微发展。郑谷之于贾姚，吴融之于温李，罗隐、韦庄、杜荀鹤、崔涂等唐季名家都在不同程度上具有这种趋向。俞文豹《吹剑三录》云:"近世诗人攻晚唐体,句语轻清而意趣深远,则谓之作家诗,饾饤故事,语涩而旨近,则谓之秀才诗。"此论正指出了唐末诗的特征:前者为佳作,后者为劣作。这种趋势并非偶然。因杜甫后,韩孟承其奇崛,元白大其通侻,秾丽为温李所宗,爽健由杜牧发扬。唯轻清细微一路未获充分发展。而轻清细微又适可以纠前数者过险、过丽、过俗之弊。故唐季诗人所宗虽有不同,却不约而同地向此发展。如前析,这一倾向又似与唐末江南诗人的大量出现不无关系。

其三,宋初诗风为何?元方回《瀛奎律髓》曾举出白体,晚唐体(指贾姚、九僧)、西昆体三种。学界多所争论。其实方回所说晚唐体已不同于宋人观念。《诗人玉屑》引《诗史》云"唐末诗多小巧,无风骚气味"。陆游《南唐书·蒯鳌传》称"江南承晚唐纤丽之弊",参前俞文豹语可知晚唐体原指轻清细微诗风,为唐末总趋向。轻小易弱,易落饾饤,唐季五代大量诗格著作的出现,表现了他们的创新本身又包含着向平弱碎屑转化的危机,后人称唐末诗格卑,虽非笃论,却亦有因。郑谷的部分诗作也确有此弊(其归隐后诗今存极少,就其醉心诗格看,恐格局趋小)。宋王禹偁之倡白体、九僧之宗贾姚、杨刘之有西昆,依我浅见,实是以中晚唐间三种格局较唐末诗为大的诗体,来纠唐末流弊的第一次尝试。梅欧苏黄复起,已是第二次努力了;故四人对白体、贾姚、西昆时有褒语,而并非绝然对立的。诗史中每有相反相成的复杂情况,简单地以后者否定前者恐未必妥当。

（本文原载于《文学遗产》1987 年第 3 期）

唐五代诗概述

唐代是我国古典诗歌的全盛时期。仅清代康熙年间所编纂的《全唐诗》就收录有姓名可考的诗人二千二百余家,凡四万八千九百余首诗,加上后人辑佚,今存唐诗达五万余首;而就著录来看,这个数字实际上还百不及一。

唐诗名家辈出,在中国诗史上有一定地位的诗人达百余人,其中影响久远的大诗人二十余家,还出现了李白、杜甫、王维、白居易等具有世界性影响的巨匠。他们的作品当时就风行于日本、朝鲜、越南等邻国。今天仍为许多国家所研究、欣赏。

唐诗创作十分繁荣,流派之众多,内容之深博,诗体之齐备,都达到了前所未有的高度。唐诗既集先秦以降中国古典诗歌之大成,而以后一切诗体形式、一切诗歌流派几乎都能在唐诗中找到渊源。关于唐诗的研究,发展至明代已成为专门的学问。研究著作的众多、深刻,唐诗欣赏者与习作者的广泛,是其他各代诗歌所无法比拟的。

这一切说明,唐诗代表了古典诗歌的最高成就。

习惯上将唐诗的发展分为初、盛、中、晚四个时期:

初唐:高祖——睿宗(618—712 近百年);盛唐:玄宗时期(712—756 约四十五年);中唐:肃宗——敬宗(756—827 约七十年);晚唐:文宗——哀帝(827—907 约八十年),而每一时期又可分为若干阶段(以上分期法参游国恩先生主编《中国文学史》唐代部分）。

　　唐兴四五十年间，主宰诗坛的是太宗及其周围的一批宫廷诗人，诗歌创作大抵处于陈、隋余光的返照与反激之中。宴游声色（返照）与颂功纪德（反激），成为诗材的两个大宗，而取法六朝声辞以表现帝国创建伊始的胸襟与气象，又促成了调和南北诗风的第一次努力。这一看来对立的现象，既是陈、隋诗在新时代的合乎逻辑的发展，又体现了新的统治层的矛盾性格。调合而未能融和，典雅精丽然而缺乏鲜明个性是当时的通病，但在设题炼辞、结构布局、声韵对偶等诗歌技巧方面的发展，却对后来产生了不可低估的影响。魏徵的《述怀》、李百药的《途中述怀》等个别篇章，虽然在陈、隋已有先期表现，却以朴茂遒劲出之，预兆了后来陈子昂的以复古为变革。不过就他们的全部创作看来，这些既非主流，而于当时之诗坛，也影响甚微。当时能拔戟自成一家之体的是由隋入唐的王绩，其清淡自然的风格祖述陶潜，成为初唐前期诗坛的一股清风，这是存诗不多的初唐在野诗人风格的一种可贵遗迹，其诗史意义，远过于其本身，而其影响，要到盛唐时方能充分显现。

　　大约自七世纪下半叶高宗麟德年间起，初唐诗坛发生了重要的变化。宫廷体诗至此已由两朝词臣上官仪发展为上官仪体，于婉媚错彩中时见清远之气，预示了以后沈、宋一脉的出现。被称作初唐"四杰"的王（勃）、杨（炯）、卢（照邻）、骆（宾王）的出现是诗坛的一件大事。他们地位较低却胸怀大志，遭遇坎坷而视野较广，遂将建功立业的豪情与人生的悲欢升沉熔铸入创作之中，从而使诗歌题材"由宫廷走向市井"，"从台阁移至江山与塞漠"（闻一多《唐诗杂论》），虽然在艺术形式上，他们的作品多保留着六朝藻绘的遗痕，但是一种豪纵跌宕的气势却显示出新的进境，与这种气质相应，"四杰"尤其擅长二种诗体。卢、骆二者于体制自由、音调流转、有律化倾向的歌行体七古尤其当行，将这一在梁、陈时产生的诗体形式推进到成熟的境界，其格局之宏大开阔，气势之骏发奔逸，开了盛唐歌行的先声。而王、杨二人则于五言律诗的形成贡献更著，整丽之中，每见一种俊爽之气于字里行间荡漾。"四杰"虽无完整的七言律诗，但其律化歌行中不少八句一节、偶句押同韵的片断。其合律程度，甚至超过当时数量甚微的七言八句体诗。就七律由律化歌行中蜕变而来的历史过程看，"四杰"实也占有未可轻忽的地位。

武后时期的沈（佺期）、宋（之问），及"文章四友"（李峤、崔融、杜审言、苏味道）也是一批宫廷诗人，他们的诗作虽然不如"四杰"的宏壮，但风气既开，又每有一段甚至数度的外贬经历，其题材比太宗时期的宫廷诗人远为开阔。他们大抵继承了"四杰"由六朝诗的基础进行新变的路子，而洗汰铅华则较"四杰"更进一步。气机流畅，风格清丽是其共同特点。他们对诗史最大的贡献是在上官仪、"四杰"等的基础上回忌声病，"约句准篇"，完成了五、七言律诗的定型化。五律已成为当时的重要诗体之一，而武后久视元年（700）有十七人参与的石淙应制，都用七言八句体。李峤、苏味道、崔融、沈佺期，还有薛曜的五首诗已完全合律，七世纪的末一年所出现的这件小事，却标志着七言律诗已从律化的歌行体中脱颖而出。下至中宗景龙年间，在包括沈、宋、李峤、杜审言在内的景龙文馆学士的切磋努力下，这一新的诗体形式终于成熟。要之，由沈宋、"四友"起，古近各体诗的分野基本明确，这正如明人胡应麟在《诗薮》中所说的，"实词章改变之大机，气运推迁之一会"。

约略与沈宋、"四友"同时的陈子昂，与前述诸家不同，走着以复古为变革的路子，在唐诗史上第一次明确地揭扬"汉魏风骨"的旗帜，这是对六朝以来纤靡诗风的激烈反动，与魏徵提倡诗歌教化作用的主张有着隐然而显的联系，然而不同于魏徵的枯燥说教，他的诗作以充实的内容、刚健的风力在武后朝的诗坛上独树一帜。虽然因他对六朝诗的艺术经验缺乏重视，所作质朴有余、文彩不足，未能全面解决唐诗发展的方向，但他所倡导的"汉魏风骨"，却成为嗣后盛唐诗健康发展的重要因素。

　　总之,初唐诗的成就主要有二:其一是在诗歌的气格方面,从不同角度出发,逐渐扭转了齐、梁、陈、隋的纤靡风习,终于提出了"汉魏风骨"的口号;其二则是在诗体上完成了唐诗各体的基本定型,从而为盛唐诗的发展作好了准备,而陈子昂以"复古"为"正变",与"四杰"、沈宋、"四友"由齐、梁、陈、隋基础上作新变的两种不同方向的努力,也预示了唐诗嗣后发展的不同趋势,初唐诗可以说是一代唐音的先兆精光。

　　盛唐诗的总体风貌可以用唐人殷璠在专选盛唐一代诗的《河岳英灵集》中所说的"文质半取,风骚两挟。言气骨则建安为传,论宫商(指声韵)则太康(晋年号)不逮(及)""既多兴象,复备风骨"二语来概括。做到了寓艺术技巧于自然浑成之中,创造出情性与物象高度融一、形象美奂、意兴灵动、富于韵味的艺术境界。

　　刘希夷、张说、张九龄,以及张若虚等"吴中四士"是初、盛唐之交起着过渡作用的几位重要诗人。较之初唐诗,他们的作品更少黏滞于景物而显得疏朗空灵。其中最重要的是有着师友关系的两位宰相张说与张九龄。张说由景龙文馆学士出身,入盛唐后因军旅生活,特别是二度贬谪的经历,所作寓凄惋于悲慨之中,堂庑宽大而有清刚之气,加以技巧纯熟,故能境界悠远。九龄继起,由初入盛而为开元贤相,他继承陈子昂《感遇》诗的传统,却又吸取了"四杰"、沈宋、张说五言古、律的经验,所作和雅清淡,情致深婉,蕴藉自然。由于二人从不同方面体现了朝、野二体诗结合的趋向,又因身处高位,是公认的诗坛盟主,故这种趋向对盛唐中期的诗人们足具影响。

　　大抵在开元十五年前后,盛唐诗的高潮来临了。松散的才士型的诗人群,代替了密集的词臣型的宫廷诗人群,成为诗坛的主角。朝体的经验为在野诗人进一步吸取,"英特越逸"之气也自然地代替了雍容典雅之度,而成为典型的盛唐诗的主要气质。

"转益多师"的文学主张。因此能"尽得古今之体势,而兼人人之所独专"(元稹语)。不同于李白,他极重视各体诗歌的法度和句意的提炼,却能一气运转,于法度森严中纵横开阖,腾踔变化,于千锤百炼中臻于炉火纯青,而返之于自然。相对而言,他尤擅古诗与律诗。他把以温醇蕴藉为正体的五古发展为融叙事、抒情、议论于一体的史诗般的巨制;瘦硬峻峭之笔与磅礴大气的融合,开后来韩愈一派法门;五、七言律诗至杜甫而能"寓纵横颠倒于整密中"(沈德潜语),尤其是七律,至杜甫才门径大开,由原来的多用于宫廷应制而变得无所不能。如果说七律的形式成型于武后中宗时期,那末直至杜甫才在内容与技法上把它发展到完全成熟的地步。高适后期诗在气调上稍近于杜甫,但变化不逮,更多地保留着上一期的特征。

李、杜是风格不同却站在同一水平线上的两位诗国的巨人,是不能以优劣论的。但从诗史演变的角度分析,稍前的李白更多地体现了盛唐的特点;他的诗作所表现的气质是"盛唐气象"最典型的写照;稍后的杜甫却更多地预示着未来。他的作品在盛唐风格中为嗣后的诗人开辟了种种门径。因此杜甫实际上是盛、中唐之交诗风转变的关键人物(这也与李白诗更多得力于天赋,难于从形式上取法有关)。但是无论是"诗仙"李白,还是"诗圣"杜甫,他们的价值在当时尚未被深刻地认识到,直到中唐后期才产生重要的影响;而在当时声誉最高的,却是由清秀朗远转为清空寂灭,而有"诗佛"之称的王维。

从肃宗至德年间至代宗大历年间,诗坛大抵为王维的影响所笼罩。其原因首先在于安史之乱以后,唐朝国势由盛而衰,加上大乱后普遍存在的休憩欲,于是山水、田园成了诗人们最好的憩息之所。其次,肃、代二宗都崇奉佛教,臣民承风,而山水田园诗的哲学、美学思想正是以释氏为基础的。其三,安史乱中,李、杜分别奔避西南与东南,落拓不偶,以至于贫病死亡,其诗作难于对政治文

化中心的长安发生重大影响；而王维却地位日隆，代宗恩命其弟王
缙编维集进呈，并手敕许之为"天下文宗"。于是在王缙周围形成
了以与王维有诗友关系的钱起为首的文人集团，时称"大历十才
子"，他们的诗作以五律为主，以"体状风雅，理致清新"为标格，语
言秀润，韵度娴雅，但是过于修饰，格局趋小，气象单弱，已无复盛
唐诗的浑成境界。

　　较"大历十才子"稍前，在盛、中唐之交又有元结及沈千运、孟
云卿等诗人（元结曾为沈、孟等七人编选诗集《箧中集》）。他们反
对"拘限声病，喜尚形似"，专崇五古，多写愤世嫉俗之情，形成一个
不同时俗的小小流派，但是他们将陈子昂提倡汉魏风骨时好古遗
近的偏向发展到了极端，所以后继乏人。

　　中唐前期这两个诗派的偏向，说明了传统的诗歌格局发展至
开元、天宝极盛后已难以为继，如何继承盛唐诗兴象、风骨并重的
特点，却又不落窠臼，勇于创新，已成为唐诗继续前进的关键所在。

　　新变的苗头大致萌发于大历末至德宗贞元前朝。当时虽有韦
应物"高雅闲淡"的五古，李益取径王昌龄、李白的七绝，可称盛唐
诗风鲜见的后劲，但诗坛总的动向却可以唐人李肇在《国史补》中
所说的"贞元之风尚荡"来概括。江南以顾况、皎然为首的一批诗
人，从南方俗体诗之自然流荡与南朝谢灵运、鲍照诗的奇险跌宕一
面作不同方向的开拓，流风所播，包括"大历十才子"中年辈最小的
卢纶等人，诗风也起了变化。这种不同于传统格局的诗风及由之
而产生的诗歌理论（皎然《诗式》），与李白、杜甫迥出时辈的诗风表
现出某种共通倾向，也为贞元、元和后，李、杜的愈益被重视准备了
条件。

　　"诗到元和体变新"，新变至宪宗元和年间而臻于极，出现了唐
诗史上的又一高潮期。因为这一时期的诗风与前一高潮开元、天
宝时的风格迥异，所以李肇《国史补》说"元和之风尚怪"。这正是
"贞元之风尚荡"的发展；而围绕着以顺宗永贞革新（805）和宪宗元

和(806—820)削藩为中心的政治改革的浪潮所带来的"中兴"气象,是新变高潮终于到来的主要促成因素。

元和诗变主要体现于韩(愈)、孟(郊)与元(稹)、白(居易)两大诗派之上。所以韩孟、元白虽然风格迥异,却体现了同一历史趋势。

白居易是元、白诗派的最杰出代表。他主要从李、杜诗重视向民歌等俗体诗汲取营养的侧面开拓。"看似容易实艰险",在坦易流利的语言下包蕴甚深,是他多种风格的总的特点。他与元稹等在"四杰"律化歌行的基础上,结合传奇故事与说唱文学的特点,创造了以《长恨歌》《琵琶行》《连昌宫词》等为代表的哀丽感人的长篇叙事性歌行,后来称之为"长庆体"诗。他的律诗从杜诗中已有表现而为贞元诗人大力发展了的轻利流转一路开拓,明丽流荡,其中七言律绝成就尤高,成为中唐七言今体诗的主要风格。他表现闲适情趣的诗章,从诗体至内容都与南宗禅的歌赞密切相关,后来被称作"白体",对唐末宋初诗风影响尤著。他的最杰出的成就是与元稹、李绅、张籍、王建等一起,在贞元、元和之交倡导了新乐府诗。

新乐府诗继承了杜甫《三吏》《三别》等诗"即事名篇,无复依傍"的传统,不用乐府古题,自创新题,却把汉乐府的"感于哀乐,缘事而发"的精神发展为"文章合为时而著,歌诗合为事而作""唯歌生民病"的理论主张。他们针对中唐之世的种种弊政,一诗歌一事,并且前有小序,以醒题意,末有警句,点明诗旨,因此具有强烈的暴露现实的意义。新乐府诗在诗歌形式上强调语言的质直易解,"欲见之者易喻",在诗体上采用俗体诗的三、三、七句式,以使人们更易接受,因此从内容到形式,新乐府运动都是一种复古通变的创举。

韩、孟诗派则代表了另一倾向,属于这一诗派的尚有贾岛、姚合、卢仝、李贺等人。他们从谢灵运开始的,由杜甫大力发展的奇险深曲一面开拓,"语不惊人死不休",标新立异,洗削凡近,精思独造,硬语盘空。加以韩愈又是古文运动的领袖,更运文法入诗,以才学为诗,形成一种思深力大、雄奇恣肆、挥斥自如的独特风格,但有时却不免流于僻涩险怪。在诗体方面,此派诗人将杜甫开创的博大宏深、盘旋曲折的五、七言古诗更向拗折、瘦硬、铺张、散化方向发展。其中七古尤见特色,常用单行散句,一韵到底,尽量排除声律的拘限,其奇崛拗峭的风格与元、白的"长庆体"歌行成为中唐后七言古诗的两个大宗。

元、白与韩、孟两大诗派揭开了诗史上一个新时代的序幕。当时处于二派之外的诗人也都在一定程度上受到他们的影响。柳宗元工五古,虽承王、孟、韦应物余绪,但明显受到韩派影响,由清新而变为清峻。刘禹锡与白居易交厚,其七律、七绝受民歌影响,流利轻快与白甚近而稍豪健,诗史上有"刘白"之称。可见一切传统的格局至元和时都起了重大变化,元和诗实际上开了后来宋人诗的种种法门。

元和中兴的势头很快就消逝了。作为白居易和韩愈诗作的根本气质的那种生气勃勃的时代精神,经过穆宗长庆和敬宗宝历二朝的余冲,至文宗大和、开成期间,随着中兴希望的破灭,暂时失去了继续发展的可能。他们的潜在影响要到唐末至宋元祐年间才分别重放异彩。于是中、晚唐之交诗风的转化形成了一种复杂错综的局面,对晚唐前期诗坛影响较著的倒是白、韩二派中某些地位较次、格局较小的名家,以及白、韩诗的某些艺术因素。这就促成了晚唐诗流派众多的局面。

晚唐诗大抵可以懿宗咸通年(860—873)为界分为二期。而以吴、南唐、吴越、闽楚、荆南、蜀为主体的五代诗歌可以视为晚唐尤其是唐季诗歌的延续与唐末宋初诗风的中介。晚唐诗贯串始终的特点是:萧瑟悲凉的情韵、新警奇巧的修辞,今体诗超过古体诗成为最主要的诗体形式——其中尤以七言律、绝增长最快。

中、晚唐之交起着承先启后作用的主要有三组诗人。其一是中唐韩、孟一派的年轻诗人李贺与晚唐的李商隐、杜牧，其二是中唐韩、孟派的贾岛、姚合与晚唐的马戴、周贺等，其三是中唐与元、白派较接近的张籍与晚唐的项斯、朱庆馀。这三派尤以前二派影响为最大。

李贺在韩诗奇峭的体格中融入楚辞的奇瑰与齐、梁诗的秾丽，幽思入僻而寄托遥深，在韩派诗中独辟门径，开晚唐诗坛寓拗峭于丽词一路之先声。杜牧与李商隐继起，承中有变，各擅胜场。史称"小李杜"。二家之共同特征是变李贺之擅七古而为尤工七律、七绝，并都以杜甫、韩愈七律之议论开阔、气脉动荡、结构多变为本体，并多少融入了刘白七律的流利笔致，故虽丽而不伤于弱。七绝亦略近之。二人不同处是，李商隐七律尤胜，设色秾丽不减李贺，却尤善于布局结构，变化腾挪，并以虚词巧妙运掉，遂能于秾丽中见宛转之态，绵邈深致。可以看出其对杜甫《秋兴八首》一类七律的继承与创新。前人评曰"深婉"，颇为中肯。杜牧则于李贺之丽芟其繁缛，多从杜甫《九日蓝田崔氏庄》一类七律开拓，跌宕恣纵，遂于清丽中见拗峭之态。前人评曰"俊爽"，亦甚贴切。他的七绝尤其突出，是李白、王昌龄、李益之后首屈一指的大家。

中唐前期为李商隐辅翼的有温庭筠、段成式等，至咸通后又有唐彦谦、韩偓、吴融诸家，得其余绪，然风格有向清丽颓唐演变的趋向。后期诸家又大多生活到五代，起着重要影响。其中吴越王钱镠之玄孙钱惟演及闽之黄滔、徐夤是此派后起之秀。降及宋代遂演为"西昆体"诗人，但成就都无法与李商隐比并。值得一提的是唐季至五代的韦庄，他的风格实以温李体与白居易浅切风格相融合，因而自成一家体段。杜牧的影响不及李商隐，同时有张祜、赵嘏、许浑诸家为羽翼，但都稳顺有余、俊爽不足。咸通以后，薛能及以郑谷为代表的"咸通十子"得许浑等一支半脉，但离杜牧体格甚远，已算不得他的余脉了。而罗隐之发露噍杀，于流走中见峭奇，反可视为杜牧恣纵跌宕之极端发展。杜牧于唐末影响最大的是他的议论卓异、风神超迈的论史绝句,唐季仿作者如云,往往动辄数十首、上百首连章,成为唐末七绝的一个大宗。但作者分散而出色者鲜,也不成流派。

晚唐上承贾岛、姚合的先有马戴、周贺、刘得仁等。咸通后有方干、李频、崔涂、李洞,"咸通十子"的五律也受此派影响。贾、姚在韩、孟诗派中以主攻五律一体名家。二人在"大历十才子"的灵秀清淡的体格上融以韩、孟派的刻炼,形成清奇僻苦一派。晚唐前期如周贺、刘得仁等效学者大多由僻苦窥入,故格局越来越小,其中咸通前唯马戴成就最高,能由僻苦而返之自然,体现了贾岛一脉新变的先兆,旧时称其为晚唐之最佳者。能存盛唐气象,咸通后方干、李频、李洞崇礼贾岛,沿至五代,更有曹松、江为诸人。宋初之"九僧"与后来之"四灵"是此派遗脉。郑谷幼师马戴,五律能得其体段,并兼融白体自成其苦思精炼,即浅切深婉之风格,崔涂略近之;五代沈彬、孙鲂、齐己等与这一派一脉相承,在宋初影响极大,以至宋初村塾多以郑谷诗为启蒙。

晚唐上承张籍的朱庆馀、项斯等,并非从乐府古题拓展,而是学习他旖旎新巧的七言律、绝和轻灵、工致的五言今体。这一流派影响较少,咸通后司空图等五言律绝略近之,而已与郑谷一路逐渐接近。

除以上三派外,咸通后有于濆、曹邺、邵谒、苏拯、聂夷中等,皆激于国事濒危,翻然复古,远绍元结、白居易,以乐府、古诗写时事,但质直松散,艺术性不强,未引起重大反响,倒是皮日休的正乐府,陆龟蒙与杜荀鹤某些揭露现实的七言律绝,有所创新,这些是白居易新乐府运动的遗脉,他们也大都身入五代与王贞白、郑遨等部分诗作,维系着这一传统,但总体观之,未成流派。

与上述诗人相反,在丧亡之际不少人又从白居易的闲适诗中寻求安慰。唐亡前夕,此风已显。唯作者虽夥而鲜有名家。至五代,南唐等朝发展尤快,先有李建勋等,复又有徐铉、徐锴兄弟及由后周入宋的李昉诸家,遂演而成为宋初的主要诗风之一,所谓白体主要指的这类作品。

晚唐五代诗坛各派,承中有变,各展其长,分化与综合是这一时期诗艺演变的总趋势,而低回、轻纤之调及噍杀、愤激之音,又反映了衰亡之世诗人两种典型的心态。而宋初晚唐体(贾姚以下之两个分支)、西昆体(李商隐之流裔)、白体三种风格之消长的态势也在这时胎息。

综观唐五代诗史,给人印象最深的,是诗人们生生不息的进取创新的努力。从欣赏角度言,不妨各有所喜;但从诗史发展的角度看,春兰、夏荷、秋菊、冬梅,色调骨格虽然各异,却自有其形成的原因、存在的价值,不可简单地以优劣论之。

(本文原载于马茂元选注《唐诗选》,
上海古籍出版社 1999 年版)

李白性格及其历史文化内涵

——李白新探之一

　　当研究者们为李白的思想归属聚讼纷纭之时,却似乎忽略了这样一个事实,持不同意见者可以举出李白诗集中若干篇近道,若干篇近儒,哪些近侠,哪些似纵横家;然而却不能不遗憾地看到,今存任何资料,没有一件可以说明李白对这些思想流派有过哪怕是稍为够格的研究或者理论表述。李白之所以成为李白,在我看来,恰恰在于他不是以兼为"子"为政治家的诗人出现。种种关于李白的思想形态的争论,其唯一的成果是恰恰说明了这样一个矛盾:李白出入诸子百家,但从来不以某一家思想为终极的皈依,李白永远是李白自身,这充分体现于他的二句诗中:"黄河落天走东海,万里写入胸怀间。"(《赠裴十四》)李白总是以他的气质个性,感应着前人诸多遗产中符合于"自我"的各种因素,他的笔底出现过各种流派的人物,但任何前贤往哲,都已不复其原初面目,而被赋予了李白的灵魂。这归宿,便是他企望度越一切古人自我完成。"吾不凝滞于物,而与时推移,出则以平交王侯,遁则以俯视巢许。"(《送烟子元演隐仙城序》)看来这是极其道家化的说法,但是他是连道家的高人巢父、许由也要俯视的,因此,他确实是"不凝滞于物,而与时推移",但是他却无可怀疑地"凝滞"于"己",而永远不"与时推移"。

　　早在初出山后,他就在《代寿山答孟少府移文书》中为自己的人生道路作了大意如下的规划:不屈己,不干人,不赴举,倚天仗剑,挂弓扶桑,然后一鸣惊人,跃登辅弼之位,大展王佐之才,一旦功成业就,效留侯,法陶朱,泛舟湖海而去。对这种理想他是如此地执著,不断地形诸歌咏,甚至在多历人生甘苦,作名篇《行路难》时,结句仍云"长风破浪会有时,直挂云帆济沧海",意谓总有一天如宗悫乘长风破万里浪,届时自当挂帆泛海而去(注本说此二句多误)。因此如果说李白有什么一以贯之的向往就是这一点,而这一点与其说是哪一家的思想,无宁说是驳杂的思想积淀而成的一种精神,或说一种性格,而这种性格,正是我们楔入李白诗的钥匙。

一、风鹏与王者师的张力
——李白英逸之气的传统内涵

　　李白的这种看似高标独立的执著,其实有着深远的历史文化传统。李白以他的个性将中国知识分子的传统性格,将这种传统性格在盛唐之世的时代性的表现"英特越逸之气"(玄宗语)连同它的不成熟,乃至幼稚,发挥到了极至。

　　"大鹏一日同风起"(《上李邕》)。诚然,如众多研究者所指出,源于《庄子》的风鹏形象,是李白诗中出现极频繁的意象,李白的作品确实有他所称那位"南华老仙"笔下的真人那种洞明莹澈的气质,但是这位李白"真人"却不免时时干谒名公游说当路,以他自己的说法就是"平交王侯","揄扬九重万乘主,谑浪赤墀青琐贤",于是人们可以见出,在李白的"真人"气质中同时交织着一位"圣人"的气质。这就是孟子,那位"说大人则藐之",以"王者师","不召之臣","五百年"一现的"名世者"自居的孟子,早已开了李白人生态度的先声。

　　按战国时代,孟子与庄子之同时出现,在中国历史上的意义,绝不仅仅至于对孔子，老子的儒、道哲学的发展，其更重大的影响在于一种以对人的主体精神的高度发挥为基础，以"天赋尊严"为核心的中国知识分子的历史性格的完成。庄、孟哲学虽异，但却从不同端点共同指向这一终极，其共同之处首先表现于对世俗王权的精神超越。

庄子睥睨万物，曳尾泥涂，"上与造物者游，而下与外死生无终始者为友"的人生态度之对世俗王权的超越，不烦详说。而对孟子，人们却很少关注他的这种精神气质。有一种由来已久的误解，认为儒家的道统观念形成于韩愈，但如果细读一下孟子《许行章》《外人皆称夫子好辩章》《由尧舜至于汤章》，便不难看出，韩愈在《原道》中所标示的尧舜禹汤文武周公孔子的圣人道统，在《孟子》中已经大备。圣人道统观，是一种与商周以来的宗法圣统观相对待的理论。在商周时期的典诰中，虽然可以见到天道为仁的提法，但由于继世传统的宗族王权的需要，天道为仁，只是宗法圣统论的附庸，只有当一个宗法系统企图代替另一个宗法系统时，"天道为仁"才作为灵应感生、君权神授论的陪衬出现。孔子前虽出现了对所谓禀承天道的个别圣人的称颂，但个别的无统的道德偶像，并不具有与王权系列相对待的意义。只是到了孟子，将这些个别丰富并连属起来，形成圣人道统观时，圣人之道统才突破了宗法的樊篱而起了质的飞跃。

现在有了一个新的系列，一个虽然自愿居于"臣"的地位，却又独立于现实王权之外的新的精神系列，它相续相生地代表着仁爱的天道，而居高临下地傲视着现实中旧式的王权系列，它虽然服务于一个又一个的王权，却始终以超越的姿态对后者作出批判。孟子这种观念之根因不能仅仅从中周以来宗法关系的松弛中去寻找，而更应当从战国之世更趋成熟的士这一阶层的心理，从他们迫切要求相对独立充分发挥自身的主体精神与理想境界中去探究。然而正如人们创造了宗教，却被宗教所左右一样，构筑了圣人道统的孟子,也被自己的观念所拘囿,他对现实的批判无宁说是敏锐的,但他所开出的疗治社会痼疾的药方,却经不起现实的颠扑。当孟子似孔子一般行程数千里,游说数十年后,突然发现一切都不对了,"藐"视学生的王者师,原来经常被强悍的学生玩弄于股掌之间;自己所极其宝爱的理想,又被时论讥为"迂阔",于是曾高言大语"五百年必有王者兴,其间必有名世者,……夫天未欲平治天下也,如欲平治天下,当今之世,舍我其谁也"的孟夫子,从极度的自尊自信,跌落入了极度的自哀自怜,《尽心》下篇末章作为《孟子》全书的结束,以极其苍黯的语气重复了由尧舜至于汤,由汤至于文王,由文王至于孔子的道统,最后说"由孔子而来至于今,百有余岁,去圣人之世,若此其未远也;近圣人之居,若此其甚也,然而无有乎尔,则亦无有乎尔!"《四书集注》列林氏疏解曰"孟子言孔子至今时未远,邹鲁相去又近,然而已无有见而知之者矣。则五百余岁之后,又岂复有闻而知之者乎?"很敏锐地捕捉住了孟子在闭门授徒后期自哀自怜的心理状态。朱子按又云"故于篇终历序群圣之统,而终之以此,所以明其传之有在,而又以俟后圣于无穷也,其旨深哉!"则又发微深隐捕捉住了自哀自怜之中仍潜流着以天降大任的"王者师"自居者的一息强项。

如同庄子一样,孟子的极度自尊是以天道与我心相通为理论依据的,这是战国之世诸子以人为本位对传统的天人相应论的重要改造。庄子说"以天合天"(《达生》),孟子则云:"尽其心者,知其性也;知其性,则知天也。存其心,养其性,所以事天也。"(《尽心》上)庄子说"入山林,观天性",孟子则从维养平旦之气起,达到"我善养吾浩然之气"的境界。虽然庄以自然虚无为天道,孟以仁义为天道,但是其共同的以我心通天心的观念,使之与虽然同样以崇尚主体精神为时代特征的先秦其他诸子相较,表现出鲜明的特点,即对自我价值的夸张性的认定与对自我精神的极度张扬,这种气质在罕言天道与性的孔子中,在以天为"混沌"之物构成的老子那儿是见不到的。程子说"孟子有些英气,才有英气,便有圭角",一针见血地指出了孟子气质的特点;而成玄英称庄子"慷慨发愤""放狂自得"(《庄子序》),又正透现出庄孟的共同特征。不难看出李白那种以我为主企望汇纳百川度越古今的性格,其精神实质正以庄孟性格为发轫。

二、庄孟精神的盛唐宏扬
——"英特越逸"之气(玄宗语)

庄孟这种由两极指于一涂的共同性格,是后世才俊之士的传统性格,依时代与个性、经历的不同,才士们出此入彼,以不同色调重现着庄子、孟子或者庄孟合流的精神。然而要使二者得到完美的结合,则有待于适宜的时代条件与个人禀赋。在《开元十五年前后》与《王维诗与山水诗由主玄趣向主禅趣的转化》[1]二文中我曾分析过开元中期,唐代社会处于一种极度繁盛而又隐忧潜生的特定状态之中。同时,从武后朝起开始的登用才俊之士的趋势,在开元十五年前后,因乡贡进士中式比例的大增而开始加强,希望之路从未如此敞开;然而入仕可能的毕竟有限,特别是因"循资格"考选制度而得到稳固的士族势力的再起,使才士们往往乘兴而来,却败兴而归。隆盛中的方兴未艾的隐忧投射在以希望进取为主体趋向的才俊之士心头,形成了他们"英特越逸"之气之中的朦胧不安,这不安又往往因个人遭际而演为不平。至开元后期到天宝时期,社会隐忧加剧,仕路因士族控制中枢而更加困难,才士们的英逸之气中的不安与不平越来越加重,竟至于幻灭的境地。王维的皈依空

---

〔1〕《中国文化》一九九〇年第二期、《学人》一九九四年第四辑。

门,即是才士失落感的时代缩影。

可以见到开元时期的时代氛围与才俊之士的地位心态,与春秋战国之世百家争鸣中新兴的士的地位与心态有惊人的相似处。他们都处于一种宏大的相对开明的时代,却处于崭露头角,满怀希望,要求一展宏图的心态之中。而同样,在他们的前进途中,却隐伏着重重阻碍。这种近于历史重现的态势,使庄孟极端张扬主体精神,夸张自我价值的性格,在开、天时期的弘扬得到了较汉魏六朝时远为良好的条件,初见于陈子昂《登幽州台歌》的那种独立宇宙的大我的主体精神,在开、天时期获得一连串的突出表现,王翰之窃定海内文士,而高自标置,与张说、李邕并列第一,余皆斥落;王泠然《上张说书》之直斥宰相"温服甲第,饱食庙堂";崔颢《长安道》之"彼可取而代也"式的愤慨;孟浩然之酒醉而不赴韩荆州之约……如此等等构成了一种群体性的狂傲不羁的士风,一种在恢宏中见激荡的时代性格。然而必须指出,高自期许,狂傲不羁的盛唐才士,在思想与政治上其实是幼稚的,他们甚至比庄孟更不切实际。这一方面因为,不同于战国之世,经过南北朝的战乱,学术失统,由初唐至盛唐,不是一个哲学开展的时代。盛唐才士们普遍缺乏一种深刻的思辨能力与洞察能力,却多了一种为恢宏的开元盛世所鼓荡的轻狂之气。另一方面又因为魏晋以来五百年左右的士族一统政治,使盛唐才俊之士,不像庄孟那样,多少有一些由春秋以来积累的从政或处世的学派经验。虽然仕途闪现希望之光,但对于这新兴的一群来说,要取得并稳固自己的地位,尚有很长一段累积经验的道路要走。武后时的才士,即使登用,也多为文学侍臣,开元中以来,即使中式授官,也仅校书县尉,偶有头角峥嵘者进入中枢,其好景亦多不长。《剑桥隋唐史》一反传统之说,指出开元二十四年张九龄罢相,原因在于其个性的褊窄与在一系列重大问题上的识见不足以与有累世治政经验的士族抗衡。这是极有见地的。而《明皇杂录》称:"刘希夷、王昌龄、祖咏、张若虚、孟浩然、常建、李白、杜甫,虽有文名,俱流落不偶,恃才浮诞而然也。"则一针见血地指出了这新兴的一群之时代性的性格弱点。

因此,与后来经历了一个半世纪磨炼的中唐才士不一样,盛唐才士,绝无韩柳那种诗人兼子兼大政治家的例子,甚至见不到诗才正盛而同时以吏才见称者。他们面临的出路只有两条,要么是放弃其才士的偏执狂傲,脚踏实地在从政的过程中磨炼治国经邦的才干,而与此同时却闷杀了自己诗人的个性;要么是偏执地发扬其诗人的狂傲个性,而自断了仕进之路,却在诗国扩展并提高了自己的地位。盛中唐诗人群体的这种分别,是一种动态的历史现象。而盛中唐诗之由兴趣转向理致乃至理性,并在元和以后下开宋诗法门,也绝非是单纯的文学现象,而包蕴着诗史承担者素质与地位的转换。因此可以说盛唐诗的秀朗浑厚之魅力的根因,就诗人气质而言,恰恰在于其思想与政治上的天真与不成熟。从这一意义而言,"奉儒守官",在作为盛唐高峰的同时,下开中唐之渐的杜甫,就诗史承担者而言,先期预兆了中唐韩柳元白的素质;而李白因其特殊的气质,出身、经历、素养,却将延续庄孟英逸之气的盛唐才士的时代性格发扬到极至。

三、新时代的大人先生——李白

李白研究者往往为了突出其诗史地位而想方设法,在其诗歌中寻找反映现实的作品,发掘其政治的敏感性。其实恰恰相反,在开元中期到天宝时期的特定历史时期中,李白诗之所以具有典型性,不在于这些,而恰恰在于他在思想、政治的稚嫩这一时代性的特点上"出类拔萃"到近于天真的程度。诚然,李白《古风》等诗确实有对现实的一些暴露,但并不越出左思《咏史》寒士对权贵的抗争。人们还说天宝中后期李白北走幽燕时，预感到安史之乱的危机，但所有例证都是李白晚年述怀的事后追忆，何况所忆均为明眼人都可见到的事实。李林甫与张九龄政治上是死敌，而对于安禄山之包藏祸心，却更早见其先机。以下两个对比最足以见出李白的幼稚天真。天宝初，当盛唐才子的希望之路业已黯淡，王维已由痛苦的人生经验中开始向"诗佛"的道路发展时，李白却因待诏金马门而朗吟"仰天大笑出门去，我辈岂是蓬蒿人"，虽然他当时也已经经历了多年的人生挫跌。安史乱中，李璘起兵，高适应肃宗召，"陈江东利害，且言璘必败"，而李白却主动入李璘幕，高吟"但用东山谢安石，为君谈笑静胡沙"，落得个流放夜郎的下场。对于政治，李白不是凭成熟的观察思考，而只是凭感受，凭意气作出反应。也因此，才俊之士那种时代性的希望，他可以表现得最充分，维持的时期也最长。

　　李白所以较盛唐一般才士在人生与政治途中更为幼稚乃至天真，与其出身经历素养资质有关。由于出生西域，生长西南，较之中原才士，他多一份狂野之气而更少对仕途官场的实际了解，更少政见吏才的家庭渊源。尤当注意者，更有二事，一是其富商出身，此一阶层因当时较开明的时代氛围与其本身的财富积累，其社会地位较前代大有不同。《开元天宝遗事》记：

　　　　长安富民王元宝、杨崇义、郭万金等，国中巨豪也。各以延纳四方多士，竞于供送。朝之名僚往往出于门下，每科场，文士集于数家，时人目之为"豪友"。

　　　　长安富家子刘逸、李闲、卫旷，家势巨豪，而好接待四方之士，疏财重义，有难必救，真慷慨之士，人皆归仰焉。每至暑伏中，各于林亭内植画柱，以锦绮结为凉棚，设坐具，召长安名妓间坐，递相延请，为避暑之会，时人无不爱羡也。

　　　　王元宝，都中巨豪也，常以金银叠为屋壁，上以红泥泥之。又于宅中置一礼贤堂……四方宾客，所至如归。

按接引文士，在六朝是士族的专利，现在富埒王侯的巨商已跻身此列。李白自称"曩昔东游维扬，不逾一年，散金三十余万，有落魄公子，悉皆济之"（《上安州裴长史书》），正是"豪友"风气的表现。这种经济上的优势，必然加强其心理上的优势，从而使得"豪友"出身的才俊之士李白，胸次更为开张，意气更为纵逸。

与"豪友"习气同样可重视的是李白早年对其前辈乡贤司马相如的崇仰效学，可称之为"相如情结"——这一点，当专文再论，此仅撮其要。从李白早作《白头吟》可见，司马相如的风流故事，本已因性之所近，使其神往，而"余小时，大人令诵《子虚赋》，私心慕之"的幼学经历，更在他心中播下了"相如情结"的种子。从"十五观奇书，作赋凌相如"，到晚年左迁夜郎归来吟唱"圣主还听《子虚赋》，相如却欲论文章"（《自汉阳病酒归寄王明府》），四十多年中李白反复提到相如有数十处，从中可以清楚地看出李白心中确有一种"相如情结"，他不仅慕崇相如赋的巨丽夸谈，以之为由钦仰到企图"凌"驾超越之的文学上的敌手；而且极其醉心于司马相如因杨得意之荐，以赋学打动汉武帝而得官的经历，因而于开元十三年前后明皇郊猎时，作酷学相如而企图"凌"之的《大猎赋》以备干谒之用。可见相如其赋其人对于篇首所举李白《代寿山答孟少府移文书》的文风乃至其中所规划的一鸣惊人、跃登辅弼的纯主观的人生道路足具影响。

如果说，庄孟的英逸之气，在盛唐才俊之士中获得了最好的弘扬条件，那么李白因其上述地域、出身、幼学的特殊条件，更具备了充分发挥之的独特资质，如果说作为思想家的庄孟，尚因理论思考的理性性质而对自身力量估价还是有分寸的，甚至是世故的，那么，作为诗人又缺乏"子"的素质的李白，却一任天真以天马行空般的想象，而不断地自我膨胀，从而将庄孟性格之盛唐表现英特越逸之气的正面（进取自尊）与负面（政治上的不成熟）推向极至。不过，思想材料的发展总有其内在的历史序列，李白对庄孟性格的发挥,又受到魏晋六朝士风的直接影响。只要比较一下《代寿山答孟少府移文书》与阮籍的《大人先生传》,就不难明白从庄孟到阮籍到李白,中国知识分子的性格有一个螺旋形发展的过程;也不难明白,阮籍的"大人先生"是李白性格自我完成的直接先行。

日本学者吉川幸次郎先生对于《大人先生传》与同一性质的《咏怀》第五十四(夸谈快愤懑)有一段精采的分析,有云:"所谓夸谈,就是夸大之谈,……用它们来洗去胸中的愤懑,确实是快适的行为,但是在这以后,剩下一种虚无感却令人无可奈何——我们从'夸谈快愤懑'一句中可以体会到它暗藏着那样的悲哀,身负着虚无感度过惰憜的生活,只是不断增加使人郁闷的烦扰心情……诗人把自己放在不愿成为'石'而成为'玉'的位置上,同时又不能不对无法成为'玉'怀有忧虑。在宣扬自己的哲学观的同时,他也不能不在复杂的现实面前感到茫然。"(《阮籍的咏怀诗》)按吉川先生所论大人先生的精神实质,应放到正始士人及其文学表现的历史文化氛围中去进一步认识。

与盛唐不一样,正始时代是一个哲学极其发达而政治极其压抑的时代,才士们将政治生活中所感受的深重压力,在玄学的名理讨论中去获得舒解,因此最能体现其时代精神的诗人都具有子的素质,才士以名士的面目出现,并形成其特定的生活形态,即以放达为特色的名士作风。内心的极端苦闷与思想的前所未有的扩展,形成正始文学的张力,"骏放之致",以"沉挚之词"(《诸宗元序阮步兵诗注》)出之,"睥睨八荒,牢笼万有"的意象之下,恰恰是一颗颗被现实破碎了的诗心。《大人先生传》的典型性就在于此。所谓"大人先生",其实是在现实中深感到无奈无力、其实渺小的阮籍,在子虚乌有之乡的精神扩张。因此透过《大人先生传》的清虚氤氲会感到一种摆脱不去的失意迷惘。

阮籍这种带有时代性的性格,究其实质,与玄学是儒道融合的魏晋时代产物一样,是始于庄孟的中国知识分子历史性格在魏晋时代的延续与扭曲。所谓放达，其实是对主体精神的变态抒放，其中混和着那种历史性的极端自尊与深度自伤；而其内核，便是以我心通于天心的庄孟式的对世俗的超越。《晋书·阮籍传》称："籍本有济世志，属魏晋之际，天下多故，名士少有全者，籍由是不与世事，遂酣饮为常。"黄节《序阮籍咏怀诗》又云："志在济世，而迹落穷途，情伤一时，而心存百代"，正道出了阮籍达庄的逸气之下，深藏着一股积郁而躁动的孟子的英气。虽然这种英气以放达这一扭曲的畸零形态出之，但阮籍大人先生可以说是庄孟逸气、英气混然相和的第一个标志性的文学形象。

"大人先生"的形象无疑是李白最为欣赏的。在《代寿山答孟少府移文书》中，李白自写形象："尔其天为容，道为貌，不屈己，不干人"，"将欲倚剑天外，挂弓扶桑，浮四海，横八荒，出宇宙之廖廓，登云天之渺茫。"显然是大人先生的衍变，然而因时代精神不同，李白笔下的"大人"形象与阮籍之"大人先生"已有气质的不同。由于宏盛开明的盛唐时代不同于正始，为诗人实现抱负提供了前所未有的希望，而形而上的魏晋玄学经南北朝的动乱已趋式微，济世活国的儒家理想又一次成为时代的主旋律，于是李白以其独具的天真豪逸的诗心，一扫阮籍《大人先生传》之愤懑虚无，而将阮籍那种积郁躁动的英气，在新的高度上释放出来。"吾与尔，达则兼济天下，穷则独善一身。安能餐君紫霞，荫君青松，乘君鸾鹤，驾君虬龙，一朝飞腾，为方丈蓬莱人耳？此则未可也。乃相与卷其丹书，匣其瑶琴，申管晏之谈，谋帝王之术，奋其智能，愿为辅弼，使寰区大定，海县清一，事君之道成，荣亲之义毕，然后与陶朱留侯，浮五湖，戏沧洲，不足为难矣。"——可见将庄子之逸气与孟子之英气完美地抟合为一体的盛唐之世的新的大人先生的形象确立了。这一新时代的"大人先生"的形象，有着丰厚的历史累积，也包含着现实的时代精神，他绍承阮籍而反溯庄孟，却因着时代性的幼稚与李白独有的天真的资质、豪友的习染、夸谈的性格，在弘扬庄孟的恢宏的主体精神的同时,淡化了前辈的哲理内涵而趋向世俗化。这一切成为李白诗歌的心理基础。

四、李白诗歌的主旋律
——明亮与宏大的混响

　　庄之逸,孟之英,在美学上本异中有同。庄子称:"其书虽瑰玮而连犿无伤也,其辞虽参差而諔诡可观,彼其充实不可以已,上与造物者游,而下与外死生无终始者为友。"(《天下》)孟子称:"充实之谓美,充实而有光辉之谓大,大而化之之谓圣,圣而不可知之之谓神。"(《尽心》上)可见,虽然庄孟有别,然而二者的美学观念都是基于内心充实基础上的大美。在气质上最完美地结合了庄逸孟英的李白,其诗风也必然表现出抟合二者的大美:庄子清虚自然的韵度,孟子"沛然莫之能御"的气势,在李白诗中混响为他的主旋律;同时因其时代、禀赋、学养,而表现出诗人的个性特点。日本松浦友久教授指出李白有一种对"明亮光辉事物的强烈憧憬和追求"(《李白诗歌中的谢朓形象·李白诗歌的感觉基调》),这是正确的。然而与此同时,作为李白的感觉基调中,更有一种对宽远恢宏事物的追求。这也许与其天生的禀赋有关,但可以追迹的是其经历学养,胡风边月的遗传因子与巴山蜀水的养育,无疑对李白的资质养成有所影响。而初学时醉心相如赋的巨丽夸谈与蜀中江南之《竹枝》、《长干》等明丽天然的乐府情辞的熏陶与拟学,更是养成李白资质恢宏与光亮两个方面的重要因素:这些都融和于李白的庄逸孟英为主的英逸之气中,而表现出鲜明的新时代开朗强健的"大人先生"的个性特色。

　　又可注意者是正始以降名士生活作风的影响。魏晋玄学,作为中国哲学的一个发展阶段,经历南北朝至隋唐之世虽已式微,然而,哲学精神对于人们思维习惯乃至生活方式等等的影响,有着比哲学本身更强的传承活力,魏晋名士以放达为主体精神之表现的生活形态在玄学式微后仍为才俊之士所欣赏。于是醇酒妇人成为诗歌的恒久题材而被赋予不同的时代与个性特征。在国势萎弱、朝不保夕的齐梁流为绮靡的宫体,而在宏盛开朗的盛唐时代,则成为抒达英逸意气的媒介,生活上的豪纵放达与建功立业的抱负往往成为盛唐诗人性格的两个方面。所谓"李白诗十九不离妇人与酒"的讥评,其实是一种不明历史不究精神的迂儒的皮相之论。统观李白酒诗与妇人诗,可以看到,对于酒,他所最注重的并不是魏晋人所论的哲理性的酒德,甚至不是一味任诞,酒在盛唐精神的李白笔下,因其英逸之气而表现出一种力度,一种亮色调,酒成为李白抒达英风豪气的催化剂,仔细品味名篇《月下独酌》,当不难理解。同样,李白对妇女的歌吟,不仅扫去齐梁的脂粉气色情味,甚至不局限一般所谓"对妇女命运的同情"。李白妇人诗所尤其欣赏的是对天然美的礼赞。《越女词》五首所描绘的清江朗月之下素足雪肤的越女形象,让人感到的是一种清纯英秀的气度,仿佛是庄子藐姑射神人的世俗化;而如以《越女词》与其《行行且游猎篇》中对游侠少年的礼赞对看,不仅可感到李白的个性中有一种对天真、健美的事物的自发的追求,而无论男女;同时更可感到情肠与侠气形成了李白诗歌中刚与柔的又一种张力,而这些又是主于清虚的庄子式的逸气与主于雄健的孟子式的英气的基本气质的变异与外化。

由于以上这些时代、资质、地域、素养的因素,新时代的大人先生李白那混和庄逸孟英的性格从哲学的殿堂走向了世俗的生活,而使他的诗风获得了以下主要特点:

李白诗是人生的诗、性格的诗,充满强烈主体精神的自我的诗。他以清新甚至清浅的语言坦率地讴歌现实人生中的真率的喜怒哀乐,却由于这性格的丰厚的历史文化积淀,而在坦率清浅之中散发出一种形而上的气韵,这气韵不诉诸哲理,却有着哲理的折光,于坦易中见气韵,见精神,是李白诗所以非常人可到的境界。

李白诗这种气韵的内核是庄之清虚缈远与孟之雄健恢宏的交响。庄孟同主于博大,却有柔与刚、虚与实之别,而李白兼受博容的性格使之混然不容分割,因此他的主体风格,是在雄豪俊健之中见出氤氲的清虚之气。《蜀道难》《梦游天姥吟留别》《宣州谢朓楼饯别校书叔云》等均然。甚至他主于清新一路的作品中也可感到内含清刚之气而不流于纤弱,如《子夜吴歌》然;在他主于豪健一路的作品中,也可感到一种越俗的逸气,如《行路难》之属。如果说"英特越逸"之气是盛唐的时代精神,那末在他人总有所偏诣;能将"英特"与"越逸"融和为一体,兴来即至,触处生春者,如李白外,无第二人。正是从这点来说,李白最鲜明地也最个性地体现了盛唐诗的真精神。

庄逸孟英的恢宏博大是通过李白坦易天真的诗心来体现的,因此对恢宏博大的追求与对光亮鲜明的憧憬又成为李白诗歌意象的感觉基调。这二者在不同时期,不同心境下所造成的不同色调的变化,形成李白既丰富多彩又个性鲜明的特点。

博大恢宏趋于想像夸诞,而天真坦率趋于白描写实。李白诗的修辞,于二者因诗体不同而有所侧重,但其胜境则在于二者的神理相通。因此李白的夸诞极少虚语浮词,诸如"燕山雪花大如席,片片吹落轩辕台""狂风吹我心,西挂咸阳树"等,均是基于真切的现实人生情境的夸而不诞的范例;而"不信妾肠断,归来看取明镜前""不知明镜里,何处得秋霜",于白描之中见奇想夸诞,更是天机勃发为他人所不可到的境界。

诗为心声,孟之英与庄之逸,侠气与情肠的混和,形成李白诗节奏的疾徐相生。就主体风格而言,李白的英气侠气,促使其诗歌形成节次多而句数少的节律特点,通常是两句一组意象,跳荡相续,势如滚雷,而节次的断裂处却总有一种氤氲的气韵相联,合沓相生,烟云缭绕。这种于快疾跳荡的节奏中蒸腾而起的宽远境界是李白诗节律的胜境。

就其大端而言,前期李白诗(天宝中期前)的英气与逸气、博大恢宏与光亮鲜明多呈相济相用的一致趋向,即有愁词,也见高远,如《襄阳歌》《子夜吴歌》《夜泊牛渚怀古》然,甚至在《梁园吟》《梁甫吟》一类以抒愤为主的作品中也可见强烈的希望与自信,故其意脉亦自明显,其结构多呈显性的一气奔腾,卷舒自如。后期诗,特别是安史之乱前后,博大恢宏的英气逐渐转为一种抑怒峥嵘的形态,遂与光亮鲜明对流撞击,相反相生,似可见诗人心中希望之光渴欲冲破绝望之感的激烈交战,其意脉也随之变得大起大落,似隐似现。反映了其心态由极度的自信向深重的自伤的转化,《答王十二寒夜独酌有怀》《宣州谢朓楼饯别校书叔云》诸作,最见此种特色。"大鹏飞兮振八裔,中天摧兮力不济。余风激兮万世,游扶桑兮挂石袂,后人得之传此,仲尼亡兮谁为出涕。"可视为李白绝笔词的《临路歌》仍是以庄生的大鹏为诗歌意象的,然而它使人想起的倒是前述孟子游说失败闭门授徒时所说有关道统不继的那段话。同样极度的自尊自信中交织着同样深重的自伤自怜,同样在困境之中的名世者的充满主体精神的一息强项,至此抟合庄逸孟英,以其独特的个性将盛唐才俊之士"英特越逸"之气发挥到极至的新时代的大人先生李白,以其诗笔也以其天真的生命,为一个时代划上了句号。

(本文原载于《文学遗产》1999 年第 2 期)

李白的"相如情结"

——李白新探之二

在《李白性格及其历史文化内涵——李白新探之一》中，笔者着重分析了主导李白诗歌创作一生的重要因素——李白的性格及其成因。概言之，从庄子、孟子起中国士人形成了一种对自我价值的夸张性认定，与对主体精神的极度张扬，因而高度的自尊自信与深重的自伤自哀正反相成的历史性格，盛唐之世才士的时代精神"英特越逸之气"（玄宗语），正是孟子"王者师"之英气与庄子"风鹏"之逸气的延续、抟合与弘扬。而李白因其禀赋、出生与生长环境、"豪友"（时人语）性质的富商出身、习学等个性因素，又扬弃了阮籍"大人先生"之内含，将盛唐英特越逸之气的正面（进取自信）与负面（思想政治上的不成熟以及轻躁），发挥到了极至，融和为一体，遂形成其企望轹越古今，包荒宇宙，极端张扬主体精神的天真而又夸诞的性格特征，"黄河落天走东海，万里泻入胸怀间"（《赠裴十四》）是其自我写照；而"倚剑天外，挂弓扶桑"，一鸣惊人，成王佐之业，然后湖海泛舟而去，是其心想的却执拗地贯彻终始的人生道路。这样李白就完成了自己新时代"大人先生"形象的自我塑造。

《文心雕龙·体性》篇云："然才有庸俊，气有刚柔，学有浅深，习有雅郑，并情性所铄，陶染所凝。"可见性统才气学习四事。个性与学习形成相辅相成的关系：个性使人趋向学习什么，并熔融学习所得；反过来，学习所得，又凝聚于个性之中并渐次地影响着个性的发展。而"才有天资,学慎始习"(《文心雕龙·体性》),人的初学经历,更有着影响一生的重要作用。因此研究李白的始学情况,便顺理顺章地成为继其个性研究后的重要课题。本文拟就过去甚少注意然而却对李白一生足具影响的李白与司马相如的关系作些探讨,以就正于方家。

一、李白的"相如情结"及其时代与心理机制

　　在李白的文学传承上,研究者历来强调楚骚的影响,所谓"奇之又奇,然自骚人以还,鲜有此体"(《河岳英灵集》),这无疑是不错的;然而探本溯源,早年李白对赋学,尤其是对司马相如赋的关注,远较骚学为甚。早年的这种习染,使李白心中形成一种"相如情结"。李白的习学,就辞赋一系而言,实经过由赋窥骚的过程。

　　赋学对初唐以及盛唐前期诗的影响,在唐诗史上,其实是一个有时代意义的现象。首先可注意的是,初唐才大气雄、卓有成就的诗人,多数同时是辞赋名家。初唐四杰便是显例。不仅如此,梁陈至初唐,诗赋更处于交互影响的状态中,主于敷陈、篇制宏丽的初唐骈俪体歌行的确立,便直接受到骈赋的重大影响。这是因为张扬新朝的威仪盛德,抒达新兴才士的宏大胸襟,都需要一种壮大的诗体,而汉魏以至梁陈的乐府歌行篇制均嫌窄小,可取资的相邻文体只有楚骚与赋两者。然骚体在六朝已不绝如缕,更无与当时诗体融洽的成功经验。歌与赋在六朝一直并行共荣,往往一人而兼擅之,而以骈赋表达蓬勃激情、宏阔场面的已有从鲍照《芜城赋》至庾信《哀江南赋》等优秀典范,加以当时的艺术思潮普遍认为,情意之表达当由体物之真切来体现,因此以骈赋特点融入七古既是势之必然,而在兼擅诗赋的四杰他们,更是驾轻就熟。因此李白之初

学重赋而甚于骚,首先是一种时代性的现象。

然而,李白之于赋学又有其自身特点。考初盛唐赋史,当时唐人赋主要承六朝赋走向,除颂德者外,主要为体物、节候等抒情小赋,至四杰前后,有篇制加大之趋势,抒情赋如王勃《春赋》、《滕王阁序》、骆宾王《荡子从军赋》,颂德赋如杨炯《浑天赋》、王勃赋体的《九成宫颂》等,均为长篇,但设色遣辞,步骤章法,音节体气,都是六朝赋之张大,而未有效学西汉骈辞大赋者。然而李白却不尽相同。王琦引《古赋辨体》评李白《大猎赋》云:

> 《大猎赋》与《子虚》《上林》《羽猎》等赋,首尾布叙,用事遣词,多相出入。

又云:

> 太白天才英卓,所作古赋,差强人意,但俳之蔓虽除,律之根故在,虽下笔有光焰,时作奇语,只是六朝赋尔。

此二评前条论其祖述根蒂,后条论其体气音节。合而观之,可知太白赋虽有承时代风气之一面(集中亦尚存抒情小赋数则),但其规制架构却以相如赋为祈向,从而体现了上承六朝赋而向汉代骈辞大赋回归之努力。

太白的这种赋学倾向是极富独特性的。

抟合"王者师"与"风鹏"、庄之"逸"与孟之"英",极端张扬主体精神,又兼习纵横家、游侠习气的李白,就气质上言,本就不满足于六朝赋褊促的格局,而趋向于汉代大赋体格。刘歆论汉赋云:"赋家之心,苞括宇宙,总览人物。"(《西京杂记》卷二)章学诚又云:"假设问对,庄列寓言之遗也;恢廓声势,苏张纵横之体也;排比谐隐,韩非《储说》之属也;征材聚事,《吕览》类辑之义也。"(《校雠通义》卷二)可见汉赋体格综合先秦诸家,而以总括三才,巨丽恢宏,骋辞夸谈为主要特点。其为李白尤所欣赏,本为情理之中事。而李白所居之蜀中,文学传统与中原又有所异同,就赋学而言,尤多汉赋大家。性之所近，加以耳染目濡，使他早年就在心田深处种下了对前辈乡贤扬雄尤其是司马相如的钦仰。李白诗文中提到最多的前辈诗人是二谢，而赋家则为相如。按扬马虽后先并称，风格有相通处，但扬雄赋更重思理字学，且多愁苦之言；相如赋则更重气度夸饰，尤具凭虚之致。故李白杜甫虽扬马并推，而在杜甫更崇扬雄（"赋料扬雄敌，诗看子建亲"），而李白则更近相如（详下），亦性之所近使然。

李白推崇相如从心理机制看，除上述相如赋的风格因素外，更有以下几个原因：

其一，司马相如与卓文君之恋爱故事富于传奇色彩，这对于风流逸宕的李白自然有相当的吸引力，其少作今存拟乐府《白头吟》，将古辞演为三十二句的长诗，绮丽缠绵，足见心向。

其二，司马相如因杨得意荐《子虚赋》为汉武激赏，又是一则富于传奇性的故事。虽然此事为唐人用为常典，但于李白有不同一般的意义。李白出山不久，在《代寿山答孟少府移文书》中所规划并终身奉行的一鸣惊人的入仕设想，就与相如此故事精神相通；后来在开元十三年因明皇郊猎而作《大猎赋》，更为相如故事的身体力行。可见李白对此事的神往。

其三，家教的因素。"余小时，大人令诵《子虚赋》，私心慕之。"（《秋于敬亭送侄耑游庐山序》）此事久为学界所提及，然对其潜在的意义却未有充分认识。对于一个学童，特意以《子虚赋》课之，李客之用意何在？或说李客崇道家，则既未有确证，又相如赋之涉仙道之事使武帝有凭虚之感者为后来所作的《大人赋》，而《子虚赋》初非道家之言。故此说难以成立。按李白此文"私心慕之"后云："及长，南游云梦，览七泽之壮观，酒隐安陆，蹉跎十年"，又李白《上安州裴长史书》云："乃杖剑去国，辞亲远游，南穷苍梧，东涉溟海，见乡人相如大夸云梦之事，云楚有七泽，遂来观矣。"二条对看，可见李白"私心慕之"之所慕，乃是云梦之壮丽与相如之夸谈。李客所属意于《子虚赋》者，或亦因此。又联系"其二"所论相如因《子虚赋》得官事,而李客"高卧云林,不求禄仕",却以巨金供李白游宦干谒("曩昔东游维扬,不逾一年,散金三十余万"),则李客令少年李白诵《子虚》,或许有令其以相如此事为楷模之用意在。尽管这是推理悬测,然而"小时"的这一家教使李白对相如心驰神往是可以肯定无疑的。

这些因素使李白对相如的钦慕非同一般,在蜀时"十五观奇书,作赋凌相如",出蜀不久,至淮南卧病乡思时则云"国门遥天外,乡路远山隔,朝忆相如台,夜梦子云宅"(《淮南卧病书怀寄蜀中赵征君蕤》),至湖北又如上引到云梦实地观察;以后更数十处提到相如。直至晚年流放夜郎赦归后仍云:"圣主还听《子虚赋》,相如却欲论文章。"(《自汉阳病酒归寄王明府》)

李白对相如的倾慕肯定还影响到他的言行气质。其《上安州裴长史书》举开元八年苏颋见到他时的赞语:"此子天才英丽,下笔不休,虽风力未成,且见专车之骨,若广之以学,可以相如比肩。"又独孤及有《送李白之曹南序》云:"曩子之入秦也,上方览《子虚》之赋,喜相如同时。"可见不仅独孤及而且玄宗亦以李白比作司马相如。同时人的观感较其自述更可真实地见出相如对李白的影响。

然而李白汇合百川、度越古今的性格,使他对司马相如并不停留在倾慕之上。"十五观奇书,作赋凌相如"之"凌"字尤可注意,这说明早在少年时,他便以这位前辈乡贤作为文学上企望超越的敌手。李白对司马相如这种由钦慕到效学,由效学到立志超越的执著,称之为"相如情结",当不为过。

二、"凌相如"的实现
——《大鹏赋》《大猎赋》与李白的气质

李白"作赋凌相如"的抱负,于其《大鹏》《大猎》二赋,得到了实践。

《大鹏赋》为李白遇司马承祯而作。初作于开元十三年,时李白二十五岁,即"作赋凌相如"十年以后。虽然天宝初李白"悔其少作,未穷宏达之旨"而作了修改,但从前题《大鹏遇希有鸟赋》与今存改定本的内容仍是希有鸟导引大鹏作周天之游来看,二本基本框架当是一致的。

初看此赋会感到匪夷所思,何以比司马承祯为希有鸟?细味之,则可悟这并非是随意撷拾。司马承祯是"终南捷径"成功之典型。他初隐天台,开元九年应召入京,玄宗诏于王屋山置坛以居之。从此以方外之人而为帝师,或者说为陶弘景式的"山中宰相",出入名山京都之间。希有鸟典出《神异经》,巨大无朋,双翼左覆东王公,右蔽西王母,以之比喻方外帝师,可称是妙合无间。当时李白正出蜀游宦,汲汲于一鸣惊人而为王佐帝师,其对承祯一见倾心,是情理中事。赋之末章写希有鸟导引大鹏同游寥廓而谓:"吾右翼掩乎西极,左翼蔽乎东荒,跨蹑地络,周旋天纲,以恍惚为巢,以虚无为场,我呼尔游,尔同我翔。"虽恍惚其辞,但翼覆王公王母,蹑旋地络天纲——天地之中枢,正是山中宰相以道流而为帝师者的象喻。而李白此赋的作意,也正与其《上韩荆州书》等一样,是干谒以请名公汲引,只是对象有道俗之分,文体有寓言、直叙之别。希有鸟导引大鹏所作的周天之游,已不尽同于庄生之逍遥游,而是通魏阙江海为一体,合儒道(孟庄)精神于一炉的李白个性化的人生道路的神游。

其实李白笔下的风鹏,一贯都已非庄生之原意。《上李邕》以"大鹏一日同风起,扶摇直上九万里"起,结末则云"宣父犹能畏后生,丈夫未可轻年少"。《临终歌》可视作李白的绝笔词,起云:"大鹏飞兮振八裔,中天摧兮力不济",结句则云"后人得之传此,仲尼亡兮谁为出涕"。从李白这两首最有名的大鹏诗可见,李白这只风鹏,原是要孔子赏识,要孔子哀怜的。读《临终歌》总使我联想起

《孟子》末篇《尽心》下之末章,时孟子游说失败,闭门授徒多年,在历数道统伤孔子已去后,哀叹"然而无有乎尔,则亦无有乎尔"!李白临终之叹与孟子之叹何其相似,足见李白之风鹏实为庄孟精神之抟合,故均于清虚中透现出一种英猛之气。

《古赋辨体》评《大鹏赋》云:

> 太白盖以鹏自比,而以希有鸟比司马子微。赋家宏衍巨丽之体,楚骚《远游》等作已然,司马班扬犹尚此。此显出《庄子》寓言,本自宏阔,太白又以豪气雄文发之,事与辞称,俊迈飘逸,去骚颇近。

此条论《大鹏赋》源流,谓导源于楚辞《远游》与司马班扬大赋,此其一;又谓出庄子寓言,而发以"豪气雄文"。所谓"豪气雄文",已隐隐感觉到李白此赋中有一股不同于辞赋家与庄子之气质。而在了解了《大鹏赋》上述内涵后,则可明白,太白乃以其抟合庄孟之英逸之气("豪气雄文"正是孟子特点)融入汉代骈辞大赋之体格,因此能汰其繁缛,自成其"宏阔"而俊迈飘逸之体格,从而大有"凌相如"之概。这一点在《大猎赋》中就更成为一种自觉的精神。

《大猎赋》之作年历来有歧见,旧谱依史乘明皇大猎记载,对照赋中所述时令"孟冬十月",而有开元元年、八年、十年、十三年诸说。詹锳先生《李白诗文系年》据赋中太白自称"臣",而铺叙有实事可据,疑为天宝初待诏翰林时所献。然于史无征。郁贤皓先生《李白选集》据前引苏颋赞李白语,疑其初稿作于开元八年(文意似同意天宝初改定献玄宗)。今按赋云:"粤若皇唐之契天地而袭气母兮,粲五叶之葳蕤;惟开元之廓海寓而运斗极兮,总六圣之光熙。"玩文意,"开元"应"粤若皇唐","六圣"对"五叶",又以"总"字勾连上下句,则此"开元"非一般词义(如创始、新岁),而实指玄宗年号"开元"无疑。因此此赋不得迟至天宝年作。李白于开元十二年出蜀,本有如相如子云献赋成名之想,则开元十三年十月明皇大猎，其作赋备献是情理中事（当然也可能是八年、十年在蜀预作），则"臣"之自称，乃为献成待诏预设地步，初无挂碍。要之《大猎赋》当与《大鹏赋》同时相先后，为研究李白早期创作之重要资料。

《大猎赋》序开宗明义，就摆出一种"凌相如"的气概，序云：

> 白以为赋者，古诗之流。辞欲壮丽，义归博远。不然，何以光赞盛美，感天动神，而相如子云竞夸辞赋，历代以为文雄，莫敢诋讦。臣谓语其略，窃或褊其用心。

李白公然诋讦相如"褊其用心"的理由极有意思。他认为"《子虚》所言，楚国不过千里，梦泽居其大半，而齐徒吞若八九"，以其褊窄之地行大猎之举，会使"三农及禽兽无息肩之地"，因此"非诸侯禁淫述职之义"，至于《上林》所云，更为褊窄，《长杨》《羽猎》更是"当时以为穷壮极丽，迨今观之，何龌龊之甚也"。因此他今番拟献赋于"四海为家，万姓为子"的大唐天子，从"义归博远"而言，当然要讽君以仁德，然而这种讽谕，又当在"示物周博""殚穷六合"的大气派中展开（以上均见赋序）。于是李白以比相如赋更相如化的巨丽笔触，导引帝王作了一次周天之游式的大猎，其中最可注意的是以下主线。

其始，"内以中华为天心，外以穷发为海口。豁咽喉以洞开，吞荒裔而尽取，大章按步以来往，夸父振策而奔走，足迹乎日月之所通，囊括乎阴阳之未有"。继而又"斩飞鹏于日域，摧大凤于天墟。龙伯钓其灵鳌，任公获其巨鱼，穷造化之谲诡，何神怪之有余"？而正当"阳乌沮色于朝日，阴兔丧精于明月"，君王"思腾装上猎于太清"之时，却"所恨穹昊于路绝"，于是他"茫然改容，愀然有失，于居安思危，防险戒逸"，"去三面之网，示六合之仁"，更觉悟到应当"张无外以为置，琢大朴以为杙"，在"顿天网以掩之，猎贤俊以御极"之后，终于如七十二帝行封禅之礼后，君王"于是回霓旌，反銮舆，访广成于至道，问大隗之幽居，使罔象掇玄珠于赤水，天下不知其所如也"。

贯穿于《大猎赋》之大段《上林》《子虚》式的羽猎场面描写中的这条"示物周博""穷殚六合"而"义归博远"的主线,可注意者有三。

其一,其意象,主要脱胎于司马相如《大人赋》与以后阮籍赋体的《大人先生传》。

其二,李白十分一厢情愿地教导君王采取这样一种政治方略,在"猎贤俊以御极",即孟子所云"使俊杰在位"后,像庄子所述,"访广成","问大隗",最后"使罔象掇玄珠于赤水,天下不知其所如也"。这不仅提出了盛唐才俊之士的政治要求,而且是以十分"李白化"的天真幼稚的方式提出的,是"使海县清一,寰区大定"后"与陶朱、留侯浮五湖、戏沧洲"李白式的心想的人生道路的帝王版。与其说这是一种政治方略,勿宁说它是以天真近于赤子的心想,抟合庄逸孟英的李白的纯主观的狂生意气。

其三,这种庄孟式的英逸之气,使《大猎赋》的风格,既与《子虚》《上林》"首尾布叙,用事遣辞,多相出入",但同时又"下笔有光焰"。正如《大鹏赋》脱胎于相如的《大人赋》一样,英逸之气汰洗了《子虚》《上林》赋的过于繁丽、滞重,而显得气机流畅,俊逸超迈。

要之,大抵同作于李白二十五岁时的《大鹏》《大猎》二赋,是李白摹相如而"凌"之的创作实践。它们反映了李白"风鹏"而"帝王师"的幼稚天真的人生理想。这理想虽经不起颠扑,但理想之中所蕴含的庄之逸气、孟之英气,却融铄于李白的气质个性之中而混然一体,成为一种发挥最充分的"英特越逸"之气。临楮结构,自然地渗入其赋作之中,遂成"宏阔"而"超迈俊逸"之新格局。

至此可以对前引《古赋辨体》论《大鹏赋》之源于《远游》,沿扬马而"去骚近矣"的评述作一解诂了。

客观地讲,难以说李白习骚一定在习赋之后,然而从前述论李白相如情结的资料来看,早年李白对相如赋的习学与钦羡远甚楚骚,则是不争的事实。这也许因为以少年李白的心态而言,于伟丽热烈的相如赋,更为相惬,而楚辞之牢愁哀伤,则不免隔膜。《大鹏赋》虽有《远游》的影子,但是不仅摛文铺彩、巨丽夸谈的体格为汉赋体无疑,其踔厉英发的气概亦是相如式的而非屈子式的。源《远游》沿扬马,应倒过来看,盖赋从辞出,益以繁丽,李白既以庄孟英逸之气参融汉赋,则必然表现出上窥楚辞的倾向。而"去骚近矣"如就《大鹏赋》体格而言未得其谛,但如从趋势理解则可以成立。本来,以屈原为代表的南国文学楚辞,由氛围而言,同于《庄子》,而就精神来看,与孟子同为儒家在战国时代的代表。因此李白以庄孟之气参融汉赋的祈向,随着人生的挫跌,必然越来越由重赋而向重辞发展。然而由早年的相如情结所产生的对汉赋艺术精神艺术手法的汲取是不会磨灭的。李白一切近骚的作品都熔融着汉赋技法与气体的因素。只举骚,不及赋,是难以真正体味李白诗的,下节请言其大端。

三、相如情结对李白诗风的影响

这一论题,不是企图证明李白诗歌往往拟学相如赋,而是说相如情结及因此而来的对相如赋的拟学,是作为一种阅历,一种修养而熔铄于李白的才性之中,从而影响到李白的气质,审美习惯与创作个性,所谓影响是一种潜移默化的表现。

相如情结给予李白最根本的影响是相如及其赋作那种宏丽而张大的气势。李白的禀赋,以及作为他气质主体的庄孟英逸之气,乃至他自小的纵横家、"豪友"习染,本来都倾向于一种恢宏的大美,而相如情结又反过来加重了他的这种倾向,成为他塑成新时代的大人先生的自我形象的一种重要因素。从而使对恢宏博远的追求与日本松浦友久先生指出的"对明亮光辉事物的憧憬"(《李白诗歌中的谢朓形象·李白诗歌的感觉基调》),成为李白诗作中交响混融的主旋律。作为李白诗中基本特色的夸饰、夸谈尤其与相如情结有不可分割的关系。

这种夸张性的大美,在李白诗歌的架构或说布局上有充分表现。前引"赋家之心,苞括宇宙,总揽人物",相当明显地体现在他的诗作中,尤其是七古中。其早作《登峨眉山》云:"周流试登览",说明"苞括宇宙"成为他的创作定势。因此由古及今,上下四方式的铺陈,成为李白长诗的一种基本格局,名篇如《蜀道难》《梦游天姥吟留别》《庐山谣寄卢侍御虚舟》,甚至五古《登太山》六首,都属此类。而如《行路难》之二、之三,《梁甫吟》《鞠歌行》《答王十二寒夜独酌有怀》等排比古人,又分明是"总揽人物"的诗歌应用。应当指出,"周流试登览"的写法,在大谢诗中已屡有表现,后世也代有作者。这是玄言、游仙诗俯仰宇宙的哲理构架的诗化,而俯仰宇宙的源头,其实还是汉魏以来的辞赋,尤其是有幽玄意味的辞赋"苞括宇宙"格局的衍化。李白诗当然也受到他所仰慕的大谢影响,但不同于大谢者,是这类诗中他很少用谢客式的精细刻画,而多用赋化的铺张。文学影响总是综合性的,至少可以说,李白诗的这种架构是受以上两方面影响的,但得力于汉赋处更甚于得力于大谢者。这也可从他的诗歌节律中体味。

李白的诗歌节律尤其是五七言长篇给人的感觉是似层涛滚雷,急骤汹涌而烟云缭绕。从气质上看正是孟子之雄杰英气,与庄子之清虚逸气之抟合;而从句法来看,他经常用我称为"少句多管铺排"的笔法来写七古,甚至五古,往往二句一管,连续铺排,层出迭现;甚至同一意思,也连用数管铺排而下,必穷情极致而后快。这种句法多与其倾向于"苞括宇宙,总揽人物"的架构相配合,遂成铺张扬厉中见飞动俊迈之致的风格。这种句法形式又正是相如赋的句法特点。不仅与大谢不侔,也与楚辞不同。李白诗虽然多写骚怨,但除个别拟骚者外,读来绝不似楚辞之音声曼长,回肠荡气,而多为上述层涛滚雷之势。这除了气质之英逸发露外,多因为适于表达此种气质的赋化的"少句多管铺排"法所致。

英特越逸之气,层涛滚雷之势,自然又不宜用大谢式的深入体察的诗歌意象,而宜用印象式想象式的虚拟渲染,在这方面骚、赋同给李白以重大影响,然而其中夸饰以至夸谈的成分,又分明多得力于相如等的骈辞大赋。

相如情结之于李白诗的影响还可举出很多,以上仅为其大端。又应当指出二事。其一,李白于相如赋,并非兼收并蓄,而是如他对一切人物事物一样,裁以我心而变化创新。相如赋之过于繁缛,逞才炫博,常用奇字(扬雄更甚)固非李白性之所宜,而予汰洗;而一切有承于相如者,虽间有借取,然就总体而言是"师其意,不师其词"。其二,文各有体,诗赋体势有别,李白诗的本质是性格的诗,尤重强烈主观意气的抒达,无论于赋法借鉴多少,入于诗,在他都是如盐着水。能将重于体物铺陈有"劝百讽一"之讥的相如赋法,转化为自己抒达超乎常人的主体精神的诗法,这便是诗国海涵地负的大人先生李白的一种度越一切前人的奇气与胜境。

(本文原载于《文学遗产》1999 年第 5 期)

李白与选体及玉台体

"李侯有佳句,往往似阴铿","清新庾开府,俊逸鲍参军",杜甫评李白此二联诗为论者所稔知。然而除鲍照之拟外,庾信、阴铿二喻素为评家所忽视。其实如果细按李白诗的脉理,尤其是其早期作品,我们不仅会发现老杜可称深知李白根蒂者,而且会对以李杜为卓越代表的盛唐诗之底蕴与传承,有更深切的解会。李白恰恰是从习学阴、庾所擅长的选体以及玉台体开始其诗歌创作历程的,这对他的诗歌修养有着终始以之的重大影响;而这一点也恰恰是初盛唐诗人始学的普遍特征。盛唐诗风貌大异于选体与玉台体[1],但盛唐诗的渊源恰恰与此两种诗体密切相关。这一二律悖反,是李白与盛唐诗研究中应当十分注意的现象。由于李白与玉台体的关系前人时有论及,故本文以论析李白与选体的关系为主兼及玉台体,并进而引出对初盛唐之际诗史演进大势之我见。不当处,尚祈方家指正。

---

[1] 选体即《文选》所选的主要诗体,亦即相对于古体与律体而言,讲究藻辞、对仗、调声,但未完全律化的诗体。也就是律体定型前,包括永明体在内的晋宋以降的主要诗体形式,当然也包括后学者。习惯上又多指五言。又由于《文选》与《玉台新咏》之清浊、雅郑对峙,《选体》又代表传统的雅正一路,而玉台体代表竞新的时俗一路——虽然《玉台》所录就诗体形式言也多近选。

一、李白初前期的选体诗创作

　　对于李白的诗歌始学，日本冈村繁先生《李白研究》在列举其可确定为蜀中所作的《访戴天山道士不遇》《登锦城散花楼》《登峨眉山》三诗后论云："对于这三首诗，平心而论，谁都会为它们构思之平凡，缺乏抑扬的措辞之无聊而灰心失望，阿塞维伊利评李白蜀中时期的作品云：'这些诗虽巧而不精彩，承袭传统而已，几乎没有能够指引我们找到李白那独创的风格的，闪现出光芒的兆头来。'"[1]

　　按《文心雕龙·体性》云："夫才有天资，学慎始习；斫梓染丝，功在初化；器成彩定，难可翻移。"李白的始学是否就全然不同于这一为无数文学史事实所证明了的现象，而真正与其以后的创作绝然不同呢？笔者认为，如果不拘虚于盛唐诗为齐梁诗的反动，而将六朝至唐的诗史发展作为一种通变的历史进程来考察；如果不仅仅从对句等辞采因素，而是进一步从更重要的作品的气脉体势来分析，则对于上举李白三诗将会获得一种更为公允的认识。其中五律《访戴天山道士不遇》历来佳评如林，《唐诗三百首》五律卷录为第一首，可暂置以待后详；兹先列举其他二诗如下[2]：

　　　　日照锦城头，朝光散花楼。金窗夹绣户，珠箔悬银钩。飞梯绿云中，极目散我忧。暮雨向三峡，春江绕双流。今来一登望，如上九天游。

　　　　　　　　　　　　　　　　　　　　　　　　　（《登锦城散花楼》）

─────────

〔1〕　《冈村繁全集》中译本第五卷，50页，上海：上海古籍出版社，2002。
〔2〕　詹锳主编：《李白全集校注汇释集评》第六册，2940—2946页，天津：百花文艺出版社，1996。

蜀国多仙山，峨眉邈难匹。周流试登览，绝怪安可息。青冥倚天开，彩错疑画出。泠然紫霞赏，果得锦囊术。云间吟琼箫，石上弄宝瑟。平生有微尚，欢笑自此毕。烟容如在颜，尘累忽相失。倘逢骑羊子，携手凌白日。

（《登峨眉山》）

二诗均为选体，依《文选》的分类，都属游览诗。作法上，《登锦城散花楼》不直接写登览，而是先树四句总写散花楼的光鲜亮丽，"飞梯"二句为全诗中枢，上句入题"登"字，其飞动的气势，似乎是从前四句望楼所见丽景蕴蘗而来，下句顺势以"极目"带出"散我忧"，转入全诗主旨，并从而引出另一幅不同于前的弥高弥远颇具开远之势的大境界，从而结为"九天游"的登览之感，以回应中枢之"散我忧"，结束全篇。

《登峨眉山》于登览中融入游仙诗体，似更胜一筹。诗以"蜀国多仙山"映衬"峨眉邈难匹"喝起，接着以"周流试登览"句领脉，"绝怪安可息"句反问蓄势，四句二折，引出"青冥""彩画"二句耸拔绚丽的大境界。"泠然紫霞赏，果得锦囊术"是全诗中枢，上句在伸足"青冥""错彩"的同时为前八句作一顿束，下句以"果得"应"泠然"二句，以"锦囊术"启开以下"云间""石上"之"得仙术"后逍遥自在意态的描写，不难揣味，中枢一联初见跳脱之致的意识流贯在后半的描写中。

由上析可见，李白早年选体诗，对于此体的诗体特征确有因继承而中规中矩的一面。就登览体而言，把握了其周览宇寰，俯仰上下，掇拾散点景物以构成全景式描绘的特点（参葛晓音《山水田园诗派研究》）[1]，就选体结构特点来看也对法工整，首尾一贯。这是习学过程中的"摹体以定习"，但是另一方面他的习学又并非亦步亦趋。读二诗，我们首先感到的是一种英发之气，一种初出茅庐

---

〔1〕《山水田园诗派研究》，38—39页，沈阳：辽宁大学出版社，1993。

而胸怀大志的少年才士面对新世界且亟欲把握这一世界的朴茂鲜活的灵动意兴。也因此不仅在景物的摄取方面已初步表现出李白向往大境界与憧憬光晶意象的特征，同时也减少了六朝初唐选体诗的过多襞襀，并在中规中矩中初见能顿束离合，循体得势，从而在"摹体以定习"中"因性而练才"。循体得势，因性练才，亦即在规范之中初见其个性，是李白早年选体诗学习中最值得注意的现象。

初盛唐时《选》学大盛，选体诗在初唐与开元诗人的创作中实为大宗，这是由永明体向律体转化期间的历史现象。李白早年习学选体对其嗣后创作的第一个影响便是在选体本身创作中的精进。试以作于初入长安期间的《读诸葛武侯传书怀赠长安崔少府叔封昆季》为例说明[1]。

> 汉道昔云季，群雄方战争。霸图各未立，割据资豪英。赤伏起颓运，卧龙得孔明。当其南阳时，陇亩躬自耕。鱼水三顾合，风云四海生。武侯立岷蜀，壮志吞咸京。何人先见许，但有崔州平。余亦草间人，颇怀拯物情。晚途值子玉，华发同衰荣。托意在经济，结交为弟兄。无令管与鲍，千载独知名。

本诗最可注意处是在精严的选体格局中，结合灵动浑成的对法、词法、用典在取势布局上的二处转接，一处回旋。诗分两层意：前十四句（至"崔州平"）咏史，切题面"读诸葛武侯传"；"余亦"句起八句切题面后半"书怀赠长安崔少府叔封昆季"，这也是六朝以来赠答类选体诗的典型格局。然而全诗气势动荡，关键在两大层次的转接。诗至"武侯""壮志"二句，颂孔明功业已极，诗势已远扬开去，这时李白出人意表地用"何人先见许，但有崔州平"收转，并极其自然地以"余亦草间人"接续。崔州平影借崔少府，余自比当初在野的孔明，从而不着痕迹地完成了上下的衔接。从时序看崔州

平识荐在"三顾"之前,但如顺叙史事,便难以接转,今以逆笔补叙崔事,不仅使转接自然,更于顺逆变化间,形成一种矢矫鼓荡的气势。

另一处转折在诗的上半部分。诗题"读武侯传",却以汉末群雄割据的大背景领起,这固然格局宽大,气势雄浑,但如何转入所咏主角孔明呢? 庸手作来必节节铺叙。但李白却又出人意表地接以"赤伏起颓运,卧龙得孔明"一联。上句阑入刘秀复国事,振起以收束上文,下句"得孔明",既隐含主语刘备——群雄之一,又顺势带出所咏主角。此一转接,既将从刘秀复汉到刘备兴汉这一段时间跨度很长的历史浓缩于一联之中,更以"赤伏"与"卧龙"、"颓运"与"孔明"的字面对仗作暗示,使人产生由乱到治应归功于孔明的联想。因为伏即潜,刘秀是汉家潜龙,意脉下通下句之"卧龙",而"孔明"这一诸葛亮的字,又语含双关,呼应着上句代表大汉火德的"赤伏"。其对法精严中见浑成雄大,从而意含象下地完成了常人难以措手的转接。

与这两处大转折相关相映的,尚有一处波澜值得玩味。本来"赤伏""卧龙"之对后可以直接咏孔明功业,然而李白却以一个散句"当其南阳时,陇亩躬自耕"作一回旋,然后接写"鱼水三顾合,风云四海生,武侯立岷蜀,壮志吞咸京"。这两个化用史书,高度浓缩的对句,因着上文回旋的蓄势,而产生拔地而起、气壮山河的崇高感,而南阳躬耕的回旋又与下文崔州平识荐的逆笔补述形成笔势上的呼应,这样全诗便在夭矫的意脉中将对法、词法、用事融会贯通于章法之中。整严的选体格局中便透现出李白特有的奔腾起伏的气势来。

事实上李白的选体并非如冈村先生所说一承初唐上官体而专注于对偶工巧。必须充分注意到在初盛之交诗坛实际存在着中朝体格与在野体格的区分。在野诗人因中朝风气所尚,也必然会在诗体上接受新兴的进一步格律化的诗歌样式,但是在实际创作中,特别是在像李白那样并非世胄,亦少家学的诗人中,既因为缺乏专门的严格的修辞训练,却也因此而突破了宫廷生活的狭窄圈子,而表现出与宫廷新体诗体同神异的创作趋向,也就是说他们更多地是在自然而然地用六朝至初唐宫廷诗形成前的气格来写新体诗。后人常说李杜以古诗句法入律体八句之中,其实至少在盛唐前期,这一点并非有意为之,而是惯性使然。这类作品,先有王绩之《野望》,再有陈子昂之《渡荆门》等。而李白正是这一路向的杰出后继者。这在其第一首作品《访戴天山道士不遇》中已有明确表现。此诗对句虽不出奇,用语也多有犯重,但是气脉已自不群。就律体的声韵对仗形式来看它是中规中矩的,然而从笔法气脉来看,由民俗化的起笔开始,李白特有的风行水上般的逸气一路贯穿于四联的起承转合之中而泯去了针痕线迹。不难见出这诗是后来皎然与贾岛名篇《寻陆鸿渐不遇》与《山中问童子》的先声,也是以古诗笔法入律体的好例,王琦注本诗引唐仲言评,在指出本诗语多犯重的同时盛赞云"吁,古人于言外求佳,今人于句中求隙,失之远矣"。正说明了对于李白这类在野诗人的新体诗创作,如仅就对法论其得失而不注重其气脉,是难中肯要的。

二、由小谢体上窥大谢体
——兼说李白对谢氏的家族性崇敬

李白选体诗的这种个性特征,究竟是怎样形成的呢?这是一个综合性的问题。最根本的是才性使然,同时也得力于其自小习学辞赋、古诗与民歌的某些素养。这些不遑评论。然而更有尚未见论及的二点。一是其选体与玉台体的相互影响,留待下节详论;本节先论第二点:就选体本身而言,李白有着由小谢体上窥大谢体亦即由齐梁上窥晋宋的明显倾向,这从他对小谢体与大谢体的效学情况可以清楚地看出。

　　李白对小谢的倾慕为大家熟知。其实这本是初唐以来诗坛的一种趋向。元兢《古今诗人秀句序》云[1]：

> 余以龙朔元年，为周王府参军……常与诸学士览小谢诗……美哉玄晖，何思之若是也……余于是以情绪为先，直置为本，以物色留后，绮错为末，助之以质气，润之以流华，穷之以形似，开之以振跃，或事理俱惬，词调双举，有一于此，罔或予遗。时历十代，人将四百，自古诗为始，至上官仪为终，刊定已详，缮写斯毕。

　　由此序可见，元兢此编，体例颇学《文选》，唯虽追踪古诗，却以小谢体为祈向而以上官体为之殿军。其以"直置为本"实际上包含了齐梁以来，诗界对于颜鲍谢，尤其是大谢体时见阐嗳繁芜的反思。但正如钟嵘所评，小谢"微伤细密""意锐而才弱"，以至"末篇多踬"。这种弱点在初唐宫廷诗人中的狭窄圈子与尚美的艺术氛围中尚不明显，但到诗坛的主体由宫廷移向市井，由台阁移向大漠，特别是在初盛之交，诗史的主要承载者已由集群性的侍从型诗人转为分散的才士、游士型诗人群时，就日益彰露。因此从四杰到初盛之交主诗界坛坫的张说、张九龄，其选体诗篇制日渐宏放，词气逐渐开宕，已隐隐透露了由小谢体向体格逸荡的大谢体回归的趋势。这一唐诗史上的复变，至李杜更立为标格并大而化之。杜甫云："久为谢客寻幽惯，细学周颙免兴孤。一重一掩吾肺腑，山鸟山花吾友于"（《岳麓山道林二寺行》），又云"赋诗何必多，往往凌鲍谢"（《遣兴》），而李白则不仅酷学大谢体者达数十章（其流放与居宣城时期尤多），更早在初下东南期间，于《入彭蠡经松门观石镜缅怀谢康乐题诗书游览之志》中[2]，明确以大谢作为继迹风雅的效

---

〔1〕　遍照金刚《文镜秘府论》南卷，165页，北京：人民文学出版社，1975。
〔2〕　《李白全集校注汇释集评》第六册，3201—3203页。

学对象。诗云：

> 谢公之彭蠡，因此游松门。余方窥石镜，兼得穷江源。将欲继风雅，岂徒清心魂。前赏逾所见，后来道空存。况属临泛美，而无洲渚喧。漾水向东去，漳流直南奔。空濛三川夕，回合千里昏。青桂隐遥月，绿枫鸣愁猿。水碧或可采，金精秘莫论。吾将学仙去，冀与琴高言。

前四句切题面"入彭蠡经松门观石镜"，妙在化用大谢《入彭蠡湖口》"攀崖照石镜，牵叶入松门"原句，而以"谢"与"余"，"松门"与"石镜"互文见义，省净而跳宕有致地述明了自己此游与谢公当年行程正同，为下文缅怀作铺垫。

"将欲"六句切题面"缅怀谢康乐题诗"，前四句的句序极有意思，"岂徒""将欲"是关联词，但李白倒置之，从而先有效地突出了"继风雅"的重点，然后以"前赏"与"后来"呼应"谢公"与"余"，以"逾所见"与"道空存"对照见意。从而可知"道"字语含双关，既实指山道，又隐喻谢公所秉承的"风雅"之道。而"空"字更画龙点睛，营造起一种山行道上唯余与谢公今古遥应的时空感。暗示谢公已降，四百年来，风雅之道几乎失堕，而有志追迹前修者，唯"余"一人而已。而五、六两句"况属临泛美，而无洲渚喧"，更将这种对前修大谢的遥钦远仰，淳蕴于一片空静悠远的境界之中，既为诗题第一层次收束，又为下文重新提起蓄势。这正是前已屡次论析的李白选体诗的顿挫收放之法。

以上十句为第一层次。而由空静之境放眼望去，进入第二层次，切题面"书游览之志"。"漾水"四句应前"兼得穷江源"，写彭蠡、浔阳一带"三江既入""九江孔殷"的水势，唯三江、九江古来众说不一，以致谢公原诗即慨叹"三江事多往，九派理空存"，李白即此生发，极写浔阳城下众水交激汇流，夕阳返照之下水气空濛，回环合沓。而透过这水气，远山青桂中遥月渐渐升起，绿枫林里传来山猿的愁啼,"隐"字、"遥"字都似乎又将奔腾的水势淳蕴于一派依然以"静"为主调而略带空惘的境界中。至此,诗人终于明白,谢公原诗收尾"金膏灭明光,水碧缀流温,徒作千里曲,弦绝念弥敦"四句之感喟所以会产生的情境,对此,他也感到"或可采""秘莫论",然而好在我正当学仙访道之时,不妨将谢公与我的此种疑问留与仙人琴高去讨论吧。

从以上解析可见李白对大谢的极度崇敬,以致将他作为风雅的继承者,而与之空山独对,冀存其道,这种崇敬可分为两个层次。

首先是学谢。从诗体看,除起结外全用工整的对仗而声律上尚未达永明体的程度,是谢客当时的典型形态;从语句看又多化用谢客原诗,甚至韵部也相同;尤其是以"况属"两句为中枢将游览分为两层,形成游—情—游—情的诗歌脉络,更是谢客游览诗的典型格局。

其次是角谢。如同他崇敬前辈乡贤司马相如,而又希望"作赋凌相如"一般,李白学谢也并非亦步亦趋。如以"漾水向东去,漳流直南奔。空濛三川夕,回合千里昏。青桂隐遥月,绿枫鸣愁猿",与谢客原诗名句"洲岛骤回合,圻岸屡崩奔。乘月听哀狖,浥露馥芳荪。春晚绿野秀,岩高白云屯"相对读,可觅并不以写景擅长的李白,这次却似乎非常用心。"青桂"二句的空静境界似乎是从前四句三川交激的空濛水气中蕴生出来一样,并与前面的景语"况属临泛美,而无洲渚喧"遥应,在整体的浑然性上似略胜于谢客,从而于整饬中体现了李诗一气挥洒跳脱有致的个性特色来。

从全诗的主旨是敬谢、学谢、角谢,境界是以静美为主,以及起四句的跳荡有致与其中"余方窥石镜,兼得穷江源"的初游口吻来看,本诗绝非抒愤之作,而应为初次游彭蠡时作,当在初游东南期间。而无论这一推断是否可确立,本诗仍为我们研究李白与选体诗的关系提供了一把钥匙。

首先以本诗联系其蜀中《登锦城散花楼》《登峨眉山》与初游长

安《读诸葛武侯传》三诗可见出：尽管四诗稚嫩与老成不一，但却体现出一种共同的特点：主气重势，格局开阔，并以顿束离合之法结合凝练清劲，跳脱动荡的对法，在多层次的意象中，显示出跌宕起伏的诗歌意脉来。

格局开阔，跌宕重势是大谢选体诗有别于小谢的最显著的特征，钟嵘称其"逸荡"，齐高帝评其"放荡"，其十世孙皎然的《诗式》，在总序下即设《明势》节，并下接以谢灵运为标格的《文章宗旨》节。后代诗家评谢客重势甚多，如王夫之云："以意为主，势次之，势者，意中之神理也。唯谢康乐为能取势。宛转屈伸以求尽其意。意已尽则止，殆无剩语。夭矫连蜷，烟云缭绕，乃真龙，非画龙也。"李白选体诗之重势特点与谢客同趣，绝非偶然。其蜀中诸作，即使不足断定是在三拟《文选》的过程中，对大谢体有所揣摩所至，也必当是性之所近而初露近似的端倪，而至本诗已明确地显示出他以谢客为继迹风雅的标格而加以仔细揣摩与效学，至读《诸葛武侯传》诗则已臻于老成，其气象宏大，词气轩举，即体成势而辞必己出，已确实凌胜于大谢。

李白由小谢体上窥大谢体是势所必然与性之所之的泊然凑合。就选体本身而言，《文选》一集大抵以建安（曹植为主）、正始（阮籍为主）、太康（陆机为主）、元嘉（谢客为主）、永明（谢朓为主）作为标格，当小谢体风行而弊端渐显的初盛之交，在选体诗上，由小谢体上窥大谢体是势之必然，而大谢体又如钟嵘所评"其源出于陈思，杂有景阳之体"，故进而由大谢上探建安古诗也正是情理中事。

就个性而言，李白有天真纯明与飞扬跋扈两面，他推重小谢，多取其明净一面，但就体势而言，其张扬的个性侧面又非小谢体所能牢笼，相反，狂傲不拘的大谢正与他这一侧面声气相应。值得注意的是在李白所推崇的前贤中大多是以个体面目出现的，如姜尚、鲁仲连、孔明等，唯独对南朝谢氏，表现出家族性的推崇。小谢、大谢而外,乃祖谢安是他又一位极其崇敬的人物,集中直接歌咏谢安的近二十例。对谢安—谢客—谢朓这一世系的推崇,应当是他身为社会地位低下的富商子弟却企望一鸣惊人的特殊心理的反映。在政治上以高卧东山的谢安自比,诗学上以从小谢上窥大谢为至少是前期创作的标格,正是他人生理想的完美寄托。这一点是李白研究中应当尤其加以关注的。

三、李白选体修养与他七古成就的关系——鲍谢兼容说

《文心雕龙·体性》揭示了诗歌创作的主体为"成心","成心"是各人由先天的才、气与后天的学、习四者凝铄而成的相对于原初本心的各具性情的心体。而就后天的学习而言,始学初化的作用尤其重要。因此,作为一种素养,李白包括初学在内的前期创作中的选体诗修养及其创作祈向,必然会作为成心的一种潜在因素,对其他诗体的创作产生重要影响,由于篇幅所限,这里只想就其最为突出的七古创作来作些分析。

在李白七古研究中有三事一直使我感到困惑。

其一,一般将李白七古溯源于鲍照,这也是有事实可按的。如李白《行路难》明显与鲍照《行路难》有一脉相承的联系。又如李白艳歌体的七古《白头吟》《长相思》等,也与鲍照艳体七言歌行显然相关。然而代表李白七古最高成就的大篇七古,尤其是中后期的《将进酒》《梁甫吟》《答王十二寒夜独酌有怀》等,甚至某些中型篇章,如《宣州谢朓楼饯别校书叔云》等,在鲍照七古中除了俊快的气体外,却找不到体势上的必然联系;或说是参以汉魏古诗或者辞赋气格融而化之,这也有案可稽,如《蜀道难》《远别离》之于楚辞,《独

滟篇》之于其汉魏本辞,但在取势布局上多数仍大异其趣。

其二,李白以七古称,但为何至初入长安期间,除了艳歌体的《白头吟》《长干行》等外,几乎见不到代表他势若奔雷般的主体风格的七古,而其大篇更都在后期。相反,至初入长安时,其选体五言诗已相当老成。

其三,李白七古中最见组织功力的杰出长篇如《梁甫吟》《远别离》《答王十二寒夜独酌有怀》,为什么屡屡被讥为颠倒错乱而斥为伪作?

然而当我全面地研究李白各体诗,打破了一线单传的思维定式后,便发现,李白七古的成就十分典型地体现了刘勰"成心"说的原理,是其成心的综合素质的体现。就其七古各名篇的具体特点来看,或于前代某一体有所传承(如《蜀道难》之于骚);但就总体而言,其所有中长篇七古名篇都具有一种共同的特点,即在密集的诗歌意象(含用典),奔越的诗歌节奏中,潜注着似断而续、草蛇灰线般的意脉。看似"颠倒错乱",实则章法井然。老杜称"精熟文选理",李白同样得益于此,只是俊快奔注,使人不觉痕迹。今以《答王十二寒夜独酌有怀》诗试析之[1]。

七古长篇《答王十二寒夜独酌有怀》,元人萧士赟认为"造语叙事,颠倒错乱,绝无伦次"而指为伪作。试稍理其意脉(诗长不录):

诗分四层,自"昨夜吴中雪"至"且须酣畅万古情"十句为第一层,探题"答王十二寒夜独酌"。先二句借王子猷雪夜访戴事起兴,主客合提,且暗示王与我皆性情中人,绝非虚设。接着写"寒夜"数句,构画出一派孤月,沧浪、星汉横斜的孤清气氛,似乎像喻着二者的人格,也渲染出全诗的基调,而"人生飘忽百年内,且须酣畅万古情"则为前八句作顿束,并挑明醉"酌"之意,从而启开以下醉歌般的"有怀"以"答"。从两个"君不能"起,到"有如东风射马耳"八句

<hr>

[1] 《李白全集校注汇释集评》第五册,2699—2709 页。

是第二层次；从"鱼目亦笑我"至"谗言三及慈母惊"十四句为第三层次，乃由合而分：上八句为王十二饱学高节而见弃于世鸣不平；下十四句则以"鱼目亦笑我"领起，"亦"字由彼及我，而彼我两者愤世嫉俗之情一以贯之。彼写、自写二层后，复以"与君论心握君手"句由分而合，直到结束十八句为第四层次：征引史实，夹叙夹议，由古及今，由个人及国事。其中前十二句四句一组，分为三个意群，每组两句抒愤，两句证史，其中贯穿有由"荣辱于余亦何有"至"一生傲岸苦不谐"，再至"达亦不足贵，穷亦不足悲"的层递以进的人生解悟，语如贯珠，势若奔流，逼出最后同样以两个"君不见"领起的全诗高潮，即从节奏上回应前片，又揽入李邕、裴敦复之死，古与今、国事与我辈打成一片，遂在广阔的历史背景下结出"五湖去""钟鼎疏"之夙志；而"少年早欲""见此弥将"的上下勾连，则更似将出蜀到今近四分之一世纪的功名追逐，付之一梦，从而与开篇之孤清气象虚实遥应，结束全篇。

《答王十二寒夜独酌有怀》与先后所作的《远别离》《梁甫吟》（同样似乱而有序，不赘析）是李白研究中极可注意的篇章：

其一，都是李白七古的后期大篇，结构也最复杂；而与此同时，李白的选体诗也尤多长篇。二者显有交互影响。一方面可见其选体取势布局能力越来越强，也因而在七古中以符合七古体势的形态得以运用，另一方面，其选体长篇也越来越奔越激荡而近乎其七古气体。如果说李白七古气体俊逸似鲍照，那么其取势布局同时得力于大谢；反之，其长篇选体固溯源谢客，但气体上则以鲍照式的俊逸来消解大谢体原有的时见滞重。鲍谢并为元嘉之雄，李白虽体各有自，但用乎成心，故能兼容二家而各开生面。

其二，虽曰兼熔鲍谢，但小谢体之明净仍为李白心仪。这不仅表现于他的短制上，也同样参融于其大篇之中。如果说前期李白诗多以晶明意象叠加以见其开朗与希望，那么中后期，尤其是大篇中更多以晶明意象与晦暗意象之对冲以见其拗怒之中的孤清。

"万里浮云卷碧山，青天中道流孤月。孤月沧浪河汉清，北斗错落长庚明。怀余对酒夜霜白，玉床金井冰峥嵘"，《答王十二寒夜独酌有怀》诗之景语就是好例。

其三，气动为势，势主文体开合，是为取势。李白选体与七古之布局越趋复杂，是与其阅历心态相关的。本诗作于天宝九载，正当李林甫诛杀李邕、裴敦复集团四年之后，是今存唐人诗中第一首直接指陈此一关乎国运与才士集群命运的重大政治事件的作品。多年积郁，用此一宣，通过顿束离合的布局，回荡奔越衍为大篇，可见李白诗的"开合作用之势"，洵如王夫之评大谢所云："夭矫连蜷，烟云缭绕，乃真龙，非画龙也。"

四、李白玉台体习学与选体习学
的关系——雅俗兼容

李白与玉台体的关系已多有论析，不须烦陈，这里仅从与其选体创作关系的角度作些新的探讨。

众所周知，玉台体得名于《玉台新咏》，它与得名于《文选》的选体，是同一讲究声辞清丽的文学思潮中标举不同宗旨的两种诗体。选体以复变雅正为标格，玉台体则以竞新香艳为归趣。冈村繁先生以"清流"与"浊流"目之，甚有见地。因其殊流同趣，故二集所收既有重叠，而李白早年习《选》又习《玉台》，更是情理中事。

从论者经常引述的《彰明逸事》关于李白早作百篇"大抵宫中行乐词"可知，少年人当时习学玉台体数量当多于选体。虽然今存李白此类作品都不甚可靠，但《逸事》所云"英气溢发……虽颇体弱，然短羽褵褷，已有凤雏态"却极可注意。此评实际上也贴合李白蜀中选体诗的状况。在习学承继时初见个性其实是少年李白各体的共同特征。

能切实印证《逸事》所评的其实尚有繁简不同的《白头吟》二首。詹锳先生以起笔"锦水东北流"断为开元八年李白初游成都作，或以此为起兴而质疑。然而从繁简二本的较读中，仍可确定二诗，尤其是繁本一首为初游成都作无疑。兹逐录二诗如下[1]：

其一为简本，凡三十句：

锦水东北流，波荡双鸳鸯。雄巢汉宫树，雌弄秦草芳。宁同万死碎绮翼，不忍云间两分张。此时阿娇正娇妒，独坐长门愁日暮。但愿君恩顾妾深，岂惜黄金买词赋。相如作赋得黄金，丈夫好新多异心。一朝将聘茂陵女，文君因赠白头吟。东流不作西归水，落花辞条羞故林。兔丝故无情，随风任倾倒。谁使女萝枝，而来强萦抱。两草犹一心，人心不如草。莫卷龙须席，从他生网丝。且留琥珀枕，或有梦来时。覆水再收岂满杯，弃妾已去难重回。古来得意不相负，只今唯见青陵台。

其二为繁本，凡四十二句：

锦水东北流，波荡双鸳鸯。雄巢汉宫树，雌弄秦草芳。相如去蜀谒武帝，赤车驷马生辉光。一朝再览大人作，万乘忽欲凌云翔。闻道阿娇失恩宠，千金买赋要君王。相如不忆贫贱日，位高金多聘私室。茂陵姝子皆见求，文君欢爱从此毕。泪如双泉水，行堕紫罗襟。五起鸡三唱，清晨白头吟。长吁不整绿云鬓，仰诉青天哀怨深。城崩杞梁妻，谁道土无心。东流不作西归水，落花辞条羞故林。头上玉燕钗，是妾嫁时物。赠君表相思，罗袖幸时拂。莫卷龙须席，从他生网丝。且留琥珀枕，还有梦来时。鹔鹴裘在锦屏上，自君一挂无由披。妾有秦楼镜，照心胜照井。愿持照新人，双对可怜影。覆水却收不满

[1]《李白全集校注汇释集评》第二册，574—588页。

杯,相如还谢文君回。古来得意不相负,只今唯见青陵台。

先析繁本。诗分上下两片。上片十四句,起兴四句后,两句一组,节节铺陈从相如去蜀到文君见弃全过程。下片("泪如"句起)二十八句,广用杂史、小说、梁陈艳歌原句,化为梁陈宫体式的艳句,极写文君欲诉无门、流连难舍的怨思而少见愤词,最后又归到文君回归的情节。全诗如故事体,其才气过人,巧思迭出而婉转流美确有"凤雏态",但平铺直叙,大抵不脱梁陈艳体歌行牢笼,且显有逞才炫博之嫌。历来于《白头吟》尚有伤王皇后与长安去官,寄托幽愤作二说,但繁本以上情况可彻底否定二说。因为在这两种情况下:一不可能完整叙述故事,特别是写到文君回归;二不可能怨而无愤;三不可能如此逞才炫博而自陷轻薄。此外从技巧看,其繁而稚嫩,不可能是晚于《长干行》的作品。因此繁本是纯粹的艳情诗,当为初游成都,览古而怀相如文君悲欢离合所作。

简本明显是约略繁本,略添关键句所成。立意上明显突出文君虽留恋而更愤而决绝之情,更切《白头吟》本辞原意。作法上变平铺直叙为熔裁得体,于婉转流美中济以跌宕起伏之致。它提取繁本后片化用本辞的"东流不作西归水,落花辞条羞故林"二句为中枢,省净而有顿挫感地完成了上下片的转接;同时上应上片起兴后新增的主题句"宁同万死碎绮翼,不忍云间两分张";下照篇末"覆水再收岂满杯"(变繁本"覆水却收"句而来)的决绝之辞,构成全诗主脉,来安排素材:上片删削次要情节,突出相如"多金"而"好新";下片大量删削繁艳,却增入化用古诗"与君为新婚"章的菟丝女萝之喻,巧而能质。不但以十四句仅及繁本一半的句数写活了文君的感情波澜,且消除了繁本以"杞梁妻"典、"青陵台"典二次收束却未见层次感的结构不足。可见简体已较繁本成熟得多。其改定时间虽难以确定,但从它是节略繁本所成,及与《长干行》《长相思》等名篇相比,虽各有千秋而化用齐梁艳体句仍较多来看,似应在二诗略前而仍可排除伤后与自抒二说。

《白头吟》繁简二本的情况说明了三个问题：

其一，与其选体由小谢上窥大谢同趋，李白玉台体始学表现出由齐梁艳体上窥汉魏乐府的趋向，取法乎上，循体得势，因性练才而复古通变是李白习学二体的共同特征，所谓"已具风雏态"，除性情而外，这种诗学趋向也不容忽视。

其二，李白此二体虽各有渊源，但作为积淀于其"成心"中的文学素养又互相融铄。选体修养不仅使其玉台体创作的艳丽（时俗）得以洗汰，更在取势布局上济以跌宕之致，从而表现出艳诗选化的趋向，而李白选体诗的遣词造句，较大谢甚至小谢都来得通俗而无滞涩感，这又与其对直致清便的玉台体的习学相关，而在他进一步吸纳与玉台体相关的古乐府尤其是当代民歌营养后，就更有长足进展。

其三，我们知道，艳体歌行是初唐七古的主要样式，盛唐复古通变的七古经历由王岑高李到李杜的系列，由此蜕出。《白头吟》简本在取势布局上相对于繁本的进展，为我们提供了李白选体诗取势布局对其七古体格产生影响的一个中间状态，从而有力地证明了本文上节的论点。要之作为始学阶段的主要体式，选体确如朱熹所云对李白有终始以之的影响。

五、代结论——从李白与选体玉台体的关系看初盛唐间诗史走向

以上我们论述了李白由选体与玉台体开始其诗歌创作历程。说明其二体由齐梁上窥晋宋之前的共同趋向和二者的交互关系，以及因其始学初化作用，对以七古为例的他的其他诗体以取势为主的重要影响。作为盛唐最有代表性的诗人，李白前期创作的这种情况在初盛之交，同样是具有代表性的。

　　通常认为,恢复风雅传统,取法汉魏、南北诗风交融,是初盛唐诗的主要走向,其结果是齐梁艳丽诗风的廓清与律体的确立。这其实是一种粗略而有失偏颇的看法。

　　唐初到开元前期,南北诗风的结合是与朝野诗风的交融相互渗透的(参拙文《开元十五年前后》),而恢复风骚、汉魏精神,其实又是与对六朝诗的复变相统一的。然而风格风气的变化,虽以"成心"(性情之心)为最活跃的能动因素,而最终还是要落脚于文体的。也就是说,只有细按诗体的演进,风气风格演进方能获得具体形态。而初盛之际,上述种种风气风格的碰撞交融,其实是与齐梁以来最盛行的两种同趋分流的诗体——选体与玉台体的消长与转化密切相关的。

　　新朝上下总体上的进取精神与选学的日益隆盛,使得选体终于一改陈隋之际的弱势,而从初唐起就开始凌胜于玉台体。不仅如《玉台新咏》般的艳体诗集失去了堂而皇之产生的可能,而且艳体的创作也转而选化,这从《翰林学士集》《珠英学士集》《丹阳集》二朝一野三集的存诗情况可清楚看出。而由初盛之交始,变小谢(齐梁)崇尚为由小谢体上窥谢鲍(元嘉),正如前述,也继之发生。所谓标举风骚、建安,在选学极盛的态势下,是由选体与玉台体上述复变过程首先体现并进而上探的。也正因此,唐代古诗,如李于鳞所说非古诗,是唐人诗;而由选体殿军永明体演变而来的律体,也因此终于在保留其诗体特点及技法累积的同时,扭转了唐初宫廷主要用于应酬、宴游而过于注重声辞的偏向,从而获得了广阔的生存空间与浑成秀朗的品格。殷璠说:"开元十五年后,声律风骨始备矣",反过来看,至开元前期,诗坛仍处于上述由初入盛的转型时期。

　　　　　　　　　　(本文原载于《唐代文学研究》2006 年辑)

鲁仲连、赵蕤与李白

——兼论古代文化史、文学史研究的若干问题

自中唐刘全白《唐故翰林学士李君碣记》起,所谓李白的纵横家气质、任侠气质[1],便是李白研究中绕不开的话题。本文将以鲁仲连、赵蕤这二位被视为对李白纵横、任侠倾向影响最著的历史人物与李白的关系为焦点来展开讨论,以与拙作《李白性格及其历史文化内涵》所论李白抟合庄、孟的"英特越逸"之气相表里[2],共同揭示一道常规文史研究未予充分重视的历史文化风景线;并进而略论当前古代文化史、文学史研究中的若干倾向性问题。

一、鲁仲连辨——鲁连、子贡、孔子

鲁仲连以《史记》所记讽赵"义不帝秦"、助齐"一箭定聊城"二事著称于后世。李白尤其推崇之而屡见歌咏数十次。比如《古

---

[1] 《李太白文集》卷一:"君名白,广汉人,性倜傥,好纵横术……少任侠,不事产业。"(上海古籍出版社 2003 年版,第 5 页)又宋胡仔《苕溪渔隐丛话》前集卷五引《蔡宽夫诗话》论李白"盖其学本出纵横,以气侠自任"(人民文学出版社 1981 年版,第 28 页)。
[2] 《文学遗产》1999 年第 2 期。

风·第二十四》"齐有倜傥生,鲁连特高妙。明月出海底,一朝开光耀。却秦振英声,后世仰末照。意轻千金赠,顾向平原笑。吾亦淡荡人,拂衣可同调",即咏鲁连见赵客辛垣衍,讽平原君义不帝秦事。其列为同调,而称后世仅仰其余辉,推尊之隆,在"谑浪万古贤"的李白是极少见的。又名篇《行路难》之末句"长风破浪会有时,直挂云帆济沧海",意谓一旦破厄难而成功,当即浮海而去矣,则暗用鲁连助田单"一箭定聊城"后,却田单之爵赏而云"吾与富贵而诎于人,宁贫贱而轻世肆志也"(《史记·鲁仲连邹阳列传》),终于逃隐海上事。

按《史记》所记鲁连事均见于《战国策》。而《战国策》在《宋史·艺文志》中被列入纵横家者流;又在《史记》中鲁连与邹阳合传,而《邹阳》在《汉书·艺文志》中归为纵横家之属。这些也许是人们以鲁仲连为纵横家,或有任侠之气的纵横家的文献依据。然而细研之,情况不尽如此。

《战国策》在《宋史》之前,均列为《史部·杂史类》。其所录谋臣策士之属,赅取儒法名墨道诸子,比如孟子及其高足告子,均被收录。因此说《战国策》为记录战国时代谋臣策士言辩之书固不错,但说它属纵横家者流,则显属谬误。不过这也启示我们认识到,战国诸子百家,均以雄辩为长,并以谋臣策士之形态活跃于当时政坛而多少有点纵横家的风概。因此判定《战国策》中策士的学派归属,机巧善辩不是主要标准。公都子曰:"外人皆称夫子好辩,敢问何也?"孟子曰:"予岂好辩哉?予不得已也!"(《孟子·滕文公下》)孟子师徒这段对话,正典型地反映了此一历史情状。而太史公以鲁仲连与邹阳合传,也并非以鲁邹同派。一个不移的证据是《班志》以《邹阳》为纵横家,却将《鲁仲连子》归为儒家者流七十四家之一[1]。不仅如此,尽管后世对《班志》所录各书的门类归属,

---

[1] 汉班固著《汉书》卷三〇《艺文志》,中华书局1962年版,第1726页。

多所调整,但对于《鲁仲连子》(或名《鲁连子》),《隋书·经籍志》《旧唐书·经籍志》《新唐书·艺文志》《宋史·艺文志》无一例外地均与《班志》同而归入儒家者流。

按太史公将后来《班志》之一儒家一纵横家合传,是一个值得探讨的现象。检《史记》各合传,或以事相连,如《管晏列传》《廉颇蔺相如列传》,或以类相从,如《申不害韩非列传》《孙子吴起列传》。对鲁、邹合传,司马贞《索隐》曾批评道"年代殊乖绝",不可取,而认为鲁仲连当与田单合传。这意见自然是从其事相连角度出发的,但其实史迁之本意则在于以类相从,不过,这个类,不是学派之流别,而是作风之相类。可以说鲁邹合传是史记合传中的一个另类。这从取材与赞语可以窥取。

史迁传鲁连,于《国策》所记五事中取其尤见说辞书辞之长的二则。义不帝秦事,主要是一篇说辞,一箭定聊城事,则主要为一篇书辞(《遗燕将书》),并由此连类而以同为齐人的邹阳《狱中上梁王书》为主体,传邹阳而附于鲁连。合传末太史公曰:"鲁连其指意虽不合乎大义,然余多其在布衣之位,荡然肆志,不诎于诸侯,谈说于当世,折卿相之权。邹阳辞虽不逊,然其比物连类,有足悲者,亦可谓伉直不挠矣,吾是以附之列传焉。"[1]因可见居下位(布衣)而荡然肆志,伉直不挠,以谈说书辞,抵折公卿的行为方式是史迁合传鲁、邹的主旨所在。

又按论列学派流别,至刘向《七略》,班固《艺文志》方始定型。其先虽有《庄子·天下》论列诸子,但着眼在当时诸子破碎大道,而非梳理源流。太史公虽有以类相从者,但并无《班志》后所谓九流之明确区别。作为史家,他的合传主要着眼于历史运行中人的行为方式。故墨子为显学,《史记》却无传。管子后世多归为法家(或

---

〔1〕 汉司马迁著《史记》卷八三《鲁仲连邹阳列传》,中华书局 1984 年版,第 2479 页。

道家），晏子后世归为儒家，而史迁则予合传。《儒林列传》是《史记》唯一一篇看似以学派名的合传。然而正如《正义》引姚承云："儒谓博士，为儒雅之林。"[1]其内容专记汉武帝设文学博士。故虽述当时六艺儒学，而汉初大儒叔孙通以至汉武丞相公孙弘均不入此传，而其编次则与《循吏》《酷吏》等传相衔接，因此初非由论列诸子流别而立，而为记当时文学之臣之合传。至于《游侠》《刺客》《货殖》诸传，更莫不以行为方式类从。因此鲁连邹阳合传，正标示了一种对后世足具影响的上述另类，而不能以《班志》对邹阳之学派归属来牢笼鲁连。

史迁称"鲁连之意旨虽不合大义"，而《班志》以下各史志均归之于儒家。看似抵牾，然而两相参照，正有以见出鲁仲连实为儒家中之另类，其行为方式虽与醇儒有别，但在春秋时代便有先行。而孔门十哲之一的子贡之行人辞令，最有启发性。

孔门四科：德行、言语、政事、文学。《史记》录四科十人，后世称为十哲。子贡便是言语一科二哲之一。《史记·仲尼弟子列传》记七十五弟子事，以子贡事为最详。

当时田常欲乱齐，惮国内大姓名臣，故移兵欲伐鲁。孔子谓门弟子曰："夫鲁，坟墓所处，父母之国，国危如此，二三子何为莫出？"子路请出，孔子止之。子张、子石请行，孔子弗许。子贡请行，孔子许之。结果是"子贡一出，存鲁、乱齐、破吴、强晋而霸越；子贡一使，使势相破，十年之中，五国各有变"（《史记·仲尼弟子列传》）[2]。这是春秋时代的一件大事，载入《左传》。而所谓"使势相破"是指子贡因五国之形势，而用一种类似连环计的计谋，游说齐晋吴越四国，使之相争，终于达到孔子托付的"存鲁"之目的。其大抵情况是先由鲁至齐，说田常，诱使常弃鲁而向吴。更南见吴

〔1〕《史记》卷一二一《儒林列传》，第3115页。
〔2〕《史记》卷六七，第2197—2201页。

王,以吴齐争强之利害,而说吴王夫差存亡继绝,暂置越国之威胁,使越从吴而伐齐。然后又因吴王命之越,说越王勾践姑从吴伐齐,而待隙以灭吴。又返报吴王夫差,代勾践卑辞以谢吴,从而诱使夫差放弃命越王从征的初衷,而发九郡之兵伐齐。随后子贡又之晋,使晋在吴齐之战中作壁上观,以保证齐吴之战两败俱伤的既定设计。如此安排后子贡方返鲁,以观四国之变。果然吴先大败齐军于艾陵,又移师向晋。晋吴大战于黄池,吴师大败,越王勾践乘机涉江袭吴,战于五湖,终于杀吴王夫差而戮其相。破吴三年后,越东向而霸。

从大局观之,子贡此行,可称弱国外交的典范之作。其结果是使与鲁相毗邻的齐吴两国一乱、一灭;而使较远的晋、越两国形成均势,从而既在近期去除了齐对鲁用兵的威胁,而从长期看,鲁也可以在齐晋越的均势中,得以相对平安,甚至在列国争霸的态势中,成为一枚举足轻重的棋子。人们都熟稔越之亡吴,在于文种献西施于吴王夫差,然而历史的真相是,子贡才是这出戏剧化的争斗中的真正导演。西施惑吴王即使确有其人其事,也不过是一种助力而已。

子贡之所以能在这出连环计中将四国权臣君王玩弄于股掌,当然靠的是他的说辞。今姑录其说齐一节,略加评说:

> 遂行,至齐,说田常曰:“君之伐鲁过矣。夫鲁,难伐之国,其城薄以卑,其地狭以泄,其君愚而不仁,大臣伪而无用,其士民又恶甲兵之事,此不可与战。君不如伐吴。夫吴,城高以厚,地广以深,甲坚以新,士选以饱,重器精兵尽在其中,又使明大夫守之,此易伐也。”[1]

按:这是后来孟子常用的“设彀”论说技法。依常理,鲁弱吴

---

[1]《史记》卷六七,第 2197 页。

强,攻鲁易,攻吴难;而子贡却故意反说之,以引起田常的注意,以免一开始就被拒之千里。田常果然入彀,忿然作色曰:"子之所难,人之所易;子之所易,人之所难;而以教常,何也?"子贡这才入题:

> 子贡曰:"臣闻之,忧在内者攻强,忧在外者攻弱。今君忧在内。吾闻君三封而三不成者,大臣有不听者也。今君破鲁以广齐,战胜以骄主,破国以尊臣,而君之功不与焉,则交日疏于主。是君上骄主心,下恣群臣,求以成大事,难矣。夫上骄则恣,臣骄则争,是君上与主有郤,下与大臣交争也。如此,则君之立于齐危矣。故曰不如伐吴。伐吴不胜,民人外死,大臣内空,是君上无强臣之敌,下无民人之过,孤主制齐者,唯君也。"〔1〕

按:这一节是攻心之论。子贡洞悉齐将伐鲁不是常规意义上的敌国之战,而是田常企图以外战转移国内矛盾的视线,并慑服高、国、鲍、晏诸齐国大族。所以子贡先立"忧内攻强,忧外攻弱"的论点,说明齐破弱鲁与齐攻强吴对于田常一族的利害关系。如为公忠之臣,不难见出子贡所论形同诡辩,但恰恰田常是一个不计国家利益,专意在树立个人威望的权臣,所以正中其要害。田常果然中计曰:"善。虽然,吾兵业已加鲁矣,去而之吴,大臣疑我,奈何?"

对于田常这一尚存的疑虑——

> 子贡曰:"君按兵无伐,臣请往使吴王,令之救鲁而伐齐,君因以兵迎之。"〔2〕

按:这是子贡针对田常尚存的疑虑,一箭双雕的谋画。令吴救鲁伐齐表面上看是为田常谋,为他弃鲁伐吴的目标转移找到正当的理由,以免国人之讥,而实际上,是解鲁之危,并为鲁的主要敌国

---

〔1〕《史记》卷六七,第 2197 页。
〔2〕《史记》卷六七,第 2197—2198 页。

齐,播下大乱的种子。

《史记·鲁仲连邹阳列传》称鲁连"好奇伟俶傥之画策"[1],传末太史公曰所说的"指意虽不合大义"[2],主要就此而论。而所记鲁连二事,尤以"一箭定聊城"之书辞为奇诡,其不足千言的说辞,似乎处处占齐聊城的燕将设身处地谋画,但实际上却令燕将痛觉归燕从齐,进退两难。终于自尽以了事。田单攻聊七十余日无成之业,鲁连竟以一箭书辞而克成其功。所以说"一箭定聊城",其实乃一书定聊城。然而如以鲁连传与子贡传对读,鲁仲之画策奇诡,对于子贡而言,只是小巫见大巫而已。而更为有趣的是子贡这种看来可与仪、秦之流媲美的策士作风,在孔门其实渊源有自。

今存古书传录孔子言行者主要是《论语》与《孔子家语》二书。《论语》入经,为世人熟稔,《家语》属于子部儒家类,晚出而不入经,故知名度低且见疑于后人。然而《家语》为汉大儒王肃所传旧典之说虽有疑,但其所载孔门事迹如比对其他史料,有弥足珍贵者。甚至可以说,比起经后儒选编润色而一味温文尔雅的《论语》来,《家语》所勾画的孔门形象,有的更接近于春秋时代孔门的实际作风。《家语》第一篇《相鲁》,记孔子相鲁定公会齐侯事,就开宗明义勾画出一位与《论语》孔子不同的夫子面貌:

> 定公与齐侯会于夹谷,孔子摄相事,曰:"臣闻有文事者,必有武备;有武事者,必有文备。古者诸侯并出疆,必具官以从,请具左右司马。"定公从之。至会所,为坛,土阶三等,以遇礼相见。揖让而登,献酢既毕,齐使莱人以兵鼓譟劫定公。孔子历阶而进,以公退,曰:"士以兵之! 吾两君为好,裔夷之俘,敢以兵乱之,非齐君所以命诸侯也。裔不谋夏、夷不乱

[1]《史记》卷八三,第 2459 页。
[2]《史记》卷八三,第 2479 页。

华、俘不干盟、兵不偪好，于神为不祥、于德为愆义、于人为失礼，君必不然。"齐侯心怍，麾而避之。有顷，齐奏宫中之乐，俳优侏儒戏于前。孔子趋进，历阶而上，不尽一等，曰："匹夫荧侮诸侯者，罪应诛。请右司马速加刑焉。"于是斩侏儒，手足异处。齐侯惧，有惭色。将盟，齐人加载书曰："齐师出境，而不以兵车三百乘从我者，有如此盟！"孔子使兹无还对曰："而不返我汶阳之田，吾以供命者亦如之。"齐侯将设享礼，孔子谓梁丘据曰："齐鲁之故，吾子何不闻焉？事既成矣，而又享之，是勤执事。且牺象不出门，嘉乐不野合。享而既具，是弃礼也；若其不具，是用秕稗也。用秕稗，辱君弃礼，名恶。子盍图之。夫享，所以昭德也。不昭，不如其已。"乃不果享。齐侯归，责其群臣曰："鲁以君子道辅其君，而子独以夷狄道教寡人，使得罪。"于是乃归所侵鲁之四邑及汶阳之田。[1]

这一段记载叙齐鲁夹谷之会，共四个回合，四事分别见录于《左传·定公十年》与《史记·孔子世家》，应属可信。所反映之孔子形象行事与前此曹沫辅鲁庄公与齐桓公柯之盟、后此蔺相如辅赵惠文王与秦王渑池之会相仿佛。因可知子贡使五国事，其实正是孔门作为谋臣策士活跃于周代的当行本色。

其实，作为谋臣策士，奉使骋辞，绝非纵横家所独有，而是周秦之世各家从政的必由之途。所谓"百家争鸣""处士横议"，正说明了论难辩说是各家的必修功课。而韩非之有《说难》、墨家之有早期逻辑学、名家之有坚白说，更说明对言辩的研究已深入到理论层次。对此，孔门也不遑多让。这可由孔门四科的设置中得到启发。四科为德行、言语、政事、文学。其关系并非并立的，而当是一个系统。德行为本，政事为鹄的，言语、文学为技术。以德行

─────────

[1]《孔子家语》，上海广益书局版，第1—3页。

为首义而以言语文学为手段，来建立事功，是活跃于周世的孔门儒学的本来面貌。而孔子相鲁定公事为此一理解，提供了最佳的注释。故鲁仲连作为儒家者流，正是春秋时代子贡之遗风流韵。盖策士于后周之世，各派皆有，然"形徒相似，其实味不同也"。善雄辩，擅奇谋是诸家策士的共同点，但儒家策士有别于纵横家策士，根本在于一个"义"字。仪、秦之流，尚功利弃道义，故师兄弟二人相约分相秦与六国以交相为利；鲁仲连虽论辩诡谲似仪、秦，排难解纷似侠者，但以兴亡继绝为己任而"义不帝秦"，功成不受赏，的是儒家本色，而后一点子贡亦为其先行。子贡说越，"越王大悦，许诺，送子贡金百镒，剑一，良矛二，子贡不受，遂行"（《史记·仲尼弟子列传》）。二子此种行径亦颇近侠士。然而如《史记·游侠列传》裴骃《集解》引荀悦曰："立气齐，作威福，结私交，以立强于世者，谓之游侠。"因可知"公义"与"私义"之分是游侠与儒者之兼侠行者的本质区别。故史迁绝不以鲁仲连为《游侠列传》诸侠之先行。其论鲁连云："其指意虽不合大义"，就"指意"一辞观之，主要是指《遗燕将书》之奇诡或有伤于忠厚。但鲁连之书意在维护故国齐，与子贡同样有伤忠厚而同样旨在维护故国鲁并无二致。因此就"义与不义"，"公义"与"私义"而言，鲁仲连大节无亏，这一点，如参读《国策》所记鲁连其他三事，皎然可明。《班志》以下归之为儒家者流，为我们研究前期儒家提供了一个重要的视角。按孔子之后儒家分而为八。然而因为汉儒重礼义，宋儒尚性理，后世论儒，仅识得礼、性二脉，而更以思孟一派为主。其他门派已经埋没不传。鲁仲连之为儒家之别类，其意义，尤在于史迁所指出之"布衣"一词而上承子贡一脉。布衣之儒是否属于八门之一，虽不得其详，但其流风余韵却史不绝书。而李白正是在这一点上将庄逸孟英的主体精神与鲁仲连布衣之儒的行为方式统一起来，这一点有待本文第三节再论。下节我们先就以李白近纵横家的另一依据赵蕤其人作辨析。

二、赵蕤辨——赵蕤、管子与孔子

　　与对鲁仲连的仰慕一样，李白未出山前曾从赵蕤习《长短经》，被认为是他受纵横家影响的又一依据。这也事出有因，《战国策》又名《短长》，并如前述，在《宋史·艺文志》中已被录入纵横家者流。

　　然而问题并非如此简单。按赵蕤《长短经》，唐、宋史志，均录入杂家者流，其六十八篇兼及儒、墨、道、名、法、阴阳、纵横、兵家之义，而一归于经济之道、王霸之略。卷首有叙更提挈宗旨，颇有助于我们对这部内容驳杂的子书的理解，文不长，兹分节迻录并略加评说，叙曰：

　　　　赵子曰：匠成舆者，忧人不贵；作箭者，恐人不伤。彼岂有爱憎哉？实伎业驱之然耳。是知当代之士，驰骛之曹：书读纵横，则思诸侯之变；艺长奇正，则念风尘之会。此亦向时之论，必然之理矣。故先师孔子，深探其本，忧其末。遂作《春秋》，大乎王道；制《孝经》，美乎德行。防萌杜渐，豫有所抑。斯圣人制作之本意也。[1]

　　按这一节虽不废纵横、兵家，却又开宗明义以孔子为先师、圣人，提出了孔子儒学与二家之根本区别。认为儒学是探本忧末之学，而前二家则"岂有爱憎"，形同工匠，只说末枝。从而旗帜鲜明地宣称自己虽论短长，却与当世驰骛于纵横、奇正之途者有本质区别。这也是此书虽屡论仪、秦，而卷首自署却以"儒门经济"自居的原因所在。后文将论及李白其实尊孔，而其《嘲鲁儒》则云"问以经

―――――――――

〔1〕　清董诰编《全唐文》卷三五八，上海古籍出版社 1990 年版，第 1608 页。

济策,茫如坠烟雾",正是儒门经济思想之延伸,这是盛唐儒学极可注意的一点。

赵蕤之尊孔,别有蹊径,叙续云:

> 然作法于理,其弊必乱。若至于乱,将焉救之?是以御世圣人,罕闻沿袭。三代不同礼,五霸不同法,非其相反,盖以救弊也。是故国容一致,而忠文之道必殊;圣哲同风,而皇王之名或异。岂非随时设教沿乎此,因物成务牵乎彼。沿乎此者,醇薄继于所遭;牵乎彼者,王霸存于所遇。故古之理者,其政有三。王者之政化之,霸者之政威之,强国之政胁之,各有所施,不可易也。管子曰:"圣人能辅时,而不能违时。智者善谋,不如当时。"邹子曰:"政教文质,所以匡救也。当时则用之,过则舍之。"由此观之,当霸者之朝,而行王者之化,则悖矣;当强国之世,而行霸者之威,则乖矣。若时逢狙诈,正道陵夷,欲宪章先王,广陈德化,是犹待越客以拯溺,白大人以救火,善则善矣,岂所谓通于时变欤?[1]

按这一节承上节,而以"随时设教""因物成务"为纲,提出王、霸、强三政说,而结于"通于时变"。其引管子(《汉书》归道家,后世归为法家),邹子(衍,《汉书》归为阴阳家),正有以见出蕤以各家参合儒术,以通于时变之祈向。这也是唐宋史志列其为杂家之流的根因。

叙第三节继续云:

> 夫霸者,驳道也,盖白黑杂合,不纯用德焉。期于有成,不问所以;论于大体,不守小节。虽称仁义,不及三王;而扶颠定倾,其归一揆。恐儒者溺于所闻,不知王霸殊略,故叙以长短术,以经纶通变者,创立题目,总六十三篇,合为十卷,名曰《长

---

〔1〕　清董诰编《全唐文》卷三五八,第1608页。

短经》。大旨在乎宁固根蒂，革易时弊，兴亡治乱，具载诸篇，为沿袭之远图，作经济之至道。非欲矫世夸俗，希声慕名。辄露见闻，逗机来哲；凡厥有位，幸望详焉。[1]

按第三节于三政之中，特拈出"霸者驳道"作为当世治政之主张，以"经纶通变"，明王霸之殊略，救当世儒者之溺为职志，并幸望于在位者参详。

按《汉书·艺文志》说杂家云："杂家者流，盖出于议官。兼儒墨、合名法，知国体之有此，见王治之无不贯，此其所长也。"[2]《长短经》师孔子，合管、邹，倡三政，主霸者，正所谓"见王治之无不贯"。归之于杂家者流并无不妥。然而问题并不在于此。

按杂家者流，《庄子·天下》言天下学术而不见及，《史记》诸子传记亦不见称，其《吕不韦列传》也未始以杂家称之。至《班志》方见其类，可知是一种后起的学派划分，而实反映了先秦诸子源流因时政之需要而在对待中相互参融的历史趋势。杂家者流，称之为政道之流，亦无不可。由于参融，其来源颇杂，虽统归于为政之道，而各家内涵实多不同。就《班志》所录杂家二十种之周代著作而言，《尸子》近法，商君师之；《尉缭》《子晚子》可入兵家；《伍子胥》《由余》则为名臣言说。故论杂家著作，当十分注意于总杂中见其主体倾向，具体问题，具体分析。

按赵蕤除《长短经》外尚存《关子明易传叙》（《全唐文》卷三五八），有云："蕤非圣人，五十安知天命。然从事于《易》，虽乱离中，未尝释卷。盖天命深微，莫研其极。而子明之传，蕤粗通之，然恨此书亡篇过半。今所得者，无能诠次，但随文义解注，庶学者触类而长，当自知之尔。"可见蕤深研《易经》，并能注解以传学者。而《长短经叙》以上之思想骨架，实为《易》不易、变易、容易之义。要

[1]　清董诰编《全唐文》卷三五八，第1608页。

[2]　《汉书》卷三〇《艺文志》，第1742页。

在说明孔子之道,唯有在适时通变之中方可得到沿袭。其义于正文《适变》中更有发挥。虽然侧重点上有所不同,但从思辨形态上却与同时稍后之啖助、赵匡以辅时及物为特征的儒学思想精神相通,故其所主张当世应行的"霸者"之驳道,其实并不违孔子本意。这从孔子论管子可得其谛。管子助齐桓公称霸而历来被视为霸政的代表,在孔子时代,就颇多争议,然而孔子却一反时论,许之以仁。《家语·致思》记:

> 子路问于孔子曰:"管仲之为人何如?"子曰:"仁也。"子路曰:"昔管仲说襄公,公不受,是不辨也;欲立公子纠而不能,是不智也;家残于齐而无忧色,是不慈也;桎梏而居槛车无惭心,是无丑也;事所射之君,是不贞也;召忽死之,管仲不死,是不忠也。"孔子曰:"管仲说襄公,襄公不受,公之暗也;欲立公子纠而不能,不遇时也;家残于齐而无忧色,是知权命也;桎梏而无惭心,自裁审也;事所射之君,通于变也;不死子纠,量轻重也。夫子纠未成君,而管仲未成臣,管仲才度义,管仲不死,束缚而立功名,未可非也。召忽虽死,过于取仁,未足多也。"[1]

《家语》所记可以《论语·宪问》印证之:

> 子路曰:"桓公杀公子纠,召忽死之,管仲不死,曰未仁乎?"子曰:"桓公九合诸侯,不以兵车,管仲之力也。如其仁!如其仁!"

> 子贡曰:"管仲非仁者与? 桓公杀公子纠,不能死,又相之。"子曰:"管仲相桓公霸诸侯,一匡天下,民到于今受其赐。微管仲,吾其被发左衽矣。岂若匹夫匹妇之为谅也,自经于沟渎而莫之知也。"

按《论语·八佾》记孔子称管子"器小"、"焉知俭"、不"知礼",

---

[1]　《孔子家语·致思》,第26—27页。

主要是从管子有越礼之举而言。而《宪问》则就管仲大德事功而论。合以观之，孔子所许"如其仁，如其仁"，意谓"如他那样，也算得上仁了"，亦即观其大节亦可称仁了。这说明以"大德不逾闲，小德出入可也"论人的孔子，虽力倡先王之政，但是在春秋乱世，王道不行，也不得不认为，霸者虽尚去王政一间，但有功当世，泽及后代，也可说是近乎仁。由此可见，作为最高境界的"圣之时者"（孟子论孔子语），孔子于为政也不得不"通乎变"，量乎"重"，因"时"而论，给霸政以较高的历史地位。至孟子，虽曰"仲尼之徒无道桓、文之事"，但亦不得不认为霸者是"以力假仁"，"其民欢虞如也"，虽去王者远矣，而又远胜于今之诸侯。至荀子则明确主张礼法并治，王霸兼用。因此赵蕤之以孔子为先师，而力倡霸政以张于当世，并以形同纵横术的"长短"名其书，虽不妨归之于杂家，但杂中见一，所谓"虽称仁义，不及三王，而扶颠定倾，其归一揆"，正说明他与荀子一脉儒流的血缘关系，名之曰近儒之杂家，当无不妥。这也可以由管子思想与儒家的关系进一步理解。

今本《管子》一书为集齐稷下学者之言论，内容驳杂，后世多列入法家，然《班志》则归为道家，而由《史记》本传所记，推源管子本人思想，本尤重"六亲"而以"礼义廉耻"为四维，则与儒门之核心思想初无二致。《史记》以管晏合传，《晏子》自《班志》起，即列入儒家，从中可见助齐国成就霸业之二相，在学术思想的传承上有其内在的一致性。太史公传赞称："管仲，世所谓贤臣。然孔子小之，岂以为周道衰微，桓公既贤，而不勉之至王，乃称霸哉？语曰：将顺其美，匡救其恶，故上下能相亲也。岂管仲之谓乎。"[1]这一段话是为前述《论语·八佾》记孔子称"管仲器小"作辩，结合前述孔子称管仲为仁的史料，可知太史公实以为管仲之霸业本质上并非尚武逞欲；其顺美救恶，以达"上下相亲"之境，实亦由来已久的王道思

––––––––––––––––––

[1]　《史记》卷六二《管晏列传》，第2136页。

想在春秋乱世之不得不尔的变通。

我们不必强将管仲归为儒家,但管仲六亲、四维说为儒家核心思想的先行,绝非臆断,这也是孔子许仁于管仲的本质所在,赵蕤杂学兼收而以尊孔尚管为职志,就学术源流而言,正由于此。

又,赵蕤之作风行事也颇可注意。"赵蕤字大宾,盐亭人,后徙居郪,隐居长平山安昌岩。开元中三诏召之不起,或云以谖死。"(《全唐文》卷三五八)则其虽有王霸之略,而实为隐士逸人之流,又"以谖死",则更必有行为矫俗,不护细行处。这些都隐隐显示了儒门中以"布衣"地位骋说驱辞以预政的鲁仲连之流风余韵。此则李白师赵蕤而崇鲁仲之内在联系;而其实由周及唐,此一风气不绝如缕,实为李白研究中,当与庄逸孟英之气参互研讨的重要历史文脉。

三、鲁仲连、赵蕤与李白
——一道被忽视的历史风景线

在上述鲁、赵辨析之后,再来阅读以下这段熟稔的材料,当会获得一些新的体悟:

> 吾与尔达则兼济天下,穷则独善一身。安能餐君紫霞,荫君青松,乘君鸾鹤,驾君虬龙,一朝飞腾,为方丈蓬莱之人耳,此方未可也。乃相与卷其丹书,匣其瑶琴,申管晏之谈,谋帝王之术。奋其智能,愿为辅弼,使寰区大定,海县清一。事君之道成,荣亲之义毕,然后与陶朱、留侯,浮五湖,戏沧州,不足为难矣。[1]

---

[1]　詹锳《李白全集校注汇释集评》卷二六,百花文艺出版社 1996 年版,第3982 页。

出蜀无成,酒隐安陆,李白《代寿山答孟少府移文书》可以视为这位诗仙的人生宣言,这在李白诗文中有不断的、近乎执拗的表现。如:

《泽畔吟序》云:

> 逸气顿挫,英风激扬,横波遗流,腾薄万古。[1]

《送黄钟之鄱阳谒张使君序》云:

> 白切饮风流,尝接谈笑。亦有抗节玉立,光辉炯然;气高时英,辩折天口;道可济物,志栖无垠。[2]

从上引首先可见,李白为自己规划的人生道路是以"辩折天口"的才技,成"申管晏之谈,谋帝王之术"以致天下太平的事功,然后功成身退,避世江海。这里纵横家式的辩才,如赵蕤所说那样是"伎业",蕤所主张管晏式的霸业是鸹的,鲁连式的功成却赏逃隐海上是归宿,而这一切的纲领则在于孟子所云"达则兼济天下,穷则独善其身",只是他又以庄参孟,是即所谓"道可济物,志栖无垠"。要之,这条人生道路的精神内核是参合庄孟的人格独立,而行为方式则是由赵蕤上溯鲁仲连那种"布衣"而为王者师的特立卓行。而连结这精神内核与行为方式的纽结点,则是鲁连直至赵蕤的那种另类的儒识与儒行。我们可以称之为达儒或者"侠儒"。这其实是鲁连而下、秦汉乃至初盛唐间,与以阮籍"大人先生"为代表的魏晋风度并行的,又一种未引起研究者足够重视的文化传统,而李白则将两者绾合一体。

《梁甫吟》是李白天宝中所作强烈地表达待时而起之志的名篇。最能见出李白心目中之达儒的行为方式。篇首以"长啸梁甫吟,何时见阳春"唱起,接着举了两个典故。先举"当年颇似寻常

---

〔1〕 詹锳《李白全集校注汇释集评》卷二七,第 4129 页。
〔2〕 詹锳《李白全集校注汇释集评》卷二七,第 4087 页。

人"[1]而为文王八十起用的姜尚。接着更盛赞楚汉时期的郦食其云:"君不见高阳酒徒起草中,长揖山东隆准公。入门不拜骋雄辩,两女辍洗来趋风。东下齐城七十二,指挥楚汉如旋蓬。狂客落魄尚如此,何况壮士当群雄。"[2]检《史记·郦生陆贾列传》,"狂生"郦食其初见刘邦,使者入通,沛公问何人,答称"似大儒"。沛公称:"为我谢之,言我方以天下为事,未暇见儒人也。"使者出,郦生瞋目按剑叱使者曰:"吾高阳酒徒也,非儒人也。"因使刘邦辍洗以见之,拜为广野君,东见齐王田广,兵不血刃,说齐七十余城归汉。[3] 按使者称郦生"似大儒",《史记》又以之与陆贾同传而附以朱建,《汉书》则以三人外加刘敬、叔孙通五人合传,班赞曰"高祖以征伐定天下,而缙绅之徒骋其知辩,并成大业"[4],颜师古注:"缙绅,儒者之服也。"[5]这些都说明郦生,是与陆贾、叔孙通等一样的儒生。只是非正统的醇儒,而是以"骋其知辩,以成大业"的兼有纵横色彩的儒门狂生。《史记》,尤其是《汉书》的合传,说明鲁仲连式的后人看来另类的儒,至楚汉之际已以群体的面貌出现。

汉兴,游侠勃兴,故《史记》专辟《游侠列传》,记汉郭解以下诸侠。而侠风实大有影响于士风。日本学者川胜义雄的名著《六朝贵族制社会研究》指出了汉末至三国时期一种值得重视的历史文化现象,他以丰富的史料论证了汉末清议,实与逸民、乡论、豪侠、道教合流,形成一种以儒家的国家理念为纽带,以对抗浊流把持政府的共同体,而如清流中的"八厨",更"暗示出诸生风气中有着任侠倾向"。至汉魏之交,清流士大夫=豪绅,与军团领导人=豪侠,

---

〔1〕 本文所引李白各诗,多见安旗主编《李白全集编年注释》,巴蜀书社1990年版。

〔2〕 安旗主编《李白全集编年注释》卷二七,第320页。

〔3〕 《史记》卷九七《郦生陆贾列传》,第2704—2705页。

〔4〕 《汉书》卷四三,第2131页。

〔5〕 《汉书》卷四三,第2131页。

通过曹操等军事首领的统合走到了一起,而如荀彧、郭嘉等清流代表人物,更以汉末清议的上述社会基础,加以师门关系等为背景,而以谋士的形态,成为曹魏集团的主要决策者,于是"清流领导人=豪绅这一系统,也就是知识分子们作为横向联合的'士'阶层,形成为官僚阶层,发挥了从横向切断试图形成的纵向主从关系"(按:指原军事集团中主客、部属等统属关系)。这就是中国中世的军事集团没有像后来日本那样形成武士社会,而转型发展出六朝贵族社会的原因所在。[1] 川胜氏的研究,细节容有可商之议,但所论,"士"以谋臣策士之形态与"侠"的兼容,在汉魏之交已成为一种举足轻重的社会现象,则是不争的事实。

魏晋以后,由于以文化传承为主要特征的世家大族形成,更由于玄风炽烈,士的特立卓行更多以风流任诞的名士风度出现,但历来之任侠、纵横风气仍以原初或新的形态得以延续。在世家,如王、谢、桓、刘、温等家族,固以文史传统继绪,但名士风流与管晏功业的结合是普遍的现象。谢安携妓而游,东山再起,为李白反复歌咏,即是显例。在布衣,则有贩畚为生,被褐见桓温,扪虱而谈,终为前秦名相的王猛一流。而那位"中流击楫"的祖逖,则介于以上两种情况之间。逖虽为北州旧姓而少孤,"性豁荡,不修仪检,年十四五犹未知书,诸兄每忧之。然轻财好侠,慷慨有节尚",后"乃博览书记,该涉古今,往来京师,见者谓逖有赞世才具"。因被察举孝廉,再辟秀才,皆不行。与刘琨共为司州主簿,同被共寝,闻鸡起舞。"以社稷倾覆,常怀振复之志,宾客义勇皆暴桀勇士。逖遇之如子弟"(《晋书·祖传》)[2]。这些前贤亦皆为李白所反复赞歌。

延而至于隋唐之际,李渊父子的关陇武装集团尤多北地豪侠风气,再续了曹操集团的故事。其谋臣群中,温大雅以才辩知名;

---

〔1〕 以上均见川胜义雄《六朝贵族制社会研究》第一编、第二编,上海古籍出版社 2008 年版。

〔2〕 唐房玄龄等著《晋书》卷六二,中华书局 1974 年版,第 1693—1694 页。

其弟彦博"幼聪悟,有口辩"[1]。房玄龄博览经史,杖策谒太宗于渭北军门;杜淹"聪辩多才艺"[2],曾隐居太白山,开终南捷径之先声。李靖"自拔草莽"[3],李勣"家多僮仆,积粟数千钟,与其父盖皆好惠施,拯济贫乏,不问亲疏",二李后终成名将。而魏征更"少孤贫,落拓有大志,不事生业,出家为道士,好读书,多所通涉,见天下渐乱,尤属意纵横之说"(以上均见《旧唐书》本传)。这些名臣都在不同程度上与任侠之风、纵横之习甚至道教有关,而魏征的早年,几乎是赵蕤的先行,并预演了李白的人生规划。

　　盛唐玄宗朝的风气,更为士人的另类行为提供了合适的土壤。李隆基既以"英特越逸之气"为帝王之相的首选,更喜好胡乐,尤擅羯鼓,以之为八音之首而酷不好琴。一日,听琴未竟,叱乐者去,曰"速召花奴(汝阳王李琎),将羯鼓来,为我解秽"(均见《羯鼓录》)[4],可见在尊孔崇老的主流意识形态下,开天一代风气同时以奇伟俶傥为尚。玄宗朝第一名相姚崇,便是一个典型。姚崇为相后"忧国如家,爱民如子,未尝私于喜怒,惟以忠孝为意",以至四方之民均画其像张之以求福祐。但就是这样一位贤相,"年三十,居泽中,以呼鹰逐兔为乐,犹不知书"。及仕,"善应变"(《大唐新语》卷一)[5],甚至临终之前还设计使张说入彀,成功地保全了家族,以至有"死姚崇犹能算生张说"之说(《明皇杂录》上)[6]。盛唐诗歌尤多游侠少年题材,连王维早年也不例外,而"恃才浮诞",也成了当时才士们的普遍风尚,这些正是基于这样一种时代性的文

〔1〕　五代刘昫等撰《旧唐书》卷六一,中华书局1975年版,第2360页。
〔2〕　《旧唐书》卷六六,第2470页。
〔3〕　《旧唐书》卷六七,第2493页。
〔4〕　唐南卓著《羯鼓录》,中华书局1958年版,第5页。
〔5〕　唐刘肃撰,许德楠、李鼎霞点校《大唐新语》卷一,中华书局1984年版,第10页。
〔6〕　唐郑处诲著《明皇杂录》,中华书局1997年版,第16页。

化氛围。[1]

以上所举由汉及唐这些历史人物与群体,实际上已构成了一道为常规的思想史与文化史所忽视的历史文化风景线。这就是兼济独善的立身之道与奇伟傀俍、特立独行的行为方式的统一。这种风气,源于鲁仲连一类周秦时代的另类的儒,绵延于整个中世史,而至盛唐之世,更与魏晋六朝另一种更普遍的张扬个性的行为方式——名士风度相融合,遂使当时尊孔崇老的主流意识形态,在才士中衍变为以抟合庄孟的"英特越逸之气"(玄宗语,见《羯鼓录》)为精神内核,而以纵横任侠,或访道问佛等为行为方式的时代风气。而这种种"另类"行为,由于上述周秦以来,士这一阶层以人格觉醒为根本的精神内核,而较之常规意义的纵横家、剑侠、道流、佛流,有性质与格调上的不同。盛唐诗的多种意味、浑沦高朗,盖源于此。[2]而赵蕤的《长短经叙》,可视为其前期的理论表现,至李白,则将这种时代精神之正负面都发展到了极至。

我们不必把李白及其同时代这一群体及其先行们,都归为儒家,然而他们的放荡夸诞行为中却包含有川胜氏所说的"儒家的国家理念",却是不可否认的事实。这在李白,也并不例外。

学界有以李白为非儒者,其实李白并不笼统地非儒。试以非儒论者常举的《嘲鲁儒》一诗略析之:

> 鲁叟谈五经,白发死章句。问以经济策,茫如坠烟雾。足着远游履,首戴方山巾。缓步从直道,未行先起尘。秦家丞相府,不重褒衣人。君非叔孙通,与我本殊伦。时事且未达,归耕汶水滨。[3]

从同时所作《五月东鲁行答汶上翁》所云"顾余不及仕,学剑来

〔1〕　参见拙文《李白性格及其历史内涵》,《文学遗产》1999 年第 2 期。
〔2〕　参见拙文《李白性格及其历史内涵》,《文学遗产》1999 年第 2 期。
〔3〕　詹锳《李白全集校注汇释集评》卷二三,第 3609—3610 页。

山东。举鞭访前途,获笑汶上翁"可知,《嘲鲁儒》是开元二十一年
夏李白初到礼义之邦的山东,因学剑问途而获笑于汶上老儒,答之
犹嫌不足,故更以此诗嘲之。然而值得注意的是,全诗未对剑侠有
任何赞美,却以赵蕤所提倡的"经济"策对鲁儒作反讽,可见学剑在
李白是为了"经济"。而诗中所引为同调的一位历史人物叔孙通,
又恰恰是汉初勇于通变改制的大儒——在《汉书》中他又正与前论
郦食其同传。可见李白绝非反儒,而只是反对迂儒,而对于通儒、
达儒,却时时心仪。又可玩味者,本诗酷学阮籍《咏怀》"洪生资制
度"。阮籍更为李白所心仪,他以名教、自然合一,倡玄而不笼统非
儒,而玄学的本质是儒道的合流。因此由《嘲鲁儒》诗更可窥见在
李白,汉末以来的名士风流与剑侠、纵横风习是并行不悖的,因为
它们均以特立独行、放荡不羁为特征,故可以"英特越逸之气"统合
于一体,而奇不失正。

通检李白诗文,他对于儒、道、名、法、杂、纵横、剑侠甚至佛家
都有所涉猎。且几乎都有礼赞,但唯独对其中一家,又颇有微辞,
这恰恰就是纵横家:"笑矣乎,笑矣乎。君不见曲如钩,古人知尔封
公侯。君不见直如弦,古人知尔死道边。张仪所以只掉三寸舌,苏
秦所以不垦二顷田。"(《笑歌行》)这里虽以仪、秦行为是时世所然,
然而又毫不含糊地归之于"曲如钩"之属,这显然与赵蕤论当世驰
骛之士一脉相承。而习纵横术又不满意纵横家,又恰恰因为李白
心中更有一个最高境界的仰慕对象:"问我心中事,为君前致辞。
君看我才能,何似鲁仲尼。大圣犹不遇,小儒安足悲。"李白流夜郎
放归后所作《书怀赠南陵常赞府》中这几句诗,径以"小儒"自称,而
自比于大圣孔子。这与其出山前的《上李邕》,临终前的《临路歌》
均以庄生的风鹏自比,却均以孔子为结;其《古风》五十九首之一,
以"大雅久不作,吾衰竟谁陈"起,而以"我志在删述,绝笔于获麟"
结,一脉相承,说明了与赵蕤一样,"集大成"的"圣之时者"孔子,才
是他心目中的至高范型。

　　嘲当时之儒而尊孔,又与"揄扬九重万乘主,谑浪赤墀青琐贤"(《玉壶吟》)相表里。李白所笑傲的绝不仅仅是高力士、杨国忠等少数人。《翰林读书言怀呈集贤诸学士》云:"观书散遗帙,探古穷至妙。片言苟会心,掩卷忽而笑。青蝇易相点,白雪难同调。本是疏散人,屡贻褊促诮。……严光桐庐溪,谢客临海峤。功成谢人间,从此一投钓。"由此可见,李白被赐金放回的根本原因,是以"白雪"自高,而视所有同僚为"营营青蝇",以至招致"褊促"之讥,而难于在朝立身。然而尽管对朝士如此"谑浪",但对于玄宗皇帝,他则是虽遭放回,仍一往情深地"揄扬"不已,甚至在以"附逆"罪待处,流放夜郎前夕,还作了《上皇西巡南京歌》十首,歌颂玄宗由西巡而东归。可以毫不夸张地断定,对于玄宗的尊崇眷念,比起"奉儒守官"的杜甫来,"新时代的大人先生"李白绝对不遑多让。我们固然不必据以上材料认真地将李白看作儒流,但是嘲当世之儒而尊孔子,诮同列臣僚而尊君王,是李白驳杂的意识与行为中贯彻始终的"一"。也就是说无论习纵横、师剑侠,还是受道箓、说空王;然而与兼济独善的处世原则相应,儒家的国家意识,仍是诗仙李白的从不逾越的人生原则。他其实是禀承了汉末清议以来,以抗浊流,清政治为职志,而以奇伟俶傥的另类行为,致成兼济之志的文化传统,而其师赵蕤而溯鲁连的深层原因,亦在于此。

　　本节开始所引《代寿山答孟少府移文书》中,李白在表达"申管晏之谈,谋帝王之术",然后功成身退的人生宣言前,有一节文字颇堪注意,先云"尔其天为容,道为貌,不屈己,不干人。巢由以来,一人而已";又曰"将欲倚剑天外,挂弓扶桑"。以之与前引之文合读,可见李白在对以上历史文化传统继承的同时,又以其个性特点,加以发挥,从而在中国古人的历史性格的发展上具有里程碑的意义。这就是他以阮籍的"大人先生"为直接取法对象,援庄子的与天地造物者游入孟子之兼济独善,而形成并标举前引"道可济物,志栖无垠"的立身原则。这两句话,说白了,就是在完成必须的社会责任以实现自我价值的同时,始终保持人格与精神上的独立。也正是在这一意义上,李白以"新时代的大人先生"的姿态[1],将汉魏六朝以来,名士风流与剑侠纵横风气,两种行为方式集于一身,并行无碍。这种风气,在盛唐才子群中是普遍存在的,而李白以其人生与创作践行将其发展到极至,并成为一代盛唐之音的代表。

然而具有悲剧意味的是,李白在将上述有深刻历史渊源的时代精神的正面——高扬的主体精神发扬到极至的同时,也将它的负面——性格上的"恃才浮诞",以及由此而来的政治上的幼稚冲动,同样发展到极至。今试举李白后期北游与东征二事,略加评析。

李白北游幽州,为天宝十年秋,安旗先生以为此行受何昌浩招引,并认为何昌浩时在幽州任节度判官。今按白《赠何七判官昌浩》有云"沙漠收奇勋",又云"终与同出处",可见安说近是。唯李白此行并不如安先生所云有侦伺安禄山谋反行迹之意,而是在天宝三年赐金放归后,长期的极度惆怅幽愤的心态下,因昌浩招引,又见长风吹云,而忽然兴起"不然拂剑起,沙漠收奇勋"之想。值得注意的有两点,一是出入两京无成,北游或西北游入军幕,为盛唐才士普遍的行为方式,二是上诗又以"管乐"比昌浩且自称同调,则又可见李白"申管晏之谈"的一贯心路。此后李白有一系列北征诗,但其中所说"虎穴""胡星""胡房",并非指安禄山,而是指当时肆虐正厉的奚、契丹。对于禄山,李白当时无宁说是寄予厚望的。这在他的北行诗中斑斑可考。如《出自蓟北门行》云:"房阵横北荒,胡星耀精芒。羽书速惊电,烽火昼连光。虎竹救边急,戎车森已行。明主不安席,按剑心飞扬。推毂出猛将,连旗登战场。"所谓明主"推毂出猛将"显为安边,不可能是征讨禄山。因为天宝十载,是禄山最当红之时。正月杨妃襁褓之,宫中皆呼为"禄儿"。二月

---

[1] 参见拙文《李白性格及其历史内涵》,《文学遗产》1999 年第 2 期。

禄山即兼任平卢、范阳、河东三镇节度使,联系下引各诗,我们有理由相信,李白所说这位蓟北猛将就是安禄山。如其《自广平乘醉走马六十里至邯郸登城楼览古书怀》末云:"日落把烛归,凌晨向燕京。方陈五饵策,一使胡尘清。"向燕京而陈贾谊所说的平胡"五饵之策",肯定不是向皇上,而只能是向燕地的主帅,非安禄山莫属。再遍检李白赴幽州诗所记沿途观感,如上诗起云:"醉骑白花骆,西走邯郸城。扬鞭动柳色,写鞚春风生。"《赠清漳明府侄聿》云:"心和得天真,风俗犹太古。牛羊散阡陌,夜寝不扃户。"《行行且游猎篇》云:"胡马秋肥宜白草,骑来蹑影何矜骄。金鞭拂雪挥鸣鞘,半酣呼鹰出远郊。"《幽州胡马客歌》云:"牛马散北海,割鲜若虎餐。虽居燕支山,不道朔雪寒。妇女马上笑,颜如赪玉盘。翻飞射鸟兽,花月醉雕鞍。"真是一路到幽,歌舞升平。绝对不可能是赴乱侦伺的见闻心情。我们不必苛责诗人没有洞悉禄山狼子野心的先见之明,但他这一次以逾天命之年(五十一岁)"白首下帷",以图初申管晏之谈的尝试,将以仓皇逃归而告终,则是必然的。

北征无成,李白又献诗威慑当时而后来叛降的蕃将哥舒翰。还是一事无成。直至安史乱起,南奔而隐于庐山。终于在天宝十五年,他才等到了一次似乎真正可展管晏之才的机会——经三辟而入永王璘幕府。然而可悲的是最终却以附逆罪而遭流放。这一事件论者甚多,这里只拟辨正二事。

首先可以断定,李白入永王幕,绝非如他后来自辩所说受到"迫胁"。从其《别内赴征》三首,在永王水军所作各诗及《与贾少公书》等可以看到,他以姜尚、管仲、谢安、王猛,当然还有鲁仲连等自比,而欣喜无比地认为这一次是坎坷四十年后真正等到了为王佐、为辅弼的机会。而"三辟"始就,羽服下山,也不过是效孔明故事,因此甚至在永王兵败之后,他仍认为永王是遭到"谗疑",而以"天人"呼之,以礼贤的燕昭王拟之(《南奔书怀》)。

其次,我们终于在这一次看到了李白的"奇谋胜略"。然而他完全看不到永王抗命东巡意在占东南财赋之地,以拥兵自重的目的,而在《永王东巡歌》十一首中天真地为永王设计了一套忠君报国的战略。即似晋将王濬般楼船东下,以龙盘虎踞的金陵为战略依托,然后下京口至扬州,跨海北摧安史老巢,再还师京陵,"初从云梦开朱邸,更取金陵作小山"(组诗其十)。按郑文《李白〈公无渡河〉浅说》,已辨李白拟以江船渡海远征之妄,云:"非特江船不能驶海,即使成行,长航远征,军粮难继,复何用哉,况永王志在割据江南,不得夸大楼船跨海之辞而掩其初衷也。"而笔者更想指出,李白的幼稚更在于其十所云"初从云梦开朱邸,更取金陵作小山"。云梦开邸,是说永王当初开府于江陵。金陵小山,则指一旦平乱后还师金陵兴作王府(李白对金陵的热衷,以后曾反复再三)。然而上句以司马相如大夸之云梦指代江陵,下句小山暗用汉淮南王事,妆点金陵,则意在建议永王平乱之后效淮南王故事,修道问仙,集宾著书,同时翊卫王室。可见,他是在用自己那一套"道可济物,志栖无垠"的人生规划为居心叵测的永王设计。而可叹的是淮南之典,正歪打正着,似诗般地预言了永王的结局。

由上析可见,李白的悲剧不在于他是否心甘情愿地附从永王——这一点,虽说证据斑斑,不可移易却情有可原;李白的可悲恰恰在于他所代表的盛唐才士"这一群"的浮躁轻进。他完全看不到永王与肃宗之间"兄弟阋于墙"的争斗的实质与必然趋势,因而在臆想中的忠于王事,一展宏图的报国壮举中,毫不自觉地坠入了"附逆"的深渊。就此而言,他的识见,固无法与"这一群"中仅见的具有吏才的高适相比——高适知永王必反,而向肃宗面陈江东利害,并统帅一路平叛大军;甚至不及同为竹溪六逸之一的孔巢父与年辈稍晚的萧颖士——二者均谢永王聘而幸免于祸。

综上所论,李白师赵蕤,溯鲁连,是有案可稽的事实。然而历来对鲁、赵于李白的影响可说是高估了,也可说是低估了。仅就纵横之习、任侠之气论其影响,是高估了;然而从历史文脉的传承而

言,却是低估了。李白师赵蕤、溯鲁连的影响贯穿其一生。这其实
是可上溯周秦、两汉以来与名士风气并行而绵延整个中世史的一
种当时普遍、后人看来却显得另类的士行(或儒行)的延续。而李
白则以其特殊的个性与气质将之与名士风气融合于一身,形成"道
可济物,志栖无垠"的人生理念。庄孟抟合的逸气英风是这种理念
的精神内核,而名士风气,与策士剑侠,甚至道流空王之习,是其以
"倜傥不群"为总体特征的行为方式。这是种时代的风气,而李白
则将其正面与负面都发挥到了极至。李白之死,不仅是一代盛唐
之音消歇的标志,也是中世以来,那种"飞扬跋扈为谁雄"的另类的
士行,在群体上的终结。中唐以后士风逐渐内省而终于转向性理,
这应当与一代盛唐才士李白式的失败人生践履有关。因此,李白
式的行为方式,在后世,也只能在个别人物譬如苏东坡身上,才以
缩小了的形态得以偶然重现。

四、余论

从以上三节论述中,可以引申出对思想文化史、文学史研究的
几点反思:

1. 思想文化史的研究,远因九流划分,近师西学分类,故重异
而略同,已成为学界惯常的思维形态。今按《庄子·天下》虽初启
流别之分,但旨在批评各家离析大道。这不能不引起我们的反思。
中华学术思想的总体特征是践行的、浑沦的,是对治国理民、立身
处世及其哲理基础天人关系的种种回答。因此季周之前,初无九
流之别,所谓思想家,都是政道家,他们围绕以上基本命题而给出
自己的为政之道。因此以后来九流的划分来看,都显得很杂。管
子后世或归道家、或归法家,而其实以礼义廉耻为四维,就是一例。

即使季周的百家争鸣，也同样以政道为归要，故虽有家门，但其实是在互通之中逐渐丰富自身，故孔子敬管仲而师老子，孔门风气也如前所述既有子贡式的张扬，也有曾子式的敬谨。汉代九流分划后形成了学术研究与政道治理、社会风尚的实际上的双轨现象，在学派研究越趋细微的同时，政道思想却不以研究者的划分为转移，仍在博通参合之中演进。杂家者流的出现，正是学派研究中为弥补以上双轨困惑所开的方便之门。而汉初董仲舒号称"罢黜百家，独尊儒术"，事实上却是合儒法而兼名家、阴阳。至于下层，更因所谓"大传统"与"小传统"的关系，虽同属一门，却五花八门。前论鲁仲连式另类的儒即其显例。这样，当今人以常规的流别标准，来研究复杂的古代政道思想，尤其是历史人物时，就不免格格不入，以至往往埋没了研究对象的原初面目。本文鲁仲连辨、赵蕤辨二节的理论目的，就是希望对以上现象引起反思。因此，私以为思想文化史、学术史的研究，有两点要引起注意，一是要深切地关注同中之异、异中之同，二是学派研究与政道、社会研究必须打通，切忌简单化。葛兆光先生的《中国思想史》，在某些具体分析上容有可商之议，但其方法论上的取向，应说是可贵的。

2. 文学史研究：文学的文化研究，二十余年来十分流行且有所成就，然而既由于论者往往忽视了文学研究中文学的本位地位，更由于思想文化史研究中的上述弊病，此类研究不少坠入了以某种思想流别（如儒、佛、道）代入文学的简单化泥淖。殊不知文学家大多非思想家，其接受的思想材料，尤其总杂而且大多缺少深研。刘勰《文心雕龙·体性》的"成心"说，对此尤有启示。成心，即作者之才、气（先天禀赋）与学、习（后天习染）凝铄而成的，能感能知的，情性化（个性化）的心体，所谓凝铄，多为"化学反应"，而非"物理反应"。作者所接受的众多思想资料，还有各类文学传承，经个性的凝铄，已不复原初面貌。而以经个性整合扭曲的形态成为作者前创作阶段的潜识与潜能；一旦心应物召，某种潜识便通过潜能而得到情境化的表现,发兴时的物我对待便转化为成心大匠运斤般的个性化的意辞对待(辞以见象、意辞对待,也就是意与象对待),并以一定文体为承载,形成"外文绮交,内义脉注"的意象群的连缀,这也就是中国文学的文本。古典文学界数十年来有一个核心的论题:文学之外部因素是如何转化为文本内涵的。当人们从各种西方文论中寻找这转化的中介时,却偏偏忘记了以本土的践行的文学创作历史为出发点的本土文论,其实早就在无意中回答了这一问题。成心及其临景结构,便是这转化的中介。"成心"说启示我们,应相对接近地把握多种文化元素在作者成心中的个性化的综合反应(对文学传承同样如此),而精神气质与行为方式及其即时的心理状态正是这种个性化综合反应的首先的因内及外的表现。因此文学之文化研究,是否应将立足点倒过来,由作品所反映的作者践行中所表现的精神、行为、心理倾向来探讨他对文化因素,包括文学因素的接受情况、综合状态,而非相反。

3. 文学史与文化史:人们已习惯了由思想文化史到文学史的研究思路。然而可否也换一种思路,多考虑一下以文学史料,助成文化史研究。文学本身就是文化的组成部分而参与中国文化的解构与建构,因此相应的文学史材料将以其生动丰富的形态,成为文化史、思想史研究的助益甚至成为足以改变固有认识的催化剂。就笔者三十年的文史经验而言,这种情况甚多。比如盛中唐间佛门尤其是禅家风气之转变,肯定与当时特别是江南一带包括诗僧的诗人群有关,他们的许多行为与创作,可以视为中国禅的先声。南宗禅之广为士大夫所尚,原因盖在于此。又如本文所说,有两点与思想文化史关系密切。一是昉于季周而盛于中世的狂客剑侠式的另类儒行与儒识,应引起足够重视;二是赵蕤式的宗孔而以经世适变为根本的杂家思想,与同时代啖助、赵匡的主公羊学的儒学,其实声气相通。一般认为中唐之前,唐代儒学式微,以至无可多说,然而贵时、适变、经济,正是初盛唐儒学的重要演变方向,中唐永贞革新乃至宋初儒学，其实都昉源于此。有心的思想文化史研究者，如能更多重视文学中的思想材料，尤其是活的以人的精神、践行为载体的思想材料，相信必能有所创获。

（本文原载于《文学遗产》2011 年第 1 期）

《李白诗选评》导言

> 黄河落天走东海，万里写入胸怀间。
>
> ——《赠裴十四》

如果说有什么能为李白其人其诗写照传神，那么唯有他自己的这两句诗。如同黄河一般，李白以他海涵地负般开阔的胸襟，吸纳了百川千流——先辈的思想、人格，诗骚以来诗歌史上的各种营养，盛唐时代宏盛气象——而当这一切从他胸中流出时，已不再为任何一条原先的川流，而是汇为黄河本身，咆哮奔腾，东走入海。这归宿，便是他企望度越一切先贤的自我完成。如果说他有所执着，那么唯一的是执着于他为自身设定的迥异于时人的人生道路：不屈己，不干人，不赴举，一鸣惊人，功成名就之后，效张良，法范蠡，泛舟湖海而去。即所谓"长风破浪会有时，直挂云帆济沧海"。他的诗歌反复歌咏的一个核心主题，就是这样一个大写的自我。

李白超迈的人格与诗格，引发了许多赞叹与传说，后来汇为一个不朽的称号——诗仙。然而一切神仙都有着人世的影像，"诗仙李白"的背后，同样有着丰厚的历史、时代的文化内涵。

我们首先会发现，可视作李白寓言性自我写照的大人形象——"倚剑天外，挂弓扶桑"（东海木名，日出处），其实脱胎于魏晋名士阮籍笔下那位周流宇宙、独立洪荒的"大人先生"（《大人先生传》）。大人先生是春秋战国以来，以庄子、孟子为代表的中国知识分子历史性格的第一个文学表现，然而却是种扭曲的表现。

以"如欲平治天下，当今之世，舍我其谁"自许的孟子，和"上与造物者游，而下与外死生无终始者为友"的庄子，虽然在入世和出世上出发点不同，但前者对现实的尖锐批判，后者对世俗的彻底睥睨，却共同表现了自以为真理在握、自心与天道相通的先秦哲人们，对现实王权的精神上的傲视，而昂扬着一种建立在人格觉醒之上的强烈的主体精神。虽然孟子不免"迂阔"，庄生则被讥为"大而无当"，但前者"沛乎浩然"的"英气"与后者"放狂自得"的"逸气"，都显示为一种以充实真诚为内核的大美。阮籍的大人先生正是庄之逸、孟之英的捏合，只是由于司马氏的政治高压，方以"夸谈快愤懑"（《咏怀》）的形态出之。在他那庄生般哲理性的虚无感中，人们可以扪摸到伴随着深重的无奈而躁动着的一股积郁的孟子般的英气。

现在，一个类似于百家争鸣时期的空前隆盛的时代来到了。盛唐时代强盛的国力与对寒门初度开放的仕路，使才俊之士感到前所未有的振奋。开元前期，我们看到了这样一组群像：高唱"葡萄美酒夜光杯"的王翰，窃定海内文士等第，竟高自标置，以自己与文坛盟主宰相张说、北海太守李邕并列第一，余皆摈落；与他齐名的王泠然上书宰相，又直斥其"温服甲第，饱食庙堂"；以《黄鹤楼》诗驰名的崔颢在《长安道》中对贵族豪门表现了一种"彼可取而代也"的愤慨；连山人孟浩然，也宁可爽约而失去被贵官举荐的机会，也决不放弃陶然一醉……开朗宏盛的盛唐时代为将庄孟的英逸之气从魏晋六朝虚无迷惘的氛围中释放出来，并回到真实的人生，提供了最佳的土壤。那位同样既英且逸的风流天子唐玄宗就慧眼独具，他以"英特（卓立）越逸之气"一语，为这一时代精神作了最好的提挈，而新时代的大人先生李白，正是这一精神的代表。

然而《明皇杂录》的一条评述颇值得注意："刘希夷、王昌龄、祖咏、张若虚、孟浩然、常建、李白、杜甫，虽有文名，俱流落不偶，恃才浮诞而然也。"英特越逸的盛唐才士们其实有着他们历史性的性格弱点。相对于有累世治政经验的士族们,他们在政治上是相当幼稚的。他们看不到或者不愿看到,一隙开放的仕途,其实阻碍重深;对于隆盛气象背后方兴未艾的社会危机,诸如奢靡渐开,宦官干政,开边无度等等,也缺乏清醒透辟的认识。他们绝大多数缺乏先秦诸子的思力与实际的吏才,更无论应对官场风波的经验与手段。种种危机、磨难与自身的不足,在他们的心头,主要不是形成理性的反省与批判,更多的是在昂扬奋亢的狂狷之气中激荡起一种朦胧的不安。人们常说盛唐诗"雄浑""高朗",除了技法上较之初唐宫廷诗风来得自然外,这种奋亢进取与朦胧不安的张力,是其更为重要的内核。

代表盛唐诗风主流的才俊之士们是狂狷的一族,也是过于天真的一族,而李白,由于富商出身而无任何家世的学术与从政背景,由于早年偏处西南一隅而远离政治经济的中心,由于他格外乐观夸张的天性、任侠学道的经历、喜论纵横的才情,更将时代性的"英特越逸"之气的正反两方面——进取昂扬与幼稚浮躁都发挥到极致,也因此自然而然地成为雄浑高朗的盛唐诗风的高峰与典型。

融合了庄逸孟英的大美,通过李白赤子般的心胸,化为对明亮光鲜与恢宏博大两种色调的不懈追求,并形成他诗歌意象的感觉基调。在不同时期、不同心境下,以不同的组合形态与色调变化,形成了他个性鲜明又富于变化的诗歌意象。

光明恢宏倾向于想象夸谈,坦率自然则倾向于白描写实,而李白却将二者统一起来。他的夸谈极少虚语浮词,诸如"燕山雪花大如席,片片吹落轩辕台""狂风吹我心,西挂咸阳树",都是以夸张传达真景真情的范例,而如"不信妾肠断,归来看取明镜前""不知明镜里,何处得秋霜"则于白描中见奇思逸想。二者均为他人所不可到的境界。

奔越的英气与舒展的逸气,使李白的诗歌节奏疾徐相生,酣畅而不轻滑。大篇如阵雷层涛，喷薄而出，跳荡相生，大起大落间看似断裂，而裂隙间总有一种氤氲的气脉相连续；律绝短章则往往以古运律，随流曲折，自成风调。二者都能从自由挥洒的节奏中传送出宽远的听觉形象。

上述意象、修辞、节律特点共同构成了李白瑰奇壮伟、飘去倏来、海涛天风般的诗歌风格；即使风平浪息，霁月中天，却仍有一种浩浩不尽的开阔远势。这种风格形象地传达了他渴欲冲破一切藩篱的理想主义的自我追求与充分自信。天宝末期，当家世仕宦的杜甫，不再裘马清狂，开始含泪审视变乱的人间世，形成沉郁顿挫的风格时，李白则依然保持着他那"舍我其谁"的自信，执着地以他对恢宏明亮的不懈追求与业已激化了的朦胧不安作着拗怒的对冲，正是在这一意义上，李杜虽然双峰并峙，而杜甫更多预示着唐诗的未来，李白则以其天真的生命，为一个激情浪漫的时代画上了句号。

（本文原载于赵昌平《李白诗选评》，

上海古籍出版社 2002 年版）

《李白诗选评》李白小传

一、蜀中初学与辞亲远游（701—725）

李白（701—762），字太白，号青莲居士，四川绵州昌隆县（今名江油）青莲乡人。这个乡名，当是后人为纪念他改易的；而太白之名，据时人记载，则起因于他母亲梦见长庚（太白星）入怀才怀上了他。想来这是出于他自家的附会。与此相应，他时而自称汉代飞将军李广后裔，时而又说是东晋凉武昭王李暠的九世孙，然而这些都查无实据，于其人其诗也并无实际意义；只是可见出，这位诗仙也未能免俗。可以较确切知道的，倒是他的先世曾因罪谪居西域，"五世为庶"，未有从政为官者；甚至连他父亲的名字也隐没不彰，人们称之为"李客"，这客，当是"客居者"之意，李白在五岁时才随父迁居蜀中。

传记资料说李客"高卧云林，不求禄仕"，其实应是位资产不菲的富商。士农工商，商的社会地位甚至不及农工，因此就"庶人"而言，李白可说是"庶"到家了。也许正因为此，才要想象出个星宿转世的来历，华族贵胄的家世，从中可见他不甘落寞的心理与极度夸张的性格。

他,也有不甘落寞的理由。在唐代,随着中西交通,商业经济空前发展。商人,尤其是与西域有一定联系的商人,财力往往十分可观,加以世风比较开明,他们自然产生了提高社会地位的渴求。比如,接养士人在南朝是贵族的"专利",而至唐代,长安富商如王元宝、杨崇义等,不仅富可敌国,而且开门延客。每年科举,乡贡进士萃集其家,士子们称之为"豪友"。李白出蜀后曾"东游维扬,不足一年,散金三十余万",也算得上件不大也不小的"豪举"。这种经济上的优势,自然更加强了他冲天一鸣,急欲改变庶之又庶的社会地位的心理倾向。

不一般的家世,也使他的初学不尽同于杜甫那样诗礼传家的一般士子。据他自述,"五岁诵六甲(五行方术),十岁观百家","十五观奇书,作赋凌相如"。二十岁前,他不仅结交道流,更从任侠有气、善为纵横学的赵蕤学习岁余,并自称"结发未识事,所交尽豪雄……托身白刃里,杀人红尘中"。虽然他"横经籍书",儒家的经书是必修的主课,但杂学旁收,行侠仗义的初度经历,无疑为他时代性的英特越逸之气,增添了一种使性尚奇的个性化的色彩,并因而加强了自由度与冲击力。

我们还应该注意到他的家乡四川,在唐代,成都、绵州一带虽已称得上人文之地,但因僻处西南一隅,与政治文化中心长安隔着条"难于上青天"的蜀道。长安发生的一切变化,在四川得到反映,自然是较晚又较弱。这不仅使少年李白较少社会政治的历练,也对他的诗学初程影响甚大且关乎一生。生成于宫廷的新兴律体,固然也是要学的,但由于远离那种典丽却又虚浮的氛围,倒使他虽然不精于其技,却也避免了可厌的繁枝缛节。同时,秀丽奇绝的巴山蜀水产育的巴蜀民歌,又以其自然清丽之风将他熏染。于是古今乐府民歌以及古诗,成为李白诗学的重要根基。

四川又是文人辈出的地方,那位以铺张扬厉、瑰奇夸谈的大赋著名的乡贤司马相如,连同他琴挑卓文君,通过狗监献赋得官的传奇经历，对夸张而尚奇的李白无疑具有莫大的吸引力。后来他不仅追迹凭吊过这位乡贤的遗踪，效法过他求官入仕的门径，还屡屡不无自得地谈到，某某贵官，某某前辈将他比作了司马相如。所谓"十五观奇书，作赋凌相如"，正说明了从小他就把相如其人其赋，作为文学上必欲超越之的偶像与敌手。这种"相如情结"与前述民歌熏染，形成他日后创作中色调上的一对张力。

自然，我们还应提到那个"铁杵磨成针"的故事。故事也许出于虚构，但李白折节向学的精神却见诸记载。他曾三拟《文选》，不如意而尽焚之。三拟，是习学传承，起着潜移默化的规范作用；不如意而尽焚之，是企望新变，超越规矩，自成一家。李白诗如天马行空，但步法不乱。这种特点，也正得力于早年这种习学过程。

学慎始习，李白青少年时代上述熏染习学的特点，已经预示了导言中所述的他的行为方式与诗风走向。

二、初游东南与回向江汉（725—727）

漫游，在唐代是一种引人注目的文化现象，增阅历、长见识固然是目的之一，但却并不如此简单。

首先我们会发现，从表面现象看来，漫游是与这样一种社会情状相矛盾的。在唐代，士人要想出人头地，必须先在长安、洛阳这西东两京显身扬名。最通常的途径自然是科举。十年寒窗，争取成为乡贡进士，一朝金榜题名，便获得了入仕进身的初阶。然而这条常途既窄且慢。能拔为乡贡进士的至少是千里挑一，有幸及第的几率又不足百分之一，而即使侥幸得中，也必须从芝麻绿豆的县尉、校书郎之类做起，慢慢地"循资格"，往往平安熬到白首，也不过是一袭青襟蓝衫。能这样爬楼梯般慢慢熬的，大多是安分守己者，安分守己就缺乏诗人气质，因此唐代科举名列前茅者，其大名虽然可从今存《登科记》中找到，但论诗名，几乎都不显不彰。所以狂狷之士，往往在一二次科场挫跌后，甚至及第后不就微职，或者干脆不应试而另觅进身之阶。这便是漫游虽远离二京，却蔚为风气的原由。在盛唐，漫游大体可分为两类。

较切实而常见的一种是或北走幽燕辽海，或西出玉门阳关，寻找机缘，投身戎幕，建立尺勋寸功，为边帅推荐，超次拔擢。当时"武皇开边意未已"，这种机会还是有的。高适、岑参即其例，盛唐时边塞诗的繁荣，盖由于此。不过这种"跳高"般的途径，对李白这样的狂之又狂者仍显得太慢太慢。

似凤鹏般一飞冲天的希望还是有的，当时大唐天子认老子李耳做了祖宗，尤其崇信道教。开元前期便有两位有名的道士卢鸿、司马承祯先后奉诏入京，得获殊荣。一时间长安东南的终南山成了隐居访道、沽名待诏的最好所在，这便是司马承祯所说的"终南捷径"。然而由终南山径直走入金銮殿的幸运者几乎没有。因为那些其实与赴科举殊途同趣的平庸者恰恰不懂得他们的另一祖师庄子的一句名言"夫风之积也不厚，则其负大翼也无力"，而一贯以大鹏自比的李白看来是明白这个道理的。他初游不往长安而取道东南，固然是由于向来对东南山水的神往，但同时也是实现一飞冲天的人生目标的一种迂回，一种准备。开元十三年（725）他出峡后一路迤逦来到湖北江陵，正巧遇上那位传奇式的道士司马承祯，作了一篇《大鹏遇希有鸟赋》（后改作《大鹏赋》），便透露了他的少年心事。他将承祯比作翼覆东王公、西王母，足踩天地中枢的希有鸟，希望它引领自己这只大鹏作周天之游，也就是通江海于魏阙的"曲线求仕"。他甚至准备了又一篇酷肖司马相如的《大猎赋》，希望在明皇大猎时效相如故事献赋以一鸣惊人。尽管他天真的设计终于落空，然而以吴越为中心往复于皖、赣、湘、鄂的初度东南之游，却着实令他有了远过于入仕为官的收获。

　　他真切地体验到了素所崇仰的游士兼游侠的风采,作为豪客,他"散金三十余万,有落魄公子,悉皆济之";而他为客死的同乡吴指南负骨千里、丐贷营葬的义举,更曾轰动一时。

　　他终于来到了心想已久的云梦,实地观察了相如"大夸"的古泽,对于《子虚》《上林》赋的描绘,想必有了切实的感受。

　　他后来称此游曾"南穷苍梧,东涉溟海",虽容有夸张,然而洞庭波涛,鄱阳水势,匡庐秀色,淮南风月,则肯定已经初涉。然而对他今后的创作历程影响最著的还不是上述一切。吴越之游才是此行的重点所在。六朝故都金陵的繁华,引发了他对历代兴亡的初度沉思,吴越当代民歌的风韵,更给予他的创作以新的营养。最值得一书的是当地的青山绿水与人文遗迹。从他今存的许多诗章中,人们会感到,李白似乎已溶漾于这里澄净到透明的天光水色、山岚林霭之中,作为他一生创作最个性化的特征——那种对光明晶亮的事物的不懈追求,在蜀中虽时或有所表现,然而吴越山水对他视觉与心灵的强烈冲击,应当具有决定性的分量。在这种澄明清澈的氛围中,他不仅以赤子般的天真,醉心于吴儿越女的白皙无垢,更怀着虔诚的心意,追踪着南朝大诗人的行踪。请特别注意这一时期内他对谢灵运、谢朓——史称大小谢——这对叔侄诗人的敬礼与拟学。作为"选体"诗最杰出的前后期代表,二谢诗不仅以其才情,更以其体格,给予天才横溢的狂放诗人以一种影响深刻的规范。读李白诗,如果只注意鲍照七古的影响,只赏其天马行空,至多只读懂了一半;唯有了解以二谢为代表的五言"选体"诗潜移默化的规范作用,才能对这位谪仙人的创作有深刻的理解。

　　这次初游东南对于李白的人生设计,可以说是失败的,然而我们应当庆幸他的这一失败,因为他如果成功,中国历史上至多多了一位未必出色的"山中宰相";而正是这一失败,则反而造就了中国文学史上一颗名副其实的太白"金星"。人生就是这样说不透,历史也就是那般话不像。

三、酒隐安陆与初入长安(727—740)

当李白饱览吴越山水后,买舟经淮南向云梦,企望实地观察"乡人相如大夸云梦之事"时,他的境况已不仅不复年前"豪客"般的排场,更已是阮囊羞涩,贫病交迫了。"功业莫从就,岁光屡奔迫;良图俄弃捐,衰疾乃绵剧"(《淮南卧病书怀寄蜀中赵征君蕤》),天真的诗人也不禁有了切实的危机感。然而"天无绝人之路",高宗朝故相许圉师,在安州(今湖北安陆)为孙女招婿,于是在开元十五年(727)秋冬,李白吉人天相而入赘许府,开始了他自称"酒隐安陆"的新一页生活。

请充分注意这一时间——开元十五年。这一在常人心目中普普通通的年份,于唐诗史则举足轻重。"开元十五年后,声律风骨始备矣",唐人殷璠《河岳英灵集》叙恰恰以此年作为真正的唐诗风格成熟的标志点。确实,以这一年为中心的前后约十数年时间里,由于科举制向寒门才士真正有所开放,后来被认为最有代表性的盛唐诗人如王维、储光羲、崔国辅、綦毋潜、常建、王昌龄、崔颢、刘慎虚、祖咏、陶翰均进士及第而在长安诗坛登场,当然还有高才黜落者如孟浩然、高适、王之涣、李颀等等,也都于此期出入两京,初度亮相。于是,南来北往的松散的才士型文人群,逐渐取代了初唐密集的侍从型的宫廷词臣群,成为诗坛的主角,而风流天子唐明皇所说的"英特越逸之气"也代替了词臣们的雍容典雅,成为盛唐诗的主旋律。才俊之士们既为此时方形成却前所未有的开元盛世的宏大气象所鼓舞,更为似乎举手可及的致身青云的希望所催动,于是一路高唱,即有挫跌,也在所不辞。因为他们其实看不到,也正是在开元十五年前后,盛唐气象背后缕缕暗云已悄然升起;致成三十年之后安史之乱的种种社会矛盾:诸如奢靡之风渐开、宦官专权、聚敛严酷、开边无度,以及旧士族对新进进士群的排斥等等的迹象,已经萌生。也许他们不可能看到就在这几年玄宗已是"力士上直,吾寝则安";然而开元十三年玄宗东封泰山,"供具之物,数百里不绝"的极尽铺张;开元十五年,又是这位明皇帝不听丞相张说疏谏,而谋之于志大才疏的王君㝆,对吐蕃大肆兵威,杀戮无度,而不久即遭致耻辱性的大败,君㝆被杀:对于这些明明白白的大事件,他们不会不知。可是我们只要看一看当时的才士们多数从未到过边塞,也几乎人人高歌《从军行》;从未一窥宫禁,也依然大家低吟"宫中行乐词",就会明白,他们其实是把这一切都视作为宏盛气象的反映,即有不安,也只似碧波之上飘过的一抹云影。自然,他们也不会清醒地意识到,开元十八年,时相裴光庭已在全面推行一项对他们影响甚巨的政策——"循资格",亦即论资排辈,毋得逾等,实际上已将刚刚为他们打开的并不宽敞的超迁之路,重新紧紧关闭。他们过于天真而血性,而李白正是这一群中尤其天真血性的第一人。

虽然故相之家并不豪富,但从今存不多的诗篇与记载中,我们看到李白入赘后不仅有了一位才德兼备的夫人,还有了一处清幽宜人的读书之地。然而所谓"酒隐安陆",在他是根本隐不住的。他早已将不久前的贫病交迫的阴影一挥而去,在婚后不久就又高唱起他自谱的《大人先生歌》来。他自写形相为"天为容,道为貌,不屈己,不干人:巢(父)(许)由以来,一人而已",虽然山林养人,使他"童颜益春,真气愈茂",以至自觉膨胀到"将欲倚剑天外,挂弓扶桑",然而他已不甘于再在山中"餐君紫霞,荫君青松",而决定要"卷其丹书,匣其瑶瑟,申管晏之谈,谋帝王之术,奋其智能,愿为辅弼,使寰区大定,海县清一",而一旦"事君之道成,荣亲之义毕,然后与陶朱(范蠡)留侯(张良),浮五湖,戏沧州,不足为难矣"(《代寿山答孟少府移文书》)。于是在江汉一带作了些再度游说的"热身运动"后，开元十八年春夏，也就是"循资格"令推行不久，"庸愚沉滞者皆喜"而"才俊之士，无不怨叹"之时，李白以三十——而立之年，昂然西向，初入长安，开始了他自称的"历抵卿相"的活动。

不知是否自以为与道门有缘，也不知是否受到数年前王维因长公主的推荐而为华州乡贡进士"解头"（第一人）的启发，李白初入长安，即单刀直入，以玄宗之妹、早年入道的玉真长公主为干求的第一目标。他兴冲冲地写了首文采斐然的《玉真仙人歌》造访公主，却始终未能得见仙容，只是由玉真侄婿、丞相张说之子卫尉卿张垍接待，被安置在终南山上的玉真别馆。虽然这也算是种礼遇了，但司马相如那种因此得以晋见君王的幸运，却始终不曾降临。于是在以冯谖自比、慨叹"弹剑谢公子，无鱼良可哀"（《玉真公主别馆苦雨赠卫尉张卿二首》）之后，李白便掉头西行，登太白，下邠岐（在长安西），又游东都，登嵩岳，直到开元二十二年冬才回到安陆。以后他便时隐时出，南北遨游，以江汉一带为中心，西北至太原，东南则再游吴越。"酒隐安陆"的新生活，终于以"蹉跎十年"（实则十二三年）而憾恨地被翻了过去。

李白初入长安的失败，史家往往归罪于张垍的冷遇。然而从李白出长安后仍真诚地寄诗张垍，以及与张氏其他兄弟的亲密交往来看，未必尽然。李白的错误，归根结蒂在于他全然未意识到，在"循资格"令的推行之际而仍希望一鸣冲天，是多么地不合时宜。

对于李白的干谒活动，或以为表现了他庸俗的一面，其实，以诗文干求要人，是周汉时辩士周游列国的遗风。在当时称作"行卷"，是风行的习俗，也是科场以外，企望表现自我价值的一种手段。李白确实未能做到"不干人"，但却真正实践了"不屈己"。千百年后，今天读到他当时投献要人的诗书，都能感到其中的虎虎生气："白陇西布衣，流落楚汉；十五好剑术，遍干诸侯；三十成文章，历抵卿相。虽长不满七尺，而心雄万夫，……幸愿开张心颜，不以长揖见拒。必若接之以高宴，纵之以清谈，请日试万言，倚马可待。"(《与韩荆州书》)从中我们似乎看到了又一千年前那位"说大人而藐之"的孟夫子的身影。而这种不可一世、舍我其谁的气概，也应当是他所说的"谤言忽生，众口攒毁"的原因之一。

与初游东南一样，李白初入长安及前后一系列求仕活动的失败，又进一步成就了他的诗歌创作。

长安，这座当时在全世界首屈一指的大都会，不仅是唐朝的政治、经济、文化中心，也是国际性的商贸、文化交汇点。所谓万方辐辏，不仅有全国各州县的商人、士子，更有东自新罗、日本，西至阿拉伯、罗马的驼队与僧侣学者及留学生。仅从宗教看，不仅传统的儒、佛、道三教互争互融，更有景教、祆教、摩尼教、伊斯兰教等等纷纷来至。而在诗学上，这里便自然成为南北诗风与朝野诗风二位一体之交融的中心。如果说生于蜀中、游于东南的三十岁前的李白，是南国庄、屈一脉文学传统在盛唐的杰出代表，那么从初入长安再度漫游后，他的作品中已明显可见在此前的轻清俊逸中融入了厚重的北地诗风的许多因素，清新俊逸与遒健刚劲的结合，在此前如果说是偶有体现，那么至此已开始成为其诗歌的主要特征了。而人生阅历的加深以及在长安目睹身历的种种社会弊病，更使这种结合开始具有一定的厚度。在上一章中，我们经常见到的那种对明亮光晶的憧憬中，已开始有一种郁勃的怒气浮起，如同清晨的山岚中，隐隐可闻从谷底响起的初雷声。这是时代性的英特越逸之气中的朦胧的不安与不平，是满怀希望的不安，豪迈进取的不平。

四、寄家东鲁与二入长安(740—744)

"酒隐安陆"以"蹉跎十年"告终后，李白便于开元二十八年

(740)四十不惑之年时迁家东鲁。他这一段生活有两个至今未能弄清的问题,也有两个可以肯定的结论。

首先是李白迁家东鲁的直接原因是什么至今不明,可能是家计困难,也可能是许氏夫人去世。凡此都有些影踪,可作为原因的一种说法,但都不充分。比如说许氏夫人去世,可从李白天宝初二入长安前夫人已是刘氏推断,但许氏可能是在到东鲁后不久才去世的,所以还是不明。但有一点可肯定,其背景原因是在安陆他已处于"谤言忽生,众口攒毁"的困境之中,因而于是年"五月梅始黄,蚕凋桑柘空"之时,"顾余不及仕,学剑来山东"(《五月东鲁行答汶上翁》),所谓"学剑",也是对无聊的谤言的反抗吧。

其次是李白在东鲁居家何处不明。有说任城,有说兖州,有说曲阜旁,也有说阙陵之南陵等等。各说都有一定依据,却也都有扞格处,至今亦无定论,也可能曾经几番迁徙,故这里也不去详论。只是可以肯定的一点是,大抵是在汶水旁,而且寄家东鲁一寄就寄了近二十年,直到至德年间他流放夜郎时,儿子仍在东鲁,因此本章标题"寄家东鲁"也概下二章的时段而言,这是需要说明的。

"寄家东鲁"四字并非笔者杜撰,而是出于李白自述"我家寄东鲁"。"寄"的原意是"寄籍",即流寓者寄籍客居某地。然而我们不妨转一层意来看,李白之于山东,是把家"寄托"在那里,而他自己则闲不住,是要到处游逛的,所以虽说寄家东鲁近二十年,实际上李白在山东居住时间并不长,最长的一段,也就从开元二十八年夏至山东起,到天宝元年(742)秋二入长安前两年多一点的时间。这两年多中也许因许氏夫人新亡,子女幼小,后又续娶刘氏,又离异,所以他即使外出,也大都在山东境内转悠。或以为他曾短时间到过嵩山,下过广陵,但证据都还不足,也不重要。值得关注的倒是以下二事:

一是"诗战"鲁儒。东鲁是孔夫子的故乡,褒衣博袖、子曰诗云者最多。李白"学剑来山东",未曾下车,在"举鞭访前途"之际,已遭到鲁儒们的非难。看来"谤议"对于他来说是似影随身,从安陆躲到山东也躲不掉。于是他也就挺身应对,以"诗剑"作反击。而我们也因此得以知道他对儒学的基本看法。具体的讲论后面选诗中将展开,这里先总挈一句:李白并非笼统非儒,对孔夫子他有由衷的尊敬,且时时以夫子不得志时自比;他只是区判迂儒与通儒之别,而颇得夫子"君子时中"要义之精髓。这不仅对于李白研究,也对盛唐思想史的研究极有启发。

二是"徂徕"捷径。徂徕山是道教圣地,邻近汶上,素有道缘的李白便就近与韩準、裴政、孔巢父(孔夫子后裔)、张叔明、陶沔共隐于此,号"竹溪六逸",这名号颇有取法魏晋名士"竹林七贤"之意,多少是有点牢骚的。不意吉人还是有天相。至公元742年,玄宗皇帝改元"天宝",有好事者上奏"玄元皇帝"(老子)显灵,于是玄宗龙心大悦,广兴道教。不仅亲享玄元皇帝于新庙,更封庄子以下五位道家人物为真人,并在此年中第二次大赦天下,还下诏求贤。先是,《将进酒》中那位丹丘生——元丹丘已经随玉真公主入京,至此便通过玉真荐李白于玄宗,而这次竟成了。后来李白自述这段遭际云:"天宝初,五府交辟,不求闻达;亦由子真谷口,名动京师:上皇闻而悦之,召入禁掖。"(《为宋中丞自荐表》)所谓"五府交辟"是大话;而"子真谷口"是以长安终南山汉代郑子真所隐谷口指代徂徕山。可见李白有心插花于"终南捷径"未曾走通,而徂徕之隐"无心栽柳"却真成捷径。由这件事也可悟到,将李白初入长安无成归咎于玉真、张垍是说不过去的。

"仰天大笑出门去,我辈岂是蓬蒿人",天宝元年秋,李白兴冲冲地二入长安。由于是奉召入京,也由于当时李白确也诗名颇盛,有文学上得天独厚的真本领,诗人此番光景可谓大不相同。前辈诗人贺知章见其《乌栖曲》,叹为"可以泣鬼神";又读其《蜀道难》,呼为"谪仙人"。而后辈诗人杜甫,或因当时在洛阳有所风闻,或是稍后追忆,因据时人长安有"酒中八仙"之目,作《饮中八仙歌》,李白即其一，有云"李白一斗诗百篇，长安市上酒家眠。天子呼来不上船，自称臣是酒中仙"。可见当时李白春风得意之一斑。由于人奇事奇，后来便又衍生出许许多多"传奇"，什么李白醉草吓蛮书，令杨国忠磨墨，高力士脱靴等等，不一而足，后世并编为小说，改为戏剧。传奇不可尽信，但传记资料与李白自己的诗作是可信的。当时玄宗确实是对李白恩礼有加，召见于金銮殿，命待诏翰林。并带着他侍从游宿骊山温泉宫及宜春苑等地，还命他制作《宫中行乐词》等等，供自己寻欢作乐。诗人确实风光了一阵子。

然而好景不长，至晚在次年秋，谤声又起。李白是颇为敏感的，一见形势不佳，于天宝三载春送贺知章归越养老后，便自行上疏请退，玄宗诏许"赐金放还"。于是诗人便"五噫出西京"。二入长安，诗人这一生中最风光的两年半的岁月，也就在"噫"声中结束了。

李白遭谗的原因，有的说因作《清平调》三首，以汉宫飞燕比杨妃，高力士乘机报复进谗；有的说是诏许李白中书舍人，因张垍谗毁而遭疏逐。前者是小说家言，不足为凭；后者是为李白集作序的魏颢所言，亦容有为序主张目之意，未能尽信。而就李白自己的作品看，根本原因还在于他的行为风调与这个世界格格不入。他所得罪的决不是一个两个人，而是整个廷臣群体。

"揄扬九重万乘主，谑浪赤墀青琐贤"，对玄宗皇帝他视为有重恩于己的圣君而大加揄扬；而对朝廷的高官他一概"谑浪"待之，亦即采取调笑打趣的轻蔑态度。以至这位本性疏朗的快活人，在当时竟有"褊促"之讥。李白这两句诗，不仅说明了他尽管放浪，但忠君还是毫不动摇的——这与他"嘲鲁儒"而从来不反孔夫子相辅相成，是李白研究中尤须注意的一点，而且反映了他对社会结构的认识极其幼稚。

也许出于相近的道教因缘与相近的快活风流天性，玄宗对李白的确有一份亲和感。但诗人完全不懂得临时召来的翰林待诏与正统的翰林学士是大有区别的。后者有"内相"之称，是玄宗的内廷顾问和军国文书班底；前者则只是文学侍从，说得难听点，不过是高档次的文学弄臣。其地位至多与汉代那位偷桃子的东方朔相类似。于军国文书，即有染指，亦属客串。这从李白的文集中可清楚看出。皇帝可以容忍李白偶尔的放浪，甚至可以因此开怀大笑，然而当后者的谑浪与皇朝的统治基础闹对立时，皇帝将他"开涮"是再自然不过的事情了。说"赐金放还"还是多少给他留了点体面。

"学剑翻自哂，为文竟何成？剑非万人敌，文窃四海声。儿戏不足道，五噫出西京。临当欲去时，慷慨泪沾缨。"李白晚年赠江夏太守韦良宰诗中这段话，为"寄家东鲁与二入长安"这段生活作了很好的总结。请注意"儿戏"二字，他这时方意识到与"学剑"一般，他在宫廷华章斐然的诗文，也同样形同"儿戏"。可惜这种认识已足足晚了二十年。

与初入长安不同，二入长安时间达两年半，又置身于社会的最高层，并经历了由大喜到大悲的重大转折，这不能不对诗人的心境与诗风产生重大影响。就在李白出京前后的作品中，我们已能感到初入长安后那种亮色调背后的隐隐的电光石火，开始变得郁怒而显得更为沉厚；他对现实的观察，虽不能说已深刻，但至少已显得厚重与苍劲。这一切预示了在以后的十年中，他的风格的重大转变，这一点且暂待下章再述。不过我们也不必轻诋他入京前期的那些宫廷华章。他的天才，他前此对于吴越民歌精神的吸收，使他的这部分诗作洗刷铅华而能风光旖旎，格调俊爽，而为诗国的这一方板结的园地输入了一股活泼泼的清泉。

我们仍应为李白的大不幸而大庆幸。如果他乖乖地做好他的文学待诏，那末他兴许会"编外转正"成为儒雅的真正的翰林学士，甚至地位更高。这样《全唐诗》中会多几首漂亮的宫中行乐体词，《全唐文》中也会多几篇手笔不凡的策命典诰；然而中国诗史引为骄傲的布衣诗人天才李白则肯定不会出现;而这样的李白对唐人诗坛狂飙急浪般的冲击与影响也必会逊色不少。可以说李白二人长安是以丢官救赎了作为诗人的自身,也救赎了整个唐代诗史。

五、南北漫游与变乱前夕(744—755)

"一朝去金马,飘落成飞蓬。"(《还山留别金门知己》)从天宝三载(744)春出西京起,至安史之乱前夕,李白以东鲁旧居为依托,南北漫游,长达十一二年,而大抵以天宝十载(751)秋冬间为界,可分为两个阶段。兹先勾勒其大体行踪如次:

前阶段约七年余。三载春出京后访商山,经洛阳,游梁宋,至济南,约于是年冬还至旧居。直至五载冬,除小游于齐鲁境内外,大抵在旧居度过;而先此,在五载秋,这位闲不住的诗人已萌动三下东南之想,因作《梦游天姥吟留别》,并于岁暮经宋城(今河南商丘)至扬州。此后在长达四年的时间里,以金陵为中心。南下越中,西游庐山,直至九载秋冬,始返东鲁。大抵在六载经宋城后至本年末这段时间内,已再娶武后朝宰相宗楚客之孙女、是为宗氏夫人。李白一生四娶而二得相门之女,亦可见虽穷窘不遇,而精神气度,仍有过人处。宗氏常居宋城,其娘家当在此地;而所纳第三位夫人"鲁一妇人"(约娶于赐金归山之初)当非正娶,而为妾。

后阶段约四年。十载(751)秋往河南,游汝州,经开封北上,复经魏、洺诸州,于十一载十月来至安禄山腹地幽州。盘桓三月,于十二载岁初南返,经宋城会宗氏夫人后,便归东鲁会二子(伯禽,颇黎)。不久即再经宋城而南游宣城(今属安徽),直至天宝十四载(755)安史之乱爆发时,约三年时间,均以宣城为中心,往复于吴越、皖南之间。有的研究者还认为天宝十二载春,由幽州南返时曾一度三入长安，但所举证据似都难以确立，故不从。

之所以将李白南北漫游划分为上述两个阶段，并不仅因其行踪，更重要的是，这一时期李白的心境与作品也大抵于天宝十载下半年为界有重大的变化，而这种变化，又与当时的政局相关。

人们常常会有这样的错觉，以为李白既被"赐金放还"，则天宝初唐朝的政局已经不堪。其实天宝前期，尽管从开元十五年前后呈现的弊政苗头在日益滋长，但帝国的社会经济却因着有效的行政管理而仍然保持着上升的势头。军事方面，则在天宝十载前，对周边的战争，也较开元中更为顺利。深层的社会矛盾，对于表层的军政态势的影响一般都要滞后一段时间；而士族与庶族的争端及势力消长，也不能简单地与政局的安定繁荣还是动乱衰竭画等号。这是考察唐史与唐诗史时要尤其注意的一点。也因此，尽管从开元二十四年张九龄罢相起，才俊之士已失去了他们在中枢的最后一位代表；又随着中央借重节镇边将以内控政要、外制四夷的态势在天宝初愈益发展，才俊之士事实上受到士族与以军功超迁者两方面的挤压，但是为当时较开元时期更为繁荣的表象所鼓舞，天宝初他们虽对"循资格"不无牢骚，然而却更为执着地继续着对自己天真理想的追逐。或执拗地应试、落第，再应试；或远赴边陲，企望从另一途径谋取出身，同时更继续高唱着升平曲与从军行。其中甚至包括高适、岑参与后来被称作"诗史"的杜甫。

帝国真正的重大危机，出现在天宝五载前后。应当说在行政能力上明显高出一筹的权相李林甫及其集团，在击垮了张九龄之后，开始对付他两个方面的新政敌。经过数年准备，于天宝五载至六载，他贬的贬，杀的杀，一举血腥镇压了以李适之、韦坚与韦陟堂兄弟、皇甫惟明、李邕、裴敦复为核心的另一士族集团；而几乎同时，随着杨玉环在天宝四载由太真妃晋封为贵妃，杨氏兄妹势焰日上，李林甫与杨氏的矛盾也开始激化。而更为严重的是，这一矛盾又与边事相联系。老谋深算的李林甫对安禄山开始扩张的势力有所戒心,而新贵杨氏兄妹则利用了李、安矛盾,勾结安禄山,与李林甫为代表的旧士族对抗。不数年间,使安禄山由平卢一镇节度使,升为平卢、范阳、河东三镇节度使。至天宝十载后,其反相已经彰显。这时,只是在这一时期,才俊之士们才由朦胧的不安开始感到了问题的严重性,从而也引起了盛唐诗内涵的一些深刻变化。李白的南北漫游,正处于上述重大的历史转变期中。

漫游前期的七年多时间,李白的心态交织着极度失望与希望东山再起的深刻矛盾,而大致经历了愤激——消沉——再愤激的曲线变化。三载春出京后,他在商山凭吊助太子刘盈登基以安汉家的商山四皓,用意不言而喻;更高唱“长风破浪会有时,直挂云帆济沧海”,执拗地坚持着一贯的志向。然而经过几个月狂飚式的发泄后,他几乎感到彻底失望了,遂于当年初在齐州(今山东济南)紫极宫由北海高天师授予道箓,当了在籍的道士,还躬自实践,炼丹烧药。然而神仙也对他的前途莫可如何。回东鲁旧居后不久,他大病了一场,沉绵既久,当是身心交瘁所致。病后他又作东南之游,从存诗来看已与初游东南时以赏览山水人文为旨趣不同,而多为寻山访道、与道流唱答之作,从中还可以窥见他时时身着道服的身影;他甚至一度怀疑过自己的初志,以至对素所崇敬的鲁仲连也贬之为“沽名矫节以耀世”(《鸣皋歌赠岑征君》)。然而尽管如此,对于待诏翰林的那段辉煌与总算有恩于己的玄宗,他仍有着深切的怀恋。从天宝四载的“狂风吹我心,西挂咸阳树”(《金乡送韦八之西京》),到六载的“总为浮云能蔽日,长安不见使人愁”(《登金陵凤凰台》),我们能看到,虽说“十五游神仙,仙游未曾歇”(《感兴六首》其四),然而道教对他而言,更多的是失意之中的遁逃薮。在他的羽氅鹤衣之下,依然跳动着一颗俗世之心。由于早历世事,相对于岑参、杜甫等后起之秀,他似乎是当时意气风发的求仕热潮中的一位茕茕向隅者,然而骨子里,至少在天宝五、六载前,他对致成这一族群坎坷人生的深层原因,仍无清晰的认识。激愤也罢,颓唐也罢,这时还主要出于一己遭遇的本能反应。

耐人寻味的是,当时的才俊之士们对天宝五六载李林甫策划的那场血腥镇压的态度。李适之、李邕、皇甫惟明、韦坚堂兄弟等都以好士称。就在天宝四载,李白、杜甫、高适还同往齐州谒见李邕。这一集团,其实是才士们在中枢的最后一重依凭;然而今天,我们几乎见不到事发当时才士们的反应。也许这是因为高压之下,人皆噤声;但从"诗史"兼"诗圣"的杜甫就在此际入长安,开始了他历时数年的忙碌的求仕活动来看,总体而言,他们甚至未曾意识到这一事件,即使对他们自身而言也是一个近于毁灭性的打击。爬梳现存的吉光片羽般的史料,当时仅有的例外,倒恰恰是被称为"诗佛"的王维,数年之后,则有我们这位有"诗仙"之誉的李白。

王维尽管无奈地周旋于李林甫他们周围,却在事发当时即诗赠在贬的韦陟,含蓄却又深情地表示了不平与同情,并从此开始了他"以忍为教首"的身心分离的"朝隐"生活,显示了他对朝政与仕途的彻底绝望。

李白的明确反应则要迟至三四年后,但来得激烈与血性得多。天宝八载或稍后一二年冬的《答王十二寒夜独酌有怀》篇末,他几近呐喊般地写道:"君不见李北海,英风豪气今何在;又不见裴尚书(敦复),土坟三尺蒿棘居。少年早欲五湖去,见此弥将钟鼎疏。"结合诗中对哥舒翰取代王忠嗣"西屠石堡取紫袍"的蔑视、海涛天风般的节律,以及先后所作《梁甫吟》"二桃杀三士"的隐喻,我们有理由推测天宝五载秋李白作《梦游天姥吟留别》诗,高唱"安能摧眉折腰事权贵,使我不得开心颜"而决意东游访道,当是对这一变故的隐晦反应。至此他开始因有所清醒而极度绝望,而极度绝望往往包含着新一轮的反弹。因此天宝九载前后,应是李白南北漫游心境转换的交接点。而至天宝十载四月,唐军对南诏之战大败,八月,安禄山又大败于奚、契丹,二事都与杨国忠有关,以致朝野震动。这时,仅仅在这时,李白的《古风》三十四(羽檄如流星)与杜甫的《兵车行》先后相承唱出了他们对帝国大厦将倾之颓势及自身命运摆脱不去之恶运的深切忧虑,开始了较理性的审视与思考,而可以视为他们这一集群开始从迷惘中有所清醒的标志。

正是在这一背景中,可能受到友人从军的启发,也可能是得到幽州方面的延请,李白以天宝十载秋首途的幽州之行为起点,开始了他南北漫游时期的第二阶段。谪仙人,这时才真正由谪到酒乡而谪到人间。尽管有迹象表明,李白初往幽州时对安禄山仍有幻想,但经实地观察后,他在幽州所作《北风行》,以及同时或稍后的《远别离》、《书情赠蔡舍人雄》、《书怀赠南陵常赞府》等大篇诗作中,就已再三再四地表达了对杨国忠—安禄山新贵轴心终将断送帝国的深重忧虑;即使在那些仍以浮海出世为主题的篇章,如《登宣州谢朓楼》中,也表现了与前一阶段不同的明亮与郁愤剧烈对冲的拗怒意态。诗人已从基于一己的朦胧的焦躁不平而开始进入了家国之忧的更开阔也较为沉厚的思索,这一切预示了他已在作着东山再起、致君报国的准备。

至此我们可以对盛唐诗史中"诗仙"、"诗佛"、"诗圣"三大家并峙的历史现象作一简单评析了。

人们都将天宝三载李杜初会于梁宋,四载复二会于东鲁作为重要事件来叹美;然而就诗史的意义来看,李杜之会并无特别的意义。可注意的倒是当李杜"放荡齐赵间,裘马颇清狂","醉舞梁园夜,行歌泗水春"(均杜诗)之际,王维已开始了他"平生几许伤心事,不向空门何处销"的"朝隐"生涯;而当李白从幽州归来,为国运呼天抢地之际,杜甫正开始重复李白二次入长安的故事而奔走权门。我们不必苛责晚了一辈自然也更少阅历的杜甫,但唐诗史的事实是,就"诗史"的意义而言,恰恰是似乎离现实最远的诗佛,率先见微知著,感知了盛世之中潜在的危机。在盛唐诗人中,王维可说是唯一一位兼有"子"的气度的诗人,他那完成了由主玄趣向主禅趣转变的后期山水诗,其实是大厦将倾前最早征象的心灵折光,也是一代才士理想主义精神行将幻灭的最早信号。盛唐史具有"诗史"品格的序幕,应当说是由"诗仙"李白揭开的。从天宝八九载起,尤其是天宝十载后,他的主要作品,称得上是别一种"诗史",只是由于错投了永王李璘,报国蒙冤,一蹶不振,加以作品多数寓意深微,不易索解,故"诗仙"的诗史不仅不易引起人们注意,而且刚写了个头就结束了。而晚至天宝十载方以《兵车行》开始诗史创作的杜甫,则因乱中"麻鞋见天子,衣袖露两肘",终于在李白获罪下狱之年,得以进入肃宗集团的中枢,更由于其"葵藿倾太阳"的正统儒家教养,方将与他的忘年交李白同时相先后开始的"诗史",一年一年地写了下去。

因此,诗佛、诗仙、诗圣虽风格迥异,却先后相承,共同体现了盛唐才士群在天宝中后期心路行迹的重大转化;也从不同角度,以自己的方式宣告了开元十五年前后以来理想主义歌唱的幻灭,从而成为盛唐诗史的重要分界。也许我们还是应当为他们各自不同的不幸而庆幸。如果三大家共同来写杜甫式的诗史,诗坛也太单调了,而嗣后中晚唐诗国繁花纷呈的流变,也就因失去了多种源头而不可能出现。

六、报国蒙冤与流寓客死(755—763)

结束诗人南北漫游中深刻的出处矛盾的,恰恰是他深深担忧的时局大变乱。然而也许因为僻处淮南小县,受到主人家"讼庭无事罗众宾"平宁氛围的影响,对于变乱来得如此迅猛,他还是缺少必要的准备。因此当天宝十四载(755)冬"渔阳鼙鼓动地来"时,他立即陷入了妻、子、自身分处三地的窘境。在匆匆地北上往宋城迎宗氏夫人,托友人向东鲁接二子的同时,他注视着愈益严重的时局。十五载春,尽管他以屈子自拟,悲情地拟想从天上"俯视洛阳川,茫茫走胡兵",但实际上却不得不一路携妻南奔,由河南到淮南,由淮南到吴越,更于是年秋,由吴越隐入庐山屏风叠,而东鲁之子却始终暌隔遥天,无由会合。当后人不无踪影地责备他当时的某些诗章不该国难当头而作宴乐语时,未尝想到,谪仙人其实也是"人",而且只是一个至情天真而无关大局的"草间人"。对于奔亡途中好客的东道主,他会有雪中送炭的感激,而对于每况愈下的形势,他更焦躁着报国无门。他,其实是处于一种身心分裂的大悲之中,那些被苛责的篇章中的奋亢,与其作宴乐诗读,倒不如作苦闷语、悲慨语解来得切合实际。"大盗割鸿沟,如风扫秋叶,吾非济代人,且隐屏风叠"(《赠王判官时余隐庐山屏风叠》)。布衣一介,他于危殆的大局,又能如何呢?

　　然而机会终于来了。庐山之隐,不意又成了"匡庐捷径"——虽然后来的事实证明,这"捷径"几同"绝境"。当时,奉玄宗在奔蜀途中诏,在东南募师抗逆的永王李璘,刚好军次庐山脚下的浔阳,也许因人推荐而钦其盛名,竟三遣使征召李白入幕,正圆了诗人对"三顾茅庐"的终始期想,于是在岁杪、新正之际,他羽服下山,欣然入幕,并立即以如椽大笔为"永王东巡"作歌扬威。"试借君王玉马鞭,指挥戎虏坐琼筵",他确实切身体味到了好作"梁甫吟"的孔明出山之际,那种运筹帷幄,决胜千里的自信和闲定自若的气派。

　　然而好景不长,梦的破碎也来得太过迅疾。不足一个月,他就从殿下幕内的座上客,变成了今上狱中的阶下囚。原因是受命于老皇帝玄宗的永王李璘,在与登基于灵武的新皇帝肃宗李亨"兄弟阋于墙"的争斗中一战落败。十五载一月戊戌(二十日),永王兵败丹阳时,李白不得不仓皇西奔,不久即以"从逆罪"被系囚于浔阳狱。他"万愤"吁天,四方求援,也幸亏宗氏夫人的苦苦奔走,总算得到时相江南宣慰使崔涣与御史中丞宋若思的救援,推复昭雪,暂时获释,并一度入宋幕为文书。看来已经"柳暗花明",但"又一村"却未曾出现,乾元元年春,他最终被处流放夜郎(治所在今贵州正安西北)。这还幸亏新皇帝登基在上年末大赦天下,不然,恐难保天才诗人不死于非命。自浔阳首途的流放,走了一年左右,李白还是"吉人天相",尽管"世人皆欲杀",但是天意"独怜才",因天旱求禳,肃宗竟又一次大赦,于是在乾元二年春末,诗人行至今重庆奉节县白帝城时,诏书下到,半途遇赦,遂买舟东返,回至江陵。

对于这一段白云苍狗般的史事的详细评说,不妨留给史家,我们只想对同样苍狗白云般的诗人的命途作一番透视。

且无论永王李璘于东南广积军需,招贤礼士的初意是真心抗逆,还是蓄养羽翼;也无论他不听肃宗诏令,擅自东巡是出于军事形势的需要,还是企图在角鹿乱世的斗争中占得先机,对于天宝十五载七月,新皇帝登基而玄宗在蜀,政局二日并耀的微妙态势,当时还是有人能见微知著的。如中唐古文运动的前驱者萧颖士、"竹溪六逸"之一的孔巢父就先期离开永王幕,幸免株连;而盛唐才俊之士中唯一一位能见出确有干才的高适,更在李璘起兵之初应肃宗召"陈江东利害,且言璘必败"(《唐书》本传),而成大功。然而李白却不仅浑然不察个中利害,并且在兴高采烈中留下了后来可以为罗织罪名者提供口实的诗章,从而成为当时一流、甚至二流诗人中唯一一位被株连者。这不能不认为,他其实只是一位过于天真而血性的诗人,而绝非是真有王霸之略的干才,更无论能鉴古知今、察幽知微的"子"的气质。尽管在天宝末他的诗作渐趋深厚,但他能看到的还只是浮在表面的现象;甚至对今上绝不可能让他的弟弟拥兵日大、成为抗逆首勋的常规道理也缺乏清醒的判断。宋胡仔《苕溪渔隐丛话》引《蔡宽夫诗话》云:"大抵才高意广,如孔北海(孔融)之徒,固未必有成功;而知人料事,尤其所难。议者或责(白)以璘之猖獗而欲仰以立事,不能如孔巢父、萧颖士察于未萌,斯可矣。若其志,亦可哀矣。"明朱谏《李诗选注》又论曰:"白虽有文章而疏于义理之学,故于利害危疑之际,处之不当,以致自累也。孰谓白果有助于永王者哉?"二评所谓"才高意广"而"疏于义理之学",可称的论。

就另一方面看,李白的下狱流放也可称是桩冤狱。尽管在《永王东巡歌》十一首等为永王扬威颂德的篇章中,间有比拟不伦的地方,但从这一时期他所有的作品来看,李白还是十分明确地区别了君臣之义,始终将永王作为王子来看待礼事。"南风一扫胡尘静,西入长安到日边",组诗末篇最后二句明确地"卒章显其志",点明了永王在他心目中对于中央的臣属地位。后世的学者争论着其中用秦皇汉文事的第九首的真伪问题,其实都既无依据又大可不必。因为即使没有这第九首,要搜寻"罪证"还是相当容易。"南风"就是大舜之典,更甚于秦汉帝王。要说"罪证",此条足矣。其实问题的本质是皇权之争,同室持戈,为中国古代政治史的一种特色,而成王败寇,覆巢之下无完卵,又是这种争斗的通常结果。李白的悲剧在于他在一个恰当的时机,却在一个不恰当的情境下,机缘凑合地"站错了队"。我们可以叹恨他的报国心切中不免有事功过亟的成分,然而从本质上来看,所谓"从逆罪",毋宁说是一种"欲加之罪,何患无辞"的唐代的"文字狱"。

李白遇赦,由白帝城沿江东下后,在江汉洞庭一带往复滞留了约半载,终于在当年秋季回到了对他而言可称是不幸而幸、幸而不幸的庐山旧隐处。一年后,亦即上元二年(761)秋,他六十一岁时,又东下淮南、吴越,进入了他生命之舟的最后一个航程——流寓东南。

这一段时间计二年余,前一年余以宣州为中心往复于宣州、金陵一线。其间曾欲从军李光弼幕下,出征浙东袁晁,半道因病而止。至宝应元年(762)冬,年六十二,自金陵复往淮南,依族叔当涂县令李阳冰。次年正月安史乱平,七月,新皇代宗李豫登基,改元广德。世道太平了,我们的天才诗人也似乎决心要与这大唐帝国这一段由盛转衰的历史相终始,就在是年冬,卒于李阳冰家。作为死后哀荣,代宗下制,拜诗人为左拾遗,因而除"李翰林"外,诗人还有一个别称"李拾遗"。

李白卒后,初葬龙山,四十四年后,亦即宪宗元和十二年(807),遵其遗愿,迁葬于青山。龙山、青山都在淮南,具体为何处,现在谁也搞不清,至今尚有好几个地方在争论这份遗产的所有权。李白四娶:许氏、刘氏、不知姓氏的"鲁一妇人"、宗氏。生二子一女。长女平阳,长男伯禽(小字明月奴)为原配许氏夫人所生。平阳"既嫁而卒"。伯禽则有一子,后出游不知所之。次男只知小字为颇黎,亦即"玻璃"——又是一个光亮的意象——为第三位夫人"鲁一妇人"所生(他也许还有个小名叫"天然")。颇黎生有二女,后来都嫁与当涂平头百姓。亟于要改变自己商人出身社会地位的诗人,虽然二娶相门之女,但仍以"草间人"终身,而子孙皆湮没不彰,这与他临终前托付李阳冰草稿万卷,而今天仅存诗九百余章,文六十余篇,都可谓是"天意高难问"的可叹可憾之事。

然而切莫以为诗人的晚境只是愁苦潦倒。至少他意气并未随不幸而衰竭,因而在文学史上不懈地谱写着自己的光辉业绩。除了南北漫游期间已臻高峰的七古大篇,仍在继续产生如《北上行》《庐山谣寄卢侍御虚舟》等名篇外,其重要成就还表现在两个方面:

这一时期,是他五言大篇,尤其是"选体"五言创作最丰的时期。不仅篇制宏大,且融入了他七古长篇的夭矫气势,或张扬军威,或鸣冤呼屈,或请命自述,或记行感怀,都似挟雷霆,似裹风雨,成为诗歌史上的一种奇观,足可与杜甫同体诗相媲美,从而使五古"选体"开出了新生面。由于他这类诗章篇制过大,用典亦频,本书囿于篇幅,未曾选录,这是一个缺憾。然而如果你有志于从事李白研究,那么如《在水军宴赠幕府诸侍御》《南奔书怀》《中丞宋公以吴兵三千赴河南》《赠张相镐二首》《经乱离后天恩流夜郎忆旧游书怀赠江夏韦太守良宰》以及临终前一年所作《闻李太尉光弼大举秦兵百万出征东南》等篇章,是不能不加以重视的,故提示于此,以补缺憾。

这一时期,他的七绝如《早发白帝城》《与史郎中黄鹤楼中听吹笛》等,更进入了炉火纯青的化境,尤以连章组诗《永王东巡歌》十一首、《陪族叔刑部侍郎晔及中书贾舍人至游洞庭湖五首》为最出色。俊爽奇逸固一仍其前,而寓精严于自在,信手拈来俱见功力,则是此期七绝的重要特色。佛氏有云"青青翠竹,总是法身,郁郁黄华,无非般若",用以喻李白此期七绝,最是确切。在唐人绝句史上,王维的后期五绝,李白的后期七绝以及杜甫的后期七律,都善用组诗而几乎出现于同时,是盛唐末期后人无法超越的并峙三峰。这一现象也应当是值得做几篇博士论文的。

> 大雅久不作,吾衰竟谁陈?王风委蔓草,战国多荆榛。龙虎相啖食,兵戈逮狂秦。正声何微茫,哀怨起骚人。扬马激颓波,开流荡无垠。废兴虽万变,宪章亦已沦。自从建安来,绮丽不足珍。圣代复元古,垂衣贵清真。群才属休明,乘运共跃鳞。文质相炳焕,众星罗秋旻。我志在删述,垂辉映千春。希圣如有立,绝笔于获麟。

作为李白诗集开卷第一章的这首《古风》第一,应当是作于诗人中后期。尽管它对于《诗经》以来中国诗史的概括,有因袭传统说法(可与《文心雕龙》之《诠赋》《明诗》对看)而不无偏颇之嫌,然而高扬"风雅"传统,且以夫子自比的气概,却足以见出这位看似超圣脱俗的谪仙人,对于诗歌创作骨子里的严谨与慎重。诗人正是在"复元古""贵清真"的同时,汲取了建安以来诗史与当代民歌及前辈创作的新的营养,而以"文质相炳焕"的歌唱"垂辉映千春"。以四杰与陈子昂为标志的初唐诗歌的革新,至李、杜、王三足鼎立可说是告一段落。后人所说的"唐音",正是在这七八十年中真正确立并蔚为黄钟大吕的。而就个人气质而言,李白更无疑是当时才俊之士族群——盛唐诗坛的主力中最有代表性的第一人。我们可以在嗣后的诗人中看到王维、杜甫的许多拷贝甚至局部的发展,然而李白式的歌唱,随着李白的去世,就几乎绝响了。这不仅是个人天分的原因,更重要的是养成李白式气质的时代土壤已不复再现。诗人李白之死,可以说是宣告了一个时代的结束,一种悲剧意味的结束,这一点且留待后文讲评他的绝笔诗《临路歌》时,再来展开。

(本文原载于赵昌平《李白诗选评》,

上海古籍出版社 2002 年版)

赵昌平文存

下册

中华书局

关于顾况生平的几个问题

——与傅璇琮先生商榷

傅璇琮先生《唐代诗人丛考·顾况考》一文,对顾况的生平考论甚详,但有一些论点似尚可疑。故作此文,以就正于傅先生及关心、研究顾况的同志们。

一、顾况的生卒年

傅文否定了闻一多先生《唐诗大系》定顾况生卒年为727—815年的论断。因为"遍查有关史籍可以确定闻说之所本的……一是所传镇江焦山的《瘗鹤铭》,一是唐皇甫湜《顾况诗集序》"[1]。这两条史料,傅先生认为都不可靠,因而予以驳正。傅先生还以顾况至德二年(757)举进士与元和元年(806)作《送宣歙李衙推八郎使东都序》(傅先生认为这是顾况可考见年代的最后一篇作品)为依据推论道:"如以登进士第为二十岁至三十岁计算,至德二载(757)登第,其生年当为726—736年,距元和元年也有七、八十年的时间,也可以如皇甫湜所说的'以寿卒'了。……至于精确地说,那就

---

〔1〕《唐代诗人丛考》(简称《丛考》),中华书局1980年版,第380页。

只能是：顾况，生卒年不详，其生当在唐玄宗开元年间，其卒当在宪宗元和前后。"[1]

今按《瘗鹤铭》过去多被认为系顾况所作，傅先生对这一传统说法的驳正是有道理的。所以闻一多的论断的基础就动摇了。但是傅先生的结论的前一半"如以"云云，还只是臆测，不足为据；后一半"精确地说"云云，实际上也未能解答顾况生卒年的问题。所以有必要就此进行更切实的探讨。

先论生年。顾况生卒并非只能从《瘗鹤铭》与《顾况集序》来推断。段成式《酉阳杂俎》卷13有一条看似荒谬却极有价值的材料：

顾况丧一子，年十七，其子魂游，恍惚如梦，不离其家。顾悲伤不已，因作诗，吟之且哭，诗云："老人丧一子，日暮泣成血。心逐断猿惊，迹随飞鸟灭。老人年七十，不作多时别。"其子听之感恸，因自誓："忽若作人，当再为顾家子。"经日，如被人执至一处，若县吏者，断令托生顾家，复都无所知。忽觉心醒，开目认其屋宇，兄弟亲爱满侧，唯语不得。当其生也，已后又不记，年至七岁，其兄戏批之，忽曰："我是尔兄，何故批我。"一家惊异，方叙前生事，历历不误。弟妹小名悉遍呼之。抑知羊叔子事非怪也。即进士顾非熊。成式常访之，涕泣为成式言。

按除上条外《杂俎》卷11还载有非熊言"钓鱼"事一条。段又有《送顾非熊下第诗》一首[2]。可见段成式和顾非熊交谊甚深，所记并非道听途说。其实在这个荒诞不经的故事中，正包含了顾况七十岁生非熊的史实（按七十未必定数，为研究方便，暂作定数看）。七十得子是罕见之事，又得之于爱子初丧之年，笃信佛道的顾氏父子，以为是天意神理是十分自然的。因此，我们只要考出非

〔1〕《丛考》第385页。
〔2〕《顾华阳集·附录》。

熊的生年,顾况的生年也就迎刃而解了。

　　非熊生年可由其举进士之年推出。关于这一点,有两种记载。《唐摭言》称非熊"长庆中(821—824)陈商榜及第"[1],《唐诗纪事》承长庆及第说而略去"陈商榜"一语[2]。《唐才子传》则称"会昌五年(845)谏议大夫陈商榜及第"[3]。我认为《唐才子传》的记载是正确的,理由有四:

　　(1)皇甫湜《顾况集序》作于大和三年(830)。序称"有曰顾非熊生者在门",又云"生来速文,乃题其集之首为序"[4]。这里两次称非熊为"生",可知大和三年时非熊尚未举进士,长庆及第说不可靠。

　　(2)《唐才子传》卷7又载:"孟迟,会昌五年易重榜进士……与顾非熊甚相得,且为同年。"

　　(3)以上三书俱载非熊是角逐场屋三十年后由"上破格降恩"方及第的。考非熊一生历经德宗至宣宗八朝,而其诗集中独独对文治武功并非佼佼者的武宗有《挽歌》二首[5]并大事谀颂,称之为"英风帝业""王道中兴",可见降恩非熊的"上"不是穆宗,而是武宗,其及第之年亦非长庆,而为会昌。

　　(4)《旧唐书·武宗纪》载:"会昌五年二月,谏议大夫权知礼部贡举陈商选士三十七人中第。"《唐会要》卷75所记同。至于陈商于长庆知贡举事,两唐书及《会要》均无记载。可见《纪事》作者计有功已发现《摭言》所记非熊"长庆中陈商榜及第"与史实不符,故略去"陈商榜"一语,仅云"长庆中登第"。至辛文房《唐才子传》方据史实订正旧说,定顾非熊及第为会昌五年(845)。(徐松《登科记

〔1〕《唐摭言》卷8。

〔2〕《唐诗纪事》卷63。

〔3〕《唐才子传》卷7。

〔4〕《顾华阳集·序》。

〔5〕《顾华阳集·附非熊诗一卷》。

考》所记同。）

　　由非熊会昌五年进士可推出其初应举之年乃至其生年。非熊"角逐场屋三十年"始登第，有刘得仁、项斯等贺诗为证[1]。项诗云"吟诗三十载，成此一名难"，刘诗云"愚为童稚时，已解念君诗。及得高科晚，须逢圣主知"。按刘得仁"长庆间以诗名，五言清莹，独步文场"[2]，则其童稚时闻非熊诗名必在长庆前多年。即以长庆元年（821）计，至会昌五年非熊举进士时已有二十五年之久。可见项诗称非熊"吟诗三十载，成此一名难"大体不差。因此非熊初应举之年当从会昌五年再上推三十年为元和十一年（816）。又非熊有《冬日寄蔡先辈校书京》云："弱冠下茅岭，中年道不行。"[3]可见其初应举为弱冠之年，一般以二十岁计，又非熊生年当由元和十一年再上推二十年，为贞元十三年（797）。是年顾况七十岁，又顾况生年当为开元十五年（727）前后。

　　现在再论顾况卒年，傅先生以《四部丛刊》本《皇甫持正集》所录《顾况集序》称况"以寿卒"为据，怀疑《文苑英华》所收《顾况集序》记况"以寿九十卒"的史料价值。傅先生特别指出了《丛刊》所录为宋版，而今存《英华》此部分所依据却为明刻。[4]实际上关于顾况卒年的记载较傅先生所举远为复杂。首先"以寿九十卒"一说尚见于《唐文粹》所录《顾况集序》（《丛刊》，元翻宋刻小字本），可见，在宋代，关于顾况的卒年已有"以寿卒"与"以寿九十卒"两说。尤其值得注意的是由顾裔孙编刻的《顾华阳集》诸刻本所录此序的情况。此集笔者所见凡四刻。其中道光己亥年黄鹤山庄刻本与咸丰乙卯岁双峰堂刻本，均作"以寿九十卒"，然而同治元年所翻刻的双峰堂本，却将"九十"改作了"九十四"。以后民国三十二年所刻

---

〔1〕《顾华阳集·附录》。
〔2〕《唐才子传》卷6。
〔3〕《顾华阳集·附非熊诗一卷》。
〔4〕《丛考》第381页。

双峰堂本，亦沿袭"以寿九十四卒"之说。所以"以寿九十四卒"不是妄增，而极可能是顾况裔孙研究所得。其当时依据虽已不可知，但今天却可以从有关史料得到印证。

按顾况有《郧公合祔挽歌》一首，郧国公是李唐王朝给隋恭帝的封号，子孙世袭。考两唐书穆宗以前诸记，郧公之卒仅二见，一为《高祖纪》载，武德二年隋恭帝卒，二为《穆宗纪》载"元和十五年三恪郧公杨造卒"。又《唐会要》卷24"二王三恪"条载，郧国公之封迭经废复，而其定为"三恪"之一则始于天宝七年。九年又废，十一年复置。则顾况所挽之郧公必为杨造。因此又可知元和十五年时顾况尚在世。

虽然以上推算所据数字"七十""三十"都可能是举成数而言，但我们不妨论定顾况生于开元十五年（727）前后数年，卒于元和十五年（820）以后，年寿九十四，大约可信。（按顾易生先生《论顾况》，亦取寿九十四说，然未论证，见《复旦学报》1958年。）

二、顾况在滁与去饶

傅文第四章称况"大历七年、八年（772、773），在滁州。顾况有《龙宫操》诗，题下小注云：'顾况曰：壬子、癸丑二年大水，时在滁，遂作此操。盖大历中也。'壬子为大历七年，癸丑为大历八年……顾况另有《在滁苦雨归桃花崦伤亲友略尽》，《苦雨》（题下注：一本题下有"思归桃花崦"五字），当也为同时所作"云云。（按引文标点仍傅文。）[1]

按此说似亦失考。首先，二首苦雨诗肯定非大历七、八年所

---

[1]《丛考》第389页。

作；其次，《龙宫操》题下注不可靠。先看两首苦雨诗：

《在滁苦雨归桃花崦伤亲友略尽》

废弃忝残生，后来亦先夭。

诗人感风雨，长夜何时晓。

去国宦情无，近乡归梦少。

庇身绝中援，甘静忘外扰。

丽景变重阴，洞山空木表。

灵潮若可通，寄谢西飞鸟。

《苦雨》（一本题下有"思归桃花崦"）

朝与佳人期，碧树生红萼。

暮与佳人期，飞雨洒清阁。

佳人窅何许，中夜心寂寞。

试忆花正开，复惊叶初落。

行骑飞泉麓，卧听双海鹤。

嘉愿有所从，安得处其薄。

以上二诗题目、内容相类，当为同时作。按大历七、八年顾况年仅四十六、七，正值壮年（依傅先生之说当在三十六——四十七岁间），与诗中所言"残生"，"暮与佳人期"，显然不合。而诗言"废弃""去国""返乡"，又言"飞麓""海鹤"则显为遭贬后思归隐而作。问题在于二诗究竟作于贞元五年贬官饶州时，还是以后去饶州归隐时。从"去国"来看似为离长安赴饶州作，然细按之，实作于去饶州归隐茅山时。这从诗题"伤亲友略尽""苦雨""归桃花崦"三点可以考得：

据《旧唐书·德宗纪》载，李泌、柳浑卒于贞元五年，但当时两人俱居相位，不当以友称之。相反，况离饶州归隐前后的行事却与诗题丝丝入扣。傅先生所云顾况归隐在贞元九至十一年间，大体上是对的。而贞元八年，顾况的几位亲友相继去世。三月八日况从表兄信州刺史刘太真卒,见况《刘府君集序》;五月朔,况友秘书监包佶卒,见权德舆《祭秘书包监文》;七月,饶州刺史李公表卒,见况《李府君墓志》。此外况有《哭从兄葰》诗,记葰曾于朱泚乱时从驾奉天,又云“哭兄鄱水湄”,则葰亦卒于况在饶州时;又有《悼稚诗》云:"稚子比来骑竹马,犹疑只在屋东西。莫言道者无悲事,曾听巴猿向月啼。"诗言巴猿,则此稚子亦夭于这一时期(按与“托生”非熊者非一人,后者卒是十七岁,与'骑竹马'不合)。又况密友朱放贞元三、四年间诏拜左拾遗,旋复因病归山,况有序送行。而戴叔伦有《哭朱放诗》(《全唐诗》卷273),叔伦卒于贞元五年六月(权德舆《戴公墓志》),则朱放亦当卒于贞元五年或稍前。综以上诸史料,贞元五至八年间,况有亲戚三人、密友三人先后去世,正与“伤亲友略尽”吻合。

那么顾况从饶州赴茅山怎样会经过滁州呢?今按况《从江西至彭蠡入浙西淮南界道中寄齐相公》一诗,诚如傅先生所云为去饶时作,但傅先生未注意诗题所揭示的路程。饶州在彭蠡湖南,可见况离饶州去茅山是北行经南昌入彭蠡,然后进入浙西淮南交界处的。这样以后的行程必取长江水路东下。况有《赠别崔十三长官》一诗云:"顾生归山去,知作几年别。"可知为归山之作。又云“我来宣城郡”,可知入浙淮交界处后又曾枉道至宣城。况《历阳苦雨》诗又云“襄城秋雨晦,楚客不归心。亥市风烟接,隋宫草路深”。隋宫,唐人多指扬州,隐示此行去向,可见至宣城后又至历阳,而此时已经“苦雨”了,正与“在滁苦雨”相合。滁州固非至茅山必由之路,但从历阳往茅山必经今浦口、南京,与滁州相去仅数十里,水路有滁河可通,或许正与宣城之行一样为枉道访友,这可以从“桃花崦”得到启示。

《茅山志辑要》三十七页载:"小茅岭……其北则桃花崦,幽邃多山桃,顾著作尝盘桓于是。"又顾况《山居即事》诗云:"下泊降茅仙,萧闲隐洞天……崦合桃花水,窗分柳谷烟。"《崦里桃花》诗又

云：“崦里桃花逢女冠，林间杏叶落仙坛。老人方授上清箓，夜听步
虚山月寒。”二诗与《茅山志》印证，可见“思归桃花崦”即《唐诗纪
事》所称况“晚年起屋于茅山”[1]，那么何以又称“思归”呢？这就
涉及顾况的籍贯与里居问题了。一般都以为顾况是苏州海盐人，
然道光己亥年秋，况三十三世孙履成题《顾华阳集》卷首却云，“古
里云阳，共食祖德。继寓紫微，禅寂寺侧。”按云阳为句曲东西云
阳，《茅山志辑要》与胡震亨《海盐图经志》均有说明。禅寂寺在海
盐横山，亦见胡《志》。又况《哭从兄苌》诗有云“共居云阳里”，《题
元阳观旧读书房赠李范》诗又云：“此观十年游，此房千里宿。还来
旧窗下，更取君书读。”元阳观亦在小茅岭，见《茅山志辑要》。合以
上史料可证，顾况定居海盐前曾居于云阳而攻读于小茅岭元阳观。
或者正如履成所题，云阳为其祖籍，而海盐为其里居。因此从饶州
归隐茅山曰“思归”“近乡”，而“去国宦情无，近乡归梦少”二句实概
括去长安至归隐数年事，谓自从贬官即无游宦之意，而如今近乡，
却少归梦。从以上所考，可知顾况“在滁苦雨”二诗，当作于归隐茅
山之时。

　　然而归隐茅山究竟是贞元九至十一年中的那一年呢？笔者有
一推断供参考。这就涉及《龙宫操》题下注的真伪了。这一小注傅
先生的标点恐有误。玩文意当为：“顾况曰，‘壬子癸丑二年大水，
时在滁，遂作此操’，盖大历中也。”这样很清楚，其中“顾况曰”“盖
大历中也”等字，显系后人添注口气，是解释“壬子、癸丑”二年的。
如本人原注，决无此种诠释性的口吻。这里遇到两个问题，首先是
注中引文不见于今存顾况诗文；其次据笔者所考，大历七、八二年
况不在滁州而在永嘉。傅文据况《释祀篇》《祭裴尚书》二文定大历
九年况在江浙一带任某度支使属官，这是正确的；但却失举两条极
重要的史料。《全唐文》卷530载况《祭陆端公文》，首句即明标作

---

[1]《唐诗纪事》卷28。

文时间地点"维大历八年正月朔,同乡顾况于永嘉发使",这与《龙宫操》注大历七、八年在滁显然矛盾。同书卷529顾况《仙游记》一文云"温州人李庭等,大历六年入山砍树,迷不知路,忽到一处,约在瓯闽之间,云古莽然之墟者"。又卷528《莽墟赋》又云"大历迷者至莽然之墟也"云云。二文都是《桃花源记》一类的寓言,但却反映了大历六年至九年顾况都在永嘉,故《龙宫操》注称"壬子癸丑二年(按即大历七、八年)大水,时在滁",便极为可疑了。

联系上述二首"苦雨"诗,我认为诗注所谓"壬子、癸丑二年"或为"壬申、癸酉二年"之误。贞元八年为壬申,九年为癸酉。贞元八年八月河南、河北、山南、江淮大水漂溺死者二万余人,见《旧唐书·德宗纪》,前文所举况《寄齐相公》一诗云"比屋除畏溺"亦可印证。又《全唐文》卷486,有权德舆《论江淮水灾上疏》一文,文中自称"八月日,将仕郎守左补阙臣权德舆……",又云"伏惟皇帝陛下以大中大和,武功文德,亭育天下十有四载",按德舆为左补阙为贞元年事,故此皇帝为德宗,德宗十四年正为贞元九年。由以上二条可知贞元八、九年江淮连续水灾。前述况从历阳至滁州一路秋雨不止,乃至影响行舟(苦雨思归可见),正可作证(滁州秋雨连绵圩田区必遭水患,在今天亦然)。因此,最可能的情况是,况贞元九年八月作《李府君墓志》后即去饶归隐,经滁州又逢秋雨大水,羁旅之时遂作二首苦雨诗与《龙宫操》,并自序后诗云"壬申、癸酉二年大水"云云,以后或因转抄蠹损,后人补注遂讹为"壬子、癸丑二年"。从注文"顾况曰","盖大历中也"二语分析,这种可能是极大的。或者抄者见原文干支不清楚,所以又于干支之外重以这种解释性的词句。当然,上述推断尚缺少确凿的版本依据,未可遽定,但二首苦雨诗作于贞元九年(或十年)归隐时,大历七、八年顾况未住滁州而在永嘉,则是可以肯定的。

三、顾况归隐后的居处与其他

　　傅文第七章沿用《唐诗纪事》的有关说法称况"归隐后定居茅山，但也不时来往于附近一些地区"[1]这一提法恐不够确切。我认为确切的提法是：顾况归隐后以茅山、海盐两故居为中心，游于今江浙皖南一带。这里应先看一下顾况从饶州到茅山后的行程。

　　顾况滁州苦雨后又至扬州，有《哭绚法师》诗，绚法师为广陵白沙颠大云寺住持，见况《广陵白沙大云寺碑》。此诗云"楚客停桡欲问谁，白沙江草麹尘丝"，可知况离滁州后又至广陵，然后渡江至句曲茅山，起屋于小茅岭桃花崦，此则上节已考。但况此行并非到此为止。考《全唐诗》卷 272 有韦夏卿《送顾况归茅山诗》，綦毋诚《同韦夏卿送顾况归茅山诗》。卷 266 则有顾况《奉酬茅山赠赐并简綦毋正字诗》（一本题上作奉酬韦夏卿送归茅山）。值得注意的是三人酬答的地点。按《旧唐书·德宗纪》载，"贞元八年夏四月，给事中韦夏卿左迁常州刺史"。又《全唐文》卷 438 有韦夏卿《东山记》一文称"贞元八年，余出守是邦（常州），迨今四载"。据此可知贞元九、十年间韦夏卿正在常州刺史任上。又韦诗云"圣代为迁客，虚皇作近臣。法尊称大洞，学浅忝初真……"，并于第三句下自注："著作已受上清毕法。"顾况答诗题有"奉酬茅山赐赠"字样，诗更云"鹤庙新家近，龙门旧国遥"。合以上史料可知顾况至茅山受道箓后，又复南下至苏、常一带，然后在折返茅山时与韦、綦毋二人酬答。那么顾况此行的目的又是什么呢？这可以从以下两条史料悟得。

──────────

[1]　《丛考》第 403 页。

　　况有《南归》诗云"老病力难任,尤多镜雪侵。鲈鱼消宦况,鸥鸟识归心。急雨江帆重,残更驿树深。乡关殊可望,渐渐入吴音"。全诗显然为晚年归隐时作,然而不是作于从饶州至茅山途中,而当作于茅山复南归苏州海盐故居途中。因首先,从饶州至茅山是"东归",而非"南归",其次诗用鲈鱼之典,又称"渐渐入吴音"与茅山无涉而特指苏州一带。由此可知顾况至茅山后,又继续南归苏州海盐旧居。

　　又考贾岛有《寄顾非熊下第诗》云"穴通茅岭下,潮满石头西",而姚合《送顾非熊下第归越》诗则云"楚塞数逢雁,浙江长有波"[1]。二诗一指"茅岭",一指"浙江",则顾况晚年于茅山、海盐两故居均有居处甚明,至其游历情况,傅文已举大概,此从略。

　　傅文第四章引《历代名画记》载况求知新亭监一事,谓新亭即"新亭对泣"之新亭,在升州上元县。其时间则在顾况任韩滉节度判官前后,亦即建中、贞元之际[2]。按此说亦失考。考《尚书故实》亦载况此事云:"人或诘之,谓曰:'余要写貌海中山耳。'"[3]上元之新亭,无从见海中山,可知其非。又明万历年间海盐人沈孝征《顾华阳集叙》,姚士麟《顾著作传》俱云况"尝求知新亭监,监在盐官海濒(按当作滨),复家于县南五十里之横山",又《元和郡县图志》卷25:"杭州盐官县,本汉旧县,有盐官。"两相印证可知顾况所求新亭监为海盐(即盐官县)之盐监。况任盐监后定居横山,此当是其三十岁以前事,较傅先生所定更早二、三十年。

　　张继有《送顾况泗上觐叔父诗》,傅先生定为至德二、三年间,大体不差,然又说此叔父即虎丘僧七觉[4],却甚可疑。按况所撰《虎丘西寺经藏碑》称其叔父七觉"至德三年,示终本山"。至德三

〔1〕《顾华阳集·附录》。
〔2〕《丛考》第392页。
〔3〕《太平广记》卷213引《尚书故实》。
〔4〕《丛考》第407页。

年二月,代宗登基,即改元乾元,故至德三年仅一月,七觉必于至德三年正月殁于苏州虎丘。据此,可知顾况至德二、三年间所觐泗上之叔父当别为一人。

傅先生以顾况"四海如今已太平,相公何事唤狂生"一绝为晚年居茅山之作[1]。按此诗从《文苑英华》起,各总集与况别集诸刻,俱题作《酬柳相公》。今考玄宗至穆宗朝,柳姓宰相仅柳浑一人。又况《上高祖受命造唐赋表》云"况先朝露,臣复故山,陛下拔臣……"云云,而其作于贞元三年闰五月十八日的《韩滉行状》,文末仍署任韩滉幕僚时的职称"将仕郎前大理司直顾况"。可见贞元三年二月韩滉卒后,况并非直接就任校书郎之职,而是曾返乡山居,后又奉诏入京,此间约有三四个月时间。又考顾况归茅山前诗文多以"狂"自称,如大历、建中之际《听韦青唱歌》诗,贞元五至八年间《湖中》诗;而归隐后却多以"野人""野客""山人"自称,如贞元十二年前后《大茅岭东新居忆亡子从真诗》,贞元十五年《湖州刺史厅壁记》与《白萍洲送客》诗等。此诗云"相公何事唤狂生",可知当为贞元三年答柳浑征召时所作,始却而终就之。上举《上高祖受命造唐赋表》中顾况反复声称,"是非邪正,势不两立","非不欲出,无益所以不出"云云,正可为"始却终就"作一注脚。

(本文原载于《苏州大学学报(哲学社会科学版)》1984年第1期)

---

〔1〕 《丛考》第405页。

秦系考

　　秦系,字公绪,越州会稽人,自号东海钓客,中唐大历、贞元时期东南地区的重要诗人。权德舆《秦征君校书与刘随州唱和诗序》称"彼汉东守(长卿)尝自以为五言长城,而公绪用偏伍奇师,攻坚击众,虽老益壮,未尝顿锋……奇采逸响,争为前驱"。明高廷礼《唐诗品汇》序,论"中唐之再盛",以"秦公绪之山林"为重要表现之一。系一生交游广泛,中唐名家如刘长卿、二皇甫、韦应物、戴叔伦、皎然等,都与他交往密切。然而这样一位有一定历史地位的诗人,历代传记资料却既少又多舛误。本文拟从对旧有资料的辨析着手,对秦系的事迹作一些补正,以求教于治唐诗的同志。

一

　　《新唐书·隐逸传·秦系传》是今存有关秦系资料中最重要的一篇,后来的一些记载大抵本于此传,兹全引如下:

　　　　秦系,字公绪,越州会稽人。天宝末避乱剡溪,北都留守薛兼训奏为右卫率府仓曹参军,不就,客泉州南安。有九日山,大松百余章,俗传东晋时所植。系结庐其上,穴石为研,注《老子》,弥年不出。刺史薛播数往见之,岁时致羊酒,而系未尝至城门。姜公辅之谪,见系辄穷日不能去,筑室与相近,忘流落之苦。公辅卒,妻子在远,系为葬山下。张建封闻系之不可致,请就加校书郎。与刘长卿善,以诗相赠答。权德舆曰:长卿自以为五言长城,系用偏师攻之,虽老益壮。其后东渡秣陵,年八十余卒。南安人思之,为立子亭,号其山为"高士峰"云。

南宋高似孙《剡录》卷三亦有《秦系传》,所述大体本于《新唐书》,唯有二点较重要的出入:

(1)明著秦系客居泉南的时间为"建中初,建庐于泉南"。

(2)称"贞元七年,东渡秣陵,年八十余"。则"年八十余"似非指秦系卒年,而为其东渡时年龄。岑仲勉先生《唐史余沈》,辨析温庭筠《宿秦生山斋诗》之秦生非为秦系,即引用《剡录》此条而作上述理解。

又南宋胡仔《苕溪渔隐丛话》卷十六,有关秦系之记载,亦大体本《新唐书》,唯称"系天宝末客泉州南安",则以《新唐书》所称系隐居剡溪之年为客居泉南之年。

至元人辛文房《唐才子传》所记,又复与《新唐书》所记同。此后的一些记载大抵不出上述范围。以上就是关于秦系生平记载的大体情况。

二

先辨《苕溪》所记与史传之出入。

按系有《献薛仆射》诗,其小序云:

> 系家于剡山,向盈一纪,大历五年,人以文闻邺守薛公,无

何，奏系右卫率府仓曹参军，章（按："意"之误）所不欲，以疾辞免，因将命者，辄献斯文（上海古籍出版社翻明铜活字《唐五十家诗集·秦隐君集》一卷，下引系诗均同）。

按序"向盈一纪"语，乃指将近十二年，则系始隐剡溪，当由大历五年（770）上推十二年，为至德三年（758）。史所称"天宝末"（天宝十五载为756年）已欠精确，殆为均在安史之乱前期而就大略言之，至《茗溪》所称"天宝末客泉州南安"，又显为误记史传所云，错以避乱剡溪之年作客居泉南之年。

秦系此诗与序，更使我们发现了《新唐书》本传的一个更大的失误。此诗题作《献薛仆射》，仆射当指尚书（左右）仆射，序更称"邺守薛公"，则此薛公，当为邺郡守而领尚书仆射衔者。检《旧唐书·地理志二》，唐代相州，即汉之魏郡，天宝元年，改为邺郡，属河北道。这与《新唐书》所云"北都留守薛兼训"显然矛盾，因"北都"即太原，属河东道（《旧唐书·地理志》二），而薛兼训大历五年任北都留守时所领台省职称为御史大夫（《旧唐书·代宗纪》大历五年），地点、职官与领衔均与诗序不符。今考《旧唐书》卷一百二十四《薛嵩传》记曰：

> （仆固）怀恩平河朔旋（按宝应元年十月），乃奏嵩及田承嗣、张忠志、李怀仙分理河北道；诏遂以嵩为相州刺史，充相、卫、洺、邢等州节度观察使（按宝应二年闰正月），承嗣镇魏州，忠志镇恒州，怀仙镇幽州，各据数州之地。时多事之后，姑欲安人，遂以重寄委嵩。嵩感恩奉职，数年间，管内粗理，累迁检校右仆射。大历八年正月卒。诏遣弟崿知留后，累加崿太子少师。

据此可知薛嵩于宝应二年（763）闰正月至大历八年卒前一直任相州刺史，充相、卫、洺、邢节度使，并于宝应二年后数年加检校右仆射，此正与秦系《献薛仆射》诗序"大历五年，人以文闻邺守薛公"相合。《新唐书》盖以薛兼训大历初曾任浙东节度使,五年,迁北都留守,其僚属鲍防又曾"与系同举场",遂误将系诗序中之"薛公"误作"薛兼训"。以后《剡录》《唐才子传》等以讹传讹,铸成定论。澄清这一史实对于我们了解秦系的思想有很大关系。薛嵩、田承嗣等均为安史余党,他们分据河北,成为唐中央政权势力之外的独立王国。秦系《献薛仆射》诗寓庄于谐,以调侃的笔调,拒绝了薛嵩的延揽,说明这位"终年常裸足,连日半蓬头"(《山中崔大夫有书相问》)的狂生颇有气骨。"长策胸中不复论,荷衣蓝缕闭柴门。当时汉祖无三杰,争得咸阳与子孙?"对于其《闲居览史》一类作品,我们在澄清上述史实后,当有更深切的理解。

三

按《新唐书·秦系传》所记,系于辞免"薛公"延请后,"客泉州南安",中与泉州刺史薛播、泉州别驾姜公辅交游,公辅卒,系为营葬骨骸后东渡秣陵。《剡录》则补充其起迄时间为"建中初"至"贞元七年"。这些记载又是真伪参半的。

按权德舆《秦刘唱和诗序》云"贞元中,天下无事,大君好文。公绪旧游多在显列,伯喈文举之徒争为荐首,而寿阳大夫(按张建封)之章先闻,故有书府典校之拜。时动静不滞于一方矣,七年春,始与予遇于南徐"云云。按南徐即润州,是东渡秣陵(今南京)的必由之路。据此,《剡录》所补充系"贞元七年,东渡秣陵",大抵可信。《全唐诗》韦应物诗卷四有《送秦系赴润州》诗云:"近作新婚镊白髭,长怀旧卷映蓝衫。更欲携君虎丘寺,不知方伯望征帆。"应物贞元四年至六、七年间任苏州刺史(参傅璇琮先生《韦应物考》),则此诗正可为系贞元七年东渡之佐证。

秦系贞元七年东渡秣陵既可靠,则《新唐书》《刻录》等称系于姜公辅卒后方去泉南而东渡事,在时间上必不可靠。按《旧唐书·德宗纪》:

> 贞元八年十一月……己巳,贬右庶子姜公辅泉州别驾。

同书《姜公辅传》又记贞元八年四月陆贽知政事后,公辅因窦参事乞罢官为道士,然后写道:

> 德宗问其故,……便以参言为对,帝怒,贬公辅为泉州别驾,又遣中使赍诏责窦参。顺宗即位,起为吉州刺史,寻卒。

据此可知姜公辅贬泉州别驾为贞元八年至廿一年(永贞元年,805),则《新唐书》等均记系于贞元七年(791)东渡前就营葬公辅,实为大误(系葬姜公辅事,辨见本文第五节)。

四

其实秦系贞元七年前客泉州南安的时间,并不如《新唐书》《刻录》所载这么长。今先辨其客泉南之下限,再返及上限。

按秦系有《答泉州薛播使君重阳日赠酒》诗,可知系确如史传所述曾在泉州与刺史薛播交游。《旧唐书·薛播传》:"(崔)祐甫执政,用(播)为中书舍人。出汝州刺史,以公事贬泉州刺史,寻除晋州刺史、河南尹,迁尚书左丞,转礼部侍郎。遇疾,贞元三年卒。"同书《代宗纪》《德宗纪》又记崔祐甫于大历十四年闰五月为门下平章事(执政),于建中元年六月卒。据此则薛播任泉州刺史必在大历十四年(779)祐甫执政,至贞元三年(787)薛播本人病卒前。考虑到薛播刺泉州前尚任中书舍人、汝州刺史二职;贬泉州后至卒前,又三迁至礼部侍郎,可以推断,他在泉州的时间当为建中兴元之间，因此关于秦系客泉南事，我们可先得出一个初步结论，建中兴元之间，秦系在泉南。

秦系又有《会稽山居寄薛播侍郎袁高给事高参舍人》诗。这是判定秦系离开泉南时间的重要资料。诗题提到三人：

称薛播为侍郎。从上述播之历仕看乃指礼部侍郎，为播卒前职衔，故系诗至迟不超过贞元三年。

又称袁高给事。《旧唐书·德宗纪》记兴元元年八月，"以前湖州刺史袁高为给事中"，因可知此诗又必作于兴元元年八月后，贞元三年前。

再次，更称高参为舍人。据《旧唐书·德宗纪》，"贞元元年七月以谏议大夫高参为中书舍人"，则更可知此诗当作于贞元元年七月后。

综上三点，秦系《会稽山居赠薛播侍郎袁高给事高参舍人》诗必作于贞元元年七月高参为中书舍人后至贞元三年薛播卒前。诗题又称"会稽山居"，则可知至迟在贞元三年（768），秦系已由泉州南安返回越中故居。

又皎然有《奉酬袁高使君西楼饯秦山人系与昼同赴李侍御招》诗（集卷四），诗云"秋风怨别情，江守上西城……治书招远意，知共楚狂行。"诗题所称李侍御为李萼，乃皎然、秦系故交，大历八年起，为湖州刺史颜真卿僚属，十二年，真卿去湖州任前已迁吉州刺史。从诗题与"知共楚狂行"句，可知皎然此诗是因袁高饯送秦系、皎然赴江西吉州李萼处所作。检《旧唐书·德宗纪》：建中二年夏四月丁巳"贬御史中丞袁高韶州长史"；兴元元年八月"以前湖州刺史袁高为给事中"；又皎然《奉送袁高使君诏徵赴行在》诗（集卷四）有句云："天子幸汉中，轘辕阻氛烟。玺书召英牧，名在列岳仙。"乃指兴元元年三月德宗因朱泚之乱避难汉中，诏徵勤王之师事。综上，袁高任湖州刺史的时间，当在建中二年四月贬韶州长史后一段时间，而至兴元元年春夏间已离湖州赴汉中行在，至八月加给事中。而皎然诗言"秋风怨别情",则袁之饯送皎然、秦系,不可能在兴元元年;又袁高建中二年四月始贬韶州长史,也不可能在建中二年秋到湖州。因此皎然、秦系同由湖州游江西,只能在建中三年或四年(781—782)的秋天。联系上析《会稽山居》诗作于贞元初,可知系由泉南返回越中,最晚不超过建中三、四年。

现在再回过头来讨论秦系客居泉南的上限。

按刘长卿有《见秦系离婚后出山居作》《秦系顷以家事获谤,因出旧山,每荷观察崔公见知,欲归未遂,感其流寓,诗以赠之》《夜中对雪赠秦系,时秦初与谢氏离婚,谢氏在越》三诗(均见《全唐诗》刘长卿卷一)。由此可知秦系出越中旧山乃因与谢氏离婚而遭谤。而第二诗中"每荷观察崔公见知"一语,又透露了其出山的大体时间。据吴廷燮《唐方镇年表·浙东观察使表》,御史大夫崔昭大历十一年七月至十四年底任(从至德至元和浙东观察使崔姓者仅昭一人),因可知秦系获谤出山的时间亦在这一区间之内(从"初与谢氏离婚",可见出山不久)。

又考皎然集有《题秦系山人丽句亭》诗(集卷四),当为皎然访秦系越中隐处所作(见《剡录》)。更有《夐铜碗龙吟歌》(集卷七),序云"大历十三祀,秦僧传至桐江,予使童儿夐金仿之"。诗更云"乍向天台宿华顶,秋宵一吟更清迥"。桐江、天台、剡溪紧邻(浙西),必为同时所游,可知皎然访秦系于剡中丽句亭,当在大历十三年秋左右。皎然又有《(思村东北)塔铭》(集卷八),署"大历丁巳岁建子月",思村在湖州德清县(《湖州府志》),"大历丁巳岁建子月"为大历十二年十月。则可知皎然剡中之游又在大历十二年十月后,这样前所析秦系出越中旧山的时间区间可进一步缩小了。

首先皎然《题秦系山人丽句亭》有句云"满院竹声堪愈急,乱床花片足忘情",乃写晚春景色,因此秦系出山不会早于大历十三年春(十二年十月皎然尚在湖州)。

其次刘长卿时任睦州司马(傅璇琮《刘长卿考》),离剡中有三百余里。长卿诗中有"夜中对雪"语,可知为冬季或早春所作。前已论崔昭大历十四年冬已离浙东观察使任,考虑到两地的距离,长卿与秦系"夜中对雪"而云"每荷观察崔公见知,欲归未遂",就不可能在十四年冬。再联系十三年春秦系尚在剡中接待皎然,则其与刘"夜中对雪"只能是大历十三年冬或十四年早春。此时稍前系出旧山,先至睦州会长卿,再至泉南,其时间当在大历建中之交(十三年前,系亦在越中,参本文第五节)。

综上所论,贞元七年东渡秣陵前,秦系居泉南时间,当为大历十四年或建中元年(779—780)起,至建中三、四年(782—783),约三四年时间,并非如《剡录》所称从建中初至贞元七年,凡十二年;更非如《新唐书》所云从大历五年后,直到贞元七年东渡秣陵,将近二十年。弄清秦系东渡前客居泉南的时间,对于研究其创作特色有重要意义。因大历至贞元前期正是他创作的主要时期(详下),由上述分析可知秦系诗歌创作的主要舞台是吴越,它始终属于当时的吴越诗人集团,而在创作中鲜明地体现了这一地域特色。

五

现再辨史料有关秦系卒岁的记载。并进而讨论其生卒年。

对于《剡录》所称"贞元七年(791)东渡秣陵,年八十余"一语,究竟应如何理解呢? 如按岑仲勉先生的说法,"年八十余"为东渡时年龄,则其生年当为中宗景龙年间(708—710),这样秦系生年要比杜甫(712生)还早三四年。然遍观系集及唐人赠系诗,与系交往者,年辈最高的是大历诗人钱起,而没有一名盛唐诗人。由此可知《剡录》"年八十余"一语,并非如岑先生所释为东渡时年龄,而当与《新唐书》所称"年八十余卒"同义。那末系究竟卒于何年呢? 现存史料虽未能提供确切时间,但我们仍可于零星资料的综合分析中得其大体。

按《新唐书》以下各书均记系营葬姜公辅事,可见这是唐宋间士林有关义举的一桩美谈,其时间虽如上析不可靠,然联系南安人名其山为"高士峰",则此事本身当非子虚。今检系集有《题茅山李尊师山居诗》;《嘉庆一统志·镇江》又记"秦系山房在金坛县石墨池上,又有顾况山房在其侧"。按顾况于贞元九年秋隐居茅山(参拙作《关于顾况生平的几个问题》,载《苏州大学学报》1984年第一期),则知系东渡后又一度隐居茅山。(《全唐诗·秦系卷》,《题石室山王宁所居》诗题下有"罢官学道"一注可为佐证。)很可能在此后系又回到南安,遂有与姜公辅之交游并于永贞元年营葬公辅骨骸。只有这样才能解释《新唐书》以下诸书的这段记载,与南安人称其山为"高士峰"的高度崇敬。葬公辅是史料对系事迹的最后记载,以后他的情况就无可考了。因此我们不妨先作如下假设:即永贞元年(805)系葬公辅后不久亦去世,时年八十余,则其生年约为开元十三年(725)前后。现在我们再以秦系诗作来验证一下此假设是否大体符合实际。

(1)秦系有《鲍防员外见寻因书情呈赠》诗,题下注云"曾与系同举场"。按《唐才子传·鲍防传》记,鲍防天宝十二载杨儇榜进士(参《登科记考》)。《新唐书》防本传又载防卒于贞元八年(792),享年六十九岁。因知防生年为开元十年(722),至天宝十二年(753)进士及第,当为三十二岁。按前述假定秦系生年(725)推算,至天宝十二年,系当为二十九岁,与鲍防(三十二岁)相仿。这正与"(防)曾与系同举场"之题注相合。

(2)上述秦系《鲍防员外见寻》诗有云"少小为儒不自强,如今懒复见侯王,览镜已知身渐老,买山将作计偏长"。首句正可为系年轻时曾应进士试而未第的佐证。第三句则说明系作此诗正在将老未老之际。检《旧唐书·鲍防传》:"(防)天宝末举进士,为浙东观察使薛兼训从事，累至殿中侍御史，入为职方员外郎，改太原少尹，正拜节度使。"《新唐书》鲍防本传所记略同而稍详，云"……入为职方员外郎，薛兼训帅太原，被病，代宗授防少尹、节度行军司马……"，据此可知鲍防为职方员外郎的时间，是在薛兼训帅太原前后。又考《旧唐书·德宗纪》薛兼训拜太原尹、充河东节度使乃大历五年，因此秦系《鲍防员外见寻》诗也当作于大历五年前后。这里还有一个佐证。皇甫冉在丹阳有《送陆鸿渐赴越》诗（《全唐诗卷 250》），诗序有云："（羽）余兴未尽，告去遄征。夫越地称山水之乡，……尚书郎鲍侯，知子爱子者，将推食解衣以拯其极，讲德游艺以凌其深。"序中所称"尚书郎鲍侯"即鲍防，职方员外郎为尚书省兵部属官，故称尚书郎。又皇甫冉病逝于大历四、五年间（参傅璇琮先生《二皇甫考》），诗序中又提到"访予羁病"，可知大历四、五年间，鲍防正领职方员外郎衔，在浙东薛兼训幕中，这就更可证明秦系《鲍防员外见寻》诗作于大历五年前后。按秦系生于开元十三年（725）的假定，至大历五年（770）当为四十六岁，正与诗称"览镜已知身渐老"相合。

（3）系又有《山中枉皇甫温大夫见招书》《寄浙东皇甫中丞》诗。这里的"皇甫中丞"与"皇甫温大夫"当为一人（唐代方镇领御史台衔，往往由御史中丞进加御史大夫）。检《旧唐书·代宗纪》大历九年八月"辛未，以陕州大都督府长史皇甫温为越州刺史，充浙东观察使"，又吴廷燮《唐方镇年表·浙东观察使表》：皇甫温大历九年八月至大历十一年任，十一年十一月卒于越。因可知秦系上述二诗也必作在这一时期。按其生于开元十三年（725）的假定，至大历九年（774）或十一年（776）当为五十岁至五十二岁。而诗有云"闲闲麋鹿或相随，一二年来鬓欲衰"，正是五十刚出头的形象。

（4）韦应物《送秦系赴润州》诗云："近作新婚镊白髭，长怀书卷映蓝衫。"前已论系赴润州为贞元七年（791）春，按系开元十三年（725）生的假定，是年为六十七岁左右，正是"镊白髭"之时。

　　综观以上四点,可以证明秦系生于开元十三年(725)左右,卒于永贞元年(805)稍后的推断是大体上符合实际的。

六

　　以上我们对史传关于秦系生平的记载作了辨析,这样他一生中的几个大关节:生卒年、隐居剡溪、辞免"薛公"之聘、客居泉南、东渡秣陵、罢官学道再返泉南等,得到了初步的澄清。下面我们在这一基础上,结合其他材料,试为草制《秦系年表》。由于史料缺乏,这个草表只能是大致正确的一个框架,希望治唐诗的同志批评、订正、补充。表中凡前已考明的内容与其他同志曾涉及而笔者认为正确的,均不赘证,仅书结论与出处。

秦系年表(草表)

玄宗开元十三年(725)　约一岁

　　生于越州会稽。(参本文第五节)本年至二十九岁前考。

玄宗天宝十二年(753)　约二十九岁

　　在越,本年前曾习儒业,并曾与鲍防同应进士试,未第。(本文第四节)

肃宗至德三年(758)　约三十四岁

　　本年前后因安史之乱,隐剡溪。(本文第二节)

代宗广德元年(763)　约三十九岁

　　在剡中,本年或稍后与戴叔伦交游。

　　按:时江淮刘展之乱与安史之乱初平。据傅璇琮先生《戴叔伦考》,叔伦刘展乱时由金坛家乡奔亡,至是年返江南。而据叔伦《越

溪村居》诗,《送谢夷甫宰余姚》诗,可知叔伦定居越中。叔伦《题秦
隐君丽句亭》诗云"北人归欲尽,犹自住萧山,闭户不曾出,诗名满
世间",所称"北人归欲尽"正写安史乱后避乱江南的中原人士返回
家乡景象。后三句适可证系仍隐剡中。故知本年与稍后系与叔伦
游。并知系剡中隐处为萧山。

代宗大历五年(770)　**约四十六岁**

　　邺守薛嵩聘系为右卫率府仓曹参军,系托疾辞免,有《献
薛仆射》诗(本文第二节)、《山中赠张正则评事》诗(题注:系时授右
卫佐,以疾不就);《鲍防员外见寻》诗亦作于本年前后。(本文第五
节)

代宗大历八年(773)　**约四十九岁**

　　在剡中,《耶溪书怀寄刘长卿员外》诗当作于本年至十三
年间。

按:长卿本年至大历末在睦州司马任上(傅璇琮《刘长卿考》)。
系上诗题注"时在睦州(指长卿)",可知当作于此期。又诗有"屡折
荆钗亦为妻"句,则知当作于大历十三年离婚出山前。

系《山中奉寄钱起员外兼简苗发员外》诗当作于本年前后。

按:钱起大历中为司勋员外郎(《全唐诗小传》、傅璇琮《钱起
考》),系诗有句"逸妻相共老烟霞"句,知在十三年离婚前。

代宗大历九年(774)　**约五十岁**

　　在剡中,《寄浙东皇甫中丞》诗,《山中枉皇甫温大夫见招
书》诗作于本年至十一年。(参本文第四节)

代宗大历十一年(776)　**约五十二岁**

　　在剡中,是年七月至十一年崔昭任浙东观察使,系与之
游,其《山中崔大夫有书相问》诗作于本年七月至十三年出山
前。(本文第四节)《山中赠耿沣拾遗兼两省故人》诗,作于本年
或稍前。(时耿沣任括图书使在江南,参傅璇琮《耿沣考》)

代宗大历十二年（777） 约五十三岁

在剡中，本年初夏游湖州，有《赠乌程杨苹明府》诗。又与皎然游。

按：乾隆《湖州府志·县令·乌程》记：李晤，大历中任；李清，大历中任；杨苹，大历中任，二岁。又考颜真卿大历八年《妙喜寺碑》有乌程令李晤。准此以推，杨苹任乌程令当在大历末期，前考十三年系已去越中，则必为本年。诗言"杨梅今熟未，与我两三枝"，当在初夏。

皎然《酬秦山人赠别二首》有句"姓被名公题旧里，诗将丽句号新亭"，"对此留君还欲别，应思石濑访春泉"，知为系离婚出山前，秦系来游惜别作。系与皎然关系密切，皎集中今存赠系诗十余首，系存《奉寄昼公》诗一首。

代宗大历十三年（778） 约五十四岁

春，皎然来访，秋与谢氏离婚而获谤，出山，冬至睦州，与刘长卿唱和，所谓"秦刘唱和"主要在大历中至贞元初，时人传为美谈。（参本文第四节）

代宗大历十四年（779） 约五十五岁

本年或稍后至泉州南安。（本文第四节）

德宗建中元年（780） 约五十六岁

本年至建中三、四年在泉南，"穴石为研，注《老子》，弥年不出，薛播往见之，岁时致羊酒"（《新唐书》本传）。《答泉州薛播使君重阳日赠酒》诗作于此时。（本文第四节）

德宗建中四年（783） 约五十九岁

至迟本年秋由泉南返会稽，至湖州，与皎然共赴吉州，刺史李萼招请而游江西。湖州刺史袁高饯之。（本文第四节）

德宗兴元元年（784） 约六十岁

本年前后已由江西返会稽，有《会稽山居寄薛播侍郎袁高给事高参舍人》诗。（本文第四节）《将移耶溪旧居留赠严维秘书》诗,当作于上诗稍前。

按:严维大历十一、二年间任河南尉(傅璇琮《刘长卿考》),仕终秘书郎。本年春皎然《赠包中丞书》已称维"故严秘书正文",故知上诗必作于大历十二年后,本年前。

德宗贞元二年(786) 约六十二岁

春,再游江西,与抚州刺史戴叔伦,江州刺史韦应物游。

按:戴叔伦贞元元年春夏至四年任抚州刺史,韦应物贞元元年秋至二年任江州刺史(傅璇琮《戴叔伦考》《韦应物考》)。叔伦《张评事涉秦居士系见访郡斋》诗有句"池曲大江通",知乃系访叔伦于抚州作。又云"乔木飐春鸿",知为春季作。应物又有《奉酬秦征君系春日抚州西亭野望兼寄徐少府》诗,参以戴诗,必为应物江州任上作。应物在江州所历春天仅贞元二年一回,故知系是年春重游江西与二人游。

德宗贞元四年(788) 约六十四岁

至迟本年已由江西返会稽,有《晚秋拾遗朱放访山居》诗。

按:朱放贞元三年被诏徵为右拾遗,不久归返(参傅璇琮《刘长卿考》),又戴叔伦有《哭朱放诗》,叔伦卒于贞元五年六月(权德舆《戴公墓铭》),系此诗题为"晚秋",又称朱放为拾遗,当作于本年晚秋。

德宗贞元五年(789) 约六十五岁

在会稽。本年与前后一二年与韦应物、丘丹、顾况、皎然、刘长卿等唱和。有《即事奉呈郎中韦使君》诗。

按:《唐诗纪事·韦应物》:"应物性高洁,所在焚香扫地而坐,惟顾况、刘长卿、丘丹、秦系、皎然之俦,得厕宾列,与之酬唱。"又傅璇琮先生《韦应物考》,称应物任苏州刺史为贞元四至六年,去职后仍居苏州。故知系与诸人唱和在此时。

德宗贞元七年(791) 约六十七岁

本年前,徐泗濠节度使张建封聘系为校书郎,系有《张建封大夫奏系为校书郎因寄此作》《山中书怀寄张建封大夫》诗，就诗意观，开始辞却，而终于于本年春东渡秣陵。韦应物、皎然有诗送之。在润州遇权德舆，权为作《秦刘唱和诗集序》。（本文第一节、第二节）

本年后至永贞元年秦系行止不详，唯知又"罢官学道"，曾于茅山隐居，与顾况山房毗邻。据张建封卒于贞元十六年（《旧唐书·德宗纪》）推测，系去官似不会晚于此时。（本文第四节）

顺宗永贞元年（805）　约八十一岁

本年前又重返泉南，与泉州别驾姜公辅交游。是年公辅卒，妻子在远，系为营葬骸骨。

本年或此后数年内卒。（本文第五节）

一九八三年九月

（本文原载于《中华文史论丛》1984年第4辑）

《张志和生卒年考》质疑

《文学遗产》一九八四年第一期有陈耀东同志《张志和生卒年考》一文(以下简称"陈文"),意在廓清千年疑案,考定志和"生于唐玄宗天宝三载,即公元七四四年的秋天,卒于唐代宗大历八年(最迟不超过大历九年),即公元七七三年的秋冬之际,享年三十岁"[1]。然而细阅陈文,这一论断却是建立在对史料的一系列错误理解之上的,实未足以使人信服。今质疑如下,以就教于陈耀东同志及海内学人。

一

陈文定志和生年为天宝三载(774)的依据是颜真卿《玄真子碑》如下数语:

(志和)年十六游太学,以明经擢第,献策肃宗,深蒙赏重。

又引《新唐书》张志和本传中类似记载:

(志和)十六擢明经,以策干肃宗。

---

[1] 所引陈文均见《文学遗产》一九八四年第一期。

　　陈文以上述数语连读,谓志和游太学之年即为擢第之年与献策肃宗之年,然后据《旧唐书·肃宗纪》所载,乾元二年(759)"上御宣政殿试文经邦国等四科举人"条,而谓志和献策即为是时,由此更上推十六年,得出志和生于天宝三载的结论。

　　今按,上述论证中有三个问题。

　　首先是史法问题。从"年十六游太学"至"以策干肃宗"是否一定为同一年之事?按史臣记某人行事,并不是每事必举时间,而往往是在举一个时间后,连叙数年,其间实已多历年所。即以《旧唐书·颜真卿传》而言,史云"开元中举进士,登甲科。事亲以孝闻。四命为监察御史,充河西陇右军试覆屯交兵使"[1]。在这一段记载中仅言"开元中"一个时间,而实际经历的时间则为开元二十二年(734)至天宝六年(747),凡十三年(参留元刚《颜鲁公年谱》)[2]。这是史法中常见的现象,然而陈文却没有任何论证即将《玄真子碑》与《新唐书》志和传以上数语连看为同一年之事,实有欠慎重。

　　其次陈文的论断中又包含着知识性的误失,先是将常选与制举,唐代二种不同的取士制度混为一谈;然后又将制策、试策、进策三种不同的策文等同看待。现先析上一个误失。

　　《新唐书·选举志》云:

　　　　唐制,取士之科多因隋旧(中略),其科之目,有秀才,有明经,有俊士,有进士(中略)而明经之别,有五经,有三经,有二经,有学究一经,有三礼,有三传,有史科:此岁举之常选也。其天子自诏者曰制举,所以待非常之材焉。

　　以下,在列述常选各科目后,又论制举之有别于常选云:

〔1〕　《旧唐书》卷 128。
〔2〕　《颜鲁公文集》附《颜鲁公年谱》。

> 所谓制举者,其来远矣。自汉以来,天子常称制诏道其所欲问而亲策之。唐兴,世崇儒学,虽其时君贤愚好恶不同,而乐善求贤之意未始少怠,故自京师外至州县,有司常选之士,以时而举;而天子又自诏四方德行、才能、文学之士,或高蹈幽隐与其不能自达者。(中略)其为名目,随其人主临时所欲……

由上述可知,明经属于"岁举之常选也",而制举,则为天子特诏选举非常之才。陈文所引肃宗乾元二年"上御宣政殿试文经邦国等四科举人",分明为制举[按《册府元龟》卷六四五《贡举部》记:"(肃宗至德)二年(按:757)十二月诏:其有文经邦国、学究天人……并任于所在自举,委郡守铨择奏闻,不限人数。"是知文经邦国科乃757年十二月下诏,759年五月天子亲试],其与志和"以明经擢第"显为二事,则据此以推志和卒年,岂能服人呢?

再次,《玄真子碑》所述"以策干肃宗"之策乃指"进策",它与明经科考试之"试策",与应天子制举之"制策",均不相同,徐鲁庵《文体明辨序说·策》析云:

> 夫策士之制,始于汉文,晁错所对,蔚为举首。自是而后,天子往往临轩策士,而有司亦以策举人,其制迄今用之。又学士大夫有私自议政而上进者(如宋苏洵《几策》,苏轼《策略》《策别》《策断》,苏辙、秦观《进策》之类)。三者均谓之策,而体各不同,故今汇而辨之:一曰制策,天子称制以问而对者是也;二曰试策,有司以策试士而对者是也;三曰进策,著策而上进者是也。

据此可知志和之"献策肃宗",乃是进策。献即进,《周礼·地官·乡大夫》"献贤能之书于王",注:"献犹进也。"又《宋史》卷二六五《张齐贤传》称其避乱入洛,遇太祖,"以布衣献策马前",均可为证。《新唐书》志和本传所说"以策干肃宗",其义更显明。干即干进,谓以策论干谒肃宗。此"干"与高适《别韦参军诗》"布衣不得干明主"之干相同。陈文既以常选之明科混同于制举,复以"学士大夫"干进之献策(进策),混同于明经之试策,再混于制举之制策。因此其于志和生年之推断,实建立在一连串的误解之上。

　　再从正面看问题,《唐才子传》卷三《张志和》条记云"帝尝赐奴、婢各一人,志和配为夫妇,号渔童、樵青。与陆羽尝为颜平原食客。平原初来刺湖州,志和造谒"云云。辛文房所记志和在湖州谒颜前,尝与陆羽同为"颜平原食客"事为他书所不载,其本身当进一步核定,然而论志和生年则不应对此置而不论。因颜真卿为平原守乃至德元年,至二年四月已改宪部尚书。如果志和确如陈文所论,乾元二年方十三岁,则至德元年时仅十三岁,是不可能与陆羽同为真卿食客的。就此亦可见陈文之论定实欠慎重。

<h1 style="text-align:center">二</h1>

　　陈文所定志和卒年为大历八年(最迟不超过九年)之说同样是不可信的。文章云刘大杰先生所定志和卒年有误,这本身是可以讨论的,然而称刘说"根本的问题"是"未曾看到颜真卿替张志和撰写的碑志",却正反映了陈耀东同志对碑文似缺乏全面的了解。《玄真子碑》并非难得之文,颜集、《全唐文》、《文苑英华》等均收录。淹博似刘大杰先生论志和事而不知有《玄真子碑》,实难以想象。其实问题在于,据《玄真子碑》根本不能确定志和之卒年。陈文在这一点上似有三失。

　　首先陈云:据《玄真子碑》"即可断定张志和死于颜真卿之前"一说,实未明碑文一定为死人作,为生人亦可立碑。吴讷《文章辨体》与徐鲁庵《文体明辨》均以"碑"与"墓碑"分为二条论列,在《碑》

一类中又均列述了各种性质的碑文。而顾炎武《日知录》卷七更有"生碑"一条,列举由汉至唐为生人立碑之事。如云:

> 《册府元龟》:宋璟为相,奏言:臣伏见韶州奏事云,广州与臣立遗爱颂(按,碑文),夫碑所以颂德纪功,臣在郡日,课无所称,幸免罪戾,一介俗吏,何足书能?滥承恩施,见在枢密,以臣光宠,成彼诒诔,欲革此风,望自臣始。

又如:

> 张籍《送裴相公赴镇太原》诗,"明年塞北清蕃落,应建生祠请立碑"。

这些都是唐人为生人立碑之显例,如果披阅一下《全唐文》或《文苑英华》就能看到诸如遗爱碑、去思碑这一类生碑正复不少。《玄真子碑》根本未言志和去世事,又何能确定其为"死碑"而非"生碑"呢?

其次,陈文为牵合志和卒于大历八年之说,又对《玄真子碑》所记"大历九年秋八月,(志和)讯真卿于湖州"一语作出下述判断。文云"此大历九年"当为"七年(之)误",并出注云"据《颜鲁公文集》卷四《湖州乌程县杼山妙喜寺碑》、《天下放生池碑》,卷一三《乞御书题额恩敕批答碑阴记》、《补遗·项王碑阴述》等均言,'大历七年真卿蒙刺是州'。又《丛书集成》本正是作大历七年八月"云云。

今按陈文此注引文实欠确切。"大历七年真卿蒙刺是州"一语乃《项王碑阴述》中语,上举另外三文文字均有所不同,而恰恰是陈文所举卷一三之《乞御书题额恩敕批答碑阴记》记述道:

> (大历)七年秋九月,归自东京,起家,蒙除湖州刺史,来年春正月至任。

由此可知《项王碑阴述》所记"大历七年真卿蒙刺是州"云云,乃指真卿授拜湖州刺史之时,而其实际到达湖州任所已经是次年——大历八年之正月。这样真卿又怎么可能在大历七年秋季在湖州会见志和呢？关于真卿大历八年正月至湖州事，宋留元刚《颜鲁公年谱》"大历八年"条有详细辨证。陈文多次提到留谱，应当是看到这一辨析的。然而为了别创新说，竟然既对《乞御书题额恩敕批答碑阴记》含混其词，又置留谱之论析于不顾，在校勘上更舍诸善本不取而独信校雠价值甚低之《丛书集成》本，这实在令人不解[1]。

陈文为证成己说又以鲁公《登平望桥下作》一诗印合沈汾《续仙传》所记志和与鲁公东游湖州平望驿，志和作水戏而上升事，并继续论证说"（颜集）此诗之前，有《谢陆处士杼山折青桂花见寄之什》诗（按"诗"字当去），陆处士指陆羽，留元刚《颜鲁公年谱》把它系于大历八年之下，'群子游杼山，山塞桂花白'，则知此诗作于是年八月桂子飘香的季节；但不知群子中是否有张志和其人？又《登平望桥下作》之后有《登岘山观李左相石樽联句》，《年谱》系之于八年十二月。《登平望桥下作》当作于两诗之间，即于是年的秋冬之际，从'凫雁声''蒹葭色'可知"云云。

今按：这一段论证又有三处失误。

其一是，谓年谱系《登岘山观李左相石樽联句》诗为八年十二月之说不确。详留谱大历八年条本文有云：

> 是年有《题三癸亭》、《酬陆处士折青桂花见寄》诗、《水堂送诸文士戏赠潘丞联句》。十二月有《沈氏述祖德记》《玄靖李先生碑铭》。公在郡及门生弟侄多携壶机楫以游岘山。《观左相石樽联句》序谓，"因积溜潒石，嵌为樽形，酌酒其中，结宇环

---

[1] 顺便指出陈文这一段论述中引《玄真子碑》标点有误。引文云"（志和）立孤峻不可得，而亲疏率诚淡然，人莫窥其喜愠"（p.49），此引夺一"性"字，按颜集卷九原文，当作"然立性孤峻，不可得而亲疏；率诚淡然，人莫窥其喜愠"。

饮"。(《颜鲁公文集》附《颜鲁公年谱》)

这一段话中"十二月"下实只统《沈氏述祖德记》《玄靖李先生碑铭》二文。从"公在郡"语另起,乃谓鲁公在湖尚"多携壶机楫以游岘山",并以《石樽联句》序来证明之,"多"字是说屡次,其与上文"十二月"不续甚明。作年谱的惯例是先述可以确切系定年月日的事件诗文,然后以年、或月、或日不能确切指定而大致在这一年的事件诗文隶于其年之末。陈文不明此一体例,故以《石樽联句》确指为十二月。其实此联句中有云"余烈暖林野,众芳揖兰荪","萍连浦中屿,竹绕山下村"等句[1]所状景物,迥非冬令,更可知陈说系之于十二月,有失鉴察。

陈文此论所失之二是未明《颜鲁公文集》之流变与编次体例。彼集在唐代即有编次,至五代时已散佚于兵火之间。以后宋、明人重新辑集。今天所能见到的一般都是明人都穆编订而由锡山安国重梓的这一系统的本子。其编次方式是分体类编,根本不是严格的编年本。颜诗散佚尤为严重,今存仅文集第十五卷所收二十五首,并补遗卷一首,凡二十三首。其中三分之二以上又为联句,余三分之一中尚有可疑者,怎能设想以此来为颜集诗歌编年呢?譬如卷十五第二十四诗《怀圆寂上人》,有序云"大历十三年春二月,以刑部尚书谒拜昭陵,慨然有怀",则知是诗为大历十三年二月所作。如果编年,则第二十五首《赠僧皎然诗》当作在十三年之后,然而《赠僧皎然诗》分明写的是真卿在湖州与皎然写游览三癸亭事。据《旧唐书·代宗纪》真卿于大历十二年四月元载伏诛后已由湖州被召回长安,则此诗根本不可能作于大历十三年后(留谱系此诗于大历九年),更何况此诗又见于《皎然集》卷三,而从其中"嘉林幸勿剪,禅侣欣可庇。卫法大臣过,佐游群英萃"诸句看,当以皎然作为是。仅此一点即可证今存鲁公诗非但未可以编年目之,甚至其篇

[1]《颜鲁公文集》卷15。

目真伪都须一一审定。陈文未审此中详情，以编年目之，其失当可
自明。

陈文又云作于大历八年十二月（?）的《登岘山观李左相石樽联
句》，"当时唱和（按，联句非唱和）者，就达二十九人之多。然而，张
志和却不在其列，岂非可怪欤！从而亦可反证张志和确实如《续仙
传》所记，已于是年秋冬之际在平望驿'得道羽化'——'水葬''水
化'而离开尘世了"。今按此说亦失考。《颜鲁公文集》中有许多诗
文都列举当时同游之人，然而没有一篇记有张志和之名，这一点也
不"岂非可怪欤"，因为志和是大历九年秋方由会稽至湖州谒真卿，
八年真卿游岘山时他根本不在场，当然就未能列名联句之中。陈
文先错断志和湖州之游为大历七年，更误以《石樽联句》为八年十
二月，然后作出上述推论，自然一误而又再误。

最后我们再来分析一下《续仙传》所载志和上升事的可靠性与
《玄真子碑》的性质。从而对志和之结局作一大体推想。我们并不
是说《续仙传》一类的著作没有可资参考的价值；然而必须参照其
他材料来检验其真伪。如果将各种僧传、仙传与有关正史及其他
世俗的传记资料对照一下，必会发现如下的规律：即僧传、仙传中
的记述往往是以若干史料为基础，参以民间传说，进行加工，以宣
扬本教之法力功德，因此往往是真伪参半的，而仙传较之僧传，其
虚构成分更多。这是运用此类资料时必须注意的问题。沈汾《续
仙传》是南唐时书，其先有关志和的结局大致有以下主要材料。

首先是《玄真子碑》所说"岂烟波，终此身"。

其后又有李德裕《玄真子渔歌记》云："德裕顷在内廷，伏睹宪
宗皇帝写真求访玄真子渔歌，叹不能致，余世与玄真子有旧，早闻
其名，又感明主赏异爱才，见思如此，每梦想遗迹，今乃获之，如遇
良宝。"[1]后《新唐书》张志和本传，即采取此说。除此之外唐人画

[1]《李文饶文集·别集》卷7。

记、笑记及诗文中尚有些零星记载可资参考,其中最主要的是大历九年志和游湖州时僧皎然关于志和之二诗一赞。其尤可注意者为《奉和颜鲁公真卿落玄真子舴艋舟歌》,有云:"得道身不系,无机舟亦闲。从水远逝兮任风还,朝五湖兮夕三山……此中自得还自笑,汗漫一游何可期……"[1]沈汾《续仙传》有关志和仙化之描写正是以这些史料为基础,或者参以一些民间传说加工而成的。从颜鲁公、李德裕的记录看,当时志和已不知去向,这样加上皎然诗中游于五湖三山、汗漫而不可期的想象,于是产生了志和于平望驿水面飞升之附会,其中变化之轨迹甚明。至于颜真卿《玄真子碑》所说"岂烟波,终此身"二语,孤立地看可以作各种解释:可以释成不明去向,也可以释为葬身烟波。然而联系李德裕说,与《续仙传》所云,则其含义自可确定。按《续仙传》所述志和是在湖州平望驿与真卿同游时升化的。则真卿当是目睹志和之"死"的,岂会发此疑似之词?且在同游众人中亦断无见志和溺水而不救,或者即使溺死亦不捞取尸身之理。这是一。其次如果真卿亲见志和溺死,则志和之死是确实的,又何以元和年间唐宪宗与李德裕尚不知其死讯,而要写真以访求之呢?因此可证真卿"岂烟波,终此身"必为疑问之词。比较合理的推论是,在贞元初颜真卿遇害前,已有关于志和升仙之传说,故真卿怀念旧友,为作《玄真子碑》以记其德行,而结末则设为疑问。此谜直至元和时仍未能解开,故宪宗有写真寻访之举;寻访不得,则其事更神秘,后遂有沈汾《续仙传》之附会。因此志和究竟卒于何时仍是一个谜。至多只能说大约卒于建中、贞元、元和期。至于陈文更举《图书集成·苏州府部外编》之记载,显为转抄《续仙传》所录而稍作词句修改。根本不能从中得出"众口一致,绝无异词,可知死地确凿无误"之结论。

　　综上所析,陈耀东同志力图解决张志和生卒年这一疑案的愿

---

[1]《皎然集》卷7。

望虽然很好;然而由于文章中对史料的种种误解与任意取舍,其结论却不足凭信。私以为慎重的存疑较之[1]无根的臆断要更接近于史实,故为斯文以正陈文之所失。至于志和之确切生卒年究竟如何,还祈博识之士赐教。

(本文原载于《文学遗产》1985 年第 2 期)

---

[1] 所以称疑案因旧说 730? —810? 并无依据,这一点陈文是对的。

读皎然《赠包中丞书》札记

——灵澈、皇甫曾、严维、刘长卿有关资料补正

皎然集卷九有《赠包中丞书》一文,足资对中唐四位诗人灵澈、刘长卿、皇甫曾、严维的行事,作重要补正。

关于灵澈的生卒年,人们一直沿用着错误的资料。刘禹锡《澈上人文集纪》曾"明确"记曰:"元和十一年终于宣州开元寺,年七十一。"根据这一记载,灵澈的生年当由元和十一年(816)上推七十一年,是为天宝五年(746)。由于刘禹锡与灵澈时代相接,又有上述密切关系,故千余年来人们对这一史料一直深信不疑,《高僧传·灵澈传》《唐才子传·灵澈传》等等,以至于近人记述,都采用了刘氏这一说法。但细阅皎然《答包中丞书》即会发现,这一看来"确凿无疑"的记述偏偏是很成问题的。皎然此书乃严维卒后,灵澈从沃州来湖州向皎然学诗,皎然复向包佶推荐灵澈而作。其中提到当时灵澈的年龄云"有会稽沙门灵澈,年三十有六"。因此只要考出此书的写作时间,灵澈的生卒年问题就迎刃而解了。

此书称包佶为中丞。包佶何时为中丞,史无明文;然据以下材料可考得。《旧唐书·德宗纪》:"建中三年八月,以江淮盐铁使、太常少卿包佶为汴东水陆运两税盐铁使",又同书《陈少游传》云:"建中四年十月,驾幸奉天,度支汴东两税使包佶在扬州……少游意以为贼据京师,未即收复,遂胁取其财物,先使判官崔颍就佶强索其纳给文历,并请供二百万贯钱物以助军费。佶答曰:'所用财帛,须

承敕命。'未与之。颎勃然曰：'中丞若得，为刘长卿；不尔，为崔众矣。'"按：以上建中三年条，列述包佶官衔未称中丞（御史中丞）。建中四年条，崔颎呼佶为"中丞"（这是包佶为御史中丞的最早资料），可知包佶是在建中三年八月后至建中四年十月前在汴东水陆运两税使任上加领御史中丞衔的。故《赠包中丞书》必作于建中三年八月后。

又，此书起首云："改年，伏惟永感罔极。"

下又云："孟春犹寒，伏惟中丞尊体万福。"

又云："今天下有故，大贤勤王。"

今按此文既作于建中三年八月后，则"天下有故，大贤勤王"必指建中兴元之交李希烈、朱泚之乱，德宗驾幸奉天、梁州事。考《旧唐书·德宗纪》，建中四年十月，德宗奔奉天，次年春正月癸酉朔改元兴元，二月又奔梁州，六月朱泚伏诛，乱弭。今皎然书称"改年"，又称"孟春犹寒"，点时间甚明。按改年一词有二解：一为改正朔，与此处无涉，二谓改元：《汉书》卷九九下《王莽传》："地皇四年，平林、新市、下江兵将王常、朱鲔等共立圣公为帝，改年为更始元年，拜置百官。"皎然此处正用此意，由此可知此书必作于兴元元年（784）春正月。是年灵澈三十六岁，则其生年当上推三十六年为天宝八年（749），至元和十一年（816）卒，享年当为六十八岁而非七十一岁。刘禹锡《澈上人文集纪》是澈卒后十七年应其弟子秀峰所请而作，其可靠性必当不如皎然此文。

《答包中丞书》又为刘长卿、严维、皇甫曾的行事作出了重要补正（三人均与皎然有密切联系）：

皇甫曾大历中曾在御史台供职，故时称"皇甫侍御"。而此"侍御"究竟指什么，史籍上有三种不同的记载：姚合《极玄集》与《新唐书·萧颖士传》说他"历监察御史"（属察院）；《新唐书·艺文志》与《唐才子传》则称"历侍御史"（属台院）；独孤及《皇甫冉集序》又云"君母弟殿中侍御史曾"（属殿院）。傅璇琮先生《皇甫冉皇甫曾考》

据赵璘《因话录》所记唐御史台僚属别称,谓称侍御史者非,此说是;然于殿中侍御史与监察御史二者孰是,傅先生仍未能肯定。今按皎然此书称"前殿中皇甫侍御",正与独孤及所称相合,而他们二人均与皇甫曾有交游,其所记当比后出的《极玄集》《新唐书》《唐才子传》可靠得多。因此可确证,所谓"皇甫侍御"之"侍御",一定是"殿中侍御史"。

严维的卒年,从未见著述。傅璇琮先生《刘长卿考》《耿湋考》二文曾附及严维约在大历十一、二年任诸暨尉,不久入河南严郢幕。此说甚是。又据《唐才子传·严维》称维入严郢幕后又任右补阙,迁余姚令,则应当在大历十二年(777)后数年间。而皎然兴元元年(784)春正月的《答包中丞书》称维为"故秘书郎严维",则维之卒年当在建中年间(建中凡四年:780—783)。

傅璇琮先生《刘长卿考》又考得刘长卿任随州刺史约始于大历十二年(777)五月,而其去随州任的时间未详,只云贞元元年(785)四月前已去职,其中区间为八年左右。今按皎然此书称"故秘书郎严维""随州刺史刘长卿""前殿中皇甫侍御",于长卿,既未称故,又未称前,则可知兴元元年春正月长卿尚在随州刺史任上。这样长卿去随州任的时间区间当在兴元元年(784)春至贞元元年(785)春这一年之间。

（本文原载于《唐代文学》第 5 辑）

戴叔伦作品真伪及有关行事商榷

　　傅璇琮先生《戴叔伦事迹系年及作品真伪考辨》一文，抉隐探微，于叔伦之生平多所发明，阅后深受启发。然而在戴氏作品的真伪问题上，我有些不同看法。疑义相与析，今聊布浅见，以请益于傅先生与其他同志。

　　傅先生谓今本叔伦集中叙述被追赴抚州推问诸诗，如《临川从事还别崔法曹》《岁除日奉推事使牒追赴抚州辨对留别崔法曹陆太祝处士上人同赋人字口号》《赴抚州对酬崔法曹夜雨滴空阶五首》《又酬晓灯暗离室五首》《抚州被推昭雪答陆太祝三首》《抚州对事后送外生宋垓归饶州觐侍呈上姊夫》等，均为伪作。要其理由，有如下三端：

　　一、叔伦被追赴抚州对问事未见记述；

　　二、叔伦在抚治迹卓著，曾受朝廷褒赐，必无被推事；

　　三、《抚州对事后送外生宋垓》诗所述不符叔伦行事。[1]

　　今按，《全唐诗》存叔伦作品凡二百四十二首，其中尚有伪作若干；而上述有关抚州推问的一组诗计十六首。占总数的 7%－8%，明其真伪，关系非细，故当辨之。

　　诚然，如《新唐书·戴叔伦传》，权德舆《戴公墓铭》等有关叔伦的主要史料，均未述及叔伦被推问事。但这并不能证明此事必无。

―――――――――

　　〔1〕《唐代诗人丛考》378 页。

因如上述诗题所明,此事后经昭雪,纪传、墓铭类作品记事只能具其大节,又往往为贤者讳;略而不书,并非不可能。即使如此,正史中还是透出了一线消息。《旧唐书·德宗纪》:"(贞元)四年……七月……乙丑,以前抚州刺史戴叔伦为容州刺史,兼御史中丞、本管经略使……"此称前抚州刺史,正说明其调容州前已去抚州任,唯其原因何在,正史却讳而不载。

今检《权载之集》卷三有《同陆太祝鸿渐崔法曹载华见萧侍御留后说得卫抚州报推事使张侍御却回前刺史戴员外无事喜而有作三首》,诗云:

> 专城书素至留台,忽报张纲揽辔回。
> 共看昨日蝇飞处,并是今朝鹊喜来。
>
> 鹤发州民拥使车,人人自说受恩初。
> 如今天下无冤气,乞为邦君雪谤书。
>
> 众人哺啜喜君醒,渭水由来不杂泾。
> 遮莫雪霜撩乱下,松枝竹叶自青青。

从三诗可知确曾有一深得民心的戴姓抚州刺史被推问而终获昭雪。此人是否即叔伦呢?关键在于德舆上三诗的写作时间。

按《权载之集》卷三十五又有《萧侍御喜陆太祝自信州移居洪州玉芝观诗序》,文云:

> 太祝陆君鸿渐,以词艺卓异为当时闻人,凡所至之邦必千骑郊劳,五浆先馈。尝考一亩之官于上饶,时江西上介殿中萧侍御公瑜权领是邦,相得欢甚。会连帅大司宪李公入觐于王,萧君领察廉留府,太祝亦不远而至,声同而应随故也……既展宾主之觌,又歌诗以将之……既成而太祝有酬之作,往复之盛,粲然可观。客有前法曹掾崔君茂实……侍御唱之,太祝酬之,法曹和之。

以此序与上述《前刺史戴员外无事喜而有作三首》诗对照：太祝陆鸿渐同；序云崔法曹茂实，诗云崔法曹载华，而茂实、载华义相贯，当为同一人之名与字；诗所云"萧侍御留后"与序所称"会连师大司宪李公入觐于王，萧君（萧侍御公瑜）领察廉留府"相合，盖唐时节度使有事故，择其将吏代领，称留后。因此可证，诗与序为同一时期所作。

又按权集卷四十一《与张秘监书》自述建中初为钟陵从事（钟陵即洪州），卷十又有《贞元七年蒙恩除太常博士自江东来朝诗》，可知德舆在洪州为建中初至贞元七年；则其《玉芝观诗序》所称"连帅大司宪李公"者必为李兼。据吴廷燮《唐方镇年表》，李兼于贞元元年四月至贞元六年任江西节度使。又权集卷三九《李大夫送王侍御往淮南浙西序》云"夏四月戊午，大夫李公至自朝觐，敷宣仁泽"，则知李兼入觐后返洪州，至晚在贞元六年四月。德舆《前（抚州）刺史戴员外无事喜而有作三首》诗与《玉芝观诗序》均称萧侍御为留后，当作于李兼入觐返回前，可初步推定它们作于贞元元年四月至贞元六年四月之间。

再检权集卷三有《送陆太祝赴湖南幕》诗，则知陆羽先德舆离洪州。戴叔伦有《容州回逢陆三别》诗，陆羽行三，时人多称之陆三（岑仲勉《唐人行第录·陆》），叔伦由容州返回的时间是贞元五年四月，至"六月甲申，次于清远峡而薨"（《戴公墓铭》），则其回逢陆羽当在五年四、五月间。于是可知陆羽离洪州最晚当在贞元四、五年之交。这样权德舆作《玉芝观诗序》与《前（抚州）刺史戴员外无事喜而有作三首》诗的时间区间可进一步确定在贞元元年四月至贞元四、五年之交。（按：其上限还可缩短，因陆羽从饶州到洪州，约在贞元三年前后一年，因不影响本文所论主旨，从略。）

傅先生已论戴叔伦任抚州刺史为贞元元年四月至贞元四年七月前，这与权德舆作《前（抚州）刺史戴员外无事喜而有作三首》的时间区间基本上符合，则德舆诗中所说的"前抚州刺史戴员外"即为叔伦,可以无疑。

　　根据上述分析,我们可以知道叔伦被推问去抚州任的时间应在贞元三年秋冬,然后他由抚州至洪州与崔、陆、权等相聚,至"岁除日"奉使牒被追回抚州应对,不久即被昭雪,并于贞元四年七月拜容州刺史,本管经略使。至于贞元五年德宗对叔伦"遣使者宠赐"事,不过是帝王家对受屈的臣下的一点抚慰罢了。

　　至于傅先生所说《抚州对事后送外生宋垓》一诗所述"叔伦在鄱阳淹留三十年一事与叔伦行事不合"[1],此所谓"淹留鄱阳三十年",恐怕是误解了诗意。原诗是:

　　　　淮汴初丧乱,蒋山烽火起。与君随亲族,奔迸辞故里。
　　　　京口附商客,海门正狂风。忧心不敢住,夜发惊浪中。
　　　　云开方见日,潮尽炉峰出。石壁转棠阴,鄱阳寄茅室。
　　　　淹留三十年,分种越人田。骨肉无半在,乡园犹未旋。
　　　　尔家习文艺,旁究天人际。父子自相传,优游聊卒岁。
　　　　学成不求达,道胜那厌贫。时入闾巷醉,好是羲皇人。
　　　　顷因物役牵,偶逐簪组辈。谤书喧朝市,抚己惭浅昧。
　　　　世业大小礼,近通颜谢诗。念渠还领会,非敢独为师。

　　细按此诗,实以"尔家习文艺"句为界,分前后两大部分:前一部分合叙作者与姊丈奔避寇乱,辗转他乡的经过,故以"淮汴初丧乱"起,而以"乡园犹未旋"小结。从"尔家习文艺"起则是分叙二家在"分种越人田"后不同的处世方式与生活经历,引出对抚州对事的感喟以送外生呈上姊丈,结出诗旨,回扣诗题。前后二部分的枢纽是"淹留三十年,分种越人田"四句,由合叙过渡到分叙。

　　这里必须注意如下二点:

　　首先诗的前半部分十六句是四句一换韵,平仄间押,从而构成

―――――――――――

[1]　《唐代诗人丛考》378页。

四个相互联系的自然节,分述奔避中的四个环节:乱起奔避,江海辗转,鄱阳寄居,分种越田。故知鄱阳寄居,只是避乱的一个环节,如确如傅先生理解"叔伦三十年一直居住在鄱阳",则是定居,从全诗结构看决不会像这样平均使用力量。

　　第二"淹留三十年"是第四小节起首的出句(先韵),并非上接"鄱阳寄茅室",而是与下句"分种越人田"构成一联,"淹留三十年,分种越人田"当结合起来理解。"淹留"在这里不能解作"淹居一地"。宋玉《九辩》"事亹亹而觊进兮,蹇淹留而踌躇",淹留踌躇与事亹亹而觊进对举,显然是指人生历程中淹滞无成,蹉跎不进。叔伦"淹留三十年"句亦正谓淹滞无成已三十岁,而分种越人地。"分种"尤可注意,指作者与姐夫由共奔而分离。从诗题可知其姊丈一直住在饶州(鄱阳湖边),则"分种越人田"者为叔伦自己,他在三十来岁,而立之年,由鄱阳又辗转到越中,并非三十年中一直居于鄱阳。

　　上述分析,我们可以用叔伦行事及集中的诗歌来逐节验证:

　　"淮汴初丧乱,蒋山烽火起"四句。淮汴烽火并非指安史之乱,而是指上元元年十一月江淮刘展之乱,展军连陷润州、南京,威逼苏、常、湖(参通鉴卷221),叔伦为金坛人,正处战火之下,故同姐丈家一起离乡奔避,是年二十九岁(参权德舆《戴公墓铭》)。

　　"京口附商客,海门正狂风"四句。按叔伦集卷一有《京口怀古》诗云:"大江横万里,古渡渺千秋。浩浩风波险,苍苍天色愁。三方归汉鼎,一水限吴州。霸国今何在,清泉长自流。"此诗虽未明言作于刘展乱时。然言"风波险""天色愁"正喻形势之险恶。正可为《送宋垓诗》"京口附商客"句作印证。"京口"句下云"海门正狂风","海门"即海口,王昌龄诗《宿京口期刘眘虚不至》有云"霜天起长望,残月生海门"可证。奔避至京口,又因其地在刘军控制下,"忧心不敢住",遂顺长江水路"夜发惊浪中"。此发当然不可能是东行入海,只能是西上。

"云开方见日,潮尽炉峰出"四句。按叔伦集卷一有《曾游》诗,起首云:"泊舟古城下,高阁快登眺。大江会彭蠡,群峰豁玄峤。"彭蠡即鄱阳湖。全诗气格高壮,似非不得意时所为,而诗题"曾游"可知他前此到鄱阳并非久局而是暂羁,此正可为《送宋垓诗》"鄱阳寄茅室"句作补充,知"鄱阳寄茅室"与"京口附商客"同为奔避的一个环节,"寄""附"都是暂时依托之意。

"淹留三十年,分种越人田"四句。按叔伦集卷一又有《越溪村居》诗云:"年来桡客寄禅扉,多话贫居在翠微。黄雀数声催柳变,清溪一路踏花归。空林野寺经过少,落日深山伴侣稀。负米到家春未尽,风萝闻扫钓鱼矶。"诗言"贫居",言"负米到家",当为布衣时作,题"越溪村居",正可为叔伦确曾到越中"分种越人田"作证。而桡客,漂流无定者之谓也。更可证叔伦恰如《送宋垓》诗所云是在漂流江海后才分种越田的。叔伦还有《送谢夷甫宰余姚》诗,傅先生系于广德元年袁晁起义后;是年戴三十二岁,甚是。又谓此时叔伦或尚居于金坛,则非。今按此诗写袁晁起义被镇压后浙东残破景象十分真切,必有身历目睹,当为叔伦越溪村居时所作。时年三十二岁,正说明叔伦是在三十岁或稍后时分种越田的。三十而立,却一事无成,故有"淹留"之叹。

可与以上所考互证者,尚有叔伦《题秦隐君丽句亭》诗(集卷二)。傅先生定此诗为建中二年叔伦任东阳令时所作,实非。诗云"北人归欲尽,犹自住萧山。闭户不曾出,诗名满世间"。此诗首二句明确点出了写作时间。按安史之乱时"中原……贤士大夫以三江五湖为家,登会稽者如鳞介之集渊薮"(李吉甫《鲍防碑铭》,见《文苑英华》卷879),乱后即大多北归。皎然《兵后送姚太祝赴选》诗云"两河兵已偃,处处见归舟"(《皎然集》卷四)正是写这一状况。秦系是会稽人。《新唐书·隐逸传》记其"天宝末,避乱剡溪(按当为至德年)"。戴叔伦《题秦隐君丽句亭》诗的首二句实谓:战乱已平,北方人已都回去了,秦系这个南方人却还"避乱"在萧山。可知必为广德年间安史之乱平定后不久作。这与上述《送谢夷甫宰余姚》《越溪村居》诗正相合,因可确证广德中叔伦确由鄱阳移居越州。

综上所述,《抚州对事后送外生宋垓归饶州觐侍呈上姊夫》诗于叔伦行事并无不合;相反却是我们了解其早年经历的一项重要资料。戴叔伦抚州被推问又终于昭雪,此事必非子虚,有关十六诗亦非伪作,似可为定论。[1]

傅先生《戴叔伦考》中提到戴集中另一些作品为伪作,所论大部分是可信的,然其中《别郑谷》一诗似还可商。[2]

按《皎然集》卷三有《题郑谷江畔桐斋》诗,卷四又有《题郑谷江上纳凉馆》诗,前诗自注"郑生好琴,性达,兼寡欲"。卷一又有《答郑方回》诗,称郑"轩车未有辙,蒿兰且同径"。正为"寡欲"之意。又称"是以耕楚田,旷然殊独行"又恰与"性达"相应。此郑谷与郑方回当为同一人,谷与方回,意义相贯,为一名一字,宋元间《瀛奎律髓》的编者方回字虚谷,即其例。因可知唐诗人中有两个郑谷,一字守愚,乃唐末诗人,与叔伦无涉;一字方回,乃中唐人,皎然"湖州诗会"之成员,与叔伦同时。戴叔伦《别郑谷》诗当为赠郑方回。傅先生以为赠郑守愚而定为伪作,似欠妥。此诗至少当说在疑似之间。

顺便述及傅先生定叔伦《张评事涉秦居士系见访郡斋即同赋中字》与《送秦系》二诗为建中二年任东阳令时所作,似亦可商。前诗题称"见访郡斋",诗又言"郡府自生风",则必当为其任州刺史时所为。诗更言"池曲大江通",则此州当近长江。叔伦一生仅刺抚、容二州,只有抚州临大江,故当为贞元初任抚州刺史时所为。又按《韦应物集》卷五有《酬秦征君徐少府春日见寄》诗,下注"一本题作

---

[1] 王安石《唐百家诗选》及吴曾《能改斋漫录》已录叔伦被推问诗。
[2] 《唐代诗人丛考》377 页。

《奉酬秦征君系春日抚州西亭野望兼寄徐少府》"。则可确证秦系曾访叔伦于抚州。应物贞元元年秋任江州刺史,三年六月后入朝为左司郎中,江州与抚州毗近,故秦系由抚州寄呈应物。

　　以上所论或有逞臆处,请傅先生与其他同志指正。

(本文原载于《文史》第二十五辑)

郑谷年谱

　　唐季诗人郑谷夙无旧谱。《南开大学学报》1981 年首期有王达津先生《郑谷生平系诗》一文(简称王谱)，实系年谱之属也，其所考谷之行事，虽有所发明，然按之谷诗并有关史料，可商之处甚夥。今据向所习治，草为《郑谷年谱》，以就正于王先生暨海内学人。其有合于王谱者，必予书明，非敢掠美。王谱之未谛处，凡关系全局者，则辨之；末节细枝者，则略之。唐季史料零落，谷之诗文存世者亦仅十一，故今之所考，亦必难赅备。凡证据未具者，暂付阙如，以待通人，昔贤宁阙毋滥之义也。

　　郑谷，字守愚，袁州宜春人。世系未详。父史，字惟直，开成元年(836)进士，曾官国子监易学博士(一说国子博士)。大中十一年(857)出守永州。咸通初，尚在永州任上，以后事迹无考。《全唐诗》卷五四二录存史诗四首。谷兄启，事迹无考，《全唐诗》卷六六七存其诗二首。

　　【考辨】谷之族系：民国《宜春县志》卷五《氏族志》记"郑，荥阳郡，系出姬姓。周厉王少子封于郑，其后以国为氏。集云乡宜西二图九甲，始迁祖益柱、益权、益楷，为唐郑都官(谷)之后裔。清乾隆间，兄弟二人由浏阳来宜"云云。王谱云"按《新唐书·宰相世系表》荥阳郑氏，有郑澂，郑谷诗称郑澂为从叔(《送司封从叔员外徵赴华州裴尚书均辟》，徵，即澂之误)，郑澂为司封员外郎在乾符四

年三月(《旧唐书·僖宗纪》。《旧唐书》简称《旧书》),谷可能系出
荥阳郑氏南祖"云云。

今按:谷,正史无传。《唐诗纪事》(简称《纪事》)、《唐才子传》
(简称《才子传》)暨清以前袁州、宜春诸志,均未及谷之族系。民国
《宜春县志》以为荥阳郑,盖就郑姓原始而言,未及近枝,于事无补。
王谱以为系出荥阳郑氏南祖,亦未可为据。盖以徽为澂之误,初无
确据。又谷父史以及谷诗所涉之族亲,如太子少傅郑薰,安州刺史
郑諴,均不见于《世系表》荥阳郑南祖。郑薰,《新唐书》(简称《新
书》)卷一七七有传,称"亡乡里世系",则谷之世系,唐宋时已不可
究详矣。谷诗更常以"孤单"等语自称,如卷一《次韵和王驾校书结
绶见寄之什》(卷数依《全唐诗·郑谷诗》,下同)云:"勤苦常同业,
孤单共感恩。"同卷《投时相十韵》又云"故旧寒门少,文章外族衰",
则非为望族甚明。即使王说徽为澂之误可靠,亦后人攀附世家之
陋习,未可为据也。

谷父史之事迹,《纪事》卷五十六《郑史》:"史,开成元年进士,
终国子博士。"《唐才子传》卷九《郑谷》:"谷字守愚,袁州宜春人。
父史,开成中为永州刺史。"《宜春志》卷十八则云:"郑史,字惟直,
开成元年进士,为易学博士,历官永州刺史。"

今按:三说以《宜春志》为是。王谱"咸通三年"条辩云:"《通
鉴》注引《实录》,三月,以蔡京充荆襄以南宣慰安抚使,五月以京为
岭南西道节度使,……《云溪友议》卷上《买山谶》条:'(蔡京)及假
节邕交,道径湘口,零陵(即永州)太守郑史与京同年,远以酒乐相
追。'"据此,王谱以为《才子传》称史之守永为"开成中",乃"大中
中"之误。此说是。徐松《登科记考》卷二十二记蔡京、郑史均为开
成元年进士,《才子传》乃误以史及第年号为守永年号也。然王谱
又据《纪事》"史终国子博士"语定史乃咸通六年于永考满内转国
博,谷随父始至京;七年见知于李朋、马戴。则非是。盖王谱咸通
六、七年谷已十七八岁,而谷《云台编》自序称见知李、马二人为"骑

竹之年"，与王谱所定显然不合。故当如《宜春志》所云，史乃由国子监任出守永州（详见大中九年考），唯其在国子监任国博，或易博，抑或由易博转国博则未能详究。又王谱以史在永州任为大中九年（855）至咸通六年（865）凡十一年，亦非是，辨见下文。

宣宗大中五年辛未（851） 一岁

生、居处未详。

【考辨】《云台编》序云："谷勤苦于风雅者，自骑竹之年则有赋咏，虽属对声律未畅，而不无旨讽。同年丈人故川守李公朋、同官丈人马博士戴尝抚顶叹勉，谓他日必垂名。及冠，则编轴盈笥，求试春闱……游举场凡十六年。"按谷为光启三年（887）进士（参是年条），逆推十六年，则其初应举为咸通十三年（872），是年"及冠"，则其生年当更溯二十年左右为大中七年（853）前后。又按谷集卷三《中年》诗有云："漠漠秦云淡淡天，新年景象入中年。"古人以入三十岁为入中年，而诗言"秦云"则知谷三十岁在长安。若以大中七年生，则三十岁为中和二年（882），然而《叙事感恩上狄右丞》诗（卷二）有云"寇难旋移国，漂零几听蛩。半生悲逆旅，二纪间门墉。蜀雪随僧踏，荆烟逐雁冲"，则知谷于黄巢攻破长安后，即长期漂流蜀荆（初次出奔达六年，见下考）。巢破长安为广明元年（880）十二月甲申（《旧书·僖纪》），则大中二年谷不得在长安作《中年》诗也。因可知《中年》诗当作于广明元年春或略前。如以广明元年为三十岁，则其生年当为大中五年（851），至咸通十三年初应举为二十二岁，亦得称"及冠"。若以《中年》更作于广明元年前，则初应举更大于二十二岁，又与"及冠"不尽相合，故定生年为本年最近是。

谷之生年据上推本不难定。然久悬未决者，盖以《四部丛刊》所据蜀宋本《云台编》序无"丈人马博士戴尝抚顶叹勉谓他日必垂名及冠则"二十字，则其初应举年不明，生年也无从考索。今按《丛刊》所据本必为脱漏。理由有三。其一，此本半页十四行，行二十字或二十一字。而上所缺正为一行之数，则错行漏刻可能极大。

其二,若无此二十字,则序文为"自骑竹之年则有赋咏,虽属对声律未畅而不无旨讽。同年文人故川守李公朋同官编轴盈笥,求试春闱",非唯文句不通,且以"骑竹之年"直接春闱,其误显也。其三,严嵩本所载《云台编》序有以上二十字,后陆心源《唐文拾遗》及陆氏所藏谷集均沿严本。严本有序云:"此集予往得之吴中故少傅王文恪公。公本录自秘阁,予假以归,手自雠校,正其伪阙三之一,刻之。"则其祖本亦当为宋元所椠,且加精校,当为可信,故从之。

按王谱定谷生年为大中三年(849),较本谱早二年,有云:《通鉴·唐鉴》六十五"(大中九年)二月以醴泉令李君奭为怀州刺史",又据谷《卷末偶题三首》之二有"七岁侍行湖外去"之句,而定大中九年谷侍父史往永州为七岁,逆推之则生于大中三年云(详见王谱大中三年、九年条)。今按李君奭为怀州刺史之年与郑史为永州守绝无必然联系,皮之不存,毛将焉附?似不可从。

大中九年乙亥(855)　　五岁

在长安,父史任国博(或易博)在本年前后,谷随在官任。其间受蒙训于史之同年李朋,粗通诗赋,得诗人马戴嘉赏。

【考辨】谷集卷二《卷末偶题三首》之二有云"七岁侍行湖外去,岳阳楼上敢题诗",湖外即湖南,因知谷七岁时侍从其父史出守永州,时当大中十一年(857)。此时已能题诗岳阳楼,则其受蒙训更当在七岁前矣。又谷集卷一有诗题为《谷卯年受同年丈人故川守李侍郎教谕》云云,诗更云"多感京河李丈人,童蒙受教便书绅",《云台编》序又云:"自骑竹之年则有赋咏,虽属对声律未畅,而不无旨讽。同年丈人故川守李公朋、同官丈人马博士戴尝抚顶叹勉,谓他日必垂名。"可知序之同年丈人故川守李公朋,即诗之"同年丈人故川守李侍郎"。检杜牧《樊川文集》卷十七《李朋授刑部员外郎制》,称朋由将仕郎侍御史内供奉充刑外,牧之于大中五年秋擢考功郎中、知制诰,六年迁中书舍人,其年十一月卒(参缪钺先生《杜牧年谱》),则知朋之除刑外,在大中五六年间,其迁转至侍郎当在此后若干年。要之大中五年至九年间朋当在长安。又谷集卷一《访姨兄王斌渭口别墅》有云"少小曾来此",知谷幼时曾居长安,则其卯年受李朋蒙训当在此幼居长安时矣。《云台编》序又称"同官丈人马博士戴",据前述史之历仕,唯有任国博(或易博)方得与戴同官,则更可确证史为博士在大中十一年守永之前,故知谷之在长安受蒙训于李朋乃随父在国子任上也。古人启蒙一般在四、五岁,参以谷七岁题诗岳阳楼事,系其启蒙为本年,当大致不差。

《唐才子传》称"谷幼颖悟绝伦,七岁能诗,司空侍郎图与史同院,见而奇之……拊谷背曰'当为一代风骚主'",王谱已据图乃咸通十年进士驳之,甚是,今更可知《才子传》乃误马戴为司空图也。

大中十一年丁丑(857)　七岁

侍从父史往永州,题诗岳阳楼,详见上条。

大中十四年庚辰,十一月懿宗即位改咸通元年(860)　十岁在永州

【考辨】本年谷仍随父史在永守任上,王谱已据《通鉴》并《云溪友议·买山谶》条考明,见前郑史事辨。然王谱定史在永年限则可商。其上限当为大中十一年,而非如王谱所云九年,已辨明于前条。其下限,王谱定为咸通六年,亦无据。按王谱"咸通三年"称:"郑史任永州刺史至此七年,宣宗曾令刺史、县令须经三考,至少一考才能转官。《旧唐书·宣宗纪》大中元年制:'守宰亲人,职当抚字。三载考绩,著在格言。贞元年中,屡下明诏。县令五考,方得改移。近者因循,都不遵守。诸州或得三考,畿府罕及二年……自今须满三十六个月,永为常式',郑史任永州刺史已满七年,经二考"云云。其"咸通六年"条又云:"郑史任永州刺史已满三考,转官国子博士当在此时。"

今按王以唐人官吏三年一考,误也。如王说则"县令五考,方得改移",则须十五年方可转徙。其失明甚。检《新唐书·选举志》可知唐世官员岁一考。或三考、或四考、或五考(随时有异)任满可改移。王所举大中元年制中以"或满三考"与"罕及二年"对举，即为明证。又云"自今须满三十六个月"，即须三周岁方可改移也。则王以郑史三考九年后改移之不可从明矣。据史料仅可知史咸通三年尚在永州任（见前），此后无考，当付阙如也。

谷有《浯溪》诗，浯溪在永，王谱认为作于随父在永时，差是，今姑系本年下。

咸通三年壬午(862)　十二岁

仍在永州，见前考，本年为谷在永可考见之最后一年。

咸通九年戊子(868)　十八岁

本年前后曾隐居荆门白社，仿汉董威辇之例也。其《梁烛处士辞金陵相国杜公归旧山因以寄赠》《送人至九江谒郡侯苗员外绅》二诗亦作于本年前后。

【考辨】《嘉庆一统志》卷三五二《荆门州》："白社，在荆门州南一百三十里。《名胜志》：'古隐士之居以白茅为屋。唐都官郑谷常居于此。'"

今按谷集卷一《下第》诗有云："荆山归不得，归得亦无家。"卷二《渚宫乱后作》云："乡人来话乱离情，泪滴残阳问楚荆。白社已应无故老，清江依旧绕空城。"卷三《次韵和秀上人长安寺居言怀寄渚宫禅者》更云："旧斋松老别多年，香社人稀丧乱间。"渚宫在荆州，所云乱离，指乾符四年（877）、六年（879）王仙芝与刘汉宏先后焚掠江陵事（详见乾符四年条），则知谷于黄巢克长安前曾居江陵也。又从下条可知咸通十二年谷已由宜春乡贡，此后不久又迁居同州、京兆，其隐江陵白社，当在应试前。唐人以十六或十八岁为中男，谷之隐居当在十六岁后，故权系本年，虽不中，亦不远也。

《梁烛处士辞金陵相国杜公归旧山因以寄赠》诗：王谱定杜公为杜审权，是，然谓杜任浙西观察在咸通五至八年，则仍《旧书·杜审权传》之误。吴廷燮《唐方镇年表·浙西》据《通鉴》等诸史，定杜为浙廉在五至十年，是。本年谷方十八岁，故系本年近是。

《送人至九江谒郡侯苗员外绅》诗：王谱据《庐山记》等考得，苗咸通八、九年间在江州任上。是。故暂系本年。至王谱又以此二诗均在京作则非。参咸通十三年【考辨】。

咸通十二年辛卯（871） 二十一岁

秋，由家乡袁州宜春乡贡往长安。

【考辨】前已考谷咸通十三年初应举。唐人礼部试在春二、三月，例于上年秋乡贡。又《全唐诗》卷五九三有曹邺《送郑谷归宜春》诗云："无成归故国，上马亦高歌。况是飞鸣后，殊为喜庆多。暑销嵩岳雨，凉吹洞庭波。莫便闲吟去，须期接盛科。"同书卷七六七杨夔《送郑谷诗》又云："春江潋潋清且急，春雨濛濛密复疏。一曲狂歌两行泪，送君兼寄故乡书。"（夔亦为宜春人，见《宜春县志》卷十八《文苑》）曹诗秋景，杨诗春景，则知谷至少二次由宜春乡贡未第归。又检谷集卷二有《京兆府试残月似新月》诗。《唐摭言》卷二《置等第》条云"乾符四年（877），崔沆为京兆尹，复置等第，差万年县尉公乘亿为试官，试《火中寒暑退赋》《残月如新月》诗"，则知乾符四年谷已应京兆府试。又集卷二《感恩叙事上狄右丞》诗云："昔年曾投贽，关河在左冯。庾公垂顾遇，王粲许从容。首荐叨殊礼，全家寓近封……寇难旋移国，漂零几听蛩。"又有自注："顷年庾给事崇出守同州，右丞在幕席，谷退飞游谒，始受奖知。"合以上可知，谷于乾符四年应京兆府试前又曾受庾崇、狄右丞（归昌）知遇而由宜春迁寓同州，又合咸通十三年初应春官试观，则寓同当在咸、乾之交，则由宜春乡贡又当为应举之前数次也。

咸通十三年壬辰（872） 二十二岁

春在长安应进士试，不第，归宜春。《献大京兆薛常侍能》诗作于本年或下年春。又于本年或稍后受知于曹邺。并与许棠、张乔、喻坦之、剧燕、任涛、吴罕、张蠙、周繇、李栖远、李昌符等相识，互有唱酬，时人有"咸通十哲"之目。是年又有《送许尉棠泾县》诗。

【考辨】《唐诗纪要》卷六十《薛能》："京兆尹温璋贬，命能权知尹事。出领感化（治徐州）节度，入授工部尚书，复节度徐州，徙忠武。"《旧书·懿宗纪》："（咸通十一年九月）京兆尹温璋贬振州司马，制出之夜，璋仰药而死。"十月"以给事中薛能为京兆尹"。吴廷燮《唐方镇年表》卷三《感化》记，薛能之任感化节度，始于咸通十四年（月份不明），合以上三条可知，薛能之任京尹始于咸通十一年十月，而止于咸通十四年也。前考谷十二年秋始由宜春乡贡至京师，其献薛诗有"纵游藉草花垂酒，闲卧临窗燕拂书"之句，显为春景，则只能为本年或下年春也。质之能之官衔，《旧书》言由给事中为京尹，谷诗则称"大京兆薛常侍能"。给事中正五品，左右散骑常侍从三品（《旧书·职官志》），则谷诗作时显非能十一年初任京兆时也。亦可反证谷诗作于十三四年春。

谷集卷二《送吏部曹郎中免官南归》诗有云："小生诚浅拙，早岁便依投。夏课每垂奖，雪天常见忧。远招陪宿值，首荐向公侯"，知谷尝为曹郎中赏识并以为首荐。诗又称曹郎中归桂州。曹邺为桂州人（《才子传》卷七），参前录邺《送郑谷归宜春》诗所云，知谷于本年前后见赏于邺也（邺为吏中事考见咸通十五年）。

关于咸通十哲事：《唐摭言》卷十《张乔》条记："张乔，池州九华人也。诗句清雅，夐无与伦，咸通末京兆府解，李建州频时为京兆参军，主试。同时有许棠及乔，与俞坦之、剧燕、任涛、吴罕、张蟖、周繇、郑谷、李栖远、温宪、李昌符，谓之十哲。其年府试《月中桂》诗，乔擅场，诗云云（略）。其年频以许棠在场席多年，以为首荐。乔与俞坦之复受许下薛能尚书深知，因以诗喑二子（诗略）。"今按《摭言》所记有可议者。前考薛能为京尹在咸通十一年十月至十四年，而许棠登第为咸通十二年（《登科记考》卷二十三），则《摭言》所记当为咸通十二年事。然李昌符为咸通四年孙龙光榜进士（《登科记考》卷二十三），不得于十二年复应京兆府试也。而郑谷据前考十三年方由宜春乡贡初试春官，亦不当预十二年京兆府试。详《摭言》所记十哲，实十二人；则十二年京兆府解当去昌符与谷耶？因可知,"咸通十哲"之目亦与"大历十才子"情况相仿,前后历时颇长,而人选时有出入,盖以十二人咸通间诗名先后著于时耳。又《唐才子传·郑谷》称(谷)与许棠、任涛、张蟾、李栖远、张乔、喻坦之、周繇、温宪、李昌符唱答往还,号"芳林十哲",其误更甚。检《摭言》卷九《芳林十哲》条所记有沈云翔、林缮、郑记、刘业、唐珣、吴商叟、秦韬玉、郭薰等,并称"咸通中自云翔辈凡十人,今所记者有八,皆交通中贵,号'芳林十哲'。芳林,门名。由此入内故也"。可知《才子传》乃混"咸通十哲"与"芳林十哲"为一事矣。虽然,其所云"唱答往还",事可取信,其篇什具见各人集中。既称"咸通十哲",故据谷初试之年,辨系于此。

许棠事诗话、笔记所记多抵牾。今按谷集有《送许棠先辈之官泾县》《南康郡牧陆肱郎中辟许棠先辈为郡从事因有寄赠》二诗。《唐语林》卷七记:"许棠初试进士,与薛能、陆肱齐名。薛擢第,尉盩厔;肱下第,游太原:棠并以诗送之。棠登第,薛已自京尹出镇徐州,陆亦出守南康,招棠为倅"云云,则似棠于咸通十二年及第后即先倅南康。然李频有《送许棠及第归宣州》《送许棠归泾县作尉》二诗(《全唐诗》卷五八八)。前诗云"秋归方觉好,旧梦始知真",是秋日事。后诗云:"青桂复青袍,一归荣一高。县人齐下拜,邑宰共分曹。绕郭看秧插,寻街听茧缲",则为春景。可知棠于及第后未即授官,而当于次年或稍后春季先尉泾县("青桂复青袍"二句可知及第后不久),故定后《送许棠先辈之官泾县》诗为本年。至于送棠为陆肱南康从事诗,据《唐语林》所载,薛能已镇徐,则当在咸通十四年能初镇徐州后,至乾符二年春正月李频由都官员外出刺建州之前(李频刺建见乾符三年条),亦即咸通十四、十五二年间也。

王谱定郑谷成年后入长安为咸通六年,较本谱早六年。非是。事关全局,略辨于下。

王谱"咸通六年"条,举谷随父由永入京。其误已见本谱"咸通三年"考辨。王谱"咸通七年"条据谷集卷一有《赵璘郎中席上赋蝴蝶》诗而云："(璘)开成二年进士,大中七年任左补阙,写《因话录》时属衔为员外郎,咸通三年曾在衢州刺史任,此时大约升任郎中。"今按:赵璘大中七年在左补阙任上,见《因话录》卷一。大中十年时始为祠外,见《东观奏记》上。又《郎官石柱题名·祠中》有赵璘,在王龟之上。《旧书·王龟传》,龟以大中末入为祠中,则知赵璘于大中十三年前(大中凡十三年)已由祠外徙祠中矣。又检岑仲勉《郎官石柱新考订·金部郎中·删补》云:"赵璘,《北目·咸通三年处州刺史赵璜志,兄璘撰》。"《会稽掇英总集》卷十六又记璘咸通三年为衢州刺史。据此可知大中咸通之交,璘先由祠中转金中,后行郎中转前行郎中也。不久即以金中出刺衢州,时在咸通三年或略前。此后事迹无考。王谱以为璘咸通三年以外郎出为衢守,复升郎中,非是。则其据以定谷咸通七年作《赵璘郎中席上赋蝴蝶》诗,初无实据也。按此诗题"赵璘"一本作"赵林",疑作"璘"者非是。

　　王谱"咸通八年"无谷在京之证。

　　九、十两年,王谱称谷在京证据有二。其一据谷《送许彬》诗有句"泗上未休兵,壶关事可惊",而云上句指十年三四月间庞勋之攻泗州;下句指同年六月陕民之逐观察使李蠙事。今按此诗云"残雪临晴水,寒梅发故城。何当食新稻,岁稔又时平",则知为冬末作。又何能预见三四月与六月事耶?且壶关在山西,更与陕民事无涉。其实此诗乃大顺二年谷在江南作(参是年),未可证谷咸通十年在京。其二,王以谷有《题水部李羽员外昭国里居》诗而云:《旧书·懿纪》记咸通十年正月,扬收党李羽等流,因谓谷诗必于九年作于长安。今按此说知其一,未知其二。扬收党之李羽史未言官职,即使是谷诗之李羽,则《郎官石柱题名·祠中》有李羽。岑仲勉《新考订》谓"祠中此处题名已入僖宗时代,羽任祠中显在赦回之后"。则焉知谷诗非为羽赦回后作耶?且李洞有《贺昭国从叔转本曹郎中》与《上昭国水部从叔郎中》诗(《全唐诗》卷七二二),后诗云"极南极北游,东泛复西流。行匝中华地,魂消四海秋。题诗在琼府,附舶出青州。不遇一公子,弹琴吊古丘"。知李羽任水部时,洞已应试多年而未成。《唐诗纪事》卷五十八记:"洞三榜裴公(贽),第二榜策夜帘前献诗曰'公道此时如不得,昭陵恸哭一生休',寻卒蜀中。"按裴贽三知贡举在大顺、乾宁年间(《登科记考》卷二十三),而洞上水部从叔时已极哀伤之态,则不得早至咸通中也。

王谱又引前举《纪事·张乔》条证谷十一、十二年在长安应京兆府试。本条前已辨其不确。

综上,王谱所举咸通十二年秋前谷在京诸事均未可成立,故谷成年后入京之年,断当据其自述材料推算,为十二年秋乡贡,十三年春初应春官试也。谷卷二《叙事感恩上狄右丞》诗自叙"全家寓近封",在"退飞",亦即下第之后,更可证不得如王谱所云应试前六七年即长寓京师也。

咸通十四年癸巳(873)　　**二十三岁**

仍自宜春乡贡应试不第归(考见前),今存其《咸通十四年府试木向荣》诗(卷二)。《访题进士张乔延兴门外所居》诗亦当作于本年前后。《南康郡牧陆肱郎中辟许棠先辈为郡从事因有寄赠》诗作于本年或下年(考见前)。

【考辨】访张诗末云:"星霜今欲老,江海业全空。近日文场内,因君起古风。"当指前述咸通十二年乔让首荐于许棠事,诗言"近日"当为事后不远作,故系本年。

咸通十五年甲午,十一月僖宗即位改乾符元年(874)　　**二十四岁**

本年至乾符三年前,凡二年左右谷之行踪大体可循而难确系。今举其要分别考之。

继续与曹邺交往,有《祠部曹郎中邺出守洋州》诗(卷一)。

【考辨】按《郎官石柱题名·祠中》有曹邺,在张祎之下。岑仲勉《新考订》据《翰林学士壁记》等云:祎为咸通九年六月由刑外迁祠中,九月加知制诰。十年七月迁中舍。今按祠中定员一人,则曹

郏之为祠中当在咸通十年七月之后矣,而由祠中出守洋州当在咸
通末乾符初,参以上郏送谷归宜春诗,故系谷此诗为本年前后。

王谱系此诗为乾符六年(879),论云"郑谷有《祠部曹郎中免官
南归》诗,李洞也有《送曹郎中罢官南归》诗,自注云'时南中用兵',
约当写在此年。但南方道路阻塞,曹郏改任洋州刺史,郑谷又有
《送祠部曹郎中郏出守洋州》诗"云云。今按:王所举前一诗,《文苑
英华》《四部丛刊》所收涵芬楼影宋本、《唐音戊签》及《全唐诗》均题
作《送吏部曹郎中免官南归》,唯《全唐诗》"吏"下原校"一作祠"(未
详何本),故不当如王谱遽定为"祠"字。至王云由祠中免官,因道
路阻塞改刺洋州,不唯无据,亦非情理,不可从。上考郏任祠中在
咸通十年七月或略后,据此不当乾符六年(十年以后)仍为祠中,结
合谷上述二诗看,当由祠中出守洋州,后省衔转吏中,后行转前行
也。此后又免官南归。据谷送曹南归诗有"小生诚浅拙,早岁便依
投。……远招陪宿直,首荐向公侯。攀送偏挥洒,龙钟志未酬"句,
则当在谷未第之时,唯难以确指何年,而以广明元年冬谷避乱奔蜀
前可能为大(李洞诗注"时南中用兵",唐末南中兵火不绝,难以确
指)。此数年间谷又一度从事汝州,有《题汝州从事厅》《旅寓洛南
村舍》诗。

【考辨】《全唐诗》卷六三八有张乔《送郑谷先辈赴汝州辟命
诗》。《唐诗纪事》卷七十八《张乔》记:"咸通中京兆府解,试《月中
桂》诗,乔擅场……其年李建州频主试,以许棠老于场屋,以为首
荐。未几,巢寇为乱,遂与伍乔之徒隐九华。"谷集卷一又有《久不
得张乔消息》诗云:"天末去程孤,沿淮复向吴。乱离何处甚,安稳
到家无?"综此三事,可知张乔确于黄巢起义前期去京归九华。考
史载,乾符元年王仙芝首义,二年六月黄巢响应于山东冤句。十一
月攻掠十余州"至于淮南"。三年十二月义军攻至申、光、庐、寿、
舒、通等州,淮东危急(参《通鉴》卷二五二)。从谷诗"沿淮复向吴"
"乱离何处甚"诸句观,乔之归越当在三年十二月略前,不尔,道途

阻绝矣；则乔之送谷赴汝州诗当在乾符三年前矣。证以谷《题汝州从事厅》诗云：“诗人公署如山舍，只向阶前便采薇。惊燕拂帘闲睡觉，落花沾砚会餐归”（卷三）；《旅寓洛南村舍》诗云“村落清明近，秋千稚女夸。春阴妨柳絮，月黑见梨花”，均为太平闲逸景象。张乔送谷赴汝诗亦丝毫未见动乱迹象，则更可知谷从事汝州当在咸通末乾符初，王黄起义前，今姑系咸通末年。王谱定谷赴汝为乾符二年，论云：“《旧唐书·僖宗纪》‘（四年）四月以秘书监萧遘为国子祭酒，汝州刺史’，这时可能郑谷应萧遘辟为汝州从事。”今按，谷诗及其他史料绝无与萧遘交往记载，则安能据萧遘刺汝年为谷赴汝年耶？且王仙芝乾符元年起长垣、二年黄巢起冤句，二地与汝州都在河南道，不得有谷诗之安稳景象矣。故王说不可从也。

此二年间谷已移家同州。

【考辨】谷移家同州事已见前引《感恩叙事上狄右丞》诗，知在黄巢陷长安前。又据下条乾符四年谷已应京兆府试，则移同在四年前也。更据上《久不得张乔消息》诗“天末去程孤，沿淮复向吴”之句，称吴、淮为“天末”，称“久”，则谷已在秦中定居矣。综此可知谷移家同州亦在咸乾之交，似当在一度从事汝州略前，故系于本年（咸通十五年）为近是。

乾符三年丙申（876）　二十六岁

春，省试不第，今存其《乾符丙申岁省试春涨曲江池》诗。本年李频卒，谷有《哭李建州频》诗，时殆已移居京兆。

【考辨】乾符丙申为乾符三年也。徐松《登科记考》卷二十三云：“按《文苑英华》载谷《涨曲江池》诗，注云‘乾符丙申岁春’，则郑谷当于乾符三年及第，光启为乾符之讹，今改正。”岑仲勉《读全唐诗札记》则驳之云：“《旧书》一七八《赵隐传》：子光裔，光启三年擢第。《郎官考》七云‘《云台编》中有《春夕伴同年礼部赵员外省直》诗，又有《寄同年礼部赵郎中》诗。案洛阳九老祖龙学文集《郑都官墓志》：光启三年及第。以此证之，知即光裔也’。则仍主光启之说。两者比观，颇谓旧说近信。缘谷授右拾遗，由薛廷珪行制，廷珪知制，始大顺初，去乾符丙申已逾一纪，唐末迁转甚速，谷之官程，恐未必如是濡滞也。"今按岑从旧说，甚是；唯以迁转迟速为证，则未为确据。盖谷光启三年及第后七年方释褐（详乾宁元年条），官程本已濡滞，而唐人及第后数十年方授官，亦有其例。今考谷集有《京兆府试月中桂》诗。据《摭言》卷二《月中桂》为京兆乾符四年试题，则断不能于三年已及进士第。他证尚多，详后。

《新书·李频传》称频卒于建州刺史任所。《旧书·僖纪》又记：乾符二年正月，"以都官员外郎李频为建州刺史"。乾符三年十一月，以"度支分巡院使李仲章为建州刺史"。则李频之卒当在三年十一月略前也。故知谷《哭李建州频》诗作于本年底。诗又云"独夜吟还泣，前年伴直庐"，则似频由都外出为建守前，谷已迁居京兆矣。王谱亦以谷此诗系本年，然无考，今补足之。

乾符四年丁酉（877）　二十七岁

春由京兆府解送应春官试，有《京兆府试月中桂》诗，考见上年。夏秋间又有《从叔郎中諴辍自秋曹分符安陆属群盗倡炽流毒江壖竟以援兵不来城池失守例削今任却叙省衔退居荆汉之间颇得琴樽之趣因有寄献》诗。

【考辨】按王谱亦系寄献郑諴诗于本年，然考之未详，今补足之。检《旧书·僖纪》：乾符三年九月，户部郎中郑諴为刑部郎中。谷诗称"秋曹"，即刑部也，则諴之出守安陆（即安州）当在乾符三年九月后。又《通鉴》卷二五三记：乾符四年六月"王仙芝陷安州"，则知諴又于本年六月兵败安州。《通鉴》同卷又记同年十一月"王仙芝寇荆南"。荆南，即谷诗题之"荆汉"，《尔雅·释地》"汉南曰荆州"。故十一月时諴不得在荆汉有"琴樽之趣"焉。因知谷诗当为本年夏秋间作。王谱又言《唐摭言》卷五："'陈峤谒安陆郑郎中，三年方一见'，即在此时。"此说似未安。盖据上考，諴三年九月方任刑中，四年六月已兵败去任，其在安陆仅数月耳，不得云三年。古

人记事每以某人之最高官衔称之。而其事之时间则未必在实任此
衔之时也。

乾符五年戊戌(878)　二十八岁

仍居长安,应试不第。《渚宫乱后作》《下第》《岁暮辇下冬咏》
《自适》诸诗,均当作于本年或下年。

【考辨】《渚宫乱后作》云"乡人来话乱离情,泪滴残阳问楚荆。
白社已应无故老,清江依旧绕孤城";《下第》云"荆山归不得,归得
亦无家":均当作于江陵乱离后。《通鉴》卷二五三记,乾符五年春
正月,王仙芝攻荆南。山南东道节度使李福率众并沙陀五百骑击
之,仙芝败,"掠江陵"。同卷又记乾符六年,江陵守王铎以刘汉宏
守江陵御黄巢军,自将兵赴襄阳,汉宏反,大掠江陵,"焚荡殆尽"。
故知二诗作于本年或下年也。

《辇下冬暮咏怀》诗云:"烟含紫禁花期近,雪满长安酒价
高……十年春泪催衰飒,羞向清流照鬓毛。"其下"初稿附记"无"十
年"字,后二句云"不知春到情何限,惟恐流年损鬓毛"。今按"十年
春泪"谓应试十年尔,自咸通十三年(872)初试春官算起,当为广明
二年(881)。然广明元年冬起谷已避乱至蜀,不得称"雪满长安"云
云;则"十年"乃举成数而言,当在本年或下年冬,其时应试已八九
年,而年已二十八九;故又云"唯恐流年损鬓毛",盖化用潘岳《秋兴
赋》三十二岁二毛之典。二十八九当未二毛,故云"惟恐"。《自适》
诗云"紫陌奔驰不暂停,送迎终日在郊坰。年来鬓畔未垂白,雨后
江头且踏青";《自贻》诗云"恨抛水国钓襄雨,贫过长安樱笋时。头
角俊髦应指笑,权门踪迹独差池":均当作于同期同地。

王谱系谷《辇下冬暮咏怀》诗于广明元年冬,谓谷是年三十二
岁,正合潘岳《秋兴赋》之典。今按:王谱定谷生年未确已见前考。
广明元年谷实为三十岁而非三十二岁;王又过拘潘岳之典而未审
初稿附记所云"惟恐"字。且广明元年十二月五日黄巢攻破长安,
谷诗题云"辇下冬暮",当为十二月作,故不能在广明元年。参下

《中年》诗,更可知本诗当在《中年》诗前,为本年或下年也。

乾符六年己亥(879)　**二十九岁**

在长安应举不第(参上年)。

广明元年庚子(880)　**三十岁**

春在长安,应举不第。有《中年》诗(卷二)。秋有《送人游边》诗(卷一)。冬暮黄巢破长安,谷出奔,开始巴蜀荆楚长期漂游生活。

【考辨】《中年》诗云:"漠漠秦云淡淡天,新年景象入中年……衰迟自喜添诗学,更把前题改数联。"按古人以三四十岁壮强之年为中年。诗特言"新年景象入中年",则必为初入中年,三十岁时新春有感而作也。又言"秦云",则在长安也。

《送人游边》诗云:"春亦怯边游,此行风正秋。别离逢雨夜,道路向云州。碛树藏城近,沙河漾日流。将军方破虏,莫惜献良筹。"据诗意必作于唐军于云州一带新胜后。考《通鉴》卷二五三,乾符五年(878),沙陀李克用杀大同防御使段文楚,与乃父国昌据云州。广明元年(880)四月以太仆卿李琢为蔚朔等州招讨都统节度使。五月,会卢龙节度使李可举、吐谷浑都督赫连铎共讨沙陀。七月,大破之,国昌、克用北奔鞑靼。诏以赫连铎为云州刺史、大同军防御使。谷诗言"风正秋""方破虏""向云州",必为此时也。

《旧书·僖纪》:广明元年十二月甲申黄巢攻破长安。谷《感恩叙事上狄右丞》诗有云"寇难旋移国,飘零几听蛩。半生悲逆旅,二纪间门墙。蜀雪随僧踏,荆烟逐雁冲",可知巢破长安后,谷飘游巴蜀荆楚。

广明二年辛丑,七月改中和元年(881)　**三十一岁**

避乱。本年至中和三年之前,由巴入蜀,先在兴州留停,后经鹿头关至成都,以此为中心,浪游蜀中诸胜。足迹曾及彭、绵、雅、眉、嘉、邛、简诸州。唯所游具体时日难以系定,故先于本年综述之。

【考辨】王谱"广明元年"云巢破长安后,"郑谷行踪不详,但《巴江》诗'乱来奔走巴江滨',自注'时僖宗省方南梁',正作于此时"。王谱"中和元年"又云"正月,僖宗又由鹿头关、绵州逃亡成都,郑谷或留兴元"。此后至光启元年三月前,王谱均阙如,而将谷初入蜀置于光启三年进士及第后,则王谱初不以为黄巢破长安后,郑谷奔蜀也。

今按:巢破长安后谷曾数度入蜀出蜀,行迹错踪,尤当细辨。

谷集卷一有《谷自乱离之后在西蜀半纪之余多寓止精舍与圆昉上人为净侣……》诗。参以前引《上狄右丞》诗所云"寇难旋移国,飘零几听蛩。半生悲逆旅,二纪间门墉。蜀雪随僧踏,荆烟逐雁冲",可知谷在巢破长安后即入蜀居留半纪(六年)之余。王谱以半纪为光启三年(887)及第后入蜀,至景福二年(893)出蜀。然所举依据均未切实。下文将随处辨之,此先举三证。其一,王定谷光启三年初入蜀,乃据谷《擢第后入蜀经罗村路见海棠盛开偶有题咏》诗。今按,既为及第后入蜀,则显与"谷自乱离之后在西蜀半纪之余"为二事。其二,谷《蜀中春日》诗(卷三)有云"和暖又逢挑菜日,寂寥未是探花人",则显为未第之时所作,则及第后人蜀非首次也。其三,谷《将之泸郡途次遂州遇裴晤员外》诗王以为乃光启三年及第后初次入蜀作,然诗云"昔年共照松溪影,松折溪荒僧已无。今日重思锦城事,雪销花谢梦何殊"。则明为此行前,昔曾居于成都。故"乱离之后在西蜀半纪之余"云云乃指黄巢破长安之后旅居西蜀半纪之余可以无疑。至其旅程,大体如次。

其卷一《兴州东池》诗:"彻底千峰影,无风一片秋……鉴貌还惆怅,难遮两鬓羞。"仍用潘岳《秋兴赋》,诗为秋景,当为广明二年(三十二岁)秋或稍后,因可知出长安后曾至兴州迟留。又卷二《兴州江馆》云"向蜀还秦计未成,寒蛩一夜绕床鸣。愁眠不稳孤灯尽,坐听嘉陵江水声",或为同期所作也。

卷三《蜀中三首》诗之一云"马头春向鹿头关,远树平芜一望闲。雪下文君沽酒市,云藏李白读书山。江楼客恨黄梅后,村落人歌紫芋间。堤月桥灯好时景,汉庭无事不征蛮"。之二又云"夜多无雨晓生尘,草色岚光日日新。蒙顶茶畦千点露,浣花笺纸一溪春。扬雄宅在唯乔木,杜甫台荒绝旧邻。却共海棠花有约,数年留滞不归人"。之三又云"渚远江清碧簟纹,小桃花绕薛涛坟。朱桥直指金门路,粉堞高连玉垒云。窗下斫琴翘凤足,波中濯锦散鸥群。子规夜夜啼巴树,不并吴乡楚国闻"。三诗均为春景,当为一时所作。云"数年留滞不归人",则避乱已数年,当为中和中矣。盖时谷新由鹿头关入成都,所见一切皆新奇;而避乱已数年,心情相对稳定,故三诗虽微见惆怅之意而节奏较明快。又《通鉴》卷二五五记中和四年春正月起,东川节度使杨师立与西川节度陈敬瑄及其兄中官田令孜争权,两川交兵。至六月师立将高仁厚奏郑君雄斩师立出降,其间二军对峙鹿头关月余。唐末蜀中兵乱由此始,则谷之经鹿头关入成都,当在中和四年春前。以"数年"句观之,以中和二、三年春为合,其时去广明元年冬出奔已二三年矣。

　　谷之在成都,曾游锦城诸胜,如前三诗所及之文君宅、薛涛坟、杜甫草堂、扬雄宅等。又以成都为中心游于西蜀各地。卷二有《宗人作尉唐昌官署幽胜》诗,云"宗党相亲离乱世,春秋闲论战争年……风雨夜长同一宿,旧游多共忆樊川",则知曾至成都西北之彭州唐昌县。又据以上《蜀中三首》诗,可知曾游成都东北绵州昌明县"李白读书"之匡山,成都西南雅州名山县之"蒙顶"产茶区。又卷三《蜀江有吊》诗云"孟子有良策,惜哉今已而……折槛未为切,沈湘何足悲",乃吊左拾遗孟昭度所作。昭度于中和元年上疏言帝重北司而轻南衙,因为田令孜矫诏贬嘉州司户,遣人沉之于眉州眉山东之蟆颐津(见《通鉴》卷二五四),故知谷又曾南游至眉州。卷三又有《峨眉山》诗云"会须朝阙去,只有画图看",可知由眉州又西南行,曾至嘉邛间之峨眉山。又据卷一《谷自乱离之后》诗题所云与圆昉于长松山旧斋相约,可知又曾至成都东南之简州西北隅长松山(《蜀中名胜志》卷八)。此外卷一《赠圆昉上人》诗,卷二《蜀中寓止夏日自贻》诗(末二联云:"道阻归期晚,年加记性销。故人衰飒尽,相望在行朝。"),卷一、卷二有关西蜀净众寺(在成都城西)七诗,卷三《蜀中春日》诗(前引),均当作于中和二、三年间也。

中和四年甲辰(884)　三十四岁

本年已至东川梓潼,冬有《梓潼岁暮》诗(卷一)。

【考辨】此诗有云"渐有还京望,绵州减战尘"。按《通鉴》卷二五五记,中和三年四月,李克用克长安,黄巢起义失败,僖宗以长安宫室未完而暂留成都。然至本年正月起,东西川杨、陈交兵,战事绵延半载之久(考见上年)。由成都往长安路途复阻,至六月高仁厚克梓州,战事暂平,绵州为此战中心区,故谷诗云云。

王谱系此诗为大顺元年(891)作,引《通鉴》大顺二年七月,王建攻陈敬瑄。十月,宦官军容使杨复恭奔兴元,其子守亮等及绵州刺史杨守厚举兵拒高。十月顾彦晖为东川节度,十二月守厚攻梓州,王建救东川,守厚走还绵州事证之。今按:顾王与杨氏大战,大顺二年岁暮方兴未艾,见《通鉴》卷二五八、二五九。谷诗若为大顺二年作,不得言"减战尘"。又诗题《梓潼岁暮》,梓潼在绵州、梓州之北。谷身在梓潼,绵州战事,并不碍其返京,故知"渐有还京望,绵州减战尘"非指自己,而当指僖宗车驾有还京之望。若在大顺二年,帝本在京师,二句无着落矣。再次,王谱"大顺二年"后,紧接之"景福元年"又云谷由成都游嘉州;"景福二年"条又云谷向泸州拜见恩地,则又由梓潼南行矣,与此诗之"还京望"更不相符。故知王说不可从。

中和五年乙巳,三月改光启元年(885)　三十五岁

春三月,僖宗返京,谷于同时期返京,有长安《感兴》《渼陂》诗。冬十二月复以李茂贞、朱玫、李克用兵乱奔避再至巴江。

【考辨】王谱云"三月,僖宗还长安,'荆棘满城,狐兔纵横'(《通鉴·唐纪》七十二),郑谷归长安,有《长安感兴》诗:'徒劳悲丧乱,

自古戒繁华。落日狐兔径，近年公相家。可悲闻玉笛，不见走香
车。寂寞墙匡里，春阴挫杏花。'诗中描写与《通鉴》所记相合"。按
王说差是，从之。又《渼陂》云"昔事东流共不回，春深独向渼陂来。
乱前别业依稀在，雨里繁花寂寞开"，亦为春景，故系本年。

谷以兵乱再次出奔事，考见光启三年条。

光启二年丙午（866）　**三十六岁**

避乱巴江，又南至通川、渠江、寶城，秋至万州，考亦见光启
三年。

光启三年丁未（887）　**三十七岁**

初春由万州经夔州、峡州。约正月末出峡至江陵，赶赴兴元参
加春试。擢第后于春三月复入蜀，有《擢第后入蜀经罗村路见海棠
盛开偶有题咏》诗。时僖宗尚未返京，春试当在兴元行在进行。

【考辨】此合述元年十二月至三年春谷之行迹如下：

集卷三《巴江》诗云："乱来奔走巴江滨，愁客多于江徼人。朝
醉暮醉雪开霁，一枝两枝梅探春。诏书罪己方哀痛，乡县征兵尚苦
辛。鬓秃又惊逢献岁，眼前浑不见交亲。"诗下注："时僖宗省方
南梁。"

按王谱系上诗为广明元年十二月黄巢克长安后作。非是。今
按《通鉴》卷二五四：广明元年甲申（五日）僖宗出奔。丁酉（十八
日）方至兴元。二年"春正月，车驾发兴元"，"辛未（二十二日），上
至绵州"，据至绵州日计，发兴元日当为二年春正月初。故黄巢克
长安后僖宗之在兴元仅半月左右，实为途中经留而非行幸目的地。
且注称"僖宗"，乃李儇死后庙号，则必不能为作诗时所加，而当为
谷于昭宗乾宁间编次《云台编》时补注也，故绝不能以暂驻之地为
"省方"之地。

今按诗言"诏书罪己方哀痛，乡县征兵尚苦辛"，"诏书罪己"事
虽无可确考（谷在世年间，史载罪己诏仅光化元年春正月一次，时
谷随昭宗在华州，与诗意不合），然可知为大乱初平后，又起变乱之

所作也。又言"鬓秃又惊逢献岁","鬓秃"与前考广明前后谷诗云"唯恐流年损鬓毛"、"年来鬓畔未垂白"不合,故知《巴江》诗当为黄巢事息后又一次变乱作。按《通鉴》卷二五六记:黄巢后秦宗权为乱,"其残暴又甚于巢"。光启元年"春正月,(僖宗)下诏招抚之",时车驾尚在蜀,三月"丁卯,(车驾)至京师",避黄巢事至此告结束。而至七月,田令孜以争安邑解县盐利事,结邠宁朱玫,凤翔李昌符二节度攻河中王重荣,河东李克用援重荣,破邠宁、凤翔军,进逼京师。至十二月"己亥夜,令孜奉天子自开远门出幸凤翔"。长安"至是复为乱兵焚掠无遗"。光启二年正月戊子,令孜又请僖宗幸兴元,先至宝鸡。三月甲申至兴元。此后僖宗遂以兴元为行在达一年之久。至三年三月,乱事初弭方移驾凤翔。据此"时僖宗省方南梁"之补注当指此事,兴元即南梁也("诏书罪己"事,或以僖宗抚秦宗权诏中有罪己之词)。因此《巴江》诗当于谷光启元年十二月再次奔亡,二年初春至巴江时所作也。

谷至巴江后行程可先从卷二《奔避》诗及卷一《峡中寓止二首》判定大概。《奔避》诗云:"孤馆秋声树,寒江落照村,更闻归路绝,新寨截荆门。"《峡中寓止二首》之一云"荆州未解围,小县结茅茨"。其二又云:"传闻殊不定,銮辂几时还。俗易无常性,江清见老颜。夜船归草市,春步上茶山。"合此三诗观之,可知三点:其一,谷拟由蜀中往荆州旧居;其二,当时帝王播迁在外;其三,荆州有长期围困,故留滞峡中,时间至少由秋(秋声树)及春(春步)。检诸史,谷历次漂游时荆州虽时有战事,而其长围,同时又帝王播迁,唯光启元年至三年时一次。《通鉴》卷二五六记:光启元年九月,"蔡军围荆南(胡注:秦宗权所遣秦宗言军也)"。又光启二年十二月记:"秦宗言围荆南二年(胡注:去年九月围荆南),张瓌婴城自守,城中米斗直钱四十缗,食甲鼓皆尽。击门扉以警夜,死者相枕,宗言竟不能克而去。"《通鉴》此条为二年十二月最末一条,按其纪事之例,当在十二月末。而此一期间,僖宗正因前述朱玫、王重荣等事避乱在

兴元,因可知《奔避》《峡中寓止二首》必作于光启元年再度出奔避
乱过程中,今合其他诗篇析其行程如下:

　　集卷一《渠江旅思》诗云"故楚春田废,穷巴瘴雨多。引人乡泪
尽,夜夜竹枝歌"。渠江,县名,属山南西道渠州,在州治西南,近巴
水,诗又言"故楚春田",显露返荆南旧居处意向,而时值春末夏初,
当为《巴江》诗后不久作。卷一又有《巴寈旅寓寄朝中从叔》诗、《通
川客舍》诗。寈城亦在渠州,邻渠江县,通川属山南道通州,西与渠
州紧邻,二诗亦当在奔走巴江时所作,而诗云"况复听秋霖""惊秋
思浩然",则知光启二年自春及秋均在巴江一带漂游。又卷一有
《寄南浦谪官》诗,有"青山绕万州"之句,知此南浦即为万州(南浦
为万州州治)。又言"醉倚梅障晓,歌厌竹枝秋。望阙怀乡泪,荆江
水共流",亦表露向荆州意向,则知秋日又由通川东南行至万州附
近,而入长江水路矣,去向乃往荆州甚明。殆此时闻荆州重围之
讯,而有《奔避》诗"更闻归路绝,新寨截荆门"之句。遂流寓万、夔
间之江峡中。经冬至春,又有前举《峡中寓止二首》云:"荆州未解
围,小县结茅茨","传闻殊不定,銮辂几时还"。盖荆州围虽解于光
启二年冬十二月末,而谷于开春后方闻消息。此可于另一首《峡
中》诗(卷二)证之,诗云:"万重烟霭里,隐隐见夔州。夜静明月峡,
春寒堆雪楼。独吟谁会解,多病自淹留。往事如今日,聊同子美
愁。"按杜甫于大历三年春正月由夔出峡向江陵,谷用此事;而诗言
"万重烟霭里,隐隐见夔州",又云"春寒堆雪楼",则可知春初由万
向夔江行,当为淹留多时后荆州围解消息传来遂重又东行也。又
有《下峡》诗(卷二)云"波头未白人头白,瞥见春风滟滪堆",按滟滪
四月水势最猛,"波头未白"则尚在光启三年春季也。

　　谷由长江水路出峡向江陵后,即赴是年春官试,擢第(见乾符
三年辨),旋又返蜀,有《擢第后入蜀经罗村路见海棠盛开偶有题
咏》诗。据《宁羌州志》卷一有"罗村",正在由兴元向绵谷、利州之
入蜀道中。本年三月癸未前僖宗尚在兴元(《通鉴》卷二五六),则

知谷春初出峡至江陵后当更溯汉水而上，至兴元应试。上诗言"上国休夸红杏艳，深溪自照绿苔矶"（指海棠）。海棠盛开在三月，以之对京都曲江之红杏，故言"休夸"，则知春试不在长安进行也。自江陵至兴元约一千五百里左右（参《旧唐书·地理志》），按唐时行程速度，约需半月时间，而唐时春试多在二月或三月初，则其出峡最晚当正月底二月初也。谷之及第后又匆匆入蜀，当为只身赴考，家属留蜀之故也（参以下光启四年考）。

按王谱将上述《渠江旅思》《通川客舍》《峡中寓止二首》《峡中》《下峡》诗与后来之《将之泸郡途次遂州遇裴晤员外》《舟次通泉精舍》等诗合为一次行程，均系于景福二年（893）前后谷往泸州省拜恩地柳玭时作。此说误甚。其一，未审《峡中寓止》等诗所述銮辂未回，荆州长围之背景。盖景福二年时昭宗安居长安，而荆州平安无事。《通鉴》卷二五七记自文德元年（888）四月，郭禹为荆南留后，至天复三年（903）"禹励精为治，抚集凋残，通商务农，晚年殆及万户"可证。其二，谷之遂州、通泉二诗确为景福二年春向泸州探望柳玭时所作。然此一线路乃自涪江水一线而下至渝州后，西南折入长江至泸州。与巴江附近之通川、渠江相距甚远。因从巴水向渝泸，乃顺巴水至合州折入涪江。根本不经遂州与通川。巴涪二水以合州为交接点，其形正如一等腰三角形。王谱似未审其事、又未详地理，其不可从甚明。

光启四年戊申，二月昭宗即位，改文德元年（888）　**三十八岁**

本年至大顺元年（890）凡三年时间，谷之行踪虽难以确切系年，然大体可探。上年春擢第入蜀后，久未释褐授官，在蜀中漂泊求谒无成，复返至荆楚。有吴越淮上之游，此前可能尚有湘南黔巫之游。

【考辨】谷自上年春及第后又匆匆入蜀，当为上次离蜀赶考，家眷留蜀（其时尚未授官，考见景福二年、乾宁元年）。入蜀后适逢蜀中战乱又起，遂携家漂流。其《漂泊》诗云："槿坠莲疏池馆清，日光风绪淡无情。鲈鱼斫鲙输张翰,橘树呼奴羡李衡。十口飘零犹寄食,两川消息未休兵。黄花催促重阳近,何处登高望二京。"(卷二)按《通鉴》卷二五七记光启三年三月"山南西道节度使杨守亮忌利州刺史王建骁勇,说之东取阆州,以攻东川节度使顾彦朗。彦朗则与王建相约不犯东川。十一月西川节度使陈敬瑄畏顾、王联合于己不利,乃谋于其兄中官田令孜,招取王建,建留妻子于梓州,自将兵至鹿头关。陈又恐引狼入室,反悔而阻绝之",建怒,破关而进,连拔汉州、德阳,直逼成都。顾彦朗以其弟彦晖为汉州刺史,发兵助建急攻成都。敬瑄告难于朝,诏令和解,皆不从。次年(文德元年)五月,建与彦朗更上表请讨敬瑄。六月以韦昭度充两川节度,兼西川招抚制置等使,征敬瑄为龙武统军,陈不从,冬十月闻昭度将至,治兵完城以拒之。其后战火不息,绵延至景福二年(893)王建攻杀陈敬瑄、田令孜时,方告一段落。谷诗云"十口飘零犹寄食,两川消息未休兵",正与以上史事相合,又云"何处登高望二京",正可知还京无望也。谷集卷三又有《倦客》诗云"十年五年歧路中,千里万里西复东。匹马愁冲晚村雪,孤舟闷阻春江风"。据此,则谷自广明元年(880)十二月避乱至作诗时,漂泊已十年左右,当为大顺元年(890)前后也。亦可证光启三年(887)擢第后又复漂泊,"西复东"云云,正为其出入蜀中之写照也。

又前举谷《感恩叙事上狄右丞》诗云"寇难旋移国,飘零几听蛩。半生悲逆旅,二纪间门墉。蜀雪随僧踏,荆烟逐雁冲",证以上引《倦客》诗,可见漂游蜀中后又有荆楚之行。前述光启三年初出峡赶考后,又匆匆返蜀,不可能在荆楚作长期漂流。则"荆烟逐雁冲"云云当为及第后入蜀又至荆楚也。集卷三有《荆渚八月十五夜值雨寄同年李峄》诗,有云:"共待晖光夜,翻成黯淡秋……正宜清路望,潜起滴阶愁。棹倚袁宏渚,帘垂庾亮楼。桂无香实落,兰有露花休。玉漏添萧索,金樽阻献酬。明年佳景在,相约向神州。"此诗通首比兴,谓虽及第折桂,却无授官之实。握兰之望,已成露花之消歇,故辉光而成黯淡,清望而成潜愁。对比前引《擢第后经罗村路见海棠》诗之满怀希望,可知及第入蜀后复返荆渚所作也,正与"蜀雪随僧踏,荆烟逐雁冲"之句相合。此次由蜀返荆,有《峡中尝茶》诗(卷三)。

谷由蜀再返荆渚后,又有二次远游,其中湘南、黔巫之游仅能由诗中寻绎而未能以史实充分证之,故仅拟析如次,以备参验。

按卷一《远游》诗云:"江湖犹足事,食宿戍鼙喧。久客秋风起,孤舟夜浪翻。乡音离楚水,庙貌入湘源。"湘源,县名,为永州属县,此当泛指永州湘水源头处。则可知在"久客"以后,又于秋日向其父史旧任所,当为寻求故人以干请之故也。同卷又有《颜惠詹事即孤任舅氏谪官黔巫舟中有遇怆然有寄》诗,云:"谪宦君何远,穷游我自强。瘴村三月暮,雨熟野梅黄"。黔巫即黔中道巫州,今湖南黔阳县,与永州相近。诗又云"自强"与《远游》诗之"犹足事"相应,或为同一次行程,而时已入季春矣。

其二为由荆渚出发过洞庭至湘东北汨罗吊屈原,然后回溯而顺长江东行向江南。考见下条。

大顺二年辛亥(891) 四十一岁

已在江南,有《送进士许彬》等诗。

【考辨】《送进士许彬》诗云:"泗上未休兵,壶关事可惊。流年催我老,远道念君行。残雪临晴水,寒梅发故城。何当食新稻,岁稔又时平。"按许彬,睦州人。(《唐诗纪事》卷七一),题曰"送进士",诗由泗上而及于壶关,可知为初春在江南送许彬应举所作也。(王谱系此诗于乾符四年,非,辨已见前)。检《通鉴》卷二五九,景福元年(892)云"朱全忠连年攻时溥(胡注:光启三年,徐汴始交兵),徐、泗、濠三州,民不得耕获。兖、郓、河东兵救之皆无功,复值水灾,人死者十六七"。可见大顺二年正是"泗上未休兵"之时,又《通鉴》卷二五八记,自龙纪元年(889)起河东节度使李克用攻孟立方,取洺滋二州。大顺元年(890)一月又取邢州,二月巡潞州。朱全忠等上言,请率汴滑孟三军与河北三镇讨李。五月昭宗用张濬等议诏削李克用官爵、属籍。以张濬为河东行营都招讨制置宣慰使,京兆尹孙揆副之,集淮南朱全忠等联兵讨克用。唐、李河东大战揭开序幕。时壶关所在之潞州叛李投朱,朱全忠遣将入潞为权知留后,克用遣兵围潞。秋七月,官军至阴地关(汾州灵石县西南),朱全忠遣骁将葛从周率军自壶关抵潞州,犯围入城,又遣诸将攻泽州,为潞州应援。八月,孙揆赴潞,为克用军袭杀。九月,克用军攻潞,葛从周等兵败弃城而走。克用以康君立为潞府留后。十月官军复出阴地关袭击克用,屡败。十一月克用军复取潞州毗近之晋绛二州,并大掠慈隰二州。张濬等溃退,逾王屋至河阳,撤民屋为筏以济河,师徒丧失殆尽。克用二上表奏,数张濬等罪,要挟昭宗,声言“集蕃汉兵五十万,欲直抵蒲潼”。大顺二年春正月诏贬张濬连州刺史,赐克用诏,复其官爵,使归晋阳。二月,加克用守中书令,再贬濬绣州司户。是役以潞泽晋绛为中心,而壶关又为冲要必争之地,大顺二年初春,唐师新败,故谷诗又云“壶关事可惊”也。通检史籍唐末于泗上、壶关同时有重大战事,唯此一次,因可知《送进士许彬》诗必作于本年初春。

谷之至江南,又可由其诗中寻迹。卷一《南游》诗云:“凄凉怀古意,湘浦吊灵均。故国经新岁,扁舟寄病身。”又同卷《江行》诗云:“漂泊病难任,逢人泪满襟。关东多事日,天末未归心。夜雨荆江涨,春云郢树深。殷勤听渔唱,渐次入吴音。”“关东多事日”,正与大顺元年初李克用攻邢巡潞,朱全忠议伐克用事相符。因可知谷乃于元年新春由荆渚出发南游,先至汨罗吊屈原,又返至荆江口顺长江经湖北(郢)而“渐次入吴音”。谷在江南,曾游杭州。卷一《登杭州城》诗云:“漠漠江天外,登临返照间。潮来无别浦,木落见他山。沙鸟晴飞远,渔人夜唱闲。岁穷归未得,心逐片帆还。”当作于大顺元年秋末冬初。而越冬至本年春,遂有《送进士许彬》诗矣。

景福元年壬子(892) **四十二岁**

殆于本年由江南返长安(考见下年),有《淮上别友人》诗。

景福二年癸丑(893) **四十三岁**

由长安往渝、泸参拜恩地柳玭。春经梓州通泉、遂州,有《舟次通泉精舍》诗、《将之泸郡旅次遂州遇裴晤员外》诗。秋已在泸州,有《次韵和礼部卢侍郎江上秋夕寓怀》诗。不久返长安,授京兆鄠县尉。

【考辨】卷一《舟次通泉精舍》云:"树凉巢鹤健,岩响语僧闲。更共幽云约,秋随绛帐还。"自注"时谷将之泸州省拜恩地"。卷三《将之泸郡旅次遂州诗》云:"我拜师门更南去,荔枝春熟向渝泸。"据此可知谷于某年春又入蜀沿涪水南下经通泉,又经遂州向泸州拜望恩地,并拟于秋日北归。按谷为光启三年进士,其年主考为柳玭(考见前乾符三年条)。《新书·柳玭传》(卷一六二):"文德元年,以吏部侍郎修国史(按,据《唐会要》卷六十三当为大顺二年),拜御史大夫。……坐事贬泸州刺史。"《通鉴》卷二五九:"(景福二年二月)以渝州刺史柳玭为泸州刺史。"可知玭乃于大顺二年,先贬渝后迁泸。据考郑谷于本年秋冬已为鄠县尉,以后一直在朝(详参下年考),则其往拜柳玭只能在本年春起行。据上二诗所显示之路程观,其省拜恩地乃由北向南,当于长安出发。而前考大顺二年春谷尚在江南有《送进士许彬》诗,则当于本年前由江南返长安。集卷一有《淮上别友人》诗云:"扬子江头杨柳春,杨花愁杀渡江人。数声风笛离亭晚,君向潇湘我向秦。"可见谷乃于春日由江南返长安,以本年春已在通泉、遂州,故知其由江南返长安当在景福元年春为近是。

集卷二《次韵和礼部卢侍郎江上秋夕寓怀》有云:"卢郎到处觉风生,蜀郡留连亚相情。乱后江山悲庾信,夜来烟月属袁宏。梦归兰省寒星动,吟向莎洲宿鹭惊。未脱白衣头半白,叨陪属和倍为荣。"自注:"时中仪在泸州,恩门大夫待遇优厚。"恩门大夫、亚相,乃指批以御史大夫贬渝泸。题云"秋夕",诗云"寒星"(同李季兰"寒星伴使车"句意),知秋日在泸州也。"未脱白衣"二句则知自光启三年(887)及第后至此时已六年而尚未授官也。此后不久谷返长安,授鄠县尉,考见下年。

谷之于景福二年省拜恩地,王谱亦已考出,然王谱以为乃谷游蜀多年后由成都下嘉州再下渝泸则误,考已见前。又以为本年春谷又由渝泸出峡游湖南荆楚,则更非。盖未审和卢侍郎诗之为秋日作,更未审《下峡》诸诗乃光启中之所作也(见前考)。要之,谷之游蜀先后凡四次,王谱均合为光启三年至景福二年,故所考多误。

乾宁元年甲寅(894)　四十四岁

上年秋冬授京兆鄠县尉,本年春,兼摄府署,有《结绶鄠郊縻摄府署偶有自咏》《作尉鄠郊送进士潘为下第南归》诗。寻又迁右拾遗。时诗名已颇盛。有《谷初忝谏垣》诗(卷三)。

【考辨】集卷三上诗云"莺离寒谷七逢春,释褐来年暂种芸。自笑老为梅少府,可堪贫摄鲍参军"。今按谷自光启三年(887)及第至本年为七年。就诗意可见上年释褐为县尉而本年春兼摄府参军事。则其上年秋冬已自泸州归返长安矣。

谷又有《顺动后蓝田偶作》诗(卷一)。自注"时丙辰初夏月",丙辰为乾宁三年(896),首联云"小谏升中谏,三年待玉除",知是时已任拾遗三年而迁补阙之职,逆推之则知本年(894)摄府参军后又升迁拾遗也。《全唐文》卷八三七有薛廷珪《授长安县尉直弘文馆杨赞禹左拾遗鄠县郑谷右拾遗制》,据《新书·薛廷珪传》廷珪"大顺初以司勋员外郎知制诰,迁中书舍人,从昭宗次华州(按乾宁三年),引拜左散骑常侍",则时间亦正相合。亦从而可知《蓝田偶作》诗首句一本作"士逢春","士"为"七"之误也。制又云"闻尔谷之诗什,往往在人口,而伸王泽,举贤劝善,允得厥中"之语,知谷之诗名已达朝廷矣。

王谱以谷本年为鄠县尉时在暮春,又转拾遗,与本稿小有出入,盖未细审"莺离寒谷七逢春,释褐来年暂种芸"之句意也。王又以谷乃从江南返长安就职,则误,考已见前。

乾宁二年乙卯(895) 四十五岁

在长安,为右拾遗。其《早入谏院二首》《忝官谏垣明日转对》(以上卷一)、《次韵酬张茂枢补阙因寒食见寄之什》《右省张补阙同在谏垣连居光德迭和篇什》(以上卷三)诸诗作于本年前后。秋有《摇落》《回銮》诗。

【考辨】据考谷自乾宁元年为右拾遗,至三年迁补阙(见上条),四年秋已由补阙转都官郎中(见下考),则在谏垣凡四年。其乾宁三年所作《春暮寄怀韦起居袞》诗有云"长安一夜残春雨,右省三年老拾遗"。已多有不满之意。而以上数诗则多感恩之意,欢欣之情,知为任拾遗不久所作,故系本年为近是。茂枢,事见《新书·张嘉贞传·附传》,云"天祐中累迁祠部郎中、知制诰",《旧书·昭纪》又记其天祐元年自勋外迁礼中。天祐元年为904年,则其乾宁中为补阙,以转官历程观之,亦无矛盾。

王谱已定《摇落》诗为本年作,是。然论述略欠明晰,今补叙如下。按《通鉴》卷二六〇记本年五月华州韩建、凤翔李茂贞、邠宁王行瑜三镇节度因求扩大镇地不遂以兵犯阙,六月李克用大举南下,移檄三镇。七月三镇党从胁昭宗趋南山,又幸石门。克用入同州,攻华州。八月李茂贞上表请罪,合克用军攻王、韩。八月诏削王行瑜官爵,以克用为邠宁四面行营招讨使,部将各有封。辛亥,昭宗归京师,克用遣骑三千驻三桥备御。九月克用复攻行瑜,战事绵延至本年终。《摇落》诗云"日暮寒鼙急,边军在雍岐",当为本年八九月间昭宗返京,克用军在京师附近备御之时矣。

《回銮》诗有"秋郊旷望闲"句,知秋日作。唐季天子多次因乱出奔,而于秋日回銮者仅二次。其一为乾宁二年七月,王行瑜、李茂贞、韩建三镇犯阙,昭宗出奔,驻跸南山石门镇(在长安西南郊),至同年八月辛亥乱弭返京(《资治通鉴》卷二六〇);其二为乾宁三年七月,凤翔节度使李茂贞犯阙,昭宗出奔,依华州韩建,驻跸三峰(在长安东),至光化元年八月己未,车驾返京(《资治通鉴》卷二六一)。此二次乱跸回銮,谷分别在补阙与都官郎中任上,均有可能作本诗。然诗又云,"云物旧黄山",黄山,黄麓山也,即张衡《西京赋》所云"绕黄山而款牛首"之黄山,据《长安志》所载,在长安西南兴平县,即汉之槐里县。诗下句又云"晓渭行朝肃",据《水经注·渭水下》记"渭水又东过槐里县南",上句所示地理位置正与石门镇近,而与华州三峰无关,因可知为乾宁二年八月回銮时所作。王谱定光化元年八月,恐非是。

乾宁三年丙辰(896)　**四十六岁**

在长安,春,仍在右拾遗任上,有《春暮寄怀韦起居袌》诗,秋,已转补阙,有《顺动后蓝田偶作》诗。诗人王贞白有《秋日寄怀右省郑拾遗诗》当作于本年或稍前,另有《寄郑谷诗》作年不详,附述于此。

【考辨】寄韦诗云"长安一夜残春雨,右省三年老拾遗",自乾宁元年起至本年已三年矣。

谷《顺动后蓝田偶作》诗云"小谏升中谏,三年侍玉除。直言无所补,浩叹欲何如。宫阙飞灰烬,嫔嫱落里闾。蓝峰秋更碧,沾洒望銮舆",注"时丙辰初夏月",按丙辰即乾宁三年,初夏,据诗意当为初秋之误。是时已升中谏,即补阙矣。按《通鉴》卷二六〇记是年六月,凤翔李茂贞犯阙,唐师败绩,嗣延王戒丕请往太原求救于李克用。昭宗幸华州依韩建。茂贞入长安。"自中和以来所葺宫室市肆,燔烧俱尽"。八月,韩建移诸道令诣行在,克用发兵入援。据诗中"宫阙"二句,知当为七月,即初秋时作,时唐师正议兴复之计,故称"顺动"。

按王谱亦系《顺动后蓝田偶作》诗为本年秋,然称谷时尚在长安,则可商。谷《奔问三峰寓止近墅》诗云"半年奔走颇惊魂,来谒行宫泪眼昏","灞陵散失诗千首,太华凄凉酒一尊"。三峰,华山三峰也,知为此次乱中作,则可知茂贞犯阙后谷奔走在外,由灞上而走蓝田,后辗转至华州行在。王又以李洞《赠郑补阙山居诗》为本年赠谷之作。然洞诗有"马饥餐落叶"之句,为秋景,意境亦颇平静,与当时"奔走"情况不符,不可从。

乾宁四年丁巳(897)　**四十七岁**

奔行在。本年秋至明年秋内由尚书右丞狄归昌荐转都官郎中。有《感恩叙事上狄右丞》(卷二)、《转正郎后寄献集贤相公》、《故许昌薛尚书能尝为都官郎中后数岁故建州李员外频自宪府内弹拜都官员外……遂赋自贺》(以上卷三)诸诗。

【考辨】据上引《奔问三峰寓止近墅》诗"半年"云云,当于本年春至华州行在矣。

《唐才子传·郑谷》:"授京兆鄠县尉,迁右拾遗、补阙。乾宁四年为都官郎中。"王谱称《才子传》"大误",而云谷之转都郎在光化三年(900)。其依据为,谷《转正郎后寄献集贤相公》诗云"干名初在德门前,屈指年来三十年",光化三年距咸通十二年初应试正三十。又云光化三年七月(按当为九月)以裴贽为中书侍郎兼刑部尚书、同平章事、充集贤殿大学士。谷诗正为献裴贽而作也。

今按:王说非是。《才子传》所记差是。谷《转正郎后》诗前四句如下:"干名初在德门前,屈指年来三十年。自贺孤危终际会,别将流涕感阶缘。"诗以干名之初与际会风云(转正郎)相对,知"干名之初"乃指应试之初,又云"初在德门前",则其初应举之主试当与此集贤相公同族或同一人。王谱所云裴贽是咸通大臣裴坦之子,不可能为谷初应举时主试。且咸通末至乾符初,谷应试之初历年主春官试者,裴姓唯咸通十五年(乾符元年)礼部侍郎裴瓒一人。检《新书·宰相世系表》裴瓒为"南来吴裴";裴贽为"中眷裴"(表十一)虽同为裴姓而族望相距甚远,故二裴各辈名字并不连排。即使勉强相联系,则由乾符元年(874),按王谱所说,下推三十年,当为天复三年(903)。去光化三年(900)又三年矣。故知集贤相公未必为裴贽,三十亦未可必为定数也。

据诸史,乾宁、光化间,宰相而曾领充集贤殿大学士者,裴贽外更有陆扆、崔胤、崔裔、崔远诸人。以谷上诗推之,诗题之集贤相公当为崔远。《通鉴》卷二六〇记:"(乾宁三年九月)以翰林学士承旨、兵部侍郎崔远同平章事。"《旧书·昭纪》,光化三年九月"制光禄大夫、中书侍郎兼吏部尚书、同平章事、充集贤殿大学士、判户部事、博陵郡开国公、食邑二千户崔远罢知政事,守本官"。则知崔远乾宁三年九月为相,而其充集贤殿大学士则在乾宁三年九月至光化三年九月之间也。以唐末加官推之,如裴贽光化三年九月同平章事即兼充集贤殿大学士(《旧书·昭纪》);陆扆乾宁三年七月同平章事,八月,即加集贤殿大学士(《旧书·本传》);崔胤,乾宁元年十月同平章事(此据《旧书·昭纪》,《通鉴》卷二六〇记为二年七月),而二年九月充集贤殿大学士。则崔远之充集贤殿大学士亦当在乾宁三年九月为相后不久,约四年前后也。又谷初应举为咸通十三年(王谱以为十二年乃乡贡之年,不妥),其年知贡举为中书舍人崔沆。沆为博陵安平崔氏大房,而崔远为二房,远父澹与沆均以"水"傍行,沆为远之族叔,正与谷诗"干名初在德门前"合。则知诗中集贤相公必指崔远也。自咸通十三年(872)至本年(897)为二十六年,亦差近三十,故知《才子传》以谷为乾宁四年(本年)转都郎不为无据。此节可以谷《寄献狄右丞》诗互证。此诗云:"迩来趋九重,更伴赏三峰。栖托情无限,吹嘘意数重。自兹俦侣内,无复叹龙钟。"又自注"时大驾在华州"。按《旧书·昭纪》"乾宁四年九月以御史中丞狄归昌为尚书右丞"。五年八月,车驾自华返京,九月,"以御史中丞狄归昌为尚书左丞"。右丞,正四品下;左丞,正四品上。知五年九月狄归昌乃由右丞转左丞。因知谷感恩诗必作于四年秋至五年秋之间也。谷又有《寄献狄右丞》诗,中有"落花风动"之句,为春景,当为五年暮春,又云"逐胜偷闲向杜陵","心恋清潭去未能",当为感恩诗之后作,则感恩诗以作于乾宁四年秋冬为近是。诗题"感恩",句又云"吹嘘"知为谢狄之推荐。又云"迩来趋九重",则显为新近升官之作。唐人以郎官为清望,有仙郎之称,正合九重之意。宋祖无择《郑都官墓表》《纪事》《才子传》称谷历仕均以补阙(前已考乾宁三年时由拾遗转补阙)后接以都郎,同时诗人赠谷二十余诗亦仅有遗、补、都郎三官称,则知感恩诗中所述及之升迁当由补阙转迁都郎也。(唐末超资迁升不乏其例)。至此,《才子传》称谷乾宁四年为都郎,在无其他资料否定之前,当以为可信也。

乾宁五年戊午、八月改光化元年(898) 四十八岁

春,有《驻跸华下同年司封员外从翁许共游西溪久违前》诗。游杜陵,有《寄献狄右丞》诗。秋八月随昭宗返长安,有《初还京师寓止府署偶题屋壁》诗。本年内尚有《恩门小谏雨中乞菊栽》诗,《光化戊午年举公见示省试春草碧色诗偶赋是题》诗。集中省中寓直、朝直、放朝诸诗中凡及握兰、郎官诸字样者,除上年所举外均作于本年至天祐初年。《云台编》当编成于本年春夏间。

【考辨】《驻跸华下》诗如题所云为本年作,诗云"明公非不爱,应待泛龙舟",按《旧书·昭纪》:光化元年"六月,帝幸西溪观竞渡"。则诗当在六月前也。《寄献狄右丞》诗考见前。本年八月,昭宗自华返长安(见上条),《初还京师寓止府署偶题屋壁》诗云"秋光不见旧亭台,四顾荒凉瓦砾堆。火力不能消地力,乱前黄菊眼前开",为秋景。知为是年作。

《恩门小谏雨中乞菊栽》诗云"握兰将满岁",栽菊为夏秋间事,正为任都郎近年时,故亦系本年。此诗有二事须辨。其一,小谏,原意为拾遗,诗言"握兰",知小谏在此乃自称初为朝官时职官,自谦也。《寄献狄右丞》诗云"孤单小谏渔舟在,心恋清潭去未能",亦同此理。其二:《新书·柳玭传》云"贬泸州刺史,卒……帝自华返,诏复官爵",今据谷诗,可知柳玭乃召还复官后卒,《新书》盖误。

光化二年己未(899) 四十九岁

在长安都官郎中任上,参见天复二年条。

光化三年庚申(900) 五十岁

在长安都官郎中任上。参见天复二年条。

【考辨】王谱以谷集卷三《寄左省张起居》《前寄左省张起居一百言寻蒙唱酬见誉过实却用旧韵重答》《九日偶怀寄左省张起居》诗为寄张彦远作,系本年,谓彦远乾符中官大理卿,后迁起居舍人。今按起舍为从六品,大理卿为从三品,未能由大理卿迁起居。(又据北大所编《中国美学史资料选编·张彦远小传》彦远卒于乾符二年,距本年已二十五年)故王说不可信。按张起居疑为张茂枢。诗有云"家声三相后,公事一人前",王谱已指出乃指河东张氏,嘉贞、延赏、弘靖三代为相也,是。按据《新书·表十二》弘靖有子四人,其中次宗开成中曾为起舍,与谷时代不相及。四子又共有子六人,均无为起舍之记载。其中彦远、彦回、茂枢三人较著,而茂枢与谷关系最近。尝同在谏垣邻居光德迭相唱和(见前)。谷《寄左省张起居》诗云"含香复记言",知张起居时兼任尚书郎。《旧书·哀纪》:天祐元年七月,茂枢由勋外转礼中。勋外与起舍均为从六品上,则茂枢或以勋外兼任起居也,其时间当在乾宁中任谏职后,天祐元年转礼中前,当光化天复之际也。谷诗又自注:"谷在举场时,与起居有恩也。"参以卷二与茂枢《同在谏垣连居光德》诗云:"十五年前谊苦节,知心不独为同官。"更可证起居当为茂枢。此诗又自注:"起居,今太师卢公宅相。传授书法。"按《新书·卢知猷传》记知猷于朱玫乱后召拜工部侍郎,累迁为太子少师,卒于刘季述之乱时,善书有楷法。《旧书》传则记其昭宗在华下时(乾宁三至五年)进位太子太师。则时间亦与茂枢任勋外时相合,因以茂枢为最近是。王谱又以后集卷四《送水部张郎中彦回宰洛阳》为本年作,无据。

光化四年辛酉,四月改天复元年(901) 五十一岁

春正月,有《入阁》诗(卷二)。冬十一月避朱全忠乱随驾西幸。

【考辨】《旧书·昭纪》:本年十一月中官刘季述兵变,废昭宗,

立太子裕。本年正月昭宗反正。《入阁》诗云"秘殿临轩日，和銮返正年"正相合。王谱系此诗于光化元年秋昭宗自华下返京时。然诸史记昭宗朝变乱，唯本年用"反正"字，指复位也，较光化元年为近是。

天复二年壬戌（902）　**五十二岁**

随驾在凤翔，初春有《壬戌西幸》诗。

【考辨】《通鉴》卷二六二记，上年十月朱全忠请昭宗幸东都，十一日车驾西幸，壬戌至凤翔。本年春，仍在凤翔。谷诗言"武德门前颢气新，雪融鸳瓦土膏春。夜来梦到宣麻处，草没龙墀不见人"。知为春在行在遥想长安作也。

天复三年癸亥（903）　**五十三岁**

本年或上年归隐宜春。住仰山。参下年。

天复四年甲子，四月改天祐元年（904）　**五十四岁**

春，已在宜春，有《黯然》诗。

【考辨】《通鉴》卷二六四记，本年春正月己酉，朱全忠移书请昭宗迁都洛阳，宰相裴枢遂促百官东行。"戊午，驱徙士民，号哭满路；骂曰'贼臣崔胤召朱温来倾覆社稷，使我曹流离至此'，老幼缱属，月余不绝"。谷《黯然》诗云："缙绅奔避复沦亡，消息春来到水乡。屈指故人能几许，月明花好更悲凉。"诗言"水乡"，知已归隐。言"缙绅奔避复沦亡"，正与《通鉴》合，言"花好"，当为二三月，时间亦紧接正月。故知为本年春作。王谱系此诗为天祐三年作。所据为二年六月，全忠杀朝士三十余人，宰相裴贽赐死。今按二年六月离"花好"已七八月矣，消息不当如是迟滞，且与奔避不合，不可从。

王谱又定谷之归隐为天复三年，然无依据。今按如上考，二年春谷尚在凤翔行在。本年（四月）春已在宜春。谷《舟行》诗又云"九派迢迢九月残，舟人相语且相宽……季鹰可是思鲈脍，引退知时古来难"，王以为乃以张翰避晋乱自比，是归隐路途作，是。唯定为天复三年则未见依据，而诗为秋景。合上计之，知当为天复二年或三年秋归隐也。其隐仰山草堂,则见《才子传》。

天祐四年丁卯,三月朱温代唐改梁开平元年(907)　五十七岁

隐宜春。参见上、下条。

梁开平二年戊辰(908)　五十八岁

隐宜春,齐己有《戊辰岁湘中寄郑谷郎中》诗,就诗意观谷已久病。谷与齐己唱酬甚频,谷赠己诗多佚,唯孙光宪《白莲集》序中存一诗,己集中存赠、吊谷诗十二首。谷又为齐己改诗,并共定诸诗格。

【考辨】齐己上诗云:"白发久慵簪,常闻病亦吟。"知谷久病。《唐才子传》卷九记己:"至宜春投诗郑都官云:'自封修药院,别下著僧床。'谷曰:'善则善矣,一字未妥。'经数日来,曰:'别扫如何?'谷嘉赏,结为诗友。……又与郑谷、黄损等共定用韵为葫芦、辘轳、进退等格。"

开平四年庚午(910)　六十岁

本年或数年后卒,齐己有《乱中闻吴延保郑谷下世》《哭郑谷郎中》《伤郑谷郎中》等诗吊之,第二首云"长忆招吟夜,前年风雪时"。己赠谷诗可考见年代者为上引"庚辰"诗,时谷已长病,下推二年为本年。然庚辰未必谷最后招己之诗,故定本年或下数年卒。

（本文原载于《唐代文学论丛》1987 年第 9 辑）

关于郑谷的佚诗

中华书局最近出版的《全唐诗外编》，是当前唐诗研究中一本十分引人注目的新书。王重民、孙望、童养年三先生积数十年功力，访遗辑佚，爬钩剔抉，成此宏编，为唐诗研究者提供了极大的方便，可称是一桩"无量功德"。然而披阅间也发现有些地方似尚有疏误与缺漏（主要在童先生所辑《全唐诗续补遗》部分中）。白璧微瑕，未许苛责；而切磋琢磨，仍属必要。本文拟就童先生所补唐末重要诗人郑谷的佚诗（以下简称童补）谈一些看法，以就正于先生与其他同志。

按童补郑谷三诗，一、二两首并非佚诗，第三首则既非佚诗又非郑谷所作（三诗均见《外编》第 535 页）。

第一首《送客》（溢城分楚塞），实为《全唐诗·郑谷诗》卷一中《送人之九江谒郡侯苗员外绅》一诗之断句，原诗如下：

> 泽国寻知己，南浮不偶游。溢城分楚塞，庐岳对江州。
> 晓饭临孤屿，春帆入乱流。双旌相望处，月白庾公楼。

童补阙首联。又第三句"晓饭"作"晓晚"（按晚字误）；第七句中"双旌"作"双津"（亦误）。

童补第二首《浔阳姚宰厅作》（野泉当按落），亦是断句。原诗（诗题同），也见于《全唐诗·郑谷诗》卷一，全诗为：

> 县幽公事稀，庭草是山薇。足得招棋侣，何妨著道衣。

野泉当案落，汀鹭入衙飞。寺去东林近，多应隔宿归。

童补系此诗后四句。只是"当案"误作"当按"。

童补第三首《登第后宿平康里作诗》（春来无处不闲行），其实是郑合敬诗（全唐诗667卷）。此诗首见于五代王定保《唐摭言》卷三"慈恩寺题名游赏赋咏杂记"条，且引如下：

> 郑合敬先辈及第后宿平康里，诗曰："春来无处不闲行，楚闰相看别有情。好是五更残酒醒，时时闻唤状头声。"（按"楚闰"，童补作楚国，均误。当从《唐诗纪事》、《韵语阳秋》作"楚润"。楚润娘，唐名妓。）

按郑合敬其人，见《新唐书·宰相世系表》，为郑涯之子，官至谏议大夫。后宋人计有功《唐诗纪事》亦引证《摭言》上条与《新表》等有关资料，并称合敬于乾符三年（875）登上第。至清人徐松《登科记考》卷23则综合前代史料辨正曰"乾符二年……郑合敬，状元，见《玉芝堂谈荟》。《唐诗纪事》：'合敬，乾符三年登上第，终谏议大夫。'按三年为二年之讹。按《宰相世系表》，合敬为延沐之兄。《摭言》：'郑合敬先辈《及第后宿平康里诗》曰：春来无处不闲行……'"（下略）。从以上资料可见郑合敬与郑谷世系不同（谷非宰相世系）；登第年不同（谷为光启三年〔877〕赵昌翰榜第八名进士）；仕历不同（谷仕至都官郎中）。二者决非一人。（关于郑谷生平可参看《唐才子传·郑谷条》。）

《登第后宿平康里作》一诗之误为郑谷所作，现今可考者，殆始于北宋阮阅《诗话总龟·杜放门》引《古今诗话》，后南宋中葛立方《韵语阳秋》卷十八因仍之，以至后世诗话作者多因讹传讹。今迹阮、葛之误，其原因殆有二端：首先郑合敬并不以诗名，不为人们所熟知；相反，郑谷在宋代有相当影响，其诗曾作为宋初学童之启蒙教材，宋人诗话中对之虽毁誉不一，但却是经常提到的。其次是抄误。按《全唐诗》录此诗题作"郑合"，下注"一作郑合敬"。据傅璇琼先生《唐五代人物传记资料索引》郑合敬条考注,当以郑合敬为是。据此可以推想,宋时或又有人在引用《摭言》上条时将"郑合敬"写作"郑合",合、谷,形音俱近,阮、葛诸人遂以能诗的郑谷代替了不以诗名的郑合(敬),使此诗改变了主人。童先生殆未审此诗最早见于《唐摭言》,故沿袭了阮阅之误。

这里顺便辨证一下《韵语阳秋》由引用此诗而产生的一个误解,葛氏云:"今之新进士,不问科甲高下,唱名出皇城,则例喝状元,莫知其端。唐郑谷登第后宿平康里,尝作诗曰:'春来无处不闲行,楚润相看别有情。好是五更残酒醒,耳边闻唤状元声。'则新进士例呼状元旧矣。"

按唐代以进士科及第第一名为状元或状头,此则屡见于《唐摭言》等。所谓唐时"新进士不问科甲高下,唱名出皇城,则例喝状元","新进士例呼状元"之说仅见于葛氏所书。葛氏之依据乃郑谷为第八名进士,而诗云"耳边闻唤状元声"。今既明郑谷系郑合(敬)之误,而合敬为乾符二年状元,则葛氏所论可以不攻自破。

以上我们分别辨析了童先生《全唐诗续补遗》所录"郑谷逸诗"三首均欠允当,但这不是说,于郑谷已无佚诗可辑。据本人所见,有一首可确凿无误地断定为郑谷佚诗,另有二首,则尚待进一步考定。

按唐末五代人孙光宪,为僧齐己《白莲集序》,有云:

> 郑谷郎中与师(齐己)□□□□□□(笔者按:此六字当为诗题):"敲门谁访□,□客即□师,(笔者按,据诗意与平仄姑补阙字如下:敲门谁访我,来客即吾师。)应是逢新雪,高吟得好诗。格清无俗字,思苦有苍髭。讽味都忘倦,抛琴复舍棋。"其为诗家者流之称许也如此。(《全唐文》卷900,《四部丛刊·白莲集序》)

按齐己曾从郑谷习诗,《白莲集》中见存赠吊郑谷诗多达十余首。谷尝改齐己《早梅诗》"前村深雪里,昨夜数枝开"之"数"字为"一"字,齐己深为叹服。所谓"一字师"的典故,即出于此(事见《唐诗纪事》齐己条)。又孙光宪为郑谷同时稍后人,其为齐己集序所引谷诗,当属可信。

此外清同治《袁州府志》尚录有题作郑谷所作的《严塘经乱书事二首》,诗云:

　　　　尘生宫阙雾濛濛,万骑龙飞幸蜀中。野筑(一作在野)傅岩君不梦,乘轩卫懿鹤何功。虽知四海同盟久,未合中原武备空。星落夜原(一作原野)妖氛(一作气)满,汉家麟阁待英雄。(其一)

　　　　梁园皓色月如珪,清景伤时一惨凄。未见山前归牧马,犹闻江上滞(一作带)征鞞。鲲为鱼队潜鳞(一本作龙)困,鹤处鸡群病翅低。正是四郊多垒日,波涛早晚静鲸鲵。(其二)

按此二诗所称严塘在袁州分宜县东三十里(明正德《袁州府志》)。诗所云"万骑龙飞幸蜀中",系指黄巢克长安,唐僖宗奔蜀事。(唐代皇帝有二次避难蜀中,另一次为玄宗避安史之乱,但那次战火未及袁州。)从时间地点看,此诗与郑谷事迹大体上还符合。然而,明正德《袁州府志》未录此二诗,《全唐诗》卷667则以二诗为郑谷之兄郑启所作。至同治《袁州府志》及《宜春县志》又均移作郑谷诗,考虑到郑启不以诗名(《全唐诗》所收启诗仅三首,另一首《邓表山》),而郑谷诗散佚极多,所以《严塘》二首有两种可能:或者为郑启诗,同治《袁州府志》误作谷诗;或者确为郑谷佚诗,《全唐诗》误作郑启诗(《全唐诗》时代亦晚,不能排斥这种可能),而同治《袁州府志》及《宜春县志》根据当地材料移正为郑谷诗。情况究竟如何,未敢遽定,姑存于此,以待知者。

(本文原载于《文学遗产》1984 年第 3 期)

唐才子传·顾况传笺证

况字逋翁,苏州人。

此本《旧唐书》卷一三〇《李泌传》附《顾况传》所云"顾况者,苏州人";又《唐诗纪事》卷二八"况字逋翁,姑苏人"。二书又当据《皇甫持正文集》卷二《唐故著作佐郎顾况集序》所云"吴中山泉,气状英淑怪丽","君字逋翁,讳况"诸语。

按逋翁当为况晚年别字。检唐人有关况之诗文言及"逋翁"者如皇甫湜之集序、贯休《读顾况歌行》(《全唐诗》卷八二七)等,均作于况身后;而如刘长卿《过横山顾山人草堂》(《刘随州集》卷三)、皎然《送顾处士歌》(《全唐诗》卷八二一)等至德前后(时况年三十左右,参下)与况交往诗均未及"逋翁"字,况本人诗文亦未尝言及。

况更有别号华阳山人。况《湖州刺史厅壁记》(《全唐文》卷五二九)末署:"贞元十有五年十二月哉生魄,华阳山人顾况述。"又《欧阳文忠公集》卷一四三《集古录跋尾》曾载:"右《瘗鹤铭》,题云华阳真逸撰……华阳真逸是顾况道号,今不敢遂以为况者,碑无年月,不知何时,疑前后有人同斯号者也。"后世遂多以华阳真逸为况别号,至有以此名况集者(如元和江标影宋本《唐人五十家小集》有《华阳真逸诗》二卷,则宋世已如此)。然况之号华阳真逸,初不见于唐人诗文著录,《集古录跋尾》复有疑是之说,《瘗鹤铭》作者更迄今悬而未决,则况之号华阳真逸事,未可遽定。

况之籍贯亦尚可议。道光己亥岁黄鹤山庄本《顾华阳集》载况裔孙履成题卷首有云："古里云阳，共食祖德，继寓紫微，禅寂寺侧。"又载况裔孙正卿友人海盐沈孝徵万历癸丑岁集叙云："逸史称况尝求知新亭监，监在盐官海濒，后家于县南五十里之横山，有禅寂寺。"证之况《哭从兄萇》诗云："草木正摇落，哭兄鄱水湄。共居云阳里，轗轲多别离。人生倏忽间，旅衬飘若遗。"（《全唐诗》卷二六四）又《题元阳观旧读书房赠李范》诗（元阳观在丹阳茅山小茅岭，见《茅山志辑要》）有云："此观十年游，此房千里宿。还来旧窗下，更取君书读。"（《全唐诗》卷二六七）可知况祖籍当为润州丹阳（丹阳，汉曾名云阳，见《旧唐书》卷四〇《地理志》三。今江苏丹阳）。后以求知新亭监复迁居海盐（今浙江海盐）之横山（参胡震亨《海盐图经志》）。海盐，唐属江南东道苏州，见《旧唐书·地理志》三，故史之称况为苏州人，实为里居。至况诗自称，或举吴，如《别江南》之"汉将犹防房，吴官欲向秦"；或举越，如《送李秀才入京》之"君向长安余适越，独登秦望望秦川"。盖以横山地处唐苏州海盐与杭州盐官之交（参乾隆《苏州府志》《杭州府志》）诗中随律而称异耳。至《历代名画记》卷一〇称况为吴兴（今浙江吴兴）人，或以皎然《送顾处士歌》题下注"吴兴丘司议之女婿，即况也"所致，实未可为据。

　　诸书于况之生年均阙载，今考当在开元十五年（七二七）前后。按段成式《酉阳杂俎》卷一三："顾况丧一子，年十七。其子魂游，恍惚如梦，不离其家。顾悲伤不已，因作诗，吟之且哭。诗云：'老人丧一子，日暮泣成血。心逐断猿惊，迹随飞鸟灭。老人年七十，不作多时别。'（诗亦见《顾况诗集》卷一，题曰《伤子》）其子听之感恸，因自誓：'忽若作人，当再为顾家子。'经日，如被人执至一处，若县吏者，断令托生顾家，复都无所知。忽觉心醒，开目认其屋宇，兄弟亲爱满侧，唯语不得……即进士顾非熊。成式常访之，涕泣为成式言。"按段氏所载，看似荒诞不经，实当为况七十得子，事属罕见，遂托附于鬼神之意尔。故况之生年可由非熊生年推出。检本书卷七

《顾非熊传》载非熊"会昌五年(八四五)谏议大夫陈商放榜。初,上洽闻非熊诗价,至是怪其不第,敕有司进所试文章,追榜放令及第"。同卷《孟迟传》载迟"会昌五年易重榜进士,情与顾非熊甚相得,且同年。"徐松《登科记考》卷二二仍上说(按《唐摭言》卷八,《唐诗纪事》卷六三记况长庆中及第,均非,见附考一)。又刘得仁《贺顾非熊及第其年内索文章》(《全唐诗》卷五四四)诗云:"愚为童稚时,已解念君诗。及得高科晚,须逢圣主知。"项斯《送顾非熊及第归茅山》(同上卷五五四)诗云:"吟诗三十载,成此一名难。自有恩门人,全无帝里欢。"则知非熊之初应举,当由会昌五年上推三十年左右,为元和十一年(八一六)前后。又非熊《冬日寄蔡先辈校书京》(同上卷五〇九)诗云"弱冠下茅岭,中年道不行",知非熊初应举为二十岁左右,则其生年当由元和十一年上推,为贞元十三年(七九七)前后,是年况七十,则况之生年当为开元十五载(七五七)前后(以上七十、三十、二十均可能举成数言)。

至德二年,天子幸蜀,江东侍郎李希言下进士。

况之登第年《旧唐书》本传不载。按况《戴氏广异记序》(《全唐文》卷五二八)云:"谯郡戴君孚,幽赜最深……至德初,天下肇乱,况始与同登一科。"据《旧唐书》卷一〇《肃宗纪》载,至德凡三载(七五六—七五八)。天宝十五载七月甲子肃宗即位于灵武,改至德元载,是时春试已过(徐松《登科记考》卷一〇载天宝十五载试赋题为《东郊迎春赋》);至德三载二月丁未(初五)改乾元元年(七五八),则又不当言"初"。故况序所言"至德初",以二载为近是。《郡斋读书志》卷四上别集类记况"至德二年江东进士",《直斋书录解题》卷一九诗集类上亦云"至德二载进士",当为辛氏所本。

天子幸蜀,乃指安史之乱,玄宗出奔,于至德元载七月庚辰至蜀郡(《旧唐书·玄宗纪》)。次年科试以兵马阻断,诏于数地分别进行。《新唐书》卷一二〇《崔玄暐传》附子涣传:"肃宗立,与韦见素同赴行在。时京师未复,举选不至,诏涣为江淮宣谕选补使,收采遗逸。"况《送宣歙李衙推八郎使东都序》(《全唐文》卷五二九)云:"天宝末,安禄山反,天子去蜀,多士奔吴为入海。帝命乃祖掌乎春宫,介珪建侯,统江表四十余郡。雷行蛰动,时况摇笔获登龙门。"又《会稽掇英总集》卷一八《唐太守题名》载:"崔寓:至德二年自江夏郡太守授,其年六月改给事中。李希言:自礼部侍郎兼苏州刺史充节度采访使,转梁州刺史。"《嘉泰会稽志》卷二《太守题名》所记略同,唯明言希言自礼部侍郎授浙东为乾元元年。是知希言至德二载春,正以礼部侍郎为苏州刺史。参况上序,知况之座师必为"江东侍郎"李希言。

据前考况之生年推之,况及第之年当为三十岁左右。前此,况之行事,未可详考,兹粗举其关乎嗣后出处创作之大节数端。

张继《送顾况觐叔父》(《全唐诗》卷二四二)诗云:"吴乡岁贡足嘉宾,后进之中见此人。"参前举沈孝征《集叙》称况求知新亭监,后家于盐官县南五十里之横山,可知况求知新亭监并由丹阳南迁杭州(或苏州)在三十岁登第前,并可知已与前辈诗人张继交游。

皎然《送顾处士歌》(《全唐诗》卷八二一)题下注"吴兴丘司议之女聟,即况也",诗云"谢氏檀郎亦可俦,道情还似我家流"。可知时况已结褵吴兴丘氏,而据"檀郎"云云,当在三十岁前也。刘长卿有《过横山顾山人草堂》(《刘随州集》卷三)诗。长卿又有《至德三年春正月时谬蒙差摄海盐令闻王师收二京因书事寄上浙西节度使李侍郎中丞行营五十韵》,又据傅璇琮《唐代诗人丛考·刘长卿事迹考辨》知至德三载二月丁未(初五)改元乾元,大赦天下前长卿已因事陷狱,而其过顾诗云:"人来千嶂外,犬吠百花中。细草香飘雨,垂杨闲卧风。"已是盛春景象,则知刘、顾之交亦当在至德二年春前。

顾况《虎丘西寺经藏碑》(《全唐文》卷五三〇)有云:"山中塔庙,叔父有功。叔讳七觉,字惟旧,容相端静……况受经于叔父,根钝智短,曾不得乎少分。至德三年,示终本山。"至德三载仅一月余,知况三十岁前,即受佛经于其叔七觉。况《题元阳观旧读书房赠李范》(《全唐诗》卷二六七)有云"此观十年游,此房千里宿"。据《茅山志辑要》,元阳观在茅山小茅岭,知况迁盐官前曾借读于道观十年,则必多受道家影响。

况三十岁左右登第前于儒学外出入释老二氏,且多交有声于东南之名诗人、诗僧,于其一生出处创作关系甚钜,故特为表出之。

善为歌诗,性诙谑,不修检操,工画山水。

此据《旧唐书》本传:"能为歌诗,性诙谐,虽王公之贵与之交者必戏侮之;然以嘲诮能文,人多狎之。"《历代名画记》卷一〇:"顾况……不修检操,颇好诗咏,善画山水。"

况之以歌诗见长,唐人已多论及。皇甫湜《集序》称:"吴中山泉,气状英淑怪丽;太湖异石,洞庭朱实,华亭清唳,与虎丘、天竺诸佛寺,钩绵秀绝。君出其中间,翕轻清以为性,结冷汰以为质,煦鲜容以为词。偏于逸歌长句,骏发踔厉,往往若穿天心出月胁,意外惊人语非寻常所能及,最为快也。李白杜甫已死,非君将谁与哉?"又如贯休《读顾况歌行》(《全唐诗》卷八二七)曰:"忽睹逋翁一轴歌,始觉诗魔辜负我。花飞飞,雪霏霏,三珠树晓珠累累。妖狐爬出西子骨,雷车拶破织女机……庾翼未伏王右军,李白不知谁拟杀。"

况放荡善谑,多见唐人稗史,如《云溪友议》卷一一:"顾著作(况),吴越人也。朝英慕其机捷,竞嘲之,乃谓南金复生中土也。每在班行,不妄言笑。贺知章曰:钣镂银盘盛蛤蜊,镜湖莼菜乱如丝。乡曲近来佳此味,遮渠不道是吴儿。顾况和曰:钣镂银盘盛炒虾,镜湖莼菜乱如麻。汉儿女嫁吴儿妇,吴儿尽是汉儿爷。"此类当为史传所本。

皎然《送顾处士歌》云:"醉书在箧称绝伦,神画开厨怕飞出。"《太平广记》卷二一三引《尚书故实》:"唐顾况字逋翁,文词之暇,兼攻小笔。尝求知新亭监。人或诘之,谓曰'余要写貌海中山耳',仍辟画者王默为副。"（按《历代名画记》卷一〇所记略异，以写貌句为王默语）因知况早年即工书画。《历代名画记》更记其"有《画评》一篇。"况之画风狂放可与其歌诗"骏发踔厉"相印证。《封氏闻见记》卷五《图画》记曰："每画，先贴绢数十幅于地，乃研墨汁及调诸采色各贮一器，使数十人吹角击鼓，百人齐声啸叫。顾子着锦袄锦缠头，饮酒半酣，绕绢帖走十余匝，取墨汁摊写于绢上，次写诸色，乃以长巾一，一头覆于所写之处，使人坐压，已执巾角而曳之。回环既遍，然后以笔墨随势开决为峰峦岛屿之状。"

按皇甫湜《集序》称"其为人类其词章"。辛氏于叙况仕历前，先表其气质，颇具只眼。清人查世沣《重刻顾华阳集序》称况："正孔门中狂者，故自称狂生。"正中肯要。

初为韩晋公江南判官。

皇甫湜《集序》："尝从韩晋公于江南为判官，骤成其磊落绩。"《历代名画记》卷十："初为韩晋公江南判官。"是辛氏所本，原缺"公"字，今据补。

按《全唐诗》卷二六七载顾况有《奉和韩晋公晦日呈诸判官》诗可证。韩晋公，即韩滉。《通鉴》卷二二七载，建中二年（七八一）"六月庚寅，以浙江东西观察使、苏州刺史韩滉为润州刺史、浙江东西节度使，名其军曰镇海"。又《旧唐书》卷一二九《韩滉传》载滉于"贞元元年（七八六）七月，拜检校左仆射、同平章事，使如故；二年春，特封晋国公……贞元三年（七八八）二月，以疾薨"。参况上诗及其《上高祖受命造唐赋表》（《全唐文》卷五二八）"滉先朝露，臣复故山，陛下拔臣"诸语，知况为韩滉判官当始于建中二年之后，止于贞元三年二月。其《韩滉行状》（《全唐文》卷五三〇）末署"……晋国公韩公故吏将仕郎前大理司直顾况谨上"，是当为况在韩幕所领省衔及散位阶次。

况至德二载登第至建中二年或稍后入韩幕前，十余年间行止未可详考。其确有史实可按者为以下二事。

《旧唐书》卷一三〇《李泌传》云:"初,泌流放江南,与柳浑、顾况为人外之交,吟咏自适。"又云:"元载辅政,恶其异己,因江南道观察都团练使魏少游奏求参佐,称泌有才,拜检校秘书少监,充江南西道判官,幸其出也。寻改为检校郎中,依前判官。元载诛,乃驰传入谒,上见悦之。"同书卷一二五《柳浑传》:"大历初,魏少游镇江西,奏署判官,累授检校司封郎中……及路嗣恭领镇,复以为都团练副使,十二年(七七七)拜袁州刺史。"按,据同书卷一一五《魏少游传》,少游乃于大历二年(七六七)为洪州刺史,充江南西道都团练观察使。六年(七七一)卒于任。又元载为相始自宝应元年(七六二)五月,至大历十二年三月以罪下狱赐自尽。则李、柳同在江南西道为大历二年至十二年,此间况当曾至江西,从二人游。而据下考,又当在大历二年至六年之间也。史载柳浑"性放旷,不甚检束","警辨,好谐谑放达,与人交,豁然无隐",李泌"放旷敏辩,好大言",尤好谈"神仙诡道,或云尝与赤松子、王乔、安期、羡门游处"。然二人又均说直敢谏,"有王佐才"。其于况之出入二氏而为"孔门之狂者",亦必具影响。

大历初,尚在苏湖。按《全唐诗·联句》有韩章、清昼(皎然)、顾况《送昼公联句》。韩章,京兆长安人(乾隆《丹阳县志·职官》),曾任湖州武康令(乾隆《湖州府志·职官》)。皎然另有《云溪馆送韩明府章辞满归》诗(《杼山集》卷四),有云"惠爱三年积,轩车一夜远"。知韩章任武康令为一任三年。又《吴兴金石记》卷三记韩章大历五年有《大慈寺钟记》,六年有《天宁寺建功德碑》,则知章之为武康令必在大历四至六年(七六九—七七一)或五至七年(七七〇—七七二)。况大历六年已至温州协办盐务(见下考),则与皎然、韩章联句当在大历四、五年(七六九—七七〇)之间。盖况为吴兴丘司议婿,当常往湖州也。按大历年间,皎然、陆羽等在湖州组诗会,联句为其活动形式之一(参本书皎然传笺证),况与皎、韩联句,复可见其与东南诗人集团之重要联系。

　　大历中,况尝于江南为某盐铁转运支使属吏。按况《仙游记》
(《全唐文》卷五二九)云:"温州人李庭等,大历六年入山斫树,迷不
知路,忽到一处,约在瓯闽之间,云古莽然之墟。"《莽墟赋》(同上卷
五二八)又云:"大历迷者至莽然之墟也。"《祭陆端公文》(同上卷五
三〇)云:"维大历八年正月朔,同乡顾况于永嘉发使。"《释祀篇》
(同上卷五二九)云:"龙在甲寅(按大历九年),永嘉大水,损盐田。
温人曰:请陈牲豆,备嘉乐,祀海龙,拣辰告庙,拜如常度。况曰不
可。"《祭裴尚书文》(同上卷五三〇)云:"天祸瓯邦,尚书告薨。"又
云"上官命况,粜盐蛟室"。据以上诸文可知大历六至九年(七七
一——七七四)况均在永嘉操备盐务,当属江南某盐铁转运支使。

　　**德宗时,柳浑辅政,荐为秘书郎。况素善于李泌,遂师事之,得
其服气之法,能终日不食。及泌相,自谓当得达官,久之,迁著
作郎。**

　　此据《旧唐书》本传:"柳浑辅政,以校书郎征。复遇李泌继入,
自谓己知秉枢要,当得达官。久之方迁著作郎。"《唐诗纪事》卷二
八所记略同。

　　按《旧唐书》卷一二五《柳浑传》:"贞元二年,拜兵部侍郎,封宣
城县伯。三年正月,加同平章事,仍判门下省。"同书卷一二《德宗
纪》上:"(贞元三年八月)己丑,以兵部侍郎、平章事柳浑为散骑常
侍,罢知政事。"又况《韩滉行状》(《全唐文》卷五三〇)署:"贞元三
年闰五月十八日,故金紫光禄大夫、检校尚书左仆射、同中书门下
平章事、晋国公韩公故吏将仕郎前大理寺司直顾况谨上。"又参《上
高祖受命造唐赋表》所云"滉先朝露,臣复故山,陛下拔臣"云云,知
况乃于贞元三年(七八七)二月韩滉卒后,一度归山,至闰五月十八
日稍前有校书郎之征,而其实授又当在十八日稍后。

　　《旧唐书·德宗纪》上又载,贞元三年六月丙戌"以陕虢观察使
李泌为中书侍郎、平章事"。《德宗纪》下载:贞元五年(七八九)"三
月甲辰,中书侍郎、同平章事李泌卒"。则况由校书郎迁著作郎当

在三年六月至五年三月之间。

　　史之言况"迁著作郎",犹有可议处。贞元十六年况《宛陵公署记》(《全唐文》卷五二九)末署,"庚辰年正月下旬日前秘书著作郎顾况记",固与史合,然次年况《嘉兴监记》(同上)则署:"前秘书省著作佐郎顾况。"而皇甫湜《集序》既题《唐故著作佐郎顾况集序》,又记其"入佐著作,不能慕顺,为众所排"。按著作郎、佐郎均为秘书省著作局属官,官品分别为从五品上及从六品上(《旧唐书·职官志》二),微有区别。考校排比前述异同,更虑及皇甫湜序乃应况子非熊所撰,题与文更相合,不应有误,则以著作佐郎为近是。《宛陵公署记》所署,或刊刻时夺"佐"字,至史之所云,或误记湜序"入佐著作"语为"入为著作"所致。

　　况任职秘省时居长安宣平里(详后)。

　　况在秘省广交诗友,其尤可记者除李泌、柳浑而外,有:

　　包佶,吴中四士之一包融子,时任国子祭酒、秘书监。《全唐诗》卷二○五有佶《顾著作宅赋诗》,有云,"各在芸台阁里,烦君日日登车"。后况谪居饶州后更有《寄秘书包监》诗(《全唐诗》卷二六七),佶有《酬顾况见寄诗》答之。

　　刘太真,况之从表兄(见《全唐文》卷五二八况《刘府君集序》),宣州人,萧颖士入室弟子,时任礼部侍郎(《旧唐书·德宗纪》下、《唐诗纪事》二八),贞元四年(七八八)九月德宗赐宴曲江,群臣和帝重阳赐宴诗,太真与李纾诗并列上等。太真《顾著作宣平里赋诗序》(《全唐文》卷三九五)记当时盛会,与者有"前相国宜城伯(柳浑),夏官卿博陵公陈蓬州,藏用上人"诸人,"乃赋六言诗以纪会,既明日,属文之士,翕然而和之","举国传览,以为盛观"。可见当时影响于一斑。后太真贬信州,况继谪饶州,二人更有唱和。况有《酬信州刘侍郎兄》《奉酬刘侍郎》诗(《全唐诗》卷二六四)。太真有《顾十二况左迁过韦苏州房杭州韦睦州三使君皆有郡中燕集诗辞章高丽鄙夫之所仰慕顾生既至留连笑语因亦成篇以继三君子之风焉》诗(同上卷二五二)。并附记于此。

《幽闲鼓吹》、《唐摭言》卷七《知己》并载况居长安时,白居易以《赋得原上草送友人》诗谒之,事在疑似间,辨见附考二。

及泌卒,作《海鸥咏》嘲诮权贵,大为所嫉,被宪劾贬饶州司户,作诗曰:"万里飞来为客鸟,曾蒙丹凤借枝柯。一朝凤去梧桐死,满目鸥鸢奈尔何!"遂全家去,隐茅山,炼金拜斗,身轻如羽。

皇甫湜《集序》云:"入佐著作,不能慕顺,为众所排,为江南郡丞。累岁脱糜,无复北意。起屋于茅山,意飘然若将续古三仙。"《历代名画记》卷一〇:"入为著作佐郎,久次不迁,乃嘲诮宰相,为宪司所劾,贞元五年,贬饶州司户。居茅山,以寿终。"《旧唐书》本传曰:"久之方迁著作郎,况心不乐,求归于吴,而班列群官咸有侮玩之目,皆恶嫉之。及泌卒,不哭,而有调笑之言,为宪司所劾,贬饶州司户。"《唐诗纪事》卷二八:"久之迁著作郎。况坐诗语调谑,贬饶州司户。居于茅山。以寿九十卒。"辛氏当增删移易以上诸数书而云云,实有所未谛。上引数则,至"贬饶州司户"下当句断,以下另述一事。辛氏以之连读,故云"遂全家去,隐茅山",则似况未曾至饶州任,非也。《全唐诗》卷二六四况《从江西至彭蠡入浙西淮南界道中寄齐相公》诗有云"数年鄱阳掾,抱责栖微躬"句。饶州即隋鄱阳郡,唐饶州州治即在鄱阳(《旧唐书·地理志》三)。知况确曾贬饶数年。又况《同裴观察东湖望山歌》(《全唐诗》卷二六五)所述地名夜光潭、风雨坛、徐孺宅、洪崖井、东湖、西山,均洪州周围山水。裴观察,指裴胄。《旧唐书·德宗纪》下载,贞元七年正月"庚辰,以湖南观察使裴胄为洪州刺史、江西观察使"。贞元八年二月"戊子,以江西观察使裴胄为江陵尹,荆南节度使"。因知况贞元七、八年间正在江西。况《寄秘书包监》诗(《全唐诗》卷二六七)云:"一别长安路几千,遥知旧日主人怜。贾生只是三年谪,独自无才已四年。"秘书包监即包佶(参前),诗云贬谪已四年,按《历代名画记》载况贞元五年谪饶州,至八年,正四年也。况诗文可证其实至饶州者甚多,不枚举。

今更论况之贬饶起迄时间。《旧唐书·德宗纪》下载柳浑卒于贞元五年(七八九)二月丁卯,李泌卒于同年三月甲辰。刘太真则于同年三月丙寅由礼部侍郎贬信州刺史。据况有《送柳宜城葬》诗(《全唐诗》卷二六七)、《海鸥咏》诗(见前)、《酬信州刘侍郎兄》诗(同上卷二六四),则知况贞元五年二、三月间尚在长安,其贬当在三月丙寅刘太真之贬后。《全唐文》卷五二九有况《宋州刺史厅壁记》,末署"贞元五年四月十九日记",则知况之去长安当在三月末、四月初。又据况《奉同郎中使君郡斋雨中宴集之什》(《韦苏州集》卷一韦应物《郡斋雨中与诸文士宴集》诗后附,《全唐诗》卷二六四作《酬本部韦左司》)下注"州民朝议郎行饶州司士参军员外置同正员顾况"云云,及韦原唱"海上风雨至,逍遥池阁凉,烦疴近消散,嘉宾复满堂"句,知夏日抵苏州。况又有《酬房杭州》诗(房杭州,房孺复,韦应物刺苏时任杭州刺史,见白居易《吴郡诗石记》),有句"荷花十里香",则知五、六月间至杭。更有《酬信州刘侍郎兄》《奉酬刘侍郎》二诗(《全唐诗》卷二六四),后诗云"几回新秋影,壁满蟾又缺……暂伴憔悴人,归华耿不灭",则于七月至信州。信、饶邻近,知况实到饶州已为贞元五年秋日。

况《饶州刺史赵郡李府君墓志铭》(《全唐文》卷五三〇)有云:"贞元八年(七九〇)秋七月终于郡署,年六十一。明年八月庚申,窆于凤山之东原。"是为况在饶可考见时日之又一文。况又有《从江西至彭蠡入浙西淮南界道中寄齐相公》诗(《全唐诗》卷二六四)。齐相公,为齐映。据《旧唐书·德宗纪》,映于贞元二年(七八六)正月壬寅守本官、同中书门下平章事。贞元八年七月甲寅朔为洪州刺史、江西观察使,十一年七月卒于任。据此诗题及"数年鄱阳掾,抱责栖微躬","朝行楚水阴,夕宿吴洲东"等句,知况此行必为由饶州经洪州入彭蠡湖复入浙西淮南交界处,更取长江水路东下入吴。如此,则中途必经滁州。况《龙宫操》诗(《全唐诗》卷二六五)题下

注：“顾况曰‘壬子、癸丑二年大水，时在滁’，盖大历中也。”玩注文意为后人所加，而“壬子、癸丑二年，时在滁”则为注者所引况言（原文今佚）。然壬子、癸丑二年为大历七、八年，时况在永嘉（见前笺）。参况《在滁苦雨归桃花崦伤亲友略尽》诗（《全唐诗》卷二六四）诗题所云“苦雨”、“桃花崦”（在茅山小茅岭北，见《茅山志辑要》第三七页）及“废弃忝残生，后来亦先夭”句，可知壬子、癸丑，当为壬申、癸酉之误，乃贞元八、九年。贞元八年河南、河北、山南、江淮大水，漂溺死者二万余人，见《旧唐书·德宗纪》下，贞元九年八月前后大水，见权德舆《论江淮水灾上疏》（《全唐文》卷四八六）。而况《寄齐相公》诗亦有“比屋除畏溺”句，如此均可为上说佐证。故可知况之去饶必为贞元九年（七九一）秋作《李府君墓志》略后（上考详参《苏州大学学报》一九八四年一期赵昌平《关于顾况生平的若干问题》）。

　　况由滁州至茅山受道箓，其《崦里桃花》诗有云：“崦里桃花逢女冠，林间杏叶落仙坛。老人方授上清箓，夜听步虚山月寒。”（《全唐诗》卷二六七）。又韦夏卿有《送顾况归茅山》诗，诗中自注“时著作已受上清毕法”（《全唐诗》卷二七二）。按韦夏卿《东山记》（《全唐文》卷四三八）有云：“贞元八年，余出守是邦（常州），迨今四载。”知贞元八年至十一年间韦在常州。合前考，并韦送顾诗“圣代为迁客，虚皇作近臣”句，知况之受箓当在九年秋由饶州归吴时或稍后，时年已近七十，故自称“老人”。

　　况之由京贬饶而终于不得复调，史谓以“侮玩”、“调笑”所致，而辛氏大体本此说，谓作《海鸥咏》嘲诮权贵所致。似未为探本之论。辛引《海鸥咏》见存《全唐诗》卷二六七。玩诗意，为柳、李卒后作无疑。然丹凤、鸥鸢之喻实非调谑、嘲诮之所可尽概。据两《唐书》李、柳本传及《通鉴》卷二三二、二三三所载，两人均谠直敢谏，屡遭排斥。贞元三年先后入相后，李又以反对立白起庙、弹劾权奸卢杞诸事，拂逆德宗，开罪贵幸。柳则初以谏阻任用“善伺候上意”

之白志贞任果州,不从而致仕,继以拒绝权相张延赏之笼络,答曰:"浑头可断,言不可禁也",而为张所挤。故李、柳谢世,顾之遭贬,势在必然。玩《海鸥咏》题意,况已有远扬之意,皇甫湜《集序》云"不能慕顺,为众所排",正得其实。

况暮年一子即亡,追悼哀切,吟曰:"老人丧爱子,日暮泣成血。老人年七十,不作多时别。"其年又生一子,名非熊,三岁始言,在冥漠中闻父吟苦,不忍,乃来复生。

此本《酉阳杂俎》卷一三,略见前生年考,如云"三岁始言",《酉阳杂俎》则谓"七岁"始言。转生事,当由况七十生非熊附会。

非熊后及第,自长安归庆,已不知况所在,或云得长生诀仙去矣。

（本文原载于《唐才子传校笺》第一册,中华书局 1987 年版）

唐才子传·皎然传笺证

皎然字清昼,吴兴人。俗姓谢,宋灵运之十世孙也。

此本于頔《吴兴昼上人集序》(《全唐文》五四四):"吴兴开士释皎然,字清昼,即康乐之十世孙。"宋赞宁《宋高僧传》三集卷二九《唐湖州杼山皎然传》(以下称《僧传》。按《全唐文》卷九一九有唐释福琳《唐湖州杼山皎然传》,文字全同《僧传》,或《僧传》全录福琳文或福琳文为伪托,故本文均引《僧传》):"释皎然,名昼,姓谢氏,长城人,康乐侯十世孙也。"《唐诗纪事》卷七三《皎然》条:"姓谢,字清昼,吴兴人,灵运十世孙。"按吴兴即湖州,长城为其属县,见《元和郡县图志》卷二五《江南道》一。

以上诸书记皎然名、字颇有歧异。今检《全唐诗》所录赠、吊皎然诗者凡十数章,有称其皎然者,如李端《送皎然上人归山》(卷六五),有称其昼上人及昼公者,如秦系《奉寄昼公》(卷二六〇)、孟郊《答昼上人止谗作》(卷三七八)。但皆未见以清昼称之者。又皎然以昼自称,如《皎然集》卷九《赠李舍人使君书》有云"昼迹在空林","昼性野思拙机浅",则知昼为其法名。赞宁《僧传》卷一四《唐杭州天竺山灵隐寺守直传》又云守直"临坛度人多矣。显名者洞庭辩秀,湖州皎然、惠普、道庄,会稽清江、清源⋯⋯"知守直门下有以"清"字行者。《因话录》卷四云:"江南多名僧,贞元、元和以来,越州有清江、清昼,婺州有乾俊、乾辅,时谓之会稽二清,东阳二乾。"则皎然剃度之初当名昼,字清昼。皎然之称,则为别名或别字,嗣后别名（字）大显，本字反为时人所少称，唯后人笔记著录则仍多沿用。此说可从《唐语林》卷三窥其端倪，有云："吴兴僧昼一，字皎然，工律诗。"（下文又三出"昼一"之称）《语林》此条前见《因话录》卷四："吴兴僧昼，字皎然，工律诗。"则知《语林》当时所据之《因话录》（或同类著作），当有记载为："吴兴僧昼，一字皎然。"《语林》以"一"字属上读，盖误。"一字"者，别字也。故辛氏此条实当书为："皎然，俗姓谢，法名昼，字清昼，一字（名）皎然。"唐、宋人称皎然尚有"皎公"、"雪昼"诸称，雪者，湖州之雪溪。按晚唐五代又有名皎然者，为福州长生寺僧，为雪峰门人，见《景德传灯录》卷一八、《五灯会元》卷七，时人亦多有诗赠之，与大历时之皎然为另一人。

皎然之为谢康乐后裔，见其《述祖德赠湖上诸沈》诗（《皎然集》卷七），云："我祖文章有盛名，千年海内重嘉声。雪飞梁苑操奇赋（原注：梁苑出惠连公《雪赋》），春发池塘得佳句（原注：康乐云《池上楼》诗，梦惠连，方得'池塘生芳草'之句）。世业相承及我身，风流自谓过时人。"是当为诸书之所本。按皎然一身极推乃祖，其《诗式》卷一，以灵运诗为"文章宗旨"之典范。治皎然诗论创作，当由此窥入。

皎然之生年向无记述，今考之如下：《诗式·中序》云："（贞元）五年夏五月，会前御史中丞李公洪自河北负谴，遇恩再移为湖州长史。"又《皎然集》卷七《观李中丞洪二美人唱歌轧筝歌》下注："时量移湖州长史。"卷一《赠李中丞洪》云："天子狩南汉，烟尘满函谷。纯臣独耿介，下士多反覆……见说金被烁，终期玉有瑜。移官万里道，君子情何如。伊昔避事心，乃是方袍客。顿了空王旨，仍高致君策。安知七十年，一朝值宗伯。言如及清风，醒然开我怀。"二诗所称李洪官衔与《中序》同。"天子狩南汉"，指兴元元年（七八四）二月德宗因李希烈、李怀光、朱泚之乱由奉天奔梁州（今陕西汉中市）（上年由京师奔奉天，今陕西乾县），事见《旧唐书·德宗纪》上。梁州，古汉中郡，南郑为其首县，故称南汉。据此可知李洪兴元后遭谗外贬,至遇恩再移为湖州长史,当有数年之隔。《通鉴》唐纪四九:"(贞元)四年春,正月,庚戌朔,赦天下。"似当于此时初次量移,而于《中序》所称之贞元五年夏五月遇恩再移为湖州长史。《中序》又云"初与相见,未交一言,恼然神合",而《赠李中丞洪》诗,既历举李洪功迹遭遇,复有"安知七十年,一朝值宗伯"语,亦必为贞元五年(七八九)初遇李洪时作,是年皎然"七十年",逆推之当生于玄宗开元八年(七二〇)。以七十或为举成数言,故以开元八年前后生为稳妥。

又今存《诗式》一卷本《中序》以下未录,然陆心源《十万卷楼丛书》本收有五卷足本,与《新唐书·艺文志》《直斋书录解题》所记同。按《僧传》述皎然与李洪讨论《诗式》事,与今本《中序》文字仅稍有出入,当据《中序》录出,由此知今存五卷本《诗式》不伪,而上考生年亦可征信。

初入道,肄业杼山,与灵彻、陆羽同居妙喜寺。羽于寺傍创亭,以癸丑岁癸卯朔癸亥日落成,湖州刺史颜真卿名以"三癸",皎然赋诗,时称"三绝"。真卿尝于郡斋集文士撰《韵海镜源》[1],预其论著[2],至是声价藉甚[3]。

《皎然集》卷三有《奉和颜使君真卿与陆处士羽登妙喜寺三癸亭》诗,下注"即陆生所创"。诗之首四句云:"秋意西山多,列岑萦左次。缮亭历三癸(注:三癸以癸丑岁、癸卯朔、癸亥日立),疏趾邻什寺。"又按《颜鲁公文集》卷四《湖州乌程县杼山妙喜寺碑》:"州西南杼山之阳有妙喜寺者……有处士竟陵子陆羽《杼山记》所载如此(按指妙喜寺周围名胜),其台殿廊庑建立年代并具于记中。大历七年,……殿中侍御史袁君高巡部至州,会于此上。真卿遂立亭于

---

〔1〕 韵海镜源 "镜"字原作"敬",从《四库》本改。按《新唐书》卷六〇《艺文志》四"皎然诗集十卷"附注作"韵海镜源"。

〔2〕 预其论著 《四库》本"预"作"与"。

〔3〕 至是声价藉甚 《四库》本"至"作"由"。

东南。陆处士以癸丑岁冬十月癸卯朔二十一日癸亥建,因名之曰
三癸亭。"是当为辛氏记三癸亭事所本。然据颜记,亭为真卿所建,
名之者,陆羽也。皎然诗题下注当为后人所加,辛氏似仍其讹。

　　皎然预《韵海镜源》修撰事见《僧传》:"相国于公頔、颜鲁公真
卿命裨赞《韵海》二十余卷。"今检《皎然集》卷三有《奉和颜使君真
卿修韵海毕会诸文士东堂重校》《奉和颜使君真卿修韵海毕州中重
宴》《春日陪颜使君真卿皇甫曾西亭重会韵海诸生》等诗,并未显言
身与此书修撰。又鲁公《妙喜寺碑》文中详述《韵海镜源》修述过
程,又列举预修僧俗人名,亦无皎然。唯文末云:"时杼山大德僧皎
然工于文什,惠达灵晔,昧于禅诵。相与言曰:'昔庐山东林,谢客
有遗民之会;襄阳南岘,羊公流润甫之词。况乎兹山深邃,群士响
集,若无记述,何以示将来?'乃左顾以求蒙,俾记词而藏事。"则赞
宁、辛氏云皎然"预其论著",似亦误解碑文及皎然诗之本意。至云
"相国于公頔"云云,更误,盖于頔之刺湖为贞元八年至十年,时《韵
海》早竣事,鲁公亦已去世多年(详下)。

　　三癸亭事为大历八年(癸丑,七七三),见前,《韵海镜源》撰成
为大历九年(七七四),见《颜鲁公文集》附宋留元刚《年谱》(鲁公献
是书为大历十二年十一月,见《旧唐书·代宗纪》),据上所考生年
推之,是时皎然已五十四五岁。前此事迹,辛氏均略,而他书亦无
明确记载,今考其大端如次。

　　关于皎然之皈依空门,今人多以其自幼出家,实非。《皎然集》
卷一《妙喜寺达公禅斋寄李司直公孙房都曹德裕从事方舟颜武康
士骈四十二韵》诗云:"我祖传六经,精义思朝彻。方舟颇周览,逸
书亦备阅。墨家伤刻薄,儒氏知优劣。弱植庶可雕,苦心未尝辍。
中年慕仙术,永愿传其诀。岁驻若木影,日餐琼禾屑。婵娟羡门
子,斯语岂徒设。天上生白榆,葳蕤信好折。实可返柔颜,花堪养
玄发。求之性分外,业弃金亦竭。药化成白云,形雕辞素穴。一闻
西天旨,初禅已无热。涓子非我宗,然公有真诀。却寻丘壑趣,始

与缨绂别。"卷二《述祖德赠湖上诸沈》诗云:"世业相承及我身,风流自谓过时人。初看甲乙矜言语,对客偏能鸲鹆舞。饱用黄金无所求,长裾曳地干王侯。一朝金尽长裾裂,吾道不行计应拙。岁晚高歌悲苦寒,空堂危坐百忧攒。"据此二诗,可知皎然早年杂学旁收而出入儒墨,并曾干谒侯门,放荡清狂。"中年慕仙术",求道访仙,着意丹铅。学仙不成,方皈依空王,已届中年之后。

又集卷二《早春书怀寄李少府仲宣诗》云:"早年初问法,因悟目中花。忽值胡雏起,芟夷若乱麻。脱身投彼岸,吊影念生涯。迹与空门合,心将世路赊。"同卷《答李侍御问》云:"入道曾经离乱前,长干古寺住多年。"更检《僧传》有云皎然"幼负异材,性与道合,初脱羁绊,渐加削染,登戒于灵隐戒坛守直律师"。《皎然集》卷八《唐杭州灵隐山天竺寺故大和尚塔铭》则云:"大师生缘钱唐范氏,讳守直(原误作"真",据赞宁《僧传·守直传》足正),字道坚(原倒作"坚道",据同书乙正)……后移籍天竺,住灵隐峰,时大历二年也。至五年三月,寓于龙兴净土院。……以此月二十九日告终于兹地。……昼之身戒,亦忝门人。"据此又可知,皎然虽曾早年问法,而其皈依佛氏在安史之乱前后,而其守具足戒则在大历二年(七六七)至五年(七七〇)三月之间。又集卷二《苕溪草堂自大历三年夏新营洎秋及春弥觉境胜因纪其事简潘丞述汤评事衡四十三韵》诗有云:"万虑皆可遗,爱山情不易。自从东溪住,始与人群隔。应物非宿心,遗身是吾策。先民崆峒子,沦景事金液。绮里犹近名,于陵未泯迹。吾师逆流教,禅隐殊古昔。"则知大历三年夏皎然已自天竺(杭州)返湖州,于苕溪营建草堂,开始禅隐,则其受戒又必在大历二年(七六七)至三年(七六八)夏之间,时年四十九或五十岁。

兹更略述皎然受戒前后行事:

《全唐诗》卷八二〇载皎然《晨登乐游原望终南积雪》诗,参前考皎然早年曾"长裾曳地干王侯"事,似早年曾游长安。此诗江安傅氏双鉴楼藏影宋精钞本《皎然集》未载,然《文苑英华》卷一五五作皎然诗，当可信。

集卷三有《吊灵均词》，云"昧天道兮有无，听汩渚兮踌躇"，知在湖南作。集卷四有《舂陵登望》诗（傅本未载），舂陵在湖南零陵，则其行踪又曾至湘南。大历八、九年后，皎然行迹历历可考，均未涉湖南事，游湘当在早年时。《吊灵均词》一仍儒家思想，亦可证此时尚未皈依释氏。

集卷六《读张曲江集》有云："帝命镇雄州，待济寄上流。才兼荆衡秀，气助潇湘秋。"而终篇未及张曲江谢世事，似作于开元二十五年曲江贬荆州长史后，开元二十八年曲江去世前（曲江事见《旧唐书》本传），时皎然年二十一至二十四，此为其可考见年代之第一诗，而诗中极推曲江云："相公乃天启，人文佐生成。立程正颓靡，绎思何纵横。春杼弄细绮，阳林敷玉英。飘然飞动姿，邈矣高简情。后辈惊失步，前修敢争衡。"由此似亦可窥皎然诗之始学与祈向。

至德至宝应年间（七五六—七六三）皎然在湖州（今浙江省吴兴市）。

按《全唐文》卷四三三陆羽《陆文学自传》（此文题目疑为后人所加）："洎至德初，秦人过江，予亦过江，与吴兴释皎然为缁素忘年之交。"文末署："上元辛丑岁（上元元年，七六一），予阳秋二十有九。"知皎然至德、上元间在湖州。此言"释皎然"，据前考当已入道而未受具足戒也。又《皎然集》卷一有《同薛员外谊喜雨诗兼上杨使君》《同薛员外谊久旱感怀寄兼呈上杨使君》，卷二有《同薛员外谊苦热行见寄》诸诗。乾隆四年《湖州府志·郡守》载皎然在世年湖州杨姓刺史凡二人。其一"杨慧：肃宗至德元载自奉天县令迁吴兴太守。崔论：肃宗上元元年自蜀州刺史移湖州"，则杨慧守湖为至德元载（七五七）至上元元年（七六〇）。其二"杨颂：贞元四年自汴州改刺湖州。庞誉：贞元七年自仓部郎中出为湖州刺史"，则杨颂刺湖为贞元四年（七八八）至七年（七九一）。从上举皎然诸诗可见当时湖州苦旱。按贞元四年至七年，未见湖州有旱象记载。而《全唐文》卷三九三独孤及《祭道殣文》有云："辛丑岁太旱，三吴饥甚，人相食。明年大疫死者十七八。"辛丑为上元二年（七六一），较《府志》所记杨慧去湖州任晚一年。颇疑《府志》所记略有出入（《湖州府志》记郡守时间每有出入）；或上年旱象已显，至辛丑而愈烈，盖三吴素称富庶，一年之旱似不至陷"人相食"之境地。由此可知上元初皎然仍在湖。

《皎然集》卷六有《奉和崔使君论李萼烂柯山宿石桥效小谢体》《夏月同崔使君论登城楼赋得远山诗》。按乾隆《湖州府志·郡守》又载"崔论：肃宗上元元年自蜀州刺史移湖州。独孤问俗：上元三年自明州改刺湖州"。则崔论刺湖为上元元年（七六〇）或二年（七六一，参前考），至上元三年（七六三，四月改元宝应）。此亦为上元、宝应间皎然在湖之明证。

广德元年（七六三）秋皎然避袁晁义军，由湖州北上经毗陵（常州）至扬楚。至永泰元年（七六五）秋日返湖。略考如次：

集卷六《南池杂咏五首》序云："余草堂在池上州，昔柳吴兴诗'汀州采白苹'，即此地也。左右云山满目，一坐遂有终焉之志。会广德中寇盗淮海骚动，宵人肆志，吾属不安，因赋《南池五咏》，聊以自适。"又卷七《郑容全成蛟形木机歌》诗"众木千丛君独知"下自注："广德中，郑生避贼吴兴毗山，于稠人之中遇予，独见称赏。"据《旧唐书·代宗纪》载，广德元年八月浙东袁晁起事，"连陷浙东州县"，至次年四月为唐兵镇压。《嘉泰吴兴志》卷八《公廨》："知县厅……唐广德元年，袁晁作乱，荡为丘墟。"据此知元年秋日皎然由湖州府城内雪溪东南之白苹州草堂避乱至府城东北五里之毗山。

又按集卷四有《秋日毗陵南寺送长城潘述》《春日又送潘述之扬州》诗，卷二有《兵后与故人别予西上至今在扬楚因有是寄》诗，有句"淮上春草歇，楚子秋风生"，知为秋日作，又《早春书怀寄李少府仲宣》诗序云："予故里在长城下山，昔岁属狂寇陷没江左，亲故离散，永望枌梓，不觉伤怀，因李使君长城，遂寄是诗，以见情也。"诗云："东田已芜没（自注东部公有《东田》诗），南涧益伤嗟（自注：南涧竭，谢氏灭）。崇替惊人事，凋残感物华。知君过我里，惆怅旧烟霞。"知此诗乃在秣陵（今南京）作。据下考可知永泰元年（七六五）秋皎然已返湖州，距广德元年（七六三）秋乱起为二年，而上引各诗时间为秋、春、秋、早春，则知皎然广德元年秋已更由吴兴毗山至毗陵（常州），次年四月乱平后仍西上，其秋至扬楚一带，永泰元年春已在秣陵。

集卷四又有《兵后送姚太祝赴选》《兵后送薛居士移家安吉》，卷五有《兵后余不亭重送卢孟明游江西》，卷一有《兵后早春登故障南楼望昆山寺白鹤观示清道人并沈道士》诗。所去安吉为湖州属县，余不亭、故障均为湖州名胜古迹（见《府志》），而送姚诗云："两河兵已偃，处处见归舟。日夜故人散，江皋芳树秋。"题又称"赴选"，知为永泰元年安史之乱平后所作，时为秋日，知时已返湖州。

永泰元年（七六五）秋至大历五年（七七〇）皎然除一度往杭州受戒，均在湖州，兹再略论之。

《府志·郡守》又载："卢幼平：肃宗宝应元年自杭州改刺湖州。萧定：永泰二年自信州改刺湖州。"《皎然集》卷一有《冬日遥和卢使君幼平綦毋居士游法华寺高顶临湖亭》《秋日遥和卢使君游何山寺宿敭上人房论涅槃经义》诗，卷二有《春日和卢使君幼平开元寺听妙奘上人讲》，卷三有《奉同卢使君幼平游精舍寺》《同卢使君幼平郊外送阎侍御归台》等诗，卷五有《九日同卢使君幼平吴兴郊外送李司仓赴选》诗。可见皎然与卢唱酬颇频。前考皎然永泰元年春后秋前返湖州，而以上各诗所标季节有春、秋、冬等，则知永泰二年（七六六）亦在湖州。

永泰二年十一月改元大历。至大历二、三年间，皎然乃至杭州灵隐从守直受身戒，三年夏前又返湖新营苕溪草堂，四年堂成，已见前考。至大历四、五年间又重游扬楚。《全唐诗》卷七九四有皎然、顾况、韩章《送昼公联句》。韩章曾为湖州武康令，见《府志·县守》。《皎然集》卷四更有《雪溪馆送韩明府章辞满归》诗有云："洛令从告还，故人东门饯。惠爱三年积，轩车一夜远。"检《吴兴金石记》卷三记大历五年，韩康有《大慈寺钟记》、六年有《天宁寺建功德碑》，则康之为武康令当在大历四年至六年，或五年至七年。又顾况大历三年已在温州协办监务（参见本书卷三顾况传笺证），则顾、韩送皎然，当在四、五年间。此行去向可从卷三《往丹阳寻陆处士不遇》诗考得。按皇甫冉有《送陆鸿渐栖霞寺采茶》《送陆鸿渐赴越》诗（《全唐诗》卷二四九、二五○），后诗序云："君自数百里访予羁病……告去适征。……尚书郎鲍侯知子爱子者；将推食解衣以拯其极，讲德游艺以凌其深；岂徒尝镜水之鱼，宿耶溪之月而已。"据傅璇琮《唐代诗人丛考·皇甫冉皇甫曾考》，冉大历三年秋尚在长安，不久"奉使江表，因省家至丹阳，朝廷虚三署郎位以待君复，不幸短命，年方五十四而没"（独孤及《唐故左补阙安定皇甫公集序》），其时当在大历五年前后。冉送陆诗云"访予羁病"，又所称之尚书郎鲍侯，当指鲍防，时为浙东观察使薛兼训从事（《旧唐书·鲍防传》），薛任浙廉为广德元年（七六三）至大历五年（七七○）九月（吴廷燮《唐方镇年表·浙东》）则大历四、五年时，鲍防正在浙东，可知冉送陆往浙，正当皎然赴丹阳寻陆羽不遇时，因知韩章、顾况送皎乃往丹阳也。

　　《全唐诗》卷七九四有皎然、潘述《喜昼公寻山回相遇联句一首》，述句云"几年无此会，今日喜相从"。则皎然此行有数年之久，而至大历八年（七七三）春时，已返湖州。《皎然集》卷二有《同诸公奉侍祭岳渎使大理卢幼平自会稽回经平望将赴于朝廷期过故林不至》诗，云"春郊回驷牡，遥识故林青"，知为春作。卷八《兰亭古石桥柱赞》序云："山阴有古卧石一枚，即晋永和中兰亭废桥柱也。大历八年春，大理少卿卢公幼平承诏祭会稽山，携居士陆羽，因而得之。生好古者，与吾同志，故赞云。"参上诗知大历八年（七七三）春已返湖州。其年十月有妙喜寺盛会。九年（七七四）《韵海镜源》修成，均见前。秋八月张志和由会稽来湖州，《颜鲁公文集》卷九《浪迹先生玄真子张志和碑》云"大历九年秋八月，讯真卿于湖州。前御史李崿以缣帐请焉。俄挥洒横布而纤纩霏拂，乱枪而攒毫雷驰（疑有脱文），须臾之间，千变万化……在座六十余人……真卿以舴艋既弊，请命更之"云云，皎然有《奉和颜鲁公真卿落玄真子舴艋舟歌》、《奉应颜尚书真卿观玄真子置酒张乐舞破阵画洞庭三山歌》（《皎然集》卷九）、《乌程李明府水堂观玄真子置酒张乐丛笔乱挥画武城赞》（同上卷八）记此盛会。

大历十年（七七五）皎然仍在湖州。《旧唐书·代宗纪》载是年七月"杭州大风，海水翻潮，溺州民五千家，船千艘"。《皎然集》卷五《陪颜使君钱宣谕萧常侍》云"江涛涸漈后，远使发天都"，可证。

大历十二年（七七七）十月，皎然有《思村东北塔铭》，末署"大历丁巳岁建子月"。丁巳即大历十年，建子为十一月。思村在湖州德清县（《府志》）。

大历十三年（七七八）皎然南游桐庐、剡溪。卷七《戛铜碗龙吟歌》云："大历十三祀，秦僧传至桐江，予使童儿戛金仿之。"诗又云："乍向天台宿华顶，秋宵一吟更清迥。"可证。卷三又有《夏日题桐庐杨明府纳凉山斋》诗，卷一有《早秋桐庐思归》诗，皆在桐庐作。是时又访秦系于剡中，有《题秦系山人丽句亭》（卷四）诸作。皎、秦二人，大历、贞元间唱酬甚频，皎集中存十诗。

大历十四年（七七九）冬或建中元年（七八〇）春时皎然又由剡中返苏湖。集卷四有《奉送中丞李道昌入朝》诗。《旧唐书·代宗纪》载，大历十三年四月，以浙西观察留后李道昌为苏州刺史，兼御史中丞，充浙西都团练观察使。《德宗纪》又载，建中元年春正月韩滉为苏州刺史，领浙西都团练观察使，然《通鉴》记此事为大历十四年十一月，故皎然送道昌入朝，当在大历十四年冬或建中元年春，送地例应在苏州，苏、湖比邻，故知是时已返自剡中。

　　建中元年（七八〇）至三年（七八二）秋前，皎然仍在苏湖。集卷八《唐湖州佛川寺故大师塔铭》载大师建中元年春正月"十二日奄然长往，二月十二日建塔于佛川西山"，同卷《苏州开元寺律和尚坟铭》又记律和尚："建中元年六月十五日寝疾而逝……其年七月五日迁灵龛于武丘西寺松门之右。"集卷四有《早春送颜主簿游越东兼谒元中丞》诗。按《旧唐书·德宗纪》记：建中元年四月，"御史中丞元全柔为杭州刺史"；二年九月"戊辰，以杭州刺史元全柔为黔中经略招讨观察使"。则知送颜谒元必在二年早春，诗云"别意倾吴醑，芳声动越人"，则送地仍当在苏湖。集中更有《奉酬袁高使君新亭对雨》诗，并与袁高唱和诗多首。按《旧唐书·德宗纪》载，建中二年四月"贬御史中丞袁高韶州长史"，兴元元年（七八四）八月"以前湖州刺史袁高为给事中"。乾隆《湖州府志·郡守》记高贞元二年（七八六）自韶州长史置同正员授湖州刺史"迁给事中；兴元元年八月赴阙"。由此比勘，则知《府志》所记"贞元二年"，显为建中二年之误。盖袁高当以建中二年四月贬韶州后旋即量移湖州，至兴元元年八月赴阙。则知皎然建中二、三年间在湖多与袁高唱酬。

　　建中三年（七八二）秋皎然与秦系同游江西：按集卷四有《奉酬袁使君西楼饯秦山人与昼同赴李侍御招三韵》。李侍御，即李萼。皎集中多与李唱和诗，而卷六有《奉同颜使君真卿送李侍御萼赋得荻塘路》诗，知大历十二年颜真卿去湖（《旧书·代宗纪》）之前，李萼已先离湖。贞元元年八月颜真卿为李希烈所杀，其门客因亮《颜鲁公行状》称李为"今吉州刺史李公萼"。皎诗又有"治书招远意，知共楚狂行"语，知已与秦系同赴李萼招请，偕赴江西吉州。诗又云"秋风怨别情，江守上西城"。从前述袁高刺湖时间观之，在湖之秋日，只能为建中三年、四年秋。四年秋，皎然已返湖，见下考，则与秦系江西之行必为建中三年（七八二）秋日。

　　集卷五有《秋日送择高上人往江西谒曹王》《送李喻之处士洪州谒曹王》。《旧唐书·德宗纪》载："（建中三年，七八二）冬十月辛

亥,以湖南观察使嗣曹王皋为洪州刺史、江西节度使。"贞元元年
(七八五)四月"丁丑,以江西节度使嗣曹王皋为江陵尹、荆南节度
使"。皎诗言秋日,则当为建中四年(七八三)或兴元元年(七八四)
秋日。送李诗云"雄镇庐霍秀,高秋江汉清。……西邸延嘉士,遗
才得正平"。唐节镇招幕府士,多在驻节前期,故以建中四年秋为
近是。送择高诗言"往江西",则是时皎然必已由江西返湖。

兴元元年(七八四)在湖州,初识灵澈,孟春荐之于包佶。卷九
《赠包中丞书》称"今天下有故,大贤勤王"。检《旧唐书·德宗纪》
载建中四年(七八三)德宗因李希烈、朱泚之乱,于十月奔奉天,次
年春正月癸酉改元兴元,二月又奔梁州,六月朱泚伏诛,乱弭。与
包佶书中所言,正此事。又称改年(即改元)"孟春犹寒",则必为兴
元元年正月所作。是年皎然六十五岁。

贞元中,集贤御书院取高僧集上人文十卷藏之[1]**。刺史于頔**
为之序。

此本《僧传》:"有集十卷,于頔序集,贞元八年正月敕写其文集
入于秘阁,天下荣之。"《唐诗纪事》卷七三《皎然》条:"贞元中,集贤
院取其集藏之,于頔为序。"按《皎然集》卷首录浙西观察使奉敕牒
湖州征皎然文集文有云:"牒。得集贤殿御书院牒:前件集库内无
本交阙进奉。牒使请速写送院讫垂报者,牒州写送使者。故牒。
贞元八年正月十日牒。都团练副使权判兼侍御史李元,使、润州刺
史兼御史中丞王纬。"又录朝议郎大夫守湖州刺史于頔《吴兴昼上
人集序》,中云:"贞元壬申岁(八年),余分刺吴兴之明年,集贤殿御
书院有命征其文集,余遂而编之,得诗笔五百四十六首,分为十卷,
纳于延阁书府。上人以余尝书述论前代之诗,遂托余以集序。"因
知此事可信,唯其时间在本书下述诸事后,此段当移于述《诗式》事
后(参下考)。

---

[1] 取高僧集上人文十卷藏之 《四库》本"集"下有"得"字。

　　李端在匡岳，依止称门生，一时名公俱相友善，题云"昼上人"是也[1]。

　　《僧传》称："昼生常与韦应物、卢幼平、吴季德、李萼、皇甫曾、梁肃、崔子向、薛逢、吕渭、杨逵，或簪组，或布衣，与之交结，必高吟乐道，道其同者，则然（皎然）始定交哉。"是当为辛氏所本，唯"李端在匡岳，依止称门生"事，未见前载。本书卷四《李端传》亦称端"少时居庐山，依皎然读书，意况清虚，酷慕禅侣"，抑别有所本耶？今检《全唐诗》卷二八五、卷二八六，有李端《忆皎然上人》《送皎然上人归山》诗，前诗云："未得从师去，人间万事劳。"后诗云："法主欲归须有说，门人流泪厌浮生。"则端当从皎然问法，以门人自称。其时必在皎然大历二年受戒之后。李端大历五年登进士第（《极玄集》卷上），则其与皎然游不当为少时。傅璇琮《李端考》据端《戏赠韩判官绅卿》诗"少寻道士居嵩岭，晚事高僧住沃州"句，以为李从皎然游，当在其晚年为杭州司马时（约建中年至贞元初），差是。

　　时韦应物以古淡矫俗，公尝拟其格，得数解为赘。韦心疑之。明日，又录旧制以见，始被领略，曰："人各有长，盖自天分，子而为我，失故步矣，但以所诣自名可也[2]。"公心服之。

　　此事数见于唐人笔记，如《因话录·角部》："吴兴僧昼，字皎然，工律诗。尝谒韦苏州，恐诗体不合，乃于舟中抒思，作古体十数篇为赘。韦公全不称赏，昼极失望。明日写其旧制献之，韦公吟讽，大加叹咏。因语昼云：'师几失声名，何不但以所工见投，而猥希老夫之意。人各有所得，非卒能致。'昼大伏其鉴别之精。"《唐诗纪事》亦据以录入。今按此事实未可征信。盖韦应物约生于玄宗二十五年（七三七），其为苏州刺史在贞元四年（七八八）至六、七年（七九〇—七九一）间，时年五十四、五岁（参《唐才子传校笺》韦应

────────────────

〔1〕　昼上人　《四库》本"昼"上有"清"字。
〔2〕　但以所诣自名可也　"诣"字原作"谐"，从《四库》、三间本改。

物传笺证），而皎然贞元四年，六十八岁；六年，七十岁。非仅年辈高于应物，且诗名已盛。韦集卷三《寄皎然上人》诗云："吴兴老释子，野雪盖精庐。诗名徒自振，道心长晏如。……叨慕端成旧，未识岂为疏。愿以碧云思，方君怨别余。茂苑文华地，流水古僧居。何当一游咏，倚阁吟踌躇。"细察诗意，时应物盖尚未识皎然，然叨慕向往，形于言表。《皎然集》卷一有《答苏州韦郎中》诗，有云："诗教殆沦缺，庸音互相倾。忽观风骚韵，会我夙昔情。荡漾学海资，郁为诗人英。格将寒松高，气与秋江清。何必邺中作，可为千载程。受辞分虎竹，万里临江城。……恨未识君子，空传手中琼。安可诱我性，始愿愆素诚。为无鸑鷟音，继公云和笙。吟之向禅数，反愧幽松声。"此当为答应物上诗所作。"会我夙昔情"句，亦显为前辈声吻，然则安得有皎然以后辈贽见应物，应物以"老夫"自称，训诫皎然事耶？其为小说家杜撰无疑。

往时住西林寺，定余多暇，因撰序作诗体式，兼评古今人诗，为《昼公诗式》五卷，及撰《诗评》三卷，皆议论精当，取舍从公，整顿狂澜，出色骚雅。

此本《诗式·中序》："叙曰：贞元初，予与二三子居东溪草堂，每相谓曰：世事喧喧，非禅者之意。……吾将深入杼峰，与松云为侣，所著《诗式》及诸文笔，并寝而不纪。……至五年夏五月，会前御史中丞李公洪自河北负谴，遇恩再移为湖州长史。初与相见，未交一言，恍然神合。……他日言及《诗式》，予具陈以夙昔之志，公曰：'不然。'因命门人检出草本，一览而叹曰：'早岁曾见沈约《品藻》、惠休《翰林》、庾信《诗箴》。三子之论殊不及此。奈何学小乘褊见，以夙志为辞邪？'再三顾予，敢不唯命。因举邑中词人吴季德，即梁散骑常侍均之后……因请吴生相与编录，有不当者，公乃点而窜之，不使琅玕与璠玦参列，勒成五卷，粲然可观矣。"《新唐书·艺文志》《宋史·艺文志》均著录为五卷。

又《新唐书·艺文志》及《通志·艺文略》均记皎然《诗评》三

卷,当为辛氏所本。然《宋史·志》作一卷,《直斋书录解题》卷二二文史类无《诗评》,却录《诗议》一卷。今存《吟窗杂录》《诗法统宗》《诗学指南》均收有《诗议》一卷,《指南》另有《评论》一卷。就以上著录言之,则《诗议》当即《诗评》,评、议义同。其卷帙或至晚宋时缺佚誊一卷,或三卷合作一卷,惜已无可取证。又《文镜秘府论》多引皎公《诗议》,则原名似作《诗议》。至《评论》所载,多同于《诗议》《诗式》者,又晚出,当为集前二书所成。《文镜秘府论》录《诗议》既多而未引《诗式》。按其作者曰僧空海贞元二十年(八〇四)使唐,元和元年(八〇六)返归,其时距皎然作《诗式》十数年,距其去世仅数载,当因是书尚未刊刻或流布,空海远在长安,无由得见,故未能录入。又《诗议》《诗式》论述每相通,而前者偏于格律,组织松散,后者特重体格,组织有序,参《文镜》引录,可知《诗议》早于《诗式》,后者为皎然诗论之集大成者。

现更择要将皎然兴元年后行事补述如次:

集卷三有《奉陪陆使君长源裴端公枢游东西武丘寺》《奉和陆使君长源夏月游太湖》等奉侍陆长源诗多首。后诗题下注"此时公权领湖州";"况闻长鲸戮"句下注"会北信至,王师已收长安";"南郡思剖符"句下注"公时改授信州"。按兴元元年(七八四)五月戊辰,李晟收复京师(《旧唐书·德宗纪》上),则知袁高后,陆长源代领湖州(袁是年八月赴阙时史载为"前湖州刺史",见前),皎然自春至夏多从之游。

贞元初皎然居湖州东溪草堂,时已着手《诗式》之撰写(见前引《诗式·中序》)。其间曾一度应陆长源之招往游信州(州治今江西上饶)。集卷二有《奉和陆中丞使君长源寒食日作》、卷四有《奉送陆中丞长源诏征入朝》诗。按《旧唐书》卷一四五《陆长源传》:"……久之历建、信二州刺史。浙西节度韩滉兼领江淮转运,奏长源检校郎中、兼中丞,充转运副使。罢为都官郎中,改万年县令,出为汝州刺史。"按韩滉兼领江淮转运为贞元元年(七八五)七月;三年(七八七)正月卒于任(《旧唐书·德宗纪》上),故长源之为中丞必在贞元初。又《元和郡县图志》卷六汝州临汝县载:"贞元七年,刺史陆长源奏请割梁县西界二乡以益之。"则知长源之刺汝不得晚于贞元七年(七九一)。上举皎然二诗,称长源为"中丞使君",《寒食》一诗又云"寒食江天气最清",则知必为长源刺信州(兼充转运副使),领御史中丞衔时作。按陆自汝州后又有都官郎中、改万年县令等仕历,则已至贞元初。故知贞元初皎然有信州之行。

集卷四又有《送梁肃拾遗归朝》诗、《奉陪杨使君顼送段校书赴南海幕》诗。《湖州府志·郡守》载,杨顼贞元四年(七八八)刺湖,七年由庞誓代。《全唐文》卷五二三崔元翰《右补阙翰林学士梁君墓志》记梁肃曾任太子校书,告还,吴相国兰陵萧公荐之,擢授右拾遗修史,辞以母疾不应诏,至贞元五年以监察御史征回台。则知迟至贞元四、五年间(七八八—七八九)皎然已由信州返苏湖。

《唐诗纪事》卷二六《韦应物》条载:"应物性高洁,所在焚香扫地而坐,惟顾况、刘长卿、丘丹、秦系、皎然之俦,得厕宾列,与之酬唱。"应物为苏州刺史起自贞元四年迄于六至八年(七九〇—七九二),去任后居苏州永定精舍,卒年未可详考(参《唐才子传校笺》韦应物传笺证)。秦系约贞元七年东渡秫陵(《剡录》),应物有《送秦系赴润州》诗,皎然有《送秦山人归山》诗(卷一)。当为此时作(参《中华文史论丛》一九八四年四期赵昌平《秦系考》)。顾况贞元九年秋由饶州归隐茅山及苏州二故居(参本书顾况传笺证);况有《谅公洞庭孤橘歌》(《全唐诗》卷二六五),皎然有《洞庭山维谅上人院阶前孤生橘树歌》。据《皎然集》卷八《唐洞庭山福愿寺律和尚塔铭》记和尚(神皓)贞元六年十月十一日去世,临终嘱"门人维谅,我去世后汝若置塔,可归洞庭故山",因知维谅贞元六年十月后归苏州洞庭山。皎、顾二诗题近,均为七古,似为同时作。当在贞元九年秋顾况释隐之后。

集卷一有《奉酬于中丞使君郡斋卧病见示一首》、卷三有《九日和于使君思上京亲故》诗（灵澈有和作）。《湖州府志·郡守》记于頔贞元八年刺湖，十年由刘全白代。二诗当作于数年间。其中八年集贤殿御书院征皎然集，于頔为之编、序，已见前述。

集卷八《唐苏州东武丘寺律师塔铭》称律师（齐翰）："天宝八年八月五日奉制度，配名永定，九年十月依分坛受具足戒。……至某年，春秋六十八，僧夏四十七"，遇疾卒。按天宝九载为七五○年，称僧夏四十七，当卒于贞元十二年（七九六）。知是时皎然尚存。

皎然卒年，《僧传》仅云"以贞元年卒"，下接御书院征集事，故诗话中每谓皎然卒于贞元八年，据前考实非。《僧传》又云："元和四年，太守范传正、会稽释灵澈同过旧院，就影堂伤悼弥久，遗题曰云云。"参前贞元十二年皎然尚有文，则以卒于贞元后期为近是。

公性放逸，不缚于常律。初房太尉琯早岁隐终南峻壁之下，往往闻湫中龙吟，声清而静，涤人邪想[1]**。时有僧潜戛三金以写之，惟铜酷似。房公往来**[2]**，他日至山寺，闻林岭间有声，因命僧出其器，叹曰："此真龙吟也！"大历间，有秦僧传至桐江，皎然戛铜碗効之，以警深寂。缁人有献讥者，公曰："此达僧之事，可以嬉禅。尔曹胡凝滞于物，而以琐行自拘耶？"时人高之。**

此本集卷七《戛铜碗龙吟歌》序："唐故太尉房公琯，早岁尝隐终南山峻壁之下，往往闻龙吟，声清而静，涤人邪想。时有好事僧潜戛之，以三金写之，唯铜声酷似。他日房公偶至山寺，闻林岭间有此声，乃曰：'龙吟复迁于兹矣。'僧因出其器以告。公命戛之，惊曰：'真龙吟也。'大历十三祀秦僧传至桐江，予使童儿戛金仿之，亦不减秦声也。缁人或有讥者，曰：'此达僧之事。可以嬉禅。尔曹无以琐行自拘。'因赋《龙吟歌》以见其意。"

按辛氏于此文末特拈出"公性放逸，不缚于常律"，且证之以大

---

〔1〕 涤人邪想　《四库》本"邪"作"雅"。
〔2〕 房公往来　《四库》本无"往来"二字。

历十二年《龙吟歌》事甚为有目。皎然诗中多以狂自许,如《赠李舍人使君书》既自称"性野",更引己作"乐禅心似荡,吾道不相妨。独悟歌还笑,谁言老更狂",以为写照,此甚可为研治皎然及其周遭诗人与同时大历十才子等异同之参资。

公外学超然,诗兴闲适[1]**,居第一流、第二流不过也**[2]**。诗集十卷。**

于頔集序称皎诗:"得诗人之奥旨,传乃祖之菁华,江南词人,莫不楷范,极于缘情绮靡,故词多芳泽,师古典制,故律尚清壮。其或发明玄理,则深契真如,又不可得而思议也。"又云:"上人之植性清和,禀质端懿,中秘空寂,外开方便。妙言说于文字,了心境于定慧,又释门之慈航智炬也。"权德舆《送灵澈上人庐山回归沃州序》(《权载之文集》卷三八):"吴兴长老昼公,掇六义之清英,首冠方外。"刘禹锡《澈上人文集纪》(《刘禹锡集》卷一九)称:"世之言诗僧多出江左,灵一导其源,护国袭之;清江扬其波,法振沿之:如么弦孤韵,瞥入人耳,非大乐之音,独吴兴昼公能备众体。"均可与辛说互参。

于頔序称"编之得诗笔五百四十六首,分为十卷"。辛云"诗集十卷",不确。晁《志》载为十卷,陈《志》仅一卷。《文献通考》卷七○引叶梦得语,谓"其诗十卷,尚行于世",则宋元时其集有十卷行世,当可信。今所见者亦有十卷(名《皎然集》或《杼山集》)。皎然著作,诗文集与《诗式》五卷、《诗评》三卷外,尚有《儒释交游传》、《内典类聚》四十卷、《号呶文》十卷,均见《僧传》记载,今已佚失。

(本文原载于《唐才子传校笺》第二册,中华书局1989年版)

---

[1] 诗兴闲适 《四库》本"兴"下有"会"字。
[2] 居第一流第二流不过也 《四库》本作"居第一流不疑也"。

唐才子传·郑谷传笺证

谷字守愚,袁州宜春人。父史,开成中为永州刺史。

宋祖无择《都官郑谷墓志铭》:"公名谷,字守愚,袁州宜春(今江西宜春市)人。"宋童宗说《云台编后序》:"谷字守愚,宜春人,永州刺史史之子。"《唐诗纪事》卷七〇《郑谷》条所记略同,唯"刺史"下脱"史"字。

关于郑史仕历,记载有异。《纪事》卷五六《郑史》条:"郑史,开成元年(八三六)登第。……史终国子博士。"徐松《登科记考》卷二一开成元年进士登第有郑史,云:"《永乐大典》引《宜春志》:'郑史字惟直,宜春人,登开成元年进士第。'"卷二三乾符三年记郑谷(按徐以谷为是年进士,误,说见下)云:"《永乐大典》引《宜春志》亦云:'郑谷,史之子,光启三年登进士第。'"按开成凡五年,史既为元年进士,按通例,开成中不得为刺史,辛氏盖以其及第年误为刺永年。又《宜春县志》卷一八云史"开成元年进士,为《易》学博士,历官永州刺史"。所记又异于《纪事》。今按以县志为近是。《通鉴》卷二五〇引《实录》有云:"咸通三年……三月,以蔡京充荆襄以南宣慰安抚史,五月以京为岭南西道节度使。"《云溪友议》卷上《买山谶》条:"蔡京假节邕交,道经湘口,零陵(即永州)郑太守史与京同年,远以酒乐相迓。"按岭南西道节度例兼邕州刺史,以此知咸通三年(八六二)时郑史在永州刺史任上。郑谷《卷末偶题三首》之二(《全唐诗》卷六七五)云:"七岁侍行湖外去,岳阳楼上敢题诗。"湖外即湖南,侍行,随侍赴任也。知史初任永州时谷为七岁,故欲定史之仕历须先考谷之生年。

按谷之《云台编》自序有云:"谷勤苦于风雅者,自骑竹之年,则有赋咏,同年丈人故川守李公朋、同官丈人马博士戴尝抚顶叹勉,谓他日必垂名。及冠,则编轴盈笥,求试春闱……游举场凡十六年。"谷为光启三年(八八七)进士(参下考),逆推十六年,则其初应举为咸通十三年(八七二),是年及冠,以二十岁计,则生年当为大中七年(八五三)。然其《中年》诗(《全唐诗》卷六七六)云:"漠漠秦云淡淡天,新年景象入中年。"古人以三四十岁为中年,曰"入中年",则当为甫入三十之年,诗正有感于此而作。言"秦云",则知三十岁时在长安。若以大中七年生推之,其三十岁为中和二年(八八二)。按谷《叙事感恩上狄右丞》诗(同上卷六七五)有云:"寇难旋移国,飘零几听蛩。半生悲逆旅,二纪间门墉。蜀雪随僧踏,荆烟逐雁冲。"知广明元年(八八○)十二月黄巢攻破长安后,谷即长期漂游巴蜀荆楚(广明元年十二月谷初奔巴蜀首尾为六年,见下考),则中和二年(八八二)时谷不得在长安。因知《中年》诗当作于广明元年春或略前,是年三十岁,则生于大中五年(八八一),至咸通十三年(八七三)为二十二岁,亦得称"及冠",故定谷生年于大中五年(若以《中年》诗作于广明元年更前,则应举年大于二十二岁,与"及冠"不尽相合)。

谷既生于大中五年(八五一),则其七岁侍父出守湖南永州,为大中十一年(八五七),其时已能题诗岳阳楼,则其启蒙,更当于七岁之前。其《谷卯年受同年丈人故川守李侍郎教谕》诗(《全唐诗》卷六七四),有云:"多感京河李丈人,童蒙受教便书绅。"前引《云台编》序则称"自骑竹之年",受知于"同年丈人故川守李公朋",则知诗之李侍郎,即李朋。《樊川文集》卷一七有《李朋除刑部员外郎制》,称朋由将仕郎侍御史内供奉充刑部员外郎。杜牧于大中五年秋擢考功郎中、知制诰,六年迁中舍,其年十一月卒(参缪钺先生

《杜牧年谱》），则知朋之充刑外在大中五、六年间，其迁转侍郎更外放川守，按唐人仕进惯例，至少须四、五年时间，则知大中五、六年至十年前后，李朋在长安，则谷之发蒙亦当在长安。《访姨兄王斌渭口别墅》诗（《全唐诗》卷六七四）云"少小曾来此"，正可为谷幼年在长安之佐证。《云台编序》又称"同官丈人马博士戴，尝抚顶叹勉"。检郑史仕历，唯任国士监博士（正五品上），或国子监易学博士（正六品）方得与马戴为同官，则知谷幼年在长安启蒙时，郑史当在国子监任上（唯其为国博抑或易博，未可详知），至大中十一年（八五七）谷七岁时，外放永州刺史（正四品上），至咸通三年（八六二）尚在永州，已为二任。辛氏称史"开成中为永州刺史"，殆以及第年为守永之年，大误。

综上谷幼年情况如次：大中五年（八五一）生，约大中九年（八五五）五岁前后在长安，启蒙，以早慧见赏于李朋、马戴，大中十一年（八五七）随侍永州，至咸通三年（八六二）尚在永，前后至少六年。《浯溪》诗（《全唐诗》卷六七四）云："湛湛清江叠叠山，白云白鸟在其间。渔翁醉睡又醒睡，谁道皇天最惜闲。"浯溪在永州属县祁阳（今名同）（参元结《浯溪铭》），当作于大中、咸通间，是为谷可考知大体年代之第一首诗，此诗全效南国俗体，此种早年习染于谷一生创作关系甚钜。

谷幼颖悟绝伦，七岁能诗[1]。司空侍郎图与史同院，见而奇之，问曰："予诗有病否？"曰："大夫《曲江晚望》云：'村南斜日闲回首，一对鸳鸯落渡头[2]。'此意深矣。"图拊谷背曰[3]："当为一代风骚主也！"

按此本《唐诗纪事》卷七〇："幼年，司空图与刺史同院，见而奇之，曰：'曾吟得丈丈诗否？'曰：'吟得。''莫有病否？'曰：'丈丈《曲

---

〔1〕　七岁能诗　《四库》本"诗"作"咏"。
〔2〕　一对鸳鸯落渡头　《四库》本"落"作"浴"。
〔3〕　图拊谷背曰　《四库》本"图拊"二字作"司空推"三字。

江晚望》断篇云：“村南斜日闲回首，一对鸳鸯落渡头。”即深意矣。’司空叹息抚背曰：‘当为一代风骚主！’”

今按此事未可征信。《旧唐书》卷一九〇下《司空图传》记云："图咸通十年登进士第。"未载曾任国子监职司，所称"同院"，或当为御史台三院，然郑史未见有御史之拜，而咸通十年时，史则早已由国子监任外放永守六年后又复四年，此不可信之一。又《旧传》称图："唐祚亡之明年，闻辉王遇弑于济阴，不怿而疾，数日卒，时年七十二。"唐亡之次年为公元九〇八年，逆推之，图当生于开成二年（八三七），至谷五岁时（大中五年，八五一），方十五岁，安得以"丈丈"自称，此不可信者二。此事源其终始，当因《云台编》序记有马戴抚顶叹勉，谓"他日必垂名"事，遂讹马戴为司空图也。

光启三年，右丞柳玭下第进士。

此本祖无择《都官郑谷墓志铭》："光启三年（八八七）进士及第。"又"右丞柳玭"云云当本已佚之唐人《登科记》。徐松《登科记考》卷二三"光启三年……知贡举：尚书右丞柳玭"可参证。

然徐松《登科记考》卷二三"乾符三年"又驳辛氏云："《唐才子传》云云。《永乐大典》引《宜春志》亦云：‘郑谷，史之子，光启三年登进士第。’按《文苑英华》载郑谷《涨曲江池》诗注云‘乾符丙申岁春’，则郑谷当于乾符三年（八七六）及第，光启为乾符之讹，今改正。"其光启三年下不列郑谷。

今按徐说非是。谷有《京兆府试月中桂》诗（《全唐诗》卷六七五）。《唐摭言》卷二记《月中桂》为乾符四年京兆府试题，则谷断不能于三年即登进士第。旧说光启三年及第不误，证据尚多，参下考。

光启三年谷三十六岁，辛氏于咸通中至本年，二十余年间谷之行事未置一词，今略考其大概。

隐居荆门：《嘉庆一统志》卷二五二《荆门州》："白社，在荆门州（今湖北江陵）南一百三十里。《名胜志》：古隐士之居以白茅为屋。

唐都官郑谷常居于此。"今按谷《下第》诗(《全唐诗》卷六七四)有云:"落第春相困,无心惜落花。荆山归不得,归得亦无家。"《渚宫乱后作》(同上卷六七五)云:"乡人来话乱离情,泪滴残阳问楚荆。白社已应无故老,清江依旧绕空城。"《次韵和秀上人长安寺居言怀寄渚宫禅者》诗(同上卷六七六)更云:"旧斋松老别多年,香社人稀丧乱间。"渚宫,为故楚离宫,在江陵(参见《元和郡县志·山南道·江陵府》),所云"乱离",指乾符四年(八七七)、六年(八七九)王仙芝与刘汉宏先后攻焚江陵事(《通鉴》卷二五三),知谷于此前曾居江陵。又从下考可知咸通十二年秋谷已由宜春乡贡,此后不久迁居同州、京兆。光启元年(八八五)前居长安,则其隐白社更当在此前。

咸通十三年谷初应春官试,见前考。按唐人惯例,当于十二年(八七一)秋乡贡,至广明元年(八八〇)冬十二月因黄巢攻破长安,出奔巴蜀,首尾十年。《辇下冬暮咏怀》(《全唐诗》卷六七六)云:"十年春泪催衰飒,羞向清流照鬓毛。"可证。

按谷由宜春乡贡,至少两次。《全唐诗》卷五九三载曹邺《送郑谷归宜春》诗云:"无成归故国,上马亦高歌。况是飞鸣后,殊为喜庆多。暑销嵩岳雨,凉吹洞庭波。莫便闲吟去,须期接盛科。"卷七六七载杨夔《送郑谷》诗又云:"春江潋潋清且急,春雨蒙蒙密复疏。一曲狂歌两行泪,送君兼寄故乡书。"(杨夔宜春人,见《宜春县志》卷一八《文苑》)曹诗秋景,杨诗春景,故知至少两次由宜春乡贡下第归,当为咸通十三、十四两年(八七二、八七三)。

谷约于咸通末、乾符初由宜春举家迁同州,且为同州解首送;更于乾符四年(八七七)应京兆府试,当已迁京兆。谷有《京兆府试残月似新月》诗(《全唐诗》卷六七五)。《唐摭言》卷二《置等第》条云:"乾符四年,崔涓为京兆尹,复置等第。差万年县尉公乘亿为试官,试《火中寒暑退赋》《残月如新月》诗。"知乾符四年已由京兆解送。谷有《宣义里冬暮自贻》诗(《全唐诗》卷六七六),宣义里在长安(《长安志》卷九),诗云:"幽居不称在长安,沟浅浮春岸雪残。板屋渐移方带野,水车新入夜添寒。名如有分终须立,道若离心岂易宽。满眼尘埃驰骛去,独寻烟竹剪渔竿。"为未达情怀,知乾符年间,谷于长安居宣义里(达后居光德里,见下考),《感恩叙事上狄右丞》诗(同上卷六七五)又云:"昔岁曾投贽,关河在左冯。庾公垂顾遇,王粲许从容。首荐叨殊礼,全家寓近封。……寇难旋移国,漂零几听蛩。"诗中自注:"顷年庾给事崇出守同州,右丞在幕席,谷退飞游谒,始受奖知。"又注:"同州官酝尚菊花酒。"知谷先移同州,更迁京兆。

咸、乾之间,谷又广谒前辈,其尤著者除曹邺外更有:

薛能。谷有《献大京兆薛常侍能》(《全唐诗》卷六七五)。按《旧唐书·懿宗纪》记咸通十一年十月"以给事中薛能为京兆尹"。吴廷燮《唐方镇年表》卷三《感化》记,薛能咸通十四年始为感化节度。《唐诗纪事》卷六〇《薛能》条:"京兆尹温璋贬(按据《旧纪》为咸通十一年九月),命(能)权知尹事,出领感化。"郑谷谒薛能诗写春景,据谷咸通十二年秋方由宜春乡贡入京,则其谒薛当为咸通十三年或十四年春。

李频。谷有《哭建州李员外频》(《全唐诗》卷六七四)。按《新唐书·李频传》称频卒于建州刺史任所。《旧唐书·僖宗纪》记乾符二年正月,"以都官员外郎李频为建州刺史",乾符三年十一月,"以度支分巡院使李仲章为建州刺史"。则李频之卒当在乾符三年十一月或稍前,谷诗云:"独夜吟还泣,前年伴直庐。"则在乾符初已拜识李频,受知且伴其宿直矣。

谷赞曹邺云:"高名向己求,古韵古无俦。"(《送吏部曹郎中免官南归》)赞薛能曰:"篇篇高且真,真为国风陈。淡薄虽师古,纵横得意新。"(《读故许昌薛尚书诗集》)赞李频:"旧友谁为志,清风岂易书。"(《哭李建州频》)知其于前辈诗人取转益多师之态度,此于其形成自身之特殊风格,具重要影响。

咸、乾之际谷诗声初著，为时人列入"咸通十子"。《唐摭言》卷一〇《张乔》条记："张乔，池州九华人也。诗句清雅，复无与伦，咸通末，京兆府解，李建州频时为京兆参军，主试。同时有许棠及乔，与俞坦之、剧燕、任涛、吴罕、张蠙、周繇、郑谷、李栖远、温宪、李昌符：谓之十哲。其年，频以许棠在场席多年，以为首荐。"按许棠登第为咸通十二年（参《登科记考》卷二三）。此记咸通十子为十二人。按李昌符为咸通四年进士（参《登科记考》卷二三），谷咸通十三年，首应春官试，知《摭言》所记十二年京兆府解十二人，当去昌符与谷，然王定保时代与十子紧接，不当为无根之说；因知咸通十子之目，与大历十才子相仿，前后历时甚长，而人选容有出入，盖以十二人咸、乾间诗名著称于时耳。

广明元年（八八〇）十二月甲申黄巢攻破长安，谷初奔巴蜀，首尾六年。《感恩叙事上狄右丞》（《全唐诗》卷六七五）云："寇难旋移国，飘零几听蛩。"知长安破时，谷即出奔。谷又有《谷自乱离之后在西蜀半纪之余多寓止精舍与圆昉上人为净侣昉公于长松山旧斋尝约他日访会劳生多故游宦数年曩契未谐忽闻谢世怆吟四韵以谢之》诗（同上卷六七四）。按广明元年底巢破长安至光启元年（八八五），僖宗返銮，首尾正为六年（半纪），因知谷初次奔蜀为六年。

光启元年十二月至光启三年春，谷二次奔避巴蜀，略考如次。

《通鉴》卷二五六记，光启元年七月，中官田令孜以争安邑、解县盐利事，结邠宁朱玫、凤翔李昌符（与咸通十子之李昌符为二人），攻河中王重荣。河东李克用援王，破朱、李军，进逼京师。"十二月，乙亥夜，令孜奉天子自开远门出幸凤翔"，长安"至是复为乱兵焚掠无孑遗"。光启二年（八八六）正月戊子，令孜复请僖宗幸兴元，三月甲申抵兴元（今陕西汉中市），驻跸一年之久，至三年二月乱事初弭，方移驾凤翔。按谷有《巴江》诗（《全唐诗》卷六七六）："乱来奔走巴江滨，愁客多于江徼人。朝醉暮醉雪开霁，一枝两枝梅探春。诏书罪己方哀痛，乡县征兵尚苦辛。鬓秃又惊逢献岁，眼前浑不见交亲。"诗题下注："时僖宗省方南梁。"按僖宗为李儇庙号，知此注当为昭宗乾宁时谷自编诗集（参下）时所加。诗言"诏书罪己方哀痛，乡县征兵尚苦辛"，正言大乱重起，言"鬓秃"，对前举广明、中和时初次出奔前后云"惟恐流年损鬓毛"，"临鉴还惆怅，难遮两鬓羞"观之，又多历年所；注言"南梁"，即僖宗二次奔难驻跸之兴元（《旧唐书·地理志》二）。故知谷光启元年底二次奔避，于二年（八八六）新春（献岁）时抵巴江。

谷《奔避》诗（《全唐诗》卷六七五）云："孤馆秋声树，寒江落照村。更闻归路绝，新寨截荆门。"又《峡中寓止二首》（同上卷六七四）之一云："荆州未解围，小县结茅茨。"之二云："传闻殊不定，銮辂几时还。俗易无常性，江清见老颜。夜船归草市，春步上茶山。"合以观之，知作以上三诗时僖宗尚播迁在外，而荆州复有由秋及春之长围。合于此二条件者，唯光启元年至三年一次。《通鉴》卷二五六记光启元年九月"蔡军围荆南（蔡军，秦宗权所遣秦宗言军）"；光启二年十二月："秦宗言围荆南二年（去年九月围荆南），张瓌婴城自守，城中米斗直钱四十缗，食甲鼓皆尽，击门扉以警夜，死者相枕，宗言竟不能克而去。"此时正值僖宗避乱在兴元。因可知谷光启元年十二月二次出奔至巴江后复南下至峡中，拟取长江水路东下荆州旧居。

光启三年春，谷进士及第，已见前考。以二月春试推之，谷下峡仍当在正月，其行程必为出峡后至江陵，复溯汉水西上至兴元应试。谷此时有《擢第后入蜀经罗村路见海棠盛开偶有题咏》诗（《全唐诗》卷六七五）。罗村在山南西道利州，今陕西省宁强县地（万历《宁羌（强）州志·舆地》一），为陕蜀道必经之地。谷及第后即又匆匆入蜀，似当为只身赴考，复返蜀搬取家小云（参下考）。

授京兆鄠县尉，迁右拾遗、补阙。乾宁四年，为都官郎中，诗家称"郑都官"，又尝赋《鹧鸪》警绝，复称"郑鹧鸪"云。

祖无择《都官郑谷墓志铭》："始为京兆府鄠县（今陕西户县），

终以都官郎中,老于乡,尝作拾遗、补阙。"《纪事》郑谷条:"乾宁中,为都官郎中,卒于家。"是为辛氏叙谷仕历之所本。

《全唐文》卷八七二孟宾于序李中《碧云集》称:"乱后江南,郑都官、王贞白用情创志,不共辙、不同途,俱不及矣。"欧阳修《六一诗话》:"郑谷诗名盛于唐末,号《云台编》,而世俗但称其官为郑都官诗。"是为辛氏云"诗家称郑都官诗"所本。

《古今诗话》记刘原甫戏梅尧臣云:"郑都官有《鹧鸪》诗,谓之'郑鹧鸪',圣俞有《河豚》诗,当呼为'梅河豚'也。"(见《宋诗话辑佚》)是为辛氏所云"复称郑鹧鸪"之所本。《鹧鸪》七律见《全唐诗》卷六七五,以"雨昏青草湖边过,花落黄陵庙里啼"一联著称,诗家多评述,文繁不录。

今按辛氏此处所记,上接光启三年及第事,似以谷得第即释褐为尉,实非。据考谷之释褐为景福二年(八九三),已上距得第六、七年矣。卷三《结绶鄠郊縻摄府署偶有自咏》有云"莺离寒谷士逢春,释褐来年暂种芸。""士"下注一作"七"。按"七"字是。谓得第六年释褐为尉,第七年春兼摄本府(京兆府)参军。今略考此七年行踪如次:

光启三年春及第后由陕蜀路三入巴蜀,已见前考,就前举诗题并诗意观,谷此时似并未授官。《通鉴》卷二五七记是年三月山南西道节度使杨守亮忌利州刺史王建骁勇,说其东取阆州,以攻东川节度使顾彦朗。彦朗则与王建相约互不干犯。十一月,西川节度使陈敬瑄畏顾、王相结,不利于己,乃谋于其兄中官田令孜,招取王建,建进至鹿头关,陈反悔阻绝之,"建怒,破关而进",直逼成都,蜀中战乱复起,绵延七年,至景福二年王建攻杀陈、田,方戢。谷有《漂泊》诗(《全唐诗》卷六七五)云:"槿坠莲疏池馆清,日光风绪淡无情。鲈鱼斫鲙输张翰,橘树呼奴羡李衡。十口飘零犹寄食,两川消息未休兵。黄花催促重阳近,何处登高望二京。"正与上述史事相合。"十口飘零"二句,可证家眷在蜀,"望二京",则时天子在京,与上二次奔避天子播迁在外不侔,知必为此行所作。谷又有《倦客》诗(同上卷六七六):"十年五年道路中,千里万里西复东。"由广明元年(八八〇)初次奔避至龙纪元年(八八九)为十年,虽举成数言,知光启三年(八八七)至龙纪时,谷仍处漂泊之中,可为上说佐证。谷又有《荆渚八月十五日夜值雨寄同年李屿》诗(同上),有云:"共待辉光夜,翻成黯淡秋……正宜清路望,潜起滴阶愁……桂无香实落,兰有露花休。明年佳景在,相约向神州。"称"同年",则及第后作。言"荆渚",则复又沿江由蜀二返荆州故居矣。"共待"以下用比兴,谓及第本望授官,然折"桂"有名而无实,握"兰"之念亦已可休,"清路无望",翻增愁思,故结云"相约向神州",知是时仍未授官。谷此次由蜀返荆时间,当在文德、龙纪之间(八八八—八八九)。

大顺年间(八九〇—八九一)有江南之游。谷《送进士许彬》诗(《全唐诗》卷六七四)有云:"泗上未休兵,壶关事可惊。流年催我老,远道念君行。残雪临晴水,寒梅发故城。何当食新稻,岁稔又时平。"按许彬,睦州人(《唐诗纪事》卷七一),题曰"送进士",诗由"泗上"而及"壶关",可知乃在江南送许应举作,时为初春。检《通鉴》卷二五九景福元年(八九二)云:"朱全忠连年攻时溥(注:光启三年徐汴始交兵),徐、泗、濠三州民不得耕获。兖、郓、河东兵救之皆无功。复值水灾,人死者十六七。"可知大顺时正为"泗上未休兵"时。《通鉴》卷二五八记龙纪元年(八八九)起,河东李克用四出攻掠。大顺元年(八九〇)正月又取邢州,二月巡潞州。朱全忠请率汴、滑、孟三军与河北三镇讨李。五月,昭宗用张濬等议,诏削克用官爵、属籍,以张濬为河东行营都招讨制置宣慰使,京兆尹孙揆副之,集朱全忠等讨克用。此战,壶关及其所属之潞州为主战场。其结果唐师大败,孙揆被杀。十一月张濬兵溃,"撤民屋为筏以济河"逃归,师徒丧失殆尽,"朝廷震恐"。克用二表数张濬等罪,声言"集蕃汉兵五十万,欲直抵蒲、潼"。大顺二年(八九一)春正月诏贬张濬连州刺史,二月加克用守中书令,再贬张濬绣州司户。又正与"壶关事可惊"相合。通检史籍,泗上、壶关同时有重大战事唯此一次,因可知谷《送进士许彬》诗,必作于唐师新败之大顺二年初春。

谷之首途江南时间又可从其诗考得。《江行》诗(《全唐诗》卷六七四)云:"漂泊病难任,逢人泪满襟。关东多事日,天末未归心。夜雨荆江涨,春云郢树深。殷勤听渔唱,渐次入吴音。"诗亦春景,言"关东多事日",正与前述大顺元年(八九〇)初春李克用攻邢巡潞,朱全忠议伐河东事相合;又言"荆江"、"郢树",知大顺元年春发自荆州。此行似为投亲干谒,有《寄献湖州从叔员外》诗(《全唐诗》卷六七四)可知。诗言"茶香紫笋露",知大顺元年春抵湖州。又有《登杭州城》诗,有句"木落见他山"、"岁穷归未得",已为是年秋冬之交,越冬至二年早春遂有送许彬诗矣。

大顺二年(八九一)或景福元年(八九二)晚春,谷由江南返长安,参下考。

景福二年春谷四次入蜀省拜恩地柳玭。谷《舟次通泉精舍》诗(同上卷六七四)有云:"更共幽云约,秋随绛帐还。"注:"时谷将之泸州省拜恩地。"其《将之泸郡旅次遂州》诗(同上卷六七六)又云:"我拜师门更南去,荔枝春熟向渝泸。"前考谷座主为柳玭。《新唐书·柳玭传》:"文德元年(八八八),(玭)以吏部侍郎修国史(按《唐会要》卷六三,当为大顺二年),拜御史大夫……坐事贬泸州。"《通鉴》卷二五九记:景福二年(八九三)二月"以渝州刺史柳玭为泸州刺史。"知玭乃先贬渝(今重庆)后迁泸(今四川泸州市)(参《通鉴》胡三省注)。由下考可知谷于本年秋冬已为鄂尉,则其此行只能于景福二年春启行。就前云通泉(今四川射洪县南)、遂州(今四川遂宁县)及渝、泸四地名观,此行当由长安从陕蜀道入剑阁,取梓橦水入涪江,南下经通泉、遂州、渝州,更溯江水往泸州也。因知行前已由江南返长安。大顺二年(八九一)早春尚在江南,景福二年(八九三)春已在遂州。谷有《淮上别友人》诗(《全唐诗》卷六七四)云:

"扬子江头杨柳春,杨花愁杀渡江人。数声风笛离亭晚,君向潇湘我向秦。"显为由江南返长安所作,时为晚春,则必为大顺二年(八九一)或景福元年(八九二)晚春,一年后方有省拜恩地之行。

《次韵和礼部卢侍郎江上秋夕寓怀》诗(同上卷六七五)云:"卢郎到处觉风生,蜀郡留连亚相情。乱后江山悲庾信,夜来烟月属袁宏。梦归兰省寒星动,吟向莎州宿鹭惊。未脱白衣头半白,叨陪属和倍为荣。"自注:"时中仪在泸州,恩门大夫待遇优厚。"言恩门大夫、亚相、泸州,知指柳批以御史大夫贬渝、泸。题云"秋夕",知景福二年秋尚在泸州。"未脱白衣",知尚未释褐,上距光启三年(八八七)登第,已有六年。

景福二年冬或乾宁元年(八九四)春释褐为鄠县尉,寻兼摄京兆府参军。已见前考。

乾宁元年(八九四)为右拾遗、三年(八九六)迁补阙。按谷有《顺动后蓝田偶作》诗(同上卷六七四),题下注:"时丙辰初夏月。"丙辰为乾宁三年,是年六月凤翔李茂贞犯阙,昭宗奔华州依韩建,"自中和以来所葺宫室市肆,燔烧俱尽"(《通鉴》卷二六○)。顺动即指天子出幸。诗又云"宫阙飞灰烬,嫔嫱落里闾。蓝峰秋更碧,沾洒望銮舆",与史载相符。知题注年份不误,唯"夏"字当为"秋"之讹。此诗首二句又云"小谏升中谏,三年侍玉除",参《春暮寄怀韦起居衮》诗(同上卷六七六)"长安一夜残春雨,右省三年老拾遗"句,知乾宁元年兼摄府参军后不久迁拾遗(小谏)(《全唐文》卷八三七有薛廷珪《授鄠县尉郑谷右拾遗制》),至三年丙辰夏秋更转补阙(中谏)。

乾宁四年迁都官郎中。《奔问三峰寓止近墅》诗(《全唐诗》卷六七六)云:"半年奔走颇惊魂,来谒行宫泪眼昏。"知李茂贞犯阙时,谷奔蓝田(参上年),半年后,至华州三峰昭宗行在,当在乾宁四年初。谷又有《感恩叙事上狄右丞》诗(同上卷六七五)。按《旧唐书·昭宗纪》载,乾宁四年九月,"以御史中丞狄归昌为尚书右丞";

五年八月昭宗返銮，九月，"以御史中丞狄归昌为尚书左丞"。右丞，正四品下；左丞，正四品上，知五年九月当由右丞转左丞（或因四年在乱中右丞之拜为暂署，故五年九月乃云云）。因此谷"感恩"诗必作于四年秋至五年秋之间，诗中自注"时大驾在华州"可为佐证。题云"感恩"，诗更云："迩来趋九重，更伴赏三峰。栖托情无限，吹嘘意数重。自兹俦侣内，无复叹龙钟。"知诗为谢狄右丞（归昌）吹嘘推举，因得迁居清要而作。唐人以郎官为清望，有仙郎之称，与诗"趋九重"合。又检史料，谷诗文及友人赠谷诗称谷官职，仅有鄠尉、右拾遗、补阙、都官郎中四职。因知辛氏称谷乾宁四年迁都官郎中，当可信。

未几告归，退隐仰山草堂，卒于北岩别墅。

童宗说《云台编后序》："乾宁中，以尚书都官郎中退居于仰山东庄之书堂，高尚其事，以至于卒。"是当为辛氏所本，唯辛所云"卒于北岩别墅"，未知何据。

按，童云乾宁中退居，辛云为都郎后"未几告归"，均非是。谷《光化戊午年举公见示省试春草碧色诗偶赋是题》诗（《全唐诗》卷六七五），乾宁五年八月改光化元年，即戊午，知光化初尚在都郎任上。谷又有《壬戌西幸》诗（同上卷六七七）。壬戌为天复二年（九〇二），《通鉴》卷二六二载，天复元年十月朱全忠请昭宗幸东都，十一月车驾西奔，壬戌至凤翔。二年春仍在行在。谷诗言"武德门前颢气新，雪融鸳瓦土膏春。夜来梦到宣麻处，草没龙墀不见人"当为是年春在行在遥想长安作也。由光化元年，至天复元年首尾四年，其间尚有诗可证谷在长安，事繁不赘。

谷之归隐宜春，当在天复二、三年（九〇二—九〇三）秋。《黯然》诗（同上卷六七七）云："搢绅奔避复沦亡，消息春来到水乡。屈指故人能几许，月明花好更悲凉。"按《通鉴》卷二六四载，天复四年（九〇四），朱全忠再度移书昭宗，请迁都洛阳。宰相裴枢遂促百官东行，"戊午，驱徙士民，号哭满路。骂曰：'贼臣崔胤召朱温来倾覆

社稷,使我曹流离至此。'老幼缰属,月余不绝"。诗言"水乡",知已
归隐。言"搢绅奔避",亦与史载合。言"花好",当为二、三月间,正
与"正月"史事相衔接,因知天复四年时谷已在江南。前考二年春尚
在凤翔行在,则其归隐必在二年春至四年春之间。《舟行》诗(《全唐
诗》卷六七六)云:"九派迢迢九月残,舟人相语且相宽。……季鹰可
是思鲈脍,引退知时自古难。"知为归隐途中作,时为九月,则当为
天复二年或三年之九月,其启程至早则在七、八月间。

　　谷之卒年,无明确记载,今按《全唐诗》卷八四三齐己《哭郑谷
郎中》诗云:"长忆招吟夜,前年风雪时。"齐己赠谷诗有确切年代可
考者为《戊辰岁湘中寄郑谷郎中》(《全唐诗》卷八三八),假设此为
谷招齐己会吟之末一次,则据"前年"云云,谷卒年当为己巳或庚午
年(前年可称去年,亦可称今义之前年),即后梁开平三、四年(九〇
九—九一〇),然戊辰未必为谷与齐己最后相聚之年,故谷之卒年
当称开平四年(九一〇)或稍后数年间,享年六十余。

　　谷诗清婉明白,不俚而切,为薛能、李频所赏[1]。

　　此本祖无择《墓志铭》:"当时正人,咸称其善,尤工五七言诗,
为薛能、李频所知,有《云台编》与《外集》凡四百篇行焉。士大夫家
暨委巷间,教儿童咸以公诗,与六甲相先后,盖取其辞意清婉明白,
不俚不野故然。"又谷有《故许昌薛尚书尝为都官郎中后数岁故建
州李员外频从宪府内弹拜都官员外八座外郎皆一时骚雅宗师则都
官之曹振盛于此予早年请益实受深知今忝此官复是正秩岂唯俯慰
孤宦何以仰继前贤荣惕在衷遂赋自贺》诗(《全唐诗》卷六七六),可
知其受知于薛李之状。

　　**与许棠、任涛、张蠙、李栖远、张乔、喻坦之、周繇、温宪、李昌符
唱答往还,号"芳林十哲"。**

　　谷与张乔等称"咸通十哲"事已见前考。辛称"芳林十哲",记

---

〔1〕　为薛能李频所赏　《四库》本"赏"上有"称"字。

误。《唐摭言》卷九另有《芳林十哲》条,记有沈云翔、林缵、郑玘、刘业、唐珣、吴商叟、秦韬玉、郭薰,"咸通中,自云翔辈凡十人,今所记者有八,皆交通中贵,号'芳林十哲'。芳林,门名,由此入内故也。"

谷多结契山僧,曰:"蜀茶似僧,未必皆美,不能舍之。"

谷《自贻》诗有云:"诗无僧字格还卑。"集中所及僧人十名,晚岁,齐己更从之学诗。"蜀茶似僧"云云,未详所出。

齐己携诗卷来袁谒谷,《早梅》云:"前村深雪里,昨夜数枝开。"谷曰:"数枝非早也,未若一枝佳。"己不觉投拜曰[1]:"我一字师也。"

此本陶岳《五代史补》卷三:"时郑谷在袁州,齐己因携所为诗往谒焉。有《早梅》诗曰:'前村深雪里,昨夜数枝开。'谷笑谓曰'数枝非早也,不如一枝则佳。'齐己矍然,不觉兼三衣叩地膜拜,自是士林以谷为齐己一字之师。"又潘若同《郡阁雅言》记谷启发齐己改"别下着僧床"句之"下"字为"扫"字,亦称一字师,所记不同,可互参。《早梅》诗存齐己《白莲集》卷六,《白莲集》中赠、吊谷诗多达十八作,推许备至。

尝从僖宗登三峰,朝谒之暇,寓于云台道舍,编所作为《云台编》三卷;归编《宜阳集》三卷,及撰《国风正诀》一卷,分六门,摭诗联,注其比象君臣贤否、国家治乱之意[2],今并传焉。

此本《云台编》自序:"著述近千余首,自可者无几,登第之后,孜孜忘倦,甚于始学也。丧乱奔离,散坠略尽。乾宁初上幸三峰,朝谒多暇,寓止云台道舍。因以所记或得章句缀于笺毫,或得于故侯屋壁,或闻于江左近儒,或只省一联,或不知落句。遂拾坠补遗,编成三百首,分为上、中、下三卷,目为《云台编》,所不能自负初心,非敢矜于作者。乾宁甲寅三月望,郑谷自序。"此为辛氏述《云台

---

〔1〕 己不觉投拜 "投"原作"设",从《四库》本改。
〔2〕 注其比象君臣贤否国家治乱之意 "象"原作"为",从《四库》、三间本改。

编》之所本。今按上引"乾宁甲寅"云云，《四部丛刊》影宋本（原本为今存谷集最早者）无，当为后人所加，盖甲寅为乾宁元年，然昭宗幸三峰在乾宁三年也（已见前考）。谷又有《卷末偶题》三首（《全唐诗》卷六七五），有云："一卷疏芜一百篇，名成未敢暂忘筌。"可与自序互参。

《新唐书·艺文志》四载谷《云台编》三卷外，又载有《宜阳集》三卷，然《崇文总目》卷五、《郡斋读书志》卷四，于《宜阳集》仅载《宜阳外编》一卷，《直斋书录解题》以后诸书录，均不载《宜阳集》或《宜阳外编》。按祖无择《墓志》称："有《云台编》与《外集》，凡四百篇行焉。"童宗说《后序》称："自至和甲午迄今百又七年（当为绍兴三十年），《外集》又阙其半。"由以上所载可知，《宜阳外编》实为《外集》，仅百首上下，至南宋初已佚其半，宋以后更不存焉。《新志》谓"《宜阳集》三卷"盖误。《正德袁州府志》卷八载"谷有《宜阳集》三卷，号《云台编》"。民国《宜春县志》于《云台编》三卷外载"宜阳外编一卷"。注："按诸志载谷诗，于《云台编》三卷外，又云有《宜阳集》三卷，考《宜阳集》，邑人刘松辑，其辑谷诗三卷，即《云台编》诗，非《宜阳》另有一集。"录以备参。今存谷集中有乾宁三年后诗，如《光化戊午年举公见示省试春草碧色诗偶赋是题》（卷三），则今本《云台编》（又名《郑守愚文集》）或已非原帙矣。

《宋史·艺文志》记谷有《国风正诀》一卷，当为辛氏所本，据辛氏所称，则元时尚存。后亦佚失。

《缃素杂记》及《苕溪渔隐丛话》后集（卷三四）等书，又载谷与齐己、黄损"共定《今体诗格》"。《十国春秋·南唐·黄损》谓此书"为湖海骚人所宗"。按唐末至宋初诗格类著作盛行，郑谷当推为先行者也。

（本文原载于《唐才子传校笺》第四册，中华书局 1990 年版）

史料·视角·方法

——关于二十世纪唐代文学研究的对话

唐代文学研究的基础一直很好

戴燕（《文学遗产》编辑部）：我受编辑部委托，有幸请三位先生共同围绕着二十世纪唐代文学研究的话题，作一次谈话交流。从年龄和学历上看，你们应该算同一代人吧，是现在比较有实力的一代人。我发现你们还有一个共同之处，就是都在担负着比较重要的行政职务，就唐代文学研究而言，会不会因此也能获得特殊的发展机会呢，比如在你们自己的单位里。谁都知道，唐代文学研究在最近的一二十年里，确实取得了令人羡慕的成绩和影响，在整个古代文学研究领域，也可算得上地位显赫。

陈尚君（复旦大学中文系）：国内的古代文学研究，从人员或论著来看，唐代之于其它各代，都是首屈一指的，有人说半壁江山在唐代，这话有点夸大，不过大致还是这样的。中国的古诗，无论古体还是近体，到唐代已经发展到极致，对唐诗的学习和重视，带动了历代对唐诗的研究。唐代文学的研究状况，从宋代以来一直有良好的基础。清代编的两部大书，《全唐诗》和《全唐文》，虽说编纂质量并不太高，但将一代诗文的基本家底提供了出来，让研究者得到基本的依凭，本世纪学者治唐，于此获益极多，而搞宋代就没有这个条件了。此外还有一个重要原因，我自己感触较深的，就是唐代以前的材料太少，束缚了研究工作的展开和深入，唐代以后的文献又太多，以个人之力无法全面把握，唐代存世文献却是不多不少，是做学问的很好的试验田。另外还需要提到的是，本世纪新出唐代文献的数量非常多：第一是敦煌文献，第二是石刻，墓志铭尤为大宗，第三是域外汉籍，日本保存尤多。仅就佛典来说，今人见到的大约就是清人的三倍。其它各代新史料的发现也很丰富，但对文学研究的意义，不及唐代，比如汉简以及近年长沙走马楼的吴简，对军事、经济制度的研究极为重要，与文学关系不大。

　　戴燕：从我这样的不专门研究唐代文学的人看来，唐代文学和唐代文学研究，无论如何都有点被神化的味道。

　　赵昌平（上海古籍出版社）：唐代文学研究从唐、宋起到现在，在整个文学研究领域一直发达，是很自然的事情。唐代的诗歌、散文本身就发展到了一个高潮，成为以后的楷模和典范，这是一点。宋代以后有唐、宋诗之争，在流派、风格的争论当中，必然进入研究范畴。南宋以前的人主要还是从创作角度去讲唐诗的，但南宋以后，就有人开始关注唐诗的历史发展状况了。到明代，对此的看法便相当成熟了，明清重要的诗学著作，如《诗薮》《唐音癸签》《诗源辨体》《原诗》，都对唐诗史作了整体研究。应当注意的是，当时多是从唐诗的内部去讲的，从诗格、风格上讲，而不大研究社会背景。可是五四以后，由于接受了新的思潮，便对诗歌有了社会学、政治学、文化学角度的研究，也就是外部的研究。外部研究可以丰富对诗歌内涵的认识，不仅说明了唐诗是怎样变过来的，同时说明了它为什么会这样变。当然，从外部研究，说明的毕竟是外部的东西，最后还需要落实到诗歌本身。

　　戴燕：你说的是要切中诗歌本身，否则，便无所谓文学研究吧？

赵昌平：事实上，古典诗歌理论从来不把"内部""外部"割裂开来讲。刘勰讲"体性""体势"，皎然讲"体德内蕴，风律外彰"，所谓"性""体德"，其实就是内外诸因素积淀而成的诗人的个性与心态，它是创作的本体，是内部的，而它之所以形成，有诸多外部因素，如时代精神、文化传承，乃至即时即地的环境等等。《文心雕龙·体性》就说过，作家的创作个性是由内在的才气融熔，同时也是通过学习，凝聚了外部的各种因素构成的。为了研究方便，我们用"内部""外部"的说法，这样问题就有两个方面，一方面便是外部的研究也很重要，所以我要说，即便五十年代，利用社会学的资料研究唐代文学，也是有成绩的，不可一概否定，包括当时在唯物论基础上提出的文学史理论，因为它也揭示了诗人创作个性形成的一个重要方面。可惜当时机械唯物论太严重，造成将诗歌史看作政治史、经济史附庸的偏向，而将内外割裂开来，放弃了宋代以来从诗歌内部进行研究的传统。"文革"后，由对这一偏向的反思，引发了一些新的探索，主要探索外部因素是如何进入诗歌内部的，将唐诗史当作"诗歌的艺术史"来研究。总的说来，唐代文学一直有文学史上其它断代所不具备的条件，有丰富的成果和很好的基础。

董乃斌（中国社会科学院文学研究所）：唐代文学吸引较多的研究者，并取得显著的成绩，可能还有一个原因，那就是唐代文学是整个中国古典文学的枢纽地带，对中国文学史具有界分前后期的分水岭意义。简单地说，在唐代，中国古典文学的两种重要文体诗与散文达到了高峰，诗歌甚至被认为是难以企及的顶峰；而小说这种以虚构的叙事为根本特征的文体，经过漫长的孕育，到唐代也终于取得了独立地位，唐传奇以其优异的创作实绩，在中国小说史上占有相当显赫的地位；戏剧则开始萌芽。这样，近代意义的文学概念中的主要文体，在唐代均已具备，而且前三种又不同程度地成熟了。唐代文学的成就，自然提供了取之不尽而又十分诱人的研究题目。对于古人来说，他们可以用选编、注解、笺释、批点、赏鉴等方法来研究,到了现代,由于研究者学术思想与研究路数的变化,唐代文学就成了他们充分施展才能的地方。岑仲勉以传统史家的功夫研究唐代散文;陈寅恪以诗证史,以史证诗,兴趣虽仍在史,但对文学却有很笃切的了解;闻一多以诗人之心体悟唐诗,他对诗人隐秘微妙的内心世界的抉发,可谓独树一帜;而苏雪林,本人是小说家,便以小说家的手眼探讨李商隐的诗,甚至于把它们编织成一篇有头有尾、哀感顽艳的爱情小说。当然,近现代也有许多研究者沿袭传统方法研究唐代文学,成绩也不可忽略。

戴燕:我对你们把唐代文学描述为古典文学发展史的巅峰这一点,非常有兴趣,但这里也许来不及讨论这个问题。从你们的描述中,我还注意到另外一点,就是唐代文学研究在本世纪前后,似乎有着相当不同的面貌。人们在许多学科领域发现,这一学术转型多发生在二三十年代,唐代文学研究如何?

陈尚君:不大一样。传统的唐代文学研究,大概可分为诗话式的随感、笺注和评赏三种,缺乏系统,史料的利用面也窄。民国时期的变化很大,相当一批文学史写到了唐诗,比较好的有董乃斌刚才提到的闻一多的《唐诗杂论》、苏雪林的《唐诗概论》、钱基博的《韩愈志》、汪辟疆的《唐人小说》,最杰出的当然是陈寅恪的《元白诗笺证稿》。那时学者的长处是旧学根柢好,大多懂诗、作诗,接受新学以后,提出了不少精彩的新见,但就史料运用的方法和范围来看,对唐代文学的研究显然逊色于唐史研究。就拿三四十年代夏承焘的《唐宋词人年谱》、李嘉言的《贾岛年谱》和闻一多《岑嘉州系年考证》来说,跟清人的做法区别就不大,所利用的基本文献还是《唐诗纪事》《唐才子传》《唐音癸签》等唐人笔记、宋人诗话和明清点评,范围并不宽,像《贾岛年谱》对相关的人与事,就没有进行深入的追索,只不过拿材料拼出了一个贾岛的生平轮廓,而现在由于有人对贾岛诗歌所触及的人和事做了较深的分析,就使得对他生平的许多看法都改变了。所以你说的转变,要到七八十年代才能看得明显。

董乃斌:说到文学通史中的唐代部分,我比较欣赏刘大杰《中国文学发展史》中卷所写的,还有林庚在四十年代写的《中国文学史》。他们带着自己的感情去念唐代作品,再充满感情地介绍给读者,那里边有他们独到的体悟,带有个性色彩的阐释,那里边有"人"。文学研究的对象是文学,是人的精神活动的产物。他们不像一般的学究那样弄懂就算了。

赵昌平:二三十年代乃至四十年代,唐诗史的研究虽无巨著,但是表现了向多方面开拓的倾向,五十到九十年代的研究方向,相当多的部分是从那时开的头。尤其值得一提的是,当时的学者文史哲兼治,中西学并重,悟性又极高,闻一多、朱自清、林庚、刘大杰等前辈都是。四十年代闻一多写了《唐诗杂论》,其中《宫体诗的自赎》一篇,放到今天来看也很好,它以文学自身发展为根本,讨论诗与时代风气的复杂关系,不仅结论可信,在方法上也开了风气之先。二十到四十年代的唐诗研究,之所以未有宏文大著,有一个时代的问题,变动时代的人们,首先关注的是政治史、思想史、哲学史、史学史,似乎轮不到文学大受关注。当然还有其它因素。

戴燕:在二三十年代,比如对古史的考辨,就曾经大大刺激了先秦文学的研究,在当时,唐代文学研究就没有遇到这样的契机?敦煌文献的发现,也没有演变成特别的外力?

赵昌平:有一点儿,不过因为唐代文学研究长期以来就很平稳,因而不能说有根本性的冲击作用。现在,当我研究初唐七古与骈赋的关系、研究李峤咏物诗的示范作用时,就从敦煌文献里得到了第一手的资料。

董乃斌:"敦煌文献"是自成一体的概念,那里边有不同时代、不同地域的东西,并非都产生于唐代,也并非都产生于敦煌地区,跟唐代文学没有直接的对应关系,当然其中有一部分属于唐代文学,是唐代文学的史料。

陈尚君："敦煌学"的走向是越来越自成一门学问,与唐代文学的联系似乎越来越远,至少到今天为止是这样的,我对此很不理解。我认为,除了敦煌本地史和石窟艺术研究自成体系外,其它方面都应该与唐代文史合为一体。如敦煌赋,就不值得作为一个独立单元。敦煌文献中有大量存世文献里少见的下层作品,比方书仪、启蒙读物、小类书等,对研究文学都很有意思,可惜整理得不够。这方面,说唱文学的研究最有成绩,词次之,诗则除王梵志以外,其它尚在整理之中,文更不够。像《兔园册》那样的专书也需要整理。

唐代文学研究最近二十年的趋向

戴燕:你们似乎更有兴趣谈七八十年代以后的情况,我猜想,是由于这一段时间与你们自己的学术经历,也正好同步。

陈尚君:我以为本世纪最好的研究成果,还是出在最近二十年。傅璇琮《唐代诗人丛考》的出版,对于唐代文学研究起了很大的推动作用。他受陈寅恪、岑仲勉治唐史的影响,追求广泛、全面地占有文献,在考订中注意分别史料的主次源流。比如前人讲唐诗,多信用《唐诗纪事》《唐才子传》的诗人佚事,他则强调作者本人的作品更加可信,方志、石刻、缙绅录的记载更可信从,用这些检核佚事传闻,就发现许多说法原来都靠不住。再比如刚才讲过的年谱,夏承焘作《温飞卿系年》,基本上是排比诗话、笔记、史书及其诗作,列出线索的,一部分系年研究做得较深,但大体都是面上可见的材料,但周勋初《高适年谱》就有很大不同,他根据大批石刻的资料,搞清了高适的家世,根据佛藏中的片断记载,推出高适与密宗僧人的关系,著作形式是旧的,方法却不同于前人了。八十年代以来,与他们看法相同的一批学者经过共同努力,将成千上万唐代作家的生平和作品，做了比较彻底的清理。可以说最近二十年唐代文学文献的研究，总体成绩远胜于此前八十年，考证方法的运用较清人也有进步。

赵昌平：从史料学的角度，确如陈尚君所说，唐代文学研究在最近二十年有了更深更广的开掘，但这里有一点非常重要，就是史料学带上了文化学的意义，傅璇琮先生的考证，就是借鉴了丹纳关于地域文化和诗人群体的艺术理论。

陈尚君：他的《唐代科举与文学》也是这样，在描述科举的过程中，唐代文人的活动就凸显出来了。类似的工作如幕府与文学，也有人做了。可以再做的，还有文馆与文学、妓女与文学、寺观与文学等。唐代佛教与文学的关系，陈允吉先生、孙昌武先生的研究卓有建树，儒学复古与古文运动，近年也有深入的探讨，道教的关系还嫌不够，不少唐宋道士热衷于编小说，值得深究。

董乃斌：唐代文学研究近二十年有两个深入。一是史料研究的深入。傅璇琮先生、吴汝煜先生、陶敏先生等对唐代作家生平、作家交往事迹的考索，陈尚君对唐诗的辑佚，韩理洲先生对唐文、周勋初先生对唐人笔记的系统清理，都取得了明显的成绩。《唐五代诗人交往索引》《唐人笔记小说人名索引》《唐诗大辞典》等大型工具书的出现，也说明了这一点，而《全唐五代诗》《全唐五代文》的编纂，将是以上述种种工作为基础的集大成性的工程。对史料的发掘和研究，还产生了一批唐集新整理本，从初唐四杰、王维、高岑，到李杜、元白、韩柳和李贺、李商隐，乃至许多较小的作家，有的是新注，有的是集释或汇注。詹瑛先生主持的李白诗汇注，规模宏大，上海古籍出版社出版的唐人小集，则拾遗补阙。在这些方面，研究者使用的大体是传统的方法，但这恰恰证明传统方法还是行之有效的。另一个深入，是具体作家作品解读的深入。时代在前进，观念在演变，学者的价值观念、文艺观点在改革开放的年代里，在西方理论涌入的情况下，也发生了或大或小的变化，因此他们对唐人及其作品，也有了种种新的解读。许多专著和论文的分析，往往更深更准地切入作家的心灵世界，导引出对今人有所启发的具体评价和观点。在八十年代中期的"鉴赏热"中，也产生了不少好文章，不但普及了古典文学，也使我们对古人的理解更加深了。近二十年来，还出现了交叉研究和综合研究的趋向，这种研究的特点是视野扩大了，从文学扩及整个文化，理论更新加强了，力图从具体分析上升到较具一般意义的认识。文学史的编纂可以算是一种综合性的研究，近年来出版了不少隋唐文学史，个人写的如李从军先生的《唐代文学演变史》，集体写的如罗宗强先生的《隋唐五代文学史》上、中册，文学所"中国文学通史系列"中的《唐代文学史》上、下册，都各有特色，显示了新的水平。

赵昌平：在唐诗史研究中，相当引人注目的一点，是理论与史料的同步共进，一方面不断借鉴外来理论以扩展视野，更新视角，另一方面不懈地操练内功，重视资料的发掘、梳理、考订，这是"文革"后唐诗研究的主流。各种新的研究角度，如群体研究、区域研究、高峰之间连接部的中小诗人的研究；体式研究、诗格研究、意象研究，以及初步的音韵研究，都有所开拓。在这些研究中，可以看到现代文论的影响，同时可以看到从具体问题的研究中，逐步梳理建构唐诗的民族性理论体系的努力，而各种努力，似乎又汇聚到一个焦点上，即外部因素如何进入诗歌内部，成为诗歌的有机组成部分。最近几年，大型的研讨会开得少了，纯理论的宏观研究少了，表面看来有些沉寂，沉寂背后是更深入的思考研索。我想，唐诗学界是更成熟了，沉静数年以后，也许会有新的突破。

唐代文学现有史料的状况

戴燕：我们来一个话分两头说吧。首先，能不能用比较简单的办法,来说明目前有关唐代文学的史料状况,比方说依靠这些史料,一般人的研究可以做到哪种程度?

董乃斌:我曾经想做一个《万历十五年》那样的东西,比如说选"元和某年的洛阳",看这一年在洛阳有哪些文人,文人里边有没有中心,哪些人来了,哪些人走了,他们除了写作以外,还有什么样的官场应酬,同和尚、道士、妓女的交往如何等等。这个题目现在是有条件做的,因为有《唐才子传校笺》和陈尚君、陶敏先生等人的考证,有关的历史情况已经比较清楚了,重要诗人像白居易、刘禹锡的集子都整理得很好,不那么重要的诗人还有政治家兼诗人的作品也都较全,把它们用上,就可以看到某一年在洛阳的文人的活动。

赵昌平:对唐代文学乃至文化文献的梳理,以傅璇琮先生、陶敏先生和陈尚君三家最为突出,其他人像佟培基先生等也做一点,我自己已在写《唐诗史》的过程中也做了一点。因为这二十年来史料的搞法是带着文化学的眼光的,所以就其结果看,即使单从史料学的角度,也能写出一部与众人不同的文学史来。我在研究诗史的时候,就十分感谢以搞史料为主的同行们,因为现在的史料,已经为从各个角度切入唐诗,打下了很好的基础。但任何成果都是相对的,唐代的史料,还有许多问题要解决。《唐才子传校笺》刚出完,陈尚君和陶敏先生就写了一部《补正》,我在写《唐诗史》的过程中,也感到《校笺》还多有疏误,往往要重新考订。这些年来,以诗作为内证进行考订,大有创获,但同时也产生新的问题:一是阅读文本的能力,许多考订的失误,在于文本的误读;二是对诗史基本形态的理解,有时作品的甄别出问题,即根源于此。我想唐代文学的研究者可以各有专长,但作为素养,应当将考订、鉴赏、理论打通,而文本解读的能力,是基础的基础。

已有的唐代文学研究的视角和方法

戴燕：在史料的开掘、整理方面，你们提到的一些学者的工作，好像已经溢出了"文学"的范围，有些事情，恐怕也是在历史学家视野之中的。

董乃斌：在我上大学的时候，老师提到最多的人，就是陈寅恪。他的《唐代政治史述论稿》和《元白诗笺证稿》，他的以史证诗、以诗证史的方法，就对唐代文学研究有极大的影响。

赵昌平：在历史文化背景的讨论上，陈寅恪的研究树立起了一种规范，后来傅璇琮先生便是这样做的，由史料进入史事。陈贻焮先生的《杜甫评传》、程千帆先生的《杜甫研究》、罗宗强先生的《隋唐五代文学思想史》、陈允吉先生从佛教与唐代文学的关系所进行的研究，都是这条路子下来的。

陈尚君：可能因为中学和大学都只读了一年，又师承朱先生，我对自己并没有任何学科的界定，仅因中文系出身，对这个圈子比较熟，所以在文学上花的力气大些。有朋友约我做《旧五代史》，与文学无关，也乐于应命。唐文学研究者中，我这样的人很多，郁贤皓作《唐刺史考》，完全是历史。我有意网罗唐一代文献，以后可能转做《唐人著述考》，经、史、子、集外，医、农、释、道都想涉猎。

戴燕：那么，除了显而易见的史学或说史料学的影响之外，对唐代文学的研究，还比较多地使用了哪些方法？

董乃斌：以前我同钱锺书先生聊天，他说过，要研究文学，当然要多读细读文学作品，对所谓的文艺理论倒不必太在意，而应该去看哲学和心理学。

戴燕：那一代的学者中间，比较有这种风气。

赵昌平:我把问题拓展开来讲,现在大家都在做世纪性的学术回顾,我感到有两个反差。一是世纪末的中西学碰撞的成果,远不如世纪初那一次,其原因,简单地说,从学者素质来看,我们这一代人的国学、外文底子都比不了世纪初的那些大师;二是即使在世纪初的那次碰撞,文学研究的成果也远不及历史、哲学来得显赫,现在还是这样。我曾想过一个选题,整理五四前后十位国学大师的全集,以文学为主的部分就很难选,王国维可算半个,刘师培至多算四分之一,罗根泽也弱了些。又曾想约文史哲最新成果的稿子,史、哲能找到几家,古典文学很难找到一流的论著。后来我才逐渐明白,这也许是必然的现象。除了前面讲的时代因素之外,很重要的一点是文学研究一方面必须借助于历史、哲学、社会学、文化学、心理学、民族学等的研究成果,它必然滞后一些;另一方面,文学现象的复杂性远远超过史、哲,有所谓的"难以言诠"之感,难以言诠而又非要去言诠,于是一个世纪来的总体趋向,就是借用文学外部的理论去言诠文学。

戴燕:你是在用你自己专业的非常苛刻的标准,来衡量文学研究著作的水平。我怀疑,要拿跟你同样严格的史学专业和哲学专业的标准,去筛选它们中的一流著作,那些专业说不定也有值得反省的地方。

赵昌平:最近二十年来,情况有所变化,主要是吸收了西方文论的一些观点,其中对唐代文学研究影响较为显著的,是历史文化理论与语言学批评,特别是二者的结合。语言学批评之于唐代文学语言结构的研究,更深入地接触到文学内部的问题;而历史文化研究,又正可以救语言学批评过于强调语言结构的自足性,因而带来一定封闭性的弊病,这二者的结合是有前途的。需要解决的问题,一个仍然是历史文化因素如何进入文学内部,成为其语言结构的有机组成部分的问题,另一个是在吸收西方文论时,如何回到自己的传统理论中去的问题。

戴燕：这么说来，唐代文学或说整个古代文学的研究，是夹在其它学科的缝隙中间进行的。我不知道文学研究有没有属于自己的，或者也可以说，还要不要创造自己的研究方法和天地？

董乃斌：文学研究当然有它自己的天地，即有它的独特对象，这不成问题。但说到方法，情况就不一样了，是不是有一种只属于文学，而与别的学科毫无瓜葛的特殊方法呢？我想，像文、史、哲这一类人文科学的研究方法，大体是相通的，可以互用的，尤其是历史科学的方法。记得马克思、恩格斯说过："我们仅仅知道一门唯一的科学，即历史科学。"文学研究大体包括文学史、文学批评、文艺理论三块，批评往往带有感情色彩，很难成为科学，文学史是史学的一个分支，当然离不开史学方法，而文艺理论则较多地借重哲学。如此看来，所谓独立的、只属于自己的文学研究方法究竟在哪里呢？要说真正独立的、与别的知识门类相区别的文学，那就是创作。王蒙、刘心武研究《红楼梦》，研究的结果是融入了他的小说，贾平凹虽然没有发表研究《金瓶梅》的论文，可我觉得他对这部小说的体味很有些独到之处，这从他的《废都》可以看出，他们即使去写文学研究的论文，也与科班出身的学者很不同。要搞纯粹的文学，那你就去搞创作。文学跟艺术一样，它与科学本来就是并立的东西，文学研究则想使自己成为科学，按理也应该如此，但不是很容易。

戴燕：我知道，你是会写历史小说和历史剧的，听说赵昌平也有这个本事。

赵昌平：可是我有一点不同的看法。也许我们的方法还不成熟，但不是没有，也许文学研究不可避免要借助其它学科的成果，但一切其它的成果总是外围的，最终要落到文学自身来。可以说文学现象的复杂性，决定了文学研究方法比其它学科更具有多元性；文学研究及其方法，正是在这种多角度的研究和层出不穷的一得之见中逐渐深化的。因此所谓文学研究方法的话题，应该比其它学科更具有动态性与个性。而文学研究方法的深化，也有待于研究流派的形成与争鸣，所以我常说大学中文系和文学研究所要追求自己的研究个性，形成流派，就是在一个流派中的学者，也要有自己的个性。

戴燕：说到文学研究的方法，我想到一个问题，记得董乃斌先生写过提倡用系统论等三论研究古典文学的文章，给人留下的印象很深。那么，在唐代文学研究领域，像这样借助当代国外流行的方法进行研究的情况多不多？

董乃斌：那文章是奉《文史知识》之命写的，我当时正在新学科研究室做主任。我想，趋新骛奇是人之常情，问题是对于新方法，一定要先搞清楚了再用。比如结构主义吧，我看它本身就很复杂繁琐，不大好理解，而原型批评、叙事学、符号学则比较好用一点，所以我主张不妨用自己已经理解的那一部分，并且在运用过程中不断总结、不断修正。

戴燕：能不能举出这类研究中的较好的例子？我最怕遇到有一种人的论文，他懂一点新理论，又懂一点古典文学，就随便丢在一个锅里，结果让人看着别扭。

陈尚君：1985年在洛阳开会，程千帆先生就提出来，你们年轻人现在有这样那样的新观念新方法，很好，我能听个大概，但不全懂，能不能做一篇出来看看？应该说近来有一些用新方法而较成功的著作，但是不多，我知道自己是用不好的，与其画虎类犬，还是不做为好，可我不反对有人用。我以为讲新方法，也一定不能放弃传统，国外汉学家在这方面做得较好，日本尤有规范。有的年轻人认为，讲传统一套的不可能超越前人，只有抛弃传统才能出新，这样不会做出像样的工作。

董乃斌：我是不排斥使用新方法的，尤其不能因为有人用得不够好就反对它。事实上，用得好的也有，如林兴宅先生《艺术魅力的探寻》，用新方法阐发古典文学的意义，是讲出了许多新意的，虽然它并非专门研究唐代文学的著作。其实所谓新方法，并不神秘，不过是我们以往不大熟悉的一种研究思路，虽然西方人是在研究他们的文学时总结和提炼出来的，而我们研究的是中国文学，是中国古典文学，但在方法论上，却不是没有意义的。钱锺书先生的《管锥编》一部大书，我理解，归根到底是讲了一个道理：东、西方人的思想感情、文学表现乃至修辞手法，都有可以相通之处，虽然各自在文学表述上有的出现较早，有的出现较迟。钱先生以大量例子证明了这一点。以前我们封闭，不知道西方文论的种种新变化，改革开放以来，种种新的西方文论涌入，当然会使人感到新鲜，当然会有人拿来试用，自然难免不当直至失误，这并不奇怪。这里既有种种实际的困难，如真正懂外文原著者少，浮躁心态，浅尝辄止，不够踏实的学风也带来不好的影响。但无论如何，学习与试用新方法不可一概否定。我并不主张照搬新方法，要学习、体悟的是人家的思路。当年我们学习马克思主义，反对死记硬背，照搬教条，而力主学习其立场、观点、方法，今日对于西方文论，则是要研究一下，人家何以会想到这条路上去？何以会想到采用这种方法？用这种方法是否能够提出些新问题、新视角？也不妨对照我们的研究对象思考思考，看会有什么新发现。这就是我所说的运用新方法，这对文学研究有何不好？

戴燕：理论上不会有人反对这一点，我担心的是做起来恐怕不那么容易。

董乃斌：像新批评的方法，虽有割断文学与其外部一切联系的弊端，但重视文本的原则并不错，就可以吸取，这种细读文本的方法，在英美做得非常学究气，非常精致、非常微观和非常繁琐，这恰恰可以弥补中国传统文学研究的不足；我们的传统往往是大而化之的，缺乏系统性，缺乏逻辑意识，也缺乏理论，讲到诗，就只有吟诵之学，像有的老夫子吟得如痴如醉，连连叫好，可是问他好在哪里，就说不出了，叫你自己去体会。我觉得，读解中国的诗，不妨试用新批评的方法,使我们的分析、阐释更理性化一些。另外意象研究和符号学似乎也可用,已故陈植锷的《诗歌意象论》写得不错。我也曾用符号学方法研究过李商隐诗中的"蝴蝶"意象,研究过诗词中书信和梦境的意象组合关系,觉得挺有意思。

赵昌平:我不很同意说传统的文学研究缺乏理论,只有吟诵之学。这又牵涉到有没有文学研究的方法问题。在我看来,吟诵恰恰是唐诗研究的第一步,没有吟诵的功夫,根本进入不了唐诗研究的堂奥。我认为唐诗研究者必须有两个基础,一是对资料的尽可能详细的占有,包括文化背景、诗史背景、诗人行事及其群体动向等等;二是对诗歌的感悟能力,文学文本的解读不同于科学文本,就在于感悟,感悟靠灵性,灵性部分来自天分,部分则靠吟诵与背诵。用语言学批评的说法来讲,诗的语言结构靠的是肌质联系,诗歌的魅力在于它有"1加1大于2"的效果。吟哦记诵间所获得的,超乎文字之外的独特感觉,便是以后进入研究时的主心骨。只有在大量记诵的基础上,养成对诗歌的特殊敏感,才不至于在纷繁的材料和任何理论框架面前失去自我,才谈得上个性化的研究。所以说诗歌研究不是没有方法,而是在它的方法中,理论、视角都是第二义的,第一义的是感悟。有感悟,有个性化的感悟,从任何视角切入,都能有所创获;没有感悟,视角、理论都是死的。有感悟,便能以此为本,吸纳各种理论的养分;没有感悟,只能成为乒乓球,被各种理论乒来乓去的乒乓球。我想文学研究的方法有许多,这里无法展开,但上面说的,是文学不同于其它学科的研究方法的核心。文学研究的多元性,即来自于这种以感悟为根本的个性。我知道,并非所有的老先生只知吟诵而不知其所以然,我有幸从学于林庚先生、施蛰存先生、马茂元先生以及袁行霈先生,他们都能大量记诵又感悟极佳。茂元先生的研究生说他能背一万首唐诗,我曾问他是否如此,他谦称:"五千首,五千首吧!"而茂元先生的唐诗论文堪称美文。我也看过一些现在的博士、硕士论文,他们吸收新思维的敏锐性超过我们这一辈，但缺陷往往就在记诵太少而导致的感悟能力不足上。

董乃斌：研究诗歌，不仅是唐诗，也不仅是中国旧诗，需要多多记诵，而且需要研究者敏锐独特的感悟，这都是没有问题的。对于诗歌研究，感悟和理论（理性分析）其实是相辅相成、互为前提的。我想不一定非要分出第一义第二义来。当然，这个问题还可以讨论。

对唐代各种文体研究的不均衡状态

戴燕：在唐代文学研究中，是不是有一点偏重诗，而不够重视其它文体的偏向？

董乃斌：我曾经计划搞个《唐代小说史》，可以放到江苏古籍出版社出版的"断代分体史丛书"中去。已经出版的《中国古典小说的文体独立》写的主要还是"小说前史"，即中国人的叙事思路如何由萌芽发展成熟，用的方法是以"叙事"为核心的概念，审视各类文体中的叙事因素，看小说如何从经、子、史、诗、赋等文体的孕育中诞生的过程。在唐代小说中，只着重涉及了传奇，以之说明小说文体的特质，用传奇来说明小说文体已经独立。我读过程毅中先生的《唐代小说史话》，此书为唐代小说的发展勾勒了一个轮廓，列出了基本的史料。也看过王汝涛先生的《全唐小说》，但觉得编、印两方面都存在着较多问题。我知道上海的李时人先生在编《全唐小说》，希望他能搞得更精，因为资料的搜集整理是进一步研究的基础。

戴燕：你好像始终是在尝试运用不同的方法和视角，提出新的问题并解决它们。

赵昌平：相对于诗而言，文和小说的表现力较为明显，人的本性趋向于对似明似暗的东西发生兴趣，因此唐诗总是较唐文吸引更多的读者和研究者,我想这一局面,一百年后也不会改变。有人说唐诗研究得差不多了,事实上,在独特感悟基础上的唐诗研究不是太多,是太少。当然应该注意,唐诗与唐文、唐小说的发展并不隔离,当人们倾心于大文化背景的研究时,往往忽略了这些相邻部类的交互影响,但影响归影响,文各有体,体式区别仍是最主要的。因此我不大同意"打通文体"的说法。比如论韩诗,总说他"以文为诗",其实就体式看,韩诗的散化在诗史上渊源有自,在韩愈是"一风鼓群有,万籁各自鸣",有交互影响,但诗仍是诗,文仍是文,体式之别,晰然可辨。研究诗歌必须懂得各体诗的体式,今人往往只论意象,不明体式,恐怕难以深入。

戴燕:现代人如果不写古诗、不吟古诗,大概难以体会到唐诗的所谓"体式"。我隐约觉得,有时候,还是需要将古人习惯用的概念、术语,转化为现在人听得懂看得明白的语言的。即便是在极端深入的专业研究领域,是不是也要考虑适度的开放?

陈尚君:重诗轻文,是显而易见的。就文来说,也有轻重,大家似乎习惯地把骈文当作古文的对立面来批判,对骈文的研究,除已出版的三、四种通论提到外,几乎空白。其实从唐代的实际应用和流行的情况看,占主导的还是骈文,韩柳古文只风行半个世纪,欧阳修出道以前的近两个世纪,仍是骈文的天下,但骈文的内在技巧,今人却较少留意。再如碑版文,古人也极重视,是用力最多的,应多从文章学角度予以重视。应用型文体研究,就更薄弱了,赵和平先生的唐代书仪研究,是很有意义的。

对国外同行的了解和评价

戴燕:前边的谈话,已经涉及了对外来理论的吸收,不如我们来讲一个与唐代文学研究有着更直接关系的问题。我想知道你们对国外同行的研究有多少了解，评价如何？

董乃斌：因为种种原因，主要是外语的限制，了解得不多。以前我写《李商隐传》，知道刘若愚教授搞过一本李商隐的东西，前边论述，后边选诗，但我只从安庆师院周建国先生的译介中了解一些，非常有限。我还知道法国学者吴德明（中文名）教授有一本类似的书，更无缘见到，见了也读不懂的。我倒是读过日本《东方学报》连载的李义山七律、七绝集释，是荒井健先生领导的读书班做的，他们一首一首地集释，从词源、典故方面来研究，还有串讲，极细，但问题是李商隐的诗比较复杂，很难取得所谓科学的统一认识。平冈武夫教授做的那几种类似索引的东西，花了很大力气，是有用的。上海古籍出版社和中华书局分别出了几种外国学者研究中国古典文学的著作，我看过一些，我还为《书品》写过松浦友久教授《唐诗语汇意象论》的书评，对那本书总体学术评价很高，我认为他的方法是由简到繁，再由繁到简，典型的学院风格，为学术而学术。不过那本书有一点令我不满的地方，书评里写得比较含蓄，就是它对中国诗中多用"蛾眉""断肠""猿啼"原因的解释，作为一个中国人，我想它伤害了我的感情。

戴燕：这里边恐怕还有一点文化隔膜的问题。

赵昌平：在美国的研究者中，史蒂芬·欧文教授不错，车淑珊教授的方法不错，美籍华人刘若愚教授、高友工教授、梅祖麟教授都不错，加拿大华裔学者叶嘉莹教授相当出色。日本京都的兴膳宏教授、东京的松浦友久教授是最有代表性的，兴膳宏教授的方法传统一些，松浦友久教授用了些新方法，他的弟子中间不乏佼佼者。就总体水平看，日本较好，也有相当长的传统。

陈尚君：像我这样大规模搞文献的，国外有没有，不大清楚。我跟你们有同感，日本学者做索引很认真，对具体作品和问题的研究很细致，方法和眼光都有独到之处，但对文献的解读，常有求之过细,或过分依赖索引,不够透达的地方。看过史蒂芬·欧文教授的书,他对初唐诗的解说是从作品出发的,理解上或有出入,但看到许多我们忽视的东西。顺便说到,他在1992年哈佛出版的一本书中有一小段注释,说韩裔学者方志彤先生在迄今未出版的著作里,对《二十四诗品》作者的怀疑与我近似,这不能不引起我的兴趣。

戴燕:至少在唐代文学研究领域,还是中国学界的整体水平最高,可以这样看吗?由于对外交流机会和渠道的增多,最近许多人都发现,有些国外汉学家的水平是很高的,因而产生了压力和危机感。

董乃斌:交流和学习是必要的,外国学者特殊的方法、视角对我们会有启发,同时,他们的研究实绩也不容忽视,刚才陈尚君说到与方志彤先生英雄所见略同,这个现象就很有意思。但是,在唐代文学这个领域,我们还是应当有点自信,不是吗?

陈尚君:十多年前,我坚信治古代文学,日语有用,放弃了英语的提高,近年国外学术著作大量译出,看过《唐代的外来文明》《剑桥隋唐史》《清朝开国史》等,深感国外汉学界对文献的占有,对已有研究的尊重,议论的深入切实,都超出我们的想象。说唐代文学研究中国的整体水平最高,我以为只是相对的。包括我自己在内的大部分研究者,在确定选题时,对国外学者的有关研究,都一无所知,重复撞车不可避免。

戴燕:这么说来,国内学者对国外同行的了解仍然不很充分。

董乃斌:是很不充分。国内学者精通外语的,往往不搞古典文学研究,也不愿把力气花在介绍外国的研究成果上。文学所有个研究室,曾有部分同志负责"国外中国学研究"的动态,但后来有的同志不愿再做这种"代读"的工作。而目前很多古典文学研究者外语程度拮据,妨碍了他们去阅读外国的研究著作。要改变情况,不是一代人的事。

戴燕：有时候我想，因为对人家了解得不够，会不会再导致那种或全面否定或盲目崇拜的极端局面产生？

赵昌平：总体上恐怕不存在全面否定与盲目崇拜的问题。至于"自信"，也不必这样提出问题，学术是国际性的，互相启发、互补短长而已。有些海外学者的研究很精辟，像兴膳宏教授关于五言诗起源的研究和谢朓的研究，松浦友久教授关于唐诗音步的见解，都领先了一步。叶嘉莹教授的资料功夫与对诗歌艺术的悟性是一流的，因此成绩斐然。就总体而言，至少在中西学的融通方面，海外学者比我们成熟，海外华裔学者在这方面更有天然的优势。二十世纪学术的走向是中西融通，这一倾向至少在可以预见的将来会继续成为主流。如果这一层不错，那么，我们更应多注意海外同行的动向。我们这一辈在外语上吃亏，日文资料我还可以看，英文就只能看译著，很不便。

陈尚君：我同意你们的看法。我们这一代受先天、后天因素的影响，只能是过渡的一代，但我们有责任告诉年轻的一辈，真正高格调的研究应该具有世界眼光，不要盲目自信，急功近利。

唐代文学研究者的分布

戴燕：从你们所属的机关来看，研究所、学校、出版社，恰好是近代以来学术环境的最重要的三个组成机构，能不能就此谈一谈，由于职能不同而造成的彼此不同的研究特点？

董乃斌：文学所的古代文学研究室按时代分三段，唐宋是第二段。六十年代编写三卷本的《中国文学史》时，唐宋为一段，由钱锺书先生负责。何其芳先生、余冠英先生对唐诗也极有兴趣和研究。此外还有陈友琴先生、乔象钟先生、蒋和森先生、王水照先生、吴庚舜先生等,可以说形成了一个很不错的梯队。他们除了编写文学史,各人都写了不少专题论文,有些文章当时颇有影响。还搞了一本六百首左右的《唐诗选》,人民文学出版社出版;我曾参加过一些后期的工作。在资料方面,陈友琴先生的《白居易诗评述汇编》,是这一类书的开创者,最初由科学出版社出版,后来成为中国古典文学研究资料中的"白居易卷",改由中华书局出版。不过这一类纯资料性的工作,做得不算多。"文革"结束,拨乱反正以后,"中国文学通史系列"的工作上马,这是国家重点项目,是大家必须参加的。其中唐代文学上、下两卷由文学所承担,我和许多后来的同志都参加了,而且逐渐成为主力。所以,写单篇论文和编文学史,始终是文学所古代室同志工作的重点。由于这种情况,我们一般比较关注研究动态,比较重视对古代作家作品理论的剖析,有较强的理论建构的自觉性。当然,这不等于我们不重视资料工作,有的同志在考订、笺注方面也很有专长,很有成绩,只是纯做资料工作或只写考证文章者较少。随着老一代专家的逐渐谢世,文学所在不少方面失去了原先的某些优势,唐代文学研究自然也不能例外。古代中国的文学内容太丰富了,当代中国的文学研究界能人太多了,由一个单位在各方面都保持优势,是不可能的,理想的就是全国各研究单位、各高校都有自己的专长和特点,共同缔造一个繁荣昌盛的局面。

戴燕:说到这里,我问一下,你现在怎么教你的学生?

董乃斌:有一个学生在做李贺的研究史。我觉得学术史这个研究方向,在今后一段时间有不错的前途。

戴燕:陈尚君,你的辑佚和考证范围也许不久就会超出唐代。

陈尚君:我一直就不限于唐代。研究生时,南、北宋文献都接触过,转入唐代,发现治唐者多仅限于唐系列文献,宋系列中有许多唐代文献,从无人提及,因而引起辑录唐诗文的兴趣。近年对从秦到民国的问题都有兴趣关心,但形诸文字,不像唐代有把握。以后我可能会上溯六朝,做汉唐佚书研究。我注意到,如果把乾嘉以来的学问梳理一下,就会发现有些地方挤满了人,有些地方却是一片空白。走马楼吴简可能带动吴史研究,孙吴典籍,前人很少用的。汉唐别传,从《曹瞒传》到《邺侯家传》,存世残文极丰富,值得总结。前人说六经皆史,我有同感,一切有文字的东西,都可为文学研究所用,至于运用之妙,就看"存乎一心"了。

戴燕:你不会在课上专讲辑佚和考证吧?

陈尚君:我给本科生和研究生都开过文献学、史料学的课,讲史料运用的方法,也举考证实例,当然是显豁易懂的。我希望他们懂一些考据,同时有开阔的视野和较好的理论素养。学生写论文,我主张要视其性情选择题目,最近有同学以集贤院与文学、唐代神仙小说为题来做论文,我都支持。

戴燕:现在搞唐代文学史料和考证的学者,好像多出在高校,不知道为什么形成这样一个局面? 另外,顺便请你谈一下有关新编《全唐五代诗》和《全唐五代文》的进展情况。

陈尚君:应当讲唐代文学界重视史料考证,超过其它各代的研究,甚至比唐史学会还重视史料建设,有关成果很多,形成其特色。傅璇琮先生、周勋初先生近年完成的《唐人选唐诗新编》《唐人轶事汇编》,都着眼于一代文献的建设。傅先生主编的《唐代文学编年》已大体搞完,可以说把唐代文学发展的时序、过程彻底清理了。专治《全唐诗》而又卓有成就的人中,我最钦重湘潭大学的陶敏教授,《唐代文学编年》的一半篇幅就是他承担的。高校里边的确有一些教师,长期从事着唐代文学史料的整理和研究工作。随便数数看:河南大学有一摊人在搞唐诗,湖北大学有人在搞唐五代词,上海师大有人搞唐人小说,南开大学有人做志怪传奇的考证,南京大学有人辑录诗格文献,厦门大学有人专考晚唐五代诗,还有河北大学、山东大学、安徽师范大学等,都出了不少考证或集释的成果,最近听说吉林大学有人开始做《新唐书艺文志补》,我想他们都能够代表唐代文学研究的较高水平。正是在所有这些研究的基础上,《全唐五代诗》从1989年起步,到杜甫为止的整理工作已经完成,不久可以陆续问世;《全唐五代文》的工作也展开经年,但问世则不容乐观。

戴燕:对于一个大学教师来说,使他确定自己研究课题和项目的原因,可能有哪些? 比如说,受国家社科规划的影响大,还是受出版社选题规划的制约大?

陈尚君:社科规划从全局来说,意义重大,但对唐代文学这样的具体领域来说,又另当别论,从一定程度上说,受出版社的影响更大。我相信最有意义的学术工作,是个人独立研究中得到的,与社科规划和出版社选题都无关,但是长期积累、程功巨大且按部就班才可完成的工作,立项经费和出版保证都不可缺少。相形之下,后者尤其重要。

戴燕:唐代文学有自己的研究年鉴,有自己的研究书系,在整个有关古代研究的著作出版那么不景气的状况下,唐代文学真是得天独厚了。我常听人说,唐代文学研究界的风气特别好,这种好风气如果得不到出版的有力支持,是不是也难以维持?

陈尚君:这一点显而易见。另一个重要原因,唐代文学界的几代人,都比较重视学术规范的传承,鼓励有踏实文献依凭,又有独立见解和个人体验的研究。

赵昌平:中国有名望的专业出版社,历来是准学术机构,就上海古籍出版社而言,也有很好的学术传统。我们选题的骨干部分,还是国家社科规划项目,有五年计划、十年计划,但因为自负盈亏,每年学术著作的出版比重都要有所浮动。我们社由于要面向整个文科,分配到某学科某时段的选题,必然十分有限,不过总的说来,真正高质量的稿子不怕出版不了。陈尚君说受出版社的制约,其实他的书稿都出版了,我约他一本《隋唐五代诗纪事》,八、九年了,是我在等。简单地说,有名望的出版社对于高质量的学术著作,是尽其所能支持的。唐代文学研究的水平好一些,得到出版界的支持也多一些。坦率地说,这几年我找高质量的古典文学论著,找得很艰难。我算是"骑墙"于学术与出版两界之间,可以说这样的话,学术的景气与否,首先要看自身的风气与能力,其次才是出版社的支持。

戴燕:当然是偶然的,不过傅璇琮先生和你在近年分别担任中国两家最重要的古籍出版社的总编辑,对唐代文学研究来说,算不算一件幸事?

赵昌平:出版社总编对全社的选题负责,其实不可能一味从自己的专业来规划,偏好当然有些影响,但不是主要的。我们社出唐代的古籍整理本和论著相对多一些,主要是唐代文学总体研究水平高一些,研究者、爱好者也多一些。个人的影响是有限的。也许傅先生的影响大一些,这与他个人的威望有关,我不敢比并。再就个人的研究来说,在出版社职位越高,自己的研究时间越少,我总算被学界朋友视为同类,是我的幸事。在我看来,对学术风气影响较大的,应该说是大学。

对唐代文学研究未来的估计与期待

戴燕:在以后若干年里,可以想象唐代文学研究会向什么方向发展吗?哪些题目上还具有开挖的潜力?

董乃斌:我以为唐代文学研究,今后除在发现新史料、资料整理上,还有不少工作可做外,还有几个方面值得注意。简单地说,一是综合研究,从实际出发的理论建构;二是交叉研究,与其它学科相交叉,如民俗学、比较文学和叙事学;三是学术史研究,如四杰的研究史,李白、杜甫等人的研究史,唐诗研究史。

赵昌平：第一，中西学的融通仍是主要趋势，在吸纳西学养分的过程中，建构民族性的诗学乃至文学理论体系；第二，这一过程不是靠心造的宏论，而是在大大小小的个案研究中逐渐深化的，这种体系也不是独此一家，应当是多角度、百花齐放的；第三，今后数年内，历史文化因素如何进入文学内部，其中介或者说具体形态是什么，仍将是关注的重点；第四，对注意不够的领域的开拓，就唐诗而言，体势研究、音韵研究、诗格研究，谁能潜心在这些点上下死功夫，必会有所创获。

陈尚君：史料文献工作是有一定限度的，史料理解的歧义不应很多，考证方法也有一定的规律性，从这一点来说，我不主张求之过深过细。刺史以下还能考县令、县尉，当然也有用，可是仅得百之一二，意义就不大。希望将诗人生平逐年弄清，作品全部系年，愿望当然好，事实却办不到，还是存疑为好。就我所见，有几件事是值得做的：一是史实文献研究的总结性工作，已有那么多研究成果，不作系统的清理归总，一般研究者无法充分利用，《登科记考》《两京城坊考》都值得重做。二是重要典籍的笺释，像《云溪友议》《本事诗》《唐摭言》《明皇杂录》等。三是检索工作，不仅限于人名、书名，词汇、名物都应该能检索，这方面我们大大落后于日本，也不及台湾。此外还需要多与国外交流。

戴燕：我想就此机会也了解一下你们个人的研究思路和取向。还有对你们来说，这种研究意味着什么？

赵昌平：我的主要研究方向仍是唐诗史，即唐诗演进的轨迹与形态。我的视角大致可以这样归纳，就是以时代的历史文化氛围为背景，以诗人及其群体的个性化的心态为中介，以诗体的传承演变为归结。我的方法中很重要的一点是比较阅读法，把同一诗人的前后期诗作、不同时期诗人的同类诗作、唐诗里的与其它时代的同类诗作等等比较来读，别其同异，然后分析变异之点的生成历史与发生原因，因此再反观诗人的个性及历史文化背景。往往要反复多次。因此我说对文本的感悟是基础的基础。当然所谓唐诗的演进形态,只能是研究者由一定视角出发的描述,决不可能包含其实际形态的全部,而且一有视角,便有"死角",会舍弃许多其实有用的东西,这几年我常常就感到处于这样一种悖论之中。聊以自慰的一点是,我总是以感悟为研究的第一义,因此不断地修正视角,希望留下一点点有用的东西。

陈尚君:大约从五十年代开始,资料就成为论点的陪衬,学术界虽也讲论点应从资料中来,但资料考证一般不受重视,有的高校甚至不作为晋职的依据。我从八十年代开始涉猎唐代的基本文献,对我来说,这是尽我所长、避免平庸的一条道路。像我这样职业化地搞资料和考证,好处是在文献的甄别和去取上,态度比较客观,不像专治一家的人那样,容易受感情影响,而所涉既广,发现并解决问题的机会也就多一些吧。

戴燕:在谈话的过程中,你们提到过朱东润的传记文学理论,提到过林庚先生带有强烈个性的抒情式的研究,也提到过程千帆先生的很深的古典诗词修养。我有一个很深的感受,就是你们是深受他们那一代人影响,并且十分敬佩他们的。但是,老一辈学者所拥有的修养素质,以及他们治学时的环境条件,都已经不复存在了,对于年轻的研究者或者预备进入研究领域的人来说,怎么样才能使自己的研究,也获得不错的结果呢?

陈尚君:前辈学者的文化素养和治学环境,已经是我们可望而不可及的了。譬如作古诗,我们没有经过严格训练,也缺少师友切磋,强作难以做好,不做对古诗的理解难以深入,这是很无奈的。但我们比前辈也有许多优胜之处,在文献占有和检索方面,比前辈那时不知要方便多少。海外的来往也多了。我想对年轻的初学者来说,一是要打好基础,过古文阅读关,一定要读原典;二是掌握方法,熟悉目录学尤为重要;三是要有现代意识和世界意识。

赵昌平:学术的进展总是先后相承的,学养虽不及前辈,但学术仍可以有进展,学术上不能有所拓展,最大的障碍不是环境。我总认为最好的朋友是自心,最大的敌人也是自心。不知对青年学人能否有所启发。

董乃斌:我要分两个方面来讲。一方面是致力于掌握和吃透已有的原始资料,并努力发现新史料,史料的把握是个基本功,但不完全是死功夫,学术视野的扩大和学术洞察力的加强,有助于史料的发现和使用;而另一方面是致力于了解他人,包括前贤、同时代人和外国同行的研究成果,这既是对他人的尊重,也是学术规范的基本要求,同时也是使研究事半功倍的有效途径。有一点很重要的,就是要十二分地致力于理性思辨能力和理论意识的自觉提高,努力于把一系列具体认识和具体结论上升为理论的建构,这是针对中国传统的思维方式的弱点提出来的,所以需要格外强调。忽视理论,甚至藐视理论,以为强调理论必然导致空疏,这是我们学术界的一个思维定式,古典文学界尤甚,如果不注意克服的话,到下一世纪,必将严重地影响学术水平的提高。

（本文原载于《文学遗产》1998 年第 4 期）

文献、文化、文学之契合

　　文献、文化、文学是古典文学研究的三维。三维成空间,所以应当树立整体研究的观念。个人无论侧重于哪一维,都是整体研究的一部分,也因此,最好对其他两方面也有所了解,也兼做一些那两方面的工作,有所融通,了解理路。至于那种厚此薄彼,甚至相互轻视的看法、做法,显然不可取。可以断言,一个时期的文学史研究的进展,一定是此一时期三维研究各有发展、互通互助的结果。就古典文学学科而言,说"文学"是本位,"文献"是基础,"文化"则为必需的视野,应当没有异议。问题在于这三者在文学研究中,究竟构成何种关系。

　　文献学是一切中国学术的基础。近世以来,尤其是近三十多年来文献学研究的成绩在中国文史研究三维中最为显著,也为文学研究的推进,提供了最丰沃的土壤。我们唐代文学学会最近两任会长傅璇琮、陈尚君先生都是首先以文献学研究著称的,便从一个角度反映了此种事实。我主要治文学史,但是每一篇论文起始的工作就是要查核傅、陈等十数位文献学专家的考论,试想如果连研究对象究竟留存多少作品,自己所面对的文本是真是伪,是原始的还是经后人改订的都搞不清,又如何进入研究?我一直认为,每一种新文献的发现或旧资料的考订,都潜在地对各种文学文化现象提供新诠释的可能。学科整体研究的突破经常以文献学的突破为前提。对于古典文学研究而言,不存在文献学重不重要的问题,只存在相对于其他人文学科,古典文学之于文献学的关系,在一般性外,又具有何种特殊性。

文学的文化学研究是近二十年来的热点。这是对近百年,尤其是学习苏联以来风行的文学的社会学——其实是以机械唯物论为主导的偏颇的社会学——研究之反拨;然而同时也是对后者的某种延续。偏颇的文学社会学强调政治经济对文学的决定性作用,而二十年来风行的文学的文化学研究则强调文化对文学的至为强大的影响,殊不知每一种文化类别即有着其自身的基本材质与发展系列,政治经济不能为之创造什么,然而却能改变其发展的方向。因此文学的文化学研究,从实质上来说应是真正的社会学研究的组成部分。一个时期的文化,其实是此时期社会风气的总和,所以,较早地,我就用“文化生态”一词来代替“文化”。文学的文化学研究以罗宗强先生的断代系列著作为标杆,引发了古典文学研究上的重大突破;然而,能做到罗先生那样的著作并不多见。常见的弊病是以一种文化现象与一种文学现象相对应,譬如以一种佛教现象与一种文学现象相对应等等,而经常重犯了偏颇的文学社会学研究那种穿靴戴帽、拉郎配的弊病。

文化与文学的关系,也可以归结为一个问题,即文化影响到每一学术门类,而文学的文化学研究应当具有哪些不同于其他学科的特殊性? 有一种看法是文化是外部因素化为文本内含的中介。这种观点之失,首在于文学本身即是文化的重要构成因素,因此有逻辑不周之弊;又在于文化氛围是一种共性,又如何解释处于同一文化氛围中的文学会有种种不同的流派乃至万千各异、波谲云诡的文学作品? 三四年前在香港浸会大学一次国际诗学研讨会上,有位年青学者想挑起我与陈尚君先生的论辩——当然是善意的。因为在他看来尚君先生是“文献”派,我是“文学”派,确实,我们的路向是有所区别的,但我们有一个最重要的共同的学术观念,最近尚君先生多次表达,文学的文献学研究要注重“人”的研究,而我的

"文学观"也一直是以个性化的人为中心的。"人"的研究应当是文学与文献学,乃至文化学的契合点。

应当说这看法并不新鲜,文学是人学,大家都耳熟能详。问题更在于,一切人文学科都可以说是人学,而"人学"在"文学"中又究竟以何种形态体现?

任何复杂的理论问题,如果返其本,核心往往是很简单的。文学的载体是文章,舍文章便无所谓文学。文章当然也是史哲等学科资料取给的渊薮,但着眼点不同。就作者而言,思想家着重要表述的是思想,历史学主要表现的是事实与事势,而当他们要考虑如何表达时,便进入了文学的领域。这是中国文化历来文史同源的原因,也是前数年主张大文学研究的依据所在。再就研究者而言,思想家研究着眼于文章的思想资料,历史学研究着眼于文章所记的事与势。二者都着重文章"说什么",文学则不仅关注文章的思与情、事与势,更在同样关注"说什么"以外,进而要求关注"如何说",再进一步要探究"为什么会这样说"。如果说"意、言、象"关系是中国哲学思想学史上一个重大命题,那么就文学研究来说,"意、言、象"关系更是一个贯串作者创作终始,也贯串中国文学、文论研究终始的核心命题。

由意、言、象这一核心命题引发,中国文学的总体要求是以语言来显象见意,言以见意是对一切学问的普遍要求,言以呈象而达意,则是对文学的特殊要求。因此,无论是草创期的文史同源说,还是形成期的文笔分流说,中国文学理论的本根在于对创作实践因内及外的探究。实践性与浑沦性是中国文学理论的最可贵的特征。但遗憾的是,迄今为止,我们仍更多地企望依靠外部的理论架构来解释中国文学史的种种现象,尤其是跟着历史学理论走。

这也是有原因的,近代以来,中国人文学科,建树最富的是史学,文学史作为一种类别史,在未有自身的语言系统或说理论架构等时,参照历史学的种种架构是很自然的。但是如前所说,史学架构也不能代替文学架构。譬如，唐代庄园史研究在近十年收获颇丰。它揭示了唐代公私庄园发展的种种事实与态势，但它不能解释同为中朝大员，同有贬谪经历，同样拥有大山庄的王维（辋川）、李德裕（平泉）作品的不同情思与风格。要解决这个问题必须更深入地研究这两个"人"，研究在相近相续的庄园发展的文化现象中两"人"同中有异的文学表现。大抵来说，历史包括类别史研究的重点是由个案中抽绎共性化的态势，而文学研究则反过来要具体地研究在那种态势中人的个性化的行为乃至语言表现。

　　这里不妨谈谈我对这一问题的认识过程。基于多年来对于一个又一个文学史个案的研究，1986 年我想对当时热议的外部因素转化为文本内含的中介问题作一回答，于是有发表于《文学遗产》的《线点面综合效应及开放性演进》一文，如葛兆光先生所言题目逐新，内容其实是中国的传统的。此文大意谓——作为创作主体的诗人，总是处于纵向的诗体演进的历史长河与横向的历史文化背景的交汇点上，并由心物相击引发而进行创作。因此，作为背景的历史文化因素之进入诗作内容的中介，应由诗人自身寻找。在对"意兴、意脉、意象"作研究后，我进一步悟到，这中介应是每一诗人的特定心态。除少数为一定理念而作的诗歌，这种中介是间接的，隐微的。诗人不断地以自己的个性感知着背景的各种历史文化因素，并在动态的过程中对之作个性化的活动建构而积淀于意识深处，遂形成其独特的生活方式，行为特征与情志趣味，成为其创作具体作品之前，潜在的意念与审美情趣。一旦情景泊然凑合，兴会标举，诗思奔凑，便选取他以为相宜的，一般也是熟习的诗体来进行创作。这时，诗歌语言作为其意兴的载体，通过意脉的整合被组织到诗体之中，呈现为由具有肌质联系的意象群所构成的特定的体德风格。每一次这样的创作都承继着某一诗体的前此特点，又积渐地丰富着并局部地改变着这种诗体风格。在我看来，诗体也是有"生命力"的。每种诗体在表现力上存在一定的潜能，诗人个性化的创作,正是对诗体潜能的不断开拓与实现。往往是经过众多中小诗人前后相继的努力与积累,至某一大诗人手中——他经常是处于最佳的机缘上——而由渐变中产生突变,使某诗体产生明显的演进。这一过程的螺旋形往复,便描下了诗史演进的轨迹。

至世纪之交,同样由于诗史研究的需要,在对《文赋》、《文心雕龙》,后来还有《诗式》等中古重要诗学论著作逐句逐章的肌理疏通后,我蓦然发现,中国诗学的话语系统根本用不到今人去重新建构;十五年前我的前述体悟也早已包含在一千多年前陆机、刘勰、皎然们远为宏富而精深的、可称为文学的语言批评的理论体系中。这个理论体系可称之为"文章学"。关于它的具体内容已具见拙文《回归文章学》、《"意匠"说与中国诗学"形式"批评的特点》、《中古诗学——文章学的思辨形态和理论架构》等,此仅就理解文学之于文献、文化的关系,对《文心雕龙》的理论架构作一提挈。

刘勰《文心雕龙》将以文体论为主的上篇称为"纲领",将以创作论为主的下篇称为"毛目"(《序志》),这一总体架构显示了中古文学的创作论正是以文章各体为落脚点的。

关于创作思维,刘勰以"摛神性、图风势、苞会通"九字(《序志》)概括。大意是:创作时的神思是以个别的心性为能动的出发点的,这种心性刘勰称之为"成心",即相对于原初心体而言的熔铄先天的才(传承)、气(气质),与后天的学(诗作)、习(习染)为一体的个性化的心体。神思的实质是,成心作为创作的大匠,通过其枢机、关键作用,将创作伊始物我相击而勃兴的兴意(直觉印象),转化为意与辞虚实互摄,含有会理综术功夫(文学性)的语言思维活动而贯彻于创作终始,并从而呈象见意成为情采彪炳的文章。他认为这种基于主体的个性(成心),尚于意辞含机入巧的语言行为——神思,是"驭文之首术,谋篇之大端",即文学创作的实质,所以要首先"摛"出,以立大本。

　　文章的语言组织,既因成心各别,则必"各师成心,其异如面",便有了基于个性的八种语言"体"格(体性),或说风格。八种体格虽异,而若能会机入巧,意辞密合,便都能形成苞情含风而"文明以健"的风骨、风力。风格乃至风骨、风力都还必须借助于一定的文体方能成为具体可感的文章。而这种内含骨力的风格附丽于文体的语言活动,是一个"循体而成势,随变而立功"的过程。风力借文体以成文势,又即时地"凭情以会通,负气以适变",使文体的既有特点产生某种个性化的变异。刘勰把他对以上过程的解析,称为"图风势"而"苞会通"。从中也可见到下篇"毛目"与上篇之"纲领"的呼应。

　　综上可见,刘勰以"摛神性、图风势、苞会通"来总括的创作论的基本思想,是以成心(个性)为能动的主体,以心物相击为创作的出发点,以意与辞虚实互摄,合理综术的语言活动为一以贯之的红线,而以文体通变为落脚点的文学的语言批评。而由此,我们也可以悟到文学之于文化与文献的关系了,我二十多年前的有关体悟,也由此可获得更系统精深更切合文学性的理论支撑。

　　首先,我们今天讲的以文学为研究本位,在中古文论看来就是以"文章"本身为本位,也正因为以文章为研究本位,所以它在承继千年来的重意传统的同时,已先期地感知了今天我们所说的"文学是语言艺术"的道理。文章作为一种意辞一元,相互含摄的语言的会理综术的文学性组织的思想,甚至暗合于当代语言学批评"含意味的形式"的观念。也因此,在我看来,舍文章而谈"文学本位"其实是一句空话。

　　其次,中古文论所强调的文章"三十辐共一毂"的语言的文学性组织,并非封闭性的。它不但不如西方形式主义批评,将语言的自足性强调到绝对地步而排斥文学的外部因素;相反,它对包括文化学、文献学研究的文学外部研究,提出了更高的要求。由于创作主体成心是先天禀赋熔铄后天学习所得而成,并处于不间断的再建构中,因此诗人必如前说,处于纵向的文学文化传统与横向的时代的历史文化的交汇点上。这一点,在《文心雕龙》中是通过创作论与《原道》以下三篇及《时序》以下三篇的联系来体现的。所以要研究成心何以作出如此或这般之个性化语言活动,就不仅必须研究文学的外部因素,而且还必须深一步探究各种外部因素的交互影响及其在不同禀赋的诗人成心中的"化合"形态,乃至即时即地的语境。正是在这一意义上,文学的文化学研究方具有真正的"文学"品格,而这种研究又有待于更广泛深入的文献学研究成果作依托。

　　由此,更可悟到所谓外部因素转化为文本内含的问题,在中古文论中是根本不成问题的。成心之作用,是外部因素与文本内含的真正中介。可分为两个层次:一是前创作阶段。能知的心体通过学习活动吸纳外部因素且与先天的才、气相熔铄而成为"成心",此时作者所吸纳的外部因素,已不复其原初形态,而是已经个性化而转化为作者的潜识与潜能。二是创作阶段。一旦物我交会,诗人兴发意生,也就是某种潜识被外物唤起而化为某种创作冲动之时。这时驱驭言语文字的各种潜能便临景结构,通过个性化的,意辞虚实互摄的语言活动,将潜识的朦胧醒觉意旨化、具象化,这样,外部因素便以成心的作用为中介转化为文本的内涵了。也因此,我们可以找到文学、文化、文献三维在文学研究中的契合点了。

　　应当指出,中古文章学并非空穴来风,孔门四科将"文学"视为与德行、政事,甚至言语三科相对独立的科目,并认为文章不仅要草创之,而且要斟酌之、修饰之、润色之,就显示了文学科习学的重点是主意尚辞的文章。因此,邢疏解"文学"为"文章博学"。博学是文章的基础,这也透现了二千年前我们的圣人也是将文学与文献、历史文化的学习视作一体的,我们今天又岂能将一体三维相互割裂?

(本文原载于《文学遗产》2013 年第 6 期)

研究唐诗应有的思维

　　我想起去年年底的时候,陈先生文集出版我参加了,今天参加了《唐诗学书系》的出版。我想人的一生中有这样一套学术性汇编的资料相当了不起,首先要向陈先生表示祝贺。第二,我想这个书出来我感到很欣慰,为什么很欣慰呢? 因为我是搞唐诗的,也是搞出版的。我的案头里陈先生的《唐诗汇评》《唐诗学引论》《唐诗论评类编》都是放在我第一线用的书里面。但是我一直有个遗憾,为什么我们古籍出版社没有把这套书印出来? 后来有这样的机会,陈先生的书重新出版而且要加进新的内容。陈先生跟我说起这个事情的时候,其实我已经不大管事情了,我还没退,但我早就不大管这个事情了。但最后我很感谢我们的高克勤社长,把这个当然还是有经济风险的出版项目完成了。我能够在我有生之年看到我们出版了这样一套唐诗学的东西,我感到非常欣慰。

　　还有很高兴的事情是,上海师范大学已故马茂元先生是我的论文答辩老师,我跟上海师范大学文学院的关系一直是比较熟的。马茂元先生以后,陈伯海先生有了这样新的里程碑。现在上海师范大学有唐诗学研究中心这样一个团队在,我想应该做出更好的东西,我期待上海师范大学唐诗学研究中心的第三个里程碑。然后简单地讲就是继往开来,陈先生的工作已经为我们做出了一个范式,我想以后的唐诗研究,一定是唐诗学的研究、唐诗论的研究和唐诗史的研究几方面的紧密结合。我想唐诗研究的学者大都是大学里的老师,每个人都有专长,有的注重文学,有的注重文艺,有的更注重于诗论,但是我想不管偏向哪一方面,你必须要这几个意识同时具备,这样以后才能在你这一块领域做出成绩。如果你搞文学史,你单搞这个,就作品论作品,你肯定搞不出来。以我自己的体会,我为什么觉得单搞唐诗史搞不出来?我写盛唐,写完盛唐我就感觉到没多大意思,你必须要有更深的理论认识。然后我返过去搞六朝诗歌、六朝诗论就不可收拾了,后来还打算另外搞这段,但是因为工作的事情耽搁了。我就是说,你要把唐诗史做深,你要没有唐诗学的总体思维,没有像陈尚君他们搞的这些文献学资料的准备,你是断不能成功的。因此我想在以后,唐诗学的发展形势必然是这几个方面的融合,特别是唐人诗论的内容跟他的诗歌创作情景的完美的契合,你的研究中能做到唐人的诗论跟唐人的诗作之间的完整契合,那么你一定能把唐诗学研究往前推进一步。

（本文原载于《学术界》2016 年第 7 期）

评程千帆、吴新雷先生的《两宋文学史》

——兼谈文学史编写的若干问题

写下上面的标题之后,我首先想起的是 1985 年在洛阳唐代文学学会第三届年会上,千帆先生对中青年学人大意如次的一段谈话。先生就当时学界"新思潮"与传统方法的论争提出两点意见:一是要尽可能详尽地占有资料,尽可能深入地研究文本;二是要加强外语学习,以更全面深入地了解种种新思潮的实质,丰富研究的手段,与传统方法相结合,走出新的路子来。事隔七年,论争或者讨论仍在继续,不仅大陆上每年都有数次大型的讨论会,而且据知,海峡对岸台湾学者们的有关探讨也愈趋热烈。不过我一直有种感觉,方法论的讨论虽然重要,但如果能与文学史研究的实绩结合起来,便会切实得多,而眼前这部《两宋文学史》,似乎正印证了千帆先生当时虽然简要却十分深刻的意见。事实上程千帆、吴新雷二先生的这部力作(以下简称程吴史),不仅给我以对宋代文学史的新鲜感受与发展线索的明晰印象,而且对我在编写《唐诗史》过程中所遇到的若干棘手问题,提供了应如何解决的启示。于是,我想将标题所示的两方面的问题结合在一起来谈,希望既能给程吴史的读者们一些参考意见,以便更好地了解这部优秀著作的精髓;同时也对海峡两岸正在讨论的理论问题,略陈管见,以获得批评与指正。

一、文本与作家研究的新进境——柱础之一

十余年来,古代文学史研究,可说是以对 1966 年前几部通行文学史(游国恩史、文研所史、刘大杰史)的评估与批评为出发点的。对这几部文学史的价值应如何看,后文尚会约略涉及。本章先说一种最普遍的意见,即认为通行史只是作家论的联缀,而看不出史的轨迹。这种意见固然是大体正确的;然而反过来,仍不能不承认,任何文学史的编写,都必须以作家及其作品(文本)的研究为起点与柱础,舍此,一切视角、线索、构架云云,都只能是空中楼阁。

程吴史的可贵处,首先在于出色地处理了文本、作家与视角、线索、构架的辩证关系;传统的文本分析法与汲取外来理论之合理因素的关系,它总是将对前人评论的精捡细择与作者自身敏锐的艺术感受力、独特的心解结合起来,尤其善于在比较之中别抉异同,显现因革,从而进行分析综合,使文本、作家的分析升华到"史"的高度。也就是说,它的视角、线索、构架,不是外在的机械的先验模式,而恰恰是从精辟的文本、作家分析中逐步、自然地形成的;而分析也因此显得高屋建瓴,精采纷呈。书中对于南宋姜夔与吴文英两家的分析,即是好例。

姜词素称清空疏隽,吴词则以密丽质实名家。自南宋末张炎起,历代词家多视以为二端;至清代浙西词派宗姜,常州词派宗吴,更有互不相容之势。其间虽亦有并取二家者,但因传统评论固有的特点(有优点、有弱点)而语焉未详。程吴史则在自己心解的基础上吸取了近当代学人(如叶嘉莹)的研究成果,抓住清空与质实的辩证关系,对传统评论作了精深而富有创见的阐发,从而在文本分析的基础上,得出了姜、吴二家上承北宋周邦彦而又各各因时创

革,既前后相承,又双峰并峙的结论,从而清理了南宋婉约派词的脉络与流变。对于"清空"与"质实"关系的阐述是这一节中的关键。作者在列举诸家有代表性的意见后,又别具只眼地引录了况周颐与蔡桢的二条评论,作为进一步分析的出发点,今迻录蔡说如次:

> 玉田以凝涩晦昧评梦窗,至有七宝楼台之喻,后人惑于其说,以为梦窗全集莫不如是,未免大误。夫梦窗用事下语,诚有深入而未能显出者;然《四稿》中不晦涩之作细绎之亦实不少。以其含思高远,琢语幽邃,读者不易得其端倪,遂概以晦涩目之,岂得为持平之论?

这段评论,既是前此论吴词意象"不尽秾丽",且"即使是字面秾丽,也可达清空境界"的小结;也是以下论吴词结构的纲领——后一点,所论尤其精彩。

作者先参考叶嘉莹有关论述,指出梦窗词结构有时间、空间交错杂糅,而脉络神理自然贯通的特点,然后进一步阐发道:

> 由于作者的思维并非直线发展的,而是随自己潜在的意识流的起伏跳跃,意脉前后旋转,因而在结构上也能充分发挥想象力,写景抒情都不受时间和空间的限制,转换自由。词人就可能把远近高低、上下古今的不同时空的各种景物摄取在同一幅画面里,自由地组成完整的形象。

接着便以梦窗《满江红·淀山湖》词作为典型作了精彩的文本分析。词云:

> 云气楼台,分一派,沧浪翠蓬。开小景,玉盆寒浸,巧石盘松。风送流花时过岸,浪摇晴练欲飞空。算鲛宫,只隔一红尘,无路通。 神女驾,凌晓风;明月佩,响丁东。对两蛾犹锁,怨绿烟中。秋色未教飞尽雁,夕阳长是坠疏钟。又一声欸

乃过前岩,移钓篷。

在解析这首扑朔迷离的名作时,作者首先提挈了隐伏其间的意脉:"这是梦窗从吴江瓜泾乘船到杭州经过淀山湖时的作品。上片写湖山景色,先总叙淀山的一片大好风光,然后展延到传说中的神仙故事。下片借景喻情,暗寓了作者漂泊江湖的身世之感。"接着又精要地分析了围绕着这一意脉,"作者的感情则被有意识地覆盖在景物之中。词中视角随着跨度极大的空间而不断转换,从山上到山下,从湖中到岸边,从龙宫到神庙,从天上到人间,甚至从淀山湖跨到太湖,进行了多角度的回环描写。周济在《介存斋论词杂著》中说:'梦窗每于空际转身,非具大神力不能。'正是指的这种独特的艺术手法。"在脚注中更指出这种手法可渊源于温庭筠。

这一分析,不禁使我想起了现代西方文艺批评中有关意象叠加,意象以相对、相近原则形成肌理联系,意识流等等理论(我不知二先生是否自觉地在运用这些理论,但从同时转引叶嘉莹的有关论述中可以推知,至少是间接地从实例中吸取了这些理论的某些因素);但是整个分析又均不同于这些理论,贯穿其中的仍是传统诗论的意脉观念。这二者的结合使以上的分析既未导致将吴词比附为西方朦胧诗的结果,又比起"空间传神""草蛇灰线"等传统说法来得真切具体。虽然,由于写史,这分析甚简略(比如,如果点一下上片主句"算鲛宫、只隔一红尘,无路通",实为下片末句"又一声欸乃过前岩,移钓篷"伏脉,则"借景寓情,暗寓作者飘泊江湖的身世之感"这一意脉,更易为读者理解),但是已有力地论证了梦窗词通过结构的跳荡、回环,以意脉贯穿看似碎散的片断意象,达到密中且疏,虚实相间境地的艺术特征,从而使姜吴两家的异同承革关系昭然若揭。

类似这样从精辟的文本分析来评论作家,显示演进轨迹的例子,在程吴史的每一章节中都能见到,这使这本学术著作读起来有触处生春、行云流水的感觉;而在愉悦的阅读之余,合卷思索,更会对一些方法论的问题有所解悟。这里我想先引录千帆先生有关治学的几段话：

> 文学活动，无论是创作还是批评研究，其最原始的和最基本的思维活动应当是感性的，而不是理性的，是"感"字当头，而不是"知"字当头。……由感动而理解，由理解而判断，是研究文学的一个完整的过程，恐怕不能把感动这个环节取消掉。"为文造情"，不但不适宜于创作，恐怕对于诗歌研究也不完全适合。（《答人问治诗》，《程千帆诗论选集》，山西人民出版社1990年版）

> 从事文学批评研究的人，不能自己没有一点创作经验。在我国文学批评史上，没有一个理论批评家是不能创作的。正由于他们有创作经验，才能够从自己的和别人（包括古人）的创作中，抽象出、概括出理论来……一位从来没有做过诗或没有其它艺术创作经验的人侈谈诗歌艺术，不说外行话，很难。（同上）

他曾在列举了南宋江西派与反江西派的对峙后说：

> 我们若不细读黄庭坚、陈师道、吕本中、杨万里、严羽、四灵、刘克庄、方回等许多诗人的创作，……就实在很难将江西派与反江西派闹的是一些什么纠纷弄清楚。所以，我们研究文学理论批评史，要想深入一些，细致一些，就决不可脱离当时理论批评家所据以抽象的文学现实，即作品本身。……如何理解作品，是继之而来的另一个问题，研究文学理论批评史……这纯粹属于逻辑思维的范畴。但是，阅读作品却不能完全这样。对于我们来说，阅读作品的最终目的是要分析它们，发现其与当时理论批评的关系，使自己的工作能够如实地反映出理论批评发展的历史进程，因此，理智的思辨是完全必要的。但不能忽视，任何文学作品主要是形象思维的产

物……通过欣赏，你才会产生某种感情，再追究为什么会产生
这种感情。通过这样的分析、抽象，才上升到理论。所以，对
于从事文学理论工作的人来说，如何读作品，比较深入地理解
作品，是一个不能而且无法回避的问题。（《读诗举例》，同上
书）

联系程、吴二先生的著作实践来看，以上所论，不仅说明了文
本研读是治文学史的柱础这一道理，而且反映了他们如何培筑这
一柱础，使之坚实的厚积薄发的过程。

钱仲联先生序千帆先生《闲堂诗存》云："空堂独坐，嗣宗抚琴
之怀也；天地扁舟，玉溪远游之心也。时复阑入宋人，运宛陵、半
山、涪幡于一手。"确实，劫后辉光，十不存一的《闲堂诗存》表现出
兼熔唐宋，远绍晋宋，骨老气清，圆美中见拗峭的洒然意度。（如果
我没有领会错，那末其得力于杜陵、涪翁、诚斋三家尤多。）这自然
是与千帆先生一系列的评注、研究著作，如《古诗考索》《古诗今选》
《先唐文学史略论》《被开拓的诗世界》中所收论杜各章……相辅相
成的。新雷先生同样累积深厚，他从陈中凡先生多年，对古代文化
看文学，特别是词曲、小说、戏剧下过很扎实的工夫，也同样有多年
的教学经验。因此，进入文学史编写前的文本研读工夫，不仅仅是
对个别作品的理解，而必须是对所研究段次的总体性的研读；不仅
如此，还必须有对前后段次的比较全面深刻的了解。（最好还辅之
以自身的写作训练或实践。）比如，如果没有对杜诗的精深理解，肯
定不可能有程吴史中对有宋诸家学杜而自成一格的精湛分析。这一
点我自己也有别一种体会，经常有学友问我，何以近二年由唐诗研究
转到六朝诗上去了，其实并非重点转移，而是我在酝酿《唐诗史》的过
程中，痛感到对六朝诗史的把握仍不足，而这方面不好好补课，是根
本谈不上进入《唐诗史》的编写的。而习作古诗文，也是我所师事的
几位前辈先生，如施蛰存先生、马茂元先生，布置的第一门功课。

程吴史文本研究更有一个极可注意的特点，即由大量的感知

的基础上向建构赏析理论、诗学体系发展的趋势。建议读者读一读《程千帆诗论选集》，特别是其中《读诗举例》《古典诗歌描写与结构中的一与多》《相同的题材与不相同的主题、形象、风格》《张若虚〈春江花月夜〉的被理解和被误解》诸章，其中有关一与多、形与神、曲与直、物与我、同与异、小与大诸关系的艺术辩证法的论述，有关对古代，特别是近代讨论家研究成果的再思考，应可帮助读者了解到，前举姜、吴词辨体溯源，在本书中虽只是短短数百字，却包蕴了作者在精谙传统诗学基础上，兼融外来理论，力图建构高于民族特色的诗学体系的积久艰辛的努力。可以认为，这是从王国维先生开始的，近当代有成就的学者的一条重要经验。在《答人问治诗》的最后，千帆先生就来人问对西方引进的许多新的研究方法有何意见时答道："非常惭愧，对于这些，我研究得很不够……如果健康和时间许可，我也将努力学习这方面的知识，并将其应用到诗歌研究工作当中来，我相信，这将是有益的。"读此，我进一步理解了七年前，千帆先生何以在要求中青年学人踏踏实实地发扬传统的同时，还要"学好外语"。

二、对前景材料的立体化的拓展
与考证梳理——柱础之二

程吴史中与精湛的文本分析相表里的是精审的考证梳理功夫，这应当是建构文学史体系的又一个不可或缺的柱础。关于考证，千帆先生曾论述道：

> 诗歌研究的极终目的，是要使诗人通过特定艺术手段所展示的他的心灵，重现在大家面前；而考证则是排除在这再现过程中，在语言上、前景上等等的障碍，总之是为了扫除外在

的隔膜，以便呈露内在的实质。……我曾经利用校勘学、训诂学、语法学乃至物理学等方面的知识，解决诗歌研究中的一些疑难问题，从而有助于对那些作品的内在涵蕴的理解。

可见，考证是作者文本研读理论中的重要组成部分，在文学史中虽不可能如在《古诗考索》中一样详述考订过程；但如以《嘉泰会稽志》中的冷僻记载解吴文英《齐天乐》"翠萍湿空梁，夜深飞去"句以见使典用词特色（语言障碍）；联系史实（前景障碍）商榷前贤，解姜夔《暗香》《疏影》，以见姜派词人咏物词寄忧国意识于不即不离之中的艺术特点等，均见别裁。程吴史中更有许多脚注，往往见出这方面的功力，不可等闲放过。如解秦少游"斜阳外，寒鸦数点，流水绕孤村"，脚注既引郭辑本《艺苑雌黄》及《笔麈》，指出其本于隋炀帝诗"寒鸦千万点，流水绕孤村"，复与晏几道"落花人独立"二句注（页195）所云实本于五代翁宏诗相互发明，从而可见北宋前中时期婉约派词人实际上已执周邦彦善用前人诗句之先鞭。[1] 凡此均于文本解读及别抉传承，比较异同，大有助益。

程吴史中更多显示出考订功力的是对作家及作家群行事、交往、结集情况乃至个人与时代关系、由此而生的心态等等的精审研究梳理。文学史说到底是文人与文人群的活动轨迹，因此不理清这些关系，同样难以进入史的编写。前几年有些研究者据西方结构主义语言学批评的一些说法，视这方面的工作为附加于文本的，外在的东西而予以否定，殊不知结构主义的有关论说既并非这么简单，且已为后起的学说（如新批评派等）所纠偏；更遑论以不同文化背景下产生的一种理论，去框架另一种文化背景中的作品，其凿

---

〔1〕 有关这一点似乎可以更作发挥写入正文。北宋前中期词人此类手法甚多，比如大晏词"一曲新词酒一杯，去年天气旧亭台"，实本郑谷《和知己秋月伤怀》"流水歌声共不回，去年天气旧亭台"；"春风不解禁杨花，蒙蒙乱扑行人面"，当本朱放"杨花撩乱扑流水，愁杀行人知不知"，而《木兰花》"绿杨芳草"一首，则檃括玉溪数首无题成句。欧、柳各家此类亦不少。

枘之处,不可避免。

程吴史这方面的考订梳理进入了系统的,具有立体感的境地,其特点有三:

首先,它既继承了通行史中凡大作家均分期叙介的传统,更充分注意了大量中小作家的铺垫作用,从而梳理了宋代众多文学流派的起因、构成、结余及影响。这是此书所以能明晰地显示"线索"的重要内在因素。比如于江西诗派,过去一般只突出"一祖三宗"。于吕本中,主要提其《宗社图》;于曾几,往往只于论陆游中简略附及;其他人则几乎不提。程吴史则在论山谷、后山后,既序列了前期江西派诸家的行止,并提挈了他们的共同风格,指出其愈趋狭仄的颓势,更专立《江西派诗风的转变和吕、陈、曾》一节,切实地论列了三家于黄陈的传承关系、三人间的师友关系,以及稍后陆游、杨万里等与他们的渊源。从而别具只眼地指出吕本中"确实是江西诗派发展过程中的一个关键性人物",他不仅因于时代,首矫前期江西派脱离现实之弊,更首倡"活法"并兼重"圆美流转",于山谷脱胎换骨法及瘦硬作风有承有革,其后陈与义由山谷、后山追溯老杜,"从黄庭坚的奇巧和陈师道的朴拙而发展为雄浑沉郁","号称新体",曾几更宗尚一祖三宗而兼法居仁,自成"清新活泼"一格,成为后期江西派与南宋四大家之间的"承先启后"者。这样不但揭示了前后期江西派发展变化的脉络(后期的论述中,同样有其他四家的序列),更为下章论陆、杨诸家的创变作了出色的铺垫,避免了过去有的著作论陆、杨诸家之转变每嫌突兀的不足。

程吴史考订梳理工作的第二个特色是不仅注意了政治背景的提挈,更注重了学术文化背景的进一步考索,可以见出陈寅恪先生历史文化理论的影响。如《南宋前期散文的发展》一节中,不仅提挈了"民族危机中的创作潮流",更着重论列了当时道学、心学、浙学三派鼎立及他们的交游状况;当时古文评选推崇韩、柳、欧、苏,尤重苏氏以及古文理论化的趋尚。从而既清晰地显示了南宋前期散文对八大家的文统,尤其是苏轼文继欧文后所形成的宋文新格局的继承,同时又可看出三派文的异同:共同的时代特点与政治家兼哲学家的身份所形成的忧国意识及学术意味(后一点又与北宋二程之迂腐不侔)是其所同;而由于对文道、义利、王霸诸关系的不同看法,又形成三派文论及创作上的种种区别与得失。不仅如此,更由于通行史中仅一提的鹅湖之会,在程吴史中已扩展为三派学人活动、交往情况的较细致的叙介并显示了三家既为论敌又为师友的人际关系,因而,这一节所引录的纸面上的文章,读来便显得饶有生趣。此节中对吕祖谦的重视,也正是这种立体化考察的必然结果,特富创意。微感不足的是,我总感到南宋前期文虽法度精严,思致深刻,但已较缺少八大家文那种挥斥自如的气概与意度,即使如陈亮、叶适之文,亦慷慨有余,变化不足,这自然是与理性思维更多及文章技法的规范化有关的。如能于节末略加提挈,对于清理南宋前后期散文的变化轨迹,或有助益。

　　程吴史考订梳理中的第三个特点是颇注意文人轶事的爬梳,以见其心态。心态,可以说是社会文化背景由外在成分转化为作品内在成分,从而引起文体演进的中介。二晏词父子相承,风格甚接近,而程吴史却作了精细的辨析:晏殊身居显要,生活优裕,"喜宾客,未尝一日不宴饮",往往"乐饮达旦"(《避暑录话》《石林诗话》),"但是优裕的物质生活并不能满足他渴求着探索人生奥秘的心灵,他心灵的触角常常是其来无端地伸向人心的深处,而又没有找到自己所寻觅的东西,于是一缕轻烟薄雾似的哀愁就上升到他的笔头,化为幽怨动人的小词"。所以,其"风格是和婉而明丽的,而在这种逗人喜爱的风格中间,又蕴藏着对于令人感到乏味的现实的不满和自己还不怎么明确的对于美好事物的追求"[1]。晏几

---

[1]　这类精确而文笔优美如诗的评述,在程吴史中很多,成为本书的一种特色,本拟专节论之,囿于篇幅,只能作罢,而以此小注志之。

道早年生活豪华,性格放浪,但因事株连下狱而屈沉下僚。山谷《小山词序》记其有四痴:"仕途连蹇,而不能一傍贵人之门,是一痴也;论文自有体,不肯一作新进士语,此又一痴也;费资千百万,家人寒饥,而面有孺子之色,此又一痴也;人百负之而不恨,己信人,终不疑其欺己,此又一痴也。"其"真诚、傲兀、豪爽"的"个性与环境的矛盾,造成了他失意落魄的命运,而这种个性在命运的推移中不断地发展,这就使得他的生活更加艰难,因而在其词作中,通过爱情生活的悲欢离合的描写,表现了一种极度哀怨感伤的情调"。确实,大晏之愁是富贵人的闲愁,小晏之愁是历经荣枯、落魄痴绝人的执着的深愁。因此父子二人虽同以婉丽称,大晏更多师法冯延巳之"明丽和疏朗,脱去了花间派的脂粉气,从而有所创新",小晏则更近李后主,"细腻曲折"过于乃父,"在婉字上用力尤深"。因此,在风格上,小晏"有他父亲的明丽而无其雍容,有欧阳修的深永而无其放旷,他将自己不随流俗而沉沦下位的生活经历与感受,溶解在离合悲欢的题材里,使其作品具有较为浓重的感伤色彩,体现着对人生的忧患意识,一往情深,凄楚动人。这却是别的作家所不及的"。不难看出上述异同分析中,轶事所表现的词人心态,在其中的重要作用。

中小作者及流派的梳理,社会文化背景材料的拓展、文人生活、心态资料的发掘,使程吴史的考证梳理工作显示出与旧式考订的饾饤习气迥然不同的格局,却继承了它的精义;又不难看出其与近十几年来的一些新观念,如大文化背景论,深层意识观念等等的联系(暗合或汲取),却又依然不失中国气派。这种由陈寅恪先生开创的治学方法与上章所论源于王国维先生的兼融中西,建构有民族特色的文本研究理论及中国诗学体系的努力,在程吴史中可说是有了较完美的结合与发展,于是它的视角、构架,也就不难产生了。

三、富于胆识与匠心的构架
——视角、构架与线索

　　不知是否与我有同感，如果不愿简单地以作家生卒先后排比叙介文学史，那么编写中最棘手的问题就是如何构架以有效地显示史的脉络了；而且往往是对研究对象的构成诸因素了解得较充分，思考得越细致，就越是会对构架游移不定。因为构架看来是一个技巧问题，其实更是一个理论体系或说是视角问题，有怎样的视角，就会有相应的构架；但是一有视角，就产生了一种"二难"，因为编写者所取视角，虽是自己最有心得的角度，实际上却只能反映出丰富的文学现象的某一或某几个侧面，而这些侧面其实与其他侧面密切相联不可分割。略去其他侧面吧，则连这一侧面的分析也会显得相当单薄，兼顾其他吧，文章就会向横向铺溢，影响了主线的明晰。所以多年来我一直在思考：文学史的视角或许应当是有主有从的多元化的视野；与之相应的构架也许应当是不强求形式划一的，灵活而务求突出每一阶段的主要动因与成果的不均衡构架。因为文学的艺术因素自身演进趋势，一个时代的社会文化背景及风会，个性化的作者及其心态——这三个文学史的主要因素，在特定时期，其作用的主次地位是不一致的，相互转化的。因而，如何从多种视角中确定主从、沟通纵横，便是文本研究充分、背景材料充实以后的首要任务，而程吴史在这方面的成就，尤其值得借鉴。兹以其北宋部分为例说明之，此部分凡五章，标目如次：

　　宋初文学的因革；

　　欧阳修与北宋中叶的诗文革新；

　　柳永与宋词的新变；

苏轼在文学史上的杰出贡献；

北宋后期的文坛风貌。

在每一章下，都有若干节，节下有若干点。除苏轼一章专论大苏各方面的成就外，其他五章下各节、点大抵是以作家群或流派分列，视具体情况而轻重位置，前后勾连，本文前二章的例证中已论到节点的相互联系，囿于篇幅，不再赘析，仅就五章的分布试绎其总体构架。

五章的标目初看体例不一。一、五两章以时代分；中三章则以大作家名，其中二、三章兼带风会，而第三章则以大苏独立构成。然而就在这不均衡中体现了作者识力、胆略与匠心。

全书开宗明义称："北宋统一帝国的建立，把历史推向了一个新阶段，然而在文学方面，却不是随着改朝换代而突然发生同步变化的，它有一个从因习旧章到创新变革的渐进过程。"（页 1）以此为纲，首章通过诗坛三体与文坛通变，显示了因革的第一程的轨迹。这种努力经过欧阳修所倡导的诗文革新与柳永所集中体现的宋词新变（二章、三章），至苏轼（四章）则集诗词文创革之大成，成为高峰。可见中间三章的三位大作家实构成了北宋中叶诗词文三体演进与交互影响的两个阶段（前二后一）。至北宋后期（五章），诗文则主要在苏门学士的推进下发展，江西诗派的确立是山谷、后山等因革苏诗的结果；而词则由苏门秦观到北宋末周邦彦等，在对苏词的因革与反拨中远绍宋初唐五代，螺旋上升，开创了婉约词的新境界。二者是北宋末文坛新貌的主要表现。可见五章的标目及构架正于不均衡中成功地凸现了北宋诗词文的演进主线。细绎之，这个构架实体现了多种视角的综合：分期论与大作家中心论的综合；后者与中小作家铺垫说及流派论的综合；作家本位论与分体论的综合。而在这多种综合之中贯穿终始的是文学的艺术史这一主线。由于以上的多种综合，在处理这一主线与必然要遇到的，其与时代风会、个性化的文人两个因素的关系上，就能因实际情况考虑其主从转化关系,作出灵活而切实的处理。(如前析,姜吴、二晏、南宋前期文,情况各不相同。)从而构成了主线分明,纵横沟通具有立体感的网状构架,充分显示了作者对研究对象方方面面的谙熟及处理纷繁的资料的识力。

打破传统分期法的框架,采取多元而主从分明的视野不仅要识力,更要胆略。比如,同为八大家之一,王安石散文与欧公各有千秋,诗歌成就应说超过后者,但却不立专章而附隶于欧公章下;宋初词家中,独于柳永设立专章,予以极其显著地位;这些对于习惯于分期平行论列的读者来说会感到突兀。但细思之则可以悟到,作者在章节安排中,不仅考虑到个人的创作成就,更重要的是从文坛总体的运动趋势来考察以安置个人的。欧、王的轻重位置,既体现了二者倡与从的师承关系,又便于显示半山对欧公业绩的推进;柳永词于宋初诸家中别开长于铺叙,善道心曲之新生面,于慢词长调及音律考究等尤多功绩,凡此均为宋词不同于唐五代词的重要特征,因此,视以为转变唐五代风气的关键人物,当无不妥。这种不同一般的布局可称胆识并胜。

断代史因包含多种文体,构架相应较分体史更难,因此胆识之外更须匠心。程吴史在洞悉北宋诗文与词演进情况不尽相类的基点上,采取了以中心人物带动文体演变的格局,既让各体的叙介相对集中,便于领会,又凸现了具有自身演进趋势的各文体如何在因革的时代风会下,经由若干有中心人物的文人群的拓展而殊途同归。至大苏为交汇点,共同形成了北宋文学的鲜明个性;更汇而又分,在后期开始了新进程,后期之末以清真词结,而南宋部分则以漱玉词为中心的词人群相承。然后再转到诗文。安排极见匠心。

程吴史的构架亦略有可商处。如江西派为宋诗典型,不以章标目,终觉分量不够,如将五章标目改为"江西诗派与婉约词的新境界——北宋后期文坛风貌",是否会好一些呢?又如宋四六、小说、戏曲,本身内容都写得很翔实而有特色,但均单独成章于书末,似与前此各章有些游离。比如宋四六似可并入前此宋文各章。小说、戏曲特殊些，如必须单独成章，也似当设法与前此诗文叙介呼应。我想这或许是因二人合作各有成章，不易相合之故吧。尽管有这些可商处，但程吴史的整体构架是很成功的，对我启发尤多。

四、对文学史编写中三个问题的管见

以上在对程吴史的评论中已随机而发，谈了一些我对文学史编写的浅见，今更就三个问题总结如下：

1. 文学史编写中的继承与创新——对通行文学史的再评价。

任何一位文学史的编写者，都想自己的著作能创新，然而任何一种文学史著作，其实又都无法避免对前人著作的承继。十几年来，古代文学史研究的新成果，虽往往以对三部通行史的批评为发轫，但批评者的本身又几乎无不受这几部著作的沾污；港台对它们的批评至今仍多多，但据知，最通行的仍是这几种书。因此我愿意在众多的批评声中对三书作一简略的再评价。在我看来，这三部著作凝聚了一代学者的心血，虽然它们囿于当时的历史与资料条件有难以避免的缺点，但缺点本身又正是新的进程的起点。你可以批评它们有机械唯物论的影响，但是你却无法否认它们率先企图以现代科学的眼光来清理文学史资料的努力，并给予评点式的、就文论文式的传统研究所忽视的文学作品的内涵以充分的重视；你可以批评它们是作家论的联缀，但不能不承认作家及文本分析是文学史研究的础柱，而这三种通行史的作家研究应说达到了超越前人的高度。比如游国恩史中对李白诗结构特点的分析，文研所史对王维"诗画"特征的辩证解剖，均称精当，后来的研究虽有所丰富，但核心部分仍不可能出其牢笼。应当说这几部文学史达到了当时所能达到的新的高度,在培养一代文学史研究者上具有不容否认的功勋,而它们的缺点、不纯熟处,正使后来者得以知道就如何修正视角,开始新的探索。有所谓"重写文学史"的讨论,这在现代文学领域如何我不敢说,但在古代文学史研究中,是没有意义的。因为任何一部新的文学史都是在重写(不然就不必写了),但重写、创新,只能是研究的自然结果,而不能是预定的目的。刻意求新,一味作翻案文章,要想不偏颇,很难,甚至会走火入魔。因为文学史编写不同于单篇的学术论文,后者不容写已经解决或大体解决的问题,前者则必须概括前人与同时代人的成果。程吴史的成功,在相当程度上可说是继承与创新的成果,因而它又是不刻意求新而富于创见的著作。从王国维、刘师培、陈寅恪诸前辈起,古代文化研究开始了中西结合的路子,这个趋势是不可逆转的,不必随前些年新思潮纷来沓至而骂倒传统,也不能因这几年新潮渐落,而把前些年中不少虽或幼稚但不乏合理因素可以汲取的观念一概抹掉。清理近代以来直至最近十年来学术思潮的得失,公允地评价通行文学史乃至此前十数种(我所见者)文学史的地位以扬长避短,应当是古代文学史编写的起点,也是清理传统文论,建构民族特色的文艺学的起点。

2. 视角与柱础。

这一问题前面虽已谈得不少,但仍想着重指出,这几年视角讨论太多,而柱础谈得太少。有两种意识在作怪。一种是治文学史者往往轻视鉴赏与考订工作的积久的偏见,一种是近十年来有些青年或已不那么年轻的学人,往往以为视角一新,便可点铁成金。其实文学史研究者如果不同时兼谙鉴赏与考订,总是以别人煮好的饭来炒花式蛋炒饭,而不问这饭数量够不够、生熟硬软程度如何,那是绝对炒不好的。以唐代文学为例,因研究者众多,这几年组织得也好一些,前述两方面的柱础培筑相对于其他段次要好一点。但是我在编写《唐诗史》的过程中仍感到两方面待补待纠处仍不为少——当然,如果没有前辈与同辈学者的浩繁工作,则根本进入不了写史的阶段。"应取何种视角"的问题,在编写者来说是必须深思熟虑的,也不妨交换意见,互相启发;但频繁的讨论,在我看来也无多必要。因为视角与柱础的关系,在研治过程中是互为因果的(当然柱础是第一性的),各个段次、各种文体的具体情况不一,所以只有在对具体材料切实的把握与分析中才能逐步修正以至确定视角。离开了具体段次、文体,视角的讨论往往有隔靴搔痒之感。即使是同一段次、文体,也因文学作品构成因素的多元性与研究者个人的气质素养不同,会有不同的感受,从而有不同的视角。任何视角都不能反映全部,但如果柱础扎实,从任何视角切入,都能给他人以启迪。很难说何者一定为佳,何者一定为劣。公认的定鼎于一的文学史著作,在我看来永远是一种理想境界,而自以为是权威著作的编写者,则不免狂妄之嫌。如果有谁能写出一部定鼎于一的文学史,那么研究就画了句号,在笔底讨生活的学人们也就只有"田园将芜胡不归"了。虽然从责任部门考虑,总希望有一部相对的权威著作供学子们上课所用,这也未尝不可,在比较中选一种较好的著作也可以办到;然而从学术研究角度而言,文学史研究的繁荣,正需要有种种不同视角的论文、著作,在互补甚至碰撞中方能发生。只要下过苦功,即使不免有所偏颇,也不妨你写你的,我写我的——当然这是就学术言,而非就政治言,政治方向的正确自是前提。于是应当补充说明,我对程吴史构架视角的肯定,并非说两宋文学史只应当这样来写;说它对我有启发,却也肯定不能照搬,唐诗史自有其特殊性在。当然,我前面所说的一些理论问题,也只是我一己的感受,并无希望他人取用之意,用之覆瓿,倒是完全可以的。

3. 集体、个人、学派。

由上一点可以看出,对于单纯以行政组织,集体来编写文学史的做法,我是持保留态度的。物极必反,行政组织可以集中大量优秀人才,是其所长,然而须知越是优秀的学者,越是有造诣的专家,其研究越具个性,行政组合的结果,往往是折衷而磨去棱角。宣传多年的大文学史一直出不来(据说打算分开来出版),道理当在于此。因此,我以为应当鼓励有根底、有创见的个人著述,若干部同一段次而不同视角的文学史,可以似多棱镜一般反映该段次的各个侧面,完全不必将它们统一起来。个人著述也有弱点,因即使是断代史,甚至是分体断代史,以一己之力要想穷尽所有资料,通解所有文本,也极困难,而程吴史的做法颇有启发:它是个人著述,却又有群体的依托,程吴二先生的紧密合作自不待言;而从脚注中更可以看到,此书不仅吸取了前人与同辈的成果,也吸取了南大年轻一辈学者的研究所得。(顺便说一句,这类脚注不可少。有些著作,大量吸取他人成果却不注明出处,实在不可取。)千帆、新雷先生以积年心得指导年轻一辈向纵深发展并自行著作,又不没其功地吸取年轻一辈之所长,这是此书成绩斐然的原因之一。由于搞出版工作的职业需要,我常注意各研究单位的学术动态。总感到南大中文系,至少是中古段的群体力量是学界的一种新气象:有老成典型的带头人,有功底深厚的若干中坚,更有一批虎虎生气、成绩突出的后起之秀,尤可贵者是能彼此紧密合作、有发展成特色鲜明的学派的趋势。一个拿破仑骑兵一般不敌一个木马留克骑兵;二对二,则常打成平手;三对三,法骑几乎总是赢家,这就是群体合作的力量。学派的道理正同于此。如果古典文学研究中能逐步形成几个这样的声同气应的学派,那么一批高质量的各类文学史著作的问世,将是可以期待之事。

(本文原载于《文学遗产》1992 年第 6 期)

马茂元选注《唐诗选》序

离先生《唐诗选》初版之时，已经整整四十年过去了；离先生仙去，也已十个年头。今天，当我看到 1987 年之前已完成的修订本的校样终于问世，不禁长长地吁了一口气。这不仅因为终于了却了先生的遗愿，更因为明珠——唐诗学研究的一颗明珠——终于未遭沉埋。

60 年代的读书界，尤其是大学文科生，鲜有不知道马茂元《唐诗选》者。我还清楚地记得，1963 年秋，我考入北大中文系，在图书馆捧读这本书时的惊喜。那种流溢于楮墨之间的、常人所未易有的、触处生春的新鲜感觉，是这本新中国成立后第一本《唐诗选》最吸引人的特点。

感觉，对诗歌艺术的敏锐鲜活的独特感觉，是诗人，也是诗歌研究者不可缺少的最可贵的素质，缺乏感觉而来论诗，正用得到王夫之的一个比喻，如钝斧子斫栎木，皮屑纷飞，又何尝动得半分纹理。诗歌的生命本在于诗人对周遭生活及诗歌艺术因素的独特的感觉领会，它绝非单凭任何理论所可条分缕析，唯有敏于感觉者方可以心会心，得其仿佛。由此，我更相信，读任何一种书籍，对理论的关注固然也重要，但第一义的是体味作者鲜活的感觉或感受，从而启发、磨炼自己的独特的感觉能力。因为仅按现成的理论架构来研究撰文，只能似按图索骥，成为调换例证的说明文，只有具备独特的个性化的感觉，方可用理论而不为理论桎梏，从而丰富与发展理论。当然,这些看法,这些已成为我作为一个出版社总编衡文取舍的首要标准的看法,是在后来数十年间逐步形成的,但其萌蘖,却正是在北大图书馆捧读茂元先生的《唐诗选》时。

感觉能力固然得之于先天的禀赋,但也必待后天的学习磨炼,如葛洪所说"质虽在我,而成之由彼"。先生于先天与后天两方面,都可称得天独厚。师从过先生的人,无不为他惊人的记忆力与对文本的穿透力所感慨:他能够将一大堆毫无序列关系的电话号码记在脑子里;他所能背诵的诗文,自己谦称"五千,五千吧",而他的一位资深助手告诉我实际逾万。1982年先生主持我的硕士论文答辩后,我便有幸出入门下,并逐渐成为他的助手之一。当时先生已沉疴在身,然而每每论及一义,即随机应发,旁征博引,真有"口若悬河""花烂映发"之感。先生曾自述学诗经历。原来他幼年失怙,从小随祖父桐城派后期大师马通伯先生习文,以记诵为第一层功夫。通伯先生手选前人诗成帙,以为家学,督责课吟,问难应答。在这种长年累月的训练中,先生将天赋的对文本的感觉能力,磨炼得越益敏锐。

"观千剑然后识器"。大量记诵基础上的出色的感觉能力,是先生唐诗研究的个性特征,也是他最为雄厚的"资本"。

记得先生曾谆谆告诫过我:"你要练就这样的本领,看到一首陌生的诗,能马上大体分辨出它的家数传承。这要从立意上求,从气脉上寻,从韵味中辨。这样,诗中的词句典实方能活起来,你也才能看出同样的词句典实,在不同人笔下的不同作用。能如此,才能会通,才能提高识力。"我想这是先生的经验之谈,是他以自己卓异的感觉博览强记所形成的一条诗史研究的独特门径,即:感觉——识力——会通。这一门径在《唐诗选》的初版本中就已有鲜明的体现。

撰成于50年代末期的《唐诗选》初版本,固然免不了有某些时代的印记。从前言与选目可以看出,出身于旧学世家的先生,当时是真诚地希望从辩证唯物论与历史唯物论中吸取新的营养。正是这种真诚,使他在总体上避免了当时普遍存在的机械唯物论倾向。先生从新思想吸取的养分主要是两点:一是批判精神,先生在前言中对历代重要唐诗选本的利弊得失,特别是它们的门户偏见,作了简明而中肯的论析;二是引入了为旧诗学所忽视的对时代背景与时代精神的研究。而难能可贵的是,先生并未随波逐流地以文学作为政治经济的附庸。前言在勾勒了唐诗产生的时代轮廓之后,着重指出:"当然,文学作品不同于历史文献记录;文学艺术的发展,有它自身的特点。"因此先生给自己规定的任务就不仅是选一部"适应今天的要求"的唐诗选,而且是一部"比较真实地反映唐代诗歌面貌,在各方面能概括唐诗最高成就的新选本"。于是《唐诗选》便在这样一种宏阔的视野中展开:诗史的"变革"——"沿与革","创与因",是它一以贯之的红线,这变革一以中国古典诗歌的深厚的历史积淀为源头,以唐代的时代背景为土壤,而对诗篇艺术精髓诗人创作个性的发掘,对前后诗人风格上的异同比较,则成为展演这变革之情状、线索的主要手段。今天当我们回观这部在新中国唐诗研究史中有开辟意义的选本初版本时,也许会感到入选的反映民生疾苦的诗篇比重大了一些。但是当我们看到前言中所强调的唐人对六朝诗歌艺术精神的继承,所细致论述、热情礼赞的初盛中晚唐诗各自的艺术价值与不衰的创新精神时,就不仅会佩服先生在那个时代的艺术勇气,也会感到,对文学研究中机械唯物论、庸俗社会学表现的抗争,实际上已胎息于此。

《唐诗选》初版本在当时的巨大成功,并未使先生满足,事实上,他一直在反思着这部选本的得失。80年代中期,当先生命我协助修订这部选集时,其主体工作已大抵完成,给我印象最深的有两件东西:一是先生手自圈阅的《全唐诗》,其中朱红的○、○○、○○○,载录了先生三复这部浩繁总集的心得;二是一大包修订资料,有先生自己博收旁取所积累的,也有各地热心读者寄来的,记得先生曾特意检出两位乡村中学教师的来信说:"意见很好,要吸纳进去。"尽管先生当时已是唐诗学界屈指可数的几位权威之一。

修订工作主要集中在四个方面:

(1)对入选诗人与具体篇目的调整:在总数五百余篇大体不变的前提下,修订本所调整的篇目约占35%,家数亦有所增删。增收的主要是一些在诗史上有一定地位,却为人们长期忽视的中小诗人的代表作。对大诗人的作品,则依突出其主体风格与诗史意义的原则作了增删。反映民生疾苦的诗篇比重有较大幅度的下降,但仍保持了相当的比重,尤其是反映一时风尚及与乐府民歌渊源深切的优秀篇章,因为这一部分,事实上也是唐诗史上不容忽视的精华。从中我们可以看到一位有根基、有良知的研究者对研究工作的态度。当一种新思潮涌来之时,他会有所吸纳,甚至可能有所偏颇,但这种吸纳绝非趋附,他不会放弃自己的根底与个性,不会放弃自己积年心力形成的对研究对象的根本理解。而一旦当这种思潮为世俗诟病而另一种新思潮涌来时,他也决不会随风变向,轻易否定前一次业经消化而丰富了其研究个性的营养,而只是冷静地比较反思,作出以我为主的判断,去其偏颇,存其精粹,并以同样的态度对待那后起的新思潮。这一存本纳新的过程,既有总体的稳定性,又非一成不变。修订本《唐诗选》的五百多首选篇,应视作先生在80年代中期,对唐诗演进史的看法。如果先生能生活到今天,相信这篇目仍会有一定幅度的调整。

篇目调整工作,先生交我协助修订时,记得已完成了四百余篇,并已写成文稿。最后近百篇,由我提出,经先生推敲确认,往往权衡再三,反复论议,最后由我写成,先生改定。回想起来,这与其说是我在协助先生修订,无宁说是先生为我作"硕士后"的教导。

(2)诗人小传的修订与增写:从1964年起,先生就开始作撰写《唐诗史》的准备,而对诗人行事的系统考订,是其中的基础工作。至"文革"前夕,先生已积累了数十万言文稿,可惜为"造反派"抄没,劫后余烬的是留存在《晚照楼论文集》中的数十则。主要是凭着超人的记忆力,先生对《唐诗选》中的大部分小传作了修订与增写。80年代中期,以傅璇琮先生的《唐代诗人丛考》为代表,唐诗学界考订成果集中地大量涌现,病中的先生命我尽可能地吸取新的成果,对他的成稿作审订,并放手让我增写了若干后补入的诗人小传。此后,我曾担任《诗学大辞典》(安徽文艺出版社)的编委与唐诗部分撰稿人,较广泛地吸纳了80年代后期至90年代中期的有关考订成果。这次修订本发稿时,由上海古籍出版社副编审、挚友丁如明兄作了比勘,将有关的新成果,再次补订入文稿之中。

(3)注释的补订:这部分工作,也主要由先生亲自完成。我应命通读已成的文稿并作了些补苴的工作,后补的约百篇注释,虽由我执笔,但也经先生过目改定。注释,是这部《唐诗选》极见功夫与特色的部分,除通常的释义外,先生每于全诗关节与疑难处作提挈点拨,有一语中的、通体透脱之妙,最能见出先生卓越的艺术感觉能力。

(4)增加了总评部分:初版本未有独立的评述。修订的过程中,先生采纳了我的建议,由我在每一选篇后加上总评。既与注释中随机生发的点评呼应,以显示全诗精要,也借此作前后左右的对照,以凸现演进之轨迹。所有的总评,都经先生审定认可,可以视作先生对我"硕士后"作业的辅导,使我得益匪浅。

事实上,先生在《唐诗选》初版后的十余年中不仅在着手准备唐诗史的撰写,也在对唐诗学乃至整个中国古典诗学的理论架构作缜密的思考。关于后一部分的成果,保留在《晚照楼论文集》有关篇章之中。其中有关诗人研究的篇章,显示了对文本的超卓的感觉能力与由感觉到识力的出众的分析能力。这是先生一切诗歌研究的基础。而在有关诗论的篇章中,先生历来对"通变"问题的心解得到了系统的阐发。同时,在《唐诗选》初版本前言中业已涉及的对诗人个性、心态的重视,也得到了进一步的深化。这两点相辅相成，其实是他构想中的《唐诗史》的理论骨架。关于后者，先生在《论九歌》一文中有一段极好的分析。在列举历来有关《九歌》是忠君爱国之作的观点后，先生论述道：

> 其实《九歌》究竟是祭歌，有它实际的用途。它所描写的内容，受到它原来题材的限制，不可能与作者身世有直接关联，和《离骚》《九章》是不同体制的。《九歌》格调的绮丽清新，玲珑透彻，集中地提炼了民间抒情短诗的优美精神；但另一方面，也不能否认，在《九歌》的轻歌微吟中，却透露了一种似乎是微漠的而又是不可掩抑的深长的感伤情绪。它所抽绎出来的坚贞高洁、缠绵哀怨之思，正是屈原长期放逐中的现实心情的自然流露。

这段论述，已在本质上揭示了诗人心态对于诗体的虽非直接，却至关重要的影响，回答了当前古典诗歌理论界一个尤其关注的问题：诗歌的外部因素（时代文化、个人经历等因素）进入诗歌内部成为其艺术构成因素的中介是什么。《论九歌》中所表现的这一观点，其实也是先生唐诗文本研究的核心思想。在他有关四杰、杜甫、李商隐的研究中都有鲜明表现，当然也渗透在眼前这本修订版的《唐诗选》中。因此，虽然先生编撰《唐诗史》的宏愿不幸为"文革"摧毁，但这部《唐诗选》修订本，却已勾勒了前者的主线与主要构架，必将沾溉后来从事此一工作的人们。

由于修订本进入后期工作时，先生病势已相当沉重，我协助修订完成后，先生已无力再通读全稿，也由于当时某出版社要稿甚急，而现在由我社出版已时隔十数年，这本修订本在个别篇章的取舍，与各篇内部各部分的衔接上尚有些缺憾，注释、小传也容有个别疏漏。我本想再代为修订一过，但恐怕会更多地加入自己的意见——毕竟，当时协助修订时，有先生的耳提面命，而现在先生已远去了。因此，我想还是让它保持当时的面貌奉献给读者。只是请如明兄对小传部分作了上述的比勘补订，如明兄在阅稿过程中还对某些注释提出了专家眼光的意见，在此谨表谢忱。已故刘初棠兄，是先生的一位高足，曾通读修订本全稿，提出过不少很好的意见。今天当修订本终于面世之时，初棠兄当相伴先生含笑九泉。先生未及为修订本作序，也是一大缺憾。由于事实上先生的观念较初版时已有很多发展，故将初版前言附于书后，并作此序对先生的学术思想与风格作一概要介绍，而将我所撰写的当时得先生首肯的《唐五代诗概述》录于先生初版前言之后，供读者参考。

1995 年 5 月

（本文原载于马茂元选注《唐诗选》，
上海古籍出版社 1999 年版）

谈古代文学研究中的文化意识

——由《唐音佛教辨思录》所想起的

一

这些年来，人们对古代文学研究有种种不满和责难。对于一门学科发展的现状有所批评，这本来是正常现象，而且也未始不是对学科进一步发展的一种推动。但是，报刊上的某些文章，却无视古代文学研究的实际，不适当地以之与现当代文学研究作生硬的对比，并由此得出古代文学研究陷入僵化和危机的结论，有些还发出"中国有古典文学，但没有古典文学研究"的耸人听闻的论调，这就不能为许多脚踏实地地从事于这一事业的研究工作者所可以接受的了。

但由此我们也感到古代文学研究确实有一个弱点。那就是不少研究者在埋首于古人古书的探讨时，却减少了对今人今著的兴趣，我们的研究者对古代文学现象常能表现出深睿的思考，却对新出现的经验和取得的"业绩"缺乏应有的注意。我们认为，在目前，在对传统研究的同时，特别要注意对现状的研究。对学科现状的科学认识和深刻理解，是学科本身趋向成熟的标志，也是它存在的价值。应当开展对研究的研究,这将是提高研究素质的有效途径。

新时期十年来的古代文学研究应当如何总结,它在行进的过程中有哪些经验,这样的大题目,由于古代文学的范围实在太大,恐怕不是一两篇文章所能叙述清楚。不过,我们注意到,这十年来的古代文学研究,在起初,表现为研究领域的扩大,不少过去不被重视或不敢接触的作家作品或文学现象为人们重新提了出来,作出新的解析,与此同时,文学的实证研究得到加强,资料考据的著作络绎问世,在人们经历了"四人帮"那种随意歪曲篡改史料的恶劣学风之后,这种考据之作不但不因其材料的广泛征引而使人意烦,反而以其实证的作风而引人注目。但很快,古代文学研究向深度发掘,文学内部的发展规律引起人们的重视,对作品的审美感受和概括首先在广大读者群众中受到欢迎,随即又促使研究者的进一步努力。而与此同时,文学与哲学思想、政治制度,以及与宗教、教育、艺术、民俗等等的关系,被人们逐步地认识。这就是说,人们认识到,不能孤立地研究文学,也不能像过去那样把社会概况仅仅作为外部附加物硬贴在作家作品背上,而是应当研究一个时期的文化背景及由此而产生的一个时代的总的精神状态,研究在这样一种综合的"历史—文化"趋向中,怎样形成士人的生活情趣和心理境界,从而产生出作家的独特的审美体验与艺术构思。这样的研究,主要地还不在于研究层面的扩展,而在于研究观念的拓新和研究思维的深进。显然,根据这种要求,人们不仅要考虑文学与其他社会意识形态的亲缘关系,更要探索文学在总的"历史—文化"环境中怎样显示其特色。它不是使文学隐没,而是使文学作为主体更加突出。当然,这样做,也对研究者提出更高的要求,它不但要求研究者有更深的工力,要掌握和判别有关学科及其与文学相交的历史材料,还要求研究者有活跃的思辨能力,能够敏锐地领略文学与他学科接触时所出现的新的艺术天地和美的序列。

这就是古代文学研究中的文化意识。如果说,这些年来我们的古代文学研究真正有所进展的话,那末,这种文化意识的观念及其在实际研究工作中的运用,是最可值得称道的成就。如果我们要从理论上对古代文学研究的经验进行一些探讨,那末这个文化意识问题就是其中最值得重视的新的课题。

我们的研究者没有辜负读者的殷望,他们在辛勤地工作,并且取得了实绩。为了使我们的讨论不致流于浮泛,我们想从已有的成绩着手;这些成绩,从一定的意义上来说,也是我们古代文学研究界所共有的。在这里让我们与作者共同分享收获的喜悦,增强我们前进的信心,并通过对具体著作的讨论,增进彼此的了解,求得对这一新课题的深识。

摆在我们面前的是上海古籍出版社今年上半年出版的《唐音佛教辨思录》。这是一本论文集,除了两篇谈《诗经》的毛诗序与刘禹锡的以外,其他十二篇都是论佛教文化与唐诗的相互关系的。难能可贵的是,这些论文大抵都写于八十年代前期,也就是说,在我们不少人对于文化史的问题还未给予足够重视的时候,作者陈允吉同志已在这方面扎扎实实地起步了。他自己说,对于佛教与文学的关系,要抓住这两者的内部联系,他满怀信心地说:"顺着这条思路去进行求索,就能在我国古代文学创作领域中发现一个异常丰富的世界。"(本书附录:答中国社会科学记者程健问《佛学对文学影响研究之我见》)应当说,通过他的这些饶有理致的文章,也仿佛使我们重新发现古代文学研究中一个异常丰富的世界。这部著作的意义,已经超出它所论述的佛教与唐音二者关系的范围,而是提供一种新的研究格局,认识和建立这种新格局,无疑将使我们的研究更加活跃,进到一个新的境地。应该说,体现这种新格局的不止是陈允吉同志的这部书,在这方面我们还有好些种颇有深度的专著,但无可否认,《唐音佛教辨思录》对于近几年来日益高扬的文化意识,确实提供了新鲜经验。因此我们这篇文章,也就想环绕书中的某些论述,对古代文学研究中的文化意识问题作一些探讨。

我们希望通过对陈允吉同志这部书的评议，进一步开展古代文学研究从观念、思维到具体方法的讨论。

<h1 style="text-align:center">二</h1>

《唐音佛教辨思录》中的论文，主要集中于王维、韩愈、李贺三家诗与佛教的内部关系上。而此三家，一个是虔诚的佛门居士，一个是刚猛的反佛"斗士"，一个是多少由于病态心理的驱使向佛门求寄托的并不深刻的信奉者。由此可以见出，作者是企图从几个层面，从不同角度，来讨论佛教之于唐音的深刻影响的。对于这种影响，作者着力之处，在于揭示诗歌中塑造的美感形象所体现的理念本质。

宗教作为文化形态，除了信仰以外，是一种思想，而诗歌，所体现的是一种美感形象。作者是怎样来研究这种思想与形象的关系的呢？他用了"渗透"一词。他在答程健问中说："我认为王维所接受的那套佛教哲学思想，作为一种理念性的东西，是渗透到他描绘的自然美形象中去的。"书中有关王维的一组文章，特别是《论王维山水诗中的禅宗思想》一文，十分精采地论析了宗教思想对于诗歌形象的"渗透"。

王维擅名诗坛，又悉心奉佛，他在这两方面都有相当高的造诣。从这样一个很有代表性的历史人物身上，研讨佛教对于唐代士大夫思想和创作所产生的影响，无疑会极大地丰富我们研究的意蕴。但可惜，过去的一些论著，往往只从他的作品中举出一些直接宣扬佛理的诗句，来说明诗人的佛学思想，而对他另外一些艺术性相当高的山水诗，人们却忽略了其中寓含的禅理，这实际上仍然是文化史研究中的二元观。如果不从这些堪称盛唐诗歌精品的山水小诗着手,则仍然不能完满地解决思想与形象的关系。

我们来看书中对两首山水诗的分析。

王维《辋川集》二十首中的《鸟鸣涧》诗:"人间桂花落,夜静春山空。月出惊山鸟,时鸣春涧中。"这首诗几乎为选家所必取,但对于这样一首人们熟知的五言四句小诗,不少选本,却重复着一种误解。选评者都能看到《鸟鸣涧》诗以一静一动两景构成,然而不少评者都认为静景烘托动景,而动景又是表现出"春夜一幅生机盎然的图景"。在这里,禅理不见了,这首诗似乎与深于佛理的王维这一特定人物无关。而陈允吉同志则表现了可贵的独创精神,他不满足于一般的论述,力求探寻佛教哲学思想,作为一种理念性的东西,是怎样渗透到诗人所描绘的自然美形象中去的。这里,他所审视的是文化史研究中思想与美感形象关系这样带有一定普遍性的问题,这就已经超越对于王维几首诗的具体论析了。

为了清楚地研究他对这一问题的表述,这里我们想把他对这首诗的看法完整地抄录下来:

> 诗人在作品中极度地强调了整个意境的空寂之后,转而写到了山涧之中的鸟鸣。似乎也写了点"动"。然而他之所以描写这种声息音响,同样不是表明诗人承认它们是客观事物运动变化的结果,从而肯定这种声音是真实存在的。要了解这种写法的真意所在,我们不妨看一下《大般涅槃经》中的一段话:"譬如山涧因声有响,小儿闻之,谓是实声,有智之人,解无定实。"这部佛经的另一地方还说:"譬如山涧响声,愚痴之人,谓之实声,有智之人,知其非真。"……他在这首诗中所写的山涧鸟鸣,从其形象中所显示的内在理念而论,同上面摘引的《涅槃经》中两段话的思想,实质上是基本一致的,表明作者并没有把这种"山涧响声"视作"实声",而是作为"解无定实"的幻觉,放在诗中从反面映衬出"静"的意境。再从全诗的艺术处理看来,诗的前面两句,已经渲染了夜静山空的环境,桂

花悠悠飘落，着地悄然无声；而"月出惊山鸟"一句，进而微妙地点缀出春夜山谷万籁无声，以致月亮升起来会把出鸟惊醒。最后的结句描写山鸟的惊啼，精心地衬托出广大夜空无比的沉寂，从而更其加强了全诗表现"静"的效果。由此可见，王维为了这首写景小品中寓托佛教寂灭思想，确实是进行了苦心孤诣的艺术构思。（《论王维山水诗中的禅宗思想》）

认为《鸟鸣涧》写出了生机盎然的春夜图的说法，显然只是就诗论诗，把思想与形象割裂开来。这四句，其诗脉分明是以"人"总领全诗，对于山景的描写，无论动静，都是为了表明闲居山林的诗人之感觉与心态。山林是禅宗第一静修处。"人"由"闲"而觉静，更由"静"而悟"空"，"空"之一字是全诗之眼，因此即以诗法而论，以下的动景也必为反衬空静，从而显示闲居中诗人的空寂心态。为了进一步说明这个问题，不妨再举文中曾引到的王维五绝《辛夷坞》为例："木末芙蓉花，山中发红萼。涧户寂无人，纷纷开且落。"顺便说一句，有的学术论文和好几种诗歌选本，把这首诗中的"涧户"一词释为"山中的茅屋"，其实这里涧户之意应为山涧两崖相向似门户状。这是唐人诗中常用的词语。随举数例，如武则天《游九龙潭》"山窗游玉女，涧户对琼峰"；上官昭容《游长宁公主流杯池》"霞窗明月满，涧户白云飞"。涧户与"山窗""霞窗"相对，其为门户状之山涧两崖甚明。涧户为"山中茅草屋"的意思也是有的，如杨师道《还山宅》"鸟散茅檐静，云披涧户斜"者或可作如是解。但如果把这一释义放到《辛夷坞》中，则全然破坏了这首名作的意境。而允吉同志的分析是十分精到的，他指出了《辛夷坞》写的是"涧户中的落花"，这当然不会是茅草屋中落花。又分析说：此诗所写的"动"，不过是诗人自己所说的那种"空虚"的聚散生灭，把它当作感觉上引起的一种孤立而片断的映象，和作者虚融淡泊的思想感情融为一体，出现在作品宁静的整体意境之中。

显然，这种对全诗空寂虚静境界的领会，是与"涧户"一词的正确释义分不开的。但更主要的是,作者把握了王维对于盛行于当时的南北禅理的悟解(此点可参看书中《王维与华严宗诗僧道光》《王维与南北宗禅僧关系考略》等文),又深究于诗歌这一具体文学样式,把两者结合起来,这样就进深一层地触及了宗教哲理在感性形象中所体现的内在意义。作了具体诗篇的分析后,又进一步拓开,说:"诗人特别喜爱刻画清寂空灵的山林,表现光景明灭的薄暮,这些从他诗中反映出来的特有现象,都是同他力图在作品形象中表现禅宗色空思想分不开的。"这些话都很有见地。

允吉同志这些论述的贡献,主要在于阐明诗歌形象中所表现的宗教哲理,这种理念性的东西怎样渗透于诗人的艺术思维而体现于作品的内在意蕴。不过这里我们想提出一个问题,象王维这样一位充分讲究艺术表现力的诗人,毕竟不是纯粹的佛门信徒,即使在他已皈向于禅学的后半生,他的诗歌又是怎样冲破色空的观念,而在艺术构思中表现人类对自然美的渴求与向往的呢?佛教哲学无论说得怎么动听,归根结蒂是归于寂灭,它是一种厌世的思想,而诗歌中的那些艺术佳篇,应当说无一不是表现人类对美的创造的向往,这种艺术理想从根本上说是与佛教哲学相对立的。如果王维完全在作品中贯彻这种宣扬空寂的禅理,那末他的包括山水诗在内的许多优秀诗篇必然失去光泽。文学作品的艺术形象与思想本质的关系,确是一个非常复杂的问题,它们之间的渗透,恐怕不仅是理念对形象的注入,有时还有形象对于理念的逆反。王维的这几首写景小诗,固然如允吉同志令人信服地分析的那样"表现了禅宗主观主义的哲学思想",但也无可否认,千余年来经历过不同时代和社会的人们还是喜爱它们,恐怕并不因为是认识到诗中的那种理念或理趣,而是确实因为它们美,这种美,是诗人们对自然美的再创造,是他们欣悦或慑服于自然之美,经过艺术构思,寄寓于山水形象中的一种美好信念,而这种信念与宗教的厌世、出世思想是对立的,这也是诗人与宗教徒的根本区别,就是说诗人们并没有失去对世界和人生的执着之情。又譬如这本论文集中的《王维"雪中芭蕉"寓意蠡测》。确如作者所说,前人谈到王维这幅画,大多是从艺术上对它作了肯定,至于作品究竟表现了什么样的思想内容,则始终没有作过认真而具体的论述。允吉同志的这篇文章,通过对僧传、佛经等文献的征引,以及王维本人作品的考析,认为这幅画实际上是王维一篇碑铭中"雪山童子,不顾芭蕉之身"两句话的意念的体现。在佛理中,因芭蕉之容易速朽,比喻人身之必然灭寂,重要在于领悟其灭寂之理而得到解脱。因此文章说,王维这幅作品,寄托着"人身空虚"的佛教神学思想,"这种神学寓意的实质,不论从认识论或者人生观来说,都是体现出一种阴冷消沉的宗教观念"。允吉同志的考析是很新颖而有启发的,但是否还要考虑到另一面,即王维这幅雪中芭蕉图大约明代以后已经亡佚,自宋代《梦溪笔谈》记载"余家所藏摩诘画《袁安卧雪图》,有雪中芭蕉"起,大多限于评论,未有记实,我们已不能领略这幅名画的具体形象,因此很难对这幅画的具体形象所体现出的审美情趣加以论列。我们是同意允吉同志对画旨所作的总的概括的,但为什么后代一些评论着重于谈论画中的"妙观逸想"(惠洪《冷斋夜话》),"骀荡淫夷,转在笔墨之外"(《汤显祖集·答凌初成》)? 沈括甚至认为"造理入神,迥得天意",是"难可与俗人论"的。评论者为什么从一幅神学寓意的画中作出超脱凡近、富于生机的艺术评论呢? 这里确实牵涉到意识形态的一些共同点和不同点。我们注意到允吉同志在另一处提到,所谓禅悟,并不纯粹而绝对地在概念判断推理的范畴中进行,它通常要借助于某些具体的感性形象,来说明某种理念性的东西。因此,我们可以说,作为诗人,在他进行艺术构思时,就可能借助佛教哲理的某种有特色的思维方式,作为艺术手段,创造出不同于凡响的意境。像王维的一些自然山水佳句,如"白云回望合,青霭入看无""山路元无雨,空翠湿人衣""迢迢南川水,明灭青林端""湖上一回首,青山卷白云",等等,确实可以见出王维将

"色空有无之际"的禅理,经过诗人的匠心独运,以闪烁而朦胧的笔调,在有无缥缈的画面中,写出大自然的化境,使人们的感情超越于日常的琐屑,得到一种升华与净化。而这种感情上的超越,却又与禅学的空寂不同。宗白华先生在《美学散步·中国艺术意境之诞生》中说,诗禅相近,但是二者性质不同,"宗教境界主于神,艺术境界主于美"。这可以看作是山水田园诗之受宗教影响而仍然显示其独立价值的一个最精当的解释。

允吉同志说:"过去有些学者,往往只是去考证作家与佛僧的交游,或从作品中引出一些佛教内容的词句就了事,这好像我们去参观一座寺院,结果仅绕着围墙走了一圈,而未能登堂入室。"(《答程健问》)从表层的肤浅的比附进到深层的文化背景与文学两者内部联系的融通研究,确是使当前的古代文学研究向深入发展的、虽然困难却亟需解决的问题。思想与形象,神学渗入与审美创新,对二者的关系,我们希望在允吉同志这部论文集的经验的基础上,能展开进一步的讨论和探索。

三

社会、文化背景对于文学的影响,要通过什么样的途径?这是古代文学研究中文化意识的另一个重要问题。近些年来,一些文章和著作,在具体论述作家作品与文学现象时,似乎已经共同有了这样的认识,即往往是社会、政治的变动,意识形态领域的转变,这种种因素交错作用的结果,造就了士人的心态,也就是士人的气质与精神风貌,随即,他们的审美情趣与文学基调也就有了变化,如果这种情况有极大的变动,那就是整个一代学风与文风的变化与发展。这其间的关键,是作家个人的性格特点与思维方式。允吉同志在他的书中，不止一次地谈到了这个问题，他在谈王维时，着重提到作品因受佛教神学理念的浓重影响而呈现的"精神面貌"；论韩愈时，阐述了"时代的烙印和本人的遭遇"怎样形成了"他乖戾和木强的性格"，而这又如何与时代的"新的审美要求"相"契合"；讲到李贺时，又用了"思想面貌""精神面貌""思想本质""主观精神世界"等词。允吉同志较早地论述了这种观念，即作者的生活方式以及由此而形成的心态，是文化背景融入文学作品的中介。他的贡献在于，他并不是泛泛谈论这一观念，而是结合具体作家进行研究，这样就愈益显示这种观念对研究工作所能起到的方法论的意义。

　　李贺的某些诗篇，如《天上谣》《浩歌》《梦天》等，确实描摹了广阔浩莽的境界和一系列沧桑转换的神奇形象。过去的一些论著，不深究其诗篇所深含的诗人内心世界，片面地肯定诗人对所谓自然运动规律的认识，有的更认定李贺世界观中包含有辩证法思想。允吉同志《李贺与〈楞伽经〉》一文，论述了中唐时代知识分子面对政治动乱的现实，由此产生思想上的苦闷，而这种苦闷的心态，又极易滋长光阴飘忽与人生无常的感情。文中又简析了《楞伽经》的基本思想是论述世界万物的生灭现象与通过"唯心直进"思维证觉来从生死当中得到解脱，然后写道："我们细致地味索李贺的诗篇，寻绎其间的作意寄悰所在，就可以对他的精神面貌得到一个轮廓性的了解。由于诗人多病早衰，仕途牢落，这两方面的原因，形成了他极其忧郁的性格，对于生死问题，显得特别敏感。他在自己的生活环境中，感受到世界变迁无穷，目睹万物兴荣消歇，念虑人有生老病死，心里郁结着人生短促的悲哀。他在诗中说'吾不识青天高，黄地厚，惟见月寒人暖，来煎人寿'（《苦昼短》）；'旸谷耳曾闻，若木眼不见，奈何铄石，胡为销人'（《日出行》）；'日夕著书罢，惊霜落素丝。镜中聊自笑，讵是南山期'（《咏怀》之二）；'客饮杯中酒，驼悲千万春。生世莫徒劳，风吹盘上烛'（《铜驼悲》）。可见那种焦虑衰老和死亡的念头,几乎无时不在缠扰着诗人的灵魂。他有时甚至于因为秋风吹落一片桐叶,就会骤然感到惊心动魄;头上掉下几茎华发,也能给他带来无法抑制的忧愁。在李贺的诗集之中,用了许多的'老'字和'死'字,其中'老'字多达五十余个,'死'字也有二十余个,仅在外集一首题为《南园》的短诗里,就出现了三个'老'字。而且他在诗中描写自然美的形象时,非常喜欢刻画衰败的草木,枯萎的花朵,表现所谓'幽兰露,如啼眼''啼蛄吊月钩栏下'这样一类景象,赋予自然事物以一种衰败凄冷的特征。这种耐人寻味的用字习惯和审美趣味,作为诗人内心世界的曲折显现,反映在它的思想之中,时常充满着迫蹙于衰老和死亡威胁的幽思。"

由此,作者进一步小结云:"李贺的诗歌与《楞伽经》,虽然它们一者是诉诸于塑造美感形象的文学作品,另一者则是阐发抽象哲理的宗教论著,但是归结到思想本质来说,这两者的内容却有着相通契合的地方,……《楞伽经》所提出和论证的那个解脱生死的问题,对于李贺这样一个朝夕焦虑于死亡的人来说,自然会在思想上感到是很容易接近的。"

思想与文学的关系是文学史研究中一个核心问题,美国文艺批评家韦勒克、沃伦在《文学理论》中曾指出,研究者要充分注意,"思想实际上是怎样进入文学作品"中,而成为作品的"有机组成部分"的,更认为一切将思想图解化的作品,都不能成为真正优秀的艺术作品。确实,将思想图解化的研究倾向在我国的文学研究中曾大量存在。十年动乱前,思想决定艺术形式甚至以思维性代替艺术性的观念,曾使文学研究长期停滞不前。拨乱反正后则产生了两种倾向:一是以文化背景代替了原来的社会背景,使文学成为文化的图解;另一种则将文学的相对独立性、作者的主观意念强调到不适当的地位,而其实是以研究者的主观意念代入作品。这两种偏向看来是与思想决定文学的倾向相反,而实际上在思维形式上却重蹈了简单化的故辙。

思想究竟是如何进入作品而成为其有机组成部分,至今为止尚未有统一的看法;实际上,因文学创作的多样性复杂性,及研究者的视角的不同,恐怕也难以有,甚至不必有统一的结论。然而从大量的文学史现象来考察,我们认为这几年来的研究,包括允吉同志的论述,提出以生活方式与作者心态为中介的意见,至少是大量存在的不容忽视的文学现象。借此我们拟申述一下我们的某些想法。

作为创作主体的文学家,总是既处于纵向的文体演进的长河之中,又处于横向的文化背景、时代精神的冲击之下。作者置身于纵横两线的交叉点上进行创作,同时反过来又影响文学史的进程,并对文化背景、时代精神作出或显或隐的反作用,从而使文学本身也即为文化背景的组成部分。

作者在创作的刹那间是纵横两线交叉的一个点,但是作者本身的性格素养心态又有其自身的发展系列,因此这个点不是消极地对纵横两方面的影响的反应,而是以其自己的思维定式对两者起反作用,即从其特殊的角度利用二者构想文学作品,又在创作过程中对自己的思维定式作重新建构。由于文化背景、时代精神的复杂性,由于文学部类以及同一部类中具体风格的多样性,由于作者自身历史的特殊性与创作瞬间感兴的各异性,文学创作虽然大体而言是在纵横两线交叉中作者的能动反应,而实际上必表现出千变万化的形态。

以上两线一点在实际创作过程中的关系是:横向的文化背景、时代精神的影响,经由作者这一点,最终落实到文体中,形成特定的文学作品,成为文体演进长河中的一颗水珠,并通过积渐的过程引起文体的纵向演变,因此文学史研究,虽然必须在大文化背景中展开,必须充分重视作者个性,但最终的任务——从史的角度而言——应当是文体的演变史,或说文学的艺术史(思想内容是艺术形象的有机组成部分);而不应是文化史的附庸,或作者传记。

　　虽然文学史研究的最终落脚点是文学的艺术史,但是作者作为纵横两线的交点,作为使文化、精神进入文体的中介,具有特别重要的地位,因此必须重视这一中介的形态。文化背景、时代精神通过作者进入作品,大体有两种形态。有时是直接地介入,作者自觉地明确地为表达某种理念而创作,如白居易新乐府;而更多的情况则为间接的形态,处在特定文化背景、时代精神影响下的作者,不断地以自己的个性感知这种影响,使这种影响积淀在作者的心态之中,并以个性同化这影响,遂形成作者一定的生活方式或情趣,成为创作之前的潜在的意识或审美趣味,一旦景与情会,产生创作的冲动,兴会标合,络绎奔趋,这种心态便自然地潜注入作品之中,成为其有机组成部分(意蕴,趣味等),如王、孟的大部分山水诗中的清空境界,杜甫夔州七律的瘦峭格调,李后主入宋后词的似淡实深的哀愁,苏东坡后期作品中的旷达气韵等。这两种形态,固然都有其存在的价值,但是就文学的意义而言,就尤重兴会的中国诗歌艺术而言,后一种间接的形态具有更为重要的意义。

　　总之,以在一时期的文化动态为背景,以作者的生活方式及特定心态为契机,认真分析研究文化因素进入文体的具体形态,从中探索文学的艺术因素的发展变化,或许会使文学史研究进入一个新的境地。我们希望在实际工作中能有较多的这方面的探索,这必将大大丰富和活跃我们的古代文学研究。

　　我们在这里还愿意提到的是,研究一个时期的文化背景及由此而产生的一个时代的总的精神状态,在文学史研究上当然是必不可少的,但应当看到,所谓文化背景,本身是众多因素的综合,而且是不断变化运动着的,因此在对文化背景的研究中应当注意,尽可能作多方面的考察,既注意某一时期占主导性的文化因素,也尽可能注意其它因素的参互作用。在这个问题上,几乎是无一定规则可循的,而唯有在对诸多因素的尽可能充分的了解,才能得出较为全面的分析。允吉同志在谈到李贺时,正确地指出:李贺的宇宙论和人生观,不仅受到《楞伽经》的影响,同时还从《庄子》中间吸取了许多思想成分;而且说:"比较起来,道家和神仙对他所起的影响,也许是更加显著一点。"这一论断是符合于李贺思想实际的。这告诉我们,对于作家所受文化背景诸因素的影响的把握,应当有一定的分寸。

从这点说来,这部论文集中,《从〈欢喜国王缘〉变文看〈长恨歌〉故事的构成》及有关韩愈的两篇文章(《论唐代寺庙壁画对韩愈诗歌的影响》《韩愈的诗与佛经偈颂》),有些论述似还可以进一步商讨。

诚然在关于韩愈诗的意象与佛教曼荼罗画的关系,韩愈以文为诗与佛教偈颂的关系两方面,允吉同志提出了许多新的例证,较之沈曾植、陈寅恪等前辈学者的论述更为丰富、精彩。但当我们把目光从佛教方面的材料扩展开来后仍不免有疑问,如《陆浑山火歌》中关于火的描写及画面层次,除佛画外至少还可以从两个方面溯源,一是汉魏以降的大赋中关于烈火的描写;二是道教方面的大量资料(如陶弘景《真灵位列图》与道教有关酆都阴司的记载与壁画)。至于韩诗所谓散文化的句式,是否脱胎于佛教偈颂,则更可商榷。就一些细节问题而言,如韩诗中铺列动物名词的特点,其实汉魏大赋中尤多;多用"何"字反复提问者,在《诗经》的《何人斯》《何草不黄》,楚辞《天问》中早已有此例。《南山诗》用五十一个"或",允吉同志已提到《小雅·北山》用十二"或"字已开其先例;虽然后来佛经中连用"或"字有多于《北山》者,但早期佛经翻译取格义形式,而多仿儒典,则又焉知佛经的翻译者不是参照了《小雅》的句式呢。再就总体观之,韩愈诗歌句式的散文化,更可以从中国诗史中找到直接的源头。如果推本溯源的话,其至所谓韩愈"以文为诗"的提法都大可商榷。先秦时期,韵文散文的交错现象十分突出,这是文学草创时期的必然特征。就诗而言,如《五子之歌》云:"皇祖有训,民可近,不可下。民惟邦本,本固邦宁。予视天下,愚夫愚妇,一能胜予。一人三失,怨岂在明,不见是图。予临兆民,懔乎若朽索之驭六马。为人上者,奈何不敬。"这种体格的歌诗,后代有《优孟歌》《慷慨歌》《狐援词》《铙歌》,魏晋后自曹操《气出唱》,魏郊庙歌《邕熙》之后,代有仿作。至盛唐又有任华赠李白、杜甫等歌。考虑到韩愈的文学倾向,我们认为其散文化的诗句,似乎有意取法三代两汉诗这类古拙的句法。又所谓以文为诗不仅是指句式的参差,还包括章法的文章化,这种倾向从谢灵运到杜甫,可以找到明确的渊源,而在佛氏颂偈中却很少有例证。

　　对白居易《长恨歌》与《欢喜国王缘》关系一文,首先我们很佩服作者的工力,从变文的演变来论述白居易这鸿篇长制的情节构成,无论是材料发掘和立意,都是很新颖的。但我们觉得,这里有一个时间上的漏洞。作为《欢喜国王缘》前身的《杂宝藏经·优陀羡王缘》虽早于《长恨歌》,但其中并无关键的"人间天上喜相逢"的情节,而有此情节的《欢喜国王缘》,今有写卷一般都认为属于五代,因此第一个疑问自然就是何以断定不是变文吸取了《长恨歌》的情节,而使《优陀羡王缘》的简单情节大大发展了呢?其次方士致魂魄的情节无疑起于汉武帝李夫人事,其本原是属于道教系统的,而很多资料说明后人已将其发展比附于玄宗身上。开成间郑畋所作《津阳门》诗是《长恨歌》外又一篇叙李杨爱情故事的长诗,作者详注本事,其中就注有道士叶净能曾导玄宗游月宫,与此幻术招致美人之事。后来的《叶净能诗话》更将此发展为旖旎动人的传奇性故事。从这些情节,是不难发展出《长恨歌》并传中方士觅致杨妃之事的。陈鸿《长恨歌传》中明言,"适有道士自蜀来,知上皇心念杨妃如是,自言有李少君之术。玄宗大喜,命致其神"。则分明将此事缀属于李夫人故事一系。此外如明皇对杨妃的入骨相思,从杜甫《哀江头》起,已有表现;"在天愿作比翼鸟,在地愿为连理枝",分明由《孔雀东南飞》中蜕出。

　　我们无意绝然否认佛经、变文、变相对韩愈、白居易诗的影响,但在读上举三文时，总有作者因着重于佛教研究而越看越像，并因此忽视了大量反证的感觉。佛氏倡言无执，但这些文章却似有执着一事之嫌。

于是问题仍回复到本文在前面所说的文化背景的多元性复杂性问题上来。对某一文化部类之于文学关系之专题研究是必要的，但在这类研究中，似仍应有更宏阔的文化背景观念。与其说韩、白上述诗歌均源于佛氏，无宁说是当时众多性质相近的文化因素，投射到韩、白的意识层中，而在创作之刹那，综合表现出来为稳妥。譬如韩诗的散化句式，应当是韩、孟派复古思潮的大背景中兼取汉先古诗碑铭、汉赋、佛氏偈颂等因素的融会贯通的创造。我们认为以考据为主的索隐式的论证，除非在确有实据，且能充分排他的情况下，方是行之有效的；而大文化背景通过作者心态的中介，影响于文学，应当是更近于文学创作实际的大量存在的情况。也许这样来观察文学现象，较之索隐所得出的结论来得模糊。然而文学创作，本来就是更多地带有模糊性质的。从创作思维看，如果执定一事作比拟与模仿，恐怕很难出现优秀的作品。创作是如此，研究何尝不是如此。

四

最后，我们想附带谈一点研究风气问题。

我们感到，前几年，无论是对一般文化问题的讨论，或是古代文学研究中文化意识的探求，总似有一种宏阔有余，专精不足的缺陷。这或许是学术发展中一时所不可免的，但对照允吉同志所做的工作，我们觉得我们的古代文学研究真正要有所进展，应当考虑基础的实证的研究。

允吉同志在《后记》中对他的这部书的书名有所解释：

> 盖辨乃系乎实证，思则期于融通，适今治学方法，瞬息迁变，宏观烛照，诸说俱陈，常欲调合新旧，一如理事。纳须弥入尘毛芥子，寓义理于考据文章。

这段颇用佛语的自述，说明了作者贯串了全帙的治学态度与方法，其要义有三：

一曰实证：一切辨思，均以实证为基础，而切忌心造臆测的发挥。

二曰融通：融通包含两个相互关联的方面，首先是"一如理事"，使所论之理与所举之事圆融于一，而力避牵强附会。其次，这理事的融通，又势必有待于对唐音与佛教二造的融通，正如作者所说，研究佛教与文学的关系，要注意抓住两者的内部联系，而"弄清这种联系，需要经过严密的科学论证"（《答程健问》）。

三曰"纳须弥入尘毛芥子"，这似乎是对当前有关研究方法讨论之形象回答。作者力图"调合新旧"，但他更愿意在一个又一个具体问题的研究中，来同时对方法问题作思索，而并不急于构成什么理论体系。按此书中所显示的学力来看，如果作者要敷衍为一种由佛教影响的角度，全面介绍唐代文学的通史式的著作，当也并不为难，但他却仅以目前这样论文结集的形式奉献给读者，而并不急于找出一个统一的模式。这种求实的学风，应当说代表了我们这一代研究者对事业的审慎态度。

"实证""融通""纳须弥入尘毛芥子"三者，其实是三位一体的。"辨乃系乎实证"是基础，"思则期于融通"是升华，"纳须弥于尘毛芥子"则既是实证与融通的前提，使二者能尽可能避免拘墟之弊，又是实证与融通之自然结果，使人们在具体问题的解决中，得到超乎具体的启示。因此说到底，他的方法又可归结为对研究对象——佛教与唐音二造，在尽可能多地占有资料的前提下，所作的

反复的、入里的辨思,书名"辨思录",正向读者提示了本书的这一
特点。

前几年,有一位外国学者,在中国讨论古代文学研究时,曾说
了大意如下的一段话,说外国汉学家感到以传统方法研究汉学,外
国人总是搞不过中国人的,因此他们更重视新的视角的开拓,以期
在总体研究中超过中国学者。这段话有一定的片面性,现在国外
有一些成就卓著的学人,且不说其中的华裔学者,他们大多在传统
研究方法上有很深的造诣。笔者注意到这几年日本、美国唐诗学
界的一些后起之秀,他们除了视角的新颖外,在考订的缜密,资料
的翔实上,真有度越其前辈之势,其功力之深与思想之敏锐在国内
学者中也为少见。然而上述那位学者的那段话中有一点足以引起
深思,就是我们如何保持和发扬传统治学的优势。吸取新的研究
方法,当然是必要的,但如果丢掉了我们擅长的传统方法,而急于
从一知半解的新理论中东拼西凑建立体系,就很容易邯郸学步,失
其故武,最后将连路也不会走了。天马行空而根本不固的研究方
法是一种简捷却危险的方法,其结果势必造成在汉学研究中,中国
人落后于外国人的可悲局面。这倒并不是什么危言耸听,而是苗
头初露。因有感于允吉同志的治学态度和治学方法,我们觉得,这
对于古典文学界如何进一步展开文化史的比较研究,是很值得我
们思考的。

(本文是与傅璇琮先生合著,

原载于《文学评论》1989 年第 6 期)

807

节律与体式的探索

—— 葛晓音《先秦汉魏六朝诗歌体式研究》序

记得十余年前,在某次唐代文学双年会的总结中,我曾谈到:"唐与先唐诗歌的研究,并非都已是一片熟土。如果谁能深入探讨诗格学与音韵学,相信必定大有创获。"至今我仍持有这种看法,因此,借学兄葛晓音教授的大著《先秦汉魏六朝诗歌体式研究》出版之际,略作申论。

以上意见,实基于这样两点体认。其一,诗歌作为一种有音乐感的文学样式,宋人以后的诗学研究,罕有兼合声韵来论其艺术特点者。清人不乏声调谱一类著作,然而就声论声,与诗意的艺术表达脱节,总觉隔靴搔痒。因此,诗歌作品与诗史研究的手段大同于散文研究,成为一种由来已久的通病。今代前辈学者,如山东大学萧涤非先生、台湾大学王梦鸥先生,日本中泽希尔、小西甚一、林田慎之助、兴膳宏、松浦友久诸教授,及美籍华裔学者李珍华教授等,以及堪称后起之秀的台湾大学蔡瑜教授,南京大学张伯伟、南开大学卢盛江诸教授,或倾心力于唐人诗格的辑集、整理、诠释,或由声韵讨论某诗体形成,发覆探微,套用一句俗语,可称"度越前辈,嘉惠后来",为诗歌史的更深入研究作了进一步的铺垫;然而与我所期盼的集意势声象于一体的诗歌作品及诗史研究,仍尚去一间。这就涉及我的又一点体认了。

我总认为,诗史研究,固不可避免今人的判断,然而其上乘境界,应是首先对研究对象当初的具体情状有贴入的了解。如此,判断方不至流为臆断。而视声韵为诗作的不可或缺的有机因素,以心匠(成心)对于意势声象浑然一体的作用为诗歌之要义,实为中古尤其是六朝至唐诗人们的共识。

可以说,具有独立意义的诗学理论之产生,实与魏晋以降声韵学的形成同步。《文心雕龙》下篇在论作文大要后论八种文术,便首揭声律,并在归纳性的《附会》《总术》篇中,将对音声的处理,视为众辐集毂的不可或缺的因素。至此,古来"声依永,律和声"(《尚书·尧典》)之类对诗歌创作的浑沦的原初要求,便以融和音韵学的美学理论形态得以成立。

唐人对于六朝诗与诗学的成就与倾向,并非绝然的反拨,而是在反思、反拨中传承发扬。声韵,作为区别于散文的诗之标志性的艺术特征,至少在盛唐前的诗学著作中,占据重要地位。初盛唐影响最著,留存也相对较完整的元兢《诗髓脑》、王昌龄《诗格》,便均以调声为首章。"开元十五年后,声律风骨始备矣",殷璠《河岳英灵集》叙中这提纲挈领的二语,便为一代盛唐之音作了总结。

中唐以降,既由于声韵学与诗歌音律说的建构业已完成,也由于禅宗离弃文字观念的影响,诗学著作论声韵不似初盛之隆兴,然其"重意主旨"之下,却又似翻了一个筋斗,依然传承了刘勰由心物对待到意辞(含声与彩)对待的基本创作原理,并形成更为突显文学基本原理的诗歌创作论。皎然《诗式》标举"真于情性,尚于作用,不顾词彩,风流自然"为"文章主旨",然又云"语与兴驱,势逐情起"(《诗式·邺中集》)。意谓诗歌语言随诗兴(意兴、情兴)的勃发与流动络绎奔会,而这一伴随有语言组织的情兴的流动展开,便形成诗势。因可知,唐人诗学中至关重要的"势"的观念,实为以兴意(其发生源是"成心")为主宰的,语(辞)与情(意)相形互摄千变万化的展开。换言之,诸形相待而生势,诗势,即由兴、情、语等相形而生者,而其关键则在于一心(成心)之作用。应尤其注意,这里的语,固不废辞彩。辞彩,即所谓"虽欲废言尚意,而典丽不得遗"(《诗式·诗有二废》);更兼含声韵,是所谓"清音韵其风律,丽句增其文彩"(《诗议》)。明此,则知《诗式》首起四节:序(论精思之作用:放意须险、定句须难)、明势、明作用、明四声,实表达了皎然纲领性的诗学观念。这就是心匠(成心)作用之下的意势声采的浑然一体,这也是唐人诗论中又一组至关重要的观念:境、意境、境界等的前提与核心内涵。对于声韵,皎然只是反对"酷裁八病,碎用四声",而对于"宫商畅于诗体,轻重低昂之节,韵合情高",本无异议。与之相映成趣的是成书时间与《诗式》相先后的日僧空海集撰六朝至唐诗论而进呈天皇的《文镜秘府论》,此书第一卷第一章即为"调四声谱"。因可见,中唐之世,调声,仍为习诗者之必须修养。《诗式》所论,只是有感于调声的过于格式化,而从重意主旨出发的纠偏之论。从渊源而言乃上承齐梁间周颙、刘绘、陆厥之说,于调声取从宽态度而已。这些与他在对偶问题上宽而不废的主张是一致的。

我们知道,唐人诗格类著作具有作诗指南之用,然而我更愿强调的是,这类指南,其实有其包括本体论、创作论在内的系统的理论架构。从哲学美学原理而言,其实上承六朝诗论崇本举末的思辨形态,本末不二,故丽辞谐声在唐人看来,一直是诗歌达意抒情的自然要求。我们常说唐诗,尤其是盛唐诗浑成,其原因盖出于此。老杜云"晚节渐于诗律细",而读唐诗,尤其是杜甫、李商隐、韩偓一脉与王维、大历十子一脉,尤其能感受到音节之美与显象见意浑然一体,正有以悟到其意势声采的融和。

唐与六朝诗的音节之美,我们能感受到,但却难以句诠。这或许由于诗歌研究,最讲究感觉,而今天我们很难恢复每一具体诗篇当时的具体音读。音韵学,无论是新派与旧派,都难以帮助我们做到这一点。我自己的研究中,时或会以某一句联某一诗篇为例作出解析,但是由于上述原因,也由于过于烦细,始终未就诗史的演变的向度,甚至未能从某一诗人声韵运用的总体特点,作出有统系

的研讨。而如何深入腠理地还原唐与先唐诗的声韵运用,也就成
为我只能望洋兴叹的一个学术难题。

使我看到破解这一诗学研究难题熹光的是两位女教授近数年
来的研究。台大中文系的蔡瑜教授,着重于解析唐人诗格类著作
有关音韵的术语与规则,其娴熟的音韵学知识,使我们更接近原貌
地理解了唐人作诗时声韵处理的一些具体的原理,虽然还是难以
作当时音读的准确复原,但对于破解这一诗学之谜,肯定前进了一
大步。葛晓音教授则从另一角度——节律契入,这或许受启发于
松浦友久先生的节奏与诗型的研究,但却表现出更大的格局与更
复杂的艺术思维形态。

凭借出色的感觉及基于近三十年研究的对于诗歌发展史的谙
熟,晓音以诗体形成与演变为主线,以节律,这一《礼记·乐记》就
已十分关注的要素为研究的主要契入点,用二十一篇论文构成了
先唐诗歌体式生成及体调演进的发展史。这真是一个浩大的工
程,从常日的交谈中,我更知道她从事这项诗学研究之艰辛。比
如,为了理清《诗经》的句序节律,她对《诗》三百零五篇的句式节
奏,逐篇作出解析,并由繁而简,从约七十种形态中归纳出九种基
本形态,并抽绎出其中的共同规律。

以诗体为综合性的载体,则是一个极有学术眼光的选择。因
为“因情立体,即体成势”、“凭情以会通,负气以适变”——诗人的
每一次创作,都是对前代诗体的承继与变通。换言之,诗体的通变
正是诗人以心匠的作用,熔铸意势声采的最终显现。也因此,她的
论析虽以节律为主要着眼点,但是始终以诗人的创作心理(又往往
基于生理因素)为支点,以具体作品为依据,将情声与情采的个性
化表达融合为一体,使无形的音声之象,参与到有形的辞彩之象之
中,从而使个性(成心)作用下由意辞互摄所形成的诗歌意象具有
有别于散文意象的真正的诗学意味。这是因为,个性化的意辞互
摄,形成诗歌内苞情意气势的骨彩风辞,亦即风格之体。风格之体

既借样式之体(文体)显现,又积渐地改变着样式之体,从而有诗体的由微至著的演变。也正是由于这一点,晓音由节律契入的诗体研究,便不同于清人声调谱就声论声的格式研究,而上升为富于美学意味的诗学研究。

诗歌的音乐性是多方面的,从六朝至唐诗学著作的有关内容看,包括清浊呼纽等在内之声与韵的综合配置,是其重心所在。就此而言,由节律音步契入的研究如能与当代音韵学的进展相结合,或许能臻于更理想的境界。然而在今天难以复原古人诗具体音读的情况下,晓音的研究路向,应该是一种更具可操作性的方法。

晓音的研究,目前着重于先唐,据她自己解说,律诗形成后,声韵格式化了,研究余地似乎不大,然而私以为律诗的调声术,除平仄韵脚之外,更有若干源自古诗与选体诗的讲究,以及拗体、吴体以及不少以人命名的新格法、新尝试,这在唐人诗学中是有迹可探的,只是后人难究其妙,而首先将律诗的格调简化了。常常地,当我吟诵到"信宿渔人还泛泛,清秋燕子故飞飞","红楼隔雨相望冷,珠箔飘灯独自归"这类音调尤其谐美的诗章;吟诵到"城尖径仄旌旆愁,独立缥缈之飞楼","白帝城中云出门,白帝城下雨翻盆"这类节律尤其拗峭的联句时,我总是在深深的感动之余,感到一种深深的遗憾。因为我能真切地感到其声韵节律对于其诗歌意境表达的不可或缺的作用,甚至能感到诗人在选韵调声时肯定有创造性的综合运作;然而我却苦于不能完全说清其所以然,真是辜负了诗人们的匠心!因此,我颇期望晓音能把这一课题做下去,至少做到唐末。

二〇一〇年三月

初稿于北京,改定于上海

(本文原载于葛晓音《先秦汉魏六朝诗歌体式研究》,
北京大学出版社 2012 年版)

林继中《文化建构文学史纲》序

与继中君相识,还是因缘于上世纪 80 年代中期他的古籍整理大著作《杜诗赵次公先后解辑校》,当时颇感佩于他旧学功底的深厚,不愧为萧涤非先生高足。后来交往渐深,更知他能诗善画,书法遒丽有古风,是一位今天已不多见的大雅君子。也因此,约十年前,收到他的《文化建构文学史纲》中唐至北宋部分时,甚为诧异。当时,学术界自 80 年代初开始的西化热浪已经退潮,甚至被讥为浅泛无知,而他竟仍然坚持着用这一有些"犯忌"的书名而不理会师友中人改题的劝告,可谓事出意外。转而一想,大凡真正的读书人,必有一股倔劲儿,当众人趋鹜之际,未必随俗;而至举世皆非之时,却往往背时依前,以见独立不羁的精神。这在继中也是有迹可循的。就说他的书体吧,不就在法度森严中透现出一种狂放的气质吗? 又是一个十年过去了,不意又收到了他的同题著作魏晋至盛唐部分。这次我才真正感到,事情并非那么简单。古人说"十年磨一剑",而继中竟以先后近二十年的时间完成此书全编,可见他绝非意气用事,而是真正在呕心沥血地探寻着一条文学研究中的中西方法会通的道路。于是我终于怀着一种敬佩的心情,连同前编,将全稿认认真真地读了一过。我说敬佩,是因为本稿连同书名,体现了继中的学术勇气,即寅恪老人所谓"独立之人格,自由之精神";我说认真,则是由于,尽管我现在未必有勇气如他般标而题之,但一直以来,我总认为,中西会通是 20 世纪一切重大的学术思想成果的根因,也将是新世纪中国文化发展的主流趋势。以继中之功力,他的此一路向的研究,必有创获。

80 年代那次中西碰撞之所以成果不彰,远不及"五四"前后那一次,原因不在中西会通路向的本身,而在于我们这一辈学人功底不逮,尤其是旧学修养难望前辈项背,这甚至比另一原因,外语及西学的"搭浆"更为主要。所谓穿靴戴帽、强中从西等现象,无不根源于此。继中是我们这一辈中旧学修养的佼佼者,这既得力于名师熏陶,更取自于闽中厚重的学术传统。这些,都已由《杜诗赵次公先后解辑校》作了最好的注脚。因此他确实有"资本"从事这项以中西会通之方法,梳理并建构民族诗学体系的宏大工作。而读罢全稿,我更深感,此想不虚。

回顾二十多年来古代文学史中西会通的研究,大抵有一个核心问题与三个影响最著的理论节点。一个核心问题是韦勒克、沃伦在《文学理论》中所提出的文学的外部因素是如何转化为文本内涵的。三个节点,一为文学的文化研究,二为文学的心理学研究,三为文学的语言学研究。目前的趋势则是试图将这分别注重于文化、主体与文本的三个方面融合起来。继中此稿正是此种趋势中做得较成功的一种。相对而言,新成的上卷较十年前的下卷更为成熟,这是势之所至,也是他学术累积的体现。

我们尤其当重视上卷各章的布局与标题。第一章《士族文化的建构与文学》,可视作全稿的总论,提出了作者核心的理论架构——文化史与文学史双向同构的观念,有云:

> 文化不仅是文学与客观世界或经济基础之间的中介,它与文学还是互涵互动的系统与子系统的关系。……文化的中介作用及其与文学的系统、子系统关系,最深刻地体现为文化自身的建构,制约、驱动着文学的建构,促成其演进;而文学又以其自身的变革参与文化建构,二者形成双向同构的运动。由于文化构型是随着经济基础和社会生活方式的变迁而变迁

的,不断处于转型的运动之中,作为文化有机组成部分的文学势必随之运动。在整个运动过程中,文化整合作用是关键……

继中这一核心理论的意义,首先在于突破了数年前多以文化作为背景氛围的"历史文化背景"论的局限而由文化与文学之系统、小系统的互动关系着眼,通过文化目的、文化选择、文化心理的系列分析,将文化直接作为文学的因子来体认,从而避免了视文学为文化附庸的弊病,而对文化为文学内外部因素的中介说,作出了富于启发性的解说。其次,作为文学史研究者,继中更可贵地把握住了文学的本体地位。他进而以文质,雅俗、传统与时尚,个体与群体,创作与接受等文学内部因素,在文化目的驱动下的整合、因革、通变为主线,而以作者的"情感结构"为文化与文学的交汇点,以文本的意象流变为归趋,来展开自己对魏晋以来文学史演进轨迹的认识,从而如他所说"使纷至沓来的文学现象呈现出一种有序的总体趋势",其图式是:

> 由经济基础所决定的文化目的,通过传承、时尚及外来文化之影响,形成文化心理,同时作用于作者的情感结构与读者的期待视野,二者交汇于文本而共构作品,并因二者的交往而使期待视野发生演变,反过来又对文学进行选择与整合,形成以形式嬗变为标志的文学史运动(按:意谓演进)。

请尤其注意这段引文的最后一句——"形成以形式嬗变为标志的文学史运动"。这里的"形式"与"文化目的"、"文化心理"、"文化选择"相联系,也就呈现出结构主义文学批评所说的"有意味的形式"的品格。于是继中的理论构架,就不仅以文学的文化研究融通了文学的心理研究与语言学研究,甚至社会学研究,更以"形式嬗变为标志的文学运动"为落脚点,体现了这一融通之文学本位性质,这是他对于一般文学的文化研究的超胜处;而上卷二、三两章

《生存焦虑唤醒文学》与《文学的独立战争》,更进而由"情志"与"语言形式"亦即意与辞,这文学的相互含摄的两端着眼,展开了对汉魏六朝文学史的解析,这又是他与仅以"情"的觉醒为汉魏六朝文学自觉标志的传统观念的不同处,而真正扪摸到了所谓"文学自觉"的真谛。关于这一点,我们还当仔细品味这两章各两节,凡四个小节的安排。

　　这四节以《情志的离合》(二章首节)起,以《酿造独特的语言形式》(三章次节)结,中间为《人生诗意化的追求》(二章次节)与《培养独特的诗性思维》(三章首节)二节。这一架构隐隐透现出作者是以"诗意化追求"与"诗性思维"两个层次作为情志与语言形式之转换枢机的。同时,这一架构又与对魏晋至齐梁文学史流变的解析同步展开。总体写法颇接近于《文心雕龙》中《时序》以下数篇的论析;而涉及具体的文体时,又可见同书《诠赋》、《明诗》等文体论篇章的影踪。这绝非简单的摹仿。按《文心雕龙》是一部集前代大成而开后世先河的中国文章学著作。它的根本精神是,在传统(见《原道》以下三篇)与时变(见《时序》以下四篇)所构成的场域中(大系统),阐发:以心性一元为根本,以意辞征实形虚、主从互摄为核心与红线,以通变定势为枢机的,对文学依托于一定文体的文学语言形式的,与时推移、复古通变的不懈追求。它的许多观念,实际上已先期地与现当代西方文论,尤其是文学的语言形式批评有暗合处,却又体现了鲜明的民族特色,而绝非任何一种西方美学文艺学理论所能牢笼。我不敢说继中对《文心雕龙》的看法与我相合,但从此稿,尤其是新成的上卷的论析中可以看出他对以《文心雕龙》为杰出代表的中国古代文论的谙熟与深刻理解。他那看似西化意味甚浓的《文化建构文学史纲》,在骨子里却体现了希望建构起中国民族文学理论体系的艰苦努力并自始至终贯串着民族的文学思辨的红线。也因此他对诸多西方文论采取了不主一家,兼取并融的态度。王元化先生在论中西会通时曾说,不能以西学为坐标,而应当以之为参照系。我想继中此稿正体现了这一科学精神。

继中此稿的具体论述也尤多精彩,比如上卷对魏晋至盛唐文人心路及其相关历史文化因素的论析,下卷对中唐后雅俗文学交流态势的阐发等等都很有创意。囿于篇幅,不能列述详论,而只能略挈其主要理论架构如上。当然,任何理论体系都如同框架,框住了理论视角所及的部分,而可能失落了其他一些也较重要的部分。对于继中的理论架构,我也有几点意见供参考。

我完全同意以中唐为界划分魏晋至北宋文学发展史为两大阶段,且十分赞许这种打破朝代界划的勇气。然而其中又以"士族文学"与"世俗地主文学"为两阶段文学特质的标志,并以士庶之判与雅俗之分作大体对应的联系,却颇可商榷。这里尤须注意二点。其一,士族与庶族的对待,虽是特定历史阶段的现象;然而它所体现的贵族与寒族相对待的实质,却是通代的一般现象,而此稿所举士族、贵族(似指唐代新士族)、世俗地主(似指庶族),又处于一种推移升降的流动形态之中。反映于文化层面,私以为贵族文化与寒族文化的对待交流,是与文质对待、雅俗对待一样贯串于整个中国文化史、文学史的,似当放在同一层面来综合考察。同时贵族文化,它通常衍化为中朝文化氛围而以主流意识形态的地位与在野文化氛围相对待。同样的,这也是一个流动不居相互渗透的历史过程。其二,似应注意,雅俗对待与士庶对待不存在对应关系。前者是通代现象,后者是阶段现象。而"俗文化"之"俗"与所称"俗族地主"之"俗",又非同一概念。士、庶、贵、寒,对"俗文化"的吸纳是不分前后彼此的,而他们的创作又在总体上属于雅文学的范畴。比如鲍照、李白的作品,尽管多吸纳俗文学营养,但仍属雅文学,但如果以之为士族文化的重要代表,总感到牵强。

前已说明,以文化与文学作为互动同构的系统与子系统,且以文学为经济等社会因素与文化的中介,是富于建设性的。然而,此"中介"应当只是社会因素宏观地反映于文学的中间形态,它在创作之前业已存在，而不能直接成为文本的内涵。继中在"中介"问题上的表述似乎存在着一种矛盾。在文字上，"中介"的界义如前；但在首章表列的文化与文字互动同构的图式中，他其实是以所称"情感结构"为文化与文本（还有所称"客观世界"）的交汇点的。私以为后一种相对而言更接近"中介"的事实。然而情感结构尚不足以反映问题的全部。私以为《文心雕龙·体性》篇所称凝铄了才、气，学、习的"成心"，亦即作者天赋与后学浑然一体的个性化的心性——它在文学创作中通过即时即地的意（情意）辞主从互摄的活动来体现——方是真正意义上的中介。继中的上述矛盾似乎反映了在他的总体观念中，对于文化驱动（目的）与文学样式自身演进态势的关系，群体意识（或集体无意识）与作者个性的关系，一般趋势与创作情境的关系，意与辞的关系等等，都过于强调了前者而对后者的重视略嫌不足。在我看来每种文学样式都有其发挥自身潜能的内在冲动，而"成心"各异的作者则是开掘此种潜能的最活跃的因素。他们每一次即时即地临境结构的创作所形成的文体与个性风格混一的文本，都逐渐地改变着某种文学样式，而往往在特定的机缘与天才作家的手中，量的积累终于引发质的飞跃。由此而言，相对于本位的文学，文化，诸如政治、哲学、思想、习俗、艺术等文化因素仍然只是文本的外部的因素，即相对于创作主体的客体。继中在这一问题上似乎存在又一种犹疑，在他的表述中"客观世界"与作为文化温床的"经济基础"是作为并列的二元来看待的，而对于文化也尚未有较明晰的界义。其实对于创作主体而言，客观世界本来既包括自然的，也包括人文的。这些都是可以再进一步探讨的。继中的观点启发了我对中介问题的认识深化。似乎存在着两个相关层次的中介，即继中所主的"文化中介"——第一层次，与我所主的"成心"中介——第二层次。"疑义相与析"，也许二说可以互补短长。

以黑格尔正—反—合的思辨模式与"通变"相联系也待再榷。

私以为通变的内涵远非正反合所能包容。简言之,通变在刘勰的创作论系统中并非一个孤立的概念。它首先与"定势"相对待,又上连"体性"与"风骨"的对待并探赜于"神思",下接"情采"与"熔裁"的对待而引发以下论文病、文术诸篇,从而描述出以成心—元为本、意辞主从互摄的意匠作用为红线的,从诗思发动到情经辞纬,结采凝辞于一定文体的文本形成的创作全过程,当然这个小系统还与文统、时变所形成的历史文化场域相联系而变化万端。以正反合释通变,迫使继中只能择取若干文学因子如质文、雅俗的代变来展开论述,而其实这些还不足以较全面地解释复杂的文化现象,特别是以心体活动为主体的文学现象的。我总感到继中原本相当宏阔的文化与文学关系的视野被正反合狭窄化了。具体论述中偶见的牵强处,盖源于此。我还认为每一种文学现象形成的原因往往是多元的,而诸多因素的比重位置也因具体情境而不同,有时,甚至外部因素也会成为主要动因。因此,恐怕很难用任何一种哲学思辨模式来贯通远为复杂的文学史流变。至少在目前阶段,还应更多地"具体问题具体分析"。

以上三点为一孔之见,未必的当,对于这部富于建设性的文学史纲兼文学理论著作来说,也只是吹毛求疵。愿与继中共勉,也希望引起进一步的讨论。

（本文原载于林继中《文化建构文学史纲（魏晋—北宋）》,
北京大学出版社 2005 年版）

《赵昌平自选集》自序

　　一场所谓"文革"的浩劫，打乱了我在北大中文系的学业，却也使我意外地得到了一次与唐人相仿的出塞经历，分配至内蒙军垦，途经居庸关时不禁吟出："冻云迷塞北，落日照长城。"我自幼喜爱唐诗，而从此以后，诵读唐诗，在我更有了百代相照，切肤关心的感受。从诗篇的音节藻绘之中，我渐渐更能体会到一部唐诗史中蕴涵着四唐文士的心史，先秦以来中国士人最主要的性格心理特征，此时有了最丰富的表现与融合；而今天的中国知识分子在心态与思维形态上，仍经常地重奏着千载前先辈的曲调。历来说，唐诗是中国诗歌艺术的顶峰，我以为这应当不仅是指诗格诗艺上的集前代之大成，开后世之法门，也应当包含唐人心态在中华民族心理历程上的典型意义。唐代是中国诗歌的成熟期，也是民族心理的长成期，而两者之间，似乎存在着相当密切的关系。因着这种感觉，在"文革"结束后，我选定了唐代文学专业，师从华东师大施蛰存教授，开始了对唐诗的系统研究。

　　学术研究固然是一种个性特征极强的活动，但又总与一定时期的文化氛围，与此一学科的历史状况相联系。为此，在阐述我的有关看法前，应先对"文革"以来，中国大陆唐诗研究的基本动向作一概略性的介绍。

　　"文革"后大陆的社会科学研究，大抵是在对"文革"前有关观点的反思与批评中起步的，唐诗研究也如此。70年代末至80年代初,对中科院文学史、游国恩文学史,特别是对刘大杰文学史(修订本)唐诗部分的批评,吸引了学者相当大的注意力,虽然冷静地反省一下,当时的批评往往不免偏颇——三史自有其独到的创获与相应的历史地位——但这些批评所引出的主题,却对此后20多年的研究具有深刻影响。批评精神由对三史的质疑,扩展到对历代唐诗研究成果的重新审视,重新评价。一方面,研究的个性化成为时代的特征;另一方面,人们普遍地认识到,应将唐诗史作为一种诗歌的艺术史来研究,而不能再让它成为政治的附庸;要描述出唐诗发展的历史轨迹,而不能止于单个的作家论。这两方面合起来,可称之为对诗史本质特点的历史性的探寻。嗣后近20年的种种理论探讨,大抵由此而引起。

80年代中期,随着中国大陆改革开放的深入,过去被拒之于国门之外的近现代西方文论纷至沓来,启发了唐诗学界从种种新的视角来研讨上述问题;而更可贵的是,与其他某些学科不同,唐诗学界较少后来被批评为肤廓、简单化的,以某种西方文论模式代入国学研究的幼稚倾向,这不能不归因于这一学科丰厚的历史积淀。

在中国古典文学苑囿中,没有一块土地似唐诗那样被反复耕犁过千百度。任何清醒的学人,都无法不正视前人的累累成果;任何刻意标新立异而实学欠缺的论说,也都会因此而立即显出它的浅薄来。一方面努力从借鉴外来理论中更新视角,另一方面不懈地操练"内功",重视资料的发掘、梳理、考订,并力图将中西学融通,成为"文革"后唐诗研究方法的主流。这里不能不提到两种"文革"结束后问世的有重大影响的著作。傅璇琮先生的《唐代诗人丛考》是一部对诗人或诗人群体进行集合性考证的力作,它将中国传统的考证学与丹纳《艺术哲学》的一些核心思想结合起来,将诗人尤其是诗人群看作诗史的实际承担者,企望通过对不同时期,不同地域的诗人群的行迹动向的考证,来为探究唐诗各时期特征提供基础。陈贻焮先生的《杜甫评传》则在广阔而翔实的文化背景的勾画中,结合对杜甫行事的补订,更深刻地讨论了杜甫诗的内涵、成就与成因。虽然人们可以指出这两部著作的某些不足或疏失,但两者无疑都表现出"文革"期间唐诗学者在极其困难的境遇中沉潜学术的可贵毅力,从而为"文革"后大陆唐诗学研究开了一个良好的头。几乎成为共识的是:必须以对背景资料与文本的尽可能详密的考订与梳理作为基础,来支撑新视角的开拓。因而在20年中唐诗学界考订与诗史研究一直呈现同步共盛的形态。《丛考》之后诸如傅璇琮《唐代科举与文学》及其主编的《唐才子传校笺》,吴汝煜《唐五代人交往诗索引》,周勋初主编《唐人轶事汇编》,郁贤皓《唐刺史考》,徐敏霞、王桂珍点校《唐尚书省郎官石柱题名考》,郁贤皓、陶敏《元和姓纂补订》,陈尚君《全唐诗补编》,陈伯海《唐诗汇评》,以及上海古籍出版社出版的数十种唐集整理校注本,充分显示了前者的成就;而1992年8月吉林中国诗史诗论研讨会上总结的"寻求宏观与微观汇通"等观念,早于80年代中期,在唐诗学界就已有了不俗表现,更说明其理论思维的成熟。这两方面相互影响,既促使史料学带有文化学的色彩,更使得理论探讨始终保持民族特性。由此进一步构成了唐诗学界根基扎实、大处落墨、气势浑厚的特点。

在一应新思潮中,对后来影响最著的是历史文化背景论和语言学批评的有关思想。代表前一种影响的重要著作有罗宗强先生《隋唐五代文学思想史》与陈允吉先生的《唐音佛教辨思录》。前者与傅璇琮先生的《丛考》视角相近,却由诗人群的交游更深入探讨共同的文学趋尚;后者则敏锐地从佛学思想深入唐人生活这一重大文化现象契入,开始探讨它所引起的唐诗人行为方式、心理特征的变化及由此而产生的诗歌题材与风格的转化。以语言学批评思想研究唐诗的专著虽未出现——这应当与它同传统诗论的距离过大有关——但潜在的影响则同样深广。其注重由语言结构解读文本的观念,被人们广为吸纳,并经常与历史文化背景的研讨结合起来,而使传统的研究方法得到深化。程千帆先生、葛晓音女士的大量论文很能显示这方面的成果,后来分别结集为《被开拓的诗世界》与《汉唐文学的嬗变》。我自己的研究,大抵也反映了这一动向。

　　以上研究成果,实际上已显示了这样一种必然趋势:研究者由对历史文化背景论与语言学批评的比较、借鉴与批评中,进一步思考如何将影响诗歌发展的外部因素与诗歌内在因素两方面的研究融合起来。因此从 80 年代末迄今,对所谓"思想材料如何实际地进入文学作品"(韦勒克、沃伦《文学理论》语)的问题的探讨,在唐诗学界进入了实质性的阶段,人们普遍关心两者之间的中介是什么。这就必然使研究风气从新思潮涌入时注重宏观体系的架构,回归到对具体的文学现象的"第二次研究"上来。有识见的研究者,都不汲汲于构成体系与从事涵盖性的专著,而力图在更广阔的背景中去探寻具体问题的更深层的内涵,然后再一点一点地抽绎出诗史发展的历史轨迹。从表面上看来,这一时期较少前一时期那种集中探讨某一理论问题的大规模学术活动,而实际上"冷静"的背面,却蕴含着更深刻的理论思考与更丰厚的素养积淀。这是大陆唐诗学界更趋成熟的表现。相信今后若干年中的趋势是:(1)史料学将在更广的层面上,更深入地、更具有文化意味地展开;(2)一些迄今尚未引起充分注意的侧面,如唐人诗格著作、唐诗音韵学等等将会越益为人们重视;(3)随着对以上中心问题的不懈探讨与个性化研究,会出现更高质量的专题著作与多种唐诗史,从中甚至可能形成若干各具特色的学派,而一批较我们更年轻的学者将会承担重要角色;(4)具有民族特色的中国诗学的建构,也将在以上过程中取得重大进展。

　　现在可以具体谈谈我自己的有关观点了。

一、唐诗研究的基础——感觉、
资料与理论思维能力

诗史研究自然必须有明晰的理论思维能力,有某种视角;但是对文本的敏锐感觉与对背景资料的切实的尽可能全面的掌握更是进入研究的前提。

"观千剑而后识器",由于诗歌的魅力,在于它有"1＋1 大于 2"的效果,因而吟哦记诵之际所获得的超乎文字之外的独特感觉,将是以后进入研究时的"主心骨",唯有在具备大量研阅记诵基础上所形成的这种敏感性后,才能不致在纷杂的外部材料与种种的理论框架前失去自我。业师施蛰存教授与马茂元教授都不约而同地命我习作古体诗文,并对我进行过这种训练:随口吟诵一诗,让我凭感觉判断是属于哪一家数的。这使我后来得益匪浅,并逐渐形成了一种基本的研究方法:辨别同异,从反复研诵、比较此诗人(群)与彼诗人(群)的异同——同中异,异中同之中,来探寻诗派的区分、承创覆变的轨迹。语言学批评最重视感觉,这其实与传统的治学方法可相互借鉴。

所谓掌握背景材料是指对历史文化背景,前此的诗史资料与唐诗人及其群体的行止、行为特征的尽可能详尽的把握。为此,掌握校勘、考订、笺注等传统功夫是必不可少的。就我的经验而言,系统地整理一个有代表性的诗人的集子、制定年谱,并由此而连类旁及熟悉周遭诗人,以交互验证,发掘材料,最有利于深入他们活动的背景,对以上各方面作综合性的思考。在这里要特别注意以下三点:(1)注意每一时期历史文化背景诸因素的主次地位与交互作用,从中感受到时代的总体氛围;(2)注意前此诗体演进的历史状况;(3)学慎始习,要尤其注意每一诗人初入诗坛时的个性特征与把握当时诗坛注意的中心问题,并结合以上二点,考察其交互作用。在我十数年的研究工作中,对背景材料的梳理审订大致占了三分之二的时间,比如,为了更准确地把握唐诗各体的成因,一度回过头来,以近二年的时间对六朝诗作了较系统的再研究,其中有关六朝自然观与诗文骈俪化关系的寻索,对我后来研治唐诗史具有总体性的影响。

只有具备了以上两项基础,视角或说理论模式方有实际意义,也因此会悟到,虽然治史必须有视角,但面对活生生的诗史现象,任何理论模式都相对地显得贫乏,而往往顾此失彼。随着研究的深入,我终于悟到,涵盖一切的唐诗史,永远只能是一种理想境界;但反过来看,在具备了以上两项基础后,从任何视角出发的研究,都因能从某个侧面反映本质的一部分而有其存在的价值;在诸多研究者,诸多视角的透视与相互碰撞中,人们才能逐步认识诗史的方方面面,诗史的研究也才永远不会画上句号。明白这一点——明白自己的研究永远只有相对的意义,对研究者来说也许是"痛苦"的,但却是十分重要的,因为这会促使你将根本的注意力放到基础能力的培养上,从而在感悟中形成自己对诗史的独特的却是有根有攀的解悟,这时你再面对各种理论都不致邯郸学步,而会作出以我为主的取舍,从而丰富自己的研究个性。这是一个二律背反。诗史研究要无执而又有执:因悟通上述道理而首先无执于一定的视角,再反过来从具体的感悟中形成自己的研究个性。个性一旦形成,就应有所执著而不随风摇摆;但这并非固步自封,却应在更深入的感悟中,对自己的理论模式作修正、补充,不断地建构。感悟是理论建构永恒的前提,理论建构永远须与感悟同步进行而修正、深化。下面我所要谈的一些理论问题,便是在这样的过程中逐渐形成的。

二、意兴、意脉、意象——唐诗的本质与魅力

在重视感觉这一点上我与语言学批评的观念相当接近,但对如何去感觉,看法却颇有不同。近现代语言学诗歌批评的标的是近现代印象派之类诗歌,而唐诗,即使是外观上最接近印象派的晚唐温李一路的诗歌,在本质上也只是接近于我们土生土长的国画而绝非与马蒂斯、塞尚同品。明确中国诗与西方近现代诗歌的内质区别是十分重要的,因此对语言学批评的观念也只能借鉴而不能照搬,我的有关观念,详见《意兴、意象、意脉》一文(《唐代文学研究》1992 年第 3 期),这里只能挈其要点。

语言学批评所谓"原初的萌动",在唐诗中也有极生动的表现,但却有所不同,这最鲜明地体现于唐人有关意兴的说法之中。兴即兴起,是诗人为外物所偶然引动而突然产生的创作冲动。其表层是一时一地的直觉的感受,而深层则是诗人长期以来积郁的情思。所以唐人论"兴"必与"意"相关,即所谓"兴发意生","先积精思,因神王而得",而进入一种特定的创作境界。由于抒情言志观念的根深蒂固与因佛教思维介入而更为强化了的中国人的证悟式的艺术思维形态,唐人在"兴发意生"后,不是任由感情冲涌以成篇章,而总是通过潜心观照,求得心物相印、传神写照的妙合境地。这就是所谓"精炼意魄"与"凝心击物"(以心意对物象进行筛选)二者融一的过程。于是原初朦胧直觉中的潜在意念伴随着精选的物象而逐渐趋向意旨化。在唐人诗论中这便是所谓因象立意的"取境"过程。片断的景象,在图画中是平面地展开,而以意韵为灵魂;在诗中则是线性地延展,而贯串其中的便是所谓意脉。意兴是灵魂,意脉是血脉,意脉流注于物象之中,使物象升华而具有意象的

品格。意脉通俗点说是覆盖于片断景象下的似断而续的感情线，是经过"文体开阖作用"（结构功夫）而艺术化了的感情线。一方面是意立气生，气动为势，以气势主导文体开阖；另一方面，反过来看，便是借文体开阖作用以显气势，于萦回盘礴，草蛇灰线之中隐见作者之措意。这便是唐人创作论之精髓。而唐诗的魅力正在于那种意旨性与朦胧性，具体性与性质化并存，富于味外之味的境界。在对片断景象的赏味中，玩索那似断实续的意脉，从而体味诗人的意兴，便是阅读唐诗文本的关键。

三、诗体传统、时代、诗人及其心态
——唐诗演进的形态

所谓唐诗的演进形态，其实只能是研究者由一定视角出发的描述，而决不可能包含其实际形态的全部。多年来，在探讨历史文化背景因素如何进入作品而成为其有机组成部分这一重要问题时，我逐渐形成了自己对唐诗演进形态的一些看法。

作为创作主体的诗人，总是处于纵向的诗体演进的历史长河与横向的历史文化背景的交汇点上，并由某一契机引发而进行创作的。因此背景因素之进入诗作内容的中介应由诗人自身寻找。由对"意兴、意脉、意象"的研究中，我进一步悟到这中介应是每一诗人的特定心态。除少数为一定理念而作的诗歌（如元白新乐府），思想直接明确地介入作品外，在更多的情况下，这种介入是间接的，隐微的。诗人不断以自己的个性感知着背景因素，并在动态的过程中对之做个性化的建构而积淀于意识深处，遂形成其独特的生活方式，行为特征与情志趣味。成为其创作之前潜在的意念与审美情趣。一旦情景泊然凑合，兴会标举，诗思奔凑，便通过他以为相宜的,一般也是他所熟习的诗体来进行创作。这时诗歌语言作为其意兴的载体,通过意脉的整合被组织到诗体之中,呈现为特定的体德风貌。每一次这样的创作都既承继着某一前此的诗体特点,又积渐地丰富着并局部地改变着这种诗体的风貌。在我看来,诗体也是有"生命力"的。每种诗体在表现力上存在一种潜能,诗人个性化的创作,正是对这种潜能的不断开掘与实现。往往是经过众多中小诗人前后相继的努力,至某一大诗人手中——他经常是处于最佳机缘上——而由渐变中产生突变,使某一诗体发生明显的演进。这一过程的螺旋形往复便描下了诗史演进的轨迹。应当注意的是诗体传统、时代、诗人三元的关系处于复杂的状态之中,不同时期,三者影响诗史进程的主次地位会有所不同,因此,我目前正在撰写的《唐诗史》并不以三元中的任何一元作为固定的主线,而采取了一种多元化的写法。研究每一时期时,力求在综合考察三元的交互关系中发现当时诗坛某些最有本质意义的关注点,与促成此一关注点解决的最主要的动因及解决的具体形态。因此,大体而言,我的视角可归纳为:以时代的历史文化氛围为背景,以诗人的心态为中介,以诗体的传承演变为归结的多元化的动态的视角。但由于每一时期三元主次地位的不同,其各自的内在构成情况更不同,所以在具体问题的研究中,并无一成不变的规则可循,而总是以感悟为根本,具体问题具体分析。海内外不少友人问我的《唐诗史》为何不能快点写出来,借此机会作一回答:原因即在于我希望一切从自己的具体感悟开始,而不轻信现有的结论与依靠现成的理论模式——而这本论文自选集,或许能反映我的上述思路。谨以此书献给予我教益的师长,特别是给我影响尤著的林庚教授、施蛰存教授与已故的马茂元教授;献给一切关心我的海内外朋友们!

向广西师范大学出版社致谢,向刘景琳、肖启明先生致谢!

(本文原载于《赵昌平自选集》,广西师范大学出版社1997年版)

关于孙洙《唐诗三百首》
及其编选的指导思想

——《唐诗三百首新编》前言

　　在数以百计的唐诗选本中，清人蘅塘退士孙洙的《唐诗三百首》是流传最广的一种，二百多年来，它对唐诗的普及化起了重要的作用，有其存在的价值。然而"存在"具有二重性，它是合理的，又是不合理的；随着时间的流逝，其不合理的一面就会逐渐显露出来。于是编选新的唐诗普及读本的任务就历史地落在今天的唐诗研究工作者身上。多年来，已有不少同志作出了努力。我们这部《唐诗三百首新编》就是在吸取各种新旧选本的经验教训的基础上，作一次新的尝试。

一

　　一部诗选是由相互关联的两个方面组成的，即选本的目的对象与选家的文学观点。选家总是根据自己的文学观点，通过具体选篇，把一定的读者对象引导到自己认为是正确的道路上来。正是在这个意义上，二百年来孙编《三百首》经历了由合理而转化为不合理的过程。

　　《三百首》原序云："世俗儿童就学,即授《千家诗》,取其易于成诵,故流传不废;但其诗随手掇拾,工拙莫辨,且止五七律绝二体,而唐宋人又杂出其间,殊乖体制。因专就唐诗中脍炙人口之作,择其尤要者,每体得数十首,共三百余首,录成一编,为家塾课本,俾童而习之,白首亦莫能废,较《千家诗》不远胜耶?谚云:'熟读唐诗三百首,不会吟诗也会吟。'请以是编验之。"可见《三百首》编选的目的是指示学诗门径。因为学慎始习,故入门须正;因为对象是儿童和一般读者,故首先注意到"易于成诵",即可接受性。

　　可接受性是一切普及读本必须遵守的普遍原则,《三百首》吸取了《千家诗》的经验,做得尤其成功,这表现在三个方面:

　　一是思想内容为学童与一般读者所易于理解,凡历史背景过于复杂,涉及的典章故实过于广博,或文字艰深,用意过于隐晦的,不选。

　　二是艺术形象能为学童与一般读者所欣赏,所领会,凡怪怪奇奇,或质木无文,缺乏审美价值者,不选。

　　三是声调方面,专取音节和谐,富于韵律感,读起来朗朗上口,凡佶屈聱牙,不便吟诵,难于记忆者,不选。

　　《三百首》有不少成功的经验值得重视,例如书中选了杜甫不少长篇,却不选《洗兵马》、《自京赴奉先咏怀》、《北征》,其主要原因就在于它们不易为一般读者所接受。近年来有人据此批判孙编《三百首》排斥同情人民的作品,实为隔靴搔痒。果真如此,为什么书中又选有《兵车行》、《丽人行》呢?又如元结的五古,选《贼退示官吏》,而不取《春陵行》,诸如此类,都是费了一番心思的。

　　入门须正的原则,有其主观性和时代性。主观性指的是选家的文学观点,这一点,我们将在后文论述,这里先谈谈有关《三百首》的时代性的问题。《三百首》成书于乾隆二十九年(1764),当时的学童和一般读者,都是科举应试的士子,都将步入仕途,因此所谓正,首先是思想纯正,凡离经叛道,或过于怨怼愤激,不轨于中庸者不录。其次，与思想紧密相联系的是技法之正。为了给试帖诗指明途辙，为应酬唱和揭橥规范，那就要求符合于雅正的诗风，不违背儒家正统的审美标准，其旁蹊曲径者不取。这样《三百首》时代的阶级的局限，就不可避免地显露出来。

二

　　《三百首》在今天逐渐显现的不合理性，更在于孙洙的文艺观点，表现在他对"正"的艺术性含义的理解上。这即使在当时看来，也是比较狭窄的。

　　旧说一般认为《三百首》是以沈德潜的《唐诗别裁》为蓝本。今按：《三百首》所选五古四十首，见于《别裁》者卅四首；七古四十二首，见于《别裁》者亦为卅四首；五律八十首，见于《别裁》者五十九首；七律五十四首，见于《别裁》者四十四首；五绝三十七首，见于《别裁》者廿九首；七绝五十八首，见于《别裁》者卅五首。总计《三百首》收诗三百一十一首，见于《别裁》者二百四十四首，为百分之七十，这一数字，确实说明《三百首》与《别裁》有着一定的联系，在某种程度上取资于《别裁》，然而是不是可以据此而说，《三百首》完全附庸于《别裁》，是它的复选本呢？问题并不如此简单。《别裁》收诗一千九百二十八首，门庭广大，"备一代之诗"（《别裁》序），孙洙所选"尤脍炙人口者"，自难完全轶出其范围，因此必须同中求异，看孙洙是本着什么观点来对待《别裁》，进行取舍的。倘若我们仔细分析一下，就会发现除沈德潜外，对他产生更大影响的是王士祯。沈德潜的格调说及其《别裁》，在崇尚唐音这一主要倾向上虽和渔洋笙磬同音，并无二致，但《别裁》之选，则又有意纠正渔洋专尚神韵而流于空疏枯寂之偏。《别裁》重订于乾隆三十六年癸未，在孙洙编选《三百首》前一年。孙洙兼取王、沈二家，而以王为主。他往往以渔洋观点，而且是渔洋晚年比较狭隘的观点对《别裁》进行修正。关于这，从《三百首》选目的框架结构即可看出。例如五、七言古体诗，《别裁》通选四唐，兼容各种不同的风格和流派，而《三百首》则把时代缩短，集中在盛唐一段，于初唐略而不取；中唐入选者韦、柳、韩、白等寥寥数家而已。而且在五言这个领域里，韩、白亦不得阑入。于七言，晚唐仅取李商隐《韩碑》一篇作为殿军。所有这些，和《别裁》取径之广，大有迳庭，而在渔洋的《古诗选》里，却能找到它的来龙去脉。孙编《三百首》大抵是以归愚所倡"温柔敦厚"诗教论与渔洋的神韵说相糅合作为其选诗的指导思想。故所选诗篇，不但参考《别裁》，而且更多取自渔洋编选的几个唐诗选本。试将《三百首》选目与渔洋的《古诗选》、《唐贤三昧集》、《唐人万首绝句选》相对照，问题就不难看清楚。《三百首》内五古四十首，见于渔洋所选者为二十五首，较见于《别裁》者少九首，这是因为《古诗选》不录杜，《三昧集》不录李、杜，而《三百首》选李、杜五古十一篇，实际上取诸渔洋者较《别裁》为多。七古四十二首，见于渔洋所选者为三十二首，与《别裁》同；五绝三十七首，见于渔洋所选者为三十一首，多于《别裁》二首；七绝五十八首，见于渔洋所选者为五十首，多于《别裁》十五首。以上四体，《三百首》共收诗一百七十三首，见于渔洋各选者达一百三十八首，为百分之八十，较见于《别裁》者比例为高。至于五、七言律二体，因渔洋在《三昧集》中专选盛唐，而《别裁》通选四唐，故无法比较。然而《三百首》所选盛唐五、七言律，几乎全部见于《三昧集》。合王、沈四选本观之，《三百首》所录三百十一篇诗中，见于上举四选者为二七〇首，其余四十一首，大部分见于高棅《唐诗品汇》、唐汝询《唐诗解》中。根据上述统计数字，可以看出孙编《三百首》是以王、沈二家之书为主干，参以其它唐诗选本而编成的。它的出现，与清初诗坛唐宋之争紧密关联着，是时代的产物。

唐诗宋诗不仅仅是朝代的区分,而是指诗风的殊异:"唐诗多以丰神情韵擅长,宋诗多以筋骨思理见胜。"(参钱锺书《谈艺录》)诗人崇尚不同,于是形成互相排斥的壁垒。这种论争,起自宋代,至明清愈演愈烈。孙洙生于康熙末年,卒于乾隆中期(1711——1764),当时王士禛、沈德潜先后主盟诗坛,风气所趋,唐诗处于鼎盛阶段。而带有宋诗意味的袁枚的性灵说已经崛起,翁方纲的肌理说也已萌生,唐宋论争的情况是复杂而剧烈的。这一时代背景,决定了作为府学教授,担任引导生徒应试博取功名的孙洙,必然以王、沈诸选为其所选之主干,决定了《三百首》成为唐诗派的一个普及选本。孙洙在序中极诋《千家诗》,其根本原因是因为这是一部带有浓重宋诗色彩的选本,这从它大量收录杜甫开宋调法门的疏宕一路的七律,收录程、朱理学意味及欧阳修、苏东坡、杨万里的诗篇就可以看出。孙洙之诋毁《千家诗》,其矛头似正对着当时在江南逐渐风行的袁枚的性灵派。

王、沈势力笼罩有清诗坛一百余年,时间最久,影响极深。这就是《三百首》在当时能够取代《千家诗》而广泛流传的原因。它的存在,在当时是充分"合理"的。

三

王士禛与沈德潜,作为唐诗派的主坛坫者,都受到明七子的影响,渔洋的神韵说固有惩于七子的肤廓空疏与竟陵派的尖新僻仄,然而过分追求"不著一字,尽得风流"、"羚羊挂角,无迹可求"之意;特别是到了晚年,从中年时以唐为主,兼取唐宋的立场上倒退回来,专尚王孟,遂流于枯寂空疏,与明七子貌异神合,故吴乔称之为"清秀李于鳞"。于是沈德潜起而纠偏,在《重订〈唐诗别裁集〉序》

中开宗明义宣称：

> 新城王阮亭尚书选《唐贤三昧集》，取司空表圣"不著一字，尽得风流"，严沧浪"羚羊挂角，无迹可求"之意，盖味在盐酸外也。而于杜少陵所云"鲸鱼碧海"，韩昌黎所云"巨刃摩天"者，或未之及。余因取杜、韩语意定《唐诗别裁》而新城所取，亦兼及焉。

渔洋与归愚一崇王、孟，一主李、杜、韩，这里面包含着深刻的内容，涉及一系列的问题。由于李、杜、韩是代表唐诗新变的作家，特别是杜甫，后来的各种流派，都可从中找到渊源，因此对不同于盛唐诗风的各家，归愚都能兼收并蓄，给予一定的历史地位。归愚早年受学于叶燮，叶氏通变的文学史观对他不无影响，相对来说，比渔洋的门径要宽广得多。孙编《三百首》从表面上看有与归愚相符处，如选诗数量也以杜甫为第一位，但实际上则大异其趣，最容易看出的一点是选王维诗（二十九首），多于李白（二十七首）；而在杜诗的具体选目上，更处处可看出他以渔洋的观点反过来修正归愚观点的倾向，现分体析之：

五言古诗是唐以前主要的诗体，汉、魏、两晋名家辈出，风格各殊，都以自然浑成为极则。刘宋元嘉时颜、谢、鲍崛起，辞尚藻绘刻炼，体尚发越跌荡，已埋下五古应变的胚芽，但齐、梁后诗人只从颜、谢修炼藻饰一面发展，风格日渐卑靡。唐初诗人反对齐、梁诗风，提倡汉、魏风骨，往往连颜、谢、鲍也一起反对在内，故唐代五言古诗在杜甫之前仍以简古浑朴为尚。杜甫转益多师，继承发扬了陈子昂五古中趋向排荡的因素，以海涵地负之力，创造了唐代五古发扬踔厉，纵横驰骋的新格局，从而下开韩、白，启迪宋贤。

关于唐代五古演变的历史，王渔洋和沈归愚都有深刻认识，然而在对待这一演变的态度上，二人却有重大分歧。渔洋承李于鳞"唐无五言古诗，而有其古诗"之论，在《古诗选》中选唐人五言古诗,以陈(子昂)、张(九龄)、李(白)、韦(应物)、柳(宗元)为正宗,以为观此五家"四唐古诗之变,可以略睹焉",后五年又选《唐贤三昧集》,则以王、孟为上、中卷首,趣味更趋狭隘,五古所取绝大多数为清远淡微一路,对于杜甫,二选均排斥于"正格"、"三昧"之外。沈德潜有感于渔洋之偏。《别裁》序云:"有唐一代诗,凡流传至今者,自大家名家而外,即旁蹊曲径,亦各有精神面目,流行其间,不得谓正变盛衰不同,而变者衰者可尽废也。"因此所选五古以李、杜为宗,杜诗入选者五十三首,居第一位,对于杜甫以下韩愈、孟郊等继起者亦各选十二首,多于孟浩然。其凡例有云:

> 苏李十九首以后,五言所贵,大率优柔善入,婉而多风,少陵才力标举,篇幅恢张,纵横挥霍,诗品又一变矣。要其为国爱君,感时伤乱,忧黎元,希稷、高,生平种种抱负,无不流露于楮墨中,诗之变,情之正者也。新宁高氏列为大家,具有特识。

与渔洋所论相比,识见气度均迥出其上。

孙编《三百首》选有杜甫五古,从现象看,似不同于渔洋,而与《别裁》有相似处。但倘若将其具体选目研究一下,就会发现实质上并不是这么一回事。《三百首》所收杜甫《望岳》、《佳人》、《赠卫八处士》、《梦李白》等五诗,大都是保持汉魏传统风格的作品,而对《别裁》所录带有变新意味的如《彭衙行》、《玉华宫》、《义鹘行》,以及感讽激切的《三吏》、《三别》等都弃置不录。又陈子昂《感遇》、李白《古风》,为唐人五古名作,《古诗选》及《别裁》均大量选入,《三百首》却一篇不选。其所选李白《下终南山过斛斯山人宿置酒》、《月下独酌》、《春思》、《子夜吴歌》等篇,均属清逸一路,与归愚主要着眼点之所在是不相同的。从《三百首》前不取陈子昂,后不取韩愈、白居易,中间重王、韦过于李、杜,可以看出孙洙在对五古这一诗体的认识上,执正而不知变,完全站在渔洋一边,甚至比渔洋更为保守,更为偏窄。

　　七古是到唐代才发展起来的诗体,故诗家论七古,都以唐为正格。初唐四杰虽丽辞藻绘有尚齐、梁余习,而格局宏大,已开唐人七古先声。中经宋之问、李峤诸家,至盛唐高(适)、岑(参)、王(维)、李(颀),"驰骋有余,安详合度,为一体"(《别裁》凡例)。李、杜崛起,雄远恢宏,开阖排荡,前无古人。元和时韩愈兼崇李、杜,合李之奇妙恣纵与杜之沉雄激壮为一手,"踔厉风发,又别为一体"(同上)。对于唐人七古发展的主流,渔洋与归愚的认识是相同的,故选录唐人七古都以李、杜、韩为中心,他们的分歧,则在对韩愈同时与以后诸家的看法。渔洋《古诗选》,韩愈以后仅附录李商隐《韩碑》一篇。此外张(籍)、王(建)、元(稹)、白(居易)、李(贺)诸人一概不取。这种选法的实质,参以渔洋论诗就更清楚了。

　　对于张、王、元、白,渔洋虽不全盘否定,然而评价是不甚高的。其《分甘余话》云:"许彦周谓张籍、王建《乐府》《宫词》皆杰出,所不能追踪李杜者,气不胜耳,余以为非也,正坐格不高耳。"于元、白尤多贬词,以为二人诗"初学人尤不可观"(《香祖笔记》)。至于李贺,在他的眼目中,"纯乎鬼魅世界矣"(张笃庆语,见《师友诗传录》)。

　　沈德潜在七古方面对于渔洋思想最大的突破是能深究正变源流,对中晚唐诸名家博取众长,认为"白傅讽喻,有补世道人心,本传所云'箴时之病,补政之缺'也;张王乐府,委折深婉,曲道人情,李青莲后之变体也;长吉呕心,荒陉古奥,怨怼悲愁,杜牧之许为《楚骚》之苗裔也"(重订《别裁》序)。故《别裁》录白居易七古十三首,仅次于李、杜、韩,而与岑参同列第四位,取张籍八首,王建七首,李贺六首,仅略少于王维(九首)、李颀(九首)。

　　《三百首》七古一体韩愈而外,选柳宗元《渔翁》、白居易《长恨歌》、《琵琶行》与李商隐《韩碑》,其余一概不取。这里有两点值得注意:一是不选白氏《新乐府》,而选《长恨歌》、《琵琶行》,这是因为"童子解吟《长恨曲》,胡儿能唱《琵琶篇》",这两首诗实在流传太广泛了;而《三百首》是普及读物,毕竟不同于《古诗选》、《三昧集》这类专门选本,面对上述情况,使孙洙没有回旋的余地,只得把它选入。二是《韩碑》牵涉史事繁多,句奇语重,音调沉闷,且有七平七仄的句子,对于初学者来说,既不易领会,又不便讽诵,为什么孙洙一反可接受性的原则,把它选了进来呢?很显然,这是完全步渔洋《古诗选》的后尘的。

唐人五律,由齐、梁新体发展而来。初、盛之际,沈、宋之典丽精工,王、孟之清微淡远,为世所宗。杜甫别开生面,寓纵横颠倒于整密之中,错综变化,不可端倪。其格调不主故常,宏大、阔远、富丽、幽微,各体皆备。《别裁》选杜甫五律八十一首(合五言排律计算,下同),王维四十一首,为杜甫的二分之一,孟浩然二十一首,为四分之一。孙编《三百首》选杜诗十首,而王、孟亦各九首,不仅在选目的比重上明显看出一主杜陵一主王、孟的歧异;而且所选杜诗,绝大多数偏于体势稳顺,蕴藉自然,与归愚径路之广,也是有所不同的。王、孟以下,《三百首》所选以刘长卿及大历十才子为重点。这些诗都是摩诘的嗣响,他们在书中形成一条线索。

中兴高步属钱郎,拈得维摩一瓣香。
不解雌黄高仲武,长城何意贬文房?

从渔洋这首论诗绝句,可以看出孙编《三百首》五律选目主导思想的渊源所在。不仅五律如此,七律亦有类似情况。

和七古一样,七律是唐代新兴的诗体。初、盛之际,以高华典丽为贵,内容则以应制唱酬为主。王维、李颀,兴象超妙,为盛唐七律的正格。稍后杜甫崛起,"雄浑浩荡,超忽纵横",极尽变态,大大扩展了七律的题材和意境。大历、贞元间,诗坛宗尚王维。到了元和时,杜律方受到重视。元和诗人中如刘禹锡、柳宗元、白居易以及稍后的杜牧、许浑都以七律名家,他们的性情体貌各有不同,但就传统继承关系来说,则是发展了杜律的一体,都可看作杜陵之支流,宋诗之先导。此乃七言律诗由唐到宋转变的关键。正是在这

个关键问题上,王、沈二人持有不同的看法。渔洋云:

> 唐人七言律以李东川、王右丞为正宗,杜工部为大家,刘
> 文房为接武,高廷礼之论确不可易。(《师友诗传录》)

又云:

> 七律宜读王右丞、李东川,尤宜熟玩刘文房诸作。宋人则
> 陆务观。若欧、苏、黄三大家,只当读其古诗、歌行、绝句,至于
> 七律,必不可学。学前诸家七律,久而有所得,然后取杜诗读
> 之,譬如百川学海而至于海也。(《然灯记闻》)

虽王、杜兼崇,但盛唐以后,唯取刘长卿等大历诗人一派。沈归愚
则不然,其论唐代七律,以为王维虽"风格最高,复饶远韵",然视杜
甫"才之大,气之盛,格之变,恐瞠乎其后"。对于杜甫以后诗人,则
认为"刘梦得骨干气魄,似又高于随州(刘长卿)","柳子厚哀怨有
节,律中骚体,与梦得故是敌手",评价在刘长卿之上。故《别裁》选
刘禹锡七律十三首,白居易十八首,多于刘长卿。晚唐七律除选取
杜牧七首、许浑九首、温庭筠十首、李商隐二十首外,收入三十三
家,见出其门庭之广大。

　　孙编《三百首》王维、杜甫以下,入选者共十四家,而刘长卿及
其他大历诗人就占了六家,将近二分之一。刘禹锡、白居易则各取
一首而已。晚唐温、李而外,取薛逢、秦韬玉各一首,于杜牧、许浑
则一首不录。其于七律一体,鄙薄元和,不取宋调,倾向于渔洋的
观点,是非常明显的。

　　七律一体中孙编《三百首》有个很突出的地方,即关于李商隐
的选目,《别裁》于七律亦重李商隐,但多取其继承杜甫格调,较为
悲壮一路,如《安定城楼》、《哭刘司户》、《重有感》、《隋师东》等,而
对无题诗一首不录。《三百首》选李商隐七律十首,其中无题六首,
《锦瑟》、《春雨》二诗,论其性质,也应属无题一类,合计凡八首,着
眼点与《别裁》是大不相同的。我们认为这是受到当时另一唐诗流

派晚唐诗派的影响。晚唐诗派与王、沈虽有宗盛、宗晚之分,而反对宋调诗,则较之王、沈更为剧烈。他们推崇温、李,以为其诗深于比兴,曲折深微,而无题诗都有政治寄托(参冯浩《玉溪生诗注》)。所谓"寄遥情于婉娈,结深怨于蹇修"(朱鹤龄《李义山集笺注·序》),孙洙似正从这一角度而看重李商隐的无题。这就与渔洋观点表现出一种微妙的联系。渔洋认为"宋初学西昆[1],于唐却近,欧、苏、豫章,始变西昆,去唐却远"(《师友诗传录》),认为西昆在宋调诗之上。与晚唐诗派有一致之处。

　　在绝句方面,孙编《三百首》所选,同于渔洋《万首绝句选》者较多于《别裁》(见前统计数字)。这里值得注意的是:《三百首》于七绝一体,选入晚唐诗篇特多,和其他各体颇不一致。这是因为重视晚唐七绝,是明七子以来至王、沈诸人的一致观点。王世贞《艺苑卮言》于其他各体极推盛唐,于七绝则云:

　　　　七言绝句,盛唐主气,气完而意不尽工,中晚唐主意,意工而气不甚完。然各有至者,未可以时代优劣也。

　　渔洋《万首绝句选》凡例引王世贞语,认为"此论甚确"。并云:"中唐之李益、刘禹锡,晚唐之杜牧、李商隐四家亦不减盛唐作者云。"沈德潜《唐诗别裁序》亦以李益、刘禹锡、杜牧、李商隐、郑谷五家绝句为盛唐嗣响,孙洙正是按上述思想安排选目的。而在王、沈两家之间或有异同之处,他所拳拳服膺的则在渔洋方面。

　　沈德潜《说诗晬语》有云:

---

〔1〕　西昆,诗派名,始于宋初杨大年、钱惟演等人的《西昆酬唱集》,在这之前,并无西昆名目。由于西昆学李商隐,后人往往把西昆和李商隐混为一谈,甚至错误地把李商隐说成西昆。如惠洪《冷斋夜话》:"诗到义山,谓之文章一厄,以其用事僻涩,时称西昆体。"元好问《论诗绝句》:"望帝春心托杜鹃,佳人锦瑟怨华年。诗家总爱西昆好,独恨无人作郑笺。"这里的"宋初学西昆",是说西昆学李商隐,也是把李商隐说成西昆。"唐"指盛唐。

　　　　诗有当时盛称而品不贵者,王维之"白眼看他世上人",张
　　谓之"世人结交须黄金",曹松之"一将功成万骨枯",章碣之
　　"刘项原来不读书",此粗派也;朱庆馀之"鹦鹉前头不敢言",
　　此纤小派也;张祜之"淡扫蛾眉朝至尊",李商隐之"薛王沈醉
　　寿王醒",此轻薄派也。又有过作苦语而失者,元稹之"垂死病
　　中惊起坐,暗风吹雨入寒窗",情非不挚,成瘵蹶声矣。李白
　　"杨花落尽子规啼"正不须如此说。

这里所举除王、张二例外,均为中晚唐的七绝名作,也都是唐人七
绝的变调。所谓粗派,亦即后来的宋调七绝;所谓纤小派、轻薄派,
正是明清人所说的晚唐体七绝。可见沈德潜虽不一概反对晚唐七
绝,却极力反对中晚唐人有乖盛唐"语近情遥,含吐不露"的诗风的
七绝。孙编《三百首》于归愚所举各诗中,仅录入朱庆馀"鹦鹉前头
不敢言"一首,而这一首却见于《万首绝句选》。应当指出:渔洋在
七绝方面的观点较之归愚反而较为开通,对于晚唐体七绝并不反
对,归愚所举纤小,轻薄三例,均见于《万首绝句选》中,但归愚所举
粗派诗,渔洋亦一概不取(参《万首绝句选》及例)。由此可以看出
孙洙受影响于渔洋者更甚于归愚,无论渔洋较归愚保守或开通处,
孙编《三百首》多从渔洋。对于晚唐诗派,《别裁》不选,而渔洋不尽
废,孙编《三百首》亦略有所取;对于宋调诗,渔洋晚年颇加厌薄,孙
洙也步趋唯谨,摒弃不录。

　　合计以上各体,孙洙所选三百一十一首诗中,盛唐一百六十一
首,大历五十一首,共二百一十二首,约占百分之七十,而对唐诗第
二个高潮元和时期,收诗三十三首,仅占百分之十,这显然因为"诗
到元和体变新",元和是唐音变调,宋诗先驱的缘故。

　　综上所述,可以看出孙编《三百首》是一部以盛唐为正宗,大历
为接武,提倡和平清远的诗风,严格区分唐、宋诗的界线的普及选
本。书中确实选了不少"童而习之,白首亦莫能废"雅俗共赏的好
诗。然而,它的艺术趣味比较单调,所展现的艺术天地不够宽广,

远远不能反映唐代诗歌丰富多彩的全貌,更不能从中窥见唐诗承传因革关系和发展线索。对于这份珍贵的文学遗产,如何撷取精英,以少总多,今天读者有着更高的历史主义的要求,是不可能从孙编《唐诗三百首》里得到满足的。

我们这本《唐诗三百首新编》吸取了孙编《三百首》的经验教训,力图破除过去各种派别门户之见和一切理论教条的束缚,从唐诗客观存在的实际出发,在可接受性的前提下,尽可能地发挥微型断代选本的作用,选取各个时期各种不同风格流派的优秀诗篇,使之成为既是具有较高美学价值、欣赏价值,为初学所喜闻乐诵的唐诗读本,同时对于有志研究的青年,它又可作为窥测唐诗发展概况角度得当的窗口,引向堂奥深处的起步台阶。

在作品编排方面,采取按人和分体相结合的方法,首先按作者时代先后依次排列,以卒年为准;卒年未可确定者,按登第年;二者均无可考,则据有关记载插入相应地位。其次,对同一作家的作品,按五古、七古、五律、七律、五绝、七绝分体编排;排律附律诗内,乐府不另析出。由于入选的诗篇,对每一位诗人即使是大诗人来说,数量也很有限,而且又是分体编排,因而写作时间的先后不作考虑,而是按照诗歌风格以类相从,以便于读者的吟诵体会。

在注释方面,力求把释事释义和评文三者很好地结合起来,有关文字训诂、典故史实的解释,词句的剖析,旨在探求作者的用心,疏通原诗的意绪语脉,首先使读者能够正确地理解它,而不至以辞害义。并在此基础上,通过各种方式,阐明诗歌的语言艺术因素,为进一步欣赏它创造条件。注释之外有作者小传和评述。小传简要地介绍诗人生平及其创作上的主要成就;评述或综论全诗思想艺术,辨析某一问题,或辑录有关资料,与注释相发明。评述不一定每篇都有,视具体情况而定。

文学历史长河的波浪,在继承与革新的辩证推动下滚滚向前。“李杜文章在,光焰万丈长”,唐诗曾经是我国古典诗歌的高峰,对后代诗歌的发展发生过不可估量的深远影响。今天,我们正面临着伴随社会主义经济建设全面繁荣而到来的文化高潮,编选一部适合于时代要求,能够取代孙洙《唐诗三百首》的唐诗普及读本,看来是刻不容缓的了。当然,这并不是一件轻而易举的事。为此,我们从研究孙洙的选诗标准着手,思考了一些问题,并作了相应的努力。但由于水平所限,不足和错误之处,知所难免,诚恳期待广大读者的批评指正。

（本文系与马茂元先生合撰,原载于《唐诗三百首新编》,
岳麓书社 1992 年版）

《唐诗三百首全解(海外版)》序

　　如果问今天哪一种诗集在中国民间的影响最巨,那么无疑应推蘅塘退士这本《唐诗三百首》。说它是家弦户诵,肯定并非夸张。一本书能历时三百年而光景常新,这本身就说明了它确有独到之处,这应当从其选诗宗旨与唐诗(尤其是盛唐诗)特定的地位来看。

一

　　蘅塘退士,本名孙洙,字临西。无锡人,生于清康熙辛卯年(一七一一),卒于乾隆戊戌年(一七七八)。家贫,苦读不辍。乾隆九年中举,十六年成进士。从清顾光旭《梁溪诗钞》、窦镇《名儒言行录》的有关资料看,其生平有如下特点:
　　退士虽曾三为县令,但历任中最引人注目的是学官之职。先后曾任景山官学教习、上元县教谕、江宁府教授,其间还曾二度任省考试官。又纯学方正,淳淳有君子之风。少年时"家贫,隆冬读书,恒以一木握掌中,谓木生火,可御寒",及为县令,"所至必咨访民间疾苦,平时与民谆谆讲叙如家人父子,或遇事须笞责者,辄先自流涕,故民多感泣悔过"。及归老之时,虽"三握邑篆"而"囊橐萧然,澹若寒素",以至民皆"攀辕泣送"。记载说他"归老时蔬水常不给",容有夸张之处,但恬退清贫,是可以想见的。

其人其德既明,再来看本书自序,就可以更深切地明了其选诗宗旨了。序云:

> 世俗儿童就学,即授《千家诗》,取其易于成诵,故流传不废;但其诗随手掇拾,工拙莫辨,且止五七律绝二体,而唐、宋人又杂出其间,殊乖体制。因专就唐诗中脍炙人口之作,择其尤要者,每体得数十首,共三百余首,录成一编,为家塾课本。俾童而习之,白首亦莫能废,较《千家诗》不远胜耶! 谚云:"熟读唐诗三百首,不会吟诗也会吟。"请以是编验之。

序言虽短,但出色地体现了一位纯学方正的学官的经验与观念。

孙洙编选这书的目的,是要"俾童而习之,白首亦莫能废",可见孙洙深知"学慎始习"的道理,企望学童从小就得诗学之正路,从而贯彻终身。所谓诗学的正路,其实包含两方面的因素,一是内容的方正,二是诗艺的正大。先说第一点。

"三百首"的书名,先值得注意,虽说得启发于人人皆知的"熟读唐诗三百首"之民谚,但从选篇内容观之,恐亦有上承《诗三百》传统之意。孔子删定《诗三百》,首要的目的是正风俗,明人伦,这从《唐诗三百首》的选目中也可以清楚地看出。

作为童蒙读本,悼亡诗一般是不宜入选的,但是本编却全取元稹《遣悲怀》三首。无疑,因为就诗论诗,这组诗表现了"贫贱夫妻"至死弥笃的真挚情意。

"三百"之数于唐诗精华而言,只是极小的一部分,理应篇篇都如序所言取其"尤脍炙人口者",但如杜甫五律《别房太尉墓》,本平平无奇之作,录诗为本书六倍余的《唐诗别裁集》都不取,而《三百首》偏偏收入,这绝非孙洙眼光不佳,而是因为此诗在表现朋友有信、不忘故交方面尤有典型性。

　　白居易《秦中吟》三十首、《新乐府》五十首，是白氏最看重的讽喻诗的代表，词意也浅切可诵，但本编竟一首不录，连为其先导的杜甫《三吏》、《三别》也一概摈弃。这倒并非孙洙不主张诗的讽喻性，他也选录了杜甫《兵车行》、《哀江头》一类政治诗，相比之下，可以明白取此舍彼的原因在于，虽同是讽喻，但后者主文而谲谏，前者则不免辞意急切，有"显暴君过"之嫌。

　　诸如此类内容上初看不易理解的选篇取舍还能举出许多。然而真所谓"反常合道"，这一切其实都是因为《三百首》严格地禀承了《诗三百》的传统，而以"温柔敦厚"的诗教为大归，所以违论离经叛道者，连过于怨怼愤激，不轨于中庸之道者，在本编中均无立锥之地。作为学官的孙洙，要给蒙童的首要的营养是旧时代的立身处世之本，使之自幼在讽咏吟唱的过程中得到品性的熏陶，而"至白首亦莫能废"。读者不妨将本编中有关人伦的篇章拣出涵咏，必能感到这些诗篇中似乎总有孙洙恂如谨如的身影在焉。

　　中国旧式之教育，我曾称之为"教化至上"的方针，诗教即其在诗歌创作与教学上的反映，全面论述其功过，不是本文的任务，然而应当承认，对于童蒙教育而言，德育是必须予以充分重视的。孙洙作为学官，必然更自觉地在《唐诗三百首》中体现这一传统。至于各诗中所体现的种种传统的道德观念，在今天也仍有其可借鉴之处。

二

　　为体现入门须正的第二方面内容——技法之正，孙洙树立了一个在他看来是反面的标的，即宋人谢枋得与明人王相编选的《千家诗》。在他对《千家诗》的批评中，所谓"随手掇拾，工拙莫辨"是难以作必然论证的,但"且止五七律绝二体,而唐、宋人又杂出其间,殊乖体制",则就体制提出了两方面的问题,值得探讨。

所谓"且止五七律绝二体",是批评《千家诗》不由古体入手,而全以律体教学子,这可从唐人殷璠《河岳英灵集》叙论分别以风骨与声律二者论古、律二体悟出。原来律体成立之初,因其调声逐对技巧复杂,音韵婉美,主要用于宫廷贵家宴游之时,多少有些逞才角技的意味,而与以言志抒情为职能,主于风骨的简劲的古体不同。因此从唐世开始,就常有人主张,学诗须从古体着手,以培植底气,确立以情志为本的主干;而不宜从律体着手,以免舍本逐末,堕入轻情志而逐声对的恶道。唯有古诗基础打得好,再习近体,才能以情志驭声律,使声对为情志的表达服务。这也就是殷璠所说的"声律风骨兼备"。后人论律诗高下,常用"古体蟠屈入八句之中"之类话语,也正是就此而言的。而孙洙对《千家诗》的批评,正禀承了这种传统观念。也正是因为主张由古入律,他在诗歌内容之纯正与技法之纯正之间寻到了一个契合点。

对于孙洙这一观点,似应作两面观。一方面,诗至中唐,律体的创作无论量与质都大大超过了古体,相对于初唐时,人们掌握律体的声对技巧,已不再那么费力。即使是现代中国人,如方言中具备四声,本身又有较好的文学基础,那么从形式上掌握律体,中人之资,有二三个月也就可以了。因此,学习律体不必全与气骨相对立。《千家诗》尽选律绝,正是中唐后律体大盛的反映。孙洙的这一批评,多少有点拘执。但从另一方面看,他要求作诗首先当重视情志气骨,还是对的。特别是初学者,更应注意这一问题,不然技巧再圆熟,也难成气候。

对于"而唐、宋人又杂出其间"的批评,人们不禁会问:为什么童蒙读本就不能唐宋兼取呢?原来这牵涉到自宋至清的唐宋诗之争。

所谓唐诗,一般是由时代言,即指唐代的诗。然而在诗学上,唐诗也有就体调而言的另一重意义，即唐人体调的诗，以与宋人体调的诗相对。二者分称唐调（诗）与宋调（诗），而分主二者的诗歌流派则称唐诗派与宋诗派。钱锺书先生论唐宋诗区别有云："唐诗多以丰神情韵擅长，宋诗多以筋骨思理见胜。"（《谈艺录》）这是二者风格区别之大较。既以风格为区分标准，则唐调、宋调也就突破了时代的界限。凡主于丰神情韵的诗都称唐调，而不论其作者是唐是宋，甚至为明为清；反之，唐诗中那些开宋诗风气的作品也被称为宋调或非典型意义的唐诗，从而被摈弃于此一意义的唐诗之外。唐宋诗之争起于宋代，而至明清二代，愈演愈炽，于是形成相互排斥的壁垒，而其间又有种种具体主张不尽相同的支派。孙洙的时代是唐诗派的王士禛（神韵派）与沈德潜（格调派）先后主坛坫之时，风气所趋，使唐调诗处于正统的地位。而几乎同时，大抵属于宋诗派的袁枚"性灵说"、翁方纲"肌理说"也已萌生，使唐宋诗之争呈现出复杂的局面。这一时代背景，加以本人温柔谦退的质性，使历任学官，担任引导学子应试以博取功名的孙洙必然以唐诗为正宗。而偏偏《千家诗》虽唐宋兼取，却是一部宋调色彩极其浓厚的选本，比如它所取杜甫七律，多为宋调法门的疏宕一路的作品。在孙洙看来，不仅其宗宋可厌，而且简直鱼目混珠，歪曲了唐诗的真精神，因此他诋之为"殊乖体制"，而决心选一部真正以丰神情韵见长的蒙学唐诗选本，以为初学者阶梯。

我曾对《唐诗三百首》的选目进行过详细的分析，见于与马茂元先生合撰的《唐诗三百首新编·前言》，这里不再赘述，仅略举其要。

其一，《三百首》所录三百十一首诗，有二百七十首见于王士禛（渔洋）的《古诗选》、《唐贤三昧集》、《唐人万首绝句选》与沈德潜的《唐诗别裁集》（大多同见于二家），其余四十一首则见于明高棅《唐诗品汇》、唐汝询《唐诗解》等著名唐诗派选本中，可见它是以王、沈二家之书为主干的唐诗派精选本。

　　其二,过去人们一直以为《三百首》是《唐诗别裁》的复选本,但细加比较推勘,会发现对孙洙影响更大的是王士禛。仅从选篇看,《三百首》所选见诸《别裁》者共二百四十四首,为百分之七十,而见诸渔洋所选者,五古、七古、五绝、七绝四体为百分之八十;至于五、七言律二体,因王士禛《唐贤三昧集》专选盛唐而《别裁》通选四唐无法比较,但《三百首》所选盛唐七律,几乎全见于《三昧集》。再从旨趣看,《三百首》也更接近于王士禛。王士禛以"神韵说"著称,力主"不著一字,尽得风流"、"羚羊挂角,无迹可求",其推崇的实是被前人称为唐诗正宗的盛唐王、孟家数,以为此类方是典型的唐音。沈德潜曾受学于有宋诗派倾向的著名诗论家叶燮,叶氏通变之说对他有重大影响,故《别裁》的选辑目的就有纠渔洋偏向的因素在。其序言开宗明义就对王氏选录标准提出异议,继而又云:"有唐一代诗,凡流传至今者,自大家名家而外,即旁蹊曲径,亦各有精神面目,流行其间,不得谓正变盛衰不同,而变者、衰者可尽废也。"因此他取径比王士禛为宽阔。不仅重视王、孟,更重视杜甫、韩愈似"鲸鱼碧海"(杜诗语)、"巨刃摩天"(韩诗语)般的格高调响、力大思雄的作品,而偏偏杜、韩二者是诗家公认的由唐入宋的两个转关。《三百首》作为一个明宗旨的选本,加以孙洙的质性似更接近渔洋,便反过来以渔洋的标准来修正沈氏的观点。虽然仅从选篇的数量看,《三百首》录杜诗略多于王维,但这主要因为杜甫存诗为王维三倍余,而细析篇目,可见所取于杜甫者,无例外地为平大敦厚或怨而不怒的作品,均属唐调。其开宋调之渐的,一概不取。试以七律为例。《千家诗》收入杜甫后一类作品五首:《曲江》、《九日蓝田》、《与朱山人》、《冬至》、《江村》。《别裁》录入最具代表性者的前三首,而《三百首》一首不取。《别裁》的着眼点是显示杜甫作为大家,既集唐人七律之大成,又开宋调之渐的地位;而《三百首》则坚决以唐调为正宗,而力排一切有宋调之嫌的篇章。《三百首》虽篇幅甚少,但也并非一点不注意唐诗的传承、流变,但只是揭示唐调流变的轨迹。如七古主要取盛唐李颀、王维、李白、杜甫及中唐韩愈五家。这是明清唐诗派共同的观点，即以李、王为正宗，李、杜为大家，韩愈为接武。于晚唐，《三百首》仅取李商隐《韩碑》一篇，初看起来《韩碑》内含复杂，语重句奇，似有乖童蒙读本易记易诵的宗旨，但从诗史演进角度看，《韩碑》恰恰既是杜、韩七古的嫡派正传，又能避免二家七古险怪生硬开宋人风气的倾向，所以入录《韩碑》，又正表现了孙洙以唐调为归要的宗旨。

必须说明，唐诗派所标举的唐诗主要是盛唐诗，而"格调派"与"神韵派"主张又有所不同。"格调派"主骨力劲健，格高调响，最重李、杜，下及韩愈，于大历诗并不重视；而"神韵派"主空灵有味外味，故尤重王、孟，下及大历。从《三百首》选篇看，入录三百十一诗中，盛唐一百六十一首，大历五十一首，约占百分之七十，而于包括韩愈在内的唐诗第二个高潮期元和时期，只收三十三首，仅百分之十，这是因为大历诗为王孟诗风笼罩，而"诗到元和体变新"，已是唐音变调、宋诗先驱了。两相对比，更可见孙洙虽王、沈并尊，而尤承渔洋选诗标准。

<h1 style="text-align:center">三</h1>

虽然，今天看来孙洙的诗学观点有偏颇处，但从标举一派宗旨的选本角度来看，其结构总体来说是合理的。在有限的篇幅中集中选取正宗的盛唐诗（诗歌分期的"三唐说"与高棅的"四唐说"将大历也归入盛唐），而于其前后，略取代表作，又力排典型的宋调诗。这样能既给人强烈的主体印象，又提挈唐调传承流变。其体制纯一，不致令初学者莫衷一是。如并不企望从中看出整个唐代诗史的概貌，而只希望对唐诗的主体风格有较明确的把握，从中习

得作诗的正途,那么《三百首》应说是初级选本之首选。这样说,是由盛唐诗的本质与诗史地位决定的。因此要读通《三百首》,就须对盛唐诗有总体的把握。

大致经历八十年左右的初唐诗坛,所要解决的核心问题是:如何结合南北诗风之长,以六朝声辞方面的成果来表现新朝创建伊始的盛大气象。而这一努力,其初主要表现于宫廷诗人中。其突出成果是,今体诗终于定型,古今混杂的局面得以结束,而反过来,也促使人们去探索古体诗,或说唐人古体诗的体势特点与创作技巧。也因此,当人们利用这些成果去表现情志时也越来越显得纯熟。特别是初唐四杰、陈子昂、沈宋等优秀诗人从军与外放期间的创作,更由于突破了宫廷生活的狭窄外壳,而使得趋向成熟的诗体形式开始与一种清壮开远之气,得到了不同程度的结合,从而表现出盛唐之音的先兆精光。

经过张说、张九龄二位宰相诗人的努力与有意无意的凝聚组织,大抵在开元十五年前后,随着乡贡进士中举比例的不断加大,一批富有创造力的地方诗人开始登场,松散的才士型的诗人群,代替了密集的侍从型的宫廷词臣群,而成为诗坛的主体。南北诗风交融也在相当程度上与朝野诗风结合互为表里。而唐玄宗所说的"英特越逸之气",也自然代替了词臣们的雍容典雅之度,成为典型的盛唐诗的主要气质。才俊之士们怀抱着前所未有的致身青云的希望——这希望更为强盛的国势,所谓开元盛世所鼓舞——从而以高朗为其创作的主色调。然而致成三十年后安史之乱的种种社会矛盾:奢靡之风,宦官专权,旧士族对新兴进士群的排斥,也在极盛的态势下开始逗露。于是满怀希望的诗人们,又往往铩羽而去,开始了时代性的南北漫游的行程,蓄积着再作冲刺、实现希望的能量。这时,宏盛中的隐忧在诗人们的心灵上折射为希望中的不安与烦扰。也使盛唐诗高朗的总体色调中,往往伴随有一种更复杂的意蕴,从而滋味醇厚。

　　盛唐新起诗人群上述新的素质与心理状态，与初唐以来诗歌体式、技巧的新成就相结合，在当时整个开放昌明的文化氛围中，表现出一种新的气象。

　　由于诗人群体的在野性、松散性、流动性、进取性，诗人们在共同的风气下，较初唐诗人表现出更多的个性化与多样性。不同经历、不同个性的才俊之士们，在遇到各各不同的即时即地的外物触发时，以其"英特越逸"的气质淘洗初唐诗的铅华，选取合适的，一般也是自己性之所宜与运用较纯熟的诗体形式，自铸伟辞来表达其触物而发的意兴。这意兴流注于诗歌的物象之下，成为诗歌隐在的意脉（唐人称为势），也使物象升华为意象。纵观盛中唐之间的诗歌理论著作，实际已形成"意兴、意脉、意象"三位一体的创作观念。由于英气使然，意兴有飞动之势而隐于象下，意脉又像血脉一般将散在的意象团捏起来，遂形成唐人诗秀朗浑成的总体特点。不要以为盛唐人作诗不要思虑修饰，只是由于以意为主，气势飞动，加以技法的纯熟，才达到锤炼而不见痕迹的境地。

　　从以上分析可见，盛唐诗是产生于这样一种背景之下：它是《诗》《骚》以来一千多年，尤其是汉魏以来六七百年诗歌艺术经验之不断积淀。至开元天宝时，又遇到一种最适宜诗歌发展的历史文化背景，更适逢一批其气质心态最宜于诗歌的天才诗人登场，他们将前所未有的诗史因素与前所未有的时代因素结合起来，遂把诗歌艺术推向巅峰。由于盛唐诗人在初唐诗人努力的基础上，解决了古典诗歌创作论的核心问题与体式问题，也就是说中国古典诗歌这一艺术部类的精髓与魅力，在盛唐时已被充分开掘；因此后来的诗人，从个体而言虽不乏可与盛唐人媲美的佳作，但在总体上他们的成就也只能是局部的补充与发展。而当他们力图突破盛唐人的成就时，也往往虽有所得，却时时不知不觉间在某些地方背离了诗艺的精髓，因而难以有盛唐人那种高朗浑成的境界。因此，如果从欣赏的角度而言，可以认为初、盛、中、晚四唐诗各有其特色，唐调、宋调也各擅胜场；但从诗史演进的意义上来考察，盛唐诗的地位是后人难以逾越的，而从学诗的角度而言，从盛唐入手也是最为合宜的。正是这一点，再加上蘅塘退士充分注意了童蒙诗选本应易诵易记的特点，遂使《三百首》成为初学者一种最佳的选择。

四

《唐诗三百首》原有简注，道光时上元才女陈婉俊为之补注。自此以后，可谓注家蜂起，我所经目的就有十几种。然而现在还要作此新注本，是鉴于以下几点。

首先，泛览各家注本，发现即使是享有盛名的注本，其中失注、误注的似非个别现象。其中有典故未彰者，有制度失考者，有作者身世行事未明者，有地理山川未详者。除此而外，最常见也是最应当引起注意的，是因为于盛唐诗总体特点缺少把握而解读有误。其中尤以未能把握意脉，望文生义致误者为最严重，甚至有将全篇意思说反了的。因此感到应当有一种在唐诗读法上给初学者以指点的注本，这也是本序所以要对唐诗特点作扼要介绍的原因所在，而全书笺释的第一个重点亦在于此。

其次，所见注本，似对于孙洙本编的宗旨尚缺少全面了解与把握。由于今人接触唐诗，往往是从《唐诗三百首》入门的，如对其编选宗旨缺乏了解，会影响到以后对唐诗的正确认识。比如，由于《三百首》为古代童蒙读本，选篇以易记、易诵、易解为要；从本书入门，就会很自然地接受前人一种似是而非的观点——盛唐诗自然而不费雕镂之工。其实盛唐诗人很讲究功底与锻思，即使本书所选看似易解的篇章，也是"看似容易实艰辛"。必须了解本编宗旨是在明唐宋诗之辨，而非标举盛唐诗一味自然，才能较深切地理解各诗作法的精微，也才能避免先入为主的偏颇，而在今后更深入接触唐诗时，一味以盛唐诗的标准——而且是走样了的标准，去轻率地讥弹初、中、晚唐诗乃至宋诗。为此本序又以唐宋诗之辨为又一重点，在赏析中对诗篇艺术特点的分析，也尤注重从这方面作引导。

其三，由于孙洙有明确的编选目的与严格的体例，因此本编虽不能反映唐诗演变全貌，但对了解其主线尚有一定帮助。读《三百首》，应当把它作为一个整体来看，今存选本似对这一点都不很重视，往往有就诗论诗之弊。为此，在这一新注本中，我尽量由选篇本身出发，介绍一些唐诗的历史文化背景与诗史演变轨迹。比较读法成为我常用的手段，通过比较，不仅可相互映发，更深切地了解诗歌本身，更可以连点成线，略知流变。这也许是这个新注本的第三个特点。

一切研究的起点是文本解读，因此，从读这类初级选本起，你也许就在为今后的研究打底子了。我不敢说这个注本做得很好了，事实上，由于出版社工作与研究工作的繁忙，这本书断断续续地做着，完稿后，统看全编，感到多有不能惬意处。然而差可自信的一点是，我的唐诗研究是以极认真的文本解读为起点的，也常常有些独特的感悟。在此书中，我已尽可能把如何读诗的体会介绍给了读者。具体做法，读者看了本书后当会明白，这里简单归纳为四句话："诗要熟读，又要一字一字地读，反反覆覆比较着读，从中以我心去感悟诗心。"希望能对读者有用。

本书以中华书局刊印光绪间日本四籐吟社本为底本，并参校有关总集、别集，对明显的讹误作了订正。至于一般的异文则一仍原貌，谨此说明。

（本文原载于《唐诗三百首全解》，复旦大学出版社 2006 年版）

《唐诗三百首全解(大陆版)》序

　　在文字从简的《唐诗三百首》图文本、画册本争奇斗妍的今天，我却仍以这一无图而又详解的本子献给读者，是否有些不合时宜呢？然而正如秦韬玉笔下那位"敢将十指夸针巧，不把双眉斗画长"的贫女一样，"不合"者也自有其可以不合，有以自矜的理由。这倒不仅因为本书海外版的反馈信息给了我信心，更重要的是，当前的阅读倾向，使我深感，一种认真而有新意的详解本，实属必须。

　　或许因为在唐诗学界小有创获，常有年轻人来问学。中学生向我谈起他们的困惑：虽然读了不少选本，但中考、高考时，面对一首陌生的诗，往往仍无所措手足。青年学人以他们的诗学论文寄我提意见，可惜其常见的通病是由于误读文本，而使立论变成空中楼阁。这种情况在我所经目的大量来稿与硕、博论文中也屡见不鲜。对于以上种种，我开出的药方只有简简单单的一味：下功夫去读通，而读通的首务是要知道"诗是怎样写成的"。

　　这自然需要掌握一些诗学的基本知识，对此，我已在海外版原序中有所提挈，并在解诗时随机而发做了讲析。这里仅想就时下流行的说法："读诗只须凭感觉印象，不必详究"，再絮叨几句。这说法也有些来头，即所谓"以禅喻诗"。南宗禅倡言以心印心，单刀直入，了然顿悟。这通于诗学，便是传统的点评。应当说精到的点评是读诗的高境界，然而略知禅理者又都明白，心印、顿悟，本须有历久的"积学"为前提。舍积学而论心印、顿悟，其不堕入"狂禅"恶道者几希。传统点评精到处不少,但狂禅般的痴人说梦更比比皆是。更有甚者,评者读不懂某诗,便斥为伪作。我们那位谪仙人李白的不少名篇,比如入选本书的《宣州谢朓楼饯别校书叔云》,就曾遭此厄运。以作诗为日课的古人尚且如此,今天的读者,如一味谈感觉印象而无视"积学",其效果当可想而知。这道理也简单,老杜说"意匠惨淡经营中",可见,企望以浮躁之心去印合精微的诗心,要不出错也难。也因此,这个详解本的目的就在于,希望为本是学诗初阶的《唐诗三百首》,加上一道比较牢靠的扶手,使之能更好地发挥入门阶梯的作用。

对于大陆版,我还是花了两个多月的时间做了修订,而其中最花功夫的,恰恰是我最不想做的"语译"。说不想做,是因为诗本不可译,一译便韵味顿失;又偏偏最花功夫,则是因为语译可起到帮助初学者贯通诗脉的作用,而贯通诗脉又是读懂的关键;所以也就"知其不可为而为之",并尽量"为"得好一些,"为"得有点儿韵味。由此建议读者对于本书正文外的三部分:注释、语译、赏析,也可以先跳过注释读语译;语译有不明处,再看相应的注释;最后再进入我"以心印心"的赏析的阅读。这样读法,也许能更好地达到三方面预期的效果:注释以实其基,广其识;语译以通其脉,顺其气;赏析以博其趣,撷其神。

最后要说明的是,我并无意反对文字从简的图文本。事实上,我也编过这类读本;今后也许还会在详解本的基础上再做一种约简本,也不排斥配图。但目前,我更愿意将有限的篇幅,留给对读者而言更为急需的讲析。希望它能帮助读者掌握一些"单刀直入"的刀法,并能举一反三,较从容地自己来鉴赏一首陌生的诗篇。明此,则读者当不致因我前面引了秦韬玉的两句诗,而责我自矜"风流高格调"了吧。

2006.3.31

(本文原载于《唐诗三百首全解》,
复旦大学出版社 2006 年版)

士不可以不弘毅

——《守望丹青：从沈周到黄胄，笔墨肖像一百人》代序

庚寅夏，邓明君以组画《守望丹青》之构想示余，大略谓：拟取有明以降画坛大匠百家，法其笔墨而图其气貌，即所谓"以古人笔墨为古人造像"者，而近古迄今，中国文人画之流变亦庶几见其大概。余既叹其规模之宏阔，复赞其设想之新颖，然感慨之余亦不免疑虑：邓君抱恙既久，以一己之力从事如许巨构，恐劳思伤神，力有未逮；国画之于肖像，技法素称单薄，至有"类型化""千人一面"之讥，图像一二十家或不至雷同，为百人写真，难度之钜，当可想见。故献议有二。其一，或可酌减家数，大衍之数五十足矣；其二，可否略施背景，以济肖像技法之不足。邓君唯唯，曰："容再思。"

嗣后数年间，或数周，或一二月，邓君每以绘事心得、进度垂示。一度曾从陋见，拟减为五十；然五十既成，又称意犹未尽，力尚可逮，合当足成百帧，庶无遗憾；待到百帧将成，又告余，有二十余帧尚不惬意，拟重绘，如此者再三。至于略施背景之刍见，君虽曾尝试而终于婉拒，曰："已有所心得，虽难，仍当贯彻初衷，作茧自缚而无悔。"并时时示余研索之觉悟：某家之线条如何，某人之墨法如何；没骨与勾线之转换融洽，书法与绘事之触类旁通云云。至其全神贯注，精思结撰，则可于逸事一则略见大概。邓君外孙女伊伊，牙牙学语而精灵慧黠，君性温煦，自然宝爱逾掌珠。某日，伊伊唤"外公吃饭"，连唤三五，邓君不闻，伊伊情急，举雏拳擂书房门，直

呼其名："邓明,快出来!"邓君始回天转地,抱起小精灵连称"抱歉,
抱歉"! 诸如此类,不一而足,友好间传为趣谈。

　　岁至丁酉,距庚寅已前后七载,组画百帧亦数易其稿,装裱告
成。自明人沈周以迄今人黄胄,各具情态。而与余曩昔之印象或
相仿佛,如白石、白蕉之属,或相径庭,如八大、唐寅之类,要皆精研
资料,索解笔墨,而自成我见者。余于画艺画史,浅涉而已,未敢以
积年交好,谬加评骘,故仅就尤受感动之数事,略呈陋见。

　　诗家有所谓"白战"者,谓去一应陈词妆点而所咏有若白描。
邓君组画舍一应背景而专于肖像本位着力,欲臻"以古人笔墨为古
人造像"之境域,正画苑之勇于"白战"者。其舍易犯难,以溯流探
本之初心贯彻终始,则于时下取捷径、望速成大行其道之风气,可
称卓尔不群。

　　邓君书、画、篆刻、摄影并治,亦时时以小诗遗余。前年秋,拟
于评传之外,邀余为组画配诗,人各一绝,以成就本为大同校友且
订交数十年之合作。余自度诗非上乘,画非专业,笑而拒之。阅数
月,君忽告余拟自题所绘。余大惊,正色曰:"兄书第一,画第二,以
书法入绘事,成绩斑斑可睹;然兄诗学尚欠火候,恐合则两伤,望熟
虑之!"邓君复唯唯。

　　去年岁尾,君以所咏二十首遗余,余诵之,复大惊,急索其余,
一气读毕,肃然起敬。百咏不惟稳顺得体,灵动而有清气,且评骘
诸家个性际遇、画理画风,每有精见。如咏郭诩曰:"清狂好作古时
贤,细笔娥眉阔笔仙。尤爱蛙声听不厌,长传绿意到今天。"咏董其
昌曰:"论书力主中和淡,论画南宗与北宗。昼锦堂前诗入古,画禅
室内笔从容。"咏傅山曰:"草书宁拙绝轻浮,郁勃连绵入纸道。博
学鸿词招不去,亦医亦道亦庄周。"咏龚贤曰:"筑室南京扫叶楼,清
凉山水可浇愁。丘岩浑厚松梧湿,老笔分明积墨幽。"咏白石曰:
"我家笔墨我家山,极似藏于不似间。细入微茫知了翼,红花墨叶
水潺潺。"咏抱石曰:"山因抱石皴而凝,水借羊毫雨带烟。每有动

心先煮酒,常常醉后到峰巅。"凡此皆由揣摩而磨砺,得中肯要,诚
为无形而传神之写真者,即厕近世名家题画诗中,可以无愧。以余
所知,邓君作文言文,不过十数年,作古体诗则仅六七载,然皆由生
涩而平顺,由平顺而渐见灵动,粲然可观,则其诗书画印四艺并擅,
相得益彰,可指日而待矣。

今岁初,有幸于中华艺术宫得与潘公凯先生"笔墨求索·水墨
艺术展",时潘公只眼别具,拈出绘事"形式语言"之概念。因忆常
日交往间,邓君不惟细论笔墨,且每每提及"绘画语言",亦可谓"所
见略同"也。邓君每论及某家之笔意墨韵,某家之传承创获,往往
如数家珍,似痴似醉而简要不繁,则可见百绝之点评精到,脉理晰
然,组画"以古人笔墨为古人造像"之宗旨,乃厚积薄发,积数十年
资料搜罗、沉潜研磨之功力于一帙,洵非兴到偶然之奇想尔。余因
称邓君绘事为文人画,亦为学人画,当非谀美。

笔墨者,绘事之"形式语言"也,事艺术者以先天禀赋融烁后天
学习,而成其"成心"(《文心雕龙》引庄周语),画者以成心(意近个
性)运遣笔墨,大至布局位置,细逮笔触墨韵,而其性情暨当下感悟
则隐隐跃然其间,是即英人贝尔所称"有意味之形式"者。故观一
人之笔意墨趣,便可扪及作者之性情觉悟。唐人诗论以性情为地,
以兼具声象之辞采为黼黻文章,移以论绘事性情之于笔墨关系,大
体相当。观邓君绘画,大抵以简净为要。其架构不事敷铺,而应物
之宜,集笔力于一方或数点位置经营,纯以笔致取势,虽留白尤多
而每能以少总多,静中见动。其线条则寥寥落落而随物宛转,富于
变化;且每每一笔成线而其势自见,乃以书法功底入绘事者。其墨
彩则力去繁缛,色不尚多,每以晕染浓淡以见物理层次,所谓"清水
出芙蓉,天然去雕饰"者,是其追求之境界。合此三事,故虽曰简
净,而萧散之气油然于笔墨之间,颇似邓君常日立身处世之个性。
沪上出版界盛传邓君一事:一九八八年秋,邓君主政上海人美社摄
影读物,应当时画坛借鉴西画之需求,策划并主持出版《世界人体

摄影》画集，是为境内学术性人体图册之首例。甫问世，即不胫而走，求购长龙达百米许，一时佳评如林，创收亦丰。业界闻风继起者近十家，社内亦有再出续集之议，然邓君察见风潮业已"变味"，遂毅然决策，获利再丰，亦不可趟此浑水，续集之议乃寝。此事既传为沪上美谈，收入市版协所集《经典策划》一书，亦足以为性情之于笔墨关系提供诠释。

"士不可以不弘毅"（《论语·泰伯》），弘者，志向立意之高远也；毅者，持志从事之恒定也。私以为，邓君《守望丹青》组画之创作，庶几无惭夫子此语。图册付梓在即，邓君问序于余，以素昧绘事，故以往事若干、断想若干，集腋成裘，作此门外谈，以略见邓君立意精神。至所称"以古人笔墨为古人造像"之宗旨达成几何，则有待方家品鉴评说云。

丁酉谷雨日于懒思轩

（本文原载于邓明《守望丹青》，
上海辞书出版社 2017 年版）

《孔门七十二贤像传》序

　　岁在己丑，时当仲夏，戴敦邦先生偕门弟子周一新君，奉新作《孔门七十二贤像传》，献赠上海文庙，以为夫子两千五百六十年诞辰礼祭。二君含毫九十有余日，画像七十又三帧，均秩依《史记》，高可真人：洵画苑之盛事，海上之美谈也。

　　惟夫绘事唯难，当为人物；人物之难，最在群像。盖群以类聚，不免雷同；气分彼此，莫可悬揣。况复去圣既久，往迹疏略；而摹贤有后，几同一辙。若非沉潜史料，暗识神遇；心总百术，技合中西：则必无所措手足矣。今观戴、周二君力作，虽褒袖大服，尔雅同风；然动静正侧，手足耳目，乃至服色华俭，佩饰器用，莫不备极细微而各具情态。同为德行：颜子温清谦抑，敛手正肃，是陋巷箪瓢，不迁怒、不贰过者写真也；冉耕掩袖半侧，敝衣枯槁，则恶疾缠身，自牖间握手夫子者剪影也。共属政事：须发戟张、以手结缨者，是子路氏恭敬执勇，正冠以就死也；手揩目应，清须三绺者，则冉求氏长于理财，百乘千室之才略也。宰我、子贡均以言语称，而前者侧首瞑目，意态不羁，知昼寝故事者，当会心一笑；后者意气风发，指划口讲似悬河状，明一出而变五国史迹者，必拍案称绝。文学一科，言偃、卜商：偃抱琴作临风而立状，是武城宰弦歌之容与也；商冠带而为掩泣之态，则魏侯师丧子之极哀也。十哲而外，其事迹略有可考者，亦必于细节描摹而顿见精神。杖头立雀者，必公冶长之通于鸟语；怀《易》沉思者，洵商子木之传于夫子。澹台灭明行修而貌恶，故侧其身以健其气；漆雕子开习《尚书》而不乐仕，故旋其体而见其志。其有父子同在圣门而均预贤人之列者，则颜无繇之于颜子，曾子晳之于曾子：无繇垂首弓身，谨厚可念，启人子丧而无以营葬之想，更有以明夫子"短命"之悲慨；子晳春服临风，浴沂风雩，或有得于参之善养，而宜乎夫子"与点"之叹美。更有门弟子而状貌似圣人者，有若子有是也。夫子没后，弟子思慕，曾以师礼事若。然对照圣贤二像，眉目口鼻，虽称酷肖，而气度仪态，则未可齐观。和易可亲，若也固得夫子之一脉，而和易中见宏毅宽远，不怒自威，是夫子此像之神髓也。按史载圣人生于野而圩其顶，此像不则是言，而集笔力于凡中见圣，既有当于"子不语怪力乱神"本意，亦有以见画师之意匠经营。其线条弧中取直而参以横斜变化，其体态遂于魁岸之中见圆腴丰润；其额广，其须扬，其眉庞，其目光与手势顺逆相应，更于平易和顺中见神怡志远。孟轲氏称夫子金声玉振，圣之时者，于焉得见；而摩诘所云"传神写照"，谢赫所谓"气韵生动"者，今而有传。余不敏，读书既少而于画艺未入门槛。倘有博雅君子，能通研圣门事迹而兼谙绘事甘苦者，斋心默读此七十三帧，则必能剔其精微，发其奥妙，而更有助于读者诸君云。

夫文庙，亦海上之名胜也。余幼时，家居近是，先祖父常牵手而四季往谒焉，虽胜况已非旧时可比，然殿庑规模犹在，十景尚得四五，园胥奉帚，洒扫以时，巡礼之际，敬畏之心，常油然而生。所叹自上世纪六十年代始，"左风"频吹，庙树凋零。"文革"中，余由京师南归而往寻旧迹，但见瓦墙剥落，狼藉遍地，商贩入踞，尘嚣遮日。不禁因风泪下，扼腕太息。所幸改革开放以来，国运日昌，人心思齐，文庙则初辟为书市，继之有"讲堂"；文会萃中西学者，成礼集及冠少年。加以泮水再清，映照歇山重檐；晓钟长鸣，缭绕云影天光，已俨然而为莘莘学子心仪之教育基地。而尤可观赏者，旧观之外，更有海内名家，题赠颇丰。余尤所深赏者，为刘小晴先生《论语》楷书碑刻，而犹感不足者，则圣贤群像，尚付阙如。今戴、周二先生发应天之宏愿,奋如椽之妙笔,以手写心,慷慨捐赠,当使明伦堂前,光华耀熠;二庑殿上,观者似堵。其翊圣辅教而沾溉后人之功德,允称圆满。

　　敦邦先生,余之师友也。其人物画返俗为雅,典型老成。所绘《红楼》《水浒》,播在人口,不胫而走;仙道人物,张之仰殿,素壁生辉。今观夫孔门贤者像传,有大格局,具大气象,所谓竿头百尺,后出转精者是也。吾友邓明君尝盛赞先生人物画云:"任伯年以后,一人而已。"而周一新君心香一瓣,克绍师风而宏斯伟业,吾因是更叹曰:"戴门有继,其发扬光大,当指日可待也。"因承乏为二君序。

赵昌平
己丑仲夏

　　　　　　　　　　(本文原载于上海文庙管理处编,戴敦邦、
　　　　　　　　　　周一新绘《孔门七十二贤像传》,
　　　　　　　　　　上海古籍出版社 2009 年版)

庄智象《外语出版研究》序

　　《外语出版研究》——我非常喜欢庄智象君这部论集的书名。它的第一个关键词"研究",是一项事业是否具有科学性、理论性,是否能成为一门学科的标识;而出版业之是否具有学科品格,其争议由来已久,以至这一行业是否应设立职称系列,也一度成为严重的问题。虽然这问题约二十年前已经解决,然而迄今为止,不仅业外,甚至业内,对出版业之"研究"属性的认识仍远远不足。典型的表现是"企业化"以后的一个命题与一种现象。

　　"出版社的领导应该是学者型的,还是经营型的",这其实是个伪命题,其潜台词是随着"事转企",出版社领导也应当是"学转经"。虽然讨论从未有过定论,但十多年来无序出版之愈演愈烈,已说明了将经营型与学者型对立起来的后果。有一位知名教授指责,当前出版社百分之九十以上的产品都是垃圾。作为出版人,我自然不能苟同,甚至反唇相讥,谓出版社的低质产品远非如此严重,好书大量存在,而所谓垃圾产品之产生,第一责任者正是大学里的学者们。虽然反驳似乎义正词严,然而深心里,我仍不能不自责:出版社的职守就是汰劣扬优,我们在不同程度上为了眼前的区区数万元补贴,而放弃了应当坚守的"闸门"职责,其最终结果是因无序而引发的发展迟缓,这路数实在难称"正道";而出版社的领导,又是失守的重要责任者,因为我一直以为,"主要领导的风格,就是一个出版社的风格"。

　　这样说，绝非否认出版人经营素质的重要性，更不否认出版业"事转企"的总体必要性，而只是想强调这样一个显而易见的事实：图书作为"文化商品"的本质属性，决定了出版社的经营者，必须同时具备学者，至少是学人或尚学者的素养。这不唯指学历，更是指文化担当与研究能力、研究习惯。

　　然而不尽同于其他学科之研究，出版业研究的特殊性在于更强调出版实务中的研究，因此我又很欣赏这书名的又一关键词——"外语"。"外语出版研究"，就是一种专业实务化的出版研究。脱离专业实务的出版研究，是纸上谈兵；而脱离了研究的出版实务，只能是短视的小本经营。从张元济、陆费逵、邹韬奋诸先辈起，现代中国出版业的一种优良传统就是文化人办出版产业。他们在创建商务、中华、三联这样现代出版实业的同时，也传承、积累、发扬、创新了中国文化，并形成了中国出版业的基本理念与系统经验。有两种出版人，一种是单纯的出版商，另一种虽然也是出版商，却因为有文化品格、文化担当，而格局宏大、视域宽广，从而升格为出版家。以逐利为最终目的的出版商，不仅赚不到大钱，也造成了出版的无序，弄不好更可能成为泯没了出版良知良能的无良商贾（幸好偷工减料的"精神食粮"还吃不死人）；以文化为终极追求的出版家却总能在文化与经营的辩证思辨中，在不断变化的出版业态中，"咬定青山不放松"，以崇高的文化担当，敏锐地抓住契机，获取企业利润的最大化。我们不是经常地以欧美出版业为师嘛，然而在这一根本问题上，古今中外，概无例外。在阐述美国传媒业发展史的《总开关》一书中，有大意如次的一段话：毋庸讳言，传媒业总是要追求利润的，但成功的传媒企业，必同时具有一种终极的人文追求。

　　这话真是发人深省，而今天当读毕智象君这本《外语出版研究》后，我更深信，在"事转企"的当下，这话对于中国出版业而言，仍是一条颠扑不破的玉律。同时身为博士生导师，有多部重要著作,在外语教育界也享有令誉的外教社长智象君,以其三十余年专业出版实务中与时俱进的研究性思考,也以外教社每年在销售码洋与利润实现上等于增生一个中型出版社的规模,又一次证明了这条玉律,也传承发扬了张元济们开创的现代中国出版的优良传统。智象君无疑是经营型的,而同时又是学者型的,更是思辨研究型的。思辨研究能力,是学者型、经营型两种素质相融合,并产生一加一大于二的化合效应之必不可少的催化剂。如果回到上面提到的那个命题,那末,智象君这本论集使我坚信,当下出版社领导者的素质应当是具有充分思辨研究能力的经营者与学人的集合体。

有深刻思辨素质的研究者都有一个共同的特点,那就是个性。个性并非对专业基本规律的漠视,而恰恰是在遵循基本规律基础上眼光独到的适时应变,而不人云亦云,跟风逐流。当着使命、职责这些字眼已成为不少人的笑柄时,本书却仍然一而再、再而三地谈论着使命、职责,并以之为出版人素质之首要;当着不少人习惯性地将政策、方针视作逐利的束缚而钻头觅缝地企望越界踩线时,这本书则显示,每当国家的一次重要会议召开,一项重大政策出台时,智象君都要组织全社认真学习,努力寻找国家大政与出版发展的契合点;当着许多人都因出版业近十年来发展迟滞,开拓不易,而寄希望于放弃专业来拓展外沿,以至闷杀个性时,这本书却告诉我们,应对挑战的根本之策是专业特色、专业质量、专业品牌;当着不少经营者重拾"广种薄收"的故技,甚至不惜牺牲质量以追求数量时,这本书又告诉我们,"图书以内容为王,内容以质量为上",品质、品质,第三个词还是品质;当着卖书号成为风气,空壳化司空见惯之时,这本书却从头至尾在诉说着必须以自主创新为主而恰当地处理自主创新与借力创新的关系;当着"跑部钱进"发展到"圈钱运动",国家出版资助的根本精神被严重扭曲之时,这本书却高屋建瓴,反复提醒人们要"夯实基础,练好内功",在政府资助与出版社品牌特色建设的关系上，必须坚持以专业、特色、品牌为根本，以自主创新为主体，寻找品牌建设与国家资助的契合点，从而保证出版社的可持续发展；当着许多经营者开发技穷而千方百计地为节约每一个铜板细算死抠时，这本书又告诉我们"应投入一百万的，绝不止步于九十九万"，而在设备、信息、资料、人才培养、作者队伍各方面的建设上敢于下大本钱，而尤为突出的是，外教社在出版科研方面的巨额投入，虽然这在不少经营者眼中只是"不急之务"、"花架子"。类似的"逆向思维"（应读作大思维）还能举出许多，而归根结蒂，都源于智象君这位经营者兼学者的出版人，以对出版社创新能力充分自信为立足点的深刻研究与多思善辨。

开拓创新，是当下人人在谈，而未必人人都懂得的热门话题。而外教社以他们三十多年，尤其是近十多年来货真价实的可持续的跨越性发展，证明了开拓与坚守是一对互为前提的矛盾。传统是惰性，传统更是优势；无开拓则守成维艰，无坚守则开拓无本。"固本创新"（中华书局前总经理李岩语）是一切在改革大潮中取得扎扎实实业绩的出版社之共同经验，也必将是中国出版业扭转发展迟滞局面，健康、均衡、可持续发展的关键所在。这是我读完这本书后的又一深切感受。

在坚守中求创新，说时容易行时难，外教社则有成型的系统经验，本书叙之甚详，没有必要一一重复，下面拟由本书的结构起笔，先略析智象君的有关思理。

本书的主体是"理念与策略"、"探索与思考"、"编辑与策划"三章，三章的关系是：作为出版社经营灵魂的理念与支撑理念的骨架即策略，来源于出版实务中长期的不间断的探索与思考，而这种探索与思考又绝非天马行空，而根基于出版社常日里的重要活动——编辑与策划（广义的策划，含运作）。

王阳明说"知行合一"，意思是，知与行浑然一体，知的本身就是行的开始，而行的过程便是知的深化。本书以"探索与思考"居中,联系形而上的理念与策略,形而下的编辑与策划,前者来源于后者,又指导着后者,这就在出版实务研究中,体现了以探索与思考为枢纽的知行合一观。因此,本书虽由众多单篇组成,却富于历史性、系统性与整体感,而给我印象最深的有三点:一是理念与案例的相得益彰;二是基本理念的一以贯之与具体策略的适时应变;三是各个层面的经营策略"三十辐共一毂",辐辏而成为系统的整体性的专业出版研究。无论作者是否意识到,其中实浸润有以知行合一为基本理路,并综合有崇本举末、审时取势、执一驭繁、执中用权等中国智慧之闪光。以下仅就于当下出版社建设尤关紧要之大端,略析智象君最具个性特点的三项观念。

一、定位、取势与专、精、特
——外教社定位意识特点

定位作为出版社经营者之首务,其重要性毋庸赘言,我想说的是外教社定位与相应布局之特点。

出版社的定位与相应的布局(乃至具体选题的策略)其实是对一个历史时期的文化生态(含出版业态),及其各时段具体演变洞彻理解之结晶。所谓文化生态,最终体现为三种人——文化决策者、文化生产者(就出版业而言是作者与出版人)、文化接受者的关系。过去所说的"出版社是作者与读者之间的桥梁",应从这一大构架中去理解,也因此出版人不能满足于被动的桥梁作用,而更应当主动地去做文化生产中的导演兼服务者。依据出版社的传统与个性,在文化生态(含出版业态)、商务规律、技术载体所形成的张力中,寻找本社个性化的定位、布局以指导具体策划,这应当是出版"导演"的根本职能。

　　本书有多篇不同时期的长文，论述外教社的定位，其共同点是依据大学出版社中的外语专业社之特点，以及外教社自 1979 年建社以来的传统与优势，一以贯之地以出版、科研、教育三者互动为基本理念，同时依据全国同类出版社与作者，乃至外语类读物的分布情况与发展态势，进一步明确本社个性化的定位特点，即取法乎上，以专业、精品、特色为根本，以国内外外语教学科研的趋势为着眼点，以服务于外语教学科研为归要，以阶段性的发展目标与科学布局为取得整体性双效益的总策略。在以上总体理念确定之后，各长文谈得最多的就是"趋势"，亦即动态发展着的文化生态及出版业态，从而进一步确定某一阶段的发展重点。所谓趋势，作者论列了国家现代化建设的发展现状、目标与此一阶段相关的大政方针，以及有关外语教育的具体政策动向；境内外外语教学科研及有关出版物的现状与动向，尤其是一流单位、一流学者的科研现状与潜在趋向；以高校师生为主的各阶层读者对外语类图书的阅读趋尚与潜在走向；市场中已有的成功的本专业出版物的占有率与有关的潜在阅读需求的量化分析；拟议中的甚至潜在的出版选题之学术水准与市场潜力的科学预估；可以成为合作伙伴的境内外出版单位的特点、现状及发展态势，等等。我以为，所谓形势，就是众形相待而成势，也就是某一特定时期，与要解决的问题相关的矛盾着的诸多方面（形，不仅是正反两方面）相互碰撞所形成的合力（势）。智象君熟谙此理，因此在确定每一时期的发展目标与策略时，总是广泛集聚信息，组织境内外专家与本社员工对以上相关因素作反复研讨，从而在贯彻基本理念与总体策略的基础上，对某一阶段的具体思路、重点开发方向与项目，乃至相关策略作审时度势、审形取势的必要调整。如 1997 年，他初任外教社社长不久，就确定了在坚持外教社教材出版传统优势的同时，要改变单一化的选题结构，提出教材一百种、学术著作一百种、工具书一百种、读物一百种的"四个一百"工程，从而揭开了外教社整体化发展（详下）

的序幕；至 2003 年，更在近三年快速发展的基础上，进行图书结构的第二步调整，提出"精品战略，整体推进"的明确战略发展目标；与此同时相先后，他得风气之先，更在上世纪八九十年代，就带领外教社在坚持纸质出版专业优势的同时，开始了数字化出版的研究探索，并在以后短短的十多年间，建立了多个数据库与服务平台，更形成了自己初步的赢利模式；也几乎与此同时，他又引领外教社在其重要板块海外合作方面作出了一系列重大决策，由向港台输出为主，到规模化引进先进国家教科学术论著与工具书，再到协作出版、共同出版，再到物色组织海外作者自创外语图书，再到建立北美分社，等等。以上每一次审时取势的调整都是外教社近三十年来跨越式持续发展的关键举措。然而外教社绝不因已有成绩固步自封，2015 年他们进一步总结经验、审时度势，对今后的发展思路作了清晰的梳理——继续推进出版、科研、教育互动发展；加快传统出版向数字、网络化转型；由外语出版基地向外语教育综合服务基地转型；由传统出版企业向现代化出版企业提升。不难看出，这一明晰、简练的发展目标所内含的气魄宏大、思维敏锐而又脚踏实地的思辨特征，其中，"向外教综合服务基地转型"，最有新意与个性，而二十多年来外教社多种数字化平台与多层次教育、培训研发中心的成功建设，已为这一创意提供了强大依托。

如果说在定位问题上，出版、科研、教育互动是其他各外语专业的出版人也会想到的理念，那么以科研开路、以服务为要，便体现了外教社慧眼独具的气魄；如果说社会效益与经济效益并重，是合格的出版人必备的共识，那么，真正地以高度的社会责任感、优质的社会效益来带动切实而巨大的经济效益，便是外教社知行合一的睿智；如果说尽可能多地占有市场份额是所有出版人的共同愿望，那么以"学术性"、"适应性"、"前瞻性"、"唯一性"、"填空性"建立"专业优势"，始终不移地以专、精、特为品牌特色，"一种产品就是出版社的一个形象代言人"，"人家已经出版的，我们不必再做，我们要做的是人家没有做，不能做，不敢做的"，"不仅要善于洞察当下的市场，更要善于发现潜在的市场"，便是外教社专业定位的个性；如果说定位布局是一个出版经营者的首务，那么定位一经确定，可以也应当作适时应变的调整，但绝不能轻易地随波逐流、改弦更张，成熟的出版社绝不能因数万小利而去做与品牌无关，甚至损害品牌的产品，绝不能搞游击战，而必须建立根据地，搞运动战、阵地战，形成一以贯之的专业优势、品牌气势与个性特色，便是外教社为出版界提供的一条极可宝贵的定位经验。

二、规模、品质与整体推进
——外教社规模意识之特点

规模性的效益是出版人又一共同祈愿；然而规模有优质与非优质之分，有可持续与不可持续之别，而当下出版界一种可忧的现象是重复数年前经济建设中"唯GDP论"的偏向，导致规模的非优质化与不可持续性；等而下之者，更不乏玩数字游戏，以纸上规模，自娱自乐，自欺欺人。经济界的调整，在中央的统一部署下，已经多年，并在总体上初见成效；可叹的是出版界虽也不乏调整得力的出版单位，但总体观之，似乎尚未引起足够的重视。

从本书可见，规模意识从上世纪末，智象君一开始任社领导，甚至更早，在上世纪80年代任《外语界》主编时已经明确具备，并在以后同样地一以贯之；然而不同寻常的是，大抵从新世纪初起，他的一系列文章，论到规模，便总是与另外三个关键词相联系，这就是"控制"、"品质"与"整体"。大抵在"十五"规划执行期间，他便明确提出要处理好"数量与质量"、"规模与效益"、"速度与效率"三对关系，"整合出版资源、稳定出版规模、控制出版节奏、双效益优先",从而"保证外教社的发展科学、稳健、可持续"。要之经营规模、发展速度,在外教社这位带头人看来,必须有理性的"控制",以避免"盲目性",它的实践结果应当体现为效率与效益,而效益与效率的前提就是外教社专业化、个性化的"质量优势",是"坚持质量优势、打造品牌",因为"二十一世纪卖的就是品牌"。质量与品牌合起来也就是出版社的品质。由于充分意识到出版社的品牌是由一以贯之的优质产品累积而成,并维养而扩展影响的,因此外教社的质量监控,贯穿于从选题策划到双效益实现的全过程,包括政治质量、(作品)内容质量、(作品)文字质量、编校质量、装帧质量、印刷质量、服务质量七大方面。

以品质为先,适度控制规模与速度,绝不意味着放弃规模与速度,外教社在明确提出"控制"观念的"十五"期间,有 130 多位员工,新书品种控制在每年 400 种以下,各类质检所及品种全部合格,优秀率为 13.7%,其品牌声誉在境内外不胫而走,而由于单书质优量大,重版率年年 70% 左右,故其效益规模及发展速度并未因此放慢;相反,他们提前二年完成了"十五"规划各项指标,以年增销售码洋 5000 万,实际利润 1000 万的可持续发展奇迹,证明了对"规模"必须持有理性意识的必要性,而此期建成的 12 层高、17000平方米,具备现代化功能的外教社出版大楼,正是其理性规模意识的代言人。在以后的"十一五"、"十二五"规划期间,这种理性的规模意识仍在发挥重大的作用,譬如至 2014 年,因事业发展,员工总数增至 191 人,然而新书品种仍控制在 462 种,而是年实际利润为一亿元以上,这种绩效,足以让持"广种薄收"论者深思。

推究本书所论,外教社可持续的优质规模效应之取得,除定位科学、品质为上之外,又一重要的经验是,将规模、品质与"整体"推进观念相结合,形成"整体策划、整体运作、整体服务、整体监管"的又一可贵出版经验。读本书,会感到智象君在贯彻专业化、精品化、特色化的出版、科研、教育互动的基本理念时,犹如在指挥一个集团军(管理服务方面的整体性留待下节再析,这里先说说外教社在选题策划布局方面的整体性),教材(含教辅)、学术书、工具书、读物是这支集团军的四大分支,每个分支中又形成若干选题群;每一选题群中又都确定若干这一时期要重点修订、维护或重点开发的重大项目,并通过从策划到营销的整体服务,通过多层次的数字化平台与手段,综合性地维养、拓展品牌效应,从而拉动整个选题群乃至整个分支的整体效应。如由"公共英语"到"大学英语"的思路调整与重大修订及扩容;由《西索简明汉外(系列)辞典》至《外教社简明外汉—汉外词典》系列的改版策划;由《新牛津英语词典》直至《新牛津英汉双解大词典》之从选题争取、合同谈判,到编例调整、版次升级,到境内与境外、纸质与数位销售服务同时并举,终于反客为主、大获成功的几近传奇故事的运作推进过程,都是这方面的好例。智象君有一个生动的比喻,选题开发不能零打碎敲,要像开辟田地、森林一般,一块一块、一片一片地开发,更要在这片田地、森林上尽可能地做足做好,这样才能凸现品牌,形成气势,从而不仅以前瞻性、唯一性、质量优势,更以整体形态保证规模效应。这种一片片、一块块做足做好的思路,现在已适时应变地细化为各板块之中各系列产品的主次轻重配置,自主创新产品与境外引入产品的合理布局,纸质产品与数字网络产品的权重,图书产品与服务"产品"的互动等等方面。整体推进观念与专、精、特的品质优势相结合,应当是外教社规模效益持续增长之秘诀所在。

　　科学发展观,人人都在讲,在我看来,其根本精神就是由统筹与优选所形成的整体性的协调、均衡发展。不均衡是普遍存在的,然而,以此为理由,而不讲均衡,从而导致整体失衡却是可怕的;在常存的不均衡中,保有清醒的均衡协调意识,扣两端而求其中,以求得整体性的规模效应,应当是科学的可持续发展的核心。这一点已成为最近五六年来中央指导我国现代化建设的重中之重,而外教社在出版业中,已为我们提供了一个耐人寻味的优质个案。

三、管控、组建与人才
——外教社管理意识之特点

　　人人都说人才重要，但并非人人能真正认识人才之所以重要，更无论如何使人才确实能人尽其才。通常的做法是：一、引进专业技术人才；二、组织相应的短期培训，如听讲座，参加行政系统的短训班；三、给予一定的物质奖励，做得较好的，能破格提升，较早给予人才以职务平台；而等而下之者，则将人才异化为工具式的简单劳动力，一个博士生，在出版社工作数年后，变成一个事务主义者，连有质量的本版书书评也写不出了，这种情况，绝非个别。

　　以上做法无论高下，一个共同的特点是将人才视作个体来使用，因此很难起到一加一大于二的效果。外教社的人才方针则相应达到一个较高的层次，显著的特点是与"整体推进"的思路相应，强调人才建设的整体性结构，使个体的人才，产生 N 加 N 大于 2N 的集合效应，因此，其"人才"观念，总与另外两个关键词——"组建"与"管控"相联系；同时，他们将人才的概念由社内推扩至社外，包括作者与其他相关人等，从而构建起社内外甚至境内外互动的人才网络。

　　一提起"管控"与"组建"，就会有人非议：这不是限制了人才的自由吗？其实不然。庄智象可说是一位货真价实的"人本主义"者，只是并非民粹派的人本，而是体现了中国管理智慧与现代企业管理经验的人本。

　　郭象注《庄子·马蹄》篇有一条很有意思的疏解。庄子本文称剪鬃钉足，是戕害马的天性。郭象注说，不然，马牛的天性就是能负重牵引，奔走驰骋，因此，服牛乘马正是顺其天性，唯须注意能日行八百里的马儿,不要让它跑八百零一里。意思就是适度的管控,正是使万物尽其天性之必须。其实,只要不是极端的自由主义者、无政府主义者,即使西方自由主义理论,也不否认人的社会职责,与通过法律、制度进行适度的管理。现代化企业之组织严密,制度井然,便是此一思想在管理学上的反映,而管理学正是产生于西方的一门近现代社会科学。

智象君管理经验的前提是这样一种认识,他把人才的工作视作一种创造性的智力投入,因此,不仅在社外对作者充分礼敬,从不吝惜于名分、报酬之属,更对社内人才舍得下大本钱培养,除前面提到的常规做法外,更每年选送员工攻读高一级学位,甚至鼓励支持他们出国进修与参加各类国际性学术会议,而对于从事对外交流业务的干部,从不拘泥于每年出国一次的陈规,出国,只要业务与培养需要,在他们是常事,这对于将出国"考察"视作一种福利或奖励,轮转着来的通常做法又是一种启发。史家论刘项成败,称楚霸王败亡的一条重要原因是"印刓敝而不忍与";又想起一条大意如下的古训,谓奋一人之私智,而弃群智于不问,断难成就大事。已成就大事业的外教社领军者显然不是这样的主帅。将人才整合于运作有序的组织体系中,让他们身处一定的管控大系统中,又充分发挥才智来管控所领部门的工作,是智象君管理经验的要髓。为此,管控体系的组建,便成为其管理工作的重心。

他以学者兼经营者的眼光,认定外语教学科研的发展是出版社选题结构光景常新的源头活水,"没有有价值的科研创新成果,便没有体现科研成果的出版物";然而,"有了有价值的科研创新成果,却未必有富于科研价值的出版物"。也因此外教社的管控组织系统便以服务于教育科研为核心,致力于社外作者群与社内组织形态紧密结合以产生互动效应。这中间有一个重要的,在现代出版中更至关重要的结合部,就是"信息系统"。信息是良性互动,率先取得前瞻性、有潜力的选题之前提。本书有多篇专文论信息与信息平台的构建,比如具有独立法人资格的"外教社信息技术发展有限公司",就是外教社的平台之一。限于篇幅,这里不再展开,仅附及于此。

对于作者队伍乃至网络的建设,他们首先通过有效的信息系统,了解境内外外语科教的学术动向及其与国家有关政策的适配点,除斥巨资支持本校的教学科研外,尤其对校外一流外语科教单位、一流学者的成果、在握项目、研究趋向了然于胸,从中优选最有潜力的重点项目与项目担纲人;同时又奔走于决策部门与学界之间,促进各种政、学现有机构的协同,或倡议组织新的交流机构,从而不仅网罗了,更组织了堪称国内出版社最强大的外语教学科研作者群,并通过机构组建强化与作者们的联系及对他们的服务。

大抵在"十五"期间或稍后,他们在社内已组建起多个以研发服务为主要职能的机构,如"外教社出版发展研究中心"、"外教社出版物研究中心"、"中国外语教材与教法研究中心"、"外教社教育培训中心",主要服务于外地院校、作者与外地读者的若干"外教社异地编辑部"、若干下属"图书发行有限公司",以及致力于新媒体开发的专职研发部门,致力于境外作者、译者队伍组建的外教社北美分社等等。

智象君认为"市场竞争从某种程度上来说,也就是服务质量的竞争",而服务质量的高下又取决于出版流程各个环节专业化的分工,因此他努力于编辑、校对、出版、营销、外贸、管理等各个部门以人才素养为核心的专业培训、岗位设置与制度建设,而专业化一条龙服务更是部门组建的核心目标,这无疑是外教社吸引凝聚人才、提高服务质量、赢得社会公信的有效措施。

应当同时提及的还有性质类似的同行合作,业界不少知名出版人谈起同行协作,便会嗤之以鼻;然而,智象君却认为同行不仅是竞争对手,还可以是合作伙伴。"双赢"这个当下颇为时髦的词语,二十多年前就出现在他的文章中。我曾多次听到外地同行说到这位"华东地区高校出版协会"会长庄智象,是可敬可法的竞争对手,却又是可以信赖的真诚朋友;我还曾有幸旁听他与台湾同行共商某一重大协作项目,侃侃而谈,台湾出版界的名宿林载爵先生当场对我耳语,赞叹道:"庄先生是大陆出版界的奇才。"更可注意的是,虽然他将对外交流视作自主创新的补充,但在物色稳定的长期合作伙伴上建树尤丰,累积至新世纪头一个十年,外教社已与六十多家海外出版单位建立了健康、双赢的长期协作关系,其中既有培生出版集团、圣智学习出版集团、剑桥大学出版社、牛津大学出版社、麦克米伦出版有限公司、麦格劳—希尔教育出版集团等十数家大型出版集团或单位,更有为数更多的有特色、有潜力而名声不彰的中小出版企业。"无论对方知名度、财力高下如何,我们都一视同仁,一样接待,一样礼敬,一样平等地谈判",庄智象如是说。

如此广泛、如此众多的境内境外的交流协作,如此组织有序的校内外作者群与本社专业服务部门的互动,为外教社培养大型系列项目提供了肥沃的土壤,比如 2007 年出版的全球最大最权威最准确的英语工具书《新牛津英汉双解大词典》就在经过传奇性的项目争取、合同谈判后,集中了全国百余名专家历时六年始得完成;而 2008 年出版的十四卷本《语言与语言学百科全书》第一版,更凝聚了 70 多个国家近千名专家十余年的心血。严密的组建化管理催生了重点、大型项目,而大型、重点项目又反过来孕育了新的更高层次的组建。比如享誉海内外外语学界的《外语界》杂志,既以其情报性、知识性、资料性、学术性的高品质个性定位与严谨的编校作风,吸引了海内外学者的密切关注,更取得总署有关领导部门的大力支持,同时争取到"外语专业教学指导委员会"、"大学外语专业指导委员会"、"大学外语教学研究会"、"大学英语四、六级考试委员会"四个权威机构来共同主办,从而有效地扩大了会员单位与刊物销量,至上世纪 80 年代末,更在此基础上成立了一个新的组织机构"全国高校外语学刊研究会"(请注意,又是"研究"),而

1998年,作为主要发起人与主要干部之一,智象君接任了这一高层次研究会的会长。该会从成立那时起,不仅深刻研讨了外语学刊的诸多理论与实务问题,以指导全国有关刊物的进一步发展,更组织出版了一批又一批的中外学术性外语系列丛书,成为出版社书刊互动的成功范例。自然,这一机构,也为智象君提供了一个促进外教社建设的更宽广、更高端的平台。

通过有效的有机组建,将人才培养与出版管控融为一体,不仅是外教社"整体推进"战略的一个重要环节,更因为科学的组织是现代化企业的一个重要标志,因此可以说外教社这方面过往的实践,已为他们最近的发展目标之最后一项——"从传统出版企业向现代化出版企业提升",做好了最困难也是最重要的铺垫。

庄智象的《外语出版研究》,可为当下业界借鉴的经验还有很多,比如他对当前出版业现状与发展方向的考量,他对出版社近、中长期规划的科学认识与坚定执行,他对各职能部门工作的标准化思考,他于对外交流的成套经验,他所倡导的企业文化与由此派生的分配、奖惩、培训制度等等。而我相信,以上所述三点,"定位、取势与专、精、特"、"规模、品质与整体推进"、"管控、组建与人才"是他基于实务的出版研究之精髓。庄智象所有的探索与思考中还隐隐包含着一种对当今中国最迫切需要解决的大问题,即现代化的中国之核心价值观的思索。记得二十年前,我曾审处一部有关宝钢人的道德与价值观的书稿,宝钢这个中国最大的现代化企业,在实践中提出了一个相当可贵的命题,要将西方所说的个人价值实现与中国儒学的集群主义融合起来,"在为实现宝钢的宏伟战略目标中,实现每位员工的个人价值"。而二十年后,正向现代化企业迈进的上海出版界的翘楚外教社的领军者庄智象在这本论集中所体现的价值观念,与宝钢人时隔廿年而桴鼓相应,这也许应当引起理论界的重视。

　　最后想就这本论集的附录部分说几句话。十数家著名媒体对智象君的采访，不仅从方方面面体现了他的种种理念、般般业绩，更勾勒出了他的人格。有两段文字最令我感动。一段记录了他的生活，说是他的孩子抱怨，老是不能与爸爸同桌吃饭。早饭时，爸爸已去上班；晚饭时，爸爸还未回来。另一段则记录了他所强调的一段话："海德格尔是这样来解读老子的'道'的，'道'即道路。一条不断出发的道路，一条成为可能的道路！这个'道'，不仅仅是求索之'道'，它还关联着天地人神的运迹。其神圣性就在于，'道'即生命的历程，也将是一个出版家出发、坚守、返回自身的运动！"两段文字，前者令我鼻酸，后者令我沉思，因此引以为这篇序言的结尾，以期读者与我一起沉思，尤其是我们这一代出版人……

赵昌平
2015 年 2 月

（本文原载于庄智象《外语出版研究》，
上海外语教育出版社 2015 年版）

赵昌平评批王安忆《天香传》

其 一

安忆:

秋好!

大著首章已拜诵,总体印象甚佳,亦颇惊诧。您对于江南风物以及器物之熟稔,为今代小说家所不备,亦远远超过学人如我辈者。大作似乎试图由写形传神,再造明中后期江南风习,尤其是绅商生活图卷,从中通过若干人物的命运联系,传达此一时代的文化精神与品格。总体上,小说是成功的,这当然也归功于您的敏锐的观察、考察与感觉,以及文笔的清丽有致。因此,我的"挑刺",当不致影响全体的价值,我也为未争取到大稿,深深遗憾。

作为朋友,挑刺也就不讲客套,甚至对其他著作提意见时惯用的婉转语也不用了,目的是希望为白璧去瑕,略尽微薄,不婉转,则为了少写些字,省时间,乞谅!

存在的问题主要有三:

一、史地名物制度上的疏失,这也许是您对我最主要的要求吧,也是我所注意的重点,看来还是不少。我非专攻明代,有的纠正了，有的则点出，尚须细究。建议我初看后再请专攻者，就这方面再审一过。我介绍本社老编辑李学颖女史，我视之为师长，腹笥当代无出其右，明清尤熟，人极好，也喜欢小说。我求她，当无问题。

二、场景描写的疏忽。主要是节候上的。这方面您拿捏得还是很准的，但有时会有四季杂糅或月令不符的情况。此外或有"过度"之处，亦提出请注意。

三、语言上的疏忽与毛病。本来我不预备关注这方面，数周前见报端有消息"咬文嚼字"，咬了您一下，因此也附带注意起来（也因此前二十来页这方面所提不多）。

您的语言确实很清丽，有韵致，试图糅合一些文言因素，也总体融洽，很不易到，但常见的问题有三：

1. 对某些来自文言的语词把握不甚准确，以致误用。

2. 您似乎在追求一种细腻而又简净的语言风格，细腻在描绘之逼真，简省在字句之不赘，二者结合便凸显了文字语言所要求的感性，这相当不易，而您做到了，佩服之至。由于简省感性，您常略去一些表现逻辑关系的关联词，也不甚拘于通常的语法。这不错，但也有万不可省而简省了的，便会形成语病，比如最多的是主语混淆，可省不可省，最主要的是看对读者的效果，读者感到困惑，就不能省，当然还有基本的规范，所谓经权，权而失经，便会出问题。

3. 语言方面的另一个时见的毛病是贴切问题，主要是对一些必须借用文言的地方，有时您选用的词不能说错，但表现力不足，凡此，我会提供另外的词语供选择。这是一个难点，有时您恐怕一时找不到恰当的词语，会用一个有点俗的词，颇惹眼，这些我也会选一个词供参考。还有就是写得兴起，略显夸张处，我也会提醒。

除以上三点外，人物性格上，有时也感到有点过度，这方面待看完全稿后，再提出随见，供参考，现仅在读来有不舒服处时提请注意。

　　一般问题我用铅笔做了旁批,有的说明理由(说明文字用"波浪线"表示)有的径改一二字,繁杂的问题则附纸说明,都仅供参考。

　　要提醒的一点是凡"实"的地方,一定要核对史料,如地理、街巷、市桥、真实人物(归有光、海瑞等)的仕历行事等。我对过一些,后因时间关系,手边又无书,未能逐条核对(如街市里坊布局等)。看得出您下过功夫。唯一定要找可靠的书,忌用无名作者的二手材料。反之凡"虚"的地方,要使人感到仿佛是实,这就要注意虚的分寸。本来前天可给您,但开头另写的十来纸,大概忘记在松江了,又补写,耽搁了一天多,抱歉。衷心祝愿成功,一定成功。

　　　　　　　　　　　　　　　　　　　　　　　　昌平

　　　　　　　　　　　　　　　　　　　　　　　　12.2

　　一、第一页地理水利有问题:

　　1."沪上"指什么,首先要搞清。从您"松沪嘉"一称来看,则沪将松江、嘉定排除在外,而第三小节"沪地临海",又似通指现代意义的上海,从下文看又似专指原上海县、宝山、青浦一带。

　　按:①有关"上海"的名称,最早见于史载的,是"华亭"与"沪渎"(沪渎垒),华亭即今松江,沪渎是吴淞江入海的一段,故《吴郡志》"松江东泻海,曰沪海,亦曰沪渎"(沪,原意是一种渔具,渎,发源注海者也);沪渎垒,则是东吴时筑于沪海的军事设施,具体位置均已不可考。

　　②唐天宝十载(751)华亭始立县,属吴郡(后改属苏州府),宋代属秀州(后称嘉定府),元初属嘉兴路,至元十四年(1277)升为华亭府,次年改松江府,华亭县成为松江属县,归江浙行省管辖。华亭地域宽广,人口日增,至元二十九年(1292),析其东北方土地另置上海县,是为"上海"立县之始。故元时华亭、上海二县并属松江,至明,再析二县部分地置青浦县,故明代松江府下辖华亭、上

海、青浦三县。

据上述地理沿革可知：

沪，沪上，是整个今天意义上海的通称，不是上海镇、县的专称。

上海镇、县，在明代均属于松江府，不能并列。

稿中"松沪嘉"一词极不妥当，因松江府级，嘉定县级，当时属苏州府，而沪即使依您的写法，为上海县或青浦县，则为松江属县，且沪根本与上海县不能等同。

当时的连称有苏松、杭嘉湖等，从未闻有"松沪嘉"之称。

2. 关于上海的名称来源与性质

我印象中元明时，不仅有"上海"，而且有"下海"，上与下相对而言，当均指吴淞江出海处的滩涂。您稿中"上海"的名称来源很可疑。请再核。

您又称上海为大陆平原，此亦可疑，若有"大陆平原"一称，应指内地平原。上海是冲积平原，或滨海平原。请再核。

3. 关于吴淞江与黄浦江

明成化前吴淞江为主流，黄浦江为其支流之一。

吴淞江本名松江、松陵江、笠泽江，为古时吴地三江之一。三江发源于今江苏吴县城以南的太湖口。太湖东注为松江，下七十里又分出二支，东北入海为娄江，东南入海为东江，松江居中，其入海口海面为华亭海。

三江至唐时，东江、娄江已淤塞，仅剩吴淞江一干流，支流众多，故水量丰沛，江面宽达二三十丈，故舟运发达，至宋时青龙浦（在今青浦）便成为一个重要商镇。

宋（以前）未见黄浦之名，南宋绍兴二十八年高子凤为西林南积教寺所作碑记，始见"黄浦"一称，此前只见上海浦、下海浦（这两个名称要注意，上海一称由此来）、烂泥浦等，宋元之际有黄浦口、黄浦塘诸名，当指黄浦入吴淞江之江口。据专家考证，当在今虹口区嘉兴路桥附近,可见当时黄浦已逐渐显得较重要。

至明,吴淞江淤塞严重。永乐元年夏元吉将大黄浦与范家浜打通,并加疏浚,上接泖湖、太湖水,由南仓浦口入海。黄浦形成宽二里的河道。成化八年(1472)杭州湾海塘筑成,原入杭州湾诸水道堵塞,其众水亦汇入黄浦,此后上接太湖,涌出诸泖,而总汇杭嘉湖诸水,水势不再入松,于是黄浦水势数倍于松江,这就是所谓"黄浦夺淞"。当时只称黄浦,"黄浦江"一称应在晚清。

从以上概况可知:

1. 永乐至成化间的水利工程,以及后来海瑞在隆庆三年的再次整治(您也写到)是相当重要的。位于吴淞江的青龙浦最终被位于黄浦的上海镇替代,根本原因在此水道改道,你注意到这些是对的。

2. 但三江地区,古来就十分发达,水利工程历代不止,所以尽管有水患,但永乐年前已是十分发达的地区,并不像您第一页所说的这样一片水泽,常年涝灾。(经海瑞再修时,上海镇已十分繁华,更不能写得一塌糊涂)。

综合前一问题,应一开始明确"黄浦夺淞",引起上海镇的进一步发达,并明确您所说"上海"是上海镇,上海县,而不以沪上代此镇,以清眉目。

二、P.6—P.7 关于"申宅"的描写,问题较多。

您的这一部分描写很细,或有所本,但与常理出入处颇多,叙述层次也有点问题,今撷要提醒如下:

1. 层次。宅第描写定先有总体把握,故宜先明位置(您写了),风水,间架,总体色调,以见大气象。明代房屋有法律规定,什么身份用几间几架,用什么绘饰、门环,逾制是要问罪的。具体规定见《明史·舆服志》。您下笔时要适当注意火候。唯"间架"一词,其所指我也未搞清。要查一下《营造法式》一类书,我手头无时间又太紧,您要找一下。《通考》一类书可补正史未详处,还有今人有关专著之类书,都可利用。大体而言,申儒世官居五品吧(核一下),应大抵以此为标准来想象。

一般官绅宅第,似当为前厅、中堂、后厅,加上门、家庙,及炊杂用务,五品为厅堂为五间六架。不宜过奢。

2.门墙。你写的门不知为什么门,有几个疑点:

a.码头,家用小码头,应在后门。

b.门的形制,您写的门上木条,下篾蓆,无论前后门都太单薄了。富家大门,侧门边门,必用厚重木料,以防盗贼。您写的门用在户内的房门或许还可,外门则讲不通。

五品官门用青碧绘饰,三间三架,黑油锡环。又有浮沤。一说即门环后的部分,我总认为即您讲的锡钉,供再核。又篾蓆上恐也吃不住钉。

龙骨一称,一般专指船的舻轴,不知何以用在门上,是否当地习俗?

墙:烽火墙一称不知何据,从描写来看似指外墙,外墙一般称院墙。又烽火专指边疆示警所用者,怎么也与外墙扯不上边。颇疑当地叫作"风火墙",如有此称,请核一下,如无则不宜用,因外墙围有隔离风火之用。但旧宅第内一般都另有一道防火的夹弄。

3.居处。

您说兄弟各占宅子一半,老太太居中——大堂,中庭,正院。这也叫人看不懂。因大宅均有几进——门厅、前厅、中堂、后厅等,各有宅院。门厅来客暂待候之用,前厅或后厅,为一般接待客人处,中堂是一家会聚与典礼处,重要客人亦有在中堂接待者。家人居住部分一般在中堂后厅两侧与后院。若兄弟各占一半,则是纵向分隔,如何可能?

想来家庭人员所居住部分,老太太居中,兄弟为分居二侧,这是正房与厢房之分。这也有点问题,一般官宦之家,嫡长为尊,与诸弟有所区别。也许老太太特强悍,居中也讲得过去。但兄弟恐仍不会等量齐观。

4.宅第大框架有规范,细部如亭台楼阁变化多端,各家的尊卑处分也有所不同,最好找一处今存明清旧宅为参照,再有所变化。

5.背景。明清江南富家应有一定经济背景,这对各家风气影响极大,其商人兼官实力雄厚者,大体有以下类型:

a.仕宦积累,或兼点商务。

b.官商,如任织造、盐运者。

c.大地主兼大手工作坊者。

d.海通者,即做外贸,这一类最有江南特色,沈万三即其例。

建议对书中所及各家之背景,有所定位。

6.楠木楼:似过奢。清东陵唯慈禧殿为楠木殿,现为国宝,亦非全楠木制成。或您有所本,则宜适当节制笔墨。

其　二

安忆:

第二卷阅毕,奉上。还是有些"白虱",请细核。尤其大家都知道的人名书名,及路程、典章等要仔细。还有几个词汇情况类似"专宠"词,务请当心。怕您急,昨夜开了个长长的夜车,以致耽搁之歉。第三卷争取一周至十天阅完吧!

祝好!

　　　　　　　　　　　　　　　　　　　　　　昌平

　　　　　　　　　　　　　　　　　　　　2010.12.14

又附上照片,作协他人的请转交(赵丽宏、王晓鹰、陈村,还有一位不认识)。

其　三

安忆：

　　第三部阅毕，奉还。因需查找的不多，所以相对顺利些。感到有点意犹未尽，这证明小说是成功的。今将综合印象奉告如次：

　　小说以天香园绣为主线，在演展申府盛衰的过程中，解读明中后期江南的历史文化，而内蕴有您对于天人之间的哲理性思索。浓郁的文化氛围与淡淡的哲理气息，是有别于时下作家的显著特色。

　　绣品是焦点，而对园林、市井、文房、茶烟、花木、舟轿……众多的文化物件的细腻描摹，看似随手拈来，却又辐凑于绣品，从而使天香园绣具有文化品格而活了起来，使围绕绣品的天香园人活了起来。这颇像我们小时看的万花筒，拆开来不成片段，而组成一体，则似华严世界，多棱映照，幻化成一幅幅美丽的图案。而"旧时王谢"的隐含意识，便因此"幻化"而得以自然的体现。历史题材小说的真实，不在于都有史事依凭，而在于高于史家的时代氤氲与历史动向，这一点您做到了，且相当好——不是靠推理，二是凭仗其中切中真的艺术展演。

　　小说有点像《红楼》，可说是《红楼》后描写家族生活，细节真实最出色的一部（比起您过去的《长恨歌》等又有进展）。然而又非一味依傍《红楼》。三部曲，以申府三代奇女子对于天香园绣的血肉相连的关系，相续相生地展开情节，其难度恐高于《红楼》之以宝玉钗黛关系为经，层次也因此更为丰富。男子其实均为女子陪衬，也有《红楼》影子，然而并非水与泥之比这般简单，生活场景的细腻，自然也接武《红楼》，然而诸色事物均成天香园绣的底蕴，确为创新。一种淡淡的哀愁,是《天香》与《红楼》共有的基调,然旧燕在俗世之新生,又体现了您有别于《红楼》的历史文化解悟。我不能捧您为超越《红楼》,但承中有创,确非溢美。

语言很美,对近世文言的化用,自成一种雅丽而内含激情的风格,淡中腴,腴中淡,现在很少见到了,这就是文学。

一物二面,我以为尚有可改进之处。

主线:天香园绣的主线,我是读到第二部方明白的。第一部是场景最开阔的一部,涉及的文化部类尤多,有目不暇接之感。也许您本意是在为绣品作历史文化铺垫,这是必要的,然绣的成分薄弱了些,记得三分之二篇幅后方集中写绣。建议在一开始就要让读者知道——或明写或暗示——天香园绣是全书主线。从而使三部分呵成一气。私以为在第一部前三分之二,宜为绣预留一些点状的伏笔。看得出,您对于各文化部类都下过苦功,也因此写得很精彩,总体到位,但多少有些不忍割爱的意思。也因此读者于目不暇接中,可能会感到把握不住脉络。不是一定要割爱,然宜如百川归海,使一般读者也能感到绣与其他文化部类的关系。

人物,三代女子的命运遭际与绣血肉相连,且各有个性,各有解悟,共同创造了天香园绣这一"天工开物",写得有层次。然而也正因此宜尤其注意,因未设一二位贯串终始的人物,而容易产生的文章的断裂感。希昭,在您的设计中是一个承上启下的人物,但登场晚了点。是否可考虑在保持三代女子的基本格局的同时,让某一位角色贯穿始终呢?从现有格局看,柯海应是较合适的人选。柯海实际成了第一部的主角,抢过所有女性,但第二部起就基本出局了,有点可惜——相对而言,书中男子的形象不及女子,有的走马灯似地匆匆上场下场,也许在您的设计中他们都是奇女子的陪衬——柯海是所有男子中着墨最多,也较成功的男性,尤其是他最能体现明中后期的士风。是否可让他成为天香园绣史的一位见证人呢,这样第一部与第二、三部的联系也会紧密起来。须知第一部与后二部多少存在的脱节，是大作结构上最须细加考虑弥补的缺陷。又，柯镇兄弟的异路，是第一部的大量笔墨，或许是印证您的空有虚实观念，也成为绣的双重气质的底蕴，但如何与主线勾连是个问题。第二部的阿潜，第三部的阿嘞，在您都或有与三代女子并行，以见风气人性之演变关系，但感到其间关系略逊于女子系列，至于其他历史人物的出场与主线的关系，展开似尚不够，要融成一幅完整的历史文化画卷，尚待继续加工。全书仅 20 多万字，似可加数万字，使过于仓促处丰满些。

语言方面的小疵，前已多次提到，不赘。有一点很可贵，语言的历史感。今世作家多以时尚为转移，而您转向历史语言，汲取营养，以丰富您的当代书面语，从而有一种他人不备的韵味。这是五四后作家的优良传统，今日复见于此，令人欣慰。

上海河道、街坊的地理位置或有出入，最好再实地走一遍。我少年时生长于南市，较熟悉，您的描述，引起我不少真切的回忆，故很享受。下周如有空，我可陪您再去走一遭，应当有用。

真实史事要再核对一遍，以免出错。

《收获》刊载后，建议您再花二三个月修订完善，然后再出书，以臻完美。

好了，看人挑担不吃力，信口雌黄，佛头着粪，望勿见责。能挑王安忆的刺，对我也是一种荣幸。

预祝

完满成功！

昌平

2010.12.28

（本文原载于《世纪》2020 年 5 月）

赵昌平谈《天香》:天香·史感·诗境

　　月来,颇惶惑于被"闻名"。十数报人、数十友人频频来询王安忆的《天香》如何如何。我不知天香园主对老记们说了什么,也无意去翻检寻索,便只有"嗯哈"以对。然而,好奇者依然不绝,因此拟借"《笔会》"一隅,为"被闻"的尴尬作一了断,也顺势为《天香》贸然导读。

　　误会不少,择要略辨。

　　一是问我与安忆就《天香》之写作讨论过什么。岂敢,岂敢!其实直至见到文稿前,我只知她在写明代小说,连"天香"的名目都不晓,遑论其他。偶尔,园主会屈尊纡贵电询某一文史问题。我能答即答,暂不能则查了再答,所以也就是打打小工而已,而且是临时工。

　　由此便有误会之二,似乎摇身一变,自己成了明史专家。要说我的专攻,是在唐代,宋已勉强,明清最是弱项。习惯上,我从不承应力不胜任之事,这次也是"逼上梁山"。原来多年前,我曾向安忆要约此稿,然而阴错阳差,终于花落他家。我若拒审,便有负气之嫌,不仗义。曾经的,我推荐过熟悉明代掌故的胜任者,但园主偏执拗于一客不烦二主,便只能承乏"捉捉白虮",今见台湾版《天香》,尚有捉而未尽处。有我漏看者,亦有业已捉得,不知何故还恋香顽固地趴在那儿者。不禁汗颜。

　　更有一说,谓我以为《天香》"不好看"。这话儿倒是听安忆催审时说起过。要说第一部审得慢，是事实，却与好看与否无涉。当时我诸事丛集，准备赴港学术研讨论文更急如燃眉，便拖了下来。"不好看"云云，实在是园主的激将法。

《天香》是好看的，好看有种种：有直截痛快，催人歌哭者；有曲折明灭，引人入彀者。《天香》的好看如其书名，是那种疏枝横斜，暗香浮动，耐人寻味的好看。

我读《天香》，第一印象是一种依微的亲切感，一种意外的惊诧感。拜托了开放以前，中国社会进展的迟滞，我少年旧居处，也就是《天香》的核心区域上海旧城，至上世纪五六十年代，尚留有诸多明清以来的遗痕，而直到那时，我家又恰恰还是个近三十口聚族而居的旧式大家庭。尽管晚清以降，每下愈况，早已败落从商，然而"天香式"的流风遗韵，多少还见识了一时。盛时风华，固然仅存于祖父如梦的忆说与同样如梦的数帧泛黄旧照。然而，诸如祭祖时影堂的悬张，年节中礼仪的繁多；厅堂长台的陈设次第，红白喜事的跪叩程式；沉香阁晨的头香，九曲桥晚的放生；乃至子弟谨放，妇姑勃谿，般般尘封了半个世纪的片断印象，都因由《天香》而意外地跃然目前，且因意外，转生惊诧。都说《天香》宛然《红楼梦》，但在我看来，则是三分神似，七分有异。这异，首先便是红楼梦主笔下均为身历目睹，而天香园主恐怕连我那些一鳞半爪的记忆都无有，却何以能如此细微地再现四百年前的种种细节，乃至由此浮现的身历其境般的细缊。因着古籍整理的训练，我粗粗留意了一下小说的资料来源，估计所涉旧籍不下三百之数。除作为一般修养的四部要籍外，尤可瞩目的是：由宋及明多种野史、杂史，人、怪、科、农各式笔记专著，文房、针绣诸多专史、谱录，府县、山寺种种地乘方志，至于诗话、词话、书史、画史，花木虫鱼，清言、清供，则触处可见；而于正史，常人不会留意的专志，如地理、河渠，选举、职官，乃至食货、五行，都有涉猎。譬如书中海瑞的仕历官称，我曾核以《明史》，均切合无讹。不知读者是否留意，《红楼梦》全书，绝无确切年份，连大观园的地属也不明南北，赚得后人无数的索隐笔墨；而《天香》之大关节均标实地实时，淞、嘉、苏、杭，嘉靖三十八年、万历二十八年，且唤起一应真人活动其间：张居正、归有光、海瑞、赵文华、徐光启、利玛窦……弄文者均知，虚易实难，一落实处，便须经得住索核推敲。于是我恍悟，安忆是逼着自己真正沉潜下去，再浮游上来，从而逆溯体悟，为自己编织了一张千丝万缕、五光十色的情境之网。这正应了诗学所谓身处境中，以心击境而了然掌中。

"天香"之名，取自王沂孙词作《天香》，王氏本源于有"七宝楼台"之称的吴文英一脉。七宝楼台拆下来不成片断，然而似乎不成片断的件件般般，经由诗心的"焊合"，便成为光彩炫目的珍奇。这无形的"焊料"，即西人所称的"肌质联系"，吾土所谓"意脉"或称"义脉"。源于心境泊然凑合而生的意兴，流衍于一诗所含物象之下，是谓意脉；意脉既使物象升华为意象，又使散在的意象因着意脉的肌质联系，生成"外文绮交，内义脉注"的诗歌（美文）文本，并从中散衍为"风律外彰，体德内蕴"的诗学境界。因此七宝楼台之喻，可谓中国古典诗学创作经验之象喻，而小说采"天香"为书名，庶几无愧。

不必炫目于小说令人目不暇接而近乎细碎的一幅幅生活场景——造园、莳花、弄糯、制墨……也不必纳闷于其中看似与绣品无关的城市生态、历史事件的或繁或简的铺展——里巷河桥、水旱灾异、兵祸倭难……随着书中人的喜怒悲欢，以上两组笔墨都鲜活起来，构成了以天香园绣为核心，两重交叠的历史文化光晕。请尤其注意，直至第一部十一章，作者方让全书的核心物件"绣阁"正式登场，而至此，第一部中三位开创天香绣的不同背景的女性——翰墨世家、能书善画的徐氏小绸，盐商家庭而自幼蚕桑的计氏蚕娘，以及来自姑苏、织造贡品的机户女闵氏，在历经女人间以及女人与男人间种种感情纠葛后，终于集力于绣阁。而伴随她们的明代苏淞一线，雅与俗、艺与技，种种书香墨韵、花气琴音，也一总"聚精会神"于绣品之上,且更衍散为后三十一回环绕绣品的新一轮种种历史文化场景,更烘云托月般拥出天香园绣第二、第三代传人:来自南宋大都杭城,官宦世家而又有逸士之风的才女沈希昭,是她为天香绣注入了又一种文化元素,并开创了天香绣画;外家为沪上名园主人彭氏,却又下嫁中产,终使天香绣越户出墙的申蕙兰,由她开始,绣阁移幔,遍地莲花。围绕主线三代女传人的申府男丁们,其实为核心绣品与两重历史文化光晕的洇融,起着无形的作用。譬如那位贯串全书,才子而颇纨绔的申柯海,与他的父亲申明世,二代相继,不仅为天香园的由雅窥俗始作俑,更牵丝扳藤带出一班历史名流。如果将第一部中刚正不阿而近于迂的海瑞、执拗科名却更悯今悲古的老名士归有光,与二、三部中开中西交通风气的徐光启、灵性却又世浊的新名士香光居士对读,便可见出他们构成了天香绣跌宕运命的历史底色。对读应是品味《天香》的方便法门,沪上白鹤村的田园风光与后来苏州河的桅樯林立应对读,沪苏杭三城的格局风光应对读,甚至人物的命名也可对读:以"明世"与他谨重的兄长"儒世"对读,则知传统的儒门已到了不得不明达通变的时候了;以"柯海"与他最后遁入空门的胞弟"镇海"对读,仿佛可感这海潮大势,镇也镇不住也,恰如一"柯"浮"海"而通天河织女机石的故事,在预兆园绣诞生的同时,暗示了旧家族蜕变的迷茫。"小绸"、"蚕娘",当然是为绣阁伏脉,而阿昉、阿暆,这两个名字有点僻,昉为新日始出之意义,暆为日头西倾、斜光迤然之义,这两位申府后辈,在天香绣后半命运中起到了"名"副其实的作用,园主在二、三部中分别给了她们一个专章《亨菽》、《阿暆》,上应《绣阁》,这两章同样起着关键的作用。不能不一提的是书中着墨最多的花卉——莲荷。起始,盛世气象时的"一夜莲花"、"香云海"写的是莲;全书结末,品评行书绣屏《昼锦堂记》的八个字是"字字是莲,莲花遍地"。莲盛莲落,而又化身千亿,这类颇有形上意味的暗喻以及随情节展开同样形上的论议,又都当与形下的生活描叙对看,其间有意无意地漏洩着园主的史感或称史识——当着王谢堂燕,飞落寻常之时,正是薪尽火传,绝处重生之际。这重生的形态,恰如阿晞生母村姑"落苏"的名字;这重生的伟力,又如小说对于上海发祥地广富林的描绘,是一种虽经尘埋,却依然"蛰伏","不防备间"便"随时随地"破土而出的"蛮横"生力。对于这蛮横的生力,含蓄的天香园主又作何感想呢?她未曾说破。然而由全书多藉声光影息而营造的空灵氛围,参以作星状散布的同样空灵的暗喻论议,我们能感到一种半是企盼,半是哀惋的基调——带着又一种不可言说的无常之叹、轮回之感。这些使小说形成了诗学所称"多重意"的境界。

至此,我们可以扪摸到《天香》之于《红楼梦》的又一层同中之异。虽然浓淡有异,而感伤于美丽的旧传统即将逝去的哀美基调是共通的。然而《红楼梦》执定于一个"衰"字,而《天香》则更渴欲把握住一种似蚕化蛹,又破壳重生的由"衰"而"兴"。也因此,在《天香》淡淡的哀美感中更自始至终跳脱着一息活泼泼的亮丽。与此相应,细腻地再现生活场景的网状结构,二者虽也相通,然而天香借镜西洋小说精髓处也在在可见。比如变宝、黛、钗三人之一线贯穿,为三代传人之三部曲;又比如扩展巴尔扎克《人间喜剧》系列的大段城市生态铺叙为两重历史文化光晕,以及由此而来的关键章节的设置:这些都可以见出天香园主企望在结构上融通中西而自创新局的努力。安忆曾说:"结构的乐趣,还在于将复杂的过程简单化,这种单纯的性质就是文雅。"(《雅致的结构》)又说:"简单恐怕是最难做到的,平白的人情之常里,集合起可使事物变形的能量。"(《翻译〈蛇〉》)我想《天香》就是这一创作理念的成功践行,简洁中的雅致,或许还应加上一句:由此而来的"凡近中的疏朗",是《天香》结构统系的主要特色。至此,当可回答某报人的一个疑问:在晚明时代,取露香园顾绣为创作素材,是否狭小了些。我看安忆已作了回答,在此一看似不大的题材中,她已"集合起可使事物变形的能量"。

　　与结构统系之简单中的雅致、凡近中的疏朗相应,天香的描述语言似乎总在追求一种细腻却又简洁的风格。简洁趋略,细腻易繁,统一两者,洵非易事,而《天香》做到了。这部分由于借鉴了《红楼》的语言风格,且变后者之浅切文言为白话中融入文言韵致;然而更主要的,恐得力于安忆的诗学体悟。"山中一夜雨,树杪百重泉";"雨中黄叶树,灯下白头人";"马上相逢无纸笔,凭君传语报平安";这类以白描式的语言写出人人可遇而难道的物境、情境、心境的作品,方是诗家的上乘境界。这需要作者具有双重的敏感:感受、描述物件当下形态之气韵的敏感,选择最富表现力的言语以使心境密合无间的敏感。同是水景,请品味"香云海赏灯"、"水榭听歌"二节不同的光影色调;同是针绣,请玩赏闵女儿瓣丝、申蕙兰瓣发的不同心境情态。柯海与不同出身、不同地位的妻妾小绸、闵氏之新婚闺趣,自是不侔;而同为姜室,闵氏之与村姑小桃、落苏,更以各自的个性相映相衬。当天香园主以其偏爱的多层次、短句节来表现这种种异中同、同中异时,又每每依对象特点,变化着疏密,互节着短长,从而在历落音声中带动了种种色彩声光,凸现出一幅幅鲜活有致的生活场景——细腻而不繁缛,简洁而又灵动。对于叙述语言的简省,安忆有时到了匪夷所思的地步,如云"有个稀客,是从扬州过来的,在那二十四桥、四百八十寺的眼睛里,上海再怎么着的胜景,也不过是些雕虫小技"。不必以"在那"之句为有语病,细味一下,唯其省去了"在那"后一般应有的"看过"二字,那扬客的眼睛方才传神。要之,简洁的语言正是使细腻的描述跳脱着清新风致的金针。这当是《天香》与优雅舒徐的《红楼梦》,语言风格上的同中之异。

　　《文心雕龙·神思》举"驭文之首术,谋篇之大端"有云:"玄解之宰,寻声律而定墨;独照之匠,窥意象而运斤。"意谓兼具解义(意)观照(象)作用的作者之心性,可如大匠定墨运斤般,将心物之交感,转化为意辞之互摄,从而以意生象,以象达意而密合无间。正是慧心对于物、对于言的双重敏感,催生了《天香》诗化的、富于肌质联系的一幅幅气韵生动的生活与历史文化画面,而她的史感——颇为含蓄的意旨,也隐然跃动于其中了。

　　最后想对在读的研究生提个建议。近代以降,对于物与言的双重敏感,可称是优秀女作家的一种文化传统,吕碧城、林徽因、谢冰心、张爱玲,莫不如此,愿安忆们能后来居上。如果能对这一系列作一综合研究,应当是学位论文的好选题,有谁愿意承担呢?

　　　　　　　　　　(本文刊于 2011 年 5 月 3 日《文汇报·笔会》,
　　　　　　　　　　系赵昌平在《天香》出版后写下的长篇导读)

超越纪念碑的和平饭店

读罢《成为和平饭店》，便感到手头这篇评述的产生，将伴随着长长的"阵痛"。然而感觉是如此新鲜而充满期盼，一种渴欲穿透的期盼。陈丹燕以感知层累而丰富的历史细节来还原历史的创作，似乎不尽止于"还原"，而她沉浸于浩繁的中西文资料，游巡于那座金字塔般的"纪念碑"内，伴随着无数幻影，甚至魅影所编织的这部流动着的历史，又绝非泾渭分明般的昨与今、白与黑、中与西、是与非；甚至那色调也是沉郁中的明丽、明丽中的沉郁之眩目纠结。企望于章节标题找到它的内在逻辑，则必将徒劳。勺子、桂花酒、传真、毡帽、私人生活，五章小说体的叙事，间隔着两两为伍伴图散文体的《纪念碑》四章，使我想起玉谿生的《锦瑟》——别一种的无题。我所面对的似乎不是小说，而是一幅现代派绘画。遍布着暗喻的章节如同内含无数小色块的大色群，块然独立；由层出不穷的交叉、叠合、错置、穿越构成的叙事形态，又有似画面看来凌乱无序的线条。然而我知道，举凡现代派的创作，那貌似散漫的色块间必存在种种富含生命涌动的张力；而看似无序的线条则指示着散在的张力之辐辏汇聚。清理其叙事形态中隐然的意脉，在感觉其语言组织肌质联系的同时，体悟内含的意旨，应是有助于读者的解读方法。好在丹燕已给出了进入迷宫的钥匙。

以一种大饭店的单纯的、见多识广的方式，勾连与证明一个个沧海桑田的时代，这是任何一座单纯的纪念碑都无法比肩的丰富与生动。

　　这是和平饭店存在的理由。（第73页）

　　结合本书后记所说非虚构小说着眼于活动在书中的人物之"内心世界与外界的联系"；《唯美主义者的舞蹈·后记》所称"一个人的'阅历'，看似只是接受命运，其实也是'出身'与'时代'在这个人身上的'无穷变奏'"，可以窥见所谓非虚构小说的美学哲学意识。

　　作为占据一定空间的物件，丹燕认为，它之所以"存在"，并非因为它封闭的躯壳，而是由于其中"开放"地涌动着以"活动"着的人的内心感知为核心内涵的时间流。每一时段所构成的一个个特殊空间前后勾连，互相证明，遂形成以色色人等之心理感知为本质的生生不已的历史，亦即"出身"与"时代"在一个人，也是世代相继的人身上的无穷变奏。和平饭店正是以这种上海百年沧桑中最为见多识广、最为开放的不单纯阅历，而具备上海近现代史"纪念碑"的意义。

　　以上相通于"空间美学"的意识，又与"发生认识论"暗合。发生认识论认为，儿童在七八岁时，由孩提时期朦胧印象所形成的初始认识图式，在"活动"中投射于客体，又接受客体的信息反馈而在解构中重新建构。这一过程循环不已，人的认识图式，便处于不间断的"活动建构"中。一个人如此，一个民族也如此。因此后一时段的认识图式虽是发展，而同时也是对前此时段认识图式的解构与建构同步的新的发生；自然又都指向那个初始图式——如同丹燕所体悟的"出身"与"时代"在一个人（一系列人同理）身上的无穷变奏一般。我想这也是她的书名何以要在"和平饭店"前冠以看似突兀的"成为"二字，何以要以叠合、穿越等手法来唤醒历史记忆，还原历史本真的用意所自。执此，以空间中的时间意识为关键，再来读这部小说，兴许会有"白云回望合，青霭入看无"的愉悦。

　　不妨暂且放下散文体的四章。先对尤其扑朔迷离的小说体五章的意脉作清理。因着前者两两为伍的间隔,这五章形成三个板块,首章《勺子》、次章《桂花酒》为第一板块。

首章的追忆,以 2011,亦即"当下"某日下午为展开的时间节点,以饭店大堂一侧的咖啡座——标志性构件之一为核心场景,而清咖的白色汽雾似乎在传递着梦思。"上海市每一位重要人物,总有一天会推开那座黄铜旋转门,进入大堂",今天,三组人物于此陷入沉思,依次为:

三个黑衣人——夏工之与她的母亲,妹妹雨中送丧后,来此重温六十年前的旧梦。1952 年"五反"运动,上海 303 位重量级的工商业者在这间咖啡座交待"五毒"。这段历史现被视为新民主主义革命向社会主义革命转折的标志,在民主革命中壮大起来的中国第一代民族资本家至此已注定衰亡,似同夏父——303 之一之每下愈况。夏家的追忆,因着父丧,不免如雨天般暗淡,尽管大修后的大堂分外富丽。然而工之的忆念又并非一片灰色。"MASKEE",他对着 303 之首荣毅仁的影像,喃喃着这个三十年代体现上海精神的流行语,意思是"没关系","希望在明天"。这是荣氏多色调影像的主色调,藉此,他在重大历史转折关头,做出了沉毅果决的选择,不仅过了关,而且由此引领了荣家八十年代的重新崛起,成为新一代民营资本的领军者——历史似乎在循环中上升。应当注意,华懋——和平饭店四代沙逊的翘楚,第四任大班第三代人的维克多,因同样饱历沧桑的果毅,同样历史系出身而融合中西的敏锐历史嗅觉,在此与荣氏相提并论,这一伏笔的用意将由后文展开。而"勺子",则在章末以夏家孩子衔着银勺落地,而今它已发黑且留有噬痕的形态终于出现以点题,其暗喻的内涵,不难明白。

孟建新,首章第二组人物之中心,一位南下干部出身,在经济起飞年代成长起来的上海史、沙逊家族史专家。因着对已故导师的追思,同时被勾起的历史影像自然在四代沙逊;然而重点却非雄桀的维克多。也许同样由于阴雨,他看到了由自由而颓废的三任大班四代沙逊——"将人生视作一场无尽的晚宴"的阴鸷的艾格乃尔德,他最终死于赛马,也许是自杀;这影像应当是为维克多在后文亮相作着铺垫。已经成为国际学者的孟建新迥出同侪,然而他那幻觉中的"鸦片烟味"却意味深长。"一切历史都是现代史",这一听惯了的观点,在此被沉沉提起,又轻轻搁下。这同样须在后文来修正补充。

西蒙,第三组人物的中心,德裔旅英历史学家,上世纪"七十年代"欧洲左翼学生运动的中坚。1972年,因着对"文革"的东方幻想来到中国,入住"和平",然而要人王洪文温文而其实草根的接待,引发了他堕入后数十年的幻灭的痛苦——纠结着对自己祖国战后初期缺乏反思的愤懑。在《莉莉·玛莲》——一首二战中德国流行曲,它奇怪地在中国出现——享受毁灭般的优雅而缠绵的旋律中,西蒙与那位面无表情的日本女子的舞蹈美轮美奂,他渴欲以舞后的一次酣畅的性爱与那女子一起了断那种幻灭感,而从后文我们会看到了断的希望。

三组人物的活动,各成线索,似乎杳不相关,然而不仅新修大堂的分外华丽与屋外淅沥雨声的反差为之营造了同一的缊缊,错落的叙事方法又在暗示着某种肌质联系,而且若不经意的"闲笔"在有意无意地将它们团捏起来:勾连夏、孟的是各自手中那杯清咖的淡白汽雾;孟氏落座时眼梢间西蒙与日本女性惊鸿一瞥的舞影,以及两人为国际学术同行,又为二、三两线的衔接伏脉;而二人终于接谈,偶然瞥见三个黑衣人,则在章末为三组人物收缩。

值得玩味的是,首章影写的饭店那段历史是线索一(夏氏)与线索三(西氏)所呈现的上世纪五十至七十年代,然而为何中间横亘着线索二孟建新关于沙逊家属与自身学术背景的粗线条记忆?我想这是因为专攻沙逊家属史——它与上海史始终纠结——的孟建新,在小说体五章的设计中,是"纪念碑"百年沧桑之贯串始终的审度者,当然在他背后还游荡着另一位连审度者一并审度的陈丹燕。于是整部小说的底色、叙事方式、历史问题意识都在首章层出不穷的暗喻中初露峥嵘却引而不发,等待着后文的展开。

《桂花酒》,二章初看又与首章杳不相关。核心场景跳到饭店又一标志性构件马与猎犬酒吧,后来的爵士乐队酒吧,自然,融和着酒色的爵士乐声是此章艺术化的缊缊;而时间则跳回"2007",此时此地活动的人物,现实的,影像的,除了饭店永远抹不去的沙逊家属外,似乎完全换了一班。然而细味会发现,酒吧与咖啡店在大堂的位置正左右对称;串连此章的人物——七十年代末入行的侍应生阿四,连带着乃父饭店大厨及一众同仁,与首章303位资产者,过去视为矛盾对立面,现在则称作"社会共同体",彼此映衬;而时间2007——上章2011的四年后,在首章已由孟氏有关"四年前"的一闪忆念伏线。那位审度者在哪里? 这谜底要到后文才明朗;不过首章后消失了的夏氏,在此却留有一抹投影,"五反"前夕离开大陆,八十年代始由香港回沪探亲的夏先生,应是夏工之的堂兄弟,他与阿四关于饭店特色饮品"和平饭店鸡尾酒"成分的讨论,成为贯串全章的暗喻。

这一代员工神情略显懈怠而又秉承了大厨那一代周至的制式服务,这应是两个五十来年,华懋时期与国营和平饭店时期企业精神纠结的投影。他们有着一同于前辈的作为大饭店一员的由衷自豪,却因着这古董酒店一隅永在的维克多肖像之强大气场,有一种魅影时现的恐惧,而我们知道,恐惧与敬畏本是兄弟且孪生。阿四因乃父的熏陶,是这一代的佼佼者,她托着和平饭店鸡尾酒,勾连起本章又一组人物,呈现开放气象的英语文学节之海外作家群。应和着移植自原英属殖民地菲律宾的爵士乐声,他们关于"后殖民文化"的讨论,应是上章荣、沙并论历史意象的初步深化。新一代冒险家强生虽娶了中国太太,血液里却始终留存着前殖民者强势霸道的因子。女作家乔伊,西蒙旅英时的室友而出身南亚,后殖民文学的代表人物。她对于强生的作派,憎恨而又纠结着一种爱意;

在由此而勾起的与红发男子性爱的影像中,她弗洛伊德式地感到,对方是在征服,自己也终于征服对方,别一种融和中的征服。这使我想起黑格尔以主奴关系为喻对宗主国与殖民地文化冲突的阐述,不过乔伊的感受已经消解了这位老人欧洲中心论的痼疾,而透视出后殖民文化渴望自立的冲动。于是和平饭店鸡尾酒的暗喻意义浮现出来了:威士忌是其底料,不过当下已由传统的苏格兰黑方换成了四朵玫瑰标识的美国货,如同影响中国的西方文化主流,已由欧洲转化为美国;然而那散发着江南清新韵味的桂花酒,是其中永恒的成分。从未创新的阿四创新了,她加重了桂花酒的分量,却又加了点樱桃甜酒,还缀上个鲜艳的红樱桃。尤其对于后者,夏先生与乔伊感到“太甜”,只有夏的友侣,永远时髦的爱丽丝好生喜欢。强生说后殖民地人民在全球化时代还对海事时代念念不忘,这是当今世界最大的时差;乔伊则认为,总是飞奔着企图追赶抹煞一切地域性的世界潮流,是后殖民文化的真正不幸。这杯新创的鸡尾酒关切着两者且抟合了一、二章的问题意识,其深含的文化意蕴将在后文逐次展开。

跳过三、四章《纪念碑》一、二,五章《传真》、六章《毡帽》构成叙事的第二板块。场景又移步换形至饭店的核心构件:餐厅龙凤厅、舞厅和平厅。代表“上海 DECO”的契丹风格纹样被反复描述,成为在此举办过的两次盛宴后狂舞的共同背景。勾连 1991 与 1935 这两次舞会的正是那位似乎“久违”了的审度者孟建新。他在 2007 年的那个下午,叠合着两次舞会的影像,展开着乔伊们的论题,也回溯着自己认识图式的初成与深化——原来《桂花酒》中,他也潜在地在场。

由威廉姆森先生发起的 1991 年“贝拉·维斯塔”——这名称上章已由乔伊提及——主题舞会,几乎克隆着 1935,在《传真》章中,它是实写。季晓晓,九十年代的实习员工,上承阿四为此章开场,她的师长董经理、总经理们,在使西蒙感到幻灭的“文革”时期,保护了饭店免遭浩劫;而现在三代人一起于国营饭店举步维艰之际,果断承办了那场当时担着风险的舞宴,不仅破天荒地在四天中创汇百万美元,而且因为尘封近半世纪的历史记忆被终于唤醒,而使饭店在两年后成为唯一厕列于"世界100家最著名酒店"的中国饭店。"传真"虽是季、威为筹备1991舞宴的商务传真,却又双关着1935对1991"唤醒"意味的历史传真。请注意,这1935呼应着首章线索二,孟氏对于沙氏的回忆;1991则是首章线索一、三,夏氏、西氏关于五十与七十年代中国印象时间上的延展,内涵上的演进;而1991对1935的叠合,则回溯了《桂花酒》章开放气象的由来,而同样意味着"唤醒"。

舞会次日清晨,依然舞妆,风魔了的500海外客被外滩晨练太极的上海市民平静接受,那段中西交汇的街头狂舞,暗喻着城市又一个"真正强劲的文化多元时期"那时已经到来。不过六章《毡帽》开头的这段描叙,已是2007饭店房客孟建新的历史影像。由此,他更被勾起对于另一幅外滩狂欢景象的追忆。1985年,中学生孟建新参与了电影《太阳帝国》的拍摄,他与英国儿童杰米扮演着在外滩欢庆1945抗战胜利的中外流浪儿。当一顶带着气味的旧毡帽扣到热烘烘的头上时,他感到"穿过了简单的少年时代,回溯到了前世"。顿悟般地,他对于历史的初始认识图式"开始萌芽",因着他前世的"血缘"(出身)——一个山东平民而49年接管华懋的南下干部;缘着他的时代——世界反法西斯战争的胜利,中西共庆于上海。后续的小说叙事,便在他始于这"萌芽",纠结着血缘立场与时代冲击的历史意识中展开。而2007这天下午,他那叠合着对1991、1935两次舞会丰满感受的历史再考量,应是他认识图式在内心——外界对流中的又一次活动建构,并展示了当下一位不俗的中国史学家对《桂花酒》中开始的,关于"后殖民(半殖民)文化"讨论的时代纠结,同时又以血缘立场发展了"一切历史都是现代史"的陈熟论点。

　　在如影随形的 1991 舞会影像的陪衬中,维克多·沙逊终于惊世骇俗地登场。在他举办的 1935"魔术师"舞会上,醉心于在殖民地虚拟起封闭的百年不变的英式上流社会的绅士、夫人们,是他的"粗俗"——鹤立鸡群的又一次反衬。在他对前者专横而揶揄的神情中,2007 的审度者,竟看出了与后来荣毅仁上海精神呼应着的"上海表情"。他既乐与本地精英,又对入侵日军以英式的嘲弄,表达了与上海人的同仇敌忾;他的家族在上海已四代,甚至比审度者还多了一代;在准确地预见到战争的发展与结局——胜利后的中国人决不会邀请外人共管后,他同样做出了重大的历史抉择,撤资上海,移居拿骚,却又不无深情地保留了华懋这座纪念碑。孟建新又一次在直观历史细节中还原历史,尽管鸦片烟味仍挥之不去,他却乔伊式地在憎恨中感到了一种隐隐的喜欢。他终于称他为"上海这座城市养育的世界公民","维克多一代的上海人"……

　　"贝拉·维斯塔死了,和平饭店万岁",澳洲新南威尔士大学的里奥教授如是说;"我被经历了'文化大革命'后又可以自由自在表现自己意识的人民所深深打动",澳大利亚专栏作家利奥又如是说。这是 1991 寻梦舞会参与者,两位后殖民文化人对上海进入又一个强劲而文化多元时代的新鲜感受。从里奥"后嬉皮士时代"的装束中,我想他应是以硅谷人士为典型的波波族——波西米亚式的布尔乔亚——当代西方知识精英。他们尼采式地由反思市民社会的颓废中,企望在自由生活的同时,寻找精神回归——在尼采,是古希腊精神;在里奥们,寄望于起飞的当代中国。西蒙五十年代的寻梦中国,在新的时代被积极地呼应——历史在又一次地循环上升,而孟建新则对其中"中国中心说"的影响有所警省。回忆着女作家瑟金特在和平饭店面江铸铁窗前闻到的是永远的臭味,孟氏想,这似乎应与自己闻到的"鸦片烟味"互补,于是他对北来的青年记者戏称,自己许是外滩前身李家坟场的鬼魂——他其实在开始质疑自己的血缘史观。

　　纠结的孟建新，又跳过两章一组的《纪念碑》三、四，进入了小说体最后一个板块，第九章《私人生活》，这本是那位由首章起便时时一闪的"有一点点哲学化，实际而缺乏理想的资产阶级剧作家"尼尔·考沃德，1929年，在华懋七楼一个套间写下的剧本名。它在西方长演不衰，是对市民社会至今颓靡的暗喻。2007孟建新入住的正是那套间。孟太琪琪，在首章2011那个下午，已由孟氏一闪的"四年前"记忆伏脉。现在考沃德的《私人生活》，自然成为孟氏伉俪"私人生活"的历史影像——在国营饭店大修前，设备破旧与昔日华丽对照的氛围中。不必惊诧于此章中有些大胆的性描写，这本是考察大饭店流动的历史必要的有机成分，而读下去便更会明白，这描写是又一个内涵弗洛伊德肌理的精神暗喻。

　　经过中午贾勇而依然勉强的性事后，孟氏来到正举办英语文学节的咖啡座蜷缩一隅，如同《私人生活》中依恋前妻却急急逃避的艾略特。前二板块闪现过的种种影像，重要似维克多，细小如桂花酒，此时都以相承或相反的方式纷至沓来，这使本已虚弱的史学家更加烦乱而敏感。似乎渴欲"西蒙"般地与自己纠结的思绪"崩裂"，他看到了"三反"过左政策的擘画者顾准从大堂掠过，顾准终因"阅历"而告别过去，成为"社会主义市场经济"最早的拟想者；这应当是作者对孟氏史观逻辑发展期盼式的暗喻——"融合才是绝对的准确"，他别出于"将本土意识提高到绝对正确高度"的流行观念如是想，而不满于"权威"地为孩子们导游和平饭店的强生，这清醒的想法，又伴随着引发哮喘的鸦片烟味……

　　不过作者的期待，已由真正强健而开朗的琪琪含蓄展现。对于丈夫身体与精神的欠强健，她不满而充满爱怜——"这是一个阳痿的历史学家在工作呀"，由这声暗喻性的叹息开始，琪琪的现实活动，便跳跃于孟氏纠结的影像之间。她邂逅了犹太人哈恩一家，他们当是《毡帽》章中那位与维克多同样不群的埃来莉·哈恩的后裔。两代人都喜欢中国人，不过三十年代埃来莉专注于俊朗高大的中国男士；而新世纪的哈恩夫妇则领养了一个失怙的中国女孩，这次又不远万里带着孩子由美国到中国寻根，处处流露出真情的关爱。然而他们是否完全理解这孩子的心理创伤呢？叙事基本结束于回应首章的一把"勺子"。女孩想藏起一把饭店的勺子，羞愧而痛哭的哈恩太太无意间流露出对这细故的血缘立场——"正是没理由呀，好像一种本能"，这似乎暗喻着：如同中国对西方，西方人对中国人文化基因的真正理解，也仍有长长的一段路要走。琪琪则"从未感到过小女孩要带走这把勺子"，她只是感动地安慰着那位善良的太太"一切都会好起来，以它自己的方式与规律"，自己也流下了泪……

没有篇幅再详析"隔断"小说体三板块的散文体四章了，仅提挈如次：它们不仅丰富着小说体未尽的历史细节，更与后者在结构上互动而圆融，每两章《纪念碑》，大致上前章承前，后章启后；在历史意识上互补与深化，"彼岸的陆家嘴金融区，是此岸外滩的儿子"，第93页这句伴图文便是这类点睛之笔。请尤其注意这四章的时间节点。一、四两章都是总揽性的抒写，而前者提示着饭店过往的时代，后者则思索着2011年大修后饭店与时代的未来走向。而居中的二章则分写2007前三次、2011一次作者巡礼和平饭店的感受。请排比一下，便可见出与小说体五章的时间序列正相一致。至此，我们可以对这幅"现代派绘画"的脉理与归趣作结了。

小说对和平饭店百年沧桑的追忆，其立足点恰恰是2007—2011的当下。当时饭店将由国际集团管理，并进行现代化改造，由此引发了作者的"问题意识"——现代化情境下的中国文化走向。

也因此，在小说体与散文体间隔的表层文体形态下更流贯着一条史论性的意脉。史学家孟建新那缘于出身，应于时代的心理变奏成为吸纳百年影像，展开叙事抒情议论的一个个焦点的连线。而作者则对于审度者的意识作着朝向未来的再审度。以"后殖民（半殖民）文化"为透视点，深藏于小说体三板块的观念：一切历史都是现代史——是基于血缘立场的现代史——对血缘立场的再思考,结束于身心更健全比史学家更敏感的琪琪。作者其实提出了这样一个关乎上海文化今后发展的史观问题:鸦片烟味确然是历史事实,丹燕在书展讲座中自承也经常闻到。然而在全球化情境下,我们是否可以更强健宽阔的体魄胸怀,将"中西文化的融合",由注重包括技术的物质层面,提升到更注重创造这些物质的精神层面上的有益成分。维克多·沙逊可否视作建构上海历史的上海人的一分子,这个历史而又关乎未来的问题固然刺目,然而不仅"上海每一个重要人物,都总有一天会推开这座黄铜旋转门,进入大堂",上海市民哪一家,又不将外滩作为外地亲友游沪,甚至先于城隍庙的第一选择来推荐。简单的生活现象,也许指示着纠结的理论问题之解决方向。小说末"肚脐"——它是连结母体的脐带的遗痕——小说的最后一个暗喻,对于挥之不去的原罪的鸦片烟味是否也可作"肚脐"观?"一切都会好起来,以它自己的方式和规律",丹燕对那悬而未决的前瞻性史观问题怀着美好的愿景。

历史文化的发生发展、解构建构之复杂性,历史观念更新与历史情感的纠结与待探讨性,由直观细节还原历史的创作思想,使丹燕毅然舍弃了"好像历史书"的本书初稿,而以八年心血,三易其稿,最后以现代派绘画风格的这部小说呈献于读者,其原因当在于此。可贵的是充满画面,由无数暗喻所撒落的"色块",以史识的发展为肌质联系,并借助前述细针密纳般隐然的呼应、伏线,融成了一个内含历史意识的文学言语统系,使我们似乎在扪摸这纪念碑的主要建筑构件、变幻绵缊、无数细节中,随着其中生生不已的人物,进入作者历史的更是前瞻的问题意识。因此,这部小说是历史的,更是文学的,是一个"有意味的形式",也当是丹燕文学历程中的一座"纪念碑"。

写到这里,不禁想起,丹燕的血缘立场又是什么呢?本书第220页无意中漏泄了天机——一个地道的早期共产党员,后供职于中波轮船公司的革命者之女。在忆旧的表层形态下,"和平饭店"
这座开放的纪念碑所透现的对重大问题的深切的现实关怀,也许
就是当下这个"真正强劲而又文化多元的时代"作用于作者以上双
重的血缘立场的心理变奏。由此,再读她从《上海的风花雪月》起
的上海题材系列创作,当会有新的感受。

(本文初稿由家属提供,其正式稿后发表于

《东方早报》2012 年 10 月 22 日)

我读《鄞变 1852》

长篇小说《鄞变 1852》以咸丰二年宁波三乡村民抗苛捐起事为题材，展开了一幅意味深长的历史画卷。

作者徐甡民是资深报人，著有史论著作、小说、电视剧本多种；而其纪实性中长篇小说，由于融入了报人之敏锐与史学家之严谨，更别具一格。两年前出版的长篇小说《大变局》，便是我所见到的辛亥题材的诸多历史小说中，功底深厚，颇为出色的一种。

本书是他的又一部纪实性历史小说。作者详尽地占有并深研相关资料，不仅有当事人所作的《镜湖自撰年谱》、宁波地方史丛刊《鄞州史丛》12 册等近代史料，更广取近人、今人所撰相关研究著作，内容涉及农民与当地"堕民"问题、民俗与土风问题、建筑与社会生活问题，以及晚清政、经、军事问题等。因此小说的历史思考颇为深沉，不为一般的事件框架所囿，而深入至民族性格的探究。作者以极其沉痛的笔触，着重揭示并追问的是这样一种近现代史上的民族性悲剧：先觉者舍身以为民请命，却为何终于为其所宝爱的民众所背弃？此种悲剧，在近代中国反复上演，鲁迅先生小说《药》中的"人血馒头"即其象喻；而本稿则以史诗性的笔法，正面展开了一幅幅真实可感的历史场景，于波澜壮阔中，印证并丰富了鲁迅先生的历史思考。

可贵的是，以上史识并非以理论形态出现，而是遵循了小说的文体特点，在情节展开、人物性格深化中隐隐地传达出自己的独到思考。小说中民、官两造的主角周祥千与段光清的性格冲突,是情节发展的主线,写得血肉丰满。周祥千身上混和着传统儒家的安身立命、守持仁义的观念和晚明以降心学影响下士人的倜傥不羁、童心不泯的意识。也因此当他误打误撞地被卷入民变事件后,便一直处于民与君、家与国、情理与法理的矛盾之中。同样因此,他既被动却又出色地导演了民变事件的一幕幕文场武戏,却又因关键时刻的犹豫寡断,而终致悲剧性的败局。段光清是颟顸贪腐的晚清官场中的佼佼者,鹤立鸡群,堪称能员干吏,他多思善谋,果决能断,然而也正以此,这位不无爱民护民情怀的县令,终于成为绞杀民变的策划者,民与君、家与国、情理与法理的矛盾,在他身上同样深刻存在,却由于立场有异,而以另一极的形态表现出来。读罢全稿,我感到周、段二人,同为不可多得的人才,如果在清明时代,他们应当会互敬互重,惺惺相惜——小说中也有意无意地透视了这一点——然而他们却终成敌对,舌锋剑影,这就不仅是性格冲突,而是际会使然,势所必至,是一种可叹可泣的时代性苦闷,初非邪正、黑白所能概。小说的其他人物也写得有声有色,如首义三雄中的另外两位:渔农出身的张潮青与盐贩俞能贵刚猛尚义虽相同,然而前者朴厚大气,后者剽悍而不乏匪气,则判然有别。而三乡族长之护犊执正,普通乡民之趋利避害,流氓无产者之见风使舵,各级文武之骄纵而色厉内荏,以及一应人物在事变进程各关键时刻的言行表现、心理活动,都写得在情在理,各契身份。因此,我对作者戏说,就小说的深层内涵而言,可当得一部"晚清中国城乡社会各阶层分析",而且是"个性化的分析"。

小说的布局与文笔也不错。民变过程数个回合的较量波澜起伏,又和天象气候的变化相融合;浙地颇多野趣的民情风俗,田畴景色参插其间,张弛之中,更有意无意地点拨着近世此地看似清轻的民风中,实潜流着一种古越的强悍。民变虽然失败了,然而这种被激发的生命活力,又似乎在诉说着我们民族的终将新生;自然,这是后话了。作者深研地方史料，又赴实地踏看，因此对于地理山川与人文风习的状绘，均细致真切，使人有身临其境之感，这一点，当非局外人所能办。

（本文原载于《新民晚报》2014 年 11 月 9 日）

《千首唐人绝句》专家推荐意见

绝句作为一种短小灵动而易记易诵的诗歌品类,历来为世人喜爱;而唐绝更以其格高调响、境思隽永尤为诗家看重。南宋洪迈博搜广寻,编有《万首唐人绝句》,是为单一诗体总汇成书之唯一品种,足见绝句,尤其是唐绝的特殊地位。也因此南宋迄于近代,诗坛大家编选唐绝以为初学者阶,成为中国诗歌传播史上一种值得注意的传统。然而世代变迁,前人所编,多不免门户之见,取径偏窄;而所注,于今代读者亦不免隔膜。故即使其尤著者,如王渔洋之《唐人万首绝句选》,尽管风靡百多年,然至近今,一般读者问津者亦鲜。本社有鉴于此,于新编新注唐人绝句,十分关注。上世纪七八十年代,继《绝句三百首》大获成功后,更出版了富寿荪、刘拜山二先生之《千首唐人绝句》,作为较高层次的诗歌普及读本,以响应书界、读者关于《绝句三百首》遗珠尚多之反映。

富、刘二先生均家学渊源,不仅谙熟诗史、诗法,本身更作得一手好诗而驰誉当时诗坛,又为本社资深编审,于如何量体裁衣,适应阅读习尚,颇有心得,故是编以下特色。

1.由博返约,篇幅适当:绝句短小,所选 1072 首,正文字数大体相当于各体兼收的《唐诗三百首》,而历史经验已证明,如后者之篇幅,正适应于中等文化水准之读者;而于反映唐绝发展脉络,亦绰有余地。

2.视域开阔,取舍得中:这有二层意思,首先是斟酌前贤与新中国所编唐诗选本得失,既打破前人门户之见,又避免建国后不少选本过于政治化的偏向，可称"扣二端而得其中"；二是四唐诗比重配置恰当，重盛唐而不轻中晚唐，重大家，也注意发掘中小诗人的佳作。从而使唐绝名篇均无遗漏，而读者又可在品味之余，感受到唐代绝句发展的大致脉络。

3. 体例严谨，推陈出新：除当时一般选本都有的正文、作者简介、注释，及个别选本已有的集评外，更增设"评解"一栏，并以积年诗学心得，既补前人评论之所未及，更画龙点睛，指示读者确切理解该诗的法门。

4. 千锤百炼，精益求精：本书从开始撰写到初版成稿历时五年；1980 年初稿于香港出版后，次年即广泛吸收学界与读者意见，进行修订增补，又历时近四年，方完成更为精审的大陆版。两位名家对一种普及读本，投入八九年的心血，这在多以"速成法"炮制图书的今天，是难以想象的。读本书，会感到文字之清新简洁而切中肯綮，当时笔者曾感慨"读二先生一段数十字的评介，胜于读坊间一篇千把字的赏析文章"。

由于以上四个特点，自 1985 年大陆版初版后，本书累计印数为后来本社王渔洋《唐人万首绝句选》十数倍，可见这是一种尤其适应今天读者的唐绝选本。这次重版为进一步"亲民"，特将原来的竖排繁体改为横排简体。相信这种凝聚了二位前辈名家积年心血的读本，必将发扬历来以唐绝为古典诗歌普及先行的传统，而再创辉煌。故特此推荐如上。

上海师范大学唐诗学研究中心特聘研究员

赵昌平

2016.9

（本文由家属提供）

轻灵之中的沉厚

——兼说公众性文化读物

友生荐我以《诗里特别有禅》，说是新近出炉，已登排行榜首，真是"炙手可热"！对于榜首之属我素不留意，然而书的作者却不能不引起关注。骆玉明先生在古典文学研究圈内，可称"别才"，一种独特的本领是以性灵驭学问，于轻灵中见出沉厚。最近既忙且累，然而睡前夜读的积习不废，读骆氏书不累，于是倚枕伴酒，读了起来。

出版营生三十年，我对公众读物的理想是"学术成果之浅切化、社会化"，这工作"看似容易却艰辛"，至少我自己视为畏途。本书跋尾说，希望"说得轻松自然"，而"散见于行文中的知识"却要具有"系统性"。可见作者在有意识地挑战自己。只是谈禅人主张"不道破"，所以，这"系统性"，还是让俗客似我辈者来挑破吧。

白香山的诗说"乱花渐欲迷人眼，浅草才能没马蹄"。风行水上般的轻快与令人目迷的美丽，应当是读此书者都会有的感受，然而要想在阅读中信马由缰，则不能不了解作者"费点心思"安排的篇章结构。全书十八篇加序跋，看似平行着三条线索：禅的观念，禅的历史，禅与诗。然而，平行中有主从。禅的观念是主线，禅的历史穿插其间，相伴相生，诗禅互证则是贯穿始终的阐述方法。第一篇《鸟鸣山更幽》，是对禅观念的总挈，不执于空有、动静两边，心境相缘，体悟空静之中超越名相而流动焕发的生命活力。

　　这自然要追本溯源,于是便有二、三两篇,分述禅宗西天初祖摩诃迦叶与中土初祖菩提达摩及奠定中国化禅宗南宗禅根本的六祖慧能故事,并从中提挈了南宗禅的宗风,即以"拈花微笑"为代表,"不立文字"的教外别传。它的三大要旨:心外无佛、顿悟与不离世间;一种本质:由视个体生命与世界本质为同一而生发的不离日常的精神超越与生命实现。要之"禅就本质而言,是看入自己生命本性的艺术。它指出从枷锁到自由的道路。"起首这三章是一书之本,而第三章末对三要旨一本质的归要,则是全书的枢纽。以下十五章,虽因禅宗以上一体三要本来浑一圆融,而必有所交互,然而大抵而言,则可见四五两章,主要说心外无佛(心佛);六至十凡五章,着重说顿悟;十一至十四凡四章,则落脚于不离世间(世间禅);十五至十八又四章更归要于流贯于禅宗三要旨之中的生命活力与本质超越。而南宗禅对佛氏一些重要术语的理解,如空有、性相、动静、生灭、一多、住往、我与无我、执与无执、顿、渐与顿渐、顿悟,则散在于各篇之中。读者只需把握首章所提挈的总体精神,便可从作者随机开解的阐述中由诗禅互动逐步深入理解,而六祖后南宗禅从马祖道一(洪州禅)到唐末五代以降一花五叶的历史也穿插其中,生动呈现。

　　将文化普及作为一种事业来做的学人都知道,其难点不在于理论的条分缕析,而恰恰在于归要与浅切。浅而能切,驭繁执要,是衡量公众性知识读物高下的标尺。如果商量权斟,我或可提出些补充意见。比如,在早期禅学的介绍中,晋宋间首倡心佛说与顿悟说的竺道生,倡积学顿悟说的谢灵运应当一提。而有关中国禅之发展,六祖后使南宗禅在南北之争中确然胜出并整理坛经的荷泽神会(较普遍的意见,是为七祖)应在书中有一席之地。禅的观念方面,如顿渐异同及顿教之植德、保任观,一行三昧与一相三昧等已有体现,然如有一针见血的提挈,会更圆满;而《坛经》中当由神会特地拈出的"无念"观,也最好一提。虽然如此,但作者以上所提挈的,已称得上是浅切要约而具有系统了。这不仅在于作者提挈了以上要义——这些凡治禅学者都不陌生;更重要的是作者对每一要义内所涵层次的准确把握,以及对各要素之间肌质联系的深刻体悟。这种把握体悟,正是团捏各要义使之真正成为有机系统的根本所在。

禅家以世间禅为践行,为落脚点的独到体悟,正是诗禅互动的契合部。诗禅互动,在中唐之世已经蔚然成风。皎然诗就说到"世上禅",不但创作了大量此类作品,且以禅说诗,作有《诗式》一书,可见这并非骆玉明之心造,它确是中国文化史上的一种重要现象,而这本小诗作为公众性文化读物说得尤其成功。

这首先得力于前述作者以性灵驭学问的学术个性。禅家的机锋公案,素称难解,然而因为对于禅学精神与宗风的深切把握,作者均能单刀直入,得其肯要。如跋尾所举德山宣鉴"从今向去不疑老和尚舌头也"一语,骆解谓疑即惑,"不疑"应读如"不疑于",亦即"不惑于",而得其确解,便是好例。诗史名作,注说者已多,而作者以与禅思映照,则每能寓新意而得正解,如说龚自珍《梦中作四截句》"叱起海红帘底月"句,可称精彩。这种对诗禅两造似盐着水的体悟,又得力于作者出色的文字能力。我曾激赏骆氏在《中华创世纪》一书中关于"伶伦创乐"的想象描写,变无形之音乐为有形,而使无声之文字仿佛有声,大有《庄子》"洞庭张乐"一节之风致。而在本书中,这类于轻灵中见沉厚的描述,可称触处生春。

最后又要说到那位荐书的友生,他于激赏之余,亦有少许犹疑,谓书中所举如李白《山中问答》、张继《枫桥夜泊》、苏轼《题西林壁》等诗是否可视为禅诗。按禅学之于诗学的影响,不仅在于用禅语,说禅意,状禅境,甚至还不仅是得禅趣;其最高层次是始于王维后期诗作(如《辋川绝句》),而中经王昌龄《诗格》,至皎然《诗式》所总结的诗与禅观照、在思辨形态上的互通。友生所举以上各篇虽非禅诗,却正是在艺术思维上浸淫有禅学的观照、思辨形态,如《诗式》所率性、意冥、心境等，而体现了"直于情性，尚于作用，不顾词彩，而风流自然"的诗家文章宗旨，因此，由诗禅互动角度阑入这类篇章以说禅，亦是仁智自见，别有体会吧。

（本文由家属提供）

《开天辟地:中华创世神话考述》导论

　　中国创世神话与世界各民族创世神话一样,讲的是"开天辟地"的故事。她的内涵,简言之,包含着初民对这样三个困惑的追问:我们从哪里来? 我们是谁? 我们向哪里去? 战国时期屈原的《天问》就是这类疑问的集中体现。

　　对于生我,养我,却又不时威胁着我们的大自然的崇敬与畏惧,是中华初民创世神话的源头。敬畏将自然力神化,造就了创世神话的第一种类型,即以自然崇拜为本质,以崇高感为特征,以众多的自然神为载体的自然神话乃至宇宙神话故事,而这些被神圣化的自然物与自然神,又往往被转化为族群的标识,一般称之为"图腾"。各种图腾的先民族群都经历了既顺应、效法自然,又应对、改造自然,既相互依存,又相互争斗的漫长发展过程,从而产生了自己的英雄人物、领袖人物,也催生了创世神话的第二种类型,即将自然伟力与人类英雄糅合在一起的半人半神的族群性的始祖神话。一族群本身的繁衍,族群之间的交流或者兼并,既使某些族群不断壮大,也使她产生了许多分支,比如部落之于氏族、部落联盟之于部落、姓之于氏等等,于是,族群的标识图腾也就分化为标识大族群的主图腾与标识所属小族群的亚图腾。二者之间或者存在质的联系,如风之于龙与凤,龙之于雷、电、云、雨,等等,或者是两个甚至数个原始图腾的融合,如鱼龙、马龙、犬龙、牛龙等等,由此也产生了各族始祖神形象的变迁,如龙首蛇身、龙首犬身、龙首牛身等等。族群的分分合合与威权更著的族群领袖的产生,加以生存资料逐渐丰富所提供的现实可能,使得族群与族群之间乃至人与人之间产生了等差,更形成了虽有等差,却又相互依存着的各级各类的生存共同体,这就是社会的雏形,于是又产生了创世神话的第三种类型,社会化乃至谱系化的神话。这时,处于某一族群或某一谱系顶端的族群及其领袖人物,如部落联盟中占主导地位的族群及其首领,便处于可说是绝对的强势地位。其原始图腾,便成为这一社群共尊的主图腾——尽管也可能糅合有所属族群原始图腾的某些部件,比如以蛇身鸟足为主糅合了多种动物特征的龙;这族群大首领则成为可通过巫觋与天神交通的唯一的人,而大首领往往本身就行使着巫觋的职能。

当主图腾取代了各种亚图腾,大首领被视为神人合一、天人合一的绝对权威时,图腾以及原始神话的神性便逐渐淡化,而将主位让于人的意识。因此,神话可说是人类蒙昧与半蒙昧时代的产物,神话时代的结束,便是文明时代的开始。战国时代的哲人庄子说"七窍凿,混沌死",也就是这意思。然而,如同孩提时期的朦胧意识是各人后来种种观念建构的发生源一样,一个民族原始神话中所含蕴的种种朦胧的意念与想象,是这个民族后来形成的民族精神的发生源。这也是创世神话的发掘与研究为世界各民族尤其重视的原因所在。

见于文字记载的中国创世神话,虽然在殷商卜辞中已有一鳞半爪,而其大量的重现、重构,则要晚至周秦与两汉时期,适应建立大一统帝国的历史选择,由百家争鸣而至独尊儒术。神话的社会化、谱系化在中华民族便以历史化、世系化的独特形态呈现,围绕着"道"这一核心命题,人们纷纷从远古神话中追根溯源,寻找自身的学说或所主张的世系存在之合理性。这一形态在后世不断的改朝换代中,更伴随着宗教的发展,越演越烈,从而产生了林林总总的神谱与世系。于是形成了这样两种相互联系的悖论。正因为周汉以来人们纷纷致力于神话谱系、世系的建构，反而使任何一种系统都难以取得全民族的认同；不断地重新建构，既使原始神话得以发掘、保存、丰富多彩，却又使其原初的面貌模糊得难以辨识。对于中国神话为什么这样丰富却又零碎，难以构成统系，人们举出了种种原因，而我们认为根本原因即在于此。

历史化、世系化的追根溯源，本质上是论证自身权威的合理性。由此产生了今存中国创世神话的又一特征。如果说崇高感是世界创世神话的共同特征，那么与原罪意识相关的西亚、希腊等神话更多地映现着人性中善和恶的争斗，并伴随着一种释放情欲的戏剧化成分，而今存中国神话则更多在"道"的核心命题下，追索着天、地、人的关系，以人功与天命的契合为终极追求，而着力于宇宙与人间秩序的建立，并表现出对坚忍不拔、九死未悔、艰苦卓绝的创造伟力的讴歌礼敬；如果说中西神话中的主角都是半人半神的英雄，那么希腊神话的主要角色，更多为人格化的神，而中国神话却更多神格化的人，也因此可以说希腊神话是希腊悲喜剧的精神源头，而中国神话却成为了正史的开端，更渗透于各种专门史的研究之中，虽然这或许是一团公说公有理、婆说婆有理、永远也理不清的乱麻。

好在，在相互矛盾着的各种传说中，对于创世神话的演衍，一直存在着一个最大公约数，这就是以道的诠释为核心，对于被称作"三才"的"天、地、人"三者关系的阐述。这样就又产生了一个有趣的悖论：正因为矛盾着，所以也包容着，更丰富着。隋王通语"天统元气，地统元形，人统元识"，人的元识参与着天地造化，不仅是晚周儒、道、法、墨等各家的共识，也成为后世对创世神话作种种阐述的一以贯之的红线。这就启发了我们，不妨放弃对远古先民世系徒劳无功的重构，不妨淡化历史，而主要以讲故事与故事探源、解谜的形式来发掘、展现史前先民们是怎么样回答"我们从哪里来""我们是谁""我们往哪里去"这些世界神话的普遍命题的。

（本文原载于《开天辟地：中华创世神话考述》，
复旦大学出版社 2019 年版）

《中华创世纪》:瑰丽重构中国神话谱系

新世纪初,我意外邂逅分别二十余年的幼年伙伴——时任上海中国画院院长的施大畏先生,并由此更意外地唤醒了我的一个久远的旧梦——对瑰丽的中国神话进行系统的重构。就数量言,中国神话绝不少于希腊神话,但因缺乏系统,情节简单,缺少后者那般震撼性的感染力;然而当时大畏的巨幅新作《开天》,却第一次使我感觉震撼。恰好,大畏也有绘制中国神话系列的计划,又恰好次年——2003 年,我们同任全国政协委员、同住北京二十一世纪宾馆,并有幸与大导演吴贻弓先生朝夕为伴,于是宾馆的咖啡厅成了我们每晚讨论文艺问题的小小沙龙,而神话题材的再创作更是核心的议题。回来后,时任上海新闻出版局局长的知名作家孙颙先生更一眼觑中,大力支持。于是讨论由北京移到了上海,所谓《中华创世纪》的四人策划小组,就这样自然而然地形成了——一位画家、一位导演、一位作家,再加上我这个文史工作者,这个小组也许有着一些机缘凑巧的天然优势吧。讨论断断续续地延续了一年余,其间 2004 年希腊雅典奥运会的开幕式又给了我们深深的刺激与鞭策。当奥林匹斯神山上的诸神,一队队在面前掠过时,我们在震撼之余,更深切地感受到:系统性确是重构中国神话、发掘其内在意蕴、展示其宏伟风力的第一要素。

其实构筑中国神话系统的努力,约两千年来,一直没有停止过,然而大畏的作品与雅典奥运会的开幕式,使我进一步确认了多年来的一种感觉：历来的努力——上至学术性探讨，下至通俗小说，在方法上似乎都陷入了一种误区。历代对史前神话谱系的筑构，都是以排列帝王世系的办法来进行的，而深层的原因则是流传久远的五行相生相克说。每一个新朝，甚至"山寨"草头王都以金木水火土五行之一，作为本朝本王应运而起的德性代表，这也就顺理成章地把传说的五方之帝中相关的一位地位抬高，或径作世祖神，或挤入五方之帝的行列。而近现代的史学与神话学研究中的有关世系，虽然将文献资料与考古资料结合起来，但是由于摆脱不开传统模式，总想以考古资料证成一种确凿的世系，因此对考古资料的诠释往往就有先入为主之嫌。于是当将数十种互相抵牾的世系对照以后，我反而坚信，排列确切的史前圣君世系，是一项根本不可能完成的工作。

然而，另一种系统的构筑，则是可能的。远古神话传说最早的成文资料，大多保存在始于周秦盛于两汉的子书，也就是思想史著作中；部分见于史籍的，也都以援古证今的形态，渗透着讲述者的观念、意识。这说明，自有文字以来，早期中国的哲人们对于远古神话有一个远比世系构筑更重要的着眼点，这就是其中所包蕴的思想、精神元素——宇宙是怎样形成的、文明是怎样开创的、人的德性应当如何等等。而种种元素，又无不围绕着一个核心的古老命题，即"三才"——天地人的相互关系来展开，来重新阐述。这里最有启发性的是据传为孔子所作的《易经·系辞下传》。它最早构勒了伏羲、神农氏、轩辕氏、尧与舜这样一个古圣人系列，然而着眼点，则在于这些传说中的华夏族的始祖们如何"法天象地"，导引初民们走出蒙昧，而不在这个世系本身，更没有五行生克的印痕。这就启发了我，应当淡化古帝世系——仅把它作为讲故事的一条线索——而主要从精神层面来重构远古神话，从中华先民们怎样逐渐认识宇宙，同时发现自己、实现自己的历程中，来展示中华民族的创造力；因此这部小书也可以名之为《中华创世纪》；而《易经》所勾勒线索的上述品性——最早而朴素，自然也就成了承载创世故事系统当然的首选线索。因此不必把《中华创世纪》作为信史来读，而不妨视作对中华民族主体精神的追本溯源。

《易经》被誉为"群经之首"，它给我们的又一启示是，回答了"什么是中华民族的主体精神"这一近十多年来被无数次讨论的问题。要言之，这就是"天行健，君子以自强不息""地势坤，君子以厚德载物"二语。这是《易经》纲领性的乾、坤二卦——它们代表着生发万物万象的纯阳与纯阴、天与地——开宗明义的两句话。这两句话，提挈了《易经》这部展示自有生民以来早期中国原始思维的经典，归根结蒂，讲的就是人应该如何法天象地——既参与天地造化，又与天地、与他人和谐相处，从而动静变化，生生不息。而其中对于宇宙万象的认识（宇宙观）与对于生命价值的体认（价值观）二者的高度统一，更显示了中国思想传统的鲜明的民族特性。而今天我们所提倡的自主创新、社会和谐，也应当本源于此。当我的这一意见得到策划组四人与创作组其他两位——复旦大学的骆玉明、汪涌豪教授的一致认同时，《中华创世纪》所希望构筑的精神体系，也就纲举目张了。

对于创作组而言，面临的又一难题是长则二三百字，短则十余、数十字的中国神话，故事性远不及希腊神话丰富。好在有一个现成的范例——鲁迅先生的《故事新编》。现在，《中华创世纪》所要做的，便是用以上我们对中国神话内在精神的体认，构筑起一个更丰富多彩的宏大体系。我们充分利用了神话学"时空压缩"的原理，在以上叙事线索中，有时会对素材作合理演绎，有时也将内容相近的故事集中处理；当然也会有对同一神话不同版本的取舍，也会有必要的细节描绘与场景渲染。然而一切重构均非凭空生造，其核心内容，必有相关的文献或考古依据。此外，有机地延及一些历史文化知识，以博趣增知，也是这本小书不同于其他神话故事、演义的一个特点。这当然与创作组三人的学人性格有关——尽管往往自讨苦吃。

禹的故事，是我们最费心力的部分。大禹是远古神话中最后一位半人半神的英雄，但不同于尧舜之前，他更是一位有信史可征的真实的历史人物——这也许是孔子一方面高度称颂大禹，另一方面又将他所构筑的史前圣人系列截止到舜的原因所在。当二稿完成后，我们重新比对史料时深深感到，对禹的介绍仅限于神话传说是远远不够的，于是我们又花了将近半年时间，集中研究了以《禹贡》学为核心的大量历史资料，另起炉灶，以复原大禹治水的基本历程为线索的叙述构架，并参以神话、辅以想象。应当说《中华创世纪》大禹治水部分是不尽为神话的"神话"——作为中国神话收官的大禹以及他的群体，在真实的历史践行中所体现的德性、智慧、胆略以及思辨与组织执行能力，恰恰印证了我们对中国神话系统本质精神的上述体认是合理的、正确的。因此我们愿意以一个崭新的大禹形象奉献给读者，作为宏大的《中华创世纪》故事的结尾。

（本文原载于《中华读书报》2012 年 2 月 22 日）

编辑策划原理与要领

一、编辑选题策划的基本原理

编辑策划的基本原理是什么？

我们经常说的编辑策划，到底是怎么一回事情？编辑策划最核心的一个东西，应该说是编辑的创造性的思维。编辑的策划是一种智力投入，它在我们出版社的产品——书籍中间应该占有一定的分量。虽然编辑策划是一种创造性的思维活动或者说个性化的创造性思维活动，但它并不是天马行空的。它受到几个方面的制约。

第一个方面就是出版社的个性。编辑策划它要依托一定的出版社，也即出版社的专业个性。第二个就是我们经常讲的文化生态。编辑策划跟一定的文化生态密切相关，我们要考虑选题是不是与这个文化生态相适应。这是编辑策划必须要考虑的。第三个是一定的商务规律。图书虽然是文化产品，但它毕竟还是商品。所以要考虑图书的制作、销售等方面一系列既定的商务规律。某些规律是跟其他商品共通的，某些规律是文化产品特有的。第四个是一定的科学技术手段。比如现在电子、音像等等这些东西出来以后,会使编辑的策划发生一些相当重要的变化。

总的来说,编辑策划是一种个性化的创造思维智力活动。编辑的选题策划是编辑(组)依托出版社个性,在一定的文化生态、商务规律形式、出版技术手段中,进行的创造性的智力活动,是出版社品牌维护与创新的最活跃的动力。

编辑策划实际上是形与势的关系。什么叫形势呢?《孙子兵法》有《形篇》,《形篇》下面是《势篇》。形是可以感受到的,可以看到的,有一个基本的形态。但势是什么呢?势是好几个形相对待所产生的合力。编辑策划就是要寻找到这些合力,这才能取得成功。所以借用我们古籍出版专业的一个专业术语,编辑策划的实质可以概括为两个字就是:取势。

出版社的单位品牌要靠编辑的多种创造性思维来维护更新。因此编辑策划的全部奥妙在于:能动地处理个性化的创造性思维与出版的个性、即时即地的文化生态、商务规律的运用、出版技术手段这四者的关系。

现在重点举一个大家比较熟悉的案例,就是于丹的《论语心得》来阐释。

于丹的《论语心得》在图书界引起不同的反响。但是我一直认为我们的兄弟出版社——中华书局所出的《论语心得》在以后的中国出版史上会留下印记。它是一种出版创新,非常典型地体现了编辑策划这个基本原理。

《论语心得》这个选题策划跟当时的文化生态密切相关。在文化生态方面,值得注意的第一个方面是:现代化进程中国民价值观的重构。过去我们压制个性,到改革开放以后就一味地张扬西方的个性,所以民间普遍地对传统的价值观进行反思。在二十多年前,西方出现了很多的后现代问题,出现迷茫的一代、垮掉的一代。他们也开始从东方的文化经典中,寻找挽救西方后现代问题的一些出路。然后就找到了孔子,所以这是读者的文化需求生态背景。

　　第二个方面是：弘扬传统文化在十多年前渐渐地成为我们的既定文化国策。这里面很重要的一个因素就是中国在经济崛起过程中间，所引起的文化上的话语权。在经济发展过程中，我们经常会碰到一个问题，就是经济上、政治上、意识形态上，西方有一套他们的话语系统。在文化上、意识形态上没有我们自己的话语系统，就不可能成为真正的强国，所以中央对传统文化特别是儒家文化越来越重视，也在进行反思。文化生态整个是一个文化生态链，一环扣一环，下面是经济基础和社会基础。某一环节的变化会引起整个链条上一连串的反应，这些一连串的反应体现为人与人之间的关系。就出版来说，体现为文化决策者、文化接受者、中间文化生产者的关系。于丹的《论语心得》的出世，正好有民间的阅读需求，中央的文化国策的推动。

　　另外一个文化背景是现在的阅读娱乐风气的提高，于丹的《论语心得》也敏锐地抓住了这一点。随着经济的发展，在读者中间，涌动着一种文化品位提高的自觉要求。希望在轻松的阅读中考虑一些问题，这已经成为一种娱乐趋向。于丹的《论语心得》以经典读物的通俗化符合了读者阅读的娱乐化趋向。

　　第三个方面，在文化生态中，于丹的《论语心得》利用了首都效应。商务活动有一定的基本规律。于丹的《论语心得》把商务规律、文化生态和首都这一政治文化地点联系起来。于丹的《论语心得》首先抓住了在首都进行一系列活动，利用了首都的一些机构，跟中央电视台合作，还利用了一系列的人事关系进行宣传。文化生态还可以举出很多，但这三点是相当明显的。

　　在商务规律方面，于丹的《论语心得》又跟什么规律相联系？商务活动都有一定的基本规律，每个时期都有因地制宜的根本的商务规则。中华书局在于丹的《论语心得》运作中有下面这样几条基本的商务规则。

　　第一个原则就是抢占先机，而且要抢占第一。这样才能有原创性资源,才能获得成功。所以中华书局在《论语心得》的选题中首先就选了孔子,因为孔子在国民心目中的地位要高于孟子、庄子等。选择孔子,而且选择孔子著作里面的最有影响力的《论语》,容易吸引受众的注意力。

第二个原则是流行原则,也就是时尚原则。这是必须遵循的原则。一个时期有一个时期的话语体系和消费风尚。《论语》虽然是经典,但是要普及到民众中间去,就必须要遵循流行性的原则。一个时期有一个时期的话语体系,这与流行音乐一样相似。大众读物要求表现形式的更新,是从余秋雨的《文化苦旅》开始,把学术问题散文化,用通俗的语言表达。以后是易中天,到现在的于丹,又向前走了一步,语言表达上融入了说书、漫谈的形式。这代表了一种新的出版样式。

第三个商务规律是广告效应。它把广告效应与新技术结合起来。传统的书业是无视广告的:出版社一年出版几百种图书,难以一一做广告。但是随着现在市场经济的开发,图书的商品性质体现出来了,广告的需求也提上了议事日程。所以书要不要做广告,要怎样做广告,都是要考虑的问题。中华书局做这本书的时候,他们把广告跟新技术结合起来。他们借用了多种现代传媒,网络、电视反复地进行宣传,就产生了明显的广告效应。于丹的这个广告,我们最后可以称之为读书界的"超女"现象。她做过主持人,存在这种炒作的条件。就是把传统的题材,运用很现代的经营手段体现出来,达到一种很高的层次。如果没有一种和现代传媒相结合的广告效应,于丹的书就不能热卖到 300 万。

第四个方面是商品的生命周期规律。商品都是有生命周期的,图书也是如此。时尚产品的生命周期一般很短,因此如何延长产品的生命周期便是图书成败的关键。中华书局在运作于丹的《论语心得》时,相当注意怎么样延长它的生命期。于丹的图书在北京通过媒体进行各种作者签售会,产生了一定的集群效应。掀起一阵读《论语心得》热后,他们又不断地掀起一个接一个话题。他们组建的营销团队马不停蹄地将影响向外省扩展,进行了一系列的宣传营销工作,从而形成了由上而下、从年轻到年长的《论语心得》效应,从而延长了这本书的产品生命周期。

第五个方面是品牌效应。中华书局十分重视他们的品牌效应。中华书局是古籍出版的第一品牌。他们跟中央电视台这种大品牌结合,此外他们还跟新浪、当当这些国内著名的网站建立多重的以中华书局、中央电视台为核心的名牌媒体的结合,这就产生了相当大的效应,从内涵到技术都立于不败之地。中华书局能够做到,但是换了一个出版社就不一定能够做到。于丹的第二部著作《庄子心得》(中国国际电视总公司出版,2007年2月6日),就大不如《论语心得》。中华书局在古籍出版方面是受认可的第一品牌,它们有《二十四史》《资治通鉴》等等这样一些经典书,形成了很好的品牌认可度。

于丹现象是从领导到一般编辑的集体智慧的结晶。它们不是一个人做的,是依托整个出版社的。他们的社长李岩在北京搞公关,总编给书稿把关,主要的操作营销是副总编顾青;他们陪着于丹一路走过来;中华书局依托的是整个团队。选这个题目的编辑具有创造性的思维活动,是建立在中华书局这个品牌上,是综合了各个方面的影响,这才形成了于丹《论语心得》的成功。

二、编辑选题策划的若干要领

编辑选题策划的根本目的,是在有利于社会、保证质量的前提下,吸引尽可能多的读者,产生尽可能大的经济效益。不同专业的出版社有选题策划的共同原则。这些共同原则里面又有不同专业的一些变化，以上海古籍出版社的书籍为例，选题策划具有以下一些要领。

第一点，明确目标。

要树立好形象，要明确把自己打造成一个什么品牌形象的出版社。这是定位中很重要的一个要领。任何出版社都有各自的特点，都有基本目标，那就是适应读者、引导读者。这是由图书出版的文化商品性质决定的。在适应读者、引导读者基本规律面前，每个出版社都要有自己的看家本领，创造出版社的标志性品牌形象。上海古籍出版社的定位基本上以学术为本，多层次经营。我们会根据这个定位来设计策划我们的选题，总体要达到给读者一种历史文化积淀的厚重感，又兼具现代气息的清新感。网络作品是新事物，对此要有选择。《明朝那些事儿》做得非常好，它的知识水平、眼光是很不错的。而对于另外一种文化层次比较低的，像《鬼吹灯》之类，我们就不会出，否则我们会失去我们的专业特色和在读者心目中的专业认可。所以明确目标是出版社定位的很重要的因素。

第二点，掌握专业出版的基本特征。

就古籍出版来说，古籍出版最基本的特征就是两对矛盾。第一对矛盾是题材的有限性与恒久性的矛盾。古籍的题材有限，不能再生，1949 年以后的东西不能叫古籍，除非研究的东西也在出书范围里。虽然说现在有二十多万的古籍，但很多都是重叠的，只是版本不同。真正有出版价值的题材只有三五千种。就我们出版社来说，如果原样印古籍，一年就出完了，题材相当有限。这是我们短处，但是它有一个长处，那是其他专业出版社没有的，就是恒久性。古籍作为传统文化的承载体，它会随着一代一代人延续下去。看起来很革命的人，他的骨子里还有很传统的因子，因为他对传统文化有需要。在新文化运动中就有这样的例子，比如胡适和鲁迅。

第二对矛盾就是非时尚性与普泛性的矛盾。古籍本身是不时尚的,于丹现象中,《论语》这本书并不是时尚的,但是它的读者范围很广。只有时尚了,图书的发行才会多。所以古籍书的非时尚性是我们发行的一个弱点。但是古籍书的读者层次是普泛的。就是从幼儿到八十岁、九十岁的老人,都有对古籍图书产生需要的可能。掌握了这一点以后,我们选题策划对图书的根本方向就明确了。古籍出版的奥妙就在于在图书的恒久性和普泛性上做文章,以突破题材的有限性和非时尚性的局限,从而使古籍图书适应现代化的节奏。这是古籍图书出版的根本原则。

第三点就是基本书与题材的多层次结构。

古籍书的题材有限,因而一些最能产生效益的书就成了兵家必争之地。这些书主要就是基本书。引用赵斌先生的一句话嘛,就是:基本书是兵家必争之地。基本书是什么书呢?就是构成专业的骨干书。就古籍来说,基本书就是指传承中华文化要义,在中华学术文化与国民价值观的建构中,占有重要地位的,并且为社会各阶层普遍长久关注的经典著作,也是有限的题材中间最具有恒久性的、普泛性的著作。因此做足这种基本书,对做出出版社自己的品牌很重要。

基本书可以分为两大类。一类是骨干基本书,一类是流变基本书。骨干基本书是几百年、几千年都不会改变的专业基本书。骨干基本书又可分为普泛性经典基本书、专业性经典基本书和大众类经典基本书。普泛性经典的如《十三经》《二十四史》、唐诗、宋词中一些一流大家的作品,如李白、杜甫、白居易、苏东坡等;小说中的四大小说等等。专业的经典基本书有中医学的《黄帝内经》《伤寒论》等等;中国古代科技中的《天工开物》;农业科技中的《农政全书》;百科类中的《梦溪笔谈》等等。大众类经典的骨干基本书如《古文观止》《唐诗三百首》等等。出版社对自己专业领域的骨干基本书要有了解。

流变类基本书是指可以变动的基本书。分为两大类,第一类是阶段性的学术上的经典书,我称之为新经典,是对老经典进行权威阐述的一类书。比如清代人对《十三经》《二十四史》进行研究的著作。现在受到的关注和重视度越来越高。第二类是阶段性的大众经典书,流行性的、热点的读物。比如《菜根谭》,以前并不被广泛传播。改革开放以后,随着休闲文化的发展,发现《菜根谭》很适合当下的文化需求,从而形成一个热点。还有比如《三字经》《百家姓》《千字文》等等都是日后逐渐成为流行性经典书籍的。

对于不同类型的基本书,我们应对的策略是不一样的,对于骨干型的基本书,关键是整理质量的提升,要形成题材的多层次结构。大众类经典骨干基本书更要考虑融入流行元素。现在出古籍书,因为注释基本都完成,所以要做集成性的书,要形成如"会注""会评"等多层次结构的丛书。大众类经典如《唐诗三百首》在前几年销量下滑时,我们做了一个图文本的,结果很多出版社纷纷效仿我们。后来我们做四大小说的图文本,工作做得很细致,都引入了很多元素,产生了一种花样翻新的效果。所以对于基本书,我们要善于发现存在流行潜质的基本书,打造古籍类领域的常销书。我们出版社考虑在各个读者层次做出品牌,形成上海古籍出版社的品牌。例如《十三经》我们有整理本,有影印本,有译注本,还有选本,还有儿童经典本。还有小说类的有评注本,彩图图文本,普及本等等。《十三经》的整理本、评点本供研究者使用,译注本供大学生、中学老师使用,选读本适合一般读者使用,儿童选本适合儿童使用,图文本适合高端人士欣赏之用。

第四点,明确学术与普及,常销与畅销的关系。

这两方面的关系在不同出版社也有不同的体现。在我们古籍出版社,在学术与普及的关系上,学术是根底,是我们的安身立命之本,普及是我们学术文化成果的社会化。普及读物都是在学术研究的基础上社会化、通俗化。学术和普及之间的关系是辩证的。学术能为普及提供经济效益,因为它有品牌。我举一个例子,我带着编辑到书城做关于《红楼梦》的调查。一对年轻夫妇问我们哪里有上海古籍出版社的《东周列国志》，其他版本的他们不要，只要上海古籍出版社的。这是为什么呢？这就是学术的品牌效应。另一方面，普及书为高端的学术书培育读者。出版社的仓库里实际上很多都是普及书，由于跟风而成为泡沫书。学术书如果选题得当，定价等各个因素合理运用，能产生巨大的经济效益。要处理好学术和普及的关系，学术是根本。学术书和普及书在销量上的反应往往体现为常销书和畅销书的关系。常销书是基本形态，畅销书是常销书的审时度势的突变形态。因此抓好学术的常销基础，争取普及的最大化、流行化是选题策划的一个基本要领。

　　出版社要有两个基本对待。要做大选题，就要处理好常销与畅销的关系。常销书是基础，畅销书是可遇不可求的，不能因为追求畅销书而忽视常销书。这个跟实体经济和泡沫经济的关系差不多。我们的常销书就是最根本的实体经济，畅销书像泡沫经济，容易破灭。如果实体经济做好了，即使泡沫经济破灭了也还能撑过去。

　　为什么说专业出版社的畅销书是常销书的一种突变形态呢？可以从以下几个方面来看：

　　1. 一切古籍类的畅销书都同时具有常销书的品格。它是基本书，是古籍方面的名家名作。易中天的《品三国》依托的是《三国》这部经典书，于丹的《论语心得》依托的是《论语》这部经典书。所以专业的古籍出版社都是依托很重要的名家名作的。其他出版社也有类似的情况。文艺出版社有一本《新发现》杂志，是现在科普读物中最突出的一本。它是普及读物，但它的内容是当代科学最重大的发现，它的作者都是国内或国外的顶尖级作家。

　　2. 单位品牌是常销流行的根本依托。品牌分为单位品牌和产品品牌，它们之间的关系要弄清楚。一个单位的品牌是怎么建立的呢？是靠一系列的产品建立起来的。比如少儿出版社的《上下五千年》和《十万个为什么》等等形成了少儿社的品牌。所以在选题策划过程中，要注意产品的品牌形象的树立。这是对单位品牌维护的最重要的最根本的一点。

3.巩固常销书是畅销书衰落以后的最可靠的保障。中华书局是有过一段时间的低落的，它以前没有什么畅销书，但是它的学术做得好，每年不断地重版，重版《二十四史》《资治通鉴》等，形成了很好的单位品牌效应。当时我们上海古籍出版社的图书中的普及书基本上占了国内古籍书的一半以上。后来中华书局发展单位品牌，发展起来后就占据了我们的普及书市场。

那么如何打造一本专业内的畅销书或者是准畅销书呢？

有两个块面的因素：第一个块面是对象方面的，其中，第一个因素是经典的名人名作，第二个因素是适应当前文化生态，第三个因素是现代意识的商务运作；第二个块面即从我们主体方面来说，一个是品牌，一个是编辑的创造性思维。

以上讲的是学术与普及、常销与畅销的关系。

第五点，绝对独占性和相对独占性。

绝对独占性资源就是创作资源的独占，无法复制。就是我这个资源我优先做了，其他出版社就不好做了，至少在合同期间是不能做的。古籍出版在十几二十几年中，社会可能也就只需要这些资源。尤其是对大型图书资料，像《四库全书》《敦煌吐鲁番文献》，掌握了这个独占资源以后，人家就很难和你竞争。

相对独占性资源，就是在相对的一段时间里面，有比较好的一个优势，在一定时期内无法复制。这在普及读物里面尤其重要。这种情况下的竞争就靠图书的总体质量。比如杜甫的诗集，没有版权，谁都可以出。这类相对独占性的资源，我们就要好好设计，好好提高我们的内在资源，让读者感觉到我们出版社的这套杜甫诗集在知识性方面、含金量方面是最好的。对这类独占性的资源采取的策略是：领先一步，提高一层。

　　领先一步就是领先的原则。抢占先机很重要。于丹掀起《论语心得》热后，很多跟风书都没有获得于丹的《论语心得》那样好的效果。当然在别人已经领先一步的基础上，我们也可以跟着做书。但是这时候就需要我们提高一步。我举一个例子，在我们做图文本四大小说的时候。高层次的《红楼梦》的出版权就被人民文学出版社获得，他们获得了领先一步的机会，那么我们上海古籍出版社在无法领先一步的基础上，就提高一层。我们很精心地在图书的内容质量和形式质量下功夫。对于《红楼梦》里的插图，我们精挑细选，选的都是最精的。在图书的定价上，我们做了很多的调查，最后敲定的是比较合适的一个价格。在版式整体设计上，我们融入了线装书形式。从图文套印、图文安排、书的开本大小上下功夫，让读者微微感受到古典的气息。甚至在衬纸的选择上也是下了一番功夫，我们的衬纸是和宣纸差不多的一种纸。在颜色的选择上，正好赶上过春节，又是名为《红楼梦》，所以我们选择了一个喜庆的红色。这类似的一系列的功夫都是为了提高我们的书籍的质量，从而在质量上受到读者的认可。

　　所以在图书资源上领先一步是很好，在不能领先一步的基础上就要提高一层。在提高一层里面，还可以通过组合的方式来提高。

　　第六点，专业定位和错位竞争。

　　图书出版，最终读者购买的是书的精神内容，无论载体如何变化，内容为王这一点是不会改变的。所以定位好出版社的出书内容的方向和专业是很重要的。比如古籍类出版社中华书局在历史类古籍这方面是很专业和权威的，上海古籍出版社在古籍类文学的出版上是专业的权威，岳麓书社在中国近代史、小说和诗词等方面具有权威性的影响力。这就是专业的定位，专业定位决定了专业内出版的书籍在读者心目中得到的认可度。出版社的出书方向也应该以专业定位为出版方向。举十年前我们出版社的一个例子。当时我们想把古籍扩大到西方古籍，出版了《莎士比亚全集》。当时我们做得很精细，辛苦程度不亚于《红楼梦》。但是我到杭州一家很大的书店里面，去看西方文学莎士比亚相关著作，书架上一大排有很多，但是就是没有我们上海古籍出版社出的。这就说明我们古籍社出版莎士比亚，在书商和读者之间都是得不到权威认可的。专业出版是由文化产品的商品性质决定的，文化的东西一定是专业的，没有专业就没有文化含量。

有了专业意识以后，一方面我们要巩固自己的专业地位，另一方面我们还要注意和别的出版社形成错位竞争。别的出版社做繁体本，那么我们做简体本；别人做全本，我做选本；你有铅排本，我做影印本。形成了错位，这就适应了不同读者的阅读需求。这属于低端性的竞争，现在我们力求高端竞争，就是同样的东西我们要做得比别人更好，像我们现在正在做的集成性的图书。

所以明确专业意识，科学地进行自己出版社的专业定位，进行错位竞争，从而锤炼自己的强项，形成自己的经营模式，选题构架。这是专业出版社必须要注意的。下面例举岳麓书社的出书来阐释：

岳麓书社的历史没有上海古籍出版社和中华书局那么悠久，它进入古籍出版没有选择经典的《二十四史》《十三经》等，而是敏锐地抓住了当时的文化生态，就是现代化的进程。湖南在中国文化史、中国近现代史、社会发展史，甚至是革命史的突出地位，是出现了一批有影响力的湘籍贤才。岳麓书社开拓了具有影响力的湖南特色丛书，成为这一领域的开创者，也是目前为止做得最好的一家。岳麓书社出的书也成了当时的流变性的经典书。出版了和曾国藩、谭嗣同、左宗棠等人相关的《湖南学术丛书》，适应了当时的文化生态背景。后来岳麓书社洞察到了现代化建设的文化趋势，开创了《走向世界丛书》，成为古籍与现代化建设直接对接的早期范例。这两套丛书的出版树立了岳麓书社的品牌形象，大家都认为它是有底蕴的,有清醒的现代意识,树立了和我们不同的一种形象。

然后再根据湖南是教育大省的优势,岳麓书社出版了很多的历史教材。还有在小说和诗词方面,在文物出土方面都形成了优势。岳麓书社被评为百佳出版社,是实至名归的。

第七点,五个意识。

上面所说的一些原则总的来说,可以归纳为五个意识,就是市场意识、专业意识、基本书意识、品牌意识和规模意识。

市场意识、专业意识、基本书意识、品牌意识、规模意识是所有出版社都应该要遵循的选题策划者的原则,也是出版社经营要考虑的一些要领。市场意识是出版社在企业状态下的根本要求。古籍出版社如何扩大自己的市场呢?主要就是靠出版社自己的专业。如何出好专业图书呢?就要靠抓住基本书。那么基本书又靠什么呢?就是靠出版社的品牌。有品牌就有了竞争优势。而品牌的最终体现是什么呢?就是规模。没有规模,就形成不了品牌。但品牌的规模是有差异的。高端书是几百套就上了规模,而普及书是要达到万套以上才算得上规模。

在这五个意识里面,市场意识是最后的目的,规模化是达到市场化的一个最明确的体现。这两个可以说是我们的目标。而中间三个的专业意识、基本书意识、品牌意识是达到最终目标的相互联系的三个手段。

三、古籍策划面临的新问题

1.国家文化战略与古籍专业出版的关系。

图书的选题策划必须密切注意国家政策的变化,有有利的,也有不利的。我们必须把国家政策的限制转变为一种机遇。现在是建国六十年来古籍出版的最好的时代。国家文化战略的转变是相当重要的。古籍出版社要注意争取国家项目，促进出版社的发展。但是一定程度上，国家项目基金的支持也会造成编辑一定的创造思维能力的下降。

2.经济发展。

随着经济发展，读者的文化品位提高以后，就形成了多层次的出版。多层次出版就会引起出版的一系列变化。特别是装帧形式的变化。那么我们就要注意一些符合文化生态的，运用商务规律，出版一些有分量的丛套书。杭州的古籍社将南宋史的整理转移到我们出版社了，因为我们出版社的编辑力量强，能够把书出好。这都是经济发展后所产生的一些变化。但经济发展后同样会产生一些问题，其中一个就是出版者的学术良心：有些书是绝对不能出的。

3."走出去"的问题。

作为文化国策，中国文化需要走出去，获得我们自己的话语权。中华文化走出去的问题是一个现实问题，在目前的态势下单纯地依靠出版社的企业行为，其经济上的成功率是极小的。但随着国家综合国力的上升，其前景会不断开拓。现在国家大量的资金扶持，又创造了新的机遇。这无论从我们出版社的经济发展来说还是我们的文化担当来说，要将走出去问题提到议事日程上来。在这里面，主要解决观念问题。特别是民族性和世界性的关系问题，有两点是要引起注意的，一个是民族性越强，则世界性越强，我们必须要找到世界性和民族性的对接。另一个是过分强调世界文化的一体化，而否认了民族性。在世界化的过程中，我们必须坚持自己的民族性。

4.中华民族社科体系的建设。

在四五年前的一个全国社科会议上，锦涛同志就提出了建设有民族特色的社科体系这样一个问题。这对我们出版社的品牌形象建设与效益会产生很大的影响。我们现在很多的学术都只是把国外的舶来品往自己身上套,这是不行的。真正要形成我们自己国家的语言,就要构建我们自己的话语系统。现在的国家社科基金就是大力地辅助了我们民族的社科体系的建设。在现在的产业转型的过程中,一定的科技创新是能够获得国家的大力支持的。

5. 数字出版(电子出版)和纸质出版。

作为我们年轻编辑,我们一定要看到数字出版会成为年轻读者的主流阅读习惯。亚马逊的电子出版份额已经超过纸质出版。将来纸质出版将为数字出版所取代。现在电子阅读器日渐流行,技术上的进步给我们感觉"狼"真的来了。编辑需要思考关于电子出版的盈利问题。但是另外一个方面,编辑也需要意识到纸质书有长期存在的可能性,纸质书有电子书无法替代的方面。有几类书我们要注意,一类是高精美的画册,一类是学术著作。我感觉纸质书是会受到冲击,但不会消亡。最坏的结果是什么呢?纸质书与电子书互换位置,纸质书成为图书中的奢侈收藏品、装饰品,或者是需要深度阅读的书。但是不管是电子书还是纸质书,它们都只是一种载体的变化,内容是真正的核心,而我们出版社占据了大量的内容资源。在数字出版时代,我认为我们编辑策划越来越重要,并且是在一个新的平台上,如何利用现代化意识和现代的新技术手段,来思考如何进行综合性的编辑策划。所以我们要积极地应对专业出版所面临的新形势,在定位的过程中适时通变,找到最好的合力。

就古籍出版来说,我一直重复两句话:

第一句话,我们是传统的,传统是优势,但传统也是惰性。怎么样更好地克服传统的惰性,发挥它的优势,是我们专业出版的一个重要命题。

第二句话,古籍出版的题材是古老的,但理念是新的。现在,编辑的现代化经营意识,现代化的编辑策划观念是任何专业,包括我们古籍出版专业必不可少的。

编辑策划有一定之规,但是成败存乎其中。在我上面所说的众多的"形"中,怎样取得一个合力的"势",是编辑策划的最终目标!

谢谢大家!

(本文为作者讲话稿)

高校评估应重视古籍整理工作

古籍整理工作是弘扬传统文化的基础工程,在当前的国家文化战略中占有重要地位。中央与地方政府的有关投入逐年递增,然而与此形成反差的是古籍整理的人才日益匮乏。这种状况已引起古籍整理出版规划领导小组的深切担忧。造成这种情况的主要原因,是多数高校未将其纳入评估体系。为此,笔者急切呼吁:高校应充分重视古籍整理成果并建立相应的评估体系。具体建议如下:

1. 充分认识古籍整理在古代文化研究中的重要地位与学科性质。古籍整理历来被视作国学的根本,属于文献学范畴。历代大学问家几乎都是大整理家,他们的整理著作,其实体现了一个时代的学风与学术动向。优秀的整理著作,理所当然应作为学术成果来看待。

2. 规范古籍整理学术评估体系。应当研究制定古籍整理作品的科研评审标准,对于硕、博毕业作品的整理类著作应另行设计表格,各级评奖亦然。大抵而言有以下主要评判标准:整理对象的重要程度、整理方式与整理深度、整理思路的规范化与创新性、材料掌握的广度与深度等,宜聘请专家仔细研究。

3. 改进评估方式,鼓励古籍整理。古籍整理绝不是靠查查工具书或电脑就可解决问题的,一部优秀的整理著作,可以说抵得上数篇甚至十数篇论文。为此,对于从事古籍整理项目的高校教师、研究所研究员的学术评估,须打破逐年计功的评估方式,而改为时段约定,对于硕士、博士生的整理类毕业著作,可以考虑延长年限。

4.改进对集体整理项目承担者的评估方式。由于国家支持的大型整理项目越来越多,而青年学者普遍反映自己分担的部分不被视作学术成果,甚至拿不到合理的下拨经费,这是大型整理项目质量上的最大隐患。建议对分担大型项目的整理者给予鼓励,充分保障他们的合理经费,计算他们的整理成果,使他们从"打工者"成为负责任的学者。成名学者任主编者更应身为表率,大度有让,做一个古籍整理事业的伯乐。

（本文原载于《教育与职业》2012 年第 25 期）

加强古籍整理的研究品格

　　大会的会标很好地显示了本届论坛的宗旨。学术出版上海论坛,从去年开始,今年是第二届了。首届的主题是学术研究与出版的规范性,是一个普遍性的问题;本届的主题为古籍整理,是一个具体的专业问题。由普遍到具体,显示了论坛思路:由学术出版的共性到个性,再由个性深化对共性的认识。我想今后数年的学术出版上海论坛,将会继续对一个个具体的专业问题进行深化研讨,以逐步由各个方面丰富我们对学术研究与出版规范性的认知。

　　再就古籍整理专业而言,会议的前半部分,是发布建国以来优秀古籍整理图书的目录,这是表彰,更是对过往经验的总结;后半部分为"新时期古籍整理方向",则是一种展望,一种前瞻性的思考。总而言之,本届论坛的宗旨便是继往开来,在总结经验、树立标杆的基础上,发现问题,探讨新时期古籍整理健康深入发展的方向。

　　所谓新时期,也就是当下常说的转型时期。就专业出版而言,所谓转型,其大端如下:性质上的产业化,组织上的集团化,题材上新文献的大量发现,形态上纸质与数位的纠结,以及在文化大发展大繁荣的背景下,政府对传统文化出版的超过其他方面,且逐年增加的大量投入等等。可以说学术出版,尤其是古籍出版正面临建国以来最好的发展时机。成绩丰硕是显而易见的。从上千个上报项目中,遴选出来的91项优秀成果便是明证。然而新的问题也同时产生，而相当突出的一点是，对古籍整理研究品格的淡化。其极端表现有二。其一是许多高校将古籍整理著作排斥在学术成果之外；其二则是缺乏学术深度乃至重复的古籍整理工程不断出现，相伴而生的又有古籍整理质量的严重下滑。请注意，其二似乎正在为其一那种对古籍整理学术性的片面认知，提供背书。这就不能不让我们深入思考，在转型时期，我们是不是还应当坚守些什么。在我看来，没有必须的坚守，便不可能有成功的转型。

论坛六个主题报告的设计，便是希望对以上有关问题，由标杆性的项目出发，实事求是地作研讨。报告所涉及的有以下四个方面：从国家级重大古籍整理项目的经验看发展方向，出土与域外新文献之整理出版与相关问题，由传统要籍整理谈古籍出版的人才培养，以及古籍纸质出版与数字化的关系等等。六位主讲人都是学界与出版界的领军人物，由具体到一般，发表了精湛的意见；与会专家的互动发言也是精彩纷呈，无论是发挥还是辩难论诘，都有助于讨论的深化。我不能就此一一作解，只想提挈一个共同性的特点，这就是对古籍整理作着深刻的研究性的考量，从而显示古籍整理不仅是为传统文化研究提供文献资料，其自身也具备深刻的研究品格。在传统学术分类中古籍整理属于"文献学"，是一门大家辈出，有严格学术体系的大学问。可以说，91 种优秀著作的共同特征就是坚守了"文献学"的研究性品格。而转型期所产生的一些问题，也恰恰都源于背离了"文献学"的研究性品格。因此如果要问，在转型期，古籍整理应当坚守什么，六个报告生动地做出回答：最重要的一点便是坚守古籍整理的研究性。转型不仅不与研究性相背离，而且对古籍整理的研究品格提出了更广泛更深刻的要求。

关于古籍整理的研究性，可以写本厚厚的专著，而这里我只想以三句最朴素的话来提挈当前迫切需要取得共识的方向性问题，这就是应当整理什么、应当怎样整理、应当如何使我们的事业后继有人。

整理什么之所以需要研究,既因为中华古籍仅就留存文献而言即有二十万种左右,不可能也不必要全部整理;更因为古籍整理是一种事业,是事业就必须有总体设计。

总署对于古籍整理的总体设计相当重视,有关的五年规划、十年规划,都经过上上下下的反复研究;然而前述的极端表现之二,又反映了总体设计尚有待进一步完善。为此,建议要深入研究国家文化战略与古籍出版的关系,上午邬副署长的讲话已对此做了深刻阐述;要深入研究中华学术各学科研究的现状与发展态势,尤其是传统典籍与新文献的互动互补的形态,以使古籍整理更好地服务于民族性的社会、人文科学体系的建构;在此基础上更要深入研究各学科、各类别,乃至各种层次的古籍出版物的现状与今后立项的重点方向及现行审核机制的得失,从而使总体设计具有更合宜更科学的结构性,同时保证政府资助的有效性。应当说十全十美的设计,只存在于理想之中,相对完美的设计,也有个渐进的过程,然而有一点是应当立即着手的,这就是杜绝形象工程、首长工程与雷同课题的立项,为此建议除常规的项目评审制度外,对于投入较大(比如五十万元以上)的项目,应另行建立严格的专项审议制度。

关于怎样整理的研究,不仅是指常规性的点校笺注之属,自然,这也必须以研究的态度来确定整理方案的——更重要的是指以下两个方面。

一是各类古籍整理之学术规范性的研究。如常规校点笺注的学术品格与质量要求,影印古籍乃至出土文献整理的必备元素,引证索引的规范,乃至相应出版单位的资质审查制度等等。这些是提高整理质量的必需。二是要研究各类型古籍整理最相宜的整理形式与手段。譬如,在骨干古籍大多已有初步整理本的情况下,是否需要又如何进行深度整理;而二线古籍又应如何遴选课题与确定整理形式。又如,在数位出版日益发达的今天,哪一类选题宜用纸质,哪一类又宜用数位,或者纸质、数位并举,整理的数位化又应当具有哪些必备元素。这些问题的研究又是提升整理学术价值、节约整理成本所必需。今天发布的 91 种优秀作品,其评选过程也是一种研究的过程,建议每一种总结一下有关心得,结集出版,相信对大、中、小型的常规古籍应如何整理,具有示范或指导作用。

要想继往开来,古籍整理的人才培养又是必须深入研究的。

首先,是要研究古籍整理人才的素质要求,从整理什么、如何整理已可见,今天的古籍整理人才,无论是学者与编辑,不仅需要扎实的专业知识与专业技能,同时需要广阔的视野与敏锐的思辨能力,而学术研究的跨学科趋势,又要求学者与编辑在知识面上的通博与深化,这样才能胜任从遴选课题,到确定手段,到撰作,随后编辑成书的全过程;学者与编者若不能从以上方向去努力,那么他的工作很可能就是无用功或事倍功半。这种情况,在我三十年的编辑生涯中见到过许多。数位化的技术进步又对古籍整理人才提出了更新的要求。文史数据库为研究提供了前所未有的便利,然而数据库资料的粗糙与不完全,又使研究者时时落入数位陷阱,黄一农先生的报告对此做了很好的阐发。因此如何培养文史知识与数位技能兼通的复合型整理人才,又是迫切需要引起重视的课题。

其次,要研究行之有效的培养途径,通过高校文史专业,尤其是文献整理专业来培养,在相当长的时期里,仍是人才的主要来源。然而,经验证明常规的高校文史教育对于古籍研究与出版是远远不够的。事实上,每一个著名的文史院系乃至教授,每一个知名的古籍出版社,都有自己独到的人才培养的心得。而有一点是共通的,就是通过课题出人才,课堂教育中获得的知识,只有在具体的课题操作中,才能不断丰富深化,融会贯通。因此如何通过有一定规模的古籍整理项目来培养我们的研究与编辑人才,如何完善课题培养机制,而克服当前项目操作中的种种陋习,又是我们要认真研究的问题。今天,徐俊、高克勤、陈尚君先生的报告都涉及这方面的内容,有相当精彩的见解,可以引起进一步的讨论。

　　培养人才最重要的,还有一个机制问题。建议主管领导部门将人才培养问题列入古籍整理规划;建议改变目前单一的项目资助办法,而分出一部分资金专用于人才培养工作;建议在常规的人才培养办法之外,做一些创新,比如,能否通过高校与出版社的合作,成立专门培养古籍整理人才的系科;建议主管部门与高校有关方面沟通,建立古籍整理项目的学术评估机制,将确有价值的古籍整理作品与研究著作一视同仁。事实上,一部高质量的古籍整理作品常常包含十数篇,甚至数十篇大大小小的学术研究论文。纠正轻视古籍整理学术性、研究性的片面认知,是吸引更多的才俊之士投入古籍整理伟业的当务之急。

　　以上结合今天的主题报告,以加强古籍整理的研究品格为核心,就整理什么、如何整理、如何继往开来培养人才三方面谈了自己的一些粗浅的看法。最后,我想强调一点,三方面的研究是否确实能得到加强,归根到底还有一个症结性的问题,就是必须培养古籍研究与出版人员的学术良知。产业化大潮下,对于利的重视不可避免,也无可厚非。然而古籍整理同时是一种百年大计的文化事业。因此,我强烈呼吁古籍出版社的社长总编们要善于从发展我们的文化事业中来壮大产业规模,要善于寻找争取各级资助与维养出版社学术品格的契合点。这一点对于获取国家与地方政府资助的项目来说尤其重要。每一个政府资助项目,从申请立项到组织、编辑、出版,首要的是学术良知指导下的学术判断和学术践行,而切不可把项目申领变成"圈钱运动"。我们这一代古籍出版人应当为我们的民族积累起一批文化精品,学术精品,而千万不可让后人指责我们留下了一大堆"文化垃圾"。这是我,一个服务古籍出版社三十余年的古籍出版人的衷心希望。

　　　　(本文为作者在 2013 年"学术出版上海论坛"上的发言稿)

需要的是理性

市场意识有盲目的、有理性的,我们需要的是理性。

盲目的市场意识中为害最烈的是"趋同意识"。趋同是后现代文化商品的特征,却过早地来到了尚不成熟的中国图书市场。"奶酪"好销,都做奶酪;"歌狂"大热,大家来狂。诚然每年的书市能出现数十百种弄潮儿般的畅销书;然而后面却跟进有数以千计效颦者的滞销品。全国每年多少亿的库存积压,盘点一下,盲目趋同者,当占十之七八。

与盲目趋同孪生的,是对图书商品属性的盲目夸张。图书作为文化商品,过去强调文化而每每忽略这一词组的主词"商品",这固然偏颇;然而从另一极端抛弃限定词"文化",同样大谬而不然。当"重"楼轻珠进而演化为金玉其表,"陈粟"甚至败絮其中时,读者大倒胃口之际便当来临。试看今日小区里弄中那些高级地摊上的一折书,便是这类夸张化的商品书的流产儿。

当盲目趋同与盲目商品化双鬼为虐愈演愈烈之际,人们便重新返诸理性。我绝不反对热点捕捉,更不可能无视"文化商品"毕竟还是商品,然而对二者须有理性的认识。

现在没有一个成熟的出版人会脱离市场来谈社会效益,大家也都知道文化商品的竞争同样是一种"商战",然而说到"战",基本的一点自然还是"知己知彼"。知彼是个大题目,这里不遑详论,仅仅指出其中一点:不要低估甚至轻侮读者。低估人者必自低,轻侮人者必自侮；如果看不到读者之中涌动着提高文化品位的自觉要求，不能前瞻性地从图书的文化内涵上来适应读者，引导读者，则必将在失去读者的同时，丧失自身的原创能力。知彼带过，且着重谈一下"知己"。"知己"最根本的是明白自己能做什么，宜做什么，不能或不宜做什么。近日随集团往浙江考察，一事给我刺激甚大。杭城某专业书店中陈列的《莎士比亚全集》有七八种之多，却偏偏找不到我们"上古版"的莎翁集。不是书做得不好，而是书店首先不认你这个品牌，尽管上海古籍出版社是老品牌，然而此品牌不等于彼品牌。于是我更坚定了历来的看法，理性的市场意识，就"知己"而言，首先应当是明白出版社的个性与自身的市场定位。不企望遍地开花，不盲目趋同跟风，不把人家已然的商业效应错当作自己未然的效应。这对于"上古"这样的专业社来说尤其要紧。

"相关相近"，曾经被视作一道紧箍咒，然而现在看来，至少对专业出版社而言，却是一道防洪闸。专业社也要寻求热点，但首先应是自身的热点。"上古"近期最成功的例子是"蓬莱阁"学术丛书与"图文本三百首系列"；其次是相关相近的热点。"上古"的画册避开专业书画社的强项，从结合自身文史优势一点切入，效果也还不差，竟已自成块面。当然传统是优势，传统也是惰性，发扬自身优势寻找并打造热点，存在着理念（比如什么叫文化，也是一种理念）与表述更新的问题，这是另一个话题了，且不表。专业社是否可以追求跨专业的热点呢？可以试，但一是应总量控制，谨防舍本逐末；二是不宜与其他专业的品牌产品硬拼，而可就大家均无品牌的题目作尝试。综合社这方面前途更广，上海人民社由"歌狂"等开始，形成自身新的青春读物品牌，是个范例。

理性的认识能力可说是一种"良知"。良知由认识能力与道德善心两个相辅相成的层面构成；因此正确的理性意识与出版人"老生常谈"的社会责任感是不可分的。舍社会责任感而谈市场意识，便会偏离理性陷入盲目。或许能获利一时，但最终还是这句话：轻侮人者必自侮。

　　于是我想到了出版社的性质问题。是事业还是企业，大政由上面来定，普通出版人其实毋庸置喙。但无论如何，怎样处理文化与商品的关系还是可以想可以做的。过去包括笔者在内，不少人对"事业单位企业管理"的提法有意见，认为不伦不类；现在看来倒也有一定的合理性，不妨试作新解。如果定出版业为事业，出版人也必须有企业经营的意识，因为图书是"商品"；如果转轨为企业，出版人仍应有事业意识，因为图书是"文化"。如果真想为"先进文化"出点力，添块砖，执此二端而"君子时中"，乃是应具的不移的主心骨。至于是事业，是企业；是"事业单位企业管理"，还是反过来"企业单位事业管理"，我们搞具体工作的，除了不免关心一下退休下来工资打几折外，其他是不必多虑的。

（本文原载于《编辑学刊》2004 年第 2 期）

出版业集团化面临的三个问题

自从中国加入世贸组织以后,为了迎接即将到来的出版业的国际化竞争,国内各大出版社开始了集团化的进程,但在实施中也遇到了不少问题,尤其集中在以下三个方面:

一、集团化是否也可以有中国特色

答案现在已是肯定的。通过政府意旨加速集团化进程,本身就是一种中国特色。面对"入世"后的新态势,一定程度的政府干预是必须的。大陆出版界素来山中无虎,猴子称王。如果一味强调自由竞争来兼并重组,只怕"群猴"撕咬未已,外来"虎狼"已成吞噬之势。

然而特色不能有违规律,中国特色的出版集团化更深一层的含义应当是,在政府意旨与出版个体的自我发展之间寻找到合适度。这在拥有一批个性鲜明的名牌出版社的上海尤其重要。出版集团化在上海,不妨分为"初级阶段"与"高级阶段"两步走:

初级阶段的关键是:集团高屋建瓴的统一意旨与各个体传统个性及当前利益相结合。不仅通过做大来做强,反过来,也通过各个体的做强来使集团做大。

　　初级阶段的集团领导主要功能有三：其一，集中管理人才，对下属各个体如何通过经营管理来发扬个性优势做强，给出宏观指导，这是最重要的一点；其二，寻找关乎共同利益的新的增长点（包括副业），促成下属各个体的协同合作，以形成规模化的集团效益。其方式可以是项目股份制，也可以是抽调一定百分比的利润集中经营；其三，审慎地建立利益共享的集团职能部门，比如内部融资机构，集团资料库及信息网，并制定运作办法。

　　初级阶段的总体特点是统而不死，分而不散，重心在由做强到做大，当然二级法人制是必然的。如此数年后，便可总结经验，参照更先进的模式，寻找同样具有中国特色的"高级阶段"的组合形式。

二、如何迈出第一步

　　对于"入世"后的对策，我一直主张"攻势战略"。最近更获悉，让中华文化走出国门已列为上海出版业的战略任务。这不仅义不容辞，而且是势在必然。从业已运作的《文化中国》项目所遇到的种种问题来看，私以为走出去的第一步还不是具体的项目。"兵马未动，粮草先行"的道理人人都懂，然而如孙子所云，先于粮草的更有"用间"。"用间"种种，归根结蒂在于不仅知己，更要知彼，《文化中国》的运作困难，恰恰在于知己不知彼，不知"彼"之种种情况。

　　应当组建类似前哨班的小分队，抽调有五年左右编辑经验、活动能力强、外文好、有事业心的青年干部四五人到欧美住个一年半载。其工作重心可有以下数项：其一，切实了解海外华人社会与主流社会两方面对中华文化的观感、关注点、接受习惯，以便有的放矢；其二，了解并学习海外出版法规与运作习惯，防止再吃"哑巴亏"；其三，广交朋友，寻找新的合作伙伴，以免为有数的几个"老朋友"牵着鼻子走；其四，与有影响的海外社会团体，尤其是华人团体建立伙伴关系，组建海外翻译队伍，寻找共同关注的合作项目；其五，设定滩头阵地（或说窗口），既展示形象，吸取新理念，又能重点调查如何利用"价格优势"逐步扩大海外市场。

费用是一个问题，但一来既是战略任务，便应有大手笔；二来，据过去经验，三五人租间公寓，伙食基本自理，开支可大幅度节省；而一旦找到热爱中华文化的海外华商，更可有所资助。一个出版社可能做不起来，由集团来搞，相信不成问题。

三、警惕豪华背后的新平庸

豪华背后的新平庸，有可能成为大陆出版业新的泥淖的趋势。比如说图像化吧，图片越来越多，印制越来越美，但观其内容，往往不仅陈旧而且粗制滥造；又比如说包装吧，用料越来越豪华，体积越来越庞大，但剥开层层笋衣，却只剩下一个笋尖，而且往往烂了心。所谓"一折书"现象，正是豪华背后新平庸的恶性产物。其后果不仅倒了读者的胃口，也损伤了出版社的信誉与个性。

包括装帧形式在内的新的表述形式的追求势在必行，但这同样有个"度"的问题。创新的基础永远在于出版社的学术个性，创新的本质永远在于出版物的文化内涵。东施效颦是笑话，而西施效东施之乱抹脂粉更是荒谬。图书的多功能性应当重视，但文化载体永远是它的本质属性；二渠道、工作室的成功经验应当学习，然而须知，他们也正在努力学习我们自己却正在放弃的历史积淀。去年我曾提出，重振上海出版业雄风的关键不仅在质量，在人才，更在理念。今年我想再补充一句，理念的更新并非一味追新逐异，而恰恰应当是历史个性在当代文化生态中的延续与更新。海绵吸水仍然是海绵，草纸吸水则势必成为一摊烂泥。一个出版社如此，上海出版业同样如此。

（本文原载于《编辑学刊》2003 年第 2 期）

古籍类图书的选题策划

一、新时期古籍选题策划的一些基本理念

这里,我将古籍与普及读物放在一块儿讲一讲它们在选题策划方面的一些基本理念。

(一)适应读者、引导读者原则
——普及与提高理念的深化

在适应读者、引导读者的原则里面首要的一点,就是要从过去的编辑本位转化到读者本位。前面说的古籍编辑闭锁心理最具体的反映就是编辑本位。编辑本位就是选题策划及出版中什么都从编辑本身的喜好出发,这是很容易犯的错误。所以我们要从过去的编辑本位转化到读者本位。转化到读者本位是为了适应读者,但是决不是去迁就部分读者的低级庸俗趣味。在适应读者的基础上才能进一步引导读者。也就是我们必须看到读者需要中情趣品位的前瞻方向,把群众中间对文化渴求的健康的方面进行提升来引导读者。适应不是迎合,而是适应读者中潜在的提

高文化品位的趋势。从这里面我们可以引起对普及与提高理念方面的一些新的思考。普及与提高，从文化角度来讲，提高当然像过去一样继续承担着文化积累的任务，但是还会有一些新的任务，要改变学术研究一成不变，年复一年方法与理念都没有突破的局面；学术研究因时顺世的问题，不能固步自封，古籍整理研究也有一个从编辑本位向读者本位转化的问题。学术界的关注热点及动向不同，古籍整理研究的项目也得变。比如，现在电子、网络出版在古籍专业内最有发展前途的是两个方面：一个是儿童读物，一个是集成性的整理著作和大型资料。应充分注意在学术著作上，一方面要反对贴标签式的所谓的新思维的著作，这可以说是一种伪科学著作；另一方面我们更强调要在中西学融通的总趋势下逐步地切实地建构中华文化各个部类的理论构架。所以我们现在正鼓励出版下面的一些著作：一是传统学术部类的中西融通的深层次的研究与比较研究；二是新兴学科与多学科的综合研究，在当前尤其重视由民族学、民俗学、人类学、心理学、语言学等角度切入并进行综合研究的著作；三是中华学术史，尤其是近现代学术史由分到合的深入研究；四是对中华文化传统的本质特性与演进形态进行深层次研究的著作，其中的核心问题比如自然观、价值观、认识论、方法论、审美形态的系统性的梳理与研究，又是这方面的基础。同时要打破、改变五四以来精英文化与大众文化相互隔绝的局面。五四以来的文化现象最沉痛的教训就是精英文化与大众文化互相隔绝，精英文化的思考成果不能转化为大众文化的成果，使得大众文化长期处于一种低水平，不能提高；同时使得精英文化变成一种孤立的东西，而逐渐失去生命力。这种精英文化与大众文化相互隔离的现象甚至影响到中国整个政治经济发展的前景。所以我们这一代文化人很重要的一个任务就是要使文化积累的成果转化为社会性的大众文化，这也就是我们当代的文化积累的一个时代性难题。我们做普及读物不纯粹是为了赚钱，普及读物从本质上来说，是学术思想成果的社会化延展，所谓提高指导下的普及，就是这种学术思想成果与民众心理以及娱乐习惯的结合。普及实际上是内容浅切化与社会功能深入化的矛盾统一，我们要从这样一个角度，高屋建瓴地来处理普及读物，改变普及读物过去的那种比较粗率的做法，向知识化、系列化、精品化方向发展，也为我们提高类的读物培养潜在的读者群。一句话，"普及读物要精品"。从经济效益来说，也要打破过去的以书养书的简单化观念。不是说普及就是经济效益，提高就是社会效益，不能简单地这样二元划分，从学术项目来说，有些必需项目还是要赔钱的，作为一个有责任心的出版社而言，你完全可以也应该养起这些书来，但数量不能过多，大规模地养是养不起的。学术著作也是要追求一定的经济效益的，一方面是间接的经济效益，也就是前面说的品牌问题，形成了品牌就会有效益；另一方面学术著作完全可以有直接的经济效益，如果在因时顺世方面做得好，还是可以产生较大的经济效益的。例如我们社出版的《蓬莱阁丛书》是比较成功的，《李鸿章评传》等新型的学术著作不但都是不亏的，而且产生了一定的经济效益。所以，有远见的出版社是不会放弃学术著作这个阵地的。

（二）基本书原则——古籍出版
选题的布局理念的深化

过去全国的古籍出版社在布局时有一个大体的分工，例如中华书局主要搞历史、哲学，我们上海古籍出版社主要搞文学。后来，形成市场竞争后，我们也在历史和哲学领域里做文章，在这块领域里"圈地"，中华书局也在文学领域里圈占。但不管怎样圈来圈去，都是占住一块阵地以后它就要把这个块面做得面面俱到，这是过去古籍出版社在选题布局时的一些理念。现在看来这个理念需要改变。在古籍出版中,我认为要确立一种基本书理念。就是说不是所有的古籍都有出版价值和流传价值,古籍基本书是我们民族文化的主要承载者,我们要在这些基本书里面多做文章。所谓普泛性和恒久性主要就体现在古籍的基本书上。什么叫基本书呢?有三个层次:第一个层次是一个文化系统基本的经典著作,例如四书、五经、十三经、二十四史、大作家集、四大小说、三言二拍、唐诗三百首、千家诗等等这些都是古籍基本书;第二个层次是各个学科部类它也有自己的基本资料,例如唐诗领域,它有一些基本书像《全唐诗》《全唐文》《郎官石柱题名考》等等,这些书的市场价值肯定不如第一类更具有普泛性和恒久性,但有相对的读者群;第三个层次是环绕上面两种基本书的一些基本问题和基本观念而引申出来的一些资料集和研究著作。我们应该注意,基本书有它的恒性,但也有相对的变动性,依据各个时期关注的热点不同,它也有所不同。在以上三类基本书中,第一类是最重要的,它既为各个学科所需要,也为一般读者所需要,它具有最大的普泛性和恒久性;对第二类基本书,应该有所取舍,也可以以变通的方式来策划一些别的出版社曾做过的相关的选题;对第三类基本书就更应该根据出版社自身的优势来确定选题,要有独特的切入点。

(三)数度开发、学术为本、表述更新原则
——对题材与出版物功能理念的深化

　　古籍题材的开发是极其有限的。因此在不同的时代,应有不同的切入视角,有不同的表述手段,唤起读者的阅读兴趣。古籍就是这些有限的题材,但因为它的普泛性、恒久性,它又是大有可为的。同一个题材,可以两度、三度甚至四度、五度地开发下去,这样就会引申出很多选题来。而数度开发的关键在于学术为本和表述

更新。学术为本有两层意思，一是准确生动，二是敏锐创意。第二点更重要。对学术知识的研究是无穷尽的，在对学科知识准确生动把握的前提下要明了我们学科研究的动向，取法乎上来推动本学科的深入发展，只有这样才能掌握本学科前沿性的一些东西，这样在处理相应的普及读物的时候就可以形成高屋建瓴的态势，在以学术为本的同时，会启发很多普及读物的思路。表述更新就是要寻找适应时代、适应不同读者层次的表述形式。举一个例子，我们社 20 世纪 80 年代曾出过一套生活文化丛书，有一些很简单的线描图，今年我们就把它改成一个图文本，出版一万套，已经销售完了，效益比以前的要好得多。表述形式更新以后，更加适应当前不同层次读者的需求。所以有些古籍题材的数度开发是很重要的，在以学术为本的同时要注意表述更新，要学会变通。一个时代有一个时代的符号系统，语言是主要的，还有图像等等，把它们综合起来运用形成一种新的表述手段，是我们古籍题材能否进行数度开发的一个很重要的问题。由此又引发出出版物的功能和观念的转化，当前出版物的功能已经从单纯的知识载体转化为一种多功能的媒体，特别是中下层次的读者对出版物的要求除了知识媒介外，还包括欣赏、休闲、收藏甚至身份的标志等等这样一些功能。所以适当地利用这些功能，适应各种读者层次的经济承受能力设计出新的品种，是古籍选题开发的一个重要课题。当然知识载体的功能是本质的，我们不能买椟还珠，把知识功能扔掉去追逐别的功能，这是不可取的。

（四）领先一步、提高一层的原则
——对热点与跟风认识的深化

　　古籍读物是恒温的，恒温的特点决定了它很少有当代作品那样的热点，但是古籍里还是能找出一些准热点，抓住准热点最好的是要领先一步,领先一步的前提是要学术为本,表述更新。一旦不能领先一步就会产生跟风的问题,跟风是一把双刃剑,跟得好,跟得早,还是可以赚到钱的;如果跟得不好,会落得大量积压的下场。现在各个出版社最大量积压的书绝对不是学术著作,而是跟风的书。因此关于热点问题我们如果不能领先一步,至少要能提高一层。我们出的《蓬莱阁丛书》就是提高一层的成功例子,当时各家出版社都在出近现代名家丛书,但我们精选近现代大家篇幅不大的经典之作,并加以名家导读,结果销量都不错,最多的卖到了 5 万多,最少的也有 1 万多。

(五)规模与品牌原则——关于出版社的
个性与精品战略认识的深化

长期以来我们很强调出版社的个性,这无疑是对的。就是综合性出版社它也应有个性,综合性出版社如果不形成自己的个性和品牌,它也是难以成功的。对读者来说,没有个性的出版社是没有信任度的。但是在市场经济的情况下,出版社的个性又必须体现在进行文化积累的同时形成规模化的经济效益,完全不谈经济效益,只谈学术个性在当前社会是行不通的。规模化是出版社个性成熟的体现,经济效益的规模化不但和出版社的个性不矛盾,而且是出版社个性成熟的体现。而古籍出版这样的专业性尤其强的出版社的规模的形成,又必须注意充分发挥专业特长,形成自己的品牌,品牌意识是精品意识的深化。所以,规模与个性,品牌与精品的关系启示我们,古籍出版的选题策划应当充分发挥专业优势,通过一个又一个系列的精品专业图书,形成自己的品牌,从而产生规模化的经济效益。而规模一旦形成,又能够使一个品牌光景长新。

（六）策划选题到经营选题的原则
——编辑策划理念的深化

过去编辑考虑问题只到市场调研，策划的步骤就结束了，但在市场经济的条件下，策划理念的深化是一种最重要的深化。编辑的策划不仅要拟订宗旨、对象、体例、作者等等在选题制作本身方面的纲要，更要对市场的前景、时机、选题的生命周期、印数、定价、营销手段方面都有谨慎的考虑。我们说经营管理，一般指人事制度、分配报酬等方面的管理，这些都是很重要的，但据我来看，出版社的经营最主要的经营就是选题经营，对于选题，我们不仅要策划它，更要经营它。任何选题都有一个生命周期，你要好好地去研究一下。选题经营的问题也向我们提出了出版社体制改革的问题，编辑部、出版部、发行部各自分开的体制是不是完全合理，也值得考虑。现在我们在提倡一种文编、美编、出版、发行融合成一个整体的出版体制，各条线协同工作。

（七）法规与合同意识——法制观念的深化

选题策划必须符合法规，古籍选题的策划制作也同样，特别是不能出现政治性错误，如国体、民族、宗教、边界等敏感问题尤其要重视。但是我们不能把政策法规仅仅看作一种限制，有时候政策法规会给专业出版社的发展带来新的契机，最近几年中央围绕建设有中国特色的社会主义文化的一系列政策实际上已经给古籍出版带来了新的机遇，就看我们能不能把握。还有合同问题也是法规问题，在古籍出版里面最容易犯的合同错误有两个，即两个陷阱。一是时效陷阱，稍微牵涉到古代的东西往往被看作是过了50年保护期，但是有时候它偏偏就没过。我们出过一套改编本的历史演义小说,其中有一本根据《隋炀帝演义》而改编成的演义小说,我们以为《隋炀帝演义》已经过了50年保护期了,但它恰恰没过50年,只有40多年,违犯法规了,遭到作者家属的索赔,赔了他25000元费用,才算了结。还有一个陷阱就是图片问题,现在出版社对于图片的使用相当不规范,这其中存在着对图片资料的法规不太清楚的问题,例如博物馆藏的图片、图书馆藏的图片到底收藏权要不要付酬就是一个大问题,这些法规不是很清楚。

所谓选题策划的要领就是上面七种具体的原则,掌握了这些原则,怎样进行选题策划也就水到渠成了。

二、选题报告的酝酿和撰写

合格的选题报告实际上是综合运用以上各条原则进行思考的结果,说得郑重些,在形式上,选题报告其实就是一种论文,是一种特殊体裁的论文。目前的选题报告存在着越来越简化的倾向,有些选题报告只有二三百字,过于简单。这是很危险的,这说明对选题策划的思考太粗略。选题报告的论证应该是相当严密的。

选题报告大致可以包括三个部分:一是选题的依据部分,包括选题的宗旨、对象等等,宗旨和对象是基于市场调研的情况分析报告,是对该书前景的有根据预测;二是选题的策划部分,包括体例的确定、作者的选择、操作流程、出版时机等等;三是选题经营部分,包括该选题需要多少投资、资金运作的方式、营销中基本的策略和手段、选题的生命周期预测等等。选题的依据部分中,核心问题是市场调研与分析。市场调研过程中应该注意两点:一是前瞻性地看问题,要分析市场将需要哪些图书,它的需求量和规模大致有多少等等;二是调查了解同类图书的出版情况。在了解情况的基础上再确定做哪些选题，要怎样做。选题的策划部分中，最关键的是体例的确定，体例确定的基本原则：一是独占性。其中又有两层意思，第一层是题材本身是独一无二的，这种绝对的独占性相对来说比较少，体现于一些大型的资料；第二层是相对的独占性，就是从常见的大家都可以做的题材中努力创造出相对的独占性来，这就要充分发挥自身的特长，使得这个题材你做过以后别人很难效仿，或者是相当长的一段时间内很难达到你的水平。与相对的独占性相关的因素是设计要新颖独到，要有一定规模，要选优秀的作者，要有品牌等等。二是规模化。规模也有绝对的规模，大型选题像《辞海》《续修四库全书》等等，但更恒常的是相对的规模化。重要选题要努力使它形成规模，小选题形成规模的要点是：高印数、重版率、系列化。小选题尽管码洋少，但因为对象广，它可以形成高印数，形成重版率，形成系列化。重要选题单个品种很容易就沉埋于书海之中，但一旦形成系列，就能集腋成裘，就能由不起眼变得起眼，就能形成一定的规模。但是系列书也得注意适度，不能太庞大，一个系列中品种不能太多。选题经营部分最重要的是资金运作与营销策略。编辑最好能懂得一点财务，懂得选题策划制作前期及运作过程中的资金投入及运转情况。营销策略中最重要的因素是定价因素，我举一个例子，就是我们社出的《戴敦邦新绘红楼梦》。照常规定价应该定 200 元，但经过仔细研究后决定定价 160 元，市场销售的实际情况证明我们的决策是成功的。此外，选题生命周期的确定也十分重要，不然就会产生初重版赢利，三版又都赔进去的情况。

　　从上述所见，选题报告其实不是报告本身的问题，报告很好写，难就难在怎么样去全面处理上述的这些原则，怎样抓住时机去策划一些好的选题。选题报告得综合考虑各种因素，把感性印象上升为理性认识。

三、古籍图书的普及问题

普及图书选题策划的原理实际上和其他古籍图书选题策划原理是一致的。下面我再简单介绍一下普及图书的"一个宗旨,四个理念,一个根本"。一个宗旨就是"普及读物要精品"。如前述,从本质上说普及读物是思想学术成果的社会化延展,所谓提高指导下的普及应该是这些成果和民众心理、娱乐习惯的结合,是内容浅切化与社会功能深入化的矛盾统一。普及读物要讲究经济效益,但普及读物不能与经济效益画等号,因为普及读物承担着在最广大层面上延续中华文明的历史重任,而越来越激烈的市场竞争,更决定了粗制滥造的普及读物是会被挤出市场的,难以形成经济效益。为此,我们在普及读物上也要树立品牌意识。再从四个现象中来看普及图书策划的四个理念:

一是从《绘图本唐诗三百首》现象来看反俗为雅的理念。我们社的《绘图本唐诗三百首》卖得相当好,这是因为我们在策划此类普及图书时贯彻了反俗为雅理念的缘故。普及与俗是两个概念,普及是通俗读物,但它不等于俗,普及不但要与庸俗划清界限,而且要与时俗彻底划清界限。普及读物要追求一种俗中见雅的品格,高品格、系列化应该成为普及读物的一个基本走势。

二是从戴敦邦现象中看名家画名著的理念。最近我们出了不少戴敦邦先生的绘画书,今年年底我们还要出一本画册,叫《中国道教人物画传》,比他的红楼梦还画得好。《戴敦邦新绘红楼梦》的成功因素中除了前面讲的反俗为雅外,最重要的因素就是切合了当前通俗图书出版的一种多功能的需要。

三是从经典现象中看多层次理念。普及是一个大概念,普及的对象有不同的层次,所以普及读物应该以受众不同的文化程度和年龄层次,不同的时段和地域的经济情况来设计出不同层次的普及品种来。例如对四大小说,我们做过会评会校本,也做过通行本、小字本、绘图本以及画册本,有着不同的层次。所以对于经典名著,完全可以从不同的层次来做一些普及选题。

四是从余秋雨现象中看精英文化大众化、大众文化精英化的理念。余秋雨尽管受到一些批评,但批评者做不了余秋雨。余秋雨现象是近20年来图书出版中最值得关注的现象,余秋雨的功绩在于他开辟出了一条以通俗形式来介绍精英文化的新路,以通俗形式来谈精英文化,以休闲形式来谈学术问题的一条新路。他顺应了当前读者中间涌动的提高文化水平的需求。余秋雨现象实际上不是孤立的,这个现象在先进国家早就有过。

以上一个宗旨、四个理念归根到底是一个根本:学术素养的根本。没有深厚的学术素养根底与学术敏锐性,通俗就会变成庸俗,就会流于时俗。因此从事普及选题策划的工作者,千万不可以自外于学术研究。编辑是杂家,但最好又是一方面的专家,因为各学科的基本原理及思维形态有同一性,专一门方能以专统杂,而不是杂而无统。在某种意义上来说,普及读物比学术研究更难做。因此,我们需要有高水平、高素养的学术研究者来策划创作不同层次的普及读物。

(本文为在第一届全国古籍社编辑培训班上讲话稿
的节选,后发表于《编辑之友》2002 年第 3 期)

重振上海出版业雄风思考断片

优势、弱势、危机感

从单纯的数字来看,上海出版业在全国所占的市场份额,十数年前已不复半个世纪前那种优势;然而从结构上看,当时还无所谓"危机",那时外省的崛起,主要在中小学教材、教辅方面,市场份额的改变还是外部的政策性的,然而当外省将此方面所积聚的经济实力转化为常规图书数量质量的全面提升时,上海出版业的"危机"就真正迫近了。这只要看看七八年前鲜为人知的广西师大出版社近几年的选题结构与发展态势就不难明白。

数量、质量、理念

重振上海出版业雄风,已提了许多年。问题是"重振"的出路何在? 我想,在政策没有变化的情况下,不妨承认,达到或接近三四十年代的市场份额,实际上已不可能。于是重振的思路,首先会想到质量；然而质量其实并非单纯的编校质量，甚至不仅是一些具体选题的创意。总体质量的提高，应该是出版理念的更新。所谓重振上海出版雄风，目前是否应首先考虑在出版格局、人才机制、思维形态等方面如何领先一步。半个世纪前上海出版业的独领风骚，其实是"得风气者得天下"的结果，而现在上海在中国乃至全球的经济文化上的战略地位，正是上海出版业新的优势。打通这一关，总体质量、绝对数量的提升自然而至。而一旦政策因素改变，就可能在市场份额的再分配上重占优势。

格局、竞争、集团化

外省之所以能把由教育出版积聚的经济优势转化为出版物的全面提升，"大社"在战略、人才、出版资源、财政方面的协调，是一个重要因素。上海虽有出版集团的建立，但近几年来的态势是，已将过去省市间的列国纷争，搬演到本市内部。竞争也不是坏事，促使各社绝地反弹；但蜗角争锋，此消彼长，人力物力的浪费不说，各专业社的个性也正有减弱的趋势。能否在竞争与协作之间寻找到合适的杠杆？顺应当代学科交叉的趋势，进行专业社之间的协作，搞出上海的规模化拳头产品，是否比跨专业地无序地杀个天昏地暗更有前景？这些要研究，更要协调。集团化无疑是方向，哪怕初期有这样那样的问题。也许应当允许多种模式的集团存在，以逐渐摸索适应中国现状、符合内在规律的路子。最可虑的是长期议而不决，《史记》就反复说"当断不断，反受其乱"。

人才、机制、嫁衣裳

谁都知道优势的关键是人才。人才一靠引进，二靠识拔，都要经济实力与合理机制，而在实力有限的情况下，机制更新尤其重要。就说社长责任制吧，社长想不拘一格引进识拔人才，却在经济权限上动辄受掣。听说有些社长"乾纲独断"，采取了一些非常措施取得成效，是否可交流总结一下，划出几个道道来，赋予社长更大的合法经济权限。

"为他人作嫁衣裳"，曾经是编辑清风的美谈。而这句诗的上一句是"苦恨年年压金线"，编辑们是否也有点"苦恨"呢？编辑创意等智力投入，应当看作是一种投资，这一观念目前已逐步为人们接受，各社也有些相应措施，能否也交流总结一下现有经验，探讨一下其法理依据，提出合理合法的导向，以最大限度地激发编辑创造力，也防止一味"为自己作嫁衣裳"的倾向。

传统、个性、逆向思维

传统是优势与惰性的二律悖反。上海出版半个世纪前的优势，目前在格局、人才机制、创意等方面已转化为惰性的成分不少；然而在克服惰性的改革热潮中，也须注意莫将优势作惰性。处理优势与惰性的关键是个性，是否真正克服了惰性发扬了优势，我想最终应看出版社的个性是在更新中加强，还是在异化中失坠。这里逆向思维是应当提倡的。无论在选题结构、策划创意、规章制度、分配机制上,切忌因一时的"冲刺"而损伤出版社的底气与持续发展能力。

"入世"问题也如此,放弃个性的应对办法最终恐怕都难以应对。入世在出版理念与出版手段、对外协作方式、图书出口乃至编辑创意中都提供了新的契机,应该变"守势思维"为"攻势思维",而失去个性,拿什么做进攻的矛?

思焉不精,语焉不详,姑为断片。

(本文原载于《编辑学刊》2002 年第 1 期)

上海出版的问题与对策

不能说上海出版没有成绩,没有好的社与好的选题,然而近数年来以下反差是应当深刻反思。

各类图书市场占有份额大幅度下降,各类专业社在全国同行业中的排位持续下降。(详见市新闻出版局有关调查统计)

传统出版社不仅与本市高校出版社相比发展缓慢,而且与某些民营出版单位(如九久、钟书)相比,活力显著不如。这种情况同样体现在出版数字化上。

精品图书开发不力。2013 年中国出版政府奖,优秀图书获奖仅 1.5 个,为历年最低。兄弟省市称,"上海图书以质量胜"不再叫得响。

图书品种激增,国家与地方政府资助大幅增加,图书定价上涨,然而单书盈利率严重下滑,库存大幅增加,尤其是新书开发,有重版潜力者比例很低。

编校质量已下滑到可忧的地步。据知本次政府奖有已入围优秀图书者因编校质量而被淘汰。

以上反差说明,上海出版,尤其是多数传统出版社近十年发展缓慢甚至迟滞,未容乐观。

造成以上情况的原因众多,有外因,而主要在内因。而诸多内因之中,最核心的一条是,许多出版单位在产业化的进程中片面追求当下的经济效益而忽视可持续的长远发展,强调图书的商品性质而违背了作为"文化商品"的图书，其占有市场的立足点，必然是文化内涵这一出版的基本规律。可以说上海出版，尤其是多数传统社在不自觉地重复着中国经济"GDP"挂帅的老路。

很多出版社已陷入这样一种非良性循环：为追求当下效益而不愿花大力气打造适应各级市场的精品图书，从而造成单书重版率潜力的普遍缺失；单书效益下降，引发广种薄收的粗放型出版重新抬头；品种增多，又不愿增加人力投入，从而造成许多选题的平庸与编校质量的严重下降；选题与编校的不精，又影响图书的发行量，于是为保持"GDP"的增长率，再进一步扩充选题，更大面积地广种薄收，从而开始又一轮更严重的非良性循环。

更可忧的是非良性循环，已无形中损伤上海出版深层次的肌质。首先是出版规范的严重破坏，多数社三审三读四校制已形同虚设，甚至校对科被取消；出书发稿计划也徒成具文，年初规划至年终完成率大多不足 40％，从而影响中长期发展规划在数量和质量上的落实。二是编辑业务能力的下降。从进社伊始便成发稿机器，选题眼界、综合判断力与审稿能力逐渐下滑。于是便有其三，高素质的干部后继乏人，事实上已有青黄不接之虞；干部作风被侵蚀，应当说多数干部不是看不到问题症结所在，但是为了"GDP"而被大势裹挟，不愿也不敢做出改变，甚至闭目塞聪，在经不起细分的数字上自我满足。

必须指出，为上述非良性循环推波助澜的是政府的政策导向与工作作风。首先政府也需要业绩，需要"GDP"，因此同样不愿正视现实而满足于数字表象，而不愿去比较上海与兄弟省市发展状况的落差，不愿去动态地细分上海出版各项增长数字的内在构成情况。其次是出版补贴（尤其是国家补贴）政策的欠科学，事前规划、审核的草率，事后检查的走过场，尤其是工业化的项目年度拨款方式助长了企业的"圈钱运动"与短期行为，造成了项目过滥与制作草率的问题。

　　应当说这些问题在其他省市也存在，但上海以其地缘状况特殊，受影响尤大。

　　对于以上问题，应对之道应是：

　　1.正面现实，突破"业绩"观。

　　要打破七分成绩、三分问题的公式化思维，看到上海出版面临的实际困境，不以若干成绩掩盖深层次的问题；要对上海出版作动态的细分化的认真分析。要直面问题，不为根深蒂固的"业绩观"所牢笼，是开创新局面的前提。

　　2.勇于担当，处理好开拓与坚守的关系，总结转型成功的经验。

　　没有必须的坚守，就没有脚踏实地的开拓。要守住精神与制度两方面的底线，固本出新。事实证明，转型期真正做得好的出版社，如高校四大名社，科教、译文、音乐、文艺等名社，九久、钟书等民营企业，都并非依靠高额政府补贴，而主要依靠自身的创造能力，以出版人自觉的人文担当、学术良知处理好了开拓与坚守的关系；而真正优秀与获大奖的项目，又都是多年、甚至十年以上磨一剑的产物，如上海古籍获政府奖项目、少儿社新版《十万个为什么》。

　　3.把握变局的内在关系，以增强专业创新活力、均衡专业选题框架为根本，打造各层次的精品图书。

　　转型期的市场已由单一的常规读者市场演变为常规市场、政府市场、个人市场三个方面。看不到后两个市场是固步自封；而专注于后两种新兴市场，一味靠补贴求利润而忽略了常规市场之根本，则是自毁长城。而善于寻找国家资助与出版社专业建设的契合点，尤其重要。

　　转型期的图书载体与读者需求变了。忽视数字出版对纸质出版的冲击，看不到数字化是上海出版振兴并获得国家资助的一个机遇，消极等待，不敢投入，是下策。据初步调查，上海凡取得快速发展的出版单位，都在巩固扩大纸质出版的同时，积极探索符合自身特点的纸质与数字相结合的道路，并初见成效。有关变化众多，以上两点最为迫切。

对上述两个变局的把握，根本在于内容上的专业创新。专业创新又必基于在变局中对选题框架的新一轮的均衡配置。精品图书的产生必以此二者为根基，单靠灵机一动，必难久长。

4.在实战中培养有担当、有能力，尤其是善于思辨的年轻干部。

学人素养、经营素质虽仍是新时期干部所必需，然而出版转型更呼唤有担当、有多种技能，尤其是有良好思辨能力的干部，唯如此，学人不会成为学究，经营方不至堕为实用主义，才能在纷乱的变局中纵观全局，发现前瞻趋势，拿捏分寸，开创新局面。据了解，上海有一些好苗子。

5.转变政府工作作风，优化出版资助机制，探索做强做大的科学之路。

做大做强喊了十多年，但实际收效，尤其在传统出版社中不大，因此政府宜反思上海出版这十几年做大做强的路子是否科学，做大做强是否应变为"做强做大"。同时要清楚地认识到出版不是靠钱堆出来的，智力投入是精品图书之根本，从而改变现行的资助办法，使出版资助这柄双刃剑，真正促成上海出版自主创新力的提升，而不是沦为伤害创新活力的诱饵。

以上各点都应有专题研究与讨论。

（本文由上海市出版协会提供）

书展会址之我见

　　上海书展办了十年，我也参与了十年。前七年作为总编，关心的是订货量、展销数什么的，比较功利。最后这三年，主要是作为市版协的主事者，协助市局操办全民读书活动的一些项目，功利性就淡了，倒有了些山外看山的别一种兴致。这里，且说说对于书展会址之我见吧。

　　最近又有人提议，上海展览馆场地欠宽裕，不如迁到浦东世博某场馆。我看这主意并不高明。上海书展的会址，搬过几次，到过光大会展中心、虹桥世贸中心等。然而任何一处都远不及上展馆的人气。中华艺术宫如今是落脚于世博中国馆了，但其初创议者施大畏他们看中的却是上海展览馆。我当时对大畏说，上展馆您是拿不下来的。结果争取了四五年，市里宁给更大更现代化的中国馆，却还是咬住上展馆不放松。我看两造的眼光都是相当"毒"的。中华艺术宫开张已近一年了。大畏他们必会感到，如果当初拿下的是上展馆，气象肯定胜于现在。凡群众参与度很高的会展，必以市中心标志性建筑为第一选择。这道理毋庸赘述。所以，多年前讨论"上海历史博物馆"新址时，有学者提议建在有陈化成炮台的吴淞口，我当时就讥之为"迂腐之论"。最近两年讨论"中国近现代新闻出版博物馆"落脚何处，我力主争取落脚到业已退出的上海美术馆原址。不过我想市里怕同样不会放手。再说，上展馆是目前上海书展的不二选择还有一个更深层次的原因——城市的历史记忆。尽管今天的上海摩天大楼鳞次栉比,但这幢五十年代中期落成的古典式建筑,仍被市民们视为上海最美丽的最有文化气象的标志性建筑。我还生动地记得,当年——我约十岁——开馆时人山人海的景象,更记得,为购得一袋当时罕见的"纽扣糖",被挤得差点从楼梯上滚下来,连累得一起去的爸爸、妈妈、叔叔、姑姑们找了我近一个小时——当时像我们这样举家观展的比比皆是。所以上展馆——当初的中苏友好大厦,在市民,尤其是中年以上的市民心目中是一个文化符号:"典雅之中的新潮"。至少至目前为止,再没有哪一座建筑能像她那样体现我们城市的文化性格了,也再没有哪座建筑能更适合于"上海书展——书香中国读书周""我爱读书·我爱生活"的主旨了。仔细观察一下参展的人流,父祖辈牵手儿孙辈选书的占了不少比重,其原因当在于此,而阚宁辉副局长婉拒了那位迁址的提议者,我想道理也在于此。

不过,对于规模不断扩充,又升格为国家级书展的"上海书展——书香中国读书周"来说,上展馆确实已不够宽敞了。解决之道,可以是精心打造若干有一定特色、一定规模的分展点,与上展馆形成众星捧月之势。市局让我们版协承担一项系列讲座的任务,地点是上海图书馆。我开始时,颇以被挤出主会场为憾,然而第一年就有了"塞翁失马"的感觉。"书香·上海之夏——名家新作系列讲座",每届三个主题,十场左右,场场爆满。去年新设的外语对话专场,初时有点担心,结果效果奇佳,今年要改用更大的会场了,而反观在主会场举办的一二场,则效果不如上图会场。我观察了两年,发觉原因是上展览馆讲座的会场因多个项目接续使用,组织与布置都难以周全;加以同时进行的讲座很多,听众流动性大,所以反不如上图系列专一、稳定。分会场的设定,局领导也早有此意,而从我们的经验来看,应有一些基本的条件。首先是主题宜统一,比如专业馆,系列讲座之属;二是风格有个性,如"书香·上海之夏",内容上以"名家新作、主题集中",集约化、系列化为特征,设计上以蓝色基调贯穿一应环境布置与宣传用品。三是安排要长远,每年在同一地点进行同一主题项目,而各年相关内容集中于三四天内完成,以积累优势形成品牌。四是选址重人文,上图的人文意味及馆方作为主办方之一的通力合作,是"书香·上海之夏"能获好评的重要保证。今年据说,思南公馆愿作为书展分会场,我想宾馆的经营者真有眼光;与前二者相似的,如上海博物馆、马勒公寓等如也能承担分会场的角色,那么,上海书展这台戏就更好看了。

(本文由上海市出版协会提供)

传统文化与当代出版

出版,这一本质上是前瞻的产业,对于主要是描述过去的传统文化是否尚有作为或应当如何作为? 回答这一问题的前提是,对于传统文化在当代社会中生命力及存在形态的评估与分析。我们的话题,也就从这一点开始。

一、文化传统的"发生认识论"阐释

瑞士心理学家让·皮亚杰的"发生认识论"颇有助于上述问题的探讨。从儿童心理学的研究出发,皮亚杰揭示了以"活动建构图式"为中心的人的认识发生与深化过程,要点如下:

①人至七八岁时,结束了前此的"自身中心状态"(初生儿)与"半自身中心状态"(二岁后),主客体分化已由萌发而较明确,而前此混沌与半混沌状况中各种活动的印象,已在人脑中构成初步的认识图式。后此一切活动中的信息输入,都经过这一图式的筛滤整合,才被接受储存。②认识图式并非固定不变的,图式同化客体又顺应客体,通过调节,二者相互作用,一方面是对客体认识的深化,另一方面又不断地进行着认识图式的新的建构。③主客体这种相互作用的中介是人的一切活动(包括实物活动与认识活动),

通过活动,主体外部的物质性活动转化为主体内部大脑的认识结构(动作内化),而主体内部原有的认识图式又组织建立起关于客体的新的知识结构,并借以转变客体(图式外化)。动作内化与图式外化交织进行,双重建构,不断发展,从而使顺应与同化不断取得新的平衡。这个过程又是无限的,因而人对客体的认识也是无限的。④皮亚杰又指出,处于这一过程中的人的认识水平能被有利的或不利的社会环境所促进或延迟,也能被具有感情或意志倾向的内部活动来促进或延迟。⑤皮亚杰还指出,个人认识发生与发展的过程,是人类认识过程的一个缩影。人类的认识史,同样有其发生发展过程。

不同于先验论与经验论的认识论,发生认识论充分注意到了认识的起源(虽然这一开端难以绝对界定)问题,尤其是它的心理机制,从而使认识论的逻辑、规范问题与活生生的人的心理结合起来,从而揭示了人的认识过程是一种主客体通过活动而对待联系中的生动的历时性过程。因此他说"发生认识论的特有问题是认识的成长问题"。这种认识论"把认识看作是一种继续不断的建构"。

文化,说到底是人对客观世界的认识。一个民族的文化传统,从发生认识论角度看,是该民族富有个性的认识过程发生与发展的系列。并具有以下三个主要特征。

1. 传承中的变异:变异是传承过程中的变异,是"继续不断的建构",传承与变异的螺旋形上升,使文化传统生生不绝。

2. "同化"与"顺应"中的剥离更新:传承与变异,既是文化传统自身的运动,又是通过文化承载者,人的活动与一定的社会环境的相互关系。一个民族的生命力不止,其文化传统必然能通过认识主体与客体的"同化"与"顺应"作用,剥离其僵死因素,并吸纳新的养分,使本质部分自我更新。

3. 积淀与惰性:由延续不断的剥离更新,一民族便在发生发展过程中有了区别于他民族的文化积淀,是为自立于世界民族之林的根本。但积淀是运动过程中的积淀,一旦离开剥离更新,便会转化为惰性。在文化传统问题上,人们不可或忘这样一个二律悖反:传统是优势,传统是惰性;也不可或忘此一悖反正统一于同一个发生发展过程中而并非为二元。

不难看出,文化传统以上三个特性,集中体现于"同化"与"顺应"过程中的剥离更新上。所谓"批判继承",应当从这一角度去理解。这种理解可从恩格斯对文化传承问题的一个经典性论断中得到印证:"每一时代的哲学,都具有由它的先驱者传给它的,而它便由此出发的思想资料作为前提","经济在这里并不创造出任何东西,但是它(往往通过政治与法律道德)决定着现有思想资料的改变和进一步发展的方式。"(《致康·施米特的信,1890.10.27》)可见一切"改变和进一步发展的方式",是以思想资料相对独立的传承为前提的。其具体形态,可从文化传统与我称之为"文化生态"的相互关系中作进一步探讨。

二、文化生态与文化传统

如同万物处于一定的自然生态系统中一样,每种文化的进退消长也处于一定的"文化生态"之中。所谓文化生态,是一定地域在一定时期中政治、经济、主导性思想(或意识形态)与其他各种性质、各种部类以及它们的各种层次的文化现象交互作用所形成的文化格局及发展态势。这里我用"生态"一词,而不用"环境",是要避免后者的静止与纯客观意味,而强调这是一个动态的系统,强调各类文化及其承载者,人本身就是这一生态系统的积极的参与成分,并构成一种多元的多层次的"文化生物链"。

经济通过政治及主导性思想（或意识形态）所代表的社会总体趋向，对文化生态起最终的决定作用，它制约并影响各种文化因素进一步发展的方向，而各种文化因素，也并非完全被动的。它们作为文化生态的积极参与组成成分，带着各自的传承（积淀与惰性），对前三者起着反作用，从而影响整个文化生态的总格局与总趋势，特别是其中的若干主要文化成分，其影响尤钜。可以说主导性思想（或意识形态）与其他主要文化成分的关系，它们的调节、配伍状况是否和谐，不仅是文化生物链是否正常的关键，也必将直接影响到当地当时的政治经济态势。

人，作为文化生态中诸因素的承载者，是文化生态中最活跃的因素。文化决策者（政治经济、意识形态通过他们来体现）、文化生产者与文化消费者（接受者、受众），三部分人的关系，集中体现了各因素的交互作用，而共同营造着一定的文化生态。因此人与文化生态的关系是能动参与的关系，是争取存活前提下的正反方向的改造。正是在这一意义上，皮亚杰所说的"社会环境"与"人的感情或意志性质的内在活动"对认识水平的影响，显示出了重要意义。它提示了我们：①任何人的文化活动都不是孤立的自我封闭的。它既在一定的文化生态中进行，受到后者的制约，又同时含有改善或损伤文化生态的最终意义。②造成改善或损伤的原因，决定于人对文化生态的认识程度（包括对自己从事的文化行当的认识程度），而认识程度的深浅、正误，或由正而偏、由偏而误，又受到感情或意志倾向的影响甚至左右。③影响毕竟只是影响，无论一时的具体环境如何不利，个人的意志如何偏颇，文化传统时代化的剥离更新的内在冲动不会因此停顿。因此无视或损伤"文化生态"者，最终必将为文化生态所惩罚。

"继续不断的建构的"传统文化的当代进路，应当放在上述的文化生态中来考察。打一个比方，文化传统就像一条源远流长、百折不回的长河，当代的文化生态犹如河道中程的一面大湖。湖泊在受纳涵容河水成为自身的组成成分的同时,也在河水中溶入了其他川流的成分(甚至泥沙)。河湖激荡,待到长河流出湖泊,继续奔流向前之时,其流向与水质已较原先有所变化,而变化的程度利弊,又在相当程度上取决于弄潮于江湖之中的人是否能合理地障决疏导、激浊扬清。因此克服"自我封闭"或说"自我中心"状况,理性地注视文化生态问题,是活动于文化生态中的人首先要注意的问题。兹就文化生产者的角度略作分析。

任何文化生产者(作家、学者、艺术家、出版人等)的活动,都是在与文化决策者及文化消费者的对待关系中,同时也是在与其他各性质、各部类、各层次的文化生产者的相互关系中展开的。文化生产者应当尤其注意克服因对自身专业的宝爱而为"感情或意志性的内在活动"所左右,陷入自我封闭状态。文化生产者应当处于一种"有我"而又"无我"的精神境界。坚持专业分工的特殊性与独立性,坚持自身文化活动的传统与创造性不可或忘,舍此则必然使专业工作堕入追风向影,甚至趋炎附势的可悲境地,这是"有我";然而这种坚持又必须直面文化生态,必须认识到专业水平的提高,其实是自我的认识图式对一定的文化生态的"同化"与"顺应",因此又当"无我"。文化生产者无可避免地受到文化决策者通过文化政策的制约;然而反过来,他也应当通过自己的专业工作,揭示各文化部类发生发展的规律性,来能动地影响决策者的决策。今天,在中国现代化建设的历史趋向中,文化决策者与文化生产者是否能克服各自的"自己封闭状态",由对立统一达到平衡和谐,是影响中国文化生态的第一位的问题。

20世纪中国文化史、学术史的进路已经证明:中西文化的交流互补,跨学科研究的深入发展与雅俗文化的对流共进,是历史的趋势。各性质、部类、层次的文化生产者,在坚持自身传统与自我个性的同时,应充分尊重其他性质、部类、层次的文化发生发展的历史,克服文化上的"唯我独尊"与"党同伐异"等文人相轻的思维倾向。就从事传统文化工作的生产者而言，克服因现代化进程中西方新思潮与通俗文化对自身的强烈冲击而产生的生存危机感与消极自保心态，尤其重要。这不仅影响到文化生产者相互之间的谐和，也直接关乎自己与文化接受者的关系。试析如下：

因着最近一次西学大规模输入与吸纳中的浮浅弊病而全盘否定这次碰撞的意义，以至在实际工作中放松对中西学互补这一时代趋势的关注，甚至在心理上拒斥吸纳，是不少一部分传统文化生产者的现实心态。其实初期的浮浅，毋宁说是一种历史的必然。"五四"前后对西学的吸纳，同样可说是浮浅的，但没有这种浮浅的尝试，也就没有三四十年代国学大师的成批出现与现代国学规范的确立。从事传统文化的"生产者"应当由对文化传统发生发展形势的认识中，获得自信，在新的高度上重铸前一次"碰撞"的学术辉煌；而同时又必须意识到中西学结合互补，不仅是上世纪，也是本世纪文化生态的历史动向。忽视这一趋势，必将固步自封，自陷窘境，这对于出版人来说尤其如此。

雅文化对俗文化居高临下的鄙视，是由来已久的历史现象，然而历史的另一面却是，从来俗文化的受众远远多过雅文化，而雅文化的每一次更新，几乎都是在吸纳俗文化与外来文化的过程中完成的。今天，喜欢以雅文化自命的传统文化生产者，特别是出版人，必须正视，在现代化的总趋势下，文化受众更多地接受外来的、现代的甚至流行的文化，至少在一个相当长的时段内是不可避免的文化生态现象。与其怨天尤人，求助于文化决策者的政策性限制，倒不如相信，只有适应受众，才能引导受众。同时应当认真总结"五四"以来的经验教训，努力在重铸学术辉煌的同时，重视将学术成果转化为民众特别是年轻一代的社会意识与社会心理的工作。放弃了这一点，等于放弃了自己赖以生存的土壤，放弃了年轻一代，等于断绝了自身的命脉。

如果关注一下我们身边所发生的事,会发现,最近几年以来,在现代化的声浪中,一种"回归传统"的文化现象已在悄然发生。以今年5月份为例,在街上流行中式女装的同时,素称开放的上海《青年报》开展了一场有关忠孝节义的讨论,而占多数的意见是传统道德可以批判继承。我更愿意提请理论工作者注意一本小书——《宝钢人的道德修养与行为规范》这本来自代表中国最先进的生产力的大型企业的小书,尽管是由基层理论工作者在现代化生产的实践中所完成的,但对于在中西伦理、价值观念吸纳互补基础上,建构新时代的道德体系与行为规范问题上,却作了高层理论工作者所想不到的富于理论深度与实践意义的尝试。这一切既使我们有理由相信,传统文化的当代剥离更新是完全可能的,从而克服自危感;更使我们感到,民众中存在着一种提高文化品位的由自发到自觉的冲动,从而由克服自危感,进一步克服"自闭"心态,以寻找好传统文化能动参与当代文化生态的形势,或说找准传统文化与当代社会的契合点。

这些应是我们讨论传统文化与当代出版的前提。

三、传统文化的当代出版
——寻找传统与当代的契合点

这是从发生认识论与文化生态论考察传统文化的必然结论。所谓契合点,并非是古今在某一点上的简单对接,而是要求从文化传统与当代社会的"同化"与"顺应"关系来处理传统文化各层次的出版问题。今从以下三方面来作些探讨。

（一）宗旨——传统文化出版的当代定位

由于积淀与惰性的矛盾，传统文化出版在当代表现出弱势中的某些优势。

因着与现代化的距离感，它的受众一般不及时代感较强的出版业来得多；然而由于它在民众心理上的深厚积淀，它的受众的层次比许多出版业要广泛；它的时效，也相应为长，广泛与生生不绝的受众是它发展的可靠基础。

这一基础又使它具有弥补题材有限的制约之可能。针对各种社会地位、文化层次、年龄段次的受众，它可以在每一题材上作多层次的处理；针对生生不绝而阅读习惯有时代差异的受众，每一题材比起其他出版业更具有升级换代的可能。

这种弱势中的优势决定了传统文化出版业的规律，一般不表现为"热点效应"，而表现为"持久效应"。因此，它的重点不是做"时装"，而是做"正装"，即使涉时也是休闲西装、改良旗袍一类。它可以也应当放低读者层次，但决不可失去品位。

由此，传统文化出版业尤其要求深厚的专业底蕴，通过专业优势创建品牌，它较之其他出版业可能更大；而一旦创立，其他出版单位也更难在短期中超越与替代。

总之，传统文化出版业不是朝阳产业，但也绝非夕阳产业。它要求从事此一专业的出版人以更大的韧劲，对传统题材作出前瞻性的处理，以促成传统文化的当代剥离更新。

（二）布局——传统文化出版的当代格局

专业性传统文化出版社在布局上不应再画地为牢，它可以因各自身特点有所侧重，但更应向全方位发展，这不仅由其出版题材与受众特点所决定，而且为"五四"以来思想学术成果未及社会化的历史缺憾所提示。为此必须走出以学术为社会效益（雅），以普及为经济效益（俗）的认识误区。

虽然学术与普及的量的比例会有时代性的调整，但与一切学科一样，基础资料（古籍整理）与基础理论（学术研究），永远是专业社的核心。只有保持学术优势，方能确立品牌优势，方能高屋建瓴处理普及读物，使之具有较久的市场独占性。因此学术著作不仅可能产生部分直接经济效益，更因其无形资产的特性而内含有难以估量的间接经济效益。忽视学术，将被证明是自毁长城。

然而这绝不意味着在学术层面可以因循守旧，无视受众需要。它同样面临着由编辑本位向受众本位的转换。

中华要籍的集成性整理与涵盖面较广的及新兴学科的基础资料集成性汇刊，将取代全面开花的做法，成为古籍整理的重镇；而在时段上，近代部分应有前瞻性的重视，以适应学术重心的转移。这些也是电子、网络出版在本专业最有发展前景的块面。

拒斥违反学术规范、陈陈相因、贴标签式的新思维等等的伪学术著作。应当以在中西学融通的总趋势下，逐步地、切实地建构中华文化各部类的理论架构与作好学术思想成果社会性转化的理论准备为学术研究著作的宏观目标。具体来说，应重点扶持以下数类著作：①传统学术部类的中西融通的深层次研究与比较研究；②新兴学科与多学科综合研究，在当前尤应重视由民族学、人类学、民族心理学、语言学等角度切入并进行综合研究的著作；③中华学术史，尤其是近现代学术史由分到合的深入研究，而对其中代表作的选刊与再研究又是这方面的基础工作；④中华文化传统本质特性与演进形态的深层次研究，而对其中的核心部分如伦理观、价值观、认识论、方法论、审美形态的系统梳理，又是这一方面的基础。以上各类著作应同时注意本土的与海外的最新动向。

从学术动向的前瞻与初步经验的总结看来，传统文化学术层面的上述各项工作,不仅对中华文化传统的当代剥离更新意义重大,而且就经营角度而言,只要能审时适度,安排得当,也可产生相当的直接经济效益。

　　普及读物,从本质上看是学术思想成果的社会化延展,所谓"提高指导下的普及",应是这些成果与民众心理与阅读习惯的结合。因此必须确立"普及读物要精品"的意识。本专业普及读物的核心可概括为传统文化的现代启示与现代熏陶。要将类比对接式的诸如"孙子兵法与商战"一类读物提高到对民族本质精神的抽绎与社会化阐释上来,因此普及是内容浅切化与社会功能深入化的矛盾统一。家喻户晓的传统普及读物的再整理,对中华经典与名著的适应各个层次的精练浅说与当代诠释,融古入今,适应现代生活动向的"文化生活化,生活文化化"的生活类读物,都有广阔前景。而高品位、系列化与表述手段的更新换代,又是它们的共同原则。

　　随着全社会文化水准的提高,一种介乎学术与普及之间的"准学术读物"或"高层次通俗读物"的图书类型已经应运而生。"余秋雨现象"正是其生动说明。在优雅休闲的形态下内含丰厚的知识底蕴,在对传统的诠释中透现前瞻性的思考,是这种类型的基本特征。相信今后有巨大的前景。

（三）形式——传统文化出版的当代载体

　　载体有技术手段与文化手段两个层面。

　　技术层面上:应密切关注电子、网络技术的发展及其在本专业的运用。然而对于"由平面出版向电子、网络出版转换"的提法应取慎重态度。由于技术的、经济的、法律的以及心理的因素,结合国外情况看,我认为 5 年之内,平面出版仍将是主要形式,以后也不可能全面转换。因为出版载体不仅是技术问题,更是个文化与心理问题。"书香"一词值得玩味。对于传统文化出版业而言，近期的技术改造重点仍宜放在平面出版的最新技术手段的引入。特别是小批量印制新技术的引入，将极大地有利于学术著作的发展。

文化层面的载体是语言及其他符号。每一时代都有其特色的以话语为主的符号系统。在保持汉语纯洁性的前提下，对陈旧的表述形式作更新，是与传统文化内含的剥离更新互为表里的。所谓每一传统题材都有更新换代的可能，"准学术著作有广阔的前景"，都是从这一角度而言的。表述形式的更新，是包括语言、画面、装帧、版面设计及其相关手段在内的系统化处理。谁能掌握此一出版理念，谁就能立于不败之地。

四、面临"入世"考验的传统文化出版业

相对贫穷的传统文化出版业，面临"入世"冲击，其经济承受力较其他出版社要差得多。应对的根本策略是变守势为攻势。有如下几个方面。

利用"入世"前有限的时间，尽可能扩大自身的经济能力，以增强对"入世"后必然出现的"猎头"潮流的抗打击力，是"攻势"战略的基盘，具体思路如前述。

变专业范围狭窄的弱势为优势。在"入世"前以高质量的出版物尽可能多地占领本专业的兵家必争之地，使入关者在一段时间内难以插足，是攻势战略的第一步。

以"入世"为契机，迅速地扩大本专业海外新理念与新成果的引入，同时摸准海外华人社会与主流社会两个部分对中华传统文化的需求与阅读习惯，设计出对路的新品种以扩大本专业的海外市场，是攻势战略的又一组成部分。在这方面，扩大与境外出版社

的合作范围,摸索新的合作方式,也势在必行。

一切竞争归根到底是人才的竞争,历来以"专家治社"自豪的本专业出版社,在人才交替上,形势相对更为迫切。老专家的专业优势是品牌的组成部分,仍应得到充分尊重与发挥,但一线领导,应尽可能放专业与管理兼通,精力更充沛,社交、应变能力尤强,外语水平较高的年轻一代出一头地。这应当是攻势战略的核心部分。

如此,则面临"入世"考验的传统出版业应当有信心高呼高尔基的一句话——"让暴风雨来得更猛烈些吧!"

(本文原载于《编辑学刊》2000 年第 4 期)

《北京大学藏西汉竹书》
(《老子》卷)的价值

今年是癸巳年,蛇年,蛇年的吉祥故事很少,然而有一则叫作"灵蛇献珠"。我想,《北京大学藏西汉竹书》(《老子》卷)的出版,应当算得上是本社配合北大出土文献研究所,在岁首献给书业界、学术界、媒体各界的一颗璀璨夺目的明珠吧。

之所以称这是一颗明珠,既因为这批竹书学术价值的重大,也因为其整理、印制方式的周至。在这两方面,均可称得上具有示范性。

《北京大学藏西汉竹书》的学术价值,在过去发布的有关消息及本书前言中已谈得不少,这里只想补充一个例子。在这批竹简中,有一部《汉书·艺文志·诸子略》载录,却久已失佚的《周驯》。学界曾因《周驯》的内容与我们今天对道家的印象相去甚远而致疑。然而细研《汉书·艺文志》"道家类"的著录,会发现不少品种都非后世印象中的道家。譬如《管子》,后世艺文、经籍志多列入法家,而《汉书·艺文志》正列入道家。类似的情况在儒家类中也存在。譬如鲁仲连,后世都以为是纵横家,然而《汉书·艺文志》却著录为儒家。这些情况说明,后世关于诸子百家的认识,恐怕与其原初形态相去甚远。《周驯》的出土,恰恰印证了《汉书·艺文志》论道家所说,道家出于史官、"历记成败存亡祸福古今之道,然后知秉要执本",虽倡清虚卑弱,却是一种"君人南面之术也"。《艺文志》

又说"及放者为之,则欲绝去礼学,兼弃仁义,曰独任清虚可以为治"。因此可见,后人心目中独任清虚的道家,其实是先秦道家中"放者为之"的末流。因此,《周驯》的发现,不仅是文献学上的重大收获,更是文化史、学术史上的一件大事。它不仅可与《管子》《太公书》等互参,追本溯源,还原先秦道家的原初面目,以利加深对老庄等著作的认识;而且对于先秦诸子的异中同、同中异,乃至其本质上的入世性格,提供了革命性的启示。

北大是中国最高学府,北大的考古文献研究更是学统悠久,名家辈出,首屈一指。《西汉竹书》由北大出土文献所来整理,可称是明珠得英主,可免"暗投"之叹。竹书《老子》卷的整理,便是一个明证。韩巍副教授对于《老子》卷的整理,将有一个全面的介绍,本卷附录中的四种研究成果,更是严丝密合,功力超群,大家可以参看。这里我想特别提挈的一点,是《老子》卷整理所体现的古籍整理与文献研究的方法论。正如作者在《西汉竹书老子的文本特征与学术价值》一文中所说的,此卷的整理不仅承继了由"古书辨伪学"向"古书年代学"演进的合理因素,更体现了突破"单线演进论"的桎梏,向"古书形态学"的转变。而这种转变的基础,则是对文献资料尽可能全面的掌握与鞭辟入里的具有文化意识的对勘比较、分析研究。所谓"单线演进论",是一种单向的线性的一元思维;所谓"古书形态学",则体现了一种多元的、具有文化意识的时空性的综合思维。以我治学数十年的感受而言,"单线演进论"是学术研究的大敌,是即是是,非即是非,执其一端,不及其余,以至自以为秘籍独得,鼎定于一。这些学术界的痼疾,就方法论而言,盖出于"线性演进",前面所说的对于先秦诸子的片面理解出于此,对于《老子》及其他古籍的版本研究中的某些偏执也出于此。因此"古书形态学"概念的提出,不仅对于文献学,而且对于中国文化学术史的研究而言,都是一种理论创获,一种脚踏实地的中国学者的理论创获。

就我所见到的出土文献整理著作来说,《老子》卷是最到位、最周至的一种。过去我常羡慕日本学者文献研究的细密,而现在我敢说,《老子》卷的整理绝对不输于东邻学者,而在材料的严谨、思路的清晰、表述的简洁上,更有出蓝之感,可以视为文献整理的一种范本。过去我常感叹中青年学者每多浮泛,而今天看到韩巍先生的这部作品,我欣喜新一代学术中坚已开始形成。

文献整理是百年大计,《老子》卷乃至整个《北京大学藏西汉竹书》的整理,真正体现了科学、严谨、一丝不苟的北大学术精神,对于当前学界以"圈地""急就"为能事的浮夸之风是一种针砭。因此,我强烈呼吁有关领导部门,不宜以速度作为项目完成的主要指标,而必须以"质量""学术内涵"为更重要的标准,也恳切希望,放宽对《北京大学藏西汉竹书》的时间限定。

《北京大学藏西汉竹书》在整理、印刷中尚有不少可贵的经验,比如"简背划痕"研究法,就是竹简连缀方面的一项重大技术成就,又比如作者、出版社、印刷单位的早期紧密合作,应是印刷工艺上的一项重要的行之有效的经验,再比如一校为主,各校多家共商同研,更是学术界的一种新风。

为此,我代表出版方,对北大出土文献研究所与北大文博学院把这一重大出版任务交给我社表示深切的感谢,尤其对朱凤瀚、阎步克、韩巍等各位教授的悉心支持致以敬礼。作为一个工作数十年的老出版人兼学人,我对自己所宝爱的古籍整理研究事业,能有幸进入这样一个学术文化的春天,由衷地感到喜悦。愿《北京大学藏西汉竹书》全部十卷能顺利进行克奏肤功!

（本文原载于《文汇报》2013 年 3 月 4 日）

《中国古籍总目》：传承与创新

寻访编纂先后十七年，编辑出版又三年余，经过数代学人、出版人二十年的沉潜摩挲，辛勤努力，著录中国古籍 177107 种的《中国古籍总目》五部 57 类，凡 26 巨册终于面世了。《总目》出版学术上的意义大家已多有论述，这里仅就学术研究的传承与创新谈一点看法。

文献目录学，作为一切学术研究的根本，在近代以来，尤其是最近二十年的学术研究中，得到了越来越充分的体现。新文献的发掘与清理、编目，百年来，由历史学的"两重研究法"起，不断地发挥着扩大学术视野，丰富甚至转变学术视角，调整学术向度的重要作用。可以说，没有文献目录学的开拓创新为依托，所谓视角的转变，就会变成无根之木。海外汉学的引入，常常会使我们眼前一亮，然而仔细辨析那些优秀的海外汉学著作，便会发现，无论是日本的，还是欧美的，其观点的创新都是以大量的新资料或者被轻忽的旧资料之重新发掘作为研究起点的。因此为学界提供具有国际性视域的文献资料，乃至各类资料的集成、编目，是当前学术繁荣不可或缺的前提。目前全国古籍整理规划领导小组主持的古籍整理规划充分注意到这一问题，这是出版界与学界的福音；然而轻视文献目录学的现象还广泛存在。最不可思议的是很多高校不将文献整理作为学术成果，殊不知一部高水平古籍整理或文献目录学著作往往包含着十来篇乃至数十篇专题论文。因此，我们呼吁，要在整个学术界出版界建立起高度重视文献目录学的共识，并制定出相应的考评制度作为保证。

文献目录学之所以能成为一切学术研究的基础，在于它不仅仅是简单的书目著录，而且具备"辨章学术，考镜源流"的功能。一部好的文献目录学著作就是一部学术史纲要，而这种学术性，主要体现于它的编录视域与内在逻辑上。

《总目》在大构架上，弃用通行的二十二类中图分类法，而坚持采用在传统的四部分类法基础上形成的五部分类法，是一个明智而且科学的选择，因为唯有四部或五部分类法，才能确切反映中国古代图书学的学术观念与各部的内在学理联系。然而延用了千百年的四部分类法又非一成不变的，历代文献目录学家，对部下类属设置的调整增删，其实反映了各个时期对文献资料的视域拓展与学理深化。这是一种在传承中发展的过程。而《总目》在这方面做了极其有意义的拓展。细研《总目》各部的类属设置，可以见出它是以《四库全书》与《丛书综录》的设计为主，广取诸学之长，并有所创新的。比如经部将《尔雅》类由"小学类"析出，独自成类，以与易、书、诗、礼等并列，这不仅合理地还原了《尔雅》作为十三经之一的历史地位，而且对于小学作为经部的有机分支，给出了溯源性的梳理。又如史部不列正史类，初看似乎过于大胆，然而细研会发现，在丛编之属中录有二十四史，而在通代之属、断代之属中又分列有二十四史中相关书目。也许看不到正史类，会有些不习惯，然而细思，这种编录法，是一种打破官修私修畛域，而以史法为断的更合理的方法。又如子部增设新学类，史部将方志类从地理类中析出，将原属集部的"咏史之属"纳入史部的史评类，且广汇收录新发掘而已成书的简帛金石资料；在总体架构上更将丛部与前四部的丛编相区分，都反映了对近三百年来学术观念发展的深思熟虑。

《总目》电子资料库的建立是又一项值得称道的收获。这不仅极大地便利了规范著录体例，尽可能地避免了前后重出、歧异，而且标志着古籍整理这一最为传统的出版样式，已开始与电子数位化的新潮流接轨。在我看来，大中型资料、工具书，其纸质载体为电子载体取代或大部分取代，不仅是不可逆转的趋势，而且将是首当其冲者。据知，境外图书馆已开始少购甚至不购大型资料，而境外出版社如新加坡圣智图书公司、英国世哲图书公司等在大型资料的数字化方面已取得惊人成就，并形成了一套卓有成效的经营模式。全国古籍整理出版规划领导小组已充分注意到这一趋势，在"十一五"规划中设立专项，大力支持。然而有关出版社的应对准备显然不足，因此立项甚少，已立项的进展缓慢。因此，《总目》电子数据库的建立弥足珍贵。建议应尽快在此资料库的基础上，完成《总目》的电子版、网络版，并总结经验，逐步推广，使古籍整理这一最传统的出版产业经受新科技的洗礼而愈益壮大，流传久远。

共同承担《中国古籍总目》出版任务的中华书局与上海古籍出版社，历史上有过良好的合作关系，在此，我代表上古向我们业界的老大哥再次表示敬意，并祈愿我们两家在共同的事业中有进一步的合作。

（本文原载于《中华读书报》2013 年 1 月 16 日）

决策、思考与建议

——评《中国家谱总目》

翻阅《总目》样书,刚至正文第三页,我就得到了一个惊喜,编号001-0030录《丹阳东门丁氏十三修族谱》二十六卷,载始祖仙芝,唐天宝间官余杭尉。按丁仙芝是丹阳进士殷璠天宝间所编《丹阳集》作者十八人之一。一直以来我就感到,此集及其文人群是理清初盛唐诗脉,特别是南北、朝野诗风交会的重要一环,所惜原集文久,作者情况大多不明。而如丁仙芝这样的中小诗人,在唐诗研究的常备资料中已不可能再有发现,然据此谱提要载,山西同样藏有此谱,这就隐隐构筑了南北交会的联系,更何况此谱备录丁氏诗文、序跋与各类传记资料,我深深期待,也许能有新的发现。

谱学与碑铭学一起,在半个多世纪,尤其近二十年来,成为学术界关注的热点。我想其基础,就在于学人们类似于我上述感受的热切期盼。事情还当回溯到2005年6月,当时,上海古籍出版社领导班子做出了一个外界看来充满风险的决定:继《上海图书馆藏家谱总目》之后,接受了篇幅多达1200余万字的《中国家谱总目》的出版任务。其原因就在于当时班子成员与相关编辑室由各自的经验出发,已达成一种共识:谱学已经并将继续开拓新的学术视角,已经并将继续催生更多的优秀学术著作(本社版台湾黄一农先生的《两头蛇》即一例);而《中国家谱总目》,作为中国家谱学的集成性著作,同时作为"全球中文文献资源共建共享合作会议"的实践项目，必将在为学界提供集成性的谱学丰藏的同时，提升本社在这一出版领域的地位，拓展本社的选题思域与作者来源。要之，这是一项基础性的出版工程，应当成为继《续修四库全书》《敦煌吐鲁番文献集成》《黑水城文献集成》《工部局董事会会议录》《上海道契》《中国国家博物馆馆藏文物研究丛书》等等之后本社的又一项超大型的品牌产品，并列入国家"十一五"重点规划。从二十余年来的运作经验出发，我们看好这一项目，而同时，我们也做好了即使有所亏损，也务必确保质量，以利全局的思想准备。四年过去了，当皇皇十巨册图书放在我们面前，而来询者不断时，班子成员都庆幸，当初的决策是对的，同时更衷心感谢有关的各方。

我们感谢全国古籍整理出版规划领导小组将本项目作为"全国古籍出版十一五规划"的重点项目给予一定的经费资助，从而确保项目的顺利进行；我们感谢上海市委宣传部、上海新闻出版局、上海世纪出版集团，在各级领导的关怀下，本项目得以列入上海文化发展基金会支持项目；我们也感谢本社此项目编辑小组的辛勤努力，在吕健副总编的带领下，小组从 2005 年 6 月下旬起即介入有关工作，在条目书写格式、版样设计、异体字规范、稿件加工、索引编制、装帧设计等方面都做了许多工作，其中仅版样设计，就先后六易其稿，得到了作者方的高度赞扬。

当然，我们尤其要感谢的是我们的合作伙伴上海图书馆的领导与专家，感谢他们的高度信任与出色的组织、编写工作。

本社与上图的合作，自顾廷龙先生主政上图至今已有数十年历史，从当初的《中国丛书综录》起，上图与本社在重大项目上的通力协作，可称上海文化界的一种佳话。近几年来这种合作迈上了新的台阶。仅以最近三年为例，就合作出版了《上海图书馆藏明清名家手稿》（被评为"首届中国出版政府奖·装帧设计奖"和"中国最美的图书"）、《上海图书馆藏珍本碑帖丛刊》（获全国书法出版物最高奖"第二届中国书法兰亭奖"一等奖）、《上海图书馆藏历史原照》等八种大型出版物,目前更在进行堪称中国近代史档案之最的《盛宣怀档案全编》。就本书——《中国家谱总目》而言,上图组织了全球十多个国家与地区数百家藏书单位,制定了科学的、较完备的编写体例,认真仔细地审定了全稿。其间所表现出来的宏大的全球视域与组织能力,精审的学术眼光与学术功底,都使我们肃然起敬。这也是本书能以较高的质量,为建国六十周年献礼的主要保证。

诚然,初步披阅之间,也感到本书的编撰出版,容有可以进一步提高之处。比如,提要部分的详略差距较大,各谱族望的追溯尚有缺陷,名人的提示标准欠划一等等,这些问题在定稿与审读阶段中做了一些弥补,但由于众谱散在全球、作者来自世界各地,故难以整齐划一,不无顾此失彼。这也给我们在从事多方合作的大型项目时,应如何进一步组织协调、监控质量,提出了新的课题。

尽管如此,但《中国家谱总目》的出版,仍可以为本社乃至上海出版提供某些有益的启示。

一、本书的出版,使我们坚信,作为一个有品牌的专业出版社,在纷纭变化的图书市场中,仍必须有所坚守、有所操持。学术底蕴是专业出版社的生命线,是到任何时候都不能放弃的原则,自然,这并不排斥公众读物的开拓。

二、上海作为一个现代化的文化大都市,要打造代表上海水准的品牌出版物,是否应当提倡出版单位与其他文化单位的通力合作? 本社愿意在这类合作中,竭诚为兄弟文化单位提供高质量的服务,同时在这一过程中提升"上古"品牌。

三、上海地区除近代以外,出版资源相对贫乏,是否应提倡一种放眼全国乃至放眼世界的大气魄、大格局,充分利用上海在现代化建设中累积的某些优势,广泛吸纳全国,乃至世界各地的出版资源,来加强上海出版的内容建构并逐步形成"内容优势"? 自二十多年前,编纂《俄藏敦煌文献》开始,本社在这一方面进行了长期的不懈的探索，可以说近十多年来，本社有重大影响的品牌图书几乎都是内容上跨地区、跨国界的协作产品。然而一社之力实在有限。我们曾许多次眼看着某些重大题材从眼前滑过，而囿于财力人力，跌足叹惋。因此借此机会，我们呼吁上级领导能加强对于吸纳出版资源的支持力度，这将是上海出版的百年大计。

（本文系作者讲话稿）

给世间新人的别样礼物

百子呈祥是一种古老的祝福,一种世代的愿景。

开心宝宝是一个青春的期盼,一个现实的憧憬。

百子呈祥,作为古老的祝词,真是再开心莫过的了。相传周文王妃大姒多子而再孕,群臣欢喜,作诗歌颂道:"太姒嗣徽音,则百斯男。"(《诗经·大雅·思齐》)译成白话,意思就是:太姒妃延续了周室美好的血脉,愿她生下一大堆胖娃娃。一个古老的画种《百子图》——百是多的意思——便由此产生。收藏于台北故宫博物院的唐人周昉绘《麟趾图》,是今存最早的百子图。后世更代有佳作,不仅绘于纸帛,而且绣于被帐,织于衣裙,制为瓶罐,立作屏风。从皇家到平民,都愿从百子图中讨个喜庆。因此,旧时小康人家新嫁娘的陪嫁中,总有八件十件百子图,将个新房闹热得开开心心,喜气洋洋。

虽然"则百斯男"在当代肯定太多,但生个开心宝宝,"早得贵子","早得贵子"的祈愿,却以枣儿、花生、桂圆、莲子四样吉物为象征,留存于今天的婚俗中,由阿婆嫂嫂们巧藏,供男孩女孩们寻索。于是,爱孩子,这种全人类共通的永恒感情,在中国,便由于"百子呈祥"的文化因子,而更具有一种民族性的愿景。看看我们对孩子形形色色的称呼吧,这愿景便不言自明。

因为无尽的宝爱,我们称孩子为麟儿、珠儿;更希望幼儿不被祟害,再反过来取个贱称,叫作板儿、石头;美称他人的儿女,呼作令郎、令媛——令是美好的意思;谦称自己的孩儿,则又称作犬子、犬儿——犬不正是宠物之最吗？更有种种雅称：庭中之"宝树"、园中之"芝兰"；种种昵称：心肝、宝贝、囡囡、小乖乖。甚至当孩子还在娘胎中时，就有了个最见期盼之情的美称叫作"珠胎"。而从"珠胎"，又可引出一种久远的习俗，这就是胎教。

胎教起于何时，不妨留给专家们去争论，我们感兴趣的则是，这一习俗至今仍是新人们不可或缺的功课。胎教有种种，诵诗、读画、听音乐等等，而最直截易行的便是看照片，就像中国人相信吃什么补什么一样，人们更相信，看美丽、聪慧、开心的宝宝照片，生下的孩子，也一定开心而又慧美。相信大多数的当代中国家庭，至今仍在进行着这种期盼"珠胎"终成"珠儿"的产前作业。

这本《百子呈祥——中华开心宝宝》图册（上海古籍出版社2009年9月出版）的主体一百余幅当代中国开心宝宝的写真，就是应现代新人们的这种需要而由全国各地百里挑一地精心选择的，这百里挑一的一百幅自然带有"百子照"的意思，从而与作为这本书插页的袁可仪、张德宝二先生精心绘制的《百子图》创作相呼应。袁、张二先生都擅画百子图，而张君的观音像又出类拔萃，袁君的弥勒图则可称一绝。观音与弥勒二位佛菩萨都与孩子尤其亲切。

观音能化身为送子观音，为望子的父母和祖父母们千年崇拜，而弥勒又称布袋和尚，那口袋中常备有给孩子们的取之不尽的礼物，俨然而为中国的圣诞老人，而且笑口常开。

图册卷首更为小夫妻们已经或即将诞生的宝宝留有空页，以便让他们自己的珠儿、麟儿参加到这一"百子呈祥"的传统而又现代的队列之中。相信新房之中，幸福的新人们在共阅这本吉祥的开心图册时，必会有"新婚吉祥，全家吉祥；望子开心，前程开心"的舒心欢笑。因此，这本书表达的就是一种祝福，祝福中国的，甚至外国的新人们、准新人们：愿天下有情人终成眷属！愿世间贤伉俪早得珠儿！

（本文原载于《博览群书》2009年第11期）

"花非花"丛书的意义

促使我想到组织这样一套丛书——请当代著名女作家,以她们的感觉,来写古代的著名女性——其动因,是在香港的一次学术讨论会上,某女士对于中国文学"歧视妇女传统"的几乎泪下的批评。说实在,对于"女性文学"这一话题,我并无专门的研究,但也许是有激于这位女学者态度的夸张,当时便谈了一些不尽相同的看法,并引起了以后的一系列思考。

存在着这样一种近于悖论的现象,虽说中国封建社会中妇女处于从属的、受压抑的地位,然而在传统的中国雅文学中,妇女的形象却常常是最美好的。诸如潘金莲、阎婆惜这样的淫妇荡娃的典型,是元明后的通俗小说中方才出现。即使同是小说中的女性,在唐人传奇里往往光彩夺目,如李娃、如红线女等。《绿翘》中的女冠鱼玄机,妒杀婢女绿翘,算是私行有玷者,但总体来看,作者是将她作为一个值得同情的才女来处理的。曹雪芹称男子是泥,女子是水,其渊源其实可以上溯到战国时那位看似玩世不恭的达人庄周。庄周笔下最美的艺术形象,不能不推那位"肌肤若冰雪,绰约若处子"的藐姑射神人。这神人源出《山海经》,能"戴机应物",根据时世的不同,化为尧舜,化为汤武,而庄周却以"处子"的形象来改造,使之到了玉洁冰清、近乎莹澈的地步。与此相映成趣的是同时相先后的楚大夫屈原,在楚辞中开创了芳草美人的比兴传统。庄屈并观,便能发现,这种对妇女形象至美的构想,并非纯个人的创造,而是代表着一种由来已久的文化传统,这传统是如此地悠久绵长,影响深远,以至从《洛神赋》直到近世的《柳如是别传》,我们不仅能开列出一长列至美的——从外形到内质——文学形象来,而且常常能看到情胜于理,突破作者原初意图的有趣现象。"汉皇重色思倾国",白居易作《长恨歌》下笔伊始,心中显然横亘有那种"女祸论"的意念,但随着李杨爱情故事的展开,长诗处处浮溢着对真情至美的哀婉的礼赞。"梨花一枝春带雨",诗人最终将对那辉煌的盛唐时代的追忆,浓缩在这位横死升仙,在蓬莱山上俯视莽莽人寰的太真仙子身上。从中我们可以摸到中国雅文学中对女性作圣洁化描绘传统的心理机制。对异性美的爱悦本是人之天性,这种天性在礼教束缚下的现实生活中往往难以实现,于是才美之士在虚拟的文学天地中就倾向于以理想化的笔墨来一抒郁积的情思。尤其当他们身处逆境之时,更自然而然地在才美与丽质之间引起联想,产生共鸣,于是表里澄澈,带有精神净化意味的女性形象,便成了中国古代雅文学中的一个引人注目的传统。

> 冰簟银床梦不成,碧天如水夜云轻。
> 雁声远过潇湘去,十二楼中月自明。

这是晚唐狂生温庭筠的《瑶瑟怨》诗。据我考证,这诗正是回赠前文提到的那位私行有玷的女冠鱼玄机的,然而人们从诗中所能感到的,只是融和于清明如水之夜的氤氲中,那孤清而超乎尘俗的气韵。这种气韵,正是唐以后雅文学中妇女气质的主体特征。无疑,其中寄寓着才士们的审美与人格理想。

于是我们可以悟到,雅文学中对女性超尘绝俗之美的礼赞,与元明后俗文学中常见的对妇女的诋毁,虽表现为两个极端,却又在创作方法上表现出某种共同点来,即由理念出发的类型化的倾向。才美之士笔下的女性,美则美矣,却如同花雾云气,很少能给人以心眩神悸的感动。中国传统文学中真正血肉丰满的女性形象,只有在女作家自写身世的作品中,在李清照、朱淑真那种几近白描的自抒之中感受到。因此,当我们策划这套以古代女性为描写对象的小说时,便希望与主人公多少有着某种精神或气质联系、沟通的作家来担纲。男士,因着上述的历史文化因素固然不宜;而一味标榜开放的女权主义者,无论是女学者还是女作家,也必然隔膜,而具有相当的古典文学乃至古代文化修养,同时以心灵而非以理念来感知与创作的女作家,自然成为我们希望邀约的对象。

中国新文学时代的女作家们,无疑是受到西方文化的启迪而登上文坛的,妇女解放自然是她们恒久关怀的问题,然而就其主体而言,又同时有着一种不同于西方女作家的民族素质。第一第二代的中国新文学运动中成绩斐然的女作家们,如冰心、丁玲、萧红、张爱玲等,几乎都家世书香,又几乎都从反思自身其实是包蕴着中国女性历史命运的个人生活开始创作,这样,她们一开始便在对现实生活的描绘中,涉及了探索中国女性历史性格的畛域。尽管后来的遭际使他们作出了不同的选择,但历史文化的积淀,却如遗传因子般始终在起着作用,这一点从她们的文学语言中便可以生动地感到。比如冰心与张爱玲,人生的道路大不相同,然而有一定传统文化修养的读者,从她们那流丽秀美甚至相当欧化的白话文中,都能感到中国古典文学清雅芳菲的韵度。第一二代中国新文学女作家的这种传统,在当代中国女作家,特别是大陆与台湾中年女作家的创作中依然有明显的表现。尽管她们的思想较之前辈更为现代,尽管她们仍对妇女问题深切关注,但是也许因为文化背景的不同,较之西方甚至香港的女作家来说,她们很少有意识地以女强人自居,也很少看到她们有关女权问题的激切言论。如果阅读一下我社前年出版林华女士所编的《伊甸园的絮语》有关篇章,你必会感到,她们的卓越恰恰在于她们东方式的平凡。这并非因为保守,则恰恰是一种成熟。她们不是刻意去追求女子与男子一般意义上的平等,而更愿意在保持与焕发女性自身特点与魅力的基础上来显示自身的价值与尊严，来探寻妇女问题的历史、现在与将来。在丛书的组织过程中，我们有幸结识其中的几位，她们的气质风度，进一步证实了我们原先从作品中所获得的上述印象。于是我们感到，我们的企划，有了坚实的依托。

已经有多位著名的大陆女作家加盟这套历史小说的创作，现在出版的已有四种。每读一部文稿，我们都会产生一种深切的感动。她们描写的对象不同，上至女皇，下至妓家；她们的文风也不同，有清丽的，有平实的，有圆熟而跳脱的，甚至更有近乎豪放的。然而在严肃而又真切的创作态度上，她们却是共同的。她们如此丰富地掌握了史料，绝不比专业的学术研究者逊色；她们对于史料的鉴别、取舍、处理，虽然也借鉴了学术研究的成果，却更主要的是以作家——女作家的心去体味、去辨识、去通过想象加以丰富；她们并不将女权问题作为一种前提性的理念来支配创作，而只是专注于通过自心的感知去再现一个个历史女性的行踪心路，与促成这一切的历史情境以及主人公的心理机制。于是一个个为历代的男子传奇化了的奇女子，又还原成了鲜活的个性各异的女人，一段段历史的长卷在一个个有血有肉的女性心史中得到了折射，而给人以一种崭新的感受。如果与史学家的研究相比，许多为学者所忽视的细节，在小说中获得了不寻常的意义，比如《陈圆圆·红颜恨》中陈圆圆与冒辟疆的初恋对她以后人生长途的影响；不少情节与场景，主要出于史学家所不允许的虚构，比如《王昭君·出塞曲》《武则天·女皇》对于二人早年生活的描绘，但是这种虚构作为对于她们后来心态行止的艺术诠释，是如此地合乎情理与感人至深。如果更将这几部小说与历史上同一题材的小说笔记类作品相比，无论在思力还是技巧上，都不可同日而语。比如《孽海花》是近百年来家喻户晓的佳作，而在我看来，《赛金花·凡尘》之成就，已肯定超出了前者。因此我有充分的理由相信，这套丛书，应当有数种会成为传世之作，我们也希望有更多的女作家来加盟丛书，用她们独具的才情来贡献于广大读者。

读完已经出版的四部作品,我不禁又产生一种近乎悖论的想头:本来处于被压抑、被轻视,甚至被侮辱、被迫害境地的这几位历史上的女性,为何又能赢来百千年来无数须眉经久不息的注目与重视,这里边有叹服,有钦羡,也有批评,甚至更有恨不能食肉寝皮的詈骂,须知詈骂也是一种重视,一种使你不能轻忽之的重视。四位当代女作家对此并无言诠,既不像元明后俗文学中那样加以丑化,也不像才美之士在雅文学中那样加之以超凡入圣的光晕,而只是以现代女性的感觉再现了历史女性有血有肉的一生。相信读者会从各自的阅历经验出发,对她们的是非功过作出自己的不必一致的评价。然而有一点感觉,想必会是共通的:作为女人,她们都是美丽的,美得使人心醉,然而她们之所以会赢得种种不同角度的非同一般的重视,却并非只是因为她们的美丽,而更在于她们不同凡俗的格调与个性。正如同鲜花是美丽的,而鲜花之来到世间,初非为了供人们观赏。似花而又非花,是她们共同的品性,因此我们借用了白居易的诗句"花非花",为这套丛书冠名。

(本文原载于《文学自由谈》1999年第1期)

禁毁之谜

——读《中国禁毁小说百话》

　　这是个已经成为热点的话题——禁毁小说，因其曾经或者依然被禁，就如同深帷重帘掩覆下的秘物一般，引动着人们一知究竟的愿望。流俗之辈猎奇探艳的低级趣味固然不足挂齿，而作为一种谜一样的文化现象，更吸引着不仅是专家的无数读者的注意。

　　一书被禁，原因尽管复杂，但归根结蒂，总是因它有背于一定时代，尤其是统治者的伦理道德准则，从而也不利于当时的社会安定。比如封建道德本身就是维护业已腐朽了的封建统治的，《水浒传》就被戴上个"诲盗"的帽子而被禁，这能说合理吗？但反过来是否又可以说，既然封建社会不合理，那么当时一切小说被禁毁都是"冤狱"，现在都应平反昭雪，予以开放呢？这个逆定理却也不能成立。道德固然有时代性，但也有传承性，比如色情成色严重的作品，就是给它戴上顶"性文化"的帽子，也断然不可能在今天开禁。那么由此是否又可以说这些书只是一捧垃圾，不屑一顾呢？这就用得到黑格尔老人的一句话了"存在就是合理"，这类禁毁小说既然存在，自然也就有其"出生"的理由。那么，这些理由何在呢？其中究竟又有什么可以借鉴的成分呢，等等等等。对于禁毁小说，人们可以这样正正反反提出无数个问题，这些问题的逐个解答，就像层层剥笋那样，可以剥出一种深藏于"禁毁"之后的历史文化内涵来，而对整个禁毁小说系列的深入"剥析"，就能构成观察中国社会风情、伦理道德、小说艺术的一个个独特系列来。这部《中国禁毁小说百话》就是通过这种剥笋般的漫谈分析,引导人们浏览观察这个谜一样的世界,从有趣的阅读中获得有益的知识与讯息。

收罗齐全,鞭辟入里是它的又一个特色,有关禁毁书的著作,涉及小说者,最多是三四十种,而本书作者却以其亲见目历的120种禁毁小说,为人们构筑出一个图文并茂的禁毁小说长廊。不全,就谈不到浏览,更不用说研究;非目历亲见,就谈不上真切,更不用说鞭辟入里。本书中大量由第一手资料生发的议论,是专家之谈,而其生动流畅的文笔也足以使一般读者,对一个个话题产生浓厚的兴趣。

谈禁毁小说,当然避不开它的大宗"性文学",这是个敏感问题,更是个难题。然而读完本书不会有任何低级趣味之感,也不会感到枯索无味,因为作者确实难能可贵地做到了从文化高度对这一问题的方方面面作了详尽有趣的探讨。若问他到底是怎么谈的,那么就请君"开卷有益"。

(本文原载于《中国图书评论》1995 年第 6 期)

让儿童读点中华名著

上海古籍出版社去年做了个尝试,从古老的"四书五经"中挑选了一些适合儿童阅读的名言警句,出版了四本一套的《拼音背诵读本》,不想获得了家长们极大的欢迎,至今已发行近 15 万册。日前,记者采访该社总编辑赵昌平先生,获悉这套书还有两个意外:受到了在上海读书的外国留学生的欢迎;去年赵总去美国访问带了一些样书,受到当地华人的欢迎。

海外华人对祖国传统文化的眷恋和热爱,国外对本国传统文化教育的极端重视,给赵昌平的印象特别深刻。这使他坚定了这样的想法:要让我国儿童从小系统地读一点传统文化名著。赵昌平认为,我们的孩子,将来要面对的是整个世界。孩子们在向西方学习的同时,必须首先了解自己的民族,具备民族文化的基本素养,"因为未来世界的强者,必定是能将中西文化知识融会贯通的人,而非拘于一偏的'跛足者'"。于是,他们决定给《拼音背诵读本》扩容,并进而推出了包括小三国、小水浒、小西游、小封神、小聊斋、小左传、小史记、小通鉴为内容的《拼音小名著》。

然而,要让孩子们读懂传统文化名著,不是一项简单易行的工作。赵昌平说,从某种意义上来讲,它甚至比出版学术著作更为艰辛。因为是给孩子们看,首先内容要反复斟酌,选精选好,"必须提汲出最为甘美的一杯,奉献给小读者"。传统文化,往往精华与糟粕并存,即使是名著也不是所有内容都适合孩子们。"四书五经"

有一部分内容就比较陈腐,去年出版《拼音背诵读本》时,就从校样中抽掉了一部分不合适的内容。这次编《拼音小名著》丛书也一样,并不因是名著而掉以轻心,而是反复挑选,从每种名著中选取最精彩的故事三十则,都是对孩子们有益的。

　　把名著改写成孩子们乐于接受的"讲故事"形式,这是让他们煞费苦心的又一个难题。参加改写的一些大学教授写学术文章轻车熟路,但大都第一次为孩子们写故事。为适合孩子们阅读,他们不断变换笔调,花出不比写学术文章少的力气,直到比较"儿童化"为止。再配以插图,辅以拼音,使初识拼音的孩子就能赏图读文,对八种家喻户晓的中华名著,知其梗概,明其精髓。

　　记者对《拼音小名著》中的插图很赞赏,都是原著中的绣像版画。记者问赵昌平,现在的儿童对日本式漫画、香港式漫画非常喜欢,如果《拼音小名著》中也搞这样的漫画插图一定会受到欢迎,为什么还是用原著中的绣像图?赵昌平很坚定地说:"搞日式港式漫画确实能赚钱,也很时髦,但我们要让孩子们知道,中国古代的绣像版画真美! 不信,你看!"

　　　　　　　　　　　　(本文原载于《新民晚报》2001 年 6 月 4 日)

怎样读唐诗

要明白怎样读唐诗,须先了解唐人如何作诗。试以晚唐温庭筠的《商山早行》来说明:

> 晨起动征铎,客行悲故乡。鸡声茅店月,人迹板桥霜。
> 槲叶满山路,枳花明驿墙。因思杜陵梦,凫雁满回塘。

先请注意这诗第二联(三、四两句)的句法,它与主谓宾分明的散文句法不同,上下句都由三个名词与名词词组并列构成。鸡声、茅店、月三个物象的关系似明非明,而鸡声是一声还是数声,月是圆月还是缺月,都不知;然而已经足够了,人们大抵可感到这样一幅图景:以茅店(山村驿站)为中心,晨鸡的啼鸣声,应和着茅店上斜悬的晴月清光。不仅如此,你还可以进一步在这胜于画的诗画中感到,这鸡声是凄清的,这月光是凉冷的,而这茅店更显得孤独萧瑟。这些意味,在三者独立存在时是没有的,而我们在解读中所以能品味到,是因为与上二句的联系。原来征铎——即将远行的车与鸾铃声触发了诗人"悲故乡"的意兴(因外物触发而"兴"起的"意"念)。这是全诗的主脑。"悲故乡"的诗人从清晨万千的景物中以这主脑筛选出鸡声(不取鸦啼等)、茅店(不取瓦舍等)、月(不取风云等)三者,它们本不相关,现在却因"悲故乡"的意念联系而融为一体,从而由自然的物象上升为诗歌中的意象(内含意兴的物象),并产生了远比各自自然存在时丰富的艺术魅力。

现在再来看全诗,除第一联外,后三联都未曾明言"悲"愁;除第四联"因思"二字外,句间、联间都没有表示相互关系的字眼,各联句都似乎是独立的,然而这并不妨碍我们看到一串充满"悲"意的电影般延展的场景,试今译如下。

清晨,远行的车马鸾铃声响起,(触发了)客行的诗人远怀故乡的悲思。(听)晨鸡初啼(凄清),似乎应和着茅顶驿店上方,斜月的残光(冰冷)。(我踽踽独行),在早霜覆盖的板桥上,(留下了点点斑斑的)足迹。(前望),山路上落满了枯黄的槲(hú)树叶(这是否是我人生前程的写照?)(回看),驿墙的暗影中枳(zhǐ)花白,照眼明(似乎是我黯淡的过往光源中一点仅有的光明)。于是我不禁想起了寓居长安近郊杜陵的情景,一切已似梦幻,依稀只见,回曲的池塘上,成群的野鸭在飞翔。(寓居的记忆已朦胧,久别的故乡祁县,如今又怎样呢?)

以上括号中的词句,都是原诗的字面所没有的。这些,都是我作为读者在字里行间玩味悟得的诗歌景象之下的意蕴。不难看出,这些象下之意,又都是由"悲故乡"这一意兴发出来的;换句话说,意兴流注于诗歌各种景象之下,成为全诗时隐时显的脉络,从而把词、句、联(它们都表达某种景象)贯通为一个整体。这种由意兴流动而形成的诗歌脉络(相当于今人所说的感情线),在六朝至唐的诗歌中称为意脉或义脉(意、义同)。意兴是一诗主脑,意脉是流贯全诗的血脉,有了它们,诗中的物象才成为血肉丰满的意象。由于意兴意脉往往隐藏于物象之下,使唐诗的各词句、名句联的关系似断似续,从而留下了许多的空间,让读者通过想象去补足,可以说唐诗的魅力就在这里。因此,通过玩味唐诗的意象,来理清它的意脉,体味它的意兴,是种种唐诗解读法中最本质的方法。至于意兴、意脉、意象的创作观为何在唐代才完成,解读中又有什么具体的方法来把握,以后有机会再为同学们介绍吧。

(本文原载于《读书指导》1998 年第 1 辑)

外文绮交，内义脉注

——诗词解读要领

解题

　　"外文绮交，内义脉注"是《文心雕龙·章句》篇对诗歌文体特征最形象、最贴切的界定。意谓诗歌看起来如美丽的有花纹的丝织品（外文），而其中流贯着诗人的情意（内义）。因此玩索"外文"而把握"内义"是诗词解读的不二法门。

一、由"推敲"谈起——名篇误读举隅

　　诗例：

　　①贾岛《题李凝幽居》

　　四月中旬《诗书中华》谈到此诗，主持嘉宾让孩子试改"僧敲月下门"之"敲"字，孩子改"敲"为"听"，嘉宾盛赞改得好。真的吗？现在让我们来看看这首诗：

> 闲居少邻并，草径入荒园。
>
> 鸟宿池边树，僧敲月下门。
>
> 过桥分野色，移石动云根。
>
> 暂去还来此，幽期不负言。

【按】据传，"僧敲"原作"僧推"，传说贾岛骑驴上反复斟酌，是"推"好，还是"敲"好，不觉冲撞了时任京兆尹的大文豪韩愈仪仗，韩愈为之判定"敲字佳矣"。这也就是"推敲"一词的来历。"敲"何以胜于"推"，要从全诗的意境去领会。诗名"题李凝幽居"，"幽"是全诗的灵魂。推门无声，敲门有声；"推"字音节细，"敲"字音节亮。试想：四野静澄，皓月当空，此时一缁衣僧（贾岛曾为僧），笃笃敲门，这声响更反衬出田野万籁俱寂的清幽，其道理与王维诗"空山不见人，但闻人语响"（《鹿柴》）正同；而不着"空""响"等字眼，所以尤其耐人寻味。改"听"字不仅达不到这种效果，且与全诗脉理不合，"敲"门是"访"的一个环节，"听门"又是干什么呢？所以孩子无过，主持嘉宾的谬赞不免误导。

②李清照《醉花阴》

　　　薄雾浓云愁永昼，瑞脑销金兽。佳节又重阳，玉枕纱厨，半夜凉初透。

　　　东篱把酒黄昏后，有暗香盈袖。莫道不销魂，帘卷西风，人比黄花瘦。

【按】这首词经常被误读的是"半夜"所指。注家都以"半夜"续"永昼"指为这是白昼后的"半夜"，但这样解说与下片"黄昏后"显然矛盾。"玉枕纱厨，半夜凉初透"，其实是对为何"愁永昼"的补充说明，指的是重阳昼前的半夜，子夜初凉，使女词人突然念及"佳节又重阳"，而"每逢佳节倍思亲"（时其与丈夫赵明诚分处二地），于是才有了"永昼"之愁，直至"黄昏"时"东篱把酒"还是"剪不断，理还乱"。因为明日，"黄花"就是"过后黄花"了，唐宋时称为"十日菊"，常以比喻韶华已谢。"半夜"之"逆探"与明日之预想，使此词百折千回，隽永耐读。

③蒋捷《霜天晓角》

　　　人影窗纱。是谁来折花？折则从他折去，知折去、向谁家？

　　　　檐牙。枝最佳。折时高折些。说与折花人道，须插向、鬓边斜。

【按】由于"插花"的细节，坊间本多以摘花者为女子，然而由"知折去、向谁家？"可见，摘花者当为一小伙子。词人步步为他设想，不仅不恼怒，更指点他如何摘，如何为意中的女孩儿插花，于是一对小恋人，一位忠厚长者的形象便栩栩于纸上。

④王安石《夜泊瓜洲》

　　　　京口瓜洲一水间，钟山只隔数重山。

　　　　春风又绿江南岸，明月何时照我还？

【按】此诗的"绿"字为评家盛赞，注本多谓"绿"字反映了王安石上年（熙宁七年，1074）罢相，本年（八年）二月复相的喜悦振奋，但是既如此，末句又何以说"明月何时照我还"？吴汝煜先生注意到这一点。说"绿"字兼有对复相后前程的担忧，但还是未说清，何以"绿"字有此二重义。我们要充分注意，"绿"前的"又"字。王氏上年罢相是在春天，本年复相"又"一片春绿，因有世事无常，江山依旧之感，而振奋、担忧皆由此而来的第二义。

二、诗词解读一、二、三

1. 一个主体：诗人之心——"成心"

　　　　然才有庸俊，气有刚柔，学有浅深，习有雅郑，并情性所铄，陶染所凝……故辞理庸俊，莫能翻其才；风趣刚柔，宁或改其气；事义浅深，未闻乖其学；体式雅郑，鲜有反其习：各师成心，其异如面。（《文心雕龙·体性》）

可见成心，是诗人先天的才（智质）、气（气质）凝铄了后天的学（文化传承）、习（时代，环境之风气）而形成的、个性化的心体。

诗歌创作的实质：成心与外物碰撞，转化为意与辞的契合，从而呈象见义。诗歌文本其实是一个由语言呈现的情境化的景象（物象），这景象、物象中蕴藏着诗人的个性及当下的感悟。

2.两个阶段

①前创作阶段：潜识与潜能

人们后天由阅历、学习所得到的知识、技能，由于先天的才智，气质的熔铄，都已不复其原初的状态，而已经个性化。就诗人而言，这种郁积于内心的个性化的情意识见、语言技能，便是创作前的"潜识"与"潜能"。它们沉睡着，等待着被"唤醒"。即所谓"先积精思，因神王而得"（皎然《诗式》）。

②创作阶段：发兴取境与熔裁总术

A　内思阶段：发兴与取境立意

发兴，即所谓"触景（物）生情"。

潜识被某种有相关特征的外物唤醒（直觉、醒觉），心与物相碰撞，产生朦胧的创作冲动——"发兴"，从而进入一种特定情境中的内在思维阶段，通过内在的语言活动，使朦胧的冲动趋向化、意趣化。由"发兴"到意生的关键是取境（立意）。

取境，简言之，类似于摄影时的"取景"。摄影者以个性化的审美观念，在引起他摄影冲动的景物中，选取最佳角度、光线，摄入最佳部分。诗人则是选取最能表达他兴致的景物，用语言来再现之，即所谓"以心击之，深穿其境"（王昌龄《诗格》）。因此，唐人将诗歌的意旨称为"境思"，即情境化的意趣。（境，佛语，心缘于物所生者）

取境是具体创作的开始与枢纽，"夫诗人之思初发，取境偏高，则一首举体便高；取境偏逸，则一首举体便逸"（《诗式》）。

诗例：

①杜甫《登高》

> 风急天高猿啸哀，渚清沙白鸟飞回。
> 无边落木萧萧下，不尽长江滚滚来。
> 万里悲秋常作客，百年多病独登台。
> 艰难苦恨繁霜鬓，潦倒新停浊酒杯。

②黄庭坚《登快阁》

> 痴儿了却公家事，快阁东西倚晚晴。
> 落木千山天远大，澄江一道月分明。
> 朱弦已为佳人绝，青眼聊因美酒横。
> 万里归船弄长笛，此心吾与白鸥盟。

【按】二诗中"落木""长江"联与"落木""澄江"联所涉景物类似，但前者萧索，后者高敞，这是由于二者的意兴不同。杜甫诗作于晚年出蜀途中，颠沛流离且患有肺疾，风痹之症转重，已到了人生末途；黄庭坚则正值壮年、志向高远，却仅任知太和县的微职，故"不平则鸣"。不同的意兴，便使同样的景物，产生了迥然不同的色调。

这种现象同样存在于李、杜同类诗中。同为赠诗。杜甫寄李白曰："故凭锦水将双泪，好过瞿塘滟滪堆"，千折百回；李白寄杜甫则云："思君若汶水，浩荡寄南征"，一泻千里。同是写出峡过荆门，老病中的杜甫曰："星垂平野阔，月涌大江流"，青壮时的李白则曰"山随平野尽，江入大荒流"。虽然都切合江出荆门便为一片平野的自然环境，但杜诗沉郁顿挫，李诗超逸豪迈，区分是很明显的。由此可见景物等所以能成为诗歌意象（从客观的物象上升为带有主观色彩的意象），是因为诗人意兴的注入。

B　外化阶段——熔裁

外化，即将兴意转化为文本，是以"潜能"来表现"潜识"的综合作用过程，亦即综合运用各种写作技巧（总术），熔炼裁制，布局成章(附会)的阶段。

要之,诗歌创作从内思到外化都是一种意与辞互动含摄的语言活动,是一种语言艺术,而诗歌文本是一个"有意味的(言语)形式"。

3. 三个要素:意兴、意脉、意象

从上述可见,诗人兴发意生产生意兴,意兴贯注全诗在一定诗体中流动是为意脉,诗歌语言所呈现的物象由于意脉的贯注而升华为意象(兴象)。

而读者读诗则是玩索意象、厘清意脉、把握意兴的一而再、再而三的过程,其中厘清意脉是关键中的关键。意脉畅通,理解便大抵准确,意脉不通,则理解有误。上举各种误读,都是未理清意脉所致。

诗例:

李白《宣州谢朓楼饯别校书叔云》

> 弃我去者,昨日之日不可留;
> 乱我心者,今日之日多烦忧。
> 长风万里送秋雁,对此可以酣高楼。
> 蓬莱文章建安骨,中间小谢又清发。
> 俱怀逸兴壮思飞,欲上青天览明月。
> 抽刀断水水更流,举杯消愁愁更愁。
> 人生在世不称意,明朝散发弄扁舟。

【按】由于诗脉隐伏在形象之下,即"外文绮交,内义脉注""草蛇灰线""似断而续"(《诗式》)。所以清意脉,是读诗最困难的工作。李白诗因其感情激荡,往往大起大落,所以意脉似断复续的特点尤其突出。以致不少名篇被前人指为不可解,是伪作,本诗即其中之一。其实本诗的脉理是很清晰的。由诗题可知,首二句由"昨日"远远领起,落到"今日",启下"长风""酣高楼"而入题"饯别"。

"蓬莱"以下写饯别的感兴，分二层，前四句由抑而扬，以汉代被称为"蓬莱阁"的藏书室指校书叔李云，以谢朓自比，以"三曹七子"为代表的"建安风骨"连接叔侄二者，高自期许欲冲破烦愁，以至借酒兴高扬，逸兴遄飞，欲上青天揽月；然而骨子里的烦愁不平是消不去的，"抽刀"以下四句，又由扬而抑，跌落到"举杯消愁愁更愁"的现实，并生发为"明朝"归隐之想。可见此诗的意脉是"不称意"的烦愁，中间高扬，只是一种无奈的幻想。这就是"草蛇灰线""似断而续"。

三、一种有效的鉴赏方法——比较读诗法

提高诗歌鉴赏能力，得力于日常的积累，比如，尽可能开阔文史知识面，尽可能了解作者的经历与作时心态，背一点诗词，懂一点诗歌的创作思维、诗体知识、诗史流别，等等，即《文心雕龙》所谓"积学以储宝"。这些不能展开，仅介绍一种对于提高鉴赏能力较为有效的读诗方法——比较读诗法。

1. 时代比较

诗例：边塞诗

> 回乐峰前沙似雪，受降城外月如霜。
> 不知何处吹芦管，一夜征人尽望乡。

（李益《夜上受降城闻笛》）

【按】本诗系德宗贞元初年，李益在灵州（属今宁夏）为灵州大都督杜希全幕僚时所作。

回乐峰为灵州附近之烽火台，受降城非坊间注本所注唐高宗时张仁愿所筑东西中三受降城。唐太宗曾于灵州受突厥降，被突厥尊为"天可汗"，故灵州亦称受降城。中唐之世，吐蕃入侵频频，

故李益有感而作此诗。

比较：

盛唐　青海长云暗雪山，孤城遥望玉门关。

　　　　黄沙百战穿金甲，不破楼兰终不还。

（王昌龄《从军行》七首之四）

　　　　黄河远上白云间，一片孤城万仞山。

　　　　羌笛何须怨杨柳，春风不度玉门关。

（王之涣《凉州词》）

晚唐　誓扫匈奴不顾身，五千貂锦丧胡尘。

　　　　可怜无定河边骨，犹是春闺梦里人！

（陈陶《陇西行》四首之二）

【按】盛唐二诗气象浑成阔大，即有思归之念，卓拔之气仍跃然纸上。中唐李益诗气象则已于大景物中见萧飒，且巧用地名"回乐烽""受降城"，以见此时已不复太宗盛时，作法已初见巧思。晚唐一首则气象惨惨，巧思已发展至刻削。并读可见有唐一代边政国运之盛衰，诗人作法之演变。

诗例：宫词

盛唐　西宫夜静百花香，欲卷珠帘春恨长。

　　　　斜抱云和深见月，朦胧树色隐昭阳。

（王昌龄《西宫春怨》）

中唐　露湿晴花春殿香，月明歌吹在昭阳。

　　　　似将海水添宫漏，共滴长门一夜长。

（李益《宫怨》）

晚唐　寂寂花时闭院门，美人相并立琼轩。

　　　　含情欲说宫中事，鹦鹉前头不敢言。

（朱庆馀《宫中词》）

　　　　禁门宫树月痕过，媚眼唯看宿鹭窠。

　　　　斜拔玉钗灯影畔，剔开红焰救飞蛾。

（张祜《赠内人》）

【按】这一组，盛、中、晚之区别略同于上一组。王昌龄诗气象浑成，合思婉转，典雅蕴藉；李益诗"海水""宫漏"之喻已初见巧思：晚唐二首则以细节入思，巧虽有加，而浑成蕴藉之气韵不再。

2. 同时代不同诗人的比较

诗例：送别诗

渭城朝雨浥轻尘，客舍青青柳色新。

劝君更尽一杯酒，西出阳关无故人。

（王维《送元二使安西》）

千里黄云白日曛，北风吹雁雪纷纷。

莫道前路无知己，天下谁人不识君。

（高适《别董大》）

【按】体质秀弱、以辋川诸作为代表的王维送别诗也情意婉转，风调清秀；有能臣气质，以《燕歌行》为代表的高适，送别诗则开远有豪气。

诗例：山水诗

独怜幽草涧边生，上有黄鹂深树鸣。

春潮带雨晚来急，野渡无人舟自横。

（韦应物《滁州西涧》）

闻道幽深石涧寺，不逢流水亦难知。

莫道山僧无伴侣，猕猴长在古松枝。

（朱放《游石涧寺》）

荷衣半破带莓苔，笑向陶潜酒瓮开。

纵醉还须上山去，白云那肯下山来。

（秦系《山中赠诸暨丹邱明府》）

青嶂青溪直复斜，白鸡白犬到人家。

仙人住在最高处，向晚春泉流白花。

（顾况《望简寂观》）

　　　　　　　正论禅寂忽狂歌，莫是尘心颠倒多。

　　　　　　　白足行花曾不染，黄囊贮酒欲如何。

（皎然《酬秦系山人戏赠》）

　　【按】韦应物是盛中唐间诗人，其诗承盛唐雅体而来，犹存此体蕴藉浑成之风而"清中见腴"，朱放以下四人时代与韦接近，但承盛唐"吴中四士"之风，有轻清散野的特点，四诗为中唐吴中诗派的作品。反映了南宗禅兴起时七绝的变化（野体），与北派的大历十才子的雅体不同，下开元和诗人风气（元白一路）。

　　3.同一诗人不同形态的诗歌比较

　　杜甫晚年的三组组诗《诸将》五首、《咏怀古迹》五首、《秋兴》八首，都体现了其诗沉郁顿挫的特色，都是极品的好诗。然而《唐诗三百首》仅选《咏怀古迹》五首而其余二组一首不收。原因在于这三组诗体现了杜甫七律的正与变。故以显示唐诗正宗为选诗宗旨的《三百首》，仅取正宗的《咏怀古迹》。

　　《咏怀古迹》七律正宗，风华流利而意象疏朗。承沈宋、李欣、王维之绪而境界加大。

　　例：其二

　　　　　　　摇落深知宋玉悲，风流儒雅亦吾师。

　　　　　　　怅望千秋一洒泪，萧条异代不同时。

　　　　　　　江山故宅空文藻，云雨荒台岂梦思。

　　　　　　　最是楚宫俱泯灭，舟人指点到今疑。

　　对读：王维《送杨少府贬郴州》

　　　　　　　明到衡山与洞庭，若为秋月听猿声。

　　　　　　　愁看北渚三湘近，恶说南风五两轻。

　　　　　　　春草蒲时过夏口，白头浪里出溢城。

　　　　　　　长沙不久留才子，贾谊何须吊屈平。

　　【按】对照二诗可见都有缅怀古贤以抒情怀之意，而各句中的意象都较单纯，所以读来如行云流水，诗意较显豁。

《秋兴》八首：正变，富丽中见顿挫，意象加密。

诗例：《秋兴》之七

　　　　昆明池水汉时功，武帝旌旗在眼中。

　　　　织女机丝虚夜月，石鲸鳞甲动秋风。

　　　　波漂菰米沉云黑，露冷莲房坠粉红。

　　　　关塞极天惟鸟道，江湖满地一渔翁。

参读：

　　　　画省香炉违伏枕，山楼粉堞隐悲笳。（之二）

　　　　云移雉尾开宫扇，日绕龙鳞识圣颜。（之五）

　　　　波漂菰米沈云黑，露冷莲房坠粉红。（之七）

　　　　香稻啄馀鹦鹉粒，碧梧栖老凤凰枝。（之八）

较读：李商隐《隋宫》

　　　　紫泉宫殿锁烟霞，欲取芜城作帝家。

　　　　玉玺不缘归日角，锦帆应是到天涯。

　　　　于今腐草无萤火，终古垂杨有暮鸦。

　　　　地下若逢陈后主，岂宜重问后庭花。

【按】《秋兴》八首有杜甫一贯的揽大景物开大境界的总体特点，但色调较一般盛唐七律富丽，各句联常以多种景物构成一个较复杂的意象；富丽更成密丽，于密丽中见沉郁顿挫之致，启晚唐李商隐、温庭筠一派之特点，李商隐《隋宫》即其例。

《诸将》五首：变调，以议论为诗，开韩愈、温李，乃至宋诗风气，尤其是陆游、辛弃疾一路。

　　韩公本意筑三城，拟绝天骄拔汉旌。（高宗时韩国公张仁愿筑东中西三受降城）

　　岂谓尽烦回纥马，翻然远救朔方兵。（肃宗时借回纥兵以平安史之乱）

　　胡来不觉潼关隘，龙起犹闻晋水清。（唐高祖李渊龙起晋阳灭隋兴唐）

　　独使至尊忧社稷，诸君何以答升平？（其二）

较读：陆游《感愤》（孝宗淳熙十三年，1186作）

今皇神武是周宣，谁赋南征北伐篇？（《诗经》之《六月》《采芑》）

四海一家天历数，两河百郡宋山川。（时西河即中原之地已沦陷）

诸公尚守和亲策，志士虚捐少壮年！

京洛雪消春又动，永昌陵上草芊芊。（太祖永昌陵）

【按】杜甫《诸将》诗是以诗为论，可作一篇史论读，以高宗、肃宗、高祖三朝事错互交织，以论安史之乱借兵回纥之失策，并讽当时诸将已不复盛时气概。这组诗开以律诗为议论之风气，为后人所称"宋调"，读陆游《感愤》可见其中消息。

由杜甫晚年三组七律的不同风格与影响，可以体悟到杜诗诗备众体，沾溉百家的诗史地位。

四、意脉把握的基本方法

1. 寻找有指示意义、时断时续的线索

寻索把握诗歌意脉有许多角度，有时间顺序，如前李白《宣州谢朓楼饯别校书叔云》之"昨日"——"今日"——"明日"；空间顺序，如李白《蜀道难》即以由长安一带自东向西到成都的标志性地名太白（即终南山）、青泥岭、剑阁、锦城、峨眉，加以"蜀道之难难于上青天"的一唱三叹为线索；议论层次，如杜甫《诸将》，从历史上韩国公张仁愿筑中西东三受降城说进，来反衬安史乱中唐肃宗借兵回纥平乱，留下重大隐患，再追忆高祖晋阳起兵兴唐的英武，在多重对比中，得出"诸君何以答升平"的结论，显示了诗人对国运的忧虑，这些是最通常的方法，在使用这种方法时要仔细审题，诗题往往显示了此诗的主旨或层次，如李白《下终南山过斛斯山人宿置酒》，即大体依下山——过山人——宿置酒来安排层次。诗曰：

暮从碧山下，山月随人归。却顾所来径，苍苍横翠微（以上"下山"）。相携及田家，童稚开荆扉。绿竹入幽径，青萝拂行衣（以上"过访"）。欢言得所憩，美酒聊共挥。长歌吟松风，曲尽河星稀（以上"宿置酒"）。我醉君复乐，陶然共忘机（结出诗旨）。

此诗在顺叙中以"苍苍"二句回望来时路径，是顺叙中的侧写，尤有滋味。

2. 意象的同质叠合与异质对照

但有的诗词写片断景象，瞬间感兴、没有时间的延伸与空间的扩展，更无明显指示主旨的逻辑性语言，甚至没有诗题。这类诗的各个句联初看上去像一个个片断图像，类似抽象画的一个个色块，它们之间的内在联系，诗学上叫作"肌质联系"。大抵有两种形态。

① 意象的同质叠加

诗例：韦应物《滁州西涧》

独怜幽草涧边生，上有黄鹂深树鸣。

春潮带雨晚来急，野渡无人舟自横。

【按】看来四句四个画面（或说上二句构成一幅画面；下二句又是一幅画面），相互断裂，然而却有着似断而续的肌质联系，首句的"独怜"、末句的"自"字贯串全篇，而"自"尤为点睛之笔，诗学上称为"诗眼"，逆探上三句。涧边幽草是自生，深树黄鹂是自鸣，春潮带雨是自来，野渡之舟是自横。诗人所"怜"爱的正是这种"无人"干扰的自然界的"幽独"景象，从中透露出为俗务所缠的应物同样"幽独"的心境。

② 意象的异质对照

诗例：李商隐《无题》

来是空言去绝踪，月斜楼上五更钟。

梦为远别啼难唤，书被催成墨未浓。

蜡照半笼金翡翠，麝熏微度绣芙蓉。

刘郎已恨蓬山远,更隔蓬山一万重。

【按】此诗大抵写五更梦觉,作书以寄远别的梦中人,但第三联却众说纷纭是仅写感情呢,还是别有寄托? 如果是仅写感情,那么又是实写当时诗人室内景象呢,还是追想当初欢爱的情景,或者竟是虚拟意中人这时的情态呢? 我们从意象之间的肌质联系可得其仿佛。这是异质意象对照的典型之作。"月斜楼上五更钟"的孤清与"蜡照半笼金翡翠,麝熏微度绣芙蓉"的温馨构成强烈对照,显示了一种男女间的彻骨相思,因此首先可排除寄托说,因为如寄托为师友,这样写就太轻佻了。再从二联"书"以寄远,四联蓬山远隔来看,当以虚拟为长,且以虚拟意中人此时的情态为最合理。五更梦醒,作书寄远,眼前自然浮现出伊人形象:她现在应独处于当初欢爱的闺房之中,烛光半笼着被上蹙金的双双翡翠,麝香微熏,微微度入绣有并蒂莲花的丝帐。然而如当初刘晨与仙女一度欢爱,终于仙凡永隔一般。我与心中的仙姝,更隔着千万重的海上仙山。

同质叠加,异质对照,往往并用,如上诗。一、二、四联以当时情景与神话传说的叠加以见相思之深,阻隔之遥。而第三联则以虚拟之温馨情景与此时的"孤清"之况形成对照,反衬出"孤清"之深。

③意脉寻索的要领

由上述二例可见,意脉寻索要笨功夫与巧功夫相结合,所谓笨功夫,如业师施蛰存先生所说:"诗要一句一句读,一个字一个字读,切不可大而化之,断章取义。"

所谓巧功夫,即抓住画龙点睛的关键词,如韦应物《滁州西涧》之"独怜""自";承上启下的关键句,如李商隐《无题》之"书被催成"句;还有看似不起眼的虚词之间的相互关联,如杜甫《诸将》各句中的"本""岂""翻然""犹""独",它们构成了各个散在意象的内在联系。总之读诗是一个玩索意象,厘清意脉,在反复的阅读吟诵中,扪摸到诗人意兴的过程。

　　结束语：今年是浙江理工大学成立一百周年，浙理工前身是创办于1892年的蚕丝馆，故以"外文绮交，内义脉注"为题作此诗词解读讲座，因为锦绣文章的说法，就是借用了丝织的原理，相信多读古诗词，会对大家在各自专业领域有所启发。

（本文系作者讲座底稿）

抽"诗"剥茧，读出不一样的意境

我的老师施蛰存认为，诗要一句一句、一字一字读，不能囫囵吞枣地抓一句就来读读，或者跳过了一些自认为不重要的东西去读。准确理解诗，唯一的方法就是一点一点捋下来，就像在一个乱麻里面逮住一个"诗头"，把它慢慢抽出来，就是这样一个过程。

没把"上下前后"弄清楚
容易将诗歌含义理解错

王安石有一首很有名的诗《泊船瓜洲》："京口瓜洲一水间，钟山只隔数重山。春风又绿江南岸，明月何时照我还？"

这首诗最著名的一句是"春风又绿江南岸"，是王安石在宋神宗熙宁七年被罢相后所写。王安石变法，遭到很多人反对，他罢相后从首都汴京贬官到江宁做知府。但到了熙宁八年，他又被重新启用，回朝做宰相。后代许多人说此时的王安石对前途充满期待，所以写下来"春风又绿江南岸"。

但我要问：既然兴高采烈，那为什么下面要写"明月何时照我还"呢？京口瓜洲一水间——京口镇江之间，有一个瓜洲渡，到这个地方他停船了，从他出发的地方镇江扬州那边回望南京。

"春风又绿江南岸"，大家注意"又"字说明什么呢？不是第一次，是第二次。也就是说，他被罢相到南京的时候是春天，如今回京赴任又是春天，这才叫"春风又绿江南岸"。

但为什么又说"明月何时照我还"呢？既然是开心地去，这里为什么又说要"还"呢？这种心情，值得玩味推敲。实际上，他对京口那边充满希望，但同时又有一丝惆怅。也就是说，此去究竟是喜是忧，诗人也是未知的。变法的道路，更不知道将有多少坎坷？

诗人非常喜欢南京，把南京视为第二故乡，所以，"春风又绿江南岸"，不是一种简单的欢欣鼓舞情绪，而是非常复杂的，有一些信心，有一些展望，同时也有惆怅、担忧。这个"又"字要这样来理解。

很多人因为没把"上下前后"关系弄清楚，就容易把这首诗真正要表达的含义理解错了。

再举一例，李清照的《醉花阴》："薄雾浓云愁永昼"——说的是整个白天词人的思绪都被愁云迷雾萦绕；"瑞脑消金兽"——房中一个兽形香炉里的熏香已经烧完了，说明词人整整一天在那边孤坐着；"佳节又重阳，玉枕纱厨，半夜凉初透"——现在到了重阳节，玉枕纱厨是夏天用的卧具，纱厨是帐子，半夜的凉气浸透全身；"东篱把酒黄昏后，有暗香盈袖。莫道不销魂，帘卷西风，人比黄花瘦"——很多注本都认为，诗人坐了一整个白天，一直坐到后半夜初凉。于是问题来了："东篱把酒黄昏后"该怎么理解呢？如果已经到半夜了，怎么还出来一个黄昏呢？

其实，这是诗歌技法里的一种结构方法。它是返回去说明原因。词人为什么这样惆怅呢？这是跟丈夫分离所至。"今天又到了重阳节，半夜里忽然感觉到玉枕纱厨已经很凉了，这就撩起了我的愁思，所以我整个一天就孤坐在那里。夜晚的时候又来到东面的篱笆下面坐着。这时候一阵风吹来，有一些菊花的香味扑过来。这个时候感觉非常哀痛，对爱人的思念，把人折磨得无比憔悴消瘦，就好比重阳之后逐渐凋零的菊花。"。

这样的解读，才算讲得通。类似的例子，还有很多，就不一一赘述了。

不同的人面对同样景物
会形成不同意象和感慨

由这些误读，引出一个话题——如何理解诗词艺术？要找到理解诗歌的钥匙，就要知道诗人是怎么做诗的，即诗是怎么写成的。

一首诗基本的组织构成有哪些呢？一般有三个要素，第一个是意兴，第二个是意象，第三个是意脉。

意兴就是触景生情的创作冲动，经过头脑里的思考以后产生创作的主要方向。意兴要通过景象表示出来，如梅花。种种意象，共同组成了一首诗。这么多意象靠什么来贯穿呢？中间有一个脉络，就是意脉。

诗歌实际上由意兴、意象、意脉组成，可我们读诗的时候其实跟诗人作诗的方向是相反的。诗人产生了意兴，然后意兴流动成为意脉，产生了一个一个意象，把这些意象贯穿了就是诗。但因为这个意脉很隐蔽，所以我们读诗的时候会通过一个一个诗句体会句子中的意象，慢慢地、像抽丝似地把这个意脉把握住了，进而真正体会到诗歌的意境到底是什么。

刘宋时候有一个大诗人，山水诗的开山祖师谢灵运。他最出名的两句诗：池塘生春草，园柳变鸣禽。这两句诗很自然，后人甚至赞为"如有神助"。

谢灵运做官得罪了不少人，后来被贬到永嘉，也就是今天温州这个地方，做了一个太守，当然心情苦闷，又碰到生病，病了很长时间，还逢下雨，诸多不顺。一次，他偶尔把窗帘拉开一条缝，突然看见池塘生春草的景象,触发了诗人内心的一种感受:"虽然我现在贬官,但以后还是有重新奋起的希望的。"随后他写了一大段文字,这是很自然的事,也就是思路通了,文路自然顺畅。这就是触景生情的意兴。

意兴的"意"是很重要的,它能够使同样的景象产生不同的含义,构成不同的情景。举一个例子,杜甫的诗《登高》:"风急天高猿啸哀,渚清沙白鸟飞回。无边落木萧萧下,不尽长江滚滚来。"这是一首名篇,里面用了什么意象呢?秋天、江、水、山等景物。后来,宋朝黄庭坚也写了一首诗,同样用了秋天、山、水、江,即"落木千山天远大,澄江一道月分明"。

为什么同样面对大江、同样在秋天,两个人写出不一样的意境?因为杜甫那个时候已经老迈了,《登高》大概是其去世前两年左右时写的。他历经颠沛,直到安史之乱平复了才从四川出来回老家,然后写了这样一首诗。这是一个穷途末路的老人所写,所以赋予山水秋天一种萧瑟的景象。但黄庭坚写"澄江"的时候才 38 岁,他虽然也不是太得意,但依然血气方刚,前途未定,所以写出的景象自然气势恢宏。所以,不同的诗人,面对同样的景物,会触景生出不同的情,形成不同的意象。

再来看意脉。李白早期的一首小诗《玉阶怨》写道:"玉阶生白露",白玉台阶上秋露已经凝聚了;"夜久侵罗袜",我在这里站了很久,袜子已经被露水打湿了;"却下水晶帘",回到屋里,放下了水晶帘;"玲珑望秋月",看着那秋夜的月亮。

可以想想看,玉阶是白的,白露是白的,罗袜也是白的,水晶又是白的,月还是白的,诗人把诸多白色的、晶亮的意象叠加在一起,形成一种空灵的景象。这种空灵的景象里面是什么呢?其实代表了一种迷茫的心情。

总的来说,把握诗歌的意兴、意脉、意象,就能比较好地去读诗。这里面,特别重要的是一定要很好地把握诗歌的脉络。如果读不通,一定说明有问题。有问题就要去查,把它弄通。把诗读通了,既长了知识,诗也理解了,这也是最简单的读书道理。

唐诗从雄浑到讲求"奇小"
境界变迁折射时代"盛衰"

比较读诗法,就是用比较的方法来读诗,也是读诗的一个窍门。

比如,中晚唐与盛唐的人写出的诗就不一样。

例如,"青海长云暗雪山,孤城遥望玉门关。黄沙百战穿金甲,不破楼兰终不还。""黄河远上白云间,一片孤城万仞山。羌笛何须怨杨柳,春风不度玉门关"。诗里面的景象,不是没有施加之痕,但总的来看是一种傲然挺立的坚韧形象,境界开阔。原因何在? 因为盛唐强大,中唐已经衰落,到晚唐就更孱弱了。

所以,晚唐的陈陶写《陇西行》:"誓扫匈奴不顾身,五千貂锦丧胡尘。可怜无定河边骨,犹是深闺梦里人。"气象萧瑟,是一种接近死亡的气象。思念的人,现在已经是无定河边的枯骨了。这里面,"无定河边骨"跟"深闺梦里人"就是一种意象的对照。

盛唐时期诗歌是雄浑的,中唐的诗比较"奇",晚唐的诗更多是"小"。

王昌龄写《西宫春怨》:"西宫夜静百花香,欲卷珠帘春恨长。斜抱云和深见月,朦胧树色隐昭阳。"虽然写宫怨,但写得比较典雅。

到中唐的时候,李益写一个宫女非常痛苦,长夜难熬,"似将海水添宫漏,共滴长门一夜长"。这个长夜是怎么表现的呢? 就是宫漏。古代的滴漏计时器,好像海水添到里面,滴都滴不完,长夜长得可怕,这是中唐人喜欢用"奇"。

到了晚唐,诗人更喜欢写一些细节。朱庆馀写《宫中词》:"含情欲说宫中事,鹦鹉前头不敢言。"两个宫女并列站在栏杆前,想说一些悄悄话,可是"鹦鹉前头不敢言"。为什么呢?因为鹦鹉是学舌的,宫女讲的话要是从鹦鹉口中传出,被其他人听见,可能就要倒霉被杀头了。还有张祜写的《赠内人》:"斜拔玉钗灯影畔,剔开红焰救飞蛾。"长夜难过,难过到什么程度?在灯影畔哭诉,然后看见一只飞蛾扑到灯心上,于是用头上的金钗把灯芯剔开,救出那扑火的飞蛾。通过这样一种细节来描写一种苦情,真是如梦如幻。

通过比较读诗法,可以帮助我们更好、更正确地理解古代诗词艺术的宝贵精华。

（本文根据东方讲坛·思想点亮未来系列讲座速记稿
整理而成,后发表于《解放日报》2016 年 12 月 13 日）

古诗谭艺二题

《青青河畔草》

《古诗十九首》的作者善于运用正反、虚实、动静、近远、藏露等相反相成的手法构成空灵的艺术境界。《青青河畔草》即其范例。

> 青青河畔草,郁郁园中柳。盈盈楼上女,皎皎当窗牖。娥娥红粉妆,纤纤出素手。昔为倡家女,今为荡子妇。荡子行不归,空床难独守。

这是一首用第三人称写的思妇诗。在诗的前半部分连用了六个叠词句勾画出一幅精美的丽春少妇图。墙外是草色"青青",园中是垂柳"郁郁",在一派生意盎然的春光中,园林中心的楼头,隐隐出现了一位风致"盈盈",仪态万方的少妇倩影;"盈盈"是写少妇的体态,也表现出诗人初见时的印象。这位少妇凭轩而立,在春日照耀下风采明艳,如同"皎皎"明月从纤云中漾出;"皎皎"二字既写了少妇焕发的容光,也传神地点出了诗人目眩神摇的感受。待得从震眩中返神收聪,诗人才进而看清了她那美好的姿容,艳丽的妆饰。"娥娥红粉妆"的"红",见涂抹之浓艳;"纤纤出素手"的"素"见肤色的晶莹。红素两相照映,就更加从色彩上给人以饱满的美的感受。诗歌通过"出素手"这一细节描写,告诉读者,这少妇除了呆呆地站在那里手抚窗栏而外,没有任何其他动作,她似乎在眺望着什么,期待着什么……她已陷入沉思之中了。这样,作者像一位高明的电影摄影师,由远而近——从园林外到园林内,到园林中心的楼头;从总体到局部——由体态的大致描述,到手指的细致刻画;初步勾勒出一幅阳烟丽景中的青春少妇图。这是一幅画图,却更有画图所不及的妙处。十八世纪德国美学家莱辛在《拉奥孔》中谈到诗与画的区别时曾指出:诗人可以不像造型艺术家那样受"顷刻"的限制,他可以"随心所欲地写整个的情节或动作系列"。孤立地看每一行诗也许不如画面那么完整,但是"上下文连接起来则能产生最好的艺术效果"。《青青河畔草》一诗的作者正是充分利用了诗歌创作的这种特点,通过系列的描画,使诗中的主人公精彩四射,呼之欲出。

那么这位少妇在盼望、期待着什么呢?"昔为倡家女,今为荡子妇,荡子行不归,空床难独守",原来她在盼望着远行未归的丈夫。"荡子"和现在口头说的一般含义不同,是指浪迹四方的客子。盛颜如花,年华似水,又适逢撩拨人的骀荡春光,她越发渴望着爱情的抚慰;然而眼前的现实却只是寂寞的空房,她所能保留的只是对过往恋情的甜而苦的忆念。

读诗至此,我们不禁油然而生一种悲凉感。明媚春光,正反衬出少妇内心的寂寥;艳丽的妆束,反显出她精神上的憔悴。诗人成功地运用了正反相形的手法,终于进一步完成了深闺思妇的形象的塑造;笔墨简净,而余味无穷。这位思妇望着"青青河畔草"绵延展向天边,自然会产生"王孙游兮不归,春草生兮萋萋"的遐想。她望着"郁郁园中柳",也许良人远行之际,她正是从这棵柳树上折枝相赠。"柳""留"谐音,但那婀娜披拂的柳枝,岂能真为她绾住游子天涯飘泊的行踪?她盛装倚窗,盼望着良人的突然出现,然而日复一日的希望,得到的却是日复一日的失望。

这里应特别注意六个叠字的作用。顾炎武《日知录》说"诗用叠字最难",他还称《诗·卫风》"河水洋洋"……连用六叠字是"复而不厌,赜而不乱",下又称"古诗青青河畔草……连用六叠字,亦极自然,下此无人可继"。这一评论可从形与音两个方面来理解。

这六个叠词可分成三种类型。"青青"与"郁郁"同是形容植物的生机畅茂,但青青状草的颜色,郁郁却写柳的意态。"盈盈"和"皎皎"同是形容人的丰姿,但"盈盈"是仪态,而"皎皎"指风采。"娥娥"与"纤纤"同是写人的容貌,然而"娥娥"是抽象地赞叹"红粉妆"的美好,"纤纤"却十分具体地刻画出素手的形状。三组六词极尽错综变化之能事,彼此间又密切联系,互相生发。草的"青青"与柳的"郁郁"是自然景色的配合;柳之"郁郁"与楼上女的"盈盈",使物的意态与人的仪态交相辉映;"皎皎"是少妇青春的光彩,唯其如此,"娥娥""纤纤"才不显得板俗而被赋予内在的神采。

六个叠字在音调上也富于变化,"青青"是平声,"郁郁"是仄声;"盈盈"又是平声、浊音,"皎皎"则为仄声、清音;"娥娥""纤纤"虽同为平声却是一清一浊。这样或平仄相间,或清浊映衬,历落错综,一片宫商,看似单调的叠字却形成了自然而又丰满的音乐形象。这种音声上的单调与丰富的统一正传达出女主人公寂寞之中的烦扰心声。李清照的《声声慢》连用七个叠字"寻寻觅觅,冷冷清清,凄凄惨惨戚戚",以写自己凄切寂寞的心境,是格律诗(词)中用叠字的典范,而其胚芽则在近一千年前已胎息于《古诗十九首》中了。

矛盾是对立的统一,相反相成的艺术手法并非是随意把两种不同的形象捏合在一起;《青青河畔草》的作者之所以成功,关键在于他抓住了对立面的内在联系,这就是主人公"昔为倡家女,今为荡子妇"的特殊身份与由此而形成的性格特征。汉代的倡家女是以歌唱为职业的艺人,亦即歌伎。虽不同于后来出卖肉体的娼妓,然而在以歌舞娱人这一点上又有共通之处。这位倡家女渴望着正常人的生活,从良嫁了人,本希望夫妇唱随,安居乐业;然而赢得的却是空房独守的又一种不正常的境遇。这种特殊的经历所形成的性格特点,在诗中透过形象的描写,得到了充分展示。长年的歌笑生涯,对音乐的敏感,使她特别易于受阳春美景中色彩和音声的撩拨而激动;她艳装浓抹、当窗守望也非偶然,因多少年来,在任何场合她就是这样出现在男性面前的。她的浓妆一开始就是为了等待良人,所以她一出场就笼罩在一片草色萋萋、垂柳郁郁的哀怨气氛中。炽热的追求与强烈的哀怨,在她胸中交战,最后汇成"空床难独守"这一无声的呐喊。"空床难独守",并非是这位少妇要去另求新欢的表示,而是有着她那种经历的女子,希望良人尽快回来的孤苦无告的强烈呼号。诗中所表现的明艳色彩与内心空寂的对比,只是因主人公这种特定的经历、地位,内心世界才得以统一起来,才会产生震撼人心的艺术力量。

　　《青青河畔草》诗中女主人公的丰满形象,她的强大的艺术感染力又是深深植根在当时现实生活的土壤中的——这是艺术辩证法的出发点——诗中少妇对美好生活的渴望与其实际的不能实现,这一矛盾实反映了东汉末年畸形的社会形态对人的感情的摧残。桓灵之世,统治者一方面卖官鬻爵,一方面又诱使大批中下层知识分子离乡背井,求取官职。于是都下州郡"冠盖填门,儒服塞道",形成风靡一时的游宦现象,致使"亲戚隔绝,闺门分离,无罪无辜,而亡命是效。"(均见徐干《中论》)而妇女更是这一社会问题最深的受害者。《青青河畔草》一诗正是以明艳的色彩与寂寥的内心世界的强烈对照,从一个侧面形象地、生动地反映了这一现实。

《西北有高楼》

　　西北有高楼，上与浮云齐。交疏结绮窗，阿阁三重阶。上有弦歌声，音响一何悲。谁能为此曲，无乃杞梁妻。清商随风发，中曲正徘徊。一弹再三叹，慷慨有余哀。不惜歌者苦，但伤知音稀，愿为双鸿鹄，奋翅起高飞。

　　此诗写一失意文人，在行旅途中偶而听到高楼中飘来一曲清商时的感受。

　　高楼，浮云，一重又一重的楼台；楼阁四周华丽精工的曲檐，楼窗上镂刻着错互的橘花，窗内掩映着精美的轻绮帷帘……诗的开始先构成了这样一种景象：一方面是高，极高，极高；一方面是华美，极美，极美；而这一切又位置在与萧瑟秋气相配的西北方。唯其高，这种美才显得如此的飘忽迷离；唯其位于西北，更给这种飘忽迷离的美染上了一层悲凉的色调。四句劈空而起，已不仅是单纯发端；而是赋中见兴，通过所见之景，造成了笼罩全诗的缥缈空灵的抒情意境。这种表现手法，是《诗经》里"蒹葭苍苍，白露为霜"（《秦风·蒹葭》）一类诗篇的发展。梁钟嵘《诗品序》说"文已尽而意有余，兴也"，他把《古诗十九首》列为上品之首，说它"惊心动魄，一字千金"，着眼正在此等处。

　　那么在这上与云齐的高楼上，在这帘幕低垂的绮窗后面，究竟住着谁呢？从高楼的华美，可以知道住在里面的是一位女子，但是"侯门深似海"，这女子年龄几何？容颜怎样？有着什么样身世遭遇？这一切却被浮云般的高楼遮隔，诗人只能听到从楼头上、从浮云深处飘下的一曲弦歌之声，似乎在絮絮诉说衷怀。"谁能为此曲"？从这弦歌声的哀怨，诗人猜度，"无乃杞梁妻"？刘向《列女

传》载，春秋时齐大夫杞梁殖战死，其妻迎丧城郊，枕尸哀号，十日
而城为之崩塌。乐府有《杞梁妻叹》一曲，声辞凄苦。后人就以杞
梁妻作为一切命运凄苦的妇女的代称。"无乃杞梁妻"的"无乃"二
字很传神，这是一个揣测不定之词。因为无由睹见楼上女子，诗人
只是听曲思人而得出一种悬想——这恐怕是与杞梁妻同样命运的
不幸女子吧？杞梁妻典实的运用加重了悲凉气氛的浓度，而用"无
乃"这游移不定的口气轻轻映带，更使这种悲凉气氛如梦如幻，这
就为下四句弦歌声的描写作好了铺垫。

　　"清商随风发"，是弦歌的开始。清商是乐曲名，古人以宫商角
徵羽五声与五行、五方、四季相配置，商声金行，配西方、秋气，其声
萧瑟。清商曲从西北方上空飘来，不由使人想起宋玉《九辩》中的
名句"悲哉，秋之为气也，萧瑟兮草木摇落而变衰……沆寥兮天高
而气清，寂漻兮收潦而水清"。弦歌者的心境一定也像清秋一般沆
寥寂惨而又高洁清明吧！"中曲正徘徊"，乐曲奏到中间部分呜呜
咽咽，百折千回，似乎有万千心事"剪不断、理还乱"，在虚空中回旋
萦绕，往复徘徊。悲愁是如此的深重而不能排遣，于是她"一弹再
三叹"，将同样的旋律加上泛声，一次又一次地反复弹奏，使楼下的
诗人仿佛听到了她从心田深处呼出的一声又一声长叹。"一弹再
三叹"是复沓，但并不是单调的重复。弹者本想通过弦歌稍稍排遣
胸中的积郁，但是积郁似拨不开的浓云，越弹越沉重，由初时的悲
愁渐渐化而为悲愤，于是复沓的乐曲声越来越高，越来越响，由悽
惋之声转而为"怨以怒"的"慷慨"之音。而当乐曲声升到最高点
时，突又戛然而止，"慷慨有余哀"，虚空中顿时一片沉寂，只有一丝
袅袅余音，似乎在诉说不尽的悲哀……

　　云中高楼上传来的弦歌声，在失意的诗人心中引起了强烈的
共鸣，虽然他从未见过楼中这位女子，但通过空中传响，他似乎了
解了她的一切。"不惜歌者苦，但伤知音稀"，"不惜""但伤"互文见
义，是说同情难得，知音难遇！这是比起痛苦本身更为强烈的痛

苦。而在这一点上,诗人与未见面的楼上女是一致的。她的弦歌声恰恰道出了诗人的心事;而举世浑浑噩噩,能懂得弦歌者心事的也只有诗人;于是他油然地产生了"愿为双鸿鹄,奋翅起高飞"的热切畅想。"鸿鹄高飞,一举千里",摆脱世间那些饮啄自安的蓬间燕雀,在理想王国中自由翱翔。全诗至此戛然而止,以对黑暗现实的反抗,对理想的挚着追求而结束。

读诗至此,我们不妨掩卷思索一下这样两个问题。一是楼上的女子对于楼下的诗人来说是素昧生平的,为什么只是听了一曲清商,诗人就会产生"愿为双鸿鹄,奋翅起高飞"的强烈愿望呢?第二,如果我们闭目想象一下诗中两个人物的形象,一定会感到这位幽阁女子从外貌到内心都十分美,也会感觉到楼下的诗人可能是穷困潦倒失意之士,然而他的襟怀是洒脱的,气度是磊落轩昂的;甚至能在脑海里浮现出这两个人物的若隐若显的形象。我们还一定会对这两个人物深深同情,甚至会产生随同他们一起颉颃翱翔的幻觉。然而当我们再开卷重读全诗,又会发现,诗中没有一句一字是对这两个人物的外形与遭际的正面描叙,那末这印象又从何而来呢?德国美学家莱辛曾说,当诗人感到把美的要素相继列出来而不能达到良好的艺术效果时,他总是避免"对美的周密的罗嗦的描述","凡是荷马不能按照各部分描绘的,他让我们在它的影响里来认识。诗人呀,画出那美所激起的满意、倾倒、爱、喜悦,你就把美本身画出来了。"(《拉奥孔》)《西北有高楼》一诗之所以有强大的艺术魅力,道理正与此说近似。诗中的女主人公始终是处在全诗的中心地位,但又是"曲终人不见",她与诗人之间又始终隔绝着一层缥缈的云雾。诗人所能感到的只是在女主人公"影响"下的一切,那缱绻的浮云,云中那华美的高楼,还有那不见其人,但闻其声,空中传响的弦歌声。这一切既隔离了女主人公,又在女主人公与诗人中牵引出一种有形无形的飘忽联系,就像神龙露出云中的一鳞半爪。正是因为这种隔绝,诗人就由这一鳞半爪随意驰骋想象,用自身的种种经历去补充、描绘这位女子的音容笑貌、身世遭际,于是楼上、楼下本是沦落天涯未相逢,却变得"心有灵犀一点通",通过空中传响而产生强烈的共鸣。至于弹者为何事神伤,听者又为哪般感愤,诗中都不曾明言。于是千百年来人们在涵咏这首诗时,又因那虚虚实实的抒写,而不断地再用自己的经验去为诗中两位人物描绘出气质相近而形貌千差万异的形象。如果是失意人,也就会油然而生与诗中人一起奋翅起高飞的愿望。明人陆时雍评此诗说"空中送情,知向谁是,言之令人悱恻"。所谓"空中送情,知向谁是",正点出了此诗隔而不隔,若隐若现,表现手法上化实为虚的特点;所谓"言之令人悱恻",又正说明了它所构成的空灵缥缈的艺术境界在读者心目中唤起的丰富感受。

此诗的成功,还得力于自然中见工巧的结构安排。全诗是从听者的角度触景生情,按感情线索的发展写下来的,看似平淡无奇,但细析之却颇见匠心。首四句以"西北有高楼"劈空而起,写景以渲染气氛,是陪衬。接着"上有弦歌声":"上有"二字承上"高楼";"弦歌声"则由宾入主,由气氛渲染转入全诗描写的主体,而七八句更以一问一答,为这弦歌声定下了哀如杞梁妻叹的基调。接下去是对"怨以怒"的乐曲的全过程的描写,是"一何悲""杞梁妻"的展开与具体化。而在全曲"慷慨有余哀"的尾音声中,又十分自然地引出"不惜歌者苦,但伤知音稀"的感喟!"歌者"上承"弦歌"的描写,而轻轻勾出"知音",至此一直隐在幕后的诗人也自然走到了前台。更由"知音"生发出双鹄齐飞的向往,一笔总绾歌者听者。诗至此,有如夭矫神龙破壁飞去,与开首的劈空而来遥相呼应。全诗突起突结,中间自然地顺序写来,却又宾主分明,脉络连贯,曲折有致,不蔓不枝。王夫之说"古诗无定体,似可任笔为之,不知自有天然不可越之榘彟……所谓榘彟者,意不枝,词不荡,曲折而无痕,戒削而不竞之谓"。(《姜斋诗话》)王士禛称"十九首之妙,如无缝天衣,后之作者顾求之针缕襞积之间,非愚则妄"。二评确切道出了《古诗十九首》于自然中见"作用"（皎然语）——艺术构思——的特点。

　　《西北有高楼》的上述表现手法曾为后世许多诗人所借鉴，像曹植的《七哀》正是从缠绵宛切方面继承并发展了《西北有高楼》诗的，而白居易的叙事长诗《琵琶行》，又可看作是《西北有高楼》一诗的放大。从《古诗十九首》到文采缤纷的建安诗，再到"千字律诗"《琵琶行》，描写愈趋华美精细，组织愈益复杂精工，可以看出古典诗歌的前进步武，然也因细腻具体，并把主人公的身份固定了下来，因而所能唤起读者的联想也相应地受到了限制，略少《西北有高楼》诗中那缥缈空灵的韵味。读者不妨比较研读，于古典诗歌的流变、得失，当能加深认识。

　　　　　　　　　　　（本文原载于《名作欣赏》1983 年第 6 期）

诗佛·诗仙·诗圣

　　一个洋溢着"英特越逸之气"（玄宗语）的时代，三位不世之才的诗国巨匠——以诗佛王维、诗仙李白、诗圣杜甫为标志的盛唐诗，在后人的心目中似乎总是一片辉光；然而我更愿意把这段诗史看作一代才士交织着希望与失望的心史——而且，不无悲剧的意味。

　　"一生几许伤心事，不向空门何处销"（《叹白发》），王维卒于公元七六一年（上元二年），诚然，他已成为诗佛，然而当年"百人会中身不预，五侯门前心不能"（《不遇咏》）的傲兀意气已烟消灰飞。次年李白客死当涂，临终之际，这位"不屈己，不干人"，甚至"平生不下泪"的盛唐之世的"大人先生"，尽管仍以庄生的鹏鹏自喻，却不禁悲歌中天摧折而知音盖寡，因而自悼"仲尼亡兮谁为出涕"。又八年后的大历五年（770），杜甫贫病交迫，卒于江湘漂泊的孤舟之中。"战血流依旧，军声动至今"（《风疾舟中伏枕书怀三十六韵》），这位"葵藿倾太阳"般忧国忧民到近乎执拗的诗圣，尽管久已不复早年"放荡齐赵间，裘马颇清狂"的意气，却仍心系国是，生死以之。

　　不必把悲剧的原因尽归于时代的不公，因为不公，恐怕为任何时代所不免。悲剧的另一方面成因，倒在于盛唐之世出入两京，南北漫游的"这一群"，尽管已代替初唐宫廷诗人群而成为诗史的主要承担者；然而其时代性的政治上的稚嫩，却使他们急欲取世族而代之的雄图，显得过于天真。他们是真正的诗人，甚至把自己未必高明的吏才与识见也作了诗化的夸大,既炫目于诗赋取士所启开的一隙仕进之光,更全然不知政局宦海的风波而匆匆涉足其中。《明皇杂录》曾开出一份"恃才浮诞"而"流落不偶"的天才诗人的长长名单,而李杜二位,就是其中压梢的大家。如果说李杜是"进取"的狂者,那么性格文弱乃至软弱的王维则可称"有所不为"的狷者,他在与李林甫集团的虚与委蛇中身心分离,终于在释家教义中拾出个"忍"字,走完了"诗佛"的后半生。

十年之间,盛唐三巨匠相继谢世,一个传奇般的时代结束了;然而他们留给后人的思索,却分外永长。

不妨先为三家诗立一自画像。"黄河落天走东海,万里写入胸怀间"(《赠裴十四》),无疑是诗仙最传神的写照,他,永远以自我为中心且无限放大。"独坐幽篁里,弹琴复长啸。深林人不知,明月来相照"(《竹里馆》),则是诗佛——晚年王维的写真,虽然他曾以"任智""守仁""为苍生谋"(《献始兴公》)作为立身之本,然而此时,他已只与明月印心。"江汉思归客,乾坤一腐儒",杜甫末年《江汉》诗中这"腐"字,不无自嘲,却也有以见出,将"儒"的精神进行到底的执拗,在他真是蚀骨腐心。

因着执拗的家国忧思与家世的诗学传统,杜诗有了它深沉积郁的内涵与精警盘曲的语言组织,且老而弥坚,转转出新,这便是他的夫子自道——沉郁顿挫。所谓"诗圣",兼指内涵与诗艺的"圣于诗"。因着对人生空幻的解悟,兼为画家与音乐家的王维,晚年对声光影息的敏感尤为入神,所谓"诗佛",主要是就其晚年以《辋川绝句》为代表的这类诗作而言的。因着永远的自我中心,李白诗有着其一贯的天风海涛般的清越与壮逸,然而我们必须注意到,他那天仙般气质性的对晶亮意象群的追求,至晚年,却更经常地与拗怒意象群形成剧烈对冲。这位"诗仙",越到后期,似乎越与现实人生拉近了距离。

于是我们憬悟,风格迥异的盛唐诗仙、佛、圣三大家,其实有着两个根本性的共通点。他们对当时业已成熟的三教合一文化氛围的感应虽有所侧重，但骨子里却仍以传统的兼济独善之义为立身之本；他们并非"子"的意义上的道家、佛家、儒家，而是以其诗心，对三教的影响连同其他一切文化因素作了取舍与熔铸。他们是汉魏以来中国诗史与中国文化史在唐代走向上的三个鼎足而立的交汇点，初唐以来，诗人们通过对诗史的反思而创造一代唐音的努力，经由三大家卓异的禀赋与尤其鲜明的个性而终于以多样化的形态臻于顶峰；而与此同时，他们也将以孟子的英气、庄子的逸气为基本内核的中国士人的历史性格，作出了时代性的提升。

就这一意义而言，以仲尼为知音与楷范而以庄子风鹏终始自比的李白，那政治上尤其天真、个性上尤其张扬的歌唱，是盛唐之音最典型的代表。与学王、学杜者不一，后世学李者难得仿佛，这与其说是因为诗仙的天才不世，毋宁说是产生那天真幻想的时代已不可复制。将庄逸孟英之气发挥到极至，而在初唐以来南北、朝野诗风交流，复古通变的诗史总态势中较偏重于追源风雅汉魏的典型的在野诗人李白的去世，标志着一个时代的结束。而更多得到初唐宫廷体传承，更重视新变的王维与杜甫，则在与李白比肩盛唐的同时，更多地启开后来。王维不仅以"一代文宗"，直接衣被大乱之后失落而渴望休憩的大历一代、更进一步完成了山水诗由主玄趣到主禅趣的转关，从而通过诗心与诗艺，为传统的"独善"之义注入了新的涵义。执拗的杜甫之较晚被重视，在文统上与中唐至宋，中国新儒学的发展攸关，其贯彻儒的兼济精神的九死未悔的人格力量，经韩愈等的提倡，为宋人发展为"骨鲠"的人生理念，而其以海涵地负般的才力为各体诗所开启的以"律细"为核心表现的各种法门，也使后人争胜于盛唐诗有了可循之径。可以说诗圣杜甫与诗佛王维的创作祈向在人生与诗法上成为"盛唐"梦醒后，中国诗史的两个大宗，从而与结束一代盛唐之音的诗仙李白，并为中国诗史这一承先启后的关键时代鼎足而立的分水岭。虽然如此，即使从王之清寂,杜之沉郁中,我们仍能感到一种与李白相通的富于时空意味的大气,这也就是盛唐人的秀朗浑成,是后人难以企及的。

（本文原载于《书城》2007 年第 4 期）

诗佛的苦闷

——由玄境到禅境

一、"诗佛"的苦闷从何而来?

王维,唐朝著名诗人、画家,字摩诘,号摩诘居士,出身河东王氏。开元九年(721),王维进士及第。历官右拾遗、监察御史。唐玄宗天宝年间,王维任左补阙,库部郎中等。安禄山攻陷长安时,王维被迫受伪职。长安收复后,被责授太子中允。唐肃宗乾元年间任尚书右丞,故世称"王右丞"。

王维参禅悟理,学庄信道,精通诗、书、画、音乐等,以诗名盛于开元、天宝间,尤长五言,多咏山水田园,有"诗佛"之称。书画特臻其妙,后人推其为南宗山水画之祖。苏轼评价其:"味摩诘之诗,诗中有画;观摩诘之画,画中有诗。"存诗 400 余首。

盛唐时代是中国诗歌的黄金时代,这个黄金时代里最出名、成就最高的三个诗人是:王维、李白、杜甫,分别被称为诗佛、诗仙和诗圣。

王维作为"诗佛",有人认为他应该是没有苦闷的,已经"成佛"的人已然超然世外,然而王维内心也是有苦闷的。日本文学评论家厨川白村曾说过"诗是苦闷的象征",诗正是由于苦闷而产生的,王维同样逃不出这样一个诗歌的规律。

王维的苦闷主要来源于他人生的后期。王维是太原王氏,一个后来没落的士族。虽然家道中落,但王维早期接受过很好的教育,被培养成一个才华横溢的人。王维的家族中出过不少管音乐的官员,因此他非常热爱音乐,传说他在看一幅图的时候,他就说这个人弹的这首曲子,第三指的指法错了,看着图他就能准确地指出错误来。王维还是南宗画的开启者,可见他是一位非常风流儒雅、才华横溢的诗人。

王维年轻的时候就很出名,曾经拔得乡试头筹,后入京参加科举,很受王公贵族的喜欢,经常出入于王公贵族的家,因此早年他的诗比较开朗,到开元后期开始转变,到了天宝以后,他的诗与早期相比有了巨大的变化。天宝安史之乱时,他被迫做了安禄山的伪官,差一点被杀头,但是因为他在被叛党拘押的时候写过一首诗叫《凝碧池》,诗曰:"万户伤心生野烟,百官何日更朝天。秋槐叶落空宫里,凝碧池头奏管弦。"诗里表达了王维对叛军的不满,对唐朝的向往,所以平叛后他不但被免死,而且官越做越大,一直做到太子中允。这段经历被后世以立身处世为根本的评论家评论为"懦弱"、"没有骨气"。

除此之外,王维被抨击最厉害的是天宝期间和权奸李林甫的往来之事。在骊山温汤,王维曾与李林甫有过诗歌的合作,并且经常与李林甫的党从在这里诗歌唱和。后人之所以因为此事批评王维,是因为王维的前期,有两位为他撑腰的诗友——张说和张九龄。王维跟张九龄、张说的关系相当密切,写过献给他们的诗,对他们歌颂备至。而张说与张九龄恰恰是李林甫的死敌,开元二十四年(736),李林甫上台以后,张九龄从此一蹶不振。

在张九龄之后,还有一些与文人关系较好的政治人物,就是李适之、韦坚、李琎。这些人在朝中担任要职,是这些作官的诗人在朝中的最后一道屏障,但他们又都与李林甫为敌。结果,这个集团在三年到五年之间,被李林甫全部清走,杀头的杀头,充军的充军。王维跟他们这个集团关系相当密切,后来王维就写了一首诗,对这个集团遭到的迫害表示深切的同情。

后人认为,王维跟张说、张九龄,跟李适之、韦坚、李琎集团关系这么深,之后却又跟他们的死敌李林甫的党从相互唱和,而且还写诗吹捧李林甫,是一种没有气节的表现。

二、借佛学以排解心中苦闷

做这些被后人认为"没有气节"的事,王维也是迫不得已,因此他内心非常苦闷,而且有一些负罪感,他需要佛学来帮他排遣心中苦闷。虽然王维家世奉佛,但他并不是专修佛学的,直到开元末到天宝初王维开始潜心研究佛学,后来成了一个非常出色的佛学家。后人知道王维是画家,是音乐家,是诗人,同时他还是在佛教史上相当有地位的佛学家。

此时王维形成了一种寻求心理平衡的想法,他希望把自己的行为跟内心的感情分开来,就是"虽然我表面上服从他们,但是我心里面是向着我的师友的",这叫身心分离,这是佛教的概念。王维当时的哲学是:我要忍耐,免得我一生一世,以后的日子都不好过,就是这样的心理状态。

六祖惠能大师是中国禅宗史上承上启下的代表人物。慧能禅师入灭之后,先后有王维、柳宗元、刘禹锡三人为他撰写了墓志铭,论述他的生平业绩。其中犹以王维的《能禅师碑铭》最为后人所推崇。在这篇碑文中,王维运用了大量的典故来论证了慧能禅师悟性超群和说法之高妙,同时,对五祖弘忍和六祖弟子神会的事迹也作了全面的论说。

　　王维在这里边提出了一种哲学,他认为他"乃教人以忍",他说慧能教人家的主要是"忍"字,而且以"忍"为他这个教派的首意,叫"以忍为教首"。"忍"这个字,在佛教里面是有的,但是王维是第一个说以"忍"作为一派之教首的。慧能的《坛经》最后一章,有一句叫"遇苦能忍",但是没有对"忍"进行大量的发挥,整个《坛经》就这么一句,更没有说"忍"就是教首。当时王维对禅宗思想这样一种"以忍为教首"的阐述,实际上是反映了他当时那种"忍一惭而免终身惭"的生活处境和心理机制。这样一种心理机制,是导致王维的诗风从传统的注重玄学的趣味转变到注重禅学的趣味的关键。

　　玄跟禅的区别,主要有两个方面。第一是它的本体论,就是万物到底是什么。玄学和禅学在本体论方面的根本区别,就体现在它讲的是什么,佛教讲"因缘",道家和玄学讲的是"自然"。道家眼里的"自然"是一个具体的存在,道家的"自然"看似是"出世",但是是追求一种精神的提升——虽然我是超越人世的,但是我还是在人世间的。但佛教的"因缘"不一样,佛教的根本是空,所以一切都是暂时的现象,都是假的。"自然"是真的,"因缘"体现的东西都是假象,所以主玄的山水诗和主禅的山水诗的根本区别在于描写自然的味道很不一样。王维在主佛的"因缘"诗中,他写的山水是精描细刻的,是很具体的美丽自然,人的情绪是愉悦、开心的。但是到禅学的山水诗就不一样了,它表现出是迷茫的、空的、不可把握的感觉。

三、山水诗中的玄学与禅学

　　在诗歌的创作中,玄学与禅学不是能完全区分开来的。玄学跟禅学的关系在唐朝跟六朝有很大的区别。第一，六朝的时候虽然玄学跟禅学也是经常混淆在一起，但当时是以玄学为主的，佛教只是充实玄学的一个养分，所以用谢灵运的山水诗就是以玄摄禅。但是到了唐朝，从王维开始就变成了以禅融玄，禅学成了主体。第二，唐朝时形成了一种叫山林禅的修行方法，有钱人修禅就到山里买一个别墅，没钱的人修禅就到山里的庙里面跟着老和尚一起住一段时间。禅学中认为"见道忘山者，人间亦寂也。见山忘道者，山中乃喧也"。如果你悟道了以后，你看到的山和人都是很寂静的。如果你是见山忘道的人，你就是在山里也是不得安宁的，"山林禅"在禅宗的眼光里就是保住你自己的一颗道心，这就是"山林禅"对于山林的观念和玄学不一样之处。

四、王维山水诗的转变

王维前期的一些山水诗，大约写于开元十几年之时。王维第一次贬官，他本来是太乐丞，后被贬为济州司仓参军。他这样一首诗，《淇上即事田园》："屏居淇水上，东野旷无山。日隐桑柘外，河明闾井间。牧童望村去，猎犬随人还。静者亦何事，荆扉乘昼关。"王维把景象写得很具体，与陶渊明的诗类似，还引用了陶渊明的诗句，是从陶渊明诗句里面化出来的。但是到了后期，特别是天宝四十五年以后，由于王维对禅宗思想有了领悟，引起了他整个心理形态的改变。当时王维买了宋之问的别墅，可是生活却是非常清淡的，历史上记载王维总是一个人住在别墅，只有茶、床、一盏孤灯陪伴着他。这样的生活有一种什么意味呢？有一种为他在白天跟李林甫集团周旋，历经官场繁华而反省、恕罪的意味。

《辋川集》是王维后期诗的代表作，这些诗里面积淀了王维当时的性情,禅的意识已经成为他生命的一部分,所以他写出来的诗跟以前很不一样。例如:"不知栋里云,去作人间雨""暗入商山路,樵人不可知""隔浦望人家,遥遥不相识""湖上一回首,山青卷白云""逶迤南川水,明灭青林端""深林人不知,明月来相照"。这些诗句的意境是飘渺的,忽明忽暗,忽云忽雨,跟以前描写景色具体的诗句不同。

《辋川集》里有些诗看来比较明丽,比如说《木兰柴》:"秋山敛余照,飞鸟逐前侣。彩翠时分明,夕岚无处所。"如果有人认为这是一首很欢快的诗,那就是没有读懂这首诗。诗中秋山晚霞照的飞鸟是很美丽的,甚至是很快乐的。"彩翠时分明",读者要仔细地品味这个"时"字,时分明,反过来就是有时候不分明,就是飞鸟在烟雾的晚霞里,有时候一闪而过,一会儿又看不见它了,最后那一点点明亮也渐渐模糊,进入到越来越浓重的不可预测之中了。

比如说《辛夷坞》一诗:"木末芙蓉花,山中发红萼。涧户寂无人,纷纷开且落。"此处涧户是一个陈词,就是山涧之间一个像门洞似的石头,就像山洞口似的。花红自发,又纷纷自落,描述的是一种寂寞的感觉,也许王维从中感悟到人生也是这样,是这样一种自开自落,没有人知道的心情。现代人称王维为"诗佛",最早的依据就是这几首诗,特别是这首《辛夷坞》。实际上"诗佛"不是古人说的,明朝最多有一句诗讲到王维是个禅师,但是"诗佛"的称号是二十世纪五十年代,南开大学孙昌武教授第一次称王维为"诗佛",后来"诗佛"的称号就变得广为人知,但是这个"诗佛"只适用于王维的后期。

再比如,《漆园》:"古人非傲吏,自阙经世务。偶寄一微官,婆娑数株树。""古人"指的是庄子,郭璞《游仙诗七首》其一:"漆园有傲吏,莱氏有逸妻。"他说庄子是一个傲吏,指非常有气魄的样子,但是王维描写的感觉与之不同:古人并非像你郭璞说的这样的傲吏,他自己没本领,所以偶尔做个小官,回来以后就在树影之下徘徊。虽然写的是庄子,实际上说的他自己。所以王维已经不要傲骨的一面了,他已经要"忍一惭而免终身惭",以忍字当头,所以他没有什么傲骨了。

再比如,《椒园》:"桂尊迎帝子,杜若赠佳人。椒浆奠瑶席,欲下云中君。"这里用了"云中君","云中君"在《楚辞》里面,屈原就像云一样,漂流四方,周游四海,看看各个地方。但是王维又反过来了,他准备了椒浆酿成了美酒,然后他说"云中君不要这样辛苦了,你下来和我一起喝杯酒吧",形成了这样一种心态。这样可以看出王维的《辋川集》诗,跟他前期的诗已经不一样了。这还体现在稍微早一点的一首诗中,就是《终南别业》:"中岁颇好道,晚家南山陲。兴来每独往,胜事空自知。行到水穷处,坐看云起时。偶然值林叟,谈笑无还期。"整个生命就像流水行云一样,一切都随缘吧。王维此处写景的手法并不是刻画,而是非常自然的流露,带有一种真理性的意味在里面。

王维在整个写诗词的过程中,从玄学过来,一共经过三个阶段。第一个阶段是很简单的类比,就是把一些佛教用语塞到山水诗里边。第二个阶段就是取一些佛教的意象,比如说水、月等,更多地把这种意象放到他的诗里边,构成一种比较清丽、空明的境界,但是不一定有明显的寓意。第三个阶段就是《辋川集》,永远没有人能够超越《辋川集》的水平。后人之所以无法达到王维的成就,其中有时代的原因,现代人已经不可能去体会王维的这种生活了,更重要的是没有人能有王维的天赋,是诗人,是画家,还是佛学家,这么多优势在一起,从而使王维达到了无人能超越的境界。

五、王维的诗体成就

王维在山水诗上的成就,也表现在诗体上的成就。第一点,王维引起五绝诗发生重大的变化。王维以前,五绝诗有好诗,但是写山水的五绝诗几乎没有好诗。王维之所以要采用五绝这种形式来表现他在辋川时的感情,是因为五绝体体裁短小,从句子来说四句最短,从字数来说又是最少的。七绝诗音节是流畅的、清醒的、具有深意的,而王维所要表达的空幻的感觉,需要最短小的诗句形式。因此他用五绝体来写山水诗,就促进了五绝诗的发展,后来山水诗中的五绝体也出现了不少名章好句。第二点,就是从王维开始,诗跟禅诗相融合了。

六、从王维的诗风转变体悟
中国诗学的基本原理

　　刘勰提出了一个观点:成心是创作的主体与源动力。什么叫成心呢?刘勰说一个人的个性包含才、气、学、习四个方面:才是指一个人的资质是愚蠢,平庸,或者很聪明;气是指人的气质是阳刚的还是阴柔的;学是指人所接受的学习的东西,有比较雅的;正就是正风。学有深浅,习有雅正,四方面聚集在一起构成一个人的心,一个人一切的作品,都不能逃脱他的个性,逃脱成心。

　　诗歌创作可以分为两个阶段。首先,成心包含了才、气、学、习,四个方面的东西,才跟气是先天的,学跟习是后天的,四种东西聚集在人的心里就形成一个人的精神。这个时候按照认识论的原理,一个人从七八岁的时候开始有意识,到十五六岁基本上定型,从这个意义上来说,每个人都可以成为诗人,这个阶段称为前创作阶段。当某种景物触发诗人潜在的意识,并会产生一种创作冲动,这就是人们通常说的触景生情。然后进入创作阶段,靠的是语言功夫,就是意跟词,中国诗歌理论的核心问题就是意、象、词的问

题。这个阶段又可以分成两个小的阶段：一个叫内视阶段，就是构思；一个叫外化阶段，就是把它写出来。

诗歌有三个主要要素：意境、意象、意脉。意境指"心发意生"，人的"意"灌注到具体的物象中去才会成为"意象"。比如，用同样的实物江、山，同样是在秋天，年过半百、落魄的杜甫写秋的萧瑟"无边落木萧萧下，不尽长江滚滚来"，而正当壮年的黄庭坚写出来秋的倔强"落木千山天远大，澄江一道月分明"。黄庭坚看到的是更大的前提，所以这个意就把这个象组织起来了。

读诗的时候要注意怎么去理清一首诗，理解它的意脉是怎么样的。比如一串手链的每一颗珠子都是一个意象，意脉是看不见却客观存在的，如果这个意脉断了，珠子就散掉了。例如，王安石的《泊船瓜洲》："京口瓜洲一水间，钟山只隔数重山。春风又绿江南岸，明月何时照我还。"很多人说"春风又绿江南岸"写的是生机勃勃的景象，实际上是错误的，不然他不会写"明月何时照我还"。王安石在写《泊船瓜洲》的上一年刚被贬到南京，过了一年了，他重新被召回去，虽然看起来是高兴的，但王安石心里知道这一去其实没有多少事情了，果不其然，他过了一年又罢相了，当时他对南京感情是很深的，他把南京看做他的第二故乡，他心里想的是什么时候能够回到南京来，过上与世无争的日子。这个例子是一个很客观的例子，非常有味道，他也许有一点高兴，但是更多的是对前途的一种无谓。他从南京出来，到了京口以后，回望南京，然后再"春风又绿江南岸"，然后才是"明月何时照我还"，一定要将其中的脉络互相联系起来。

七、关于诗歌研究的建议

首先，要准确地理解诗歌文本，而理清意脉是准确理解诗歌文本的重要方法。其次,要读一些中国诗学基本原理的东西,也可以读一些当代西方的文学理论。不过,西学可以作为参照性文本,但是不能作为研究的坐标,如果要研究好中国诗歌,最重要的还是要深切领会中国诗学的基本原理。然后是明确要研究的内容与方向。最后,要考虑作者为什么会有这样的思路与想法。

（本文为 2016 年 11 月 6 日赵昌平先生在
第 110 期海上博雅讲坛所做的讲座实录）

爱莲·伤梅

莲菊之别与"中和之美"

　　儒学发展到宋代成为理学,理学的代表人物历来数周、张、程、朱,这开山祖师的"周",就是湖南人濂溪先生周敦颐。周敦颐的最大贡献有二,其一是制《太极图》以论证世界的本源与形成,从而建立了儒学素来薄弱的本体论体系,其二是建立了以"立诚"为最高原则的人生哲学体系。孔、孟都说"诚",但又都认为"诚"是由根本的道德"仁"派生的具体德行,"诚"受到格外重视,是在后来被编入《四书》的《礼记·中庸》篇。《中庸》认为"诚"(真实无妄)就能明,明就能尽知人之本性、物之本性,就能参赞天地之化育,而所谓人性、物性,就是无偏不倚、无过无不及的中庸之道。要言之,诚则明,明则中。了解这一点,再来读周敦颐的《爱莲说》,就会体味到一种新的境界:

　　　　水陆草木之花,可爱者甚蕃。晋陶渊明独爱菊。自李唐以来,世人甚爱牡丹。予独爱莲之出淤泥而不染,濯清涟而不妖,中通外直,不蔓不枝,香远益清,亭亭净植,可远观而不可亵玩焉。予谓菊,花之隐逸者也;牡丹,花之富贵者也;莲,花之君子者也。噫！菊之爱，陶后鲜有闻；莲之爱，同予者何人？牡丹之爱，宜乎众矣！

那为众人喜爱的富贵花牡丹恰是莲花的反衬，这是众所周知的，那么，菊与莲又是什么关系？这才是真正理解莲花之美的关键。在周敦颐提供的答案里，它们有隐者与君子之别。

一般说来，隐者能洁身自好，也不失为"君子"，但在理学家周敦颐的观念中，"君子"更有其特定的含义。"君子中庸，小人反中庸"，这话就出于周敦颐以为理学出发点的《礼记·中庸》篇，能行中庸之道，方堪称君子。但中庸之道委实难以确切把握，孔子就慨叹："不得中行而与之，必也狂狷乎，狂者进取，狷者有所不为也。"（《论语·子路》）据孟子及后儒解释，一味进取的狂者次于中行者，因为他对于中行来说太过，有所不为的狷者又其次，因为他于中行有所不及，而隐者就是狷者。《论语》中谈到不少隐者，有长沮、桀溺这样的乡野隐者，更有伯夷、叔齐那样堪称贤人的高级隐士，孔夫子尊敬他们，却又认为他们过于狷介，孤芳自赏，避世而与鸟兽同群，放弃了社会责任。"我则异于是，无可无不可"（《论语·微子》），这是孔子自别于隐者的处世原则。孟子对孔子这一原则作了个绝妙的注解，叫做"圣之时者"，"时"的意思是入世而应时，即无论环境是"可"还是"不可"，总不放弃人生的责任，只是因时而对方式作些调整。因此，隐者虽也值得尊敬，但在人生的境界上，与执中庸的君子，代表着有所高低的两级。周敦颐居于庐山之下的濂溪，近傍着那位爱菊的先贤陶潜，却不说自己爱菊，偏偏另外拈出一朵莲花来"独爱"而为之"说"，就是要树立一种更高于似菊隐者的人生标格。

然而，中庸并不是折衷主义，孔子在《论语》中就曾力斥过折衷主义者"乡愿"——乡里间那一味和稀泥的老好人。中庸在哲学上是在过与不及（左与右）之间扣两端而求其中，以求得合理，在美学上就体现为它的又一别称"中和"，所谓"和顺积中，而英华发外"

（《礼记·乐记》）、"文质彬彬，然后君子"（《论语·雍也》），是对中
和之美的最好解释，意思就是由中正和顺的品行而自然焕发的温
润敦厚之美。夏日池边，当周敦颐观赏着水面盛开的莲花时，他必
感受到了一种衷心的愉悦，而他所向往且身体力行的君子的人格，
则使他独具只眼，发现了那为常人未易深刻领悟的君子化的人格
之美。"出淤泥而不染，濯清涟而不妖"——莲花长于淤泥而常以
清涟自濯，自成其在俗而不染、明丽而不妖的仪态，正是无可无不
可的君子之花。"中通外直，不蔓不枝，香远益清"——莲花所以能
不染、不妖，是因为她内秉通明无窒之性，通则明，明则能正心，能
诚意，所以中通外现为贞直，正如同"和顺积中，而英华发外"的君
子之美，而这英华又是何等温润，她直立而不枝不蔓，颇不同于菊
之拗怒，含香而益远益清，更不同于牡丹之浓馥袭人。"亭亭净植，
可远观而不可亵玩"——虽然人们为莲所吸引，却不敢因其温和柔
美而生任何轻狎之心，如同不敢轻侮拗怒的菊一般，因为这温和柔
美中那纯净挺拔的意韵，使人感到她虽与牡丹同样不离于俗世，但
内秉有牡丹所不具备的贞素之心。孔子的弟子称"子温而厉，威而
不猛，恭而安"（《论语·述而》），莲花展现的正是这内含贞素、外现
温润、文质彬彬的君子的仪态。

于是，周敦颐在与菊与牡丹的比较中完成了一幅写形传神的
"池莲图"——以他细致的观察，更以他宋代"新儒学"开山祖师的人
格与道德取向——笔致是如此的温润有含：真正爱菊的陶渊明去了，
他那出世高操，也许真难以为身处人间世的人们效学，我今爱莲，"同
予者何人"，希望今世有更多的同志者能超卓于赏爱牡丹的众人。

"病梅"与文学意象更新

《病梅馆记》作于道光十九年（1839），即龚自珍去世一年半前，

这一年他终于因"才高动触时忌",弃官南归故乡杭州。如此结局，其实早在二十二年前，已为吴中学界尊宿王芑孙不幸言中。

嘉庆二十二年，他二十六岁时，集所作诗文为《伫泣亭集》投献王氏，这怪里怪气的名称，取义于《诗经》"伫立以泣"一语。王氏虽称赏其才华，却又严厉地批评他"口不择言，动与世忤"，把一世之人视作"乡愿"，而自己则形同怪魁，"乡愿犹足以自存，怪魁将何所自处"！

对于"怪魁"的结局，王氏可称有先见之明，但"怪魁"所以"伫立以泣"的原由，由康乾盛世过来的"魁儒"却万难理解。当老人怪他何不"和其声以鸣国家之盛"而非要不祥地"泣"时，这"怪魁"眼中的世界已是"四海变秋气"的衰世了，所以自此以后，龚自珍虽然多少听取了王氏的劝诫，但在二十来年中，其诗文却常与"泣""泪""歌泣""奇泪"相伴随。这一次，他见病梅又泣，而且一泣泣了三日，而两年之后鸦片战争就爆发了。这些难道仅仅是时间上的巧合吗？

梅花，在中国文学史上是一个具有特定含蕴、特定形相的传统文学意象。经过六朝至唐的长期酝酿，到南宋时已基本定型，如张泽民的《梅花》组诗："朔风吹石裂，寒谷自春生。根老香全古，花疏格转清。""苍虬百岁枝，残雪数家篱。点俗哪能染，孤芳只自知。""霜崖和树瘦，冰壑养花清。政尔疏还冷，忽然斜又横。"这些特点归结起来就是，梅花以斗霜傲骨为内涵，而以龚自珍在《病梅馆记》中所抨击的曲、欹、疏为形相。对此，南宋的范成大在有关养殖梅花的《梅谱》中作了近乎理论总结的概括："梅以韵胜，以格高，故以横斜疏瘦与老枝怪奇为贵。其新接稚木，一岁抽嫩枝直上，或三四尺，如酴醾、蔷薇辈者，吴下谓之气条，此直宜取实规利……"这段话可以视作以"文人画士孤僻之隐明告鬻梅者"（《病梅馆记》）的始作俑者，然而它也进一步说明，霜雪梅花在古人心目中，是与酴醾、蔷薇等三春娇花作为对立面出现的，它那曲、欹、疏的形相，正与娇花之柔直、中规、繁丽形成鲜明对比,从而透现出一种幽独的韵度、一种傲岸的骨格。自然,这是一种人格化的解释,因此,每当时政昏乱、民族危亡之际,文人画士更多寄情于梅。如宋末元初,王冕见时世混乱,辟屋山中,植梅三千株,自号"梅花屋主";明清易代,至雍正十三年,扬州崇雅书院易名"梅花书院",以暗暗纪念在扬州梅花岭殉难的民族英雄史可法。这说明,宋明以来对梅花尤其推崇,正与宋明多骨鲠之士的历史相表里,而曲、欹、斜的不谐于俗,又正是骨鲠的表征。

　　龚自珍并非不知道梅花作为文学意象的传统特点,他也不会不明白对梅花的传统审美趣尚必然影响到梅花养殖技艺的取向,这本来无可厚非。道光六年,他作《后游》诗,不仅盛赞早梅"疏梅最淡冶""寸寸蚴虬枝""仿佛衣裳香,犹自林端出",而且"袖出三四华,敬报春消息",折梅以供瓶,朝暮玩赏。如果就戕伐天性而言,供瓶与盆栽不也就相去一间吗? 既然如此,他又何以在《病梅馆记》中力诋病梅者,甚至连曲、欹、疏的造型都似乎不以为然呢? 不妨看他作文时的情境。

　　道光十九年他辞官南归,经宁历苏,返抵故乡杭州,一路广收龙蟠、邓尉、西溪等处梅花三百盆,而这三百盆竟然都为曲,为欹,为疏,无一盆如范成大所谓"气条"者,可见购梅时他不仅不以此为病,相反,他正是依传统的审美观念选购的。只是当他一朝将三百盆栽罗列当前时,才忽有所感,竟至于"泣之三日,乃誓疗之,纵之,顺之",而从下面"毁其盆,悉埋于地,解其棕缚,以五年为期,必复之、全之"的叙述来看,引发他深痛极哀而作此记的,应是三百盆栽中无一不有的"棕缚"。值得玩味的是,同样由梅花而起感兴,在同一个龚自珍身上,《后游》与《病梅馆记》的注意点却为何如此不同? 在这看似突如其来的感兴背后,究竟还深藏着些什么?

　　龚自珍出京时,虽然对于"四海变秋气"的时局早已感知,然而祖、父、己三世仕宦京师的家风,决定了他与那个败象已露的王朝之不了情。他憧憬着"康乾盛世"的再现,二十多年来,在普遍昏庸的官场上,他不仅像《后游》诗中的早梅那样超乎流俗,一身清白,而且上书著论数万言,力图挽回帝国的颓势,然而结果却是一次次重复了二十来年前他投书王芑孙的那一幕,招来的甚至已非王氏那种总算是善意的规诫,而是更多恶意的倾轧。道光九年朝考,他作《安边绥远疏》,卓识超群为主考赏识,但"同官不韪其言,竟摈之"。十二年,他向大学士富俊陈"当世急务八条",其中"汰冗滥"一条尤切中时弊,富俊虽为之动色,却以为难行,"八条"终于不了了之。现在,他终于因"才高动触时忌"得罪了"乡愿"们而结束了二十年的仕宦生涯,然而当他"忽收古泪出长安"时,对于人生的历程似乎有了新的解悟,他又写道:"颓波难挽挽颓心,壮岁曾为九牧箴。钟簴苍凉行色晚,狂言重起廿年瘖。"(《己亥杂诗》第十四)在苍凉的晚钟声中,他悲伤地感到往时通过上书建议来挽回颓波般国运的企望,已经烟消梦醒,现在他所应当做的也许是努力挽救那颓圮的人心,而方法就是重新高唱那沉默了二十年的"伫立以泣"的狂言。

从挽颓波到挽颓心,是龚自珍的重大进境。他业已看到,种种扭曲的社会现象背后,是一颗颗被种种"时忌"以及它们背后的礼教扭曲的人心。稍后,发生在南归途中的一件事,更使他深受刺激:江南某书生向友人散发了一封信,说他"辩若悬河,而可抵之隙甚多",行为也狂放不检,要友人们不但不要为他的盛名所慑,而且根本不必去见他。类似的事情,过去也曾有过,常有后学来问难,他分别源流,循循善诱,对方却面露倦色,久而久之,士大夫乃至市井中人都称他为"龚呆子",但他却能"洒然"处之。然而这次他再也无法"洒然",他为此写了含泪歌笑的《己亥杂诗》第一〇二首,并将那书生的信附之于后——这是组诗三百首中的唯一附件——他实在震惊于这样的事实:达官宿儒的心早已扭曲,而现在他所厚爱又厚望的年青一代的心又被他们扭曲。二十年前,他视一世之人都为"乡愿"的狂言,竟不幸又以更惨烈的形态重验,那么二十年中,他从长者言,稍敛狂放,"复于古",又究竟对还是不对?是到了"忽收古泪""狂言重起"的时候了,于是他更大声疾呼:"九州生气恃风雷,万马齐喑究可哀。我愿天公重抖擞,不拘一格降人才。"(《己亥杂诗》第一二六)

正是处于这种悲愤的心态中,一旦三百盆栽罗列当前时,那常人不注意、连龚自珍自己常日也不注意的小小"棕缚",突然显得那么刺目锥心。"棕缚"激荡起他心中长期郁积的被束缚感,也许那三百被束缚的梅桩,在他看来就如同被束缚得了无生气的一代又一代,于是他痛泣以至三日,发心辟"病梅"之馆,援笔作"病梅"之文。一年半后,他终于从失落与痛苦中振起,出任丹阳紫阳书院主讲,这也许是他"疗梅"心愿的实践吧,可遗憾的是仅三个月后,他就因病去世。次年鸦片战争爆发,然而病梅形象的警世作用却透过火光硝烟,指示着一个思想启蒙的新的历史时代的到来。

(本文原载于《书城》2008 年第 11 期)

《与宋元思书》导读

作者与题解

　　吴均（469－520），字叔庠（xiáng），南朝吴兴故鄣（今浙江安吉）人。家世寒素，耿直有奇才。官至奉朝请，世称吴朝请。诗文以清新俊拔著称，时称"吴均体"。有《吴朝请集》，为明人张溥所辑。

　　本文是吴均写给他朋友宋元思的一封信，宋元思字玉山。有的本子"宋"作"朱"，从同时代刘孝标有《与宋玉山元思书》看，"朱"为形近之误。今天录有此信最早的书籍是初唐时编的类书《艺文类聚》，仅录此一节，因此有人认为可能是节文，但无确证；且本节文意已足，可视作完璧来读。

　　本文的文体，从体裁看为"书"，从形式看为骈文。今人的文学史又归为山水小品，则是因它篇幅短小，而又具有山水诗一般的审美价值。

　　风烟俱净，天山共色；从流飘荡[1]、任意东西。自富阳至桐庐[2]，一百许里，奇山异水，天下独绝。水皆缥碧[3]，千丈见底；游鱼细石，直视无碍。急湍甚箭[4]，猛浪若奔[5]。夹岸高山，皆生寒树;负势竞上[6],互相轩邈[7];争高直指,千百成峰。泉水激石,泠泠作响[8];好鸟相鸣,嘤嘤成韵[9]。蝉则千转不穷[10],猿则百叫无绝。鸢飞戾天者[11],望峰息心;经纶世务者[12],窥谷忘返。横柯上蔽[13],在昼犹昏;疏条交映[14],有时见日。

解读要领

　　"奇山异水,天下独绝"二句为全文枢纽,它既是前文总写行程的收束,又下启后文,笔分两路,分写"异水"与"奇山"。而通篇对山水描写的精神,已总摄于起笔与结尾各四句中;那"从流","任意"于天水一色之中,与自然融一的襟怀通过中间对山水点染生色的描写,至篇末已升为一种哲理性的人生体悟;一切存在都是暂时的,如同山林亘古如一的空静中,那漏泄于枝隙间的一缕缕"有时"或见的日影……

　　谈美初阶——"人格化的解释"

　　请仔细读一遍本文,你是否感到,起笔"风烟俱净,天山共色"中所内含的作者那种企望与自然融合为一的心境,已化作一种蓬勃的生气,流注于全文的字里行间呢? 这生气不仅使他笔下的山水具有一种动感,而且使他的人生体悟获得了富于个性的美的表达。试看以下四句:

　　　　负势竞上,互相轩邈,争高直指,千百成峰。

　　第三句承第一句从山高落墨,第四句承第二句从广度展开。交错的句式既从节奏上有效地传达了群山"互相""竞""争",蓬蓬勃勃的生动形态,而其中"负势竞上"句,更值得仔细玩味。"负势"的"势"并非如一般注本中所说的"地势"(试想,地势有高下,在下者地势不利,又怎能以此为竞上的依凭呢),而是一种内在的势能,"负势竞上"说白了就是"憋足了劲向上腾跃"。这使我们不禁想到美学理论中一个相当有名的例子。德人立普斯在《空间美学》中讲到,人们在观察希腊道芮式石柱(其形状下粗上锐而高大)时,会感到它们都似乎要挣脱横向的重力作用而表现出一种"耸立上腾的充满力量的姿态",发挥出"一种内在的生气"。观察者之所以会产生这种感觉,立普斯解释说,除了石柱的造型特点是想象的基础外,更主要的是观察者对事物的"人格化的解释"。"负势竞上"正是吴均对同样下粗上锐的山峰的"人格化解释"。史载吴均性格超卓不羁,作诗为文更一反时尚,不拘常格。当这位奇士脱离官场而徜徉于以奇秀著称的浙东山水间时,便感到身心与山水融合了,从而产生了一种昂扬向上的精神状态。因此他不仅以"奇""异"二字总领这山水的精神,更使这奇异表现出了踊动竞上的势能。"山烟涵树色,江水映霞晖",这是同时代人何逊的名句,同样是写富春山水,对比之下,不难体会"人格化的解释",在吴均本文中的作用。

所谓"人格化的解释",是一种审美现象,它的基础是对象的形态特点,它的灵魂是作者的个性感情。因此,它是一种主客观的融合。切莫以为它高深莫测,其实,当你在写"高粱谷子笑弯了腰"时,就已经在对事物作初步的"人格化的解释"了。这说明人人都可以有这种美学体验,而要将这种初步的体验进一步提高,请记住:

加强你的观察,磨练你的感觉,提高你的人生境界!

注 释

〔1〕从流:随流。〔2〕富阳:今浙江富阳县,在富春江北岸。水北为阳、故称。桐庐,今浙江桐庐县,在富阳西南,相传黄帝时神医桐君结庐居此,故称。〔3〕缥碧:缥为淡青色,碧为青绿色,缥碧形容水色青绿澄净。〔4〕湍:音 tuān 山间急流。〔5〕奔:奔雷。〔6〕负

势:负为依凭,势为态势。〔7〕轩邈:轩,高耸;邈,远展。〔8〕泠泠:音 líng,水流清朗声。〔9〕嘤嘤:音 yīng,鸟儿唱鸣声。〔10〕转:通啭,原意为转折发声,引申为婉转动听地鸣唱。〔11〕鸢飞戾天者。鸢,音 yuān,鹰类猛禽。戾,音 lì,至、迫的意思。鸢飞戾天者指追逐名利的人。〔12〕经纶:经是织物纵线,此作动词用;纶,丝绪。经纶,整理丝缕,引申为规划大事,一般用于国事。〔13〕柯:树枝,此指大枝。〔14〕条:树木小枝。

(本文原载于《读书指导》1999 年第 3 期)

从《功德意供养塔生天因缘变》谈起

——"变"文疑义新探

变文一称的起源与含义,是敦煌学中争议很大的一个问题。近阅《敦煌变文集》,检得学术界似未引起足够重视的材料若干条,不但有裨于这一问题的澄清,且于了解唐代讲唱文学的发展系列不无启发。今从《功德意供养塔生天因缘变》谈起。

一、缘,因缘,因缘变

《变文集》所录伯 3491 号卷,抄有前题为《频婆娑罗王后宫彩女功德意供养塔生天因缘变》一文。而此文押座文了,又复出一简名曰《功德意供养塔生天缘》。"缘"与"因缘变"同指一文,这是我们探究"变"的来源的重要线索。还要从缘、因缘、因缘变三词的佛学含义来考察。

《维摩诘经》四品注引僧肇说云:"前后相生,因也;现相助成,缘也。诸法要因缘相假,然后成立。"此话的意思是:"因"乃诸法产生的本因,佛学中又称种子因;"缘"则为助成诸法的条件。二者相结合则称"因缘"。种子因要待缘而起,产生果(诸法),这在佛学上叫因缘合成。由待缘而起又生出"缘起"一词。由此可见唐代佛教俗讲中"缘""缘起""因缘"三者都是从因缘合成角度讲的,所以可通用。佛学中十二因缘,又译作十二缘起,正可说明这一点。由上述又可知,俗讲中"缘""缘起""因缘"这一类作品,顾名思义为叙述故事之本末因果的作品。如《功德意》一文即出自《撰集百缘经》,这是一部佛经故事的选集。每一个故事都叫"缘""因缘""缘起"。

"因缘变"是一个与"因缘"密切相关的佛学术语,它是唯识宗所说的"二变"之一。其含义是,"心心所变现相分,由自己种子之因缘而生"(见《唯识论》)。这是指的种子因随缘而变为诸相(现行)。故称"因缘变",相当于《起信论》所说的"性境"。又唯识宗论因缘变现相分,是一个前后相续,联翩不绝的过程。简单地讲,种子因变现相分(现行);现行又可为种子,再产生新的现行。这一含有辩证因素的过程,他们是用"因能变""果能变"二个术语来解释的。因果不断互变,形相之转换也就生生不绝。

由此我们可以悟出"变文"(按这一名称不确,姑借用,详下)之"变"的起源与含义:"变"是相对于"因缘"来讲的。如从因缘合成的角度着眼,这个故事可以称为"因缘""缘起",而从"变现相分"的角度看则可称"变",合而观之则为"因缘变"。这就是《功德意》一文前题作《因缘变》,押座文了又题作《缘》的道理。又伯 3048 号卷,原题作《丑女缘起》,而此文末句又云"上来所说丑变"(下阙);此则为"缘起"与"变"通称之明证。

由上述归纳:"变文"之"变",源出佛语"因缘变"一词,其含义为:演种子因随缘而起转变形相之文。

这里又有一个问题。向来有把变文解为演佛教神变故事一说。这一说法在《变文集》中也可找到例证,如《降魔神变押座文》(伯 2187 号),可见此押座文为演神变故事之文。然而作为一个普遍性的定义来说,神变并不妥当,因为"神变"只是佛教诸变相中的一种,不能概括全体,相反因缘变却可包融一切。以《降魔变》而言,"降魔"为天台宗所说化身佛八相之一。佛,按佛教的讲法是以法性为身的。所谓性,并不是一般所理解的性格,而是"因"的意思,佛性亦即佛因。所以《降魔》《破魔》《八相》等变是演佛因随缘变现形相之文。神变不能包括因缘变,因缘变可以包括神变。《楞严经》注引鸠摩罗什曰"一切法不出因缘二字",可为此说作一注脚。这也是《撰集百缘经》虽有神变故事,而经名不以"神变称",却以"缘"称的道理。所以用"因缘变"释"变"之来源与含义最为允当。这一点,下文论"变"的发展时再进一步说明。

二、变相,变文,变——文

学术界又有以"变"文之变为图一说,谓变文乃附有图像的讲唱文本。因为梵文"曼达拿"含义有图的意思,如唐代佛画中就有变相一称,而变文演唱时又确实附有图画。这一看法,实际上恐怕是一种误解。这就涉及"变相"的含义了。

先看一下唐人有关"变相"的记载:

(1)释道宣《续高僧传》卷28《法镜传》:"塔所树碑……至五月末来,于其碑中七变相状,或为佛像,圣僧,双树,众瑞非一。并以事闻。"

(2)张彦远《历代名画记》卷九引《两京耆旧传》:"寺观中图画墙壁凡三百余间,变相、人物奇踪异状,无有同者。"

(3)段成式《酉阳杂俎续集》卷六《寺塔记》"今堂中尉迟画颇有奇处……又变形三魔女,身若出壁。"(这类材料很多,权引三条)

从上述三条可知佛画中所谓"变""变相"原意是指"变形""变相状"(因随缘变现为种种形相)。因此以"变""变相"指画,实际上是一种省略,或者说是假代的叫法。正如以"山水"代山水画,以"羽卉"代花鸟画一样。《历代名画记》中即有这类例子,如卷三:

"懿德寺三门楼下两壁'神'……三门内廊东静眼画'山水'。"其中"神"指神像画,"山水"指山水画。都省略了图、画字样而径以所画内容代称之。山水、羽卉、神原无图画之意,"变""变相"也一样,所谓《西方变》《地狱变相》全称当为《西方变画》《地狱变相图》。《全唐文》卷 376《西方变画赞》适可为证。其实梵文曼达拿的原意也是所变现之形相。由形相转义为图,离本义已很远了。明确了这一点则"变文"之变不应解作图就很清楚了。这里最有说服力的是伯 2187 号卷,该文前题作《降魔神变押座文》,而后题则简作《破魔变》,可见,"变"在这里的意思是神变之变,而非图画之义,省略了"押座文"这一文体名称,以内容代文名,则成为《破魔变》。

由此又可悟出历来以"变文"连读作为文体名称,是不恰当的。《破魔变》是《破魔变——(押座)文》,《降魔变文》《目连救母变文》应读成《降魔变——文》《目连救母变——文》,而不应读作"破魔——变文""降母——变文""救母——变文"。所以说在唐代,这种文体名称不叫"变文",而叫作"文"。(这一误解的原因本文三、四节再谈)。当然现在约定俗成,没有必要取消"变文"这一名称,但是指出其原始的意义与读法则是十分重要的。因为对"变"的含义的五花八门的理解都是从"变""文"连读产生的。然如以变属前读,则所谓"变"为图;"变"为变易经文为通俗文;"变"为演义之意;"变"为六朝变歌之变等说法,都可以不攻自破。关于这些不能在这里详谈,如还有疑问,将另文讨论。

三、唐代佛教俗唱文学发展系列说

"变"的来源含义既明,则唐代俗讲文学的发展系列可由此悟出。

今存此类文学作品的名称不外:讲经文,因缘(缘起),因缘变,经(《太子成道经》),押座文几种。我们先从横的方面来分类。

向达《唐代俗讲考》曾分讲经文为一类,变文为一类,押座文与因缘合作一类。按此说未为允当。"因缘"与"变"以及"因缘变"性质近似。前已详论;而其与押座文不同则可从斯 3491 号卷悟得。该卷除抄《功德意》一文外,又抄《破魔变文》一文,而二文前都附写有同一押座文(年来年去时更移)各一遍,可见因缘本身亦可附有押座文,则二者非为一类甚明。

其实上述名称中,押座文是从变文演唱之组织形式而言的,其他则均从内容而言的,所以押座文当别作一类,而可附于其他各种样式前演唱,这是问题的一方面。另一方面从《降魔神变押座文》后题又作《破魔变》看,佛教讲唱押座文本身又是一种小型的变文。可以推想,它除作"押座"用外,也可单独演唱。这正如今之弹词开篇,既可用于静场押座,又可单唱一样。

押座文性质已明,那末讲经文、因缘、变文三者又是什么关系呢? 我认为这有一个历史的演进过程,当分作两段看。

首先,俗讲中引一段经文,讲唱一段的讲经文,六朝就有,而因缘以及变,唐代方出现,则讲经文是最早的可以肯定。然而在唐代某一个时期,讲经文,因缘与变三个名称是可以混用的,这从伯 2999 号卷《太子成道经》可以悟出。此文虽题作"经",但是并非移用经文,亦不同于一般讲经文之引经后方讲唱,而是演衍《佛本行经》故事所成。形式也与一般变文一样,韵散相并,说唱兼行。由此可知,今所谓"变"一类作品,其初也可以称为"经",殆为讲经文的一种别体。至于因缘、因缘变、与变可混用,则前述《功德意》一文既称《缘》,又称《因缘变》;《丑女缘起》末云"上来所说丑变"已足资证明。因此可得出第一个结论:

在某一时期——应当是因缘与变产生的初期;二者与讲经文的区分不是很分明的,由于目的亦在演讲经义,也由于产生伊始,质与量均较稚弱,当时是把它们作为讲经文的附类来看待的,因此有时也把它们叫作《经》。

那末现在把《讲经文》《因缘》《变》分作三种文体是否就不对呢?并非。我认为随着俗讲文学的发展,三者确由同一母体演变成三种各具特色的文体。

我们知道唐代俗讲越到后来,其迎合听众心理,以求布施的成分越多。又文学发展的一般规律总是由简素而越趋丰赡。《讲经文》《因缘》《变》三者的分道扬镳正体现了这两种趋势。

对于一般听众来说,深奥的经文,是不易听懂的,而敷讲全经,也嫌散漫而显枯索。因此佛教俗讲要在当时众多的讲唱文艺(道教讲唱、世俗讲唱)中站住脚就必须改善讲经文这一形式,于是就有取佛经中故事,单独演唱的因缘、因缘变这一类作品产生。《撰集百缘经》的出现,应当是佛教宣传通俗化的必然结果。这类作品开始时多用经中故事原文。据王重民先生校核,《功德意供养塔生天因缘变》即与经文大体相同;又《身饧饿虎经》也是因缘类作品,而用《金光明最胜王经·舍身品》经文。可见其与讲经一脉相承。以后随着因缘类作品发展,遂以演佛经中独立故事之因由本末为特点,而区别于讲经文,单作一类。这是第一步分化。

又上文已论,"因缘"又可叫因缘变。这一名称实际上又蕴育了"因缘"与"变"分轨的胚胎。因为"因缘变",从故事的本末原由来看可称"因缘";而如从"变现相分"的角度看可称"变"。所以"因缘"与"变"虽出于一源,但这两个名称已显现了故事着重点的不同。而对于听众来说,除少数善男信女外,其兴趣所在当然不在于祸福因果的宣教,而在于形相转变的热闹。所以"因缘变"发展的趋势必然是在"变现形相分"上加以繁衍。(以"变"为敷衍,演义的误解当从此来)这一点,《目连缘起》(伯193)与《大目乾连冥间救母变文并图》(斯2614,按此名称又可见"变"非图)的异同最能说明问题。细阅二者,有同者三:

（1）本源同：俱出《佛说盂兰盆经》。

（2）题材，本末同：俱从青提夫人纵行宰杀，污辱三宝，沦阿鼻狱始，中叙目连救母，而终于青提获救。

（3）体裁同，均为韵散并行，说唱相辅。

又有异者三：

（1）篇幅长短不同：《缘起》三千余字；《变文》长达万余字。

（2）笔法不同。《缘起》以叙述为主，较质实，《变文》繁衍丰赡，极尽描写之能事。

（3）最重要的区别是重点不同：《缘起》先以七百字左右述青提沦阿鼻狱的原由，约占全文五分之一；继以相近篇幅，于目连寻母过程中复述此原由；再以后又于目连与青提相晤时三述原由：这些部分加起来要占全文五分之二左右。相反《变文》虽长达万余言，但叙青提沦地狱原由仅五十余字；后之复述亦极简略；而其主要笔墨则用于目连寻母，遍历地狱诸变相所见种种惨象上。

从上述对比可见：《目连缘起》与《目连变文》虽同出一源，但前者重本末因由之叙述，后者重"变现相分"之演衍，区别十分清楚。这样《变》遂从《因缘变》脱胎，区别于重本末原由的《因缘》，而以重"变现相分"为特点，终于得以分门立户了。（按这是变以"因缘变"一称为来源的又一依据）。这是第二步分化。

关于这一点尚有一重要旁证。从《变文集》载录看：《目连缘起》仅伯 193 一种，而《目连变文》则有十种（其中一种内容与其他九种出入较大），是今存唐代俗讲写卷中留存最多的一项。从写卷数量这一对比中，我们虽然不能说这十种《变文》都出于这同一卷《目连缘起》，但至少可以肯定以下三点：

（1）各种《目连变文》都以《盂兰盆经》之目连故事（缘起）为母本，而从"变现形相"上加以繁衍。

（2）由《目连变文》写卷大大多于《目连缘起》可知，《变》虽然脱胎于《因缘变》，但后来居上、青胜于蓝，终成为俗讲中最受欢迎的形式。

（3）这一情况应是唐代较晚的事，因此《目连变文》保留的卷数超过其他内容的种种写卷。由此可知《变》从《因缘变》脱出，应当是较晚的事。

总结本章所论我们可把唐代佛教俗讲发展系列归纳成以下简表：

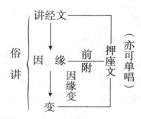

四、附论：唐代佛教俗讲变文
与世俗讲唱文学的关系

现在一般都把僧、俗讲唱中韵散结合的文本，统称为变文。于是就孰先孰后，谁影响谁的争论。我看这个问题包含着性质不同的两个问题。

（1）韵散结合，说唱相辅以讲唱故事这一文艺样式的起源是什么？

（2）"变"这一名称的来源是什么？

前一点是"实"的问题，后一点是"名"的问题。论者往往将二者裹在一起并强求一致，这样就不易弄清真相。

现先就"名"分析。

"变"一名源于佛氏"因缘变"（包括神变），前已证明。有的同志认为它来自所谓六朝"变歌"，这是不对的。限于篇幅不能一一为辨,只就此论最主要的依据:《宋书·乐志》中的"六变"一称稍加分析。"六变"出于《周礼》"若乐六变,则天神皆降"。《初学记·祭祀》引此条并与《尚书》"箫韶九成,凤凰来仪"相对。"六变""九成"都是讲的音乐组织。在《唐书·乐志》中"变"与"遍"是通用的。至《宋史·乐志》录有题作"六变"的一组歌诗,是六首五言二韵诗。则"变"为"遍"之义甚明。《宋书》中的《六变》也一样,是就音乐组织而言的。因此它就不能与变文之变相提并论了。因为变文为语言艺术,变文中的所谓唱,实际上是吟(相近于古时读诗人的唱诗),并无所谓音乐组织。因此"变文"不始于六变甚明。

变文虽不源于六变,但六变一称却启发了我们了解梵语"曼达拿"之所以译作变的原因。按:自晋朝以来佛学翻译与讲解中有所谓"格义"一说。所谓"格义"就是"以经中事数拟配外书为生解"(《高僧传》卷四《竺法雅传》)也就是说采用中国传统经典著作(儒、道)中的语汇来译解佛学词语义理,这种"格义"往往是"迂而乖本"(《出三藏记集捌僧叡毗摩罗诘提经义疏序》)的。(以上参见陈寅恪先生《金明馆丛稿初编·支愍度学说考》"格义"一节)。我认为:"曼达拿"之所以译为"变",正是格义的产物。"曼达拿"是音译,而"变"是格义——一种不高明的意译。因为"六变"之变本身具有音乐转换之义。《周礼·春官大司乐》:"凡六乐者,一变而致羽物及川泽之示,再变而致裸物及山林之示,三变而致鳞物及丘陵之示,四变而致毛物及坟衍之示,五变而致介物及土禾之示,六变而致象物及天神。"这里的变,郑注云"变,犹更也,乐成则更奏之。"因此佛氏就借用了这个音乐组织之变,来翻译梵语"曼达拿"——形相转变。所以六变之变与变文之变,充其量只是一种"迂而乖本"的"格义"而已,其联系只是外在的借用翻译,而就本质意义来看,六变与变文是无关的,而这种翻译就使后人把变文误认为是"国粹"了。明确了这点我们就可进而分析"变文"这一名称是如何由佛教俗讲,移植到民间讲唱文学来的了。

先从总体看,就佛教俗讲而言,不仅是"变",其他各种形式也都有其佛学来源(讲经文,经、因缘、因缘变),这一点上文已明。又世俗讲唱文本除"变"外(从《变文集》所录看,仅三种原题为"变"),则有:"传"(《刘家太子传》),"书"(《𡩡𡩡书》),"文"或"词文"(《季布词文》),"赋"(《燕子赋》),"吟"(《秋吟》)等。这些都是中国原有的文体名称,而与佛学无关。由这一对比可看到:

(1)除"变"外,佛教与世俗两方面讲唱文本的名称就总体看界限是分明的。僧、俗渊源并不相混。

(2)"变"一称是僧、俗讲唱文本的交接点。从前述"变"含义的辨析与二类文本名称的总体渊源看,当是世俗艺人借用了佛教名称。有一个很有说服力的佐证:伯3645号卷前题为《前汉刘家太子传》,后题方作《刘家太子变》。传是中国史传文学的旧称,唐代世俗讲唱文本多用传名,可见《刘家太子变》的原名是《刘家太子传》,此卷之后题是套用佛氏"变"一称而来的。上文已论"变文"这一名称不尽妥当,至此可补充说明这一误解的来源:应当说误解是从唐代世俗讲唱艺人开始的。从史料记载看,当时佛教讲唱远比世俗讲唱发达,寺院是讲唱艺术的中心,而佛教俗讲中,"变"这一类又是最吸引人的。于是世俗艺人就借用了这一名称。但他们并不懂得佛教的"变"来源于"因缘变",所以就将"变"属"文"连读,如"降魔——变文",(这正像《古文辞类纂》,本应读作"古文辞——类纂";而现在不少青年学生却读成"古文辞类——纂"一样)更把变理解为变衍之义而移用于世俗唱本。后人见僧、俗两方都有以"变文"名篇者,于是就更产生了前面所说的一连串误解。

下面再从"实"的方面来考察:

现在所说的典型的"变文"当包含三个要素,一是韵散相辅,说唱并行,二是演唱一首尾完整的独立的故事;三是不引经文。

就佛教讲唱看,符合这三个条件的今存文本,最早是盛唐时的

（参见胡士莹先生《话本小说概论》，又讲经文引经讲说，多非演说故事为主，且与"变"的含义不合，是不应归入变文类的）。然而符合这三个条件的世俗文本，晋宋时已经有了。胡士莹先生曾提到《初学记》所引晋刘谧之《宠郎赋》遗文一则云："座上诸君子，各各明君耳。听我作文章，说此河南事。"又就笔者所见，汉《鸡鸣曲》、陆机《吴趋行》、晋宋《上声歌曲》……都有类似句子。如后者云"初歌子夜曲，改调促鸣筝。四座暂寂静，听我歌上声。"然而这些还不能说明晋宋时已有同于唐代"变"（韵散相辅，说唱并行）的作品。今按《宠郎赋》确是十分重要的证明，但不知胡先生是省略了还是收录仅止于此，未将这一问题讲清（如胡先生另文详论而笔者未见，则于此致歉）。

　　前年曾见业师施蛰存先生约三、四十年前在厦门大学时的《中国小说史讲稿》。其中第六讲的附录中有从《太平御览》等书钩得的有关"宠郎"的佚文四则，今转引如下：

　　（1）"座上诸君子，各各明君耳。听我作文章，说此河南事。"（《初学记》十九引刘谧之《宠郎赋》）

　　（2）"宠郎居山中，稀行出朝市。暂来到豫章，因便造人士。东西二城门，赫奕正相似。向风径东征，直去不转耳。"（《太平御览》4931《迷赋》）

　　（3）"头戴鹿心帽，足着狗皮靴。面傅黄灰泽，鬓插芜菁花。男女各四五人，皆如烧虾蟆"。（《太平御览》687引《下边赋》）

　　（4）"其头也则中骼而上下锐，额平而承枕四起。"（《太平御览382引《宠郎赋》）

　　上引四条虽题名或异，但都是讲的宠郎故事，合而观之可以知道：

　　（1）《宠郎赋》的大致内容当是讲山中儿宠郎访友至豫章，遇一伙"形似烧虾蟆"的恶人，于是生出若干故事。正是叙事性的作品。

　　（2）语言拙质，当是民间创作。

（3）前三条诗歌体，第四条似赋似说。所以当是说唱并行的，正是后来"变文"的样式。

除《宠郎赋》外还有两条盛唐前的可供参考的佐证。一是《侯鲭录》载杨玄感请侯白为其"说一个好话"。则隋代已有擅长说话的人，只是这种"说话"从《太平广记》所引看来是不伴唱文的。

又初唐张鷟的传奇《游仙窟》颇可注意。张鷟虽官居学士，但从史传记载及其《朝野佥载》看，此人性格放诞，与民间文学接触较多。《游仙窟》不但伴有大量诗歌（与宋话本相似）且语言多俚俗，内容涉淫秽，其来源于市井当无可疑。虽然不能说此文是说唱文本，但却可不无理由地推想，它是由民间说唱文本改编的。

综上，关于唐代僧、俗两方面的讲唱文学中"变文"的关系，可归纳为以下三点：

（1）就韵散结合、说唱并行这一要素看，僧俗双方原来都有不同的渊源。

（2）佛教俗讲在我国，起先是引一段经文、讲唱一段的讲经文。后来才出现不引经文、讲唱独立故事的"变文"。这是佛教宣传通俗化的必然趋势。但是从上述所述时间分析观，这一转变应当是受比讲经文生动活泼的民间《宠郎赋》一类作品影响的。所以现在所说的唐代"变文"典型样式的源头，应是中国民间说唱艺术。这是就"实"一面所言的。

（3）佛教俗讲吸取了民间说话艺术的营养后，又以其故事的奇异新颖，气魄之宏壮瑰丽胜于民间，于是民间艺人又转而从佛教俗讲中借用了"变"（文）这一名称。

至于两方面作品在思想语言、表现手法上的相互吸取，《变文集》中可找到不少例证，这里就不多说了。

总之："变"（文）这一讲唱文学，是在佛教与民间（还有道教）讲唱的相互竞争又相互吸取的过程中发展成熟的，它是唐代中外文化交流融通所产生的光辉夺目的瑰宝。

1981 年 11 月

（本文原载于《中国古典小说戏曲论集》第二辑，
上海古籍出版社 1987 年版）

东西文化交流与上海城市文化的发展

近现代中国文化史以下两点事实,足以引起人们对论题的充分关注。其一,尽管一百多年来中西常处于对抗形态中,而"华夷之辨"与"欧洲中心论",及二者的衍生观念"国粹主义"与"全盘西化论",又从文化层面加剧着这种对抗;然而二十世纪中国最重要的学术思想成果几乎都产生于中西文化的碰撞与融合,这已是学界的共识;于是不仅弱势的"华夷之辨"已成历史的陈迹,甚至强势的"欧洲中心论"也已引起包括西方人在内的有识之士的深刻反思,东西文化交流将成为新世纪中国,甚至世界文化发展中最值得注意的潮流,是目前学界的又一共识。其二,近十几年来上海文化界普遍惊呼,曾经占据中国新文化半壁江山的上海文化的优势在逐渐丧失;而发人深省的是,对比上世纪首尾两次中外文化碰撞的高潮期,"五四"前后那次上海是众所周知的中西文化交汇的前沿,而八九十年代那次,上海在这方面的敏感度甚至不及北京与广州,这是否与上海文化优势不再有某种联系?本文试图在以上文化背景下,从历史、观念、现实形态三方面展开对论题的阐发。

一、"海派文化"的本质与特点——历史解读

姑且借用"海派文化"这一习惯的提法来指称 20 世纪上半叶

的上海文化。关于海派文化,有人称之为"石库门"文化,也有人称之为"小资"文化。这些也许接触到了海派文化的某些侧面,但我认为绝非海派文化的本质。从发生学角度看,借用上海俗语"海派"为名称的海派文化,起于上世纪三十年代前后,并伴随而有"京派文化"与之相对待。海派与京派,其实代表了近代以来,中国文化在面临西方文化冲击时的两种走向,因而有异亦有同。如果以北京老舍的作品(如《茶馆》)与上海茅盾的作品(如《子夜》)作比较,可以看出两者的共同性是:对处于西风激荡下的中国文化及承载着中国人的命运的再思考,而且这种思考已从精英的学术层面进入到大众的社会层面,无论京派与海派,都表现出一种大众文化的倾向。然而不同的是,京派文化,以三代帝都,文化传统积淀深厚的北京为背景,更多地趋向于文化的保守,实际上延续了从王国维开始的对于文化传统失坠的感情追忆,这种情绪一直延续到最近如《大宅门》之类的电视连续剧。海派文化则不然,它以文化传统积淀相对较浅,中西文化激烈冲撞的开埠后的上海为背景,从郑观应开始,更多地表现出在文化传统失坠之际的形形色色的新的希企,即有迷惘,也是个性的追寻。《子夜》首章描绘初到上海的吴老太爷受不了上海光怪陆离的都市夜景的刺激,而怀抱《太上感应篇》溘然长逝,即形象地展开了传统与新潮剧烈冲撞的海派文化产生的大背景。而然后,《子夜》更以史诗般的笔触,透过光怪陆离的表象,显现了新生的国际大都市上海从政治、经济到道德习俗的社会性的急剧变化。《子夜》可称是海派文化的全景式反映。从《子夜》到六十年代的《上海的早晨》,再到九十年代的尽管艺术与思力上尚欠圆熟的《汽车城》,实际上反映了海派文化的核心内涵,即在**传统中国向现代中国转型过程中,以现代工商业的发展为基础,以市民阶层为主体而以中西文化的碰撞交融为深层内涵与发展动力的,现代的,开放的,前企的大众文化**。而正因为它的这种属性,因此较之于京派文化定型的纯正的韵味而言,它显得更驳杂,更世俗,甚至鱼龙混杂,珠砾俱下,然而透过其复杂的表象,可以看到它具有以下的特点。

这是一种包容性极广的大众文化。各个社会阶层、集群乃至个人,都或被动或主动地在上述社会震荡中寻求自身新的地位并努力表现自己。无论是柔石、殷夫的激进主义文学,还是张爱玲式的被认为充满小资情味的公寓文学,甚至是朝向底层的滑稽戏《七十二家房客》,都在新旧交替的价值"真空"中,努力表现自身对生活的解读,从而从各个层次透现出上述社会震荡的折光。张爱玲自言她不喜欢北京的沉闷、保守、划一,而喜欢上海的明朗、自由、多样(大意),正反映了京派、海派文化背景的不同,而作为新文学中同是淑女出身的杰出女作家,张爱玲与北京的冰心,其风韵之主于新潮与主于典雅,正是海派、京派同源分流的最好说明。海派文化的这种包容性固然有五方杂处的市民结构、租界华界并存的行政特点等文化的外部原因,然而从文化嬗变的内在原因看,它体现了中西文化交流初期的亢奋与稚嫩,而历来被视为异端的南国崇尚个性的风气和元明以来以沙船为标志的海上贸易传统,则是它深层的历史底蕴。海派文化的这种广大的包容性也是当时上海成为人才荟萃之地的主要原因。

这又是一种极其善于吸纳而朝向现代的文化。以中国画为例,近代以来中国画坛,如台湾贺怀硕先生所论,存在着二种倾向:一是以传统国画为根本吸纳西画营养,二是以西画观念方法改造传统国画。海派画坛既包容了这两种倾向及诸如以民俗画改造文人画等其他诸多倾向,但从林风眠、刘海粟、李可染等前辈大师,到现任上海中国画院执行院长施大畏先生,都鲜明地表现出以现代派西画改造国画的特色,从而体现了与京津、闽南画坛不同的海派取向。他们以西方现代艺术中注重生命力的紧张、流动、喷涌的理念,激活了株守传统技法的国画中逐渐丧失,但恰恰是中国文化精髓的对人的主体精神的表现,从而引起了对技法的一系列重大改造。我曾对约三十名中青年市民询问调查居室装饰喜欢用什么风格的绘画,结果竟有二十多人表示已经或将选用西画或以西化中的中国画,而对于纯正的国画则反映冷漠。这应当可以说明海派画坛的"现代"倾向的民众基础。

然而,这依然是一种具有强韧的民族性格的文化。旅日华裔学者刘建辉先生在其学术著作《魔都上海》中称,上海具有一种"强韧的杂糅性"的"摩登的混沌",这是"由中国的内地和外国这两种空间相对抗的产物"(序章、后记),这一观点对说明海派文化的包容性及其成因是有启发性的,但他又因此而说上海是一座"不存在民族主义的城市",却不免为所谓"摩登的混沌"之表象所惑。不仅精英文化,比如上述海派画家的"现代"创新有强烈的民族主义倾向——他们的出发点是国画的振兴,他们的艺术精神是传统的主体精神的嬗变,他们善于以线条、色彩、光影来充分发挥传统的气韵、取势等艺术要髓。他们更都具有"将毛笔与宣纸的功能发挥到淋漓尽致的地步"(施大畏评林风眠先生语)的修养,并企望在创新中进一步发掘这种功能——即便是在公众文化中,也同样表现出自觉的民族精神。我们必须提到上海近现代工商业代表人物荣德生先生。他在兴办实业的同时,致力于兴学育才与社会公益。他既将现代意识注入教育事业,提倡实学,以"无裨实用,不如无学"为办学宗旨,而同时又禀承乃父遗训,十分重视传统文化的作用。特别是在 1926 年后,他有鉴于数十年来单一的"人才教育"所引发的青年"驰骛新奇""人欲横流"的弊端,而开始致力于"公民教育",并编撰了《人道须知》八卷为中小学生必读书。此书后三卷《生活》《自治》《处世》论个人"自立"与"群众生活""社会安定"的关系,明显受到西方社会学的影响。而作为此三卷前提的前五卷则为四卷论修身,一卷论家庭。二部分结合,体现了传统道德以立身为本推己及人思想的现代转型。《人道须知》是近现代中国教育史上最早的有意识地企图将东西方价值观在重视人的主体精神这一共同点上融合起来的公民教育读本。因此此书二年余中就三次印刷三万册,均很快被索要一空,可见其社会影响。几乎与此同时,德生先生有鉴于"青年盛气,顶礼欧化",故以所创大公图书馆所藏古籍十余万卷之序文 2563 篇,辑成《叙文汇编》一书,"深望读其序者更来读其书,更汇通百家有以施之于用",作为"建设维新"的"文化之先导"。荣德生先生这种现代化努力中的强烈的民族主义骨格,集中体现于他所创办的无锡公益三中的一首毕业歌中,这首歌,后来成为上世纪三四十年代风靡全国的上海电影《桃李劫》的主题曲:"我们今天桃李芬芳,明天是社会的栋梁;我们今天弦歌在一堂,明天要掀起民族自救的巨浪。"这一主题已不止于一部影片,而成为三四十年代上海影业的主旋律,诸如《新女性》《国风》《生死同心》《夜半歌声》《渔光曲》《大路歌》《一江春水向东流》等上海影片,都在"摩登的混沌"下透现出强烈的民族主义的时代之声,而引起亿万中国人的共鸣。

海派文化其实是在中西文化冲撞所造成的混沌的背景下古老的中华文明在呼唤自身第二个春天的新时代的"青春文化"。她勇敢地面对以"个体本位"为核心的浩浩西风的冲击,从中吸纳滋养而表现出民族文化在世界的大舞台上自我更新的主流倾向,而同时也不可避免地带有青春期的骚动与不成熟,夹杂有享乐主义、利己主义等自我中心的支流倾向。然而这不能简单地归罪于"个体本位",而恰恰是对"个体本位"的一种时代性的曲解。因此透过"摩登的混沌",发掘她前述的本质内涵,是当前上海文化发展中,清理与发扬历史文脉,所必须解决的大问题。为此,须对以下几个观念问题有进一步的认识。

二、关于东西方文化交流的若干
前提性认识——观念剖析

　　"五四"以来在中国文化发展方向上的两种对立倾向：历史虚无主义（"全盘西化"是它的孪生兄弟）与狭隘民族主义，因着上世纪下半叶的冷战思维及长期的"左"倾文化政策而得以延续，并表现为种种新的形态。诸如文化的世界性与民族性（区域性）的关系，文化发展的主旋律与海派文化多样性的关系，精英文化与大众文化的关系等等，都是上海文化健康发展所面临的亟待解决的前提性观念问题，而这些问题的根子又在于对东西方文化关系的认识。因此本部分的论述就由此开始。

　　人们一般都从历史范畴来谈论不同的文化传统。然而透过文化传统的历史性可以发现，它更是一个认识论范畴的问题。文化究其实是人类在与所处环境的对待中，对于客体（环境）、主体（自身）以及主客体关系的认识、反应与反激。所谓民族文化传统，则是一民族在所处的特定环境中对于主客体及其关系的个性化认识不间断地发生发展、解构与重新建构的历史过程与积淀。因此就内核而言，文化的历史性延展就是认识的不间断的发生发展史。生民之初，东西方人从混沌状态中觉醒，开始有了主客体的区判，人类各民族文化也开始发生，并都必然地面临着一些人类的基本问题，如人与自然，人与人，人与社会，人性本质等等。东西方人都在特定的历史情境中思索并企望对这些问题作出自己认为合理的判断与选择，并通过各种形态的反应反激衍化为各种文化门类，这些门类的汇集便是一民族的个性化的文化传统。

　　明乎此则可知：（1）文化传统的认识论内核决定了东西方文化传统对人类基本问题的回答都有其自身的合理性，但又都只能是相对的合理；东西方文化本同末异而有着互补的可能。（2）传统是优势,也是惰性,都深深地留存于民族的认识图式之中。所谓民族文化的发展,本质上就是民族认识图式的活动建构,是不断地通过活动吸纳新的信息以克服惰性,发扬优势的过程。(3)现代化进程造成了世界经济一体化的态势,这就要求人们在新的环境——世界文化的舞台上进行自身认识图式的活动建构。有意无意地拒绝对外来文化的吸纳,就会陷入狭隘民族主义的泥淖。而反过来,对外来文化的任何吸纳,又都无可避免地要通过本民族历史累积的认识图式(传统)方能起作用;吸纳之成功与否就在于能否激活传统中的优势而克服其惰性;无视民族传统,外来文化就只能游离于虚空中,成为无根之木;一百多年来,"全盘西化论"在中国得不到民众响应,原因即在于此。

由文化传统与东西方文化异同的上述性质,可引发对当前上海文化界面临的一些理论问题的重新评估。

文化的世界性与民族(地域)性问题:"二十一世纪是亚洲文化的世纪","西方文化的出路,要到2500年前中国的孔子那儿去寻找",数年前盛行的这类论调,本出于某些西方人士对自身社会弊病的忧虑,内含有企望东西方文化互补的合理因素,却也因情绪化而有失平允。而我们的一些理论家竟不加分析地接过来并引申出一些更偏激的观念,其中最典型的是将当今中国一切腐败现象都归之于"西方文化中腐朽思想的影响"。然而问题在于,如果孔子思想真是那么法力无边,那么近代中国为什么一直挨打?而贪污如严嵩、和珅,奢侈如邓通、石崇,色情如《如意君传》《肉蒲团》,在中国难道不是古已有之而非待西方之输入?将当前社会弊病一归于西方影响的上述论调,也许是出于民族感情,但恰恰是当前阻碍中国文化走向世界的最大障碍。近几年又衍生出一些似是而非的论调,如"民族性愈强,世界性也就越强""民族性就是世界性"等等。诚然,中国文化如果失去了民族特点,也就失去了自身存在的价值,走向世界的中国文化也必定要以鲜明的民族特色来为人类文化作出贡献；但问题的另一面是，中国文化真要想走向世界，为他民族接受，就必须与世界有共同的文化语言，舍同谈异，必然陷入本质上是狭隘民族主义的文化孤立主义。孙悟空、京剧脸谱是国粹，因此也就自然被选为中国文化走向世界的先行。但据西方业内人士反映，悟空精瘦，西方孩子不喜欢；脸谱太凶，西方成人也不喜欢。这一实例应当引起我们对上述偏激观念的反思。

认识世界文化与民族文化的上述关系，对于上海文化各方面的发展取向是极其重要的。比如发展现代动漫产业应走什么道路、上海文化对外展示应取何种主题形象、新时代价值观如何构建等等，都与此密切相关。本文不能一一展开，但有一点是应当明确的，上海文化作为中国民族文化中的一种区域文化，应当充分利用其处于中国内地与外国两个空间相对之间的空间优势，与改革开放重点的时间优势，发扬海派文化以中西文化交流为主要特征的历史文脉，对这一问题作出自身的回答。这也许将成为上海文化对中国文化与世界文化的最大贡献。

与以上所述相关的还有两种观念，需附论于此。

精英文化与大众文化的关系问题。这是"五四"以来中国文化发展的又一症结问题。这里不能展开，仅就中西文化交流角度略论。中西交流总是率先由精英层面展开，然而精英文化在交流中的先导作用必须在大众层面经受检验。如前述京剧脸谱的多种形式的外销，其动因是专家一级文化交流中，得知西方艺术评论家因京剧与西方现代艺术在抽象性方面有某种同一性而多加赞赏，却未曾虑及精英的超前理念与大众的接受往往存在相当大的落差。又如在价值观的讨论中，不少知识精英以"西方个体本位"一笔抹倒"东方集体本位"，这至少含有对东方文化精神浅尝辄止的误解，但急急宣之于众，便起了误导作用。必须认识到中西交流中专家们所吸纳的新观念，往往只是黑格尔所称的"知性认识"，只有在反复的再由抽象到具体的认识活动中检验修正，才能逐渐真正接近理性认识。忽视这一点，而只热衷于心想的理论构筑，恐怕理论越圆满，却与大众实践相去愈远。

主旋律与上海文化特色问题。这是讨论最多的问题。其实要不要主旋律更主要的是一个实践问题：从文化层面言，任何一种文化都必有其主体精神，也就是主旋律；从社会与政治层面而言，有文化决策者的存在，就必有主旋律的提倡。问题的关键在于二点。首先是一国一地的文化决策者所提倡的主旋律，只有与本国本地的文化传统的前进方向具有同一性时才可能为文化生产者与文化受众所接受；其次是主辅相对待，无辅也就无所谓主，主旋律只有在与众多和弦的互衬与互补中方能光景常鲜。应当深切地注意到，目前以海派文化为历史文脉的上海文化前进方向与主旋律的提倡有着趋于同一的内在可能。如果把"三个代表"思想作为整体来理解，那么当代中国先进文化的前进方向就应当体现现代化生产力发展方向并造福于最广大的的民众。而海派文化的基础是现代工商业的发展，她的特点就是包容性、开放性（中西交融）、民族性、大众性、前企性的统一。因此将海派文化以中西文化交流为深层内涵的历史文脉的清理与当前关于主旋律的思考结合起来，同时确定一些基本的原则或说"最低纲领"，以促进上海文化的百花齐放，应当是上海文化决策者与文化生产者都不能回避的问题。

三、当前上海文化发展中东西文化交流的若干基础工作——现实形态

在历史回溯与观念分析的基础上，本节拟进而对上海文化发展中东西文化融合的形态进行讨论。

1. 以市民价值观的构建为核心，重点扶持上海文化发展自下

而上的基础理论研究。

应当引起我们充分注意的是，目前海外对上海的研究已进入纵深的理论层次，且已从历史研究向现实研究发展。二十多年来，以英文书写的有关博士论文就达 300 多篇。"上海学"这一概念已在海外不胫而走，大有成为国际显学之势，而我们自己的研究相应还较滞后。任何规划的制定都要有基础理论研究为先导，这需要大量投入，因此建议市政府与有关协作方面给以重点扶持。

理论研究，容易局囿于专家范围，但我从十多年来对此一问题的关注中深切感到，这更应当是一件自下而上的立体化的工作。且以市民价值观问题为例略作阐述。

任何文化的核心内含都是价值观念。"五四"以来困惑中国文化近一百年的首要问题，也就是所谓东西方价值观冲突而引起的"价值真空"。许多理论著作不是以东西价值观作两极对立，就是局限于思想资料的现代转型，而对新时代价值观的基础现代化生产及其引发的社会生活形态少有关注，因此多所偏颇而很少能引起公众反响。

然而公众中又自有另一种取向，前述荣德生先生的虽显得粗糙，却富于实践性的取向即其先行，而令人振奋的是，这种取向，今天在上海最大的现代化企业"宝钢"得到了时代性的重大发展。宝钢价值观建设的可贵处在于：首先他们于中国由计划经济走向市场经济的历史时刻，和宝钢面临的国内、国际剧烈竞争及宏大的发展目标出发，对中国人价值观念从孔子到刘少奇《论共产党修养》的嬗变作了梳理，并结合对员工意愿的大规模调查，顺应新的时代特征，引入了西方人本主义思想家马斯洛关于人的"自我价值实现"的观念，加以会通，在上世纪九十年代率先提出了在现代化生产的组织中，为实现企业的宏伟目标，人尽其才，实现自我价值的人格理想。更制定了一系列有利于人才颖脱而出的措施付之实施，得到员工的普遍认同，这也是宝钢这些年来持续高速发展的重要原因,也足以证明新时代价值观构建中的中西文化会通不仅是理论的推想,而且是现代化大潮中民众的自觉要求。其次宝钢不仅是一个生产组织,而且是一座具体而微的城市——工业城,一座居民来自各地又华洋同处知识结构高于全市平均水平的现代工业城,宝钢人将以上观念融入他们的生产组织与社区生活中,制定了一系列行之有效的行为规范。也因此他们的理论与实践对于上海乃至全国都有着示范意义。

从荣德生到宝钢,使我相信,以价值观为核心,上海文化发展中会通中西的基础理论研究,应该是立体的。除专家与政府的工作外,尤应注意自下而上的提炼。要广泛吸纳现代公私企业、社区、郊县等基层理论工作者到有关的研究中心来;要建立与海外学者的联络网;要有总有分,有核心理论研究,也有分部类研究;要增强研究中的中西历史文化的厚度,以避免经常出现的因知识缺失而引起的理论偏差。总之这是一件长期的,需反复地由知性向理性提升的艰苦工作,但也是上海文化健康发展的前提性工作。

2.营造中西文化交流的城市生活氛围,在市民素质教育中注入中西文化交流的内容。

如果说理论研究是先导,那么生活氛围则是基础。至 2003 年底长住上海的外籍人士已将近 7 万,已超过租界时期的最高峰(除日本占领时期),并呈现每年迅速增多的趋势。这是中外文化交流的沃土。

历史上上海租界的真正繁荣是在 1853 年"华洋杂居"取代"华洋分居"之后。尽管历史情境不同,但在居民分布与居住环境上促成中西人士融合仍是文化交流的最直接有效的方式。应避免旧上海日本街(多伦路)、现在北京韩国人聚居地之类的格局,而多取上海古北小区华洋合一的形态,同时在公共设施上(如社区广场)提供交流的便利。

建议将市一级的对外友好城市、在沪外籍人士的白玉兰奖活动等有序地扩展到区县一级，设立区县级与大型企业的外籍人士白玉兰奖，推动区县与境外城市的区县建立友好关系，使这类活动具有更大的公众性、社会性。

为使市民，尤其是青少年学生具备必需的世界意识，建议将中西文化交流作为素质教育的必备内容。其中尤其重要的为二项：语言与礼仪。

建议中学除常规英语外，可增设辅助英语课供高中生选修（如英语口语强化训练，美国英语等）；大学第二外语可由研究生一层全面地下放到本科高年级，并增设高一级的辅助英语选修课（如剑桥英语、商务英语等），同时通过英语版校刊校报、英语演出、外语角等方式增强校园文化的外语氛围。在成人中，建议进行英语再教育。对政府机关与国营企事业单位科级以上干部应设定英语达标的学习与考核制度。对普通市民，建议依年龄层次，推动自愿参加的英语一百句到三百句的学习竞赛活动。宜增加英文报刊，如《字林西报》等旧时有影响的英文报刊，建议考虑复刊。

中西文化交流伊始，便有"中西礼仪之争"。应吸取历史经验，至迟在高中或大学低年级阶段要开展对外礼仪教育，可纳入综合课。同时应针对不同年龄层次，编撰或译介有关西方文化从古典到现代的，内容准确、表述浅切的普及丛书，全面提升青少年对世界文化了解的程度。

同时对于在沪外国人的汉语及中国文化学习，也应加强规范，改变目前鱼龙混杂的局面，杜绝"文化贩子"牟取暴利的现象。为此对有关学校、补习班进行资格审查，编制从外籍小学生到成人的多层次高质量的教材与双语辅助读物是必不可少的措施。

普及性质的素质教育其实不比专业撰著容易。建议由市政府牵头，会同教育、文化、出版、"外办"等部门，吸纳中外专家，组成专门班子来从事此项工作的研究开发。

3.以发展三级广场文化为主干，使东西文化交融成为上海城市风貌的个性色调。

城市风貌应体现城市个性,中西文化交融理应成为上海城市风貌的主色调。

拟议中的"上海城市文化发展规划"已提出要将清理历史文脉与发展新兴现代文化业态相结合。这是很有见地的。唯须注意,结合不仅是加强两者的独立开发,而更应将历史文脉渗透到新兴文化业态中,并尽可能与丰富市民生活相结合。这方面的工作很多,仅以博物馆业为例提些建议。

建议上海博物馆、上海历史博物馆择取重点,为中小学生专门设计能明晰显示中华历史文脉、上海历史文脉的参观线路,配以相应的解说词,使之充分发挥校外课堂的作用。

现在的上海城市建设规划馆未充分利用,建议扩展为近现代上海市政建设博物馆,而将现在的发展规划作为其中的一部分,以显示规划的历史文脉与现代发展。对于租界当局与有关外籍人士在近代上海市政建设中的作用要有历史的评价而不应回避。

建议建立全景式的上海民族工商业博物馆。在内涵设计上,宜以上海最有代表性的民族工商业家为主线,以人物带动企事业,如"荣德生的现代实业与公益事业""张元济与现代出版业"等等。这样可透过物质层面显示文化意识,更富于立体感,而与一般的工商专业馆有区别。

建议对"苏州河沿岸艺术仓库"的设想给予充分重视,把它建成一个集新兴文化产业与文化消费于一体,融历史文脉显示与现代艺术展示于一炉的,开放性休闲性的公众文化博览场所。

我所以要强调将历史文脉意识渗透到新兴文化产业中去,是因为这将决定新兴文化产业的发展取向。比如动漫业的发展,设备技术、设计理念自应学日本、韩国的,但内含上如果不以具有现代意识的中国文化、上海文化为主,就可能成为日韩的附庸。

"规划"中已有建立市、区、社区三级文化中心的很好设计。建议引入西方"广场文化"的理念。将"三级广场文化"的建设作为城市文化的骨干项目,既为居住相互隔绝(这是现代都市病产生的重要原因)的中外市民提供充分交融的平台,又可成为展示上海开放形象的最好窗口。关于这方面也有二点具体建议:

一是广场格局宜体现上海中西文化交流的特点。这一点,日本东京皇宫前的中央广场在建筑物风格与绿地布局上做得相当成功,可称东西方文化交融的经典之作,应借鉴。上海徐家汇绿地则风韵初具,应总结推广。

其二是建议市中心广场应考虑建立开放性的市政厅。挪威赫尔辛基与瑞典斯德哥尔摩市政厅给我印象最深,既集中反映了各自城市文化的个性,又给市民与游客以民主、开放、亲和的感觉。建议在人民广场的市府大楼正面辟出一部分适当改建成市政厅向市民与中外游人开放。可陈列上海与世界各国各友好城市交往的礼物及最具上海特色的艺术品(珍贵者可复制)供参观,也可为一些重大市政活动所用。

4. 以新型翻译人才为重点,加速培养中西文化交流的专业人才。

文化专业人才,如文化产业管理者、文化经纪人、理论家及各文化门类的专家等等,其重要性不言而喻。目前的状况是半路出家的活动家多,真正具有世界文化视野,学贯中西,思辨能力强的则太少,应加速培养。这里不能详谈,只想强调一点,新型翻译人才的培养是重中之重,因为对西方文化的种种误解,有很多是由释介片面或不确引起的。

新型翻译人才应当是复合型的。外语好,且具备扎实的专业知识,对中西文化全局也有大体了解。其能力除翻译外,还应当有较高的文化识别能力。

建议建立市一级权威性的编译委员会,组织中西专家论证遴选骨干性的翻译项目。有三类项目最重要:一是分门别类的西方文化经典丛书;二为准确反映各类西方文化概况的参考资料汇编;

三为有创见的西方文化专史。上海世纪出版集团对此已有初步计划,建议加以扶持。

　　新型翻译人才的又一项任务应是探索中国文化如何走向世界。从内容选择到表述形式,从组合形态到主题形象,从游戏规则到经营方式等等,都可发挥其语言与识力之长,为有关部门提供参助。

　　　　　　　　　　　　　　　　　（本文系作者家属提供）

春节碎忆

虽已年及古稀，然而幼时的春节记忆仍然似在目前……

六加一罐糖果。大抵在灶王上天日前后，父亲就要开始为六个子女准备春节的各色糖果了。随他采办节糖是一种乐趣，因为同时可以"吃点心"，一快朵颐。南市冠生园旁的乔家栅，北海第一食品商店附近的沈大成，都是沪上著名的点心铺，也是我最幼时的最爱，以至积习难改，这些老字号，也就成了我长大后经常携女友光顾的地方。说来也有点多事，当时本流行一种"什锦糖"，就是将各色软硬糖果杂拌在一起，花花绿绿的，煞是好看；但父亲偏不中意，定要亲手挑选，亲手拌和。冠生园的椰子糖、ABC 水果糖，还有"米老鼠"——大白兔糖的前身，益民厂的太妃糖，采芝斋的枣泥松子糖，便是这个"赵氏什锦糖"中年复一年的主角。除夕夜，年夜饭后包馄饨，相当于北京的包饺子；吃过馄饨，便是孩子们最为期盼的分糖时刻了。各人都早早自备了糖罐，但无论你的罐儿多大，每人的得糖数是一样的。父亲将各色糖果倒在桌上搅拌，五色缤纷，在除夕明亮的灯光下，熠熠生辉；母亲边织毛线边含笑下了指令：自己拿吧，每人米老鼠五只、太妃糖五只、ABC……我曾经纳闷，直接从各个糖袋中如数分给我们岂不省事。稍大后似乎懂得了双亲的用心，一来亮灿灿的一堆自有吉祥兴旺之意；二来，"自己拿吧"，应当是对孩子们的一种信任与诚实教育。孩子是六个，但糖罐却有七个，那多出的更大的一个是父亲自己备下的，然而不是为双亲自用。

多次地父亲曾对我们说起他最美的梦想是在老休后在天井中设下一排排糖果罐，邻家的、亲戚的，甚至路过的、乞讨的，所有来到我家的孩子，每人都可以分到一把糖。然而，他退休时，正是"文革"后期，曾经的"大少爷"因受运动冲击，即便典当劫后余烬的衣物，也艰于维持一大家子的生计，自然更无力来实现他这并不为侈的梦想了。幸好有当初每年除夕那六罐之外的一大罐糖果，预演了他那梦想——那是为春节中弄堂里对他说"赵伯伯，恭喜恭喜"的孩子们预备的……

一幅影堂与一条鲤鱼。祭先祖、拜菩萨，春节前后繁多的祭奠，当时我就搞不太清。印象最深的是一幅国画中堂般大小的影堂。所谓影堂，就是先祖的画像。这幅影堂是集合型的，绘有十数位近世祖先的遗容。悬挂影堂是家里的一件大事。先数日要再度扫除，雕有"八仙"的笨重的红木客厅家具都搬到大门外，一件件保洁，我的工作就是擦拭木雕无数凹凸与镂空中的积尘；客厅悬挂的画幅，也总要换上几件更珍贵的。后来听二叔说有郑板桥的竹子等等。"文革"中所有家藏书画都被一捆捆抄走了，所以我当时不懂，长大了也无从考查。

应当是在小年夜的中午，祖父洗手后，虔敬地从储藏室里请出影像，南向悬客厅东侧，并另设祭桌，想来这是因为正中供奉有数尊佛菩萨，供品常设。陈设既毕，全家依辈分，同一辈中再依长幼，二十多人叩拜似捣蒜，红红的炭火焰光中，祖先们似乎也很"消受"。虽然祖父年复一年会对我讲说这十多位祖先的名讳履历，但老实说幼年的我根本不懂，只是在深感敬畏之余，不时偷窥供桌上的那些时令鲜果。祖父的讲说常常是以"积善之家，必有余庆"作结的，并细加解说，所以我算记住了，但也似懂非懂。直到少年后翻看家谱，才发现祖父说的八个字未必尽对，倒不如换上另外八个字"君子之泽，五世而斩"。因为家谱上祖先们的履历，可谓"一蟹不如一蟹"。从红顶到蓝顶，再到绍兴师爷，再到行医，至祖父这一辈便是药材商了，所以我家客厅正中供的是药王菩萨炎帝神农氏。"而斩"，到了"文革"算是彻底应验了。这幅影堂，连同祖父珍藏的上虞老宅的一叠照片，被造反派作为"变天账"翻了出来。幸好胆小的祖父已于1964年仙逝，然而父亲却未能得到先祖佑护，逃不了代受其过。其实父亲从不对我们唠叨这些。前此，1963年我考上北大中文系，北行的火车启动前，他递给我一纸家训，有10条。第二条起都是"公私财物要分清"之类的私德训诲，而赫然领头的第一条则是"听毛主席话，跟共产党走"。扯得有点远了，主要是想说，春节悬挂的这幅影堂，可视作一个大家族在中国近现代变迁的历史见证。如果让祖父据此作一份口述史，应当会很生动，祖父那时的旧物中，让我至今牵挂的是厚厚一本家传的"秘方"。1958年"大跃进"时，他"献宝"上交药材公司了，然而下落如何，也只有天知道了。

影堂在除夕夜前便走下祭坛了，以下印象最深的是一条鲤鱼。这是除夜祭品中唯一的活物，足有十来斤，洋洋于一个直径一米余的红漆木盆中。我家一年仅一次买一条鲤鱼，平时鲤鱼是绝对不上餐桌的。虽然祖父已是商贾，然而总也不忘所谓"诗礼传家"的宵远门风。所以跃龙门的鲤鱼，在我家只有除夕的这一条，自然是用来"放生"的。放生的地点是城隍庙九曲桥下的那一片水池。从大东门的我家到小东门的城隍庙，平时走着去也不过二十来分钟，然而除夕夜，放生时刻，由于"人摩肩，车击毂"，坐着人力车去也要行四五十分钟。有趣的是，有一年我们的车与邻车真的"击毂"了，对方的车夫用苏北话高声大骂"杀头嚷！"以后多年，这句粗话成了我们嫡堂间十几个孩子打口水仗时最犀利的"武器"。除夕大祭毕，"生"鱼总是装在蒲包里，由药行的孝财师傅保护着几个孩子去放的；而作为嫡长孙，开包而放的一定是我。说实在，虽有节灯，但根本看不清鲤鱼儿是否像庄子说的那样乐焉优哉，只是桥下此起彼伏的扑通扑通的声响,与溅起的一团团水花,诉说着放生者的众多与节日的欢快。这时,我总会望一眼湖心亭旁那尊屹立了数十年的辛亥功臣李平书老先生的石雕像,老人家这时候显得似乎更加慈祥。可惜的是"文革"时雕像也被拆除了。放生是否真会佑护读书人的文运? 1963 年,我考取北大中文系时,一位小伙伴曾经说:"看来你放生鲤鱼放多了,文曲星光顾你了。"然而也不尽然,1968 年,"文革"中,我被"四个面向"到内蒙,第一站是巴盟人造海军垦农场,那时,我开戒吃了真正跳龙门的肥美的黄河鲤鱼,而且一发不可收拾,以后只要有机会,我总会点这道菜,然而文曲星似也未降罪,我的文章生涯,便是在吃鲤鱼数年后开始的,而且还小有成就。可见还是孔老夫子最为通达:因为"未知人,焉知鬼",所以"祭神如神在"。

　　爆竹大战与元宵兔灯:各种节俗都会在不同时期沾上时代的特征。比如说放爆竹,我幼时最开心的不是除夕夜、初四夜的接送神道,也不是观看祖父、父亲从城隍庙买来的堪称整条里弄里最大的烟花燃放,而是孩子们自己发起的"爆竹大战"。用爆竹开仗,在今天的小皇帝们看来肯定是匪夷所思,但在二十世纪五十年代前期的小淘气们却是志之所趋。抗日、解放战争过去不久,抗美援朝"雄赳赳,气昂昂"的战歌声,又响彻大街小巷,电影、小人书,甚至"西洋镜"中我军的英武神勇,日日教育着孩子们保家卫国的神圣。可以说那时的孩子们真还有点尚武精神。平日里,斗殴肉搏,打小小的群架,大人们也不大过问,哪个家长为孩子出头,舆论会称之为"小题大做"的"十三点"。然而平时也只能"冷战",真正用上火器,只有在春节间。那时孩子们方有钱可以大把大把地囤积"武器"。炮仗战的起因似乎是因为一次争"孩子王"的宝座,后来也就相延成"俗",成为孩子们春节时自编自演的节目了,延续了五六年。时间大多相约在初四夜,那晚接财神,晚饭后,就有人家此起彼伏地放爆竹了,可以为孩子们的淘气作掩护。前后支弄堂的孩子,一边十数个,在总弄堂里摆开阵势,两边的小首领一声令下,战斗便开始了。先是"步枪点射",互掷小鞭炮;夹杂着冲锋枪连击,一小截连着的小鞭炮噼噼啪啪。接着就是炮战了,二踢脚夹着连吐三五朵火球的电光炮(月炮)、钻天的九龙,都用来平射,砰嘭声夹着串串电光,煞是好看。有趣的是"地老鼠",放在地上点着后它左右乱窜,砰地炸响,不仅让"敌人"防不胜防,还时时让两旁大胆的摇着"兰花"观战的女孩子们惊叫着跳着躲避。爆竹大战一般不超过半个小时,而高潮自然是最后在"哒哒嘀嗒"的冲锋号中的"决定性"一搏。决定胜负的还是弹药库充裕的一方,冲锋时,用手巾包着小型的"万花筒",燃着后冲向对方阵中,这玩意喷射面积大,但"贵"得很,哪一方多,一般就稳占上风了;也有退却后卷土重来的,因为那玩意儿也就发威个半分钟,燃尽了,便是肉搏战了,有着靠"人的因素"反败为胜的机会。因为双方距离有十多米,"火力"又毕竟是"小儿科"的,加以事先约法三章,不许用暗器伤人,如石块、弹弓什么的,所以一仗下来,很少有真正受伤的。记得我受伤最重的一次是左手食指、拇指因平射"九龙"被烧得有点焦黄,衣服胸襟处被烧出一个铜板大小的洞。回家后,妈妈也就说一句"又打炮仗了,你就穿着这破'新衣'过完年吧",看来大人们还是知道我们这有点出轨的游戏的,他们以为只要管住孩子们的压岁钱,小泥鳅就翻不出大浪。真是够通达的……

打过炮仗后,这节期就有点乏味了,美好的节日即将过去,一丝隐隐的"伤感"在孩子们的心中竟也逐渐泛起,而曲终奏雅的便是元宵节了。因为厉行节约,移风易俗,二十世纪五十年代初的元宵各地很少有盛大的灯会,我印象最深的倒是小学音乐课教的一首关于灯节的歌辞,至今还记得:"南街上过来,小孩儿童么呀嗨,手里那有提,水红呀灯么呀嗨。嗨,宋江的灯,李逵灯,有一盏曹州鲁智深,嗨嗨嗨嗨,呼啦啦闪闪——小燕儿青么呀嗨!"歌辞中那水浒英雄灯,那时是看不到的,但街口的三民商店、弄堂口的"大卖糖的"、弄内的"小卖糖的",元宵前数日都会挂出各色彩灯,除传统的兔子灯、蜈蚣灯、走马灯等等外,最多的是一种庆祝解放的新灯——红五角星灯。大概因为已忙于工作,大人们,连对过节尤其重视的父亲,对于元宵也已不问不管,孩子们打过炮仗后,大多已囊中羞涩,所以那时里弄里元宵的灯火可谓寥若晨星。有一年,我真正的启蒙老师就读于复旦俄语系的小姑姑,见我郁郁寡欢,便自己动手给我竹扎纸糊了一个硕大的全白的兔子灯。元宵晚饭后,我拉着"大白兔"到了总弄堂,也就七八个孩子吧,还多为"小娘鱼",擎着灯在晃悠。我的灯大,蜡烛也长,到了大家都回家时,我的兔灯还独自亮着。回想十天前炮仗战的热闹,不由得"悲从中来"。各支弄中有一条,我们称之为黑弄堂,外连着前清的道台衙门所在地,这弄堂的主要建筑是一大溜钢筋水泥的楼房,曾经是国民党第五稽查大队所在地。因为楼高,又加以从前清到民国这里传出过许多刑讯的声响,道台街门前的旗杆上还挂过人头,所以这支弄就显得阴森森的,平时夜间孩子一般都不敢去那儿玩。那一晚,也不知何故,我独自拉着"大白兔"走进了黑弄堂,却不料,"兔儿"绊着一块石头,倾倒了,烧了起来,我无意去救火,反而加上一脚,喃喃着"烧吧,烧吧,明年再来……",在熊熊的火光中,不觉流下了两行泪……

　　　　　　　　　　　　　　　　　　　（本文系作者家属提供）

我心目中的马茂元先生

先生仙去了，虽因病笃而是意料中事，但临来总感到难以接受这一事实；虽已经月，但每晚握笔临楮，仍感到先生在为我指划口讲。《文学遗产》编辑部命我撰写有关先生的“学者研究”文字，自感确有许多想法，又颇难胜任。这不仅因为我无幸为先生的受业弟子，聆听系统的讲授；更因为古典文学学者有两类：一类每借助系统的理论构架来表现，较易形迹；另一类更多倾向于感知，以卓异的禀赋来感知文学的妙趣真谛，在对文本的切实研治中，逐渐显现文学史的轨迹，他们的文学史论，既不主要借助于现成的——无论是古的还是洋的——框架，而更多独特的心解，也就较难形迹。先生并不排斥理论，对任何新的事物，还总表现出浓厚的兴趣而加以有机的汲取；但我总感到先生的主要学问倾向是属于后一类的。对于这样的学者，研究者如无研究对象那样的天分、识力、功夫、性情，就难以把握其精髓所在；而在这些方面，自己又何能及先生于万一！所以迟迟不敢动笔，深恐有负于先生在天之灵。但是我确又真切地感到许多印象是如此的生动，感到先生作为前辈学者的许多素质、治学态度与方法，恰恰是我这样的中青年研究者所缺乏的；感到得其一端，即可受益一生。我应当把感到的这一切记录下来。所以这篇文字谈不到是系统的论析，而更多断片的忆念；动笔之始，我甚至未曾周密计划，当结束于何处；只是任书桌玻璃板下先生含笑的遗容像他生前一般为我导引，随意带向何方。

一、强记与敏锐

　　奔来眼前的,首先是先生那令人难以置信的记忆力。一九八五年冬,先生上一次病情恶化,我闻讯赶往中心医院时,他昏迷已一昼夜,待到苏醒过来,先生疲乏地环顾周围的亲人学生们,说了句"隔世为人,好象出了趟远门",接着眼角噙泪,背起了江淹《别赋》中的一节:"至如一赴绝国,讵相见期。视乔木兮故里,决北梁兮永辞。左右兮魂动,亲宾兮泪滋。可班荆兮赠恨,唯樽酒兮叙悲。值秋雁兮飞日,当白露兮下时。怨复怨兮远山曲,去复去兮长河湄⋯⋯"虽然音声微弱,但竟然句读如常。大家又难受,又惊异,惊异于记诵似乎已化为先生的本能。如果问我先生学问的根底是什么,我想这种天赋的记忆力、广泛的记诵,应当是首要的一点。

　　先生的一位研究生曾对我说:"先生能背诵一万首诗,上课时,随口引诵,如泉之出山,听他的课真是一种艺术享受。"我虽未幸听到先生讲课,但常日随侍,论诗闲谈之间,先生也总是不假披检,随口引证,不仅有专攻的唐诗、汉诗、楚辞;且广及宋元明清近代人诗与文赋,甚至诗话、笔记中的材料也常整段整段地背出来。先生有较浓重的桐城乡音,背到较冷僻的诗文时,不易听清,每当我稍现困惑之色时,他马上能发现,即时索来纸笔一句句写下,进一步讲解。一次我斗胆问先生是否真能背一万首唐诗,先生笑笑谦逊地说:"五千吧,五千吧。"接着便讲了他锻炼记诵能力的经过与趣事:

　　先生自小随其祖父,桐城文派后期大师马通伯先生习文,以记诵为第一层功夫,通伯先生手选前人诗集,以为家学,督责吟诵,由此予先生严格的磨炼。先生眼力不佳,到进入做学问的年岁,他人靠笔记、卡片灵存的资料,他因书写吃力,就大都靠记忆,久而久之记忆力磨锐了，往往不有意识去背，仔细看过后也就记住了。我曾将自己习作的诗词向先生求教，凡律、绝，他听过或看过一遍即能脱离我的草稿，一句句讲评指正。于是不能不信服先生确有过目成诵的本领。

记得先生讲过两件趣事。一次赴京开会，在京友好五十多人的电话号码，他不用通讯录，都能记住，多次为忘带通讯录的友好提示。又一次，先生进了"学习班"，某日听领导讲话，过了一会管理人员将先生唤了出来，指责他竟敢无视领导，打瞌睡，抗拒改造。先生辩白自己确在听讲，对方不信，他就将报告一句句复述出来，管理人员目瞪口呆，只能悻悻地放过他。讲到这里先生笑道："其实当时是在闭目养神，并不冤枉，只是不知不觉听到了，也就不知不觉记住了。想不到些些薄伎，竟能免我于一厄，呵呵！"从先生开心的笑声中，我却感到一种难言的酸楚。

与强记给我以同样深刻的印象的是，先生对诗歌艺术敏锐的感受力。我有幸拜识先生是晚至1982年夏研究生毕业论文答辩之时，但早在五十年代末六十年代初已为先生《楚辞选》《古诗十九首探索》《唐诗选》三书所倾倒，而时时在心中虚拟着先生的形象风采，因为"风采"是三书显而易见的共同特色。当时感到先生的注释不仅仅限于词语的诠释，而善于把握诗理，三言二语剔抉精美，由此而形成要言不繁的作者小传或题解，又汇为全书之序言，勾勒一代诗歌的发展脉络，也因此序、论多发前人之所未道。诗歌赏析，目前是搞得过滥了；但我相信，先生这种行家里手的赏析，其对诗歌美的独特的敏感，是他深渊学问的又一重要根底。我不禁又想起一桩细事。约是八五年秋，我去长沙开会回来，先生问我有否新作。我将游岳麓山时所作二律念给先生听，当念到"半坡黄叶间红叶，一路松音伴足音"两句时，先生说："停一下，你试把'坡'字改作'山'字，念念看怎么样。"我改读后，果然觉得响亮开阔得多，就问先生原因何在。先生说："'半坡'两字同声连用拗口，且坡字声音不亮,振不起,换的字,顺口,也亮得多。这样有助于上联的开阔景象,与下联的闲适意况能形成更鲜明的节奏变化。特别是你下联第二字用了个'路'字,与'坡'字韵腹相近,所谓平头,不免单调之感,改的可避此病。你用'坡'字,或许是因你看到的景象是山的一侧坡面,但作诗要切而不泥。山字从形象上更有纵深感,更启人想象。"先生于我何止是"一字师",但这一字之改使我尤为惊叹,因为这不是在从容阅卷,细加推敲后所说的,而是我诵音未断,先生在瞬间所作出的反应,似乎对诗歌音义的敏锐感觉也已化为他的本能。《晚照楼论文集》中有一篇《思飘云物动　律中鬼神惊——论杜甫和唐代的七言律诗》,在对杜甫律诗的触处生春般的分析中归纳出杜甫对唐人七律发展的巨大功绩。我想看了上述这桩轶事后,必能更深地理解先生在此类论文中所表现出的深湛功力。

先生在诗歌研究中可说是得天独厚的。他的记忆力、艺术敏感性,对像我这样的普通研究者来说,是不可企及的;但是在先生的熏陶下,我日益感到,广泛的记诵与深切的体味,是诗歌研究中两项不可或缺的基本功,舍此,即使将理论讲得头头是道,也永远不能入门。可叹的是老一辈学者的这种素质功夫,在我们这一辈与下一辈中,已越来越薄弱了。

二、会通与识力

我印象中,先生讲得最多的两个词是"会通"与"识力"(有时说悟性)。他谈论最多的两位现代学者是陈寅恪先生与钱锺书先生。记得他常赞叹,陈先生做学问不依仗僻书,而总能在常见书中爬梳发掘出常人所忽略的资料,加以会通。形成迥越时辈的创见,表现出惊人的识力。又记得八三、八四年,我去看望先生时,进门常见他手捧厚厚的《管锥编》，贴近左眼，细细地阅读（因当时先生的目力更形衰退，右眼已看不很清铅印文字）。他常说："《谈艺录》《管锥编》《宋诗选》不可不读。淹通中外古今，旧学新学，识见超群。"先生论及的前辈同辈学者很多，而宗旨大抵在"会通"与"识见"之上，并常常自叹勿及。他常说："读书做学问，如不能会通，则必拘墟不成气候；作书满架如无识力，不如有真知灼见的论文一篇。"大概正基于这一看法，先生虽论著众多，但编入《晚照楼论文集》的，删汰仅存十八篇，约十九万言。我问先生为何如此严格。他感叹地说："早年为家计所窘，形势所驱，作文务多，并不篇篇均好，何必兼收并蓄，耗费印工纸张和读者精力。十八篇自觉尚有一得之愚，后人能用到其中数篇，也就是慰平生了。"又说"六十年代开始，境况好转，想更认真地做一点学问，轻易不作文，倒能作了许多准备，焉知十年浩劫，毁于一炬。"也因此先生六十年代中期以后的工作外人所知甚少。据我后来所知，先生这一时期在"会通"与"识见"上对自己提出了更高的要求，孜孜矻矻，直至不起。

写成一部唐诗史是先生后二十年的最大愿望，事实上，在六四年前先生在"会通"与"识见"方面均达到了很高的水准。唐诗虽是他主要精力所萃，但他的学问却是从头做起，前后左右开拓的。他自小随祖父习经史诗文，涉猎面极广。通伯先生治学，善于广集旧注所说后加以别裁，发为新解，这种方法对先生无疑有重大影响。先生著述甚富，《楚辞选》《古诗十九首探索》《唐诗选》外，他更是《中国历代文学作品选》《中国历代文论选》的数位主要撰稿人之一，对中国文学史、文论史的全貌有深入的了解。细心的读者，不难发现《晚照楼论文集》中各文大多具有纵横展开的特色。比如在《论骆宾王及其在四杰中的地位》《论〈戏为六绝句〉》中可以见出他对六朝诗史的谙熟，及六朝至唐初文学演进的深入思考。而《从严羽的〈沧浪诗话〉到高棅的〈唐诗品汇〉》《略说明七子的文学思想与李、何的论争》《王世贞的〈艺苑卮言〉》《〈姜斋诗话〉中论自然景物的描写》这一组文章,则反映了他以唐诗研究为中心,对中国诗论的精深探索,有关四杰、杜甫、李商隐诸文中更可见出先生将其特有的艺术敏感性运用于作家乃至诗史研究中的成功努力;而《说〈通变〉》一文可以视作先生对于诗歌史、诗论史的综合的理论思考。总之《晚照楼论文集》十八篇,从布局上看,以唐诗为中心,上起先秦,下迄清代,这本身就说明了先生是在如何的深度高度上进行唐诗研究的。因此要写唐诗史,如果不是以极高的标准自期,先生在浩劫到来前,就不难完成;浩劫之后虽然他身体衰弱了,但如果要写,也还来得及。一九八五年后,我见先生生病越来越频繁,一次比一次严重,深恐一旦不测,先生将赍恨终身,曾多次催促先生开笔写唐诗史,或者由我们几位助手学生协助先生来完成这一心愿。意思是哪怕粗糙一点,也要让先生见到。但是先生每次都不无悲凉之感地说:"薪尽火传,留待你们来完成它嘛。趁我还有些精力,再为你们铺铺路。"我们听了当然难受,先生又反过来风趣地安慰我们说:"我这是放一头地嘛。年青青的怎么反不如我老叟通达。"先生所说的铺路,其实是对唐诗研究的从基础做起的进一步会通,是由作家考订、文本研究、诗歌理论三者结合的综合性工程,希望由此而为一部更科学的唐诗史作好充分准备。

　　两唐书《文苑传》与《唐才子传》的笺订是先生所作的第一项准备。浩劫前先生已完成了数十万字的书稿,及百余万言的资料札记,然而劫后硕果仅有的只是收入《晚照楼》集中两组共二十则文章,约三万余言。这个损失是对先生事业与身心的最沉重的打击。《唐诗史》最终未能开笔,主要原因就在于此。浩劫后先生曾一度想重新开始这项工作。后来见到傅璇琮先生的《唐代诗人丛考》,他欣喜地说:"这项工作有人作了,会比我做得更好。很好,很好。"也就作罢了。最近几年傅先生主编约请国内学人所撰《唐才子传笺证》已出版了第二册,茂元师见到了第一册。傅先生最近来书说:"马先生未尽其志,'文革'中曾将《唐才子传笺证稿》付丙。前数年之所以约邀友人为校笺,亦有继承马先生未竟之业之意。"我想茂元师九泉有灵,亦当含笑。

先生的笺证从其遗作中不难看出,汇取了唐代诗文笔记中的大量资料,而加以会通,他尤重内证,善于从唐人诗文中勾取蛛丝马迹的资料,以纠史传之误;这在他的《楚辞选》中也有同样表现。他曾谦虚地说:"我的《楚辞选》比起专门家来功底其实相去太远;只有一点差可自慰,就是在以诗证诗上有一点发现。"先生对唐诗的谙熟理解与大量记诵,为其使用内证提供了极大的方便,如《沈佺期传》笺证,几乎全从沈诗中勾取行踪,即是一例。考中兼论是先生笺证的又一特色,往往随机而发,由事实引出评论,如初唐诸家考中论沈宋同异,陈子昂、四杰源流,杜审言、杜甫之因革,均要言不繁,足启后人。这与先生之重视中小诗人的笺证,都表现出其考证的最终目的,是指唐诗演进链索,从而又使其避免了考订家常有的繁芜琐碎之病,表现出大处落墨,融会贯通的特点。记得一位友人曾说:"考订文章能写到马先生这样的畅达简明,文彩流丽,亦为一绝。"洵非过誉。

《唐诗选》的修订是先生所进行的又一项准备工作。先生选诗诚然有向一般读者普及之意,但根本的目的是在通过广泛的研读比较,精细的筛选别裁,把握乃至反映唐诗演进的脉络。一次我偶然翻阅先生架上的《全唐诗》,见不少诗上用红笔作了三种记号:○、○○、○○○,有的还加减圈数或改抹。原来先生在初选《唐诗选》时已二复《全唐诗》,修订中更反复沉潜揣摩,那些不同笔色的圈圈与改抹的地方显示了这一艰苦思考的轨迹。约在八四年我受先生委托,协助他对修订稿作进一步审订,记得修订本《唐诗选》抽换增补篇目达原编的五分之一强,并对小传、注释作了严格的修订,除某些订误外,重点在于剔抉诗理,发挥诗歌的艺术美,有意识地显现诗史的前后联系。这部修订本与先生 1984 年与陈伯海先生合撰的《隋唐五代诗歌概述》一文,实已显示了先生心目中的《唐诗史》的基本轮廓。先生对选篇的审慎,我在协助他编撰《唐诗三百首新编》时有了更深体会。全书共三百三十一首,先生让我协助时已选定二百五六十首。其余七八十首,竟前后阅时两月余经十数次讨论方才选定,因为即使在这样一本小书中,先生也力图体现各体诗的主要发展轨迹,因而指导我将十余种主要唐诗选本的选目与选编思想作了新的排比探讨。他慧眼独具地指出孙洙《三百首》与其说胎脱于沈归愚《别裁》,毋宁说是宗祧王渔洋《古诗选》《三昧集》,因而取径尤窄;从而定下了《新编》既要易诵易记,又要拓宽门径为初学者提供窥测唐诗发展概况之窗口的选编思想。选目中如取杜甫《彭衙行》以微见《咏怀五百字》《北征》体格;以杜甫《秋兴》《九日蓝田崔氏庄》分与杜牧《早雁》《九日》《齐山登高》对应,并通过评论挑明联系传承等等,均体现了先生选诗的全局思考与高屋建瓴的特色。由这本小书,更可推知先生于中型选本《唐诗选》中所贯注的艰苦劳动。《唐诗选》修订本稿件已为人民文学出版社接受,相信不久的将来,先生这一精心结撰就可有以飨广大的敬慕者。

　　《唐诗研究资料精选荟萃》是先生为《唐诗史》所作的第三项大型准备工作。所以不用兼收并蓄的汇编,而用精选,即体现了以会通与识见对待资料的思想,企图在汇集前人评论的基础上,通过选编,对唐诗研究史作一全面回顾与梳理。为此先生指导:①所编的体例分上下二编,上编为总论与分体论;下编为作家论流派论与各篇评述;②取材不局限于诗话笔记,而要广取历代诗文中的有关评述,尤其要重视唐人诗人中的直接评论,因为这种资料最能体现唐人本身的观念,是寻绎唐诗史的最重要的第一手资料;③取材要广,入选要精,希望在泛览群书的基础上,最后选取一百万字左右,从而显示唐诗各体的演进线索与各派各家的相互联系传承。此项浩繁的工作已主要由上海师范大学文学研究所的同志们大体完成,浙江教育出版社在目前学术著作出版极其困难的情况下接受了此稿,先生于泉下,亦必感激。

　　除以上三项工作外,先生对我谈起设想中的准备工作尚有唐代民情风俗资料汇编,唐诗研究史等等,可见计划中的《唐诗史》将在更广阔的文化背景、学术源流中展开,也可见先生虽久为病魔所困,但对新的研究方法仍然关注并有拣择地吸取。可惜这些工作未及展开,先生就远行了。

　　以会通与识见贯串的先生的诸项《唐诗史》准备工作,与前述强记与敏锐的学者素质互为表里,其实回答了近几年来文学史研究中经常争论的一个方法问题:即研究应以资料为主,还是以观点视角为主;或说应以客观反映为主,还是主观解释为主。先生重识,重感受;他超卓的天赋,更使他的著作常发他人之所未道,给人以情采流溢,耳目一新之感;但是他的感受识见,决不满足于现成的视角、框架,也决不先验地为自己划定什么规律。强记与会通是他敏锐与识见的博大基础;他在脚踏实地的文本研究、资料汇集中,磨炼自己的艺术敏感性与辨识力,逐步积累,渐渐形成自己的观点,又在更广泛地占有资料的基础上,不断修正自己的认识。我体会在文学史研究中主观为主、客观为主的争论,在先生是根本不成其为问题的。因为治史无疑要倾向解释,但解释必以对资料事实的详尽占有为基础。在翔实的资料基础上应提倡新见卓识,这就是识力;而无根之谈再新,也只能是轻率,并无识见可言。广泛的记诵与充分的会通才使先生的解释总是这样灵动而富于个性。可以说先生的学问是对泥古不化与空疏无当两个极端的针砭。

三、通变与不囿

　　我努力回忆着先生治史中的理论体系,或者他曾讲过文学史演进的哪些具体而易把握的规律，以期使这篇文章能更加强以理论色彩，稍符"研究"之名；然而这种努力不能不归于徒劳；在这片最为模糊的记忆中，只有"通变"与"不囿"二语最为清晰。这也许是因为我对先生精深的学问领会不深；但我更相信，这正是先生别具卓识的心解。

通变，如果说是一条规律，即也是一条涵盖面最广的规律，一条最为宽松而无现成模式可求的规律。可能正由于此，先生于《文心雕龙》五十篇中，单拈出《通变》一篇，作成《说〈通变〉》一文。此文鲜明地表现了先生以通变与识力为尚的治学态度。

《说〈通变〉》，将《通变》一文作为《文心雕龙》"文学历史观"（引文见《晚照楼论文集·说〈通变〉》，下同）的集中表现来看待，因而先生会通了《文心雕龙》各主要篇章作综合的分析探讨，从而提出了几点极有启发性的思想。

首先先生将文学史看作是一个"文律"辩证发展的生动的"历史过程"。他论述道："在文学发展的历史过程中，就其不变的实质而言则为通，就其日新月异的现象而言则为变。必须于通中求变，不变则穷。事实上任何事物都是不断向前发展着，推进着，没有尽头的。'文律运周，日新其业'就是这个意思。可'日新其业'的千变万化中，却有着一以贯之的'文律'，因此又要变而不失其通，否则就会迷失了'变'的方向，'变'掉了它的实质，每'变'而愈下了。'通'与'变'对举成文，是一个问题矛盾的两面；把'通变'连缀成一个完整的词义，则是就其对立统一的关系而说的。"这里，先生反复强调了"文律"之通中有变，变中有通，这就明确地告诉人们，他的文学史研究是以文学本身的内在因素为主要对象。这在三十年前文学史研究中机械唯物论常被研究者作为真正的唯物辩证法运用的年代里，就不仅足见学识，而且更具胆识。又由于先生对"文律"的研究，总是在"通变"的辩证过程中来考察，因而他对每一具体文学现象的研究总是具有一种生动的纵深感。比如在《论古诗十九首》(即《古诗十九首探索》序言)中精辟地分析了诗骚以降民间诗与文人诗,叙事成分与抒情成分的发展变化后,指出《十九首》承汉乐府叙事、抒情由糅杂趋向分流的演进态势,而以文人制作的固有特点,大力发展了"咏叹人生""惊心动魄,一字千金"的抒情短诗,从而直接启迪了建安文学高潮的到来。这一结论不仅与五六十年代流行的以《十九首》为唯美主义而与汉乐府、建安诗相对立的观念针锋相对,而且将前人笼统提到的十九首为"风余""诗母"(《诗境》)的合理见解丰富、充实起来,使这一节文学史演进的轨迹科学地凸现起来。对于《十九首》的这种分析,无疑是富于理论性的,然而这种理论决非苦心孤诣的凌空结构。我曾问先生《古诗十九首探索》一书写了多少时间。先生说,很好算,记得是十九首一夜写一首,序言三、五天,加起来大约是二十三四天吧。我不禁惊异于先生文思的敏锐与深刻,而看一看书后附录的集评材料,听一听先生随口将十九首与汉乐府,建安诗中有关诗句串联比较的吟诵声,又可悟到,这种敏锐的感知,这种深刻的理论,是由常日的会通中油然而生,水到渠成的。

先生之注重文律的通变,又与时代及作者情性两者相联系,作综合的考虑,因而《说〈通变〉》的论述尤多联系《体性》《风骨》《情采》《时序》并将刘勰论通变的主要思想发挥而归结为二组相互联系的关系:"一是情、气与词采的关系";"二是古和今、继承和创新的关系"。他据《体性》所云"情动而言形,理发而文见",而云"文章是情感的表现",这就把各具情志的诗人置于文律通变的中心位置。情和气是文的质,质文相对,又与时序相关,"文变染乎世情,兴废系乎时序",……尽管历代文风多有变革,然而"序志述时,其揆一也",是谓通,"通则可久",此其一;而唐虞夏商周,由朴而文,不得不变,"变则可久",此其二,因此通、变二者,这文学演进不可或缺之两个方面,反映于情史关系上就是"凭情以会通","使文不灭质,博不溺心";"负气以适变",来驾驭文词,使之"采如宛虹之奋髻,光若长离之振翼"。这样先生就将时变与文变,通过作者之情性这一关键联系统一起来了,同样在文体问题上,一方面"设文之体有常",另一方面"变文之数无方"。故"任何一种文体都有它的规矩和法度,必须以已成的法度为依据,不断吸收新的东西,来丰富这规矩法度,使之历久而弥新。拘泥于古,知有古而不知有今是错误的;背弃成法而师心自用,知有今而不知有古,也是错误的"。而法与变,古与今的关系,就先生此文的构架来分析,又同样因"序志述时,其揆一也"的根本点,而须以与世推移的作者情性为其权衡。仔细玩味《说〈通变〉》一文,可见先生实已将"情志为本,以气为主"这一古典文论的核心观念,发挥为观察文律的历史演变与时代风会之相互关系的中枢环节。这种认识,实基于先生长期的文本研究的丰富感受。如在《论九歌》一文中先生指出:"《九歌》虽用于祭祀,但在屈原加工改写的过程中是渗透着他的主观情感的,关于这一点王氏(逸)所说本来不错,但他却认为'上陈事神之敬,下见己之冤洁',则未免拘泥。朱熹则更进一步说成'因彼事神之心,以寄吾忠君爱国眷恋不忘之意',因而按照这一主观臆测,强相比附,胶柱鼓瑟,结果就弄得文义支离,窒碍难通了。其实《九歌》究竟是祭歌,有它的实际的用途,它所描写的内容,会受到它原来题材的限制,不可能与作者身世直接关联,和《离骚》《九章》是不同体制的,《九歌》格调的绮丽清新、玲珑剔透,集中地提炼了民间抒情短歌的优美精神;但在另一方面,也不能否认,在《九歌》的轻歌微吟中,却透露了一种似乎很微漠的而又是不可掩抑的深长的感伤情绪,它所抽绎出来的坚贞高洁,缠绵哀怨之思,正是屈原长期放逐中的现实心情的自然流露。"在这段论述中,先生正是从《九歌》的体制的辨析中,既破除了那种古已有之的将政治代入文艺的偏见;又着眼于屈原那因社会环境(时序)影响而产生的特殊情怀,揭橥了屈原将"亵慢荒淫"的民间《九歌》中那优美的抒情精神加以发扬并营构起"绮丽清新、玲珑剔透"的新境界的心理因素,从而在

《九歌》研究中开拓了新境地。这仅是先生的通变观念体现于文本研究中的一例,而在《晚照楼》集中,在《隋唐五代诗歌概述》中,随处可见这样的精深论析。

在先生以情志为中枢,论析时代风会对文艺诸因素的曲折影响中,先生又特别重视"气"的作用。这在《〈姜斋诗话〉中论自然景物的描写》《桐城派方、刘、姚三家文论评述》、论四杰、杜甫、李商隐诸文中均有随机而发的表述。综以观之,先生有关气的观念有以下诸方面:

刘勰所云"凭情以会通,负气以适变"二语是先生气论的出发点,情志饱满而溢为一种流动的精神这就是气,气势鼓荡而形于文则为文气之势。文体虽有常,而气势流动则无方,因此在通变的过程,情志的中枢作用其实是由气来充分体现的。

气虽是无形质的,但却能通过具体的文律特别是章法来体现。在论杜甫七律时他反复强调一方面"文以气为主,七言今体,句引字赊,尤贵气健"(姚鼐《今体诗钞序目》),另一方面又精辟地指出"磅礴飞动的气势和精严的诗律融合在一起,构成了杜甫七言律诗的独特风格。唯其运之以气,故能开合排奡,转掉自如,造成不平凡的体势;唯其深于律,所以同时又能在拿掷飞腾的气势中见出精细的脉络。杜甫七律所以'化而能工',区别于盛唐诸家者,正在此等处"。所以他以杜甫的名句"思飘云物动,律中鬼神惊"为此文篇名。

气既由情而生,情则依时依人而异,"'意与气'和作者的性情是相适应的,作者的性情和他在创作上所选择的途径又是相适应的,这样就会自然地形成多种多样的风格",因此"作风即人"(《桐城派方、刘、姚三家文论评述》)。这样"气"说就解释了在通变的总的过程中文学史的长河何以会如此绚烂多姿。

重情志,主气势,明章法可说是先生在文学研究中的特色与长处。正由于此,先生在文本分析上最不满于旧式的摘句评点;也与时下浮泛地套用结构主义学，一味于语言结构中求意象的繁琐作法不同。这两种方法都将重视整体意境的中国诗歌的本质精神曲解了，使完整的诗歌变得支离破碎。先生深于词句，深于音律，然而他之论词句，音律，均在论气势运掉、文体开合之中展开，从而使名句妙音在全诗的有机联系中更好地显示出它的作用，并进而传达出总体意境的气味神理。记得先生曾告诫我："你要练就这样的本领，看到一首陌生的诗，就能大致分辨出它的家数传承。这要从立意上求，从气脉中寻，从韵味上辨，这样词句典实方是活的，才能看出同样的词句典实在不同人笔下的不同作用。能如此才能会通，才能提高识力。"我想这是先生的经验之谈，也是他在博览强记的基础上，解开一个又一个文学史问题的匠石之斤。

我用了"匠石之斤"这个词，是因为，我说了半天先生的治学门径与对文学史规律的看法，也许能对读者有所启发，但谁也无法从中找到一个研治文学史具体问题的具体公式。先生有关通变的论述，只是指出了文学史演进中几个因素的相互关系与作用，至于这些因素在具体的时代、个人，具体的文体中的具体关系、只有在研究者对文本、作者及其前后左右的错综关系作过细的研究中才能逐渐显现。《说〈通变〉》中云"对作者来说，如何于'通'中求'变'，'变'而不失其'通'也就是说，如何把'会通'和'运变'统一起来"是最重要的问题。我想对文学史研究者来说，也唯有会通，方能明变，而这种会通的功夫，凭的是日积月累的功底及由此而来的感悟与识力，这些是无法言传的。我想先生精研古代文论，对外来的新论也时时关心，但在文学史研究的理论构架上，却只是指出"通变"一点略作发挥，其道理也许在此。因为框架越细，恐怕越是画地为牢，以构架来代替丰富的感知，必使生动的文学史现象变得僵死。这也许正是先生的又一识见所在。

由于"通变"的观念是生动的，变化无穷的，所以先生又时时强调要"不囿"，因为拘墟之徒，根本无法领会通变的文学现象。

　　不囿的一层意思是不为研究的具体问题所囿，记得他形象说过"瞻前顾后，左观右盼"八字，研究唐诗，不能囿于唐诗，至少要上观八代，下察两宋，左右观望唐代文、赋书画历史民俗，加以会通，溯源探流，由表及里。

　　不囿的又一层意思是不囿于一家之言；特别是当已取得一定的研究成果后，要注意不为自家所囿。他说搞文学的人，总有自己的师承与喜尚，易生偏爱，这在个人的文学欣赏中无可厚非，但治史不同于欣赏，偏爱过甚，必生偏颇，唐宋诗之争延续近千年，各有各得，又各有所偏，对今人研究多有不良影响，当仔细对待。在我的感觉中先生自己作诗是喜尚堂庑宽大，格高调响，气势飞动一路的，接近盛唐之音，也多受明七子及桐城派姚鼐等的影响。但在研究中他却思路开阔，也因此他论诗特重性情而治史特重通变，总是在文学史流变的长河中对各种流派给予恰如其分的历史评价。当然研究者不可能没有喜尚，无喜尚也必无个性，但喜尚不能成为偏执排他。他认为沈德潜作诗不及王渔洋，但论诗之识见高于渔洋，就因为其虽主盛唐而门径较渔洋为宽，又说归愚之《唐诗别裁》与《唐诗三百首》是众选本中较好的两种，但仍多偏执，所以他要另选《唐诗选》与《唐诗三百首新编》，以便初学者不要一开始就沾上过多的门户之见。《晚照楼论文集》最后五篇为诗歌研究史方面的著作，主要剖析了严羽《沧浪诗话》以下几种唐诗派与桐城派著作的功过，又济以兼融唐宋，力主性情意气的王夫之《姜斋诗话》的论析，细读这五篇文章不难发现先生的趣尚和他如何努力避免因趣尚而可能产生的偏颇的。五文可以视作先生对自己喜尚的深刻反思。行文至此，眼前又不觉浮现出先生命我协助修订《唐诗选》时交给我的一叠读者来函摘要。这叠摘要中，没有保留一条对先生的称诵，有的只是一条条对具体注笺的意见。这里有专家学者的意见，而我印象最深的是其中有三、四条是内地几位中学语文教师的来函，先生对我说："好见解，一定要吸收进去。"我想先生那种对前辈同辈学者的高度尊敬,对后辈小生的虚怀若谷,也是他不为自家所囿态度的又一表现,能有百川归海的襟怀,方能有海涵地负的学力,"不囿"二字也许可为先生写照。

　　任笔写去,回头一看,竟已万余言了,而自觉总不太像一篇精深的"学者研究"文章,对于注重理论体系的读者,更恐不免失望,这也许因为处于目前的心情下,我难以冷静地对先生作全面的理论性研究;又或许是以我之浅薄功力来论先生之学问,只能是管窥蠡测;因此更精深的研究,只能待诸大雅了;所能聊以自解的是先生谈作诗时常说的一语"有法而不为法囿,重律而不为律缚",也许文学史研究亦正如此。

　　先生字懋园,安徽桐城人。1909 年生;1989 年 12 月 12 日终于上海师范大学中文系文学研究所教授任上,享年八十一岁。

　　　　　　　　　　　　　　　(本文原载于《文学遗产》1990 年第 3 期)

寒夜忆璇琮师

　　今天——1月23日是上海入冬以来最冷的一天。这寒冷之于我,不仅由于气温骤降到了十数年来沪上少见的零下六度,更因为彻骨的北风,同时吹送来一个钻心的噩耗——下午,傅璇琮先生在京仙逝!

　　从1986年初识先生起,直至现今,我对先生一直执弟子礼,去信时,总以"学生""生"自署——我虽然从未师从过先生,然而从踏上唐诗学研究之途的第一天起,我已自承为先生的私淑弟子。如果问我,除大学与研究生时期的恩师林庚先生、施蛰存先生外,对我学术生涯影响最大的是什么?我必毫不犹豫地回答:两本书——上世纪八十年代初出版的两本唐诗学论著,一本是马茂元先生的《晚照楼论文集》,另一本就是璇琮先生的《唐代诗人丛考》。两书均足见通识,而前者启我以如何从诗歌文本的语言组织中去领悟唐诗的魅力,梳理唐诗的轨迹;后者则更教会了我,这种领悟梳理必须尚实求新,充分重视从文化学角度对诗人、诗人群行事交往的考订,并从中把握诗史的演进趋势和形态。可以说,后来风行的唐诗研究的许多方法,如唐诗的历史学研究、文化学研究、地域诗人研究、中小诗人研究等等,在先生这部著作中都已开其法门;所不同的只是,先生从不孤立地运用这些方法,而总是以诗、诗人、诗史为本位,将各种方法综合于一体,形成了他自己独特的诗学研究风格。这一特点也贯穿于他嗣后一系列论著中,而成为后学的楷法。

　　关于先生的学识与学理,论著已多,傅明善先生的《傅璇琮学术评传》更作了全面的梳理,故无须赘论。我只想说一下自己当初读《丛考》时的感受。用"震撼"来形容肯定不为过分,上述研究路向所显示的大气局,使我深深地感到自己的浅薄,也因此预感到,我所选择的这条道路将会尤其艰辛。《丛考》是如此地吸引着我,以至如同读一部精彩的长篇小说一般,仅用三四天时间就读了第一遍;接着又特意买来了一套色笔,开始读二遍、三遍,同时划上了五颜六色的种种记号与批语,以至一个多月下来,新书读成了旧书,封面、书脊都破损了。而研读的第一个成果,就是我的硕士论文《"吴中诗派"与中唐诗歌》质的提升。当时圈内人都能看出这篇为我在唐诗学界打开局面的文章,除了明显有林庚师、蛰存师、茂元师的影响外,就其架构而言,大多得益于璇琮师《丛考》的思想与方法。不仅如此,我后来的研究,包括近十多年来对"诗学—文章学"体系的理论建构,就其核心——对"文章"自足性与开放性的认识而言,也当归源于《丛考》的启示。

　　先生对于我的启迪,不仅是学问上的,更有人格上的。中国唐代文学学会,应当说是国内众多学会中风气与成果都可称出色的一家。这自然得归功于历任会长的表率作用与尽职尽心,而璇琮师更是诸会长中尤具亲和力与组织能力而威望尤著的一位。以至不仅在他年届七十时,会员们集体挽留他续任一届,而且在他谦谦之风的影响下,后一任会长的产生更顺利到互相谦让的境地,因为高标在前,景行垂范。

　　与我相先后这一辈唐诗学人,直至现今会长、副会长的这一群,每个人都能说出多个先生对自己奖掖有加的故事;而看一下先生的诸多题跋,更可以感到,对比我们更晚一辈的唐诗学人,他也总是有求必应。我是1986年第一次参加学会双年国际研讨会的,说是初出茅庐还有点勉强,然而会前先生让我作大会发言。"我不行。"我说。"讲讲吧，没事的。"先生笑说。记得以后二三届年会，已任会长的先生总安排我大会发言，位次还相当显著。直至我在唐诗学界算是站稳了脚跟，才换其他更年轻的学者。从八十年代起约二十年的时间里，我能在繁忙的编务之余，长夜笔耕，坚持唐诗学研究，璇琮师的奖掖可说是一种强大的推动力。有一次，我就韦应物行事中的某一细节与先生笔谈讨论，自忖是姑妄言之，焉知先生不仅肯定了我的意见，而且说以后有机会修订，必说明是我的见解。尽管我再三说不可，然而在《唐才子传笺证》出版时，先生真的郑重其事地在修订稿这一节上加上了备注，说明是吸取了赵昌平同志的意见。这对于那些"安心"在学生论著上署名为第一作者的"导师"来说，无异于一种针砭。我任总编辑后，先生屡次对我说："你不能再自署'学生'了，上古社总编怎能是中华总编的'学生'?"我自然不能改称，先生没法，只能笑说："随你吧，只能私下说说啊。"

先生的私淑弟子或得其沾溉者，有不少后来都成为业绩斐然的著名学者，如陈尚君、戴伟华、吴在庆、胡可先等等；然而先生每组织一个重大的学术课题时，他们都会主动放下自己的项目，悉心投入。原因自然在于先生向来的呵护与奖掖。这也是先生任会长期间，能相继组织完成《唐才子传校笺》《唐五代文学编年史》等大型基础性研究工程的重要保证。当然，这些项目与先生的示范作用也使中国唐代文学学会数十年来始终保持着尚实求新的学风，而不随波逐流或固步自封。

据天气预报，明天，不，应说今晨，沪上的气温继续下降，或至零下八度；然而忆念竟在钻心的痛楚中伴随有一缕暖意，提醒着我应当在自己的余生，尽力完成先生一直关心着的我的一部书稿。因以挽联一副，敬奠于先生灵前：

长河星坠，朔北惊传蒿里曲；

广莫风寒，东南犹仰赤城标。

写于 2016 年 1 月 23 日夜

（本文原载于《中华读书报》2016 年 1 月 27 日）

我的中学情结

有道是"男儿有泪不轻弹",然而那一次,1973 年 3 月某日上午,我,一个二十七岁的刚强男儿,不但落了泪,而且泪下如注。

那一天,我南调成功,将要离开生活、工作了四年的内蒙古哲里木盟开鲁县保安中学。因为担心干扰教学秩序,曹校长事先作了安排,让送行的马车停在半里开外的供销社前,趁第三堂课上到一刻钟时,他与两位老师陪伴我,贴着围墙,预备悄悄地离去。谁知道"潜行"至校门口时,只听五十多米外正对校门的教室中一声大喊:"赵老师要走了!"顿时十多个教室中冲出一群群孩子,潮水般地向我们奔来,十多位老师聊尽人事地挡了下,干脆也随孩子们一起拥来。"逃"了数十米,我只得止步回身,孩子们如同听到了无声的号令,竟也一下子齐刷刷地停了下来。我不知应该如何面对那近两百双童稚的眼睛,在胡杨成荫的土路上,送、行两边无声地"对峙"了数十秒钟。似乎应当说些什么——我感到——却只觉喉间紧紧的,什么也说不出来,只是下意识地半举起右手。谁知近两百个孩子——也没有谁发口令——竟一齐对我深深又久久地一鞠躬,伴随着少男少女们的嘤嘤啜泣声。望着那一片灰布的、蓝布的、花布的,新的、旧的、缀着补丁的衣服,一时间我竟忘了还礼,只是任泪水破闸似地尽情流淌……

我自知,说到底,自己算不上一个好老师。虽然学历不错,北大中文系毕业,语文课上得也算可以,然而每年探亲回沪,总要拖上十天半月才返校。因为心境差，脾气也不好。那天站在前列的学生中，就有好几个挨过我的训斥：有写了挨训，训了再写，每篇作文都要写上三四遍，而每个字都写得方方正正的蒙古族男孩巴达尔；有排练舞蹈踩不准步点，被我一声大喝吓得呜呜大哭的汉家女儿杨秀英；有老用袖口抹鼻涕而挨训，却总是笑嘻嘻的大眼睛男生杨兵；有被我狠批"娇骄二气齐了"的粮站站长的女儿、文娱委员王秀艳。然而那天，他们都来了。边地的孩子心胸宽大得就如同那绿草地上的蓝天。他们从来不记仇，记住的，只是你对他们的任何一点职责所在的关怀。譬如巴达尔就曾对我说："老师，我终于知道这作文是怎么回事了。"我永远忘不了他说这话时胖乎乎的脸上那种真诚的憨笑。那天经公推送我到县城去的，除了来自北京体院的白晓荣老师，就是我班的劳动委员刘全。似乎感到了我心情的沉重，这个平时就好嬉笑的大男孩一边代车把式赶着马车，一边有一搭没一搭地说个不停。说着说着，他突然迸出一句："老师，我们会想念您的。明年全校文艺汇演，我们班不知还能不能拿第一……"我无应，心中却突然掠过两个字——"逃兵"，只得默默地侧过身去……

保安是个穷地方，半农半牧，蒙汉杂居，春天里几场大风吹过，流沙就堆得与院墙一般高。初到保安，我就写过一首诗——《这里，没有春天》。是的，由名校而流落边地的失落，加以新婚长别的惆怅，我的心情经常似这沙尘天一般。然而四年过去了，这里的一切似乎在我心中扎了根，离开时，竟有如此掰扯不开的疼痛。因为，我实在不能忘怀四年中孩子们那近乎透明的赤子之心给我的无尽关爱。

关爱，在那儿，经常是无声而不落形迹的。思家难忍时，我常常对着宿舍的苦墙，独自狂踢足球，一下、一下、又一下，一踢就是半个小时，筋疲力尽，往地上一躺，这时总会有一条凉水浸过的毛巾递到我手中，伴随着数双无声胜有声的童稚的眼睛。夏日里，晚餐后,我常到校园后的科尔沁草原散步寻诗。初时,常会感到有几个小小的身影在远处注视着我这个神色忧郁的老师。是好奇?是担心?我不知道。直到第二年,我终于没事,影子才不再跟随。我习惯于深夜备课、批作业。熄灯铃过后,窗棂经常会笃笃地响几下,待我出去一看,窗台上总会有一些食品:两个酸豆包,或者两个煮鸡蛋,甚至一张卷着青翠大葱的烙饼。我从来没见着那些"送食天使",却认得出这是孩子们从家里携来的"宵夜"……

关爱,又常常以无间的参与与信任来传达。每次,我独自在跑道带球疾奔时,总会有一群孩子在一边观看,渐渐地有胆大的尝试着来抢球。一个、两个、五个、十个,奔啊,抢啊,滚作一团。后来,这项活动成了体育课上的一个项目。我一直后悔,如果我晚一两年离开,应当可以组建一支校足球队。晚上,我经常倚着宿舍前的那棵老槐树吹奏口琴,常常地,会有学生从各个宿舍会聚过来,有的也带着口琴,遇到合适的曲子,独奏便变成合奏,吹得栖鹊惊飞、风生云起。每次劳动,刘全他们就会挑战我的体能,小车推得飞了起来,扁担两头的水桶或者畚箕,由一个加到两个甚至三个,谁又想输给谁?汇演是学校的节日,班委会总拉着我当导演,临走前一年,我们班那个《川江号子》,就是我从军垦农场学来的。孩子们叫得那个震天的响哟,蹬得那个满天的尘,笑倒了其他观看的孩子,也乐坏了老师们,第一名可称是实至名归。最有趣的是,什么怪力乱神的奇事,孩子们都会首先来找到我。记得有两次"货真价实"的黄鼠狼魅人,他们也认为我能降得住,似乎我是善能擒怪捉妖的"张天师"。可叹的是,"中祟"的女孩子直嚷:"这是北京来的大学生,我不怕……"于是,我所能做的只有陪伴看护到天明。

关爱更经常带有蒙古族地区原生态的朴野的生命力。那儿的住房大多是土坯为墙,茅草做顶。雨季来临前,星期天,哪家修葺房舍了,我也会扛起长柄芟刀,随着蒙古族师生当学徒,呼呼地把刀抡圆了,却未必能打下多少黄草。可谁都不会介意你干多干少,待到成捆的茅草上了房,就是杀鸡宰羊,喝酒唱歌,喝醉了,就在这家的炕上倒头睡上一宵。那时候还有进驻学校的农宣队,然而"天高皇帝远",谁还论什么"阶级斗争为纲"。炒米羊乳奶皮子,开鲁大曲传杯干——农宣队的老魏头,每有好嚼食,就会招呼我们几个客居的青年教师去他家醉上一回。席间,他反反复复说的一句话就是:"这几个村子的蒙汉孩子,都交给各位了。"每当此时,我都会想起王维的两句诗:"野老与人争席罢,海鸥何事更相疑?"

　　是的,无疑无猜的人间关爱,是那所尚处于"文革"后期的边地农村中学最令人不能忘情的本色,也是让我从失落中振起的最强大的推力。后来,我虽长期从事学术研究,却总不忘给孩子们写些什么;我所在的出版社,虽以学术品格而享誉学界、出版界,但我作为总编,却总是要求编辑们多请"大家"为孩子们写些"小书"。这种情结,便是四十年前在保安中学种下的。数年前那个被我训斥为"娇骄二气"的王秀艳同学——她已是一家规模很大的军用被服厂的厂长了——来上海找到了我。她还清楚地记得我离开保安是1973年,而不是我错记的1975年;还记得临行时我送给她的一支红杆的钢笔。通过她,我有幸与班上十多名学生通了话。当我听到千里之外传来的一声声问候时,竟还能辨别出这是谁、那是谁,因而不禁又一次潸然泪下。孩子们召唤我回去看看,是的,我应当回去看看我亲爱的孩子们,在我的有生之年……

　　　　　　　(本文原载于《中学生阅读》(高中版)2012 年第 10 期)

《文学遗产》六十周年寿庆

煌煌大纛立中人，引领风骚六十年。
砥柱洪流清骨格，秤衡情采发新诠。
九方慧眼徕千里，百尺高楼主一先。
我本江东涸辙客，愧无椽笔报甘泉。

　　海内古典文学苑园，其足以津梁群彦，滋育兰蕙而领导潮流者。允推文遗。盖以百尺楼头，清望雅量者，主其坛坫五纪风涛，茂才卓识者，爰正樯帆。是以登高一呼而光景常新。焉余不敏。初蒙拔擢于莱草，复仰挟持于远途。暨今三十余年。因敬赋四韵，谨志感铭，以为大刊六十周年华诞寿云。

岁值甲午，时当阳春，上虞赵昌平

（本篇原载于《〈文学遗产〉六十年》，
社会科学文献出版社 2014 年版）

悼亡六首<small>附小识</small>

遗影其一

星目依依犹转盼，红唇嗫嗫不须猜。
顾吾废颓传心语，怜尔流波逐我回。
烛影风情忆逝水，烟香绮思已成灰。
当初文战折蟾桂，天意莫非总忌才。

　　爱妻包国芳，影像眼神随吾所至而婉转，忍而不能去也；因忆结缘其初，大同作文竞赛，芳力压男儿而为女魁，时校内有"小文豪"之誉，后悉心助我而弃所长，我负芳卿，悲哉！

沉香其二

宝篆沉香入夜雾，天人悬隔望银河。
醉生无待千钟酒，梦死愿随百里波。
衣物摩挲总是泪，芳踪寻觅竟无那。

真情不到真临处，岂解潘郎元相歌。

　为芳卿夜燃箧存"宝篆沉香"而继安仁、微之悼亡之词，非敢攀附前贤，亦悲情所至，写实而不能自已尔。

贫贱其三

　　贫贱夫妻未尽衰，亲邻争说雪中梅。
　　艰贞心养捐衣食，茕独育雏费灌培。
　　情比英皇斑泪竹，心同启母望夫台。
　　死别生离身尽历，不知孰个更伤摧。

　"文革"中，余远配内蒙，芳卿力谢好心者"断丝"之议而毅然归我，事高堂，抚幼雏，克己操持，贞素之节，历历在人口。今宵弟妹更为我说起细节诸般，不觉大恸，因作此章，且略纠微之"贫贱夫妻百事哀"句意。

戏言其四

　　戏言成谶古今同，何乃惊涛卷恶风。
　　兰烬泪干月未落，荷香宴笑日当中。
　　恨无化蝶庄生梦，却剩支机织女红。
　　后死先亡竟谁幸，均天分寿本虚空。

　"昔日戏言身后事，今朝都到眼前来"，微之警句，播在人口。民谚所云"戏言成谶"是也；余与芳卿当初闺房蜜语，有"先去为幸"，"合运等寿"之痴，是耶非耶，可乎否乎？概不可究；唯正午随宴，归家病发，晨明登仙，而时距金婚仅四载尔，虽云变生不测，何乃匆匆太匆匆……

天算其五

从来人算输天算，报谢无门事事休。
跨陆东非成画饼，浮海西欧幻蜃楼。
鞅掌驰驱岂足辨，犹疑疚疢未云周。
伤心最是行前计，新备箱囊仁北陬。

　　既缠俗务，复忧病况，旅行之计，仅小试东邻赏樱而已；至远游欧美，抑观景东非，则久议而未决。前月始定，炎魔稍退，即邮轮浮海，且付之绸缪，岂料命不我待，报谢无计，呜呼哀哉！

诗悼其六

馨香一秩诗一挽，和泪书成泣血烧。
泉路远行看未久，犀灵近傍应能招。
回天乏术真无用，合卺牵缘岂避遥。
一袭君衫展枕席，祈如李姬降轻绡。

　　汉武陈丝帐以夜候亡姬李夫人，竟得偿所期。余寻梦无计而回天乏术，真所谓"百无一用是书生"耳。唯长夜守灵，精神静晤，得此六章，以寄芳卿，亦挽联所云"芳菲犹自伴诗魂"者。魂兮归来，魂兮归来，魂兮宁得归来乎……

　　　　　　　　　　　（悼亡诗六首系赵晔炯、陈莹提供）

留　芳

连阴细雨滴到明,宁岁亲朋去去行。

园桔堕泥枝犹绿,新莺送唱更心惊。

夜谭晨语诗随乐,花气檀烟独对卿。

一曲留芳继化蝶,花仙可见泪痕生?

　　小识:既因梦而拟爱妻国芳为"花仙子",则晨夜必祈愿以通灵,已三阅月矣。元旦起,二课有新诗《晨语》《夜谭》各三部曲,凡八千六百六十字,以西乐六曲贯串,与芳卿幽明对晤,新近自度口琴曲《留芳》,继《梁祝·化蝶》,吹奏以为二课尾声。芳卿喜新,每逢春节,欢乐同小儿女;新年新花,新诗新曲,新雨新泪,当有以慰藉在天芳灵于庶几耶……

(本诗系葛晓音提供)

读庞坚、世美诸兄诗，无绪奉酬，聊拈四韵以报之

群彦酬唱总新妍，奈何冰火不同弦。
倚楼长笛归何处，向日红梅空自怜。
落月五更思续梦，朝云七彩总如烟。
唯将死别等生别，好把恨天作情天。

（本诗系葛晓音提供）

我的出版三传

> 怀念我敬爱的导师施蛰存教授，怀念哺育我重生的梦一般的丽娃河。
>
> 当我们说着图书是文化时，必须充分意识到，图书是商品；当我们说着图书是商品时，必须充分意识到，图书是文化。
>
> ——赵昌平

所谓三传，是指前传、正传、外传。之所以正传之余，赘以前、外，只为母校要编此书，而自己尽管退休在即，却总觉未能全身心融入出版。无多可说，便杂拌以充数，从权以应命。好在前也罢，外也罢，都与正有些关系，放在一起，读来也许更有趣些。需要说明的是，三传之构思，得启发于来访的陈丽菲教授与她的研究生张允允同学，两位将我的前出版经历，冠以"我的出版前传"之目，于是干脆一而再，再而三，来个前、正、外三传合一。不敢掠美，谨记于篇首。

我的出版前传

我1945年生于上海。初高中都在大同中学。大同是"足球之乡"，我从小踢弄堂足球，高中时竟有幸成为扎营大同的市少年队替补,一度还梦想投考体院足球专业哩! 足球是一项团队运动,加以我们高三(5)班又相当"团队",至今一二十名同学年年聚会,所以大同赐予我的,一是运动员的体格,前几年一位名医为我检查后说:若不是小时候大量锻炼,身体早垮了;二是深刻的团队意识。当然,还有对文学的爱好,当时我的理科成绩也很好。这些都与我后来的编辑生涯息息相关。

1963 年,我考入北大中文系——开始了长达十八年的北地生涯——这时才真正懂得"刻苦攻读"四字。每天 12 小时以上的读书、背诵;支撑我的仍是锻炼,加上天天清晨的冷水澡,冬日也不辍。冲淋后,"披星戴月"地往文史楼图书馆赶,头发都结成了冰缕。北大中文系打破了我的作家梦,却开始了我的学者憧憬,也打下了较好的文史基础。然而 1968 年毕业,正逢"文革"中期,我被"四个面向"发往内蒙,记得途经居庸关时,写过一首诗,有句云"冻云迷塞北,落日照长城"……

我先到了巴盟 4927 骑兵部队军垦农场学兵,一年又三个月。自从盘古开天地以来,内蒙从未种过水稻。我们 150 多名学兵是首创。旱地改水田,高低落差常在半尺以上。放上水,用整树去枝作大木杠擀平,强度可以想象。北方的牛马下去几天都趴下了,只有高喊"一不怕苦,二不怕死"的学兵们在坚持。最要命的是土质盐碱,水一泡,盐碱泛上来,双腿皲裂了,形成无数道血口子。开会时,解放军要求齐刷刷地坐下,不齐,再来。等会议结束站起身来,裤腿都被血粘住了。

虽然极艰苦,倒也还有趣,还写了数十首边塞诗。什么"傍水铺羊氄,树铣挑马灯"啦,什么"长河税驾且行樵,驼肉羊肩带血烧"啦,半是模拟,半是激情。当时又正逢"珍宝岛"事件,故而加深了对唐人边塞诗的体悟,不过最刺激却心有余悸的,还数三次半死里逃生。

一次是游泳,在北京我可以在昆明湖蛙泳打五个来回,计 8000

米。军垦地有一水泡子，直径不足百米，一天劳动后太热，自恃水性可以，便不问水情，一头扎了下去，焉知满池子水草缠人，加以水底是锅底形，无法站稳，几经折腾，几番沉浮，总算是捡回一条小命。

又一次是着了"土匪"的道儿。"土匪"是青海叛匪的一头骡子，虽被俘获而匪性不改，刁蛮得紧。收工时我牵缰引骡，"土匪"冷不防间一挣，缰绳脱手，又挨了狠狠一"匪蹄"，几乎窒息。翻坡过河，追了半小时，"土匪"被小树林子绊住，又过河翻坡牵回来，胸口紫肿一大片。战友都说我命大，再往上踢中脑袋，就玩儿完了。

最凶险的一次是骑马。连队有两匹速度飞快的烈马，一匹黄骠马"大疯子"，一匹枣红马"小疯子"，都伤过人，规定学兵不能碰。一次趁排长不注意，我偷偷把"小疯子"牵了出来。正巧一名叫常青的学兵，连人带马跑丢了，我正想体会下一骑绝尘的滋味，便自告奋勇接了寻人的差事，追风奔电，一路左顾右盼地呼唤常青。不料前面一根高压电杆扑面而来，距离仅三四十米，几秒钟的马程。"小疯子"就是小疯子，竟直冲电杆驰去，我急忙左带缰绳，躲过了电杆，却躲不过绊马索——电杆斜拉的钢缆，马失前蹄，人似箭般飞了出去。幸亏自幼锻炼，反应快，身子也柔韧，以背着地，翻滚数米，仅擦破了鼻子和膝盖。两三星期后，一名蒙古族战士就在我出事的附近坠马，脑袋着地，冻土如铁，一命殒没。追悼会上，我才懂得"后怕"两字。

所谓半次是第二轮实弹演习，冲锋枪九发，却给了我十发。打毕，连长验枪，问都射了吗，我说都射了。连长一扣扳机，"砰"！一颗子弹飞出，幸好解放军验枪枪口从不对人，不然我这个"可以教育好的子女"，下场不堪设想。

吃够了苦，也淘够了气，鬼门关闯了几回，理想则早已不存，性情也就变了，此后凡事都看淡了，抗打击力却增长了。前些时碰到后来做到中宣部秘书长的高明光先生，当时他是我们的宣传队队长,谈起往事,竟有同感。

　　军垦后由内蒙西部转到东部哲盟,在开鲁县保安中学,一所公社中学教语文。教学之余,夕阳黄昏,草原分外迷人,写了不少新诗,学拜伦,学雪莱,也居然有数首,譬如:以草原晨昏日月交会为素材的《草原三部曲》,自觉还够品。最有趣的是竟然真正见识到狐魅魅人、鬼打墙等等过去仅见诸说部的怪事,不过这离题远了,打住。四年后我设法内调安徽来安县教育局,在教研室工作,惜别一幕永远刻骨铭心。上百名蒙汉孩子冲出教室,黑压压一片,对我一鞠躬。多少磨难我都未曾下泪,而此时却不禁潸然。三十多年过去了,至今仍有几位当年的孩子与我联系着,有的很出息了。在皖六年,一多半时间是下乡搞"社教",反正我独自一人在外,乐得替皖籍的同事轮转。既锻炼了体魄,可以挑得百多斤的担子,走十里路,又真正贴近了农民,增加了阅历。那时推广双季稻,一次,我因母病回沪,春播时队里闹纠纷,错把中稻种当早稻种泡了,待我回来,想改正已经来不及了,只得将错就错,但双季是不行了。焉知,皖东无霜期不足双季之需,唯有我们那中做早的单季稻籽大粒满,一季远胜双季。我也因此免被秋后算账。据说这以后成了当地一条经验被推广,真是祸福相依,更加深了我世事无常不必过于认真的想头。内蒙与安徽的经历,使我对中国农村有了较深刻的了解,后来我在政协工作时,对农民问题尤其关注,与此相关。

　　1979年秋,感谢业师施蛰存教授擢拔,我成了老人家的研究生。当我拖着十年来再艰苦也"不离不弃"的一大被袋书籍回沪时,已经35岁了。读研三年,给我影响最大的自然是蛰存师。老师洒脱的人格,雅洁的文风,我虽不能及,却心向往之;老师独具慧眼的学术观点,更发人深思,我后来在学界有点影响的《李白新探》系列论文,就受启发于蛰存师的一句话:"李白是一个不甚高明的政治骗子。"当时不理解,后来才懂得,话虽尖刻了些,却不无道理。北大的林庚师、华师大的蛰存师与我论文答辩的"座主"上师大的马茂元老师是我唐诗研究的三位引路人,临楮怀想,风采似在目前,不胜唏嘘。又可哀悼的是我的研究生同学李宗为君。我们一届五人,陈文华、黄明、严寿澂、宗为与我,又是一个极其亲和的小团队。宗为以传奇研究享誉学界,人极豪爽,酒量奇佳,"烟量"与我相当,却命运多舛,三年前因癌症谢世。至今我们同学年年聚会,宗为总是一个重要话题。师大的往事可记太多,不一一。反正三年后毕业得学位,我就进入了上海古籍出版社,前传也就应转入正传了。

我的出版正传

　　说起来,"百事前定"还真有点道理,我与上海古籍出版社的渊源,竟始于进社约二十多年前。当时我上高中,足球之外,最大的爱好是看书。那会儿"上古社"叫做"中华书局上海编辑所",我尤爱看此社的《中华活页文选》与名家选读本,连深奥的学术刊物《中华文史论丛》,也从小南门书亭买来,懂不懂地硬啃,颇有点着迷之态。一天晚上,将梦未梦间,脑海中竟然跳出一幅画面,我步入这家出版社,还穿着藏青色中山装。其实当时的"中华上编"在哪块,我也不知。有过这种预兆,研究生分配时,让我到"古籍",也就唯有诧奇命定,无怨无悔了。

　　新进编辑要到校对科实习一年,这是当时一条行之有效的社规。我们一起进来的研究生四人,实习了一年零三个月。科长林虞生先生,腹笥五车,给我教育尤大,也使我体会到上古社真是藏龙卧虎,自己半点轻狂不得。进了编辑室,老辈专家何满子、金性尧、周黎庵、陈振鹏、朱金城、王勉、陈邦炎等,都是我久仰的文坛名宿。同辈中深思博学的王镇远、秀灵独钟的史良昭、缜密干练的李伟国、谦抑睿智的陈稼禾,当然还有那位狂放而绝顶聪敏的李梦生,还有同时相先后进社的"博学宏词"的十二君子,还有稍后入门而大器有成的王兴康、金良年、张晓敏、高克勤、王立翔,还有今天实际主政《中华文史论丛》以渊博而认真著称的蒋维崧,还有吕振白先生门下的自学成才三君子徐小蛮、府宪展、顾美华等等,均令我刮目相看,其实他们中的许多人都比我更具有"出版家"或"名编"的不同潜质。敬业之余,笔耕不辍是当时的风气,而我南市老宅上的小阁楼,更成为年轻一辈经常聚会的场所。二十多元便可一醉酡颜,至今令人神往。而英年早逝的陈稼禾与远渡重洋的王镇远,更是我不能忘怀的生命之重。与镇远兄工间的漫步,持续到他离去。我总认为他比我更适合于总编一职。

不能不提的是我的领导,当时我所在的一编室老主任李国章、李学颖二位,对我影响尤著。国章先生教会了我出版运作的一应知识,他的谦和明达,更成为我升职后的表率。学颖先生是我学问的导师,她的功力远非我们这些科班出身的"研"字头可望项背。在一编待过的年轻一代,莫不受教于她。

"上古"在境内外声誉卓著,更有"上海出版的黄埔军校"之誉;然而近几年又有一种误解,以为我在其间起了多大的作用。这已成了我心头的一种重压,不能不辨。首先,出版的特点是一种团队工作,上古的人才出于上述氛围之中;其次要论个人作用,不能不提"文革"后四代领导,尤其是社长。如果说第一代领导李俊民、戚铭渠、包敬弟先生在业务方向与人才聚集上起了拨乱反正的导向作用,那么夯实而奠基者,不能不推第二代领导魏同贤、钱伯城二先生,他们可称得上是真正的出版家,上古的思路、格局、地位、班底,由他们底定。说起来,魏、钱二先生平时找我们这帮后生小子谈工作,一年不会超过十次,但你能时时处处感到他们的影响。他们离任后,虽有所拓展,但核心部分不能不萧规曹随,而不论一时之惶惑,形势之变化。李国章与王兴康三、四代社长,作用皆胜于我，他们相继完成了上古在市场经济条件下的成功转型，扩大了规模，而同时保存了它的优良传统，我常说"传统是优势，传统是惰性"，这一二律背反，在他们的工作中体现得甚充分。本社最巨大的出版项目《续修四库全书》，就主要由魏同贤启动，李国章鼎力坚持、悉心规划，王兴康接手李伟国成功运作，才得以大功告成。而新近出版的又一重大工程《清人诗文别集丛刊》，正是兴康自始至终起了核心的领导作用。举此例是要证明上古的历久弥新，活力在于传统的继承与更新，我也曾年轻，身受魏、钱二先生教诲、识拔，所以为年轻人提供平台，是历届班子的共同特色。

那么我是否有一点儿个人特色呢，应该说还是有的。我自度做参谋可以，但不宜当主帅。既因为性格不够果断使然，更因为我始终有一种做学术的情结，不能如魏、钱、李、王诸位全身心地投入出版。这也是我发愿一不当一把手、二不入党的一点私心。不入党是连类而及的，因为懒，如果一入党，真要我当一把手，便无所逃遁了，所以还是做个党外"布尔"，好多出点时间来。不过也正因为做学术，便养成对出版作学术思考的习惯。如果说我对上古有点贡献，那末自己最看重的不是曾经主持或参与的大小具体项目，而是将以历届社长为核心的上古实践与理念，作了点理论提升，形成大抵成型的统系，归纳起来，大致有以下几方面：

一、专业化与团队化。这是专业品牌的根本保证，前已屡及，不赘。

二、古籍专业出版的双重对待。专业题材的相对狭隘性与其恒久性的对待；读者群在现代化情境下的相对收缩与读者层次普泛性的对待。因此古籍出版社的全部奥秘就是在题材的恒久性与普泛性上做足文章，以克服题材相对狭隘与读者相对收缩的弱点。

三、专业编辑策划的性质。这是与"一"相对的理念。"编辑策划是编辑依托出版社个性，在一定的文化生态、商务规律、技术形态所形成的张力中所进行的创造性的智力活动；也是出版社品牌建设与更新的最重要的动力。"这一理念回答了许多年轻出版人的困惑。作为社领导必须充分重视、十分珍惜编辑的个性,从智力投入的角度来理解编辑的创造性劳动;而作为编辑也必须理解创造不是天马行空,出版业的创造性既不能离开专业个性、专业品牌、专业团队,又不能离开特定的时空。编辑的创造性,归根结底,是因时求中,在洞悉当下的文化生态(包括技术手段)的基础上,执经从权,因势利导地运用出版商务规律;也就是在出版社个性、商务规律、文化生态(含技术手段)三者中寻找到它们的合力。

四、国家文化战略与古籍专业出版。以下几点都是由"二"与"三"生发的。

出版业的文化生态反映于人与人之间的关系,主要是文化决策者、文化生产者与文化接受者三种人之间的关系。生产者受到决策者、接受者两方面的制约,化制约为机遇,是出版人智力创造的高境界。

了解国家文化战略,并尽可能预见其发展趋势,是出版人处理与决策者关系的根本。上古社在最困难的时刻,预见了中国现代化的发展,必将由对民族文化的暂时疏离,走向民族文化的复兴,因此能力排"夕阳产业"说,始终坚持专业方向,终于迎来了古籍出版社的最佳发展时期;而"争取国家订单",也成为当前业务方向的一个极其重要的方面。

五、适应读者(市场),引导读者(市场)。文化生产者固然肩负提高国民文化素质的责任,然而要想引导读者,必先适应读者。适应读者需要的前进方向,相信读者中涌动着提高自身文化素质与品位的潜在要求,适众而不媚俗,在国家文化战略的指导下,坚持"读者本位"中的文化引导,应是当前出版人面对特定的文化生态时的不二之义。

六、市场定位、错位竞争与再定位。

以上五个问题,是每一家专业出版社都必须应对的普泛性问题。而具体到一家专业社，还必须面对自身在专业市场中的定位。不汲汲于排名前后，不制定不切实际的发展目标，首先做好自己的强项，并努力发现、圈占"未开垦的处女地"，同时找到竞争对手强项中的弱点，打入楔子，逐步扩大。这就是错位竞争的要点。经过数年的努力，再作重新的定位与错位，循环上升，稳步发展。

七、均衡意识与块状结构。

这是"六"的深化，企业都须有自己的拳头产品、支柱项目。然而是独柱型还是多柱型，却要依企业的具体情况来确定，上古没有一柱擎天的项目，因此，大、中、小，长、中、短的均衡配置，是上古的一贯意识。经四代努力，前些年，逐步形成古籍整理、古籍研究、大中型集成资料、大专教材、专业工具书、文博文史画册、线装书、专业普及读物与专业协作图书九个块面，成为支撑本社产业发展的九根支柱。此消彼长，此缺彼补，在局部不均衡中达到总体均衡，在旧均衡失衡时寻求新的均衡，从而使传统得到发扬，惰性得以克服。当然，块面是历史积淀，当于相对稳定中，适时调整重构。

八、必须重视的运作要领。

这是"七"的具体化，在不同时刻，针对不同的态势，上古会提出具有针对性的运作要则、运作方案，而以下几项是具有普遍性的：

1.学术与普及互动。学术为本（含质量）是首义。上古的普及是学术文化成果的社会化、浅切化。只有占据学术制高点，方能提升本社普及读物的公信力；反之，普及书是学术书潜在读者的温床。因此，学术（含整理）上的总体要求是科学、前沿、集成；普及上的总体要求是普及读物要精品化、系列化、有时代感。作为二者的统合，则是准学术著作的开发，这类读物有着越来越看好的前景。

2.常销与畅销。专业特点决定，古籍市场以常销为主，在常销中寻求突破点，争取准畅销，甚至畅销。

3.绝对独占性与相对独占性。独占永远是市场份额的理想之境。绝对独占性多指资料独占，做一次，别人无法效仿，如《续修四库全书》、《俄藏敦煌文献》；相对独占性，指高质量的学术著作（含整理）与精品普及读物，做一次，数年甚至更长时期内，他人难以超越，如《韩非子集解》、《十三经译注》等。

4.内容为王、基本书意识与多层次意识。出版永远以内容为王，专业出版内容的核心是基本书，基本书是指一门专业骨干性的图书：古籍中如《十三经》、《二十二子》、《廿四史》、大家文集、权威选本等。"基本书是兵家必争之地。"（赵斌语）基本书总体稳定，但也因时有异。如清代学术名著，在现代化情境下，普遍受到重视，便成为"新经典"。基本书以上双重特点，又决定了它必然是多层次的。有核心部分，即普泛而又恒久的基本书，这一类，又可分为专业类、分科类与大众类三类；又有适时顺变的扩展型，如新兴学科与学术热点的基本书、新阅读趋尚中的基本书等。核心基本书是首要的，调适核心基本书与流变基本书的比例，执一驭变，是专业社处理选题架构的最要紧的工作。要之，古籍题材的有限性，决定了必须在"基本书上做足文章"，"以基本书为主体，在各个读者层次建立上古品牌"。

5.创意组合，领先一步，提高一层。这是"第一"商务原则的出版运用。第一指素材第一位与制作第一人。《论语》的销量永远大于《孟子》，初创永远大于因袭。因此要力争这两方面的第一。但古籍题材的有限决定一个社不可能永远领先，而一旦未能"领先一步"，则应力争继起产品在质量与表述上"提高一层"，形成"新品第一"。这二者的关键是编辑创意，而古籍出版的创意又常常体现为组合。巧妙的组合，本身就是创意，如本社《蓬莱阁丛书》即其例。

6.数度开发与表述更新。有限的题材迫使古籍出版必须对重要题材作二度、三度甚至更多次的开发。数度开发成功的关键是视角与表述形态应时适变的更新。学术著作、普及读物都有这方面的潜在可能。现阶段学术性著作重在集成性（整理）与前沿性

（研究），普及读物则重在学术视角更新后的切入点与有时代感的语言表述形态及装帧形式；而以四大小说为主的重要小说、唐诗宋词两大块则是重中之重，这两块兴，则普及兴，这两块衰，则普及衰。普及又最重适时，当前网络作品有可借鉴处，《明朝那些事儿》即其例。

7.文化生活化，生活文化化。这是普及读物制作的一项行之有效的经验。运作的关键在于把握生活与阅读风尚。

8.策划选题与经营选题——出版物生命周期意识。要尽可能延长出版物的生命周期，因此，编辑要由策划选题进而经营选题，也就是将策划由内涵扩展到装帧设计与宣传营销层面，中华书局的《论语心得》即是范例。

出版物的运作尚有一些其他做法，也面临一些新的问题（如电子出版与传统出版），而以上八点是尤其重要的。

九、四个基本意识与两个二律背反。

以上八个方面的理念，归纳起来就是四个基本意识与两个二律背反。

四个基本意识：市场意识、基干意识、品牌意识、规模意识。四个意识相互联系，而以出版物的文化商品属性与出版产业化进程为出发点。图书必须面对市场，而专业出版面向市场最有力的武器，就是以基本书为核心的一批基干出版物。累积的精品基干图书形成出版社的品牌，而品牌之是否成立，要在于是否形成规模。因此规模化是四个意识的最终检验。

两个二律背反。第一个是：当我们说着图书出版是文化（事业）时，必须充分意识到它同时是商品（企业）；当我们说着图书出版是商品（企业）时，必须意识到它同时是文化（事业）。第二个是：古籍出版的题材虽然是古老的，但古籍出版的理念必须是现代的。

以上大抵是"文革"后上古社四代领导、更多代的同人在长期的出版实践中，在经历了许多成功失败、升降沉浮中得出的一些具有一定规律性的理念。这是团队的智慧,我所做的不过是秀才的工作:梳理、总结,使之体系化、理论化。也尚有一些新问题,如传统出版与数字出版、出版社在集团体制下的运作等,需要在实践中进一步体悟、总结;而专业发展趋势、大众阅读风尚,更是处于流动不居的形态之中,因此,即使以上九个方向乃至目前的九个板块,在细部上也是变化无穷的。所谓规律、经验,只是用乎一心的参照物。

我的出版外传

不难看出,上述出版理念的梳理总结有点做学术的态度。确实,出版与学术,还有一部分社会工作,在我是"三合一"咖啡,相互影响、渗透,且有着一以贯之的思辨方式。我体会,中国古代思想宝库中有两大根本性的成就:一是民族主体精神,核心就是《易经》乾坤二卦所说的"天行健,君子以自强不息","地势坤,君子以厚德载物",这也是今天我们所提倡的"创新"与"和谐"之民族渊源;二是思辨哲学,核心就是中—时—势三位一体的经与权;也就是允执厥中,经权以时,乘时得势(诸形在一定时空的相互对待,形成一种当下的合力,便是势)。以中—时—势的经权关系,参合西哲发生"认识论"所说的,"人的认识过程(民族文化的演进过程亦同)是一种不间断的发生与发展的过程","一个不断地解构而又重新建构"的认识图式的活动建构过程等观念,便成为我考察各种问题的主要的思辨方式。

出版、学术、社会工作,在我看来,是各有特点,然而"理一分殊",是可以相辅相成的。

也许与我从小文理并重有关,如同出版工作中,考虑具体选题的同时,我总会同时考虑"为什么",尽量上升为理性;在学术研究中,我在处理每一具体问题时,也同样时时在问自己"为什么",从而进一步思考中国文学特别是诗学的理论建构。这时出版工作,尤其是总编工作所要求的知识面起了很大作用,促使我在研究文学的同时,下功夫于史学、哲学;在考察国学的同时,去比照西学;在处理唐代文学时,了解前代与后代。这样在 20 世纪 80 年代末,我大抵形成了自己的文学史观念。

以后,在解决一个又一个具体的文学史问题的同时,我不断地验证、修正并细化着自己的观念。至新世纪初,在对《文赋》、《文心雕龙》、王昌龄《诗格》、皎然《诗式》等中古时期——中国文论的成熟期的诗学著作,进行各章各节义脉的梳理,并参照了西方语言批评的一些精义后,我先后发表了十数万言的有关专论,并在此基础上终于完成了自己对于中古诗学理论架构的梳理。我称之为"中古诗学—文章学"。这里的文章学,并非单纯的文章作法,而是以文章为本位,熔文学本体论、文体论、创作论、修辞论、批评论及文学史观于一炉的民族性的诗学体系。孔子所云"修辞立其诚",是中国诗学文章学思想的滥觞,意象言三者关系是其核心命题。中古时期与儒学参融的高度发达的玄学与禅学思辨,以及语言文字、书画艺术成就,是助成的历史文化背景,并使之形成阶段性的特点。宋以后形形色色的诗学理论,是它不同向度的开拓延伸,也因此中古诗学文章学,可以视作中国诗学文章学的核心部分。

我不能在此展开中古诗学文章学的详细内涵(可参拙作《中古诗学文章学论纲》),仅挈其大要如次:中国诗学文章学本质上是一种中国式的文学语言批评,它视诗人兼铄才、气(先天),学、习(后天),各具性情的"成心"为创作的出发点与最活跃的因素。成心将创作伊始、物我泊然凑合的兴会,通过自己的枢机作用转化为创作过程中,由内思至外化的情境化、个性化的意与辞之主从对待、虚实互摄。这种个性化、情境化的意辞契合,便是文学语言的"体性"——风格之体。风格之体，经由一系列会理综术的语言活动，附丽于作者择定的某一文体之体，便由风清骨健的语言格致转化为"三十辐共一毂"，"外文绮交，内义脉注"，情采彪炳的文学文本，这一文本"风律外彰，体德内蕴"，暗合于当代语言学批评所说的"有意味的形式"。

中古诗学文章学实际上已对"文革"以来文学史界争论数十年的一个重要命题——文学外部因素是如何转化为文本内涵的，给出了富于民族特点的回答：成心及其临景结构的活动，是这种转化的中介，可分为两个阶次。一是前创作阶次：这时学、习所得的纵向的文学文化传承与横向的时代风气，经与作者先天的才（资质）、气（气质）融铄，便以个性化的形态成为潜藏于诗人成心之中的种种非复其原初形态的个性化潜识与潜能；二是创作阶次：当物我相击时，潜识为外物唤醒，兴发意生，而潜能则通过意辞互摄的修辞活动，会理综术，凭借文体呈象见义，这时外部因素便转化为文本的内涵了。

由此，我们又可以悟到中国文学演进的基本形态。处于纵向的文学文化传承与横向的时代风气交汇点的诗人是文学演进的最活跃的因子。诗人之心的每一次创作，都传承着并积渐地改变着前代的创作经验与某一文体的特征。无数诗人这种集体无意识的承革活动，相互碰撞，产生一时代纷繁的文学现象与其总体走势；从而催生了代表性的大诗人或诗人群体。文学现象的突变，总是经由无数中小诗人的量的铺垫，在大家手里得以产生质的飞跃；而这一过程，同时也反馈于历史文化传承，文学也同时参与了文化的嬗变。这是一个不断发生与发展的过程，一个不间断的解构与重新建构的过程，在这种过程中，诗人之心的创作图式，在与外部环境的"同化"与"顺应"二律背反的形态下，不断地活动建构，从而演衍了生生不息的文学发展史。

以上对文学史演进的体认，也促使我形成自己的治学方法：以文学为本位,文史哲兼修,体悟、阐述与文献考订并重;在"前瞻后望,左顾右盼"中处理研究课题,尤其注重研究对象与相关现象同中之异、异中之同的比较,并不断质疑自己的研究心得,以使结论经得起推敲。

在我的400余万字的著述中,自己最看重的当然是约五六十万言的诗史、诗学论文。不算多,但差以自慰的是:每临楮墨,必以敬忱;使无新意,断不成文。陈寅恪先生所说的"独立之人格,自由之精神",我愧不能全面履行,然而在学术研究层面上,我庆幸自己没有成为跟风派。"学术研究,总是站在前贤的肩膀上往上攀登的;学术研究又必将以个性求创获。"这又一个二律背反,是我治学的座右铭。拙文的功过得失,自有学界公论,不必赘言;但我想,以初盛中晚四唐诗演变轨迹的新思考为发轫,我的一些研究角度,诸如中小诗人群在诗史流变中的作用,地域文学研究,诗体研究,山水诗成因与演化研究,以王维、李白为个案的文化与文学的综合研究,等等,以及在这些基础上形成的上述诗学文章学观念与理论,都是以上座右铭的结晶,或许能为后学留下一点可资参考的东西。

诗学以外的其他著述,也有一些是我所敝帚自珍的,如《孟子》(连及《庄子》)研究中关于早期中国"人本思想"及中国士人历史性格的形成、《中华创世纪》(与骆玉明、汪涌豪合著)中关于"大禹治水"系统工程的重构、"文化生态说"的初步理论架构、新时期价值观念的思考以及中西交流为近代上海历史文脉之根本说等等,均有点意思。

外传还必须提到的是,我以政协为中心的社会工作。不知何故,三十年来,天上不断有馅饼掉到我头上,除了数个有分量的荣誉称号外,又早早被吸纳到政协,且由区到市到全国,一做做了二十五六年,几乎与出版、学术经历同步。我自知,在上海出版界的一些虚名,某种程度上,是被"全国政协委员"的头衔放大了。虽然我又自知人微言轻,但禀性决定,政协工作的履职还是很认真的。

每年的提案，上海、全国，都是要做的，也居然有数个被评为优秀提案；不太中听的话，该说还是要说的，好在出发点是补台，而现在的政协也确实不打棍子、不扣帽子，所以我又比大多数的同龄人多了一份幸运与阅历。我的政协工作大抵分两大块。一块颇有点"实用主义"的味道，努力通过政协渠道，呼吁重视出版业态的种种问题，有时更直接为出版业尤其是古籍出版业争取一些权利，也竟然在市与全国二级呼成了几项甚有规模的选题。

第二类则是所谓"处士横议"的遗风。从三农问题到扩大内需，从住房制度改革到干部作风新动向，从政协职能到核心价值观问题，都曾有过提案。虽然自知可能"说了也白说"，但仍不妨"不说白不说"；结果是未尝都白说，也居然不乏当时虽留作参考，而后来的政策证明，自己还是有点儿"先见之明"的。几次下来，便形成了一种心态，提案不必计较结果，主要用以检验一下自己的智力与眼界，以提升自己的预判能力。恰恰是这种心态，使我将政协工作与出版工作在思路上联系起来。人说政协会议是神仙会，但在我却是最辛苦的时候。白天开会，晚上看资料、报道，进行大大小小的综合思考，经常"无事忙"到深夜。五六年前我曾在出版交流的会议上做过《国家文化战略与古籍专业出版》的报告，这一点成为本社近数年选题工作的一个重要方向，正是得益于政协工作的信息与思考。

拉拉扯扯，已说得不少了。不妨以十七年前一桩奇事，来结束我此番一心三用而到底老于出版的回忆吧。

记得当时刚任市政协委员不久，参加市委党校"党外干部学习班"的培训，将平时有关新时期价值观念重建的一些思考，写成结业论文。文章对五四以来的有关偏向作了历史经验的反思，因在党校颇获好评，《文汇报》施宣圆君拿去发表了，焉知次日境外重要媒体纷纷作了转载或摘登，有的还加了编者按。三按两按，七摘八摘，本来意在"补台"的文章——后来文化政策的发展也证明绝无问题，只是早说了数年——便似乎成了当时人人都心有余悸的"大毒草"。境外骇人的评论不必提了，反正一时间，境外友朋纷纷来电，询我是否因"大毒草"而受到冲击，也有搞报业的许以高酬约我续写，搞得我好不紧张。不过当时的政治环境已较宽松，我未受到任何压力。后来听说，当时的局领导徐福生先生、孙颙先生为我打了保票。传说是，孙颙道："这篇文章我读过，是一篇好文章。"这一保不打紧，却从此断了我转往高校一心搞学术的路由。我曾有多次到大学包括母校北大中文系任教的机会。最后一次，约十年前吧，辞呈都递到局里了，领导约谈，到局，钟书记、李书记二位一起接待，这场面本已使我不安，而钟书记的一句话更是杀手锏：今天孙颙出差去了，我们先与你谈，不行，再请孙颙与你谈。我听罢二话不说，从他手中取回了辞呈，从此再也不提离开出版的话头了。不过遗憾还是有的。我自度：搞政治，我是流外，身不由己客串而已；搞出版，我因天性所限，二流都勉强，至多算个从二流吧；唯有搞学术，最合我天性，虽因"文革"耽搁成不了大家，但做一个能为后人留下一点东西的专家，还是有潜质的。前年10月我到台大讲演，前辈先生罗联添教授对我说："昌平，你确实有自己的一套东西，应当传下去，你不带研究生太可惜了。"这话说得我真有点心酸，然而也只是心酸而已。首鼠三端，终在出版的结果，在十多年前因着孙颙的一保已经定局。上海出版给我的太多太多，我回报上海出版的却是太少太少。人生终不能太圆满，在出版界的三十年，我有过太多关爱我的好同事、好朋友——老的、少的，社里的、社外的；识拔我的好领导——社的、局的、集团的、部的。人生如此，夫复何求？至于学术研究的缺憾，或可在不久退休后来弥补。已写了一半却搁置十余年、30万言的半部《唐诗史》是否能最终续成，须看天意；而已有论纲，积累已达十余万言的《中古诗学文章学》，应当可以完成。至于研究生，我曾从马茂元先生带过两届，后来太忙，虽然孙逊先生几次与我谈起，却顾不上了。也有过境外的前辈要为我作伐，但太麻烦，因而作罢。华师大古籍所多年来倒是一直要我去带，但由于一条奇奇怪怪的非学术规定，终于拉倒。未能为第二母校聊尽绵薄，也是一种不大不小的缺憾吧！

（2011 年 3 月 18 日访谈于上海古籍出版社。访谈、整理者：
陈丽菲、张允允。本稿经赵昌平先生本人修改补充而成，
并同意发表。原载于《华东师大出版人》，
华东师范大学出版社 2011 年版）

赵昌平小传

　　赵昌平,男,汉族,浙江上虞人,研究生学历。无党派人士。曾任上海古籍出版社总编辑、二级编审,第十、十一届全国政协委员,第八、九届上海市政协委员,第六届上海出版协会理事长,全国古籍整理出版规划领导小组成员,上海文史馆馆员,兼任中国唐代文学学会副会长、上海市编辑学会副会长、上海作家协会理事、英国剑桥国际传记中心顾问等职,华东师大、上海师大、广西师大三校四系兼职教授。

　　赵昌平,1945 年 10 月 20 日生于上海。1951 年 9 月至 1957 年 7 月,在上海中华路第二小学学习。1957 年 9 月至 1963 年 7 月,分别在上海大同中学初中部、高中部学习。1963 年 9 月考入北京大学中文系。1968 年毕业,同年 12 月至 1970 年 3 月,在内蒙古 4927 部队农场劳动。1970 年 3 月至 1973 年 5 月,在内蒙古开鲁县保安中学任文科教研组长。1973 年 5 月至 1979 年 9 月,在安徽省来安县教育局教研室工作。1979 年 9 月考取华东师范大学中文系唐代文学专业研究生,受业于施蛰存教授。1982 年 10 月毕业,获文学硕士学位,进入上海古籍出版社,历任上海古籍出版社第一编辑室编辑、编辑室副主任、主任。1987 年恢复职称评定,获副编审职称。1992 年 11 月任副总编辑,破格晋升编审职称。1994 年 3 月任总编辑。1996 年起获国务院杰出贡献专家津贴。2013 年 4 月退休。他是上海古籍出版社历史上任职时间最长的总编辑,为把上海古籍出版社建设成与上海现代化国际大都市相适应的一流专业出版社做出了重要贡献。

赵昌平是当代中国出版人的楷模。作为一个有思想的出版人，赵昌平有着现代宏观的出版视野和清晰的出版理念。他担任总编辑时，正遇上古籍出版业的行业低迷。他正确分析了古籍专业出版题材无再生性的弱势与读者源生生不绝的优势，并从"发生认识论"与"文化生态说"的理论探索中，敏锐地预判到现代化建设的深入发展，必将迎来传统文化与古籍出版的复兴，于是提出了"市场意识、专业意识、品牌意识、规模意识"的十六字战略，"高品位，系列化，普及读物要精品化"等一系列有创意的出版理念，以"适应读者，引导读者"为旨归，以"传统题材，现代表述"为实施要点，着重抓优势块面的盘整与弱势块面的开发。短短数年，即较为成功地完成了全社选题结构的转型及四个均衡：学术、普及均衡，文史哲均衡，古代、近现代均衡，大中小项目均衡，从而使古籍出版在走向市场的大潮中，严格贯彻了党中央的方针政策，防止了非专业化的趋向。历年来，赵昌平与社领导班子一起实施了《续修四库全书》(1800册)、《工部局董事会会议录》、《上海博物馆藏战国楚竹书》等标志性出版工程，梳理了学术丛刊、通俗系列等多个选题块面，策划出版了一大批具有很高学术质量和很大影响力的图书。他主持编辑的《二千年前的哲言》被列为上海市中学思想教育课程教材，荣获上海市优秀图书特等奖(1998年)。他与时任社长李国章同志共同创意主编的《新编二十五史》，获第十一届中国图书奖并获上海市哲学社会科学优秀成果奖二等奖(1998年)。他还主持策划出版了《蓬莱阁丛书》、《新世纪文史哲经典读本》等丛书，多次荣获全国和上海的图书大奖。赵昌平由于在出版理论与实践上的杰出贡献，1992年被评为全国新闻出版系统先进工作者，2000年获"上海出版人"奖，2004年获上海市优秀专业技术人才称号，2007年获第一届中国出版政府奖优秀出版人物奖，2009年入选新中国

60年百名有突出贡献的新闻出版专业技术人员。他还先后被推选为上海市编辑学会副会长、上海出版协会理事长,精心组织各类学术活动,为提高上海出版人的专业素质、为扩大上海出版在全国的影响力,殚精竭虑,不辞辛劳,为上海出版事业做出了重大贡献。

上海古籍出版社加入上海世纪出版集团后,赵昌平又更多地考虑利用集团的大平台,认真落实党中央关于"加强和改进未成年人思想道德建设"、"开展以爱国主义为核心的民族精神教育"的战略部署。他积极筹划了以弘扬爱国主义为主旨的《长城丛书》(系十届政协提案),被列入国家"十一五"重点规划,并在本社首先启动,后以《文史中国》为名由中华书局和上海古籍出版社联合出版。又按照集团的规划要求,编纂《世纪人文·大学经典》的中国古代部分,为当代高校学生提供一整套传统文化的经典读本。

赵昌平曾担任全国古籍整理出版规划领导小组成员,参与制订《2011—2020年国家古籍整理出版规划》等国家古籍整理出版中长期规划,组织实施古籍整理出版重点项目,积极培养古籍整理出版人才,为我国古籍整理事业做出了重要贡献,在出版界、学术界具有重要影响。

赵昌平是学者型编辑的杰出代表。他的学术研究,善于融思辨与考据于一体,发前人之未发,富有创新性。他是唐诗与中国诗学的知名专家,而于文、史、哲兼长,在唐诗学、中国诗学、唐代文学研究上达到的深度和广度为学界所公认,著有《唐诗三百首全解》、《孟子:匡世的真言》、《赵昌平自选集》等专著及论著400余万字。2000年,他被推选为中国唐代文学学会副会长。近几年,赵昌平又把主要精力放在"开天辟地:中华创世神话"文艺创作与文化传播工程的学术文本撰写上,深入探寻中华文明的发生与传播,视野更为宏通。

赵昌平关心国家大事,积极参政议政。1984年2月起,赵昌平同志先后担任上海市卢湾区第五、六、七届政协委员,上海市第八、九届政协委员,第十、十一届全国政协委员。任职期间,他积极履行职责,深入行业单位和社区进行调研,不仅把眼光集中在出版系统的改革变化上,还对有关民生问题作了深入的思考和分析,每年都提交二至五份提案,如《关于将高质量、规模化的未成年人民族精神教育丛书纳入全国古籍整理出版的"十一五"规划》、《整合上海文化资源,提升上海文化综合实力》、"建议发展适应工薪阶层需要的餐饮业"、"关于转变管理模式,发展滨江大道旅游潜能的建议"等。他的提案多次获优秀提案奖,或被转载于内参文件中。他呼吁《盛宣怀档案》、《上海近代文献》专项出版,均被采纳列入上海市文化发展规划。应世界银行聘请为上海城市文化发展课题所撰写的《东西文化交流与上海城市文化的发展》等报告,亦因见解的独到中肯而得有关各方的好评。

2018年5月20日。赵昌平因病医治无效,在上海市松江区中心医院不幸逝世,享年73岁。

(上海古籍出版社供稿)

为了成长的纪念

——追忆我的父亲

直到现在,下班回到家我还是会习惯性地望向门对角的沙发,因为以前的那个时辰里父亲一定斜坐在那张三人沙发上,电视机打开着,播放着电视剧或者球赛。偶尔,他也会戴着老花镜拿着《环球时报》或《体育报》翻阅,这是他看得最多的两份报纸。母亲在厨房里忙碌,油烟机排烟的噪声杂着饭菜的鲜香味,那是一家人一天里最为闲适的时光。

没有紧赶的文章要写时,晚饭前后一两个小时里父亲一般是不工作的。和大多从事文学研究的学者一样,直到夜色逐渐深沉,他才会停止闲憩和与我们的互动,重新泡上一杯茶,缓步走入书房,入座开笔,耕作不辍。

于是,这样太过静逸安适的生活让我一度以为这就是生活该有的样子并且毫不怀疑这样的生活会一直延续到很久后的未来,直到他们相继突然离开,我才意识到这只不过是我无法掌控的一厢情愿罢了。

那段时间里我确实很怕走进家门,因为开关房门的声音在没有背景声的寂静中显得尤为突兀,也总会在我心中扬起悲凉。不过终究,这之后的一千多个昼夜还是让我习惯了回到家时的宁静。是的,我的父亲、母亲确实已经离开有三四年时间了。

父亲与母亲包国芳相识于十八九岁时的高中年代,毕业后相恋，七〇年结婚，相伴半个多世纪。婚后的岁月之初，也是经历了多年聚少离多的异地相思。他们这一代人生活的艰辛和不易是生活在当今这个物质极大丰富、通讯和交通都极其便利的社会里的人们所不能想像的。虽然和平年代没有连三月的烽火，但是收到家书却也是万金不换的。尽管当时年幼，但我还是能读得懂母亲收到父亲往来书信时脸上满满的幸福。母亲在中学教历史，平日里也忙，我的少年生活都是母亲在张罗操持，她的课上得很好，一直受到学生的称誉。而之于我的幸福，莫过于暑假随母亲一起去安徽来安探亲，因为不仅能看到久别的父亲，也能离开太过熟悉的城市过上一段饶有童趣的乡间生活。来安县教育局的家属大院至今仍是我经常梦回的地方，仲夏夜大院竹榻上父母相偎而坐的身影；父亲悠扬的口琴声；我抬头仰望，视界中满眼的星河和周围草丛里的螽跃虫鸣。于是我从来不曾因为父亲不经常在身边而感到父爱的缺席，因为母亲在身边的时候感觉父亲也一直都在，他们一直都是一体的，从未因为距离而有所疏离。

后来父亲考研回到上海，一家三口蜗居在十六平米的三层阁楼上，生活清苦却也其乐融融。父亲坦诚热情，从不揣度他人心思，待人常以欢喜之心，自然也就结交不少志同道合的好友。虽然家只有四四见方，但经常高朋满座，看到他们侃侃而谈时的兴高采烈，我也跟着懵懂地快乐着。母亲的烹饪手艺也经常受到父友们的称道，倒是父亲会时常笑着挑刺，不无欣赏地表示着还不甚满意。不过雅集结束后，最常见到的还是父亲一边在替母亲揉着肩背一边满脸堆笑，道着辛苦的样子。

来到上古社工作以后，父亲历任校对、编辑、编辑室主任、副总编、总编，他求学多年累积的学术功底，坚实而稳步地支撑着他持续展露出不凡的学术才华。父亲得到了当时社领导的赏识和学术同行的首肯，日渐月染，逐步在业界有了威望。家里的日子也过得宽裕起来，先后搬了两次家，我也终于有了自己的房间。其实不仅是在业界，整个家族里父亲也是最有威望的，一直都是，甚至包括了母亲这一边的所有姻亲。原因只有一个，他是父母两家里读书最多，最有学问的人。各自家里有什么需要拿主意的大事都是第一时间来找他商量，就连爷爷一辈的长辈们也会礼敬他三分，家里小字辈的名字也全都是他拟起的。父亲为人做事公平公正、慷慨大方，考虑他人多过考虑自己，有利益冲突时宁愿自己吃亏也会成全别人。所以他的身边总是不乏品行出众的朋友，也深受晚辈后生们的爱戴。

父亲有时脾气也是火爆的，这一点并不是他所有朋友都了知。不过这倒也符合星相学中他这样风象星座人的个性：在外人面前总是客客气气，以礼相待，但会把坏脾气不经意地留给自己的家人。母亲是他坏脾气最大的"受害者"，当然也包括我和我的叔叔嬢嬢们。然而时间久了，谁都不会把他的发火当真而记仇，原因有两点：其一，他每次发脾气的出发点其实都是为了对方好，比如母亲有时过于节俭，或者是喜欢一直吃口味太过鲜咸的食物不利健康，换了别人可能会好言相劝，可是他就会一通酣畅淋漓的数落；其二，每次发完火，最迟不过第二天，父亲总会主动示好，有时还会附带"火后福利"，有吃的，有用的，并且在这之后的很长一段时间，他给于对方的爱和关怀都是加倍的。

生活的幸福有时就是这样的微甘而不自觉，只有在听闻周围熟悉的人或家庭发生了变故的时候，才能体会到它的存在而倍加珍惜。我和父亲母亲就这样在这不自觉的幸福中生活了好几十年，后来又有太太的加入，一家四口平凡地快乐着，直到2017年盛夏的那个晚上，母亲因为突发性疾病永远离开了我们。

母亲在突然离开前的五分钟意识还是完全清醒的，没有人会料到永夜会在片刻后降临。当时母亲戴着氧气面罩费力地对父亲说道："今晚又要让你辛苦在这里陪我了。"随后挥手示意我回家。父亲心疼而又责怪地回道："说什么呢？都这时候了。"当时两位老人双手紧紧相握的情景至今仍是我心中触碰不得的痛点。母亲走得如此之快，竟然没有留给父亲相伴最后一晚的机会。

我可以感同身受父亲的痛苦，但却没有办法替他承担。虽然父亲自小在我心中就是坚强和力量的化身，但此刻折了翅的比翼鸟，却再也无法像以前那样地顿羽徜翔。巨大的悲痛，突如其来，击垮了这个曾经豁达开朗、淡泊一切的铁一般坚强的男人。我从来就没有想过有一天我会用"可怜"来形容我的父亲，但此时此刻的父亲却又是真的这般可怜。为了怀念母亲，他一日三餐必先供母亲再自用；每晚写悼亡诗直至次日凌晨，烟又开始越抽越多；每周必去钦州路那一头的花市，采购鲜花，布置书房，只是因为母亲生前喜欢，而花市也是他们以前一起常去的地方。记得母亲走后那年腊月的一天，大雪纷飞，他依着惯例要去花市，我太太陈莹担心雪天路滑，劝他说不要去了，要不打车，或者也可以打电话让花市的老板送来。但是父亲却坚持要走着去，他说，这是一个约定，也是他的一份心意，无论如何也要完成，让我们放心。他的卧房里，挂满了母亲最喜爱的衣物，一如母亲在世时的样子，哪怕是在他睡着的时候，都能听见他在梦中呼唤母亲的名字。亲戚朋友来探他，劝他尽快地"走出来"，但他总是黯然地答道："走出来？要我走到哪里去呢？"每月父亲必去墓园祭拜，离世前四天，他还在骄阳下执伞两个多小时在母亲墓前为她蔽日，他知道母亲是最怕热的了。

其实，父亲并不是没有做过努力想从痛苦泥潭的深陷中拔离。他也曾随前来探望他的内蒙古学生们嗨歌宵夜到凌晨，这是他平生第一次为了娱乐而熬夜，也可能是他这一生唯一的一次。也还曾尝试重新执笔来完成他这一生的夙愿——《唐诗史》，但也因为心思还不能完全专注而再次搁置。他生命的最后几个月中，总是会对我们说，他已经好多了，逐渐走出来了，让我们放心。大家也的确都感觉到了他正在逐步走出阴霾，心中也暗自为他加油，并等待着云开月明的那一天。然而谁也没有想到，母亲离开十月未满，天又再次塌了下来。

那是一个经历了一周闷湿潮热后刚刚放凉的五月天，晴空万里的没有几片云彩，朋友圈刷到的都是满屏的爱意："五二〇，我爱你"。于是，父亲也在这满世界的爱意中，追随着他的爱而去了。

和母亲不同，父亲的离开让我感到的悲痛剧烈但却短暂，缓过来后的心境却是从未有过的宁静。原本总以为不用那么早考虑的事情却接连发生了，不得不面对的同时，却也在追忆和思考着。其实，生活中的很多点滴都会因为习以为常而被忽略，忽然有一天当你因为某些事件的发生而再次记忆起它们的时候，涓涓细流汇成的江河却足以震撼到你的心灵。四十多年因缘聚会，让我耳濡目染了他们对于生活的态度、待人处世的方式，还有双方彼此的情深和对于家庭的热爱。这是他们留给我最宝贵的精神财富，一直以来影响着也将会继续影响我人生行进的轨迹。所以我完全没有必要太过悲伤，和他们在精神世界里的交流并没有随着他们的离开而中止。在那一时刻，我最大的感悟就是生死原来可以是无界的，经历巨大变故以后的我反而能够更加看得清生命存在的真实意义。

于是，很想在父亲离开后为他做些什么，不仅是我和太太，家里的叔叔孃孃们也都想，问我会不会有一家出版社，可以给大哥出一本文集。这时我才意识到，生活了几十年的一家人，竟然在人生的另外一条主线——事业上没有任何交集。父亲从来没有引导过我甚至想过要我继承他的衣钵，对于他和母亲来说，我喜乐安康的生活，便是他们最大的满足。所以一时间我都无从着手去筹措这样的事情。

或许是冥冥之中自有的安排，就在我一筹莫展不知该何去何从的时候，父亲生前好友复旦大学的陈尚君教授某天突然垂电告知，他和中华书局徐俊先生以及父亲在北京大学读书时的同学葛晓音教授等几位父亲在世时学术界的好友,商量着要在他逝世三周年的时候,为他举办一个追思纪念会,并出版一本文集。我"喜"出望外的同时,着实感恩每位前辈,这些父亲的芝兰之交,都是业界大腕,平时百般忙碌少有闲暇,能挪出时间为父亲张罗一场需要耗费时间和精力的纪念活动,故友之间声气相投的友情之深,让我这个晚辈后生,油然地生出敬意。

具体执行书目编辑整理的是海南大学的海滨教授,我因不太擅于与人打交道,所以委托了太太陈莹和海滨教授进行沟通,并协助收集文稿。其实和海滨教授的联系早在父亲过世后不久就有了,因为小叔推送给我太太名为"海盗船长"的微信公众号在父亲离开后的七七四十九天里几乎每日都有纪念性的文章推送,太太因此深受感动,曾致电道谢,而"海盗船长"公众号的博主正是海滨教授。他受托操办父亲文集的整理编辑,我相信是缘分和天意使然。

家里文稿收集的事情其实都落在了太太一个人身上,她是一家企业的高管,有着很好的管控和组织能力,也是父亲、母亲在世时一直引以为傲的儿媳。和我一样,由于行业跨度的原因,要找到适合收录的文章并不简单,更何况父亲平时并没有整理自己文稿的习惯,母亲离开后,父亲曾经表示过要整理好自己的文稿交付于我们,但是最终走得匆忙,没有来得及实施。家属文稿的收集是在陈莹和海滨教授不断的沟通中进行的,也借助了网络的力量,每发现一篇新的文章时太太都会如获至宝般地惊喜,有时整理时翻到旧物,也会忍不住悲恸泪流。

《赵昌平文存》是对父亲整个学术生涯里研究和创作的一次系统性梳理。它的出版就好像是学术海洋中的一座航灯,用来为后继者指引前行的方向,学术研究原本就是如此,总是在"古人"和"来者"不断的前赴后继中越发至臻完美。对于家属和挚友来说,《文存》的出版带来更多的则是心灵慰藉和对于逝去亲人的缅怀与纪念。所以书中不仅有学术知识，还凝聚了亲情、友情，更承载了爱与关怀。

再次感谢葛晓音教授、陈尚君教授、中华书局和徐俊先生的细致考虑和周全安排，感谢海滨教授耗费时间精力的整理编辑，也感谢上海市出版协会、中国唐代文学学会，特别感谢父亲贡献了毕生心血的上海古籍出版社诸位同事和社长高克勤先生的精心筹划安排，促成了《赵昌平文存》的出版和追思纪念活动的举办，感激之至！

赵晔炯

二〇二一年三月十日

夜深沉,四更水明楼

——《文存》整理编辑始末

此刻,南海夜深沉,单曲循环播放闵惠芬老师的《夜深沉》,高脚杯满斟来自天山脚下的西域烈焰,在激越铿锵与婉转流丽相交织的节奏跌宕中,在诗的芬芳与酒的酷烈相生发的意兴遄飞中,晚学海滨,以恭敬虔诚之心,写下这部《文存》的整理编辑始末。

和大多数人一样,我是2018年5月21日中午从微信朋友圈发现赵昌平先生辞世的消息,复旦大学陈尚君先生悲叹"太突然了,不可接受。昌平远去,痛彻心扉","昌平重情笃义,做人认真,看似严厉,内心又非常柔软;去岁赵夫人去世,他一直走不出来,我们都感到他很受伤,劝他适当调整,他也在逐渐改变,但终究没能走出来。至情至性,泣送远行……"

听闻噩耗后的二十四小时,我心中始终感觉痛失恩师的绝望与痛失亲人般的悲哀,这阴郁与低沉,压得我喘不过气,仰望、拜访赵昌平老师并受他指导、提点、照顾的桩桩往事,齐上心头,历历在目。

我打开书架,找到陪伴我很久的《唐诗选》与《李白诗选评》;打开中国期刊网,下载了可查找到的赵老师的43篇文章;打开微信,翻阅师友们追忆赵老师的文章。北京大学葛晓音先生称:"昌平兄是一个有至情至性的人,是那种责任心极强的、非常老派的上海绅士";海滨业师薛天纬先生描述赵昌平先生:"仪形伟岸,性情豪爽,颇有燕赵风";台湾大学康韵梅教授闻及昌平先生辞世,专程飞沪送别先生,挽诗自注曰:"昌平先生好以玄宗'英特越逸之气'之言论盛唐诗风,窃谓此亦夫子自道也";而蒋寅先生则称赵昌平先生是"上海 MAN",我想,这个雅称既高扬着赵老师的豪气大气肝胆侠义,也包蕴着赵老师的精致考究优雅腔调。而我的记忆中,无论在瑞金二路 272 号,还是在黄山、天津、苏州的学术会议上,除了学术之外,赵昌平老师留给我最深的印象是高峻健朗的身形与精致考究的衣着——如同魏晋名士岩岩孤松、巍巍玉山般,容貌瑰杰,志气宏放,傲然独得。我特别留意过,即使在会议期间外出考察,跋山涉水,拖泥带水,旅途劳顿,赵老师的鞋子似乎始终是保持一尘不染——不知他什么时候就悄悄地打理好了。我也特别观察过,赵老师出差开会的行李箱并不大,但他却会像魔术师一般,开三天会,最少有三套不同搭配的衣着,有时候,上午下午都不一样。

我知道,好好读书,好好做学问,优雅地过好每一天,就是对赵昌平老师最好的纪念。但,这还不够。

当时,我放下手头所有的工作,想写一篇长长的文章追思赵老师;但当我翻阅这些文字,发觉我错了:这是怎样的赵老师啊! 一篇文章又怎么能表达晚生的敬意与哀思。于是,我将自己与赵老师交往中的点点滴滴往事,将自己拜读赵老师著述的点点滴滴感受,写成《忆在瑞金二路 272 号》等若干篇文字;又带着海南大学的王晨、唐瑭、匡冰鑫、张芃、王文静、肖睿等同学,将赵老师文章的精华内容过录、撮要,或者撰写读书报告,形成《三十年前,赵昌平老师顽皮地向您扔过来一篇半开玩笑半当真的好文章》若干篇文字,发布在自己的公众号"海盗船长"。

七七四十九天过去,截至 2018 年 7 月 8 日,公众号"海盗船长"发表了"此情可待成追忆""黄河落天走东海""我所思兮在唐诗""文心锦绣可雕龙"四组四十余篇文章,依次涉及追思忆旧、李白研究、唐诗史论、中古诗学四个专题。

我知道，认真地研读先生文章，做好自己的唐诗研究与教学，就是对赵昌平老师最好的纪念。但，这还不够。

在研读、思考这些文章的过程中，越来越深刻地体悟到赵先生学问堂庑之广大，根柢之深厚，感悟之透辟，思理之缜密，发明之独到，表达之畅切，越来越深切地意识到赵先生学问亟需继承和弘扬，于是试手撰写了《赵昌平先生的李白研究》一文参加与上海书展同期举办的唐代文学学会复旦大学年会。陈尚君老师在会上给大家说，这次在复旦大学召开唐代文学学会年会的时间与上海书展同步是早就跟赵昌平老师商量的，赵老师希望来自各地的唐代文学研究者和上海书展互相受益。会议间隙我拜访陈尚君老师，陈老师题赠新著《唐诗求是》，并告我，中华书局几年前约过赵先生的文集，可赵先生一直忙于他事，未克编成，徐俊老师说赵先生一直有此心愿，中华书局仍愿意维持约稿，希望葛晓音老师与他协调此事，希望我把已经开始的文章整理继续进行下去，为将来出版工作打个基础。

诸先生之信任、厚爱，正与海滨内心深处之愿望相契。返回海南之后，我继续搜求、阅读赵昌平先生已经公开发布的文章，也一直留意来自其他渠道的遗珍消息。孰料此间，海滨因折肱两度住院手术，又以内窥镜"掐擢胃肾"而大出血，整理工作遂中断。2020年5月，赵先生两周年忌日过后，陈尚君老师明示海滨，正式启动文存整理专项"工程"，葛晓音先生与陈老师主要负责总体把关，中华书局主事徐俊先生主要负责指导编辑出版事务，上海古籍出版社并社长高克勤先生尽全力支持配合有关工作，赵昌平先生哲嗣赵晔炯、陈莹贤伉俪配合海滨搜求整理文稿。

绍述先生学问，恢弘先生道德，海滨当仁不让。2020年5月24日，首批65篇文稿整理完毕；6月、7月，赵晔炯、陈莹夫妇先后从赵府、上海市出版协会、上海古籍出版社搜集近30篇文稿材料及线索，既有报纸杂志的照片，也有先生手稿及纸质版的打印修改稿;既有部分网络文章,也有先生讲座链接;既有完璧,也有断章;既有高清的电子文档,也有字迹漫漶的旧稿;赵昌平先生的文章概貌与格局逐渐显现……

赵府遗珍,是先生文稿大宗渊源,由赵晔炯和陈莹夫妇发箧陈笥尽力搜寻,初步确认后,由陈莹女士与我直接沟通,图文往来。陈莹女士为了"昌平爸",可谓殚精竭虑。她在繁忙的工作之余,尽可能找各种介质的文稿材料;找到材料拍了不清晰,再换个手机或相机,调亮光线重新拍;个别断章散落的,还要设法缀合;更常常一边找材料,一边拍照,一边睹物思人潸然泪下;后来,陈女士右手掌心做了血管瘤切除手术,也时时惦记着书稿进程,克服困难与我们保持联系;直到文存三校结束之际,赵陈贤伉俪还找到了极其珍贵的赵昌平先生饱含深情为包国芳老师写的悼亡诗六首……

葛晓音先生,是赵昌平先生在北大读书的同学、挚友,在赵先生辞世后曾撰《几日浮生哭故人——痛悼赵昌平学兄》以寄哀思,也曾亲赴上海徐泾西园临圹洒泪追怀故友,在文稿整理启动后,时时刻刻关注着工作进程,不断为文稿整理编辑工作提供有价值的信息,并对选篇的甄别、分类的斟酌等等提出重要的指导意见;第一时间发来赵先生为其专著《先秦汉魏六朝诗歌体式研究》撰写的序文《节律与体式的探索》,还特别题赠著作给海滨以示勉励;在文存三校完成的最后一天又找到了赵昌平先生两首诗发来……

徐俊先生,既是文存出版事务的主导者,也是文存整理编辑具体工作的参与者。在《送赵昌平先生最后一程》,徐俊老师说他此生与赵老师交往,无论口头还是书面,始终称"赵先生"。为便于工作,海滨不定期撰写《编辑动态》向诸位老师请教,2020 年 5 月 24日的《编辑动态》中,徐俊老师留下的批注比正文更长;面对九十余篇文章的内容有交叉、时间有叠加、主题有关联的稿件格局,治学和出版经验丰富的徐俊老师从宏观方面提出了完美的分类分册设计框架,又从篇章排序先后、相近稿件取舍等细节方面给予了精准的指导，更遑论调动中华书局精兵强将保证文存的顺利出版！

陈尚君先生，与赵昌平先生相敬相惜，如兄如弟，其侠肝义胆亦一如赵昌平先生。多年来，陈尚君先生以其全身心投入的新编全唐诗与赵昌平先生之唐诗史相许，奈何今日新编全唐诗稿已交上海古籍出版社，赵先生则唐诗史未竟而先去，惜哉！痛哉！三年来，陈尚君先生为文存事反复协调京沪、统筹公私，以最大的努力推动此雅善之举；整理工作开展以来，巨则总体安排，苦心经营，细则字句斟酌，耐心推敲，玉成此"著述托孤"之业。高山流水长在，延陵之剑可托！

上海古籍出版社社长高克勤先生，撰长文追思赵昌平先生，称赵先生是"曾经的领导，更是我敬重的前辈、我的良师益友"。高社长积极支持并配合文存编辑整理工作，在了解到文存稿件中赵昌平先生小传诸版本差异问题后，主动重新撰写小传；并与陈尚君老师商量，请赵昌平先生生前在出版社最好的朋友兼同事、现在海外的王镇远先生为文存题签书名。

在整个文稿搜求整理过程中，还有两个细节，令我特别感触。一是赵老师的老友、我的业师薛天纬先生，时时刻刻关注着工作进程，辨识手稿的不少难题，主要是依赖熟悉赵老师行事与文风的薛天纬先生解决的，《东西文化交流与上海城市文化的发展》一文中，手稿有两个字漫漶难辨，又关乎全文意旨，薛先生用了半夜时间，绞尽脑汁，终于通解，并称自己以这种特殊的方式表达对赵先生的追思与怀念。二是赵老师的"笔误"。正如赵老师哲嗣晔炯所言，乃父对其他人的事儿尽心尽力，对自己的私事则不太在意。何以见得？在我们初次确定文存选目时，《赵昌平自选集》的选文及附录是重要依据，但是，有几篇文章的题目及原刊原著名称，与原文出入较大，尤其是这样一篇讨论"变文"名实的重要论文，《自选集》附录题作"从频婆罗莎采女宫德意生天因缘变谈起——'变文'正名，原载《古代戏曲小说研究论文集》"，我按照原题目和关键词查遍了几乎所有图书搜索平台和大型图书馆书目,都查无此文(书),陈莹老师在赵府也找不到原书。最后,不得已我找到海南大学图书馆的同事邓玲博士,采取各种专业手段,通过各种专业渠道,最终查到的结果作"从《功德意供养塔生天因缘变》谈起——'变'文疑义新探,原载《中国古典小说戏曲论集》",看到这个从题目到出处都被赵老师"写错"的情况,我几乎落泪!赵老师对他人那么热心,对学问那么细心,对自己却是如此"粗心"!

2020 年 10 月中旬,文存稿件整理齐备后,交中华书局学术著作编辑室主任罗华彤先生接手责编工作。华彤老师在前期整理编辑基础上,从出版业务角度梳理了分册、分类与编目次序,开始为文存逐篇逐句逐字把脉;为了做好编校工作,华彤老师借着赴海南开会的契机,携稿抵琼,从海南大学赴儋州东坡书院的路上,华彤老师和我在车里就文存稿的具体细节展开了详尽商讨,并呼应陈尚君老师、徐俊老师的要求,加快了工作进程。

文稿的三校工作,是在刚刚过去的春节寒假期间完成的。陈尚君老师通审全稿,葛晓音老师和我分别详细校过,并以替作者代读的角度提出了个别修改建议。尽管各方面都为稿件的编校付出了大量心血,但因为文存稿件来源多样,性质复杂,最终的编校压力还是集中在华彤老师这里。

君子不器,我们很难用单一的标准来牢笼李白、苏轼,也很难用常见的学科分类来界定赵昌平老师和他的文章。目前文存收录的九十多篇文章,大体分为中古诗学、唐诗史论、李白研究、诗人考论、治学门径、书序书评、神话研究、出版专题、杂谈及其他、怀人忆旧等类目。如何认识这样的分类,如何更好地"进入"文存,阅读昌平老师呢?我觉得,答案在赵老师《我的出版三传》中的自我定位——

> 出版与学术,还有一部分社会工作,在我是"三合一"咖啡,相互影响、渗透,且有着一以贯之的思辨方式。……出版、

学术、社会工作，在我看来，是各有特点，然而"理一分殊"，是可以相辅相成的。

关于赵昌平老师的综合评价和学术贡献，葛晓音老师和陈尚君老师的序言已经做了透辟细密的分析，我想从另外几个关键词入手，谈一点粗浅的编后感。

第一关键词是"唐诗史"。综观这些分类，主要是围绕唐诗史展开的，中古诗学是治唐诗史的先导与根脉，这一点，赵老师和葛老师的研究真正是"英雄所见略同"；唐诗史论当然是本论，所占篇幅最长，分量最重；诗人考论是治唐诗史的文献基础功夫，且考与论相得益彰；李白研究则是以李白为例但不限于李白的治唐诗史的典型案例；治学门径、书序书评、杂谈及忆旧等的主体依然是与唐诗、唐诗文献、唐诗学者密切相关的，而神话研究、出版专题则恰恰是"理一分殊"的表现，细心的读者依然会发现，赵老师在这两个貌似远离唐诗史的领域里逸兴遄飞时，从文学到文化，从古籍到出版，都或明或暗地回应着他心目中的"志业"——唐诗史。

第二关键词是"出版"。唐诗史是赵老师的"志业"，出版则是赵老师的"事业"；作为"志业"的唐诗史论更多侧重于个人、独立、自我，作为"事业"的出版则更多倾向于集体、合作、他者；唐诗史需要的是高质量的"燃烧自己"，出版需要的是有水平的"奉献自己"；文存中若干篇书评和专文谈出版，谈上海文化，其高度、广度、深度、前瞻度，与赵老师在研治唐诗史所达到的水平是如影随形的；更有意味的是，一位真正懂唐诗的出版人必然会把唐诗与唐诗研究的出版事业做得更加精彩，赵昌平老师因着天时地利人和把陈尚君老师的新编全唐诗留在了上海古籍出版社出版，就是最好的明证。

第三关键词是"三合一"。这个"三合一"，除了赵昌平先生自己所描述的出版、学术、社会工作三种身份外，海派、京派、"草根"派也是题中应有之义。海派文化对赵老师的重要影响自不待言，北京大学求学所接受的学术风习熏染、赴京参政议政带来的视野和高度则是另一种格局,内蒙古和安徽接地气的基层经历之"根"与草原执教工作之"草"更是迫使赵老师像崔颢一窥塞垣一般体味江山塞漠的天高地迥,像李白漫游秋浦一般感受现实的生气淋漓。因此我们会看到,文存中不少话题是站在满溢的情怀角度和相当的理性高度讨论教育、孩子、文化普及问题的。这使我想起沈祖棻女士在《致卢兆显书》中的一段回忆:

> 　与千帆论及古今第一流诗人无不具有至崇高之人格,至伟大之胸襟,至纯洁之灵魂,至深挚之感情,眷怀家国,感慨兴衰,关心胞与,忘怀得丧,俯仰古今,流连光景,悲世事之无常,叹人生之多艰,识生死之大,深哀乐之情,为天地立心,为生民立命,夫然后有伟大之作品。其作品即其人格心灵情感之反映及表现,是为文学之本。

这两种"三合一",是赵老师人格的特殊资本,也是赵老师学问的特殊魅力,更是如海滨这样来自边鄙之地的学子在赵老师门下找到"如归"感觉的主要原因。

第四关键词是"士"。赵老师是彬彬有礼的雅士,是良善待人的绅士,是特立独行的名士,是不同凡响的高士;赵老师也是一往情深的秀士,赵老师待家人,待友人,待故人,情深义重,赵老师待包国芳老师,更是"痴绝古今",赵晔炯的回忆,赵老师自己的悼亡诗,都可细细品味;甚至,赵老师对狗狗的好,狗狗也是感铭在怀,当赵老师走后,他收养的狗狗并不知道实情,但莫名情绪很低落,一直等着赵老师回来管它;当家里人告诉狗狗,赵老师已经走了,狗狗轰然瘫倒在地上,凄然泪下,赵老师"二七"之日,狗狗也就追随赵老师走了。当然,赵老师更是"猛志固常在"的猛士,他爱憎分明,坦率真诚,以英特越逸之气,挥斥方遒,激扬文字,自励励人。这样的"士",其文章自有独特的力量在。

遗憾的是，这样的"士"，赵昌平先生，中天摧兮，暮不夜归！

欣慰的是，《文存》锦绣，甚于奠馐；夜其深沉，魂兮归来！

写到此时，海日生残夜，晚生海滨将迎来南海黎明的第一道曙光，《赵昌平文存》也将在每一位读者的心中投射灵性的光芒。

赵先生著述浩博丰厚，横无际涯，本文存仅取一瓢饮，挂一漏万，必然难免。就在三校期间，我们还留意到赵先生关于孟子的精辟论述，留意到赵先生《创造性的阅读》这样的美文，留意到流传或珍藏在友朋手中或心里的众多诗篇。因此，我们诚恳吁请赵先生的亲人友朋和广大读者，能为我们提供更多资料和线索，以期未来奉献完璧。

真诚感谢葛晓音先生、陈尚君先生、徐俊先生、高克勤先生、罗华彤先生、赵晔炯和陈莹贤伉俪，以及所有为这部《文存》贡献心思、智慧和力量的各界人士！真诚感谢上海市出版协会、上海古籍出版社的鼎力支持！真诚感谢中华书局的仁义情怀和高效率！

海　滨

二〇二〇年三月十七日